Enciclopedia de Bolivia

# ENCICLOPEDIA DE
# BOLIVIA

# ENCICLOPEDIA DE
# BOLIVIA

**OCEANO**

Es una obra de

**OCEANO**
GRUPO EDITORIAL

## EQUIPO EDITORIAL

**Dirección**
Carlos Gispert

**Dirección de Producción
y Subdirección**
José Gay

**Dirección de Edición**
José A. Vidal

* * *

**Dirección de la obra**
Graciela d'Angelo

**Edición**
Alberto Cousté
Antonio Gil
Daniel Torras

**Diseño**
Ferran Cartes / Montse Plass

**Edición gráfica y maquetación**
Victoria Grasa
Laura Manzanera
Gregori Miana
Eva Oliva / Joan Zaplana

**Preimpresión**
Daniel Gómez
Didac Puigcerver
Ramón Reñé

**Producción**
Antonio Aguirre
Antonio Corpas
Alex Llimona
Antonio Surís

**Sistemas de cómputo**
María Teresa Jané
Gonzalo Ruiz

**Asesoramiento
y supervisión de la obra**

Waldo Jordán Zelaya
Antropólogo
Profesor de la Universidad Mayor
de San Andrés y de la Universidad
Católica Boliviana

**Colaboradores**

María de la Cruz Cardiel
Geógrafa

Alberto Cousté
Periodista

Waldo Jordán Zelaya
Antropólogo

Guillermo López Bisiach
Sociólogo

Javier Martínez Edo
Geógrafo

María Villanueva Margalef
Geógrafa

Carlos Zeller
Economista

© MM OCEANO GRUPO EDITORIAL, S.A.
Milanesat, 21-23
EDIFICIO OCEANO
08017 Barcelona (España)
Tel. 34 93 280 20 20* – Fax 34 93 204 10 73
http://www.oceano.com
e-mail: info@oceano.com

IMPRESO EN ESPAÑA - PRINTED IN SPAIN

ISBN: 84-494-1428-8
Depósito legal: B-23398-XLII
9098100030700

# CRÉDITOS FOTOGRÁFICOS

**Alborta, Freddy**
658 izq.
**Archive Photos**
27, 28, 271, 288 dcha, 297, 367, 382, 486, 512, 517, 521, 524, 526, 528, dcha, 531, 534, 540, 542, 543 izq, 543 dcha, 544, 549, 558 dcha, 759 sup.
**Archivo Cinemateca Boliviana**
707, 710, 711, 763 sup.
**Archivo Nacional de Bolivia**
442, 443, 447, 475 izq, 482, 647 izq, 649 inf, 662 izq, 712, 745 sup, 751 sup, 753 central.
**Bandurek, Sergio Javier**
89, 226, 353.
**Bazoberry, Luis**
499.
**Blassi, Jaume**
1, 20, 33, 37, 41, 78, 95, 107, 109, 160 dcha, 194, 213, 219, 257, 288 izq, 371, 391, 404, 410, 566, 571 dcha, 579, 579, 587, 588, 589 izq, 589 dcha, 590, 592, 624, 627, 662 dcha, 680, 681, 696.
**Cimar-Aguirre**
13, 26, 29, 44, 75, 76, 79, 84, 90, 93, 166, 280, 292, 305, 306 izq, 306 dcha, 327, 554 dcha, 604, 606, 607, 679, 689 dcha, 693 dcha, 737.
**Enciclopedia "Bolivia Mágica" - Hugo Boero Rojo**
159, 337, 347 dcha, 357, 360, 396 izq, 397, 402, 406 izq, 406 dcha, 460, 500, 513, 535, 552, 574, 575, 598 izq, 598 dcha, 599, 600, 601 izq, 601 dcha, 603, 615, 616, 617, 643, 654, 655 dcha, 657 dcha, 734, 762 sup, cubierta derecha arriba, cubierta centro arriba, cubierta inferior izquierda, cubierta inferior centro derecha, solapa cubierta, solapa contracubierta
**Englebert, Victor**
5, 45, 85, 198, 255, 281 izq, 287, 294 izq, 303, 310, 313, 314, 317 izq, 321, 323, 324, 325, 330, 340 izq, 341, 347 izq, 354, 379, 380, 545, 554 izq, 557 izq, 584, 673, 686, 690, 691 izq, 701, 702, 703, 704 izq.
**Etchart, Julio**
125, 165, 248, 256, 263 dcha, 276, 282, 304, 308, 312, 331, 340 dcha, 359, 364, 546, 595, 596, 631.
**Ferrer, Montse**
117.
**Ferrer & Sostoa**
25, 66, 69, 81, 86, 94, 96, 98, 101, 105, 106, 115, 126, 127, 128, 130, 131, 132, 133, 135, 136 izq, 136 dcha, 137, 139 izq, 140, 141, 143, 146, 147, 149, 150, 151, 152, 154, 156 izq, 156 dcha, 157 izq, 157 dcha, 160 izq, 161, 164, 195, 205, 212, 216, 220, 221, 222, 224, 225 dcha, 228, 230, 231, 234, 235, 333.
**Flores, Lucio**
714.
**González, Carlos**
519 izq, 519 dcha.
**Iberdiapo - Longás, Jordi**
56, 172.
**Index**
18, 53, 348 sup, 378, 413, 426, 474, 477, 498, 502, 514, 537 dcha, 548, 744 sup, 754 sup.
**Imagen Latina - Alejandro Balaguer**
80, 562.
**Imagen Latina - David Mercado**
335, 362, 705.
**Jorge Boero Soria - Bolivia Mágica**
36, 38, 51, 54, 57, 63, 65, 67, 68, 71, 77, 97, 100, 138, 139 dcha, 163, 193, 199, 201, 207, 208, 209 izq, 210, 211, 218, 225 izq, 227, 229, 237, 238 dcha, 245, 247, 290, 291, 298 izq, 301, 307, 316, 319, 326, 343, 345, 346, 368, 372 izq, 376, 394, 401, 409, 450, 532 izq, 553, 556, 557 dcha, 558 izq, 559, 563, 571 izq, 573, 580, 593, 605, 626, 628, 629, 630, 633, 634, 635, 636, 637, 638, 639, 658 dcha, 672 dcha, 674 inf, 675, 683, 684 dcha, 685 izq, 687, 695, 697, 698, 699 izq, 699 dcha, 700, 706, 708, 713, 739, 742 central.
**Kenning, William**
V, VI, 21, 35, 40, 47, 49, 50, 62, 64, 73, 103, 122, 155, 158, 209 dcha, 215, 217, 232, 233, 236, 273, 281 dcha, cubierta izquierda arriba
**Lénars, Charles**
24 dcha, 244 izq, 396 dcha, 398, 623, 663, 691 dcha.
**Molina, J. Enrique**
15, 34, 46, 167, 169, 171, 179, 186, 188, 202, 206, 274, 278, 284, 285, 286, 289, 295, 300, 302, 322, 329, 647 dcha, 660, 692, cubierta centro abajo.
**Museo Nacional de Arte**
664.
**Museo Nacional de Etnografía y Folclore**
594, 597, 610, 614, 618, 619, 620, 622, 642, 644.
**Prisma**
412.
**Pedrol, Josep**
296, 389.
**Querejazu, Pedro**
386, 392 dcha, 418, 424, 429, 430 dcha, 437, 470 dcha, 472 dcha, 473, 491, 492, 493, 497 izq, 504, 507, 510 dcha, 515, 525, 538, 541, 564, 570, 651 izq, 651 dcha, 653, 656 izq, 656 dcha, 666, 667, 671, 709, 733, 760 sup, 761 sup.
**Souto, Nelson**
31, 83, 87, 142, 266, cubierta inferior dcha.
**Sincronía Audiovisuals**
9, 32, 39, 43, 55, 116, 121, 204, 223.
**Vargas, Antonio**
399, 403, 405 izq, 405 dcha, 612, 661.
**Vautier, Mireille**
2, 3, 4, 8, 30, 59, 72, 92, 108, 113, 114, 118, 175, 177, 181, 190, 196, 197, 200, 238 izq, 239, 240, 241, 242, 243, 244 dcha, 246 izq, 246 dcha, 249, 251, 254 izq, 259, 260, 262, 263 izq, 264, 265 dcha, 268, 269, 272, 275, 279, 283, 293, 294 dcha, 298 dcha, 299, 309, 311, 315, 318, 320, 332, 338, 342, 344, 349, 351, 352, 356, 358, 363, 370, 372 dcha, 375 izq, 383, 385, 387, 395, 400, 421, 432 dcha, 434, 435, 439 dcha, 445, 446, 462 dcha, 463, 484, 532 dcha, 533, 551, 565, 567, 568, 569, 572, 576, 577, 581 sup, 581 inf, 582, 583, 585 izq, 585 dcha, 586 izq, 586 dcha, 591, 602, 608, 621, 625, 632 izq, 640, 641, 678, 684 izq, 685 dcha, 689 izq, 694, 704 dcha, 718, 719 sup, 721, 723, 746 sup, 750 sup, 756 sup, 764 sup.
**Vision - Ingrid Morató**
134, 203, 254 dcha, 261, 265 izq, 267, 317 dcha, 334, 369, 373, 375 dcha, 381, 384 izq, 632 dcha.

# Presentación

Cuna de importantes culturas prehispánicas, núcleo fundamental del imperio inkaico, pieza clave del sistema colonial español en América del Sur, destinataria del utópico constitucionalismo bolivariano, protagonista de una de las revoluciones nacionales más trascendentes del siglo XX, la República de Bolivia es tan compleja en su historia como en su realidad actual, plurilingüe y multicultural, andina y amazónica.

El objetivo de esta **Enciclopedia de Bolivia** es ofrecer a sus lectores una relación ordenada, comprensible y documentada de la evolución de nuestro país hasta el presente y, también, de su proyección en el mundo que se insinúa en el amanecer del tercer milenio.

Los primeros capítulos de esta obra están dedicados al análisis del territorio boliviano, considerando su posición geográfica y su diferenciado relieve, que da lugar a sistemas ecológicos con características propias. Una detallada descripción del sistema fluvial y de las zonas climáticas junto al estudio de la fauna y flora bolivianas completan el estudio geográfico del país.

La organización administrativa y la distribución de la población de Bolivia ocupan extensos apartados de la enciclopedia, que se complementan con el estudio del proceso de urbanización y el actual sistema de ciudades. Administración, población y urbanización obedecen a la dinámica de los sectores productivos de la economía nacional, que es analizada en detalle, al igual que la posición de nuestro país en el contexto continental e internacional.

La Bolivia de nuestros días es el resultado de un proceso histórico al que se dedican varios capítulos de esta obra. Uno de ellos presenta de modo exhaustivo la evolución de las principales civilizaciones andinas que florecieron en nuestro actual territorio. A continuación, se analizan los siglos del período colonial, prestando una atención particular al sistema económico surgido a partir de la extracción de plata y a la resistencia social que este sistema generó. El siglo XIX fue el siglo de la Independencia y del comienzo de una vida política autónoma, y es estudiado con detenimiento. Por su importancia histórica, el análisis de los avatares de la primera mitad del presente siglo ocupa un capítulo de la obra, al igual que el estudio del complejo país que emerge del proceso abierto por la Revolución Nacional boliviana y que llega hasta nuestros días. Esta sección de la enciclopedia se completa con una presentación de las instituciones políticas nacionales, que son expresión de las complejidades de nuestra historia.

Bolivia es un país plurilingüe y multicultural, características que enriquecen su identidad nacional y que son tratadas en detalle en los apartados dedicados a la cultura popular, al folclore y a las particularidades de los diversos grupos étnicos que integran nuestra sociedad.

La literatura boliviana hunde sus raíces en los relatos orales de las antiguas civilizaciones andinas, que en parte han llegado hasta nosotros, y se continúa durante la Conquista y el período colonial, para hacerse propiamente boliviana tras la Independencia. La sección dedicada al estudio de nuestra literatura considera cada una de estas etapas históricas, y se completa con una presentación del desarrollo de la poesía, la novela y el teatro durante el siglo XX.

En Bolivia, las manifestaciones artísticas no se agotan en la literatura, por lo que esta obra dedica un extenso tratamiento, en varios capítulos, a las principales expresiones de la escultura, la pintura, la arquitectura, la música y el cine a lo largo de nuestra historia.

La educación, el deporte y los medios de comunicación son los principales ámbitos del mundo moderno y su conocimiento es decisivo para comprender el tiempo en que vivimos. El tratamiento de estos temas, tal como se presentan en la actual realidad boliviana, ocupa el capítulo que cierra estas páginas.

En la historia de los países se destacan mujeres y hombres que, voluntaria o involuntariamente, han protagonizado acontecimientos decisivos para las generaciones posteriores. Bolivia no es una excepción, y para que los ciudadanos de hoy puedan contar con una fuente de información adicional sobre el pasado de su país, se han incluido en esta obra las biografías de algunos bolivianos de ayer y de hoy que han marcado o están protagonizando nuestra historia.

Los hechos ocurren en el tiempo, y para que el lector pueda situarlos con facilidad y relacionarlos con el contexto más amplio en el que han tenido lugar, esta enciclopedia cuenta con una cronología de los principales acontecimientos de la historia boliviana y mundial, de los orígenes a la actualidad.

El rigor por la verdad y la objetividad en la narración han sido los criterios que han orientado el trabajo de quienes han contribuido a esta obra.

# Señas de identidad

**Símbolos e
identidad nacional**

*Según el art. 1 de la Constitución, Bolivia, libre, independiente, soberana, multiétnica y pluricultural, constituida en república unitaria, adopta para su gobierno la forma democrática representativa, fundada en la unión y solidaridad de todos los bolivianos.*

# Símbolos e identidad nacional

*Retrato del Libertador Simón Bolívar, de quien deriva el nombre de nuestro país.*

**B**olivia, en tanto que estado surgido del progresivo deterioro del colonialismo español, guarda en su propio nombre referencias a dicho proceso histórico: concretamente, a la presencia de Simón Bolívar, el héroe que hizo posible su Independencia; sin embargo, como depositario de la cultura andina, territorio del esplendoroso imperio incaico y país que rompió radicalmente con la dependencia de la metrópoli ibérica en el subcontinente latinoamericano, su evolución histórica resulta muy significativa para entender los primeros tiempos de los estados sudamericanos.

## El origen del nombre «Bolivia»

Comunidades como las de los sicasicas, pacajes, omasuyos y urus fueron los primeros pobladores en poner nombre o nombres al territorio que hoy es Bolivia, y de ellos ha quedado, entre otras cosas, la denominación de algunas de las provincias del departamento de La Paz. La civilizada organización inca distribuyó su mundo conocido en provincias, y la denominada Qullasuyu albergó en aquel tiempo el actual territorio boliviano.

Durante el período colonial, este mismo territorio fue conocido bajo los nombres de Collas y Charcas. Los españoles transformaron el Qullasuyu incaico en una parte de Nueva Toledo y, posteriormente, en la Real Audiencia de Charcas, dentro de cuyos límites se habían originado aymaras, quechuas y otros pueblos originarios.

Después de 16 años de enfrentamientos, este acotado territorio se convirtió en nación soberana e independiente el 6 de agosto de 1825, primer aniversario de la batalla de Junín. El congreso de Lima y el poder ejecutivo de Buenos Aires reconocieron el derecho a la Independencia de los pueblos del Alto Perú, cuya superficie se extendía desde el golfo de Darién hasta el río Amazonas, del Amazonas al Rímac, del Rímac al Desaguadero, del Desaguadero al Maule y del Maule al Río de la Plata.

En julio de 1825 se inauguró la Asamblea Deliberante destinada a constituir el nuevo estado, denominada Asamblea General del Alto Perú. En un decreto del día 11 de agosto de ese año, la Asamblea determinó la existencia política de la región de los pueblos altoperuanos de Guaqui, Vilcapujio, Ayohuma, Sipe Sipe y Tarata y, en justo reconocimiento y como testimonio de gratitud al Libertador de Colombia y Perú, inmortalizó la figura de Simón Bolívar, denominando República Bolívar al nuevo estado.

El 3 de octubre de 1825 se promulgó la ley que modificaba ligeramente la denominación originaria del país, que pasó a llamarse República de Bolivia. La iniciativa partió de un diputado del departamento de Potosí, Manuel Martín Cruz, que, en sesión plenaria de la Asamblea General, propuso el nuevo nombre, argumentando que «si de Rómulo se derivó Roma, de Bolívar debe ser Bolivia».

## Evolución de la bandera patria

La bandera nacional de Bolivia fue establecida por ley definitivamente en julio de 1888 y tomó como referencia a la colombiana, oficializada en noviembre de 1881. Su parecido procede del hecho histórico de compartir el Libertador de los respectivos países, Simón Bolívar, y el Gran Mariscal de Ayacucho, Antonio José de Sucre, que también lo habían sido de Perú anteriormente.

*Estatua de Antonio José de Sucre en la ciudad del mismo nombre. De origen venezolano, Sucre participó en varios de los episodios decisivos de la lucha emancipadora, como Junín y Ayacucho.*

## El Mahoma de Bolivia

**M**anuel Isidoro Belzu (1808-1865) fue el primer caudillo de masas del pueblo boliviano. De origen humilde, realizó una brillante carrera militar gracias a su valor y méritos personales. Participó en el combate de Yungay y tuvo una actuación destacada en la batalla de Ingavi (1841), decisiva para asegurar la Independencia. Además de sus dotes de mando como militar y de su habilidad como político (por lo que fue llamado «Bravo entre los bravos», «caudillo del pueblo» y «Mahoma boliviano»), Belzu fue el principal impulsor, bajo su mandato presidencial (1848-1855), del primer censo nacional (que contabilizó 2,3 millones de habitantes) y del modelo definitivo de bandera nacional, inspirado en la venezolana. Así, a solicitud y sugerencia del propio Belzu, el Congreso sancionó la ley del 5 de noviembre de 1851 según la cual el pabellón nacional constaría de tres franjas: roja, amarilla y verde. Sus años de gobierno estuvieron marcados por continuos conflictos con sus adversarios políticos, hasta que en 1855 dimitió del cargo y se retiró a Europa. Diez años después regresó a su país, donde murió asesinado por Mariano Melgarejo (1865).

La bandera tuvo tres diseños distintos y sucesivos, acuñados oficialmente por decretos de 1825, 1826 y 1851, y finalmente por el de afirmación y uniformización de su uso —aún vigente— de 1888. La primera bandera boliviana nació con el decreto de 17 de agosto de 1825, cuando, recién aprobada el acta de Independencia, la Asamblea General de la todavía República Bolívar estableció una bandera bicolor (roja y verde) de tres franjas con cinco óvalos. Su descripción oficial fue la siguiente: una franja horizontal central de rojo punzó y en sus márgenes dos fajas verdes de un pie de grosor. Sobre el campo principal, de color punzó, iban cinco ramas de olivo y laurel en forma de óvalo, uno en el centro y el resto en los laterales, y dentro de cada óvalo había una estrella de color de oro, simbolizando las provincias que por aquel entonces componían la recién nacida república americana. En la bandera menor no aparecían los óvalos de los costados, sino tan sólo uno en el medio. El 25 de julio de 1826 la asamblea modificó por ley la bandera, introduciendo un nuevo color y cambiando los objetos que antes figuraban en ella. La segunda bandera nacional mantuvo una franja central de color punzó, pero cambió el color de la franja superior a amarillo; en el campo principal desaparecieron los cuatro óvalos laterales y quedó un único óvalo de laurel y olivo, que rodeaba el escudo nacional.

### El pabellón nacional definitivo

El 5 de noviembre de 1851, bajo el mandato del presidente Manuel Isidoro Belzu, se creó por decreto una nueva bandera nacional, inspirada en la venezolana que había adoptado oficialmente Colombia, en el año 1819, de tres franjas horizontales desiguales: amarilla, azul y roja.

La versión boliviana sustituyó el azul, que representaba el océano que separaba Colombia de

*El decreto de 1888, aparte de oficializar definitivamente la bandera nacional, uniformó el uso y aspecto del escudo. En la imagen, el escudo patrio en la prefectura de Chuquisaca, en Sucre.*

España, por el verde, que se asociaba a la fertilidad natural de la tierra. Así, la nueva bandera simbolizaba el valor del soldado boliviano y la sangre que el pueblo estaba dispuesto a verter para combatir cualquier intento colonizador por parte de España (color rojo punzó), la riqueza en recursos minerales del territorio nacional (color amarillo o dorado) y la exuberancia y generosidad de su naturaleza (color verde).

En 1888, el presidente Gregorio Pacheco, considerando las precedentes leyes dictadas en agosto de 1825, julio de 1826 y noviembre de 1851, decidió oficializar el formato y uso de la bandera nacional, dadas las numerosas irregularidades que se producían con la que estaba entonces vigente. Así, un decreto supremo del 14 de julio de 1888 estableció en su quinto artículo que la bandera nacional constaría, a partir de aquel momento, de tres fajas horizontales de igual anchura y dimensiones colocadas en el orden siguiente: una roja en la parte superior, una color oro en el centro y una verde en la parte inferior.

Asimismo, en sus artículos séptimo y octavo, el citado decreto estipulaba su configuración en los edificios oficiales y su uso en los eventos oficiales y celebraciones públicas. El séptimo anunciaba que en el Palacio Nacional, en las delegaciones y consulados y en los edificios públicos de la nación, la bandera debería incorporar el escudo nacional, envuelto en dos ramas de olivo y laurel en el centro de la franja amarilla, y estipulaba sus dimensiones: 6 m de largo por 4 m de ancho. El octavo artículo establecía que los ciudadanos bolivianos deberían izar en sus viviendas la bandera nacional, sin el escudo, en las fiestas públicas y conmemoraciones patrióticas.

Por lo que respecta a su simbología, el presidente del Congreso Luis Ossio Sanjinés —a la sazón presidente constitucional interino de la República— expuso, en las consideraciones previas al decreto de consagración de las flores nacionales (abril de 1990), que la bandera nacional tricolor significaba «...la unión y armonía de los tres reinos de la naturaleza, las tres grandes regiones geográfi-

*Escudo y bandera nacional. El color rojo de la bandera representa el valor del pueblo en defensa de la patria; el amarillo, la gran riqueza mineral; y el verde, la exuberante naturaleza.*

En la cabeza del escudo se ubicaba el gorro frigio, símbolo de la libertad, encajado en una vara y flanqueado por dos genios femeninos que sujetaban una cinta, en la que se leía «República Bolívar». Rodeando los cuatro cuarteles del escudo figuraban una rama de olivo y otra de laurel, en sus bandas izquierda y derecha respectivamente.

El decreto supremo aprobado por la Asamblea General, el 14 de julio de 1888, bajo la presidencia de Gregorio Pacheco, ratificó la modificación sustancial del escudo nacional y uniformó su uso. En su primer artículo se encuentra la descripción oficial: «El escudo de armas de la República de Bolivia es de forma elíptica. En su centro y parte inferior figura el cerro de Potosí, teniendo a su derecha una alpaca y a su izquierda un haz de trigo y el árbol del pan. En la parte superior un sol naciente tras del cerro de Potosí con los celajes correspondientes. Alrededor del óvalo, cuyo filete será dorado, esta inscripción: "Bolivia" en la parte superior, y nueve estrellas de oro en la parte inferior sobre campo azul. A cada costado, tres pabellones, un cañón, dos fusiles, un hacha incásica a la izquierda y el gorro de la libertad a la derecha. Remata el escudo con el cóndor de los Andes en actitud de levantar el vuelo, posando entre dos ramas entrelazadas de olivo y laurel. El campo exterior será azul perlado».

El segundo artículo especifica en qué edificios oficiales y públicos irá colocado el escudo, con su correspondiente inscripción. Éstos son el Palacio Nacional, prefecturas y edificios públicos, delegaciones y consulados. El lugar exacto de ubicación es sobre la portada.

El gran sello del Estado es idéntico en su forma que el escudo nacional y sus dimensiones oficiales son de 80 mm de largo por 78 mm de ancho. En el artículo tercero del citado decreto se establece su función ratificadora, sancionadora y diplomática y su carácter de oficialidad. Es usado por el gobierno «...para la sanción de leyes, ratificación de tratados y convenciones, credenciales y plenos poderes de los agentes diplomáticos y exequátur de los cónsules».

Versiones reducidas del sello son empleadas por los demás órganos inferiores del poder ejecutivo, en correspondencia con su potestad selladora: el sello de 48 mm lo usan las cámaras legislativas, la corte suprema, el tribunal nacional de cuentas y el tribunal marcial; el sello de 38 mm, los ministerios de Estado y delegaciones; el sello de 30 mm, las prefecturas, cortes de distrito, municipalidades,

cas de la República y la trilogía de la evolución nacional, formada por la sangre de los mártires que lucharon por la emancipación y la libertad en el pasado, el esfuerzo creador de las etnias y culturas en el presente y la esperanza de un futuro promisorio para los hijos de nuestra patria, fuera de constituir una síntesis de los colores fundamentales del arco iris expresados en la "Wiphala" de las grandes culturas quechua y aymara».

## El escudo boliviano

El escudo nacional de Bolivia fue creado el 17 de agosto de 1825 y modificado por un decreto supremo de 1888. Bajo el primer mandato de Simón Bolívar, la Asamblea General reunida en Chuquisaca —actual Sucre— estableció el escudo del nuevo estado, dividido en cuatro cuarteles: dos grandes en las partes superior e inferior y dos pequeños en el medio. En el cuartel superior, cinco estrellas de plata que formaban un arco yacían sobre esmalte o campo azul, y representaban los cinco departamentos que integraban la República Bolívar. En el inferior o de pie aparecía el perfil del cerro Potosí, sobre campo de oro, que simbolizaba la riqueza mineral del país. En el cuartel del medio, a la izquierda, estaba grabado sobre campo blanco el árbol prodigioso denominado del pan, especie presente en varias montañas del país, que significaba la riqueza vegetal del territorio; y a la derecha aparecía de perfil una alpaca, sobre campo o fondo verde, que aludía a la riqueza animal de la república.

Kantuta tricolor, *consagrada como la flor nacional por decreto en 1924. Presenta los tres colores de la bandera y simboliza la importancia de la tradición y las glorias de los pueblos bolivianos.*

cancelariatos, consulados y jefaturas de aduana; el sello de 20 mm, las subprefecturas, juntas municipales y demás autoridades.

## El Himno Nacional

El Himno Nacional de Bolivia data de 1845, veinte años después de que el país alcanzara la soberanía. Creado por el poeta José Ignacio de Sanjinés, autor de la letra, fue compuesto por Benedetto Vincenti, que lo musicó en tono de canción popular y con un cierto aire marcial. El mensaje o significado que transmite es de exaltación de los valores patrióticos, como orgullosa manifestación de la soberanía adquirida, y enfatiza la libertad del pueblo boliviano.

En el himno fue estrenado el 18 de noviembre de 1845, en el teatro municipal de La Paz, bajo el mandato del general José Ballivián y Segurola.

## Las flores del país

La «kantuta tricolor» fue consagrada flor nacional de Bolivia por un decreto supremo del 1 de enero de 1924. Ostenta los tres colores de la bandera y es también un símbolo que realza y dignifica la tradición y las glorias de los pueblos andinos oriundos del actual territorio nacional. Desde la época precolombina fue venerada por los aymaras o collas, y figuraba en la heráldica del imperio de los inkas (o Tawantinsuyu), quienes la usaron como emblema de su estirpe y como símbolo religioso asociado a Inti, el dios Sol.

### Himno Nacional de Bolivia

¡Bolivianos!...¡El hado propicio
coronó nuestros votos y anhelo!...
Es ya libre, ya libre, este suelo,
ya cesó su servil condición.

Al estruendo marcial que ayer fuera
y al clamor de la guerra, horroroso,
siguen hoy, en contraste armonioso,
dulces himnos de paz y de unión.

CORO

De la patria el alto nombre
en glorioso esplendor conservemos...
Y, en sus aras, de nuevo juremos:
¡morir antes que esclavos vivir!...

II
Loor eterno a los bravos guerreros,
cuyo heroico valor y firmeza
conquistaron las glorias que empieza
hoy Bolivia, feliz, a gozar.

Que sus nombres, el mármol y el bronce,
a remotas edades transmitan
y, en sonoros cantares, repitan:
¡Libertad, Libertad, Libertad!...

CORO

III
Aquí alzó la justicia su trono
que la vil opresión desconoce
y, en su timbre glorioso, legóse
Libertad, Libertad, Libertad.

Esta tierra inocente y hermosa,
que ha debido a Bolívar su nombre,
es la Patria feliz donde el hombre
goza el bien de la dicha y la paz.

CORO

IV
Si extranjero poder, algún día,
sojuzgar a Bolivia intentare,
al destino fatal se prepare
que amenaza a soberbio agresor.

Que los hijos del grande Bolívar
han ya, mil y mil veces, jurado
morir antes que ver humillado,
de la Patria, el augusto pendón.

CORO

*Nuestra Señora de Copacabana, o Virgen de la Candelaria, es la patrona de Bolivia. Su festividad se conmemora el 2 de febrero y su santuario, en el lago Titicaca, es lugar de peregrinación.*

ción oficial de las dos flores: así, una rama de la kantuta tricolor inclinada hacia la derecha debería cruzar una espadaña de la patujú bandera inclinada a la izquierda, para simbolizar la integración de todas las regiones, etnias, culturas y riquezas naturales del territorio boliviano.

## Fiesta nacional y otros emblemas patrios

Un decreto del 11 de agosto de 1825 estableció en su artículo cuarto el día 6 de agosto como fiesta cívica de carácter anual, en todo el territorio de la república, por ser el día oficial de la Independencia. Se conmemora también la proclamación del Acta de Independencia, documento que estrenó la democracia en Bolivia y fue el primer testimonio de los principios de justicia y libertad.

Por otra parte, la patrona de Bolivia es Nuestra Señora de Copacabana, también llamada Virgen de la Candelaria, cuya festividad se celebra el 2 de febrero. Su santuario está situado en la península de Copacabana, en el lago Titicaca, y es un lugar de multitudinarias peregrinaciones.

### Los animales más emblemáticos

Aunque dentro del territorio nacional boliviano existen unas cincuenta especies de vertebrados endémicos (que únicamente se encuentran en esta parte concreta del planeta), las especies más emblemáticas son animales característicos del Altiplano, de la región andina y del subcontinente sudamericano: la llama y la alpaca real, el cóndor de los Andes y el jaguar americano.

La llama y la alpaca real, junto con la vicuña y el guanaco, son las cuatro especies de camélidos que habitan en el país. La llama (*Lama glama*) es un mamífero rumiante de 1,15 m de altura, domesticado originariamente por las comunidades quechuas; en Bolivia hay aproximadamente dos millones de ejemplares. La alpaca (*Lama pacos*) es un rumiante muy parecido a la llama, pero de menor estatura y mayor pelaje, domesticado por los aymaras; existen 350 000 distribuidas por el territorio.

El hábitat de la llama, tanto como el de la alpaca, es la región altiplánica y las cordilleras Occidental y Oriental de los Andes; son animales eminentemente domésticos y fundamentales para la subsistencia de los pequeños productores que viven en esta región. Además es un significativo recurso económico nacional, puesto que su lana (especialmente la que se obtiene de la alpaca) es un producto de exportación, su carne alimenta a los habitantes de las ciu-

La *Kantuta buxifolia* pertenece a la familia de las polimoniáceas; la raíz o bulbo que la sustenta es verde, y su cuerpo es un pétalo en forma de campana alargada de color rojo, amarillo o rojo en la parte superior y amarillo en la inferior, del cual crecen largos estambres.

Más recientemente, se decretó la inclusión de otra flor con los colores de los símbolos nacionales como emblema nacional, la «patujú bandera», con el fin de consolidar la hermandad de todos los pueblos del territorio boliviano, reafirmar la unidad de la nación e integrar sus regiones, etnias y culturas constitutivas. La patujú bandera (*Heliconia rostrata*) es una flor tropical típica de los ecosistemas amazónicos bolivianos y representativa de la región de la llanura. Crece en una planta parecida a un bananero pequeño, y se la reconoce por sus largos pétalos amarillos y rojos, en forma de espadines.

El decreto supremo fue aprobado el 26 de abril de 1990 y, aparte de establecer la titularidad compartida del emblema floral nacional, su único artículo describe la forma adecuada de representa-

## El cóndor, rey de las alturas

**C**óndor es una voz quechua que hace referencia a un ave rapaz considerada como sagrada por casi todas las civilizaciones precolombinas que habitaron los Andes. El área de distribución del cóndor andino (*Vultur gryphus*) se extiende por todo el oeste del subcontinente americano, desde Venezuela hasta Tierra del Fuego (Argentina). Su hábitat principal es la gran cadena andina, si bien también desciende a zonas desérticas bajas de Perú y Chile, especialmente cuando encuentra alguna ballena u otro mamífero muerto junto a la costa. Por su envergadura (que a menudo supera los 3 m) y su peso (hasta 15 kg), el cóndor es la mayor de las más de trescientas especies del orden falconiformes que existen en el mundo. Capaz de elevarse a grandes alturas, suele ir solo o en grupo de tres o cuatro, pero cuando hay comida abundante pueden congregarse hasta una treintena de aves. El cóndor andino, a diferencia del californiano, no se halla en peligro de extinción.

*La llama (Lama glama) es uno de los camélidos típicos del Altiplano andino, junto con la alpaca real, la vicuña y el guanaco, y uno de los animales más representativos del país.*

dades, los pueblos y las comunidades, y produce importantes cantidades de fibra.

El término *cóndor* es una voz quechua que designa a un ave rapaz de gran envergadura, de color negro o negro y blanco, que habita mayoritariamente en las alturas de la cordillera nororiental de los Andes bolivianos, en los departamentos de La Paz, Oruro y Potosí. Por su parte, el jaguar americano es un mamífero carnívoro de origen americano, de 1,3 m de longitud; se parece al leopardo y presenta un color leonado con manchas negras; en Bolivia es oriundo de las llanuras amazónicas y se encuentra básicamente en la región beniana.

## Los libertadores como figuras de la identidad nacional

Simón Bolívar de Palacios nació el 24 de julio de 1783 en Caracas (Venezuela); recibió el título de Libertador en 1813, tras sus victorias militares en Colombia y Venezuela (Nueva Granada), y se le considera también el héroe libertador de Bolivia, al concretar su emancipación en la batalla de Junín (Perú) el 6 de agosto de 1824.

Bolívar se encargó, durante el período de formación de la República, que adoptó su nombre, de redactar su Constitución, y fue su gobernante entre el 11 de agosto de 1825 y el 1 de enero de 1826. Murió el 17 de diciembre de 1830 en San Pedro Alejandrino (Venezuela).

La gratitud del pueblo boliviano hacia su figura fue tan grande que, entre los principales decretos de la Asamblea General, el del 11 de agosto de 1825 reconoce solemnemente la perpetua memoria de Simón Bolívar, el Libertador. Sus artículos le otorgaron el supremo poder ejecutivo y los honores de protector y presidente de la República, mientras residiera en ella, y lo honraron con una fiesta cívica que se celebra en la fecha de su nacimiento, con un retrato que está presente en todos los edificios públicos y una estatua ecuestre que se yergue en cada capital de departamento.

Antonio José de Sucre y Alcalá, que es su nombre completo, es considerado el artífice creador de la nación boliviana al participar junto al Libertador y amigo, Simón Bolívar, en la batalla de Junín, y ganar en la batalla de Ayacucho, el 9 de diciembre

*Ayacucho (en quechua, «rincón de los muertos») fue la última batalla de la Independencia ibero-* *americana (1824) y uno de los mayores éxitos de Antonio José de Sucre en los hechos de armas.*

*Una combinación de decisiones militares desafortunadas, unida a la mala preparación de las* *tropas realistas, explican la debacle española de Ayacucho. En la imagen, pendón real de la batalla.*

de 1824, acción por la que recibió el título honorífico de Gran Mariscal de Ayacucho. Nació el 3 de febrero de 1795 en Cumaná (Venezuela) y gobernó la República Bolívar desde el 10 de enero de 1826 hasta el 18 de abril de 1828. Murió asesinado, el 4 de junio de 1830, en Berruecos (Colombia).

Como general en jefe del Ejército Unido Libertador, liberó las provincias conocidas con el nombre de Alto Perú del dominio español, y puso a su pueblo en posesión de sus derechos y soberanía. En febrero de 1825 formuló, en La Paz, el decreto que convocaba a la Asamblea Constituyente y el territorio del Alto Perú quedó bajo su tutela, como primera autoridad que era del Ejército Libertador. Mientras tanto, la Asamblea Deliberante, formada por diputados elegidos en

las juntas parroquiales y provinciales, promulgó la Independencia (6 de agosto de 1825) y le nombró presidente vitalicio de la futura República Bolívar.

Igualmente, el decreto de 11 de agosto de 1825 de la Asamblea General dedicó varios de sus artículos al justo reconocimiento de su valentía y virtudes de servicios. De este modo, Sucre obtuvo el mando de los departamentos de la república y la consideración de primer general de la misma, con el título de Capitán General. Más adelante, la capital del país y su departamento se denominarían Sucre; el 9 de diciembre se conmemoraría la «gloriosa jornada de Ayacucho»; el aniversario de su nacimiento sería también fiesta cívica y su retrato figuraría a la izquierda de la efigie del Libertador, Simón Bolívar.

# El territorio

**Situación, forma
y extensión**

**Estructura y evolución
geológica**

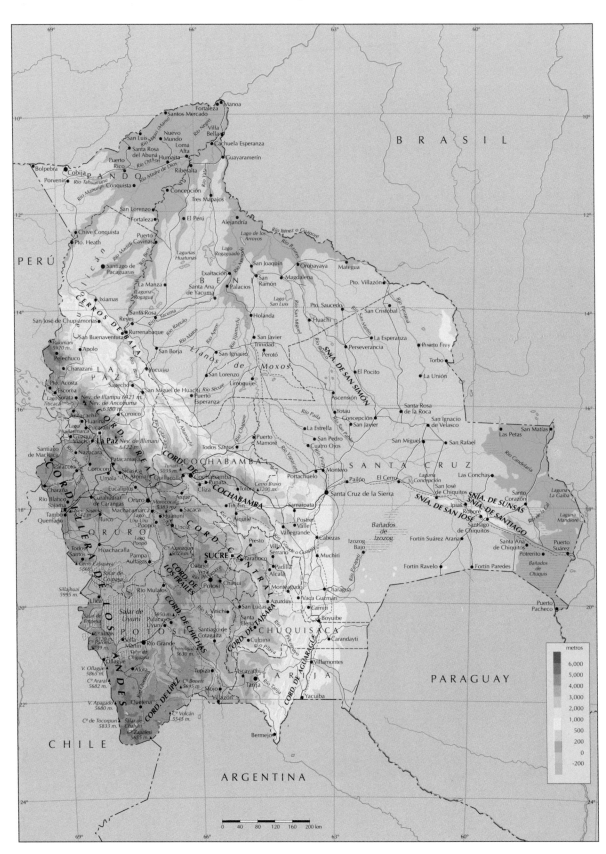

# Situación, forma y extensión

**B**olivia se halla situada en el corazón de Sudamérica, más concretamente en el centro de lo que pudiera considerarse como la franja occidental del continente. Sin embargo, esta somera descripción sólo permite establecer una primera toma de contacto y aporta muy poco sobre la situación astronómica y matemática del país.

Teniendo en cuenta que Bolivia se encuentra en el hemisferio sur del planeta y al oeste del meridiano de Greenwich, puede decirse que su posición geográfica es «sudoccidental». Por lo tanto, tiene latitud sur, o meridional, y longitud oeste, u occidental.

Determinar estos datos resulta sencillo en el caso de Bolivia, puesto que, a simple vista y consultando una base cartográfica cualquiera, en la que figuren tanto el meridiano de Greenwich como la línea del ecuador, se puede comprobar, sin mayores dificultades, su situación respecto a dichos puntos de referencia. Por el contrario, conocer la situación astronómica exacta requiere efectuar una serie de operaciones que, si bien en la actualidad son de fácil resolución, conviene aclarar en sus aspectos más generales.

## Las coordenadas geográficas

Así pues, el resultado indica que la longitud de Bolivia va desde los 57° 25' 05" oeste hasta los 69° 38' 23" oeste, mientras que su latitud parte de los 9° 40' 07" sur hasta los 22° 54' 12" sur, por lo que abarca más de 13 grados geográficos.

Los avances tecnológicos de que se dispone en la actualidad facilitan enormemente el proceso de cálculo, pero el principio fundamental se rige por el denominado «modelo del cuadrilátero de tan-

*Las juntas de San Antonio, unión de los ríos Bermejo y Grande de Tarija, frontera con Argentina.*

gentes». Mediante la aplicación de este sistema se pueden determinar ciertos datos geográficos que son de gran ayuda para conocer en mayor profundidad un territorio, como son el centro geográfico del país o sus cuatro puntos extremos.

## Los puntos extremos del territorio nacional

Es necesario, en primera instancia, definir algunos conceptos básicos. Los puntos extremos se refieren a las partes que sobresalen del perfil fisiográfico de un país; son cuatro, uno por cada punto cardinal. En el caso de Bolivia, el punto extremo norte se halla en Manoa, en el departamento de Pando, provincia Federico Román, en la confluencia de los ríos Madera y Abuná, y determina la latitud mínima al tratarse del extremo más próximo a la línea del ecuador. El punto extremo sur se sitúa en cerro Guayaques, en el departamento de Potosí, provincia Sud Lípez, y determina la latitud máxima al ser el punto más alejado de la línea del ecuador. El punto extremo este se encuentra en Buen Fin, en el departamento de Santa Cruz, provincia Germán Busch, al sudeste de la laguna Mandioré, y determina la longitud mínima, es decir, el punto más próximo al meridiano de Greenwich. Finalmente, el punto extremo oeste está en cerro Mauripalca, en el departamento de La Paz, provincia José Manuel Pando, y determina la longitud máxima al ser el extremo más alejado del meridiano de Greenwich.

## El centro geográfico de Bolivia

Una vez determinados los cuatro puntos extremos del país, se trazarán sendas tangentes hasta construir un cuadrilátero en el que quedará inscrito el territorio de Bolivia. Así, el centro geográfico será

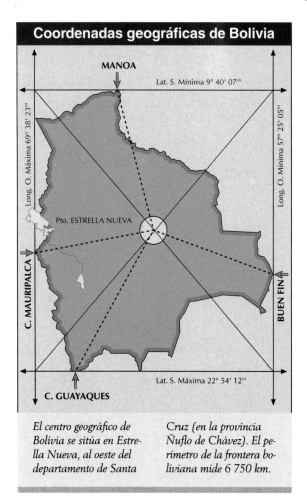

## Coordenadas geográficas de Bolivia

MANOA

Lat. S. Mínima 9° 40' 07''

Long. O. Máxima 69° 38' 23''

Long. O. Mínima 57° 25' 05''

Pto. ESTRELLA NUEVA

C. MAURIPALCA

BUEN FIN

Lat. S. Máxima 22° 54' 12''

C. GUAYAQUES

*El centro geográfico de Bolivia se sitúa en Estrella Nueva, al oeste del departamento de Santa Cruz (en la provincia Ñuflo de Chávez). El perímetro de la frontera boliviana mide 6 750 km.*

neas imaginarias que confluyen en ambos polos y constituyen a su vez 24 espacios llamados «husos horarios». Cada uno de esos espacios abarca 15 grados de longitud y aproximadamente 1 670 km en la línea del ecuador, pues a medida que se acerca a los polos disminuye la distancia en kilómetros en que se traducen los grados de longitud.

Dentro de cada huso horario, es decir, de cada uno de los 24 espacios imaginarios en los que, por convención, se ha dividido la superficie terrestre, rige la misma hora. Tomando como punto de referencia el meridiano de Greenwich, cada huso aumenta una hora en dirección este y disminuye una hora en dirección opuesta, hacia el oeste.

Desde 1922 Bolivia se rige por el cuarto huso horario, lo que significa que cuenta con cuatro horas de retraso respecto al meridiano de referencia. Por lo tanto, cuando en el huso horario de Greenwich es mediodía (12 horas), en Bolivia todavía son las 8 de la mañana. En relación a algunos países de su entorno, Bolivia se rige por el mismo huso horario que Venezuela, mientras que tiene una hora de retraso con Uruguay y una de adelanto respecto a Perú.

## La forma del país: fronteras naturales y artificiales

En el sector occidental del territorio, el límite de la nación dibuja una línea bastante bien definida de norte a sur, mientras que, por el contrario, en sus otros tres confines la frontera presenta un aspecto más enrevesado, menos nítido en sus formas. Los pormenores de la situación limítrofe de Bolivia se detallarán en un apartado posterior, pero ahora sólo se echará alguna luz sobre los trazos fundamentales.

El límite occidental del país se podría simplificar trazando una línea vertical de norte a sur, desde el departamento de Pando hasta el de Potosí. En este caso, el relieve desempeña un papel decisivo, sobre todo en el sector sudoccidental del territorio. Las regiones de la cordillera Occidental y del Altiplano poseen unos límites naturales bien definidos, los cuales configuran el perfil anteriormente apuntado.

En el resto del territorio, los límites organizan formas más complejas. En ocasiones, los accidentes geográficos también actúan de condicionante, como es el caso del límite septentrional, que sigue el curso de varios ríos: el Iténez o Guaporé en el nordeste, el Mamoré en el centro, y el Acre y el Abuná al noroeste. También ocurre lo mismo con

el punto donde confluyan las dos diagonales de dicho cuadrilátero de tangentes: en el caso boliviano es el puerto Estrella Nueva, sobre el río Grande, en el departamento de Santa Cruz, provincia Ñuflo de Chávez.

La extendida opinión que considera a Bolivia como corazón de América del Sur es una evidencia que difícilmente puede discutirse, pero es necesario puntualizar que el auténtico centro geográfico del continente está establecido en el Chaco Boreal, en la margen derecha del río Paraguay, una región que hasta el año 1935 perteneció efectivamente a Bolivia, pero que en la actualidad forma parte del territorio paraguayo.

### El cuarto huso horario boliviano

El establecimiento de los husos horarios permite determinar, a grandes rasgos, la situación de un territorio en relación a su longitud.

Partiendo del meridiano de Greenwich, la superficie del globo terráqueo está dividida en 24 lí-

*El Altiplano, con más de 100 000 km², constituye uno de los rasgos más característicos del territorio de Bolivia. En la imagen, sector altiplánico junto a la cordillera de Azanaques.*

algunos pequeños tramos del río Paraguay en el departamento de Santa Cruz, en la región oriental del país, al igual que pasa en el sur con los ríos Grande de Tarija, Bermejo y Pilcomayo. Sin embargo, uno de los detalles más significativos que determinan la forma de la Bolivia oriental y meridional es el establecimiento de fronteras mediante convenciones o tratados, con independencia de los aspectos naturales. De esta manera, hay cientos de kilómetros delimitados por líneas rectas, que han sido fijadas siguiendo la línea imaginaria de meridianos o paralelos o bien uniendo dos cotas geodésicas.

## Progresiva reducción del territorio nacional

En la actualidad, la superficie total de Bolivia es de 1 098 581 km², por lo que ocupa el quinto lugar entre los países sudamericanos, por detrás de Brasil, Argentina, Perú y Colombia.

Como dato ilustrativo —y para facilitar la comprensión de las dimensiones del territorio nacional boliviano— cabe decir que su superficie supera ampliamente a la de cualquier país europeo, a excepción de la Federación Rusa, y multiplica por dos la de España.

No obstante, desde 1825, fecha de su Independencia, Bolivia ha visto disminuir su extensión a menos de la mitad con respecto a la original. De hecho, por aquellas fechas contaba con una superficie de 2 363 769 km², que se fueron reduciendo, con el transcurrir del tiempo, a causa de multitud de conflictos con los países vecinos.

A grandes rasgos, las pérdidas de territorio boliviano en beneficio de otros estados ascienden a 1 265 188 km², y se resumen de la esta manera: pasaron a Brasil 490 430 km²; a Chile, 120 000 km²; a Perú, 250 000 km²; a Argentina, 170 758 km²; y a Paraguay, 234 000 km².

## La delimitación de las fronteras

En sus poco más de 170 años de vida, Bolivia ha atravesado por numerosas circunstancias que han influido en la constitución definitiva de sus fronteras. En el apartado anterior se apuntaban someramente las pérdidas territoriales sufridas en beneficio de los cinco países colindantes; ahora es el momento de profundizar en esta información para explicar de qué forma los límites de Bolivia llegaron a adoptar su perfil actual.

El perímetro de Bolivia alcanza 6 750 km, lo que supone una extensa línea fronteriza que le une a otras cinco naciones sudamericanas, en la relación que a continuación se indica: con Brasil comparte 3 133 km; con Paraguay, 738 km; con Argentina, 773 km; con Chile, 975 km; y finalmente con Perú 1 131 kilómetros.

Existen dos tipos de fronteras: las naturales o físicas y las artificiales o matemáticas. Es éste un aspecto que ya se ha tratado con anterioridad para describir la forma de Bolivia y que ahora parece obligado recuperar a modo de ilustración de determinadas realidades.

La llamada *frontera natural* o *física* es aquella separación entre territorios que responde al perfil de los accidentes naturales (ríos, montañas, litoral marítimo, etc.) y suele marcar diferencias culturales, históricas, lingüísticas o religiosas de dos naciones vecinas. En el caso de Bolivia, el ejemplo más claro es la cordillera Occidental de los Andes, que en la actualidad sirve de límite con Chile.

Por otro lado, la *frontera artificial* o *matemática* se establece por medio de acuerdos, convenios o tratados de paz entre estados limítrofes, y suele estar representada por líneas imaginarias que siguen el trazo de un paralelo o un meridiano, o que unen dos cotas determinadas. En ocasiones, este tipo de frontera no tiene en cuenta las particularidades culturales o históricas. Bolivia, en particular, tiene fronteras de este tipo, sobre todo con Brasil, Paraguay y Perú.

## Las riquezas naturales del Norte y la pugna territorial con Brasil

Ya antes de la Independencia, los numerosos conflictos entre españoles y portugueses por el control de las regiones orientales de Sudamérica permitieron vislumbrar que el establecimiento de las futuras fronteras entre Brasil y Bolivia no sería un tema de fácil solución.

La posesión de riquezas naturales ha sido una de las claves para entender la evolución de las fronteras con Brasil. En la segunda mitad del siglo XIX, Brasil consiguió hacerse con una zona del sudeste del país muy valiosa por sus reservas de hierro. El proceso fue de gran sutileza, puesto que estuvo precedido de una política de asentamientos de población brasileña en territorio boliviano, que, en última instancia, precipitó el acuerdo de cesión. La cuestión no es baladí, ya que estaba en juego el control sobre dos de las mayores reservas de hierro y manganeso del planeta: las zonas mineras de Mutún y Urucum, junto a la orilla derecha del río Paraguay.

Mediante el acuerdo de cesión, firmado en el año 1867, se fijaron dos cotas: la primera en Fondo de Bahía Negra y la segunda en la laguna Cáceres, unidas por una línea geodésica que desde entonces sirve de límite fronterizo. Bolivia perdió una parte importante de territorio y —lo que es peor— la reserva minera de Urucum, aunque pudo conservar el yacimiento de Mutún.

La gran pérdida, en beneficio de Brasil, fue la región de Acre, al norte del país, en el límite con el actual departamento de Pando, también de vital importancia económica, pues se trata de una zona con grandes reservas de caucho. Tras diversos enfrentamientos armados entre las tropas bolivianas y trabajadores brasileños, en 1903 se firmó el tratado de Petrópolis, mediante el cual Brasil tomaba posesión de la zona de Acre a cambio de dos millones de libras y de diversos acuerdos comerciales.

Años más tarde, en 1928, entró en vigor el tratado de Natal, por el que Brasil hizo prevalecer su potencial económico para rediseñar en beneficio propio la frontera del río Madera, a cambio, una vez más, de diversos acuerdos financieros vinculados a la construcción de la línea férrea boliviana.

En la actualidad, los límites con Brasil corresponden en la zona norte a los ríos Rapirrán, Chipamanu y Acre, y en el centro siguen el curso de los ríos Iténez o Guaporé y Mamoré, hasta su confluencia con el Madera.

Hacia el sur, la frontera parte de fuerte Coimbra hacia el norte por el curso del río Paraguay: una línea geodésica al occidente de la margen derecha de esta gran arteria fluvial, que atraviesa las lagunas Cáceres, Mandioré, La Gaiba y Uberaba, completando los más de 3 100 km de límite fronterizo entre Bolivia y Brasil.

## El conflicto por el control del Chaco Boreal: la frontera con Paraguay

En este caso, el conflicto se centra en un solo territorio, el Chaco Boreal, al sudeste del actual departamento boliviano de Santa Cruz.

Durante las primeras décadas posteriores al nacimiento de Bolivia, la cuestión del Chaco careció de relevancia, hasta que en 1852 el tratado entre Argentina y Paraguay encendió la primera chispa. El principal objetivo argentino era el de asegurar el control sobre el río Paraguay a la república homónima, sobre la que ejercía una acentuada influencia, e impedir el acceso de Bolivia a ese río y, por tanto, al océano Atlántico.

Durante la segunda mitad del siglo XIX y los primeros años del XX se sucedieron toda suerte de tratados y protocolos para establecer una base de entendimiento entre las naciones en conflicto. La línea fronteriza sufrió diversas modificaciones, siempre regidas por parámetros artificiales —siguiendo el trazado de meridianos o paralelos—, y se desplazaba a norte y sur, a este y oeste, según el grado de tensión existente entre ambos países.

## De la Audiencia de Charcas a la República de Bolivia

El territorio actual de Bolivia corresponde, a grandes rasgos, a la continuación natural de lo que en el siglo XVI se conocía como Real Audiencia de Charcas. Creada en 1559, bajo el reinado de Felipe II, la Audiencia comenzó a funcionar a los dos años de su proclamación. Extendía sus dominios desde el Cusco, por el norte, hasta Buenos Aires, por el sur; por el este limitaba con el llamado mar del Norte (Atlántico), y al oeste alcanzaba el mar del Sur (Pacífico). En 1661 fue dividida en dos partes: por un lado, la nueva Audiencia de Buenos Aires, que comprendía las provincias de Tucumán, Río de la Plata y Paraguay; y por otro, la Audiencia de Charcas propiamente dicha (Qullasuyu), formada a su vez por cuatro provincias (La Paz, Charcas, Potosí y Santa Cruz) y dos territorios (Moxos y Chiquitos, y los Chacos Boreal y Central).

No fue hasta principios del siglo XIX cuando Bolivia terminó de definir sus dominios. En el contexto de los movimientos de emancipación de las colonias americanas, en 1810, fue aplicado el *Uti Possidetis Juris*, en virtud del cual quedaron delimitados los límites de la futura República. Con las resoluciones de la Asamblea Deliberativa decretadas en agosto de 1825 surgió la nueva nacionalidad, emancipada de la Corona española posteriormente. Sus fronteras se definieron del modo siguiente: al norte, desde las fuentes del río Yavari, incluyendo Lampa y Apolobamba, hasta la confluencia del Madera; al sur, hasta las provincias de Salta, Partido de Toldos y Chaco Central; al este, hasta el territorio de Mato Grosso, delimitados por los cursos del Madera, Iténez o Guaporé y Paraguay; y al oeste, hasta el océano Pacífico, incluyendo, por lo tanto, la fachada marítima. Este vastísimo territorio, de 2,3 millones de kilómetros cuadrados, se mantuvo en poder boliviano hasta 1860. Estaba dividido en cinco intendencias: Potosí, Charcas, La Paz, Cochabamba y Santa Cruz, y varios territorios nacionales. Desde 1826, las intendencias pasaron a denominarse departamentos.

Durante la segunda mitad del siglo XIX, el afán expansivo de los países vecinos llevó al estallido de sucesivos conflictos bélicos en la región, de resultas de los cuales Bolivia perdió más de 1,2 millones de km², en favor de Brasil (casi medio millón de km²), Paraguay (234 000 km², tras la Guerra del Chaco), Perú (en torno al cuarto de millón de km²) y Chile (120 000 km², como resultado de la Guerra del Pacífico).

*Mapa de la Audiencia de Charcas, extraído del libro* Historia General de los Viajes *(1756), del geógrafo francés Jean-Baptiste Bourgignon d'Anville.*

*En junio de 1935 los representantes de Bolivia y Paraguay firmaron en Buenos Aires un protocolo de paz que ponía fin a más de tres años de guerra por el dominio de la región del Chaco.*

Tras sucesivos fracasos, en abril de 1932 estalló la Guerra del Chaco, en la que Paraguay contó con la inestimable alianza de Argentina. Este conflicto bélico terminó el 12 de junio de 1935 con la firma de una tregua, que sería ratificada el 21 de julio de 1938. En virtud de esta paz, Bolivia perdía definitivamente 234 000 km$^2$ de su territorio, aunque se aseguraba el libre tránsito de mercancías por las aguas del río Paraguay.

Así, la frontera con Paraguay, a lo largo de más de 700 km, comienza en fortín Esmeralda y sigue por Villazón, 27 de Noviembre, cerro Ustárez, Palmar de las Islas, fortín Paredes, cerro Chovoreca, cerrito Jara, y el hito tripartito de Bolbrapa, para terminar finalmente en el río Paraguay.

## Los límites nacionales con Argentina

Bolivia comparte con Argentina un total de casi 800 km de fronteras, el diseño final de las cuales ha necesitado de un largo proceso de conflictos y tensiones avivado por una rivalidad ancestral.

En la primera mitad del siglo XIX, Bolívar cedió el control de la región de Tarija a las autoridades argentinas, decisión ésta que provocó no sólo la airada protesta de políticos y militares bolivianos sino también el firme rechazo de los habitantes de aquellas tierras. El naciente Estado boliviano veía así amenazada su integridad territorial en una época de vital importancia para su desarrollo, a causa, precisamente, de su juventud como país independiente. Además, la región de Tarija constituía —y sigue constituyendo— una zona de vital importancia para la economía de la nación, pues la generosidad de sus ríos se traduce en un importante potencial hidroeléctrico.

La voluntad del pueblo tarijeño hizo que la región volviera a manos de Bolivia, hecho que, sin embargo, estableció la base para ulteriores enfrentamientos. Finalmente, el destino de Tarija se decidió por las armas y, tras la derrota de las tropas argentinas, la región pasó definitivamente a formar parte del mapa administrativo boliviano.

Pero éste no ha sido el único conflicto fronterizo entre ambos países. La región del Chaco Central, un espacio encajado entre los ríos Pilcomayo y Bermejo, fue cedido a Argentina por el tratado de 1889, al igual que ocurriera con la región de la puna de Atacama o Atacama oriental.

La frontera definitiva se fijó en 1925 y quedó establecida de la siguiente manera: tomando como punto de partida el cerro Zapaleri o Zapalegui, en el extremo occidental de la frontera, se unieron una serie de cadenas montañosas y otros accidentes geográficos en dirección este, hasta llegar al río Bermejo, que desciende hacia el sur hasta fortín Campero. Desde ese punto, el límite vuelve a ascender en busca del paralelo 22, y continúa por esa misma línea imaginaria para morir en aguas del río Pilcomayo, que supone el límite oriental con la región argentina del Chaco Central. Después de tan largo proceso, el resultado supuso para Bolivia una pérdida de 170 000 km².

### Una ansiada salida a la fachada marítima: los límites de Bolivia con Chile

Las disputas con la República de Chile, cuya frontera alcanza 975 km, se centran de forma específica en la soberanía sobre la región de Atacama, un espacio de relevancia estratégica difícil de calcular, pues supone disponer —o, en este caso, estar privados— de una salida al océano Pacífico.

Cabe señalar, a modo de adelanto, que el límite fronterizo actual entre Bolivia y Chile fue establecido tras la firma del tratado de 1904, y que la asunción de dicho acuerdo supuso para el Estado boliviano la renuncia a 120 000 km² de territorio en la región atacameña.

### La frontera noroeste: Bolivia-Perú

La franja noroccidental de Bolivia limita con la República de Perú, hasta completar más de un millar de kilómetros de fronteras.

Recién estrenada la Independencia boliviana, las plazas estratégicas de Arica y Tacna vieron frustrado su anhelo de formar parte de la nueva nación y quedaron bajo control peruano. La presión militar de Perú por controlar ciertos territorios de Bolivia había sido una práctica habitual desde años antes, y siguieron realizándose diversas incursiones hasta mediados del siglo XIX. Tras la batalla de Ingavi, en 1841, la frontera andina con Perú quedó definitivamente establecida, pero la tensión con el territorio vecino se acrecentó en las regiones tropicales, en el Manuripi.

Así, tras los tratados de Arbitraje Juris de 1902 y de Daniel Sánchez Bustamante-Solón Polo (1909), nació la actual línea fronteriza peruano-boliviana, que va de la región andina de Charaña en dirección norte al lago Titicaca, al que divide en dos, y continúa más al norte siguiendo el curso del río Heath hasta su confluencia con el río Madre de Dios. Desde ese punto parte una línea imaginaria que perfila la frontera septentrional hasta Bolpebra. En definitiva, Bolivia perdió, en este caso, otros 250 000 km² en beneficio de Perú.

## Bolivia, de espaldas al mar

Tal vez se trate de la herida más profunda que haya sufrido Bolivia en sus más de 170 años de historia. Como se ha venido insistiendo en apartados ante-

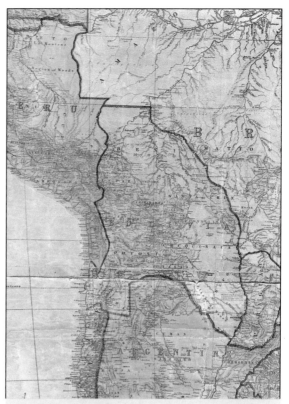

*Carta de Bolivia, en el Mapa de Sud América publicado en 1876 por el geógrafo Johnston.*

*En 1904 Bolivia perdió definitivamente la fachada marítima del sudoeste en favor de Chile.*

riores, la posición geográfica del país es una de las más privilegiadas del continente y, sin duda, no tendría parangón de no ser por la inexistencia de una salida efectiva al mar. Las consecuencias económicas —y, por ende, sociales— de su aislamiento respecto a la cuenca del Pacífico son difíciles de calibrar, pero han alcanzado una dimensión en muchos sentidos determinante.

Antiguas rutas comerciales que unían los riquísimos yacimientos de minerales con las ciudades portuarias del Pacífico se han visto desmanteladas, o al menos acusadamente limitadas, por el control de países vecinos como Chile o Perú.

A mediados del siglo XIX, los confines occidentales de Bolivia se abrían paso desde las regiones andinas hasta llegar al mar, especialmente en las zonas de Tarapacá y Atacama.

### Atacama, en el centro de la pugna territorial

La región de Atacama ha sido tradicionalmente rica en salitre y guano, productos muy apreciados en el

## Pérdidas territoriales de Bolivia

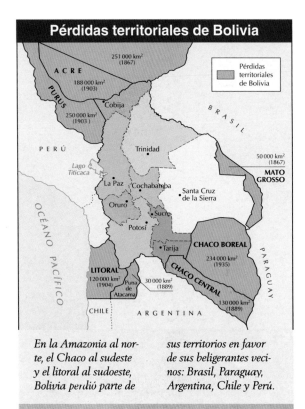

En la Amazonia al norte, el Chaco al sudeste y el litoral al sudoeste, Bolivia perdió parte de sus territorios en favor de sus beligerantes vecinos: Brasil, Paraguay, Argentina, Chile y Perú.

## Los «territorios cautivos»

Los innumerables problemas que ha padecido Bolivia en la relación con sus vecinos responden en gran medida a la inmensa riqueza de sus recursos naturales. Es el caso del salar de Uyuni, cerca de la frontera sudoeste, o los minerales de cobre, plata y oro que se hallan desde la cordillera de Apolobamba hasta el cerro Zapaleri, o el caso del gigantesco yacimiento de Mutún, al norte, en el límite con Brasil.

Las cuantiosas pérdidas territoriales sufridas por Bolivia en su corta historia como nación libre han supuesto, sin duda, un implacable condicionante a su desarrollo. Los límites del país se han cerrado sobre sí mismos y todavía hoy se siguen escuchando las voces que reivindican la soberanía sobre los llamados «territorios cautivos».

siglo XIX, lo que despertó el interés de Chile por controlar dichas zonas. Diferentes tratados y protocolos internacionales intentaron sentar una base para el justo reparto y aprovechamiento de los recursos, pero las aspiraciones chilenas fueron en aumento y, gracias a su mayor potencial militar, consiguió concretar sus propósitos durante la llamada «guerra del salitre».

Antes del conflicto, la frontera chileno-boliviana estaba situada a la altura del paralelo 24, con lo que Bolivia disponía de una amplia salida al mar. Finalizada la guerra, en 1883, y tras la firma del ya mencionado tratado de 1904, la divisoria entre ambos países ascendió hasta el paralelo 18 aproximadamente, con lo que Bolivia pasó a convertirse en una nación de espaldas al Pacífico.

### La declaración de Ilo: acuerdos con Perú

Por otro lado, en cambio, las relaciones bilaterales entre Bolivia y Perú parecen haber mejorado ostensiblemente en los últimos años, como indican los acuerdos suscritos mediante la declaración de Ilo (1992). El acercamiento de posiciones y la concreción de acuerdos de cooperación económica entre estos dos países puede devolver a Bolivia la posibilidad de mirar hacia el mar.

Con la declaración de Ilo, Perú se comprometió a establecer una zona franca en las regiones portuarias de Ilo, Matarani y Mollendo, y a recuperar de este modo un flujo comercial favorable para Bolivia. Además, se contempla la creación de una zona franca de explotación turística, a lo largo de una franja de 5 km de litoral junto al puerto de Ilo. Sin duda, estos acuerdos no satisfacen en su totalidad las aspiraciones bolivianas, pero permiten afrontar el futuro más próximo con nuevas perspectivas de desarrollo.

# Estructura y evolución geológica

ara afrontar con éxito un apartado como el que se desarrollará a continuación —que pudiera plantear dificultades al lector no especializado— parece necesario esclarecer de antemano las directrices que regirán las páginas siguientes. Para ello, en primer lugar es conveniente precisar el significado de lo que se denomina «columna geológica»; es decir, el esquema que, de forma resumida, dispone la serie continua de eras, períodos o épocas en que se divide la historia geológica del planeta, para después acometer cada una de ellas con la aportación de ejemplos ilustrativos sobre Bolivia en particular.

*Las tierras precámbricas del macizo Chiquitano ocupan una parte del oriente y nordeste del país.*

## Geocronología: la edad de la Tierra

La clasificación más primaria divide la historia de la Tierra en dos eones; esto es, en dos períodos de tiempo de enorme duración (más de 500 millones de años en el menor de los casos). Así, se hablará del eón Criptozoico —de la «vida latente»—, que ocupa la mayor parte de la historia del planeta (unos 4 500 millones de años), y del eón Fanerozoico —de la «vida patente»—, que abarca los últimos 600 millones de años. La principal diferencia radica en que las rocas del eón Criptozoico no presentan fósiles, mientras que en las del eón Fanerozoico éstos son bastante habituales.

El punto de ruptura entre ambos segmentos de tiempo se da al principio del período Cámbrico, por lo que el eón Criptozoico es más comúnmente conocido como Precámbrico.

En cuanto al eón Fanerozoico, cabe decir que está dividido en tres eras: Paleozoica, Mesozoica y Cenozoica, y éstas, a su vez, están subdivididas en diferentes períodos o épocas.

## El Precámbrico

Concebir la duración del eón Criptozoico (o Precámbrico) no es tarea sencilla, puesto que la cifra de 4 500 millones de años puede resultar difícil de entender. Para hacerse una idea más aproximada puede decirse que el Precámbrico ocupa las primeras nueve décimas partes de la historia de la Tierra. Además, hay que precisar que el Criptozoico está dividido en tres eras: la Azoica (cuya raíz griega especifica que se trata de un período «sin vida»), la Arqueozoica («de la vida antigua») y la Proterozoica («de la primera vida»).

• *Era Azoica.* Es la más antigua, desde el origen de la Tierra como planeta independiente, y la de mayor duración. El planeta era una gigantesca bola de fuego con unas condiciones tan extremas que impedían el desarrollo de cualquier tipo de vida. Con el paso del tiempo —varios millones de años—, el enfriamiento permitió que se formara una capa sólida en la superficie, hasta generar los escudos o cratones, el embrión más incipiente de los actuales continentes. El Escudo brasileño penetra en las regiones orientales de Bolivia (provincia Chiquitos, Velasco, Ñuflo de Chávez, a lo largo del río Iténez hasta Riberalta). Su composición se basa principalmente en rocas ígneas, como granitos, gabros, sienitas, y rocas metamórficas, como gneises bandeados, micasquistos, cuarcitas, etcétera, que poseen una importante riqueza en minerales de gran valor como el oro, la plata, el hierro, el uranio o los diamantes. Con posterioridad, la temperatura de la Tierra descendió por debajo de los 100 grados centígrados y los vapores de agua se condensaron, originándose las primeras precipitaciones, los primeros arroyos, ríos y lagos y formándose los primitivos mares.

En la imagen, huellas de medusas (de 12 cm de diámetro), halladas en un yacimiento australiano que atestiguan los primeros vestigios de vida en la Tierra, durante la era Proterozoica.

• *Era Arqueozoica*. Las rocas de esta segunda era mantienen las características similares a las de la anterior. La primitiva corteza terrestre aumentaba de espesor a causa de las constantes erupciones de lava de los volcanes, mientras las formas de relieve se modelaban a un ritmo cadencioso por la acción del viento y del agua. El aspecto del planeta continuaba siendo desolador, pero en las profundidades del mar se daban las condiciones mínimas imprescindibles para generar algunas elementales formas de vida. De esta manera surgieron los primeros seres unicelulares, de tamaño microscópico, los antepasados más remotos de las plantas y los animales.

• *Era Proterozoica*. Fue la era de la primera vida, como lo atestiguan algunos excepcionales fósiles hallados en Australia: algas marinas, medusas, esponjas. En esta era disminuye significativamente la cantidad de rocas ígneas y metamórficas en relación a las dos eras anteriores.

## La era Paleozoica

El eón Fanerozoico comprende las eras siguientes: Paleozoica, Mesozoica y Cenozoica.

La era Paleozoica se originó hace aproximadamente 600 millones de años y duró unos 380 millones de años, lo que la convierte en la de mayor duración dentro del eón Fanerozoico. Está dividida en seis períodos básicos: Cámbrico, Ordovícico, Silúrico, Devónico, Carbonífero y Pérmico.

En la región andina de Bolivia proliferan las rocas de esta era, en las cordilleras que van del sector oriental del lago Titicaca y del Altiplano a los llanos del Beni y del Chaco. Se trata de rocas de origen marino y sedimentario, depositadas con el paso del tiempo en el fondo de los mares paleozoicos.

### Cámbrico

La presencia de fósiles en este período es mucho más frecuente que en los anteriores, lo que facilita muchísimo la tarea de datación de las rocas. En el continente sudamericano no son abundantes las rocas del Cámbrico, todas de origen marino, que son más frecuentes en el hemisferio norte. Los fósiles más habituales pertenecen a los trilobites, una especie de artrópodo marino que ha sido considerado como el pariente lejano de los actuales cangrejos, langostinos, etcétera, y que en su tiempo fueron los animales más avanzados desde el punto de vista evolutivo.

### Ordovícico

En Bolivia se han encontrado importantes muestras de fósiles pertenecientes a este período, que comenzó hace unos 480 millones de años y duró unos 45 millones de años, especialmente en ciertas zonas de Tarija, Chuquisaca, Cochabamba y Potosí. La fauna fósil aumenta en cantidad y en variedad: los trilobites continúan siendo los más abundantes, pero además aparece el grupo de los llamados graptolitos.

Durante ese tiempo la mayor parte de Sudamérica, Bolivia incluida, se hallaba sepultada por las aguas. Diversos cálculos indican que la suma del espesor de las rocas ordovícicas de Bolivia alcanza, como mínimo, los 8 000 m, y están mayoritariamente representadas en la parte occidental del departamento de Tarija y de Chuquisaca, así como en Potosí y Cochabamba, mientras que el departamento de La Paz cuenta con rocas de este período en las provincias de Caupolicán y en los Yungas.

### Silúrico

Durante el Silúrico, que tuvo su origen hace unos 435 millones de años, emergieron nuevas tierras en diversos puntos del planeta, pero Bolivia continuaba bajo el mar, como así atestiguan los hallazgos

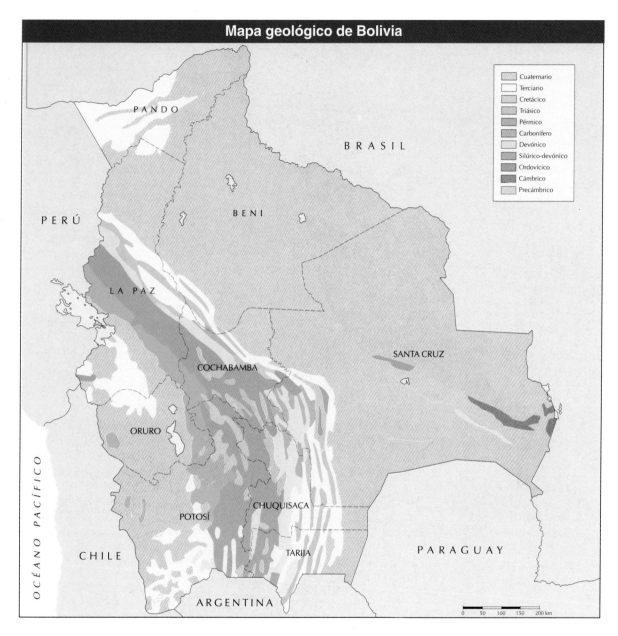

## Mapa geológico de Bolivia

Cuaternario
Terciario
Cretácico
Triásico
Pérmico
Carbonífero
Devónico
Silúrico-devónico
Ordovícico
Cámbrico
Precámbrico

de fósiles marinos en lugares de Cochabamba, Potosí, Tarija, Chuquisaca, Oruro y La Paz.

Al contrario que en el hemisferio norte, en casi toda Sudamérica los mares del Paleozoico Inferior y Medio eran de aguas frías, lo que explica la inexistencia de formaciones de roca caliza, así como la falta de corales, briozoos o arrecifes fósiles. La vida en estos mares es abundante y variada: se hallan aún trilobites, al igual que nuevas formas evolucionadas de graptolitos (*Monograptus*), o los primeros euriptéridos o «escorpiones de mar».

El estudio del Silúrico ha aportado destacadas muestras en Tarabuco, cerca de Sucre (Chuquisa-ca), en la zona minera de Uncía, Catavi, Huanuni y en Pojo, en el camino Cochabamba-Santa Cruz. Se han hallado *Monograptus* en Ushpa-Ushpa, al este de Cochabamba; en Paso Caliente (camino Quillacollo-Cocapata); o en la Cuesta de Lampaya, en el antiguo camino de Cochabamba a La Paz.

### Devónico

En este período aparecen los primeros peces y las primeras plantas terrestres. Según los expertos en geología, Bolivia se encuadra en una región denominada Malvino-Kaffra, compuesta por Argentina, Brasil, Uruguay, islas Malvinas, Sudáfrica y Antárti-

## Eras geológicas, formas del relieve y seres vivos

| Eras | Caracteres geológicos | Períodos | Especies |
|------|----------------------|----------|----------|
| Arcaica o agnostozoica. | Rocas cristalinas, granitos y gneis. Terrenos de formación sedimentaria. Plegamiento uroniano. | Arcaico<br><br>Algonquino | Se plantea la existencia de seres vivos, animales y vegetales. Algas, pistas de gusanos. Crustáceo «Beltina». |
| Primaria o paleozoica. | Gran actividad volcánica. Plegamientos caledoniano y herciniano. | Cámbrico-Ordovícico<br><br>Silúrico<br><br>Devónico<br><br>Carbonífero<br><br>Pérmico | Vida exclusivamente marina: algas, trilobites, braquiópodos, y animales acorazados. Algas calcáreas. Trilobites, corales, peces placodermos. Primeros insectos. Criptógamas y gimnospermas. Peces placodermos, ciclóstomos, seláceos, dipnoos y ganoideos. Arrecifes de coral. Pteridófitas, criptógamas, fanerógamas. Gimnospermas (actuales yacimientos de hulla). Vertebrados anfibios (batracios). Helechos arborescentes y musgos gigantes. Coníferas. Vertebrados terrestres (reptiles). Insectos. |
| Secundaria o mesozoica. | Levantamiento y hundimiento de continentes. | Triásico<br><br>Jurásico<br><br>Cretácico | Decadencia de los helechos. Cicadáceas y coníferas. Monocotiledóneas y dicotiledóneas. Reptiles gigantes. Reptiles nadadores, voladores, terrestres. Mamíferos inferiores. Aves. |
| Terciaria o cenozoica. | Gran actividad orogénica. Plegamiento alpino. Conformación de los continentes de forma muy parecida a la actual. | Paleoceno Eoceno Oligoceno Mioceno Plioceno | Fanerógamas gimnospermas (actuales yacimientos de lignito). Desaparición de los grandes reptiles. Evolución de los mamíferos. Aparición de los proboscídeos y los équidos. |
| (Período cuaternario o antropozoico). | Glaciaciones e interglaciaciones. | Pleistoceno o diluvial. Holoceno o aluvial. | Flora y fauna: salvo algunas modificaciones, las mismas especies que en la actualidad. Aparición del ser humano. |

da, una comunidad biológica inscrita en un mar con escasas comunicaciones hacia el exterior y con similares características fosilíferas. Este período tuvo su origen hace 405 millones de años y una duración aproximada de 60 millones.

En Bolivia se han encontrado rocas devónicas en el departamento de Tarija, al sur del país, y en el de Chuquisaca, en una franja que se alarga desde Tarabuco-Presto hasta el este de Padilla, cuyo máximo exponente es la localidad de Icla, uno de los emplazamientos de mayor interés de toda Sudamérica para los investigadores. Éstos y otros afloramientos, como los de Sicasica (La Paz) o río Grande (Cochabamba), ofrecen la más rica y variada fauna fosilífera de América del Sur en lo que al período Devónico se refiere.

## Carbonífero

Este período se inició hace unos 345 millones de años y duró aproximadamente unos 70 millones de años. Se caracteriza principalmente por que sus rocas albergan los principales yacimientos de hulla y carbón de piedra, y está subdividido en el período Misisipiano (Carbonífero Inferior) y en el período Pennsilvaniano (Carbonífero Superior).

La inexistencia de yacimientos de carbón en Bolivia se debe a que en su territorio y durante este período no se dieron las condiciones imprescindibles para su formación: presencia de grandes bosques que pudieran crecer en un clima tropical húmedo y que estas masas forestales fueran anegadas por el mar y cubiertas de lodo y arena, quedando a salvo de la acción de los agentes de descomposición; a lo que se añadiría el movimiento bascular de la corteza terrestre, que hace que el continente se sumerja y emerja sucesivamente.

Este proceso debe cumplir el ciclo completo para que el tiempo convierta la madera de los árboles en carbón, algo que no ocurrió en el territorio de la actual Bolivia. Se cumplía la primera condición, la presencia de grandes bosques; sin embargo, el movimiento de la corteza terrestre no permitió que fueran sepultados por las aguas del mar y los troncos caídos protagonizaron un mero proceso de putrefacción.

Durante el Carbonífero, el espectacular desarrollo de la vegetación incidió de forma directa en las condiciones atmosféricas del planeta. Gracias al proceso de fotosíntesis, las plantas enriquecieron con oxígeno una atmósfera acusadamente saturada de dióxido de carbono, un cambio de escenario natural que facilitó el desarrollo de diversas especies

*Los fósiles más representativos del Cámbrico son unos artrópodos marinos con elevado grado de evolución: los trilobites, considerados los parientes lejanos de los actuales cangrejos y langostinos.*

animales. Aparecieron y evolucionaron los insectos, así como los primeros tetrápodos (cuadrúpedos) terrestres, pertenecientes al grupo de los anfibios, que presentan un aspecto similar al de unas salamandras de gran tamaño.

Por último, cabe decir que la huella del Carbonífero en Bolivia se localiza en la región subandina, en las cadenas frontales, frente a las llanuras del Chaco y del Beni, que constituyen la zona petrolífera del país.

## Pérmico

Último período de la era Paleozoica, iniciado hace unos 275 millones de años y con una duración de 50 millones de años. Las condiciones terrestres y marinas supusieron una continuación natural con respecto al período Carbonífero, con especies de fauna y flora bastante semejantes. De hecho, algunos expertos no consideran que exista un verdadero punto de inflexión entre ambos períodos y defienden su asimilación.

La mejora de las condiciones atmosféricas en beneficio del desarrollo de la vida permitió a los reptiles romper su dependencia respecto al medio acuático y, progresivamente, los nuevos ejemplares perdieron las branquias y pasaron a depositar sus huevos en tierra firme. Aun así, el fondo de los mares continuó siendo el principal productor de nuevas formas de vida, como atestigua el desarrollo de algunos cefalópodos, gasterópodos y nuevos arrecifes de coral.

*Durante el Triásico, la lenta evaporación de las aguas posibilitó la aparición de importantes yacimientos de sal gema. En la imagen, restos de este mineral en el departamento de Tarija.*

En Sudamérica, el desarrollo del Pérmico destaca en Perú y Bolivia por encima del resto de países. Los mares del Pérmico son más cálidos que en períodos anteriores, lo que facilita la aparición de rocas calizas, cuyos yacimientos son explotados por fábricas de cemento de Colquencha, Pusa Pusa y la península de Copacabana.

En la localidad de Yaurichambi, junto al camino de La Paz a Copacabana, se localizaron en la primera mitad del siglo XIX algunos fósiles pérmicos que supusieron un verdadero hallazgo a escala mundial. De hecho, dos de ellos, el *Neospirifer condor* y el *Linoproductus cora*, ocupan un lugar de privilegio en los manuales de geología.

## La era Mesozoica

Se inició hace 225 millones de años y se caracteriza por llegar en ella las especies animales y vegetales a un estadio de evolución intermedio entre los seres vivos del Paleozoico y los pertenecientes a edades modernas.

Los continentes comienzan a insinuar tímidamente formas semejantes a las actuales, pero los territorios más deprimidos continúan sufriendo penetraciones de agua procedente del mar durante largas temporadas. Grupos enteros de animales y plantas dejaron de existir en la era Mesozoica, dejando paso a formas de vida más avanzadas.

En los mares, los animales más habituales son los ammonites, mientras que las tierras emergidas se convierten en el reino de los reptiles, entre los

que destacan los poderosos dinosaurios. La era Mesozoica se divide, a su vez, en tres períodos: Triásico, Jurásico y Cretácico.

### Triásico

Se originó hace aproximadamente 225 millones de años y se prolongó durante 45 millones de años. La presencia de rocas del Triásico en Bolivia se limita estrictamente al sector meridional de la zona subandina, en las serranías al oeste de Villamontes. Las rocas triásicas bolivianas son denominadas por los geólogos Grupo Vitiacua, y se las divide en las formaciones: Canzapi, Caliza Vitiacua y Formación Ipaguazú. Esta última cuenta con rocas de origen evaporítico, esto es, que se crearon gracias a la evaporación lenta de un pequeño mar triásico desconectado del océano, lo que facilitó la concentración de sales y el posterior depósito de grandes cantidades de yeso y sal gema. De esta época se conservan yacimientos de sal en el valle de Entre Ríos y en Salinas.

### Jurásico

Empezó hace 180 millones de años y se prolongó por espacio de 50 millones de años. Su conocimiento es mucho más exhaustivo en el hemisferio norte, donde se han dado los más importantes hallazgos de fósiles de dinosaurios. Por contra, sus huellas en el territorio de Bolivia son escasas, tal vez por la falta de fósiles, pero también por el hecho de que gran parte del país todavía no ha sido investigado geológicamente.

Los fósiles marinos del Jurásico son muy abundantes, en especial los ammonites y toda clase de moluscos. Pero el rasgo más característico de este período es la presencia de grandes reptiles, entre los que destacan los dinosaurios, cuyos representantes más populares son los *Diplodocus*, *Brontosaurus* y *Tyrannosaurus rex*.

### Cretácico

Es el período final de la era Mesozoica y comenzó hace 130 millones de años. En el dominio acuático, los ammonites continuaron siendo mayoría, aunque los belemnites, predecesores de las actuales sepias o calamares, aumentaron su presencia. Los dinosaurios intensifican su hegemonía y ya no se limitan a imponer su presencia en tierra firme, sino que algunas especies deciden adaptarse al mar, donde podrán abastecerse de plantas marinas, peces y moluscos, e incluso otros —como el *Pteronodon*— establecen su dominio en el aire. Sea como fuere, en las épocas finales de dicho período los dinosaurios desaparecieron de la faz de la Tierra, un fenómeno que todavía en la actualidad desconcierta a los expertos, incapaces de determinar las causas de tal extinción.

En Bolivia la presencia del Cretácico es notable, ya que tuvo un desarrollo mucho más amplio que los períodos anteriores de la era Mesozoica. Existen dos grandes formaciones que confirman lo dicho: el Grupo Potosí (Puca) y el Grupo Tacurú. Se encuentran rocas cretácicas en un vasto sinclinal que recorre el río San Juan del Oro, hasta su confluencia con el Camblaya, y después de Camargo hacia el norte. Otro ejemplo de singular espectacularidad es el sinclinal que discurre a la par del río Caine, hasta llegar a la localidad de Torotoro, donde se han descubierto huellas de dinosaurios que vivieron durante este período.

El estudio del tipo de rocas y de los diferentes fósiles encontrados permite trazar un somero esbozo del paisaje cretácico en lo que hoy es territorio boliviano. Todo apunta a que se trataba de una vasta llanura que presentaba pequeñas ondulaciones, de unos 500 m de altitud media. El clima, tropical y húmedo, favoreció el desarrollo de abundante vegetación, y parece ser que existían numerosos lagos.

## Los movimientos sísmicos en territorio boliviano

Las áreas de mayor intensidad sísmica de Bolivia se centran en el cuadrante sudoccidental del país, más concretamente en las regiones de Oruro y en la franja fronteriza con Chile. Por el contrario, se extiende de noroeste a sudeste un enorme sector, que ocupa las vastas llanuras de Pando, Beni y Santa Cruz, en el que la actividad sísmica registra niveles nulos. Cabe señalar, además, que los sismos más importantes que han tenido lugar en Bolivia ocurrieron en las regiones de Sorata, Mapiri y Camata, al norte de la capital del país. Pero La Paz, por su parte, en los más de 400 años que han discurrido desde su fundación, no ha registrado movimientos telúricos de gran importancia, o al menos en ningún momento han tenido consecuencias catastróficas, puesto que en la mayoría de las ocasiones estos fenómenos tenían localizado su epicentro en regiones adyacentes y nunca en la misma capital.

En la imagen, restos de un grupo de viviendas de la localidad de Aiquile, situada a unos 400 km al sudeste de La Paz, tras uno de los temblores de tierra que han azotado esta zona.

# La era Cenozoica

La era Cenozoica se inició hace 65 millones de años y se divide en dos grandes períodos: Terciario y Cuaternario. El Terciario, a su vez, está subdividido en cinco épocas: Paleoceno, Eoceno, Oligoceno, Mioceno y Plioceno; mientras que el Cuaternario admite dos diferenciaciones: Pleistoceno y Época Reciente. La Cenozoica es la era de la vida animal y vegetal moderna, también conocida como era de los mamíferos. Han desaparecido los dinosaurios y la mayoría de los reptiles, y ya no quedan ammonites ni belemnites bajo las aguas del mar.

## Terciario

Desde el punto de vista geológico, se trata de un período de trascendental importancia por la magnitud de los hechos que se produjeron entonces. Los continentes definen sus formas hasta adquirir un aspecto bastante similar al actual y destaca el hecho de que, por aquel entonces, se configuraron las mayores cordilleras del planeta, entre las que resulta obligado citar la grandiosa cordillera de los Andes, la cadena montañosa más larga del mundo.

Es habitual que las rocas terciarias hayan sido cubiertas por sedimentos modernos o cuaternarios, pero acostumbran permanecer a poca profundidad, lo que permite su observación en los barrancos de los ríos, por ejemplo. Estas rocas son de origen sedimentario o ígneo. Las primeras se componen principalmente de conglomerados, areniscas, lutitas y arcillas que predominan en zonas como el Altiplano, el Chaco y el Beni; es decir, en valles o áreas intermontanas. Las rocas ígneas, por su parte, se formaron gracias al enfriamiento del magma volcánico y su máximo exponente lo constituyen los granitos.

Los afloramientos de rocas terciarias más importantes de Bolivia se encuentran en las llanuras del Beni-Pando y el Chaco, y a lo largo de buena parte del Altiplano. La cordillera Occidental, que sirve de frontera con Chile, está formada casi en su totalidad por rocas de este período. Lugares de especial relevancia son: la región de Corocoro-Chacarilla, las serranías de Huayllamarca (entre Toledo y Turco) y la región que delimita la línea férrea entre La Paz y Arica.

## Cuaternario

En los inicios del Cuaternario, durante el período del Pleistoceno, hace unos tres millones de años, las condiciones climáticas del planeta sufrieron un cambio progresivo de consecuencias trascendentales. El continente sudamericano, hasta entonces aislado de Norteamérica por el mar, asistió al avance de los hielos hacia el sur que permitía la llegada de nuevas especies animales. Así llegaron los mamuts, los mastodontes y grandes grupos de otras especies herbívoras, como los antepasados de los caballos o las llamas actuales.

Las épocas glaciales eran seguidas de otras, llamadas interglaciales, en las que subían las temperaturas y el nivel de los hielos retrocedía. Este proceso de regresión hizo que las enormes masas de material detrítico que arrastraban consigo los glaciares quedaran al descubierto, formando lo que se conoce como morrenas.

En el territorio de Bolivia abundan restos fósiles de los grandes mamíferos herbívoros citados más arriba, concretamente en las cuencas de Tarija, Concepción y Padcaya, así como en el Altiplano (Ulloma), en los valles de Cochabamba, Sucre y Potosí o en la región del Chaco.

Resulta obligado mencionar, antes de finalizar el capítulo, que durante el período Cuaternario apareció el primer ser humano, del género *Homo sapiens*.

*El arqueólogo de la imagen señala pisadas de un dinosaurio descubiertas en las tierras andinas de Kila Kila en fecha reciente.*

# El relieve

**La diversidad del relieve**

**La orografía**

*Bolivia presenta una elevada altitud media —un tercio del país a más de 3 500 m— y una gran diversidad de formas del relieve, desde el bloque andino, elevado y frío, hasta las planicies, bajas y cálidas. En la imagen, el Valle de la Luna (La Paz).*

# La diversidad del relieve

El relieve constituye un elemento clave en el desarrollo económico y social de todo país. En las zonas llanas, la expansión de las comunicaciones y de actividades económicas como la agricultura es más fácil, siempre que las condiciones climáticas sean favorables. Sin embargo, las regiones con grandes accidentes geográficos ven limitada su capacidad de comunicación con otras áreas y, en consecuencia, sus posibilidades de desarrollo. El clima frío y la dificultad de estructurar vías de comunicación estables hacen más difícil el desarrollo económico, así como el asentamiento de núcleos de población permanentes.

Las diferentes formas del relieve determinan, entre otros aspectos, el régimen de las precipitaciones. Así, las montañas son verdaderas barreras naturales que detienen y dispersan los vientos procedentes del Pacífico y del Atlántico. El relieve condiciona igualmente el carácter de la hidrografía del país, ejerciendo de barrera física entre los cursos fluviales y el océano, lo que obliga a descargar sus aguas en los numerosos lagos y grandes ríos que hay en el territorio. Por último, también condiciona el comportamiento de las poblaciones, que se alejan de las zonas donde reinan los climas extremos: muy fríos, de tundra, o muy áridos, con verdaderos desiertos de arena, inhóspitos y deshabitados.

Bolivia, situada en el centro del continente sudamericano, con una extensión de 1 098 581 km², presenta una gran diversidad de paisajes, claramente definidos desde el punto de vista geológico, climático y morfológico. Esta diversidad se debe, en gran parte, a la influencia que sufre el territorio por su situación geográfica, y muy especialmente por la presencia de la imponente cordillera de los Andes.

*Los salares son, sin duda, uno de los rasgos más singulares del relieve del país. Foto del salar de Uyuni.*

El territorio nacional se divide en dos grandes unidades fisiográficas: la zona montañosa o andina, al oeste, y la oriental, también conocida como los Llanos.

La zona andina es la más elevada y fría, y representa el 38 por ciento de la superficie del país, con más de 400 000 km² de extensión.

La cordillera andina penetra en el país a través del nudo de Vilcanota o Apolobamba, entre los 15° 00' de latitud sur y los 69° 00' de longitud oeste, y se bifurca en dos cadenas, la Occidental o Volcánica y la Oriental o Real. Entre estos dos ramales de la cordillera andina se sitúa el Altiplano, que presenta una extensión de más de 100 000 km² y una altitud media de 3 500 m; en este vasto sector de altiplanicie está situada La Paz, la capital ubicada a mayor altitud del mundo, a 3 640 m sobre el nivel del mar.

La segunda gran unidad fisiográfica de Bolivia es la zona oriental o de los Llanos, constituida por llanuras más bajas y cálidas, que suman una superficie de 684 007 km². Representa el 62 por ciento del territorio nacional y se desplaza hacia el este hasta alcanzar las selvas del Brasil y la zona del Chaco, en la frontera con Argentina, hacia el sur.

## Evolución geológica de los Andes: la intensa orogenia terciaria

La cordillera de los Andes, surgida a finales del Cretácico como consecuencia de los violentos plegamientos de todo el conjunto —que continuaron durante el Pleistoceno—, es el origen del complejo sistema montañoso del territorio boliviano, constituido por depresiones tectónicas que se han ido colmatando a lo largo del tiempo con sedimentos cretácicos, terciarios y cuaternarios.

*La cordillera de La Paz, la más alta del sistema cordillerano boliviano, de clima muy frío, tiene nie- ves permanentes en va- rias de sus cimas, como el Ancohuma (6 380 m), en la provincia Larecaja.*

La fisonomía del actual relieve de los Andes es consecuencia directa de dos hechos concretos y de especial relevancia. Por un lado, el avanzado desarrollo de la orografía alcanzado durante el Terciario y, por otro, un importante proceso de erosión —que todavía prosigue en la actualidad— de los materiales con los cuales se habían formado dichos relieves, y en especial por la violenta acción de los grandes y caudalosos ríos que surcan buena parte del territorio, moldeando valles escarpados y amplias cuencas.

La erosión durante el Pleistoceno se debió a la acción de las diversas glaciaciones que se fueron sucediendo y que provocaron la deposición de sedimentos glaciales y fluvioglaciales en los diferentes flancos de la cordillera andina. Bajo las zonas afectadas por los glaciares se fue acumulando un gran número de materiales de origen fluvioglacial en forma de terrazas, a lo largo de los ríos originados por el deshielo, o bien como grandes acumulaciones de detritus al borde de las montañas.

En los períodos glaciales del Pleistoceno, la línea de las nieves perpetuas en los Andes se encontraba 1 000 m más abajo que en la actualidad. Asimismo se puede observar que el nivel de aquéllas se presenta de forma diferente según sea el flanco cordillerano: mientras en el flanco orientado hacia los Llanos los glaciares descienden hasta una altitud de 4 800 m, en el que mira al Altiplano lo hacen sólo hasta los 5 300 metros.

En las zonas húmedas de la cordillera andina —esto es, en la región de los yungas—, la erosión y la fracturación de los materiales prosiguieron de modo continuo e intenso en tiempos más recientes, durante el Cuaternario. Sin embargo, en el período posglacial, los procesos erosivos disminuyeron gracias al importante desarrollo de una densa alfombra de vegetación que dificultó la erosión de la superficie terrestre, contribuyendo de este modo a preservar el relieve boliviano.

El grado de humedad ambiental varía mucho, desde el clima muy húmedo en las pendientes que dan a la zona oriental o de los Llanos, o en la zona del Chapare, pasando por el ambiente húmedo de la costa del lago Titicaca, hasta el clima desértico en la parte central y sur.

En la zona central árida y semiárida de la cordillera andina las áreas afectadas por las glaciaciones descienden rápidamente a través de un cinturón —cuyo modelado es el producto de la meteorización causada por las heladas y los movimientos de masa— hasta un paisaje en el que predominan los procesos de meteorización mecánica y de sedimentación. Habitualmente, los sedimentos están cubiertos por una delgada capa de residuos de material poco redondeado y presentan gradas

| Las grandes unidades del relieve | |
|---|---|
| *Denominación* | *Extensión* |
| Cordillera Occidental | 12 000 km² |
| Altiplano | 136 229 km² |
| *Zonas planas* | *(93 000 km²)* |
| *Lago Titicaca* | |
| *(en territorio boliviano)* | *(3 690 km²)* |
| *Lago Poopó* | *(2 650 km²)* |
| *Salares* | *(11 889 km²)* |
| *Serranías interaltiplánicas* | *(25 000 km²)* |
| Cordillera Oriental | 172 195 km² |
| Zona subandina | 94 000 km² |
| Llanos | 684 007 km² |
| Superficie urbana | 150 km² |
| **Total** | **1 098 581 km²** |

*La intensa glaciación sufrida por los Andes produjo la acumulación de materiales en su parte más occidental, cuya erosión dio origen a abruptas depresiones, como la de la cuenca de La Paz.*

de pendientes escarpadas que forman las estribaciones occidentales de la cordillera de los Andes.

Los procesos de formación del suelo en estos terrenos están dominados por una erosión y sedimentación intensivas; por ello, la mayor parte de estos suelos se considera poco desarrollada. En ellos son frecuentes la fracturación y acumulación de materiales procedentes de los cursos fluviales. Los suelos más desarrollados están constituidos por materiales originales más duros y a la vez con mayor resistencia, que soportaron los movimientos tectónicos que afectaron a la gran cadena montañosa.

## Las subunidades de la zona andina

La zona andina comprende también la zona subandina, al pie de las vertientes de las cordilleras Central y Oriental, donde existen valles y yungas que separan el Altiplano de los Llanos, en la zona oriental. La zona subandina representa, en conjunto, el 42 por ciento del total de la zona andina.

Otras subunidades que hay que distinguir son las siguientes: el piedemonte glacial, en las estribaciones occidentales de la cordillera de los Andes; la cordillera centro-oriental; las mesetas con rasgos volcánicos; la cordillera sur y los valles.

• *El piedemonte glacial* de las estribaciones occidentales de la cordillera andina es consecuencia de la intensa glaciación que sufrió la cordillera, que provocó la acumulación de extensos depósitos en su extremo occidental, especialmente entre el lago Titicaca y la cuenca de La Paz. Se trata de acumulaciones fluvioglaciales, morrenas, piedras y barro transportados por los glaciares que se depositaron al fundirse el hielo, colinas de forma aerodinámica en terrenos que fueron depósitos glaciales en la época de las glaciaciones y otras formas típicas del paisaje glacial que en su conjunto conforman una subunidad característica del relieve. La erosión que sufrieron todas estas formas dio origen a cuencas muy profundas, como la de La Paz.

• *La cordillera Oriental* tiene un eje central que atraviesa los departamentos de La Paz, Oruro, Cochabamba en dirección norte-noroeste, sur-sudeste, hasta las serranías de Tapacarí, a los 17° 30' de latitud sur y 66° 30' de longitud oeste. Entonces deriva hacia el sur y atraviesa todo el departamento de Potosí, formando la cordillera de los Azanaques al norte, y continúa hacia el sur con la de los Frailes, Chichas y Lípez. La cordillera Oriental comienza en territorio boliviano con una serie de elevadas cimas que forman la cordillera Real.

*Los movimientos de los cordones montañosos, como el de la cordillera de los Frailes, cuyos ma- teriales son de origen volcánico, provocaron la aparición de estrechos cañones (Pilcomayo).*

Continuando la línea cordillerana, pero con un rumbo que tiende a desviarse de oeste a este, sigue la llamada cordillera de Cochabamba hasta llegar a la localidad de Pojo.

Esta cordillera centro-oriental, formada por las cordilleras de los Azanaques, los Frailes, Chichas y López, se desplaza en dirección norte-sur y comienza al sur del paralelo 18° sur. Dichas cordilleras presentan alturas inferiores a la cordillera Real y están compuestas por formaciones rocosas y coladas de lava en las que han desaparecido por completo las nieves perpetuas.

• En cuanto a las *mesetas con rasgos volcánicos*, cabe decir que dos de las formaciones más características de la cordillera Central andina son la meseta de Morococala y la meseta de los Frailes, ambas constituidas por gruesas coladas de lava que destacan singularmente en el paisaje.

• La *cordillera sur* se alza como continuación de las anteriores mesetas. Este flanco, configurado por rocas paleozoicas, se une a la parte septentrional de la cordillera Occidental, formando un único macizo que penetra en territorio argentino.

• A lo largo de millones de años, el proceso de erosión ha originado *profundos valles*, que se han abierto en la cordillera andina, en sentido tanto longitudinal como transversal. Los más importantes son: Cochabamba, Quillacollo, Suticollo, Cliza, Aiquile y Mizque. Existen también otros valles, como los de Sucre, Santa Elena de Turuchipa, Cinti y otros más pequeños formados por los ríos San Juan del Oro y Pilaya (o Camblaya). Hacia el sur se extienden los valles de Tarija.

En la actualidad se va perdiendo la denominación de subpuna desgarrada que antiguamente se empleaba para designar la planicie que tenía cierta inclinación hacia el este y una altura menor a la del Altiplano, donde se encuentra la zona de los valles. Hoy es más habitual denominar valle a la zona donde se concentra la mayor parte de los valles habitados del macizo andino y que constituye la zona más densamente poblada de la república boliviana.

## De la imponente cadena andina a las tierras chiquitanas

Distribuidas a lo largo y ancho de la geografía nacional, se pueden distinguir las siguientes provincias fisiográficas tradicionales: la cordillera Occidental o Volcánica, el Altiplano, la cordillera Real u Oriental, la zona subandina (subdividida en la zona de quebradas, valles y yungas, y el frente Subandino), las llanuras y las sierras Chiquitanas.

## Montañas que separan países

La cordillera Occidental o Volcánica, también denominada cordillera Exterior o de la Costa, es un ramal de la cordillera de los Andes que se bifurca en el paso de San Francisco, en Argentina, para volverse a unir en la sección peruana de la cordillera de Vilcanota o Apolobamba. Nace al norte del lago Titicaca, en el nudo de Apolobamba, en los cerros de Berenguela, a la altura del paralelo 17° sur, y se desplaza de norte a sur hasta la provincia López, departamento de Potosí, en el paralelo 23° sur, para penetrar en tierras de Chile y Argentina.

Esta sección de la gran cordillera andina está formada por una concatenación de conos volcánicos inactivos y altas mesetas, que le confieren una apariencia de cadena montañosa continua cuando en realidad no lo es. La cordillera Occidental alcanza en el territorio boliviano una longitud aproximada de 620 km y un ancho medio de 30 km. Sus altas cumbres marcan el límite político de las repúblicas del Perú, Chile y Bolivia.

### Rasgos geológicos de la cordillera Occidental

La cordillera Occidental es el resultado del levantamiento tectónico de bloques de la corteza terrestre, a lo largo de una falla que separó la zona altiplánica del sector de la costa. Formada durante el Mioceno y el Plioceno Inferior, culminó su modelado a finales del Plioceno y principios del Pleistoceno. Su composición geológica es resultado de sedimentaciones mesozoicas y cenozoicas de rocas eruptivas e intrusivas: coladas de lavas recientes, tobas y cenizas volcánicas.

Esta cordillera, fuertemente erosionada, presenta relieves abruptos y valles estrechos sobrecargados de agua en la época de lluvias y totalmente secos durante el resto del año. También presenta morrenas glaciales al pie de las vertientes cordilleranas.

En el paisaje fisiográfico de la cordillera Occidental son típicas las borateras o lagunas amargas, como las de la región de Lípez que, aunque se hallan en el Altiplano intermontano, al pie de la cordillera, se originan en las emanaciones de los volcanes propios de la cordillera Occidental. En este sentido cabe mencionar los salares de Capiña y Chalviri y algunos lagos pequeños, como los de Collpa y Cachilaguna. Son numerosas las fuentes termales que contienen sodio, boro y otras soluciones de sales, que, al mezclarse con el agua de la lluvia, dan lugar a estos lagos amargos.

*La cordillera Occidental alcanza en el territorio boliviano una longitud de 620 km y una anchu-ra media de 30 km. En la fotografía, sector andino de Carangas, cerca de la frontera con Chile.*

## Una región salpicada de volcanes y mesetas

La cordillera Occidental se divide a su vez en dos regiones: la septentrional y la central-meridional.
• *La región septentrional.* Se extiende entre los paralelos 17° sur y 21° sur, y está constituida por diversos volcanes individuales que se elevan sobre el Altiplano y por serranías llanas, resultado de la solidificación de coladas de lava producto de la antigua actividad volcánica de la zona.

El sector norte de la cordillera Occidental está formado por las cordilleras de Carangas y Pacajes, cadenas montañosas que dan nombre a esta zona. En la cordillera de Carangas, que se extiende por las provincias Sajama, Litoral y Atahuallpa (departamento de Oruro), destaca el nevado del Sajama (techo nacional, con 6 542 m). Por su parte, en la cordillera de Pacajes, al norte de la de Carangas, destacan los nevados de Payachatas: el volcán Pari-

nacota, a 6 132 m, y el Pomerape, a 6 222 m. En la provincia Pacajes (departamento de La Paz) es famoso el paso del Tacora, en lo alto del Parinacota, por donde atraviesa la línea ferroviaria que une Arica, en la fachada del Pacífico, con La Paz.

En esta región de la cordillera Occidental se elevan, de norte a sur, los cerros de Berenguela, la formación Pérez y los nevados del Sajama y Payachatas. Los cerros de Berenguela son ricos en plomo, cinc y cadmio, y la formación Pérez ha dado lugar a la llamada «ciudad de piedra», una extensa planicie volcánica de 2 000 km², fuertemente erosionada por el paso del río Mauri, las fuertes lluvias y la influencia de los vientos que han modelado peculiares figuras pétreas que recuerdan las formas de una ciudad. Por su parte, el Sajama y los Payachatas son los únicos volcanes que han conservado su forma cónica original.
• *La región central y meridional.* La región central está formada por la cordillera de Sillillica, en las provincias Daniel Campos y Nor Lípez (departamento de Potosí) y por la sierra de Huatacondo, en territorio chileno.

La región sur se extiende desde el paralelo 21° de latitud sur hasta la zona meridional del país, en el límite con Chile y Argentina. En esta zona, que se caracteriza por la presencia de numerosos volcanes (como el Licáncabur, San Pedro, San Pablo, Ascotán, Túa y Miño, entre otros), se halla el paso de Ollagüe, por el que atraviesa la línea ferroviaria Antofagasta-Oruro.

| Techos nacionales de los Andes | |
| --- | --- |
| **País (pico más alto)** | **Altitud** |
| Argentina (Aconcagua) | 6 959 m |
| Chile (Ojos del Salado) | 6 893 m |
| Perú (Huascarán) | 6 746 m |
| Bolivia (Sajama) | 6 542 m |
| Ecuador (Chimborazo) | 6 310 m |
| Colombia (Cristóbal Colón) | 5 800 m |
| Venezuela (Pico Bolívar) | 5 007 m |

Alternadas con los conos volcánicos, hay mesetas situadas por encima de los 4 500 m de altura. Se trata de formaciones de lava y acumulaciones de cenizas que configuran paisajes de mesas en las que aparecen conos y pequeñas serranías aisladas. También son características de esta zona las lagunas amargas situadas en el piedemonte, así como las fuentes termales de aguas procedentes de los cursos altos de los ríos, a más de 4 000 m, de esta sección de la cordillera Occidental o Volcánica.

## El Altiplano boliviano

Situado entre las cordilleras Occidental y Real u Oriental, el Altiplano boliviano limita al norte con el lago Titicaca y al sur con la unión de la cordillera Occidental con la de Lípez. Se extiende desde los 14° 30' de latitud sur, en el abra de la Raya, en Perú, hasta el volcán Licáncabur, a 22° 50' de latitud sur, y avanza hasta la puna de Atacama, ya en territorio nacional chileno. Abarca, casi en su totalidad, los departamentos bolivianos de La Paz, Oruro y Potosí.

### El origen legendario del Sajama

La mitología aymara conserva esta leyenda sobre el volcán Sajama: «En el principio de los tiempos, empinábase en la cordillera Real, cerca del Illimani, otro coloso mayor aún, alzándose hacia el cielo, a guisa de un puño amenazante. Tan orgulloso se mostraba que, al cabo, el Dios primordial perdió la paciencia, y esgrimiendo en la diestra mano la honda flamígera, en la que había puesto un peñasco, dio con él tan violentamente sobre la del titán que éste quedo decapitado. Su desprendida testa voló de oriente a occidente, para ir a asentarse sobre otro monte, humilde, que en ese confín estaba. ¡Sarkjama –había dicho el Dios al dar el hondaso descomunal–: Vete!»

Y desde entonces el monte decapitado recibe el nombre de Mururata (descabezado) y el otro se tornó en el Sajama.

El Sajama, sin embargo, es un gigante raquítico cuya cabeza no está muy firme: si no fuese la misma nieve que le sirve de casquete protector, tal vez ya ella se hubiese deshecho.

*Entre las cimas más altas de la cordillera Occidental descuella el nevado del Sajama, volcán apagado que es el techo nacional a una altitud de 6 542 m sobre el nivel del mar.*

*El Altiplano, alta y extensa planicie enmarcada por los ramales andinos, es una vasta cuenca hidrográfica sin desagüe hacia el mar. En la imagen, al fondo, nevados de la cordillera Oriental.*

## En el corazón de la cordillera de los Andes

El Altiplano está formado por un conjunto de serranías, como las de Sancaré y Sonecapa, en el departamento de Oruro, cerros aislados y planicies que abarcan una extensión de 136 000 km², de los cuales el 70 por ciento es terreno plano. Representa la décima parte de la superficie total del territorio boliviano y está cerrado por las cordilleras Occidental y Central, formando el corazón de los Andes sudamericanos. Con una altura media de 3 500 m sobre el nivel del mar, el Altiplano tiene 835 km de longitud y 128 km de latitud.

Se trata de un sinclinal que surgió durante la era Terciaria y que está situado en las estribaciones preliminares de la cordillera Real. Se encuentra atravesado por las fallas de Coniri y Tiquina, que experimentaron una importante actividad volcánica y originaron numerosos volcanes, aún hoy presentes en el paisaje altiplánico.

La fisiografía altiplánica se caracteriza por su altura, hasta 3 800 m, y la presencia de grandes lagos y salares. Aunque tiene un relieve casi llano, presenta desniveles que originan numerosas quebradas hasta llegar a los valles abiertos de La Paz, Aranjuez, Achocalla e Irpavi.

## La cuenca Lacustre o Interior

El Altiplano es una cuenca hidrográfica cerrada a los océanos más próximos. Esto se debe a los orígenes de las cordilleras que lo rodean, es decir, a la fracturación en bloques de la corteza terrestre durante el levantamiento de los Andes. En el Terciario, estos bloques se habrían erosionado hasta reducir sus relieves prácticamente a la mitad y presentar su perfil actual, cubierto por los depósitos de sedimentos de lagos ya desaparecidos, como el Ballivián, Minchín y Tauca, o parcialmente desecados, como el Titicaca y el Poopó, y los restos de los grandes salares Uyuni y Coipasa.

Conforme avanza hacia el sur, el Altiplano va disminuyendo sus índices de humedad, de acuerdo a los cuales su relieve presenta lagos, lagunas y salares. El lago Titicaca, de agua dulce, con un gramo

Con 8 300 km² de super-
ficie, el Titicaca es el mayor lago de América del
Sur. Compartido por

Perú y Bolivia, esta cuenca lacustre ocupa el sec-
tor más septentrional del
largo corredor altiplánico.

de salinidad por litro, es una zona muy húmeda.
El lago Poopó, con 25 g de salinidad por litro, recibe continuamente agua dulce del río Desaguadero,
lo cual le impide alcanzar la categoría de salar, y
está ubicado en una zona semiárida. Los salares de
Uyuni y Coipasa constituyen la zona más árida y
desértica del Altiplano boliviano. Éste se divide en
dos secciones: la húmeda del norte y la árida del
centro y del sur.

## Una gran meseta dividida en dos secciones: el Altiplano septentrional

El Altiplano norte se extiende desde el río Lakajawira hasta la región meridional del Altiplano, y
abarca la mayor parte del departamento de Oruro
y el departamento de La Paz. Esta llanura, situada
entre los lagos Titicaca y Poopó, se caracteriza por
su mayor altura respecto a la región del sur. El Altiplano norte es una zona muy húmeda debido a la
influencia que recibe del lago Titicaca, que actúa
como regulador del clima de su área más próxima
y, también, a los glaciares de la cordillera Real. La
precipitación media supera los 650 mm al año. Estas condiciones resultan óptimas para el desarrollo
de actividades económicas como la agricultura y la
ganadería.

La sección norte del Altiplano está integrada
por cuatro cuencas: la del lago Titicaca; la del Desaguadero, Santiago de Machaca y Calacoto; la de
Calamarca y Sicasica; y la de Caracollo, Oruro y el
lago Poopó.

• *La cuenca del lago Titicaca*. Además del lago, incluye las terrazas colindantes (a más de 3 800 m de
altitud media). El Titicaca es el elemento más importante de la cuenca por su tamaño, 8 300 km² de
superficie, aunque en suelo boliviano sólo abarca
3 690 km². Tiene 180 km de largo por 65 km de ancho y su profundidad media es de 250 m. Sus efectos sobre el clima se extienden sobre 20 000 km² y
su área de drenaje es de 56 000 km². Este gran lago
sudamericano se divide en dos partes desiguales, separadas por el estrecho de Tiquina, entre las penínsulas de Copacabana y Santiago de Huata: el lago
Mayor o Chucuito, en su mayor parte en suelo peruano, y el lago Menor o Huiñaymarca, también
compartido por ambos países.

La cuenca del Titicaca presenta distintas subcuencas, como la de Suches, cercana a la frontera
con Perú, con un valle estrecho pero con la aportación del caudal más significativo; la subcuenca de
Achacachi, que recoge gran parte de las aguas que
descienden de la cordillera Real, llega hasta la
cuenca de Peñas y corre hacia Achacachi por el río
Keka; y la subcuenca de Catari, que va recogiendo
las aguas de El Alto, Viacha, Comancha, Tiwanan-
cu y Guaqui. La subcuenca de Catari es la que

### Una belleza extraterrena

**P**ero es, sobre todo, la luminosidad el
rasgo que tipifica mejor al sol de la meseta. El viajero que por primera vez asciende a estas alturas se siente deslumbrado.
El enrarecimiento de la atmósfera, su sequedad, su transparencia, se prestan para
conducir o dispersar más fácilmente la luz
solar. Los rayos actínicos parecen penetrar
en las rocas. Fijan en el cristal, intensa y
permanentemente, bellos tonos violáceos.
A lo lejos, las sierras brillan también como
otros tantos bloques cristalinos, bañados en
claridad ultravioleta. Y en las cumbres cubiertas de nieve es tal la gama de colores al
levantarse o ponerse el sol, que, a su vista,
el alma del viajero llega a la emoción pura
que produce la belleza, una belleza que en
este caso diríase extraterrena. De esta suerte, el Macizo es un sublime reflector.»

Jaime Mendoza,
*El Macizo boliviano*

aporta más en extensión al lago Titicaca y sirve además de línea divisoria entre las aguas que desembocan en éste y las que van al Poopó. El río Desaguadero es el único desagüe de esta cuenca.

• *La cuenca del río Desaguadero*, próxima a la frontera chilena, está separada de la del Titicaca por la sierra de Tiwanaku, con una dirección de noroeste a sudeste. Esta cuenca no presenta accidentes morfológicos destacados, salvo las mesas de la región del río Mauri.

El Desaguadero, que une los lagos Titicaca y Poopó, tiene una longitud de 370 km y una diferencia de nivel de 124 m. Su área de drenaje, hasta enlazar con el río Mauri, es de 9 000 km². El Mauri es su principal afluente y el único que lo abastece de agua dulce con un caudal de 5 m³ por segundo en la época estival. Al igual que la cuenca del lago Titicaca, presenta diversas subcuencas, como la que se sitúa entre las serranías de Santiago de Machaca y Corocoro y la frontera con Perú. Esta cuenca es una vasta llanura compuesta por suelos arenosos y salinos que quedan inundados en las zonas de la frontera con el Perú, Santiago de Machaca, Achiri y la estación de ferrocarril de Calacoto. En la zona oeste de esta cuenca se sitúa el llano de Charaña, antigua depresión cuaternaria que limita con la frontera con Perú, el curso del río Mauri y algunos afluentes de éste. Dicha cuenca está rodeada por rocas volcánicas de fuerte relieve y termina en la confluencia de los ríos Mauri y Cosapilla, en la estación ferroviaria de Avaroa.

• *Cuenca Calamarca-Sicasica*. Situada al sur de la subcuenca de Catari, da lugar a la llanura que abarca Calamarca, Patacamaya y Sicasica. La cuenca, que se inicia en Calamarca, limita al este con la cordillera Oriental y se extiende al oeste hasta Umala y el río Desaguadero.

• *Cuenca Caracollo-Oruro-lago Poopó*. Se sitúa en el Altiplano norte, que finaliza en una amplia planicie de más de 200 km de largo y constituye una prolongación de la cuenca de Calamarca y Sicasica que alcanza la zona sur del lago Poopó. Se trata de una planicie con mucha arena que, por influjo de los vientos, forma enormes dunas. Conforme se acerca al lago Poopó, incrementa el grado de salinidad del suelo, que en dicho lago alcanza, como ya se ha dicho, hasta los 25 gramos por litro.

En este sector del norte del Altiplano destacan los lagos del departamento de Oruro, el Poopó y el Uru Uru, y el salar de Coipasa, con una altura media de 3 690 m sobre el nivel del mar. El Poopó, a 3 686 m de altitud, tiene alrededor de 2 650 km²

En la imagen, el lago Uru Uru, de aspecto triangular, originado en las aguas desbordadas del Desaguadero, al sur de Oruro. Debido a su poca pendiente, cada año forma la laguna Soledad.

de superficie, 124 m de desnivel respecto al Titicaca y 3 metros de profundidad máxima.

El tamaño y la forma del lago Poopó han ido variando a lo largo del tiempo. Su superficie se ha reducido casi en un 50 por ciento, al secarse sus bordes pantanosos y deshabitados, especialmente en la zona oeste de la cuenca lacustre. Estos cambios han provocado en los últimos años la creación de nuevas zonas de inundación, como el lago Uru Uru, que ha visto incrementar su volumen y extensión hasta aproximarse a la ciudad de Oruro, y la aparición de nuevas lagunas, como Soledad.

En la zona de Caracollo y Oruro son muy importantes las acumulaciones de aguas subterráneas, las cuales permiten el abastecimiento de la ciudad de Oruro, la capital del departamento homónimo.

La cuenca de Caracollo, Oruro y el lago Poopó está separada de la cuenca de Santiago de Machaca por las mesetas de Chacarilla y Corocoro, divididas por el río Desaguadero. En la zona sudeste de Chacarilla se eleva la serranía de Huayllamarca, que separa la planicie de Oruro de la de Carangas. Esta serranía dificulta enormemente el paso de los vientos húmedos que proceden de los lagos Uru Uru y Poopó, por lo que su vertiente oriental es más húmeda que la vertiente occidental.

### El Altiplano central y meridional

El Altiplano central se caracteriza por la presencia de numerosos y grandes salares. El lago-salar de Coipasa, en el departamento de Oruro, está com-

Situado en el departamento de Potosí, al pie de la cordillera de Llica y cerca de la frontera con Chile, el salar de Empexa (en la imagen) forma parte del sector más frío del Altiplano boliviano.

anual. Es más seco que el Altiplano norte y, aunque en él se cultivan los mismos productos agrícolas, la vegetación, que en comparación es escasa, y la abundante presencia de sal son claros diferenciadores respecto del sector altiplánico septentrional.

Hacia el sur, en las provincias Daniel Campos y Nor Lípez de Potosí, se halla el gran salar de Uyuni o Pampa Colorada. Al oeste del mismo surge el salar de Empexa y, más al sur, el de Chiguana, por donde cruza el ferrocarril de Antofagasta a Oruro. En la parte meridional de la provincia Nor Lípez se encuentra la laguna Pastos Grandes y, ya en el oeste de Sud Lípez, la laguna Colorada y el salar de Chalviri. Hacia la zona más oriental están las lagunas Vilama, Curucuto, Arenal y otras más pequeñas.

El Altiplano sur abarca dos cuencas o subregiones: los grandes salares y la puna de Lípez.

• *La cuenca de los grandes salares*. Está formada por el salar de Uyuni, que es la zona más baja del Altiplano —a partir de éste, vuelve a ascender hasta llegar a la puna de Atacama, en Chile—, y por los salares de Chiguana y Empexa, situados a una altura promedio de 3 660 m sobre el nivel del mar y donde se registran las temperaturas más bajas de la zona del Altiplano.

Está separada de la cuenca de Oruro y Coipasa por la serranía Intersalar, que recibe este nombre porque separa las salinas de Coipasa de las de Uyuni o Aullagas, aunque es más conocida por el nombre de serranía de Llica y Tahua, porque une las dos poblaciones de tales nombres.

El salar de Uyuni o Pampa Colorada, el yacimiento salino más importante del continente americano por su extensión (con 10 582 km$^2$), está situado en el departamento de Potosí. En su parte más occidental aparecen volcanes extintos de colores amarillo y verdoso a causa de la acumulación de depósitos de azufre. Se trata de una zona muy árida, en la que la precipitación apenas alcanza los 80 mm anuales.

• *La puna de Lípez*. Es la parte más seca, inhóspita y desolada del Altiplano, y en ella se encuentran grandes depósitos de azufre, turba, yareta y minerales radiactivos. Comienza al sur del Ollagüe, donde la altiplanicie se eleva a más de 4 000 m en Chalviri, y avanza hacia el sur hasta confundirse con la puna de Atacama, en territorio chileno.

Componentes característicos del paisaje del Altiplano meridional son la arcilla, las grietas de desecación, las llanuras y los ríos secos de arena fina surgidos por la descomposición de las rocas volcánicas y las llanuras formadas por rocas. En ocasiones, al-

partido por las provincias Ladislao Cabrera y Atahuallpa. Al noroeste recibe abundante agua de la vertiente del Parinacota, a través del Lauca, el principal afluente del lago, alimentado por el Cosapa, Coca Jawira, Turco y Sajama. Al este, el lago Coipasa recibe las aguas del Barras.

El Altiplano central se caracteriza por tener un clima en general más seco y por sus impresionantes paisajes de vastas extensiones de arena.

El Altiplano sur, situado más abajo del río Lakajawira, pertenece a la región meridional del departamento de Oruro y a todo el altiplano de Potosí. Finaliza frente a las serranías emplazadas en el punto de unión de la cordillera Occidental y la cordillera Real u Oriental, a la altura del paralelo 21° 40' sur.

En el Altiplano sur, que se caracteriza por la presencia de grandes desiertos arenosos, las precipitaciones se aproximan a los 100 mm de media

*La cordillera Oriental, más elevada en general que la Occidental, marca la separación de las tres cuencas hidrográficas del país. En la imagen, el Huayna Potosí (departamento de La Paz).*

gunos ríos que han permanecido secos durante años, con la lluvia pueden transportar mucha agua, que es absorbida rápidamente por el terreno. Estas condiciones naturales de sequedad no han permitido el desarrollo de núcleos urbanos, por lo que se trata de una zona despoblada.

### Las serranías Interaltiplánicas

En el centro del Altiplano norte se alza una serranía, al sur del lago Titicaca, en el puerto de Guaqui, que avanza en dirección sur al sudeste hasta Corque, muy cerca del lago Poopó. Su rasgo más significativo es que rompe la continuidad de la meseta altiplánica, con cerros aislados y pequeñas sierras o cordones que se extienden sobre la altiplanicie, en una superficie de 25 000 km². Estos cerros alcanzan los 600 m sobre el nivel de la planicie, formando las serranías de Tiwanaku, Jesús de Machaca, Comanche, Corocoro y, al sur del río Desaguadero, las serranías de Huayllamarca, Llanquera y Corque, entre otras.

En esta zona de serranías interaltiplánicas son importantes los depósitos de minerales de cobre, especialmente aquellos ubicados en la zona de Corocoro, y los de yeso, que aumentan el nivel de salinidad del río Desaguadero y, por tanto, el del lago Poopó.

### Cumbres que tocan el cielo

La cordillera Oriental, con una longitud aproximada de 1 100 km, atraviesa los departamentos de La Paz, Oruro y Cochabamba. Se extiende de noroeste a sudeste, desde el nudo de Apolobamba hasta las serranías de Tapacarí, a 17° 30' de latitud sur y 66° 30' de longitud oeste, siguiendo al sur por los departamentos de Potosí, donde se levantan las cordilleras de los Azanaques, los Frailes, Chichas y Lípez. Este ramal andino es, tanto por su longitud como por su altura media, el más importante de Bolivia y constituye la divisoria de aguas de las tres cuencas hidrográficas que drenan el territorio: la amazónica, la platense y la interior.

## La subdivisión de la cordillera Real

La formación de la cordillera Real u Oriental es producto de la presión del Escudo brasileño sobre la placa del Pacífico que provocó el plegamiento de la corteza terrestre y el levantamiento del lecho marino, dando forma a la cordillera de los Andes y a su ramificación más importante: la cordillera Real u Oriental.

Desde el macizo del Illampu hasta el Illimani sus altas cimas nevadas superan los 6 000 m de altitud y presenta, entre sus grandes quebradas, enormes glaciares, que con el deshielo forman numerosas lagunas en las faldas de las montañas. La cordillera Real u Oriental se divide en varias secciones: las cordilleras de Apolobamba, La Paz, Tres Cruces, los Frailes, Chichas y Lípez.

## La zona subandina

Al este de la cordillera Real u Oriental se halla la zona subandina, integrada por los valles, las quebradas y los yungas. Se trata de antiguas planicies orientadas ligeramente hacia el este y surcadas por jóvenes valles, con una altura inferior a la de los valles del Altiplano.

### Las quebradas: el resultado de la violenta acción erosiva de las aguas

Las quebradas son hendiduras escarpadas entre las montañas cuyo origen se debe a las lluvias y, especialmente, a los torrentes que, en su violento recorrido, erosionan y transforman las laderas formando abruptas hendiduras. Estas formas del relieve aparecen en los tres sistemas cordilleranos y son características de la mayoría de las montañas de la zona subandina.

Se distinguen tres regiones:

• *La región septentrional.* Comprende el norte de La Paz hasta el límite sudeste con Cochabamba, el norte y nordeste de Santa Cruz y el este del Beni, y se extiende en las formaciones cordilleranas de la cordillera Real y en los cordones subandinos de la cordillera Oriental.

• *La región central.* La parte más importante se halla en Cochabamba, en el sudeste de La Paz, en el norte de Oruro y el norte de Potosí, e incluye también las provincias occidentales de Santa Cruz y las serranías Chiquitanas.

Estas quebradas se extienden por los dos flancos de los ramales de las cordilleras Central y Oriental y por el flanco oriental de la cordillera Occidental. Son las más conocidas a causa de la importante explotación agrícola que se lleva a cabo

en ellas y por el considerable índice de ocupación humana que presentan.

• *La región meridional.* Las quebradas de la región meridional se originan principalmente en las laderas longitudinales y transversales de la cordillera Oriental, aunque también lo hacen en las laderas de las cordilleras Occidental y Central.

Estas quebradas, fluviales en su mayoría, se extienden a través de los departamentos de Oruro, Potosí, Chuquisaca, Santa Cruz y Tarija. Las del este de la cordillera Occidental y oeste de la Central, por su clima frío, no han sido explotadas por el hombre. Por el contrario, las quebradas de la zona oriental se caracterizan por sus grandes extensiones de cultivos y un alto índice de ocupación humana, y en ellas destacan las concentraciones de Chuquisaca, Santa Cruz y Tarija.

### Los valles: la unidad fisiográfica más extensa del territorio nacional

En general, tienen su origen en los sinclinales de todas las cordilleras del territorio boliviano. Estas depresiones se han convertido en el grupo más extenso del país. Se clasifican en longitudinales y transversales, según sea la forma y dirección del relieve. Los valles longitudinales son los que siguen la dirección de la cordillera andina, como los de Larecaja o Cinti; y los valles transversales, los que cortan la gran cordillera, como el de Zongo.

Se clasifican en amplios o abiertos y angostos o cerrados, según su grado de abertura. Los valles abiertos son aquellos cuyos flancos se abren y ensanchan, como Vallegrande. Comprenden las provincias Cercado, Tapacarí, Arque, Capinota, Quillacollo, Esteban Arce, Jordán, Punata, Mizque, Campero y parte de las provincias Chapare, Arani y Carrasco, del departamento de Cochabamba, y las provincias Vallegrande, Caballero y Florida, del departamento de Santa Cruz. La topografía que presentan los valles abiertos es menos accidentada que la de los cerrados.

Son cerrados los valles que se aprisionan, como los yungas de La Paz, que se caracterizan por ser muy profundos. Comprenden las provincias Bautista Saavedra, Muñecas, Larecaja, Murillo, Loayza y parte de las provincias Camacho e Inquisivi, del departamento de La Paz, y parte sur de la provincia Ayopaya, del departamento de Cochabamba. Estas provincias están ubicadas al este de la cordillera Real u Oriental y al norte de las cordilleras de Tres Cruces y Tunari, de modo que quedan apartadas del Altiplano y los valles del norte.

*En el área central de la cordillera Real, en el departamento de La Paz, se forma el valle transversal de Zongo (en la imagen), a elevada altitud (2 800 m) y con escasa vegetación arbórea.*

Los valles mesotérmicos son los que aparecen en la región oriental del territorio nacional y registran las temperaturas más elevadas, como los de Camatindi, Tihuipa y Macharetí, entre las provincias Luis Calvo, departamento de Chuquisaca, y O'Connor, departamento de Tarija.

Los valles se clasifican, según su diferente altitud, en altos, medios y bajos.

• *Los valles altos.* Constituyen las primeras depresiones que aparecen en las laderas de las montañas con arbustos y campos de cultivo. Son valles altos los de Valencia, en el departamento de La Paz, y los de Tupiza, en Potosí, y Punata, departamento de Cochabamba. Se caracterizan por la presencia de pocos árboles, sin apenas bosques, en alturas que van de los 2 800 a los 3 000 metros.

Son los valles longitudinales que están a lo largo de la cordillera de La Paz, formando los valles de Caupolicán, Muñecas, Larecaja, Nor y Sud Yungas. Los contrafuertes cordilleranos de Apolobamba y de la cordillera de La Paz forman la quebrada del río Abajo, las vegas de Coroico y Tamampaya, así como las quebradas de Luribay y Caracato y los valles de Pelechuco, Camata, Muñecas, Tipuani, Zongo, etcétera.

El valle de Pelechuco situado en la zona más al norte del departamento de La Paz, en el límite con el Perú, se encuentra en el sistema del Cololo, que está formado por cumbres como el Chaupi Orco, Palomani Cunca, Huila Khollu y nevado del Cololo. De sus glaciares nace el Pelechuco, que da origen al Tuichi, cuyas aguas abastecen al río Beni. Este valle se forma junto al nevado del Sunchuli.

El valle de Muñecas se encuentra a continuación del sistema del Cololo, donde se inicia la cordillera de Muñecas, en la que destaca el nevado del Ayankuno y en cuyos glaciares nacen los ríos Camata, Copani y Consata.

Por su parte, el valle de Camata se forma en la cuenca de los ríos Charazani y Camata, ambos afluentes del Mapiri. El valle de Tipuani se extiende por la provincia Larecaja, donde corren los cursos del Consata, Chiñijo, Tipuani y Challana, tributarios también del Mapiri. Y el valle de Sorata está situado al pie del Illampu y en la zona cercana al río San Cristóbal.

• *Los valles medios.* Son valles mesotérmicos surcados por el curso de un río permanente cuyo cauce se ensancha hasta crear playas y amplias depresiones que se aprovechan para el cultivo. Se hallan situados entre los 2 000 y los 2 800 m, como el de Luribay, en el departamento de La Paz; el de Quillacollo, en el departamento de Cochabamba; el de Camargo, en Chuquisaca; el Turuchipa, en el

*El río Grande, afluente del Mamoré en la cuenca amazónica, sirve de límite interdepartamen-* *tal y es un importante pilar económico por su gran riqueza y aprovechamiento agrícola.*

El valle del río Grande se forma entre las sierras de Livichuco y Catariri, en la cuenca del río de su mismo nombre, afluente del Mamoré. Abarca el sur de Cochabamba y el norte de los departamentos de Chuquisaca y Potosí, y se caracteriza por tener un clima templado.

Los valles centrales comprenden, además, los valles de Cliza, Tarata, Punata y Quime, que se caracterizan por presentar una exuberante vegetación. El valle de Quime, situado en el valle profundo de la cordillera de Santa Vera Cruz, destaca por ser un centro minero de gran importancia en la provincia Inquisivi.

• *Los valles bajos.* Al igual que los valles medios, son valles mesotérmicos. Sin embargo, los valles bajos son cerrados, con poca playa y mucha vegetación, y se forman en profundidades o bien en depresiones aluviales.

Estos valles, entre los 1 500 y los 2 000 m de altura sobre el nivel del mar, son: el valle de Quime, en el departamento de La Paz; el de Totora, en el departamento de Cochabamba; el Incahuasi, en el de Chuquisaca, o el de San Josecito, en el departamento de Tarija. Tienen un clima cálido y tropical, con poca humedad, que puede alcanzar los 40 °C de temperatura a la sombra. En algunos lugares se los llama vegas.

Los valles del sur se sitúan entre los contrafuertes de la cordillera de Lique, la de Tajsara y la cordillera de Aguaragüe. Comprenden los valles de Potosí, Chuquisaca y Tarija y forman los valles de Turuchipa, Cinta y, hacia el sur, los valles de Méndez y Avilés, en el departamento de Tarija.

Se trata de los valles de Chichas, que se orientan al sur del valle de Turuchipa, en dirección norte-sur, entre Cotagaita, Vitichi, Mochara, Suipacha y Villazón. En estos valles destaca el núcleo urbano de Tupiza, centro minero de explotación de plomo y de cinc.

Los valles del sur están formados también por los valles longitudinales de Cinti. Estos valles se encuentran situados al este de los valles de Chichas, donde aparecen las cordilleras de Lique y Mochara al oeste y la de Tajsara al este. La región del valle del Pilaya está bañada por los ríos San Juan, Cotagaita, Camblaya, Pilaya y otros ríos menores pertenecientes a la margen derecha del río Pilcomayo.

Los valles de Tarija, que también son valles del sur, llegan hasta el Chaco y se extienden al sur de los valles de Cinti, donde destacan los valles de San Lorenzo y de Concepción.

departamento de Potosí; el San Lorenzo, en el de Tarija, o el de Vallegrande, en el departamento de Santa Cruz.

Al este de la cordillera de Quimsacruz se forma la de Cochabamba, donde se desarrollan estos valles. Los valles del centro son los del departamento de Cochabamba, los valles de Ayopaya, el valle de Mizque y el valle de río Grande, que se forman entre los contrafuertes de la cordillera de Tres Cruces, de los Frailes o de Potosí y la cordillera de Cochabamba.

Por su parte, el valle de Ayopaya está ubicado entre las cordilleras de Cocapata y del Tunari, y se trata de una zona preferentemente agrícola y ganadera. Se asemeja a los yungas del departamento de La Paz. El valle de Mizque, situado entre la cordillera de Cochabamba y la sierra de Catariri, es la cuenca natural del río homónimo.

*Los yungas, caracterizados por su constante y elevada humedad, son magníficos proveedores de productos tropicales y subtropicales. Paisaje de yungas en Chulumani (La Paz).*

## Yungas y vegas: el reino de la humedad

Los yungas son depresiones de tipo tropical caracterizadas por una humedad constante y elevada, por la presencia de nieblas permanentes y de abundantes lluvias. Estas características distinguen a los yungas de los valles y punas, aunque a veces se encuentren a la misma altitud.

La clasificación geográfica de los yungas por departamentos es la siguiente: yungas de Muñecas, de Larecaja, Nor Yungas, Sud Yungas y yungas de Inquisivi, en el departamento de La Paz; yungas de Corani, del Chapare o del Espíritu Santo, del Palmar, de Bandiola y de Totora, en el de Cochabamba; y, finalmente, los yungas más orientales de Pojo, de San Mateo y de Santa Rosa, en el departamento de Santa Cruz.

Los yungas, especialmente los de los departamentos de La Paz y Cochabamba, son los grandes proveedores de productos tropicales y subtropicales a las ciudades más importantes de la zona del Altiplano norte y de los distritos mineros.

Los yungas y vegas se pueden clasificar en:

• *Yungas altos o «cejas de monte»*. Se encuentran a altitudes que van desde los 2 500 m a los 3 300 m sobre el nivel del mar. La cabecera de yungas o «ceja de monte» se caracteriza por su exceso de humedad, provocado por los vientos amazónicos. Son depresiones de clima húmedo, templado y frío, como la de Unduavi y alrededores.

• *Yungas medios*. Esta región está formada por depresiones que van desde los 1 500 a los 2 500 m sobre el nivel del mar, caracterizadas por la presencia de nubes y neblinas acompañadas de llovizna prácticamente a lo largo de todo el año, como consecuencia del choque de los vientos amazónicos con la cordillera que precipitan la humedad. Estos yungas son boscosos y forman una alfombra que cubre todas las faldas de los cerros. Los ejemplos más destacados son los de Coripata, Irupana, Chulumani, Coroico y Siberia.

• *Yungas bajos*. Con alturas entre 600 y 1 500 m y caracterizados por sus bosques altos, con helechos, pal-

*Los relieves en cuesta del frente Subandino sur se alternan con estrechos valles en*

*Sucre, entre el Pilcomayo, que va hacia el Plata, y el Grande, hacia el Amazonas.*

## Una sucesión de profundos valles

os yungas (comarcas cálidas, valles) forman el sistema territorial intermediario entre las grandes altitudes de la cordillera Blanca y la llanura Beniana que subsigue a sus ramificaciones orientales.

Y pues acabamos de hablar del eslabón de Hankjo-uma, citemos, como parte típica de los yungas, el sector a él correspondiente: son los denominados Yungas de La Paz. La cordillera Blanca es, pues, la fachada altiplánica de los yungas. Detrás de ella descienden éstos en sucesión violenta de valles profundos que, finalmente, va a abrirse por el oriente en la planicie amazónica. Pero en rigor, los valles de tipo yungueño comienzan ya en la misma vertiente occidental de la cordillera Blanca. Las aguas de los torrentes, cayendo desde millares de años desde aquellas altitudes, que son otros tantos depósitos de nieve, cavaron en su base, entre la cordillera y la meseta, hondísimas cuencas, constituyendo cañones que trazan vastas líneas de circunvalación en torno a los extremos ya nombrados (Illimani e Illampu) del eslabón de Hankjo-uma.»

Jaime Mendoza,
*El Macizo boliviano*

meras y plantas subtropicales, constituyen los yungas propiamente dichos. Se trata de depresiones de paisajes muy ondulados y recortados, como son los yungas de Tipuani, Zongo, Caranavi, Guanay y Apolo, en el departamento de La Paz; los de Corani, Chapare, Palmar, Bandiola, Totora y Pojo, en el departamento de Cochabamba; y los de San Mateo, Santa Rosa y Florida, en el departamento de Santa Cruz.

La zona situada entre los 1 000 y los 1 500 m se denomina «vega yungueña» o vega ardiente.

### El frente Subandino

La zona Subandina, ubicada entre los contrafuertes de la cordillera Real u Oriental y los Llanos orientales, se desplaza de norte a sur, desde los límites con la República del Perú, aproximadamente en el paralelo 13° sur, hasta la frontera con la República Argentina, en el paralelo 22° sur, surcando toda la zona central del territorio boliviano, a través de los departamentos del Beni, La Paz, Cochabamba, Santa Cruz, Chuquisaca y Tarija.

Esta zona es consecuencia de la existencia de la zona montañosa, que da origen a las quebradas, los valles y yungas característicos de la práctica totalidad del territorio boliviano. En ella, los paisajes formados por los plegamientos de las cordilleras dan lugar a incomparables y numerosas serranías o cordones que se extienden desde las praderas subandinas a las chiquitanas. Son paisajes típicos, de montañas cortadas por profundas quebradas por las que corren ríos que a medida que descienden se van haciendo más caudalosos.

El frente Subandino se divide en tres sectores: septentrional, central y meridional.

• *El frente Subandino septentrional.* Está formado por un conjunto de sierras menores que discurren paralelas por el territorio y se caracterizan por su disposición escalonada, resultado del levantamiento de bloques de falla. La dirección general de esta unidad geográfica es de noroeste a sudeste y presenta 70 km de anchura.

• *El frente Subandino central.* El conjunto de sierras se estrecha a la altura del paralelo 16° sur hasta los 18° de latitud sur. La anchura de la parte central se aproxima a los 35 km. El sector central es más angosto que la zona norte y sur.

• *El frente Subandino meridional.* En esta zona el grupo de sierras tiene una dirección de norte a sur y presenta una anchura de 90 km. La fisiografía característica de esta sección es la del relieve en «cuestas», que alternan vertientes planas ligera-

*Las llanuras, en el norte y este del país, se formaron por la acumulación de espesas capas de sedimentos terciarios y cuaternarios. En la imagen, lomas de arena de El Palmar (Santa Cruz).*

mente inclinadas, mientras que las vertientes opuestas son prácticamente verticales. Estas paredes verticales presentan imponentes acantilados, que se orientan, en general, hacia el este. Valles abruptos y anchos, con cursos fluviales que recorren longitudinal y transversalmente el territorio, originando estrechos cañones en los ríos Pilcomayo, Cuevo, Parapetí y Grande, entre otros, caracterizan esta zona.

## Los Llanos bolivianos

Son regiones o terrenos con declives que tienden a la uniformidad, más o menos planos, de extensiones considerables y que no presentan interrupciones notables por elevaciones o depresiones.

En el territorio boliviano, las llanuras ocupan toda la zona oriental del país, así como la que corre de norte a sur desde la zona subandina hasta las fronteras con Brasil y Paraguay. Estas llanuras sólo están interrumpidas por algunas colinas que forman parte del macizo Chiquitano.

Las llanuras aparecen por diversas acciones de la naturaleza; algunas son resultado de la erosión y se conocen con el nombre de penillanuras. La más extensa del país, con un relieve prácticamente horizontal, aunque con ligeros desniveles, surge a escasa altitud. Su constitución es, en algunos casos, aluvial por la influencia de los depósitos de los ríos, mientras que en otras ocasiones son fondos de antiguos mares y lagos.

A sólo 600 m de altitud y al este del frente Subandino, se extiende una amplia llanura formada por la progresiva acumulación de centenares de metros de sedimentos finos.

En la zona de las llanuras se distinguen, desde el punto de vista morfológico, tres grupos, el septentrional, el central y el meridional, pero si se tienen en cuenta los factores climatológicos se puede dividir en dos grandes unidades: las llanuras húmedas del Norte, o llanos del Beni, y las secas del Sur, o llanos del Chaco.

### Las llanuras húmedas del Norte

Son las llanuras que abarcan los departamentos de Pando, norte de La Paz, Beni y gran parte de Santa Cruz. Estos llanos tienen un clima cálido y tropical, con una media de temperaturas anuales de 25 °C. Los llanos del Nordeste se hallan ubicados en el flanco nororiental, a los pies de la cordillera Oriental, y abarcan dos tercios del territorio nacional boliviano.

A simple vista parecen un extenso mar verde, sus praderas son muy adecuadas para la ganadería y presentan llanuras totalmente boscosas y selváticas, húmedas y de carácter tropical. Se los denomina también *Hylea amazonica*, por el alto valor de sus árboles de fina madera, la goma y la castaña, y por sus variadas riquezas naturales.

El grupo septentrional se desplaza ligeramente del sur al norte, ya que Yapacaní y Chapare se sitúan a 290 m de altura, y la región del Madera, a sólo 150 m de altitud.

• *Llanura de inundación del río Beni*. En las estribaciones de la cordillera andina, a lo largo de los departamentos de La Paz, Cochabamba y Santa Cruz, se extiende hacia el norte la llamada llanura de inundación del río Beni, integrada por dos llanuras cubiertas de árboles y pastos naturales: la llanura del Mamoré y la de Moxos o llanura Beniana. Dicha llanura de inundación se extiende desde el río Beni hasta el río Iténez o Guaporé, en la frontera con Brasil. Esta llanura tiene su origen en la sedimentación de materiales del Terciario y del Cuaternario procedentes de los ríos que descienden de las cumbres de la cordillera andina hacia la cuenca amazónica. Se trata de verdaderas llanuras tropicales, húmedas y bajas que localmente reciben el nombre de «curiches». Su fisiografía plana las convierte en un extenso «charco» en la época de lluvias y suelen formarse cuando se desbordan los ríos Beni y Mamoré, al crearse pequeños «brazos» independientes de los meandros que forman los ríos y originan grandes lagos y lagunas de forma rectangular, de fondo plano y paredes verticales poco altas.

• *Llanura de Pando*. Abarca todas las provincias del departamento de Pando (Nicolás Suárez, Abuná, Madre de Dios, General Román y Manuripi) y la provincia Vaca Díez, del departamento del Beni. Sus suelos son de origen aluvial y los más desarrollados. Estas llanuras están bordeadas por los cursos de agua de los ríos más grandes del territorio boliviano: Beni, Mamoré, Madre de Dios, Acre, Abuná, Manuripi, etcétera, que son navegables. La vegetación característica de esta zona está constituida por un bosque alto y exuberante. En el departamento de Pando existe un área formada por terrazas viejas muy fraccionadas, situadas a un nivel ligeramente más alto respecto al resto de las terrazas aluviales subelevadas. Las terrazas antiguas se caracterizan por un relieve de colinas bajas con cimas planas, surcadas por múltiples riachuelos y arroyos de poco relieve. A lo largo del curso de los ríos Manuripi y Madre de Dios se encuentran terrazas aluviales que presentan una orografía menor.

## Llanos centrales, pantanos y lagos

El desplazamiento del grupo central se produce de norte a sur, ya que San Matías se encuentra a 130 m de altitud y Puerto Suárez a tan sólo 100 m. Este desplazamiento hacia el sur hace que las llanuras de este grupo tomen las características propias de los lugares que recorren por la cuenca del río Paraguay. Son propios de este grupo los curiches o pantanos y los lagos.

Entre los 15° y los 19° de latitud sur aparece este bloque compacto de rocas precámbricas que forma el macizo Chiquitano, el cual presenta en su borde sur impresionantes quebradas que limitan con las serranías de San José y Santiago, y en su zona más occidental aparece cubierto por sedimentos de época moderna.

## Las llanos secos del Sur

Las llanuras del grupo meridional tienen una inclinación de noroeste a sudeste, ya que mientras Villamontes se encuentra a 400 m, el río Paraguay aparece a 110 m. Las llanuras secas del Sur, nombre que reciben las llanuras de este grupo, abarcan el sur del departamento de Santa Cruz y la parte oriental de los de Chuquisaca y Tarija.

Las escasas lluvias y la temperatura cálida y tropical, con medias anuales de 25 °C, han originado una región seca, arenosa y poco apropiada para los cultivos, aunque el borde occidental del Chaco sí es apto para las actividades agrícolas, especialmente en Tarija y Chuquisaca. Asimismo, son característicos de este grupo los bosques bajos, conocidos como «islas», en los que crecen caraguatales, árboles botella y otros arbustos xerófilos.

Múltiples cerros aislados, como el Izozog, el Ustárez, el Chovoreca y el San Miguel, con una altura media de 780 m sobre el nivel del mar, forman parte del paisaje de esta zona.

• *Llanos secos del Chaco*. Esta región se inicia al norte, en el paralelo de la ciudad de Santa Cruz de la Sierra. Desde allí se desplaza hacia el este y el sur a lo largo del frente Subandino. Recibe el nombre de llanos bajos secos, por oposición a los llanos bajos húmedos de la región beniana. Abarca las provincias Cordillera, del departamento de Santa Cruz, Luis Calvo, del de Chuquisaca, y Gran Chaco, del departamento de Tarija.

La topografía del relieve es completamente plana y está cubierta de vegetación. Se caracteriza por poseer suelos profundos y fértiles. El clima, muy caluroso a lo largo del año, con temperaturas que van de los 20 °C a los 38 °C, proporciona intervalos un poco más fríos durante el invierno. En dicha estación, la influencia de los vientos fríos del sur provoca descensos de temperatura de hasta 2 °C y 3 °C, con la consecuente formación de nieblas y lloviznas suaves, denominadas localmente «chilchi». Estos períodos suelen durar de cuatro a ocho

*Las sierras Chiquitanas, altamente mineraliza-*
*das, se alzan en el sector oriental del país. Su*
*cima más elevada es el cerro Chochís (1 290 m),*
*a su vez el punto más alto del oriente boliviano.*

días y reciben el nombre local de «surazos», por el origen de los vientos que los causan. En esta zona la vegetación es xerofítica, es decir, está caracterizada por plantas adaptadas a vivir en medios secos, que son muy típicas de las regiones áridas.

La vegetación de esta región es conocida con el nombre genérico local de «monte grande», que hace alusión a su gran tamaño. Los árboles que caracterizan esta zona son de poca altura y poco follaje, con hojas pequeñas y ramas espinosas o bien son cactus, que se encargan de almacenar la poca humedad existente en el suelo y la atmósfera.

El suelo de las llanuras del Chaco es preferentemente arenoso y poco apto para ciertos cultivos. La humedad subterránea también es escasa, por lo que la actividad agrícola está en fases iniciales y se desarrolla poco a poco gracias a los adelantos técnicos y químicos que se han ido introduciendo en el país.

En la zona oriental del frente Subandino el relieve es prácticamente uniforme, con muy pocas diferencias. Existen pequeños cursos de agua temporales que han dado lugar a la formación de valles cortos y estrechos llamados localmente cañadas.

• *Llanos de Santa Cruz*. Esta zona está comprendida por las provincias Andrés Ibáñez, Warnes, Gutiérrez, Ichilo, Santiesteban, y el extremo sur de la provincia Ñuflo de Chávez, del departamento de Santa Cruz, es decir, la denominada «área de desarrollo de Santa Cruz» y la zona situada entre los ríos Grande y San Julián, con factores medioambientales característicos. El sector este del río Grande reúne óptimas condiciones tanto de suelo como de clima para el desarrollo de la actividad agrícola.

## Las sierras Chiquitanas

En la zona este del país, a lo largo de la cuenca del Madera, existe un área extensa y más elevada que el resto de las planicies circundantes, la cual presenta algunas cadenas de montañas bajas que se desplazan de noroeste a sudeste formando hileras paralelas entre sí.

Estas cadenas, por estar situadas en la antigua provincia Chiquitos, reciben el nombre genérico de macizo Chiquitano. La zona se extiende por los departamentos de Santa Cruz (en las provincias Chiquitos, Santiesteban, Ñuflo de Chávez y Velasco), Beni (provincias Iténez, Mamoré, norte de Yacuma y sur de Vaca Díez), hasta el departamento de Pando.

El relieve de este macizo está compuesto por bloques fallados con una inclinación suave hacia el sur, como es el caso de las sierras de San José y de Santiago. La vegetación es exuberante, de bosque húmedo alto, y en la zona más occidental, así como en el río Quiser, en la provincia Ñuflo de Chávez, proliferan las plantas epífitas, que se apoyan en

*En la región norte del macizo Chiquitano, en la margen derecha del Paraguay, se forman lagos fluviales como La Gaiba (en la imagen), con paisaje y vegetación típicos de los humedales.*

## Las alturas del oriente boliviano

El basamento del escudo termina al norte de la fosa de Chiquitos, que es un hundimiento con rumbo ESO-ONO por el cual corre el río Tucavaca, que se pierde luego en los bañados del Otuquis. Al sur de la fosa se elevan, con el mismo rumbo, las serranías de Santiago y de San José, de 300 km de longitud. La primera alcanza, cerca de la misión de Santiago, 900 m de altura. Entre las dos serranías se introduce el nudo de El Portón, paisaje sumamente pintoresco, constituido por restos de areniscas rojizas en posición horizontal, cubiertas de un bosque ralo, bajo, seco. Por la erosión, la meseta ha sido dividida en pilares y torres con pendientes verticales.

El cerro dominante es el Chochís, con sus 1 290 m de elevación, el punto más alto del oriente boliviano. El Ferrocarril Corumbá-Santa Cruz pasa por el abra de El Portón al pie del Chochís, para bajar luego a la planicie arenosa hasta la famosa misión de San José, recuerdo de una reducción jesuítica. Al sur de San José principia la serranía baja del mismo nombre, que se pierde al oeste debajo del aluvión del Chaco.»

Federico Ahlfeld

otras plantas sin alimentarse de ellas, como musgos, líquenes y orquídeas.

La zona central del macizo Chiquitano presenta un paisaje de cerros bajos con relieve ondulante y con aspecto de planicie, es decir, con grandes extensiones cubiertas de pastizales en las que aparecen islas de árboles.

La zona oriental ofrece un paisaje de pantanos, producto del exceso de humedad y de la poca altura del suelo, que permite constantes inundaciones. Los ríos se desbordan con frecuencia formando curiches o extensos charcos que en las cuencas profundas originan lagunas permanentes como La Gaiba, Mandioré, Uberaba y Cáceres, entre otras. Estas regiones bajas están casi permanentemente inundadas y cubiertas de vegetación propia de los lugares con alto índice de humedad, como los «camalotes, cañuelas o taropes».

En la parte sur del macizo Chiquitano, las características se aproximan a las de la región meridional del Chaco, con un paisaje de sabana tropical seca y proliferación de plantas adaptadas a medios secos de suelo arenoso.

En la época lluviosa se producen en esta región del sur precipitaciones intensas que provocan inundaciones. En cambio, durante la época seca, el agua se convierte en un recurso natural difícil de hallar a lo largo de grandes extensiones. Se trata de uno de los caracteres principales de las sabanas tropicales desérticas, que en esta región se presenta con rasgos ciertamente extremos.

## El Escudo brasileño

Está constituido por las zonas montañosas de las provincias Ñuflo de Chávez y Chiquitos, del departamento de Santa Cruz. En efecto, a lo largo de la frontera con Brasil aparece una zona de rocas muy antiguas (granitos y basaltos en su mayor parte) que el proceso de erosión ha biseccionado con el paso del tiempo, formando una planicie: el Escudo brasileño.

La orografía del Escudo es ondulada y se ve interrumpida por serranías rocosas de poca consideración, aunque, en algunos casos, llegan a alcanzar los 1 300 a 1 500 m de altitud. Las ondulaciones del terreno, que en ciertas zonas son pronunciadas, dificultan el desarrollo de la actividad agrícola. Sin embargo, en las áreas más planas aflora la roca original o madre, por lo que sus suelos presentan un perfil bastante desarrollado que permite el avance de la actividad agraria.

# La orografía

Si la fisiografía trata de describir los fenómenos que se dan en la superficie terrestre, la orografía se encarga de asignar una toponimia propia a todos los nombres geográficos del país. Así, para las grandes unidades del relieve del territorio boliviano —especialmente para las cimas más elevadas— hay una toponimia mayoritariamente consensuada. Sin embargo, no ocurre lo mismo con las cotas de altitud de las mismas, en las que la disparidad es una tónica frecuente.

El rasgo orográfico más destacado de Bolivia lo constituyen las dos grandes secciones de los Andes: la cordillera Occidental y la cordillera Real u Oriental, separadas por el Altiplano.

Estos dos impresionantes ramales montañosos suman un área aproximada de 184 000 km² y junto al Altiplano y el frente Subandino ocupan casi el 38 % del territorio nacional. Ello explica que más de un tercio del país se encuentre situado a más de 3 500 m de altitud.

*En Bolivia los Andes alcanzan su mayor amplitud. Sus dos ramales suman 184 000 km².*

## Las cimas de la cordillera Occidental

La cordillera Occidental o Volcánica se extiende por el territorio boliviano desde los 17° de latitud sur, en el nudo de Jucuri, hasta el nudo de Licáncabur, en el paralelo 23° sur. Se erige en dirección norte-sur como una muralla montañosa natural caracterizada por la presencia de un gran número de volcanes como el Iruputuncu (5 165 m) y el Ollagüe (5 865 m), que hoy permanecen inactivos y separan el territorio nacional del norte de Chile y del sur del Perú.

La altura media de la cordillera Occidental o Volcánica es de unos 5 000 m, altitud menor a la media correspondiente a la cordillera Real u Oriental.

No se trata de una cadena de relieve tradicional, ya que su origen no fue provocado por el plegamiento de las capas superiores de la corteza terrestre, sino que es resultado de la acumulación de materias volcánicas en el borde más elevado de la meseta altiplánica.

El clima es frío y las temperaturas descienden conforme se avanza hacia el sur. En las cercanías del volcán Sajama, la montaña más elevada de Bolivia con 6 542 m de altura, las temperaturas no superan los 15 °C bajo cero, mientras que en la zona montañosa del sur, en invierno, pueden superarse los 36 °C bajo cero. Asimismo existen diferencias térmicas muy importantes entre el día y la noche, alcanzando los 50 °C de contraste.

La temperatura de la arena, la sequedad del ambiente y las grandes diferencias térmicas entre el día y la noche confieren al paisaje un aspecto de tundra, desolado y agreste para el desarrollo de la vida humana. El clima frío y las lluvias escasas no permiten el desarrollo de la vida vegetal y animal, pero el suelo es fértil y rico en minerales como el cobre y el azufre, entre otros.

La cordillera Occidental o Volcánica se divide en tres regiones claramente definidas: la región norte, la central y la meridional.

### El norte lacustre y el nevado de Sajama

Se la denomina región lacustre por la presencia de numerosos y pequeños lagos. Abarca las cimas situadas en las provincias Pacajes (departamento de La Paz) y Carangas, Sajama y Atahuallpa (Oruro), próximas al gran lago Titicaca.

La región se extiende desde el nudo de Jucuri, a los 16° 58' de latitud sur, hasta los 19° 02' de latitud sur, en la sierra situada entre los ríos Mauri y el pe-

## Las principales cimas de la cordillera Occidental

| Cima | Altitud | Cima | Altitud |
|---|---|---|---|
| **Sección Norte** | | Bravo | 5 734 |
| Sajama | 6 542 | Bravo | 5 734 |
| Pomerape | 6 222 | Quetena | 5 730 |
| Parinacota | 6 132 | Chijlla | 5 709 |
| Acotango | 6 032 | Negro | 5 708 |
| Elena Capurata | 5 950 | Kapuna | 5 703 |
| Condoriri | 5 762 | Bonete | 5 695 |
| Poquentica | 5 746 | Aguas Calientes | 5 684 |
| Umurata | 5 734 | Araral | 5 682 |
| Lliscaya | 5 634 | Morokho | 5 681 |
| Anallajchi | 5 583 | Vilama | 5 678 |
| Quisi Quisini | 5 536 | Nelly | 5 676 |
| Oke Okeni | 5 532 | Sanabria | 5 654 |
| Tunupa | 5 388 | Aguas de Perdiz | 5 634 |
| Santa Catalina | 5 362 | Ponderosa | 5 614 |
| Paco Khana | 5 203 | Guacha | 5 599 |
| Canasita | 5 184 | Guayaques | 5 584 |
| Sinejavi | 5 129 | Nuevo Mundo | 5 570 |
| Negro Pequeño | 5 114 | Mechina | 5 537 |
| Capitán | 5 098 | Laguna Verde | 5 531 |
| Asu Asuni | 5 088 | Chillahuito | 5 527 |
| Serke | 5 072 | Mesada Negra | 5 526 |
| Capaja | 5 056 | Ascotán Ramadillar | 5 505 |
| Chullcani | 5 032 | Pabellón (S) | 5 498 |
| Suni Khana | 5 018 | Agüita Brava | 5 485 |
| **Sección Central** | | Boratera de Chalviri | 5 484 |
| Candelaria | 5 995 | Volcán Chico | 5 475 |
| Cabaraya | 5 869 | Bajo | 5 468 |
| Separaya | 5 610 | Puripica Chico | 5 464 |
| Luxsar | 5 504 | Suriphuyo | 5 458 |
| Curumaya | 5 484 | Panizo | 5 456 |
| Tata Sabaya | 5 385 | Chubuilla | 5 435 |
| Caltama (S) | 5 383 | Inti Pasto | 5 426 |
| Irpa | 5 234 | Polques | 5 425 |
| Tirani | 5 216 | Puntas Negras | 5 422 |
| Picacho | 5 208 | Colorado (E) | 5 398 |
| Paruma | 5 200 | Tinte | 5 384 |
| Culebra | 5 193 | Tres Cumbres | 5 370 |
| Chinchilhuma | 5 118 | Silala | 5 355 |
| Uquilla | 5 092 | Lipiña | 5 347 |
| Mancha | 5 083 | Laqueita Orco | 5 339 |
| Pariani | 5 077 | Pabellón (N) | 5 321 |
| Frauche | 5 067 | Santa Isabel | 5 319 |
| Pallalli | 5 054 | Chiguana | 5 278 |
| Cumi | 5 048 | Ojitos | 5 278 |
| Altamari | 5 032 | Colorado (O) | 5 264 |
| Titirilla | 5 014 | San Bartolomé | 5 234 |
| **Sección Sur** | | Chascos | 5 227 |
| Uturuncu | 6 008 | Pabelloncito Loma | 5 216 |
| Caquella | 5 947 | Lagunitas | 5 203 |
| López | 5 929 | Chascón | 5 190 |
| Sairecabur | 5 928 | Khastor | 5 182 |
| Soniquera | 5 899 | Paco Orco | 5 182 |
| Tomasamil | 5 890 | Huiskhachillas | 5 162 |
| Cañapa | 5 882 | Limor o Linzor | 5 069 |
| Volcán Licáncabur | 5 868 | Huayllayos Loma | 5 046 |
| Volcán Ollagüe | 5 865 | Tucanqui | 5 024 |
| Pastos Grandes | 5 802 | Catal | 5 017 |
| Tapaquillcha | 5 758 | Thinyos | 5 015 |

La cordillera Occidental sirve de frontera natural entre Bolivia, Perú y Chile. Una de sus cimas más elevadas es el Ollagüe (5 865 m), cono volcánico que aparece en la fotografía.

queño puerto del río Sabaya, donde se alzan notables conos volcánicos como el Poquentica (5 746 m) y el Lliscaya (5 634 m), y acaba con las cimas de Tata Sabaya (5 385 m) y de Sacsani, a 5 090 m sobre el nivel del mar.

No se trata de una cordillera continua sino de una serie de macizos volcánicos aislados que se alternan, como resultado de la antigua actividad volcánica, con extensas sierras y planicies.

Las sierras más importantes son la de Santiago de Machaca y la de Berenguela, donde se alternan conos volcánicos, como el Serke (5 072 m), con llanuras de lavas volcánicas cortadas por el Mauri.

En el área más oriental de estas cordilleras, entre los 18° 00' y los 18° 40' de latitud sur, se localizan los macizos volcánicos más elevados, entre los que destacan los cerros Gemelos o Payachatas, formados por el Pomerape (6 222 m) y Parinacota (6 132 m), el Quimsachatas (6 032 m) y el pico más alto de la cordillera Occidental, el nevado del Sajama o cerro Santo, que forman parte de la frontera entre Bolivia y Chile.

### Las alturas del sector central: la Candelaria

La región central se extiende desde los 19° de latitud sur hasta el paralelo 21° sur y comienza en el río Sabaya, en la cordillera del mismo nombre que se desplaza en dirección este-oeste presentando elevadas cimas como el cerro de Cabaraya (5 869 m) y el de Tata Sabaya. Esta región acaba en el volcán Ollagüe, en el pequeño puerto por donde atraviesa la línea ferroviaria que une Antofagasta, en la costa chilena, con el sector de Uyuni.

Dos sierras montañosas, casi paralelas, que se extienden de norte a sur, la sierra de Sillajhuay, al este, y la sierra de Huatacondo, al oeste, forman esta región. De la sierra de Sillajhuay surge un ramal transversal que se desplaza de este a oeste y cuyos picos no superan los 4 900 m de altura. Se trata de la cordillera de Llica y Tahua, llamada cordillera Intersalar ya que hace de línea divisoria en las aguas de los salares de Coipasa y Uyuni. A los 19° 30' de latitud sur se levanta el volcán más alto de la región central de la cordillera Occidental o Volcánica: el nevado Candelaria (5 995 m).

Hacia el sur se desgaja la cordillera de Sillillica, con elevaciones que sobrepasan los 5 000 m de altura. Algunas de sus cumbres más destacadas son el volcán Olca (a 5 810 m de altitud), el cerro Puntos (5 760 m), los volcanes Isluga (5 530 m), Luxsar (5 504 m), Piga (5 222 m), Iruputuncu y Napa (5 140 m) y el cerro Pilaya (4 210 m). Esta cordillera se forma en el límite occidental del salar de Uyuni.

### Los volcanes: Ollagüe, Licáncabur...

El sector meridional de la cordillera Occidental se extiende desde las serranías de Cañapa hasta el volcán Licáncabur (5 868 m) y el cerro Juriques. Abarca las serranías de Aralaguna, con los pasos

*En el sector norte del Altiplano reina un clima húmedo debido a la influencia del lago Titicaca y los glaciares de las altas cimas andinas. Vista de la cordillera Real junto al gran lago.*

## Las mayores altitudes de las serranías Interaltiplánicas

El Altiplano boliviano no corresponde a la idea tradicional de una llanura plana, sino que se trata de una extensa planicie alterada por la incursión de diversas sierras transversales y longitudinales que están compuestas por sedimentos terciarios, rocas cretáceas y, en menor medida, por rocas paleozoicas. Las sierras del Altiplano se agrupan en dos secciones: septentrional y central-meridional.

### Los montes entre los lagos Titicaca y Poopó...

La sección septentrional del Altiplano comprende las sierras situadas entre los lagos Titicaca y Poopó, y se extiende de 16° a 18° de latitud sur y de 67° a 68° de longitud oeste, entre Guaqui y Corque. Se trata de una sierra continua con dirección noroeste-sudeste, con cerros y cimas redondeadas que destacan por sus vistosos sedimentos rojizos y blancos. Entre estas elevaciones, las cuales superan los 1 000 m de altura respecto al nivel del Altiplano, sobresalen la de Pachakhala (4 842 m) y el Jarrotani (4 796 m).

Esta serranía, más o menos continua, está surcada por las aguas del río Desaguadero, que la corta de este a oeste y da origen al estrecho de Callapa. Junto a esta cadena montañosa se levantan cerros aislados, como el San Andrés y La Joya, muy próximos a la ciudad de Oruro.

### ...al sur del Poopó y junto al salar de Uyuni

Las sierras de esta región son más bien cerros o grupos de cerros individuales. Al sur del lago Poopó y al este del salar de Uyuni se eleva uno de estos grupos de cerros que sobresalen unos 300 a 400 m de altura sobre el nivel del Altiplano, destacándose los picos de Moco Moconi (4 395 m), Jacha Punta (4 203 m) y Khehuillani (4 164 m). Al sur del salar de Uyuni se elevan las cimas de Cerrillos (4 348 m) y Cóndor Huasi (4 003 m). Entre el salar de Uyuni y la ciudad del mismo nombre están los cerros Colorado (5 398 m) y Macho Cruz (4 332 m). Al este de la población de Uyuni se eleva el cerro Escara (4 149 m).

## Las grandes cumbres reales

La cordillera Central, Real u Oriental es la unidad de relieve más importante del territorio boliviano, ya que posee las cimas más altas y porque es la línea divisoria natural de las aguas de la cuenca amazónica y del Plata. Cuenta, además, con riquezas excepcionales, como por ejemplo algunos impor-

Ascotán y del Inca, y donde empieza el Plan del Burro Cansado, que termina en los cerros de la laguna Colorada, así como las sierras de Aguas Calientes (5 684 m) y las de Guayaques (5 584 m), entre las que se halla la laguna Verde, de aguas termales. Al este se alza la serranía de Quehuiñal.

En la región meridional se alternan, con rumbo norte a sur, volcanes aislados del occidente de López, que en su mayoría superan los 5 000 m de altura (entre los más importantes están el volcán Sairecabur, de 5 928 m; el Ollagüe y el Licáncabur), y la cadena montañosa formada por la cordillera de López y la cordillera de Chocaya, a 68° de latitud sur, en dirección a la cordillera Oriental. En este punto en el que el río Viluyo sirve de límite natural confluyen la cordillera Occidental y Oriental y desaparece el Altiplano.

La región volcánica de la cordillera Occidental se caracteriza por la presencia de numerosos conos volcánicos, que permanecen inactivos; entre ellos, los volcanes Ollagüe, San Pablo (5 810 m), Tocorpuri (5 720 m), el cerro Suriquinca (5 720 m), el volcán de Juriques (5 710 m), Putana (5 690 m), Apagado (5 680 m), de Linzor (5 069 m), cerro del Inca (5 650 m), volcán Jorgencal (5 540 m) y cerro Ascotán Ramadillar (5 505 m).

Esta sección volcánica es muy conocida por sus tempestades de arena y nieblas muy densas, lo que condiciona un paisaje de tundra prácticamente deshabitado.

tantes yacimientos mineralógicos de gran interés para la economía del país.

La cordillera Oriental penetra en el país con dirección noroeste-sudeste, extendiéndose desde los 14° 30' de latitud sur y los 69° 30' de longitud oeste, desde el nevado de Chaupi Orco y los Tres Palomanis, hasta el paralelo 18° sur, donde se alza el cerro Zapaleri (5 656 m). Aquí sigue con dirección norte a sur hasta el límite con Argentina.

Tiene una longitud aproximada de 1 100 km y un ancho que varía entre 150 y 400 km. La altura de las montañas que forman parte de ella varían desde los 3 500 m a los 6 500 m de altura sobre el nivel del mar.

La orogenia de esta cordillera se explica por la presión de la placa de Nazca contra el centro de apoyo constituido por el Escudo brasileño. La presión provocó que las diferentes capas de la corteza terrestre se plegasen durante las eras Secundaria y Terciaria formando diferentes elevaciones. Los materiales depositados son principalmente lutitas y areniscas, con intrusiones graníticas resultantes del enfriamiento del magma procedente del interior de la Tierra.

La acción de la erosión ha sido tan intensa en esta zona que en la actualidad han aflorado esos materiales a la superficie y se ha rebajado casi a la mitad la altura original de esas elevaciones.

La cordillera Central o Real es una cordillera joven en la que predominan las tierras áridas, aridez provocada por la acción de los vientos en su zona meridional. Este gran macizo rocoso constituye una barrera orográfica para los vientos húmedos procedentes de la cuenca amazónica, que al llegar a la cordillera descargan su humedad y ascienden por esta vertiente hasta llegar totalmente desecados al otro lado de la cordillera, dando origen a paisajes que son predominantemente de tierras áridas.

Pese a la aridez de sus paisajes y al clima frío de las áreas más elevadas, es una zona muy rica en yacimientos mineralógicos, los cuales le permiten adquirir importancia económica, aunque la zona constituye una dificultad más para el desarrollo del transporte, con las consiguientes consecuencias para la movilidad de la población.

Sin embargo, las elevadas cimas de las montañas de la cordillera Oriental o Central no han impedido la construcción de la pista de esquí más alta del mundo, en el nevado de Chacaltaya (5 340 m), y de un observatorio meteorológico.

La cordillera Real u Oriental se divide en dos grandes secciones: norte y sur.

*Situado a 6 421 m de altitud, el Illampu es el punto culminante de la cordillera de La Paz, también conocida con el nombre de Real y considerada la más bella de los Andes bolivianos.*

### El tramo norte de la cordillera Oriental

Se alza, paralelo a las cordilleras de Apolobamba, Muñecas y La Paz, en el sur de la provincia de Iturralde, en el departamento de La Paz, para acabar en San Buenaventura. Comienza con una serranía que pasa por San Ignacio, Maravillas y Tumupasa hasta llegar a San Buenaventura. Los cerros más relevantes de la sección norte son Atalaya, Yuroma, Caquiahuanca, Pelado y Colorado, así como las serranías de Eslabón, San Buenaventura, Chepite, Beu, Chiru Choricha, Muchanes, Tacuaral, Pilón, Pelado y Eva Eva.

• *La cordillera Real*. Sigue una dirección noroeste-sudeste hasta los departamentos de La Paz y Cochabamba, en la serranía de Tapacarí, donde varía su dirección para dirigirse hacia el sur. En ella se encuentran las cimas más elevadas de toda la cordillera de los Andes en el territorio boliviano. Son numerosos los picos que superan los 6 000 m y sobresalen, entre otros, el Illampu o Sorata. Sus cimas tienen nieves perpetuas por encima de los 5 300 m de altitud sobre el nivel del mar.

La cordillera Real posee importantes yacimientos mineralógicos y constituye, a causa de sus imponentes cumbres, un gran obstáculo para el desarrollo del transporte. Se subdivide en serranías menores que también forman parte de la región norte de la cordillera Central, Real u Oriental: las cordilleras de los Azanaques, en el norte, y la de los Frailes, Chichas y Lípez, más al sur.

*El Taquesi se alza desafiante entre las nubes, a 5 550 m de altitud. Rico en vetas de wolframio, este nevado es uno de los picos culminantes de la cordillera de La Paz, de 220 km de longitud.*

• *La cordillera de Apolobamba.* Es un ramal de la cordillera de los Andes que, procedente de Perú, al norte del Titicaca, penetra en el país por el noroeste del departamento de La Paz, por el nevado de Chaupi Orco (6 040 m) y los Tres Palomanis: el Cunca (5 920 m), el Tranca (5 638 m) y el Grande (5 067 m), para finalizar en la altiplanicie de Guarayos. Esta impresionante cadena montañosa supera los 5 000 m de altura y se extiende a lo largo de 80 km, con una anchura próxima a los 40 kilómetros.

La cordillera se introduce en Bolivia desde el noroeste hacia el sudeste, donde existen innumerables lagos glaciales, entre los que destaca el lago Suches. Finaliza en la zona norte de las cabeceras del valle del río Camata, situado en la zona más meridional de la cadena.

En esta región geográfica se entremezclan los picos nevados de escasa vegetación con los ríos que descienden hacia la cuenca amazónica, por lo cual los paisajes que la cordillera ofrece son múltiples y muy variados.

Aunque ha sufrido la erosión glacial a lo largo del tiempo, la cordillera de Apolobamba no presenta todavía su núcleo granítico, como ocurre en otras partes de la cordillera Real. Otras cumbres importantes, compuestas por materiales pizarrosos y cuarcitas, y en las que se encuentran yacimientos auríferos, son las del Cololo (5 916 m), Sunchuli (5 861 m) y Huila Khollu (5 901 m).

• *La cordillera de Muñecas.* El río Camata sirve de separación entre esta cordillera y la anterior. Situada entre la cordillera de Apolobamba y la de La Paz, la cordillera de Muñecas alcanza 50 km de longitud y está formada por cadenas montañosas poco extensas y relativamente bajas, exentas de cumbres que sobrepasen los 5 000 m de altitud. Comprende el área existente entre los cursos fluviales Camata y Consata. Estos ríos, que se dirigen hacia el norte, muestran el efecto de los vientos amazónicos al provocar abundantes precipitaciones que permiten el crecimiento de una flora en la que proliferan las orquídeas, los helechos y los bambúes.

Las cumbres más destacadas de la cordillera de Muñecas son Callinzani y Coanzani, con altitudes próximas a los 5 000 m, donde sobresalen el nevado Ayankuno, el Quili Huyo (4 950 m) y el Matilde (4 930 m).

En las faldas de la zona norte de la cordillera existen pueblos importantes, pertenecientes a las provincias Camacho y Muñecas, como Italaque, Mocomoco, Ayata y Chuma, entre otros.

Esta cordillera posee importantes yacimientos de minerales, en especial de cinc, plomo y plata, como en la serranía de Escani, con pizarras y cuarcitas paleozoicas. También se encuentran yacimientos auríferos.

• *La cordillera de La Paz o cordillera Real.* Es una de las más representativas e imponentes de los Andes

*En el norte de la cordillera Oriental, la cordillera de Cochabamba (en la imagen) se eleva al este de la de Tres Cruces, en dirección casi este-oeste. Su cima principal es el Tunari (5 035 m).*

en territorio boliviano. Está separada de la cordillera de Muñecas por la quebrada del río Sorata, al noroeste, y de la cordillera de Tres Cruces por el cañón del río de La Paz, al sudeste. Con una extensión de 220 km, la cordillera de La Paz o cordillera Real comienza en el norte, en el valle del río Consata, con las serranías de Larecaja, y acaba en el impresionante cañón del río de La Paz, a los pies del nevado del Illimani, con más de 3 500 m de profundidad.

Esta región está considerada la zona más bella de los Andes en Bolivia. A ello contribuyen, sin duda, las llanuras amazónicas existentes en el norte y los picos permanentemente nevados en el sur, que contrastan con las tierras de la altiplanicie.

Las cumbres más importantes de la cordillera de La Paz son, al noroeste, el macizo de Sorata, que comprende las cimas de Illampu o Sorata (6 421 m) y el Ancohuma (6 380 m). Sigue con el Illimani (6 322 m), Casiri (5 910 m), Chiaraco (6 240 m) y Huayna Potosí (6 088 m), Chachacomani (6 150 m), Condoriri (5 850 m), Taquesi (5 550 m) y Mururata (5 869 m).

Los pasos de Sicuani y Milluni son aprovechados como caminos de entrada al Zongo y a los yungas de La Paz. Hacia el norte, el paso de San Cristóbal o de Sorata permite el acceso a los exuberantes valles de Larecaja.

Los materiales de estas sierras son principalmente granitos y granodioritas, cuya formación se remonta al Triásico y al Paleozoico. A través de la composición de estos materiales se puede observar cómo decrece, en dirección noroeste-sudeste, la acidez de los mismos.

• *La cordillera de Tres Cruces*. También llamada de Quimsacruz, comienza al sudeste del nevado de Illimani, en el nevado de Araca, al sudeste del valle del río de La Paz; sigue por la «serranía» de Santa Veracruz y continúa en dirección sudeste hasta el abra de Ventillaque para finalizar en el cerro de Colquiri. El abra de Ventillaque facilita el paso de la línea ferroviaria Oruro-Cochabamba.

La cordillera de Tres Cruces, con unos 50 km de longitud y 40 km de ancho, alterna una serie de cumbres nevadas con paredes rocosas que recuerdan la fisonomía de los Alpes. Está separada de la cordillera de La Paz por un gran cañón originado por el río del mismo nombre que ésta.

En la cordillera de Tres Cruces existen grandes yacimientos minerales, especialmente de estaño y tungsteno, que han hecho de ella la parte más conocida de la cordillera Real. También contribuyen a incrementar el interés turístico de esta zona impresionantes glaciares, que van desde los 4 600 m hasta los 5 980 m de altitud, y la gran cantidad de lagos glaciales como el Octacota, el Laramcota, el Chojñacota y el Chiarcota, entre otros.

De noroeste a sudeste, los picos más elevados son: Jachacuncollo (5 900 m), Gigante Grande (5 807 m), cerro San Juan (5 700 m), nevado de

Atoroma (5 700 m), nevado Inmaculado (5 600 m), y cerros Yunque (5 600 m) y Puntiagudo (5 400 m), entre otros. La cordillera de Tres Cruces marca el límite de las nieves perpetuas.

La zona meridional de esta cordillera es conocida como Santa Veracruz y es un macizo o nudo de poca extensión del que parten diferentes ramales hacia la zona sur y oriental del país. La cima más alta de este macizo es el nevado de Santa Veracruz (5 550 m) y también se destaca el cerro de Amutara (4 600 m).

• *La cordillera de Cochabamba.* En la zona oriental de la cordillera de Tres Cruces se levanta, en dirección este-oeste, el macizo conocido como cordillera de Cochabamba.

Esta cordillera da nombre a una serie de serranías como la de Yanakaka, Arcopongo, Cocapata, Maso Cruz, Totora y Tiraque, conocidas también como la cordillera de la Herradura. En esta sierra, los Andes superan los 300 km de anchura. A pesar de ello, la altura media de esta zona es menor que la de las cordilleras descritas anteriormente.

El pico más elevado de la cordillera de Cochabamba es el Tunari (5 035 m). Al noroeste de la ciudad de Cochabamba destaca también el Hapalluni (5 010 m). Estas cadenas cuentan con otras cumbres, que no superan los 5 000 m, fruto del plegamiento de materiales paleozoicos que finaliza en el cerro Volcán (4 000 m), al norte de Pojo.

La cordillera de Cochabamba separa la zona de los valles templados y los llanos amazónicos situados entre las quebradas y a los pies de las montañas andinas. Al norte se encuentran los yungas de Corani y Chapare.

## Zona centro y sur de la cordillera Oriental

Se inicia al sur del paralelo 18° sur y sigue dirección norte-sur. Su altura media es menor a la de la cordillera Real u Oriental, y en ella no existen las nieves perpetuas. La región central-meridional hace de divisoria entre el Altiplano y la subpuna o zona de los valles.

Esta cordillera se divide en tres subunidades:

• *La cordillera septentrional o cordillera de Azanaques.* Con una pequeña extensión, aproximadamente unos 150 km, la cordillera de Azanaques comienza al sur del paralelo 18° sur, cerca de Oruro, en los cerros San José y Karapacheta, y finaliza en el nevado de Livichuco (5 100 m), hasta alcanzar, hacia el sur de Challapata, el paralelo 19° sur. En su recorrido se destaca el Negro Pabellón (5 400 m) y las mesetas de lavas como la de Morococala (5 200 m), de unos 1 000 km² de superficie, o el cerro de Espíritu Santo en Llallagua, y el cerro del Toro (5 179 m).

En las zonas donde la cordillera se eleva por encima de la meseta existen cimas que superan los 5 000 m, como la de Huila Khollu (5 144 m), el Azanaques (5 102 m) y el Cabaga (5 060 m). Al norte de la cordillera de Azanaques nace la serranía de Chayanta, que se dirige hacia el sudeste.

La cordillera de Azanaques se erige como divisoria de aguas entre la cuenca amazónica y la del Plata. Dicha zona está formada por terrenos paleozoicos o primarios, y en ella existen algunas de las minas más importantes del territorio boliviano, donde se produce la mayor cantidad de estaño, por lo que recibe el nombre de «cinturón estañífero». En estos yacimientos minerales se produce básicamente estaño, plata, plomo, antimonio, cinc y bismuto.

• *La cordillera central o cordillera de los Frailes o Potosí.* Como continuación de la cordillera de los Azanaques, se inicia al sur de Challapata, a los 19° 30' de latitud sur, entre los ríos Negro, Vinto y Tolapalca, la cordillera de los Frailes, que finaliza en el cerro Tomave, a 20° 30' de latitud sur, en la región de Porco.

Esta cordillera se desplaza en dirección norte-sur y está caracterizada por los numerosos ramales distribuidos por el departamento de Potosí que alcanzan el cordón de Kari Kari. En este cordón se hallan el Sumaj Orco (o cerro Rico Potosí), los cerros de Andacava y el paso del Cóndor, la estación ferroviaria más alta del mundo, a 4 782 m, que pertenece a la línea ferroviaria de río Mulatos-Potosí.

Las principales cumbres de la cordillera de los Frailes son el cerro Michaga (5 300 m), el Santa Juana (5 100 m), el cerro Gracias a Dios (5 060 m), el Jatun Mundo Khorihuani (5 438 m), Choque Huarani (5 388 m), el Cóndor Chucuña (5 290 m) y el cerro Rico Potosí (4 824 m).

• *La cordillera meridional: cordillera de Chichas y cordillera de Lípez.* La cordillera meridional se inicia con la cadena de Presto, al norte de Chuquisaca, y termina con la serranía de Ipaguazú, en Yacuiba. Al dejar la cadena montañosa de Presto, sigue con la cordillera Sombreros y se extiende al oriente con las serranías de Incahuasi, Ibio, Ingre, Curi, Hacaya, Caipipendi y Aguaragüe. Hacia el occidente, y de forma paralela, corren las serranías de Las Cañas, San Telmo, Candado y de Cerrillos. Y en la provincia Gran Chaco de Tarija, las serranías de Caixa, Capirenda e Ibibobo, entre otras.

*Gracias a la riqueza mineral del cerro Rico (en la imagen), la extracción de plata y el desarrollo de la Villa Imperial de Potosí se convirtieron en motores de la economía regional bajo la Colonia.*

La cordillera de Chichas está constituida por una serie de serranías aisladas y paralelas entre sí, que se inician en el cerro Cosuño Norte y siguen una dirección noroeste-sudeste para finalizar en el cerro de la Poderosa. La cordillera se desplaza en dirección norte-sudeste, y hacia el sudoeste de la misma aparece la cordillera de Chocaya o San Vicente, que pertenece al departamento de Potosí. La sierra de Esmoraca se sitúa entre la cordillera de Lípez y la de Chocaya, al oriente, la cordillera de Lique y, todavía más al este, los valles del sur delimitados por la cordillera de Tajsara. Además, hacia el sudeste corren en dirección norte-sur serranías como la de Cerrillos, San Telmo, Las Cañas, Ingre, Huancaya, Caipipendi o de Aguaragüe.

Cabe mencionar también, hacia el occidente del departamento de Santa Cruz, serranías como la de San Rafael, El Bosque, San Marcos, Las Juntas, Mataracu, Los Volcanes, Los Corrales o del Amboró, del Abapó y la serranía de Charagua.

Al este, los contrafuertes cordilleranos dan origen a los valles del sur, las cordilleras de Tajsara, en la provincia Cinti, y al este del río Pilcomayo, la cordillera del Aguaragüe o de los Chiriguanos, donde existen yacimientos petrolíferos, que se extienden entre los departamentos de Tarija, provincia del Chaco; asimismo en Chuquisaca, provincia Luis Calvo, y en Santa Cruz, provincia Cordillera.

En la zona sur del río Pilcomayo se yergue la serranía de Caiza, al sur de la provincia Gran Chaco, donde existen yacimientos petrolíferos.

La cordillera de Chichas está formada por una serie de cerros individuales entre los que se destacan las cumbres de Chorolque (5 552 m), el cerro Cuzco (5 386 m), el Cosuño (5 100 m), el Ubina (5 130 m), el Tazna (5 054 m) y el Portugalete (4 284 m). Al oeste está formada por las cordilleras de San Vicente y Chocaya, y al este por las de Lique, Mochara y Chuquisaca y propiamente la de Chichas. Más al este, por la de Tajsara y Aguaragüe, y al sur, por la serranía de Caiza.

En esta cordillera hay numerosos yacimientos mineralógicos, especialmente de estaño y bismuto.

Por su parte, la cordillera de Lípez forma la última parte de la sección cordillerana Central o Meridional, con dirección nordeste-sudoeste, entre los paralelos 22° y 23° sur. Nace en la serranía de Ocke Orco, prosigue a través de la provincia Sud Lípez

59

## Las principales cumbres de la cordillera Oriental

| Cima | Altitud | Cima | Altitud |
|---|---|---|---|
| **Sección Norte** | | Gigante Grande | 5 807 |
| *Cordillera de Apolobamba* | | Atoroma | 5 700 |
| Chaupi Orco | 6 040 | Yunque | 5 600 |
| Palomani | 5 920 | Khasire | 5 510 |
| Cololo | 5 916 | Puntiagudo | 5 400 |
| Huanacuni | 5 907 | Monte Blanco | 5 350 |
| Huila Khollu | 5 901 | Huallatani | 5 336 |
| Sunchuli | 5 861 | Mama Ocllo | 5 050 |
| Condoriri | 5 762 | Tres Cruces | 5 046 |
| Soral | 5 700 | Banderani | 5 032 |
| Huancarani | 5 064 | Quimsa Huillkhi | 5 032 |
| *Cordillera de las Muñecas* | | Viscachani | 5 018 |
| Quili Huyo | 4 950 | Itapallani | 5 010 |
| Matilde | 4 930 | Salla Khucho | 5 008 |
| *Cordillera de La Paz* | | *Cordillera de Cochabamba* | |
| Illampu o Sorata | 6 421 | Tunari | 5 035 |
| Ancohuma | 6 380 | Hapalluni | 5 010 |
| Illimani | 6 322 | **Sección Central** | |
| Chiaraco | 6 240 | Jatun Mundo Khorihuani | 5 438 |
| Chachacomani | 6 150 | Choque Huarani | 5 388 |
| Huayna Potosí | 6 088 | Cóndor Chucuña | 5 290 |
| Casiri | 5 910 | Jatun Huila Khollu | 5 214 |
| Mururata | 5 869 | Toro | 5 179 |
| Condoriri | 5 850 | Kencha | 5 148 |
| Paco Kenta | 5 589 | Huila Khollu | 5 144 |
| Taquesi | 5 550 | Pascual Canaviri | 5 143 |
| Illampu (S) | 5 519 | Serkhe o Takañere | 5 108 |
| Pata Patani | 5 452 | Azanaques | 5 102 |
| Chacaltaya | 5 340 | Uyuni | 5 084 |
| Jipata | 5 229 | Cunurama | 5 056 |
| Balcón | 5 210 | Serkhe | 5 036 |
| Colquejahui | 5 187 | Huarachi Khollu | 5 029 |
| Rosario | 5 122 | Churco | 5 024 |
| Chiar Khollu | 5 112 | **Sección Sur** | |
| Kenasani Apacheta | 5 108 | Zapaleri | 5 656 |
| Jankho Laya | 5 100 | Chorolque | 5 552 |
| Pupusani | 5 098 | Cuzco | 5 386 |
| *Cordillera de Tres Cruces* | | Ubina | 5 130 |
| Jachacuncollo | 5 900 | Tazna | 5 054 |

y se extingue al llegar al cerro Zapaleri (5 656 m), en el límite con la República Argentina.

Al sur del territorio boliviano, a los 66° a 68° de longitud oeste, se elevan más de setenta picos que sobrepasan los 5 000 m y entre los que destacan los cerros Lípez (5 929 m), Bravo (5 734 m), Quetena (5 730 m), Bonete (5 695 m), Morocko (5 681 m), Loro Mayo (5 660 m), Zapaleri, en la frontera con Argentina, Nuevo Mundo (5 570 m), Santa Isabel (5 319 m) y San Antonio (5 240 m). Estos cerros impiden que las ramificaciones del Altiplano avancen hacia el sur.

De la cordillera Real surgen una serie de ramificaciones hacia el sur que se adentran en Argentina, donde la cordillera pierde altura. Algunas de ellas son la sierra de Mandinga o de Sombreros, al este de Sucre, la sierra de Padilla y la de Curi, la serranía de Santa Clara, la de Gramoneda y la serranía de San Telmo.

Estas ramificaciones forman, de norte a sur, el límite oriental de la subpuna o zona de los valles, a partir del meridiano 65° 30' de longitud oeste. Siguiendo esa línea de norte a sur, las cimas principales son el macizo volcánico de Colquechaca, con el cerro Hermoso (4 966 m), el cerro Malmisa (5 150 m) y una cadena montañosa de poca extensión: la cordillera de Potosí.

En la zona oriental se desprende un ramal de esta cordillera, la serranía de Esmoraca.

Las últimas estribaciones de la cordillera central, en la zona meridional, son las serranías de Lique (5 100 m), la sierra de Mochara (4 600 m)

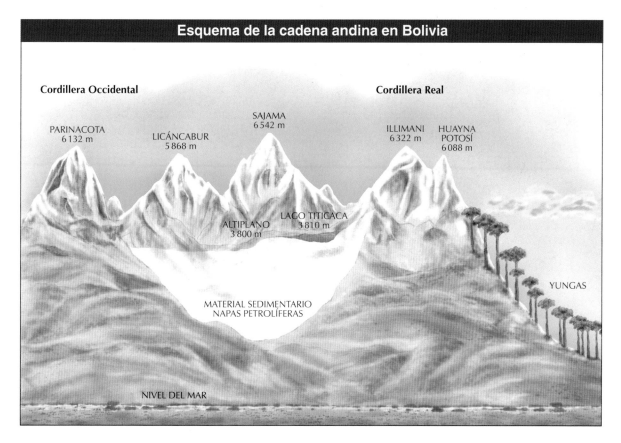

**Esquema de la cadena andina en Bolivia**

Cordillera Occidental

Cordillera Real

PARINACOTA
6 132 m

LICÁNCABUR
5 868 m

SAJAMA
6 542 m

ILLIMANI
6 322 m

HUAYNA POTOSÍ
6 088 m

ALTIPLANO
3 800 m

LAGO TITICACA
3 810 m

YUNGAS

MATERIAL SEDIMENTARIO
NAPAS PETROLÍFERAS

NIVEL DEL MAR

y, más hacia el este, las serranías de Tajsara y la de Santa Victoria (5 000 m), que se interna en territorio de Argentina.

Aunque esta cordillera posee importantes yacimientos minerales no se ha llegado todavía a explotarlos, como ha ocurrido en otras cordilleras, y continúan prácticamente vírgenes.

## Las montañas del frente Subandino

Las sierras subandinas están formadas por sierras paralelas que se elevan desde las llanuras orientales, a cotas de 500 m, hasta alcanzar los 2 000 m. En general, siguen dirección norte-sur y se extienden desde la frontera con Argentina, en el paralelo 23° sur, hasta la ciudad de Santa Cruz de la Sierra, a los 17° 45' de latitud sur; y desde ésta hacia el paralelo 13° sur, siguiendo la dirección noroeste-sudeste hasta la frontera con Perú.

La orogenia del frente Subandino es producto, más que del plegamiento de las capas de suelo, del fraccionamiento o desigual desplazamiento de los bloques de falla, que dan origen a un paisaje de fisonomía más o menos abrupta.

El frente Subandino se divide en dos sectores: septentrional y central-meridional.

### El sector septentrional

Este sector cuenta con sierras paralelas, dispuestas de sudeste a noroeste, entre las que destacan la serranía del Beu, Chepite, Chiru-Choricha, Eslabón, Jatunari, Mosetenes, Muchanes, Sejeruma y de Tacuaral.

### El sector central-meridional

Las serranías de este sector, que siguen un rumbo más o menos paralelo, se desplazan de norte a sur y forman una especie de escalera. Se trata de las serranías de Abapó, Aguaragüe, Alto de las Cañas, Amboró, del Candado, Caipipendi, Catariri, Cemelos, Corralones, Charagua, Espejos, Florida, Huacareta, Huacaya, Ibio, Incahuasi, Ingre, Ipaguazú, Mataracu, San Telmo y de Tacuarandí.

## El macizo Chiquitano

En la zona oriental del territorio boliviano aparecen, bordeando el Escudo chiquitano, serranías y colinas poco elevadas, aisladas, que tienen su origen en el Precámbrico.

Estas serranías tienen una dirección general de noroeste-sudeste y recorren el territorio, entre los 58° y 61' de longitud oeste hasta los 17° 30' de la-

*Una espectacular panorámica de la serranía de Santiago de Chiquitos, en el departamento de Santa Cruz. De origen precámbrico, su punto culminante alcanza los 930 m de altitud.*

titud sur, de forma prácticamente paralela.

Hacia el norte, en el límite con Brasil, surgen las serranías de San Simón, en el departamento del Beni, que son ricas en yacimientos auríferos y de poca altura, y las de Huanchaca o Caparus, en el departamento de Santa Cruz, con una altura media de 800 metros.

El pico más alto es el Chochís, en el departamento de Santa Cruz, entre las serranías de San José (667 m) y Santiago (930 m), que alcanza los 1 290 m de altitud sobre el nivel del mar. Cabe mencionar también el Morro de los Cuatro Hermanos y el cerrito San Matías o las serranías de San Lorenzo (450 m), Sunsás (945 m), Tapia (426 m) y La Cal (676 m), al sur.

Entre los relieves de estas sierras afloran elevaciones aisladas, como por ejemplo la serranía Bella Boca (1 180 m), la sierra Lucma (944 m), Los Tajibos, con el cerro Pelón (936 m), la serranía San Diablo (795 m), la de Conchas (688 m), las lomas de San Carlos, cuya máxima altura alcanza los 684 m, el Picacho (683 m), la serranía San Nicolás (632 m), las lomas de San Agustín (532 m), la serranía Vertientes (508 m), las serranías del Carmen (346 m), y la serranía Yacuses (210 m).

Estas serranías están constituidas por materiales que datan del Precámbrico y, por tanto, son los más antiguos que existen en la escala geológica del territorio boliviano.

# Las aguas

**Sistemas hídricos
superficiales**

**Sistemas hídricos
subterráneos**

*País de grandes lagos y salares, Bolivia participa de tres extensas cuencas hidrográficas: los sistemas fluviales del Amazonas (al cual pertenece el río Mamoré, en la imagen) y del Río de la Plata, y la cuenca Lacustre altiplánica, de carácter endorreico.*

# Sistemas hídricos superficiales

*La riqueza hidrográfica de Bolivia es una de las más importantes del subcontinente sudamericano.*

**B**olivia atesora una extraordinaria riqueza hidrográfica, sin la cual no se podría concebir su territorio. Su situación en el globo terráqueo, su posición continental, su altitud y su configuración le proporcionan enormes recursos hídricos, tanto superficiales como subterráneos.

El sistema hidrográfico superficial se origina y vertebra a partir de la cordillera de los Andes, que atraviesa el territorio de norte a sur. Tres cuencas fluviales claramente delimitadas se enmarcan en su recortado perímetro fronterizo: el sistema amazónico (cuenca del Norte), el sistema del Río de la Plata (cuenca del Sur) y el sistema altiplánico (cuenca Lacustre del centro-oeste). Las casi 400 lagunas, 6 lagos, 816 manantiales y 7 bañados (o zonas pantanosas), repartidos generosamente por la superficie nacional, subrayan y completan los importantes recursos hídricos.

La navegabilidad de buena parte de sus cursos dota al sistema hidrográfico boliviano de una buena articulación con el territorio y hace frente a la difícil accesibilidad y comunicación provocada por las condiciones naturales. En las cuencas amazónica y del Plata, Bolivia dispone de un desarrollado transporte fluvial que permite el traslado de pasajeros y mercancías a la mayor parte de la llanura boliviana y representa, en muchos puntos, la única vía de comunicación local. Aproximadamente el 0,4 por ciento del total de la carga nacional, en toneladas por kilómetro, se realiza por vía fluvial.

El transporte de navegación consta de cuatro sistemas fluviales: los ríos Ichilo-Mamoré, Beni-Madre de Dios-Orthon, Iténez-Madera y Paraguay, con un total de 5 685 km de tramos de circulación y 43 puertos fluviales o atracaderos principales. El río Mamoré es la principal arteria navegable del país, situada precisamente en el corazón de las llanuras bolivianas; consta de más de 1 000 km navegables que se reparten diez puertos fluviales. Le sigue el río Beni con cerca de 900 km navegables y ocho principales atracaderos. El resto de corrientes navegables registra longitudes de menos de 500 km, a excepción del río Iténez o Guaporé, y no sobrepasan los cinco puertos fluviales.

El sistema hidrológico subterráneo se organiza a partir de la correspondencia entre las cuencas fluviales superficiales —de las que se alimenta— y las unidades y estructuras hidrogeológicas subterráneas. Siguiendo este esquema, y en función de la permeabilidad de los terrenos, se distribuyen los recursos hídricos subterráneos del país en dos unidades mayores: la estructura hidrogeológica de la cordillera andina y la de los Llanos. Pertenecen a la primera las cuencas de la cordillera Occidental, Altiplano y cordillera Oriental, con sus numerosas subcuencas; integran la segunda estructura el Subandino, la llanura Chacobeniana, los acuíferos de Santa Cruz, la subcuenca del Chaco y el Escudo brasileño.

## La gran cuenca amazónica

El sistema fluvial amazónico abraza las dos terceras partes del territorio boliviano y forma parte de una de las mayores redes fluviales internacionales del mundo: la cuenca del Amazonas, célebre por ser el río más caudaloso de la Tierra. Además de pasar por Bolivia, la red amazónica discurre también por Brasil, Perú, Ecuador, Colombia, Venezuela y Guyana. En Bolivia, la extensión de la cuenca amazónica es de 724 000 km²: poco más de la décima

*En la imagen, meandro del río Maniqui (en la cuenca hidrográfica del Amazonas y en el siste-ma del Madera), que tributa sus aguas al río Mamoré a través del Yacuma y Rapulo.*

parte de su superficie total (6 059 000 km²) y el 65,9 por ciento de Bolivia. La mayor parte de sus aguas tributan en el río Madera, uno de los mayores afluentes del Amazonas y del que sólo 85 km de su margen izquierda pertenecen a Bolivia. Recibe este nombre por la cantidad de árboles maderables que se alinean en sus márgenes.

El origen del Madera se sitúa en la confluencia de los ríos Beni y Mamoré, y discurre a lo largo de 3 240 km hasta desembocar, 1 000 km aguas abajo de Manoa, en el Amazonas. Con una anchura promedio de un kilómetro, el Madera es un río eminentemente fronterizo (desde Villa Bella hasta Manoa, donde adquiere la denominación de Madeira).

El sistema amazónico boliviano tiene varias fuentes de alimentación: el deshielo de los glaciares de la vertiente nororiental y sudoriental de la cordillera Real andina y del sistema orográfico chiquitano, en los nacimientos y cursos altos; las aguas pluviales; los manantiales y las surgencias subterráneas que afloran ocasionalmente en los lechos fluviales.

Se compone además de los ríos más importantes del país, tanto por su caudal como por su navegabilidad y aprovechamiento energético. Los ríos navegables de Bolivia pertenecen íntegramente a la cuenca amazónica, pero, dado su contexto geográfico, sus cursos se caracterizan por transportar sedi-mentos finos en suspensión (arcillas y arenas) que se depositan en su lecho creando en los Llanos frecuentes meandros y cambios sistemáticos en su curso, que no hacen sino dificultar su navegabilidad.

Además, existen otros tres factores que afectan al tráfico regular de embarcaciones: los bancos de arena, que a menudo no llegan a emerger a la superficie pero que desestabilizan el cauce navegable; las «cachuelas», denominación que merecen los afloramientos de roca dura del Escudo brasileño, que la fuerza del agua descubre pero que no puede erosionar; y los troncos de árboles (palizadas) que, engullidos por las corrientes, quedan atravesados en ellas o se acumulan al encontrar algún obstáculo o estrechez del río.

A consecuencia de todo ello, sólo la mitad de los 10 000 km de longitud de la cuenca son navegables, ya que, aparte de las posibilidades morfofluviales, la existencia de cachuelas que degeneran en rápidos impiden la conexión del sistema Beni-Madre de Dios-Orthon con el Ichilo-Mamoré-Iténez, y el consiguiente acceso al Amazonas. Su sistema fluvial comprende cuatro subcuencas o subsistemas principales que son, de oeste a este: Madre de Dios, Beni, Mamoré e Iténez o Guaporé, que a la vez conforman tres de los cuatro sistemas fluviales navegables del país.

### Las tierras limítrofes del noroeste: la cuenca Acre-Abuná

Es una pequeña cuenca de la llanura amazónica situada en el sector noroccidental, en una franja del extremo fronterizo norte; ocupa 25 400 km², es decir, un 3,5 por ciento de la cuenca amazónica en suelo boliviano. Sus ejes fluviales, los ríos Acre y Abuná, fluyen radialmente hacia el río Madera.

El río Acre proviene del territorio peruano y se desarrolla como subafluente de la cuenca amazónica brasileña, dejando un mero testimonio de su paso por el extremo noroeste como límite fronterizo entre Bolivia y Brasil hasta el núcleo urbano de Cobija, desde donde se desvía al norte. Su longitud en suelo boliviano, desde Bolpebra (límite internacional Bolivia-Perú-Brasil) a Cobija, es de 90 kilómetros.

El río Abuná emprende su curso a partir del río Ina como Muymanu, luego Karamanu y desde su unión al Chipamanu toma el nombre de Abuná, que no deja hasta desaguar en el río Madera, cerca de Manoa. Alcanza unos 400 km de longitud desde la confluencia con el Ina Mercier, en Fortaleza, hasta Manoa, y forma, junto con el afluente Rapirrán (único por la margen izquierda), límite con Brasil.

*Puesta de sol cerca de Rurrenabaque: el curso del Alto Beni baña sus orillas y continúa aguas abajo como río Beni hasta recibir el aporte del Madre de Dios y convertirse en Bajo Beni.*

En más de la mitad de su longitud, 210 km exactamente, desde el río Rapirrán a Fortaleza de Abuná, es posible su navegación. Sus afluentes por la margen derecha son: Abuná Chico, Pilcomayo, Quitacalzón, Mapiri o Manú, Buen Futuro, arroyo Mukuripe, arroyo Isla o de la Itha, Negro y Tamboquí.

### El sistema fluvial beniano

El Beni es la arteria fluvial del sistema amazónico, en el tercio occidental de la gran cuenca americana. Reúne las aguas del Subandino norte a partir de la divisoria de aguas con la cuenca altiplánica, y las transporta hasta su desembocadura en el Iténez-Madera, en la frontera brasileña. La húmeda y lluviosa llanura que drena (los llanos del Beni) y la ligera pendiente de su cauce favorecen su desborde e inundación, lo que da lugar a meandros, lagos en media luna e islas a lo largo de su curso.

La cuenca beniana ocupa un 25 por ciento de la llanura amazónica, cubriendo 182 400 km²; la precipitación anual que registra es de 1 760 mm, de los que 960 mm se evaporan y el resto forma el escurrimiento superficial que proporciona 98 millones de m³ de volumen.

Su red fluvial, que mide 1 200 km de longitud, desde Chacaltaya hasta el Mamoré, en Villa Bella, la componen los siguientes afluentes principales: Alto Beni, Kaka, Quiquibey, Tuichi, Emero, Madidi, Madre de Dios y Orthon.

Posee una profundidad y anchura máximas de 21,5 m y 900 m, respectivamente, cerca de Rurrenabaque, y una amplitud mínima de 300 m en Tamayo. Sus caudales registrados son de 1 611 m³/seg en la confluencia con el río Ivón, 2 225 m³/seg en Puerto Salinas y 2 510 m³/seg en Angosto Bala.

Su curso principal es navegable desde Puerto Linares hasta Riberalta, y comunica Angosto de Bala, Rurrenabaque, San Buenaventura, Cavinas (altura de confluencia con el afluente Madidi), Fortaleza, Ivón y Riberalta (donde se le junta el Madre de Dios). Su navegabilidad es posible también en los afluentes Teoponte, hasta la unión con el río Kata, y Esmeralda, hasta la confluencia con el río Madidi, aunque para embarcaciones de menor calado. La configuración geológica de su subcuenca produce importantes desniveles de sus lechos, lo que provoca fuertes pendientes (cañadones Beu y Chepite) y los remolinos de Susy. El afloramiento rocoso de Cachuela Esperanza es probablemente el más signi-

*La llanura de río Beni se origina en las deposiciones, en un terreno prácticamente horizontal, de numerosos materiales de los cursos que descienden de los Andes, como el propio Beni.*

ficativo del país y provoca una serie de rápidos de difícil navegabilidad.

El río Beni nace con el nombre de Choqueyapu en las cimas de Chacaltaya, en la cordillera Central de los Andes. En su transcurso adopta las denominaciones de La Paz, Bopi, Alto Beni y Beni. Cuando deja La Paz, el Choqueyapu ha recibido ya doscientos afluentes como el Khaluyo, Khallapa, Micaya, Panteón, Cota Huma, Orco Jawira, Apumayo, Chapuma, Florida, Irpavi, Achumani, entre otros. El río Alto Beni forma una subcuenca, hasta Angosto Bala, de 67 500 km², con una pluviosidad anual de 1 600 mm y un volumen de escurrimiento de 60 millones de m³. Nace como Tallija y cambia sucesivamente su nombre a Leque, Ayopaya y Cotacajes, hasta que se encuentra en su paso con el Santa Elena; el río Bopi se junta a este último un tramo más abajo.

• *Afluentes por la margen izquierda.* El Beni, a partir de su denominación La Paz, cuando sobrepasa esta ciudad y hasta su desembocadura en el río Mamoré, recibe los siguientes afluentes: Palca; Laruta; Molinda; Chunga Mayu; Jucumarine; Unduavi o Tamampaya; Cajones; Ebenay; Lescon; Chipani; Kaka, con los subafluentes Coroico, Quilla Pitoni o Tipuani, Mapiri, Colorado, Seco, Catea, Saniri y Cacaré; Chiñira Chapi; Quendeque; Che-pite; Hondo o Erasama; Tuichi; Capi; Mater; Iruma; Santa Teresa; Sayuba; Santa Clara; Tarene; Enadere; Mugue; Emero; Janahua; Enapurera; Bagueni; Tequeje; Madidi; Peruquilla; Madre de Dios y Orthon.

El río Kaka se alimenta de cursos que discurren paralelos por las vertientes orientales de la cordillera andina. Igualmente se da a conocer como San Cristóbal para cambiar a Consata y Mapiri y recibir más tarde, como afluentes, los ríos Tipuani y Challana. Del sudeste recibe al Coroico, con sus afluentes Zongo, Huarinilla y Challana, y recorre solitario el último tramo hasta el Alto Beni. Es navegable en unos 120 km, desde Teoponte al Beni.

El río Tuichi nace de la confluencia del Irupana y el Pelechuco, en las primeras estribaciones por el norte de la cordillera Oriental. Desde allí, desciende su curso al norte hasta que se desvía paulatinamente al este, bordeando la cordillera de Carabaya hasta encontrar el río Beni. Su caudal es significativo gracias a los numerosos tributarios que recibe, que son el Acunchila, Pelechuco, Moxos, Tarusani, Tauri, Resina Grande, Asariamas, Ipurama, Isigliamas, San Juan, Jordán, Pavi, Colorado, Sachiano, Sachiapo y Chupiamonos.

Destacable es la aportación y longitud del río Madidi, unión del Chaco con el Esmeralda, el cual

*En la cuenca amazónica, el río Madre de Dios (en la fotografía) es afluente del Bajo Beni y forma el límite entre los departamentos de Pando y La Paz hasta la población de San Pedro.*

es navegable desde este último hasta el Beni, en unos 70 km. Sus subafluentes son el Undume; Piara; Puritaya; San Ignacio; Santo Tomás; Esmeralda Norte, con los tributarios Caimán, Colón, Flora y Yanamayu; Enatahua; Miraflores; San Pedro; Candelaria; Claro; Ciro y Esmeralda Sur, al que se le une el Miguijapa; Cavinas; Pataicunas y Nacohua.

A medida que se acerca al límite fronterizo oriental, el Bajo Beni acoge las aguas de dos subsistemas fluviales: el Madre de Dios y el Orthon. El primero es el resultado de la confluencia de varios ríos peruanos, en donde nace como Manú. Entra a formar parte de Bolivia en Puerto Heath y, con una orientación sudoeste-nordeste, alcanza una longitud de 425 km hasta Riberalta, aislando en buena parte el extremo septentrional del territorio nacional. Tiene un trazado rectilíneo en sus cursos alto y medio, y sinuoso en el bajo, con frecuentes meandros aluviales e islas. Cinco cachuelas conectan sus márgenes: una en Puerto Heath, otra entre Santa Rosa y Humaita, dos pasando Asunción y otra poco antes de recibir el Sena.

Los aforos respectivos de Valparaíso, Puerto Heath y Cachuela Esperanza reflejan un caudal de 1 558 m³/seg, 1 513 m³/seg y 4 601 m³/seg. Tiene una profundidad máxima de 18 m en Palmira

(aguas abajo de Puerto Heath, en el km 157); en la boca del arroyo Lindero (km 167) alcanza una anchura máxima de 800 m. El río Madre de Dios es navegable en todo su recorrido por territorio boliviano, desde Puerto Heath hasta Riberalta.

Los subafluentes del río Madre de Dios por su margen izquierda son los ríos Nazahuasamo, Independencia, Cuidalcanda, Carmen, Limón y Negro. Por su margen derecha recibe el Heath, con sus subafluentes Colorado y Enajegua, y los arroyos Guarayos, Suárez y Pando; Asunta; Toromonas; San Juan; Exadamanu o del Cairo; Sena o Manupari, con los subafluentes San Martín, Manurimi, Tibio, Miller y Huipa Esada; finalmente, los ríos Canadá y Jenechiquía.

Su principal afluente es el Sena o Manupari, que desagua en el Manurimi y Huipa Esada, entre otros; el resto son, por la vertiente izquierda, los arroyos Florida y Palacios, y el río Negro, y por la vertiente derecha los arroyos Pando y Sombreros y los ríos Asunta y Toromonas. Antes de unirse al Beni y al Orthon recibe los afluentes Canadá y Jenechiquía por el flanco derecho.

El río Orthon es la unión de los ríos Tahuamanu y Manuripi; el primero recibe al Nareuda, Suyumanu y Supaymanu, y el segundo al Manurime,

Paramichal y Curichón Hidalgo. Desde Puerto Rico hasta el río Beni (Loma Alta) se extiende a lo largo de 380 km cortando, junto al Tahuamanu, en diagonal (en sentido oeste-este) la porción de llanura al norte del Madre de Dios. Tiene un caudal de 93 m³/seg en Caracoles, una profundidad máxima de 6,3 m cerca de San Juan (km 205 desde Puerto Rico), una anchura máxima de 450 m en las proximidades de Potrero Barracón (km 310) y una mínima de 110 m en Santa Elena (km 163).

El río Orthon es navegable desde Puerto Rico hasta La Florida y sus madres, los afluentes Tahuamanu y Manuripi, desde Porvenir y el Buyuyumaní hasta el Orthon, a lo largo de 332 y 200 km respectivamente. Su principal tributario por la margen occidental es el río Calaveras (además del Tahuamanu), y por la oriental, los arroyos Ruta, Chamatún y Nepegue. En las proximidades de Maguncia vierte sus aguas al Beni, casi como una prolongación del propio río y cuando el Beni presenta poca anchura.

• *Afluentes por la margen derecha.* Igualmente, el Beni recibe los siguientes afluentes por la margen derecha: Luribay; Yunga Yunga; Araca; Lloja; Tablero o Choquetanga; Miguillas; Suri; Quela; Quimuni; Chaquila; Sicuan Chico; Cotacajes o Ayopaya, con el subafluente Santa Elena, entre otros; Covendo; San Miguel de Huachi; Agua Dulce; Inicua; Pupureda; San Francisco; San José; Chorro; Apichana; Agua Clara; Suapi; Quiquibey; San Luis; Negro; Cavinas; Biata; Verde, que recibe el arroyo Geneshuaya; San Luis; Ivón, con los subafluentes Consuelo y Chunay; arroyo Florida y Pozo Grande.

El Quiquibey fluye paralelamente al Alto Beni, en dirección noroeste; es uno de sus más largos afluentes, al que se le une a la altura del Erasama y Tuichi, provenientes de la margen opuesta, poco antes de la cachuela de Angosto de Bala. Por la margen derecha y hasta su final cabe reseñar los afluentes Negro, Cabinas, Viata, Verde e Ivón.

## El río más largo del país: el Mamoré

Los casi 2 000 km de su curso principal lo avalan como el río más largo de Bolivia. De hecho, configura la cuenca hidrográfica más grande del país, con 249 900 km² y un peso en el sistema amazónico del 34,5 por ciento; la precipitación media anual es de unos 1 700 mm. Su caudal sobrepasa en algunos puntos la cantidad sumada de los ríos Beni y Madre de Dios; en Camaico es de 1 421 m³/seg, de 2 258 m³/seg en Puerto Ganade-

ro y de 10 032 m³/seg en Guayaramerín. El volumen de agua por escurrimiento llega en Puerto Siles a los 137 millones de metros cúbicos.

Unas óptimas características morfológicas permiten su navegación todo el año, desde Puerto Villarroel (en el afluente Ichilo) hasta Guayaramerín. La vía fluvial, de 1 317 km de longitud, representa para las embarcaciones diez días de bajada y doce para subirla. En los puertos fluviales por los que desciende registra las siguientes profundidades: 4 m en Puerto Varador, 7 m en Montevideo, 12 m en Buenos Aires, 15 m en Pensilvania, una máxima de 22 m en San Miguelito, 7 m en Puerto Caballo, 13 m en Puerto Siles, 17 m en Puerto Ito, 11 m en Puerto Vigo, 12 m en Puerto Solares, 8 m en El Carmen y 6 m en Guayaramerín. La anchura de orilla a orilla es de 420 m de promedio, y sus amplitudes extremas son un mínimo de 150 m y un máximo de 1 500 metros.

Bajo las mismas circunstancias que el río Beni, el Mamoré también rebasa su lecho excavado y crea a su alrededor tierras húmedas y anegadas. Significativas son las cachuelas que posee en su curso: Guayaramerín, Guajara Agu, Banananeira, Matucare, Mayo Mayo, Envidia y San José; la mayoría de ellas concentradas poco antes de que se le una el río Iténez o Guaporé. Está integrado por numerosos subsistemas fluviales, entre los que destacan: Ichilo, Grande o Guapay, Sécure, Apere, Yacuma e Iténez o Guaporé.

Nace cerca del cerro Cumpu (alturas de Sacaba), en la vertiente meridional de la cordillera de la Herradura, con el nombre de Tuti Mayo, que muda poco después a Rocha. Durante su transcurso como Rocha tiene un caudal medio anual de 1,2 m³/seg y recibe, por su margen izquierda, el Tamborada, Quebrada Calera, Jatun Mayu, Khullkhu, Tancamayu, Tako Pampa, Khoto Mayu, Andrade, Taquiña, Khora y Siriskha; y por su margen derecha, al Collpa Mayu, Llave, Viloma, Chaco, Khollpa Mayu, Sacani; Chihuanani, Tapacarí y Arque.

A la altura de La Paz se le llama Caine y cambia posteriormente de denominación a Grande o Guapay y Mamoré. Sus afluentes en el tramo como Caine son, por su margen izquierda: Corral; Chincari; Huerta; Jatun Pujru o Chilcani; Jaya Mayu; Soico; Jatun Corani y Molinero, con los subafluentes Huerta Mayu, Lavadero, Linkhu y Potrero. Por su margen derecha son el Fararia; Puca Mayu o Pajchantera; Jarro Mayu; Thako Halla; Kicha Kicha Tokho Supaña; Acasio; Caluyo; Jatun Huirquini; Garrapata Mayu o Potrero; Inca Corral; Sucu

*Perteneciente a la cuenca del Mamoré, el río Grande o Guapay riega el oeste del departamento de Santa Cruz. Vista del río Piraí, uno de sus afluentes por la margen izquierda.*

Suma; Anahuani o Tablani; Allaloma.

Todavía como río Caine agrupa la subcuenca del río San Pedro, Chico y Charobamba, cuyos tributarios son el Puca Mayu; Tomoroco; Tomasani; Moscari, con los subafluentes Sacani Palca, Cajón Mayu, Atacari, Miscoma, Vinto, Sacabamba, Challa Pequeña y Micani; Huaraca; Quimara; Cuchara; Omereque o Molle Molle; Acero o Aceruma; Potrero y el subsistema del río Chayanta.

El río Grande o Guapay articula el curso alto del sistema Mamoré. Forma una subcuenca de 59 800 km², con 750 mm de pluviosidad media anual. Un caudal medio anual de 158 m³/seg proporciona 8 millones de m³ de agua desaguada. Se caracteriza por cambiar radicalmente de orientación y reunir considerables tributarios en una gran cubeta: Katariri; Saladillo; Lagar; Algodonal; Callao; Bandercito; Charcas; Montegrande; Toyota Grande; Yana Yana; Mizque; San Antonio; Santa Elena, con los subafluentes Loma Larga, La Cañada y Potrero; Piraypani; La Pesca; La Fría; Masicuri; Rositas; Seco o Parabanon; El Chore; El Sauce o Turino; Cotoca; Piraí, por su margen izquierda.

Destacan por su margen derecha el Zapallo Paki, Villcar, Lantanar, Toko Khala, Chico, Presto, Quirusillas, Rumi Cancha, Rodeo o Chajra, Khusilla, Jucumariyoj, Zudáñez o Seripona, Mojocoya o Rodeíto, Tablas, Tomina, Ocampo o Haciendita, Pajcha, Cochabambilla, Río Seco, Arrozal, Agua Blanca, Azero, Frías, Viejo o La Madre, Pailas, Marayo.

De esta relación destacan, con dirección sudeste, aguas abajo del río Grande, las aportaciones del Tomina y el Mizque. Este último crea una subcuenca compuesta por los ríos Vila Vila; Mulumayo; Pata Huasi; Vicho Vicho; Uyu Chama; Curi; Tujma; Julpe o Huanacu; Sauces; Tajras; Pojo; Comarapa; San Isidro; Puerto Angosto; Caraparí; Pajcha y Pucareña. Mientras se curva hacia el norte recibe el Azero, que, procedente del Subandino, tiene como subafluentes los ríos San Antonio, Horcas, Fruta Mayu, Corralón, Milanis, Takos, Nogales, Yotala, Pajchilla, Palmar, Villi y Pescado.

Una vez dejados atrás los contrafuertes de la cordillera andina, en dirección noroeste le desembocan las aguas del Pailas y Yapacaní; el primero proveniente del sudeste, en el límite este de la cuenca del Mamoré, que se le junta por la margen izquierda, y el segundo que nace en la periferia de Pampa Grande, a los pies de la cordillera Oriental, que se le integra por su margen derecha y que, junto al tramo desde su confluencia al Grande hasta el Mamoré es navegable en unos 150 kilómetros.

La confluencia del río Mamoré con el Beni, en Villa Bella, origina el Madera, afluente directo del gran Amazonas que es límite natural de Bolivia a lo largo de 85 km, hasta que recibe al río Abuná, en Manoa. El río Madera se divide en tres partes: Alto Madera, Zona de Cachuelas y Bajo Madera o Madeira. El Alto Madera es navegable hasta tropezar con la primera cachuela, a pocos kilómetros de que

*En la cuenca del Amazonas transcurre el Chapare (en la imagen), que baña las tierras de Cochabamba y tributa sus aguas a través del río Grande en la margen izquierda del Mamoré.*

la vía fluvial vea limitada su navegación por los bancos de arena con grandes palizadas (acumulación de troncos de árboles). A continuación, un tramo de ocho o diez rápidos o cachuelas obstaculiza la comunicación de Guayaramerín hasta Porto Velho, primer puerto fluvial de la ribera brasileña. A partir de Manoa toma definitivamente el nombre brasileño de Madeira y constituye el Bajo Madeira, desde Porto Velho hasta su unión con el Amazonas.

• *Afluentes por su margen izquierda*. A partir de los afluentes Ichilo y Sécure, adopta el nombre de Mamoré, con un trazado recto en dirección norte, que penetra en el ecosistema selvático del Amazonas. Por el flanco izquierdo, el Mamoré tiene los afluentes que se enumeran a continuación: Ichilo, Pogige, Ichoa, Sécure o Tayota, Isiboro, Tijamuchi, Apere, Yacuma, Iruñani, Mayosa, Yata Chico o Chacobos, Preto, arroyos Santa Rosa y Elvira, Tigre o Llare y el río Yata.

El río Ichilo nace en Tuna, cordillera de Cochabamba; tiene una longitud de 280 km y unos caudales de 185 m³/seg en el aforo de Puerto Grether y de 560 m³/seg en el de Puerto Villarroel, en donde registra una profundidad de 7 m. El río Ichilo es navegable, con restricciones, a lo largo de 143 km, desde Puerto Grether a Puerto Villarroel, y en condiciones normales durante 276 km, que comprenden los tramos que van desde este último hasta la boca del río Chapare, y desde la menciona-

da embocadura hasta su confluencia con el río Grande o Guapay.

Su principal afluente, el río Chapare, nace en la población Espíritu Santo y desagua en el Ichilo cuando éste se une al río Grande, después de recorrer 380 km. El resto de afluentes en dirección descendente (de sur a norte) son el Moija o La Playa, San Mateo, Colorado, Moile, Leño, Buia Buia, Ichoa o Blanco, Víbora, Sajta, Sajtita, Ibirgarsama, Chimoré, Choré y Uscuta.

Los afluentes Apere y Yacuma se le unen en un codo que el curso del Mamoré forma en pleno corazón de la llanura beniana. El Apere se extiende sobre 250 km, desde las serranías Eva-Eva, y tiene los siguientes afluentes: el Mamuta Sama, Cochisama, Cuyerene, Chevajecure y Apere o Matos. En la serranía del Pilón nace el Yacuma, de 260 km de largo, que incluye en su cuenca los ríos Caripo, Chaparini, Rapulo y Bío. Es navegable en los tramos desde el Bío al Mamoré, pasando por Santa Ana de Yacuma, lo que equivale a 83 km de vía fluvial.

Poco antes de abandonar el país y prácticamente en la confluencia con el río Beni, el Mamoré recibe al Yata, de 400 km de recorrido desde su nacimiento en el lago Rogaguado, y cuyos tributarios son los arroyos Chacobos, Caimanes, Paredón y Negro, que nacen o se sitúan en la misma zona lacustre; el río Benicito, que fluye paralelamente al curso principal desde su nacimiento como afluencia de la laguna Rogaguado hasta el curso bajo del Yata; y los ríos Descargo y Pozo Grande.

• *Afluentes por su margen derecha*. Por el flanco derecho, desde que se convierte en un único cauce, el río Mamoré posee pocos afluentes, ya que su curso es contiguo a la divisoria de aguas de la cuenca del río Iténez o Guaporé. He aquí la relación de tributarios: Ibare, Matiquipiri, Tamuco, Matucare, Callaranu, Masavi, Itenecito, Guagacanaque, Munacanque e Iténez o Guaporé.

El Ibare fluye en paralelo al Mamoré hasta que, con un brusco cambio de sentido, se le une al noroeste de la ciudad de Trinidad. Su curso es un continuo zigzag de pronunciados codos y meandros; entre ambos cursos, un antiguo meandro del Mamoré ha derivado en laguna. Es navegable a lo largo de 46 km desde Puerto Almacén, que junto a Brasilia, Ballivián, Puerto Viejo, Loma Suárez y Escuela son sede de capitanía de puertos. El Iténez o Guaporé es la principal aportación que recibe el Mamoré al desaguar en el territorio oriental de la llanura amazónica; conforma, de hecho, la cuarta subcuenca de su sistema hidrográfico.

*El río Iténez o Guaporé a su paso por Las Torres, departamento de Santa Cruz, en la frontera con Brasil. El Iténez es uno de los afluentes más importantes del Mamoré en Bolivia.*

## La cuenca del sistema Iténez (o Guaporé)

Al igual que los ríos Beni y Mamoré, el Iténez es otra arteria fluvial del sistema amazónico; su hoya, de 239 500 km², en la franja nororiental límite del país, ocupa la tercera parte de la cuenca amazónica en suelo boliviano. Su cauce separa Brasil de Bolivia a lo largo de 600 km, a partir del punto de confluencia de uno de sus afluentes, el río Verde, que transcurre por las faldas de los montes de Huanchaca o Caparus.

Es un río de navegación permanente por los 500 km que hay entre Piso Firme y su desembocadura al norte, en el río Mamoré; sus afluentes, Machupo e Itonamas, también presentan tramos navegables. No obstante, a pesar de no abundar los meandros en su curso, las cachuelas (la más importante de las cuales es la Cachuela Príncipe de Beira), bancos de arena, ensanchamientos de su cauce y otras contrariedades restringen su tráfico. En su curso se albergan cinco capitanías de puerto: Piso Firme, Mategua, Versalles, Nueva Brema y Araras.

Su red fluvial básica se compone del río Paraguá, con su tributario Tarvo; el Baures, que es la confluencia de los ríos San Martín, Negro o San Joaquín y Blanco, y el río San Miguel-Itonamas. El Iténez o Guaporé nace en el Mato Grosso brasileño. Su caudal es variable, como lo demuestran sus cinco puntos de aforamiento: en la boca del río Paraguá, 49 m³/seg; 4 km aguas arriba de la boca del río Machupo, 148 m³/seg; en Puerto Remanso, 276 m³/seg; 4 km aguas arriba de la boca del río Blanco, 522 m³/seg; en Campamento Moré, 1 779 metros cúbicos por segundo.

• *Afluentes por su margen izquierda (en suelo boliviano).* Por el flanco izquierdo, todos sus afluentes son bolivianos, así como los principales tributarios de su cuenca: Verde o de los Macacos, Pauserne, Paraguá, Colorado, San José, Janquicha, San Martinho, Baures, Itonamas y Nuevo Sucre.

El río Paraguá nace en Santa Anita (San Ignacio de Velasco) y se une al Iténez en Puerto Engaño, transcurridos 380 km. Recoge las aguas del extremo oriental de la cuenca amazónica, abasteciéndose de los humedales de las llanuras centrales Chiquitanas y de las vertientes de la serranía de Huanchaca, drenadas por el Tarvo. Su significativa subcuenca se compone de los ríos Las Piedras, Tarvo, Pava, Franco, Zambrana, Cabando, Porvenir, San Ramón o San Lorenzo y Ardaya.

El río Baures es un curso fluvial de los llanos húmedos que desagua una alargada y extensa subcuenca de las llanuras Chiquitanas, vertebrada por los ríos San Martín, San Joaquín y Blanco. El río San Martín nace aguas arriba de Santa Rosa de la Roca y toma un sinuoso trazado noroccidental que se une al Baures por su orilla oriental; en sus más

| Las principales cascadas | |
|---|---|
| **Denominación** | **Ubicación** |
| Velo de Novia | Yungas (La Paz) |
| La Perla | Camino del Inca entre Tipuani y el Illampu (La Paz) |
| La Chojlla | La Paz |
| Federico Ahlfeld | Serranía Huanchaca (Santa Cruz) |
| Arco Iris | Río Pauserna (Santa Cruz) |
| Del Encanto | Santa Cruz |
| Las Siete Cascadas | Sucre |
| Cascada Blanca | Chorros de Jurina (Tarija) |
| Cascada Negra | Chorros de Jurina (Tarija) |
| Tolomosita | Río Tolomosa (Tarija) |

de 400 km recibe los afluentes Paraíso, Guarayos, San Luis y San Simón. El río San Joaquín nace en una pequeña elevación cerca de Concepción y toma posteriormente el nombre de Negro, que no deja hasta un importante ensanchamiento de su cauce. Fluye con un trazado y longitud parecidos a los del río San Martín, pero no contiene afluentes directos destacables. El río Blanco nace con el nombre Zapecos de Concepción, que cambia luego a Agua Caliente: baja con poca pendiente y recibe a su paso numerosos afluentes. Tiene un trazado en dirección norte hasta que confluye con el sistema San Martín-San Joaquín, que se convierte en Baures, con una longitud desde Concepción al Iténez de 520 kilómetros.

El río San Miguel nace, con el nombre de Parapetí, en los cerros de Mandinga, divisoria de aguas entre las cuencas amazónica y del Plata. Atraviesa los bañados de Izozog, donde toma el nombre de San Miguel y se desvía hacia el este, a la laguna Concepción, de la que es su afluente y efluente. Abandona las zonas pantanosas de la laguna hacia el noroeste, abraza los subafluentes y afluentes que conforman la cuenca del Iténez o Guaporé, y traza un recorrido recto con el nombre de San Pablo, hasta llegar a la laguna San Luis. Posteriormente, una vez recibido el afluente Machupo, en San Ramón, toma el nombre de Itonamas hasta su desembocadura en el Iténez, cuando ha recorrido un total de 820 km. A lo largo de su transcurso recibe, como San Miguel, a los afluentes Santa María, Zapocos Sur o también Quebrada Santa Bárbara y el río Zapocos Norte.

El río Itonamas, que es el curso bajo del San Miguel a partir de la laguna San Luis, discurre por una zona húmeda y recibe a los siguientes tributarios: San Julián, en el que desaguan el Quiser o San Antonio y el Saxorazo; San Miguel, al que tributan el Negro de Caimanes y López; Palo; Chunana; Huarichona y Chunaje. Es navegable a lo largo de un centenar de kilómetros, desde Magdalena hasta el río Iténez; su principal afluente es el Machupo, que forma una pequeña subcuenca que se prolonga por la margen izquierda del Itonamas. El río Machupo nace como Irurupuro, en el que vierten aguas algunos cursos pantanosos y aguas abajo recibe un efluente de la laguna San Luis. Le tributan el Yotara, San Salvador, San Juan, Macolo, los arroyos de San Francisco, Dulce, Caravana y Carbón, y los ríos Huacheca y Borrachia. Es navegable desde San Ramón a La Horquilla, en 110 kilómetros.

## El sistema del Plata: Paraguay, Pilcomayo y Bermejo

Este sistema hidrográfico también forma parte de una gran red fluvial transnacional: la cuenca platense, con 3 092 000 km² de superficie total (la mitad de la que ocupa la hoya amazónica), está compartida por Argentina, Bolivia, Brasil y Paraguay. En Bolivia, no obstante, tiene una importancia secundaria, ya que su subcuenca se ubica en la periferia sudoriental y meridional, ocupando sólo una quinta parte del territorio nacional, y en ella nacen los tributarios de dos de sus afluentes, el Bermejo y el Paraguay. Es, por tanto, un sistema exorreico que se origina, en buena medida, en suelo boliviano.

La porción de territorio boliviano sobre la que se extiende esta cuenca es de 230 000 km², es decir, un 21 por ciento de la superficie nacional. Se caracteriza por su morfología, casi seccionada y recortada en su perímetro exterior por las fronteras paraguaya, brasileña y argentina, y por la importante presencia de lagunas y zonas pantanosas. Tres arterias fluviales de dirección sur-sudeste componen el sistema hidrográfico: los ríos Paraguay, Pilcomayo y Bermejo.

### En las tierras secas chiquitanas: la cuenca del Paraguay

Se halla en el saliente limítrofe del sudeste, entre la divisoria de aguas amazónicas y el río Paraguay, a lo largo de 115 200 km², la mitad del sistema platense en el país. Su origen está en la serranía Dos Parecís, en la región de Mato Grosso (Brasil), pero sólo el flanco derecho, conocido como corredor de Man Céspedes, sirve de frontera entre Brasil y Bolivia.

La corriente del río Paraguay fluye a una velocidad media de 1,5 m/seg en una pendiente suave. Su cuenca está asentada en una zona muy húmeda y pantanosa que pertenece al estado de Mato Grosso del Sur (Brasil). En suelo boliviano está compuesta por las subcuencas de los ríos Pando y Bamburral, las lagunas Uberaba, La Gaiba, Mandioré y Cáceres, con sus respectivos ríos que las conectan, y por extensos pantanales como los bañados de Otuquis. Los afluentes del río Paraguay, por su margen derecha y de norte a sur, son el Pando, con los subafluentes Las Panchas, Fortuna, Pantanal, Las Petas, San Fernando, Santo Corazas y La Cal; Jordán Soruco y Bamburral o Negro, con los subafluentes San Rafael y Tucavaca.

El río Bamburral o Negro se forma por la unión, poco más arriba de Santa Ana, de los ríos Tucavaca y San Rafael, y desagua en el Paraguay en la frontera brasileño-paraguaya, al sur de los bañados de Otuquis. Los afluentes proceden de la serranía de Santiago, en la región del Chaco; el río Tucavaca nace en las proximidades del cerro de Chochís (de

En el río Pilcomayo, cuyas aguas pertenecen a la cuenca del Plata, los recursos pesqueros son innumerables; cerca de Villamontes se ha creado el mayor distrito pesquero, «El Chorro».

## El tramo boliviano del río Paraguay

El Paraguay es un río completamente navegable desde Corumbá (Brasil) hasta Buenos Aires (Argentina), en una distancia de 2 771 km, pero tan sólo un tramo de 48 km de su curso —en que el Paraguay es estrictamente limítrofe— es de jurisdicción boliviana. Puerto Busch está situado en este tramo y la vía fluvial del Paraguay le conecta —a una distancia de 236 km al norte— con Corumbá, ciudad brasileña ubicada en plena frontera con Bolivia. Los únicos problemas de navegación los producen los denominados «pasos» y la oscilación del nivel de aguas. El primero sucede cuando la acumulación de materiales gruesos y finos en el lecho produce irregularidades en la profundidad, y el segundo de estos problemas está relacionado con los períodos de lluvias, que rebajan el nivel en época de aguas bajas y lo aumentan en la época de altas; hasta 1 m y 4,5 m, respectivamente. De todos modos, el Paraguay tiene una capacidad de transporte muy superior a la del sistema Norte.

1 290 m), detrás de la serranía de Santiago, a la que bordea por su cara septentrional hasta la confluencia con el San Rafael. Este último río nace cerca de Santiago de Roboré, en la serranía de Santiago, a la que rodea por su cara sur hasta formar el Bamburral. Los dos afluentes se dirigen al sudeste y luego el Bamburral se desvía hacia el sur, a lo largo de 150 km, hasta la frontera, atravesando los bañados de Otuquis y formando pequeñas lagunas.

La laguna Uberaba forma frontera natural entre Bolivia y Brasil y se nutre del río Curiche Grande (Corixa Grande en Brasil), el cual traza el límite nacional desde su nacimiento, cerca de San Matías al norte, a lo largo de 170 km. La laguna desagua a través del río Pando que, tras un corto recorrido fronterizo (de unos 15 km), pasa por la laguna La Gaiba y se desvía en territorio brasileño hasta encontrar el río Paraguay. Este último se encarga de conectar La Gaiba con la laguna Mandioré, a unos 30 km al sur, siguiendo el límite fronterizo. El río Pimiento o Tuyuyo y el canal Tamengo unen, a su vez, la laguna Cáceres con el río Paraguay.

### El desagüe andino hacia el sudeste: la cuenca del Pilcomayo

La cuenca del Pilcomayo drena el norte-nordeste de la cuenca del Plata, bordeando la divisoria de aguas meridional del sistema amazónico y cruzando en dirección sudeste hasta la frontera argentina. Cubre una superficie de casi 98 100 km$^2$, el 43 por ciento del total de la cuenca platense en Bolivia. Desde las alturas de la cordillera de los Frailes hasta Esmeralda tiene 670 km de longitud en suelo boli-

*El San Telmo (en la foto) es afluente por la margen izquierda del Bermejo, en la cuenca exorreica platense o del Sur y convertido en frontera natural entre el territorio nacional y Argentina.*

viano (sobre un total de 1 800 km) y el curso principal está enriquecido con numerosos tributarios.

El río Pilcomayo es esencialmente andino en territorio boliviano, ya que se origina a 5 200 m sobre el nivel del mar, en la cordillera Central, y abandona el país poco después de descender por la cordillera Oriental. Nace en la cordillera de los Frailes, al oeste de Sucre, con el nombre de Tolapalca. Con la denominación de Aguas Calientes se junta al río Pampa Rancho para formar el Pilcomayo propiamente dicho. Se alimenta en primer lugar de los afluentes Jaruma, Mataca, Poco Poco, Inca Pampa, Turuchipa, Torre Huaykho y Santa Elena. Antes de virar ligeramente al sudeste, recibe por la margen derecha la subcuenca en la que desagua el Pilaya, que procede del sur de la cordillera Central; el curso principal recibe las sucesivas denominaciones de San Antonio, San Juan del Oro y Camblaya (o Pilaya). En la serranía de Aguaragüe recibe al Ingre, el Salado y el Palos Blancos o Zapatera, entre otros. Al abandonar la cordillera Central subandina, en Villamontes, desciende suavemente por la planicie con una profundidad de 6,6 m y un ancho de 150 m. Alcanza Paraguay, sin más tributarios, en el hito tripartito de Esmeralda, a 265 m sobre el nivel del mar.

## A través del Chaco central: la cuenca del Bermejo
Esta cuenca desagua en el territorio comprendido entre la subcuenca del Pilcomayo, la cordillera sur andina y la delimitación fronteriza meridional. Es una región de 16 200 km$^2$ (el 7 % de la cuenca platense boliviana), caracterizada por distinguirse varios brazos fluviales que desaguan al Bermejo.

El curso principal del Bermejo es de 150 km entre cerro Mecoya y las juntas de San Antonio. Nace como río Orosas, y con las aportaciones del Santa Rosa y el Condado toma el nombre de Bermejo, ya pisando la frontera con Argentina. Sus afluentes son el río Grande de Tarija, Guadalquivir, Emborozú o río Tablas, Orozas, Candado y Mecoyita, por su flanco izquierdo. Por su margen derecha le afluyen el Tolomosa, Camacho, Huacas, Motavi y San Telmo.

Su principal afluente es el río Grande de Tarija, con el que confluye en las juntas de San Antonio formando una cuña de territorio boliviano en Argentina. Nace cerca de la ciudad de Tarija, al oeste de la serranía de Aguaragüe (cordillera Oriental), como Guadalquivir o Tarija, al que se le une poco después el Itaú. Toma dirección sudeste hasta formar un límite natural que se encara al sur, con una longitud de 250 km. Tiene como afluentes los ríos Pabellón, Camacho, Pajonal, Salinas, Chiquiaca, Itan y San Telmo, entre otros.

## El sistema Lacustre altiplánico
Este sistema lacustre-fluvial puede definirse como un sistema hidrográfico endorreico y lacustre que se ubica en el Altiplano a gran altitud. Sus subcuencas nacen en las montañas que lo circundan pero, a diferencia de un sistema exorreico, no desaguan en el mar sino en grandes lagos y lagunas de la misma meseta, fenómeno por el que también se le denomina cuenca Interior o Cerrada. Los cursos fluviales son de poca longitud y caudal, salvo el Desaguadero, único río que permite la navegabilidad.

Esta cuenca se extiende por todo el Altiplano, cubriendo un área de 145 000 km$^2$, lo que equivale al 13,2 por ciento del territorio nacional. Está formada por el lago Titicaca y su cuenca hidrográfica y por el río Desaguadero en el Altiplano norte; por los lagos Poopó, Uru Uru y Coipasa en el Altiplano central; y por los salares de Uyuni y Coipasa y la región de López en el Altiplano sur.

### Las cuencas del Altiplano norte: el Titicaca
El lago Titicaca es uno de los treinta lagos más extensos del planeta y la superficie navegable más alta del mundo (3 810 m de altitud media). Es el destino de las aguas de una enorme cuenca altiplánica de aproximadamente 56 000 km$^2$, situada en la periferia centro-occidental de Bolivia, de la que sólo algo más de una quinta parte (12 850 km$^2$)

está en suelo boliviano. De pertenencia compartida con Perú, esta cuenca lacustre está dividida en nueve subcuencas principales.

La dimensión del espejo de agua del lago es de 8 300 km², 3 690 km² de los cuales —esto es, la banda oriental— son territorio nacional boliviano. Corresponden a la práctica totalidad del lago Menor (o Huiñaymarca), el estrecho de Tiquina, la mayor parte de la península de Copacabana y un arco abierto sobre el lago Mayor que muere en la orilla norte, rodeando la mayoría de islas y las subcuencas de la banda oriental y sudoriental, más numerosas que las peruanas, pero de menor entidad.

## El lago más alto del mundo

Reconocido mundialmente como el lago navegable de mayor altitud, el Titicaca dispone de tres puertos principales, una flota de barcazas de gran calado y una flotilla de balsas de totora y pequeñas embarcaciones de vela, aparte de servicios de aliscafo (*hidrofoil* y *hovercraft*) para turistas y de transbordadores para el paso de vehículos en el estrecho de Tiquina. Situado a 60 km al nordeste de La Paz, es una vía importante de comunicación y traslado de pasajeros, y como complemento de los ferrocarriles que llegan a sus orillas. Como superficie de transporte lacustre, reúne un importante tráfico

## Los orígenes de la cuenca Lacustre o Interior

Este variado y singular sistema de lagos y salares tiene su origen geológico en la práctica ocupación —hace decenas de miles de años— de la superficie altiplánica por grandes lagos, más bien considerados mares interiores. La importante presencia de evaporitas detectada en sus numerosas depresiones y los depósitos sedimentarios de los fondos lacustres, las muestras de continuas erosiones provocadas por las olas en las altas serranías y la existencia de fósiles marinos son otros tantos testimonios de una enorme masa de agua cuyos remanentes forman el actual sistema lacustre. Estos paleolagos, denominados en la actualidad Ballivián y Minchín, cubrían el Altiplano norte y el central y sur, respectivamente, y estaban unidos por el estrecho de Ulloma-Callapa. Durante su existencia

—probablemente, hace entre 26 000 y 14 000 años— fue casi con seguridad el mar interior situado a mayor altitud de todo el planeta. Se formó a partir de los deshielos de la última posglaciación y su desaparición está vinculada a un intenso y largo ciclo climático seco, de más de diez milenios de duración, que consiguió evaporar la mayor parte de su masa de agua.

La evaporación de tal cantidad de agua produjo ingentes depósitos de sal, acumulados ahora en las antiguas superficies lacustres (salares) hasta salinizar el suelo altiplánico. En regiones volcánicas, las infiltraciones de aguas pluviales en los suelos salinos propicia su contacto con materiales candentes, cuya temperatura disuelve las sales que contienen y las hace emerger en forma de termas o caldas con propiedades curativas.

En aguas del Titicaca se halla la isla del Sol (en la foto), considerada por los quechuas la cuna de la humanidad, que guarda restos arqueológicos de templos preincaicos.

*En el Titicaca, el estrecho de Tiquina actúa de barrera natural entre las penínsulas de Copacabana y Santiago de Huata, y permite la comunicación naval entre el lago Mayor y el Menor.*

de mercancías a través de los puertos de Guaqui, Chaguaya y Crillon Tours (Huatajata). La explotación pesquera y el transporte local se efectúan en balsas de totora, barcos a vela y otras embarcaciones menores, que atracan en los puertos secundarios de Santiago de Huata, San Pedro y San Pablo de Tiquina, Copacabana, Suriqui, Puerto Pérez, Carabuco, Puerto Acosta, Desaguadero, Isla del Sol y Huarina.

## Rasgos físico-químicos e hídricos del Titicaca

El Titicaca es un lago de origen tectónico y fue ocupado en el pasado geológico por otro lago de más de 15 000 km² llamado Ballivián. Tiene una longitud y anchura máximas de 180 km y 65 km respectivamente. Sus costas, de 1 125 km de perímetro, se acercan entre sí hasta los 800 m en el estrecho de Tiquina, que separa los lagos Mayor y Menor.

Estudios científicos y mediciones continuadas, realizados en las décadas de los sesenta y setenta, permitieron conocer en detalle las características físicas del lago y su composición química, y calcular la temperatura de sus aguas, su evaporación y renovación, así como los volúmenes de entrada y salida (alimentación y desagüe). Entre otros resultados cabe destacar que el tiempo de residencia media del agua en el lago es de 62,6 años; en otras palabras, éste es el período temporal promedio de renovación total de la masa de agua, mientras que la renovación anual es muy baja, ya que no supera el 1,6 por ciento.

La cuenca del Titicaca cuenta, en cotas inferiores a 4 000 m, con una temperatura media de 7,9 °C, que oscila entre una temperatura máxima de 21 °C en febrero y una mínima de –5 °C en junio. Son muy frecuentes las heladas, que están presentes en los alrededores del gran lago en más de la mitad de los días del año. La media diaria de horas de sol varía entre un mínimo de 5,8 horas, en enero y febrero, y las 9,7 horas de julio.

El lago tiene dos fuentes de alimentación: la que proviene de aguas pluviales y la que corre por aguas fluviales. De hecho, dada la altitud, situación, tamaño y pluviometría del lago (de 650 mm de promedio general al año y 792 mm/año en el Menor), las aportaciones por precipitación superan por poco a las fluviales. No obstante, estas mismas condiciones provocan que la mayor parte del agua recibida se pierda por evaporación, con un total de 1 670 mm al año (cerca de un 90 %). El resto de la masa de agua lacustre se pierde por infiltración subterránea, en una cantidad de 92 mm (8 %), y por vía superficial, de 46 mm (5 %), que es la que se escapa por el río Desaguadero. El cómputo global es de 1 038 mm de entrada y un escurrimiento total al cabo del año de 785 millones de metros cúbicos.

El río Desaguadero actúa no sólo como vía de salida de las aguas del lago, sino también como un compensador hídrico, ya que sus aguas descienden a una llanura de inundación en función del nivel del lago. Así, las abundantes lluvias en la cuenca su-

*En la imagen, el lago Menor o Huiñaymarca, el sector más pequeño (y meridional) de los dos que forman el Titicaca. La profundidad media es de 11 m, mientras en el Mayor es de 134 m.*

perior del río, a principios del año, y la disminución del nivel lacustre producen, en ocasiones, el cambio de sentido de la corriente, que pasa a descargar sus aguas en el lago y a restablecer así el balance hídrico. La salinidad procede de las sales disueltas en los ríos que tributan al lago, básicamente sílice que las corrientes de agua erosionan al contactar con las rocas de su lecho. De todos modos, la composición salina varía en función de las pérdidas por infiltración, sedimentación y escurrimiento de los ríos que lo drenan (principalmente el Desaguadero).

Una correcta mezcla de las aguas, motivada por corrientes turbulentas, y la estratificación térmica permiten mantener la oxigenación del agua, la mineralización de la materia orgánica y el reciclaje de las sales disueltas, factores que propician la población de peces. La composición química de su masa acuosa tiende a ser básica.

• *El lago Mayor o Chucuito*. Presenta una profundidad media de 134 m y su superficie total es de 7 137 km². Destacan en él cuatro bahías: Puno, Copacabana, Achacachi y Ramis. Su distribución y estratificación térmica son muy variables; la pluviometría anual es de un máximo de 945 mm. El área norte boliviana, donde se hallan las mayores islas, es la de más baja temperatura del lago, porque recibe las frías aguas del río Suches. Durante el verano se da una estratificación térmica regular, porque el agua superficial aumenta de temperatura y los vientos amainan. Durante el invierno, en cambio, las aguas carecen por completo de diferentes capas térmicas.

• *El lago Menor o Huiñaymarca (o Wiñay Marca).* Tiene una media de profundidad de casi 11 m y una extensión de 1 163 km². En él se distinguen tres áreas: Huatajata, en la parte septentrional; una parte central, por debajo del estrecho de Tiquina, hasta la península de Taraco; y una meridional al sur de esta península, en la bahía Guaqui. La oscilación térmica de sus aguas es poco acusada: menos de 8 °C de mayo a octubre, y alrededor de 14 °C de diciembre a febrero. Su poca profundidad, de menos de 10 m en dos terceras partes del lago, provoca una fragilidad térmica constante. En cambio, los 20 o 30 m de la fosa Chúa mantienen muy estable la temperatura del agua (con una oscilación de apenas 2 °C).

• *Accidentes geográficos*. En el Titicaca boliviano se hallan los siguientes accidentes: las bahías de Carabuco, Huarina, Zepita, Comina, Santiago de Huata, Criqui, Taraco, Huaicho, Escoma y Aigachi; los golfos de Copacabana, Achacachi y Guaqui; las penínsulas de Copacabana, Taraco y Achacachi; y las islas Cumana, Taquiri, Ampura, Cohani, Sicuya, Mayu, Huata Suana, Paco, Anapia, Cojata, Paripi, Laka Huata y Caana en el lago Menor, y Sol, de la Luna o Coati, Campanario, Púlpito, Apingüela, Koa y Pallalla en el lago Mayor.

• *Subcuencas bolivianas del Titicaca*. Los ríos que fluyen hacia el Titicaca nacen en la cordillera andina y en el mismo Altiplano y circulan radialmente, casi

*En el sistema altiplánico, el río Desaguadero es el curso fluvial endorreico más importante del país,* *al conectar las aguas de los dos lagos más grandes del territorio: el Titicaca y el Poopó.*

Huaycho, Kalabatea, Caliri, Anta, Challa, Lacaya, Colorado, Villaque, Cachilaya, Jiska Mauri, Collqueri, San Bartolomé, Guacuyo Amansaya, Chiquisa, Pallina, Machiquiri e Hilaca.

### La conexión entre los lagos Titicaca y Poopó: el río Desaguadero

El Desaguadero es el eje fluvial del Altiplano norte por ser un puente hídrico entre los lagos Titicaca y Poopó, y cerrar el sistema fluvial altiplánico septentrional. Su cuenca abastece 29 480 km$^2$ en dirección noroeste-sudeste, tiene una precipitación media anual de poco más de 400 mm y aporta al Poopó un volumen de 1,5 millones de metros cúbicos de agua.

Nace en la orilla sur del lago Titicaca y discurre por una suave pendiente del 0,03 por ciento, a lo largo de 370 km de recorrido. En su transcurso, de unos 124 m de desnivel, cruza diversas pampas, amplias planicies y las serranías interaltiplánicas de Corocoro-Callapa, hasta desembocar por el extremo norte en el lago Poopó. Tiene un caudal promedio de 20 m$^3$/seg, aunque sus valores mensuales varían en gran medida según la época del año: de diciembre a abril registra caudales de 20 a 150 m$^3$/seg, con unos máximos en febrero y enero y unos mínimos en abril y diciembre; y de mayo a noviembre se mantiene muy bajo, en torno a los 5 m$^3$/seg de media, aunque gradualmente va decayendo de 7 a 3 m$^3$/seg en noviembre.

El río Mauri, con subafluentes como los ríos Cosapa y Blanco, es su principal afluente y el único que alimenta el cauce del Desaguadero en la época seca. Por su margen izquierda, el Desaguadero recibe los ríos Lucuchata, Jilacata, Grande, Colquiri, Caquiaviri, Cumpucujawira, Portezuelo, Corocoro, Canquingora, Llallagua, Choquipujo, Challajawira y Aroma. Por su margen derecha, desaguan a su vez los ríos Jacha Mauri, Quillhuiri, Chillagua, Caranguillas o Sulloma, La Barranca, Lojlla y Jaruma.

### Los lagos y cuencas del Altiplano central

Este sistema lacustre parece tener su origen en el Minchín, que antaño cubría el Altiplano central y sur, un conjunto de tres inmensos lagos —Poopó (12 000 km$^2$), Coipasa (11 000 km$^2$) y Uyuni (20 000 km$^2$ y 60 m de profundidad media). Hoy el Altiplano central es básicamente un conjunto de afloramientos calcáreos (producto de la sedimentación del paleolago) en una cuenca lacustre vertebrada a partir del Desaguadero y compuesta por los lagos Poopó, Uru Uru y Coipasa.

todos hacia las orillas noroccidentales y sudorientales. Generalmente son cortos y transportan poco volumen de agua; entre las subcuencas más importantes están las del Suches, el Achacachi y el Catari.

El río Suches nace en Perú de un afluente que se le une poco después de atravesar la frontera. Tiene una orientación norte-sur y desagua en el lago Mayor del Titicaca por Puerto Escoma, delante de las islas Pinguera y Kakata. Aunque circule por un estrecho valle, el Suches es el afluente que más cantidad de agua vierte en el gran lago.

El río Achacachi procede de las vertientes occidentales de la cordillera Real. Sus aguas son recibidas por la cuenca del Peñas y traspasadas al Achacachi después de cruzar horizontalmente el Altiplano por el afluente Keka. Desemboca en el lago Mayor por el sudeste, en el golfo del mismo nombre, junto al desagüe del río Totora.

La subcuenca del Catari es la más extensa de las que desaguan en el Titicaca, aunque una parte de ella se desvía hacia el lago Poopó. El Alto, Viacha, Comanche y las serranías de Tiwanaku y Guaqui vierten sus aguas en ella, a la que pertenece también la cuenca aislada del Tiwanaku.

El resto de afluentes principales de la margen boliviana son los siguientes, de norte a sur: Ancoraimes, Totora, Kelka, Collacahi, Batallas y Tiwanaku. Otros afluentes bolivianos son: Umata (o Umanata), Calvario, Ismajawira, Tambo, Sehuenca,

## El lago Poopó

El Poopó se halla ubicado en el centro-este del Altiplano, en una zona donde confluyen los tres sistemas hidrográficos bolivianos. Situado a una altitud de 3 686 m, se caracteriza por una baja cota batimétrica, que oscila entre los 0,5 y los 2,5 m. El cuerpo central, con una profundidad media de 1,4 m, es de 1 500 km²; el anillo periférico, de profundidad a veces menor de medio metro, puede alcanzar los 1 150 kilómetros cuadrados.

Ocupa una extensión aproximada de 2 650 km², ya que su poca profundidad en algunos puntos y la irregular aportación de sus afluentes hacen que sus orillas sean significativamente móviles. El desplazamiento temporal de las márgenes del lago hace que en época de aguas altas su superficie sobrepase los 2 650 km², mientras que en tiempos de aguas bajas no supere los 2 000 kilómetros cuadrados.

El Poopó tiene una distancia máxima entre extremos (desembocaduras del Desaguadero y Márquez) de 88 km y una amplitud de 25 km. El perímetro costero, en época de aguas altas, ronda los 310 km. Su morfología alargada se debe, en parte, a las desembocaduras de sus dos principales afluentes, los ríos Desaguadero y Márquez, en las extremidades norte y sur, respectivamente. En una zona costanera poco profunda emerge la isla de Panza, que durante los períodos de sequía puede llegar a convertirse en una península.

La circulación general de sus aguas, que permite mantener el balance hídrico, ha sido motivo de desacuerdo entre los estudiosos. Algunos científicos consideran el lago como un sistema cerrado; es decir, del que fluyen afluentes, básicamente los ríos Desaguadero y Márquez, pero no efluentes directos. No obstante, parece ser que un brazo del río Lakajawira, de curso parcialmente subterráneo, interviene en el proceso de escurrimiento. El río emerge a la superficie en las épocas de las precipitaciones (nivel de aguas altas) y desemboca en el salar de Coipasa.

De esta forma, el balance hídrico resulta de estas dos componentes: el lago Poopó se alimenta de aguas fluviales en un 75 por ciento y el resto, de aguas pluviales, y desagua a través de evaporación a razón de 1,55 m³/año y por escurrimiento e infiltración, entre unos volúmenes que oscilan entre 1,3 y 2,6 millones de metros cúbicos.

Comparándolo con el lago Titicaca, sobresale su rápida renovación de aguas y la alta proporción de sales diluidas en ellas. El tiempo de residencia de las aguas es sólo de 8,5 meses, y la renovación hídrica anual casi cien veces mayor que la del Titicaca (142 %). La composición química es similar en cuanto a presencia de componentes (sulfatos, carbonatos, sílice, etc.), pero no en cuanto a la cantidad presente: si el Titicaca tiene una salinidad promedio de 898 mg/l, el lago Poopó puede llegar a valores de 25 000 miligramos por litro.

La cuenca de la que se abastece el lago Poopó es de 43 100 km² de superficie, con una precipitación anual de 370 mm de promedio. El río Desaguadero es la principal fuente de alimentación, al abastecer el lago con el 92 por ciento de los aportes fluviales. Nace en el lago Menor del Titicaca y transporta sus aguas desde el norte a través del lago Uru Uru. La subcuenca del río Márquez se encarga de aportar prácticamente el resto de aguas fluviales (8 %). Nace cerca de la divisoria de aguas platenses y altiplánicas, al sudeste del lago (en el extremo opuesto de la cuenca lacustre), y muere en el borde meridional del Poopó, tras recorrer algo más de 100 km. Cuenta con tres afluentes: Mulato (el principal, que proviene del sur), Molina y Suntur Mayo.

Los ríos secundarios o menores, que también alimentan al lago, generalmente lo hacen por la ribera oriental, aunque varios de ellos no llegan a alcanzar la orilla, porque sus aguas se filtran o se evaporan. Son los siguientes: Collpakara, Tacagua o Crucero Condornaza, Cortadera, Negro Vinto, Paria, Sevaruyo o Sorasora, Márquez, Tuloma, Peñas, Caracollo, Corque, Caqueza y Juchu Jawira, en el que desagua el Chuquichambi.

## El lago Uru Uru (y la laguna Soledad)

Este particular lago es el resultado del desbordamiento del Desaguadero, 30 km antes de alcanzar el Poopó. Baña, aunque no llega a cubrir, el terraplén que soporta la vía del ferrocarril de la línea Oruro-Chapallata, actualmente en servicio.

La poca pendiente del lecho del río Desaguadero y su débil encauzamiento favorecen la dispersión de sus aguas en este punto de la pampa, para crear el lago Uru Uru. Tiene una morfología asociable a un triángulo: un vértice mira al sur, mientras el cateto mayor sigue una dirección este-oeste. Cuenta con una longitud de 20 km y anchura máxima de 23 km. El área sobre la que se extiende, a banda y banda del curso fluvial, es de 280 km². La profundidad no supera el metro, aunque el nivel de aguas varía con facilidad y parece ser que sufre un aumento constante.

La fragilidad del cauce del Desaguadero, ante las crecidas anuales que padece su curso, es la responsable de la laguna Soledad. Toma su nombre de la estación de ferrocarril a la que sus aguas remanentes rodean. Se extiende a unas decenas de metros del lecho del río, en las cotas más bajas del valle fluvial.

Dado su carácter temporal e irregular, queda generalmente delimitado por el norte por una zona inundable, que empieza en la confluencia del afluente Knefo (margen izquierda) y el Desaguadero, y por el sur por el lago Uru Uru, al que a veces permanece adosado. Su alimentación, aparte de depender de las crecidas del Desaguadero, es favorecida temporalmente por algunos afluentes orientales.

## El lago Coipasa

El lago Coipasa es una prolongación por el norte de la depresión del salar del mismo nombre, que lo rodea en su mitad meridional. Su masa acuosa es fruto del drenaje de la subcuenca endorreica del río Lauca, del río Barras e, indirectamente, del río Lakajawira. Este último está situado en el centro-este del Altiplano, en el límite natural entre lo que se conoce como Altiplano norte y sur.

Yace a 157 m y a 33 m por debajo de los lagos Titicaca y Poopó, respectivamente —o sea, a una altitud de 3 653 m sobre el nivel del mar— y tiene la mitad de la superficie del Uru Uru: 140 km². No obstante, al ser poco profundo, sus orillas sufren desplazamientos de acuerdo a la época climática predominante. Su ubicación en el extremo norte del salar de Coipasa lo dota de un alto grado de salinidad, consecuencia directa de la interacción de sus aguas con el suelo salino.

La cuenca del Lauca tiene forma de árbol y desagua básicamente en el resto del territorio del Altiplano que no cubre el río Desaguadero. Se compone de los afluentes Turco, Cosapa y Cohuiri. El río Barras desciende en línea recta desde el norte. El río Lakajawira nace en la extremidad sur del lago Poopó, en las proximidades del delta del río Márquez, y conecta ambos lagos sólo en verano, con las lluvias; el resto del año fluye por vía parcialmente subterránea. Su curso, de orientación este-oeste, adyacente a la cordillera de Llica, se considera parte de la frontera natural entre el Altiplano norte y el Altiplano sur.

## Los salares y subcuencas del Altiplano meridional

Los salares son grandes depresiones cubiertas de sal. Su origen se remonta a la existencia en el Altiplano del enorme paleolago Minchín, con los brazos Uyuni, Poopó y Coipasa, que al desecarse formaron un poso de evaporitas, manto sedimentario constituido esencialmente por sal.

## El salar de Uyuni: la depresión altiplánica por antonomasia

La cuenca del salar de Uyuni es la mayor depresión del Altiplano: 60 450 km², el 44 por ciento de su superficie total. Se sitúa en la mitad superior del Altiplano sur, justo por debajo del lago y del salar de Coipasa y al sudoeste del lago Poopó. En su pasado geológico, antes de su desecación (hace unos diez mil años), era una de las tres acumulaciones de agua de un inmenso lago central (43 000 km²).

*Los salares son el resultado de la alta evaporación en el Altiplano sur. En Uyuni se alternan extensas superficies de sal y tierras volcánicas con vegetación microtérmica silvestre (cactus).*

La pluviosidad media del salar es de 190 mm al año; la evaporación es de 450 mm, y la de la cuenca, de 130 mm anuales.

El yacimiento salino de Uyuni es el más vasto del continente, ya que cubre una gran extensión: 10 582 km² (mayor que el Titicaca), a una altitud media de 3 653 m, en la zona más baja del Altiplano boliviano. Su planta mide aproximadamente 140 km de largo por 125 km de ancho. Su subsuelo volcánico le ha proporcionado una serie de islas que emergen entre los mantos salinos.

Durante el verano, los afluentes del salar de Uyuni consiguen cubrirlo con una masa de agua de un metro de profundidad y lo transforman en el mayor lago de Bolivia. El resto del año es característico encontrarse los denominados «ojos de agua», pequeñas acumulaciones de agua que pueden llegar a tener unos 10 m de diámetro. Los afluentes son el Colpa Mayo, río Grande, arroyo Mulatos, río Salado, Cosuña, Puca Mayo (cuyo principal tributario, el Pasto Mayo, lo forman el Kullpa Mayo, Pasto Mayo o Socavón y Thiokho), Corregidores, río Grande de López, Yanachajera y Alacrán. El río Grande de López (o Quetena) es el principal nutridor del salar. Nace en las faldas de la cordillera Grande de López, cerca de la laguna Loromayo, en la extremidad meridional del Altiplano, y lo cruza longitudinalmente en dirección norte hasta alcanzar el salar, por la ribera sudeste.

### El salar de Coipasa

La cuenca del salar de Coipasa se halla en el corazón del Altiplano; se abre hacia el norte, en su banda oeste, y cuenta con una extensión de 28 951 km² (20 % de la cuenca altiplánica). Constituía el remanente de agua de uno de los antiguos sublagos del Minchín, que cubría una extensión de 11 000 km². Registra una precipitación media de 240 mm y una evaporación de prácticamente 1 000 mm, pero que es sólo de 190 mm en su cuenca.

El salar de Coipasa está situado en la cara sur del ecuador del Altiplano, circundando, en su base meridional, al lago salado del mismo nombre. A una altitud de 3 680 m sobre el nivel del mar rodea, también en buena parte, a la colina Villa Pucarani, un cono volcánico de 4 910 m de altitud.

La depresión salina presenta una superficie de 2 218 km² aproximadamente, sobre un perímetro de 70 km de máxima longitud y 50 km de ancho. Entre sus afluentes directos destacan los ríos Jalanta, Sajama o Chalviri; Sabaya, con los subafluentes Todos Santos y Bella Vista; Cancosa; Moscaya; Isluya; Cariquina; Jachuncara, que en sus cursos alto y medio toma los nombres de Pati Pati y Aroma, respectivamente.

### La región de López

Es la más meridional del país. Se extiende entre los paralelos 20° 30' y 23° 00', desde el salar de

*El río San Juan del Oro nace en los Andes, forma un tramo de la frontera entre Bolivia y Argentina y luego entre los departamentos de Tarija y Potosí, para formar, junto al Cotagaita, el Camblaya.*

Uyuni hasta las fronteras chilena y argentina, entre las cordilleras Occidental y Oriental. Desde el punto de vista hidrográfico destacan las pampas, planicies más o menos extensas que se inundan temporalmente en la época de las lluvias, cuando el suelo no es capaz de filtrar más agua y se satura.

Pese a estar confinada en el hábitat más árido de Bolivia —de hecho, en este aspecto es un desierto—, posee importantes recursos hídricos, tanto superficiales como subterráneos, aparte de varios salares. Se divide en nueve subcuencas, de las cuales seis son lacustres y endorreicas (dentro de la región): lagunas Verde, Blanca, Busch, Salada, Colorada y Pastos Grandes; dos son fluviales y exorreicas a la región: ríos Grande de Líptez y San Juan del Oro, y el salar de Chiguana.

• La pequeña *subcuenca de la laguna Verde* está situada en la esquina sudoccidental de la región. En su corazón yace, dividida en dos espejos de agua, la laguna Verde, de unos pocos kilómetros de longitud. Se alimenta por el este de los ríos Amargo y Aguas Calientes y por el norte por el Blanco, que procede del volcán Putuno.

• La *subcuenca de la laguna Blanca* es contigua por el este con la anterior y es la más pequeña de la región. La laguna es una breve acumulación salina, en el mismo límite fronterizo con Argentina, y se alimenta de un sistema fluvial compuesto por los ríos Guayaques Chiso y Chajnantal, con sus cortos tributarios.

• La *subcuenca de la laguna Busch*, también llamada Kalina, comprende la laguna Busch, de unos 10 km de largo, y las lagunas Cetalcito y Pelada, en el norte y sur de la laguna Busch respectivamente. Del cerro Negro desciende el río Zapaleri, que se pierde al otro lado de la frontera, y dos riachuelos alimentan la laguna Pelada, procedentes del cerro Chicaliri, al sudoeste de la subcuenca.

• La *subcuenca de la laguna Salada* se articula a partir del conjunto lacustre salino y del salar de Chalviri, adosado a éste por la banda oriental. Ocupa una zona llana del centro de la cuenca, asediada por pequeñas elevaciones. Los cerros Guacha y Puripico Chico separan esta subcuenca de las de las lagunas Verde y Blanca. La laguna Salada se compone de, al menos, tres o cuatro acumulaciones de agua que están alineadas en dirección nordeste-sudoeste; en ella afluye un par de subsistemas fluviales, del norte y sudoeste. El salar de Chalviri se prolonga unos kilómetros al sudeste del sistema lagunal, y recibe por esa dirección una pequeña cuenca en la que desagua el río Guache.

• La *subcuenca de la laguna Colorada* es fronteriza y se ubica en la franja occidental, encima de la subcuenca de la laguna Salada. Se divide a su vez en dos cubetas lacustres: la de la laguna Khora, en la mitad norte, y la de la laguna Colorada, al sur, a ambos lados del cerro Peña Grande. La primera contiene un pequeño entramado de ríos radiales a la laguna; la segunda es también una multitud de tramos fluviales, muchos de ellos desecados antes de desembocar en la laguna, entre los que destaca el río Aguaditos. Pegadas a su límite oriental se hallan en esta subcuenca dos diminutas lagunas en las que mueren sendos cursos fluviales; la más meridional, a la altura del cerro Peña Grande, es destino de la cuenca del río Grande.

• La *subcuenca de la laguna Pastos Grandes*. Se halla encima de la subcuenca de la laguna Colorada. En realidad, reúne un conjunto de lagunas bajo la denominación de laguna Hedionda y Romaditas, en la banda noroccidental, y laguna Pastos Grandes, en la banda oriental, irrigadas temporalmente por pequeños ríos que descienden por los frecuentes cerros existentes.

• La *subcuenca del salar de Chiguana* se extiende en la franja noroccidental de la región, pegada al salar de Uyuni por el sudoeste. Los cursos de agua son prácticamente inexistentes o restan insumidos: destacan los ríos Pucana y Potrero, procedentes de los cerros Caquella y Chaupi, al sur y sudeste de la subcuenca, respectivamente. El salar de Chiguana tiene forma de «L» invertida, el brazo largo mide unos 30 km y recibe las quebradas Chijsay y Jacu Huasi; el brazo corto llega a los 20 km y se le llama Esquina Colorada. En la porción noroeste de la subcuenca se ubica la depresión del salar de la Laguna; el centro y nordeste de ella está poblado por algunas lagunillas.

• La *cuenca del río Grande de Lípez* es la unidad mayor de esta región: se abre desde el salar de Uyuni y la cierran las subcuencas de las lagunas Salada y Busch. La franja límite sudoriental es la divisoria de aguas entre el río Grande de Lípez y el río San Juan del Oro, y destacan de norte a sur la laguna Morejón y un conjunto lacustre formado por las lagunas Celeste, Mama Khuma y Loromayo. En la franja occidental destaca un corto entramado fluvial que va a parar a la laguna Yapi. El río Grande de Lípez, también denominado Quetena, vertebra la mayor parte de la cuenca, aunque en la zona noroeste contiene una serie de cursos de trazados y sentidos arbitrarios que se superponen y no alimentan, al menos superficialmente, el curso del Quetena, sino que algunos de ellos mueren en el mismo salar, como es el caso de los ríos Cabrizos, Chiguero y Quebrada Seca. El río Grande de Lípez nace en la zona entre el cerro Quetena y las proximidades de la laguna Loromayu, como río Perico Grande; después de recibir el río San Antonio, y posteriormente al Turquis, cambia su nombre a Quetena y, tras pasar entre los cerros Cruceros y Kheñwal, toma un claro sentido nordeste al que afluyen por la margen derecha las subcuencas del Isca Mayo y por la izquierda el río Agua Dulce y el sistema del Alota; una vez el río Tomo Mayo, que fluye paralelo por el flanco derecho recogiendo varios afluentes, alcanza el Quetena, éste se convierte en Grande de Lípez; antes de virar al noroeste recibe al Pelules y la quebrada Challviri Mayu y desemboca posteriormente unos kilómetros al interior del salar de Uyuni. Gran parte de las corrientes que se dirigen al curso bajo del Grande de Lípez son desaguadas por el río Puco Mayu, que nace paralelamente al primero pero se escapa en dirección nordeste hacia la ribera este del salar de Uyuni.

• La *cuenca del río San Juan del Oro* se sitúa en el margen sudoriental de la región de Lípez, en dirección nordeste-sudoeste. La mitad norte es propiamente la cuenca del San Juan del Oro y se adentra en el macizo andino, mientras que la mitad meridional es un conjunto de lagunas y cerros próximos a la frontera argentina. El río San Juan del Oro es parte de la frontera de la región de Lípez y afluente

*Más de 150 lagunas jalonan el paisaje del Altiplano; aunque se hallan bastante repartidas, se concentran sobre todo en el sector norte. En la imagen, laguna en la cordillera Real.*

en la cordillera Central del río Pilaya; sus afluentes por su margen izquierda son, de norte a sur, los ríos Viluyo, Santa Isabel y San Antonio. Este último desagua en las suaves laderas de los cerros Wichu Khaea y Chinchi Jaran, en el sudoeste. En la mitad sur destaca la laguna Coruña, a la que afluyen radialmente numerosos riachuelos; a su noroeste yace la laguna Chojllas, de la que nace el Khenyal, que se dirige al este. Al norte del curso de este río se asientan las lagunas Khonchu, Arenal y Corante.

## Los sistemas lacustres menores

Las acumulaciones terrestres de agua en Bolivia se pueden dividir, considerando su masa, en un sistema lacustre principal o mayor y un sistema lacustre menor o subsistemas. El criterio de clasificación entre ambas tiene como referencia básica la dimensión del espejo de agua, que no es otra cosa que la extensión lacustre rodeada de tierra o hielo glacial. En Bolivia la dimensión del umbral está situada en 200 km$^2$, a partir de la cual las acumulaciones de agua dejan de ser lagunas para considerarse lagos.

El sistema lacustre mayor está compuesto por seis lagos: Titicaca, Poopó, Uru Uru, Coipasa, Rogagua y Rogaguado, con sus respectivas subcuencas hidrográficas de entrada o salida. Los cuatro primeros están integrados en la cuenca endorreica del Altiplano; de ellos, sólo el Titicaca ha sido objeto de investigación científica, mientras el resto todavía están sólo parcialmente estudiados. El Roga-

*Bañados de San Andrés en el Beni. En el sistema amazónico son frecuentes las tierras pantano-* *sas de los valles cerrados cubiertas por una lámina de agua que varía estacionalmente.*

de carácter salobre, con una concentración de sales disueltas de 3 500 mg/l. Las lagunas altiplánicas tienen una superficie conjunta de 1 370 km$^2$ y una profundidad media de 1,20 m, lo que genera un volumen de agua de 1 644 metros cúbicos.

## Las lagunas de los valles

Estas lagunas están situadas en el fondo de los valles de la cordillera andina, y ocupan una parte del suelo de sus valles glaciales. Forman parte de la estructura orográfica de la cordillera y su origen está vinculado a la génesis del relieve andino. Se alimentan de las corrientes de deshielo y de algunos ríos de la propia cadena montañosa. No padecen infiltraciones en su lecho porque el subsuelo es eminentemente impermeable.

Son generalmente de morfología larga y estrecha y de poca profundidad (con un promedio de 0,5 m). Cubren una extensión de 90 km$^2$ y se les deduce un volumen total de 45 millones de m$^3$. Se subdividen en 6 sectores que contienen sus 19 lagunas: Camargo con 2, las zonas de Sucre con 5 y Tarija con 2, y el resto está aún por determinar.

## Los sistemas pantanosos: los bañados

Los pantanos son terrenos llanos e impermeables, cubiertos de agua pero con poca profundidad. En Bolivia se denominan bañados y se ubican en depresiones endorreicas, a veces como lastre final o cola de un lago o laguna. Se caracterizan por ser agua estancada sujeta a un marcado ritmo estacional, lo que provoca procesos de evaporación y salinidad, y oscilación del nivel de aguas, elementos que determinan sus aguas poco profundas, la formación de barro y la desecación.

El territorio boliviano alberga siete zonas pantanosas distribuidas en los sistemas hidrográficos del Plata y del Amazonas. En la primera se ubican los bañados de Otuquis, en el extremo fronterizo sudeste, junto al río Paraguay, que se alimentan del río del mismo nombre y parcialmente del San Miguel. Los bañados de Las Petas y San Matías están en la banda oriental fronteriza de la cuenca.

Dentro de la cuenca amazónica se localizan los bañados de San Diego, cerca de las fuentes del río Iténez o Guaporé, al sur de la frontera brasileña; los bañados de San Ignacio, por encima de la línea de ferrocarril de Corumbá a San Ignacio; los bañados de San Andrés, situados cerca del nacimiento del Cocharcas, en el departamento de Beni; y los bañados entre el lago Rogagua y las lagunas Huatuna y Reforma, en las fuentes del Yata.

gua y el Rogaguado, prácticamente desconocidos, se sitúan en el sistema amazónico.

El sistema lacustre menor está formado por cerca de cuatrocientas lagunas, según el inventario realizado por el Instituto Geográfico Militar (IGM). Su formación es de carácter tectónico, volcánico o de recepción de aguas fluviales y aportes escurrenciales. A causa de su cuantía se clasifican según su ubicación en regiones y sectores: lagunas del Altiplano en 14 sectores, lagunas de los valles en 6 sectores, y las lagunas de los Llanos en 32 sectores.

## Las lagunas del Altiplano

El Altiplano boliviano consagra su riqueza fluvial y lacustre con la proliferación de más de 150 lagunas repartidas en 14 sectores: 12 en Puerto Acosta, 26 en la zona de La Paz, 8 en Corocoro, 2 en los nevados de Payachatas, 13 en Corque, 7 en Uncía, 3 en Salinas de Garci Mendoza, 13 en Río Mulato, 4 en villa Martín Colcha, 2 en Uyuni, 17 en volcán Ollagüe, 6 en San Pablo de Lípez, 6 en volcán Juriques y 32 en cerro Zapaleri.

Su distribución es bastante uniforme por todo el Altiplano, aunque su densificación es superior en la mitad norte, especialmente por encima de Oruro, en la cuenca del río Desaguadero, donde se concentran la mitad de las lagunas. La salinización de sus aguas generalmente va en gradual aumento de norte a sur del Altiplano; el paralelo 18° se toma como límite que separa las lagunas dulces de las

# Sistemas hídricos subterráneos

Los recursos hídricos subterráneos han sido relativamente desatendidos y poco estudiados, sobre todo por existir un suficiente aprovisionamiento doméstico de agua a través de fuentes superficiales. La extensión, topografía y litología del país, y la dificultosa y costosa prospección hidrogeológica del suelo boliviano —aunque se estiman en 200 000 los pozos perforados— justifican en parte su poco exhaustivo conocimiento.

El territorio de Bolivia se puede dividir en tres tipos de terrenos, según la permeabilidad de sus materiales, lo que permite clasificar el país en ocho estructuras geológicas. Las zonas impermeables corresponden básicamente a los brazos oriental y occidental de la cordillera de los Andes y al área aislada del salar de Uyuni. Los primeros son macizos rocosos de origen volcánico y sedimentario; se subdividen en las cuencas de las cordilleras Oriental y Occidental y el Escudo brasileño.

Las zonas semipermeables se extienden prácticamente por todo el resto del territorio, en las estructuras hidrogeológicas de los Llanos y la cuenca del Altiplano. Son terrenos compuestos por arena, limo y arcilla poco consolidados (caso de la llanura), y arena, grava y limo (caso del Altiplano). Los terrenos permeables son casi inexistentes, aislados en la geografía boliviana, como es el caso del fondo del lago Titicaca. En estas zonas dominan la arena y la grava sueltas.

## El sistema hidrogeológico de los Andes y del Altiplano

La cordillera boliviana se caracteriza por ser una estructura variada y de gran complejidad a causa de la altitud de su relieve y a la configuración morfoestructural andina. Forman parte de su entramado hidrogeológico las cuencas de la cordillera Occidental, la Oriental, los valles y el Altiplano.

La laguna de Tarapaya, (Potosí) tiene interés turístico por las propiedades curativas de sus termas.

### La cuenca de la cordillera Occidental

La cordillera Occidental se asienta sobre material ígneo, rocas volcánicas de carácter intrusivo que se caracterizan por contener aguas termales. La permeabilidad es débil e irregular (se la denomina permeabilidad secundaria variable) y por consiguiente no permite el desarrollo de grandes acuíferos. La frecuente impermeabilidad de sus estructuras provoca que el agua aproveche las fracturas y hendiduras que el rígido terreno volcánico ofrece para circular, por efecto de la gravedad, hasta almacenarse en cavidades confinadas. Materiales semipermeables permiten infiltraciones y pequeños escurrimientos.

El origen volcánico reciente de la cordillera hace que sus estructuras hidrogeológicas presenten fenómenos geotérmicos. La existencia de aguas termales es el testimonio del vulcanismo de su interior, cuya actividad dota de fuertes temperaturas y composición gaseosa a sus aguas mineralizadas

### La cuenca altiplánica

La estructura hidrogeológica del Altiplano es un agregado de materiales del Cuaternario, básicamente arena, grava y limo, generados por las acciones erosivas, transportadoras y sedimentadoras provocadas por el hielo, los ríos, el viento y los lagos. Estos agentes también intervienen en la regulación hidrogeológica de la cuenca y proporcionan cinco mecanismos de captación de agua superficial: por infiltración de las aguas pluviales, que penetran directamente en el suelo mojado; por escurrimiento

# Las subcuencas del lago Titicaca

## Subcuenca del Pucarani

Se encuentra en la mitad oriental de la subcuenca altiplánica norte, en el subsuelo de parte de la cordillera Real. Ocupa una superficie de unos 2 630 km² y se alimenta de algunas cuencas fluviales que la sobrepasan para alcanzar la ribera del Titicaca. Tiene en su haber más de setenta pozos perforados, principalmente en las cercanías de La Paz y entre Batallas y Pantini, y tres grandes extensiones aptas para la explotación hídrica: zona Pucarani o Batallas-Laja, zona Chacoma y zona de Viacha a Irpa Chico. Las reservas hídricas que contiene provienen de las infiltraciones pluviales, de los escurrimientos fluviales y de manantiales que brotan en afloramientos paleozoicos y terciarios. El agua se pierde básicamente por evaporación, pero también a través de manantiales situados en el valle de la ciudad de la Paz. La subcuenca del Pucarani almacena un gran volumen de agua subterránea, aunque su altura en los acuíferos suele variar anualmente desde los 40 cm hasta los 6,30 m por debajo de la superficie.

## Subcuenca de Achacachi

Está situada en el borde noroeste del Altiplano, en una zona semipermeable al norte del lago Menor del Titicaca. Materiales fluvioglaciales, fluviales y lacustres del Cuaternario conforman un subsuelo susceptible de almacenar agua. El resto es terreno rocoso y morrénico perteneciente a la cordillera Real, prácticamente impermeable. Cubre una extensión de 586 km². La subcuenca se nutre del escurrimiento superficial y del río Keka Jahuira que, a través de su lecho, aporta el resto de agua dulce. Parece ser que las infiltra-ciones alcanzan una profundidad significativa, ya que en alguna perforación se llegó a los cimientos una vez traspasados los 300 m.

## Subcuenca de Peñas

La subcuenca de Peñas se interpone entre las de Achacachi y Pucarani; sus límites prácticamente abrazan el río Jachi Jahuira (afluente del Keka Jahuira) y el área de captación de agua subterránea. Es la subcuenca más pequeña, la zona de captación es de sólo 54 km, pero cuenta con varios pozos perforados a unas profundidades de entre 40 y 100 m. Posee un único acuífero de significativa producción. Tiene 85 m de media de espesor.

## Subcuenca del Catari

Está situada entre las subcuencas Pucarani y Tiwanaku, en una estrecha franja que, partiendo del lago Menor del Titicaca, se extiende en dirección sudeste y posteriormente sur, siguiendo el curso del Catari. Ocupa 13 500 km² y está compuesta de relieves de origen paleozoico y terciario, y de una amplia llanura de detritos cuaternarios.

## Subcuenca de Tiwanaku

Está situada alrededor de la cuenca del río Tiwanaku y del golfo de Guaquil, en su extremo oeste, donde desemboca el río. Sus límites al este son elevaciones de la edad Terciaria; el resto está ocupado por deposiciones lacustres y fluviales del Cuaternario. Tiene como destino el lago Titicaca y descarga en él un volumen de 2,3 millones de m³ por año. La alimentación procede de infiltración pluvial y de manantiales.

y filtraciones localizadas en las vertientes altiplánicas de las cordilleras; por absorción del agua de deshielo e infiltración por contacto de masas de agua con terrenos relativamente permeables. La cuenca es, por lo tanto, un importante almacén de agua subterránea que reúne, a una altitud de entre 3 000 y 4 000 m, el conjunto de formaciones geológicas denominadas acuíferos.

Estas cavidades subterráneas, de caudal irregular, se descargan a intervalos en las unidades lacustres y salinas del sistema hídrico altiplánico. El lago Titicaca recibe agua por vía subterránea, de notable calidad química, y el elevado hermetismo de su trasfondo geológico garantiza una alimentación continuada. La equilibrada composición bioquímica empeora en la región de Oruro y en el lago Poopó, y decae su mineralización en la región del salar de Uyuni. La composición litológica y las permeabilidades de sus terrenos dividen el subsuelo altiplánico en varias subcuencas hidrogeológicas, de

*Los géiseres del Altiplano boliviano, chorros intermitentes de agua y vapor caliente, de escasa presencia en el mundo (y, a menudo, imprevisibles), son un atractivo fenómeno geotérmico.*

características y respuestas hídricas diferentes.

• *Subcuencas del Altiplano norte o del lago Titicaca.* Hidrogeológicamente, la región del Altiplano norte es un conjunto de cinco subcuencas que drenan directa o indirectamente sus reservas hídricas al lago Titicaca. De entre ellas, la subcuenca Pucarani es la más importante, tanto por su tamaño como por ser fuente de abastecimiento acuífera de la zona más poblada del país. Le siguen en orden jerárquico las subcuencas de Achacachi, Peñas, Catari y Tiwanaku.

• *Subcuenca del Altiplano central o del lago Poopó.* En el centro del Altiplano boliviano yacen diversas subcuencas subterráneas agrupadas en dos sistemas: la del río Desaguadero o Calamarca-Sicasica, entre el río Mauri y el lago Poopó, y las Caracollo-Oruro-Vinto, en los alrededores de la ciudad de Oruro. *Subcuenca del río Desaguadero.* Las referencias técnicas y de composición de esta subcuenca están por determinar; no obstante, informes de potencialidades hidrogeológicas estiman para esta serie de subcuencas importantes cantidades de agua subterránea, tanto en la parte septentrional (de Patacamaya a la altura de Eucaliptus), como en la meridional, donde existen acuíferos a gran profundidad.

Por otro lado, los acuíferos más superficiales contienen reservas acuosas muy mineralizadas.

*Subcuencas de Caracollo-Oruro-Vinto.* Se ubican en el centro nordeste del Altiplano, muy cerca del cruce del meridiano 67° oeste con el paralelo 18° sur, aglutinando la depresión altiplánica y las serranías orientales. Tienen un interés adicional, aparte de por su potencial hidrogeológico, por abastecer de agua potable a la ciudad de Oruro; por esa razón sus subcuencas están entre las más estudiadas del territorio nacional.

La depresión, o cuenca central, se compone de sedimentos granulados de poca dimensión, poco estratificados, que están distribuidos con distinto grosor según su distancia al relieve montañoso: desde unos pocos metros, al pie de la serranía, hasta los más de 125 m de espesor entre los cerros San Pedro y Khala.

Los acuíferos confinados o libres se estructuran a partir de la alternancia de arenas y gravas saturadas de agua con materiales arcillosos compactos e impermeables que las atrapan. La recepción interior procede de las aguas pluviales y fluviales infiltradas directa o indirectamente; su evacuación se produce por dos amplios escurrideros, al oeste de

*Vista de la abrupta y estrecha garganta de la Angostura, bordeada por acantilados de especta- culares alturas, donde el Guadalquivir tributa sus aguas al río Tarija en su nacimiento.*

Challapampa, y entre Oruro y Vinto, por el sur. La corriente subterránea se produce en sentido noroeste-sudoeste.

La región distingue dos subcuencas subterráneas: una mucho mayor, abastecida desde Caracollo hasta Oruro, y otra de menor entidad, erizada bajo los sedimentos cuaternarios del valle del río Sepulturas, al este de Oruro. Ambas están separadas por un pequeño muro rocoso dominado por las colinas de Chapicollo y Cauchi. En la primera, de mayor caudal y magnitud hídrica, el flujo subterráneo es desviado hacia el oeste de Challapampita; en la segunda, la salida subterránea se efectúa mirando al sur, por un sector que une Oruro con Vinto. Un acuífero libre, situado a una profundidad de entre 2 y 15 m, roza la superficie de ambas subcuencas.

Debajo de este acuífero, en la parte meridional de la subcuenca Caracollo Oruro, tres estratos acuíferos de tipo confinado albergan una gran acumulación de aguas, entre los 50 y los 80 m de profundidad. Estos acuíferos mantienen entre sí permeabilidades irregulares, algunos de ellos con la suficiente presión hidrostática para permitir la emanación de agua a la superficie (caso del campo de pozos de Cala Caja). En la subcuenca de Oruro-Vinto, en cambio, los acuíferos confinados, que se encuentran situados entre los 20 y 50 m de profundidad, no salen expelidos a presión y el nivel piezométrico alcanza cotas de entre 1,0 y 5,5 m en el subsuelo.

La recarga media anual para toda la cuenca, según cálculos estimativos a partir de la precipitación media anual, llega a un volumen de un mínimo de 10 millones de m$^3$, aunque otras aproximaciones superen los 74 millones. Este volumen de alimentación, si se tiene en cuenta un grosor medio del acuífero de 20 m y una superficie de 362 km$^2$, establece en 1 448 millones de m$^3$ la capacidad total de contención hídrica de la cuenca subterránea.

## La cuenca de la cordillera Oriental

La cordillera Oriental constituye una estructura montañosa consolidada de materiales sedimentarios y pequeños afloramientos ígneos.

Forma parte de una zona tectónica, llamada faja estañífera, de la que emergen un conjunto de aguas termominerales. Hidrogeológicamente destacan unas grandes mesetas de origen neovolcánico, entre Oruro y Sucre, muy ricas en aguas minerales, y las depresiones tectónicas cubiertas de material cuaternario, que alojan importantes acuíferos artesianos.

La cuenca se compone de las subcuencas de Cochabamba y de Tarija. La primera está integrada por cuatro subcuencas menores (valle Central, valle Alto, valle de Sacaba y valle de Santiváñez) que se vertebran a partir de la principal (Cochabamba). La segunda comprende el subsuelo correspondiente a la cuenca hidrográfica del Guadalquivir, hasta la garganta Angostura.

• *Cuenca de Cochabamba.* La cuenca hidrogeológica se ubica dentro de la región de la ciudad de Cochabamba. Está delimitada geológicamente por materiales paleozoicos y en algunos puntos por rocas terciarias. Encima está cubierta por una mezcla de deposiciones cuaternarias, en las que existen acuíferos de tipo artesiano con materiales impermeables.

La alimentación subterránea proviene de aguas pluviales y fluviales que se infiltran en la zona de contacto de las faldas de la cordillera con los valles, hacia donde fluyen las aguas interiores. Alcanzado el valle Central, el agua se escurre hacia el sur y se escapa por el sector Sipe Sipe, rellenando un estancamiento natural subterráneo.

• *Cuenca de Tarija.* La subcuenca del valle de Tarija está delimitada por materiales paleozoicos y la conforman aluviones cuaternarios poco consolidados, por los que fluye la cuenca superficial del Guadalquivir. Se compone de un acuífero libre superficial (a unos 8 m), y de dos o tres confinados en profundidad (entre los 60 y los 95 m). El primero se nutre, por infiltración pluvial, de los abanicos aluviales y terrazas, y por filtraciones fluviales de antiguos lechos de río. Los acuíferos artesianos, por su parte, se sitúan por debajo del libre y su presión hidrostática provoca la aparición de descargas de agua de entre uno y dos metros sobre el nivel superficial del terreno.

## La hidrogeología de la llanura Chacobeniana

La llanura Chacobeniana es una enorme cuenca hidrogeológica de grandes recursos y potencialidades, que se extiende entre las estribaciones del este

---

## Las subcuencas de Cochabamba

### Subcuenca del valle Central de Cochabamba

Está formada por material cuaternario de origen fluvial y lacustre en su centro, y por rocas paleozoicas y cretácicas en la periferia. Cubre un área de unos 1 150 km². Un importante acuífero está desarrollado en la parte norte de la llanura central, siguiendo el curso del río Rocha hasta la zona sur de la ciudad. La zona norte o de los abanicos es muy permeable, ya que consta de cantos rodados, arena y grava de tamaño considerable; la zona sur o lacustre se compone de material arcilloso que progresivamente impermeabiliza y subdivide el acuífero hasta limitarlo. La capacidad específica sufre poca variabilidad: de 2 a 5 l/seg/m, de 1 a 3 l/seg/m y menos de 1 l/seg/m respectivamente. Las profundidades acuíferas son de 120 m al norte, de 60 a 80 en la intermedia y de 40 a 50 en la zona sur.

### Subcuenca de Sacaba

Está ubicada al este de la ciudad de Cochabamba y es de similar configuración a la anterior. Esta subcuenca ocupa una extensión de unos 440 km². En la parte aluvial norte, un acuífero de poca altura y de grosor irregular recibe filtraciones de agua dulce; en la parte lacustre, este acuífero se va estrechando hasta morir. Se le atribuye un rendimiento específico del orden de 0,3-1 l/seg/m.

### Subcuenca de Punata-Cliza (de valle Alto)

El valle Alto se aposenta sobre depósitos cuaternarios de origen fluvial, lacustre, eólico y glacial, y le rodean materiales paleozoicos de carácter impermeable. La amalgama de materiales resultantes hace difícil la delimitación de los acuíferos de la subcuenca, por eso se los divide en tres áreas: área de Punata-Villa Rivero, área de Cliza-Tarata y un área de abanicos pequeños. Tiene una extensión de 2 000 km².

En el área de Punata-Villa Rivero hay acuíferos libres y confinados. El único detectado es libre y tiene un espesor máximo de 60 m (Wasa Mayu) y uno mínimo de 25-30 m en la zona de escurrimiento. A mayores profundidades se sabe de la existencia de otros acuíferos delgados que podrían contener, según estimaciones, 100 millones de metros cúbicos.

El área de Cliza-Tarata posee algunos afloramientos paleozoicos que contactan con los materiales permeables del Cuaternario. El río Cliza alimenta en parte los dos acuíferos de los que se tiene conocimiento: uno más superficial, de espesor irregular, entre los dos y los veinte metros; otro inferior, con secciones confinadas, situado entre los cuatro y los catorce metros. Cuentan con una transmisibilidad de entre 175 y 60 m²/día y una capacidad total de almacenamiento de un millón de metros cúbicos. El área de abanicos pequeños es pequeña y sus pendientes hacen inviable la extracción de agua.

### Subcuenca de Santibáñez

Cubre una extensión de 160 km², de los cuales sólo en una cuarta parte hay presencia de depósitos cuaternarios. Los acuíferos que contiene son de tipo freático y artesiano; los confinados son de grosores irregulares y se generan entre los 12 y los 72 m. La capa freática es bastante delgada y aflora a una altura de 10 a 16 m, al norte y sudeste, y de 0,5 a 2,5 m en la zona central, donde es drenada a la superficie.

---

*La instalación de canales estables de riego y de represas de regulación permite aprovechar mejor las aguas de lluvia y de los cursos fluviales: represa de la Angostura de Cochabamba.*

de la cordillera Oriental (zona conocida como el Subandino) y el Escudo brasileño. Forman parte de su estructura el Subandino, la propia llanura, la zona de recepción de la ciudad de Santa Cruz, las subcuencas sudestes del Chaco y el Escudo brasileño.

## El Subandino

El Subandino es la denominación que reciben las estribaciones del contrafuerte andino, en las faldas de la cordillera Oriental. Es una zona de plegamiento tectónico sin rasgos hidrológicos, a causa del predominio de material litológico impenetrable por el agua. De todos modos, en las zonas de contacto y/o transición con la llanura, a lo largo de fisuras y delgados terrenos, se cuela el agua procedente de las laderas húmedas.

El Subandino posee también bastantes manantiales que manan de pequeñas fracturas de carácter temporal y de poco volumen. Contiene aguas termominerales, que en algunos sectores pueden alcanzar los 80 °C; parte de ellas son de engendramiento similar al petróleo y discurren por rocas silúricas y devónicas (era Primaria o Paleozoica).

## La llanura Chacobeniana

La llanura Chacobeniana es una gran cuenca que se extiende en la parte central y noroeste y se nutre

de la cuenca hidrológica del río Beni, de cuyo nombre la llanura toma su apellido. A diferencia de la cuenca altiplánica, cuyas aguas quedan mayormente atrapadas por el material impermeable que la rodea, la llanura Chacobeniana está clasificada como abierta, hidrogeológicamente, por tener diversos canales de entrada y salida que van más allá de sus límites naturales y jurisdiccionales.

La llanura es básicamente de origen aluvial, del período Cuaternario; su composición predominante es detrítica y su distribución heterogénea, con frecuentes y bruscos cambios de material. Su permeabilidad decrece en sentido noroeste, al rebajarse el espesor de los estratos sedimentarios y aumentar la compactación de éstos, circunstancia motivada por la disminución del tamaño granulométrico.

La mayor parte de su estructura subterránea está compuesta por acuíferos confinados o semiconfinados. Su regulación es a veces reticular, al estar conectados hidrogeológicamente y tener un comportamiento hidráulico común. En la zona estudiada de Santa Cruz, a unos cincuenta kilómetros del Subandino, el volumen de agua almacenada por unidad de tiempo se estima en 50 m³/seg; a su vez, el embalse subterráneo se calcula alimentado por filtración fluvial a una velocidad de entre 3 y 15 m³/seg. De estos valores hidráulicos se pue-

*Cabecera del Guadalquivir en Tarija, afluente junto al Santa Ana, Nogal, Salinas, Chiquiaca e Itaú, del Río Grande de Tarija y subafluente por la margen izquierda del Bermejo.*

de deducir un flujo subterráneo medio que podría llegar a 200-250 m³/seg.

## El conjunto acuífero de la ciudad de Santa Cruz

La ciudad de Santa Cruz, próxima al borde occidental de la llanura, yace sobre depósitos sedimentarios cuaternarios y terciarios de débil compactación, que conforman sendos acuíferos sobre una extensión de 101 km². A una profundidad variable, entre 20 y 200 m, se encuentran sucesivos estratos de arenas arcillosas, limosas, finas y gruesas, arcilla, limo y —en menor proporción— grava del período Cuaternario. Muy por debajo de éstos, a más de 500 m de profundidad, se albergan depósitos del Cretácico (era Terciaria).

Los acuíferos son de tipo freático o semiconfinado y se recargan básicamente a partir de tres fuentes: las aportaciones pluviales de las cubetas de recepción del Subandino, por la lluvia caída sobre Santa Cruz (de unos 8,8 millones de m³ por año), y en menor cuantía por la infiltración de los ríos, con un total de 35 millones de m³. El nivel piezométrico queda comprendido entre uno y veinte metros de profundidad, a un nivel medio de 13,7 metros.

Estos acuíferos se dividen en tres niveles, de capacidades hidráulicas diferentes: hasta los 130 m cuenta con pobres condiciones hidrogeológicas, de 130 a 350 m mejora la transmisibilidad y el almacenamiento, y a más de 350 m ofrece grandes potenciales hidráulicos. La transmisibilidad global media es de 1 100 a 1 200 m²/día, el coeficiente de almacenamiento de 0,02, y el gradiente hidráulico del agua subterránea comprende valores de dos a veinte por mil, con pendiente general de oeste a este. La cantidad de agua subterránea remanente, en el volumen comprendido en un área de 101,5 km² por 350 m de profundidad, es de 6,8 kilómetros cúbicos.

## La subcuenca del Chaco

Esta subcuenca se extiende por el resto de la llanura sudeste, bajo las cuencas superficiales de los sistemas amazónico y platense, en las provincias meridionales del país. Se compone de varias subcuencas menores delimitadas por bajorrelieves y serranías. Contiene importantes receptáculos de agua en los sedimentos cuaternarios de Abapó Izozog, la fosa Chiquitana y el embalse situado en el sinclinal de Roboré. Una parte de la circulación subterránea deriva a la subcuenca de Corumbá, extendida en su mayor parte fuera del territorio boliviano.

## El Escudo brasileño

El Escudo brasileño es una estructura hidrogeológica que se prolonga a lo largo y ancho de la periferia nororiental del territorio boliviano, separando la llanura Chacobeniana; constituye, en su mayoría, la frontera natural de Bolivia con su vecino Brasil. Está formado en su base por plegamientos tectónicos de granito precámbrico cuyo recubrimiento, que define su topografía, lo componen materiales cámbricos, ordovíceos y silúricos del Paleozoico. Mesetas inclinadas, formadas por areniscas y delimitadas por valles fluviales, completan la estructura del Escudo brasileño.

La permeabilidad está limitada por una litología compacta poco porosa y un intenso plegamiento, circunstancias que no dejan retener el agua en grandes acuíferos. El agua consigue filtrarse en aquellos materiales paleozoicos permeables, calizas, areniscas y cuarcitas de relativa profundidad, ya que los demás rellenan estratos superficiales sujetos a erosión. Los acuíferos, en consecuencia, son de tipo freático intersticial; es decir, no continuos.

## Los manantiales: surtidores de agua de origen volcánico

Los manantiales se definen como emisiones de agua que afloran al exterior cuando la capa freática subterránea entra en contacto con la superficie topográfica. En Bolivia, según un exhaustivo inventario terminado en 1988, se localizaron 816 manantiales, que pueden llegar a ser un millar en las estimaciones totales. Están dispersos en un área que ronda los 600 000 km$^2$ de territorio boliviano; o sea, poco más de la mitad de la extensión total del país.

La mayoría de estos manantiales emergen al ser erosionados los terrenos próximos al nivel de saturación de los acuíferos, o cuando se erosionan los flancos laterales de un subsuelo. En el Altiplano, muchos de los manantiales ayudan a mantener un caudal permanente a los ríos de su cuenca, que están lejos de poder hacerlo por sí mismos a causa de su poca longitud, su irregular corriente y su escaso caudal. Estos manantiales, a su vez, rescatan unas aguas subterráneas del subsuelo altiplánico, provenien-

*Manantiales en el Altiplano (sector de Oruro). En suelo boliviano se han contabilizado más de ochocientos manantiales, que son manifestaciones geotérmicas en la superficie terrestre.*

tes del escurrimiento superficial por deshielo y precipitación pluvial.

La característica afluencia de agua caliente por muchos de los manantiales es un signo de manifestación geotérmica al exterior. Generalmente es la herencia de una antigua actividad volcánica que producía fluidos magmáticos de gran temperatura en profundidad. Las zonas inventariadas con presencia de manantiales son, por sectores en orden decreciente de importancia, las siguientes: Cerro Zapaleri con 252; San Pablo de Lípez con 93, Charaña con 73; Roboré y Cotoca con 58 ambas; Corocoro y Río Mulato con 44; Volcán Ollagüe con 39; La Paz con 35; Volcán Juriques con 32; Villa Martín (Colcha K) con 22; Uyuni con 20; Santa Cruz de la Sierra con 18; Salinas de Garci Mendoza con 17; Fortín Suárez Arana con 15; Uncía con 13; Sucre con 10; Santo Corazón con 8; Nevados Payachatas con 5; Camargo y Corque con 4 y San José de Chiquitos con 2.

# Climatología

Consideraciones generales

Los climas de Bolivia

*A Bolivia, ubicada en la zona tórrida de la Tierra, le correspondería un clima propiamente tropical, pero la influencia de diferentes variables, en especial la elevada altura media del territorio, le otorga una gran diversidad climática.*

# Consideraciones generales

Las condiciones climáticas de Bolivia dependen especialmente de la latitud, de la altura, de la proximidad o lejanía con respecto al mar y de la gran variedad de relieves que se encuentran en esta extensa superficie, que suma más de un millón de kilómetros cuadrados. Estos factores climáticos modifican a su vez los denominados elementos del clima: esto es, la temperatura, la precipitación, la humedad, el viento y la presión atmosférica, dando origen a una climatología diversa en el ámbito nacional.

*La situación latitudinal de Bolivia incide, en general, aumentando la temperatura del país.*

## Un clima tropical con muchas variantes

Por su situación geográfica, en el hemisferio sur, y su posición astronómica —en latitud 9° y 22° sur y longitud 57° y 70° oeste—, Bolivia está en la zona tórrida del globo terrestre, entre el ecuador y el trópico de Capricornio. A esta situación le corresponde un clima tropical. Sin embargo, la intervención de múltiples factores modificadores —entre los que destaca la altitud— da origen a un clima muy variado.

El área del país propiamente tropical posee un clima caracterizado por la alternancia de una estación de lluvias en verano, de corta duración, y una larga estación seca coincidente con el otoño y la primavera. Esta alternancia es provocada por el desplazamiento de grandes masas de aire, que en la estación seca recorren los Andes a altitudes superiores a los 4 000 m desde el oeste del hemisferio austral, y que en verano se retiran hacia el sur dejando paso al flujo intertropical del este, cuyas perturbaciones dan lugar a abundantes precipitaciones.

Las condiciones climáticas características del país varían ampliamente de una región geográfica tradicional a otra. Dependiendo de su variada orografía y de su situación intertropical, se distinguen diversas zonas climáticas: los llanos tropicales, situados entre los 0 y los 500 m, que tienen una media anual de 25 °C; los valles y yungas, entre los 1 500 y los 3 000 m, con 18 °C; el Altiplano y la Puna, con una altura media de 3 800 m y temperaturas de 10 °C; y por encima de los 4 000 m, el clima frío de alta montaña, con nieves perpetuas a partir de los 5 400 m, y una temperatura media de 0 °C.

Bolivia, situada en el corazón de América del Sur, es, junto con Paraguay, el único estado que carece de fachada marítima. Este aspecto incide directamente en los valores de temperatura, precipitación, humedad y otros elementos climáticos que rigen la climatología del territorio nacional.

Todos estos agentes modificadores permiten que el país disfrute de la más amplia gama de climas de la Tierra, por lo que no existe el clima característico de Bolivia sino más bien los distintos climas de nuestro país.

## Elementos generales del clima

Como se ha adelantado, la temperatura, la precipitación, la humedad, el viento y la presión atmosférica constituyen los elementos generales del clima.

### La temperatura

• *Variaciones de la temperatura con la latitud*. La latitud influye en la cantidad de calor que recibe el país. La proximidad al ecuador, donde los rayos solares inciden verticalmente, aporta un poder calorífico superior al territorio boliviano, muy por encima del que reciben las regiones más alejadas

*La temperatura de la tierra se enfría por la noche cerca del Poopó y crea una fina capa de aire de* temperatura inferior a 0°C y, por encima, una más cálida, originando así las heladas blancas.

• *Variaciones de la temperatura con la altitud.* En Bolivia, la temperatura ambiente se regula no sólo por la latitud sino también por la altitud sobre el nivel del mar: a mayor altura, baja la temperatura, y viceversa. A partir del nivel del mar, y a medida que se asciende, la temperatura del aire desciende 0,65 °C por cada 100 m. Este gradiente térmico condicionado por la altura es la razón del frío reinante durante todo el año en las montañas más elevadas de nuestro territorio nacional.

En la región influida por la cordillera Real u Oriental y la Occidental o Volcánica, hacia el occidente del país, el clima se regula por la altura. Son áreas que están menos comprimidas y más elevadas, por lo que tienen menor posibilidad de calentarse. Mientras, en las llanuras, situadas a menor altitud y que soportan mayor compresión, es más fácil que se propague el calor. Por ello se explica que existan cumbres con nieves perpetuas y fríos polares y que, en una misma latitud, se extiendan llanuras con clima cálido-tropical.

La zona cordillerana y altiplánica está considerada como una región fría con temperaturas medias anuales de entre 5 °C y 10 °C. La altitud sobre el nivel del mar es el factor determinante en la definición de las características del clima altiplánico. El promedio de altitud en esta zona es, aproximadamente, de 3 800 m, lo que influye directamente en la amplia variabilidad de la insolación e irradia-

de la franja ecuatorial, donde los rayos del sol llegan de forma oblicua. De esta manera, a mayor latitud, la temperatura es menor y a menor latitud, la temperatura es mayor. Existen tres regiones latitudinales climáticas:

a) *Tropical:* representa aproximadamente el 5 por ciento del territorio boliviano. En el norte del país, entre la latitud 11° y 12° sur, se encuentra la frontera térmica que divide la región latitudinal tropical de la subtropical.

b) *Subtropical:* se encuentra entre 12° y 16° a una latitud 18° sur. Representa un 51 por ciento del territorio nacional.

c) *Templada:* situada en la frontera con Brasil, va desde los 15° de latitud sur, hasta los 19° al sur de Oruro y 18° al sudeste de Santa Cruz. Representa el 44 por ciento del país.

Sin embargo, en el amplio territorio que abarca la nación, y sobre una misma zona latitudinal, se pueden registrar, a una misma hora, temperaturas diferentes. Así, pueden producirse diferencias de más de 28 °C, cuando, por ejemplo, en una población a las ocho de la mañana el termómetro marca 3 °C bajo cero, mientras que en otra de la misma latitud marca unos 25 °C sobre cero.

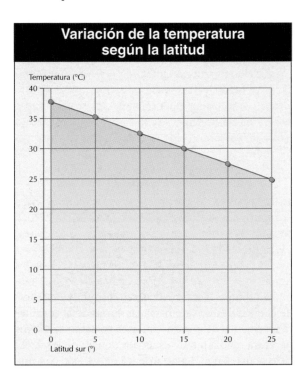

*En la cordillera Real, el rigor de las bajas temperaturas está motivado por sus elevadas alturas lo que le permite conservar nieves perennes por encima de los 5 300 m. Vista del Illimani.*

ción. A esta altura, el aire contiene poca humedad y la gran sequedad existente en la superficie del suelo provoca que, al llegar el calor, éste no se difunda, por lo que al sol las temperaturas son altas y a la sombra bajas.

La zona de los valles, entre 1 500 y 3 000 m, está considerada como una región templada, con temperaturas que oscilan entre 10 °C y 20 °C, y la zona de los Llanos, situada entre 0 y 500 m, como región calurosa, con temperaturas del orden de 20 °C a 26 °C. Las temperaturas que se registran al pie de la cordillera Oriental se aproximan a los 20 °C y van disminuyendo con la altura hasta alcanzar, hacia los 5 100 m, los 0 °C.

En las zonas del Altiplano con altitud inferior a 4 000 m, las temperaturas medias anuales van desde los 7 °C a los 10 °C. Son superiores a 8 °C en los alrededores del lago Titicaca, en toda la mitad este altiplánica y sobre el lago Poopó, cuya influencia térmica es menor a la del Titicaca. El lago Poopó influye en el clima, sobre todo al disminuir su amplitud, pero no ocasiona un aumento de la temperatura media anual superior a los 2 °C.

Las temperaturas medias van disminuyendo desde el eje del Altiplano hacia las cimas de la cordillera Occidental. Al pie de los conos volcánicos, la temperatura media puede estar por debajo de los 4 °C. Esto ocurre en el departamento de La Paz, con una superficie de 133 985 km² y una altitud de 3 627 m sobre el nivel del mar.

En el centro de los Llanos se sitúan las temperaturas medias anuales más altas, con valores que llegan a sobrepasar los 27 °C. Lo mismo ocurre en la zona sudeste de Bolivia, donde la mínima puede alcanzar los 23 °C en la parte norte de la zona, dividiendo la llanura en dos.

• *Variaciones de la temperatura con las estaciones.* Las temperaturas medias más bajas se alcanzan en pleno invierno, en julio, mientras que las temperaturas más altas se registran de diciembre a marzo, siendo febrero el mes más cálido.

Las temperaturas medias mensuales tienen una distribución estacional muy parecida a la de las precipitaciones, más bajas durante los meses de invierno y más altas en los de verano, con un mes de retraso en los valores extremos.

Las temperaturas máximas se dan en octubre o noviembre, cuando la nubosidad es menos intensa y abundante que en los meses de verano, en los que se producen importantes precipitaciones con una máxima secundaria en marzo-abril.

Las temperaturas cálidas más altas registradas en el territorio nacional corresponden a Puerto Suárez, en el departamento de Santa Cruz, a orillas del río Paraguay, con 45 °C a 48 °C en el verano. Por oposición, las más bajas se pueden encon-

*La incidencia de los rayos del sol (la radiación, la luz y la temperatura del aire) y la disponibilidad de agua son básicos en el ciclo de crecimiento y desarrollo de la vegetación autóctona.*

trar en poblaciones de Sud Lípez, en el departamento de Potosí, cerca de la cordillera Occidental, donde las temperaturas pueden alcanzar en el invierno hasta los 36 °C bajo cero.

• *Variaciones diarias de la temperatura.* En los meses de mayo a agosto, los más secos del año, se registran importantes contrastes térmicos diarios que pueden llegar a los 35 °C de diferencia. La temperatura mínima se centra en invierno, dado que se produce al fin de la noche y, por lo tanto, depende poco de la cantidad de horas de sol.

Durante el día, los cambios de temperatura suelen ser muy frecuentes. Las temperaturas, de un día para otro, también experimentan cambios que pueden ser muy grandes, principalmente en la zona de los Llanos, mucho más influida por vientos fríos procedentes del sur, denominados «surazos».

En el área central y meridional del Altiplano se confirma esta amplitud térmica diurna, consecuencia de la baja difusión del calor, que alcanza diferencias en un mismo día de 55 °C. Es el caso de Uyuni, en el departamento de Potosí, donde en junio se ha registrado una temperatura de 30 °C a mediodía y de 25 °C bajo cero a medianoche.

## La radiación solar y la nubosidad

En Bolivia, la radiación global estimada aumenta desde 400 cal/cm²/día, a 1 000 m de altura, hasta 450-500 cal/cm²/día, a 4 000 m de altitud. La radiación solar depende, en gran medida, de la nubosidad. En general, la radiación global tiende a alcanzar valores crecientes con la altitud.

La radiación solar es fundamental en el desarrollo de la vegetación, ya que de la cantidad que se reciba dependen los procesos fundamentales que intervienen en la fotosíntesis. Pero en este proceso también intervienen las temperaturas locales y las variaciones estacionales y anuales de las mismas.

En la zona meridional del país se da una diferencia de más de dos horas en la longitud del día entre el verano y el invierno, lo que repercute directamente en la actividad agrícola del país.

Un fenómeno atmosférico con efectos importantes en las llanuras de Oruro, en el desierto de Atacama y en el alto Chaco, especialmente en invierno, es el espejismo. Es un fenómeno óptico, propio de regiones cálidas, debido al calentamiento desigual de las capas atmosféricas y a la reflexión de los rayos luminosos. Las capas próximas al suelo son menos densas que las superiores y reproducen imágenes invertidas que dan la ilusión de su reflejo en el agua.

## Heladas estáticas y dinámicas

En las zonas montañosas se distinguen dos tipos de heladas: las de origen estático y las de origen dinámico. Las heladas estáticas se originan por el enfriamiento nocturno de la superficie de radiación de la tierra, favorecido por el cielo despejado y el aire en calma, que dan como resultado elevados valores de radiación efectiva. Esto provoca que la temperatura del suelo se enfríe y absorba calorías del aire circundante, creando la aparición de un estrato de aire poco espeso con una temperatura por debajo de 0 °C. A este estrato se le superpone una capa de aire cálido, produciéndose las denominadas heladas blancas. Las heladas de origen dinámico se deben al descenso de temperatura que resulta de la invasión de masas de aire frío condicionadas por el movimiento de los frentes polares sobre la región. Esta invasión, durante el invierno austral, resulta posible debido a la recesión hacia el norte de la Zona de Convergencia Intertropical (ZCIT) y a la penetración de los frentes de aire polar en el interior del cinturón tropical. Al contrario que las heladas blancas, las dinámicas causan importantes descensos de temperatura, muy por debajo de los 0 °C, lo que supone un gran obstáculo para el desarrollo de la agricultura.

Las heladas influyen enormemente en el desarrollo de las actividades agrícolas que se practican en las montañas andinas, limitándolas y condicionándolas a períodos concretos del año. Por

Numerosas especies vegetales tienen escasa presencia a más de 2 500 m y ven limitada la duración de su ciclo de desarrollo y crecimiento vegetativo por las continuas bajas temperaturas.

**C**ruzadas las pampas al nacer el Sol, cuando los rayos horizontales se prestan más a los juegos caprichosos de la óptica, es de lo más interesante que es dado imaginar. ¡Cuántas veces al pie de las montañas lejanas creí descubrir torres de las iglesias de Oruro! ¡Cuántas veces me pareció ver inmensos edificios en cerros ásperos donde no había sino arena y rocas! Fui víctima cien veces de las mismas ilusiones; y a pesar de que conocía de antemano el engaño, me engañaba de nuevo, no creía en las ondas azules que divisaba; pero creía en las torres que se transparentaban en el fondo de la llanura; y ya me parecía estar a las puertas del pueblo cuando el desengaño súbito me convencía de mi error, merced a una ráfaga de viento que disipaba la neblina, o a un rayo de Sol que daba de lleno sobre los mentidos campanarios.»

Carlos Walker Martínez
*(Diplomático y viajero chileno)*

este motivo están consideradas como un importante elemento del clima, del que dependen actividades fundamentales para la supervivencia y el desarrollo de la humanidad.

En el Altiplano se experimentan graves problemas de heladas, impidiendo que esta amplia zona propia para la agricultura de gran altitud pueda potenciarla y desarrollarla al máximo. Al mismo tiempo, estas temperaturas de congelación marcan grandes diferencias estacionales, que se ven reflejadas en las amplias variaciones de temperatura entre el verano y el invierno.

### La precipitación y sus factores de variación
• *Variaciones de la precipitación con la latitud.* La región nororiental del territorio boliviano, la más cercana al ecuador, es la que recibe el índice mayor de precipitaciones del país. Estas precipitaciones vienen provocadas por el ascenso de masas de aire cálidas, procedentes del norte, cargadas de vapor de agua. Por el contrario, en las regiones bolivianas más próximas a los trópicos, el aire que desciende es seco, por lo que las precipitaciones son menores, aunque deben considerarse los diferentes factores modificadores del clima.
• *Variaciones de la precipitación con la altitud.* Los factores orográficos desempeñan un papel muy im-

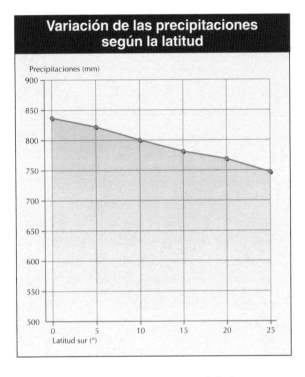

**Variación de las precipitaciones según la latitud**

Precipitaciones (mm)

Latitud sur (°)

portante en la distribución espacial de las precipitaciones. De ahí que el sur de Bolivia es menos lluvioso que el norte. Así, existen:

a) *Régimen de precipitaciones de la región fría.* En el bloque andino, los meses más lluviosos son los del verano, especialmente diciembre, enero y febrero. En otoño y primavera, las lluvias pierden intensidad y son más esporádicas. En el invierno apenas hay lluvias. Existen regiones, incluso, en las que la lluvia no cae en esos meses.

El índice de precipitación para el total de la zona altiplánica es de 600 mm al año, aunque en la parte sudeste de la región las precipitaciones suelen ser inferiores a los 300 mm. Entre Uyuni y la puna de Atacama aparece la zona más seca, con una precipitación media anual que apenas llega a alcanzar los 150 mm. Como consecuencia directa de esta situación se forman los salares y, debido al alto grado de evaporación que se da, la vegetación es subdesértica y prácticamente inexistente, aunque se pueden encontrar líquenes y algunas especies de cactus.

El grado excesivo de sequedad que se encuentra en esta zona, con mayor acentuación en el extremo sudeste, hace que la nieve perpetua tenga su límite inferior en alturas que rondan los 6 000 m, fenómeno que ocurre en muy pocos lugares del mundo. Las precipitaciones aumentan en esta zona conforme se va hacia el este y de sur a norte.

b) *Régimen de precipitaciones de la región templada.* De la misma forma que ocurre en la región fría, los meses más lluviosos en la zona de los valles corresponden a los del verano. Igualmente, durante el otoño y la primavera caen algunas precipitaciones de menor intensidad, aunque en mayor cantidad que en la zona fría. El invierno es seco y con lluvias muy esporádicas.

En la zona de los yungas, la lluvia está mucho más presente, ya que las precipitaciones se dan durante todo el año, aunque con cierta escasez en el invierno. Se puede decir que lo mismo ocurre en la zona subandina meridional, mientras en la zona subandina septentrional las precipitaciones son más intensas y duraderas, y ejercen una gran influencia sobre el suelo, que se mantiene permanentemente húmedo.

c) *Régimen de precipitaciones de la región de tierras cálidas.* Las precipitaciones, tomando toda la región en su conjunto, se pueden considerar elevadas, y llegan a superar los 1 500 mm. En regiones como la del Chapare, al sur de la planicie beniana, y en las zonas cercanas al río Iténez, estas precipitaciones han quedado superadas, llegando a sobrepasar los 3 000 mm. Exceptuando un pequeño intervalo en medio del invierno, la humedad de toda esta zona se considera alta.

En toda la región septentrional y central de Bolivia el tipo de lluvia se origina por movimientos de convección en las masas de aire, por lo que se presenta con mayor intensidad en los meses más calientes. Los vientos predominantes son del norte y del oriente, aunque a veces sopla el viento sur que contribuye a disminuir la temperatura ambiente.

El clima en la región de las planicies cruceñas y chaqueñas presenta ciertas diferencias, ya que se sitúa en una zona más seca. Las lluvias son causadas, en verano, por convección, pero en el resto del año, por el choque de las masas húmedas calientes provenientes del norte con las masas frías que proceden del sur. Durante el invierno, y debido a la presencia de masas de aire frío antárticas, se produce un fenómeno típico de la zona, consistente en una ligera llovizna llamada localmente «chilchi».

• *Distribución estacional de las precipitaciones.* La estación de lluvias se presenta en verano, es decir, en los meses de diciembre a marzo, con un máximo en enero y, en segundo lugar, en febrero. El resto de los meses del año representa el 25 por ciento de la lluvia anual, repartida en un porcentaje más elevado durante los meses de la primavera: septiembre, octubre y noviembre, cuando las precipi-

*En la zona altiplánica sur, se halla el área de mayor sequedad de la región fría, es la zona del salar de Uyuni y la puna de Atacama, donde apenas se superan los 150 mm anuales.*

taciones son mayores que en la época otoñal.

Antes de iniciarse el período de las lluvias, la región de la meseta andina acumula fluido eléctrico. Por ello, en la vertiente occidental, se originan las tormentas más violentas y espectaculares de la región.

La estación seca se da en invierno, con mínimos de precipitación, comprendidos entre mayo y julio, que representan una parte proporcional muy reducida del total anual.

Hay dos períodos de transición que separan la estación lluviosa de la seca: el primero se produce en abril y el segundo de septiembre a noviembre.

La existencia de una mayor precipitación en verano que en invierno viene dada por la convergencia de los vientos alisios con zonas de calma ecuatoriales. La convergencia de estos vientos contribuye al aumento de la sequedad invernal.

## Intensidad y frecuencia de las precipitaciones

Según el grado de frecuencia e intensidad de las precipitaciones, Bolivia puede ser dividida en las siguientes regiones:

• *Regiones con precipitaciones intensas.* Las regiones tropicales son las más lluviosas y húmedas del territorio nacional. En estas zonas llueve alrededor de ciento cincuenta días por año, como en el caso de Pando, o incluso de ciento ochenta a doscientos días, como ocurre en Chapare e Ichilo.

En los departamentos de Santa Cruz y Cochabamba, concretamente en la región de Chapare, Larecaja, Ichilo e Iténez, se registran importantes precipitaciones que alcanzan anualmente entre 1 500 y 3 000 mm de promedio.

• *Regiones con precipitaciones invernales y temporales.* Estas zonas comprenden las planicies cruceñas y chaqueñas del sur y se caracterizan por ser la región tropical más seca. Las lluvias, que caen de mayo a agosto, es decir, durante el invierno, se producen por el encuentro de los vientos húmedos del norte con los llamados «surazos», vientos húmedos fríos del sur, y alcanzan entre 400 y 550 mm de promedio.

• *Regiones con precipitaciones de verano.* Los valles tienen lluvias abundantes en verano. Estas precipi-

## Sin refugio para la lluvia

El día se nos había presentado hermosísimo: pero se cambió tan repentinamente que en menos de cinco minutos nos vimos amenazados y al mismo tiempo envueltos entre las negras nubes que cubrían toda la esfera como mortaja tendida sobre la abierta llanura. Y aunque desde horas antes hubiésemos sentido venir la tormenta, no hubiéramos podido hacer otra cosa que lo que hicimos, aguardarla con paciencia: porque en estos campos no hay un rancho, ni una peña, ni un árbol a cuya sombra guarecerse, ni absolutamente abrigo alguno para evitar los torrentes de la lluvia o los rayos del cielo... jamás he tenido más pavor, ni me he sentido más sobrecogido que en las tempestades de la altiplanicie.»

Carlos Walker Martínez
*Descripción de una tempestad en la pampa*

taciones disminuyen en el otoño, período en el cual se percibe un mayor incremento de las sequías.

En los yungas las precipitaciones disminuyen en invierno, aunque están presentes prácticamente durante todo el año.

En la región subandina septentrional llueve muy frecuentemente. Por el contrario, en la subandina meridional las precipitaciones son escasas. En ambas regiones, las lluvias se presentan de sesenta, ochenta a cien días por año, con precipitaciones de 250 a 600 mm de promedio.

• *Regiones de escasas precipitaciones.* Son las regiones que poseen un clima frío, especialmente en las montañas y el Altiplano de la zona occidental, donde se pueden alcanzar precipitaciones anuales de 250 mm. Aunque existen algunas zonas, como es el caso del sudoeste de Lípez —el lugar más seco del territorio—, donde, a veces, por influencia del desierto de Atacama, no llueve en todo el año; y también la región de Uyuni, en la que, por el efecto de la evaporación de los salares, las lluvias sólo alcanzan de 75 a 150 mm anuales.

En el occidente de Potosí, a pesar de la escasez de lluvias, las montañas poseen en sus cimas nieves perpetuas a una altura inferior a 6 000 m sobre el nivel del mar, debido a la congelación y la se-

quedad del aire. Este fenómeno meteorológico es considerado único en todo el mundo.

### La temible sequía

Las sequías se han ido produciendo periódicamente en el Altiplano. En realidad, no existe una explicación satisfactoria para entender claramente este proceso. No se trata de un fenómeno que se pueda predecir, por lo que tampoco existe un método concreto para poder pronosticarlo y, al mismo tiempo, poder generar unos mecanismos que permitan combatirlo con eficacia.

Tras períodos más o menos lluviosos, las lluvias empezaron a ser más escasas en la zona del Altiplano desde 1981 a 1983, destacando Potosí, donde sólo llovió 243 mm por año, con un promedio de 437 mm durante treinta años. Las 34 lagunas construidas por los españoles, principal fuente de abastecimiento de la ciudad, no llegaron a llenarse, lo que provocó una gran escasez en el suministro de agua del país.

### Circulación general atmosférica: las masas de aire

• *Masas de aire atlánticas y amazónicas.* La dinámica atmosférica general del territorio boliviano está determinada por la inclinación aparente del Sol, que condiciona la oscilación estacional de la Zona de Convergencia Intertropical (ZCIT), y por el centro de altas presiones del Pacífico Sur y del Atlántico.

En invierno, la ZCIT alcanza las Antillas, y las altas presiones tropicales del sur se desplazan hacia latitudes más septentrionales. Es el período seco, que se caracteriza por una menor disponibilidad de vapor de agua y por una mejor estabilidad del aire.

En verano, la ZCIT desciende sobre la cuenca amazónica del territorio boliviano, donde su inflexión hacia las regiones meridionales extiende de forma amplia el centro de bajas presiones tropicales. Es la estación lluviosa.

Bolivia recibe la influencia de dos vientos generales: los del Atlántico y los del Pacífico. Los alisios, que son los que se originan en el océano Atlántico, penetran en el continente por la cuenca amazónica y, al no hallar elevaciones con las que puedan chocar, alcanzan la cordillera Real por su zona oriental. En este punto se descomponen en diversos vientos cordilleranos de carácter local.

En verano, las masas de aire húmedo de origen amazónico afectan a todo el país y los frentes fríos ligados a los vientos del sur provocan lluvias en to-

*Río Madre de Dios, en los llanos del Beni, de clima de sabana tropical con nieblas y abundantes precipitaciones (más de 3 000 mm), que lo desbordan originando espectaculares meandros.*

dos los lugares, excepto en el Altiplano, donde las precipitaciones son constantes independientemente de la presencia del surazo. Las lluvias son más fuertes y frecuentes que durante el invierno.

• *Masa de aire polar.* La dinámica de las masas de aire atlántico y amazónico se ve alterada con frecuencia en otoño y en invierno por la llegada, desde el sur del Pacífico, de masas de aire polar que se introducen en el continente sudamericano. Así, canalizadas por los Andes, se desplazan hacia el norte hasta entrar en la región boliviana. Este aire polar, frío y pesado, levanta el aire tropical caliente y ligero que hay en el país, lo que origina la formación de un frente frío caracterizado por presentar una fuerte nubosidad.

La influencia de esas dos masas de aire se aprecia en el fuerte incremento de la precipitación en los territorios de llanura, con un gradiente de sur a norte que va desde los 600 mm a los 2 000 mm anuales, respectivamente.

El efecto más importante de un surazo, nombre local de una advección polar, es el descenso de temperaturas que se produce de un día para otro, que puede alcanzar los 10 °C de diferencia, provocando, asimismo, grandes contrastes en las temperaturas diurnas. Su efecto térmico es muy fuerte en los Llanos y habitualmente se produce con un día de retraso en el norte del país, tiempo que tarda el aire

frío en desplazarse. En el Altiplano su efecto es prácticamente nulo, aunque se puede observar alguna relación entre las nevadas paceñas y los surazos en los Llanos.

• *Masa de aire del Pacífico.* La vertiente occidental del macizo andino está sometida, en esta latitud, a una fuerte progresión de la estabilidad atmosférica desde las sierras que la separan del Altiplano hasta la costa chilena. Esta estabilidad está motivada por la presencia del anticiclón sudpacífico y por la corriente fría de Humboldt asociada al mismo.

En las primeras estribaciones de la vertiente occidental andina la humedad es elevada, mientras que a partir de los 1 300 m se produce un descenso permanente del aire y una inversión térmica que impiden el ascenso del aire húmedo y, por tanto, de las precipitaciones.

En invierno es frecuente el establecimiento de una capa de nubes bajas, poco espesas y acompañadas de neblinas por encima de esa inversión, que se establecen durante la noche y la mañana, y desaparecen al mediodía. En cambio, son casi inexistentes durante el verano.

El viento del Pacífico penetra por Atacama hasta alcanzar la cordillera Occidental, donde encuentra, en la región meridional, pasos bajos por los que la atraviesa hasta llegar a la zona occidental de la cordillera Real.

*Paisaje típico altiplánico, cubierto por una capa de nubes bajas y grisáceas, estratos, con una base bien definida, que dan origen a precipitaciones continuas y de carácter débil, «chilchi».*

## Circulación general atmosférica: vientos

Al hacer referencia a los vientos, debe considerarse la presencia de aquellas importantes masas de aire que circulan en todas direcciones y con distinta intensidad por todo el territorio nacional. En general, los vientos son muy variados debido al relieve: desde las ventolinas hasta las borrascas y los vientos huracanados. Sin embargo, las brisas, los vientos moderados y regulares, los vendavales y temporales de consecuencias imprevisibles, son los más comunes.

Los vientos influyen en la distribución de la temperatura y de la humedad, ya que inciden en estos elementos climáticos directamente cuando transportan parte del calor de las zonas calientes a las frías y viceversa, o cuando acumulan la humedad al pasar sobre el mar para descargarla en su recorrido por la tierra.

Los vientos predominantes en el territorio boliviano son los alisios del sudeste, cuya influencia llega hasta los 14° o 15° de latitud sur. Presentes durante todo el año, su acción se hace más fuerte en las llanuras chaqueñas de Santa Cruz y Tarija, en Cochabamba y al sur de Potosí. Se internan por las zonas montañosas hasta las áreas cercanas al gran salar de Uyuni, donde se encuentran con los vientos del Pacífico o alisios del sudoeste, ávidos de hume-

dad y causantes de la gran evaporación, sequedad y frío de esta región. Es importante, también, la influencia de los llamados vientos contralisios. Éstos, procedentes del Atlántico, penetran por el nordeste del país y se dejan sentir a lo largo del año, ya que cuando chocan con las sierras de la cordillera Oriental y de la zona subandina provocan abundantes precipitaciones.

• *Zonas de influencia eólica.* En el territorio boliviano se establecen tres grandes sectores que reciben la influencia de estos vientos:

a) *Influencia del viento sobre el Altiplano y las cordilleras.* En esta zona, la influencia de los vientos procedentes del Pacífico es muy pequeña, ya que la humedad que transportan es absorbida por la cordillera Occidental, originando una gran evaporación. Sin embargo, en la zona norte del Altiplano y en la región de los lagos, los vientos que soplan del noroeste se elevan empujados por los vientos secos del Pacífico y los vientos húmedos del río Madera que rebasan la cordillera Central, provocando algunas precipitaciones, sobre todo durante el verano. Estos vientos del noroeste se ven alterados por efectos locales, como la existencia de grandes masas de agua y salares, que modifican, en general, su actividad climática.

La zona altiplánica está sometida a la influencia de los vientos calientes, provenientes de la zona

*Tormenta de arena en la región altiplánica de Potosí. La fuerza del viento seco amazónico levanta las partículas de arena, dando origen a este fenómeno eólico que modela las dunas del Altiplano.*

amazónica, y a los fríos, que proceden del sur.

Estos vientos fríos, los surazos, alcanzan el Altiplano sin dificultad, puesto que la orografía del sur del país facilita su penetración. Su entrada en esta zona provoca olas de frío que conllevan gran nubosidad, especialmente durante los meses de invierno y parte del otoño, cuando descienden varios grados las temperaturas. Esta nubosidad suele venir acompañada de «chilchi», lluvia suave y continua.

Los vientos cálidos procedentes de la zona amazónica, que poseen una gran concentración de vapor de agua, descargan toda la humedad en forma de lluvia al llegar a la cordillera Real u Oriental. Esto provoca que el índice de precipitación de la zona subandina sea superior al existente en la meseta altiplánica. Estos vientos, una vez han perdido su humedad y han rebasado la orografía de las cumbres cordilleranas, desecan la meseta altiplánica y la zona de los valles para recuperar el agua que han precipitado al chocar con la cordillera Real.

Por el territorio nacional soplan fuertes vientos que dan lugar a acumulaciones de arena, campos de dunas, y producen procesos de modelado eólico. Los vientos que recorren el Altiplano tienden a dejar al descubierto sólo piedras y arena en la capa superficial de la tierra, produciendo, como resultado, que la altiplanicie sea más blanca y, por consiguiente, más fría debido a una menor acumulación del calor del sol refractado por las tierras blancas.

Por otro lado, el aire tenue del Altiplano boliviano produce una amplia gama de fenómenos por los que el paisaje se presenta con una claridad, color y luminosidad intensos.

b) *Influencia del viento sobre los valles subandinos y la cordillera Oriental.* Los contralisios amazónicos o del Madera, que avanzan a través de las selvas y praderas, chocan contra las sierras subandinas y la cordillera Central cargados de humedad, y originan importantes precipitaciones. Estas lluvias son especialmente considerables en la zona centro del país, en Chapare e Ichilo, en los valles y quebradas del norte y centro, incluyendo los yungas, es decir, en la parte media de la cordillera Oriental.

En los valles meridionales se reciben corrientes frías del sur que, al chocar con los vientos húmedos del nordeste, provocan copiosas precipitaciones. Son los surazos, que, en ocasiones, pueden alcanzar velocidades superiores a los 100 km/h y que ejercen su influencia especialmente en todo el departamento de Santa Cruz y en las provincias orientales de los departamentos de Tarija, Chuquisaca y Cochabamba.

*La selva alta del Chapare es la región de mayor precipitación del país, con más de 3 000 mm de agua anuales (que a veces llegan a ser 6 000 mm) y más de 200 días de lluvia al año.*

## La luminosidad del Altiplano

Hablemos del Sol. Del Sol que, como el cóndor, la llama y la montaña, figura, bella y noblemente, en el escudo nacional de Bolivia. El Sol, por supuesto, es un patrimonio común. Pero también es verdad que ese patrimonio no está igualmente distribuido en la Tierra. Hay soles y soles. Las altitudes, los meridianos, la topografía, y hasta la estructura geológica, claro es que crean diversas modalidades en este orden.

Tal ocurre en el Macizo. También tiene su Sol. Su altitud vertiginosa es ya el factor básico para ello. Esa altitud lo aproxima al Sol. En la Altiplanicie, la radiación solar es tan intensa, que anula el frío; ni aun se lo siente, si se está al Sol, aunque el termómetro marque cero.

Pero es, sobre todo, la luminosidad el rasgo que tipifica mejor al Sol de la meseta. El viajero que por vez primera asciende a estas alturas se siente deslumbrado. El enrarecimiento de la atmósfera, su sequedad, su transparencia, se prestan para conducir y dispersar más fácilmente la luz solar.»

Jaime Mendoza
*Descripción de la radiación solar*

*c) Influencia del viento sobre los Llanos orientales.* Los vientos húmedos que se internan por el nordeste provocan fuertes precipitaciones y llegan hasta las barreras montañosas de las regiones subandina y central. Abarcan grandes áreas del norte de La Paz, los departamentos de Pando, Beni y Santa Cruz y llegan a las sierras Chiquitanas.

Las regiones más lluviosas de Bolivia son: Chapare; Ichilo; noroeste del país, en el departamento de Pando; y la región del nordeste, sobre el río Iténez, al pie de las cordilleras y mesetas precámbricas de San Simón y Huanchaca.

La región del sudeste del país no está bajo la influencia de los vientos del océano Atlántico o del océano Pacífico, sino de vientos locales originados en las variaciones barométricas locales.

### Altas y bajas presiones según la altitud

La presión atmosférica está en directa relación con la humedad, la temperatura y la altitud, entre otros elementos climáticos.

En Bolivia se pueden distinguir dos clases de presión en función de la altitud, es decir, de dos zonas geográficas características: presión baja en la zona montañosa y presión alta en la zona de los Llanos, ambas con variables constantes.

Esto significa que a mayor altitud la presión existente es menor y que, por el contrario, a menor altitud la presión es mayor. Cuando se asciende a una montaña la presión circundante y el enrarecimiento del aire afectan de forma muy directa al estado físico de las personas. En efecto, en las regiones elevadas de la montaña andina existe el llamado «mal de montaña», conocido también con el nombre de soroche.

Normalmente, el corazón bombea la sangre con una presión ligeramente superior a la atmosférica. La presión normal a nivel del mar es de 1 013 milibares. A estas alturas se rompe el equilibrio y la diferencia entre ambas presiones se hace mucho mayor. El corazón funciona igual, lo que causa un mayor impulso de la sangre y un esfuerzo más importante en los vasos capilares y las arterias que, a veces, se rompen y producen hemorragias nasales y cutáneas, coloración oscura de la piel, mareos y, si la persona no desciende, la muerte.

*Paisaje característico de los yungas altos, cubiertos permanentemente por nubes durante la mayor parte del año, al estar expuestos a los vientos del Atlántico, muy cargados de humedad.*

## Humedad atmosférica

El grado de humedad del aire depende de diferentes elementos atmosféricos, de los cuales el más importante es la temperatura del aire. Por lo general, cuanto más cálido es el aire, mayor cantidad de humedad puede absorber.

La altitud influye también en la humedad. En las cordilleras, el aire, al enrarecerse, recibe menor cantidad de vapor de agua, porque a partir de determinadas alturas se condensa formando nubes.

El Departamento de Meteorología e Hidrología del Ministerio de Agricultura establece una división del territorio boliviano en función de la temperatura, la humedad y el relieve, refiriéndose a una «jerarquía de humedad». De esta manera podemos encontrar las siguientes zonas:

• *Territorio húmedo.* Engloba los departamentos de Pando, Beni, la región occidental del departamento de Santa Cruz, norte y sudeste de Cochabamba y la zona norte del departamento de La Paz.

• *Territorio semihúmedo.* Abarca el sur de La Paz, la región central de Cochabamba, la totalidad del departamento de Chuquisaca, la parte oriental del de Tarija y, también, el departamento de Santa Cruz.

• *Territorio seco.* Comprende los departamentos de Oruro, Potosí y la región oeste del de Tarija.

El Servicio Nacional de Meteorología e Hidrología también realiza otra división del territorio según el valor de la evapotranspiración, calculada por el método de Thornthwaite, que comprende los sectores siguientes: zona muy húmeda, húmeda, seca, muy seca y desértica.

## La evaporación

En nuestro país no se tienen demasiados datos sobre la evaporación, aunque, al estar directamente relacionada con la radiación solar entrante, con la temperatura y la dirección y velocidad del viento, se observa que es menos variable que la lluvia. Es necesario precisar algunas definiciones básicas para entender mejor el fenómeno de la evaporación.

La evaporación potencial (EP) es el flujo máximo de vapor emitido por una interfase libre de agua superficial. La transpiración (TR) corresponde al flujo de vapor liberado hacia la atmósfera a través de los estomas de las plantas. La evapotranspiración potencial (ETP) es la suma de las cantidades máximas de agua que pueden ser evaporadas desde el suelo y transpiradas por la vegetación cuando ésta cubre todo este suelo en condiciones de alimentación óptima. La evaporación máxima medida sobre el agua libre depende en gran parte de la extensión de su superficie.

La evapotranspiración potencial corresponde, a escala regional, a las cuencas hidrográficas cubiertas de agua, con suelos impregnados hasta la superficie y que presentan una vegetación permanentemente alimentada en forma hídrica. Esto da lugar a la máxima evaporación.

A escala de las cuencas hidrográficas, la mayor parte de capas de agua tienen una superficie limitada en el espacio y en el tiempo, les falta humedad y no tienen apenas evaporación, ya que los suelos están faltos de esa vegetación tan necesaria. En muchos casos ocurre que la vegetación no encuentra suficiente agua en el suelo, por lo que regula su transpiración por los estomas o acaba marchitándose; por lo tanto, la evapotranspiración disminuye y el fenómeno da paso a una evaporación real (ETR). Ésta depende del clima, sobre todo de las precipitaciones.

## Las nubes: su origen y tipología básica

Las nubes se originan a partir del calentamiento que sufre el aire como resultado de la irradiación terrestre. Éste, al elevarse, va encontrando capas más frías, hasta que alcanza su *punto de rocío,* momento en el que el vapor de agua se condensa en pequeñas gotas de agua o en cristales de hielo. Las nubes dan lugar a las precipitaciones cuando la condensación del agua que contienen es muy rápida y las gotas se unen entre sí, formando otras de mayor tamaño; cuando el volumen les impide sostenerse en la atmósfera, caen al suelo en forma de agua o nieve. Existen cuatro tipos de nubes según su forma: *cirros,* nubes pequeñas, en forma de manchas blancas, que adquieren aspecto de filamentos plumosos; *estratos,* capas grises uniformes, continuas o fragmentarias, que provocan la lluvia o la nieve; *cúmulos,* nubes densas, blancas, sueltas, con forma bien definida y evolución vertical; y *nimbos,* nubes de forma irregular y color oscuro, que son las formaciones que anuncian las tempestades.

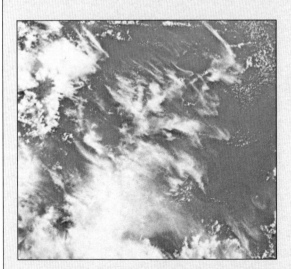

*La clasificación internacional de las nubes consta de diez tipos básicos, principalmente*

*las formas que experimentan las nubes: en las fotos, cirrus (a la izquierda) y altocumulus.*

La evaporación real tiende a la evapotranspiración potencial en el caso de un mar, de un bosque muy húmedo o de una zona abundantemente irrigada, o tiende hacia el cero en el caso de un desierto absoluto, lugar donde puede llegar a alcanzar valores muy elevados.

• *Distribución estacional.* Durante los meses de mayo, junio y julio, en pleno invierno, al que corresponde la época de menor precipitación, se da un mínimo de evapotranspiración potencial y de evaporación real. En estos meses, la falta de agua es demasiado notable para poder satisfacer la evapotranspiración y por ello, especialmente en mayo, se produce un severo descenso de la evaporación real. El máximo de evapotranspiración potencial y de evaporación real se puede encontrar durante los meses de octubre a marzo-abril, es decir, en verano y otoño, cuando la disponibilidad de agua es la máxima del año.

La reserva de agua en el suelo favorece la evaporación real. De este modo, cuando se produce un período lluvioso, ésta se mantiene elevada; por el contrario, en las zonas donde las lluvias son escasas, la reserva se agota rápidamente y la evaporación real cae de forma considerable. Por todo ello, en el Altiplano la actividad agrícola se realiza durante el verano, con las lluvias, para disponer de los máximos recursos hídricos y para no sufrir las heladas del invierno.

• *Distribución espacial.* Los mayores valores de evaporación real se sitúan en la llanura amazónica, al oeste del río Beni, donde la lluvia y las temperaturas son más elevadas, sobrepasando los 1 400 mm anuales, con un máximo de 140 mm sobre el río Beni. La evaporación real disminuye en seguida desde el piedemonte de los Andes hasta el extremo sudoeste del Altiplano, donde los valores son inferiores a 100 mm anuales.

## Factores modificadores del clima

Entre los factores que pueden modificar el clima existen de índole diversa: astronómicos, geográficos y biológicos.

### Factores astronómicos que inciden en el clima: forma y movimientos terrestres

• *La forma de la Tierra.* Debido a la forma esférica relativa del globo terrestre, las mayores temperaturas medias anuales se registran en las regiones ecuatoriales, por la verticalidad con la que se reciben los rayos solares, las bajas presiones y la existencia de una humedad elevada, propiciada por la

*La forma de la Tierra y sus movimientos de rotación y traslación son factores astronómicos que modifican el clima. La traslación, junto a la inclinación del eje terrestre, originan las estaciones.*

intensa evaporación. Todo lo contrario ocurre en las regiones polares, donde las temperaturas medias anuales son las más bajas del planeta.

• *Los movimientos de la Tierra.*

a) *Rotación.* La Tierra, al girar sobre su propio eje, presenta sucesivamente un hemisferio iluminado o de calentamiento y otro hemisferio a oscuras o de enfriamiento, es decir, la secuencia de días y noches. La temperatura, presión y humedad se ven continuamente modificadas por el fenómeno.

b) *Traslación.* La Tierra gira alrededor del Sol, en una órbita casi circular o ligeramente elíptica, llamada eclíptica, que dura aproximadamente trescientos sesenta y cinco días, seis horas, nueve minutos y diez segundos. Este movimiento, cuyo plano corta oblicuamente al del ecuador, con el que forma un ángulo de 23° 27', origina la sucesión de las cuatro estaciones: un período de calentamiento durante la primavera y el verano, y otro de enfriamiento en otoño e invierno.

En el hemisferio sur, el verano se inicia el 22 de diciembre y finaliza el 20 de marzo, y el invierno transcurre entre el 21 de junio y el 22 de septiembre. La primavera comienza el 23 de septiembre y termina el 21 de diciembre; por su parte, el otoño transcurre entre los días 21 de marzo y 20 de junio.

En las fechas señaladas como estaciones intermedias, la primavera y el otoño, el sol se halla sobre

## Tiempo y clima

Los elementos de la atmósfera son objeto de estudio tanto por la meteorología como por la climatología. Mientras la primera ciencia se ocupa del estudio de los fenómenos en sí mismos, la segunda analiza sus relaciones en el tiempo y el espacio. La meteorología es una disciplina analítica; y la climatología es sintética.

El tiempo meteorológico puede definirse como el estado de la atmósfera en un punto dado y época determinada respecto a una estación de observación o a una determinada área en particular de la superficie terrestre. Por su parte, el clima es la condición característica de la atmósfera deducida a partir de observaciones constantes a lo largo de períodos de tiempo prolongados (entre 30 y 50 años). Por lo tanto, queda claro que el conocimiento del clima es consecuencia de la observación del tiempo meteorológico y que, además, el clima representa una generalización, mientras que el tiempo refleja una situación particular. El clima de una región está condicionado por diversos factores: latitud, altitud, proximidad al mar, relieve, etc.

*Las imágenes de los satélites meteorológicos son hoy en día fundamentales para el estudio y la previsión del tiempo.*

el ecuador. Es la época en que los dos polos de la Tierra se encuentran a igual distancia del sol, cayendo su luz por igual sobre ambos hemisferios, por lo que los días y las noches mantienen la misma duración en todo el planeta. Este fenómeno tiene una duración de veinticuatro horas y su denominación está en función de la época en la que se efectúa: equinoccio de primavera, desde el 22 al 23 de septiembre, y equinoccio de otoño, desde el 20 al 21 de marzo.

En las fechas iniciales de las estaciones extremas, los rayos solares llegan a los límites máximos que pueden alcanzar verticalmente al norte y al sur del ecuador, por lo que los días y las noches son desiguales y duran hasta ocho y doce horas, respectivamente, y viceversa. Este hecho dura veinticuatro horas y recibe distintos nombres, según la época en la que se produce: solsticio de verano, desde el 21 hasta el 22 de diciembre, y solsticio de invierno, del 21 al 22 de junio.

El solsticio térmico de la parte septentrional del Altiplano alrededor de La Paz presenta dos meses de temperatura máxima: noviembre y diciembre, más alta que en enero, mientras que la parte sur, que se acerca a la línea del trópico de Capricornio, tiene su solsticio térmico en enero como todos los sitios de la zona templada austral.

No obstante, existe cierta contradicción con la realidad astronómica de nuestro país, ya que los equinoccios y solsticios indicados representan el punto medio aproximado de cada estación en el territorio nacional.

Si se tiene en cuenta la variación del clima, se puede comprobar que la duración de las estaciones es la siguiente: primavera, desde el 7 de agosto hasta el 6 de noviembre; verano, desde el 7 de noviembre hasta el 6 de febrero; otoño, del 7 de febrero al 6 de mayo; invierno, desde el 7 de mayo hasta el 6 de agosto.

En la región boliviana, por su proximidad a la línea del ecuador, el cambio de las estaciones no presenta variaciones importantes. Entre una estación y otra las diferencias de temperatura no superan los 10 °C. Las precipitaciones se producen entre finales de la primavera y durante todo el verano, aunque se registran también precipitaciones aisladas en otras estaciones del año.

c) *Otros movimientos: precesión y nutación.* La precesión y la nutación también intervienen en la modificación del clima. La primera es el movimiento retrógrado de los puntos equinocciales o de intersección del ecuador con la eclíptica. La nutación

*La puna, con una altura media de 4 000 m y temperaturas entre los 6 y los 10 °C, es una de las áreas más secas del país, ya que los vientos entran en ella descargados de humedad.*

se refiere al movimiento oscilatorio, en forma de cono, que describe el eje de la Tierra, y que se debe a la atracción de la Luna sobre el abultamiento ecuatorial. Tiene un período de dieciocho años y ocho meses.

## Los factores geográficos de la climatología

• *Latitud*. Este factor influye enormemente en el grado de calor que reciben las distintas regiones de la Tierra, según sea su distancia con respecto al ecuador. Mientras en las regiones ecuatoriales los rayos del sol inciden verticalmente, a medida que aumenta la latitud éstos adquieren oblicuidad, por lo que se va perdiendo calor.

No se trata de un factor invariable, aunque sí determinante, ya que por cada 180 km, aproximadamente, que se aleja un punto del ecuador, la temperatura disminuye un grado. Aunque esto es así, no siempre se alcanzan las temperaturas más altas en el ecuador ni las más bajas en los polos, ya que hay otros factores que pueden intervenir y cambiar la influencia de la latitud.

La latitud también influye sobre la humedad y, como consecuencia directa, en los cambios de presión. El aire caliente asciende cargado de vapor de agua en la zona ecuatorial, lo que origina fuertes precipitaciones. Cerca de los trópicos, el aire que desciende se presenta seco y tiende a absorber la humedad atmosférica de grandes áreas que actualmente se han convertido en extensas zonas de carácter desértico.

• *Altitud*. La temperatura varía según la altura y así podemos encontrar nieves perpetuas en las altas cimas situadas en la zona tórrida y extensos bosques tropicales en sus laderas.

La atmósfera permite el paso de los rayos solares sin quitarles el calor. Este fenómeno recibe en climatología el nombre de diatermancia. El calor se propaga mediante una superficie líquida o sólida, agua o tierra. El calentamiento se produce por refracción, es decir, de abajo arriba, lo que significa que la temperatura disminuye con la altitud, provocando también alteraciones sobre la presión y la humedad.

La altitud condiciona los distintos tipos de clima y, tomando como referencia su relieve, los distintos niveles térmicos. Cada 180 m, aproximadamente, de aumento de la elevación, la temperatura disminuye un grado, por lo que se pueden distinguir los siguientes niveles térmicos:

a) Macrotérmicos o cálidos, que van desde los 0 a los 1 000 m, con un promedio de 30 a 20 °C.

b) Mesotérmicos o templados, que van desde 1 001 a 3 000 m, con una media de 20 a 10 °C.

c) Microtérmicos o fríos, desde los 3 001 m hasta los 4 500 m, con un promedio de 10 a 0 °C.

d) Piso gélido andino, sobre los 4 500 m con un promedio de 0 °C.

• *Influencia de las grandes masas de agua y sal*. La presencia de grandes concentraciones de agua, mares o lagos, actúa directamente como elemento modificador del clima.

El agua conserva mayor cantidad de calor específico que la tierra: tarda más en calentarse que los sólidos, pero se enfría más lentamente que éstos y regula la temperatura de las regiones cercanas a ella. Durante la noche, la tierra se enfría rápidamente, mientras que el agua, calentada por los rayos del sol durante el día, conserva su calor por mayor tiempo y no permite que los lugares circundantes se enfríen con rapidez. Debido a ello, también el aire que está en contacto con el agua acumula mayor cantidad de calor.

Una de estas grandes masas de agua es el lago Titicaca (8 300 km²), que, situado al norte del Altiplano, actúa como un importante factor modificador del clima en un área aproximada de 20 000 km². Mientras en las riberas e islas del Titicaca las temperaturas se sitúan entre 6 y 8 °C, en la alta meseta que circunda el lago la temperatura es de 0 °C. Esto demuestra su influencia originando el

*La influencia constante de la presencia del Titicaca sobre el clima del Altiplano nos permite hablar del «microclima lacustre», que actúa suavizando las temperaturas diarias de sus márgenes.*

denominado «microclima lacustre», con los veranos frescos y los inviernos templados.

El lago Titicaca se divide en dos sectores: el lago Mayor y el lago Menor. El aire húmedo del lago Mayor es capaz de superar distintas áreas para alcanzar el lago Menor, provocando elevadas precipitaciones sobre la parte occidental de este último. En la parte sudeste de esta zona ocurre precisamente a la inversa.

El lago Poopó provoca un ligero aumento de las lluvias, que pueden alcanzar los 400 mm al año, aunque su superficie es considerablemente más reducida, 2 500 km², y fluctuante.

Los balances de energía y evaporación de los lagos son distintos a los de los salares. Contrariamente a éstos, el lago Titicaca permite la convección y el reciclaje del vapor de agua. Al pasar sobre el lago, el aire se recalienta y absorbe vapor de agua, lo cual provoca una ascensión, que es más fuerte durante la noche y acentúa el contraste de las temperaturas. Esta convección provoca precipitaciones de tipo tormentoso que son más intensas sobre esta cuenca lacustre que sobre el resto del territorio.

Los salares de Uyuni, de 10 582 km², donde se recogen las precipitaciones mínimas del país, y de Coipasa, de 2 218 km², son el resultado de una dis-

*Cumulonimbos, nubes de tormenta. Los vientos del Pacífico, fuertemente cargados de humedad, condensan ese vapor de agua en la cima y precipitan intensamente sobre la cordillera andina.*

minución de las precipitaciones que no logran alcanzar los 200 mm al año.

• *Orientación del relieve.* La Tierra presenta una gran diversidad de elevaciones que dan origen a valles y mesetas. Esta variedad orográfica no permite que el clima se pueda considerar uniforme, ya que lo está modificando constantemente. Las grandes cadenas montañosas constituyen barreras que dificultan o desvían la dirección de los vientos cargados de humedad, generando climas desérticos o semidesérticos. El papel modificador de estas grandes cordilleras influye igualmente en la temperatura, la presión y la humedad.

En el relieve del territorio nacional destaca la cordillera de los Andes, que ocupa un tercio del país y tiene dos ramales principales, la cordillera Occidental y la cordillera Oriental, entre los que se extiende el Altiplano boliviano.

El Altiplano es el segundo más alto del mundo, entre 3 700 y 4 500 m, después del Tíbet. En él se sitúan importantes salares, Uyuni y Coipasa, y lagos, como el Titicaca y el Poopó, que son agentes modificadores del clima de esta zona.

Los efectos de pantalla de la cordillera Oriental tienen como consecuencia más directa la de poner al abrigo del aire oriental las zonas del interior de los Andes. La masa de aire húmedo amazónico queda así bloqueada por las crestas de la cordillera, mientras que en las sierras menos elevadas pasa por encima.

Al este de nuestro país, las llanuras descienden hacia las regiones amazónicas al nordeste y hacia el Gran Chaco paraguayo al sudeste.

Algunos valles, abiertos al viento de la llanura, reciben a alturas de 3 000 m precipitaciones muy fuertes, que van de los 2 000 a los 4 000 mm al año. Los efectos de fondo de los valles vienen originados por factores orográficos, ya que la existencia de ríos y acantilados en estos valles provoca que los flujos de las masas de aire tengan una rápida ascensión y produzcan lluvias intensas.

Las depresiones topográficas provocan un descenso del aire oriental que llega lateralmente tras haber perdido gran parte de su humedad sobre la parte oriental del macizo. A medida que disminuye la altura, la presión y la temperatura aumentan, por lo que se produce una disminución de la humedad relativa y también de las precipitaciones.

Hacia el sur, donde la humedad original del aire que llega a los Andes es menor que en el norte y la influencia del Pacífico es frecuente, se encuentran zonas semiáridas, con precipitaciones de 400 a 600 mm al año. Es el caso del Altiplano y de toda la mitad meridional de los Andes.

*Uno de los factores biológicos que inciden sobre el clima es la vegetación. En la foto, bosque húmedo que desprende vapor de agua y origina niebla que impide la pérdida de calor del ecosistema.*

• *Continentalidad y oceanidad.* Las regiones interiores de los continentes, donde no llega la influencia del mar, poseen temperaturas que alcanzan extremos violentos en verano y en invierno, dando origen a los climas continentales.

La proximidad o lejanía con respecto al mar influye en la amplitud térmica y en el balance hidrológico general. La amplitud térmica diaria y anual es más alta en los continentes y menor en las zonas costeras y próximas al océano. De la misma manera, las precipitaciones son mayores que la evaporación en los continentes y menores en los océanos. Así, existe un flujo de vapor de agua constante entre estas regiones con el fin de reequilibrar el balance hidrológico general.

## Los factores biológicos: interacción entre vegetales, animales y hombres

• *La vegetación.* La vegetación tiene una influencia singular en la regulación de la temperatura, la humedad y la presión. La evapotranspiración de las plantas y las reacciones químicas que la acompañan producen vapor de agua que cubre en forma de niebla los bosques, impidiendo que el calor escape por refracción. La vegetación ejerce su efecto en las características climáticas de cada zona, al mismo tiempo que determina las características físicas del suelo. Los lugares donde la vegetación ha desaparecido han sido sustituidos por grandes áreas de desierto.

• *Los animales.* La influencia del reino animal no es tan singular como la de la vegetación, aunque actúa como equilibrador en el control ecológico del planeta. Todas las especies tienen una determinada función que cumplir en la naturaleza, especialmente para mantener un equilibrio básico en la estabilidad de la vida en la Tierra.

• *La acción humana.* Al igual que la vegetación y el reino animal influyen en el clima del país en general, la acción del hombre es determinante en el equilibrio ecológico de la flora y la fauna y, por tanto, del clima reinante.

En la mayoría de los casos, el hombre no parece capaz de mantener el equilibrio ecológico, ya que explota las riquezas de la naturaleza sin pensar en su renovación y conservación para el futuro. En otras ocasiones, su acción es beneficiosa, especialmente cuando aplica su capacidad y su técnica para conservar áreas consideradas de gran riqueza natural. Todo ello repercute directamente en la evolución y modificación del clima.

# Los climas de Bolivia

Las clasificaciones que se han realizado sobre el clima de Bolivia son múltiples; sin embargo, no se ha logrado describir completamente la realidad de la climatología de este país. La clasificación aceptada universalmente por la geografía mundial es la realizada por el climatólogo polaco Wladimir Köppen.

## La clasificación de Köppen

Esta clasificación fija grupos climáticos, caracterizados por una letra mayúscula, y subgrupos determinados generalmente por una letra minúscula u otra mayúscula y, a veces, con la inclusión de uno o dos apóstrofes para la subdivisión. Así, podemos hablar de:

*Paisaje típico de estepa desértica en las llanuras secas del Chaco y en la zona sur de Santa Cruz.*

## Climas tropicales

• Clima tropical de bosque húmedo (Af) con la variante (Am) para las regiones donde la lluvia no se produce a lo largo de todos los meses del año y en las que aparece una época breve de sequía. Es el caso de la región del Chapare, donde se han registrado precipitaciones de hasta 6 000 mm por año.
• Clima tropical de sabana (Aw) con invierno seco. Este tipo de clima corresponde a gran parte de las llanuras benianas.

## Climas secos

• Clima de estepa, caliente o frío (BS). El clima de estepa (BSwh) es característico de las llanuras secas del Chaco y la parte central sur del departamento de Santa Cruz, con inviernos secos muy calientes, donde la temperatura es superior a 25 y 30 °C. Sin embargo, y aunque no es la norma en invierno, cuando soplan los vientos que vienen del sur las temperaturas pueden llegar a bajar hasta 2 °C bajo cero.

En las regiones más protegidas de la zona subandina se registran variaciones locales de este clima de estepa con invierno seco caliente (BSwh), y en la vertiente occidental de la cordillera Oriental, de estepa con invierno seco frío (BSwk).
• Clima de desierto (caliente o frío; BW). No existe una región geográfica con un clima desértico propiamente dicho, aunque una parte del Altiplano meridional podría clasificarse como clima semidesértico con inviernos secos (BSwk).

## Climas templados

• Clima mesotérmico de sabana con invierno seco (Cw). El clima templado con invierno seco frío (Cwb) corresponde a la zona de los alrededores del lago Titicaca. En cambio, en la zona de los valles de la subpuna, es templado con invierno seco y caliente (Cwh), al igual que la zona subandina, que es más húmeda que los Llanos chaqueños, en la que el mes más caliente alcanza una temperatura superior a 22 °C y el más frío entre 3 °C y 18 °C y corresponde a la sigla (Cwa).
• Clima mediterráneo con verano seco (Cs).
• Clima mesotérmico húmedo todo el año (Cf).

## Climas fríos

• Clima microtérmico húmedo (Df).
• Microtérmico con inviernos secos (Dw).

## Climas polares

• Clima de tundra (ET), característico de las zonas más bajas de las cordilleras y gran parte del Altiplano. El clima de tundra (ET) corresponde a los flancos más bajos de las cordilleras Occidental y Real, así como al sudoeste del Altiplano, en la provincia Sud Lípez principalmente, donde la escasa precipi-

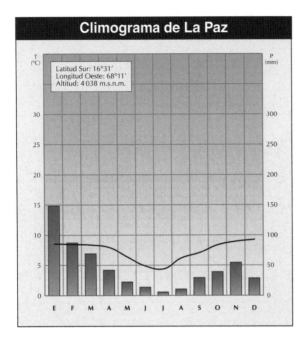

**Climograma de La Paz**

Latitud Sur: 16°31'
Longitud Oeste: 68°11'
Altitud: 4 038 m.s.n.m.

*Los alisios del sudeste contactan con los vientos del Pacífico en la puna de Oruro, absorben la humedad provocando gran evaporación en esta zona y originando un clima seco y frío.*

tación y la acumulación de sal en la superficie, que actúa de mezcla frigorífica, hace que la temperatura ambiente baje, dando un clima realmente frío e inhóspito.

• Clima polar de nieve perpetua (EF).

• Clima de alta montaña (EB). Corresponde a las altas cumbres de las cordilleras que están cubiertas de nieve o hielo la mayor parte del año. El clima (EB), o de alta montaña, se concreta principalmente en la región cordillerana, que abarca las dos cadenas montañosas más importantes, la Occidental y la Real, por estar estas cumbres cubiertas de hielo y nieve la mayor parte del año.

## Clasificación del clima según las regiones geográficas tradicionales

Hay una segunda clasificación del clima del territorio nacional, realizada por el Instituto Nacional de Estadística (INE), que en cierta medida recoge la clasificación de Köppen y considera como factor principal la altitud de cada zona geográfica tradicional del territorio boliviano.

### El clima de la zona andina

• *El clima de la cordillera Occidental.* La cordillera Occidental es una sierra de la cordillera de los Andes. Ésta se divide en la región del cordón volcánico, en la zona central compuesta por las cordilleras de Sillillica y Huatacondo, y la zona de las cordilleras de Carangas en el departamento de Oruro y la de Pacajes, en el departamento de La Paz. Esta

zona se caracteriza por un clima muy frío, en el que las lluvias, sobre todo en la zona occidental, son escasas, ya que la evaporación del mar no alcanza las cumbres, y la dirección de los vientos del Pacífico no la favorecen.

• *El clima del Altiplano o meseta andina.* Esta zona se sitúa entre la cordillera Real u Oriental y la cordillera Occidental, y se divide en la zona norte y la zona sur. El clima característico de esta zona es frío y, debido a la falta de vegetación, no existe humedad atmosférica. Además, las bajas temperaturas impiden un nivel suficiente de evaporación. Todo esto es consecuencia directa de su altitud sobre el nivel del mar, que, con un promedio de 3 800 m, se extiende desde los 3 500 a los 6 000 m y, en ocasiones, hasta alturas superiores. La temperatura extrema de la zona alcanza los 25 °C y la mínima 26 °C bajo cero. La posibilidad de insolación e irradiación es muy amplia debido al aire enrarecido y diáfano con poca humedad y sin difusión del calor, por lo que al sol las temperaturas son muy altas y a la sombra, muy bajas.

En toda la extensión del Altiplano influyen dos vientos generales: los alisios, que proceden del océano Atlántico, y los vientos del sur, que se originan en el océano Pacífico. Los alisios penetran

## Los climas de Bolivia

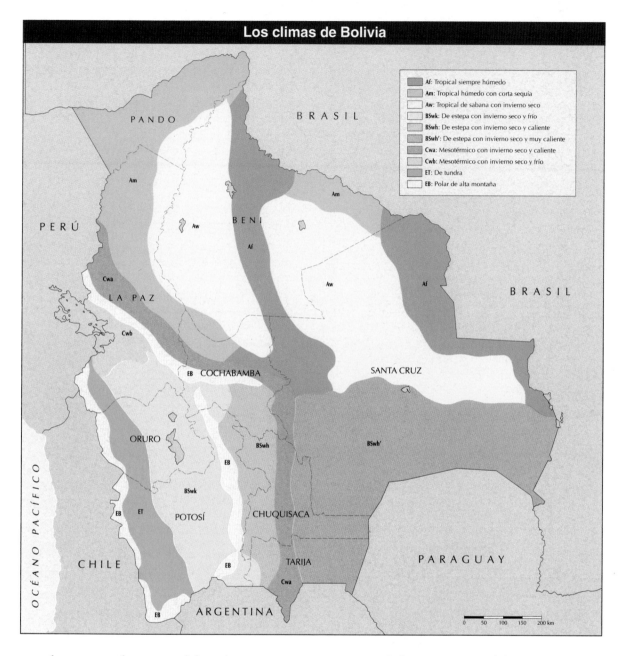

por el norte, por la cuenca del río Amazonas, y chocan contra la parte oriental de la cordillera Real. En consecuencia, se producen lluvias torrenciales en los meses que van de noviembre a abril. Los vientos del sur se internan por el sector meridional y chocan contra la zona occidental de la cordillera, llevando consigo lluvias menos intensas y favoreciendo, por tanto, una vegetación más pobre.

El clima del Altiplano también se caracteriza por ser seco, en contraposición con el aire húmedo de las zonas cercanas al mar. La Paz, Oruro y Potosí, tres ciudades importantes del país, se sitúan en esta zona. La primera tiene un clima benigno, con temperaturas medias en invierno de 8 °C y en verano máximas de 22 °C, conocido como la «eterna primavera». Las otras dos se caracterizan por tener un clima más frío.

Las provincias Camacho, Omasuyos, Los Andes, Ingavi, Pacajes, Aroma y Villarroel (del departamento de La Paz), el departamento de Oruro, las provincias Frías, Quijarro, Daniel Campos, Nor y Sud Lípez (del departamento de Potosí), y las provincias Cercado, Méndez y Avilés (en el depar-

## Un clima sin transiciones

Es un clima de saltos, de contrastes, de sorpresas. A algunos pasos del clima frío, puna, ya se encuentra el ardiente valle, yunga. No hay transiciones. O las hay apenas en una que otra región limitada del Macizo. Sufrimos nosotros, hace algunos años, un confinamiento en un pueblecito agazapado en una de tantas arrugas del Illampu. Abajo, casi verticalmente a un kilómetro, mirábamos correr el río Llica, con un calor africano e hirviente de paludismo; arriba, sobre nuestra cabeza, asomaban los níveos picachos. Y nuestra celda de prisionero antojábasenos un nido de cóndores, columpiando entre dos abismos: el del cielo y el del infierno.

Pero si, en medio de esta gran variabilidad climatérica de los yungas, se desea encontrar tipos predominantes, para establecer un patrón general, bien puede decirse que éste es un clima húmedo.»

Jaime Mendoza
*Descripción de la radiación solar*

tamento de Tarija), pertenecen todas ellas al clima de la zona fría del Altiplano. Abarcan climas de tundra (ET) y polar de alta montaña (EB).

En el sector del Altiplano se pueden distinguir tres clases de clima: semidesértico de estepa ligeramente cálida, con inviernos secos y fríos (BSwk) en el norte, excepción hecha de las zonas cercanas al lago Titicaca que, por la influencia de esta gran masa de agua dulce, acusan un clima templado con invierno seco (Cwb). Lo mismo ocurre en los valles cercanos a la cordillera Real. En estas zonas, la temperatura del mes más caliente no alcanza los 22 °C y durante un tercio del año no baja de los 10 °C, lo que se traduce en un clima algo más suave.

En el Altiplano central, aunque es un área más seca que la del norte, se mantiene la misma clasificación climatológica (BSwk).

En la zona meridional del Altiplano predomina el clima de tundra.

• *El clima de la cordillera Real u Oriental*. Atraviesa verticalmente los departamentos de Potosí, Oruro y La Paz, y se divide en cinco regiones cordilleranas: las de Lípez, Chichas, los Frailes, Tres Cruces y la cordillera de La Paz.

El clima en esta zona es muy frío. En su zona occidental, debido a los vientos que vienen del Pacífico, las precipitaciones son abundantes, lo que influye directamente en la existencia de importantes extensiones de vegetación en la zona norte del Altiplano. En la parte oriental, las lluvias son torrenciales a causa de los vientos del Atlántico, que influyen en la vegetación de los valles y los Llanos orientales.

### El clima de la zona subandina: valles, quebradas y yungas

• *El clima de los valles y quebradas*. Se puede distinguir entre los valles del norte, situados a lo largo de la cordillera de La Paz; los valles del centro, que corresponden a los valles del departamento de Cochabamba; y los valles del sur, que engloban los valles de Potosí, Chuquisaca y Tarija.

En los valles y quebradas, en general, el clima es templado, puesto que las temperaturas medias anuales oscilan entre los 14 °C y los 17 °C, según las zonas. En Cochabamba, por ejemplo, la temperatura máxima es de 23 °C y los registros mínimos son de 10 °C, aunque en invierno desciende hasta los 3 °C bajo cero.

Los valles situados al oriente de la región cordillerana central registran temperaturas más bajas que las de los yungas, alcanzando como media ambiental entre los 10 °C y los 20 °C, como máxima extrema los 39 °C y como mínima los 8 °C bajo cero.

La subpuna corresponde a un clima seco de estepa templado, de inviernos secos calientes (BSwh) con temperaturas extremas y caracterizado por su sequedad ambiental.

En algunos valles de la subpuna, que son más cálidos y más húmedos que el promedio general, el clima es templado con invierno seco caliente (Cwh), ya que la temperatura media es superior a los 20 °C la mayor parte del año. La humedad es baja y los valles protegidos alcanzan valores de precipitación de 600 mm anuales.

Esta zona presenta una vegetación exuberante, ya que está bajo la influencia de un clima templado, con temperaturas que oscilan entre 20 °C y 25 °C, y de lluvias abundantes. Estas precipitaciones se originan en el choque de los vientos alisios del Atlántico contra la zona oriental de la cordillera Real, cayendo en las tierras de los valles situados a una altura media de 2 000 m. Las regiones por debajo de esta altura forman los yungas.

Ceja de yungas, entre 2 500 y 3 000 m, cubierta por un mar de nubes, resultado de la condensación del abundante vapor de agua o elevada humedad que caracteriza a esta región del país.

• *El clima de los yungas.* Los yungas están situados en la zona de Bolivia que divide el bloque andino elevado de las planicies orientales y norteñas bajas, secas las primeras y húmedas las segundas. Representa una barrera a los vientos de la zona amazónica que soplan hacia el sur y, según su altitud, que va desde los 700 a los 3 000 m, se clasifican en: ceja de yungas, que es la parte superior de los mismos y que va de los 2 500 a los 3 000 m; yungas propiamente dichos, entre los 1 500 y los 2 000 m; y vegas, entre los 700 y los 1 500 m de altura.

Los yungas se extienden también entre la zona templada y subtropical, y suelen ser más cálidos que los valles de la subpuna. Hacia el norte la humedad es más alta puesto que las nubes que vienen de la zona amazónica se enfrían conforme van ascendiendo sobre los contrafuertes de la cordillera andina y, al sobrepasarla, las masas de aire dejan su humedad y pasan al otro lado, absorbiendo en su recorrido la humedad de la zona alta del Altiplano y de la subpuna.

Dada la gran influencia en esta zona de los vientos orientales, vientos portadores de lluvia, las precipitaciones pueden llegar a alcanzar hasta los 1 350 mm anuales.

El clima se diferencia, en función de la altitud, en tropical, subtropical y templado. La humedad generalmente es muy alta. La temperatura ambiente media llega a 18 °C con máximos extremos de 32 °C y 35 °C.

En las zonas más elevadas, las nubes son constantes durante la mayor parte del año. En cambio, en las zonas bajas, la atmósfera suele ser mucho más calurosa y húmeda.

## El clima tropical de los Llanos

En esta zona la influencia del relieve es escasa, ya que su escasa presencia no influye en la modificación de las temperaturas. Por tanto, por su posición geográfica, la clasificación climática que le corresponde es la de zona tropical.

Los Llanos se distribuyen por la geografía boliviana a una altitud entre los 0 y los 500 m sobre el nivel del mar. Se trata de un conjunto de tierras donde se producen importantes diferencias climáticas. En las tierras cálidas de los Llanos se encuentra un clima tropical (A) con lluvias durante todo el año (Af), y con lluvias sólo en el verano (Aw) en los departamentos de Pando, Beni y en el norte de Santa Cruz. En la zona templada de los Llanos, el clima es de estepa con invierno caliente (BSwh),

*La región sudeste del país está formada por una extensa, baja y seca planicie, los llanos del Chaco, penillanura que presenta paisaje típico de sabana desértica, arenosa y sin apenas elevaciones.*

especialmente en el sur del departamento de Santa Cruz y en toda la zona chaqueña del departamento de Tarija.

Aunque en la zona de los Llanos el relieve no repercute excesivamente en las temperaturas, la influencia de las selvas amazónicas por el noroeste y de los vientos semisecos del sur, a la que se suma la presencia de grandes masas de vegetación, importantes modificadores del clima, hace que se puedan distinguir tres regiones tropicales en una zona de alturas comprendidas entre 100 y 1 000 m sobre el nivel del mar:

• *Región tropical de sabana*: desde el norte de Pando desciende hasta las laderas orientales de la cordillera subandina, llegando hasta el borde meridional de Tarija. Desde las llanuras de Cochabamba se dirige hacia el nordeste y cruza la frontera entre los departamentos del Beni y de Santa Cruz, hasta terminar en la margen izquierda del río Iténez o Guaporé. También, desde el área de la ciudad de Santa Cruz, continúa avanzando por el sur de la provincia Velasco y por el norte de la provincia Cordillera, hasta la frontera con Brasil. La temperatura que se registra en esta región oscila entre los 22 °C y los 26 °C.

• *Región tropical de bosque*: desde los límites de la región tropical de sabana hasta los departamentos de Pando, nordeste de La Paz y Beni y los extremos orientales de Tarija y Chuquisaca y todo el sur de Santa Cruz, provincia Cordillera, en la frontera con Paraguay, en el denominado Chaco boliviano. En esta región las temperaturas llegan a ser de 26 °C a 28 °C, y se acentúan, por su sequedad, en las zonas del sur.

• *Región tropical de selva*: abarca la parte central de Pando, nororiental de La Paz y septentrional de Beni, con temperaturas que marcan, habitualmente, los 28 °C o más.

• *El clima de los Llanos del Norte o del Amazonas.* Esta zona comprende los departamentos de Pando, el norte de La Paz, Beni y el sector septentrional de Santa Cruz. Además, abarca las tierras que se extienden al este de los valles y quebradas, y que alcanzan el río Paraguay.

Se trata de una región llana en la que los contrafuertes de la cordillera andina llegan hasta las tierras altas de Brasil y no superan los 500 m de altitud sobre el nivel del mar.

En los llanos húmedos, el clima es de sabana tropical con inviernos secos y zona de forestas con neblinas y abundantes lluvias. Esto es debido a que hay una temporada de precipitaciones, de algo más de ocho meses, y otra de sequía, de algo menos de cuatro meses. Su clima es tropical con invierno seco (Aw). Sin embargo, dentro de esta región de sabana, así como en la periferia de la misma, hay ciertas áreas donde la precipitación es mayor, ya sea porque hay lluvias casi todo el año o porque éstas son más abundantes debido a la influencia de vientos húmedos de la Amazonia que descargan el vapor de agua al empezar a ascender por la cordillera andina como consecuencia del descenso de la temperatura.

En algunas partes del Chapare, en el departamento de Cochabamba, es habitual una precipitación de unos 3 000 mm y, excepcionalmente, de 6 000 mm. En esta zona las precipitaciones pueden darse a lo largo de todo el año, y la presencia de lluvias puede verificarse hasta doscientos días al año, por lo que su clima es tropical permanentemente húmedo (Af).

• *El clima de los Llanos del centro o de Chiquitos.* La región está formada por la zona central del departamento de Santa Cruz. Hay que destacar el macizo o llano de Chiquitos, que comprende la región meridional de las llanuras del Beni o Moxos, una gran parte de la provincia Ñuflo de Chávez y Velasco, del departamento de Santa Cruz. Presenta una meseta ligeramente ondulada y elevada en la parte occidental, con descenso paulatino de la altura hacia la zona oriental.

El clima es tropical con bosque húmedo, pero caracterizado por una época corta de sequía (Am) que se da en gran parte de esta región. Lo mismo ocurre en la parte más oriental de la zona chiquitana, así como en las tierras más próximas al curso superior del río Iténez o Guaporé, en la región occidental del río Beni y en casi todo el departamento de Pando, donde existen grandes áreas de bosque frondoso y la humedad es elevada.

La temperatura ambiente media asciende hasta los 26 °C y el cambio de temperatura estacional y diurna es pequeño. Las abundantes lluvias del verano originan la formación de meandros en los ríos y propician su desbordamiento.

• *El clima de los Llanos del Sur o del Plata.* Esta región ocupa gran parte de la actual provincia Cordillera de Santa Cruz, parte de Luis Calvo de

| Registro de temperaturas, precipitaciones y evapotranspiración potencial en diferentes estaciones meteorológicas, ordenadas según la altitud | | | | |
|---|---|---|---|---|
| Estación | Altitud (m) | Temperatura media (°C) | Precipitación media anual (mm) | Evapotranspiración anual (mm) |
| Puerto Suárez | 145 | 25,7 | 1 056 | 1 371 |
| Riberalta | 172 | 26,8 | 1 656 | 1 256 |
| Trinidad | 236 | 26,5 | 1 827 | 1 346 |
| Cobija | 280 | 24,7 | 1 960 | 1 021 |
| Santa Cruz | 437 | 24,6 | 1 141 | 1 388 |
| Apolo | 1 363 | 20,0 | 1 359 | 1 412 |
| Irupana | 1 848 | 19,0 | 1 163 | 1 478 |
| Tarija | 1 905 | 18,1 | 593 | 1 387 |
| Totora | 2 209 | 16,0 | 590 | 2 102 |
| Cochabamba | 2 553 | 18,0 | 470 | 1 596 |
| Arani | 2 740 | 16,8 | 394 | 1 472 |
| Sucre | 2 750 | 15,5 | 608 | 1 434 |
| Puna | 3 420 | 12,1 | 1 197 | 1 245 |
| Villazón | 3 460 | 10,8 | 327 | 1 044 |
| La Paz (ciudad) | 3 632 | 11,2 | 439 | 1 247 |
| Oruro | 3 708 | 9,5 | 348 | 1 275 |
| El Belén | 3 820 | 6,0 | 518 | 1 068 |
| Viacha | 3 850 | 7,1 | 483 | 1 013 |
| El Alto-La Paz | 4 105 | 8,8 | 560 | 1 112 |

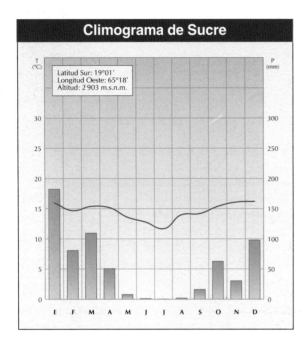

**Climograma de Sucre**

Latitud Sur: 19°01'
Longitud Oeste: 65°18'
Altitud: 2 903 m.s.n.m.

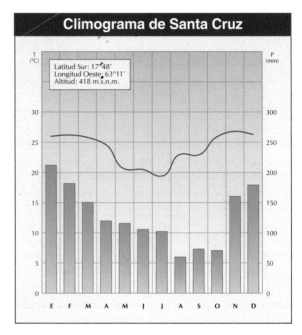

**Climograma de Santa Cruz**

Latitud Sur: 17°48'
Longitud Oeste: 63°11'
Altitud: 418 m.s.n.m.

Chuquisaca y el Chaco Boreal de Tarija. Su clima es tropical con una temperatura media anual de 30 °C. En verano las temperaturas máximas oscilan entre 40 °C y 45 °C, pero, a medida que se avanza hacia el sur, las temperaturas van disminuyendo. En invierno, las temperaturas son extremas, especialmente cuando aparecen los vientos del sur, llegando a 3 °C bajo cero. Las lluvias durante los meses de noviembre a marzo son torrenciales.

En los llanos secos del Chaco y la parte sur del departamento de Santa Cruz, el clima es de estepa cálida con inviernos secos (Bswh), en general más caliente que la de los valles de la subpuna.

Esta zona, sobre todo la más próxima a las sierras subandinas, que es más húmeda que el área chaqueña, pertenece a un clima templado con invierno seco caliente (Cwa). La temperatura del mes más cálido es superior a 22 °C, aunque en ciertos días asciende a 38 °C y 45 °C, y el mes más frío alcanza temperaturas entre 3 °C y 18 °C. Tie-

ne invierno seco no riguroso, aunque la temperatura baja súbitamente en los días en los que la influencia del surazo llega a ser más fuerte, hasta 2 °C en casos extremos. Durante el mes más lluvioso de verano, las precipitaciones se multiplican por diez, o incluso más, si se toman como referencia los registros del mes más seco.

La temperatura ambiente media en la región es de 24 °C, pero son frecuentes los descensos bruscos cuando llegan los frentes fríos, cargados de humedad y polvo, provenientes del sector meridional del país. Esto determina que en la zona del frente Subandino no puedan crecer cultivos como el banano y el café, que no resisten estas temperaturas bajas ni siquiera por poco tiempo.

El calor, la humedad y las lluvias pierden intensidad a medida que se desciende del norte hacia el sur. Mientras en la ciudad de Santa Cruz se registran 1 400 mm de lluvia, en Villamontes, en el departamento de Tarija, tan sólo se registran 780 mm anuales.

# Flora y fauna

BIO

*La existencia de diferentes regiones latitudinales con sus influencias climáticas y la variedad fisiográfica del país, entre 180 y 6 500 m de altitud, permiten la existencia de numerosísimos ecosistemas. En la foto, la selva tropical del Beni.*

# Las grandes regiones biogeográficas

*El Quillay (*Quillaja saponaria*), planta arbórea de tronco alto propia de las tierras bajas subtropicales.*

Situada en el sector centro-occidental de Sudamérica, Bolivia presenta una gran diversidad de ecosistemas, que varían en función de las distintas características físicas del territorio. La orografía del país, donde existen desde extensas llanuras hasta algunas de las mayores cumbres del continente; la climatología, que va desde el clima típicamente tropical hasta el dominio alpino; las características geológicas y edafológicas del territorio, que determinan los rasgos dominantes de la vegetación y permiten el desarrollo y la existencia de una fauna variada en distintas zonas del territorio nacional.

Se han realizado diversos estudios encaminados a estructurar el territorio boliviano en varias zonas biológicas. La estructuración más frecuente resulta de la combinación de tres regiones que pertenecen a latitudes bioclimáticas diferentes (tropical, subtropical y templada) con cuatro unidades fisiográficas (la zona andina, la subandina, los Llanos y el macizo Chiquitano).

De este modo, el territorio nacional queda dividido en tres grandes regiones: la región tropical, de 51 866 km$^2$, con una zona de tierras bajas; la subtropical, que abarca 560 747 km$^2$, más de la mitad de la superficie del país, y que a su vez está dividida en una zona de tierras bajas, de valles, de tierras altas y un área subtropical andina; y la región templada, que ocupa una superficie de 485 968 km$^2$ y se subdivide en cuatro sectores: tierras bajas, valles, tierras altas y zona andina.

## El bosque tropical

Dentro de esta primera región, integrada mayoritariamente por las tierras bajas, cabe distinguir el bosque seco, el bosque húmedo y el bosque muy húmedo tropical de transición a bosque subtropical.

El bosque seco se extiende por las poblaciones de Chapacurá, Santa Rita, Filadelfia y diferentes localidades del departamento de Pando, al noroeste del país, en el límite con Perú. Esta formación boscosa abarca un área de unos 3 000 km$^2$; presenta unos índices de humedad intermedios y una elevada temperatura. Se encuentra a una altitud media de 250 m sobre el nivel del mar. El bosque es mixto, de múltiples especies latifoliadas de grandes alturas, y sus árboles superan los 30 m. La vegetación típica está formada por blanquillo, yema de huevo, caucho, pacay, algodoncillo, papaya del monte, jacarandá, itauba, cabeza de negro, nui, paquío incienso, tajibo negro y chepereque.

El bosque húmedo tropical, por su parte, abarca dos áreas dispares por su ubicación: la primera, en la zona más septentrional del país y la segunda, en el sector de transición entre el piedemonte subandino y los Llanos orientales, cerca de la frontera peruana. Ocupa un área cercana a los 20 000 km$^2$. El clima de estos bosques se caracteriza por las copiosas precipitaciones (superiores a 2 000 mm anuales) y las elevadas temperaturas. El bosque siempreverde consta principalmente de especies latifoliadas, con árboles que superan los 40 m de altura. Sobre sus ramas se encuentran bromeliáceas, aráceas y orquídeas, es decir, plantas epífitas. La vegetación más representativa comprende: leche caspi, mangaba, guitarrero sacha uva, isigo, maní, palo maría, bálsamo, lacre, remo, canelón, augetín, ochoo, mururé, coco, amargo, cabeza de mono, verdolago negro, serebó, trompillo y caoba.

El bosque muy húmedo, tropical de transición a subtropical, se localiza en la zona central del país, en las poblaciones de Villa Tunari y Puerto Villa-rroel, entre otras. Abarca un área de 18 300 km² y su clima se caracteriza por la alta precipitación (cerca de 5 000 mm al año) y las elevadas temperaturas (hasta 25 °C).

Se trata de los bosques latifoliados más densos y altos del mundo, cuyos árboles superan los 50 m de altura. Es un bosque siempreverde por la alta precipitación que recibe y cuyo estrato superior no forma un manto continuo. Los árboles más representativos son el mapajó, el almendrillo, el verdolago y el ochoo. También se encuentran enormes palmeras como la pachiuba. La chonta, el mururé o urupí, gabún, paquío o curupaú y el tarumá son otras especies frecuentes.

Sin salir de la región tropical se distingue el bosque húmedo premontano, que comprende los bosques del área existente entre Cobija, Filadelfia, Puerto Rico y Río Abuná, en el departamento de Pando. Abarca un área de 31 000 km², la precipi-tación anual rebasa ligeramente los 1 600 mm y las temperaturas son elevadas (más de 20 °C). Este bosque, formado por árboles que sobrepasan los 40 m de altura, constituye, sin duda, una de las zonas más bellas del planeta. Las especies vegetales típicas son: la almendra del Beni, acaya, cajú, angelín, isigo, mara, marupa, maranduba, morado, siringa, caripe, roble, cedro y cehiro.

## Bosque y vegetación subtropicales

Dentro de esta segunda gran región cabe distinguir los siguientes ámbitos de bosque y vegetación. En las tierras bajas: el monte espinoso, el bosque seco, el bosque húmedo, el bosque muy húmedo y el bosque pluvial. En las tierras montanas bajas: la estepa espinosa y valles, el bosque seco, el bosque húmedo, el muy húmedo y el bosque pluvial. En las tierras montanas: la estepa, el bosque húmedo y el bosque muy húmedo. Y, por último, el estadio alpino, subalpino y nival.

| Superficie de bosques por departamentos | | | |
|---|---|---|---|
| *Departamento* | *Superficie* | *Superficie con bosques (km²)* | *Porcentaje (%)* |
| Beni | 213 564 | 105 173 | 49,2 |
| Chuquisaca | 51 524 | 17 708 | 34,3 |
| Cochabamba | 55 631 | 26 664 | 47,9 |
| La Paz | 133 985 | 61 381 | 45,8 |
| Oruro | 53 588 | – | – |
| Pando | 63 827 | 60 816 | 95,3 |
| Potosí | 118 218 | – | – |
| Santa Cruz | 370 621 | 266 478 | 71,9 |
| Tarija | 37 623 | 26 464 | 70,3 |
| **Total** | **1 098 581** | **564 684** | **51,4** |

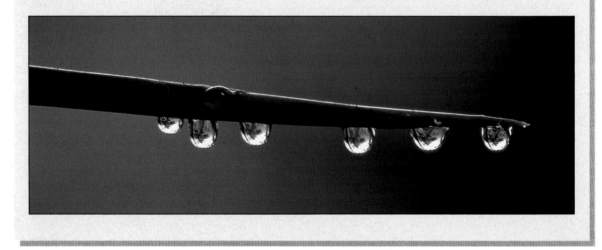

## Distribución de la vegetación

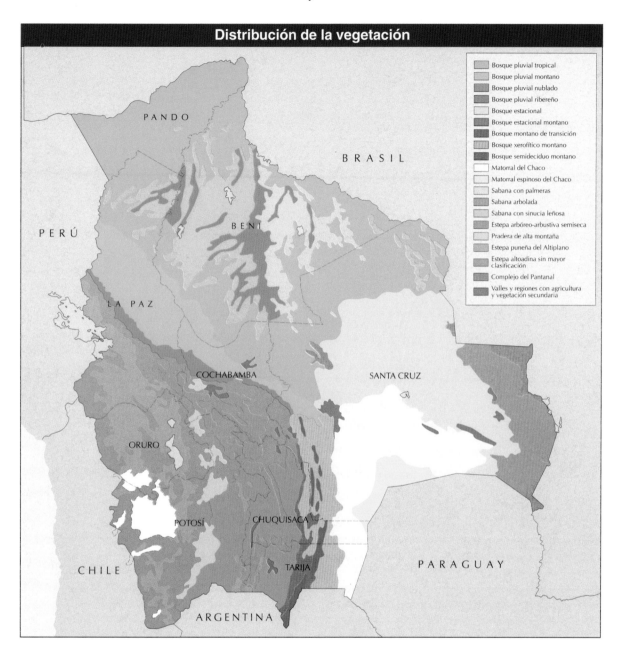

Bosque pluvial tropical
Bosque pluvial montano
Bosque pluvial nublado
Bosque pluvial ribereño
Bosque estacional
Bosque estacional montano
Bosque montano de transición
Bosque xerofítico montano
Bosque semideciduo montano
Matorral del Chaco
Matorral espinoso del Chaco
Sabana con palmeras
Sabana arbolada
Sabana con sinucia leñosa
Estepa arbóreo-arbustiva semiseca
Pradera de alta montaña
Estepa puneña del Altiplano
Estepa altoadina sin mayor clasificación
Complejo del Pantanal
Valles y regiones con agricultura y vegetación secundaria

### Las tierras bajas subtropicales

El primero de estos ámbitos naturales, esto es, el formado por el monte espinoso subtropical, se localiza en poblaciones como Suipira, San Jacinto, Oconi, La Viña y zonas situadas entre los 1 000 y 2 000 m de altitud y abarca un área de 1 930 km². Las bajas precipitaciones que se registran en la subregión (menos de 500 mm anuales) permiten el dominio de especies cactáceas. Las más comunes de esta unidad fitográfica son: el algarrobo, cuchi mara, hiuronko, quebracho colorado, tipa, lanza lanza, kachakacha, caraparí, tajibo morado, mistol y chiapi yuazy.

El bosque seco, por su parte, abarca un área de 4 680 km² y se presenta en poblaciones como Guarayos, Ascensión y Pocanchi, en el departamento de Santa Cruz. La vegetación de la zona está afectada por la influencia de la actividad del hombre. Los árboles tienen unas copas poco densas y achatadas, y se encuentran principalmente en las depresiones más húmedas. Esta región presenta también grandes áreas de bosque virgen.

La vegetación típica es el palo santo, corocho, mururé, copaibo, mara, momoqui, tarumá, gayabochi, gargatea, tajibo amarillo, tajibo morado, pa-

*El bosque muy húmedo tropical de la selva amazónica, cuyas márgenes son bañadas por el río Maniqui, presenta un paisaje siempreverde debido a las altas temperaturas y a la humedad.*

raparaú, coloradillo, cusi, motacú y almendrillo.

El bosque húmedo ocupa una de las regiones más extensas e importantes de Bolivia (cerca de 270 000 km$^2$), puesto que representa un 25 por ciento del territorio nacional. Se extiende por tierras de los departamentos de La Paz, Cochabamba, Santa Cruz y Beni. El clima se caracteriza por lluvias copiosas distribuidas a lo largo de todo el año y temperaturas ligeramente más bajas (cercanas a los 20 °C). Esta subregión presenta dos formaciones vegetales distintas, las pampas o sabanas y los bosques. Las pampas o sabanas presentan superficies más o menos planas, donde predominan las gramíneas. Las formaciones vegetales más frecuentes son: el tapepe, *Arundinella confunis*, *Coelarhachis aurita*, cola de gato, cola de ciervo enana, *Andropogon lateralis*, cola de ciervo, pasto bruto y pata de gallo. Los bosques mantienen gran número de las especies originarias de la zona. Así, las especies vegetales más frecuentes son: achachairú, amargo, almendrillo, amarillo, alcornoque, bi, coco, copaibo, gayabochi, jorori, penoco, palo maría bálsamo, bíbosi, picana amarilla, mururé, chicle, guapomó, mara, oreja de mono, gabún, sinini, sujo, lucuma, yesquero, motacú, sumuqué, totaí, cusi, marayahú, cedro, palo santo, momoqui, leche leche, ambaibo, tarumá, gargatea y chocolatillo.

El bosque muy húmedo se extiende sobre una vasta franja del territorio (36 700 km$^2$), desde la frontera con Perú, siguiendo la dirección de la cordillera andina, hasta el río Maniqui. Las condiciones climáticas, elevada humedad y temperaturas de 17 °C, condicionan la vegetación de los contrafuertes de la zona subandina. La vegetación típica es, por tanto, el quillay, cedro, nogal, aliso, leche leche, quina, incienso, waicha, pino de monte y azahar.

Finalmente, el bosque pluvial ocupa un área de unos 15 000 km$^2$ de la cordillera Oriental, a una altura entre los 800 y 1 500 m sobre el nivel del mar, aunque también hay pequeños enclaves en valles interiores del río Tusama, Santa Rosa, yungas de la Victoria y en zonas del departamento de Cochabamba. Presenta un clima de elevadas temperaturas e importantes precipitaciones (más de 5 000 mm anuales), lo que convierte esta subregión en la más húmeda del país. La vegetación típica está representada por el quillay, cedro, nogal, aliso, leche leche, quina, incienso, waicha, pino de monte y azahar.

## Las tierras montanas bajas subtropicales
En las tierras montanas bajas se distinguen otras tantas subregiones. La estepa espinosa y valles abarca una extensión cercana a los 6 000 km$^2$, en dos pequeños enclaves: el primero comprende

*La cordillera Oriental actúa de barrera para los vientos del Amazonas que descargan en esa vertiente una elevada humedad y favorecen el desarrollo del bosque pluvial bajo subtropical.*

las poblaciones de Saca-ba, Cliza, Tarata y Punata, donde la vegetación originaria es muy reducida y ha sido seriamente altera-da; el segundo, que está situado en el Altiplano, próximo al río Desaguadero, es una zona de transición entre la estepa montana subtropical y el matorral desértico montano templado. La vegetación está formada básicamente por gramíneas y arbustos muy dispersos. Las condiciones climáticas de la subregión, con temperaturas superiores a los 10 °C y precipitaciones entre 250 y 400 mm anuales, condicionan el desarrollo de la vegetación, cuyas formaciones más típicas incluyen: el suppu, thola, ñoque, añahuaya, pingo pingo, cauchi, sicuya, iru ichu y chiji.

El bosque seco se presenta en los valles profundos y aislados del sector central del país y abarca un área cercana a los 6 000 km². El clima presenta precipitaciones inferiores a 1 000 mm y temperaturas intermedias de 15 °C. La vegetación típica está compuesta de molle, algarrobo, chirimoyo, tara, gargatea, cupechico y chaquitaya.

El bosque húmedo ocupa casi la mitad de superficie que el anterior, en zonas de los yungas y valles interiores de la cordillera Oriental. Las condiciones de temperatura son similares a las que se dan en los bosques secos montanos, pero las precipitaciones en este caso se duplican. La vegetación originaria de esta zona ha sido muy alterada y sólo hay formaciones boscosas originarias en pequeñas áreas de difícil acceso, donde los árboles alcanzan entre 15 y 20 m de altura. La vegetación más frecuente está representada por el aliso, pino de monte, duraznillo, waicha, pumamaqui, sahuinto y uva de monte.

El bosque muy húmedo abarca un área de 7 000 km², en reducidos sectores de la cordillera Oriental, en las zonas septentrionales de los departamentos de La Paz y Cochabamba y, hacia el este, en la frontera con Brasil. Se trata de un área cuyo clima registra 14 °C de temperatura media y unas precipitaciones del orden de los 2 000-4 000 mm anuales. Ese ambiente húmedo ha facilitado la existencia del bosque original. La vegetación típica está compuesta por: chijllu, lloque, kehuiña, aliso, thurumi, amaguazi, kellu kellu, yurumo, waicha, pumamaqui y pino de monte.

Y el bosque pluvial abarca áreas de la serranía de Mosetenes, yungas del Palmar, yungas de Santa Rosa y yungas de Pojo, en la denominada área de «ceja de yungas». Esta formación se extiende en una superficie de 4 000 km². Las precipitaciones son muy elevadas (con una media anual superior a 4 000 mm) y una temperatura media de 14 °C. La vegetación predominante es la original, apenas alterada. Los bosques son densos, con árboles de

*La estepa montana subtropical, entre el lago Poopó y el salar de Uyuni, se caracteriza por grupos de gramíneas, matas de leñosas y vegetación estacional que crece en el periodo de lluvias.*

media altura caracterizados por la presencia de una cubierta vegetal de musgos, helechos y líquenes. La vegetación típica se compone de corocho, quina, ambaibo, coto, falso coto, guapi, aliso, azahar, saúco, quirusilla, kuri y pino de monte.

## Las tierras montanas subtropicales

La estepa montana subtropical abarca un área de unos 15 000 km$^2$ de las tierras altas de los departamentos de Cochabamba, Chuquisaca, La Paz, Oruro y Potosí, entre los 3 200 y 4 200 m de altitud. El clima se caracteriza por ser riguroso, con escasas precipitaciones (menos de 500 mm al año) y temperaturas medias bajas (menos de 12 °C). La vegetación dominante es la gramínea, que presenta formaciones en manojos alternadas con arbustos dispersos. En algunas zonas proliferan los tholares, arbustos que alcanzan el metro de altura y cubren extensas áreas de la estepa boliviana. La vegetación típica de la zona es la thola, sacha thola, suppu, chichercoma, chilca, muña, añahuaya, motochi, garbancillo, kela kela, ichu, sanu sanu y cebadilla.

Por su parte, el bosque húmedo abarca unos 25 000 km$^2$ en el seno del Altiplano, en áreas de los departamentos de La Paz y Cochabamba. El clima se caracteriza por temperaturas bajas (9 °C) y precipitaciones próximas a los 500 mm anuales. La vegetación de esta zona consta de pequeños remanentes de bosques originales, situados en lugares de difícil acceso, con árboles de poca altura, que, no obstante, pueden alcanzar los 15 m. La vegetación tradicional de esta formación es la siguiente: causillo, zapatilla, menta muña, tacarcaya, muña, manca paqui, ichu, chiar pajonal, chillihua, pasto pluma, acedera, vicia, pupusa y pupa jamillo.

Y los bosques muy húmedos y pluviales ocupan, en su conjunto, un área de unos 7 000 km$^2$, en zonas de difícil acceso por su orografía escarpada, en localidades como Inchaca, Corani, Challana y yungas de Totora, entre otras. El clima presenta temperaturas intermedias bajas (10 °C) y una precipitación media anual de 1 500 mm. El bosque de estas dos formaciones se caracteriza por conservarse prácticamente inalterado. Son bosques densos y presentan una cubierta vegetal de musgos y líquenes. Las especies arbóreas más comunes son el pino de monte, araliáceas, *Polylepis* y variedades de mitáceas y ericáceas. Las especies vegetales más frecuentes son: ichu, pasto pluma, pilli, sankayo, kanlli, sillu sillu, cuncuna, paco paco, concona e itapallo.

## Estadio alpino, subalpino y nival

Las formaciones de estos pisos altitudinales se reducen a las áreas cordilleranas que superan los 4 500 m sobre el nivel del mar. La extensión del área es de 21 000 km$^2$. Las condiciones climáticas de estos estadios, donde no se superan los 6 °C y en el que las precipitaciones ocurren generalmente en forma de nieve, limitan el crecimiento de la vegetación, que en su mayoría presenta características singulares, al adaptarse al rigor del clima: su crecimiento, por ejemplo, es más lento.

En el estadio nival, en las cimas de nieves perpetuas de las cordilleras andinas, a unos 4 500 m sobre el nivel del mar y sobre una superficie de 2 600 km$^2$, el desarrollo de la vegetación es muy limitado. La vegetación típica de estos estadios es el huari coca, pupusa, zapatilla, cuncuna, ihurpa y paita. En los bosques húmedos y muy húmedos del estadio subalpino, la vegetación, debido al rigor del clima, es de escasa altura y está formada principalmente por arbustos. Los árboles ya no están presentes en estas elevaciones.

Finalmente, en las tundras húmedas, muy húmedas y pluviales del estadio alpino, en un medio climático tan extremado (con temperaturas inferiores a 1 °C), se registra una escasa presencia de especies vegetales. Estas formaciones se sitúan en las tierras altas de las cordilleras andinas y abarcan 4 460 km$^2$ de superficie.

## Las especies vegetales de la región templada

En el ámbito geográfico de las tierras bajas se distinguen las siguientes subregiones: el matorral desértico, el monte espinoso, el bosque seco, el bosque húmedo y el bosque muy húmedo. En las tierras montanas: el desierto, el matorral desértico, la estepa, el bosque húmedo, el bosque muy húmedo y el bosque pluvial. Y en el estadio subalpino: el desierto, el matorral seco, el matorral desértico y los bosques húmedos y muy húmedos.

### Las tierras bajas templadas

El matorral desértico abarca un territorio de 2 400 km$^2$, en áreas de poblaciones como Las Carreras, Impora, Oploca, Oro Ingenio y otras. El clima desfavorable, con escasas precipitaciones (que no superan los 150 mm anuales) y temperaturas promedio de 15 °C, determina la presencia de abundantes cactáceas, alternadas con especies leñosas que apenas superan los 3 m de altura y cuya cubierta vegetal está formada por gramíneas y

*La humedad alta permite potenciar las propiedades del bosque muy húmedo de las tierras montanas subtropicales y el desarrollo de musgos y líquenes en zonas con mucha pendiente.*

plantas rastreras. La vegetación más típica son el palqui y el algarrobo.

El monte espinoso se extiende sobre un área de 52 000 km$^2$, en poblaciones como Abapó, Izozog, Amboró, Quiroga, Millares, Villa Abecia, Camargo, Otavi, Aiquile y otras. El clima templado, con temperaturas suaves y precipitaciones medias, favorece el crecimiento de especies mediterráneas como el olivo, la vid, los higos y las nueces. Esta formación se encuentra en dos áreas concretas: la primera corresponde a los últimos contrafuertes de la cordillera andina; la segunda, a los Llanos orientales, entre los 180 y 350 m sobre el nivel del mar. La vegetación típica de esta formación es el chañar, cupesillo, toboroche, algodoncillo, azufaifo, maitén, sacha sandia, palo mataco, chiapi, vinal, cuguchi, carahuata, cuchi mara, quebracho blanco, ramo, pacpaco y lloke.

El bosque seco se presenta en grandes áreas de los departamentos de Santa Cruz, Chuquisaca y Tarija. Abarca una extension de 146 910 km$^2$. El clima de esta formación se caracteriza por presentar temperaturas bajas y una precipitación media anual de 500 mm. Las especies vegetales más comunes son: caranday, espino blanco, mashan, orusús, maitén, chañar, chichapi, choroqui corpustica, algarrobillo, bororó, cuchi, churqui, palqui, palo blanco, sotillo, zapallo, curupaú, brea, carahuata, toboroche, peroto, lapacho rosado, tajibo morado, yuazy, azufaifo, coca falsa, quebracho colorado, cacha cacha, guayacán y palo santo.

El bosque húmedo ocupa, por su parte, una extensa región de casi 134 000 km², localizada en la zona subandina y en sus alrededores, y en la parte más oriental de Bolivia, más exactamente, en los departamentos de Chuquisaca, Tarija y Santa Cruz. El clima es templado (con temperaturas entre los 15 °C y los 22 °C) y húmedo (con precipi-

taciones que oscilan entre 1 000 y 2 100 mm anuales). La vegetación dominante es la del bosque originario, latifoliado mixto, con múltiples especies por hectárea. Las más comunes: palo blanco, cedro, nogal, ajo, laurel, cuchi, chiapi, ambaibo, paraíso, curupaú, cupesillo, chirimoyo, jorori, penoco, ochoo, toco toco, papayón, totai, paquío, toboroche y peroto.

El bosque muy húmedo se encuentra en los últimos contrafuertes del frente Subandino, en los valles estrechos y profundos de esas vertientes, y ocupa una superficie que llega aproximadamente a los 4 500 km². Las condiciones climáticas se caracterizan por las elevadas precipitaciones (más de 2 000 mm y hasta 3 500 mm

## Bosques naturales aprovechables

| Zonas de vida | Área de bosque (km²) | % de bosque sobre el total |
| --- | --- | --- |
| **Tropical** | | |
| Bosque húmedo | 19 580 | 6,7 |
| Bosque muy húmedo | 18 300 | 6,3 |
| Bosque húmedo premontano | 31 000 | 10,6 |
| Tropical total | 68 880 | 23,6 |
| **Subtropical** | | |
| Bosque húmedo | 171 131 | 58,6 |
| Bosque muy húmedo | 36 700 | 12,6 |
| Bosque pluvial | 15 160 | 5,2 |
| Subtropical total | 222 991 | 76,4 |
| **Total** | **291 871** | **100,0** |

En los yungas, paraísos verdes donde la humedad es muy alta, las frecuentes neblinas otorgan a su paisaje un halo de misterio. En la imagen, sector de los yungas en La Paz.

*El relieve abrupto del desierto montano costero del área del salar de Uyuni presenta una vegetación rala y escasa de gramíneas estacionales que soportan extremas condiciones climáticas.*

anuales), con una temperatura media de 18 a 20 °C. Las altas precipitaciones se traducen en un bosque siempreverde, con árboles que superan los 35 m de altura. Las ramas de estos árboles presentan, en el estrato inferior, donde hay abundantes arbustos, especies epífitas como las bromelias y también musgos. La vegetación más común incluye el cedro, guayabo, laurel, tipa, nogal, curupaú, cuchi, palo blanco y pino de monte.

## El estadio montano templado

El desierto abarca una superficie de aproximadamente 38 000 km². Ocupa las áreas de los grandes salares del país y las zonas limítrofes con Chile y Perú. Hacia el sur del territorio presenta un paisaje de verdadero desierto: dunas y rocas modeladas por la acción erosiva del viento. El clima riguroso, las bajas temperaturas y las escasas precipitaciones (menos de 100 mm de media anual) son la causa de la escasa vegetación. La más común: pichana, ichu y suri.

El matorral desértico se extiende sobre un área de casi 53 000 km² del Altiplano meridional y abarca las poblaciones de Uyuni, San Pedro de Lípez, Sevaruyo, Toledo y Corque, entre otras. Las condiciones climáticas son semejantes a las del desierto, aunque en esta formación las precipitaciones son más importantes. La vegetación de esta zona es xerofítica. Predominan las gramíneas, festucas y calamagrostis. Las especies vegetales más frecuentes son la sacha thola, añahuaya, pichana, ullupuyuyo, lampaya, thola, koa thola, paja brava, ichu y cauchi.

La estepa se presenta en áreas aisladas de la zona subandina y del Altiplano sur, en las proximidades de Mojo y Villazón. La superficie total que comprende esta formación es de 12 850 km². El clima se caracteriza por temperaturas medias de unos 20 °C y una precipitación próxima a los 300 mm de media anual. La vegetación presenta una cubierta de césped bajo y continuo de gramíneas, alternada con arbustos dispersos que alcanzan los 3 m de altura. Las especies más frecuentes son: palqui, sehuenca y algarrobo.

El bosque húmedo abarca, en este caso, un área de 12 700 km², localizada en diferentes poblaciones como son Pasorapa, Presto, Zudáñez y Ravelo, entre otras. Los rasgos climáticos característicos son las temperaturas relativamente frías y la eleva-

*El cedro (Cedrela fissilis) es típico de las formaciones forestales de los bosques muy húme-* *dos y pluviales del piso montano y se desarrolla en las elevaciones de la cordillera Oriental.*

*El matorral seco, característico del estadio subalpino templado, está localizado en pequeñas áreas* *del Altiplano debido a las duras condiciones climáticas que impiden el desarrollo de la vegetación.*

da humedad, que ocasiona la constante presencia de neblinas. La vegetación ha sido muy alterada a causa de la importante actividad agraria. Las especies típicas son: ichu, chillihua, algarrobo, acacia, molle, jarca, chirimoyo y paco paco.

Los bosques muy húmedos y pluviales abarcan, en conjunto, unos 3 500 km², al sur del país, en pequeñas áreas del departamento de Tarija. El clima, con temperaturas frías y una alta humedad relativa, condiciona la fisonomía de su vegetación; las precipitaciones medias anuales oscilan de los 1 000 a los 4 000 mm, lo que la hace prácticamente igual a la subregión equivalente en el ámbito subtropical. La vegetación típica es el cedro, guayabo, tipa, nogal, laurel, pino de Tarija, aliso, arrayán, limoncillo y guaranguay.

### El estadio subalpino templado

El desierto ocupa una extensión aproximada de 10 000 km², localizada en la zona meridional y oeste del país, que sigue la frontera con Perú y Chile; la vegetación es casi inexistente y las pocas especies que pueden encontrarse son básicamente lampaya y pichana.

El matorral seco se localiza en pequeñas zonas del Altiplano norte y sur, en áreas más o menos planas y en serranías interaltiplánicas. El matorral seco o tundra seca subalpina tiene un clima riguroso muy similar al del matorral desértico, con amplitudes térmicas importantes entre el día y la noche, y con precipitaciones inferiores a los 300 mm. Prácticamente no existe vegetación natural, aunque aisladamente se presenta paja brava en arenales y thola en los suelos más evolucionados. La vegetación más común es: ichu, paja brava, pichana, añahuaya, choke kanlli, sanu sanu, chiji, ullpu yuyu y llapa.

El matorral desértico abarca las zonas planas del Altiplano, al sur del río Desaguadero, hasta el límite con Argentina. El clima extremado, con grandes diferencias entre las temperaturas diurnas y nocturnas, y la escasa precipitación anual impiden el desarrollo de la vegetación natural, a excepción de algunos pajonales aislados. La vegetación más común es el ichu, paja brava, pichana, añahuaya, choke kanlli y sanu sanu.

Por último, la especies vegetales más frecuentes de los bosques húmedos y muy húmedos son: ojsa, sillu sillu, pilli y berro.

# Fitogeografía

*Los bofedales presentan vegetación hidrofítica todo el año. En la imagen, reserva Ulla Ulla (La Paz).*

Teniendo en cuenta que en cada una de las regiones geográficas bolivianas es posible encontrar áreas con características tropicales, subtropicales y templadas, se han clasificado las diferentes regiones biológicas según su situación geográfica dentro de la zona andina, la zona subandina, los Llanos y el macizo Chiquitano.

## El ámbito andino

### Flora de la cordillera Occidental

En primer lugar, la flora de la cordillera Occidental o Volcánica es pobre debido a la elevada altitud de sus cimas, que superan los 4 500 m sobre el nivel del mar, y en donde apenas crecen especies vegetales. En los altos puertos de montaña, a consecuencia del deshielo, existen charcos permanentes (los llamados bofedales) con numerosas plantas higrófilas: llajcho o alga de agua dulce, y líquenes como la umaojsa y la murmunta. En cambio, en los altos valles de estas elevaciones, entre los 3 500 y los 5 000 m sobre el nivel del mar, predominan, aunque son poco extensos, los pastos de thola. Más arriba, en las cimas, ese pasto se combina con plantas como el iro. En altitudes intermedias, alrededor de los 4 500 m sobre el nivel de mar, existe un pasto verde de pequeñas plantas como la gentiana, el astrágalo y una pequeña cubierta vegetal en forma de cojín (*Pycnophyllum trollii*).

Dentro de esta cordillera se pueden distinguir varias regiones:

• *La región de piedemonte, con plantas de hoja suculenta*. La vegetación ha desarrollado rasgos singulares para una mayor adaptación a los largos períodos de sequía, de hasta ocho meses, que se dan en esta región. Para adaptarse a ello, presenta hojas de gran tamaño que permiten un mayor almacenamiento de agua.

En la zona septentrional de esta región, entre los 2 500 y los 4 000 m, predominan los cactus, el cardo de Castilla, el cactus candelabro y la achuma. Y en la zona sur, entre los 2 000 y los 3 500 m, esos cactus forman densos bosques, que son casi inaccesibles. Entre las diversas especies de cactus, destaca el airampu de la Puna, mezclado con plantas epífitas parásitas y plantas suculentas herbáceas. La yareta es otra de las plantas más comunes en esta región. Y el árbol o arbusto típico es la keñua, que generalmente forma pequeños bosquecillos.

• *La región de la planicie o zona de la thola*. Es más fría pero algo más húmeda que la de piedemonte, y en ella predominan diferentes variedades de thola. Es la región más importante de thola, especie que convive con la ñoque, y junto a ella forma pequeñísimos montículos. En la zona más septentrional existen pequeñas plantas de hojas suculentas y plantas compuestas como el ichu o la paja común.

• *La región de la planicie con vegetación arbórea*. Entre los 3 000 y los 5 000 m sobre el nivel del mar, crecen arbolillos como la keñua, el culli y la kishuara.

• *La región de la ribera de los salares*. Apenas presenta vegetación; en las márgenes de los salares se encuentran líquenes y musgos de la tundra típica. En los lagos y pantanales hay una importante presencia de algas.

### La vegetación propia del Altiplano

Es la franja del territorio boliviano, entre las dos cordilleras andinas, en la que se alcanza el límite de las nieves perpetuas, donde no puede sobre-

*La quinua (Chenopodium quinoa) es uno de los alimentos típicos del Altiplano andino, donde aparecen grandes plantaciones como las de la isla del Sol, en el lago Mayor del Titicaca.*

vivir ningún organismo. Aunque con un desarrollo pobre en general, el Altiplano posee una gran variedad de especies vegetales que han conseguido adaptarse a las modestas precipitaciones (unos 700 mm anuales) y a las bajas temperaturas medias (entre los 2 y los 8 °C) de la zona. En la época del deshielo, las planicies se convierten en extensos pastizales o «chijis». El Altiplano se divide en diversas zonas, que poseen características propias:

• *Las riberas del lago Titicaca.* La zona que rodea este gran lago goza de un microclima especial, a causa de la humedad que generan sus aguas y que no es frecuente en estas latitudes. Aquí pueden hallarse diversas especies de árboles autóctonos, como la kiswara o la keñua, ciertas especies importadas, entre las que destacan los eucaliptos, los cipreses y los pinos o determinados arbustos como la kantuta. La planta más característica de esta región es la totora, utilizada como alimento para el hombre, pero también como forraje para el ganado y que sirve de materia prima para construir embarcaciones. También se dan el chancu y el llajchu. Entre las plantas alimenticias más comunes de la zona merecen destacarse la papa, la papalisa, las habas, arvejas, cebada, alfalfa, oca, quinua y cañahua.

• *El Altiplano septentrional.* Presenta una flora de transición entre la vegetación del lago Titicaca y la del Altiplano central. La flora del Altiplano norte mantiene las características de la vegetación de ambas regiones. Sólo cabe destacar la papa, la cebada, la quinua, la oca y las habas.

• *El Altiplano central.* Es el sector más seco y frío. Se trata de una zona típica de crecimiento de la thola, la yareta, la paja brava, ciertas especies de cactus y otras plantas suculentas similares a las que aparecen en la región de los yungas altos. Las plantas alimenticias más comunes son la quinua, las papas y la cebada.

• *El Altiplano meridional.* En la franja sur altiplánica, el terreno es más árido, la humedad es menor y las temperaturas más bajas, por lo que sólo sobrevive la vegetación raquítica, diferentes especies de líquenes, yareta y thola. Alrededor de los salares no se desarrolla ninguna especie, y sólo en los lagos hay presencia de algas que colorean sus aguas y dan origen a un espectacular y bello paisaje.

## Cobertura vegetal en la cordillera Oriental

En esta región geográfica se distingue la sección de elevadas cimas. En ella hay mayor vegetación que en similares altitudes de la cordillera Occidental, especialmente en la zona septentrional, debido a

*En las altas cumbres de la cordillera Real aparecen pequeños charcos o bofedales y pastos húmedos, los «chijis», donde pueden encontrarse algunas algas como la chojlla (Bromus unioides).*

*En la región semitropical y húmeda de los yungas medios, la vegetación típica que se desarrolla presenta varias especies parasitarias adaptadas a la dureza del clima de la zona.*

su mayor humedad. Las cimas más altas presentan bofedales con plantas higrófitas, pastos húmedos o chijis donde hay grama, totorilla, umaojsas, algas, lajchu y chojlla. También hay yareta pako y la kkota, que son variedades de la yareta común. Entre los pastos también hay kheña-pasto, kheaculcha, khea-khea y el sankalayo.

## El sector subandino

### Flora de quebradas, valles y yungas

Los yungas son asociaciones vegetales de montaña, poco uniformes, localizadas en altitudes comprendidas entre los 1 000 y los 3 500 m. En estas zonas, la temperatura media anual es de 15 °C y las precipitaciones de 1 800 mm anuales. Los yungas abarcan una franja de altitudes muy amplia, de casi 3 000 m sobre el nivel del mar. Ello origina la existencia de tres formaciones vegetales distintas, según la altura correspondiente.

Los yungas de las zonas altas se localizan tanto en la cordillera Real como en la Occidental, por encima de los 3 500 m, aunque es en la primera de las nombradas donde la vegetación es más frondosa y abundante, gracias a la humedad que aportan los vientos procedentes de la cuenca amazónica al chocar contra las cumbres montañosas, provocando precipitaciones. En las áreas de mayor altitud se encuentran los típicos bofedales, zonas siempreverdes donde se acumulan las aguas, y los chijis o pastos húmedos, compuestos por grama, totorilla y una especie de yareta.

Los yungas medios están compuestos por una franja de terreno localizada entre los 2 500 y los 3 500 m conocida como «ceja de yungas». Es una región semitropical y húmeda en la que se desarrolla una vegetación típica formada por bambú, el charo o curí, diversas especies de helechos, numerosas epífitas, lianas y diversas plantas parásitas. Dado que en esta zona el clima no tiene la bonanza de las áreas más bajas, las plantas no se desarrollan con tanta exuberancia.

Finalmente, los yungas de las zonas bajas están compuestos por bosques muy densos cubiertos por una neblina permanente, lo que hace que también se los conozca con el nombre de «bosques nublados». La vegetación es muy variada, y en ella pueden observarse diversos estratos de árboles, que

*Entre el frente Subandino y la subpuna, en los valles profundos y secos, donde la sequía es permanente y dificulta el desarrollo de la vegetación, abundan los cactus, Browningia candelaria.*

abarcan desde las palmas y helechos gigantes hasta las gramíneas, pasando por numerosas plantas epífitas, como las bromelias y las orquídeas. Las plantas más comunes son la coca, el cacao, la yuca, el ñamé o gualusa y la hacu-huayaka. Los árboles siempreverdes suelen presentar hojas coriáceas de pequeño tamaño, y entre ellos destacan la puca huaycha, el laurel de cera y los pinos del monte. En estos bosques existen numerosas especies de árboles madereros como el laurel, el cedro, el ajo-ajo o el nogal y el ochoo.

Por su parte, las quebradas son las zonas más bajas de los valles, mucho más cálidas que los yungas, donde hay caña de azúcar, tacuará, bambú grueso, papaya silvestre y papaya corriente. Los árboles más característicos de esta zona son la quina, la cascarilla, la verdolaga amarilla y la blanca, el palo amarillo, la mora, el soto, el ambaibo, el cedro blanco y el rojo, y con una presencia menor también aparecen la goma elástica y los bananos. Hay además palmeras, entre las que predominan la chonta, la palmera zancuda o pie de gallo, y pequeños árboles como el palo santo de hormigas.

En tercer lugar, la subpuna o zona de los valles presenta mayor diversidad vegetal, ya que la altitud es menor. La sequía, aunque menor también que la del Altiplano, es casi constante y dificulta el crecimiento de la vegetación. Se distinguen:

• *Las altas mesetas secas de la subpuna.* Son características de ellas las plantas de naturaleza xerofítica, que han conseguido adaptarse al frío y a la baja humedad mediante la formación de numerosas espinas o tallos gruesos donde almacenan agua. Los ejemplares más representativos son los cactus, las plantas suculentas, los arbustos espinosos, las acacias, ciertos árboles que también se han adaptado a las condiciones climáticas como el algarrobo, churqui, olivo silvestre o acebuche, y los pastos duros de ichu y thola.

• *Las laderas de la subpuna.* A medida que disminuye la altura aumenta el número de especies vegetales y los árboles son más frondosos, como el algarrobo negro, el churquí duro, el sauce, el aliso, el chañar, el saúco y el eucalipto. Entre las hierbas destacan la romasa, el quentu y la sehuenca o las flores, entre las que sobresale la kantuta tricolor, flor nacional.

• *Los valles profundos y secos de la subpuna.* En los valles más profundos y más secos, de la zona de transición entre las vertientes de la subpuna y el frente Subandino, abundan los cactus, como el cactus de candelabro, el cactus columnar o ciertas especies de tuna y árboles como el molle, el churqui, el palqui, la acacia enana, la tara o el ceibo. Entre las plantas cultivadas más comunes de la zona merecen mención los cereales —entre los que destaca el maíz—, además del zapallo, el iscariote, la vid y el tabaco. Hay asimismo una importante presencia de especies vegetales que son utilizadas por las comunidades indígenas como plantas medicinales.

## Formaciones vegetales en el frente Subandino

En la zona de transición entre la subpuna y los Llanos, el frente Subandino posee especies vegetales de ambas regiones geográficas. Se distinguen:

• *La zona seca del sur.* En la zona de piedemonte, que es una región más húmeda que las áreas que la rodean, abunda la vegetación arbórea mixta: árboles típicos de áreas semidesérticas como el toboroche, el lapacho, el mapajó o el algarrobo blanco, y arbustos como el mistol, el chañar, la fusca y el ginerio; también hay árboles típicos de áreas húmedas: el soto, la mara, el roble americano, el tarumá, el cebil, el laurel, el cedro, la tipa, el nogal, el aliso y el pino de

*El mapajó (Ceiba pentandra) es un árbol típico de los paisajes semidesérticos de la zona meridional del frente Subandino que presenta tronco grueso y muy alto y copa extensa.*

Tarija, y plantas parásitas, como es el caso de la salvajina. Las plantas cultivadas son la vid, el tabaco, ají, maní, tártago y algodón.

• *La zona húmeda central o del norte.* En la zona septentrional domina el clima húmedo, lo que la diferencia de la meridional, más seca. La vegetación arbórea más común es la zarzamora o kari kari. También es importante la presencia de bambúes como la tacuará, el bambú gigante o tacuarembó, el cuchio y el charo. Existe gran variedad de palmeras como la chonta, pie de gallo y, entre los arbolillos, destacan el palo santo de hormigas, la papaya, la papaya silvestre y el ambaibo.

La cascarilla y la quina destacan por su valor económico, y las otras principales plantas son la coca, el cacao y el café.

## El dominio de los Llanos

Situados en la región oriental del país, los Llanos comprenden una extensa franja de terreno que va desde el este de los valles y quebradas hasta el río Paraguay. Comprende más de medio millón de kilómetros cuadrados de territorio boliviano y forma un paisaje de llanuras surcadas por ríos, alternadas con mesetas onduladas, situadas por debajo de los 800 m de altitud. El rasgo más significativo de su clima tropical reside en presentar elevadas temperaturas y un régimen de lluvias variable. En esta región geográfica coexisten los bosques tropicales húmedos y las extensas pampas o sabanas que presentan islas de bosque.

## Vegetación en las llanuras húmedas del Beni y del Mamoré

• *El bosque tropical.* Abarca la franja del territorio que se extiende a lo largo de las planicies nororientales del país, concretamente en áreas de los departamentos de Pando, Beni y la región norte de La Paz, comprendidas en una franja de altitud situada entre los 350 y 450 m sobre el nivel del mar. La temperatura media anual alcanza los 27 °C y las precipitaciones, los 3 900 mm anuales. Por sus características climáticas, y especialmente por el hecho de que la región está surcada por numerosos y caudalosos ríos, esta zona posee una impresionante riqueza vegetal y faunística. La flora está formada por un estrato vegetal arbóreo de altísimas copas, que pueden superar con facilidad los 30 m de altura, compuesto por un gran número de árboles, entre los que destacan los cedros y las palmeras, así como diferentes especies de ficus y jacarandaes. Sobre estos altos árboles se desarrollan numerosas especies de plantas epífitas, tales como orquídeas, trepadoras, bejucos y lianas. Cabe destacar que no son

*Las llanuras húmedas del Mamoré, con sabanas inundadas, presentan un paisaje típico con árboles altos que permiten el desarrollo de un manto de vegetación rico en musgos y líquenes.*

muy frecuentes los árboles de mediana altura. Esto se debe a que las formaciones más grandes crean una densa barrera que impide el paso de las radiaciones solares hasta el suelo, con lo que se crea un entorno penumbroso en el que se desarrolla bien un cierto tipo de especies, como los helechos gigantes, los bambúes, líquenes y musgos. Existe una variante del bosque tropical denominada selva o bosque de galería. Este bosque se localiza en zonas donde las temperaturas medias anuales son elevadas pero las precipitaciones (que tienen carácter estacional) son menores que las del bosque tropical. Los bosques de galería se sitúan en la franja de los cursos fluviales y los lagos que atraviesan las sabanas. Su extensión está condicionada por el caudal de los ríos y la permeabilidad de los suelos de los alrededores. Los cauces fluviales aportan la humedad y la cantidad de abono vegetal necesarios para el desarrollo de las diferentes especies vegetales. Entre las especies de árboles más comunes que se encuentran en el bosque de galería destacan aquellas típicas de climas tropicales, como son el cedrillo, el leche leche, diversas especies de tajibos, el palo balsa, la caoba o el sangre de toro. Se trata de bosques frondosos, con una cubierta vegetal de musgo y especies herbáceas, entre las que

abundan los helechos y las epífitas, a causa de la elevada humedad y del ambiente recalentado. Además, en estos bosques hay una importante presencia de lianas. En época de crecidas, los ríos tienden a desbordarse y voltear numerosos árboles, los cuales quedan atravesados en las cuencas fluviales e impiden o dificultan la navegación. Localmente, estas acumulaciones de árboles reciben el nombre de «palizadas».

• *Las sabanas de las llanuras orientales* están situadas en los departamentos de Beni, Santa Cruz y norte de La Paz. Abarcan una zona geográfica comprendida entre los 300 y los 350 m de altitud. La zona goza de un clima tropical con inviernos secos, presenta una temperatura media anual de 27 °C y unas precipitaciones anuales de 1 650 mm. Durante la época de lluvias, que dura cuatro o cinco meses, las fuertes precipitaciones empapan completamente los suelos, de manera que éstos pueden mantener la humedad hasta la siguiente estación propicia. La vegetación típica de esta sabana húmeda es la herbácea y está compuesta principalmente por extensos pastizales de gramíneas como el pasto amargo, la paja cerda, la toruna, el camalote, diferentes variedades de arrocillo y la cañuela. Entre los árboles más característis-

*El toboroche, junto con el cebil, el chichapi y el mistol, son las especies más características del Chaco seco. Son especies arbóreas xerofíticas que se han adaptado a la sequedad de la zona.*

ticos de la zona se hallan el ceibo, diversas palmeras que forman frondosos bosques, la nuez del Brasil, el tajibo, el almendrillo, el sirari, o el copaibo, árboles que en algunas ocasiones tienen usos medicinales. En las proximidades de los pantanos y lagos hay formaciones de árboles de mediana altura que reciben el nombre de «islas». Las áreas inundables favorecen el crecimiento de numerosas especies de flora acuática, tales como ciertos tipos de bambúes y la cañuela o taropé. Los habitantes de las sabanas cultivan en sus tierras maíz, yuca, arroz, plátanos, cacao, café y frutas tropicales.

## El paisaje de las llanuras bajas y secas del Chaco y Santa Cruz

En la zona oriental-sur del país, concretamente en el departamento de Santa Cruz, se extiende una amplia llanura seca conocida como los «llanos del Chaco», aunque, de hecho, está situada al norte de la región propiamente denominada «Chaco». Sus límites geográficos están fijados por el río Paraguay, al este, y la región subandina, al oeste. Está compuesta por un típico paisaje de sabana semidesértica, que posee, no obstante, dos franjas de territorio algo más húmedas, en las que la ve-

getación es más frondosa y tiene mayor altitud: la situada a lo largo del río Paraguay y la localizada en el extremo meridional, que recibe las aguas del macizo Chiquitano. Como corresponde a las características de altas temperaturas y escasa pluviosidad de la zona, el Chaco ofrece una flora típicamente xerofítica. En este tipo de vegetación, por adaptación, las plantas presentan hojas suculentas en las que almacenan el agua procedente de las escasas precipitaciones, numerosas espinas, o bien tallos leñosos y hojas con el reverso cubierto de finos pelillos, para absorber la humedad ambiental. También son frecuentes las plantas rastreras, que de este modo evitan la pérdida de humedad a la vez que crean un microclima a su alrededor, como es el caso de la carahuata o el sipoy, cuyas raíces tuberíferas almacenan una importante cantidad de agua en su interior, o la piña de bárbaros. Los árboles ofrecen formas características. Sus copas tienen una extensión considerable y los troncos presentan una anchura mayor en su zona media, donde la madera es muy porosa, lo que permite la acumulación de agua durante la estación lluviosa, que comprende los meses de diciembre hasta abril. Las especies más comunes de la zona son el toboroche, el cebil, el chichapi y el

*En las zonas permanentemente húmedas de los curiches existen plantas hidrofíticas, como la victoria regia* (Euryala amazonica), *cuyas hojas pueden medir hasta dos metros de diámetro.*

mistol. Los herbazales permanecen secos durante largo tiempo, pero reverdecen y alcanzan alturas considerables —de hasta metro y medio— con las lluvias. En la zona chaqueña existen franjas de terreno donde son comunes las agrupaciones de una variedad de palma denominada carandá. Esta planta actúa, al igual que los oasis en el desierto, como indicador que señala que en la zona el terreno es más húmedo durante ciertas épocas del año. Junto al carandá viven otras especies de árboles, aunque domina el estrato de arbustos. Estas zonas son conocidas popularmente como «palmares».

En el área occidental, en el piedemonte del frente Subandino, existe una mayor variedad y número de árboles que, además, son muy interesantes como productores de madera. Destacan entre ellos el cuchi, el quebracho amarillo, el quebracho colorado, el mapajó, el palo santo (más pequeño que el de la zona andina), el algarrobillo y plantas rastreras como la carahuata y el sipoy. Las plantas cultivadas son, principalmente, diversas especies oleaginosas, entre las que sobresalen el maní y el ricino.

En la región central del Chaco hay una mayor diversidad en la vegetación, con árboles imponentes como los toborochis o palo borracho, los algarrobos alternados con grandes hierbas y pajonales y, en determinadas áreas, el roble, el palo santo o guayacán, el lapacho y el palo mataco.

## La flora del macizo Chiquitano

Se distinguen en su interior tres zonas:

En la primera, húmeda occidental, de bosque alto y frondoso, la vegetación es exuberante, de bosque lluvioso, en el que abundan numerosas variedades de palmeras: la palmera real, la palmera de Chiquitos, chuco, sumuqué, la palmera negra, la palmera blanca, la chonta y el totaí, entre otras. La planta más típica es la vainilla aromática y los árboles más comunes son la quina-quina, el colo, el guayacán o palo santo y el cuchí.

La siguiente zona, de sabanas y tierras onduladas, es más seca, con abundantes pastos y plantas herbáceas. Los árboles más comunes son de la familia de las acacias: el curupaú, el ambaibo chiquitano y el paquío.

Finalmente, la zona pantanosa e inundadiza del alto río Paraguay es la región más húmeda, en la que predominan las plantas higrofíticas o acuáticas, como el taropé y la victoria regia. En el sector occidental de la misma, los bosques son más exuberantes, abundan las palmeras y también las plantas epífitas, como las lianas y las orquídeas. Los árboles son de hoja caediza, semejantes a los que se hallan en los bosques de galería del Beni. Y en la zona oriental, el paisaje es de sabana húmeda, de pastizales con pequeñas «islas» de árboles, como en la sabana del Beni.

# Las especies vegetales más frecuentes

| | | | |
|---|---|---|---|
| ■ Acaya, Cajú | ■■ Cuncuna | ■ Mapajó, Ceiba | ■■ Pupa jamillo |
| ■ Acacia | ■ Cuguchi | ■ Mara, Caoba | ■ Pupusa |
| ■ Acedera | ■ Cupechico | ■ Maracuyá | ■ Puya raimondi |
| ■ Achachairú | ■ Cupesillo | ■ Marayahú | ■ Quebracho |
| ■ Achuma | ■ Curí | ■ Marupa | ■ Quillay |
| ■ Ajo silvestre | ■ Curupaú | ■■ Mascajo | ■■ Quina |
| ■ Alcornoque | ■ Cusi | ■ Mashan | ■ Remo |
| ■ Algarrobo | ■ Duraznillo | ■ Menta | ■■ Retama |
| ■ Algodoncillo | ■ Espino blanco | ■ Menta muña | ■ Roble |
| ■■■ Aliso | ■ Eucalipto | ■ Mistol | ■ Romaza |
| ■ Almendra del Beni | ■ Gabún | ■ Molle | ■ Romero |
| ■ Almendrillo | ■ Garbancillo | ■ Momoqui | ■ Rosal |
| ■ Amargo, Isotoubo | ■■ Gargatea | ■■ Mora, Palo amarillo | ■ Sacha sandía |
| ■ Amarillo | ■ Gayabochi | ■ Morado | ■ Sacha thola |
| ■ Ambaibo | ■ Girasol | ■ Motacú | ■ Sahuano |
| ■ Anís | ■ Grama | ■ Motochi | ■ Sahuinto |
| ■ Añahuaya | ■ Granadilla | ■ Muña | ■■ Sankayo |
| ■ Aribibi | ■ Grosella | ■ Murmunta | ■■ Sanu sanu |
| ■ Arrocillo | ■ Guaporó | ■ Mururé, Urupi | ■ Sauce |
| ■ Asai del Chapare | ■ Guinda | ■ Nogal | ■ Sehuenca |
| ■ Augetín, Azufaifo | ■ Guitarrero sacha uva | ■ Nui | ■ Serebó |
| ■ Balsa | ■ Higo chumbo | ■ Ñamé | ■■ Sillu sillu |
| ■ Bi | ■■ Huari coca | ■ Ñoque | ■ Sinamomo |
| ■ Blanquillo | ■■ Huaycha | ■ Ochoo, Solimán | ■ Sinini |
| ■ Bororó | ■ Ichu | ■ Ojsa | ■ Sipico |
| ■ Brea | ■■ Ihurpa | ■ Oreja de mono | ■ Siringa |
| ■ Cabeza de mono | ■■ Incienso, Paquío | ■ Orusús | ■ Sujo |
| ■ Cabeza de negro | ■■ Iru Ichu | ■■ Pacay | ■ Sumuqué |
| ■ Cacao | ■ Isigo | ■ Pachiuba | ■ Sunchu |
| ■ Camalote | ■ Itapallo | ■■ Paco paco | ■ Suri |
| ■ Canelón | ■ Itauba | ■■ Paita | ■ Tabaco |
| ■ Caña | ■ Jacarandá | ■■ Paja brava | ■ Tacuará |
| ■ Cañuela | ■■ Jichiturique | ■ Pajibay | ■ Tacuarembó |
| ■ Carahuata | ■■ Kanlli | ■ Palillo | ■ Tajibo amarillo |
| ■ Caranday | ■ Kantuta | ■ Palma negra | ■ Tajibo morado |
| ■ Caraparí | ■ Kari kari | ■ Palmera carandá | ■ Tajibo negro |
| ■ Caripe | ■ Kea kea | ■ Palo balsa | ■ Tara |
| ■ Cauchi | ■ Kehuiña | ■ Palo blanco | ■ Tarumá |
| ■ Caucho | ■ Kellu kellu | ■ Palo borracho | ■ Tejeyeque |
| ■ Causillo | ■ Keñua | ■ Palo mataco | ■ Thola |
| ■ Cebadilla | ■■ Kishuara | ■ Palo maría | ■ Tipa |
| ■ Cebil | ■■ Koa thola | ■ Palo santo | ■ Toco toco |
| ■■ Cedro | ■ Lacre | ■ Palqui | ■ Toruna |
| ■■ Chañar | ■■ Lampaya | ■ Papaya del monte | ■ Totaí |
| ■■ Chepereque | ■ Lapacho | ■ Paraíso | ■ Totora |
| ■ Chichapi, Yuazy | ■ Lapacho rosado | ■ Paraparaú | ■ Trompillo |
| ■ Chiji | ■ Laurel | ■■ Pasto pluma | ■ Ullupuyuyo |
| ■ Chilca | ■ Leche caspi | ■■ Patujú | ■ Umaojsa |
| ■■ Chillihua | ■ Leche leche | ■ Penoco | ■ Uva de monte |
| ■ Chirimoyo | ■ Limoncillo | ■ Peroto | ■ Vainilla |
| ■ Chocolatillo | ■ Llajcho | ■ Picana amarilla | ■ Verdolago negro |
| ■ Choke kanlli | ■■ Lloke | ■ Pichana | ■ Vicia |
| ■ Chonta | ■ Lucuma | ■■ Pilli | ■ Waicha |
| ■ Choroqui | ■ Maitén | ■ Pingo pingo | ■ Yareta |
| ■ Coco | ■ Maíz | ■ Pino | ■ Yema de huevo |
| ■ Coloradillo | ■ Malva | ■ Pino de monte | ■ Yesquero |
| ■ Copaibo, Angelín | ■ Manca paqui | ■ Piñón | ■ Zapallo |
| ■ Corocho | ■ Mangaba | ■■ Pumamaqui | ■ Zapatilla |
| ■ Cuchi | ■ Maní | ■ Pupa | ■ Zarzamora |

■ Macrotérmica    ■ Mesotérmica    ■ Microtérmica

# La fauna boliviana

La fauna de Bolivia presenta un desarrollo paralelo al de la vegetación. Así, en aquellas zonas donde la vegetación es más rica hay una mayor y mejor variedad de especies animales. Y donde la vegetación es pobre, la fauna resulta escasa, ya sea por no disponer de un hábitat donde desarrollarse o por la precariedad de alimentos, de los que no se dispone en la zona.

La fauna del territorio nacional se puede clasificar en tres regiones: fría, templada y cálida.

## La fauna de la región fría

Engloba la fauna de las cordilleras andinas, el Altiplano y las áreas más altas de los valles o subpuna de la zona subandina. La región fría se caracteriza por la existencia de un clima relativamente frío y una presión atmosférica más baja, a causa de la elevada altitud, que se sitúa entre los 2 500 y los 5 000 m sobre el nivel del mar. El rigor del clima dificulta el desarrollo y la supervivencia de numerosas especies, por lo que el número de las que pueden considerarse típicas de la región es menor. La que de todos modos existe es la denominada fauna microtérmica.

### Aves y roedores

En esta zona abundan las aves y los roedores y, en cambio, son menores las especies de camélidos o auquénidos. Las aves son sin duda las especies más abundantes. El ave por excelencia de la cordillera andina es el cóndor. En el mismo orden existe el cóndor blanco, considerado como el rey de las aves de rapiña fuera de la cordillera andina. También están presentes: el buitre de México, el choya, el gallinazo, el halcón, el alkhamari y otras especies de

En la región fría andina, cerca del Poopó, abunda el aguilucho (Phalcobaenus megalopterus).

buitre como la paca o aguilucho y el cernícalo.

Otras aves destacadas son el gorrión, que se encuentra en las altas cimas de la cordillera del mismo modo que en los valles bajos de la subpuna y en el Altiplano, así como el kellunchu, el chuli-chuli, el huaychu, el colegial, el chiguanku, el psiquito, y la urpilita o palomita de puna, entre muchos otros. También cabe destacar la presencia del kochipachi, de la chaiña y de especies de colibríes, como el colibrí verde o el colibrí grande. Entre las aves nocturnas destacan el búho y la lechuza, el mochuelo y la lechucita. Por lo que hace a las aves migratorias, en la región montañosa domina el flamenco andino y una variedad de éste, el flamenco rojo, se encuentra en la laguna Colorada y en pequeñas lagunas de la zona sur de la cordillera Occidental. En estas lagunas —y más especialmente en las de la cordillera Real— hay gansos como la guallata y también diversas variedades de zambullidores. Entre las especies de palomas destacan el cullcu, la tortolita y la palomita de alas doradas, típicas de la cordillera. También cabe mencionar la choka, el leque-leque, la perdiz, la perdiz cordillerana, la becacina y la gaviota.

Entre los roedores destaca la vizcacha, que se encuentra entre las rocas de las laderas de la cordillera o en las cabeceras de los valles de las tierras de *bad lands* o vizcacheras. Otra especie es la chinchilla, prácticamente extinguida por el alto valor económico de su piel, de color gris celeste, que es la más cara del mundo. Los ejemplares supervivientes se encuentran en las altas cimas de la cordillera Occidental, por encima de los 5 000 m de altitud. Hay distintas variedades de esta especie, como la chinchilla del Altiplano o el chinchillón,

## El cóndor y su simbología

Y concluyamos este parágrafo subiendo aún desde la Altiplanicie y los lagos. Subamos hasta los picachos níveos. Subamos hasta el mismo firmamento. ¿Quién está ahí? El cóndor.

Es la culminación. Con el cóndor estamos ya entre la tierra y el cielo. Nos hemos aproximado al sol. Y el cóndor es también un símbolo. Si la llama representa la tierra y el pez el agua, el cóndor es el espacio infinito. En el cóndor hallamos otro tótem epónimo de los clanes primitivos altiplánicos. En el kuntur de los fundadores de Tiwanaku se muestra más claro que en los demás tótems, el factor místico. Con el cóndor sabían aquéllos elevarse al cielo. En este dominador de las cumbres cifraban la energía, la audacia, el movimiento, el ímpetu. No hay sino ver la maravillosa Puerta del Sol, donde junto al puma y al pez aparece el cóndor revestido de singulares atributos. Esa trilogía zoomorfa —cóndor, puma, pez— está gritando: ¡Fuerza! Allí se ve al cóndor hecho hombre, y al hombre hecho cóndor.

Hoy mismo, entre los indios de la meseta, este volátil es motivo de especial veneración. Y figura también en lugar prominente sobre el escudo boliviano. En lo cual vemos nosotros una regresión instintiva al primitivo clan. El cóndor es la raza, es la nación.»

Jaime Mendoza, *El Macizo boliviano*

*En la cordillera de Apolobamba existe una gran concentración de cóndores* (Vultur gryphus), *rapaz típica de los Andes y una de las aves voladoras de mayor tamaño de la Tierra.*

pero ninguna alcanza el valor ni la belleza de la chinchilla propiamente dicha. Dentro de los roedores pueden mencionarse asimismo los conejos de tierra, como el tojo del Altiplano, los conejos de indias o cobayos, el conejo cui doméstico y el silvestre o pampa huanku, el cui grande y el cui serrano. También destaca la rata coluda del Altiplano, el ratón andino y el ratón topo del Sajama. Entre las ratas de campo está la achulla de los valles altos de la subpuna, la achokalla, el ratón andino, la rata amarillenta altiplánica, la rata andina, el ratón ocráceo del Altiplano, que tiene su hábitat a 4 500 m sobre el nivel del mar, y el ratón chinchilla del Sajama, que vive a 4 000 m de altitud. Existen también varias especies de armadillo como el quirquincho mediano, en el centro y zona meridional de la puna, el quirquincho de bola, el quirquincho chico y el quirquincho de las seis bandas. Los hurones, como el huroncito, más habitual en el Altiplano, también están presentes en las zonas altas de los valles. Hay asimismo comadrejas, como la mustela de cola larga, y zorrinos, como el zorrino común o añatuya. Entre los cérvidos, que son escasos, pueden mencionarse los denominados ciervos de sierra o tarukas.

### Las especies de camélidos

Es mucho menor la presencia de especies de camélidos o auquénidos en las vertientes de las montañas, llanuras y mesetas altiplánicas. La más importante es la llama, que antiguamente era utilizada como animal de carga y medio de transporte. Todavía hoy proporciona al hombre carne, lana, leche y cueros. Menos abundante que ésta, pero también presente en la región fría, es la alpaca. Se encuentra en las zonas más altas y es muy valorada por la calidad de su lana. La vicuña silvestre se ha visto seriamente amenazada por la caza indiscriminada de que ha sido objeto, a causa de su valorada lana. Las instituciones oficiales han adoptado medidas legales encaminadas a protegerla. El guanaco silvestre, aunque poco presente, es el más fuerte, alto y robusto de la familia de los camélidos, lo que le ha permitido sobrevivir en condiciones adversas. Se le encuentra en las vertientes de las cordilleras andinas.

## La riqueza faunística de Bolivia

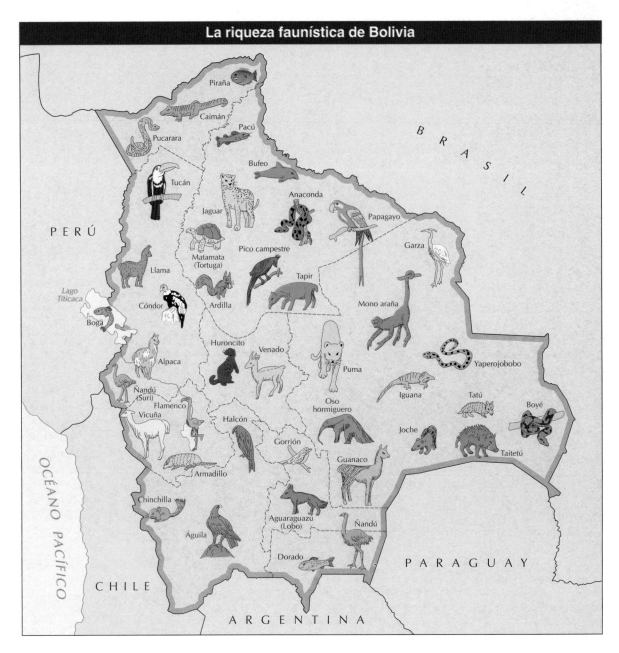

## Otros animales: mamíferos, insectos, reptiles…

Otras especies, aunque de presencia poco destacable, son el perro andino, compañero incansable de los indígenas que está siendo reemplazado por otras razas de perro importadas del extranjero, el zorro rojo, el pequeño zorro de monte, que se encuentra en altitudes a partir de los 2 000 m, y el zorro colorado.

En el Altiplano y en los valles altos de la zona de la subpuna aparecen, aunque de manera ocasional, felinos como el puma, el jaguar y el ocelo-te. Mucho más habitual es el gato montés, sobre todo una de sus variedades, llamada kholo-kholo.

Entre los reptiles destacan la culebra, la lagartija y una variedad enana de esta última, denominada sutu-huaylla. También hay sapos, ranas y sapos gigantes, en los fondos de los lagos.

Por lo que respecta a los peces, hay varias especies en el lago Titicaca: la boga, el umanto (y una variedad de éste: el ispi), el kaño, el pongo, el suchi y el mauri. Los crustáceos son numerosos en el citado lago.

En la zona andina, el frío y la altura no permiten un desarrollo amplio de insectos y otros inver-

*En la zona templada de los valles centrales viven felinos como el puma (Felis concolor), que a veces puede emigrar a las tierras calientes y, muy raramente, a las zonas más frías.*

tebrados. Las principales especies que pueden encontrarse en el Altiplano y en las cordilleras andinas son las cetonias, los coprófagos, las luciérnagas, las falsas cantáridas y las libélulas. También hay abejorros y gran diversidad de especies de hormigas, de las que la más habitual es la hormiga rojiza de pequeño tamaño. Son frecuentes además las nonecias, los piojos, la mosca y la pulga comunes, y el hipoboso del caballo. Hay también grandes mariposas nocturnas, llamadas taparacus. Entre las especies de arácnidos abundan las arañas y destaca asimismo el llamado escorpión de puna.

## Los animales de la región templada

Engloba la seccion media y baja de la zona de los valles y la parte más alta del frente Subandino. La zona de los valles se caracteriza por un clima de temperaturas ligeramente superiores a las que se dan en el Altiplano y en las cordilleras andinas, y más bajas que las del frente Subandino y los Llanos (media anual de 15 °C). Estas características climáticas, junto a la altitud media, 2 500 m sobre el nivel del mar, permiten un mayor desarrollo de la fauna y la flora. La fauna es la llamada mesotérmica. La flora es muy abundante y, en algunos casos, es la misma que puebla las regiones más frías.

### Mamíferos

Por lo que hace concretamente a la fauna, entre los mamíferos destacan las comadrejas y diversas variedades de marmotas: la achocalla, la achocalla parda, la marmota de montaña y la marmota noctámbula. También son importantes las numerosas especies de murciélagos: el chiñi o murciélago de Cochabamba, que se encuentra hasta los 3 600 m sobre el nivel del mar; el murciélago pardo oscuro, que es la variedad más común de la zona de los valles, y el murciélago orejudo, muy abundante en la zona sur de los valles. Entre los osos se encuentran los osos andinos y el oso de anteojos. Estos osos han visto reducido su número a causa de la persecución de los cazadores, por lo que su presencia en los valles de la subpuna es ya poco frecuente. Destacan además diversas especies de carnívoros como el zorro rojo, el zorro de monte y el zorro colorado. Se pueden men-

*El clima benigno conforme disminuye la altitud facilita la proliferación de la fauna en las tierras calientes, como los armadillos, entre los que destaca el* Dasypus novemcinctus *o «mulita grande».*

cionar asimismo varios felinos, como el puma —más abundante que en la zona fría—, el manchado y el gato montés. Entre los roedores, que también son muy abundantes, se encuentran ratones de campo, como el llamado ratón de los montes; en la zona meridional del país habita la rata arborícola y una gran variedad de ratas amarillentas. En los valles centrales destacan los ratones de campo y los ratones topos, que viven hasta los 3 500 m. También hay ratones hocicudos, en los valles del sur, y conejos cuis, como el conejo de indias y el cui grande andino. Existen, asimismo, varias especies de armadillo, como el quirquincho peludo mediano, el quirquincho peludo chico, el quirquincho de bola y el quirquincho de las seis bandas.

Los auquénidos no son habituales de este hábitat, ya que pertenencen a la región fría. Los cérvidos, en cambio, sí que son abundantes, como es el caso del venado andino y de la corzuela, en los valles más bajos.

### Aves, reptiles, insectos y peces

Las aves más comunes de la región templada, aunque también se presentan en otras regiones del territorio nacional, son el gorrión, el kochipachi y la chaiña; entre las aves nocturnas de presa destacan la yacayaca, la lechuza, el búho, el halcón y la paca o aguilucho. Entre las aves acuáticas sobresale el pato zambullidor y entre las palomas, el cuculi, la tortolita y la paloma del valle. De los colibríes cabe mencionar el colibrí gigante, el colibrí de pecho verde y azul, el de garganta rubí, el de pico de espada y el colibrí safo. También hay una gran variedad de perdices: la perdiz gris, que es una especie importada, la perdiz de tierra y la perdiz corriente.

En la zona de los valles se incrementa un tanto la presencia de reptiles, con un mayor número de víboras, culebras y lagartos. Entre los peces destacan el surubí, la palometa y el sábalo, entre otros. Los insectos e invertebrados de la zona fría también están presentes en la región templada. Cabe mencionar entre ellos la vinchuca, chinche nocturna muy peligrosa que es la portadora del «mal de Chagas», el ciempiés casero y el escorpión.

### La fauna de la región cálida

Comprende la fauna de los valles medios y bajos del frente Subandino sur, los valles del frente Subandino norte, los Llanos y el macizo Chiquitano.

*En suelo boliviano existen 77 familias de aves, con más de 1 100 especies, muchas de las cuales son endémicas. En la imagen, un grupo de aves zancudas en la llanura de Moxos. (Beni).*

Las condiciones climáticas —temperaturas más altas a alturas más bajas— y la diversidad de ecosistemas de esta extensa zona, facilitan la presencia y el desarrollo de una fauna variada y rica. La variedad faunística de este territorio, paralela a la diversidad de su flora, es la denominada fauna macrotérmica.

## De los primates a los peces

Dentro de la extensa fauna que habita en la selva tropical destacan numerosas especies de primates: monos nocturnos, como el mirikiná o el sahuí, el parahuacú, uácari rojo, saimiri, simiro amarillo de cabeza negra, cai común; monos araña y monos aulladores, titís y otros que no se encuentran en otras áreas del país.

Entre las especies carnívoras cabe mencionar el zorro de monte, el zorro de campo de las llanuras cruceñas y el lobo de crin del Chaco. El oso de anteojos destaca por su parte en la zona subandina. Entre los felinos existe el gato montés, el gato onza, el gato gris, el gato montés del Beni y el puma de las llanuras benianas y cruceñas y del frente Subandino. También abundan el jaguar y el llamado tigre americano.

Los roedores son muy abundantes en la región caliente. Existen ardillas como la antara, en los yungas del Beni, la ardilla roja cruceña y la ardilla gigante de Santa Cruz y del Chaco. También hay numerosas ratas de campo y ratones, como la rata acanelada del Chaco, la rata acuática del macizo Chiquitano o los tuco-tucos cruceños y de la zona chiquitana. Se encuentran asimismo murciélagos, como el murciélago negro de lana, el murciélago medio chato o diversas variedades de vampiros, los cuales son muy conocidos entre la población por su repercusión sobre el ganado de la región, al que chupa la sangre, y el murciélago leonado, que es el más habitual en toda la tierra caliente.

Las más diversas variedades de comadreja, como la comadreja overa que existe en esta zona, también se presenta en la zona de los valles, así como la comadreja choca, la comadreja chica y el karachupa del Chapare.

Existen variedades de oso hormiguero, como el yurumi del Beni o el oso melero del Chapare. Gran variedad de tejones, serafines o cicloturos y perezosos, armadillos como el pichi-ciego chaqueño y tatuejos como el mataco bola.

## Una temible serpiente

**M**endoza sobre la sicuri (*Boa constrictor*): «Cierta vez nos hallábamos en una estrada, viendo picar a un amigo —un siringuero—, cuando, de pronto, hacia un ángulo, sentimos un extraño rumor entre la hojarasca. Miramos por allí, y nos encontramos ante una cara chata y monstruosa que, a unos treinta pasos, con las quijadas apoyadas en tierra, tenía fija la vista en nosotros. En nuestro espanto, sólo atinamos a sacudir del brazo al siringuero y señalarle el punto de la asquerosa aparición. Y él, al verla, más asustado aún, echó a correr gritando: —¡Sicuri, sicuri!...— seguido instantáneamente por nosotros, entre los árboles y bejucos. Cuando, en la barraca, nos limpiábamos el sudor producido por la carrera y el miedo, decía el siringuero, ya en tono festivo: —Ese gallo debe tener por lo menos unas treinta varas de largo...»

Jaime Mendoza
*El Macizo boliviano*

*La mariposa es uno de los insectos más atractivos de la región cálida: la* Helicorius erato ve- *nustus se halla en Beni. En Bolivia existen múltiples especies que todavía no han sido estudiadas.*

Los cérvidos de esta región son muy numerosos en especies. Destacan los ciervos de curiches o pantanos, el ciervo común, la corzuela, la corzuela roja y la urina. Entre los tapires o antas abunda el tapir de las llanuras, presente en toda la región tropical, en especial en las riberas de los cursos fluviales, y el tapir chaqueño propio de la zona boscosa cruceña.

En los caudalosos ríos del Beni existe el bufeo o delfín fluvial y el manatí o vaca de río.

### Aves, reptiles, anfibios e insectos

El grupo de aves es también muy numeroso, abarcando especies rapaces como el cóndor, con su espectacular vuelo que va desde las altas cumbres de las cordilleras andinas hasta los Llanos, el buitre rey o cóndor blanco, el gallinazo, la sucha negra o diversos halcones como los tuis o la paca y el kharkancho, habituales de los Llanos cruceños y del Chaco. Destacan también las numerosas aves acuáticas y los vistosos pájaros de colores, como los guacamayos, papagayos, tucanes o loros, que poseen un gran interés económico.

Son abundantes también: la perdiz, el mutún, las codornices y los faisanes, las gaviotas, las palomas, los colibríes, la lechuza y el búho tropical, entre otros. También es importante la extensa fauna acuática de la zona, en la que destacan numerosas aves palmípedas como las garzas, diversas especies de patos y el martín pescador.

Los reptiles son muy numerosos, sobre todo en las regiones pantanosas, donde habitan las tortugas de tierra, la tracayá y la matamata del Beni, la tataruga del Chapare y los más peligrosos caimanes, iguanas y lagartos. Tanto la tortuga como los caimanes están en peligro de extinción por el interés que despiertan su carne y su piel. También son numerosas las víboras venenosas y serpientes: en los llanos tropicales y subtropicales se encuentran las mayores boas del mundo, que alcanzan hasta los ocho metros de largo.

Entre los anfibios más importantes de la región hay que destacar la gran variedad de batracios, cuyos máximos representantes son los sapos de la familia bufo y las ranas de la familia hyla.

Respecto a los insectos, su número es incalculable y tan sólo cabe mencionar las tarántulas así como los escorpiones. Destacan las numerosas especies de mariposas, de los más variopintos colores, los mosquitos y las abejas.

## Las especies animales más frecuentes

| Aves | | |
|---|---|---|
| ■■■ Águila | ■■ Perdiz de tierra | ■ Ardilla gigante del Gran Chaco | ■■ Puma o león amer. |
| ■ Becacina | ■ Perico | ■ Ardilla roja | ■■ Quirquincho |
| ■■■ Búho (juku) | ■ Pío | ■ Armadillo | ■■ Quirq. chico |
| ■ Buitre | ■ Quetzal | ■ Asno | ■■ Quirq. de bola |
| ■ Cacatúa | ■■ Tordo | ■ Bufeo o delfín fluvial | ■■ Quirq.de 6 bandas |
| ■ Cardenal | ■■ Tortolita o curucutú | ■ Caballo | ■ Rata andina |
| ■■ Carpintero o yaka | ■■ Tucán | ■ Cabra | ■ Rata coluda del Altiplano |
| ■■■ Cernícalo | ■■ Urugallo | ■ Carnero | ■ Ratón acuático |
| ■■ Chaiña | **Crustáceos y Peces** | ■ Carpincho | ■ Ratón común |
| ■ Chiguanko | ■ Anguila | ■ Chinchilla del Altipl. | ■ Ratón chinchilla del Sajama |
| ■ Choka | ■ Bagre | ■ Chinchilla real | ■■ Ratón de campo |
| ■ Cigüeña | ■ Blanquillo | ■ Chinchillón andino | ■■ Ratón topo del Sajama |
| ■ Codorniz | ■ Boga (khesi) | ■ Ciervo andino | ■ Sahuí |
| ■ Colibrí | ■ Candirú | ■ Ciervo de pantanos | ■ Saimirí |
| ■■■ Colibrí gigante | ■ Cangrejo | ■ Ciervo de pampas | ■ Tapir |
| ■■ Colibrí pico espada | ■■ Carpa | ■ Ciervo de Sierra | ■ Tití |
| ■ Colibrí rojo | ■ Dientudo | ■ Coati o tejón amer. | ■ Tojo anaranjado |
| ■ Cóndor andino | ■■ Dorado | ■ Comadreja chica | ■ Tojo del Altiplano |
| ■ Cóndor blanco | ■ Ispi o carachito | ■ Comadreja orera | ■ Toro |
| ■■ Cotinga | ■ Kaño | ■ Corzuela | ■ Tuco Tuco del Titicaca |
| ■ Cotorra | ■ Mauri | ■ Coyote | ■ Vaca |
| ■ Cuervo | ■ Pacú | ■ Cuis cuis o cobayo | ■ Vampiro |
| ■ Faisán | ■ Paiche | ■■ Cuis grande andino | ■ Vicuña |
| ■ Flamenco andino | ■ Palometa | ■ Cuis serrano | ■ Vizcacha |
| ■ Flam. o huajchacalla | ■ Paraiba | ■ Cuis silvestre | ■ Yegua |
| ■ Flamenco rojo | ■ Pejerrey | ■ Gato andino | ■ Yurumi del Beni |
| ■■ Gallareta | ■ Pintado | ■■ Gato montés | ■ Zorrino común |
| ■■ Gallinazo o paroqui | ■ Piraña | ■■ Gato onza u Ocelote | ■■ Zorro colorado |
| ■ Gallineta | ■ Pongo | ■ Guanaco | ■■ Zorro de monte |
| ■ Garza blanca pequeña | ■ Raya | ■ Huarizo | **Reptiles y Batracios** |
| ■ Garza real | ■■ Sábalo | ■ Hurón o grisón amer. | ■ Anaconda o sicurí |
| ■ Gavilán | ■ Suchi | ■ Jaguar u onza | ■ Boa constrictora |
| ■■■ Gaviota de río | ■ Surubí | ■ Liebre | ■ Boyé |
| ■ Golondrina | ■■ Trucha arcoiris | ■ Lince | ■ Caimán |
| ■■■ Gorrión (pichitankha) | ■ Umanto | ■ Llama | ■ Camaleón |
| ■ Grullas | **Insectos** | ■■ Lobito de río | ■ Culebra común |
| ■ Guacamayo | ■■ Abeja | ■ Lobo de crin | ■ Galápago |
| ■ Guallata | ■ Abejorro | ■ Manatí o vaca de río | ■ Iguana marina |
| ■■■ Halcón | ■ Apasanka o tarántula | ■■ Marmota de montaña | ■ Iguana o peni |
| ■ Kellunchu (mukusúa) | ■ Araña | ■■ Marmota noctámbula | ■■ Lagartija |
| ■■ Kochipachi | ■ Avispa | ■ Mono araña | ■ Lagarto |
| ■■ Lechuza o chuseka | ■ Chinche nocturna | ■ Mono aullador | ■ Matamata |
| ■■ Leque-leque | ■ Cienpiés casero | ■ Mono negro | ■ Pabilo |
| ■■ Loro | ■ Escorpión de Puna | ■■ Murciélago de Cochabamba o Chiñi | ■ Rana de lago |
| ■ Martín pescador | ■ Hormiga | ■■ Murciél. de cola libre | ■ Salamandra |
| ■■ Mochuelo | ■ Hormiga rojiza | ■■ Murciél. leonado | ■ Sapo |
| ■ Mutún | ■ Libélula | ■■ Murciél. medio chato | ■ Sapo gigante |
| ■■■ Ñandú o suri | ■ Luciérnaga | ■■ Murciél. negro lana | ■■ Serpiente cascabel |
| ■■ Paca o aguilucho | ■ Mariposa | ■■ Murciél. orejudo | ■■ Serpiente pucarara |
| ■■■ Paloma cullcu | ■ Mariposa nocturna | ■■ Murciél. pardo oscuro | ■ Sicuri |
| ■■■ Paloma del valle | ■ Mosca común | ■■ Mustela cola larga | ■ Sirari |
| ■■ Pal. de alas doradas | ■■ Mosquito | ■■ Oso andino | ■ Tartaruga |
| ■ Papagayo | ■ Piojo | ■ Oso hormiguero | ■ Tortuga o peta |
| ■■ Pato zambullidor | ■ Pulga común | ■ Oveja | ■ Tortuga pata roja |
| ■ Picaflor | **Mamíferos** | ■ Parahuacú | ■ Yoperojobobo |
| ■■ Perdiz cordillerana | ■■ Achocalla común | ■ Perezoso | |
| ■■ Perdiz corriente | ■■ Achocalla parda | ■ Perro de monte | |
| | ■ Alpaca | | |
| | ■ Antara | | |

■ Macrotérmica   ■ Mesotérmica   ■ Microtérmica

# Los parques nacionales

Los parques nacionales y espacios protegidos del país han nacido de la necesidad de conservar la extensa variedad de flora y fauna más representativas de los diversos ecosistemas que existen en Bolivia. Estos espacios suman unos 70 000 km², es decir, el 6 por ciento de la superficie nacional boliviana. En la mayoría de estos espacios se hace difícil precisar con exactitud la superficie y los límites.

Se han creado un total de 23 áreas protegidas, con diferentes categorías, las más importantes de las cuales son: Parque Nacional o Natural, Reserva Nacional, Reserva Natural o Biológica, Reserva Fiscal, Reserva Integral, Reserva Forestal de Inmovilización, Monumentos Nacionales o Naturales, Refugios, Santuarios, etcétera.

La Reserva Nacional de Fauna Andina Eduardo Avaroa trata de dar protección al suri (avestruz).

## Clasificación de las áreas protegidas

En concreto, en el territorio nacional existen básicamente las siguientes categorías:

Los parques nacionales o reservas de vida silvestre son áreas relativamente extensas dedicadas a la protección y conservación de animales y plantas en su estado natural, en las que no está permitida la explotación o la ocupación humana. Se permite visitarlas con fines educativos o recreativos, y las únicas alteraciones que se admiten son las imprescindibles para asegurar su control y la atención de los visitantes. Se encuentran bajo un régimen legislativo muy estricto.

Los refugios de vida silvestre están formados por las tierras necesarias para la protección, conservación y desarrollo de animales silvestres.

Los santuarios de vida silvestre son lugares habitados por una única especie singular o zonas de concentración de determinados animales que pueden considerarse motivo de atracción ecoturística.

Las reservas nacionales son áreas intermedias, sin una legislación tan estricta como la de los parques nacionales, en las que se permiten las actividades económicas y el asentamiento humano.

Los monumentos son regiones geográficas poco extensas, de interés paisajístico, natural o histórico.

## Los parques nacionales más importantes

La buena disposición a la hora de crear nuevos parques se ve dificultada por la escasez de medios existentes para su posterior conservación y custodia. Es difícil frenar la colonización de áreas protegidas, con asentamientos humanos ilegales, y la destrucción de los bosques con la tala indiscriminada de árboles.

Los principales espacios protegidos del país son: Parque Nacional Isiboro Sécure, Parque Nacional Cerro Sajama, Reserva Nacional de Fauna Andina Eduardo Avaroa, Reserva Nacional de Fauna Andina Ulla Ulla, Parque Nacional Huanchaca o Noel Kempff, Estación Biológica del Beni, Parque Nacional Amboró, la Reserva Nacional de Fauna Amazónica del Manuripi-Heath, etcétera.

### Parque Nacional Isiboro Sécure

Creado en 1965 con la intención de preservar las cuencas de los ríos que existen en la sierra de Mosetenes. Situado en una franja de territorio de la zona central del país, comprende parte de los departamentos de Cochabamba y Beni, entre los ríos Isiboro y Sécure.

Es el parque más extenso del país, con un total de 1 200 000 hectáreas. Por esta razón, y porque

En 1946 se declaró parque nacional el nevado de Sajama y se establecieron multas para la tala de árboles y la caza; en él abundan los pajonales ralos con afloramientos rocosos.

alberga todos los ecosistemas que hay en el territorio nacional, desde las llanuras tropicales y las sabanas hasta las altas cumbres andinas, debería ser el de mayor importancia, pero en la actualidad más del 70 por ciento de su extensión se encuentra en grave estado de deterioro a causa de los numerosos asentamientos humanos, la caza indiscriminada, la tala masiva de árboles y la quema (chaqueo) para la obtención de pastizales. Estos hechos hicieron que, lamentablemente, a principios de la década de 1980 las Naciones Unidas consideraran oportuno eliminarlo de la lista oficial de Parques Nacionales y Reservas protegidos.

Dentro de sus límites, que abarcan desde los 300 hasta los 4 000 m de altitud, se pueden localizar diversos ecosistemas, de los que aproximadamente un 70 por ciento corresponden a ecosistemas de bosque montano o submontano (yungas y puna) y el resto a sabanas.

Por este motivo, la fauna y vegetación presentes en el parque abarcan las especies más típicas de todos estos ecosistemas, muchas de las cuales se encuentran en peligro de extinción.

## Parque Nacional Cerro Sajama
Está situado en la franja noroccidental del departamento de Oruro y fue creado en 1946. Tiene una extensión aproximada de 80 000 hectáreas y comprende el espectacular volcán Sajama, pico más alto del país a 6 542 m de altitud. En las faldas del volcán existen además fuentes de aguas termales y, en las proximidades, un salar donde es posible hallar fósiles marinos.

El parque fue creado, en un principio, para preservar los bosques de keñua de la zona, que habían sido expoliados para la obtención de carbón y leña. La flora es amplia y variada: thola, yareta, hongos, variedades de gramíneas y compuestas, juncáceas y gelicianas. Destacan, además, las especies animales características del Altiplano andino como el cóndor, el puma, la vicuña o el avestruz andino. La región fue en otros tiempos también el hábitat de la chinchilla y el guanaco, hoy extinguidos.

El paisaje es típico de alta montaña o puna, con planicies cubiertas de pobre vegetación y zonas de bofedales que se hallan sobreexplotadas por el pastoreo. Cerca del parque hay una formación rocosa denominada «ciudad de piedra». Esta formación ha sido originada por la fuerte erosión, que ha modelado en las rocas figuras que se asemejan a las de una verdadera ciudad.

## Reserva Nacional de Fauna Andina Eduardo Avaroa
Fue creada en 1973, y en 1981 su extensión fue ampliada hasta alcanzar las más de 715 000 hectáreas que posee en la actualidad. El objetivo de su

| La reserva Eduardo | abunda en el piedemonte |
| Avaroa es el mayor | andino. Se alimenta de |
| hábitat de protección de | hierbas y tiene gran va- |
| la vizcacha, roedor que | lor por su carne y su piel. |

| Existe un animal en las | mono. Entre las distintas |
| tierras calientes que no | variedades está el mono |
| se localiza en el resto de | aullador, Alouata seni- |
| regiones: el primate o | culus (en la imagen). |

creación fue la protección del flamenco, el avestruz americano, la vicuña y el guanaco.

La reserva está situada en la provincia Sud López, del departamento de Potosí, junto a la frontera con los vecinos países de Argentina y Chile. Presenta una enorme belleza paisajística que incluye extensas cumbres nevadas, volcanes, numerosos lagos y lagunas que suelen tener origen glaciar, y los manantiales de aguas termales. La zona cuenta además con una extensa riqueza mineral, de la que destacan los yacimientos de plomo, plata, bismuto y azufre. Existen también numerosas fuentes geotérmicas de las que se está realizando un estudio en vistas a utilizarlas como fuente de energía. Su aprovechamiento deberá ser muy controlado para evitar daños al ecosistema de la reserva.

Posee una fauna y flora típicas de tierras andinas. La flora de la región es pobre, principalmente herbáceas graminoides y pequeños matorrales. Entre las especies vegetales, destacan las formaciones de yareta (muy amenazadas en la actualidad porque la planta es utilizada como combustible en las explotaciones mineras), keñua, thola, cactáceas bajas, especies de los géneros festuca, senecio, etcétera.

Respecto a la fauna, son importantes los casi extinguidos suris o avestruces americanos y las vicuñas. Destaca la presencia de la vizcacha y del zorro colorado. También merecen especial atención las 36 especies de aves contabilizadas, de las que 22 son acuáticas, como es el caso de las poblaciones de flamencos, tan características del parque, donde alcanzan los casi treinta mil ejemplares. Dominan entre todas ellas la perdiz gigante o kiula y el ganso andino o huallata, y es escasa en cambio la microfauna.

### Reserva Nacional de Fauna Andina Ulla Ulla

Este parque fue inaugurado en el año 1972 y su extensión es incierta, aunque se le calculan entre 130 000 y 240 000 hectáreas. La reserva está situada en la franja occidental del departamento de La Paz, en la frontera con Perú. En un principio, fue creada con la finalidad de proteger la vicuña y la alpaca, que se hallaban casi extinguidas, y los diferentes ecosistemas de la zona. En 1977 fue declarada Reserva de la Biosfera por la Unesco, pero años más tarde perdió esa categoría al no haberse realizado inversiones para su conservación.

*En la Reserva Nacional de Fauna Andina Ulla Ulla, la avifauna es rica por el gran número de lagos y ríos en la base de la cordillera de Apolobamba. Flamencos en una laguna de la reserva.*

*La Estación Biológica del Beni, dependiente de la Academia Nacional de Ciencias de Bolivia, se fundó para proteger la fauna, la flora y los recursos hidrológicos de Ballivián y Yacuma.*

La zona destaca por poseer una gran belleza paisajística, con altas montañas, lagos de origen glaciar, extensos altiplanos y diversos manantiales de aguas termales. Su ecosistema mayoritario es el de puna alta, donde domina la yareta. La vegetación de esta zona es pobre. En la fauna destacan algunas valiosísimas especies: por ejemplo, en la cordillera de Apolobamba, situada dentro de los límites de la reserva, se encuentra la mayor concentración de cóndores del país. También son frecuentes las poblaciones de vicuñas, alpacas y llamas, estas dos últimas domesticadas por los habitantes de la zona. Merecen especial atención las extensas poblaciones de aves acuáticas que habitan en las lagunas de la reserva, de las que se han contabilizado más de setenta especies, tanto autóctonas como importadas.

## Estación Biológica del Beni

Fue creada en 1982 mediante un acuerdo entre la Academia Nacional de Ciencias de Bolivia y la Estación Biológica del Parque Nacional de Doñana (España). Posee 135 000 hectáreas de extensión y está situada en la zona meridional del departamento del Beni.

La estación trata de proteger el ecosistema de sabana existente en la zona, caracterizado por atravesar una época de extrema sequía y otra de lluvias, que se producen desde finales de diciembre hasta junio y favorecen la inundación de extensas zonas del parque, por lo que la presencia de flora y fauna acuáticas es muy relevante.

Entre las especies vegetales, destacan las agrupaciones de mara o aguano, que componen una de las formaciones boscosas de esta especie mejor conservadas del país. En la sabana o pampa predominan las gramíneas, a veces con árboles, en ocasiones con pequeños bosques, denominados islas de bosques o curichis, y árboles aislados. La fauna es también muy rica y en ella destacan diversas especies acuáticas, como ciertas palmípedas (garzas, gansos, cigüeñas), además de caimanes, nutrias y batracios. Entre los animales de las zonas boscosas hay varias especies de monos, armadillos, tapires, felinos y más de doscientas especies de aves, muchas de ellas de vistosos colores.

Dentro de los límites del parque habita el grupo étnico de los chimanes, quienes, a pesar de los esfuerzos gubernamentales realizados para su protección, ven reducido su número año tras año.

*Vista panorámica de una de las cataratas más conocidas del país: Arco Iris, en el curso del río Pauserna, dentro de los límites del Parque Nacional Noel Kempff, departamento de Santa Cruz.*

## Parque Nacional Huanchaca o Noel Kempff

Fue creado en 1979 y posee una extensión de unas 700 000 hectáreas aproximadamente. El Parque Nacional Noel Kempff está situado en la franja nororiental del departamento de Santa Cruz, junto a la frontera con Brasil. Su difícil acceso y su relativamente reciente inauguración hacen que el parque esté aún poco estudiado, pero, al mismo tiempo, ambas circunstancias lo han preservado en un estado casi virgen.

En este parque hay extensas zonas de bosque subtropical. Situado en una región mesetaria conocida como Escudo brasileño, está sometido a una estación de lluvias que hace que las vías de acceso sean intransitables durante esa época del año. La flora es abundante y frondosa, y entre las especies más representativas de su fauna destacan el ciervo de los pantanos, el tapir, el pecarí, el puma, así como un extenso número de primates y de aves.

Como nota anecdótica cabe mencionar que el escritor sir Arthur Conan Doyle utilizó las notas obtenidas por uno de los primeros exploradores de la zona —P. H. Fawcet, en 1908-1909— como inspiración para su novela titulada *El mundo perdido*, que fue publicada en el año 1912. En la actualidad, el parque está dedicado al naturalista Noel Kempff

Mercado, quien perdió la vida en los trabajos previos a la inauguración de éste.

## Parque Nacional Amboró

Inaugurado en 1973 como Reserva Natural Teniente coronel Germán Busch, en 1984 accedió a la denominación de Parque Nacional. Posee una extensión de 180 000 hectáreas y está situado en la franja occidental del departamento de Santa Cruz.

De enorme belleza paisajística, es también de una gran riqueza en su flora: la mara, abundantes palmeras, bromeliáceas y orquídeas, además de fauna típica del ecosistema de yungas al cual pertenece el parque. En la fauna, precisamente, está representada la práctica totalidad de las especies de aves, mamíferos y reptiles de la cuenca amazónica, excepto las especies propias de las sabanas. Destacan entre ellas el jucumari, *Felis onca*, tayassu-pecari, *Mazzana sp.* y aves como el mutún copete de piedra, quetzales o el gallito de la roca.

A pesar de ser una zona protegida, durante los últimos años han aflorado diversos asentamientos humanos, algunos de los cuales se dedican a la explotación maderera del bosque, especialmente de árboles de gran valor como la mara, y a la caza y captura del extenso número de especies animales que pueblan el parque.

## Reserva Nacional de Fauna Amazónica del Manuripi-Heath

Inaugurada en 1973, posee una extensión total de más de 1,5 millones de hectáreas y está situada en los límites de los departamentos de Pando y La Paz. Fue el primer parque organizado en territorio nacional. En un principio, la reserva fue creada para preservar una especie vegetal, la *Hylea amazonica*. Representa un buen ejemplo de bosque húmedo subtropical y en ella está permitida la caza con fines científicos, lo que en la práctica lleva a numerosos abusos por la falta de control existente. También se han tolerado explotaciones de goma y de castaña del Beni.

Las especies vegetales más abundantes son el mapajó, motacú, higueroncillo, trompillo, ochoo, leche-leche, palo diablo, asai del Chapare, palma negra, ambaiba negra, balsa, guayacán, pacay, tajibo, cusi, chonta y cedro. Por lo que se refiere a la riqueza faunística, también se puede decir que es muy abundante y variada. Destacan las numerosas especies de primates: entre ellas, el mono negro, el mono pigmeo y el tití, que son el objetivo predi-

El gallito de la roca (Rupicola peruviana) es un ave de gran belleza, puede localizarse con gran dificultad en las regiones de «ceja de monte» y los yungas, y está en peligro de extinción.

Foto: Enciclopedia *Bolivia Mágica* / Hugo Boero Rojo

lecto de los cazadores ilegales que siguen actuando en esta zona de la cuenca amazónica.

## Reserva Forestal de inmovilizaciones Chimanes y Reserva Fiscal de Cerro Tapilla

La primera es una extensa zona que abarca el sector de Chimanes, Maniqui y San Borja. La Reserva Fiscal de Cerro Tapilla fue creada en el año 1940 como medida urgente para la protección de la chinchilla. Está situada en la región occidental del departamento de Potosí.

Cronológicamente, fue la primera área protegida constituida en el territorio boliviano, en este caso para salvaguardar una especie animal.

## Parque Nacional Cerro Mirikiri de Comanche

Fue inaugurado en 1963 con la finalidad de proteger una especie vegetal gigante perteneciente a la familia de las bromeliáceas, la *Puya raimondii*. El parque posee una extensión muy limitada, menos de 50 hectáreas, y está establecido en una propiedad privada, en la franja sudoccidental del departamento de La Paz.

La flora de este parque está representada principalmente por la *Puya raimondii* y por cactáceas *Trichocereus bertramianus*, sicuya, chilca, thola, etcétera. La fauna presenta básicamente abundancia de chinchillones y de aves como el alkamari (*Ptilosceles resplendens*). En el cerro que da nombre al parque existe una rica cantera de la que se extraen grandes cantidades de mármol.

*El Refugio de Vida Silvestre la Hacienda Huancaroma, enclavado en la provincia Cercado, nació como un esfuerzo privado para prevenir la degradación de la población local de vicuñas.*

*El Parque Nacional de Tuni-Condoriri protege parte de la cordillera de los Andes que incluye la pista de esquí más alta del mundo, Chacaltaya, y prohíbe la caza de cóndores, venados, etc.*

Desde el año 1987 se le conoce también bajo el nombre de Santuario de Vida Silvestre Flavio Machicado Viscarra.

## Reserva Forestal El Choré

Fue constituida en 1966 y posee una extensión que supera las 900 000 hectáreas. Hoy se calcula que su superficie está dañada en más del 90 por ciento a causa de la explotación indiscriminada que sufre por parte de diversas compañías madereras y por el exterminio de su fauna.

## Reserva Nacional de Fauna de las Lagunas del Beni y Pando

Fue creada en el año 1961 y su extensión es difícil de precisar. Está situada entre los departamentos del mismo nombre y su finalidad primordial fue la de preservar las especies de caimanes y lagartos que habitaban en la zona.

Cabe mencionar, no obstante, que desde su creación no se han tomado disposiciones posteriores para proteger la riqueza ecológica del lugar, por lo que puede decirse que, en la práctica, la existencia de la reserva es meramente simbólica. La flora y la fauna de esta reserva son las que corresponden a la sabana y el bosque amazónico.

## Refugio de Vida Silvestre Huancaroma

Se creó en 1975 como medida de urgencia para proteger la población de vicuñas de la zona. Posee una extensión de 11 000 hectáreas y está situado íntegramente en los límites de una hacienda privada, en el norte del departamento de Oruro.

## Otras zonas de régimen especial

Otras áreas afines, con regímenes especiales, son:
• *Reserva Fiscal de las Lagunas Alalay y Angostura*. Fue creada en 1940 en la zona central del departamento de Cochabamba con la finalidad de potenciar el desarrollo piscícola de los lagos. Cabe mencionar que la laguna de Alalay es la que se encuentra más degradada, por estar situada dentro del perímetro del área urbana de Cochabamba. En ambas, no obstante, se han realizado introducciones de especies de peces tales como el pejerrey o la carpa, aunque esta última parece perjudicar a la primera.
• *Parque Nacional del Condoriri y de Yungas*. También conocido como Tuni-Condoriri, por ser éste el nombre de la presa situada en su perímetro que provee de agua potable a la ciudad de La Paz. Fundado en 1942, tiene una superficie de 15 000 hectáreas aproximadamente. Fue creado para proteger la fauna andina de la zona y preservar su riqueza. El parque cuenta con un ecosistema típico de puna, y su vegetación corresponde a la tundra pluvial alpino-subtropical. En los márgenes de los lagos predominan los bofedales y las plantas vistosas. La fauna dominante está integrada por cóndores, venados, ciervo andino, taruka, guemal, zorros, co-

madrejas, atoj, khamake y vizcachas. Cabe destacar un extenso número de especies de aves acuáticas, que habitan en sus numerosas lagunas, tales como el ganso andino y —en otro aspecto— el oso andino o jucumari, casi extinguido en la actualidad. Lamentablemente, dentro de sus límites se ha instalado un campamento minero que causa graves daños medioambientales a la zona.

• *Parque Nacional Bellavista*. Con una superficie de 90 000 hectáreas, el parque fue inaugurado en 1946. Está situado al norte del departamento de La Paz y comprende una zona de bosque húmedo subtropical, del que destacan las extensas colonias de cedros, explotadas comercialmente, las quinas y las numerosas especies de orquídeas. Desde hace algún tiempo, se han producido diversos asentamientos humanos ilegales dentro de los límites de la reserva.

• *Parque Nacional Mallasa*. Inaugurado en el año 1956, es uno de los parques de menor superficie del país, con algo menos de 75 hectáreas. Está situado en las proximidades de la ciudad de La Paz, lo que lo convierte en el área de recreo de los habitantes de la capital del país. Cabe destacar las plantaciones masivas de eucaliptos, especie caracterizada por su rápido crecimiento, que se han realizado dentro de sus límites.

• *Parque Nacional Tunari*. Fue creado en 1962 con el objetivo prioritario de proteger la ciudad de Cochabamba de las inundaciones producidas por las torrenteras situadas en sus alrededores. Su ecosistema característico es de yungas. Con la ayuda del gobierno germano, se llevó a cabo la plantación de numerosos eucaliptos y pinos, pero en la actualidad estas zonas padecen un creciente abandono. Además, la franja meridional del parque está siendo afectada por la construcción de edificaciones, algunas de ellas ilegales. No es un parque nacional en sentido estricto, sino más bien un parque «urbano», un espacio verde próximo a una gran ciudad para el disfrute de sus habitantes.

• *Parque Nacional Las Barrancas*. Fue creado en 1966 con la finalidad de frenar la fuerte erosión producida en los valles de Tarija. Su extensión es muy reducida, algo menos de 350 hectáreas, y se halla situado en la zona noroccidental del departamento de Tarija. Posee un ecosistema característico de puna, del que, no obstante, a causa del exceso de pastoreo, han desaparecido gran parte de las especies vegetales autóctonas. Actualmente la zona sufre el asedio de las empresas constructoras inmobiliarias, que pretenden edificar dentro de sus lími-

*El Refugio de Vida Silvestre Estancias Elsner Hermanos, en las provincias Ballivián, Yacuma y Marbán (Beni), lo forman las estancias Espíritu, San Rafael y Yacuma, propiedad privada.*

tes para aprovechar su proximidad a la ciudad de Tarija, la capital del departamento homónimo.

• *Refugio de Vida Silvestre Estancias Elsner Hermanos*. Fue creado en 1978 para proteger la fauna típica de sabana que se desarrolla en su superficie. Está situado en la zona meridional del departamento del Beni, dentro de las propiedades privadas de los hermanos Elsner, que dan nombre al refugio. Su fauna es la típica de la sabana de Moxos: saurios, venados y felinos.

• *Santuario Cavernas Repechón*. Está compuesto por una serie de cuevas situadas en la región central del departamento de Cochabamba, donde habitan unas aves de costumbres nocturnas denominadas guácharos o luceros. Estas aves se encuentran en grave peligro de extinción debido a la caza masiva que sufren, ya que su grasa es utilizada en la fabricación de velas. La zona presenta un ecosistema de bosque tropical muy húmedo, en el que crecen unas palmas de cuyos frutos se alimentan principalmente estas aves, y que también necesitan protección.

• *Reserva Nacional de Yura*. Su creación es reciente y se ha llevado a cabo para realizar la repoblación de vicuñas que habitaban en la zona. Está situada en la zona oriental del departamento de Potosí y posee además una rica fauna acuática, de la que destacan el ganso del Altiplano o las truchas que proliferan en el lago Toro, ubicado dentro de sus límites.

## Áreas protegidas y parques nacionales

| Denominación | Año de Creación | Departamento | Región |
|---|---|---|---|
| Reserva Fiscal de Cerro Tapilla | 1940 | Potosí | Altiplano |
| Reserva Fiscal de las Lagunas Alalay y Angostura | 1940 | Cochabamba | Valle |
| Parque Nacional Pasos del Condoriri a Yungas (Tuni-Condoriri) | 1942 | La Paz | Altoandino |
| Parque Nacional Cerro Sajama | 1946 | Oruro | Altoandino |
| Parque Nacional Cerro Mirikiri de Comanche (Santuario de Vida Silvestre Flavio Machicado Viscarra) | 1946 | La Paz | Altoandino |
| Parque Nacional Bellavista | 1946 | La Paz | Subtropical |
| Parque Nacional Mallasa | 1956 | La Paz | Cabecera de valle |
| Reserva Nacional de las Lagunas del Beni y Pando | 1961 | Beni/Pando | Amazonia |
| Parque Nacional Tunari | 1962 | Cochabamba | Valle |
| Parque Nacional Isiboro Sécure | 1965 | Cochabamba/Beni | Tropical |
| Parque Nacional Las Barrancas | 1966 | Tarija | Valle seco |
| Reserva Nacional de Fauna Andina Ulla Ulla (Reserva de la Biosfera) | 1972 | La Paz | Altoandino |
| Reserva Nacional de Fauna Andina Eduardo Avaroa | 1973 | Potosí | Altiplano sur |
| Reserva Natural Teniente Coronel Germán Busch (Parque Nacional Amboró) | 1973 | Santa Cruz | Amazonia |
| Reserva Nacional de Fauna Amazónica del Manuripi-Heath | 1973 | La Paz/Pando | Tropical húmedo |
| Reseva Nacional de Fauna de Potosí | — | Potosí | Altoandino |
| Refugio de Vida Silvestre Huancaroma | 1975 | Oruro | Altiplano |
| Refugio de Vida Silvestre Estancias Elsner Hermanos | 1978 | Beni | Amazonia |
| Parque Nacional Huanchaca o Noel Kempff | 1979 | Santa Cruz | Amazonia |
| Estación Biológica del Beni | 1982 | Beni | Amazonia |
| Santuario de Vida Silvestre Cavernas Repechón | 1986 | Cochabamba | Valle |
| Parque Nacional de Torotoro | — | Potosí | Interandino |
| Estación Biológica Sama | — | Tarija | Altoandino |
| Reserva Nacional de Flora y Fauna Tariquia | 1989 | Tarija | Trópico seco |

# Ecosistemas amenazados
# y ecoturismo

La destrucción del medio ambiente en el país amenaza con afectar a todos y cada uno de los variados ecosistemas que conforman su riqueza biológica en la actualidad.

Las amenazas afectan a las zonas de sabana, donde la tala indiscriminada de árboles provoca grandes alteraciones en la composición de los suelos. Estas acciones se llevan a cabo con la finalidad de conseguir materia prima para la industria maderera o bien para ganar más superficie de tierras de pastoreo mediante la tala y posterior quema de los bosques (chaqueo).

## La progresiva degradación de los ecosistemas

De esta manera se obtienen rápidos beneficios económicos pero con una perspectiva muy limitada ya que, sin la pantalla protectora que ofrecen los bosques, los vientos arrastran la fina capa de materia orgánica (humus) que cubre las tierras. Este hecho provoca que emerjan a la superficie las capas de arena más profundas, sobre las que las plantas sólo consiguen crecer con enorme dificultad por tratarse de un estrato poco fértil. Además, esta arena puede ser a su vez arrastrada por los mismos vientos a las áreas colindantes, lo que produce un aumento de la desertización de la zona, que en pocos años deja de ser explotable ni tan siquiera como tierra de pastoreo.

## Deforestación y otros procesos de empobrecimiento de la tierra

La deforestación también se ha producido en la zona de los valles centrales de los departamentos de Cochabamba, Chuquisaca y Santa Cruz. Hace un tiempo fue tan masiva la tala de árboles autóc-

*Paisaje degradadado en Santa Cruz, resultado de la acción antrópica en los ecosistemas naturales.*

tonos, cedros y nogales principalmente, que en la actualidad en todo Sucre no existe más que un ejemplar de cedro centenario, que ha sido protegido declarándolo Monumento Nacional.

Recientemente, en esta zona se ha llevado a cabo un proceso de reforestación al plantar árboles de olivo verde que, a pesar de no ser autóctonos, se han adaptado muy bien a las condiciones climáticas del lugar. Mediante estas acciones se consigue, por una parte, la formación de barreras arbóreas que frenan los procesos de erosión eólica y, por otra, la creación de una nueva fuente de subsistencia para los nativos del lugar, ya que estos árboles pueden comenzar a dar sus primeros frutos al cabo de cinco años de haber sido plantados.

Otro proceso de desertización y empobrecimiento de la tierra por erosión eólica se lleva a cabo a través de la erosión producida por las aguas. Un ejemplo claro lo constituyen los valles meridionales del departamento de Tarija, que poseen unos desniveles considerables y donde la pérdida de la vegetación autóctona inducida por la actividad humana provocó el rápido empobrecimiento y agrietamiento de las tierras, ya que las precipitaciones, al no encontrar barreras naturales, arrastraban todo a su paso.

En la actualidad, se está procediendo a una extensa plantación de árboles en estas tierras, como primer paso para frenar la erosión del suelo.

En los valles de la cordillera Real u Oriental puede observarse la magnífica adaptación a las duras condiciones climáticas de la zona de las especies vegetales que pueblan el lugar. La vegetación originaria de zonas más templadas ha conseguido,

*La degradación de los hábitats naturales y la práctica indiscriminada de la caza ponen en peligro muchas de las especies de la fauna boliviana. En la imagen, un jaguar (Panthera onca).*

poco a poco, colonizar estas regiones, y manifiesta su adaptación con un empequeñecimiento general de la planta. Las especies que crecen frondosamente en las áreas templadas forman aquí diminutas matitas para poder aprovechar mejor el calor solar.

De la misma forma, pero a la inversa, las especies originarias de mayores altitudes crecen aquí de manera mucho más exuberante. Este frágil ecosistema se ve amenazado por la sobreexplotación humana del lugar, que tiende a convertirlo en tierras de labranza para el cultivo de cítricos, café, coca o yuca, entre otros productos.

En las zonas del Altiplano se llegaron a talar extensas masas arbustivas de keñua y kishuara que, en antiguas épocas, se utilizaban como combustible de los hornos de fundición de los que se extraía la abundante plata existente en la zona. Este hecho provocó una actividad aún mayor de la erosión eólica y el consiguiente enfriamiento de las tierras, que, sin la correspondiente capa de humus, eran incapaces de refractar el calor solar. Además, cabe añadir la extrema pobreza de las comunidades indígenas que pueblan la zona, y que a causa de ella se ven obligadas a la sobreexplotación de las tierras para poder sobrevivir.

Una acción rápida y urgente de reforestación puede contribuir en esta zona del país al incremento de la temperatura ambiente y del grado de humedad y favorecer las precipitaciones. Este proceso puede ser facilitado por el uso de las especies vegetales autóctonas de la región y otros árboles, como los eucaliptos, que poseen las ventajas de tener un rápido crecimiento y producir elevados beneficios económicos a corto plazo.

## Animales en peligro de extinción

También la fauna boliviana se encuentra gravemente amenazada. La tala de los bosques provoca la desaparición de los hábitats naturales de numerosas especies animales, así como la de sus fuentes de subsistencia. En otros casos, ha sido la caza indiscriminada la que ha provocado su extinción, como en el caso de la chinchilla, completamente desaparecida en la actualidad de los altiplanos bolivianos, donde era endémica.

Entre los animales que se hallan más seriamente amenazados en la actualidad, destacan:
• El *quirquincho*, especie de armadillo altiplánico, cuyo caparazón se utiliza en la fabricación de charangos.

*El aumento de la población de El Alto contribuye a una mayor contaminación de los ríos próximos, derivada de la vida cotidiana de la ciudad, y de los vertidos industriales y la minería.*

• El *flamenco rosa*. Tradicionalmente, los campesinos se dedicaban a recolectar los huevos, frenando su multiplicación. Por fortuna este hábito poco a poco tiende a desaparecer.

• El *ñandú o suri*, perseguido por sus bellas plumas, que se usan en la fabricación de plumeros y otros atuendos cefálicos de los pueblos andinos.

• La *llama*, especialmente debido a la ceremonia —muy importante en los Andes— de enterrar un feto de este camélido antes de iniciar la construcción de una nueva vivienda.

• Los *chanchos*, los *jaguares*, los *gatos monteses* o los *caimanes*, todos ellos muy apreciados en los países europeos y en Estados Unidos para fabricar abrigos de piel y diversos artículos de lujo.

• *Aves exóticas y* diversas especies de *monos*: utilizados con finalidades científicas o como animales de compañía en Europa y Estados Unidos.

• Otras veces, la fauna autóctona se encuentra amenazada por cambios en sus hábitats naturales, causados por la introducción de especies foráneas o por la acción del hombre. Un ejemplo de esto son los umantos, peces típicos del lago Titicaca, que desde hace unos años vienen disminuyendo a consecuencia de la introducción de una especie de trucha de gran voracidad.

Cabe añadir, además, que la importancia de estos hechos no sólo radica en la desaparición de una especie animal, ya de por sí muy grave, sino también en las consecuencias que se producen sobre el ecosistema. Así, la desaparición masiva de aves comporta el incremento inusual del número de insectos que ya no se hallan con sus depredadores naturales; algunos de ellos son incluso dañinos para las cosechas o transmiten enfermedades al hombre.

## La amenaza de los vertidos

Las aguas de las cuencas fluviales del territorio nacional también se hallan amenazadas porque numerosas industrias vierten en ellas sus desechos químicos, altamente contaminantes, sin ningún tipo de control. Estos hechos están acabando con la rica fauna acuática del país y, al mismo tiempo, favorecen el crecimiento de especies más resistentes y mucho más peligrosas, como las pirañas.

También es importante la contaminación fluvial en la que incurren los buscadores de oro que utilizan mercurio, un mineral altamente tóxico, para realizar su trabajo. Al final del proceso el mercurio se vierte a las aguas, donde es absorbido por los peces de la zona que lo retienen en su tejido graso. De

*El Altiplano, cuya diversidad orográfica es el resultado de fenómenos erosivos, volcánicos y geotérmicos, constituye uno de los puntos de mayor interés para los amantes de la naturaleza.*

allí, a través de la cadena alimentaria, este mercurio puede pasar al hombre.

A pesar de que todos estos datos puedan hacer augurar un futuro pesimista para el país, los estamentos oficiales, conscientes de la importancia de esta problemática, están tomando medidas para la protección del medio ambiente. Merece destacarse la creación, en 1979, de la Asociación Pro Defensa de la Naturaleza (Prodena), que junto con la Sociedad Boliviana de Ecología y el Instituto de Ecología fundó, en 1985, la Liga de Defensa del Medio Ambiente (Lidema), que realiza tareas de coordinación y apoyo con diversos organismos de carácter privado. En 1987 se fundó la Subsecretaría de Recursos Naturales y Medio Ambiente (actualmente Viceministerio), como respuesta institucional a las actividades privadas y en 1990 se decretó la Pausa Ecológica Histórica, por medio de la cual se creó un organismo especializado y un instrumento legal que tienen como principal objetivo frenar el deterioro de los recursos naturales del país.

## Legislación medioambiental

En 1992 se promulgó la Ley del Medio Ambiente, cuyo principal objetivo es compaginar el desarrollo económico y cultural del país con la protección de la naturaleza, mediante el estímulo al desarrollo sostenible de los recursos naturales de Bolivia.

Ese mismo año se formó el Centro de Estudios Especializados en Derecho y Política Ambiental (CEDPA), constituido por diversos especialistas en derecho ambiental y creado para informar y concienciar a la población sobre la necesidad de proteger el medio ambiente, así como sugerir propuestas de programas que permitan evaluar la aceptación de las normativas jurídicas ambientales existentes hoy o promulgar nuevas leyes al respecto. Hasta mayo de 1997, el CEDPA ha publicado una serie de diez Boletines Ambientales, en los que se abordan algunas de las problemáticas más graves sobre la conservación del medio ambiente en el país. Buenos ejemplos de ellas pudieran ser:

• La necesidad de promulgar una nueva ley de aguas, puesto que la actual ha quedado totalmente desfasada (data de 1879). Según las costumbres de la época, la propiedad del agua correspondía al dueño de las tierras donde se encontrara este recurso. Hoy en día se discute la conveniencia de que el Estado sea el propietario de los recursos naturales, entre ellos el agua, para poder desarrollar políticas racionales al respecto, de protección y control,

*El país ofrece atractivos lugares para visitar. Uno de los más celebrados se localiza en la zona del lago Titicaca, donde se aúnan aspectos de la naturaleza con restos de culturas primitivas.*

e incluso de aplicación de sanciones cuando se realice un mal uso de este bien perecedero.

• La nueva Ley Forestal, aprobada en julio de 1996, permite el desarrollo sostenible de los bosques del país, asegurando su protección y, al mismo tiempo, garantizando el aprovechamiento de sus recursos.

• La participación activa de todos los colectivos sociales en la protección de la riqueza natural: los padres, como principales educadoras de los futuros habitantes del país; los pueblos originarios, por ser los que se hallan en contacto más directo con la naturaleza y por depender de ella para su subsistencia; y todo tipo de organizaciones de base y no gubernamentales, que puedan abarcar áreas poblacionales más extensas y promover la movilización social.

• La necesidad de realizar una buena educación medioambiental, desde todos los ámbitos educativos, para sentar las bases que permitan crear futuros expertos en la materia.

## Ecoturismo

El territorio nacional cuenta con enormes atractivos a partir de sus parajes naturales, de gran riqueza, que poseen una extensa flora y fauna, y numerosos vestigios de las antiguas civilizaciones que han poblado su territorio desde tiempos inmemoriales. No en vano, la expresión «vale un Potosí», que hace referencia a algo de gran valor económico, fue acuñada durante la época colonial, cuando en las minas del mismo nombre, en el sector centro-sur del territorio, se llegaron a extraer inmensas cantidades de plata.

Las numerosas áreas protegidas y parques nacionales son un verdadero reclamo para la población que desee disfrutar de la naturaleza, en sus aspectos menos alterados por el hombre y por sus actividades.

La variedad climática, orográfica, en definitiva física, del país permite elegir un destino entre una amplia gama de posibilidades. En el territorio nacional se encuentran prácticamente todos los ecosistemas del mundo. Desde el lago Titicaca y sus islas hasta las regiones de aguas termales de difícil acceso, y desde los Llanos hasta las altas cimas de la cordillera andina, el turista disfruta de los más variados paisajes, en los que podrá encontrar también gran variedad de flora y fauna.

En la actualidad, existen varias compañías turísticas privadas que operan en el territorio boliviano, y se dedican a programar diversos itinerarios a lo

## Principales destinos del ecoturismo por departamentos

**B**olivia, en sus más de un millón de kilómetros cuadrados de extensión, comprende un impresionante abanico de escenarios naturales de gran belleza, que son visitados por los amantes del ecoturismo. Algunos de estos «rincones» del país están aquí, ordenados por departamentos.

**Beni:** Rurrenabaque; lagos Rogagua, Rogaguado, San Luis y San Pablo; lagunas Huachi, Huatunas, Yusala, Huachuna, Agua Clara, Ginebra, La Dichosa, Bolivia, Navidad, Las Abras, Larga, Maracaibo, Indiquique, San José, Arare, Tapada, Nuevo Mundo, Viborilla, La Porfía, Victoria, El Bi, Barbachi, Mery, Gloria y San Pedro.

**Chuquisaca:** paisajes de la Puna, de los valles y de las regiones subtropical y tropical.

**Cochabamba:** sitios arqueológicos de Inkallajta (Inkarakay), Pasorapa y Tupuraya; selva de Chapare; lagunas Alalay y Angostura; colina de San Sebastián; parques nacionales Isiboro Sécure y Tunari.

**La Paz:** estación de esquí de Chacaltaya, la más alta del mundo (más de 5 500 m); cumbres andinas: Illimani, Mururata, Condoriri, Huayna Potosí; cascada Velo de Novia (yungas); Sorata, «La Perla de los Andes»; Valle de la Luna; lago Titicaca, lugar sagrado de los inkas, y, en su interior, las islas del Sol y de la Luna; parque nacional Cerro Mirikiri de Comanche y reservas de Ulla Ulla y Manuripi-Heath.

**Oruro:** los Arenales, el río Desaguadero, los lagos Poopó y Uru Uru, los cerros Villa Pucarani y Sajama (techo nacional, a 6 542 m de altitud); la laguna Colorada, los impresionantes salares de Uyuni y Coipasa; parque nacional Cerro Sajama y refugio de vida silvestre Huancaroma.

**Pando:** espesa selva tropical con una gran riqueza faunística (tapir, jaguar, puma, taitetú, cérvidos, capiguara, oso hormiguero, tejón, coatí, gato montés, zarigüeya, iguana, simios, lagartos de río, boas, tortugas de tierra y acuáticas, etc.) y de peces (pacú, surubí, dorado, blanquillo, bagre, palometa, etc.).

**Potosí:** la «ciudad de piedra»; lagunas del Rey y de la Reina o la de San Ildefonso; reservas Eduardo Avaroa, Cerro Tapilla y Yura.

**Santa Cruz:** famosas ruinas precolombinas de Samaipata; cascadas de Espejillos y Caparuch, el río Piraí o la hermosa meseta de Huanchaca; lagos Uberaba, Cáceres, La Gaiba, Mandioré y Concepción o las lagunas de Santa Rosa (una de las zonas ecológicas más ricas del mundo), Jesús de los Vitones, Candelaria y Marfil; los parques nacionales de Noel Kempff y Amboró.

**Tarija:** los importantes vestigios arqueológicos de la Ciudad de Piedra. El paisaje del departamento comprende bellos escenarios de ecosistemas tropicales, puna y valles, en los que los barrancos formados por el curso de los ríos son ciertamente espectaculares. En la época de pesca, la zona del río Pilcomayo recibe gran afluencia de turistas argentinos, pues es un lugar idóneo para la práctica de la pesca deportiva.

largo del país, a través de los cuales los visitantes podrán acceder tanto a los paisajes como a la variedad cultural de esta nación. Es imprescindible mencionar, sin embargo, que Bolivia no cuenta aún con una infraestructura bien organizada al respecto, aunque se están realizando esfuerzos para aumentar las cifras de turistas, tanto nacionales como extranjeros. En 1993 éstas se elevaron a más de cuatro millones y medio de viajeros del propio país, y más de dos millones y medio de visitantes extranjeros.

De todas maneras, el país puede ya ofrecer una amplia gama de posibilidades a los viajeros que buscan el contacto directo con las culturas autóctonas y el disfrute de espléndidos y contrastados paisajes. Pero cabe añadir que el turismo puede llegar a convertirse en el futuro inmediato en una fuente de ingresos considerable: por este motivo, las instituciones oficiales han de multiplicar sus esfuerzos para conservar las riquezas con las que la naturaleza ha dotado a Bolivia.

# Los departamentos

La división administrativa

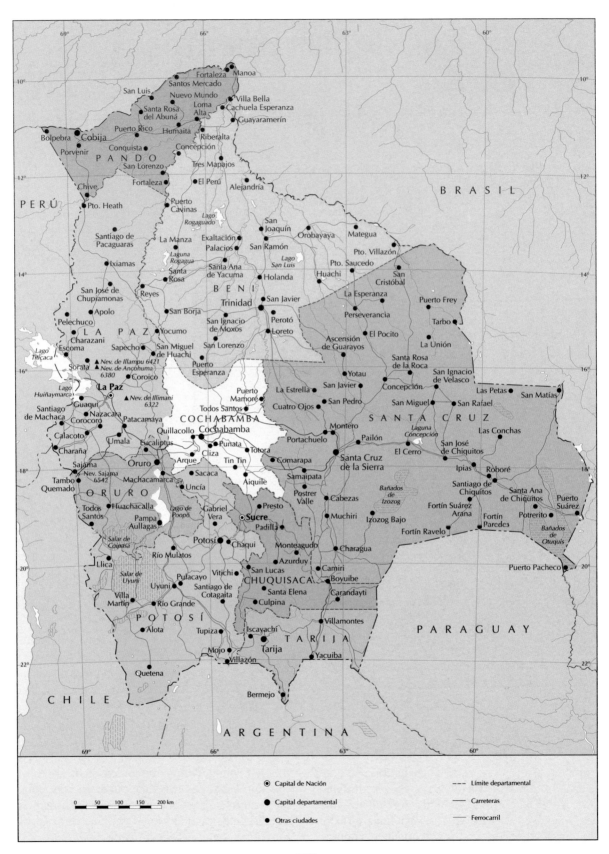

# La división administrativa

La República de Bolivia se halla integrada por 9 departamentos, que a su vez se dividen en provincias. El prefecto es la máxima autoridad de los departamentos, y el subprefecto, de las provincias. La organización política del país experimenta un proceso de ajuste ante las nuevas realidades sociales y económicas, y ello se traduce en nuevas subdivisiones administrativas, en particular en la mitad occidental, pues es allí donde se hallan las principales concentraciones demográficas. Las provincias se dividen en cantones, que se agrupan en secciones municipales, al frente de las cuales están los corregidores. A su vez, los cantones pueden estar organizados sobre la base de divisiones administrativas menores, como el vicecantón, la comunidad, el corregimiento, la estancia, el centro minero, el pueblo o la localidad, y cada una de estas fórmulas encuentra su origen en las tradiciones históricas y en la estructura económica y social de cada región del país.

Actualmente, el departamento del Beni está dividido en 8 provincias: Chuquisaca en 10, Cochabamba en 16, La Paz en 20, Oruro en 16, Pando en 5, Potosí en 16, Santa Cruz en 15 y Tarija en 6.

## Beni

El departamento del Beni se extiende por la mitad septentrional del país. Limita al noroeste con el departamento de Pando, al nordeste con la República del Brasil, al sudeste con el departamento de Santa Cruz, al sur con el de Cochabamba y al oeste con el de La Paz. Está integrado por 8 provincias (Cercado, General José Ballivián y Segurola, Iténez, Mamoré, Marbán, Moxos, Vaca Díez y Yacuma). Trinidad es la capital departamental. El depar-

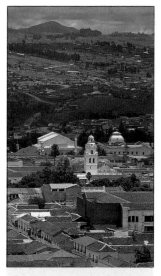

*Sucre, capital del departamento de Chuquisaca, fue proclamada capital de la República en 1839.*

tamento del Beni fue creado por decreto supremo el 18 de noviembre de 1842, bajo la presidencia del mariscal José Ballivián.

### Las llanuras amazónicas

El departamento del Beni es prácticamente llano, a excepción de algunas serranías que se extienden por su límite sudoeste y forman parte del sistema Subandino, como Pilón, del Pelado, Eva-Eva, Sejeruma y Moleto. En su parte oriental se encuentran las serranías de Tres Picos y San Simón, formadas por el Escudo chiquitano.

Además de su relieve en llanura, la baja latitud a que se encuentra el departamento contribuye a que el clima sea cálido y húmedo, de tipo tropical, caracterizado por temperaturas medias anuales más bien elevadas (25 °C), y con poca amplitud térmica entre invierno y verano (3 °C). Como en todos los climas tropicales húmedos, en el departamento del Beni las precipitaciones son abundantes y se sitúan en los 1 500 mm anuales, que en su mayor parte caen en la época estival, entre los meses de noviembre y abril, en forma de lluvias torrenciales. Durante el invierno, la región es recorrida por fuertes vientos fríos procedentes del sur del país, los llamados «surazos», que hacen descender las temperaturas de forma brusca.

El sistema hidrográfico del Beni está formado por los ríos tributarios de la cuenca del Amazonas, entre ellos el Beni, el Mamoré y su afluente el Iténez (o Guaporé). Estos tres ríos, navegables, son las vías de comunicación naturales de dicha zona del país, que carece de una red de carreteras adecuada. En el centro y este del departamento se sitúan las lagunas de Rogaguado, Ginebra, Huatuna, Rogagua, Yusata, San Luis, Huachi y de los Arroyos.

*En Beni, la superficie selvática ocupa la cuenca del Mamoré, subafluente del Amazonas que atraviesa el departamento de sur a norte. En la imagen, un asentamiento en San Borja.*

La parte norte del territorio beniano está ocupada por la selva, un tipo de vegetación que se extiende en galería acompañando a los cursos de agua; el resto del departamento está cubierto de sabanas con manchas de bosque higrófilo. En la flora, las principales especies de árboles son el ochoó, el laurel y la caoba, acompañadas por una densa trama de sotobosque formado por lianas, epífitas y diversas variedades de orquídeas. La fauna de esta exuberante región natural incluye especies tropicales como jaguares, pumas, caimanes, anacondas y numerosas variedades de monos, además de una importante avifauna.

El Refugio de Vida Silvestre Estancias Elsner y la Estación Biológica Beni son las instituciones que se encargan de proteger la biodiversidad de este departamento septentrional del país.

## Baja densidad y economía agropecuaria

Las principales concentraciones demográficas del departamento del Beni (1,7 hab./km²) se hallan en las provincias sureñas Marbán y Cercado, seguidas por Ballivián e Iténez, que también poseen importantes núcleos de población. El resto del territorio presenta una densidad demográfica mucho menor, especialmente la zona en la que abundan lagunas y humedales.

Aparte de Trinidad, la capital departamental, destacan entre otras ciudades: Riberalta, Guayaramerín, Santa Ana de Yacuma y San Borja. La población del Beni que vive en núcleos urbanos se sitúa en el 66 por ciento, lo que indica que una

buena parte de sus habitantes continúa siendo población rural, dedicada principalmente a la actividad ganadera. Un rasgo distintivo de la estructura poblacional del departamento del Beni es su elevado índice de masculinidad (93 mujeres por cada 100 hombres), que se deriva del notable peso de la migración femenina hacia otras zonas del país en las que las oportunidades de empleo son más abundantes. Estas migraciones se orientan hacia el vecino departamento de Santa Cruz, cuya creciente actividad industrial ofrece mayores posibilidades laborales y, en menor proporción, hacia La Paz y Cochabamba.

La estructura económica del departamento tiene sus pilares más importantes en la explotación de los recursos naturales, la agricultura y la ganadería. El aprovechamiento comercial de sus abundantes recursos forestales es más una promesa que una realidad debido a la insuficiencia del sistema de comunicaciones; no obstante, en la actualidad se exportan a Brasil alrededor de 80 000 toneladas anuales de maderas preciosas que llegan a su destino por vía fluvial.

Por su clima y suelos, este departamento permite una agricultura de tipo tropical, en la que destacan maíz, cacao, café, castaña, vainilla, mandioca, arroz, sorgo, maracuyá, papaya, cítricos y numerosos frutos tropicales de comercialización local. Una mención especial merece la explotación de la goma elástica, una actividad económica relevante en el Beni, que se consume tanto en el mercado nacional como en el vecino Brasil, al que se exporta un volumen considerable de la producción boliviana de látex.

La ganadería es el principal pilar de la economía departamental, con un número aproximado de dos millones de cabezas de ganado. La abundancia de pasturas naturales y el clima del departamento resultan ideales para la cría de ganado cebú, originario de la India, mucho más resistente a las plagas y enfermedades que el ganado nativo.

La minería ofrece interesantes posibilidades a raíz del descubrimiento de yacimientos de estaño, manganeso, plomo, platino y oro, pero, como en el caso de la explotación forestal, se encuentra limitada por las deficiencias en materia de comunicaciones. En este sentido, la carretera La Paz-Beni y las carreteras 1 y 4 que unen Cochabamba con los ríos Ichilo e Isiboro (ambos navegables) y el ferrocarril Santa Cruz-Trinidad auguran importantes avances en el futuro, dentro del marco económico de la unión internacional del Mercosur.

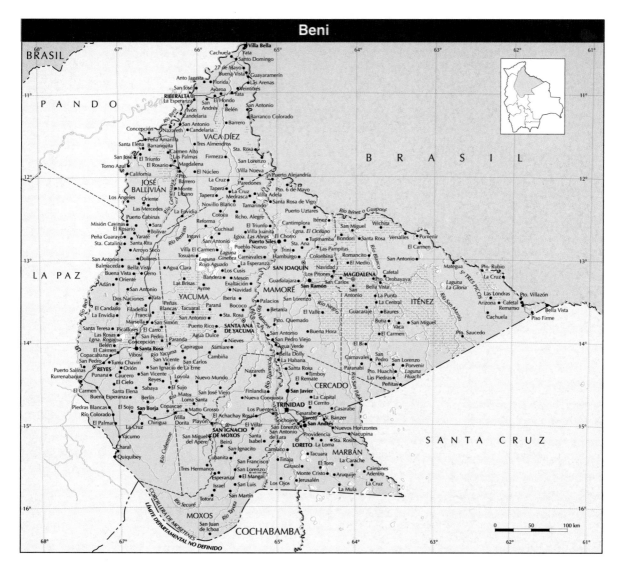

## Chuquisaca

El departamento de Chuquisaca se sitúa en el centro-sur del país. Limita al norte con el departamento de Cochabamba, al este con el de Santa Cruz, al sudeste con la República del Paraguay, al sur con el departamento de Tarija y al oeste con el de Potosí. Consta de 10 provincias (Belisario Boeto, Hernando Siles, Jaime Zudáñez, Juana Azurduy de Padilla, Luis Calvo, Nor Cinti, Samuel Oropeza, Sud Cinti, Tomina y Yampárez). Sucre es la capital departamental y estatal. Este departamento fue creado por decreto supremo del mariscal Antonio José de Sucre el 23 de enero de 1826.

### El ámbito montañoso del Subandino

El territorio de Chuquisaca incluye toda una serie de cadenas montañosas pertenecientes al sistema Subandino que presentan una altura promedio de 3 000 m, orientadas principalmente en sentido norte-sur, y separadas por valles fluviales.

Entre estas cadenas montañosas destacan por su importancia la cadena Presto y la serranía Huallamina, que se elevan en el sector norte del departamento; la cordillera Mandinga, la cordillera Coscotoro, la serranía Los Calzaderos, la serranía Yahuañanca, la cordillera de Catarillo y la serranía de Incahuasi, en el centro; la cordillera de Tajsara, la cordillera de Lique, los montes Chapeados, las serranías de Curi, Iguembe, Huacaya y Aguaragüe, en el sur del territorio. De los numerosos valles que se encuentran entre estas cadenas montañosas los más importantes son los de Presto, Yotala, Chuqui-Chuqui, Icla, El Dorado, Culpina, Caraparí y Tarabuco.

## Chuquisaca

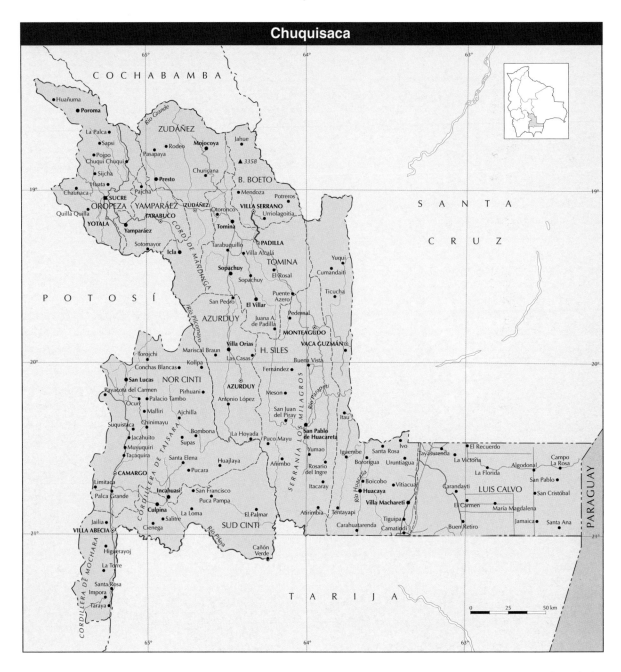

El clima de Chuquisaca es variable según la altitud. De esta manera, en la región occidental las áreas montañosas presentan temperaturas medias cercanas a los 15 °C, con amplias variaciones térmicas. La temperatura es mucho más suave en los valles y en ellos predomina el clima templado. En la región oriental, la única zona realmente llana del departamento, la temperatura media anual es de 25 °C, y las precipitaciones se concentran durante el verano, alcanzando una media de alrededor de 1 000 mm anuales.

La hidrografía de Chuquisaca se beneficia de las dos grandes cuencas de la región: la del Amazonas y la del Plata, siendo su divisoria de aguas la cordillera Mandinga. Los ríos de Chuquisaca que pertenecen a la cuenca del Amazonas son el Parapetí y los tributarios del río Grande, que forma el límite norte del departamento: Chico, Presto, Zudáñez, Tomina y Azero. A la cuenca del Plata pertenecen los afluentes y subafluentes del Pilcomayo: Camargo, Tumusla, Camblaya, Pilaya, Chocayo, Ñacamirí, Ingre e Igüembe.

Del mismo modo que varían la temperatura y el régimen de precipitaciones, la flora del departamento de Chuquisaca ofrece una variedad acorde a estos cambios. En la región chaqueña predomina la sabana con manchas de bosque, y en las zonas central y occidental, la vegetación varía según la altura: los bosques, abundantes en los valles, van dejando paso a una flora más rala y pobre en especies al aumentar la altura, hasta culminar en una estepa en las zonas más elevadas.

### El peso humano y económico de Sucre

El componente demográfico del departamento de Chuquisaca se encuentra regularmente distribuido (11,4 hab./km$^2$), siendo la capital del mismo el punto de mayor concentración, y la provincia Luis Calvo la zona de menor densidad poblacional. La única ciudad con más de 10 000 habitantes es Sucre, y el departamento es principalmente rural, ya que la población que vive en el campo representa el 67,5 por ciento del total. El departamento registra una pérdida de población debida a los movimientos migratorios que se orientan principalmente hacia Santa Cruz, y en un menor grado hacia Cochabamba y La Paz. Dado que los emigrantes son hombres que dejan su tierra en busca de mejores oportunidades laborales, Chuquisaca presenta un índice de masculinidad de 105 mujeres por cada 100 hombres.

El departamento de Chuquisaca ofrece una economía diversificada en la que desempeñan papeles importantes la agricultura, la ganadería, la agroindustria y las artesanías. La actividad agrícola se localiza en los valles de clima templado, donde se cultivan trigo, maíz, cebada, hortalizas, legumbres, frutales y vid. En las zonas más cálidas del departamento se produce caña de azúcar, cítricos, palta (aguacate) y otros cultivos de menor importancia comercial.

La ganadería incluye ganado vacuno, porcino, ovino, equino y caprino. La incorporación de nuevas variedades ha permitido importantes avances en la mejora del ganado vacuno y porcino, y son palpables los progresos habidos en este campo en los últimos años.

En el departamento de Chuquisaca, la actividad minera explota los yacimientos de plomo, plata, antimonio y cobre que se encuentran distribuidos por su territorio. Una actividad importante en este sector es la explotación de los ricos yacimientos de caliza de esta región, cuya existencia ha posibilitado que se desarrolle la mayor industria

En las zonas más altas de los valles del departamento de Chuquisaca (en la imagen, un paisaje cercano a Sucre), la rigurosidad del clima de altitud hace que la vegetación sea escasa.

cementera de la república. Los depósitos de hidrocarburos descubiertos en el departamento incluyen ricas napas petrolíferas y bolsones de gas natural, que constituyen una importante fuente de riqueza para el departamento.

El sector industrial está representado tanto por las actividades de base rural, como la producción de embutidos de carne vacuna y porcina, y la producción de cigarrillos y golosinas, como por las artesanías que producen finos hilados y sombreros. Una actividad en constante expansión es la vitivinícola, localizada en las provincias de Nor y Sud Cinti, y con su principal centro en la ciudad de Camargo.

En el sector terciario destaca la creciente importancia del turismo, tanto de origen nacional como extranjero, que tiene uno de sus principales centros de atracción en la ciudad de Sucre, complejo histórico-arquitectónico considerado uno de los principales ejemplos del arte y la arquitectura colonial americana, a la que acuden anualmente miles de turistas.

El ferrocarril comunica la capital del departamento con Potosí, Oruro, La Paz y Cochabamba, y permite conexiones con los sistemas ferroviarios de Chile y Argentina. La red de carreteras vincula la región con otras ciudades del departamento y con Brasil y Paraguay.

## Cochabamba

Situado en la zona central de Bolivia, el departamento de Cochabamba limita al norte con el del Beni, al este con el de Santa Cruz, al sur con los de Chuquisaca y Potosí, al sudoeste con el de Oruro y al oeste con el departamento de La Paz. Está in-

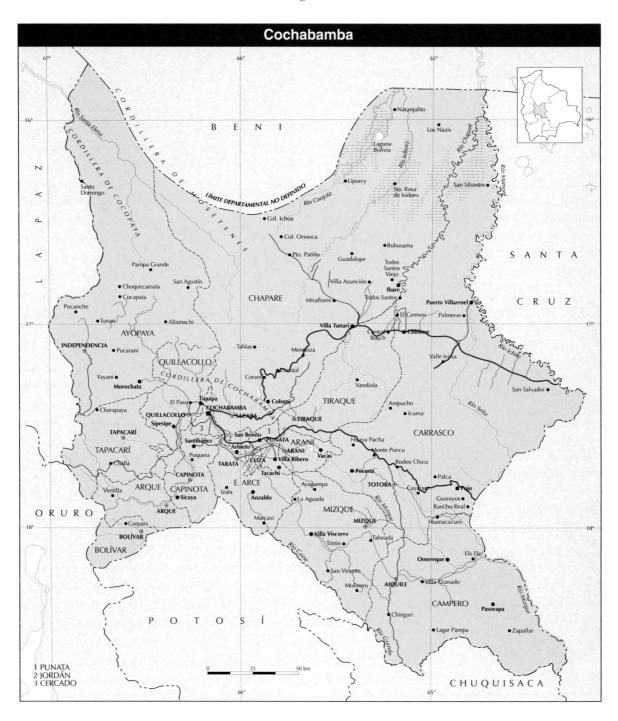

## Cochabamba

1 PUNATA
2 JORDÁN
3 CERCADO

tegrado por 16 provincias (Arani, Arque, Ayopaya, Bolívar, Campero, Capinota, Carrasco, Cercado, Chapare, Esteban Arce, Germán Jordán, Mizque, Punata, Quillacollo, Tapacarí y Tiraque). La capital departamental de Cochabamba es la ciudad del mismo nombre. Este departamento fue creado por decreto supremo el 23 de enero de 1826, durante la presidencia del mariscal Antonio José de Sucre.

### Una gran variedad de paisajes
Cochabamba presenta tres regiones geográficas claramente definidas: las montañas, los valles y yungas, y los Llanos orientales. Las cadenas montañosas ocupan una franja central en dirección noroeste-sudeste, y están formadas por cordones de la cordillera Central o de Cochabamba, en las que destacan las cordilleras de Cocapata, Ayopaya, Mo-

setenes, Maso Cruz, Tunari, Confital y Tiraque, y las serranías de Catariri y Totora. En la zona sur del departamento se hallan valles como los de Quillacollo, Vinto, Cliza, Tarata, Punata, Parotani, Ayopaya y Mizque, situados a alturas que varían entre los 2 000 y los 2 800 m, y a menor altura se encuentran yungas como Corani, Chapare, Espíritu, Vandiola, Totora y Pojo. Los Llanos orientales reciben el nombre de llanura del Chapare. En la alta montaña, las temperaturas son muy bajas, pero el clima de los valles es templado, con medias anuales entre los 16 y los 19 °C y precipitaciones que oscilan entre los 400 y los 600 mm, lo que los hace especialmente aptos para la agricultura. En los Llanos orientales la temperatura media anual es de 25 °C y las precipitaciones se sitúan en torno a los 1 000 mm anuales.

La hidrografía del departamento de Cochabamba forma parte de la cuenca del Amazonas, en la que destacan los ríos Grande, Mizque, Isiboro, Chapare, Blanco, Chimoré y Sacta, que son afluentes del sistema del río Mamoré. Por su parte, los ríos Santa Elena y Altamachi vuelcan sus aguas en el sistema del Beni.

Cada una de las áreas geográficas presenta un tipo de vegetación diferente, acorde con su ecología. Las zonas de alta montaña están pobladas por estepas y tundra, los valles y yungas por bosques cuyas características varían según la altitud, y la llanura del Chapare es una sabana interrumpida por manchas de bosque húmedo.

## Valles y yungas densamente habitados

Cochabamba presenta la mayor densidad demográfica del país (27,4 hab./km$^2$) y las concentraciones de población se registran en los valles y yungas, donde la agricultura campesina es más importante, como lo revela el hecho de que solamente el 52 por ciento de la población resida en núcleos urbanos de más de 10 000 habitantes. Las densidades demográficas son más bajas en la zona de alta montaña, y en el sector nordeste del departamento la población se concentra en las localidades a orillas de los ríos Chapare e Ichilo.

La agricultura de Cochabamba varía según la ecología de cada zona. En las áreas de mayor altitud, de clima frío, los principales cultivos son papas, quinua, oca y cebada. En los valles centrales del departamento, y en particular en el de Cochabamba, zona conocida como «el granero de Bolivia», porque abastece de alimentos a buena parte del país, se produce maíz, trigo, papas, legumbres

*La agricultura de Cochabamba ofrece una amplia gama de cultivos; en las zonas de mayor altitud, hortalizas; en los valles centrales, cereales, y en el norte, incluso algunos cultivos tropicales.*

y hortalizas. En el norte del departamento, la agricultura es variada pues combina los productos típicos de los valles y yungas con los de la zona tropical, como ají, banano, cítricos y coca.

La ganadería de Cochabamba es muy diversificada. En los valles centrales es importante el ganado lechero, y en la zona de Chapare la introducción de búfalos ha permitido el auge del destinado a la producción de carne. El ganado porcino también es importante y constituye la base de la mayor industria de embutidos del país. Por su parte, la avicultura se encuentra en plena expansión y existe un gran número de explotaciones especializadas que abastecen las necesidades locales y de otros departamentos. La pesca también posee importancia económica, en particular la introducción de trucha arco iris en los lagos cordilleranos, en tanto que en el sur del departamento se pescan especies como dorado, surubí, pacú y sábalos.

La actividad maderera explota diversas especies forestales con distintos fines. El eucaliptus proporciona vigas y postes de sostén empleados en la minería; la madera de sauce es utilizada para la construcción de cajones y embalajes; el quebracho, para los durmientes de las vías férreas, y numerosas maderas preciosas, para la realización de muebles y ornamentación. En Cochabamba, el sector minero explota los yacimientos de plomo, estaño, antimonio, oro, wolframio y calizas.

Además de la tradicional fabricación de chicha, una actividad característica de esta región del país, y de cerveza, tanto para el consumo nacional como para exportación, el sector industrial de Cochabamba incluye fábricas de materiales de la construcción (azulejos, ladrillos, cerámicas, revestimientos de interiores, parquets, cemento, cal, etc.), manufacturas de artículos del hogar, plantas refinadoras de derivados del petróleo e industria metalmecánica. Dentro del campo de la agroindustria, es creciente la importancia de la vitivinicultura. Finalmente, la industria automovilística se ha visto reforzada a partir de los acuerdos del Pacto Andino, que han asignado a este departamento las actividades de ensamblaje de vehículos motorizados.

En cuanto a su comunicación con el resto del país, Cochabamba se encuentra en una posición privilegiada, pues es uno de los principales nudos del sistema boliviano de carreteras. La ciudad capital está comunicada con Oruro, La Paz y Santa Cruz por carreteras asfaltadas, en tanto que su comunicación con Sucre lo es sólo en parte. El ferrocarril comunica Cochabamba con Oruro y La Paz a través de la línea férrea que une Antofagasta con Oruro. Cochabamba es el principal centro del Lloyd Aéreo Boliviano, y su aeropuerto tiene gran movimiento durante todo el año.

## La Paz

Situado en el oeste del país, el departamento de La Paz limita al norte con el de Pando, al este con los del Beni y Cochabamba, al sur con el de Oruro y al oeste con Perú y Chile. Consta de 20 provincias (Abel Iturralde, Aroma, Caranavi, Eliodoro Camacho, Franz Tamayo Solares, Gualberto Villarroel López, Ildefonso Estanislao de las Muñecas, Ingavi, Inquisivi, José Manuel Pando Solares, José Ramón de Loayza, Juan Bautista Saavedra Mallea, Larecaja, Los Andes, Manco Capac, Nor Yungas, Omasuyos, Pacajes, Pedro Domingo Murillo y Sud Yungas). La Paz es la capital departamental y asimismo la sede del gobierno nacional. El departamento fue creado por decreto supremo del mariscal Antonio José de Sucre el 23 de enero de 1826.

## Las tierras más altas de Bolivia

La orografía del departamento de La Paz sigue la orientación noroeste-sudeste, que divide las grandes regiones fisiográficas.

Rodeada por las cordilleras Oriental y Occidental, la parte septentrional del Altiplano se encuentra al sudoeste, y presenta una altura media de unos 4 000 m. La zona central del departamento está ocupada por una franja de valles y yungas, y en el sector norte se extiende una parte de la llanura amazónica.

La cordillera Occidental está representada por las cordilleras de Levita y de Pacajes, y culmina en el pico Canasita. El sector de la cordillera Oriental, que recorre el departamento de noroeste a sudeste, se denomina cordillera Real, y se divide a su vez en una serie de cordilleras: Apolobamba, Muñecas, La Paz (la más importante de todas ellas por sus famosos picos nevados: Illampu, Illimani) y Tres Cruces. Hacia el este de la cordillera Real el relieve desciende formando valles (Sorata, Caracato, Luribay, Chuma, Ayata, Sapahaqui) y yungas (Apolo, Inquisivi, Coroico, Chulumani, Irupana, Zongo). Al este de esta región se elevan una serie de serranías más bajas, correspondientes al sistema Subandino: Chepite, Chorica, Pelado y Marimonos, que descienden hacia la región de la llanura amazónica.

El territorio de La Paz está irrigado por cursos de agua que pertenecen a dos grandes cuencas: la cuenca interior del lago Titicaca y la cuenca exorreica del río Amazonas. Compartido por Perú y Bolivia, el Titicaca es el lago más grande del continente sudamericano, con una superficie total de 8 300 km$^2$. Se halla formado por el lago Mayor o Chucuito y el lago Menor o Huiñaymarca, unidos por el estrecho de Tiquina. Los ríos de la cuenca del Amazonas tienen su origen en la cordillera Real, atraviesan la llanura amazónica y finalmente desembocan en el río Beni. El río Madre de Dios, uno de los afluentes del Beni, desagua en el extremo septentrional de la llanura amazónica.

El clima del departamento varía según la zona geográfica. En el Altiplano predomina el clima frío y seco, con temperaturas medias anuales que no superan los 10 °C y grandes oscilaciones entre día y noche. En los valles, las temperaturas medias oscilan entre 10 y 20 °C según la altura. Los yungas son más húmedos y cálidos, y registran temperaturas medias de 20 °C. En la llanura amazónica el clima es de tipo tropical, con temperaturas medias anuales de 25 °C.

*La ciudad de La Paz, en el departamento homónimo, comparte la capitalidad del país con Sucre como sede del gobierno. Arriba, la avenida 16 de julio en su unión con la plaza del estudiante.*

La flora del territorio paceño es variada, pues depende de las características del nicho ecológico en el que se desarrolla. La zona del Altiplano está poblada por una estepa formada por matorrales de especies como el ichu o paja brava, la tola y la yareta, y árboles como la kishuara y la keñua. El lago Titicaca posee un microclima especial que permite la presencia de helechos, algas y totoras.

La fauna del departamento de La Paz es rica en especies pertenecientes a ecosistemas muy diferenciados. En las regiones septentrionales, de clima tropical, habitan jabalíes, puercos, cérvidos, jaguares, pumas, osos hormigueros, osos negros y tapires. Esta zona del departamento presenta una destacable riqueza ictiológica, representada por especies como piraíba o tiburón de agua dulce, pacú, dorado, surubí, manta-raya, anguilas y palometas, que comparten este hábitat con caimanes, lagartos, tortugas y una amplia variedad de serpientes. El Altiplano y la zona montañosa poseen un ecosistema al que se han adaptado los camélidos americanos (alpaca, guanaco, llama y vicuña) y del que también participan distintas variedades de cérvidos, pumas, chinchillas y vizcachas. El lago Titicaca presenta características únicas, pues en él habitan especies que no se reproducen en otros ecosistemas, como la «rana del Titicaca». En su conjunto, el departamento de La Paz posee una fauna volátil compuesta por especies como el cóndor, el águila real, así como numerosas variedades de palmípedas y zancudas.

### En torno al área urbana de La Paz

La distribución poblacional del departamento de La Paz (17,9 hab./km$^2$) presenta contrastes entre la región septentrional, escasamente poblada, y la zona sur del departamento, cuya población está distribuida de manera equilibrada a pesar de ser una de las regiones bolivianas que atraen a un mayor número de migrantes internos, procedentes en su mayor parte de Cochabamba, Oruro y Potosí. La mayor parte de los habitantes del departamento (62,8 %) viven en los núcleos urbanos.

Las principales concentraciones demográficas se ubican en la ciudad de La Paz y en El Alto, que

# Los departamentos de Bolivia

## Beni

**Capital:** Trinidad (57 328 hab.)
**Superficie:** 213 564 km$^2$
**Altitud:** 155 m sobre el nivel del mar
**Población:** 366 047 hab. (1)
**Densidad:** 1,7 hab./km$^2$
**Número de provincias:** 8
**Tasa de crecimiento:** 3,16 %
**Tasa de fecundidad:** 6,4 hijos/mujer
**Tasa de mortalidad infantil:** 90 ‰
**Tasa de analfabetismo:** 12,8 %
(1) Proyección año 2000

## La Paz

**Capital:** La Paz (713 378 hab.)
**Superficie:** 133 985 km$^2$
**Altitud:** 3 627 m sobre el nivel del mar
**Población:** 2 406 377 hab. (1)
**Densidad:** 17,9 hab./km$^2$
**Número de provincias:** 20
**Tasa de crecimiento:** 1,66 %
**Tasa de fecundidad:** 4,2 hijos/mujer
**Tasa de mortalidad infantil:** 70 ‰
**Tasa de analfabetismo:** 16,9 %
(1) Proyección año 2000

## Potosí

**Capital:** Potosí (112 078 hab.)
**Superficie:** 118 218 km$^2$
**Altitud:** 3 977 m sobre el nivel del mar
**Población:** 774 696 hab. (1)
**Densidad:** 6,5 hab./km$^2$
**Número de provincias:** 16
**Tasa de crecimiento:** 0,12 %
**Tasa de fecundidad:** 6,1 hijos/mujer
**Tasa de mortalidad infantil:** 118 ‰
**Tasa de analfabetismo:** 38,2 %
(1) Proyección año 2000

## Chuquisaca

**Capital:** Sucre (131 769 hab.)
**Superficie:** 51 524 km$^2$
**Altitud:** 2 790 m sobre el nivel del mar
**Población:** 589 947 hab. (1)
**Densidad:** 11,4 hab./km$^2$
**Número de provincias:** 10
**Tasa de crecimiento:** 1,50 %
**Tasa de fecundidad:** 6 hijos/mujer
**Tasa de mortalidad infantil:** 88 ‰
**Tasa de analfabetismo:** 39,5 %
(1) Proyección año 2000

## Oruro

**Capital:** Oruro (183 422 hab.)
**Superficie:** 53 588 km$^2$
**Altitud:** 3 709 m sobre el nivel del mar
**Población:** 393 989 hab. (1)
**Densidad:** 7,3 hab./km$^2$
**Número de provincias:** 16
**Tasa de crecimiento:** 0,58 %
**Tasa de fecundidad:** 5 hijos/mujer
**Tasa de mortalidad infantil:** 113 ‰
**Tasa de analfabetismo:** 15,4 %
(1) Proyección año 2000

## Santa Cruz

**Capital:** Santa Cruz de la Sierra (697 278 hab.)
**Superficie:** 370 621 km$^2$
**Altitud:** 416 m sobre el nivel del mar
**Población:** 1 812 519 hab. (1)
**Densidad:** 4,8 hab./km$^2$
**Número de provincias:** 15
**Tasa de crecimiento:** 4,16 %
**Tasa de fecundidad:** 5,1 hijos/mujer
**Tasa de mortalidad infantil:** 57 ‰
**Tasa de analfabetismo:** 11,1 %
(1) Proyección año 2000

## Cochabamba

**Capital:** Cochabamba (407 825 hab.)
**Superficie:** 55 631 km$^2$
**Altitud:** 2 558 m sobre el nivel del mar
**Población:** 1 524 727 hab. (1)
**Densidad:** 27,4 hab./km$^2$
**Número de provincias:** 16
**Tasa de crecimiento:** 2,75 %
**Tasa de fecundidad:** 5 hijos/mujer
**Tasa de mortalidad infantil:** 78 ‰
**Tasa de analfabetismo:** 21,2 %
(1) Proyección año 2000

## Pando

**Capital:** Cobija (10 001 hab.)
**Superficie:** 63 827 km$^2$
**Altitud:** 202 m sobre el nivel del mar
**Población:** 57 320 hab. (1)
**Densidad:** 0,8 hab./km$^2$
**Número de provincias:** 5
**Tasa de crecimiento:** 0,63 %
**Tasa de fecundidad:** 6,8 hijos/mujer
**Tasa de mortalidad infantil:** 85 ‰
**Tasa de analfabetismo:** 21 %
(1) Proyección año 2000

## Tarija

**Capital:** Tarija (90 113 hab.)
**Superficie:** 37 623 km$^2$
**Altitud:** 1 866 m sobre el nivel del mar
**Población:** 403 078 hab. (1)
**Densidad:** 10,7 hab./km$^2$
**Número de provincias:** 6
**Tasa de crecimiento:** 2,82 %
**Tasa de fecundidad:** 5,2 hijos/mujer
**Tasa de mortalidad infantil:** 60 ‰
**Tasa de analfabetismo:** 21,2 %
(1) Proyección año 2000

*Una imagen del tráfico viario en La Paz. Tres carreteras unen la capital boliviana con la República del Perú y una con Chile.*

## La Paz

es parte de la urbanización que rodea a la capital. El variado territorio del departamento de La Paz es rico en recursos naturales de todo tipo, por lo que la actividad económica presenta un importante grado de diversificación.

La producción agrícola varía según las regiones geográficas. Entre los principales cultivos que se llevan a cabo en el Altiplano y las zonas de alta montaña se hallan los cereales (avena, cebada), las papas y la quinua. El excepcional microclima del lago Titicaca permite unas buenas cosechas de maíz y, desde fechas recientes, de piretro. Los valles paceños son la mejor zona para el desarrollo de la agricultura, y en ellos se cultiva maíz, legumbres, hortalizas, frutales y vid, cultivo que ha dado lugar a una incipiente industria vitivinícola. En los yungas, que abastecen de alimentos a la capital, son habituales el cultivo de café, té, yuca, maní, frutales y cítricos.

En términos ganaderos, la producción bovina y equina se concentra en las sabanas de la llanura amazónica debido a la abundancia de pasturas naturales que hacen posible una ganadería extensiva. El ganado ovino y los camélidos americanos (alpaca, llama y vicuña) se crían en las zonas de alta montaña, puesto que están naturalmente adaptados a ellas. En estas áreas es importante la cría de la chinchilla debido al alto valor de la piel de estos animales en el mercado mundial.

La riqueza minera de La Paz incluye yacimientos de antimonio, calizas, estaño, cobre, mármol, oro, plata y plomo.

El sector industrial del departamento cuenta con actividades textiles (hilados y confección de prendas de algodón, seda y lana), alimentarias (alimentos envasados, vinos, cerveza y aguas gaseosas) y químicas (artículos de plástico y goma, y procesamiento de ácido sulfúrico), además de otras manufacturas de menor importancia.

El departamento de La Paz cuenta con buenas vías de comunicación. Tres carreteras y el ferrocarril conectan la ciudad capital con la vecina República del Perú. Las comunicaciones terrestres con Chile son posibles gracias a una carretera y el ferrocarril. Con Oruro, Beni, Cochabamba y Santa Cruz las comunicaciones se mantienen mediante carreteras transitables durante todo el año. Por otro lado, la ciudad de La Paz dispone también de un importante aeropuerto internacional instalado en la vecina localidad de El Alto, que hace posible las comunicaciones aéreas con el interior y el exterior del país.

# Oruro

Situado en el sector centro-occidental del territorio nacional, el departamento de Oruro limita al norte con el de La Paz, al este con los de Cochabamba y Potosí, al sur con el de Potosí y al oeste con la República de Chile. Está constituido por 16 provincias (Atahuallpa, Avaroa, Carangas, Cercado, Ladislao Cabrera, Litoral, Mejillones, Nor Carangas, Pantaleón Dalence, Poopó, Sajama, San Pedro de Totora, Saucari, Sebastián Pagador, Sud Carangas y Tomás Barrón). Oruro es la capital del departamento, que fue creado por decreto supremo del mariscal Antonio José de Sucre el 5 de septiembre de 1826.

## Un relieve dominado por el Altiplano

El territorio de Oruro es una planicie que ocupa parte del Altiplano boliviano, situada a una altitud superior a los 3 500 m, y está flanqueada por cordones montañosos aún más elevados. El relieve predominante en esta región del país es la altiplanicie y sus bordes montañosos. En el sector oeste se levanta la cordillera Occidental, que presenta cordones de origen volcánico: las cordilleras de Quimsachatas, Lliscaya, Tata Sabaya, entre otras. Al este, la altiplanicie limita con la cordillera Real u Oriental, que en este tramo está integrada por las cordilleras de Pabellón, Azanaques, Livichuco y de los Frailes.

La hidrografía del departamento de Oruro encuentra su red principal en la cuenca endorreica del río Desaguadero, curso fluvial que vincula el lago Titicaca con los lagos Uru Uru-Poopó. La segunda cuenca en importancia es la formada por el lago Coipasa, que tiene como tributarios a los ríos Todos Santos, Lauca, Barras y Lakajawira. La vinculación fluvial del territorio departamental con la cuenca del Amazonas es posible a través de los ríos Antapalca, Huayllajara e Inca Waykho, y con la cuenca del Plata a través del río Pilcomayo, que también es conocido con los nombres de Joko y Cachimayo.

El clima es frío y seco, es muy riguroso, pues la temperatura media anual se sitúa en torno a los 10 °C, con importantes oscilaciones térmicas entre día y noche. La precipitación media oscila entre los 200 y los 400 mm anuales.

La flora característica de este departamento es la estepa arbustiva, formada por matorrales de ichu, paja brava, tola y yareta. En cuanto a la fauna, las especies más características de Oruro son el cóndor, el suri y la vicuña.

# Oruro

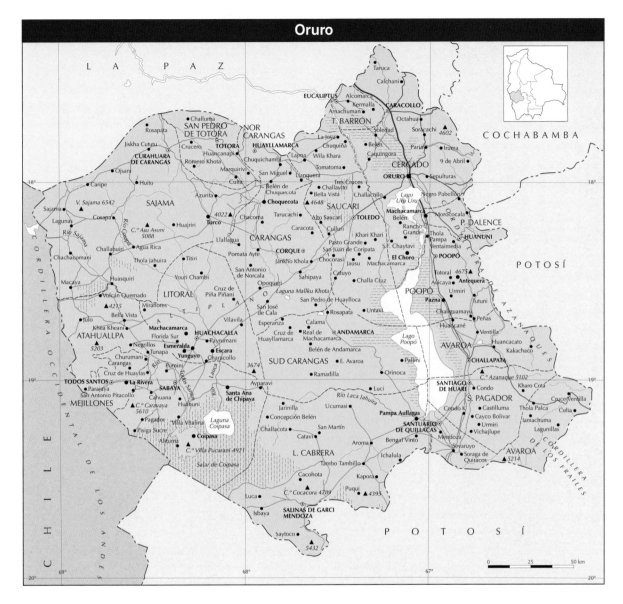

## Una región con tradición minera

La población de Oruro (7,3 hab./km²) está ocupada principalmente en la actividad minera, por lo que las mayores concentraciones demográficas se encuentran en la franja oriental del territorio. Por la misma razón, dado que la minería va asociada a la formación de pueblos y ciudades, el porcentaje de población urbana (65 %) es considerable.

Oruro es un departamento que presenta una tasa de crecimiento negativa como resultado de la emigración, que se dirige principalmente a Cochabamba, La Paz y Santa Cruz. Por otra parte, el aislamiento de Oruro respecto a los centros de atención sanitaria se expresa en una elevada mortalidad infantil.

La producción agrícola se encuentra condicionada por la ecología predominante en el departamento, y se trata de una agricultura de subsistencia que se limita al cultivo de papas, quinua, hortalizas, legumbres y cebada. La ganadería es complementaria de la agricultura y la actividad más importante es la cría del ganado ovino, que suele ser trashumante debido a la escasez de pasturas naturales. La cría de ganado equino, porcino y vacuno sólo es posible en lugares muy determinados, donde las condiciones medioambientales son favorables. La llama y la alpaca son dos especies de camélidos perfectamente adaptadas a la rigurosidad del clima de esta región y su cría es generalizada en el departamento.

## Pando

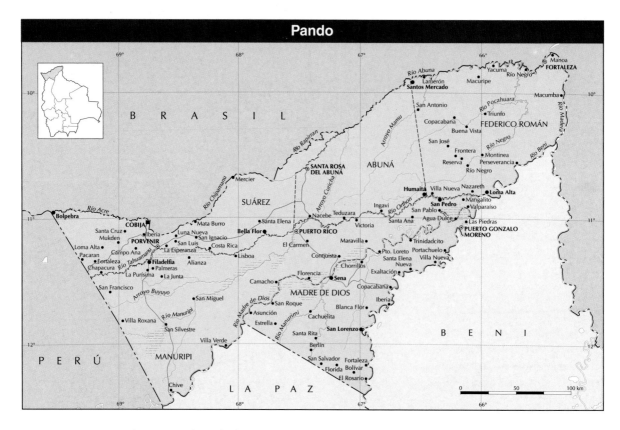

Históricamente, la minería ha sido la principal actividad de Oruro y el fundamento de su desarrollo económico. Huanuni es la segunda ciudad del departamento y su existencia está asociada a la mina de estaño más importante de Bolivia. En otras zonas del departamento, como Colquiri y Avicaya, también existen importantes yacimientos de estaño. Otros minerales de relevancia económica que se extraen en Oruro son antimonio, azufre, cobre, plata, plomo, oro, wolframio y cinc.

Entre las actividades industriales de importancia se incluyen las localizadas en los centros urbanos de Oruro y Huanuni, y son la elaboración de alimentos, la industria del calzado y la producción de materiales de construcción (ladrillos, cerámica).

Aunque en términos económicos no alcanza la importancia de otras actividades, el sector turístico contribuye a la riqueza del departamento. Como corresponde a la capital folclórica del país, una de las principales atracciones para los turistas nacionales y extranjeros es el carnaval, la Diablada, un magnífico ejemplo de sincretismo entre elementos indígenas y cristianos que destaca como uno de los más espectaculares de América Latina. Durante los tres días de fiesta, en los que numerosos grupos actúan en la ciudad, ésta recibe un im-

portante contingente de turistas que realizan un aporte de ingresos significativo a la economía local.

La importancia de la minería ha influído notablemente en la configuración de la red de comunicaciones del departamento de Oruro, y la capital es el núcleo ferroviario más importante de Bolivia. En efecto, de ella parten cinco líneas ferroviarias: Oruro-La Paz-Arica y Oruro-Antofagasta, que comunican con Chile y el océano Pacífico; Oruro-Atocha-Villazón, que vincula con el territorio argentino; y las líneas internas Oruro-Cochabamba-Aiquile y Oruro-Río Mulatos-Sucre. El sistema de carreteras une la capital del departamento con La Paz, Cochabamba, Iquique (Chile) y con otros centros urbanos situados en el territorio de Oruro.

## Pando

El departamento de Pando se encuentra ubicado en el sector noroccidental del país. Limita al norte y nordeste con la República de Brasil, al este y sudeste con el departamento del Beni, al sur con el de La Paz y al oeste con la República de Perú. Está formado por 5 provincias (Abuná, General Federico Román, Madre de Dios, Manuripi y Nicolás Suárez). Cobija es la capital departamental. Este departamento del extremo noroccidental de Bolivia se creó por decreto supremo el 24 de septiembre de 1938, durante el gobierno del teniente coronel Germán Busch.

## Las caudalosas subcuencas del Madera

El territorio departamental se puede considerar llano en su totalidad, a pesar de que en su extremo oriental existen algunas estribaciones del Escudo chiquitano y de la existencia de ondulaciones que, en sentido oeste-este, coinciden con los sectores interfluviales.

La hidrografía del departamento corresponde en su totalidad a la cuenca del río Amazonas, que comprende afluentes torrentosos que son recolectados por el río Madera, a excepción del Acre, que marca el límite natural con Brasil en el sector nordeste del país. La frontera norte es recorrida por el río Abuná, que recibe las aguas de sus afluentes, que drenan la sección septentrional del departamento de Pando. La parte central del territorio la desaguan el Tahuamanu y el Manuripi, afluentes ambos del Orthon. Por su parte, el río Madre de Dios y sus tributarios drenan la parte meridional. Tanto el Orthon como el Madre de Dios son afluentes del río Beni, que forma el límite natural con el departamento del mismo nombre. Los ríos del departamento de Pando son navegables en su totalidad y constituyen una red de comunicaciones fundamental para la economía regional.

El clima del departamento es de tipo tropical húmedo, con temperaturas medias anuales que se sitúan en torno a los 30 °C y un régimen de lluvias concentrado en el período noviembre-abril y una media de 1 700 mm anuales.

La flora de esta región del territorio boliviano es característica del bosque tropical y está formada por grandes árboles (entre los que no son inusuales los ejemplares de unos 40 m de altura) que emergen de un sotobosque denso, normalmente formado por especies como aráceas, orquídeas, lianas y helechos. Entre las especies forestales de maderas más nobles destacan las siguientes: caoba, castaña, cedro, incienso, jacarandá, ochoó, roble y siringa.

La fauna del departamento de Pando no es menos rica que su flora, como corresponde a una región que no ha sido modificada por la acción del hombre, e incluye numerosas variedades de cérvidos y monos, gato montés, jaguar, puma, tapir, tejón y oso hormiguero. La generosa hidrografía del territorio alberga una gran riqueza ictícola, integra-

*Al no haber sido muy transformada por la acción humana, la región pandeña atesora una gran riqueza en la flora y la fauna. El puma (Felis concolor) es uno de los mamíferos salvajes.*

da por especies como bagre, blanquillo, bufeos, dorado, manta, pacú, surubí y otras de menor importancia. También son abundantes los caimanes, iguanas, lagartos, nutrias, serpientes y una enorme variedad de aves.

## Débil densidad humana en plena selva

El departamento de Pando es el que concentra el menor porcentaje de población (0,6 % del total nacional) y la menor densidad demográfica del país (0,8 hab./km²). El predominio de las actividades agrícolas y forestales hace que la población sea principalmente rural. La emigración es frecuente y se dirige hacia el vecino departamento del Beni, donde existen mejores oportunidades laborales.

La actividad productiva más importante que tiene lugar en el departamento de Pando es la recolección de la castaña (que también recibe la denominación de nuez o almendra del Brasil), cuya producción se sitúa alrededor de las 15 000 toneladas anuales. Dado que este producto se exporta totalmente a Brasil y es comercializado por empresas de ese país, la castaña boliviana es presentada como un producto brasileño y, por este motivo, la producción nacional posee un perfil muy bajo en los mercados internacionales.

*Vista de Potosí desde el cerro Rico. La historia potosina está íntimamente vinculada a la explotación de su rico subsuelo: primero la plata y luego otros minerales como el azufre y el cobre.*

Otra actividad productiva de importancia en la economía de Pando es la recolección de caucho, que se realiza practicando incisiones en la corteza del árbol llamado siringa (o caucho) a fin de recoger su savia, que, tras ser procesada, es transformada en goma elástica, látex o jebe. Este departamento posee importantes recursos madereros que se encuentran sin explotar.

La producción agraria propiamente dicha es sobre todo de subsistencia, está orientada hacia el consumo local e incluye cultivos como arroz, cítricos, diversos frutos tropicales, hortalizas, legumbres, maíz y yuca. La producción ganadera consiste en la cría de ganado vacuno y equino. El territorio de este departamento se encuentra vinculado al resto del país mediante el transporte aéreo y los ríos, que constituyen las vías naturales de comunicación en esta región.

## Potosí

Situado en el sudoeste de la república, Potosí ocupa la sección más desolada del Altiplano boliviano. Limita al norte con los departamentos de Oruro y Cochabamba, al este con el de Chuquisaca, al sudeste con el de Tarija, al sur con la República Argentina, y al sudoeste y oeste con Chile. Este departamento se compone de 16 provincias (Antonio Quijarro Quevedo, Charcas, Chayanta, Cornelio de Saavedra, Daniel Campos Cortez, Enrique Baldi-viezo, General Bernardino Bilbao Rioja, José Alonso de Ibáñez, José María Linares Lizarazu, Modesto Omiste, Nor Chichas, Nor López, Rafael Bustillo, Sud Chichas, Sud López y Tomás Frías Ametller). Potosí es la capital departamental. Este departamento fue creado por decreto supremo del mariscal Antonio José de Sucre el 23 de enero de 1826.

### La rigurosidad del clima altiplánico

El territorio potosino ocupa la parte meridional del Altiplano y se encuentra rodeado por elevadas cadenas montañosas por el oeste, el sur y el este. La cordillera Occidental presenta alturas cercanas a los 6 000 m y se encuentra integrada por la cordillera de Sillillica y el cordón Volcánico (nombre que se deriva de la presencia de numerosos volcanes). La cordillera Real u Oriental está formada por dos sistemas orográficos: las cordilleras que recorren la parte central del departamento (de los Frailes, Chichas, Chocaya, Esmoraca, Bonete e Iruputuncu) y las cordilleras del extremo oriental (Azanaques, Chayanta, Livichuco, Huari Huari, Lique, Mochara y Nazareno), formaciones montañosas entre las que se intercalan valles internos. Al sur, el Altiplano potosino está recorrido por la cordillera de López y la serranía del Cóndor. En el noroeste del departamento se extiende el gran salar de Uyuni, con una extensión de 10 582 km², y cuya capa

186

## Potosí

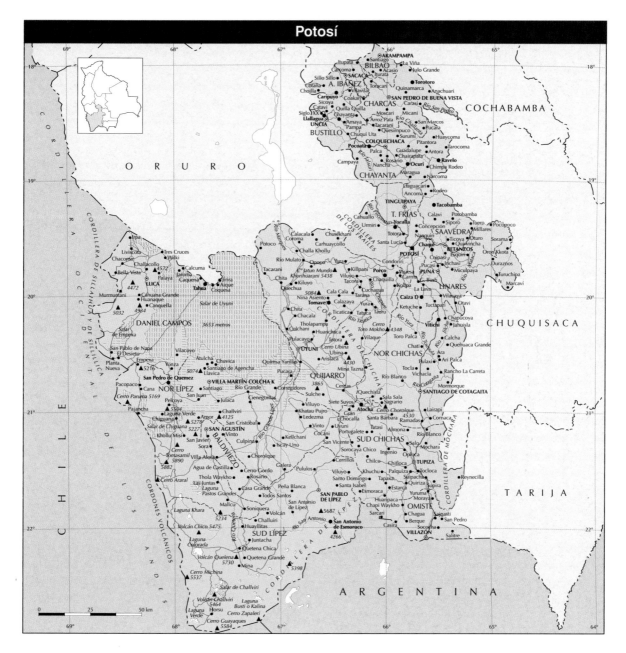

de sal posee un espesor que puede variar entre 1 y 6 m de profundidad.

El sistema hidrográfico del departamento de Potosí participa de la cuenca del Amazonas, de la del Plata y de la cuenca Central o Lacustre.

El extremo nororiental está surcado por cursos fluviales como el Caine, San Pedro, Huayna Chaca y Chayanta, que forman parte de la cuenca del Amazonas. En la sección occidental, el departamento está drenado por los ríos Grande de Lípez y Puca Mayu, que desaguan en el salar de Uyuni. En el sudoeste hay un conjunto de lagunas entre las que destacan las de Pastos Grandes, Khara, Capina, Colorada, Salada, Busch, Coruto y Corante. El resto del territorio potosino está surcado por los ríos Blanco, Challviri, Chillcani, Cotagaita, Kotamayu, Mochara, Toropalca y otros de menor importancia, que son afluentes y subafluentes del río Pilcomayo, perteneciente a la cuenca del Plata.

El clima de Potosí es frío en la mayor parte del territorio, pero se vuelve templado en los valles que se intercalan en las cadenas montañosas. Las lluvias son escasas en el sector altiplánico.

*En los valles del departamento de Potosí se asienta una agricultura orientada básicamente al consumo local. En la fotografía, aspecto de un cultivo de papas en el valle del Pilcomayo.*

Como corresponde a una climatología rigurosa, la flora está limitada a la propia de la estepa xerófila. La fauna es escasa en especies, entre las que se pueden mencionar chinchillas, cóndores, guanacos, parihuanas, pumas, suris y vicuñas.

### La reconversión de la minería tradicional

La población potosina (6,5 hab./km²) se asienta principalmente en los valles de la cordillera Oriental, tanto por la relativa benignidad del clima como por el hecho de que es en ella donde se concentra la actividad económica. La población es principalmente rural (66 %) y presenta un saldo demográfico negativo, pues es importante el número de emigrantes que se dirigen hacia los departamentos de Cochabamba, Santa Cruz y La Paz.

La agricultura de Potosí es importante dentro del conjunto nacional y, si bien una gran parte de la producción está orientada al consumo local, los cultivos comerciales de los valles andinos incluyen papa, quinua, trigo, cebada, oca, frutales, hortalizas, y en el valle de Turuchipa se desarrolla con éxito la vitivinicultura.

Las posibilidades de la ganadería potosina están limitadas por la rigurosidad climática y se centra en la cría de ganado ovino y camélidos americanos, que se adaptan perfectamente a este tipo de climas. En los valles se crían bovinos y porcinos en una escala limitada.

Desde antiguo, el principal sector económico de Potosí es la minería. El agotamiento de las minas de plata de Cerro Rico, Porco y Portugalete tras siglos de explotación, reorientó la minería regional hacia otros productos, como antimonio, azufre, bismuto, bórax, cobre, sal común y wolframio. La mayor parte de la producción extraída en el departamento se procesa en el complejo metalúrgico de Karachipampa, que, con una capacidad de tratamiento de concentrados de aproximadamente 50 000 toneladas métricas, constituye un importante núcleo de la economía de Potosí y de la república.

El sector artesanal ha cobrado impulso en el campo de la orfebrería de plata, de antigua tradición, y en el de los tejidos artesanales, especialmente de las «bayetas», realizadas con la lana de las ovejas.

La creciente importancia de las artesanías potosinas está vinculada al desarrollo del sector turístico. Una de las ciudades más pobladas y ricas del mundo en su época de mayor esplendor, Potosí posee un conjunto monumental y arquitectónico de excepcional belleza, único en el continente americano. Declarado por la Unesco como Patrimonio Natural y Cultural de la Humanidad, año tras año crece el número de turistas que visitan la ciudad y los restos de los antiguos ingenios en los que se procesaba la plata extraída de las minas del departamento.

La ciudad de Potosí está comunicada con el resto del país mediante el sistema nacional de carreteras y el transporte aéreo. La red nacional de ferrocarriles comprende los ramales Potosí-Atocha-La Quiaca (Argentina), Potosí-Oruro-La Paz y Potosí-Sucre.

## Santa Cruz

El departamento de Santa Cruz se halla ubicado en el este de Bolivia. Al norte y noroeste limita con el departamento del Beni, al este con la República de Brasil, al sur con la República del Paraguay y el departamento de Chuquisaca, al sudoeste con este último y al oeste con el departamento de Cochabamba. Formado por 15 provincias (Andrés Ibáñez, Ángel Sandoval, Chiquitos, Cordillera de los Chiriguanos, Germán Busch Becerra, Guarayos, Ichilo, Ignacio Warnes García, José Miguel de Velasco Franco, La Florida, Manuel María Caballero, Ñuflo de Chávez, Obispo José Belisario Santiesteban, Sara y Vallegrande), Santa Cruz es el departamente más extenso del país.

Santa Cruz de la Sierra es la ciudad que ejerce como capital departamental. Este departamento, que ocupa buena parte del sector oriental del país, fue creado por decreto supremo del mariscal Antonio José de Sucre el 23 de enero de 1826.

# Santa Cruz

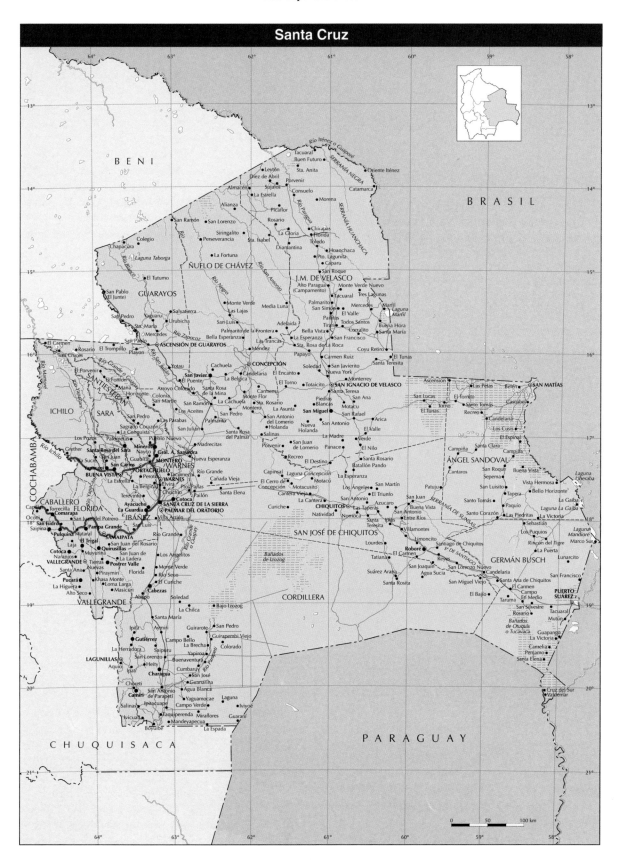

*Una buena parte del sector industrial del departamento de Santa Cruz se mueve en torno a la* explotación de minerales (hierro, manganeso) e hidrocarburos. En la imagen, refinería de petróleo.

## El dominio de las llanuras

El territorio del departamento de Santa Cruz permite distinguir tres regiones geográficas claramente diferenciadas: la serranía de Chiquitos, los Llanos centrales y septentrionales, y la cordillera andina. En la región oriental del departamento se encuentran las estribaciones del Escudo chiquitano, que forman las serranías de Caparus, Huanchaca, Salinas, San Lorenzo, San José, Santiago y Sunsas. En la parte central del departamento se extiende una región llana, que se divide en los llanos del Grigotá al norte y la llanura Chaqueña al sur. En la región occidental se encuentra la cordillera del sistema Subandino, formada por las serranías de Mataracu, El Bosque, San Marcos, Los Corrales, Incahuasi y Charagua.

En Santa Cruz predomina el clima tropical húmedo, con una temperatura media anual cercana a los 25 °C. No obstante, en invierno tiene lugar la llegada de los «surazos», procedentes del sur, que hacen bajar las temperaturas de manera brusca. La zona de mayor pluviosidad se sitúa en torno a los ríos Ichilo y Yapacaní, donde se registran más de 2 500 mm al año, descendiendo hasta 1 000 mm hacia el este, hasta 900 mm en la zona del Chaco y hasta 500 mm en Vallegrande.

La hidrografía de Santa Cruz pertenece mayoritariamente a la cuenca del Amazonas, aunque los cursos de agua que nacen en las serranías de Chiquitos desembocan en el río Paraguay y, por tanto, pertenecen a la cuenca del Plata. La mitad septen-

trional del territorio cruceño está surcada por los tributarios del río Mamoré (Grande o Guapay, Ichilo, Piraí) y los tributarios del Iténez o Guaporé (Blanco, Guarayos, Negro, Paraguá, San Pablo y San Román), todos ellos pertenecientes a la cuenca del Amazonas. La parte sur del territorio está surcada por los ríos Negro, San Miguel, San Rafael y Soruco, que forman parte de la cuenca del Plata y desembocan en el curiche de San Fernando y Tucavaca. En la zona limítrofe con Brasil se hallan las lagunas de Cáceres, La Gaiba, Mandioré y Uberaba.

La flora de Santa Cruz está integrada por vegetación de sabana con algunos bosques en la parte meridional del departamento, y por el bosque húmedo tropical en la zona septentrional, que es rica en maderas preciosas como caoba, cuchi, ochoó y sangre de toro.

## Una región con gran vitalidad económica

El departamento de Santa Cruz (4,8 hab./km$^2$) es el que presenta el índice de crecimiento económico más elevado de Bolivia y es la región que ha experimentado mayores transformaciones sociales y económicas en las últimas décadas. En términos poblacionales, es el segundo departamento más poblado después de La Paz y presenta el mayor porcentaje de población urbana (72 %), aunque la concentración demográfica se produce en la región occidental, disminuyendo al norte y sur. Santa Cruz es uno de los principales destinos de los migrantes internos, que emigran a esta pujante región en busca de mejores condiciones de vida.

La agricultura cruceña está muy diversificada y el departamento es productor de cereales (arroz, maíz, trigo), cultivos industriales (algodón, caña de azúcar, girasol, maní, soja y tabaco) y otros productos (ají, cacao, café, frutas tropicales, papas y tomates). Con base en una rica agricultura, se ha desarrollado en Santa Cruz una importante agroindustria, como el caso de los ingenios azucareros, fábricas de aceite y plantas tabaqueras.

Los bosques cruceños constituyen una reserva forestal de gran importancia y de ellos se extraen diversos tipos de madera, que se procesan en los aserraderos del departamento y se emplean en la industria del mueble y de la construcción, y se comercializan en el mercado internacional de maderas preciosas.

La práctica ganadera en el departamento de Santa Cruz se lleva a cabo con los ganados caprino, equino, ovino y porcino. Sin embargo, es en la cría bovina en la que se han hecho los mayores es-

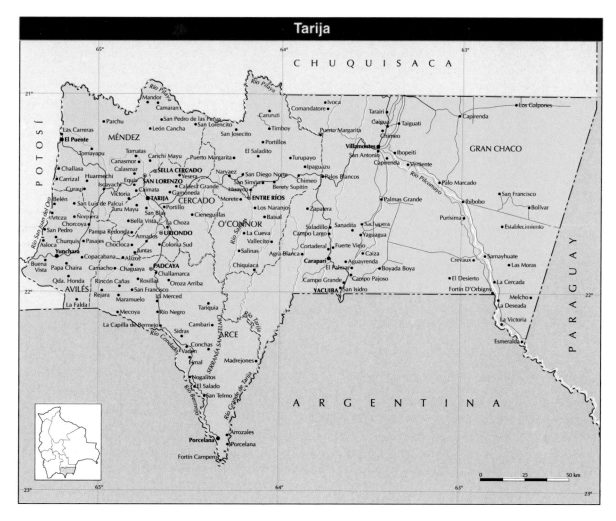

## Tarija

fuerzos durante los últimos años, incrementando la calidad y el número de cabezas, mediante cruces del ganado nativo con Cebú y Santa Gertrudis, razas vacunas especialmente adaptadas a climas cálidos y húmedos.

Una de las actividades económicas más importantes localizadas en el departamento de Santa Cruz es la explotación del petróleo y del gas natural, que ha dado lugar a la instalación de plantas de refinamiento. No menos importante es el yacimiento de hierro y manganeso del Mutún, así como la acería allí instalada. La industria del cemento presenta grandes posibilidades en la localidad de Yacuces, donde se encuentran ricos yacimientos de piedra caliza.

La ciudad de Santa Cruz de la Sierra se encuentra comunicada con el resto del país y con los países limítrofes mediante la red nacional de carreteras. El aeropuerto internacional más importante es Viru Viru y en menor medida El Trompillo.

## Tarija

Localizado al sur de la república, el departamento de Tarija es el que ocupa menos superficie del país. Limita al norte con el departamento de Chuquisaca, al este con la República del Paraguay, al sur con la República Argentina y al oeste con los departamentos de Potosí y Chuquisaca. Está integrado por 6 provincias (Aniceto Arce Ruiz, Cercado, Eustaquio Méndez Arenas, Francisco Burdetto O'Connor, Gran Chaco y José María Avilés). Tarija es la capital departamental. Este departamento del extremo sur de Bolivia fue creado por decreto supremo del mariscal Andrés de Santa Cruz el 24 de septiembre de 1831.

### Tierras chaqueñas en el extremo sur del país

El territorio departamental se divide en cuatro regiones geográficas. En el extremo oeste se hallan las sierras de Chismuri, Tarija, Pulario, Tajsara y Candado, que, en su conjunto, presentan una altura media cercana a los 2 900 m. Hacia la región este se localiza el valle de Tarija, surcado por el Guadalquivir y encerrado por las serranías de Comonedo, Cóndor, Narváez, Colón y San Telmo. En la parte central del departamento, las serranías de Suaruro, Tararari, Itaú y Aguaragüe presentan menor altura que las anteriores y entre ellas se forma una cadena de valles. El sector más oriental del territorio de Tarija es la llanura Chaqueña.

El conjunto de ríos que integran la red hidrográfica del departamento corresponden a la cuenca del Plata, cuyos principales colectores son los ríos Bermejo y Pilcomayo. Este último tiene como afluentes y subafluentes a ríos como el Machareti, Pilaya y San Juan de Oro, que atraviesan las serranías del sistema subandino. Las aguas de los ríos Grande de Tarija, Guadalquivir y Salinas son recolectadas por el río Bermejo.

El clima del departamento varía según las regiones. En la zona occidental predomina un clima templado semiárido, con precipitaciones medias no superiores a los 500 mm anuales y temperaturas medias anuales de 15 °C. La región de los valles centrales presenta temperaturas medias anuales superiores (18-20 °C) y precipitaciones más abundantes (600 mm anuales). La llanura Chaqueña, que domina el sector oriental de Tarija, tiene un clima de tipo subtropical con régimen de estación seca, precipitaciones medias anuales en torno a los 1 000 mm (entre los meses de noviembre y abril) y temperaturas medias anuales en torno a los 25 °C.

La flora del departamento varía según los distintos climas que se suceden de oeste a este. En las sierras occidentales existe un bosque templado seco, en el que abundan especies como caranday, chañar, lapacho, maiten, palo mataco, quebracho blanco y colorado, y vital, entre otras. Hacia el sector oriental la flora es la propia del bosque templado húmedo, y en las elevaciones occidentales existe una estepa arbustiva xerófila.

## Población y economía

En el departamento de Tarija, la distribución poblacional (10,7 hab./km$^2$) está directamente relacionada con las condiciones ambientales. En la llanura Chaqueña, la densidad demográfica es poco significativa, pero sí existen importantes concentraciones en la región de los valles. Las ciudades de Tarija, Yacuiba, Bermejo y Villamontes concentran buena parte de la población urbana (54,7 %) y son los principales focos de atracción para los emigrantes provenientes de Chuquisaca y Potosí.

Tarija presenta una agricultura variada. En los valles de clima templado se ha extendido el cultivo de cebada, maíz y trigo, y en fechas más recientes, ha sido muy exitosa la introducción de la vid, que ha propiciado el surgimiento de una importante agroindustria en la región de los valles del río Guadalquivir. En las zonas más elevadas del sector occidental se cultivan papas, oca y quinua. La llanura Chaqueña ha demostrado ser un ecosistema adecuado para los cultivos industriales, como algodón, caña de azúcar, oleaginosas, tabaco y yuca, que a su vez han derivado en la implantación de agroindustrias, como la planta refinadora de aceite comestible de Villamontes. La abundancia de pastos en el departamento de Tarija lo hace apto para la ganadería; en la capital se crían bovinos, caprinos, equinos, ovinos y porcinos.

No existen yacimientos minerales de relevancia en este departamento, pero son importantes las actividades industriales derivadas de la extracción y refinamiento del petróleo y el gas natural.

La capital está vinculada al resto del territorio mediante una carretera que la une con Potosí. También son importantes las obras viales realizadas por la empresa Yacimientos Petrolíferos Fiscales Bolivianos (YPFB) para sus estudios, prospecciones y comunicación entre los distintos campos petrolíferos, que además de su objetivo inicial cumplen la función de red interna de comunicaciones. El aeropuerto puede recibir todo tipo de vuelos y es fundamental para la articulación del departamento.

# Las regiones

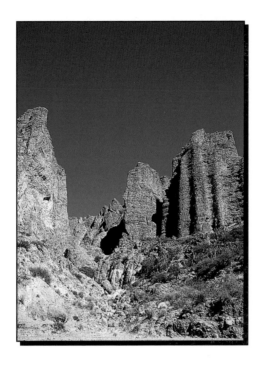

El Altiplano y los Andes

Las llanuras húmedas

Los Llanos centrales,
el macizo Chiquitano
y el Chaco

*La cordillera Real está compuesta por sedimentos silúricos y devónicos metamorfoseados por la intrusión granítica. El grupo de cimas del Condoriri (al que pertenece el cerro Negro, en la imagen) es uno de los conjuntos de picos más impresionantes.*

# El Altiplano y los Andes

El territorio de Bolivia, como rico e inmenso espacio natural poblado que es, ofrece un variado tratamiento geográfico según la escala de observación o interpretación a que se le someta. Así, un país de más de un millón de kilómetros cuadrados, con su situación y características propias, es lógico que esté supeditado a una división en grandes áreas geográficas.

Las regiones geográficas que se sistematizan y describen a continuación están configuradas por dos grandes unidades morfoestructurales bien definidas: el bloque montañoso y altiplánico andino, y las llanuras subtropicales orientales.

Estas unidades —por su configuración, características geográficas y de su medio natural— admiten, a su vez, cinco subdivisiones en otras tantas regiones fisiográficas. Esta imprescindible subdivisión se justifica por las características geomorfológicas, bioclimáticas y paisajísticas de cada una de estas regiones, que las hacen distinguirse entre sí.

## Las tierras altiplánicas

El Altiplano boliviano es el territorio que descansa entre las cordilleras Occidental y Oriental, y que conforma un bloque fisiográfico unitario. Es una extensa región esencialmente llana, con un variado paisaje geomorfológico, y que a causa de su amplitud latitudinal se divide en una parte septentrional y otra meridional. Sus numerosas depresiones y valles (hoyas) se abren a ambas estribaciones de la cordillera andina; la más septentrional de ellas está parcialmente ocupada por el Titicaca, el lago más grande del mundo entre aquellos ubicados a gran altitud.

*El Altiplano es una vasta planicie a una altura considerable, 3 500 m. Al fondo, el Illampu.*

### Extensión y estructura

El Altiplano boliviano se extiende de forma alargada desde los 14° 30' de latitud sur, en el abra de la Raya, al sur del Perú, hasta los 22° 50' sur, en el volcán Licáncabur. Alcanza una anchura máxima de más de 320 km al norte del lago Poopó, donde también los Andes, en su sector central, llegan a tener la mayor sección transversal, de 650 km aproximadamente. Se sitúa a una altitud media de 3 500 m sobre el nivel del mar y cubre un área de unos 136 000 km². Su ubicación a modo de cubeta, delimitada por altorrelieves y configurada también con serranías transversales y longitudinales, hace que la altiplanicie se comporte como una cuenca hidrográfica cerrada o endorreica.

Aunque es una estructura esencialmente llana comparada con los imponentes relieves que la encierran, en sus terrenos afloran varias serranías formadas básicamente por material sedimentario del Terciario y esporádicamente del Primario. Estas serranías se elevan en el flanco oriental del Altiplano, a unas altitudes máximas no superiores a los 4 900 m sobre el nivel del mar, es decir, a alturas sobre el nivel altiplánico menores a 1 000 m en su mayoría.

El Altiplano boliviano puede definirse como un territorio elevado, con predominio de llanuras, y constituido por serranías, cerros aislados y la puna, peniplanicie que actúa como una gran cuenca endorreica. En el análisis de las dos regiones geográficas que se articulan a partir del Altiplano, y a causa de la magnitud fisiográfica de la altiplanicie y al definido y brusco relieve que la encierra, se entenderá éste como las partes llanas o planicie, con sus correspondientes subcuencas, y por serranías Interaltiplánicas a los accidentes orográficos que sobresalen de las llanuras.

## La majestuosa cadena andina

*La presión del Escudo brasileño sobre la placa de Nazca originó el levantamiento de los lechos marinos dando forma a los Andes. En la imagen, el ramal oriental en el sector de Chacaltaya.*

La cordillera de los Andes es una gran franja montañosa con elevada altitud, que bordea a cierta distancia la costa occidental de América del Sur. Este macizo morfoestructural se desdobla a lo largo de la línea fronteriza que separa Perú de Bolivia, quedando la cordillera seccionada en una bifurcación occidental y otra oriental, que vuelven a reunirse en el extremo sur del país, marcando la divisoria natural entre el territorio argentino y chileno. Las cordilleras Occidental y Oriental configuran la singularidad y relevancia del sistema orográfico del país y contrarrestan las vastas llanuras de las zonas orientales y septentrionales. Estas dos grandes cadenas montañosas, junto con las elevadas tierras altiplánicas y subandinas, ocupan un área de 414 424 km², lo que equivale al 38 por ciento del territorio boliviano.

### La zona más inhóspita de los Andes

La cordillera Occidental es un ramal del macizo andino, que se extiende a lo largo de 620 km por el frente occidental de América del Sur, con una dirección noroeste-sudeste. Configura la frontera con la República de Chile y una impenetrable barrera natural para el acceso de Bolivia al mar. Nacida durante los períodos Mioceno y Plioceno de la era Terciaria, debe su configuración orográfica actual a la actuación de los agentes erosivos, climáticos y volcánicos del Cuaternario. De hecho no es propiamente una cadena montañosa, ya que, aunque las cimas dibujen un claro alineamiento en varias partes, éste se interrumpe por planicies de lava, valles fluviales o depresiones intermontanas altiplánicas.

La cordillera Occidental se caracteriza por la elevada altitud de sus picos nevados, varios de los cuales superan los 6 000 m, y por sus marcados signos de herencia volcánica. Así, sus cumbres humeantes indican una gran actividad fumarólica, y sus numerosos conos forman parte de la línea de volcanes que corre del sudoeste de Perú a Chile.

Las entrañas del macizo son relativamente ricas en minerales como el cobre, el salitre, el azufre, etcétera. Por su elevada altitud, sus empinadas vertientes y su actividad volcánica, es la parte menos habitada de las tierras altas bolivianas. Únicamente en algunos valles, a más de 4 500 m, habitan indígenas que se dedican al pastoreo y a una agricultura de subsistencia mayormente irrigada.

### La columna vertebral del país

La cordillera Oriental, por su parte, es de hecho la columna vertebral de Bolivia: la cordillera más significativa e identificativa del país. Es la divisoria de aguas de las tres cuencas hidrográficas bolivianas: en su parte septentrional divide la cuenca amazónica de la altiplánica, y en la meridional separa la cuenca central de la del Plata. Empieza a pisar territorio boliviano por el nudo de Vilcanota, en dirección noroeste-sudeste, y a la altura del paralelo 18° cambia ligeramente su rumbo en sentido norte-sur; en total, tiene una longitud de unos 1 100 kilómetros.

Es la estructura más sobresaliente de los Andes, configurada durante las eras Secundaria y Terciaria, cuando la corteza terrestre se plegó por la presión del Escudo brasileño sobre la placa de Nazca, y formó la cordillera andina. Es un sistema orográfico variado y complejo, con distintos paisajes y hábitats. Sus yacimientos mineros, los más extensos y ricos del país, le otorgan una gran importancia económica.

La vertiente occidental es mucho más abrupta y elevada que la oriental, pese a lo cual vive en ella la mayor parte de la población. Se compone de la cordillera Real, en la parte noroeste, del paralelo 15° al 18° sur, donde se elevan bruscamente picos nevados de más de 6 000 metros de altura sobre el nivel del mar, desde la cuenca del Titicaca hasta el valle de La Paz, y de la cordillera Central, desde el paralelo 18° sur hasta dejar el país en el 22° sur, en la que predominan los macizos volcánicos. Las vertientes orientales, de baja altitud, conforman el Subandino, una estructura orográfica de transición, que deriva de la cordillera andina y que rebaja sus cotas gradualmente desde los 2 000 m hasta tomar contacto con las llanuras orientales, por debajo de los 500 m. Entre ambas vertientes, en la cordillera centro-oriental y sur, yacen los altos valles andinos.

## El Subandino: un relieve de transición

El Subandino, también llamado subregión subandina o sotandina, representa un 20 por ciento del total de la unidad morfoestructural andina, lo que equivale a unos 90 000 km² de superficie. Orográficamente configura los flancos orientales de las cordilleras Real y Central, y geográficamente se le puede definir como un conjunto de tierras plegadas, vertebradas por sierras al este de la cordillera Oriental. En términos geológicos son anticlinales alargados y asimétricos, resultado del plegamiento orogénico andino.

Estas sierras se encuentran entre los 500 y los 2 000 m de altitud, y topográficamente tienen un flanco más tendido que el opuesto, lo que da lugar a una morfoestructura organizada en cuestas. Esta gran montaña plegada se divide latitudinalmente

En la zona subandina del Altiplano norte, entre los 2 000 y los 500 m, se sitúan los yungas, valles profundos con abundante vegetación y grandes árboles que crecen en un clima cálido y húmedo.

en tres sectores: en su sector norte se compone de los yungas, que forman de por sí una subregión fisiográficamente independiente, y en su sector centro y meridional la conforman los valles andinos que se adentran en la cordillera Oriental y sur; en toda su extensión, por otra parte, abundan numerosas quebradas.

### Los valles mesotérmicos y las vegas

Los valles andinos forman zonas de planicies, a altitudes inferiores al Altiplano, que se sitúan en las regiones de la cara interna del pre y subandino. Se los conoce como valles mesotérmicos y vegas, y su trazado es transversal y longitudinal. Los transversales son valles fluviales, que cruzan de este a oeste las serranías subandinas; los valles longitudinales son sinclinales que se corresponden a los anticlinales: por ellos discurre un río que se une posteriormente a los transversales como afluente.

### Los yungas: el dominio de la humedad

A los yungas se los conoce popularmente como las zonas más húmedas de los Andes y, simbólicamente, se habla de ellos como «los lugares donde duermen las nubes».

*La vertiente occidental de la cordillera Oriental, integrada por la cordillera Real y la Central, presenta una topografía más abrupta que la vertiente de oriente, dominio del Subandino.*

Constituyen un paisaje fisiográfico de valles profundos, depresiones intermontanas en un relieve abrupto de fuertes pendientes. Se localizan en las estribaciones subandinas de la cordillera Real (vertiente nororiental de la cordillera Oriental), en la región altiplánica septentrional. Se caracterizan por una humedad calurosa, producto de masas nubosas generadas por vientos amazónicos calientes de gran altura, que descargan lluvias con una de las intensidades anuales más altas del mundo.

Son regiones que, aparte de poseer particulares condiciones atmosféricas, destacan por su suelo y paisaje. Su denominación deriva de la voz quechua *yunca*, que significa «depresiones o valles, profundos y calurosos». En ellos vivía presumiblemente el pueblo de los yuncas, y se caracterizan por una humedad constante e intensa niebla permanente y abundantes lluvias. En general, también se les podría definir por sus pendientes pronunciadas, con una constitución variable en función de la altitud, lo cual produce fuertes cambios de temperatura, de precipitación y de tipo de suelos.

### Las quebradas andinas

Las quebradas son pequeños valles angostos y ásperos, hendiduras rocosas abiertas en las laderas montañosas, por efecto de la erosión violenta de corrientes de agua pluvial (temporales y torrentes). Forman parte del sistema hidrográfico secundario del país: generalmente se localizan en las cabeceras de las cuencas orientales y configuran un elemento muy característico del paisaje andino nororiental. En las zonas septentrionales están presentes tanto en la cordillera Real como en las sierras subandinas; en las zonas centrales, en las cordilleras Central y Oriental y sus derivaciones, mientras que en la región meridional existen las quebradas de origen fluvial o torrencial más típicas, que se sitúan básicamente en la cordillera Oriental, donde el clima templado permite la presencia humana y la explotación agrícola.

## Altiplano septentrional

### La cordillera Real

La cordillera Real comienza a formar parte de Bolivia por el extremo septentrional del Altiplano, entre los 14° 30' de latitud sur y los 69° 30' de longitud oeste, y se orienta en sentido noroeste-sudeste, de manera que se abre sobre el lago Titicaca y el territorio altiplánico.

En la cordillera Real se ubican las cúspides del sistema andino de Bolivia, con más de una decena de picos a más de 6 000 m de altitud, y es la única que, desde los 4 800 m, tiene nieves perennes.

*El Altiplano contiene una amplia variedad de ecosistemas determinados por la altura (hasta 3 800 m), la temperatura media anual (11° en el norte y 6-7° al sur) y la oscilación térmica.*

Constituye la sección cordillerana más importante y vital para el país ya que, aparte de ser un paraíso para los andinistas que escalan sus nevadas cumbres, posee ricos depósitos minerales de gran valor comercial. En otro sentido, también hay que decir que la cordillera representa una barrera considerable para el desarrollo de infraestructuras y medios de transporte. La cordillera Real está compuesta a su vez por cinco subsecciones cordilleranas: Apolobamba, Muñecas, La Paz, Tres Cruces y Cochabamba.

Por lo que se refiere a las regiones bioclimáticas, el territorio nacional incluye distintos tipos de paisaje. El paisaje de bosque seco montano bajo subtropical abarca un conjunto de áreas profundas ubicadas en las inclinadas pendientes de las cordilleras Real y Central. Este paisaje ocupa una superficie de 6 000 km², sobre un terreno fuertemente plegado y elevado, que se manifiesta con profundos valles de paredes empinadas, como ocurre en los núcleos de Totora, Pojo, Comarapa e Inquisivi. El medio natural abrupto y difícil, los suelos inclinados y a menudo rocosos, y la dificultad para contener el agua, no han posibilitado su explotación, salvo por la presencia de algunos pastos en los pajonales nativos.

Otro tipo de bosque que se extiende en ciertas zonas de los valles interiores de la cordillera Real, como Monte Punco, Pocoma, Arcopongo y Suri, es el bosque húmedo montano bajo subtropical. Abarca un área de unos 3 600 km² (incluyendo los bosques del Subandino norte), con una estructura geomorfológica originada por fuertes plegamientos que han constituido valles muy cerrados.

Son las zonas más provechosas y rentables, desde el punto de vista agropecuario, de todo el país. La agricultura se basa en el cultivo de hortalizas y la ganadería es de tipo extensivo e intenso pastoreo. El hábitat vegetal originario ha sido muy transformado por la actividad humana; quedan tan sólo algunos bosques en lugares de difícil acceso. Los árboles se alzan hasta unos 15-20 m, presentando troncos lisos y rectos, cuyo diámetro no excede los 30 centímetros.

En el contorno de la cordillera Oriental, a una altitud de 4 100 m, se extienden los bosques subalpinos, húmedo templado y muy húmedo, aunque su identificación es un poco confusa. El perfil topográfico que ocupan es irregular, con inclinadas pendientes y un complejo relieve. Aquí la actividad agrícola es muy limitada; la vegetación se compone de árboles bajos y arbustos.

Extendido desde los sectores noroccidentales de la zona del lago Titicaca, a través de un corredor norte, hasta los yungas fronterizos, y en la vertiente

*La mayor concentración de grandes cimas andinas se da en la cordillera Real, desde el Illampu, al norte, hasta el Illimani, al sur. Éste es un sector cordillerano muy frecuentado por andinistas.*

occidental de la cordillera de Cochabamba, se encuentra un tipo de bosque húmedo montano subtropical. Abarca en conjunto 24 700 km² y es uno de los paisajes más importantes de las tierras altas bolivianas, además de por su tamaño, por reunir condiciones óptimas para el desarrollo humano. Se manifiesta bien, tanto en las sierras como en la planicie altiplánicas, con variantes en función del tipo de suelo: en el primer caso se manifiesta en valles angostos, con ríos intermitentes y pendientes empinadas; en el segundo, predomina un nivel topográfico armónico, con suaves valles y amplios cauces fluviales. Presenta una actividad agrícola y ganadera fructífera, aunque el bosque original prácticamente ha desaparecido, arrinconado en zonas inaccesibles.

Finalmente, debe hablarse del bosque muy húmedo montano subtropical. Se trata de pequeñas zonas impenetrables en Incachaca, Corani, Challana y yungas de Totora, situadas en una larga franja andina que abarca la cordillera de Cochabamba y parte de la cordillera Real y los yungas. Son zonas bastante desconocidas, de relieve abrupto, con nu-

merosas cárcavas que cubren una extensión de 7 130 km². Estos paisajes, generalmente deshabitados, conservan su vegetación originaria, caracterizada por formar bosques pluviales muy densos con gran presencia de musgos y líquenes.

## La cordillera de Apolobamba

Se desarrolla básicamente en el cuadrante norte y oeste de las coordenadas 15° sur y 69° oeste, en donde despliega la mayoría de sus cumbres, y acaba en una cuña que está formada por el monte Huancarani (5 064 m), en la ramificación sudoccidental de la cordillera Oriental. Esta cadena tiene su origen en el territorio peruano y se convierte en boliviana a partir del nevado de Chaupi Orco, su pico más elevado, a 6 040 m de altitud.

Se extiende a lo largo de 80 vigorosos kilómetros, que cuentan con nueve cimas superiores a los 5 000 m y de nieves perennes, aunque es, en general, un sistema orográfico poco conocido. Su relieve se consolida en la mitad este de la cordillera, donde tiene sus cumbres. En el extremo norte figuran, aparte del citado Chaupi Orco, el Soral (5 700 m) y el Palomani (5 920 m), segundo más alto de la cordillera; por encima aún del paralelo 15° se ubican el Huanacuni (5 907 m), el Cololo (5 916 m) y el Huila Khollu (5 901 m).

## La cordillera de Muñecas

Se ubica al oeste del meridiano 69°, en dirección principalmente norte-sur, orientada en forma perpendicular a los valles de los ríos Comata y Consata, en sus extremos septentrional y meridional respectivamente. Es un sistema montañoso menor, ya que su relieve no sobrepasa los 5 000 m y es significativamente delgado.

Se caracteriza por poseer profundos valles en la vertiente amazónica que —excavando sus laderas, y por un proceso de captación de nuevos cursos— han desplazado la divisoria de aguas al oeste, hecho que explica los cortos y caudalosos cursos fluviales que recibe el lago Titicaca. Contiene importantes yacimientos de cinc, plomo y plata, entre otros minerales. En sus aproximadamente 45 km de longitud, sólo sobresalen los picos Quili Huyo (4 950 m) y Matilde (4 930 m), en el tercio sur.

## La cordillera de La Paz

La cordillera de La Paz se desarrolla entre los meridianos 69° y 67° 30', en sentido noroeste-sudeste; se ubica como continuación orográfica de la cordillera de Apolobamba (aunque ambas permanecen separadas por una ramificación de la gran cordillera Oriental) y la cordillera de Muñecas, a la que se une por un brazo meridional. Fisiográficamente se la delimita entre el río Consata, por el norte (primeras serranías de Larecaja, pertenecientes a la unidad morfoestructural oriental), y el cañón del río de La Paz, al sur, que nace en la propia cordillera, entre los montes Chacaltaya (5 340 m) y Pupusani (5 098 m).

Los ciudadanos de la región la consideran la cordillera más majestuosa e importante de los Andes bolivianos. En sus 220 km de longitud, alberga las cimas más elevadas de Bolivia y contiene diversos núcleos minerales en explotación. A lo largo de la vertiente oriental de la cordillera se desarrollan los yungas, mientras que en el resto se aglomeran un continuo de 26 picos, que superan en su mayoría los 5 000 m de altura.

En la mitad norte, se alzan los picos más imponentes y simbólicos de la nación: el Illampu o Sorata (6 421 m), la cima más septentrional y aislada, y el conjunto formado por las cimas Ancohuma (6 380 m), Casiri (5 910 m), Chiaraco (6 240 m) y Chachacomani (6 150 m); en semicírculo alrededor de la última cumbre se hallan los picos Jankho Laya (5 100 m), Condoriri (5 850 m), Kenasani Apacheta (5 108 m) y Pata Patani (5 452 m). Excavadas sus bases por la cuenca del río Zongo, aparecen también el cerro Balcón (5 210 m), y más al sur el Huayna Potosí (6 095 m). En la mitad meridional destaca, en el extremo sur, el pico Illimani, de 6 322 m, tercero más alto de esta cordillera, en el que el río La Paz ha abierto un immenso cañón de más de 3 500 m de profundidad.

### La cordillera de Tres Cruces

Se desarrolla en torno al meridiano 67°, entre las coordenadas verticales 16° 40' y 17° 40' sur, con una configuración sudeste pero encarándose sensiblemente al norte. Se inicia en la región de Araca, al sudeste del valle del río La Paz, y finaliza, como cordillera de Santa Veracruz, en el abra de Ventillaque.

Es conocida también con la denominación aymara de Quimsacruz y corresponde a la zona de transición de las nieves perennes, en la que éstas empiezan a desaparecer en las épocas cálidas. En este sector, la cordillera Real comienza a adquirir mayor anchura y extensión, aunque la elevación media de la cadena decrece. Las cumbres son bastante numerosas y, aunque se encuentran diseminadas por todo el relieve medio y alto, se concentran en la zona central y septentrional.

*La cordillera de Cochabamba (en la imagen, un sector de la misma) separa los valles templa-dos y la zona de yungas y llanuras amazónicas, entre las quebradas y a los pies de la montaña.*

Al norte, entre los ríos La Paz y Miguillas, se encuentran el Huara Huara (4 950 m) y Alisuni Punta (4 882 m); al sur del valle del mismo Miguillas, y hasta Caracoles, se elevan las mayores cimas de la cordillera: Mama Ocllo (5 050 m), Puntiagudo (5 400 m), Yunque (5 600 m), y sus tres máximos picos: Atoroma (5 700 m), Gigante Grande (5 807 m) y Jachacuncollo (5 900 m). En las inmediaciones de Caracoles y Quime destacan el Huallatani (5 336 m), Quimsa Huillkhi (5 032 m) y Khasire (5 510 m) y Monte Blanco (5 350 m). Al sur de los valles secundarios del Cotacajes, la cordillera desciende en altitud a 4 400 m, excepto en las cimas de Toco (4 842 m) y Huaricolo (4 720 m). El extremo sudeste de la cordillera es un macizo o nudo que toma el nombre de Santa Veracruz, aunque hay quien la considera una cordillera independiente.

### La cordillera de Cochabamba

Bajo esta denominación se incluyen una serie de subcordilleras que se desarrollan adyacentes a la cordillera Real, pero con rumbo este; o, dicho de otra ma-

*Los yungas, «lugares donde duermen las nubes», presentan un paisaje selvático, húmedo y tupido, uno de los más característicos del país. Imagen tomada en el departamento de La Paz.*

nera, son sucesivas cadenas que por el flanco oriental abren un frente orográfico central y meridional a la cordillera Oriental, adquiriendo ésta entonces su mayor anchura, más de 300 km. Sus límites latitudinales pueden establecerse entre los paralelos 16° y 18° 30' sur y los meridianos 67° y 65° oeste, y está compuesta, de norte a sur, por las cordilleras de Cocapata, Maso Cruz, Tiraque, Totora, y Chayanta.

La cordillera de Cocapata se sitúa al noroeste, contiguamente a la cordillera Real; el río Cotacajes transforma el macizo en dos unidades orográficas. Se prolonga hacia el sudeste, junto a un valle secundario del Cotacajes, hasta el monte Tata Milagro (4 759 m), descendiendo su relieve por el flanco oriental.

La cordillera Maso Cruz arranca desde la cima Hapalluni (5 010 m), y es seccionada a la altura de Cochabamba por el paso que aprovecha la línea de ferrocarril a Oruro. Conforma el macizo central de la cordillera de Cochabamba; al nordeste se alza la cumbre más significativa, el Tunari (5 035 m).

La cordillera de Tiraque discurre en dirección este, por el norte de Cochabamba, y termina en las estribaciones de las serranías de Comarapa. Al noroeste se desarrolla una zona de yungas, llamados Corani y Chapare. La cordillera de Totora se extiende por debajo, pero con una posición paralela. Ambas cordilleras se configuran como macizos que presentan un relieve poco abrupto y erosionado, sin cimas sobresalientes.

La cordillera de Chayanta es una derivación de la de Cochabamba, que se extiende al sudeste de la cordillera de Tres Cruces y queda partida desde la cima de Sayari (4 414 m) por el angosto paso de Arque. Es un macizo de tierras altas y amplias, que finalizan en el valle del río Chayanta. Como rasgo orográfico destacable sólo se puede mencionar el pico Serque, de 4 442 m de altitud.

## El Subandino norte: los yungas

Las vertientes nororientales del Subandino norte se extienden desde el meridiano 69° al 66° oeste y entre las coordenadas 14° a 18° sur. Configuran la parte más ancha de toda la franja boliviana del Subandino —a lo largo de la cordillera Oriental— y ocupan, en superficie, más de la mitad de la región altiplánica septentrional. Se componen de un conjunto de sierras subandinas que albergan un paisaje selvático propio, los yungas.

*En la región de los yungas, de laderas escabrosas y valles angostos, nacen cursos fluviales de impactante belleza. En la imagen, árbol de papaya junto al Kaka, afluente del Alto Beni (La Paz).*

Las serranías subandinas forman un grupo de ocho pequeñas unidades orográficas, que se extienden desde el extremo septentrional del país hasta la cordillera de Cochabamba y la estrecha franja que ésta deja por su flanco nordeste. Están compuestas, según se sigue su orientación noroeste-sudeste, por las serranías Eslabón, Chiru, del Beu, Chepite, Muchanes, Tacuaral, Sejeruma y Mosetenes; todas ellas de menos de 2 000 m de altitud.

Los yungas son predominantes como entidades fisiográficas en esta región septentrional. Los profundos valles en los que se desarrollan se sitúan en las estribaciones orientales de la cordillera Oriental, entre las cumbres más elevadas del país, en la cordillera Real y los contrafuertes de esta sección del Subandino. Sus denominaciones responden a su ubicación: de noroeste a sudeste están compuestos por los yungas de Muñecas, Larecaja, Nor Yungas, Sud Yungas y yungas de Inquisivi, en el departamento de La Paz, y yungas de Corani, del Chapare, del Palmar, de Vandiola, de Totora y de Pojo, en el departamento de Cochabamba. Los yungas de Santa Rosa y de San Mateo pertenecen al departamento de Santa Cruz.

Por lo general, se sitúan por debajo de los 3 300 m hasta cotas no inferiores a los 800 m, aunque su altitud media oscila entre los 1 000 y los 2 500 m. Conforman un paisaje climático de selva húmeda cálida, con una temperatura máxima de 35 °C y una promedio de 18 °C; se clasifican en yungas altos, medios y bajos, según el estrato altitudinal de dichas depresiones.

En cuanto a los paisajes bioclimáticos de esta zona del Subandino norte, destacan esencialmente dos grandes áreas.

El bosque muy húmedo montano bajo subtropical ocupa pequeñas extensiones de bosques esparcidos en la vertiente nororiental de la cordillera de los Andes, en el Subandino norte, aunque también se manifiesta sólidamente en la frontera brasileña, a la misma latitud. Se desarrolla sobre un terreno básicamente abrupto, en una superficie inferior a los 3 000 km². Cuenta con una importante pluviosidad, responsable de una frondosa cobertura vegetal y de una intensa humedad que han dificultado el poblamiento. La actividad agropecuaria se reduce a una agricultura migratoria ocasional.

El otro tipo de paisaje bastante presente en las sierras y yungas del Subandino norte es el bosque

203

*Panorámica del sector septentrional de la cordillera Occidental, entre los departamentos de La Paz y Oruro. Al fondo, a la izquierda, el nevado del Sajama, y a la derecha, los Payachatas.*

pluvial montano bajo subtropical. Concretamente se asocia a la serranía de Mosetenes y a los yungas del Palmar, de Santa Rosa y de Pojo. Se trata de un relieve de media montaña, surcado por numerosos cursos fluviales; popularmente se lo conoce como «cejas de monte» y cubre una extensión de 4 070 km². Se caracteriza por una vegetación virgen, de árboles de mediana y baja estatura, de troncos deformados y mayormente delgados.

Otros dos tipos de paisaje, el del bosque húmedo montano subtropical y el del bosque muy húmedo montano subtropical, se extienden también en esta región. El primero puede hallarse en los sectores noroccidentales, en la zona del lago Titicaca y en un corredor norte, hasta los yungas fronterizos. El segundo se encuentra en pequeñas zonas impenetrables de los yungas.

## Sección norte de la cordillera Occidental

La mitad septentrional de la cordillera Occidental es un brazo andino que discurre desde el nudo de Jucuri, en el paralelo 17°, hasta el río Sabaya, en el 19° sur. Está configurado como una secuencia de macizos volcánicos, aislados en forma de grandes serranías y depresiones rellenadas de lava. Contiene numerosos lagos de origen glacial entre sus cumbres. Los valles excavados por los ríos Lauca, Sajama y Cosapa, representan aberturas por donde los terrenos sedimentarios altiplánicos penetran ligeramente en el corazón montañoso y rompen la continuidad volcánica, creando espacios intermontanos.

Se pueden diferenciar dos partes: una al norte, con una estructura homogénea y compacta y unas altitudes en torno a los 5 000 m; otra al sur, que es un conjunto de macizos de diversos niveles altitudinales, separados por los valles de la cuenca que desagua en el lago Coipasa.

En la primera se distingue un conjunto de picos, al este de Santiago de Machaca y Berenguela —próximos al límite con Perú—, entre los que descuellan el Sinejavi (5 129 m), el Negro Pequeño (5 114 m) y Serke (5 072 m); hasta el paralelo 18° se configura como un macizo con un conjunto elevado de picos, tales como el Condoriri (5 762 m) y el Anallajchi (5 583 m).

En la parte meridional sobresale, pegado al paralelo 18° y en solitario, el cerro Sajama o Santo, de 6 542 m, el pico más alto de la cordillera Occidental (y del país). En una estrecha franja, arrimada a la frontera chileno-boliviana y delimitada por el río Sajama y el Lauca, se halla la serranía de Payachata, en la que se ubican los volcanes más elevados de esta sección: Pomerape (6 222 m), Parinacota (6 132 m) y Quisi Quisini (5 536 m), al norte de Tambo Quemado, y Acotango (6 032 m), Elena Capurata (5 950 m) y Umurata (5 734 m), al sur.

El paisaje característico de la sección norte de la cordillera Occidental de los Andes y de algunas áreas adosadas a sus serranías es el denominado desierto montano templado. Son áreas muy accidentadas, compuestas de roca volcánica y sedimentaria; sus suelos son muy superficiales, con tendencia a ser salinos o de composición pantano lacustre. La actividad agropecuaria es marginal y se desarrolla a muy pequeña escala.

## El Altiplano septentrional: el lago Titicaca y el río Desaguadero

La situación latitudinal del Altiplano septentrional, entre los paralelos 14° 30' y 18° 50', comprende desde el extremo norte del lago Titicaca hasta el sistema Lacustre central, ambos incluidos (lagos Poopó, Uru Uru y Coipasa); su territorio está muy influido por las características del lago Titicaca y la importante presencia de glaciares en la cordillera Oriental. El Altiplano norte se define por la serranía Interaltiplánica del norte, las cuencas fluviales del lago Titicaca y el río Desaguadero, y por las llanuras y pampas de las zonas de Calamarca-Sicasica y Caracollo-Oruro-Lago Poopó.

Uno de los paisajes bioclimáticos más característicos de esta zona es la llamada estepa espinosa montana del río Desaguadero. Ocupa un área del llano altiplánico que se encuentra en gran parte de la ribera de este río, desde su confluencia con su principal afluente, el Mauri, hasta su desembocadura en el lago Poopó. Esta importante cuenca genera dos paisajes geomorfológicos de 9 100 km$^2$ de extensión, bien diferenciados: uno más generalizado, de terrazas semielevadas y disecadas en material terciario; y otro más localizado, de planicies aluviales con insuficiente drenaje, que derivan en áreas de inundación. La tierra está intensamente cultivada, básicamente con cultivos de cebada, quinua y papa. Por otro lado, la mayor parte del área padece sobrepastoreo de ovejas, por la cantidad existente de hierba propia de la región. La vegetación más común son las gramíneas y los arbustos de localización dispersa.

En zonas planas, pequeñas lomadas y elevaciones interaltiplánicas se encuentra, ocupando pequeños espacios, un tipo de paisaje de matorral seco subalpino templado. Son arenales de matorral seco, a gran altitud, denominados de tundra seca, que se

*En la provincia Sajama (departamento de Oruro), en el límite con Chile, se alza el Payachata meridional o Parinacota, (6 132 m), uno de los nevados más destacados de la cordillera Occidental.*

desarrollan sobre suelo detrítico. No es posible ningún uso de la tierra y no poseen ninguna clase de planta propia, aunque ocasionalmente aparece paja brava en los arenales y thola en suelos sólidos.

### La serranía Interaltiplánica del norte

Se levanta al este del meridiano 69° hasta el 67° 40' oeste, en dirección noroeste-sudeste, entre las coordenadas 16° 35' y 18° 20' de latitud sur. Comienza en Guaqui, en la ribera meridional del lago Menor del Titicaca, y termina cerca de Corque, entre los lagos Uru Uru y Poopó.

Es la serranía interior más grande y elevada del Altiplano. Se configura como una cadena menor, más o menos regular y homogénea, que ronda los 1 000 m de altura sobre el nivel del Altiplano y está formada por material sedimentario, de tonos característicos rojos y blancos. El río Desaguadero, cuya corriente fluye por el flanco occidental, paralela a la serranía, la secciona transversalmente, excavando el angosto de Callapa.

Sus 23 cumbres perfilan una topografía redondeada, poco escarpada. Quince de ellas son las más altas del llano altiplánico y se encuentran bastante próximas entre sí, en aproximadamente tres tramos. Al norte se alzan: Khata Cruz (4 737 m), Choquecagua (4 790 m), Paco Khana (4 678 m) y Pujtirpata Punta (4 661 m); por encima de Corocoro destacan el Pachakhala (4 842 m) y el Jarrota-

*Lejos de la influencia del Titicaca y los glaciares andinos, el Altiplano sur presenta un clima más seco, y su paisaje lo componen salados y pampas con escasa vegetación. Sector de Challapata.*

ni (4 796 m), los picos más altos de la serranía y por tanto del Altiplano, y Parca (4 692 m); en el flanco oriental se alza el Cachaca (4 736 m). Al sur del angosto de Callapa se agrupan el Quimsa Khollu (4 624 m) y Huay-llokho (4 596 m).

## Las llanuras y las pampas meridionales

La cuenca Calamarca-Sicasica se encuentra localizada entre el río Desaguadero por el oeste, la cordillera Oriental por el este y la subcuenca de Catari por el norte. Es una llanura que abarca desde Umala hasta Calamarca, Patacamaya y Sicasica. La cuenca de Caracollo-Oruro-Lago Poopó es, en realidad, una extensa pampa de 200 km de longitud, contigua a la anterior por el norte, que alcanza el sur del lago Poopó. Está constituida por un suelo arenoso, en el que sólo crece paja brava, y se caracteriza por la presencia de dunas. En las proximidades occidentales del lago Poopó, algunos cursos fluviales y el escurrimiento superficial por las vertientes no logran alcanzar su teórico destino, el lago, y se estacionan en el suelo árido y arenoso en forma de pantanos.

## Altiplano meridional

Aproximadamente desde la latitud de los lagos Coipasa y Poopó, en el paralelo 18° sur, hasta la confluencia de las cordilleras Occidental y Oriental, latitud 21° 50' sur, la región altiplánica toma otro carácter geográfico y natural, y abandona los paisajes nutridos por el clima subhúmedo para entrar en espacios naturales semiáridos (en el Altiplano central) y áridos (en el meridional), con un clima gradualmente seco. Su paisaje fisiográfico incluye la presencia de elementos geomorfológicos prácticamente oriundos de esta región, como son las grandes depresiones salinas (denominadas salares), y pampas con poca o nula vegetación.

## La cordillera Central

La cordillera Central es un gran sistema montañoso que desde el paralelo 18° sur hasta dejar el país, en el paralelo 22° sur, cubre aproximadamente la mitad centro-meridional de los Andes bolivianos orientales, en su flanco occidental altiplánico. Se extiende como continuación morfoestructural de la cordillera Real, y adquiere una considerable mayor anchura y una nueva dirección norte-sur, a partir del conjunto de subcordilleras de Cochabamba. Es un conjunto orográfico de menor altitud que la cordillera Real, factor éste que, añadido a su también baja latitud, determina la ausencia de nieves perennes en lo alto de sus cimas. Contiene importantes cantidades de minerales y vetas.

*Desprendida de la cordillera de los Frailes, la cordillera de Azanaques (al fondo, un sector de la misma), intensamente mineralizada, se extiende por el este del departamento de Oruro.*

La cordillera Central está compuesta básicamente por cuatro subcordilleras que se dividen en tres secciones: la sección septentrional, que contiene la cordillera de Azanaques y las mesetas de Morococala y Livichuco; la sección central o cordillera de los Frailes, y la sección meridional, con las cordilleras de Chichas, Mochara y, parcialmente, la de Tajsara.

## Sección norte de la cordillera Central: la cordillera de Azanaques

Esta estructura, junto con sus derivaciones, se extiende entre las coordenadas 18° y 19° de latitud sur, al este del meridiano 67°. Se ubica entre la serranía de Chayanta al nordeste y el lago Poopó al oeste, con una zona de depresiones en medio, en donde se asientan las poblaciones de Poopó y Pazña y parte de la vía del ferrocarril.

La cordillera de Azanaques es en sí misma un pequeño macizo de relativa elevación, que deriva principalmente hacia dos mesetas de lava: la de Morococala y la de Livichuco. La primera se ramifica al norte, a partir del entrante de Huanuni; abarca una superficie de unos 1 000 km$^2$ y está formada por coladas de lava; comprende, en el extremo septentrional, el pico de Quinta Khollu, de 4 886 m. La meseta de Livichuco, por su parte, se ramifica desde aproximadamente la zona de Un-

cía, y está formada por una serie de tierras volcánicas de altitudes considerables, que se prodigan caprichosamente al sudeste de la cordillera de Azanaques.

Se compone de siete cumbres que rondan los 5 000 m de altitud: los nevados del Toro (5 179 m), Huila Khollu (5 144 m) y Huara Chata (4 888 m), en el cuerpo central del macizo; el pico Azanaques (5 102 m), que se abre hacia la cordillera del mismo nombre, y los vértices Hermoso (4 966 m), Cumbre Malmisa (4 882 m) y Chokkota (4 836 m).

## Sección central: la cordillera de los Frailes

La cordillera de los Frailes continúa la cordillera Central, a partir de la de Azanaques, al sur de la localidad de Challapata (paralelo 19°), entre los afluentes del lago Poopó (Negro Vinto y Tolapalca), hasta su derivación como Chichas, en el paralelo 20° sur. Es un conjunto de ramales montañosos, en sentido sur y sudeste, de una elevación media de alrededor de los 5 000 m. Está atravesada de este a oeste por la línea ferroviaria Río Mulato-Potosí, que en el paso del Cóndor (4 782 m de altitud) tiene una de las estaciones de ferrocarril más altas del mundo.

Cuenta con, al menos, una veintena de picos diseminados por su relieve, que no sobrepasan en

*La cordillera de Mochara, que forma parte de la sección meridional de la cordillera Central, se extiende por el sudeste de la provincia Sud Chichas (departamento de Potosí).*

su mayoría los 5 200 m. Al sur del paralelo 19° sur, el citado Azanaques y el Jankho Llavisa (4 915 m); en una franja central a la cordillera sobresalen el Jatun Huila Khollu (5 214 m), Churco (5 024 m), Pascual Canaviri (5 143 m) y Kencha (5 148 m); en el punto medio, entre Río Mulato y Cóndor, se encuentra el pico Serkhe o Takañere (5 108 m). Al sur de la vía ferroviaria, y hasta el paralelo 20° sur, se alinean los picos más altos de la sección septentrional: el Jatun Mundo Khorihuani (5 438 m), Choque Huarani (5 388 m), Cóndor Chucuña (5 290 m) y Uyuni (5 084 m).

## El sector meridional de la cordillera Central

La sección sur de la cordillera Central (ya meridional) se ubica al sur del paralelo 20° sur, adelgazando conforme se acerca a la frontera argentina, hasta prácticamente abarcar tan sólo el cuadrante 66°-67° oeste. A lo largo del flanco sudoriental de esta sección se produce la confluencia, en territorio boliviano, de la gran cordillera Oriental con la sección meridional de la cordillera Occidental, que cierra la altiplanicie sur y hace de frontera a la propia región del Altiplano meridional. Su límite se fijó en el río Viluyo, que deja el país en las coordenadas 21° 45' sur, 66° 10' oeste.

El sistema Central empieza en esta sección a suavizar su altitud, incluso por debajo de los 4 000 m en varios picos. Se caracteriza por la aridez de sus macizos y por tener excavados varios valles pertenecientes a la subcuenca del río Cotagaita, subafluente del Pilcomayo. Está compuesto por las cordilleras de Chichas, Mochara y Tajsara, y por la serranía de Lique.

La cordillera de Chichas se extiende al este del meridiano 66°, en dirección noroeste-sudeste, desde el paralelo 20°. Es una sucesión de cerros aislados que se orientan hacia el salar de Uyuni, y se caracterizan por su elevado grado de mineralización y por verter en su flanco oriental las aguas fluviales de la subcuenca del Cotagaita. De sus quince cimas la mayoría se concentran en la mitad oriental, y tienen entre 4 000 y 4 500 m de altura, aunque entre ellas sobresalen el pico Cuzco (5 386 m) y el Chuni Khollu (4 778 m).

La cordillera de Mochara se extiende más arriba del paralelo 21°, al este del meridiano 66° hasta la frontera y es, por lo tanto, la última unidad de la cordillera Central en el territorio de Bolivia. Se encuentra delimitada por las depresiones fluviales del río Cotagaita, al norte; el mismo río en la cordillera de Tajsara, al este; el río San Juan del Oro, al su-

*La cordillera de Tajsara, en las provincias Nor y Sud Cinti (departamento de Chuquisaca) y cerca de la frontera con Argentina, contacta con las primeras serranías de la cordillera Oriental.*

*Valle del Aiquile. Los valles corren paralelos a la cordillera Central, entre la cordillera Real, que los separa del Altiplano, y las fajas subandinas, que las separan de las llanuras tropicales.*

deste y sur, y parte del río Viluyo, por el oeste. Cuenta con trece cimas que se concentran en la región noroeste; ahí se elevan los picos Chorolque (5 552 m), el más alto de la sección, Rumi Cancha (4 530 m) y el Yana Orco (4 464 m). En el flanco oriental destacan el Blanco y el Mula Cancha, que superan ligeramente los 4 000 m de altitud.

La serranía de Liqui se arrincona al sur del paralelo 20°, entre el río Cotagaita y el conjunto de valles de los tributarios de su cuenca, que la rodean al norte de Camargo. Afloran en su pequeña extensión nueve picos, con altitudes comprendidas entre 3 800 y 4 800 m: incluye el Mayu (3 971 m), el Condoriri (3 752 m) y el Nuqui (4 088 m); en su flanco oriental merece la pena mencionar el Chanchajlli (4 448 m), el Lique (que con sus 4 798 m es el más alto de la serranía), el Choro (4 575 m) y el Loma Larga Lique (4 518 m).

La cordillera de Tajsara se encuentra al norte del paralelo 21°, en dirección sudoeste-nordeste, aunque sus límites no están muy bien definidos, al contactar con las primeras serranías de lo que es propiamente la cordillera Oriental; de todas for-

mas, puede decirse que llega por el sur hasta las inmediaciones de la frontera con Argentina. Los picos que se considera le pertenecen son el Chojra Punta (4 358 m) y el Paloma Huachaña (3 943 m).

En el extremo sudeste de la sección meridional, casi en plena cordillera Oriental, afloran otros tres picos: el Negro del Chiquirio (4 614 m), el Huayra Khasa (4 546 m) y el Morao (4 398 m).

### Los valles andinos y el Subandino central

Los valles estructurales son una de las entidades fisiográficas más características de esta región, y los más importantes de ellos configuran zonas de planicies, con pendiente a oriente y a menor altitud que el Altiplano. Se clasifican, según su altitud, en valles altos, medios (mesotérmicos) y bajos (vegas).

Los valles altos aparecen a una altitud de entre 2 800 y 3 000 m y se ubican al norte de la cordillera Central y centrooriental; forman concavidades en los estratos superiores de las laderas andinas, y no están cubiertos por bosque tupido sino por vegetación arbustiva y, en lo más hondo, presentan tierras cultivadas. Los más importantes son los va-

*La cota de los 2 000 m es el umbral para distinguir los valles bajos de los medios, ambos meso-térmicos. Un ejemplo de valle bajo es San Juan del Oro (en la foto), entre Potosí y Tarija.*

fico. Se encuentra delimitada por las coordenadas 65° 30' a 63° y 20° 30' a 17° sur, entre la cordillera Central, a sus espaldas, y las llanuras aluviales, compartidas por las tres regiones orientales, a sus pies. A grandes rasgos, se estructura en tres cuerpos: una pequeña ramificación al noroeste, el recodo externo que la cordillera Oriental deja con su significativo cambio de rumbo al sur, y una faja sureña.

Su relieve se compone de las sierras subandinas del centro, que se extienden desde la sierra de Mosetenes y las subcordilleras Tiraque y Totora, hasta la sierra de Abapó del sector meridional, deslizándose por los flancos orientales de la cordillera de Cochabamba, hasta Santa Cruz. Sus valles penetran en el interior del sector norte de la cordillera Central, hasta las alturas de las ciudades de Sucre y Potosí. Esta sección central está básicamente integrada por las sierras de Mataracu, Florida, Catariri y Corralones, cuya configuración parece ser la bisagra que permite el viraje de la gran cordillera andina.

## Sección central de la cordillera Occidental

La conocida como sección central empieza en las estribaciones septentrionales de la cordillera de Sabaya (en el valle del río homónimo, en el paralelo 19°) y termina en la serranía Milluni, justo antes del salar de Chiguana, traspasado el paralelo 21° de latitud sur. En este sector, la cadena montañosa andina ve recortada su continuidad por la incursión lateral de los salares de Coipasa y parte del de Uyuni, que despliegan sus mantos salinos por el flanco oriental hasta sus pies. Este tramo de la cordillera Occidental se compone de siete subsecciones: las cordilleras de Sabaya, Sillajhuay, Sillillica y Milluni, y las serranías intersalares de Llica y Tahua.

La cordillera de Sabaya constituye un pequeño macizo bastante plegado, de orientación este-oeste, lo que explica la existencia de casi una decena de cumbres en su reducida extensión. Su ubicación y altitud son las siguientes: de este a oeste, los picos Cabaraya (5 869 m), Separaya (5 610 m), Tata Sabaya (5 385 m) y Pariani (5 077 m), en la cara sur; Cumi (5 048 m), Culebra (5 193 m) y Phisa (4 782 m), en el flanco septentrional; el pico Curumaya (5 484 m), al otro lado del río Sabaya; y el Pilcomayo (4 614 m), en las inmediaciones del núcleo de Sabaya.

El salar de Coipasa interrumpe hasta la frontera la sucesión montañosa en territorio boliviano, aportando como única manifestación de ésta el pico Villa Pucarani (4 910 m), que, situado al sudeste de la cordillera de Sabaya, salar adentro, es

lles mayores de Cochabamba, Quillacollo, Suticollo y Cliza, por lo que hace a la región de la cordillera de Cochabamba, y los valles del Aiquile y el Mizque, en el paralelo 18° sur, entre las cordilleras de Azanaques y Chayanta.

Los valles medios mesotérmicos se ubican entre los 2 000 y los 2 800 m de altitud; son los más predominantes y los que mejor responden al concepto de valle andino: extensas depresiones vertebradas por un curso fluvial de ancho lecho, en cuyo cauce se configuran pequeñas playas; están configurados por tierras aptas para el cultivo y bosques de corte bajo.

Los valles inferiores son los formados por los afluentes meridionales de la cuenca del Pilcomayo, el sistema fluvial San Juan del Oro-Camblaya o Pilaya, y los valles de Tarija. Los valles bajos (conocidos también como vegas) son igualmente depresiones mesotérmicas de origen aluvial, situados entre los 1 500 y los 2 000 m, y se ubican en las serranías superiores del Subandino central. Tienen una morfología más angosta, arenales casi inexistentes y una vegetación muy desarrollada.

La sección central de la franja subandina boliviana es la más compleja desde el punto de vista fisiográfico, y la más poblada en el aspecto demográ-

*La sierra de Mosetenes, en el frente Subandino norte, donde se alternan altas cadenas con las llanuras orientales, es fruto del fraccionamiento de bloques de falla con desigual desplazamiento.*

como una isla en un mar salino, y alberga a sus pies la población del mismo nombre.

Arrimada a la frontera boliviana, al sur del salar de Coipasa, surge una serranía que prolonga la cordillera de Sillajhuay; entre sus cinco cumbres contiene el pico más alto y más bajo de la sección central: de norte a sur estas cumbres son el Chivia (4 270 m), el Pinto Pintani (4 182 m), benjamín de este tramo, el nevado Candelaria (5 995 m), que es el techo de la sección, el Irpa (5 234 m) y el Umani (4 410 m), los tres últimos, hitos jurisdiccionales.

La serranía o cordillera Intersalar, como bien indica su denominación, cabalga entre los salares de Coipasa y Uyuni, separándolos como unidades depresionarias diferentes. Se orienta de este a oeste, con ligera inclinación al noroeste, donde existe la mínima distancia entre los salares. Está dividida en dos serranías o subsecciones, Llica y Tahua, que se extienden al este y oeste, respectivamente, del meridiano 68° este.

La serranía de Llica se extiende desde la ciudad del mismo nombre hasta alcanzar el salar de Coipasa, y se compone de cuatro picos: de norte a sur son: el Frauche (5 067 m), el Titirilla (5 014 m), el Chivija (4 572 m) y el Pilaya (4 210 m). La serranía Tahua se alarga al oeste —hasta el estrecho intersalar que da al centro del Altiplano central— en forma de «T»; se compone de cinco picos, uno

de los cuales, el Timupa (4 919 m), es su techo en el extremo meridional del brazo citado, mientras que los otros cuatro —el Maraga (4 614 m), el Coracora (4 729 m), el Sica Uma (4 275 m) y el Chuyma Jakke (4 425 m)— configuran el brazo principal entre salares.

La cordillera de Sillillica se extiende irregularmente por el flanco occidental del salar de Uyuni, entre los paralelos 20° y 21°. Queda dividida en dos partes por el salar de Empexa, que penetra en las entrañas de sus serranías desde los pies del monte Poko Khollu (4 754 m), en el límite fronterizo sudoriental, hasta la planicie que comunica con el salar de Uyuni.

La subsección septentrional se eleva cerca de Llica, al sudeste de la serranía intersalar homónima, con un imponente relieve de más de 5 000 m. De noroeste a sudoeste la conforman las cumbres Picacho (5 208 m), Chinchilhuma (5 118 m) y Caltama Norte (4 934 m), en la cabeza septentrional, y Altamari (5 032 m), Pallalli (5 054 m) y Tres Tetas (4 418 m), en el resto del macizo. La subsección meridional limita la depresión del salar de Uyuni, rodeándolo en su mitad sudoccidental, y se extiende hacia el sur hasta el salar de Chiguana. Tiene una morfología sumamente recortada, con grandes espacios intermontanos en los que se localizan las poblaciones de Empexa y San Pedro de Quimes. Está compuesta por seis picos dispersos,

*El lago Poopó (en la imagen) es de origen tectónico y de transferencia. Esta gran cuenca lacustre, una de las mayores del país, se extiende por el sector sudoriental del departamento de Oruro.*

con un perfil topográfico mayoritariamente superior a los 5 000 m de altitud sobre el nivel del mar. De noroeste a sudeste, éstos son el Mancha (5 083 m), Tirani (5 216 m), Caltama Sur (5 383 m), Uquilla (5 092 m), Luxsar (5 504 m) y Paruma (5 200 m). Aislado por una pequeña penetración salina, al este del meridiano 68°, emerge el monte Coral (4 972 m).

## Altiplano central: el sistema Lacustre medio

El Altiplano central llega hasta los 20° 30' sur, y tiene un promedio de precipitación anual superior a los 200 mm, lo que le permite mantener, al menos durante parte del año, corrientes fluviales en curso y una vegetación arbustiva relativamente variada. Las pampas de esta parte del Altiplano son extensiones relativamente grandes de arena; tienen una vegetación predominante de thola, yareta y paja brava, y se ubican en depresiones que el relieve andino no ocupa. Al sur de esta subregión se alza la serranía Interaltiplánica del centro sur, que se compone de los lagos Poopó, Uru Uru-Soledad y el lago-salar de Coipasa.

## La serranía Interaltiplánica central

A un conjunto de tres grupos distintos de cerros, ubicados al sur del lago Poopó, se los considera serranías levantadas en suelo altiplánico a escasa altitud. De éstos, sólo un subconjunto de siete cerros, en el horizonte nordeste del salar de Uyuni, conforman una masa serránica de 300 a 400 m de altitud. Su desarrollo parte del paralelo 19° 20' sur, en el nacimiento del río Márquez (afluente de lago Poopó), y llega hasta el 20° 10' sur, envolviendo el sector nordeste del salar. Sus cimas se diseminan homogéneamente por este relieve, sin dejar lugar a las tierras altas o a espacios intermontanos: sobresalen el Moco Moconi (4 395 m) y el Khehuillani (4 164 m), como vértices occidental y oriental, respectivamente, y el Caraj (4 150 m), el Hiare (4 131 m) y el Tusque (4 125 m), en los alrededores de Tusque.

## El lago Poopó

El Poopó es un lago salino, básicamente cerrado; es decir, que recibe afluentes (los ríos Desaguadero y Márquez), pero no posee efluentes. Es una acumulación de agua salina, situada a 3 686 m y de poca profundidad. Tiene forma alargada a causa de que en sus borde norte y sur recibe sus afluentes en una especie de estuario lacustre, que se aprovecha de la poca profundidad del lago.

En una de sus costas se hace visible la pequeña isla de Panza, fruto de la acumulación de are-

*Uno de los lagos del sistema Lacustre medio es el Uru Uru, con 280 km² de extensión. Surgido en los rebalses del Desaguadero, constituye sin duda un emporio de riqueza piscícola.*

nas en una zona poco profunda; en épocas de sequía se le añade un brazo costero que la convierte en península. Los suelos de sus márgenes son de nula fertilidad e impracticables por tres razones: son impermeables, están salinizados y el nivel de las orillas lacustres oscila según la época del año y el régimen fluviopluvial.

## Los lagos Uru Uru y Soledad

El lago Uru Uru es producto del pacífico desbordamiento del lecho del río Desaguadero en una planicie próxima al lago Poopó. Tiene una profundidad inferior a un metro, pero siempre dependiente de la vulnerabilidad de aquel cauce fluvial y de su sensibilidad a las crecidas.

La laguna Soledad responde al mismo mecanismo de eclosión de aguas fluviales, pero no de forma permanente, y por tanto es muchas veces de presencia estacional. A grandes rasgos se encuentra normalmente en la estación de ferrocarril de su mismo nombre, en una depresión inundable en la unión del río Knefo con el Desaguadero y el lago Uru Uru, al que alguna vez queda unido.

## El lago-salar de Coipasa

El Coipasa es un lago-salar situado en la mitad oriental del Altiplano central y separado de la fron-

tera por una estrecha subunidad andina, la cordillera Cabaray, justo entre la sección septentrional y central de la cordillera Occidental. El lago es, de hecho, un remanente acuoso alimentado por los ríos Lauca, Barras y Lakajawira. Está rodeado por el sur, en buena parte, por el salar del mismo nombre, que le confiere una notable salinidad.

El salar de Coipasa es una gran depresión, de 2 218 km², cubierta por un manto sedimentario salino, resultado de la desecación de una antigua masa lacustre. Sus 70 km de largo y 50 km de ancho máximos, ocupan el 20 por ciento del territorio altiplánico. En medio de él, a los pies de un volcán de 4 910 m de altura, existe un núcleo poblado denominado Villa Pucarani.

## El sur de la cordillera Occidental: el cierre del Altiplano

La sección meridional se extiende desde el paralelo 21°, al sudeste y sur de los salares de Chiguana y Uyuni, respectivamente, hasta los límites meridionales del país, cerca del paralelo 23°. Es una región muy montañosa, de carácter volcánico, que, por las numerosas cimas de más de 5 000 m y por su extensión geográfica, constituye una de las regiones más importantes desde el punto de vista orográfico. Está casi deshabitada y la caracterizan las tempestades de arena y una densa neblina. De hecho, esta sección debe sus marcados rasgos orográficos a la confluencia, en su sector este, de la cordillera Occidental con la Oriental; con el salar de Uyuni, el Altiplano desaparece prácticamente como entidad fisiográfica. Cuenta con seis subsecciones y 73 picos y conos volcánicos, repartidos en sus macizos de grandes dimensiones.

El volcán Ollagüe (5 865 m) y el Chiguana (5 278 m) son las primeras manifestaciones de la cordillera meridional volcánica, que junto a las serranías de Cañapa se dirige hacia el sur con el nombre de cordillera Aralaguna hasta alcanzar la frontera chilena con la nueva denominación de cordillera Guayaques. En la porción sudeste de la sección, aflora un macizo volcánico, compuesto por las cordilleras de Lípez y Chocaya, que alcanza la cordillera Oriental, a la altura del río Viluyo, y sirve de límite entre ambas cordilleras andinas.

## Las serranías de Cañapa

Afloran en el territorio que comprende desde la línea de ferrocarril a Antofogasta, en el salar de Chiguana (21° 10' sur), hasta la elevación de la cadena de Aralaguna, a la altura del monte Araral (5 682 m), en el paralelo 21° 30' sur. Se compone de los citados picos Ollagüe y Chiguana, próximos al salar de Chiguana, y de tres elevaciones volcánicas, dos de las cuales figuran entre las más altas de la región: la primera, con la cumbre que da nombre a la serranía, de 5 882 m, y un pequeño brazo sudeste que contiene el Caquella (5 947 m); la segunda, en la que se eleva solitaria la cima Tomasamil (5 890 m), y la tercera, de mayor extensión pero menor altitud (inferior a 5 500 m).

## La cordillera Aralaguna

La cordillera Aralaguna es una ancha cadena que, desde el paralelo 21° 30' sur, discurre uniforme hasta que se estrecha, poco antes del salar de Chalviri, en el paralelo 22° 30' sur. En su interior encierra las lagunas Pastos Grandes, Khora y Colorada, a las que rodea con numerosas cimas y conos volcánicos, y otros accidentes geográficos como los pasos Ascotán y del Inca y el Plan del Burro Cansado. En el sector norte destacan las cumbres de Tapaquillcha (5 758 m), Ascotán Ramadillar (5 505 m) y Aguas de Perdiz (5 634 m): en este último punto discurre, junto a la laguna Hedionda, el paso Ascotán y se yergue el pico Pastos Grandes (5 802 m). Los cerros más resaltables, entre los que

se esconde la laguna Colorada, son el Chijlla (5 709 m), Negro (5 708 m) y Kapuna (5 703 m). En su flanco oriental, frente a la cordillera de Lípez, cabe mencionar también los picos Sanabria (5 654 m) y Quetena (5 730 m).

## Las serranías de Aguas Calientes y Guayaques

Las serranías de Aguas Calientes y Guayaques modelan el perfil orográfico del extremo meridional del país, a partir del paralelo 22° 30' sur y entre los meridianos 67° y 68° oeste. Su configuración en territorio boliviano es semicircular; a grandes rasgos, puede decirse que rodean por el este y sur el salar de Chalviri y delimitan la cabecera superior de la subcuenca del río Grande de Lípez, más allá de su nacimiento.

La serranía de Aguas Calientes es la continuación de la cordillera de Aralaguna, pero con una estructura bastante más estrecha. Contiene cerca de una decena de picos; los más relevantes son el Sairecabur (5 928 m) y el volcán Licáncabur (5 868 m), ambos hitos de partición territorial en el límite sudoccidental. A menor altitud están el Boratera de Chalviri (5 484 m) y el Laguna Verde (5 531 m), el Aguas Calientes (5 684 m), el Nelly (5 676 m) y el Ponderosa (5 614 m), que conforman el delgado macizo que une esta serranía con la de Guayaques.

La serranía de Guayaques se dirige al este, cerrando la planicie de la laguna Verde, hasta aproximadamente el entrante llano que muere en la laguna Bush, a la altura del monte Kalina (4 895 m). Su techo lo configuran cuatro picos: el Guayaques (5 584 m) y el Tres Cumbres (5 370 m), que miran al este, frente a la laguna Verde; el cerro Guacha (5 599 m), que mira al norte, al valle del río Grande de Lípez, y el Zapaleri (5 656 m), que constituye el mojón fronterizo tripartito entre Argentina, Chile y Bolivia.

## La cordillera de Lípez-Chocaya

Más comúnmente conocida como cordillera de Lípez, se inicia en el cerro Uturuncu (6 008 m), al sudeste del núcleo de Quetena (22° 20' sur), y desciende en dirección nordeste hasta los 5 000 m de altitud, desde donde cambia su nombre por el de Chocaya (22° sur).

La cordillera de Lípez impide el desarrollo del Altiplano más al sur y se la considera, aunque no todos comparten el criterio, el eslabón entre las cordilleras Oriental y Occidental.

*La laguna Verde (en la fotografía) se extiende por el extremo sudoccidental de la provincia Sud Lípez (departamento de Potosí), en las proximidades de los volcanes Juriques y Licáncabur.*

Presenta dos ramificaciones o derivaciones al noroeste y sudeste. La ramificación meridional, que es muy rica en lagunas de origen glacial y abruptas laderas, está configurada por ocho cumbres, entre las cuales destacan las de Bravo (5 734 m), en su centro, y los cerros Tinte (5 384 m), Vilama (5 678 m) y Bajo (5 468 m), que delinean la frontera boliviana. La ramificación septentrional es de perfil orográfico muy irregular, con altitudes entre 4 800 y casi 6 000 m: en ella resaltan el Lípez (5 929 m), el Soniquera (5 899 m) y el Nuevo Mundo (5 570 m).

La cordillera Chocaya constituye la franja montañosa que se desarrolla entre la cordillera de Lípez y el valle del río Viluyo, entre los meridianos 66° y 66° 50' oeste, aproximadamente. Su principal rasgo fisiográfico es que actúa como divisoria de aguas entre la subcuenca de los ríos Grande de Lípez y San Juan del Oro; sus laderas son largos valles paralelos, de suave relieve. Contiene un número reducido de cimas, las cuales se hallan dispersas por la cúspide montañosa: los picos Bonete (5 695 m) y Morocho (5 681 m) establecen su techo.

## El Subandino sur

En esta latitud, el Subandino toma una dirección sur-sudoeste, desde el paralelo 20° hasta prácticamente el 23° sur, en una estrecha franja entre 65° y 63° oeste. Conforma una porción limítrofe de territorio muy ondulado, que mira a la región chaqueña y se adentra en el territorio argentino. Su aspecto fisiográfico está integrado por un conjunto

215

*El Altiplano meridional está dividido en dos cuencas subregionales: la puna de Lípez y los grandes salares de Uyuni (al que pertenece la pariwana de la foto), Chiguana y Empexa.*

de diez serranías poco elevadas, el valle mesotérmico de Tarija, los ríos Pilaya-Pilcomayo y la cuenca del río Bermejo.

Las serranías empiezan al sur de la sierra de Corralones y se estructuran en tres líneas orográficas, en sentido norte-sur, a partir del paralelo 21° sur, con alguna derivación interna a la altura de Tarija, de modo que sus ramales llegan hasta las juntas de San Antonio. Sus nombres son, de oeste a este y de norte a sur, los siguientes: serranías de Abapó, del Ibio, del Tigre, Huacaya, Aguaragüe, Caipipendi, Cerrillos, del Condado, Alto de las Cañas e Ipaguazú.

## Altiplano sur: las unidades semiáridas del salar de Uyuni y la región de Lípez

El Altiplano sur abarca una estrecha franja, del paralelo 20° 30' al 22° 50' sur, y su paisaje está subordinado a una escasa pluviosidad, que puede ser inferior a los 100 mm anuales. Tales condiciones castigan esta parte de la meseta con una notable sequedad y una acusada merma de recursos, circunstancias que no posibilitan la vida humana.

El aforo hidrográfico es meramente anecdótico de alguna lluvia ocasional. No obstante, ésta no le priva de tener una bonita fauna de parihuanas (flamencos rosas), y algún que otro cultivo como la quinua real, explotada en la subregión de Llica. En su territorio predominan grandes extensiones de arena y sal, como el denominado desierto de Lípez y el salar de Uyuni, y diversos grupos de cerros poco elevados que circundan, a grandes rasgos, la mitad sudoriental del mencionado salar, como las serranías Interaltiplánicas de la sección sur.

## Elevaciones Interaltiplánicas del sur

Al este de la ciudad de Uyuni se halla el montículo sedimentario que culmina en el cerro Escara, de 4 149 m de altitud; está situado en el paralelo 20° 25', al este del meridiano 67°. Dejando atrás el salar de Uyuni se elevan dos parejas de cerros destacables: la primera, al sur de Río Grande, es un promontorio bastante extenso en el que sobresalen el cerro Cerrillos, de 4 348 m, y el Cóndor Huasi de 4 003 m; la segunda, bastante próxima a la cordillera Oriental, tiene una morfología y tamaño parecidos al cerro Escara, con las cimas de cerro Colorado (4 208 m) y cerro Macho Cruz (4 332 m).

*Entre el salar de Uyuni al norte y la frontera chilena al sur, la región de Lípez (en la imagen), de acentuada aridez, constituye la subregión más meridional del país.*

## El salar de Uyuni

El salar de Uyuni es la concentración salina de mayores proporciones de América y la máxima depresión de todo el Altiplano. La cuenca que domina representa más del 40 por ciento de la extensión del Altiplano, y su importancia económica le ha convertido en un yacimiento explotable de 10 582 km². Se encuentra en la mitad superior del Altiplano sur, justo debajo del lago-salar de Coipasa y al sudoeste del lago Poopó, a 3 653 m sobre el nivel del mar, la menor altitud altiplánica. Conforma una macrosubunidad regional, de 180 km de largo por 125 km de ancho, con diversas islas o elevaciones aisladas de origen volcánico. Algunos veranos de grandes lluvias, sus afluentes rellenan el manto salino con un depósito de agua de hasta un metro de profundidad, circunstancia ésta que lo transforma en el mayor lago temporal de Bolivia. Los «ojos de agua» que irrumpen el resto del año en su continuo salino, son pequeñas acumulaciones de agua que alcanzan hasta 10 m de diámetro.

## La región de Lípez

La región de Lípez es la última subunidad altiplánica y la subregión más meridional del país. Se extiende —entre los paralelos 20° 30' y 23°— desde el salar de Uyuni hasta las fronteras chilena y argentina, enmarcada orográficamente por el progresivo acercamiento de las cordilleras Occidental y Oriental. Los rasgos fisiográficos característicos de la región son las pampas de suelo arcilloso, los antiguos lechos lacustres con grietas de desecación, ríos secos que muestran su lecho de arena volcánica, y las pampas pedregosas, resultado de diáclasis y de la fragmentación de clastos.

Las pampas, relativamente extensas, conforman un paisaje de sucesivas llanuras y/o depresiones sin vegetación arbórea, que se inunda temporalmente en la época de lluvias. Algunas de las pampas más populares son: Mamala, Paco, Chinchillani, Pocamayu, Chuto, de Bórax, Cruz, Salar y Karpa, entre otras.

## Los paisajes bioclimáticos en el Altiplano meridional

La amplia región del Altiplano meridional presenta gran diversidad de tipos de paisajes y dominios vegetales que se solapan a lo largo de todas las subregiones expuestas, por lo que resulta conveniente

*El paisaje de la puna de Lípez, en el Atiplano meridional, ofrece un aspecto muy austero: superficies arenosas y pedregosas, con escasa cobertura vegetal.*

hacer una relación de sus características y del área geográfica que ocupan.

El dominio del bosque seco templado se extiende por las últimas estribaciones de la vertiente oriental de la cordillera, en las serranías subandinas de Mandeyapecua, Carandaiti e Ibobobo; se expande generosamente por los pies del Subandino y gran parte de las llanuras meridionales. Allí se practica el pastoreo extensivo y cierta agricultura de cultivos industriales.

El bosque húmedo templado se encuentra en la franja subandina más exterior a la cordillera, casi sin discontinuidad, hasta las tierras regadas por el río Bermejo. Es un paisaje de 40 000 km² de terrazas elevadas disecadas, y con un relieve aún marcado por la humedad de las llanuras aluviales meridionales. El suelo en el que se asienta es de poco espesor y generalmente pobre en nutrientes. Alberga una variada producción agropecuaria y en él se pastorea abundantemente. En sus frondosos bosques de las serranías se da una intensa actividad forestal de extracción de leña y carbón. El bosque húmedo es de tipo latifoliado mixto adaptado al frío.

Clasificación aparte merece el denominado bosque muy húmedo templado. Está limitado al territorio de la cuenca del río San Juan del Oro y

parte de la del Bermejo, al sur de la cordillera Central. El paisaje geomorfológico se extiende sobre 4 500 km², y se compone de pendientes aluviales y coluviales, que terminan en valles angostos y profundos, en las primeras estribaciones del Subandino sur. Los suelos son arcillosos y lixiviados, poseen abundante materia orgánica en su superficie y notable capacidad de infiltración hídrica.

Es un paisaje vegetalmente rico y verde. Las actividades humanas están muy condicionadas por los rasgos fisiográficos: en las terrazas aluviales y espacios llanos se dan cultivos de subsistencia, en las suaves pendientes se desarrollan cultivos permanentes y la repoblación de pinos, y en las inclinadas laderas se protegen bosques naturales. La vegetación arbórea es imponente: troncos de entre 50 y 100 cm de diámetro, copas que sobrepasan los 35 m de altura y ramas cubiertas de bromeliáceas, epífitas y musgos; en el estrato inferior crecen densos arbustos.

El bosque montano templado muy húmedo y pluvial se encuentra circunscrito a pequeñas áreas aisladas, en las tierras del Subandino sur y final del centro. Ocupa unos parajes de relieve accidentado, de 3 690 km² de extensión total, con vertientes empinadas, fangosas e inestables, propicias al riesgo

*En los arenales del Altiplano meridional sólo prolifera la paja brava, planta herbácea de hoja delgada, casi cilíndrica, como el esparto, y de color amarillento verdoso.*

de derrumbes. Cuando las condiciones locales lo permiten, en esta zona se lleva a cabo una agricultura de subsistencia, basada en el cultivo de la papa; la ganadería está presente a través del pastoreo de rebaños vacunos y caprinos.

El llamado bosque húmedo montano templado se presenta en diversas y variadas áreas dispersas, por el Subandino centro y sur, con una ramificación interior en la cordillera de Cochabamba y en la zona de Sucre. Es un conglomerado de paisajes de 12 700 km$^2$, con diferenciados rasgos fisiográficos en cuanto a perfil topográfico y suelo; es muy típico en las localidades de Pasorapa, Presto, Zudáñez y Ravelo. La actividad agropecuaria radica básicamente en el cultivo de maíz, papa, cebada y trigo, y en el pastoreo de rebaños de vacas y de cabras.

El monte espinoso templado es el paisaje de gran parte del Subandino centro y sur, que se corresponde con los últimos contrafuertes de la cordillera Central y sur. Se asienta sobre un terreno plegado en cuestas, entre serranías de altitudes próximas a los 2 000 m y valles mesotermos; cubre una extensión de 30 000 km$^2$ aproximadamente. En cuanto a la actividad agropecuaria, se explotan cultivos de maíz, papa, maní y trigo; aparte de olivos, higos, nueces y frutales.

La estepa de montano templado se extiende en zonas aisladas del Subandino centro y junto a la frontera argentina; alberga una superficie de 12 850 km$^2$. Es un paisaje que ocupa las pendientes moderadas de las cuestas subandinas, y es generalmente contiguo al monte espinoso templado. Los suelos son profundos y de colores oscuros y están compuestos de materiales finos y cálcicos; en el sur suelen contener gran cantidad de sales. La agricultura que se practica está sujeta al clima y al suelo afectado; la actividad ganadera es la principal, y en ella destaca la cría ovina, auquénida y vacuna. La vegetación es, en su mayoría, bastante peculiar: un espeso manto de gramíneas y arbustos, que pueden llegar a los tres metros.

Otro tipo de paisaje es el del matorral seco subalpino templado. Presente en todo el territorio altiplánico, se ubica principalmente en zonas llanas, promontorios y elevaciones interaltiplánicas. Sus suelos y la existencia de cerros testigo (o mesas) son el producto de la meteorización física y química del material volcánico. Sus terrenos no son aptos para el uso agropecuario; no posee vegetación oriunda, pero sí paja brava, en los arenales, y thola en los suelos más compactos.

*El paisaje desértico domina la parte de la cordillera Occidental que limita con el salar de Uyuni, en la zona más fría y más baja del altiplano boliviano (3 660 m).*

En el extremo oriental de la región de Lípez, en la cordillera de Chichas y en la confluencia de las bifurcaciones andinas de Bolivia, se halla un tipo de paisaje de matorral desértico templado. Aparece en 2 410 km² de terreno montañoso, en diversos paisajes fisiográficos de núcleos como Las Carreras, Impora, Oploca, Oro Ingenio y otras. La actividad humana se centra en el pastoreo de ganado caprino. La vegetación característica se compone de cactáceas de tipo columnar, varias especies leñosas y plantas gramíneas y rastreras.

El paisaje de matorral desértico montano templado se extiende desde la sección central de la cordillera Occidental, pasando por la serranía Intersalar, hasta todo el flanco oriental del salar de Uyuni y las vertientes occidentales de la cordillera central y sur. Es, con una superficie de 52 890 km², uno de los paisajes predominantes en el Altiplano sur: se define como un territorio abrupto y ondulado, surcado por numerosos y pequeños valles.

La actividad humana se centra en la cría de ganado básicamente auquénido; la agricultura se practica en los valles y está dedicada sobre todo al cultivo rudimentario de quinua, oca y papa. La vegetación más prolífica es la xerofítica y algunas especies de gramíneas.

En esta región existen también paisajes desérticos. El desierto montano templado está presente en la sección central de la cordillera Occidental, alrededor de los salares de Uyuni y Empexa y en parte del de Coipasa, en la subregión norte del Altiplano meridional. La parte montañosa es de relieve escarpado con rocas volcánicas, mientras que la planicie la dominan depresiones salinas sobre material sedimentario o depósitos lacustres; en la zona sur es un desierto de dunas, barjanas y rocas, configurado por la acción eólica. La poca actividad agropecuaria se centra en pequeños valles donde se cultiva quinua, y en la cría de auquénidos.

Finalmente, el desierto subalpino templado es el ecosistema desértico que se prolonga al sur del desierto montano, y que abarca la franja occidental del Altiplano sur, a los pies de la cordillera Occidental y la región de Lípez, área esta última verdaderamente emblemática de este tipo de paisaje. Se compone de todo tipo de elementos geomorfológicos, ya que combina terrenos llanos con un relieve abrupto, a lo largo y a lo ancho de 10 000 km²: superficies arenosas y pedregosas, depresiones salinas, llanuras, pampas, mesetas, cuerpos volcánicos y serranías muy plegadas. Es una zona poco habitada y el uso de la tierra queda muy restringido por las condiciones naturales; la dotación vegetal es prácticamente nula.

# Las llanuras húmedas

Las llanuras dominan el mapa fisiográfico de Bolivia en cuanto a extensión, ya que ocupan dos tercios de la superficie total del país. Así, el territorio boliviano no elevado conforma una inmensa llanura geológicamente compuesta de sedimentos aluviales, mayoritariamente del Cuaternario, afloramientos rocosos del Precámbrico, en un particular ámbito regional, y materiales del Cretácico en manifestaciones esporádicas. Las llanuras se asientan, desde las faldas del Subandino hasta la frontera brasileña, en una inmensa planicie que no supera los 400 m de altitud, ubicada continentalmente entre las selvas amazónicas, el Escudo brasileño, el Mato Grosso y el Gran Chaco argentino-paraguayo.

Sus rasgos fisiográficos están muy sujetos a un clima templado y subtropical preandino, de pluviosidad variada, que estratifica claramente sus diferencias latitudinales debido al uniforme y plano territorio boliviano, hecho que marca significativamente su división regional. Así se habla de las llanuras Pandinas del extremo norte, eminentemente tropicales, y los llanos del río Beni, subtropicales y húmedos; los llanos centrales de clima subtropical subhúmedo, o los llanos del Chaco, con un clima templado y seco.

Los rasgos geomorfológicos permiten distinguir también entre varias unidades: llanuras de inundación, zonas de piedemonte, llanos y terrazas aluviales, llanuras aluviales, pequeñas serranías, colinas, promontorios, zonas de drenaje, etcétera. En cuanto al tipo de paisaje, se consideran —partiendo de las tres regiones bioclimáticas— los diversos hábitats vegetales en función de su piso basal.

*Bosque siempreverde típico de las llanuras aluviales y serranías pandinas por debajo de los 500 m.*

## La llanura Pandina

### Ubicación geográfica
La región geográfica pandina (que toma su nombre del departamento de Pando) se ubica en el extremo rectangular noroeste de Bolivia, entre los paralelos 13° y 10° sur y los meridianos 63° y 67° oeste, y tres de sus cuatro caras se enfrentan a las fronteras establecidas con Brasil y Perú. Se desarrolla al norte del sistema altiplánico, en las mismas coordenadas verticales que el Subandino norte; por el sudeste limita con los llanos del Beni y por el oeste —junto a la frontera con Brasil— aflora parte del denominado Escudo brasileño.

Puede definirse como una planicie de inclinación noroeste-sudeste, situada por debajo de los 300 m de altura, que soporta unas condiciones tropicales muy húmedas. Está compuesta por un paisaje geomorfológico de origen hidrológico, de frondosa y verde vegetación, y por varios afloramientos rocosos aislados. El paisaje hidrológico se manifiesta por la combinación de llanos y terrazas aluviales; el segundo, según su envergadura, en forma de islas o de promontorios y colinas situados en los humedales y zonas pantanosas, o en forma de saltos y cachuelas (que generan rápidos) en los cursos fluviales.

La región está estructurada básicamente a partir de la alternancia de dos elementos geomorfológicos: los llanos y las terrazas aluviales. Los primeros, los llanos y las terrazas aluviales viejas, configuran un relieve suave, erosionado por agentes básicamente hídricos, que se eleva ligeramente sobre las dominantes tierras bajas y cuencas fluviales. En la mayor parte del territorio en el que están presentes forman pequeñas colinas de cima plana, disecta-

*Vista panorámica de las riberas del río Madre de Dios, uno de los afluentes más caudalosos del río Beni. Un intenso proceso de sedimentación ha dado lugar a amplias llanuras aluviales.*

das por una densa red microfluvial de riachuelos y arroyos. Están muy presentes en la mitad occidental de la región pandina (al oeste del meridiano 65°), en la cabecera de la cuenca del río Orthon.

Por otro lado, las terrazas aluviales semielevadas se manifiestan a lo largo de los cauces de los ríos Manuripi y Madre de Dios, en niveles topográficos inferiores a las anteriores. Los materiales transportados por estos ríos se acumulan en sus orillas, en afloramientos rocosos, y configuran las llanuras aluviales de la región pandina.

## Un sistema hidrográfico típicamente amazónico

En cuanto al sistema hidrográfico de la llanura Pandina, puede decirse que es típicamente amazónico. Constituye, de hecho, una pequeña subcuenca de la gran cuenca del Amazonas, situada en la franja del extremo fronterizo norte. Ocupa una extensión de 25 400 km², lo que representa un 3,5 por ciento de la cuenca amazónica en Bolivia. Se configura a partir del sistema fluvial Acre-Abuná, ríos que trazan el límite natural entre Brasil y Bolivia, por el norte; el eje fluvial Orthon, que la cruza, y el Madre de Dios, que cierra su medio natural.

El Acre se puede considerar un río más forastero que boliviano: nace en territorio peruano y abandona el país a media llanura, desviándose al norte como subafluente de la cuenca amazónica brasileña. Durante su transcurso por el extremo noroeste de la región tropical, forma parte del límite fronterizo entre Bolivia y Brasil, hasta el núcleo urbano de Cobija, desde donde gira al norte. Su longitud en territorio boliviano es de unos 90 km, desde Bolpebra (límite internacional Bolivia-Perú-Brasil) hasta Cobija.

El río Abuná encierra, a modo de tapadora, el territorio boliviano por el norte, desaguando la diagonal nordeste de la llanura gracias a su débil inclinación norteña. Nace a partir del río Ina, con el nombre de Muymanu; luego cambia su denominación a Caramanu, y desde su unión con el Chipamanu se le conoce con el nombre de Abuná, que ya no deja hasta verter sus aguas al río Madera, afluente directo del Amazonas. Alcanza un total de 400 km de trazado, desde la confluencia con el río Ina Mercier, en Fortaleza, hasta Manoa, y es límite estatal con Brasil, junto con el afluente Rapirrán.

El Orthon es el río pandino por antonomasia, el verdadero articulador de toda esta región geográfica. Cruza (junto con el Tahuamanu) sus llanuras en diagonal, en sentido oeste-este, uniéndose al río Beni unos kilómetros antes de que éste pise el Escudo brasileño. Nace de la confluencia de los ríos Tahuamanu y Manuripi, y se extiende, desde Puerto Rico al río Beni, a lo largo de unos 380 km. Alcanza una profundidad máxima de

6,3 m cerca del núcleo de San Juan, una anchura máxima de 450 m cerca de Potrero Barracón y una mínima de 110 m en Santa Elena. Su principal tributario por la margen occidental es el río Calaveras, y por la oriental los arroyos Ruta, Chamatún y Nepegue. En las proximidades de Maguncia vierte sus aguas al río Beni, cuando este último exhibe poca anchura.

Finalmente, el río Madre de Dios pone límite natural a los rasgos fisiográficos de la llanura Pandina, aunque en propiedad es, junto al Orthon, de los últimos y más caudalosos afluentes del río Beni. Nace de la confluencia de varios ríos peruanos; entra a formar parte de Bolivia en Puerto Heath y, con una orientación sudeste-nordeste, avena una longitud de 425 km hasta Riberalta.

La mayoría de sus afluentes proceden del flanco derecho beniano, aunque cabe destacar, por la vertiente izquierda, a los arroyos Florida y Palacios y el río Negro. De los primeros, el principal afluente es el Sena o Manupari, que desagua al Manurimi y Huipa Esada, entre otros, los arroyos Pando y Sombreros, los ríos Asunta y Toromonas y, poco antes de unirse al Beni y al Orthon, los afluentes Canadá y Jenechiquía. Tiene una profundidad máxima, en Palmira, de 18 m; y, en la boca del arroyo Lindero, una anchura máxima de 800 m. Es navegable, en suelo boliviano, en todo su recorrido, desde Puerto Rico hasta Villa Bella.

## El paisaje tropical pandino

El medio natural de esta región está constituido por pampas y sabanas tropicales, extensas praderas de denso boscaje y ecosistemas selváticos. Dispone de enormes recursos y riquezas naturales, como lo manifiestan las extensas áreas pobladas por árboles de madera fina, las caucheras y los castañedos.

El bosque húmedo premontano constituye el paisaje fisiográfico dominante en la llanura Pandina; o sea, en el extremo septentrional, al norte del paralelo 12°. Se configura a partir de la convivencia de un relieve ondulado, surcado por una densa red fluvial que excava profundos valles, y de una extensa planicie. Se extiende sobre unos 31 000 km², y, pese a ser una subregión muy virgen, en ella se desarrollan pequeñas actividades agropecuarias, forestales y ganaderas. Es importante la explotación de goma y castaña, por un lado, y la tala selectiva de mara, roble y cedro. Su frondosa vegetación de selva alta es de las más espectaculares del continente, con una gran variedad de plantas y asociaciones naturales, pero unos suelos de frágil equili-

*El tupido bosque húmedo tropical abarca un importante sector (casi 10 000 km²) del extremo septentrional del país. Sus árboles, de hasta 40 m de altura, crecen con gran celeridad.*

brio ecológico. El estrato arbóreo tiene más de 40 m de altura, con secciones de troncos superiores al metro, que los hacen muy atractivos económicamente.

El bosque húmedo tropical se extiende en el extremo más septentrional de Bolivia, a partir del paralelo 11° sur. Su paisaje se asienta sobre las llanuras aluviales y sobre parte del Escudo brasileño. Se expande por una superficie de cerca de 10 000 km². El bosque es de tipo latifoliado, muy desarrollado y espeso, de crecimiento rápido y fácil regeneración. Sus árboles, de buena madera, se desarrollan derechos y lisos, con un ramaje cubierto de epífitas y un denso follaje, con coronamientos de más de 40 m y diámetros de tronco superiores al metro.

Y el bosque seco tropical se encuentra en la subunidad fisiográfica de los Llanos y terrazas poco marcadas, alrededor del paralelo 12° sur y al oeste del meridiano 65° oeste. Es una franja de terreno de unos 30 000 km², insertada en las llanuras aluviales pandinas; se distingue bioclimáticamente por ser la zona subhúmeda más seca del país. Se sitúa a una altitud media de 250 m sobre el nivel del mar. La flora predominante es el bosque latifoliado mixto, con imponentes especies arbóreas; su madera es altamente apreciada. Es una de las

*Las amplias llanuras del Beni son lugares idóneos para los distintos grupos de aves migratorias que visitan el suelo nacional. Pampa de Moxos, entre San Ignacio de Moxos y Trinidad.*

zonas menos pobladas del país y, por consiguiente, poco aprovechada agrícolamente. De todos modos, su temperada humedad la hace muy apta para el cultivo, especialmente de arroz, frijol y tabaco.

## Los llanos del Beni

La planicie húmeda de la cuenca del río Beni es una gran región, localizada en la mitad septentrional del país, entre los 12° y 16° de longitud sur y 62° y 66° de latitud oeste. Es la más extensa unidad fisiográfica de Bolivia y sus delimitaciones geomorfológicas comprenden las llanuras aluviales y terrazas de la región pandina, a su noroeste; el Subandino norte, con su zona de piedemonte, que se ramifica a su interior por el sudoeste; la estrecha franja del Escudo brasileño, junto a la frontera, por el nordeste; el macizo Chiquitano, por el sudeste, y las llanuras aluviales del oriente, del Subandino centro.

Se trata de una subregión de tierras húmedas, pantanosas y anegadas, dotada de una densa red hidrográfica. Su paisaje, que se extiende sobre una superficie de 18 000 km², está marcado por un clima subtropical de gran humedad, con precipitaciones abundantes y constantes durante la época de lluvias. La prácticamente nula pendiente del terreno y el importante caudal de los afluentes de la cuenca amazónica, provenientes de la cordillera andina, provoca el desbordamiento de sus dos arterias fluviales, los ríos Beni y Mamoré, que esparcen sus aguas por la amplia planicie sin encontrar obstáculo topográfico alguno. Así, desde el punto de vista fisiográfico, el territorio permite distinguir dos grandes unidades.

• *Las llanuras irrigadas por el río Beni.* Tienen una importante presencia de meandros y lagos en media luna, en el propio lecho fluvial, y lagunas y lagos de fondo plano y poca profundidad. Estos últimos suelen estar contenidos en tamaños que van de los 300 m a los 18 km de longitud; en ese sentido cabe destacar los lagos Rogagua y Rogaguado y las lagunas Guatuna (o Huatuna) y Yusala. El medio bionatural está dominado por los ecosistemas de sabanas con núcleos de vegetación arbórea, en algunos altos semiisleños donde están asentadas las poblaciones ganaderas y agrícolas. El principal y predominante paisaje beniano, asociado a la unidad bioclimática subtropical húmeda, es el bosque subtropical húmedo.

La actividad agrícola es esencialmente migratoria y practicada en los suelos más fértiles, generalmente en las terrazas aluviales de grandes ríos. Las fuertes limitaciones ecológicas que ofrece el medio hacen que la mayoría de los bosques sirvan a la ex-

*La constante humedad y el aporte de sedimentos naturales que se da en las márgenes del río Beni (en la fotografía) han permitido el desarollo de bosques frondosos y de gran altura.*

*Los pastizales naturales de las sabanas benianas incluyen pastos naturales muy extensos. En los charcos tropicales, además, proliferan las plantas higrófitas como la «cañuela» o el «tarope».*

plotación silvícola, lo que produce deforestación y desequilibrios en los suelo.

En las llanuras septentrionales, en la latitud 65° y 66° oeste y al norte del paralelo 14°, se hallan las pampas de Moxos, geográficamente situadas al norte del río Yacuma, a partir de Santa Ana, y entre el río Mamoré al este y las lagunas de Huatunas al oeste. Es un sector de amplias sabanas de bosque húmedo subtropical, que sufre frecuentes inundaciones por el desbordamiento de los ríos, entre terrazas creadas por antiguos cauces fluviales. Los recursos de su territorio solamente son aprovechados por el pastoreo de ganado.

• *Las zonas de piedemonte*. Se extienden entre las coordenadas 13° y 19° sur y prácticamente 62° y 67° de latitud oeste, en dirección noroeste-sudeste. Esta zona proviene de toda la franja subandina norte y parte de la franja del centro, y se extiende desde la frontera peruana —donde casi confluye con las llanuras aluviales del norte— hasta cerca de la ciudad de Santa Cruz.

Constituye una franja paralela al Subandino, de materiales sedimentarios de origen fluvial que se sobreponen a la llanura Beniana, desde las últimas estribaciones subandinas hasta casi 50 km hacia el interior de los Llanos orientales. Su formación se debe a la aportación de gravas finas y arena por parte de los ríos de la cordillera; al llegar a la planicie frenan la velocidad de su corriente, por el cambio de pendiente, y pierden la capacidad de arrastre que poseían, depositando el material transportado en forma de abanico, a lo largo de sus primeros desplazamientos en territorio llano, rellenando el piedemonte de estratos aluviales.

### El sistema hidrográfico Beni-Mamoré, vertebrador de las llanuras

Las llanuras Benianas están irrigadas por la mayoría de la masa hidrográfica del país; es decir, por cerca de las tres cuartas partes de la cuenca amazónica. La cuenca del río Beni es, desde el punto de vista geográfico, la más propia de la subregión, de ahí el nombre; la cuenca del río Mamoré desagua verticalmente este sistema de llanos en el corazón del país, en una significativa gradación latitudinal y, bajo las mismas circunstancias que el río Beni, también rebasa su lecho excavado y crea a su alrededor tierras húmedas y anegadas; la cuenca del Iténez

*En las llanuras húmedas del Mamoré, en Rurrenabaque, es típico el paisaje de bosque de galería, donde los árboles tropicales de frondoso follaje se disponen siguiendo las márgenes del río.*

participa muy parcialmente del desagüe beniano en su curso bajo nordeste.

• *La Central del río Beni, modeladora de las llanuras septentrionales*. El Beni es el responsable de la geomorfología de gran parte de las llanuras norteñas, capitaliza la efluencia de la cordillera andina y las serranías subandinas y es la principal arteria fluvial del sistema amazónico en el tercio occidental de su cuenca. La cuenca del río Beni se expande por el 25 por ciento de la llanura amazónica, cubriendo 182 400 km²; alcanza una longitud de aproximadamente 1 200 km, desde Chacaltaya al río Mamoré, en Villa Bella. El río Beni nace —con el nombre de Choqueyapu— en las cimas de Chacaltaya, en la cordillera Central de los Andes. En su transcurso adopta las denominaciones de La Paz, Bopi, Alto Beni y Beni, y recibe los siguientes afluentes principales: Kaka, Quiquibey, Tuichi, Emero, Madidi, Madre de Dios y Orthon, entre otros.

En suelo llano recibe primeramente el río Madidi, que es el producto de la confluencia del río Chaco con el Esmeralda. A medida que se acerca al límite fronterizo oriental, el bajo Beni acoge las aguas de la planicie pandina, que transportan los ríos Madre de Dios y Orthon. Por el flanco derecho recibe aguas abajo el Quiquibey, que fluye paralelamente al Alto Beni en dirección noroeste; es uno de sus más largos afluentes, al que se une a la altura de la cachuela de Angosto de Bala. Por el mismo flanco derecho, hasta la desembocadura, destacan los afluentes Negro, Cabinas, Viata, Verde e Ivón.

Posee una profundidad de 21 m y una anchura de 900 m en las proximidades de Rurrenabaque; su amplitud mínima es de 300 m, en Tamayo. La estructura geológica de su subsuelo hidrográfico crea importantes desniveles en su lecho, lo que provoca acentuadas pendientes (cañadones Beu y Chepite), así como los remolinos de Susy.

• *La cuenca del Mamoré: el extenso producto de las llanuras*. Es el río más largo de Bolivia, con una longitud de curso que ronda los 2 000 km. De hecho, es también la cuenca hidrográfica más grande de Bolivia, con 249 900 km²; su caudal sobrepasa en algunos puntos la cantidad sumada de los ríos Beni y Madre de Dios. Unas óptimas características morfológicas permiten su tránsito como vía fluvial durante todo el año. En uno de los puertos fluviales por los que desciende registra una profundidad máxima de 22 m. La amplitud de orilla a orilla es de 420 m

*El río Yacuma, en la fotografía, nace en la serranía del Pilón, cerca del Beni, y vierte sus aguas en la margen izquierda del río Mamoré al sudeste de la laguna de Huatuna.*

de promedio, alcanzando un mínimo de 150 y un máximo de 1 500 metros.

La cuenca del Mamoré cuenta con numerosos subsistemas fluviales, entre los que destacan el Ichilo, Grande o Guapay, Sécure, Apere, Yacuma e Iténez o Guaporé. Nace cerca del cerro Cumpu (alturas de Sacaba), en la vertiente meridional de la cordillera de Herradura, con el nombre de Tuti Mayo, que muda poco después por el de Rocha. A la altura de La Paz se apoda Caine, en cuya subcuenca se agrupan los ríos San Pedro, Chico y Charobamba, y cambia posteriormente de denominación a Grande o Guapay y Mamoré.

El Río Grande o Guapay articula el curso alto del sistema Mamoré y es posiblemente el único curso fluvial que participa de la geografía de las tres regiones de la llanura boliviana. Procedente —como río Azero— del Subandino, discurre por el sur de las llanuras aluviales del Chaco trazando, a grandes rasgos, el límite natural de los Llanos centrales, antes de desembocar al Mamoré.

Forma una subcuenca de 59 800 km², a modo de cubeta, en la que desembocan considerables tributarios entre los que destacan el Mizque, el Santa Elena y el Piraí, por la margen izquierda, y el Tomina y el Azero por la derecha.

Con los afluentes Ichilo y Sécure, adopta el nombre de Mamoré y toma un derecho trazado en dirección norte, penetrando en el ecosistema selvático del Amazonas. Por el flanco izquierdo, el río Mamoré tiene como importantes los siguientes afluentes: Ichilo, Sécure o Tayota, Apere, Yacuma y el río Yata. El río Ichilo nace en Tuna, cordillera de Cochabamba; tiene una longitud de 280 km, de los cuales 143 km son navegables, con restricciones, y 276 km lo son en condiciones normales. El río Chapare es su principal afluente: nace en la población Espíritu Santo y desagua al Ichilo, cuando éste se une al río Grande, habiendo recorrido por entonces 380 km.

Los afluentes Apere y Yacuma se unen al Mamoré en un recodo que éste realiza en pleno corazón de la llanura Beniana. El Apere se extiende sobre 250 km, desde las serranías Eva-Eva, y el Yacuma nace en la serranía del Pilón, cubriendo posteriormente un recorrido de 260 km de largo. Poco antes de abandonar el país, el río Mamoré recibe al Yata, que procedente del lago Rogaguado se le junta prácticamente en la misma confluencia del Beni, después de recorrer unos 400 kilómetros.

*El río Mamoré (en la imagen) es uno de los principales tributarios de la hoya del Amazonas y, junto al Beni, forma el Madera. Su caudal es de 20 a 30 litros por segundo y kilómetro cuadrado.*

Por el flanco derecho el río Mamoré posee pocos afluentes, ya que su curso es contiguo a la divisoria de aguas de la cuenca del río Iténez o Guaporé. Destacan el Ibare y el mencionado Iténez o Guaporé. El Ibare fluye paralelamente al Mamoré, hasta que en un brusco cambio de sentido se le une al noroeste de la ciudad de Trinidad. El Iténez o Guaporé constituye la principal aportación que recibe el Mamoré, al desaguar éste el territorio oriental de la llanura amazónica; conforma, de hecho, la cuarta subcuenca de su sistema.

En Villa Bella, la confluencia del río Mamoré con el Beni origina el Madera, afluente directo del gran Amazonas, que traza el límite natural de Bolivia, a lo largo de un centenar de kilómetros, hasta que recibe al río Abuná, en Manoa.

• *La subcuenca beniana del río Iténez o Guaporé.* La subcuenca del Iténez se sitúa en el extremo oriental de la región beniana, entre su curso principal (fronterizo) y los llanos Chiquitanos. La mayor parte de ella está a menos de 200 m, en los suelos húmedos norteños. Hidrográficamente se compone de los cursos bajos de la margen izquierda de la cuenca, que desembocan en el Iténez en su tramo bajo y desaguan en la región de los Llanos centrales. Sus ejes fluviales son el mismo Iténez o Guaporé, el río Itonamas y su afluente Machupo y el río Baures, que resulta de la confluencia de los ríos San Martín, Negro o San Joaquín y Blanco.

El río Iténez, al igual que el Beni y el Mamoré, es otra arteria fluvial del sistema amazónico, ubicada en la franja nororiental límite del país. Su cauce separa Brasil de Bolivia a lo largo de 600 km, la mitad de ellos en la región beniana. El río Baures desagua una alargada y extensa subcuenca de las llanuras Chiquitanas, vertebrada por los ríos San Martín, San Joaquín y Blanco.

El río Itonamas es la denominación que toma el curso bajo del San Miguel, aguas arriba de la laguna San Luis. Discurre por una zona húmeda y recibe a los siguientes tributarios: San Julián, Saxorazo, San Miguel, Palo, Chunana, Huarichona y Chunaje. Su principal afluente es el Machupo, que forma una pequeña subcuenca que se prolonga por la margen izquierda del Itonamas. El río Machupo nace con el nombre de Irurupuro, y en él vierten aguas algunos cursos pantanosos; en su tramo final, le desagua un efluente de la laguna San Luis.

*Paisaje de sabana húmeda con bosques de almendros, palmeros, cacao, quina, verdolaga, estoraque y curupaú, en las márgenes del lago Gringo, cerca de Limoncito (Beni).*

## El paisaje subtropical beniano

La subunidad subtropical beniana es —por dimensión y por rasgos bioclimáticos— la región más importante del país. Es una región configurada por pampas, sabanas y zonas pantanosas, anegadas por una vegetación de bosque húmedo subtropical, que cubre las llanuras de inundación del río Beni. La cantidad de agua presente en los humedales y su drenaje, en relación a su perfil topográfico, permite dividir las pampas en cuatro grupos: las zonas de transición de pampa a monte, a los pies de las estribaciones del macizo Chiquitano, con un bosque un poco esclarecido; las pampas de la zona de Ixiamas, caracterizadas por estar suficientemente drenadas; las zonas de pampas pobladas de hierba gigante, en las que la poca profundidad de la capa freática no permite un correcto drenaje; y las pampas pantanosas, conocidas como bajíos, que son ligeras depresiones de suelos humidificados en los que crecen abundantes palmas. El bioclima y la composición del suelo benianos son, por lo general, muy favorables a la plantación de cultivos estacionales, tales como el maíz, el arroz y el frijol, y de hortalizas de clima cálido, como el pimiento morrón y el tomate.

## El bosque húmedo subtropical

Se extiende entre los 12° y 17° de longitud sur y entre los 67° y 58° de latitud oeste, por lo que cubre buena parte de la región de los Llanos centrales. Sus límites naturales son la llanura Pandina, al noroeste; el Subandino norte y la zona de piedemonte, al sudoeste; y la frontera brasileña y las cotas más elevadas del macizo Chiquitano, por el este y el sur (Chaco boliviano).

Es el paisaje continuo y homogéneo más extenso, con más de 200 000 km² de superficie territorial. No obstante, pueden distinguirse tres zonas relativamente pequeñas —comparadas con la dimensión regional— con connotaciones fisiográficas y geomorfológicas diferenciadas. Corresponden a la zonas donde se asientan los núcleos de Coroico, Chulumani, Tipuani y Apolo, que se componen de terrazas altas disectadas, colinas, valles y pendientes coluviales y aluviales muy inclinadas, de suelos en general pedregosos. Presenta un ambiente húmedo que favorece el desarrollo de dos ecosistemas predominantes: la sabana y el bosque subtropicales. El primero está compuesto de pampas muy llanas, muchas veces ubicadas en depresiones, las cuales derivan en zonas pantanosas, porque a menudo no

*Interior de selva inundada, en la Reserva de la Biosfera de Beni. Una de las particularidades de los árboles que pueblan el bosque húmedo tropical es la rapidez con que se regeneran.*

filtran el agua contenida; la flora más desarrollada son las gramíneas. El bosque predomina en el territorio de niveles topográficos variados, dentro de una fuerte diversidad de especies. La mayor parte de la región es virgen; la ganadería extensiva —en pastizales de pampas y sabanas naturales, en la provincia de Iturralde y en las sabanas de Moxos— ocupa a la poca población residente.

## Bosque muy húmedo tropical, transición a subtropical

Se encuentra entre los 64° y 68° de longitud oeste y los 15° y 18° de latitud sur, y configura una franja nororiental-sudoriental, que prolonga hacia el nordeste las últimas estribaciones de parte del Subandino norte y centro, desde aproximadamente el curso alto del río Beni hasta las llanuras aluviales de Santa Cruz. Tiene cierta presencia, aunque poco representativa, en la frontera peruana, entre los ríos Madre de Dios (en Puerto Heath) y Madidi.

El paisaje que conforma tiene una extensión de 18 300 km². Se divide fisiográficamente en tres estructuras geomorfológicas diferenciadas: una primera, más propiamente altiplánica, formada por las estribaciones nororientales de los contrafuertes subandinos, en la que se hallan serranías onduladas; una segunda, compuesta por terrenos de grava, arena, limo y arcilla, alzados en terrazas, en torno a ríos de tipo aluvial; una tercera, que corresponde a llanos aluviales, con terrazas aluviales poco elevadas, diques naturales y antiguos cauces de ríos en la actualidad desviados.

El bosque que corresponde a esta faja bioclimática es de tipo latifoliado, y suele ser de los más densos, grandes y altos del mundo, además de generosamente maderero. El techo arbóreo es frecuentemente discontinuo, porque sobresalen de él árboles de más de 55 m de altura y dos metros de circunferencia; entre ellos el mapajó, el almendrillo y el ochoo. También son características de este bosque las palmeras, como la pachiuba, de dimensiones parecidas a los gigantescos árboles.

No es un paisaje muy apto para la agricultura y la ganadería, ya que las ingentes masas lluviosas se infiltran fácilmente en el subsuelo, llevándose consigo gran cantidad de nutrientes y anegando el suelo. Esto no permite mantener el ciclo anual de cultivos, a excepción del arroz, que se cultiva por el sistema de inundación. No obstante, en ciertos sectores se han extendido cultivos de colonización como la yuca, arroz, cítricos, plátanos y cacao. En cambio, sí es un ecosistema óptimo para la producción sostenida de árboles madereros finos, como el *Hevea brasiliensis* (caucho) y el cedro amargo.

# Los Llanos centrales,
# el macizo Chiquitano y el Chaco

*Paisaje típico de sabana seca o semidesértica de la penillanura chaqueña.*

La región de la llanura central boliviana se encuentra entre los 13° y 18° de latitud sur, y los 62° y 58° de longitud oeste; está delimitada, por el norte, por restos del Escudo brasileño que afloran en la frontera nordeste y continúan hasta la llanura Pandina; por el noroeste, por la transición de los Llanos centrales a los húmedos; por el nordeste y este, por la misma línea fronteriza con Brasil; por el sur, por llanuras aluviales adosadas al Subandino centro y las sierras Chiquitanas; por el sudeste, por la llanura del Chaco y las serranías de San José y Santiago, que son parte de la prolongación meridional del macizo Chiquitano.

## Los Llanos centrales

La región de los Llanos centrales es un bloque cristalino de rocas del Precámbrico, que afloran del Escudo brasileño en forma de meseta o macizo Chiquitano (este último nombre proviene del pueblo que vivía originariamente en la región). Su relativa altitud se debe por una parte a la acción de los agentes meteorizantes y modeladores de su antiguo relieve, que han dejado un paisaje geomorfológico muy erosionado, y, por otra, al recubrimiento de sus faldas y vertientes por centenares de metros de sedimentos fluviales y coluviones cuaternarios. El resultado es una llanura semielevada, que conforma una penillanura en la región centro-oriental de los Llanos bolivianos, cuyos rasgos fisiográficos propios la distinguen como una unidad geográfica independiente.

### Sistema hidrográfico: escurrimiento chiquitano al Iténez y al Paraguay

El conjunto fluvial de las llanuras centro-orientales de Bolivia es armónico y muy bien definido; perte-

nece a la cuenca del río Iténez o Guaporé y parcialmente a la del Paraguay (sistema del Plata); ambos ríos configuran la mayor parte del límite jurisdiccional este del país. Sus llanos amazónicos son los hidrográficamente más pobres, aunque en extensión son casi la tercera parte del total de las llanuras. El sistema está compuesto, en las vertientes septentrionales, por los ejes fluviales Paraguá-Iténez, San Miguel-Itonamas, Blanco, San Joaquín y San Martín; y en las sudorientales por la subcuenca del Curiche Grande-Paraguay.

### Los ejes fluviales de la cuenca del Iténez o Guaporé

El río Iténez pertenece al sistema hidrográfico amazónico, pero fisiográficamente transcurre por los afloramientos del Escudo brasileño y por las mesetas Chiquitanas. A partir del punto de confluencia de uno de sus afluentes, el río Verde, forma frontera natural con Brasil, hasta su desembocadura en el río Mamoré. Del flanco izquierdo son todos sus afluentes bolivianos, así como los principales tributarios en toda su cuenca. Nace en las proximidades de la ciudad de Mato Grosso, en territorio brasileño. El río Paraguá nace en Santa Anita (San Ignacio de Velasco) y se une al Iténez en Puerto Engaño, transcurridos 380 km. Recoge las aguas del extremo amazónico oriental y de las vertientes de la serranía de Huanchaca, entre los humedales de las llanuras centrales Chiquitanas.

El río San Miguel conforma el límite occidental de la cuenca del Iténez o Guaporé y, en su curso alto, de la región chaqueña. Nace con el nombre de Parapetí, en los cerros de Mandinga, y atraviesa los bañados de Izozog, donde pasa a llamarse San Mi-

*El Iténez, con más de 300 000 km² de cuenca, es uno de los principales subafluentes del río Mamoré y en su curso presenta espectaculares meandros o «curiches» y cascadas o «cachuelas».*

guel, y se desvía al este hacia la laguna Concepción. Abandona las zonas pantanosas de la laguna, hacia el noroeste, y traza un recto recorrido —con el nombre de San Pablo— hasta la laguna San Luis. Posteriormente, se le conoce como Itonamas hasta su desembocadura en el Iténez, una vez recorridos un total de 820 km.

Los ríos San Martín, San Joaquín y Blanco constituyen un sistema fluvial que se ubica entre los ríos Paraguá-Iténez y San Miguel-Itonamas, y que el río Baures desagua en los llanos húmedos de la región beniana. El río San Martín nace aguas arriba de Santa Rosa de la Roca y toma un sinuoso trazado noroccidental que se une al Baures por su orilla orien-

tal; el río San Joaquín nace en una pequeña elevación, cerca de Concepción, donde toma el nombre de Negro; no contiene afluentes directos destacables. El río Blanco nace con el nombre de Zapecos de Concepción (que cambia luego a Agua Caliente) y tiene un trazado en dirección norte hasta que confluye con el sistema San Martín-San Joaquín, que se convierte en Baures, con una longitud total, de Concepción al Iténez, de 520 km.

## La subcuenca del Curiche Grande-Paraguay

La cuenca del río Paraguay se manifiesta en una cuarta parte en las vertientes sudorientales del macizo Chiquitano, a través de los afluentes superiores

*En el sur del macizo Chiquitano se extiende la serranía de Santiago cuyo paisaje típico es el de sabana subtropical seca, de suelos arenosos y plantas xerofíticas.*

bolivianos de su margen derecha y una pequeña cadena lacustre interconectada con éstos. Su cuenca, de pendiente suave, está asentada en una zona muy húmeda y pantanosa que pertenece a la región brasileña del Mato Grosso del Sur, aunque sólo el flanco derecho —conocido como corredor de Man Césped— sirve de frontera entre Brasil y Bolivia. En Bolivia, la cuenca del Paraguay se encuentra en el saliente fronterizo limítrofe del sudeste, entre la divisoria de aguas amazónica y el río Paraguay, a lo largo y ancho de 115 200 km², la mitad de la extensión del sistema platense.

El sistema hidrográfico del río Paraguay, en la región de los Llanos centrales, se compone de la subcuenca del río Curiche Grande y de las lagunas Uberaba, La Gaiba y Mandioré. La subcuenca del Curiche Grande desagua la depresión húmeda y pantanosa del tercio sudeste de la región; el curso principal traza el límite nacional desde la frontera —cerca de San Matías, al norte, y durante unos 170 km— hasta la laguna Uberaba.

La laguna Uberaba forma frontera natural entre Bolivia y Brasil y se nutre del río Curiche Gran-de; desagua mediante el río Curiche Grande o Pando que, tras un corto recorrido fronterizo de unos 15 km, pasa por la laguna La Gaiba y se desvía, ya en territorio brasileño, hasta encontrar el río Paraguay. Este último se encarga de conectar La Gaiba con la laguna Mandioré, a treinta kilómetros al sur, según se sigue el límite fronterizo.

## El paisaje chiquitano

### Bosque seco subtropical

Es una pequeña zona de 4 680 km² ubicada exactamente en la latitud 16° sur- longitud 58° oeste. Se sitúa en las primeras estribaciones nororientales del macizo Chiquitano, y deja los llanos Benianos a la altura de las poblaciones de Guarayos, Ascensión y Pocanchi. Es un paisaje de colinas muy erosionadas y disectadas por varios ríos, y se trata de un territorio que, además de estar sujeto a erosión, ha sufrido una significativa transformación por la mano del hombre. En la región se desarrollan actividades ganaderas, con un pastoreo bastante extensivo, y agrícolas, a través de cultivos de subsis-

*La vegetación de la planicie seca chaqueña es de «monte grande», aunque este nombre sólo hace referencia a la extensa área que abarca, ya que se trata de vegetación de poca altura.*

tencia, tales como maíz, yuca, cítricos y ciertas hortalizas en las tierras más fértiles. Las gramíneas, que sirven de pastura para los rebaños, se extienden en gran parte de esta región, principalmente en las tierras llanas; el resto está ocupado por bosques con árboles de copas esclarecidas, que se concentran en los valles húmedos.

## Bosque muy húmedo, montano bajo subtropical

Aparece esporádicamente en las colinas de la vertiente oriental de los Andes, en la región del Altiplano septentrional y en la serranía de Huanchaca (en la frontera brasileña que corresponde a esta última región). Está ubicado en el cuadrante 14°-15° sur y 60°-61° oeste, con una forma ovalada y en dirección noroeste-sudeste. Este paisaje aflora también tímidamente en una pequeña elevación próxima al nordeste de la mencionada frontera, entre los ríos Paraguá y San Martín.

Se manifiesta en las anchas colinas y profundos valles del Escudo brasileño, en la serranía de Huanchaca, y en algún otro promontorio, entre los

500 y los 1 000 de altitud, generalmente como bosque de pendientes inclinadas que cubre una extensión de unos 3 500 km². El predominio de un bosque denso (de carácter selvático, vegetación primaria, frecuentes pendientes e intensa humedad) no invita a la presencia humana, lo que ha evitado hasta ahora su adulteración. No obstante, excepcionalmente se lleva a cabo allí alguna actividad agrícola migratoria.

## El Chaco boliviano

La región del Chaco constituye la parte boliviana del Gran Chaco paraguayo-argentino. Es un territorio preandino, entre la región del Mato Grosso brasileño y la cordillera de los Andes, caracterizado por las condiciones templadas de su latitud y una fisionomía de baja altitud, con influencia directa —aunque parcial— de las cuencas amazónica y platense, y modelado por el bioclima subtropical seco.

La llanura Chaqueña es una región de poca altitud, situada en suelo boliviano entre el paralelo 16° y el 22° sur, en la mitad oriental de su territorio (meridianos 58°-64° oeste). Limita al norte con los llanos centrales Chiquitanos, y en menor grado con la región beniana; al oeste con el Subandino centro y sur, y al este y sur con las fronteras paraguaya y argentina respectivamente. Se manifiesta —si no se toman en cuenta los cerros chiquitanos— entre los 100 y los 400 m de altitud sobre el nivel del mar y desciende, con una inclinación noroeste-sudeste, hasta las tierras semihúmedas de la margen derecha del Paraguay.

## Las unidades fisiográficas del Chaco: las llanuras secas del sur

Su caracterización fisiográfica, en tanto llanuras secas del sur, es radicalmente diferente a la de sus homólogas en la mitad norte (llanuras Pandina y Beniana); su latitud y posición continental —entre la penillanura brasileña y la cordillera de los Andes— propician su clima esencialmente seco, que genera unas condiciones naturales marcadas por el suelo arenoso, la vegetación xerofítica y unos recursos hidrográficos pobres y a todas luces insuficientes. Los terrenos son poco cultivables, aunque existen actividades agrícolas, silvícolas y ganaderas en las zonas de desmonte, lo que ha producido la desaparición de especies forestales y árboles semilleros y la destrucción de la cobertura vegetal propia.

## Las sierras Chiquitanas

Son un conjunto de serranías paralelas que se elevan visiblemente en medio de la llanura chaqueña, ubicadas entre las coordenadas 16° y 19° sur y 61° y 58° de latitud oeste, con una dirección noroeste-sudeste. Están formadas por las rocas más antiguas del planeta, las que constituyeron el Escudo brasileño, que en territorio boliviano se ramificó como macizo Chiquitano. La sucesión de pequeñas sierras —al sudeste del macizo— son resultado de la erosión, durante un largo tiempo a escala geológica, que dejó al descubierto el material más duro, que actualmente emerge en forma de relieve ondulado de lomas y cerros.

De noroeste a sudeste se compone de las siguientes serranías principales: lomas de San Carlos (684 m), que cortan el paralelo 17° sur; San Diablo (795 m), en dirección sudoeste-nordeste; lomas San Agustín (532 m) y San José (667 m), en el meridiano 61°; San Nicolás (632 m); Los Tajibos, con el cerro Pelón (936 m), y Conchas (688 m), al oeste del meridiano 59°; Bella Roca (1 180 m), La Cal (676 m), Sunsas (945 m), Santiago (930 m), y el cerro de Chochís (1 290 m), la cima más alta de las tierras orientales bolivianas. Las cuatro últimas forman las cadenas más largas e importantes de la re-

*El quebracho* (Aspidisperma quebracho) *es, junto al cuchi, el mapajó, el palo santo y el al-garrobillo, una de las especies arbóreas más características del oeste del macizo Chiquitano.*

gión sudeste chiquitana. Además, desde el paralelo 17° sur, hacia el norte, se encuentran varios promontorios aislados, que se elevan entre 200 y 300 m sobre el nivel de la llanura.

## Un sistema hidrográfico pobre y de paso

La red hidrográfica chaqueña participa, como la chiquitana, de las dos grandes cuencas internacionales presentes en el país: la amazónica y la platense. En la primera nacen o transcurren muchos de los afluentes y subafluentes de la cuenca alta del río Mamoré, como el río Grande o Guapay. La segunda se subdivide en dos: la subcuenca del río Bamburral, que vierte sus aguas en el tramo de río Paraguay estrictamente boliviano, y el paso del río Pilcomayo hacia la frontera argentina. Merece la pena destacar la significativa presencia de zonas pantanosas o bañados en esta región, como son los de Izozog, en la vertiente amazónica, y los de Otuquis en la paraguaya.

## El sistema amazónico chaqueño: la cuenca alta del Mamoré

La cuenca alta del río Mamoré se sitúa en la zona de llanuras aluviales de influencia subtropical, entre el Subandino y los Llanos centrales; está vertebrada por la subcuenca del río Grande o Guapay que,

235

*Las aguas del río Bamburral o Negro recorren parte de las llanuras inundables del Chaco meridional, al sur de Santa Cruz, y desarrolla en sus márgenes especies arbóreas de bosque bajo.*

proveniente de la cordillera Central y sur andina —subafluentes Caine y Azero principalmente—, traza un curvilíneo recorrido entre los bañados de Izozog y Santa Cruz, hasta el curso del Mamoré, en la región beniana.

En esta zona nace, de la cordillera Oriental, el río Ichilo, que es el eje fluvial de la cuenca, ya que posteriormente toma el nombre de Mamoré. Nace en Tuna, en la cordillera de Cochabamba, y fluye por 280 km del curso alto del Mamoré. El resto de cursos sobresalientes pertenecen al margen izquierdo de la subcuenca del río Grande o Guapay y nacen en territorio chaqueño, pero se juntan al curso principal en su zona de transición beniano-chiquitana. En el límite meridional de la cuenca amazónica, y próximo a la frontera argentina, destaca el río Parapetí, de unos 300 km de longitud, que pertenece a la pequeña cuenca endorreica de Izozog.

## La cuenca platense: sistema Bamburral-Paraguay-Pilcomayo

La región del Chaco cuenta con dos brazos fluviales, que participan de la cuenca del Plata en ambos extremos de su arbitraria delimitación: en la franja-rincón oriental, entre las serranías chiquitanas del Chaco, donde discurre el río Bamburral hasta encontrar el río Paraguay, bordeando los ba-

ñados de Otuquis; y en la llanura, a los pies de la serranía de Aguaragüe, por donde fluye solitario el río Pilcomayo.

El río Paraguay fluye en suelo brasileño por el valle fronterizo, pero únicamente un tramo de 48 km de su curso —en los que el Paraguay es estrictamente limítrofe— está bajo jurisdicción boliviana. Este tramo está situado en un pequeño hueco territorial, ganado entre Brasil y Paraguay y denominado corredor de Man Césped. Puerto Busch es el núcleo boliviano que lo capitaliza y que se une mediante la vía fluvial del Paraguay, de 236 km, con Corumbá. El río Bamburral o Negro se forma con la unión, poco más arriba de Santa Ana, de los ríos Tucavaca y San Rafael y desagua en el Paraguay, en la frontera brasileño-paraguaya, al sur de los bañados de Otuquis. El río Pilcomayo tiene una presencia testimonial en la región chaqueña, ya que no más de 150 de los 700 km de longitud que tiene en territorio boliviano discurren sobre suelo llano.

## Los bañados de Izozog y Otuquis

Curiosamente, las zonas pantanosas abundan en esta región, aunque en el resto de las llanuras del norte están presentes en menores proporciones. En Bolivia se denominan bañados y se definen como terrenos llanos e impermeables cubiertos de agua

*Vista de la serranía de Mataracu, provincia de Ichilo, en el sector central de las sierras subandinas, que tiene una dirección norte-sur y presenta un paisaje típico de bosque seco templado.*

poco profunda. Los baña-dos de Izozog y Otuquis se sitúan en pleno corazón de la región del Chaco, en la zona de transición entre las llanuras aluviales y las más propiamente cha-queñas. Cerca de ellos existen también los bañados de San Ignacio, situados por encima de la línea del ferrocarril que va de Corumbá a San Ignacio, en zona de transición hacia tierras chiquitanas.

## El paisaje templado chaqueño

La región presenta una gran variedad y gradación bioclimática y ecológica, dadas las marcadas dife-rencias entre climas húmedos, subhúmedos y ári-dos. El paisaje aparece dominado por pajonales, bosques rasos, cerros aislados y ríos cortos y peque-ños de carácter estacional, con tendencia a infil-trarse en arenales y bañados. La vegetación se com-pone de bosques bajos, con pequeños arbustos espinosos y chaparrales.

## Bosque seco templado

Es el ecosistema predominante en el paisaje cha-queño y se extiende por prácticamente todo el cua-drante sudoriental del país, entre la latitud oeste 62°-56° y por debajo del paralelo 16° sur. Por tan-to, este bosque no se halla en la mitad norte de la cuenca del Paraguay, por encima de las sierras Chi-quitanas, y no cubre tam-poco el macizo Chiquita-no por encima del paralelo 18° sur, ni la franja fronte-riza con Argentina parale-la al Subandino, aunque tiene cierta presencia en las llanuras Chaqueñas, al pie del Subandino sur, y en las llanuras aluviales adosadas al Subandino centro.

Esta subregión ronda los 100 000 km² de exten-sión. Su fisiografía está protagonizada por la llanura aluvial fruto de la erosión, transporte y deposición de detritos fluviales, excavados a la cordillera andina y al Escudo brasileño. Diversos cerros solitarios se alzan hasta un centenar de metros sobre la llanura, y algu-nos arenales se extienden a lo largo del río Grande e Izozog. La ganadería en pastos naturales es la activi-dad principal en este ecosistema, con un pastoreo extensivo y el ramoneo de algunas especies de ca-bras. La agricultura está supeditada a la disposición de infraestructura de riego, la cual permite un inci-piente cultivo industrial de algodón, soya y vid.

## Bosque húmedo templado

Esta región es característica de la franja latitudinal 16°-18° sur y 60°-55° longitud oeste. Se extiende por la mitad norte de la cuenca del Paraguay y la mitad sudoriental del Escudo brasileño, y está de-limitada a grandes rasgos por la frontera oriental, las llanuras aluviales y las sierras Chiquitanas.

En Santa Cruz, en la sabana, se halla una variedad del toro común, el cebú, con largos cuernos y una giba adiposa en el lomo, que ha sido domesticado y del que se aprovecha su carne y su leche.

Paisaje típico de la región templada de tierras bajas: vegetación adaptada a las condiciones extremas del clima seco y arbustos raquíticos y espinosos que originan bosques ralos y bajos.

Este paisaje se compone de dos sectores: uno, en el Escudo brasileño, que es un sistema montañoso de mesetas onduladas, con una altitud de entre 300 y 700 m; otro, la depresión de San Matías, que geomorfológicamente es un pantanal que se extiende por la mitad de esta subregión, a menos de 200 m de altitud. En el Chaco, la superficie del bosque húmedo templado es de 70 000 km². El bosque oriundo de esta zona puede definirse como latifoliado mixto, con una espesa y variada masa boscosa, resistente a las bajas temperaturas.

El clima temperado y húmedo favorece la productividad agrícola y forestal, y la cría ganadera. La actividad agrícola prescinde del riego y se centra en los árboles frutales, cosechas (en las tierras bajas, sobre todo, dependen de la duración de la estación seca) y otros cultivos perennes de clima templado. La actividad forestal es más propia de las serranías húmedas del Subandino, que padecen una intensa explotación de su leña. La ganadería también está en la actualidad excesivamente explotada, lo que degenera en la insostenibilidad de los pastos y la degradación del suelo. El aprovechamiento agrícola del suelo resulta muy condicionado por las fluctuaciones de la capa freática, cuyo descenso provoca su desecación, y por el sobrepastoreo que, especialmente en los terrenos arcillosos, deriva en una fuerte compactación, a causa del masivo pisoteo y de la consiguiente pérdida de infiltración al subsuelo.

## El monte espinoso templado

Se ubica entre la latitud 59° a 62° oeste y 18° a 22° sur, en una franja que bordea la frontera sudoriental argentina y tiene como límites naturales el Subandino sur, las llanuras aluviales meridionales y las sierras Chiquitanas, al nordeste. Es una planicie, de altitudes entre 180 y 350 m, que conforma un área fisiográfica de terrenos arenosos, caracterizada por el predominio de dunas. El riego controlado permite el cultivo de plantas de latitudes mediterráneas secas, como la vid, el olivo o el higo, y la producción de frutos secos, como la nuez y el dátil, en puntos en los que es posible drenar agua subterránea.

# La población

Grupos étnicos
y distribución de
la población

Estructura de la población
por edades y sexo

La población
y el mundo laboral

*Bolivia es un país multiétnico, en el que conviven los pueblos originarios de los ámbitos andino, amazónico y chaqueño con gentes de origen europeo, africano y, más recientemente, incluso asiático.*

# Grupos étnicos y distribución de la población

En 1835 la población del país se estimaba en un millón de habitantes. En la valoración de esta cifra debe tenerse en cuenta que el territorio boliviano todavía comprendía la región del Litoral, que no pasó a formar parte de Perú hasta 1879. A comienzos del siglo XX, las estimaciones más fiables giraban en torno al millón y medio de habitantes, pero cincuenta años después la población ya se había duplicado. En los últimos 25 años, el crecimiento de la población nacional ha sido todavía más rápido, llegando a alcanzar en la actualidad más de seis millones de habitantes. Si el crecimiento vegetativo no disminuye, para el año 2000 se pueden sobrepasar los ocho millones de habitantes y, a este ritmo, duplicarse de nuevo en un período muy breve. En virtud de esta evolución, Bolivia puede considerarse un país que vive una transición demográfica incipiente, con niveles altos de fecundidad. Sin embargo, el ritmo de crecimiento, si se compara con otros del área andina, no es el más rápido, principalmente debido a que la mortalidad —en especial la de los niños menores de un año— se mantiene en un porcentaje elevado.

Todos los países del área andina han sufrido procesos sociodemográficos que pueden calificarse de similares. Sin embargo, en algunos de ellos, entre los que se halla Bolivia, un tardío proceso de modernización y desarrollo ha permitido la pervivencia entre su población de amplios sectores en los que los modelos sociales y culturales siguen siendo eminentemente andinos. Esta población coexiste con la de los sectores urbanos, más desarrollados e integrados en los modelos socioculturales occidentales. El rápido incremento de la población plantea

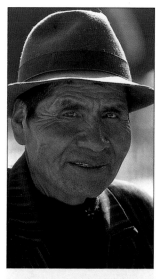

*A principios del siglo XXI Bolivia contará con una población de más de ocho millones de habitantes.*

numerosos problemas en las áreas de infraestructuras y servicios, y los esfuerzos inversores realizados por el Estado en los últimos años no han tenido resultados efectivos. Dichas inversiones, a pesar de ser tan importantes que han posibilitado el acceso a la sanidad y la educación a una gran masa de la población por primera vez en la historia del país, todavía no permiten afirmar que Bolivia haya dejado de estar entre los estados más pobres del ámbito latinoamericano.

El crecimiento es también, junto a los desajustes en el desarrollo económico del país —que sufre un declive progresivo de la economía formal y un creciente aumento de los sectores informales—, la causa que mantiene los índices de bienestar nacionales entre los puestos más bajos del ranking mundial.

En Bolivia, los censos de población, instrumentos fundamentales para el estudio demográfico, se han realizado con grandes intervalos de tiempo entre ellos. Para los últimos cincuenta años se dispone hasta ahora de tres censos: los realizados en 1950, 1976 y 1992, que constituyen una referencia obligada en todos los análisis poblacionales. Además de estos censos se han realizado encuestas de cobertura nacional que aportan datos de gran interés. Éste es el caso de la Encuesta Nacional de Demografía de 1975 y 1980, la Encuesta Nacional de Población y Vivienda de 1988, la Encuesta Nacional de Demografía y Salud de 1989.

## Los indígenas

La población actual está integrada por tres grupos étnicos principales: los indígenas (habitantes originarios de la región), los cholos o mestizos y los blancos, descendientes directos de los colonizado-

*Al igual que ocurre en otros países latino-americanos (Guatemala, Perú, Ecuador o México), la población indígena en Bolivia tiene una presencia muy notable: el 42 % del total.*

## Lenguas y etnias en Bolivia

| Familia lingüística | Grupo étnico | Población |
|---|---|---|
| Quechua A II | Quechua | 1 300 000 |
| Jaqui | Aymara | 1 500 000 |
| Tupí-guaraní | Chiriguano | 25 000 |
| | Chiriguano Izozo | 8 500 |
| | Guarayos | 6 000 |
| | Sirionó | 415 |
| | Yuqui-Chimoré | 120 |
| | Yuqui-El C | 18 |
| | Tapiete | 67 |
| | Guarasug' we | 4-30 |
| Chiquito | Chiquitano | 46 630 |
| Arawak | Mojeño | 16 474 |
| | Baure | 590 |
| Tacana | Tacana | 5 058 |
| | Esse-Ejja | 583 |
| | Cavineña | 1 726 |
| | Araona | 93 |
| | Toromona | — |
| | Reyesano | 1 000 |
| Mosetén | Tsimanes | 4 000 |
| | Mosetenes | 1 177 |
| Mataco Mak'a | Mátaco | 2 054 |
| | Chulupi | 10 |
| Uru | Chipaya | 1 600 |
| | Murato | 450 |
| | Iruito | 70 |
| Zamuco | Ayoreo | 800 |
| Yuracaré | Yuracaré | 3 750 |
| | Chacobo | 759 |
| | Pakawara | 8 |
| | Yaminawa | 360 |
| Chapacura | Moré o Iténez | 650 |
| Lenguas aisladas | Itonama | 5 077 |
| | Movima | 6 439 |
| | Cayuvaba | 793 |
| | Canichana | 582 |
| | Leco | 140 |

res. Los indígenas, el grupo mayoritario, constituyen alrededor del 42 por ciento de los habitantes del país y pertenecen a tres grupos principales. El primero de ellos, también conocido como grupo andino, es el más numeroso y fue el que hallaron los colonizadores españoles a su llegada a la región andina. Constituían una sociedad eminentemente agrícola poblada por unos cuatro millones de campesinos que se dividían en dos grandes familias lingüísticas. En un primer grupo estarían los dos pueblos mayoritarios de estas regiones: los quechuas y los aymaras, herederos de las grandes culturas y ocupantes tradicionales de los territorios del Altiplano, las cordilleras y los valles. Además de ellos, otras comunidades más pequeñas y en vías de extinción, como los chipayas y los urus, también forman parte del grupo aborigen andino. El segundo grupo de pobladores indígenas está integrado por los indios chiriguanos y los guarayos, ambos pertenecientes a la familia tupí-guaraní, que viven mayoritariamente en los departamentos de Santa Cruz y Tarija. El tercer grupo nativo, que ha ocupado tradicionalmente el territorio del actual departamento del Beni, comprende las familias baure, trinitaria e ignaciana, entre otras.

## Aymaras

El territorio tradicional de los aymaras abarca una gran área de la cuenca del lago Titicaca, en la zona que linda al este con la cordillera Real. Ésta es una región geográficamente abrupta, ya que está emplazada en altitudes entre 1 800 y 4 200 m. Los aymaras fueron el núcleo de la civilización preinkaica de Tiwanaku, y según una leyenda los fundadores del imperio inka, Manco Qhapaq y Mama Ocllo, surgieron de la espuma del lago Titicaca. Este territorio fue conquistado por los inkas, de lengua quechua, hacia el 1450, y hasta la llegada de

*Repartidos por la América andina, los quechuas suman alrededor de trece millones de habitantes. En Bolivia son el pueblo originario más numeroso junto con la comunidad aymara.*

los españoles, los aymaras estuvieron bajo la dominación inkaica. Durante la Colonia, la región fue incluida en el Virreinato del Perú, y sus habitantes se vieron inmersos en un intenso proceso de aculturación, a pesar del cual conservaron algunas de sus costumbres y prácticas religiosas. Los aymaras se concentran, en su gran mayoría, en los actuales departamentos de La Paz y Oruro, y hablan el aymara, lengua que se ha visto sometida, a lo largo de los últimos quinientos años, a presiones que han reducido su área de influencia y el número de sus hablantes. Hoy, el aymara, hablado por alrededor de un millón y medio de personas, es lengua oficial junto al español y lengua de enseñanza en las escuelas.

## Quechuas

Constituyen uno de los grupos más numerosos entre la población indígena del país y son, a su vez, el grupo autóctono más importante del continente. Habitan la extensa región andina, especialmente Bolivia, Perú y Ecuador, y suman alrededor de 13 millones de personas. En sentido estricto, pertenecen a un grupo andino que tiene sus orígenes en las regiones del Alto Apurímac y Urubamba.

En Bolivia, los quechuas habitan principalmente en los departamentos de La Paz (provincias de Muñecas, Bautista Saavedra y Franz Tamayo), Cochabamba, Chuquisaca y Potosí, aunque han emigrado a la mayoría de regiones del país. La lengua quechua se extendió con el imperio de los inkas a lo largo de los Andes y la costa del Pacífico. Pueblos de origen muy distinto fueron sometidos al elemento unificador que constituyó el imperio inkaico, con lo que adoptaron la lengua impuesta y adquieron una cultura común.

Tras la Conquista española, el quechua se extendió aún más al ser utilizado por los misioneros como lengua general para la evangelización, penetrando así en regiones que habían escapado a la influencia inkaica. Actualmente es hablado por

*El grupo indígena de los aymaras, que suma alrededor de un millón y medio de habitantes en* *Bolivia, se concentra en el sector occidental del país, en una vasta área en torno al lago Titicaca.*

*Desde sus orígenes coloniales españoles, la población blanca se erigió en la clase dirigente, pero* *esta posición preeminente se fue desvaneciendo con los numerosos enlaces entre mestizos y blancos.*

algo más de un millón de personas, y se le considera lengua oficial junto al español y lengua de enseñanza en las escuelas.

### La organización indígena y su situación actual

Los pueblos andinos han sido tradicionalmente agricultores y han practicado la ganadería como complemento, excepto en la puna, donde los rigores climáticos no permiten el desarrollo de la agricultura. El sistema de vida tradicional estaba basado en un núcleo poblacional, denominado *ayllu*, que era una célula de naturaleza política, económica y cultural establecida por lazos de parentesco. Esta comunidad distribuía las tierras de cultivo de manera periódica entre sus miembros; los pastizales pertenecían a la comunidad y eran utilizados en común.

El sistema de los ayllu permitía un perfecto autoabastecimiento, y los intercambios solían realizarse dentro del mismo grupo étnico. Cada grupo procuraba controlar tierras en altitudes diferentes a fin de proveerse de diferentes productos para el autoconsumo. La región andina, con sus diferencias de altitud y de temperatura, así como de recursos acuíferos, posee una gran variedad de climas locales que dan lugar a una enorme diversidad de productos agrícolas.

Este equilibrio se rompió tras la Conquista, dando paso a una actividad de intercambio que propició el desarrollo de los mercados locales, actividad que ha llegado a nuestros días. El mercado es el lugar donde se produce el intercambio entre comunidades localizadas en medios diferentes.

La población originaria de Bolivia, como la de todo el continente, ha sufrido de manera preferente los efectos de una explotación económica que ha producido efectos catastróficos, no sólo por la pobreza que ha generado, sino también por los efectos que ha tenido en la disminución de su con-

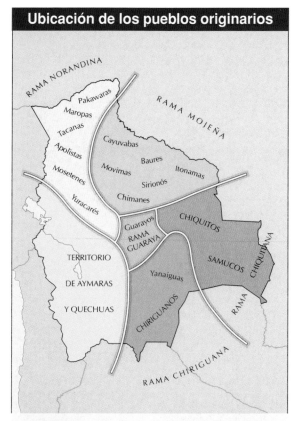

## Ubicación de los pueblos originarios

*Mapa esquemático de la distribución regional de las distintas etnias indígenas que conviven en te-* *rritorio boliviano. Por su número destacan, al oeste, quechuas y aymaras, y al este, los chiquitanos.*

*En época colonial llega-ron 30 000 esclavos ne-gros que fueron obligados a trabajar en las minas* *de Potosí y, más tarde, en La Paz y en los yun-gas, donde viven toda-vía muchos de ellos.*

tingente humano. La unidad fundamental entre los quechuas y los aymaras sigue siendo el ayllu, ac-tualmente formado por una agrupación de familias que comparten la propiedad comunal. En las re-giones del Altiplano, esta estructura social y de po-blamiento permitió la conservación de la lengua y de algunas actividades culturales como su peculiar artesanía.

Pero la población indígena actual está en estre-cha relación con la estructura estatal, y las comuni-dades indígenas, aunque detentan el control de los recursos, ya no practican un sistema económico au-tárquico como antaño; por el contrario, soportan una posición social ciertamente precaria y depen-diente, fruto de la marginación económica y, con frecuencia, de las relaciones de clientelismo que han contribuido a consolidar las relaciones de ex-plotación. El resultado ha sido, en parte, el recurso a la emigración ininterrumpida y masiva hacia otras zonas del país, en especial hacia las ciudades

más grandes. Para hacer frente a esta situación se ha creado la Confederación Indígena del Oriente Boliviano (CIDOB), organización indígena de au-todefensa cuya finalidad es delimitar y definir los territorios propios, así como impulsar proyectos de desarrollo económico y político que ayuden a pa-liar la situación de pobreza en la que se hallan in-mersas muchas de las comunidades aborígenes.

## Los grupos étnicos dominantes: mestizos y blancos

Los mestizos son un grupo de población que cons-tituye el 31 por ciento de los habitantes del país y está formado por los descendientes de la unión de los españoles y los indígenas.

El proceso de mestizaje se inició poco después de la llegada de los españoles, puesto que los colo-nizadores que llegaron a la región de Charcas eran en su mayor parte hombres solos. Fueron también los españoles quienes introdujeron en la región

*Los primeros japoneses que llegaron al país organizaron colonias agropecuarias en Santa Cruz. En la actualidad se hallan plenamente integrados con sus antiguas y nuevas ocupaciones.*

*La población mestiza representa un tercio de la población total. El mestizaje se produjo del cruce de población indígena con la población europea llegada a América desde tiempos de la Conquista.*

a los esclavos procedentes de África. El resultado de las uniones entre estos grupos fue el surgimiento de mulatos y mestizos.

La población mestiza boliviana habita en su mayoría en las áreas urbanas, en las cuales se ha dedicado tradicionalmente al comercio y a la artesanía. Las reformas introducidas por el régimen revolucionario en la década de 1950 favorecieron especialmente a este grupo, que tuvo acceso a una amplia escolarización, así como al ejercicio de profesiones que antes les habían sido vedadas. En la actualidad, constituyen las clases medias inferiores de las ciudades y suelen ser lingüísticamente bilingües, hablando, además del español, alguna de las lenguas maternas.

La población blanca del país tiene su origen en los descendientes de los colonizadores españoles y ha constituido, en los cuatro últimos siglos, la elite y la clase dirigente nacional. Desde los orígenes de la Conquista ha tenido en sus manos no sólo la propiedad mayoritaria de la tierra, sino también los ingentes recursos mineros bolivianos.

Al mismo tiempo, los blancos han desempeñado siempre los trabajos más cualificados y han dirigido las principales actividades empresariales y comerciales, además de detentar los puestos más relevantes dentro de la vida cultural e intelectual del país.

Aun así, a partir de la segunda mitad del siglo XX, la diferencia entre este grupo social y el de los mestizos se ha ido difuminando a causa del incremento de matrimonios establecidos entre los dos grupos, hasta el punto que puede decirse que en la actualidad, en Bolivia, al igual que en otras sociedades multiétnicas latinoamericanas, la división entre los habitantes es mucho más una cuestión social que racial. Esta integración se ha producido a medida que los mestizos han tenido acceso al espacio del tejido social reservado tradicionalmente a los blancos.

Entre la población blanca boliviana hay que mencionar también la presencia de otros grupos, como las colonias menonita y asiática (japoneses, chinos, hindúes, establecidos principalmente en Santa Cruz), así como numerosos misioneros y miembros de las organizaciones de cooperación y desarrollo que se han establecido en el país.

## Desigual concentración de población

El Censo Nacional de Población y Vivienda de 1992 es el instrumento más adecuado para analizar la situación del país desde el punto de vista demográfico. Según esta fuente, la población total era de 6 420 792 personas —8,3 millones estimados para el año 2000, según los últimos datos disponibles: anuario estadístico de 1996—; de ello se desprende

*Cochabamba es el departamento con mayor densidad de población, favorecido principalmente por su clima benigno, la fertilidad de sus tierras, y una mayor distribución de la propiedad rural.*

que, entre los países más grandes de América Latina, Bolivia es el menos poblado. Su densidad es una de las más bajas del continente(5,84 hab./km² en 1992; y 7,58 hab./km² en el 2000). Las áreas de concentración de la población conforman una franja entre el lago Titicaca, al noroeste, y Tarija, al sudeste; sin embargo, la distribución espacial de sus habitantes presenta grandes diferencias y dista mucho de ser homogénea. Esta desigualdad está en gran medida determinada por las condiciones geográficas del país, ya que buena parte del territorio se ubica en altitudes a las que el hombre no puede adaptarse con facilidad.

De todos los departamentos, el de Cochabamba es el que presenta una mayor densidad de población, con cerca de 30 hab./km² por ciento, seguido del de La Paz. En el otro extremo se sitúa el departamento de Pando, el menos poblado del

país, con una población de 57 320 habitantes, y donde la capital, Cobija, es el mayor núcleo urbano con tan sólo 10 000 personas.

En líneas generales puede decirse que en el Altiplano vive el 50 por ciento de la población del país y que ésta se halla muy concentrada en el área urbana de La Paz y El Alto. En esta región coexisten las culturas quechua y aymara, que conservan sus idiomas propios a pesar del progresivo bilingüismo de sus habitantes más jóvenes. La segunda zona poblacional del país son los valles, que reúnen el 28 por ciento de la población, de la cual el 44 por ciento es urbana, básicamente los habitantes de las ciudades de Cochabamba y Sucre.

En esta región, el 60 por ciento de los habitantes son quechuas y conservan su lengua, si bien la mitad de ellos son bilingües. Más allá, Santa Cruz de la Sierra constituye un gran polo de concentración po-

*Ubicada en el sector centro-oriental del país, Santa Cruz de la Sierra, capital del departamento de Santa Cruz, se ha erigido en los últimos tiempos en el gran polo de desarrollo de los Llanos.*

blacional localizado en la región de los Llanos. Esta área, que comprende el 62 por ciento del territorio nacional boliviano y cuenta con el 22 por ciento de la población, es la más urbanizada del país y el 85 por ciento de sus habitantes hablan español.

## Un posible modelo espacial de distribución de la población

El espacio boliviano puede distribuirse, para su análisis global, en cuatro cuadrantes regionales de extensión variable y potencialidades socioeconómicas y poblacionales diversas. Un primer cuadrante, el sudoccidental, es el constituido por los departamentos de Chuquisaca, Potosí y Tarija, que, con el 25 por ciento de la población del país, constituyen una periferia alejada del eje nacional prioritario y contienen los espacios mineros en crisis y los focos permanentes de emigración. Un segundo cuadrante, el noroccidental, es el configurado por

el departamento de La Paz, junto con la franja minera del de Oruro, norte de Potosí y noroeste de Cochabamba, que acoge al 35 por ciento de la población nacional, y la ciudad de La Paz polariza fuertemente este espacio. La crisis de la minería ha afectado mucho a esta zona, originando importantes flujos de emigración hacia la capital.

El departamento de Santa Cruz, con un 20 por ciento de la población del país, constituye el tercer cuadrante regional, el sudoriental. Es ésta una región de gran dinamismo, que se ha revelado como un gran laboratorio de experimentación para la colonización agrícola y la economía basada en los hidrocarburos. En el nordeste boliviano, los departamentos del Beni y de Pando, junto con la zona amazónica del de La Paz, integran el cuadrante nororiental, con el 6 por ciento de la población y un polo urbano, Trinidad, capital de una región de difícil integración, sustentada por una economía

*En algunas zonas poco fértiles del Altiplano, la densidad de población es baja, provocada en gran parte por el éxodo rural hacia áreas urbanizadas. En la foto, cultivo cerca del Titicaca.*

extensiva. Finalmente, y a pesar de su emplazamiento geográfico en la zona central del país, el departamento de Cochabamba constituye una zona periférica en vías de integración; la habita el 15 por ciento de la población del país, y su situación entre el trópico y el Altiplano, además de ser la causa de su elevada densidad, la ha convertido en el granero nacional.

## Las desigualdades departamentales internas

Las desigualdades en la distribución de la población a lo largo del territorio se manifiestan también dentro de cada una de las principales unidades administrativas, esto es, los departamentos. Si se analiza con detalle la población de cada una de las provincias en las que éstos se hallan divididos se pueden apreciar importantes diferencias. Así, en el departamento de Chuquisaca existe un contraste importante entre las provincias de Oropeza, con 176 298 habitantes, frente a los 12 617 habitantes de Belisario Boeto o los 17 251 de Luis Calvo. En el de Potosí, este mismo contraste se constata entre las provincias de Tomás Frías, con 147 111 habitantes, y Enrique Baldiviezo, en la que tan sólo viven 1 313 personas.

La conclusión que se extrae del análisis del censo de población es que, en prácticamente la totalidad de departamentos, la población se concentra básicamente en las áreas de mayor urbanización, mientras que importantes zonas del Altiplano meridional y de los Llanos son áreas de débil densidad de población, circunstancia acentuada por un éxodo rural que no ha cesado de crecer a lo largo de los últimos diez años.

## Porcentaje de población por departamentos (%)*

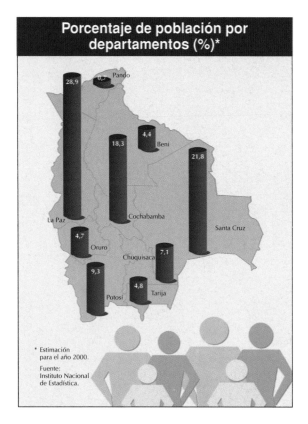

* Estimación para el año 2000.
Fuente: Instituto Nacional de Estadística.

## Distribución de la población por departamentos*

| Departamento | Extensión (km²) | Población |
|---|---|---|
| Beni (1,7 hab./km²) | 213 564 | 366 047 |
| Chuquisaca (11,4 hab./km²) | 51 524 | 589 947 |
| Cochabamba (27,4 hab./km²) | 55 631 | 1 524 727 |
| La Paz (17,9 hab./km²) | 133 985 | 2 406 377 |
| Oruro (7,3 hab./km²) | 53 588 | 393 989 |
| Pando (0,8 hab./km²) | 63 827 | 57 320 |
| Potosí (6,5 hab./km²) | 118 218 | 774 696 |
| Santa Cruz (4,8 hab./km²) | 370 621 | 1 812 519 |
| Tarija (10,7 hab./km²) | 37 623 | 403 078 |
| **Total Bolivia (7,58 hab./km²)** | **1 098 581** | **8 329 000** |

* Estimación para el año 2000.
Fuente: Instituto Nacional de Estadística.

## El peso creciente de los centros urbanos

En el censo de población se puede observar cómo las mayores concentraciones de población se encuentran en los departamentos con un peso mayor de los núcleos urbanos; de un modo general, por lo tanto, puede decirse que en esta concentración ejercen una influencia específica las grandes concentraciones humanas del país. El ejemplo más significativo de ello lo constituye el departamento de La Paz, en el que se da la circunstancia de que, si bien su población es, según los últimos datos, de 2 406 377 habitantes, en tan sólo dos ciudades —la capital y su desdoblamiento, El Alto— se reúnen aproximadamente las dos terceras partes de la población total del departamento.

Este fenómeno se produce igualmente en los departamentos con más población: puede observarse en el de Santa Cruz, donde la mitad de sus habitantes vive en la provincia donde se halla la capital, Santa Cruz de la Sierra. El caso de Cochabamba viene a ratificar este argumento, pues de sus 1 524 727 habitantes casi la mitad están censados en la ciudad homónima.

El peso extraordinario de los centros urbanos puede comprobarse si se analizan las cifras correspondientes a la población urbana y rural de todos los departamentos. De este modo, en el de La Paz, 1 673 710 habitantes corresponden al área urbana, mientras que sólo algo menos de la mitad, 732 667 personas, viven en las zonas consideradas rurales del mismo departamento. En el otro extremo se sitúan aquellos departamentos en los que el poblamiento es en su mayor parte rural: son los más débilmente poblados. Éste es el caso de Tarija, que alcanza tan sólo 403 078 habitantes; del Beni, con 366 047, y Pando, el menos poblado del estado, con tan sólo 57 320 personas censadas. Sin embargo, incluso en estos departamentos, los centros con funciones urbanas acaparan una parte importante de la población total. Así, en el de Tarija, el 62 por ciento de sus habitantes reside en áreas consideradas urbanas, y en el del Beni lo hace el 74 por ciento. Sólo en el de Pando el centro principal reúne el 26 por ciento de la población del territorio.

# Estructura de la población por edades y sexo

La información demográfica más importante para la planificación de las políticas sociales es, sin duda, la distribución de la población por edades, que permite conocer los déficits y las demandas sociales en virtud del ritmo de crecimiento de las nuevas exigencias. En un país como Bolivia, situado en una fase inicial de la transición demográfica, tenemos una población con grandes contingentes de niños y jóvenes y, en cambio, una representación reducida de los grupos de más edad, porque la primera consecuencia del mantenimiento de altas tasas de natalidad y del gran crecimiento vegetativo es, para Bolivia, tener una de las poblaciones más jóvenes del mundo.

En efecto, la media de edad de la población boliviana es de 18 años y casi la mitad de sus habitantes (un 42 %) no sobrepasan los quince. Este contingente de población es, en la actualidad, el doble del de la población que sobrepasa los cuarenta años. La población menor de cinco años está compuesta, al mismo tiempo, por 947 372 individuos, mientras que las cifras se reducen drásticamente en los segmentos poblacionales que sobrepasan los cincuenta años de edad.

Si bien la composición por edades se irá modificando lentamente a medida que varíen las tasas de fecundidad, según estimaciones para el año 2000, Bolivia puede tener una población infantil del 35 por ciento. La pirámide de población presenta el perfil de un país en vías de desarrollo, con una base extraordinariamente ancha en permanente expansión y una cúspide piramidal. El porcentaje de los menores de quince años y de los mayores de 65 años respecto a la población potencialmente activa es del 88,9 por ciento, cifra que indica una altísima tasa de

*En Bolivia, 2/5 partes de la población (una de las más jóvenes del mundo) no supera los quince años.*

dependencia demográfica. Estos valores se producen de manera muy generalizada, puesto que tanto en las zonas rurales como en las urbanas se puede observar, en líneas generales, una misma proporción. La tasa de masculinidad, o proporción entre los sexos, revela la existencia de 97,5 hombres por cada 100 mujeres; una proporción que aumenta ligeramente en las áreas rurales (102) y desciende en las áreas urbanas (94).

## La persistencia de una alta tasa de natalidad

El rápido crecimiento de la población del país debe ser entendido como una consecuencia de la aceleración del crecimiento vegetativo. En los últimos veinte años se ha asistido a un fenómeno de gran magnitud presidido por la persistencia de una alta tasa de natalidad. Si bien es cierto que el número de nacimientos se ha reducido sensiblemente y en los últimos diez años se ha pasado de una tasa en torno al 42 por mil a una del 32,2 por mil, sin embargo, Bolivia sigue teniendo un volumen de nacimientos difícilmente sostenible.

La magnitud de esta tasa es, si cabe, más preocupante si se tiene en cuenta que la tasa de mortalidad general ha bajado desde el 13 por mil hasta el 8,4 por mil, un descenso importante que la sitúa al mismo nivel que la de los países más desarrollados. Como consecuencia de ello se está produciendo una realidad compleja, fundamentalmente porque lleva aparejado un crecimiento vegetativo de valores muy altos, difícilmente asumible por las estructuras económicas y sociales del país.

La causa de la persistencia de una alta tasa de nacimientos es, a su vez, el mantenimiento de una alta tasa de fecundidad, que adjudica a cada mujer una media superior a los cuatro hijos. Las zonas ru-

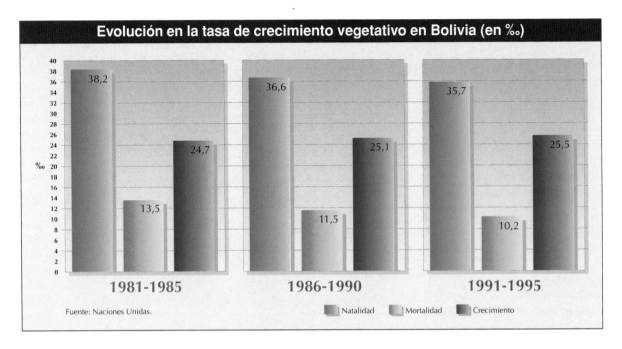

**Evolución en la tasa de crecimiento vegetativo en Bolivia (en ‰)**

1981-1985: Natalidad 38,2 · Mortalidad 13,5 · Crecimiento 24,7
1986-1990: Natalidad 36,6 · Mortalidad 11,5 · Crecimiento 25,1
1991-1995: Natalidad 35,7 · Mortalidad 10,2 · Crecimiento 25,5

Fuente: Naciones Unidas.

Natalidad · Mortalidad · Crecimiento

rales presentan una tasa mayor de fecundidad, de manera que se puede estimar que al menos la mitad de los nacimientos se producen entre la población rural. Es en este medio donde existe, al mismo tiempo, una mayor incidencia de los riesgos de muerte, de modo que suele generar dos tercios del total nacional de defunciones infantiles. La evolución de la tasa global de fecundidad en los últimos cuarenta años ha sufrido un ligero descenso: si en el período 1950-1955 fue de 6,8 hijos por mujer, en 1970-1975 había descendido a 6,5 y diez años más tarde, a 5,5. Según estimaciones, en el período 1995-2000 la fecundidad puede haberse mantenido alrededor de 4,1 hijos por mujer.

### Condiciones socioculturales y fecundidad

A pesar de los síntomas que anuncian un ligero descenso de la fecundidad en los últimos cinco años del siglo XX, se está muy lejos de frenar el crecimiento vegetativo, hecho que permite pensar que los modelos demográficos están estrechamente relacionados con factores socioeconómicos y culturales. En efecto, es la población perteneciente a los estratos bajos, habitantes de las áreas rurales y de los espacios marginales de las áreas urbanas, la que presenta una tasa de natalidad más alta. Estos sectores sociales, que constituyen algo más de los dos tercios de la población total del país, tienen un comportamiento demográfico caracterizado por una nupcialidad muy joven, característica de las pautas culturales tradicionales.

Los jóvenes no están integrados, o lo están muy débilmente, en el sistema educativo y de formación, y, por lo tanto, se casan mucho más jóvenes que los de los estratos medios y altos; así, su etapa de procreación es mucho más larga. La edad media de los jóvenes en su primera unión es uno de los factores más influyentes en la fecundidad, y en Bolivia ésta se sitúa entre los 18,8 y los 21 años. La media más alta se concentra geográficamente en la región de los valles.

Existen, además, otros elementos a tener en cuenta, entre los que destacan la falta de información y la limitada difusión de los métodos anticonceptivos modernos. En1990 se realizó una Encuesta Nacional de Demografía y Salud en la que se mostraba que el 68 por ciento de las mujeres en edad fértil conocían algún método de contracepción; sin embargo, sólo el 12 por ciento usaba un método moderno, mientras que el 18 por ciento utilizaba algún método básicamente tradicional. Si se analizan los datos por entornos rurales y urbanos, el porcentaje de mujeres que usa anticonceptivos en las ciudades es del 40 por ciento, mientras que en las áreas rurales este porcentaje es sólo del 20 por ciento. Estos porcentajes se elevan al 55 por ciento entre las mujeres con un nivel de instrucción elevado, aunque constituyen una minoría relativamente reducida de la población.

Estudios recientes concluyen que los estratos sociales más débiles, que se caracterizan por sus reducidos niveles de instrucción, ocupaciones labora-

| Tasas de fecundidad según los últimos censos (hijos por mujer) | |
|---|---|
| **Bolivia** | **5,0** |
| Paraguay | 4,4 |
| Ecuador | 3,6 |
| Perú | 3,6 |
| Venezuela | 3,1 |
| Argentina | 2,8 |
| Brasil | 2,8 |
| Chile | 2,7 |
| Colombia | 2,7 |
| Surinam | 2,6 |
| Guyana | 2,4 |
| Uruguay | 2,3 |
| *Fuente: Anuario Estadístico de América Latina y el Caribe, CEPAL.* | |

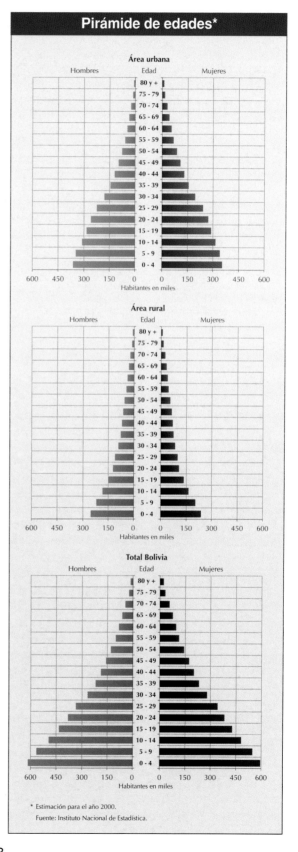

les poco cualificadas, niveles de ingresos bajos y por estar más expuestos a riesgos de mortalidad, son los que mantienen pautas de fecundidad superiores a la de la media del país. Estos mismos sectores son los que protagonizan los flujos migratorios hacia las áreas urbanizadas, donde se instalan en ámbitos periurbanos marginales que forman los cinturones de pobreza de las ciudades.

## Mortalidad general y esperanza de vida

La esperanza de vida se ha mantenido durante muchos años en niveles bajos que no alcanzaban un promedio de 54 años, valor inferior a los que se registran en la misma área continental.

A lo largo de los últimos treinta años del período intercensal, la esperanza de vida al nacer ha aumentado lentamente; así, en el quinquenio 1950-1955, la esperanza de vida era de 40,4 años; en el período 1970-1975 pasó a 46,7, y entre 1985 y 1990 a 58,8. Esta cifra se ha incrementado y ha traspasado el umbral de los 60 años; la tasa media estimada para el año 2000 es de 63,5 años, con 60,9 años para los hombres y 65,9 para las mujeres. El aumento de la esperanza de vida ha sido el resultado de una disminución de la mortalidad en todas las edades; con este incremento, a medida que la población envejece la incidencia de la mortalidad se desplaza hacia las edades más elevadas, como consecuencia de un cierto freno a la mortalidad en las edades más bajas.

*La esperanza de vida es aún baja debido al gran número de muertes infantiles. Aun así, los recientes avances sociales y sanitarios han permitido traspasar la barrera de los 60 años.*

*Las campañas de vacunación para prevenir las diversas enfermedades endémicas que persisten debido a un nivel de vida bajo en regiones de poca salubridad, reducen los riesgos de mortalidad.*

A pesar de ello, siguen siendo cifras todavía bajas si se comparan con otros países de la misma área. La razón debe buscarse en una persistente crisis sanitaria debida a la mala nutrición, puesto que el consumo de calorías per cápita se sitúa muy por debajo de los mínimos requeridos por el organismo humano (2 086); a finales de la década de 1980 se estimaba que más de las tres cuartas partes de la población vivía en condiciones de pobreza y que percibía unos ingresos inferiores al mínimo nacional. Es evidente que estas cifras no muestran las desigualdades que existen entre las distintas regiones y, sobre todo, entre los diversos estratos sociales.

En la década de 1980, los estudios realizados por el servicio estadístico detectaron en algunas zonas de las provincias del Valle Alto un promedio de 36 años de esperanza de vida para sus habitantes, con puntas de sólo 30 años en las provincias de Esteban Arce y Araní. Se calcula que dos terceras partes de las personas que viven en los niveles inferiores al umbral de pobreza son campesinos que no tienen acceso a los servicios sociales, al agua potable ni a la electricidad.

## El lento descenso de la mortalidad infantil
Un indicador que parece mucho más definitivo para analizar la situación demográfica del país es la persistencia de valores muy altos en la tasa de mortalidad infantil, valores que no disminuyen o que lo hacen con extraordinaria lentitud.

Es cierto que en la década de 1960 esta tasa se situaba en torno al 200 por mil, en 1976 era del 151 por mil y 25 años más tarde se había reducido a la mitad, manteniéndose en torno al 100 por mil. Pero en el censo de 1992 esta tasa alcanzaba todavía un 75 por mil, un porcentaje muy elevado en comparación con el de otros países del entorno.

Aunque las campañas preventivas y de vacunación se han visto compensadas por una reducción de los riesgos de mortalidad, es evidente que esta tasa refleja de forma explícita las condiciones sociales y económicas y, por lo tanto, el acceso a los servicios básicos y de salud, que siguen siendo todavía reducidos: los valores de mortalidad más bajos se registran en los departamentos con una mejor dinámica económica y poblacional, como los de Santa Cruz (57 ‰) y Tarija (60 ‰), mientras que se mantienen muy por encima de la media nacional en los de Oruro (113 ‰) y Potosí (118 ‰).

## Diferencias culturales y espaciales
Puede decirse que la mortalidad es más elevada entre los hijos de mujeres con escasa educación; entre los hijos de mujeres con un nivel medio de instrucción, la tasa es del 46 por mil, mientras que entre los hijos de las mujeres con niveles muy bajos llega a triplicarse hasta alcanzar el 124 por mil. Sucede lo mismo con la residencia rural; así, el riesgo de mortalidad es mayor en los valles y en el Altiplano que en los Llanos. Además, un 38,3 por

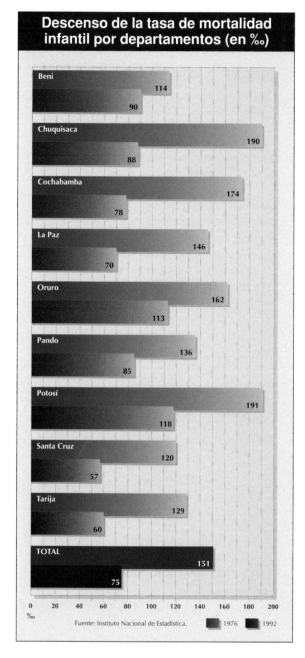

## Descenso de la tasa de mortalidad infantil por departamentos (en ‰)

| Departamento | 1976 | 1992 |
|---|---|---|
| Beni | 114 | 90 |
| Chuquisaca | 190 | 88 |
| Cochabamba | 174 | 78 |
| La Paz | 146 | 70 |
| Oruro | 162 | 113 |
| Pando | 136 | 85 |
| Potosí | 191 | 118 |
| Santa Cruz | 120 | 57 |
| Tarija | 129 | 60 |
| TOTAL | 151 | 75 |

0  20  40  60  80  100  120  140  160  180  200
‰

Fuente: Instituto Nacional de Estadística.  ■ 1976  ■ 1992

*A lo largo de la geografía boliviana existen también diferencias en cuanto a los riesgos de morta- lidad, mayores en los valles y el Altiplano (en la foto, una familia ayma- ra) que en los Llanos.*

ciento de los niños menores de tres años sufren desnutrición crónica, y esta proporción alcanza el 45 por ciento en las áreas rurales. Estos porcentajes disminuyen en las áreas urbanas hasta alcanzar el 31,5 por ciento.

Las diferencias regionales son también evidentes, puesto que la desnutrición en los Llanos es mucho menor que en el Altiplano y los valles. Por lo que respecta a las causas de defunción infantil, los trastornos gastrointestinales son el principal agente, con el 35 por ciento, seguidos por los problemas respiratorios (28,3 %). La incidencia de estas afecciones es mayor en el momento del cese de la lactancia materna, cuando los niños sufren las carencias alimentarias. De manera generalizada, se suele decir que en las áreas urbanas es donde suelen disminuir más rápidamente los valores de la mortalidad infantil; sin embargo, en las ciudades este descenso no es muy acusado (La Paz, 70 ‰, o Cochabamba, 78 ‰).

Esta alteración de la norma general sólo puede responder a las características del poblamiento urbano, donde se concentran las grandes áreas desarrolladas a raíz del aluvión incesante de la inmigración. Estos espacios, en aumento constante y que no disponen de los equipamientos e infraestructuras básicos, explican el mantenimiento de tasas de mortalidad general muy altas, sobre todo de la mortalidad en los primeros años de vida.

# La planificación familiar: recomendaciones de la Organización Mundial de la Salud

La planificación familiar es un conjunto de medidas que puede adoptar una pareja para intentar tener el número de hijos que deseen y cuando lo consideren más conveniente. La planificación familiar debe adaptarse a las necesidades y deseos de cada pareja. No obstante, la Organización Mundial de la Salud (OMS) ha elaborado recientemente una serie de recomendaciones teniendo en cuenta las circunstancias que resultan favorables para la procreación y los peligros potenciales que entrañan, desde un punto de vista biológico y psicológico, los embarazos en ciertas edades.

La primera recomendación es que los embarazos se desarrollen entre los 20 y los 30 años de edad —como máximo, los 35— de la mujer, puesto que a partir de esta edad existe un riesgo progresivamente superior de que se presenten complicaciones durante la gestación y de que el niño nazca con defectos congénitos.

La segunda recomendación es que el intervalo entre un embarazo y otro sea de dos a cinco años, dado que se ha demostrado que en intervalos más breves o más largos la mortalidad infantil es superior. La tercera consideración de la OMS es que se eviten los embarazos no deseados, ya que en estos casos la mortalidad infantil también es muy superior a los índices normales, y con mucha frecuencia los niños no disfrutan de la calidad de vida adecuada.

Dentro de la planificación familiar los anticonceptivos desempeñan un papel determinante. Se entiende como anticoncepción los métodos y técnicas (continencia periódica, preservativos, *coitus interruptus*, diafragma, DIU, anticonceptivos hormonales, ligadura de trompas, vasectomía, etc.) que puede emplear una pareja para mantener relaciones sexuales satisfactorias libremente, de forma que el embarazo se produzca en el momento más idóneo.

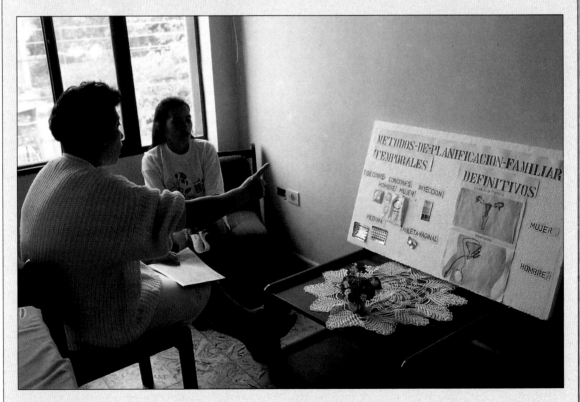

*En la imagen, hospital de Santa Cruz, uno de los departamentos que más han incrementado su población, donde se dan programas educacionales sobre planificación familiar.*

HRS. 7-9
Y 11 AM
HRS. 19 PM

## Un crecimiento demográfico sostenido

*Uno de los factores determinantes en la fecundi-dad es la edad media de los contrayentes en su primera unión, que en Bolivia es particularmen-te joven. En la imagen, matrimonio aymara.*

La lenta disminución de los valores de la fecundi-dad, combinada con la menor incidencia de la mor-talidad, han abocado al país a un crecimiento demográfico sostenido. Entre 1980 y 1989, la po-blación total experimentó un crecimiento vegetati-vo en torno al 2,8 por ciento anual; si se analiza el período intercensal entre 1976 y 1992, la tasa pasó del 2,05 por ciento al 2,11 por ciento. A pesar de observarse un ligero descenso en los últimos años, la tasa de crecimiento vegetativo sitúa a Bolivia entre los cinco países con mayor crecimiento en América del Sur y entre los de mayor dinamismo del mundo. Este sensible aumento de la población, debido prin-cipalmente al mantenimiento del número de na-cimientos, ha sido la causa de que la población se doblara en un período de cuarenta años. Un cre-cimiento de esta clase origina una progresión pro-blemática para la estructura económica del país, puesto que, a pesar de que todavía quedan tierras fér-tiles por colonizar, la crea-ción de empleo e infraes-tructuras básicas no siguen el mismo ritmo de crecimiento.

### Crecimiento desigual de los servicios básicos

Una de las consecuencias del crecimiento incon-trolado se manifiesta en la dificultad en el acceso a los servicios básicos como la vivienda y el abas-tecimiento de agua y electricidad.

El análisis de los datos sobre vivienda conteni-dos en el censo de 1992 permite obtener algunas conclusiones acerca del volumen de viviendas con acceso a servicios de agua y electricidad. Así, en el año 1976 solamente un 39 por ciento de los ho-gares particulares podían acceder a las redes gene-rales de agua, y esta cifra alcanzó al 54 por ciento en el año 1992; a pesar de este débil incremento y de la tendencia al alza, la situación es todavía claramente deficitaria.

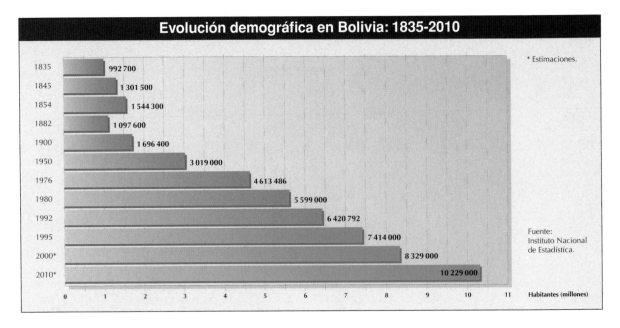

## Evolución demográfica en Bolivia: 1835-2010

| Año | Habitantes |
|-----|-----------|
| 1835 | 992 700 |
| 1845 | 1 301 500 |
| 1854 | 1 544 300 |
| 1882 | 1 097 600 |
| 1900 | 1 696 400 |
| 1950 | 3 019 000 |
| 1976 | 4 613 486 |
| 1980 | 5 599 000 |
| 1992 | 6 420 792 |
| 1995 | 7 414 000 |
| 2000* | 8 329 000 |
| 2010* | 10 229 000 |

\* Estimaciones.

Fuente: Instituto Nacional de Estadística.

Habitantes (millones)

Si comparamos además las cifras de los hogares que disponen de energía eléctrica, obtendremos cifras muy parecidas: un 34 por ciento en 1976 y un 55 por ciento en 1992. También en estos indicadores se aprecian fuertes diferencias departamentales, que pueden ser explicadas en función de las distintas circunstancias del proceso de urbanización de las grandes ciudades, donde amplios sectores de la población quedan marginados de este tipo de servicios. Los departamentos con más viviendas con acceso a la red de agua son Santa Cruz, Tarija y Oruro, pero en ninguno de ellos se sobrepasa el 70 por ciento. Entre los departamentos más deficitarios hay que señalar los de Chuquisaca, Beni, Pando y Potosí, por tratarse claramente de regiones con predominio de áreas rurales.

## Las políticas de población

El establecimiento de políticas de población ha provocado una difícil concentración de factores poco favorables, especialmente en lo que se refiere a la planificación familiar y la contracepción, que no siempre se han visto sostenidas por la administración, más partidaria, durante muchos años, de posiciones pronatalistas. Es probable que estas posiciones fueran también una respuesta al programa de esterilizaciones forzosas llevado a cabo por organizaciones no nacionales en la década de 1960, programa que fue denunciado por un film, Yawar Mallku (*La sangre del cóndor*), que dio amplia resonancia a este hecho. La profunda influencia social de la Iglesia católica, además de otros agentes so-

ciales, como el sindicato mayoritario, de inspiración católica, han contribuido mucho al retraso de la puesta en marcha de políticas demográficas dirigidas a la planificación familiar, colaborando en el mantenimiento de posiciones opuestas a cualquier medida de control de la natalidad.

Sin embargo, desde mediados de la década de 1970 el gobierno comenzó a mostrar interés en abordar el tema poblacional y desarrolló algunas propuestas que han presentado dificultades de índole diversa. Entre dichos obstáculos deben destacarse algunos problemas derivados de la concepción misma de las propuestas, puesto que fueron planteadas con una visión excesivamente urbana, lo cual dejaba al margen a amplios contingentes de la población, precisamente los que necesitaban más atención; por otro lado, las experiencias realizadas estaban más dirigidas a poner en marcha programas de planificación familiar que a establecer auténticas políticas de población.

A pesar de ello, los esfuerzos de la administración han permitido una liberalización de la información sobre planificación familiar y una apertura que ha propiciado, a su vez, que desde el sector privado surgieran instituciones para atender las demandas de la población. Una encuesta realizada en 1983 en las principales ciudades demostró que entre el 76 y el 90 por ciento de las mujeres en edad fértil estaban de acuerdo en que las unidades familiares debían reducirse. Entre el 50 y el 75 por ciento de ellas opinaba que la familia ideal debía tener entre dos y tres hijos, cuando las cifras reales

*El alto nivel de natalidad, mantenido desde inicios de siglo XX, y la disminución paulatina de la mortalidad, determinan la elevada proporción de población en edades infantiles y jóvenes.*

se hallaban entre cuatro y seis hijos por familia. En los años siguientes, y en especial desde 1987, momento en que las autoridades sanitarias empezaron a integrar la planificación familiar en el programa de salud maternal e infantil, se han venido registrando importantes avances. El objetivo es la mejora sustancial de los niveles sanitarios de mujeres y niños, y evitar embarazos de riesgo; a esta política se han sumado también algunas iniciativas privadas de cara a difundir información y servicios educativos.

## Los niveles de instrucción de la población

Las inversiones gubernamentales en materia de educación han provocado algunos cambios significativos, entre los que cabe destacar el descenso del analfabetismo. Si en 1950 sólo el 30 por ciento de la población mayor de quince años podía considerarse alfabetizada, en 1976, la cifra había pasado al 67 por ciento. Según el último censo realizado (1992), un 20 por ciento no sabía leer ni escribir.

Si se analizan por sexos, estas cifras presentan diferencias claras, puesto que el analfabetismo es mayor entre las mujeres (28 %) que entre los hombres (12 %), y estas diferencias aumentan si se comparan las cifras relativas a las zonas rurales y urbanas. Así, en los departamentos de Potosí y Chuquisaca, siete de cada diez mujeres son analfabetas, y en La Paz sólo cuatro de cada diez. Los niveles de instrucción muestran que el 59,9 por ciento de la población ha completado su instrucción primaria, el 15,9 por ciento el nivel medio y un 5,1 por ciento ha alcanzado el universitario.

### Nivel de instrucción y área de residencia

El analfabetismo es mayor en las zonas rurales; en las ciudades sólo el 8,9 por ciento de la población es analfabeta, mientras que esta cifra se eleva a un 36,5 por ciento en las áreas rurales. El departamento que sigue manteniendo los niveles más altos de analfabetismo es Chuquisaca (39,5 %), seguido de Potosí (38,2 %). En niveles ligeramente superiores a la media nacional se hallan los departamentos

*El progreso en el campo educativo, esencialmente en la enseñanza básica, y la alfabetización, rea-* *firman las desigualdades entre la población, pues llega con retraso a los niños de las zonas rurales.*

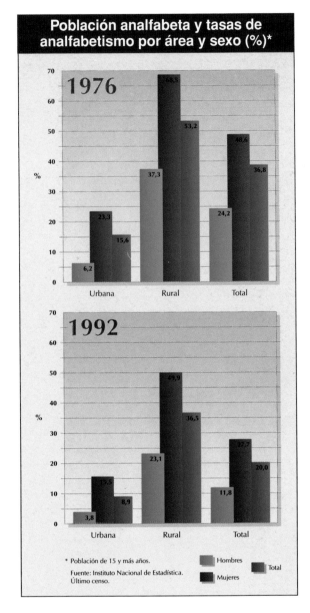

Población analfabeta y tasas de analfabetismo por área y sexo (%)*

* Población de 15 y más años.
Fuente: Instituto Nacional de Estadística. Último censo.

de Pando, Cochabamba y Tarija, que continúan manteniendo un porcentaje de analfabetismo del 21 por ciento. Las cifras más bajas corresponden al departamento de Santa Cruz, donde el analfabetismo se sitúa en el 11,1 por ciento.

Si se analiza el período intercensal 1976-1992, se observa que algunos departamentos bolivianos han experimentado una drástica reducción del analfabetismo, en algunos casos con cifras que se acercan al 50 por ciento, como sucede en los departamentos de Cochabamba (- 48 %), Santa Cruz (- 47,4 %), La Paz (- 47 %), Oruro (- 42,8 %) y también en Tarija (- 42,5 %). En todas estas cifras puede observarse la influencia de las concentraciones urbanas, que son las zonas que han experimentado un cambio mayor.

La escolaridad es obligatoria entre los seis y los catorce años, pero no es un servicio que cubra el territorio estatal de manera uniforme, sino que, es-

pecialmente en las áreas rurales, donde las dificultades son mayores, no siempre funciona con la misma intensidad. Alrededor de un 87 por ciento de los niños en edades comprendidas en la educación primaria se hallan escolarizados, a pesar de que existen índices muy elevados de absentismo en las aulas.

Asimismo, los años de instrucción completados por la población, principalmente la femenina, siguen siendo muy pocos. Las universidades con mayor número de alumnos y profesores son, en primer lugar, las de San Simón en Cochabamba y la Universidad Mayor de San Andrés en La Paz, y, en segundo lugar, las de Sucre y Santa Cruz.

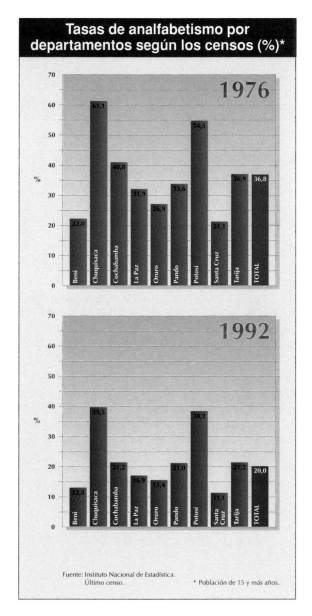

## Tasas de analfabetismo por departamentos según los censos (%)*

**1976**

| Departamento | % |
|---|---|
| Beni | 22,0 |
| Chuquisaca | 61,1 |
| Cochabamba | 40,8 |
| La Paz | 31,9 |
| Oruro | 26,9 |
| Pando | 33,6 |
| Potosí | 54,5 |
| Santa Cruz | 21,1 |
| Tarija | 36,9 |
| TOTAL | 36,8 |

**1992**

| Departamento | % |
|---|---|
| Beni | 12,8 |
| Chuquisaca | 39,5 |
| Cochabamba | 21,2 |
| La Paz | 16,9 |
| Oruro | 15,4 |
| Pando | 21,0 |
| Potosí | 38,2 |
| Santa Cruz | 11,1 |
| Tarija | 21,2 |
| TOTAL | 20,0 |

Fuente: Instituto Nacional de Estadística. Último censo.

\* Población de 15 y más años.

*El aumento de la población alfabetizada se ha traducido en un incremento de las plazas universitarias, tanto estatales como privadas. En la imagen, Universidad Mayor de San Andrés.*

## Alfabetización y bilingüismo

Este incremento de la población alfabetizada en el país ha significado un aumento del conocimiento del español y a la vez un incremento del bilinguismo entre la población indígena; así, aquellos grupos quechua y aymara que sólo hablan su lengua materna se han reducido a una tercera parte en los últimos treinta años y constituyen un 8 por ciento de la población del país.

La escolarización ha significado, en términos generales, la expansión del español como lengua de comunicación también en las áreas rurales, incrementando el número de habitantes que pueden hablar dos lenguas.

La población boliviana que solamente habla español no es mayoritaria, aunque ha aumentado lentamente su importancia relativa durante los últimos años; constituían el 36 por ciento de la población en 1950, y según el censo de 1992 alcanzaban ya el 45 por ciento.

En la situación actual, las lenguas tradicionales de los pueblos originarios del territorio boliviano no solamente mantienen su vigencia, sino que están incrementando su presencia en la vida social del país, hecho éste que se ve reflejado en su presencia en los medios de comunicación con mayor difusión y popularidad, como ocurre por ejemplo en la radio.

# La población y el mundo laboral

Apesar de las grandes riquezas mineras explotadas en los últimos cuatrocientos años, que han dado trabajo durante decenios a una gran legión de trabajadores, la mayoría de la población ha seguido estando ocupada mayoritariamente en el sector primario y tan sólo en las áreas urbanas se ha desarrollado una incipiente actividad industrial. Ha sido también en las ciudades donde otro sector, el de los servicios, basado principalmente en el comercio y las prestaciones personales, ha crecido y ha ido alcanzando unos niveles que lo sitúan a la zaga del sector primario. La crisis económica de 1985 acarreó consecuencias importantes para el nivel de bienestar del país y tuvo gran incidencia en los niveles de ocupación de la población; el nuevo plan económico de agosto de 1985 representó un aumento del desempleo de hasta el 20 por ciento de la mano de obra ocupada, en un momento en el que sólo un 20 por ciento de ella tenía cobertura social. Por ello, muchos mineros en paro y trabajadores de la ciudad tuvieron que ser, en muchos casos, absorbidos por el sector primario.

*El sector servicios, el de mayor crecimiento, ocupa a más del 35 % de la población activa.*

## Distribución de la población activa: la expansión del sector terciario

En la actualidad, la agricultura boliviana sigue ocupando a un 44 por ciento de la población activa del país, mientras que la producción de bienes solamente proporciona un 16,5 por ciento de los empleos, y la minería, que fue fundamental en otras épocas, sólo el 2,7 por ciento.

El sector con mayor crecimiento es el de los servicios, que aglutina el 36,8 por ciento de los puestos de trabajo; entre las actividades que más puestos laborales han generado están los servicios de electricidad, gas y agua, junto a los relacionados con la alimentación, la hostelería y las actividades en torno al turismo. Los sectores que han perdido más puestos de trabajo en los últimos veinte años han sido, además de la minería, las actividades financieras y de seguros, en parte debido a la fuerte informatización y tecnificación de estos trabajos. Si se analiza el período intercensal 1976-1992, se observa que la población potencialmente activa pasó del 42 al 50 por ciento. Este cambio fue notable en el caso de las mujeres, que iniciaron un rápido proceso de incorporación al mercado de trabajo y pasaron, durante el mismo período intercensal, del 18 al 38 por ciento de los activos.

Pero debe señalarse que, si bien la mujer se encuentra mejor representada en los porcentajes de actividad, participa básicamente en modalidades de trabajo temporal u ocasional y, sobre todo, en trabajos domésticos.

## El poblamiento rural

América Latina ha experimentado un proceso de urbanización acelerado que se ha desarrollado paralelamente al proceso de transición demográfica. Este proceso ha sido la causa de que en los últimos cuarenta años la población urbana se haya quintuplicado, mientras que la población rural no ha llegado a triplicarse. Pese a ello, los distintos ritmos de desarrollo de cada país han provocado una gran diversidad de situaciones y, aunque se consideran poblaciones urbanas todas aquellas que superan los 2 000 habitantes, Bolivia se halla aún entre los países que siguen conservando un alto índice de población rural, puesto que un 42 por

En Bolivia la incorporación de la mujer en diferentes áreas de trabajo es cada vez mayor, si bien su presencia en los empleos de alta cualificación técnica es todavía bastante reducida.

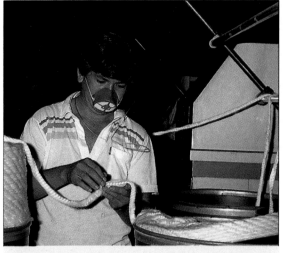

Buena parte de la población activa dedicada a la industria trabaja en la transformación de productos alimenticios, mineros y textiles, tareas que no requieren un gran nivel de cualificación.

ciento de la población reside todavía en áreas consideradas no urbanas. A continuación se analizarán algunas de las regiones en las que el poblamiento sigue siendo predominantemente rural, a pesar de la dificultad de establecer claramente esta separación al ser considerados como urbanos los centros poblacionales con tan bajo número de habitantes.

En este apartado se incluyen aquellas regiones o grandes áreas geográficas donde predomina un poblamiento esencialmente rural, independientemente de la existencia de uno o más centros, pequeños o medianos, que polarizan las actividades y los servicios de la propia región o, incluso, desempeñan un papel de encrucijada entre regiones geográficas distintas. Cada una de estas regiones ha experimentado una evolución distinta en sus dinámicas poblacionales; mientras unas son áreas en expansión y núcleos de atracción para nuevos pobladores, otras son focos de emigración hacia aquéllas o hacia los grandes centros urbanos.

## El Altiplano: la crisis de las actividades tradicionales

El Altiplano es una región eminentemente rural, en la que sus pobladores han desarrollado su sistema de vida tradicional durante siglos. El lago Titicaca constituye el foco principal en el área septentrional y, desde la desaparición de la cultura de Tiwanaku, los aymaras son la población dominante. En el imperio inkaico, el lago fue considerado como cuna de su civilización, y el mismo Tupaq Yupanqui fundó el asentamiento denominado Copacabana, hoy con una población de 3 379 habitantes, como lugar de reposo para los peregrinos que se acercaban al santuario de la isla del Sol. Actualmente, esta ciudad alberga el santuario de la Virgen de Copacabana, erigido entre 1605 y 1820 por los agustinos, que sigue siendo un centro de peregrinación y fervor popular.

El Altiplano meridional es el área más arquetípica, con una población escasa y dispersa que vive con dificultades en un paisaje desolado y frío al que se ha adaptado durante siglos. Los pobladores, en su mayoría practicantes del pastoreo tradicional, han constituido la mano de obra básica para las grandes concentraciones mineras, primero en Potosí y más tarde en Oruro, los centros económicos que han polarizado la región durante siglos. Más allá de esos núcleos urbanos históricos, el Altiplano es una región eminentemente rural, poco poblada, en especial en su área sudoccidental, al sur del salar de Uyuni.

La población de la región se agrupa en centros dispersos, el mayor de los cuales es Villazón, con 23 670 habitantes, en la frontera con Argentina. Tupiza, fundada en 1574 al pie de la cordillera de Chichas, cuenta con una población de 20 000 habitantes y experimenta un crecimiento sostenido gracias a la refinería ubicada cerca de la ciudad y a

*Los aymaras viven en muchas de las poblaciones del Altiplano septentrional, en los departamentos de La Paz y Oruro. En la imagen, mujer aymara vendiendo canastas en Copacabana.*

una modesta minería que ha atraído a numerosas familias de mineros desocupados de otras zonas del Altiplano. La aislada Uyuni, cercana al salar del mismo nombre, cuenta con una población de 11 300 habitantes.

En la actualidad, el Altiplano es uno de los focos más importantes de emigración del país. Sus habitantes, tras la crisis abierta en las explotaciones mineras de la plata y el estaño, se han desplazado hacia los nuevos centros polarizadores de la dinámica económica. En una primera fase, los flujos migratorios fueron dirigidos hacia La Paz y los asentamientos creados como consecuencia de la reforma agraria, pero muy pronto se desplazaron hacia la región de los Llanos, cuya principal ciudad, Santa Cruz, se convirtió en polo de atracción del éxodo interior.

## Los yungas: entre la agricultura y la explotación minera

Desde la cordillera Oriental, donde se hallan las más altas cumbres del país, descienden unos valles excavados profundamente, lo cual ha favorecido

el que exista un gran aislamiento entre ellos. Esta zona, en realidad área de transición entre el Altiplano y las llanuras tropicales, es conocida como los yungas. La belleza de sus paisajes, junto con sus temperaturas suaves, confieren un atractivo particular a esta región.

El poblamiento se desarrolló con el descubrimiento de oro en los valles de los ríos Tipuani y Mapiri durante la dominación inka, explotación que prosiguieron los españoles y que todavía atrae a numerosos buscadores individuales, así como a compañías mineras que contribuyen con sus métodos incontrolados a un importante deterioro ambiental debido al uso del mercurio para la recuperación del metal.

Además de sus riquezas minerales, los yungas son una región agrícola, debido a sus altitudes intermedias en las que se cultivan productos que son transportados a las tierras del Altiplano. En su producción destacan los cítricos, el azúcar, el café y la coca, especialmente en el área que se extiende entre la población de Coripata, una pequeña ciudad de 2 199 habitantes, y Chulumani. Todos los cen-

Hoy en día los trabajadores ocupados en el sector agrícola todavía siguen siendo el grupo mayoritario dentro de la población activa. En la foto, plantación de bananas en los yungas.

Bolivia, país que ha vivido durante largo tiempo de la explotación de su rico subsuelo, posee importantes yacimientos de minerales preciosos (oro, plata) y de otros como el plomo y el cinc.

tros de población de los yungas son de dimensiones reducidas; sólo Chulumani (2 192 habitantes), Carnavi (7 533 habitantes) y Guanay (3 886 habitantes) actúan como centros regionales para el comercio y el transporte.

Entre las poblaciones de menor tamaño cabe destacar Sorata (2 048 hab.), puerta de entrada a la Amazonia, que fue punto de conexión entre las plantaciones de caucho del Alto Beni y las minas de oro durante el período colonial. Hoy, esta población, situada a 2 695 m de altitud a los pies del Illampu y del Ancohuma, constituye el punto de partida para las ascensiones de los alpinistas.

## Los nuevos asentamientos de la reforma agraria

Tras la reforma agraria de 1953 y la desaparición de las haciendas que sustentaban el sistema agrícola latifundista en que se basaba el sector primario nacional, surgió una nueva clase de campesinos propietarios de la tierra. Sólo en tres regiones este proceso fue vivido con menor intensidad: en la de Santa Cruz, que se hallaba muy poco poblada; en Monteagudo, donde las propiedades eran de tamaño mediano y no había poblaciones indígenas; y en el valle del Cinti. Con la eliminación de los hacendados y sus intermediarios, los campesinos asumieron un nuevo protagonismo en la vida del país, al tiempo que surgían nuevos asentamientos.

La reforma agraria contribuyó al desarrollo, en numerosas áreas, de nuevos asentamientos nucleares asociados a los centros en los que se celebraban los mercados semanales. De este modo, en el área que se extiende entre Oruro, La Paz y el lago Titicaca, así como en los yungas de La Paz, muchos campesinos erigieron nuevas poblaciones, que empezaron siendo núcleos muy pequeños y se desarrollaron con rapidez alrededor del mercado.

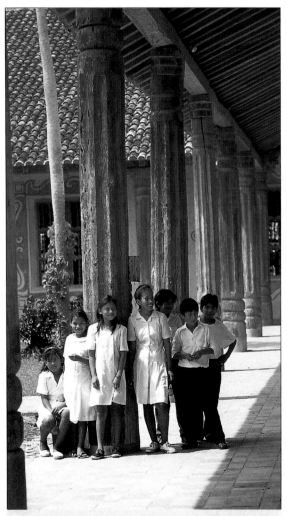

*Los jesuitas lograron acercar la educación a la población con misiones como la de San Javier, la más antigua. Aunque en el país existe la libertad de cultos, la religión dominante es la católica.*

ción de sus establecimientos en Paraguay; en ellas impusieron una organización social jerarquizada e impulsaron la enseñanza de la religión católica; pero, sobre todo, allí enseñaron a los indígenas diversos oficios artesanales, como el tejido, la cestería, el trabajo de los metales y de la piel o el tallado de la madera, en los que llegaron a sobresalir. En las misiones introdujeron rebaños ovinos y caballos, así como productos agrícolas foráneos como el café, el tabaco, el algodón, el cacao y los cacahuetes, que todavía hoy se producen en la zona. Las misiones decayeron con la expulsión de los jesuitas en 1767, decretada a raíz de sus diferencias y rivalidades con la Corona española.

• *La situación actual.* A pesar de su decadencia durante muchos años, todavía hoy existen en la región oriental poblaciones en las que pueden detectarse las huellas de la historia de las misiones jesuíticas. La principal concentración de ellas se desarrolló en la actual provincia de Velasco, a la que se puede acceder por la ruta que procede de Santa Cruz y llega hasta San Ignacio. La más antigua de las misiones orientales es San Javier, fundada en 1692, pero San Ignacio de Velasco, nacida en 1748, fue la que albergó la más importante y mayor iglesia de misión, desaparecida en la década de 1950.

Las misiones, como San Miguel, Santa Ana, San Rafael, Concepción o San José de Chiquitos, conservan sus iglesias y están siendo objeto de un proyecto global de restauración. Los emplazamientos de San Miguel, San Rafael y Concepción fueron diseñados por un misionero suizo, Martin Schmidt, quien en la primera mitad del siglo XVIII fundó algunas de las iglesias de misión, como la de San Javier, donde creó una escuela de música y de construcción de instrumentos musicales. Este misionero fue también autor de las reformas en la misión de Los Desposorios de San José, actual Buena Vista, misión fundada en 1694 y que constituyó la quinta del Virreinato del Perú. En esta iglesia se realizó el bautizo masivo de setecientos indios chiriguanos en 1750.

En la actualidad, el territorio que ocuparon estas misiones jesuíticas es una zona cuyas relaciones están en buena medida orientadas hacia la frontera brasileña, y el ferrocarril que une Santa Cruz con Quijarro constituye un eje en torno al cual se organiza un activo comercio basado en importaciones informales y actividades fronterizas de difícil clasificación. La ganadería y la agricultura son las principales actividades de los habitantes de la región.

## El poblamiento de las regiones orientales: las misiones

La región oriental del país, zona de transición entre el Chaco y la Amazonia, está constituida por una vasta extensión de relieve llano, cuya horizontalidad quiebran tan sólo las ondulaciones de viejos relieves; buena parte de su extensión se halla ocupada por importantes áreas pantanosas, entre las que cabe destacar los bañados del Izozog y el Pantanal, en el límite con Brasil. En esta región, perteneciente al departamento de Santa Cruz, la población es escasa y muy diseminada; ninguna de sus poblaciones supera los 15 000 habitantes. Los jesuitas establecieron misiones en esta región como prolonga-

*Durante las últimas dos décadas se ha llevado a cabo un notable proceso de colonización de la Amazonia, con el apoyo de sus ingentes recursos naturales. Fotografía de la zona de Chapare.*

## El avance poblacional en la región amazónica

Los pueblos que habitaban el oeste de la región amazónica boliviana antes de la Conquista habían estado sometidos por los inkas. Los españoles llegaron a esta región en su búsqueda de El Dorado, y con ellos los jesuitas, quienes instalaron su primera misión, Loreto, en 1675, que puede considerarse el primer asentamiento europeo en la región amazónica boliviana. Los jesuitas iniciaron en la región de Moxos sus primeras experiencias del modelo de misiones que después llevarían a los llanos de Chiquitos y de Guarayos. A finales del siglo XIX, una nueva avanzada sobre esta región se produjo como consecuencia de la explotación de la quinina, que se obtenía de un árbol amazónico llamado cinchona. En esta empresa tuvo un papel destacado la familia Suárez, que desde Santa Cruz llegó a la región para instalarse en Trinidad en busca de tierras para la expansión de su ganadería.

Fue esta misma familia la que inició la explotación del caucho transportándolo por el río Mamoré hacia Brasil, desde donde llegaba al Atlántico a través de los ríos Madeira y Amazonas. A finales del siglo XIX, sus propiedades se calculaban en seis millones de hectáreas, muchas de ellas comprendidas en el actual territorio de Acre, incorporado a Brasil en 1903. Un siglo más tarde, en estas regiones se ha iniciado un nuevo ciclo de explotación agrícola con la introducción del cultivo de la coca, en especial en la región de Chapare, al norte del departamento de Cochabamba, donde se han desarrollado los centros poblacionales de Villa Tunari y Puerto Villarroel, uno de los mayores puertos fluviales del norte de Bolivia.

• *Un difícil equilibrio: colonización y conservación.* La región del Amazonas, un inmenso, complejo y frágil ecosistema, ha sido el objetivo de grandes planes de colonización en los últimos veinte años. Sus bosques han sido talados con el fin de instalar explotaciones agrícolas o ganaderas e industrias, o para abrir minas, y se han construido diques en sus ríos; la población indígena, que ha habitado la zona durante siglos, se ha visto desplazada a áreas marginales. La penetración y colonización de los bosques

*Un grupo de menonitas en una imagen actual.*
*La colonización de la zona oriental del país*
*atrajo a campesinos de las altas montañas*
*y a colonos de países extranjeros.*

de la región amazónica se inició más tarde en Bolivia que en Brasil; por ello se puede decir que en su mayor parte sus bosques han permanecido intocados hasta tiempos muy recientes. La construcción de carreteras que se abrían paso entre el tupido bosque ecuatorial fue el primer paso para la explotación de los recursos; entre ellas están la de La Paz a Guayaramerín y de Yacumo a Trinidad a través de la región de Beni y la de Riberalta a Cobija en el departamento de Pando. Esta última, una carretera que permite la circulación rápida, ha visto cómo a lo largo de su recorrido el ecosistema sufría un vertiginoso proceso de transformación y el bosque era sistemáticamente destruido.

Estas nuevas vías han conformado la columna vertebral de un modelo de desarrollo amazónico que ha suscitado controversias y opiniones muy críticas por las consecuencias ecológicas y sociales que ha producido: un movimiento migratorio de campesinos que se han desplazado desde las regiones más altas hacia la región amazónica.

Un gran número de ellos se trasladaron a esta zona después de la revolución, de tal manera que en la década de 1970 eran numéricamente superiores a los campesinos originarios de la región; todos ellos habían tomado tierras en la zona de colonización y constituyeron la avanzada en la roturación y puesta en cultivo de las nuevas tierras. El «chaqueo» —consistente en la quema del bosque para obtener espacios para la colonización agraria— alcanza varios miles de kilómetros cuadrados al año.

Los asentamientos coexisten con grandes haciendas bien capitalizadas en manos de propietarios establecidos en la región durante más de treinta años. Pero las tierras en régimen de propiedad están, desde mediados de la década de 1980, en manos de nuevos colonos relacionados con grandes empresas agroalimentarias que han ocupado grandes lotes de tierra al este del río Grande, en la zona de expansión. Al mismo tiempo, las riberas de los ríos del norte han visto cómo se instalaban compañías comerciales mineras en busca de sus recur-

*El avance de la población en la región amazónica ha supuesto la merma de sus bosques. El procedimiento utilizado para abrir espacios a la agricultura consiste en la quema o «chaqueo».*

sos auríferos, así como numerosos buscadores individuales. Todos ellos utilizan grandes cantidades de mercurio para separar el metal útil, y este mercurio es vertido en los ríos con el consiguiente peligro para las personas y la vida natural.

## Las colonias agrícolas extranjeras

La colonización agrícola de las regiones orientales del país atrajo a numerosos campesinos procedentes de las zonas montañosas, pero al mismo tiempo propició la afluencia a la región de colonos procedentes de otros países, con frecuencia muy lejanos. Éste es el caso de los menonitas, secta religiosa creada en el siglo XVI por el luterano holandés Menno Simons, que se encuentran dispersos por toda la zona oriental y en las regiones norteñas del Beni. Los menonitas, que siguen viviendo en su estilo de vida tradicional, lejos de cualquier innovación moderna, practican una agricultura casi de autosuficiencia y conservan su lengua, un dialecto alemán, y su característica indumentaria. Quizás

la más interesante de estas colonias, y también la más conservadora, es la Colonia 42, situada al norte de San José de Chiquitos. Sus habitantes, de origen canadiense (Saskatchewan), llegaron a la zona en la década de 1970 procedentes de Belice y practicaron la rotación de cultivos en tierras ganadas a la deforestación, abriendo un nuevo frente a la colonización agrícola de la región en la búsqueda de un espacio donde preservar su estilo de vida apartado del mundo exterior.

Otra colonia extranjera que merece destacarse es la de Okinawa, al norte de la ciudad de Montero, hoy habitada por 2 586 personas y formada por japoneses llegados a Bolivia después de la Segunda Guerra Mundial. El gobierno les concedió cincuenta hectáreas a cada uno de ellos en una zona deshabitada y por colonizar, y con la ayuda de préstamos estadounidenses dispusieron las tierras para el cultivo de arroz. Su sistema de producción se ha visto sumido en un período de crisis debido a la presencia cada vez más influyente de las grandes compañías agroalimentarias en la región; muchas de las pequeñas granjas de la colonia han tenido que cerrar y sus habitantes se han dirigido hacia los nuevos polos de crecimiento de la región.

# El éxodo rural

A causa de la recesión internacional de la década de 1970, la devaluación de los precios de las materias primas con destino a la exportación y los problemas derivados del pago de la deuda externa provocaron en el país un período de crisis económica que dio lugar a un proceso de inflación de dimensiones extraordinarias. Esta situación se saldó con una acelerada caída del crecimiento económico y el consiguiente estancamiento de la economía nacional.

Entre 1980 y 1985 las medidas para frenar la hiperinflación favorecieron un aumento de las actividades especulativas en detrimento de las actividades productivas, provocando una agudización de la situación de precariedad en las zonas rurales. Las secuelas de la crisis, especialmente las políticas para paliarla, repercutieron sobre la estructura económica del territorio incrementando las desigualdades entre regiones. La consolidación de las unidades de producción de base familiar, tras la reforma agraria, había puesto de relieve la escasez de los medios de producción y los pobres resultados de una economía productiva abocada al autoconsumo en aquellas zonas donde la parcelación de la tierra había sido excesiva.

Muchos pueblos del Altiplano o de los valles más altos, debido a la pobreza de las tierras y a su posición marginal respecto a los mercados, vieron su situación agravada, ya que no sólo veían el mercado como algo ajeno, sino que a menudo únicamente podían vender su pequeña producción a intermediarios.

## Las direcciones del éxodo campesino

Las limitaciones económicas, junto con sequías muy prolongadas, han provocado que muchos pueblos hayan ido perdiendo población a lo largo de los últimos quince años y que incluso se hayan despoblado completamente, contribuyendo a un fuerte flujo migratorio interno que se dirige principalmente, aunque no de manera exclusiva, hacia las áreas urbanas, en busca de mejores condiciones de vida y trabajo. El éxodo de los campesinos se dirige en primer lugar a las grandes ciudades en busca de una salida a su situación económica.

Las ciudades grandes, La Paz, Cochabamba o Santa Cruz, reciben miles de personas que suelen integrarse en la economía productiva, bien ejerciendo un precario comercio ambulante o bien en ocupaciones relacionadas con el servicio doméstico y las prestaciones personales. Pero ésta no es la única dirección de los flujos migratorios: muchos campesinos optan por emigrar para trabajar como asalariados en las tareas agrícolas de tipo estacional en áreas de agricultura comercial, en un movimiento de vaivén anual. En estos casos se dirigen preferentemente hacia los Llanos del oriente boliviano y hacia el nordeste argentino, donde se emplean en la zafra de la caña de azúcar así como en la construcción.

Otras direcciones de migración vienen marcadas por la ampliación de la colonización agrícola hacia la zona tropical, que se llevó a cabo a partir de la década de 1960 mediante un proceso dirigido por el Estado. A pesar de ello los asentamientos se han ido realizando de manera no siempre oficial y con frecuencia los campesinos se han instalado de forma espontánea. Los problemas generados por este tipo de emigración, en la que no cambia la actividad del campesino, vienen determinados por el

| Población migrante, de 5 y más años por departamentos | | | | |
|---|---|---|---|---|
| *Departamento* | *Emigrantes* | *Inmigrantes* | *Saldo migratorio* | *Tasa migración* |
| Beni | 18 172 | 18 841 | 669 | 0,30 % |
| Chuquisaca | 29 336 | 22 174 | - 7 162 | - 1,88 % |
| Cochabamba | 50 078 | 71 770 | 21 692 | 2,34 % |
| La Paz | 58 663 | 47 106 | - 11 527 | - 0,71 % |
| Oruro | 41 330 | 22 387 | - 18 943 | - 6,47 % |
| Pando | 3 384 | 3 722 | 338 | 1,12 % |
| Potosí | 53 261 | 18 469 | - 34 792 | - 6,40 % |
| Santa Cruz | 38 488 | 80 366 | 41 878 | 3,72 % |
| Tarija | 12 212 | 19 859 | 7 647 | 3,16 % |

## Principales migraciones internas

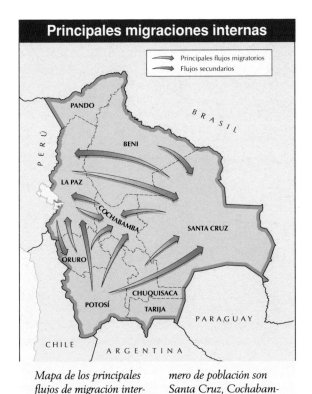

Principales flujos migratorios
Flujos secundarios

*Mapa de los principales flujos de migración interna. Los departamentos que reciben mayor número de población son Santa Cruz, Cochabamba y La Paz, los tres más desarrollados.*

*El éxodo rural hacia las grandes ciudades se produjo principalmente por las pocas posibilidades económicas existentes en los lugares de origen y, asimismo por los largos períodos de sequía.*

desconocimiento del nuevo medio en que debe desenvolverse y sus consecuencias sobre los conocimientos y prácticas agrícolas.

El proceso de redistribución espacial de la población en favor de las áreas urbanas ha dado lugar al nacimiento de nuevas aglomeraciones, generadas de manera caótica por la llegada en aluvión de campesinos procedentes de otras regiones. Éste es el caso de la ciudad de El Alto, a 12 km de La Paz, en la que el crecimiento ha alcanzado el 9 por ciento anual, y de las provincias de Murillo, en el departamento de La Paz, Cercado, en el de Cochabamba, y Andrés Ibáñez, en el de Santa Cruz. Todas ellas, por la rapidez de su crecimiento, constituyen un testimonio evidente de la realidad urbana del país.

### Los destinos de la emigración exterior

Pero el éxodo hacia las ciudades no es la única dirección de los flujos migratorios. En los últimos veinte años, la emigración internacional ha tomado un impulso creciente y, aunque no alcanza los volúmenes de la emigración interna, no deja de ser, cuantitativa y cualitativamente, un hecho significativo. Si en 1976 se estimaban en 250 000 las personas residentes en el exterior (4 % de la población total), en 1992 eran ya 380 000, es decir, el 6 por ciento de sus habitantes. Estos flujos, que habían sido siempre mayoritariamente de origen urbano, están empezando a afectar también a las zonas rurales: en el último censo, el 35 por ciento de los emigrantes era originario de zonas rurales.

La tendencia a emigrar fuera del ámbito nacional tiene su origen en los movimientos tradicionales de los campesinos, que optaban por emigrar para ocuparse como asalariados en las tareas agrícolas de tipo estacional en áreas de agricultura comercial. Se trataba de un movimiento de vaivén anual que se dirigía preferentemente hacia el nordeste argentino. Estos flujos cobraron importancia a partir de 1914, con destino a las cosechas de caña de azúcar de Salta y Jujuy y también a la vendimia de Mendoza, y estaban protagonizados por campesinos que procedían del Altiplano y de los valles interandinos.

A partir de la década de 1960 estos movimientos, a causa de los acontecimientos económicos de Argentina, se dirigieron hacia los grandes centros urbanos, como Córdoba y Buenos Aires, donde los

*El éxodo rural está muy asociado con el nacimiento de aglomeraciones, generadas muchas veces de forma caótica por la repentina llegada de un gran número de campesinos. Foto de El Alto.*

campesinos encontraban empleo en el sector de la construcción.

En 1947 residían en Argentina 48 000 bolivianos, y esta cifra se había convertido en 600 000 en 1973. Estos flujos se reemprendieron después del proceso de democratización argentino, con volúmenes de unos 3 000 trabajadores anuales.

### Nuevos destinos para la emigración

La estabilización de estos contingentes se ha visto compensada por la apertura de nuevos destinos para la emigración, entre ellos Estados Unidos. La migración hacia este país no es reciente, sino que se inició alrededor de la década de 1970, y estuvo protagonizada sobre todo por personas con niveles de instrucción altos, universitarios y profesionales liberales de origen urbano. Los emigrantes actuales tienen una extracción social distinta: son campesinos o desempleados urbanos que buscan trabajo en el sector de la construcción, como tantos miles de latinoamericanos. A pesar de que los volúmenes de esta emigración son todavía minoritarios, si se los compara con los otros latinoamericanos en Estados Unidos, en el año 1989 fueron admitidos legalmente 90 000 bolivianos como trabajadores temporales y el ritmo de entrada alcanza del orden de 13 000 anuales.

Otros nuevos y recientes destinos para la emigración boliviana son Israel y Japón, hacia donde se ha dirigido un número considerable de emigrantes para trabajar en el sector de la construcción. La emigración internacional constituye, para las comunidades que se ven afectadas por ella, una respuesta permanente al deterioro de las condiciones de reproducción de la familia campesina, permitiendo diversificar las fuentes de ingresos a través de las remesas de numerario desde el exterior. En las regiones rurales, las estrategias migratorias permiten a las poblaciones no sólo mejorar sus condiciones materiales de vida, sino también invertir en el sistema de explotación (compra de tierras, introducción de nuevos cultivos) o la financiacion de la escolarización de los niños. Pero no debe olvidarse que, en muchos casos, el peso de la deuda contraída para poder emigrar hace más vulnerable el sistema reproductivo.

# Las ciudades

La población urbana

Ciudades y ciclos
económicos

La bicapitalidad
del territorio

Desarrollo urbano y nuevas
dinámicas económicas

*La ocupación de nuevas áreas, así como la consolidación y densificación de las ya existentes, indican una notable expansión de La Paz, que con un proceso acelerado de urbanización alcanza una tasa de crecimiento demográfico cercana al 4 % anual.*

# La población urbana

Si bien puede afirmarse que Bolivia se encuentra todavía entre los países del continente latinoamericano con un porcentaje mayor de población rural, esta aseveración debe ser matizada, puesto que la tasa de crecimiento intercensal de las áreas urbanas entre 1976 y 1992 fue del 4,3 por ciento, mientras que la de las áreas rurales se mantenía en un 0,01 por ciento. Estas cifras vienen a ratificar que Bolivia está experimentando, como el resto de países de Latinoamérica, un proceso acelerado de urbanización que se ha concentrado en los últimos años. Bolivia contaba a comienzos del siglo XX con una población estimada de 1 555 818 habitantes; de ellos,

*El núcleo urbano de La Paz (al que pertenece la avenida Arce, en la foto) es el más poblado del país.*

sólo el 17,9 por ciento podía ser considerado como población urbana. Este porcentaje, que se mantuvo mucho más bajo que en el resto del continente durante la primera mitad del siglo XX (23,1 % en 1950), alcanzó el 41,7 por ciento en 1980 y el 58 por ciento en 1992.

En la actualidad, un tercio de la población del país reside en el área urbana de La Paz y en el departamento del cual es capital.

## La aceleración del crecimiento urbano

En líneas generales puede decirse que el país se halla sometido a un proceso muy intenso de urbanización; en efecto, entre 1976 y 1992 el incremento de la población urbana fue del 90 por ciento.

Las ciudades son los centros fundamentales de la dinámica económica, a pesar de la escasa incidencia que el sector industrial tiene en su vertebración; sin embargo, se han convertido en el reducto de la población pobre, porque precisamente es en ellas donde el desempleo puede ser absorbido por

el sector terciario mediante el comercio, con frecuencia desarticulado e informal. De este modo, el crecimiento de las ciudades tiene su causa en un creciente proceso de desruralización y de éxodo migratorio hacia las áreas urbanas, que viene a contradecir la imagen tópica de Bolivia como un país predominantemente rural.

La pérdida de productividad agraria y unos ingresos muy bajos han provocado unos niveles insostenibles de pobreza, que han impulsado fuertes movimientos migratorios del campo a las ciudades. Por tanto, el proceso de urbanización acelerado que se está experimentando no es la consecuencia de la transición de una economía agraria a una industrial, sino el resultado de la descomposición de las estructuras agrarias tradicionales.

Entre 1900 y 1950, el ritmo de crecimiento urbano era un 75 por ciento más rápido que el de la población total; esta cifra se vio incrementada hasta un 87 por ciento entre 1950 y 1976, y sobrepasó el 100 por ciento en los últimos 25 años. Si este ritmo se sigue manteniendo, en los próximos 17 años la población urbana boliviana puede verse duplicada, originando, como consecuencia, un aumento de las demandas sociales y un agravamiento de las condiciones de pobreza que ya se producen en las áreas periurbanas. A mediados del siglo XX, ningún departamento del país tenía más del 50 por ciento de sus habitantes residiendo en centros considerados urbanos, y sólo Santa Cruz y Oruro alcanzaron ese nivel en 1976. La Paz, Cochabamba, Tarija y Beni se les unieron en el año 1992. En ese mismo año, Pando, Potosí y Chuquisaca todavía eran predominantemente rurales.

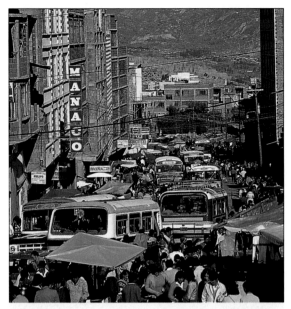

*La urbanización ha si-do más equilibrada en Bolivia que en otros esta-dos de la región, con una macrocefalia de la capi-tal. La Paz (en la ima-gen) ejerce de capital junto con Sucre.*

## Una urbanización más equilibrada

El proceso de urbanización en Bolivia ha seguido un modelo bien diferenciado del resto de países de Latinoamérica, puesto que no ha estado focalizado por una gran metrópoli que concentre los grandes flujos de migración. En Bolivia el modelo presenta una forma relativamente más equilibrada; así, la concentración urbana principal podría estar representada por un eje oeste-este, entre La Paz, Cochabamba y Santa Cruz, verdadera espina dorsal del estado, donde habitan las dos terceras partes de la población. Ésta es la región más dinámica del país desde el punto de vista económico, ya que el 80 por ciento de la población activa reside en los departamentos ubicados en ella, que es la que concentra a su vez el 70 por ciento del producto interior bruto. Este eje ha sustituido al triángulo urbano fundamental en el siglo XIX, formado por La Paz, Oruro y Potosí.

La ciudad de La Paz es la que concentra actualmente el mayor porcentaje de población urbana, seguida de Santa Cruz; sin embargo, el crecimiento de esta última, un 79 por ciento superior al de La Paz, permite prever su liderazgo en los próximos años. La tercera gran concentración urbana es El Alto, que ha crecido un 324 por ciento entre 1976 y 1992, y cuyo ritmo, al parecer, no va a detenerse

a corto plazo; las características de su origen y su actual desarrollo la sitúan en un capítulo particular del proceso de urbanización boliviano.

## Modelos históricos de urbanización

Antes de la llegada de los españoles, el actual territorio boliviano estaba ocupado por un poblamiento disperso, tanto en las áreas del Altiplano como en los valles, y estas áreas se hallaban muy débilmente articuladas entre sí. Sus pobladores, agrupados en diferentes etnias, desarrollaban su vida en pequeñas comarcas, todas ellas tributarias de los mercados del imperio inkaico. El sistema urbano del país y su estructura regional quedaron definitivamente diseñados durante la Colonia, y la penetración del territorio, su exploración y el control militar y político se sustentaron sobre el sistema urbano. La disposición de una red de ciudades fue el soporte crucial para la ocupación de un territorio de geografía difícil e intrincada, absolutamente desconocido para los nuevos ocupantes. Las ciudades fueron los centros de control administrativo y de defensa militar, así como los núcleos ordenadores de la jerarquía espacial en el territorio. Pero fueron también, y muy especialmente, los focos de difusión de los nuevos valores culturales y religiosos de los colonizadores.

### Los asentamientos inkaicos

El núcleo básico de poblamiento durante el imperio inka fue el *ayllu*; de su desarrollo se derivaron los primeros asentamientos que pueden considerarse urbanos. El crecimiento de pequeñas comunidades y el consiguiente surgimiento de necesidades más

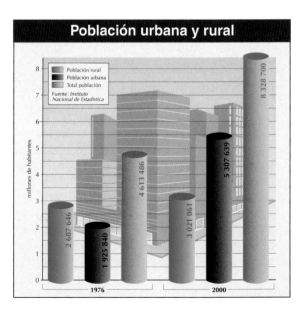

Población urbana y rural

Población rural
Población urbana
Total población
Fuente: *Instituto Nacional de Estadística*

millones de habitantes

2 687 646
1 925 840
4 613 486
3 021 061
5 307 639
8 328 700

1976    2000

*En la isla del Sol, situada en el lago Titicaca, existen restos históricos de gran valor artístico, pertenecientes a la cultura de Tiwanaku, tales como edificios rectangulares con base de piedra.*

complejas, evidenció la urgencia de disponer de los elementos funcionales adecuados a la nueva situación urbanística.

Así nacieron las construcciones que servían para el gobierno de la comunidad, los palacios, los templos y los almacenes, pero también los elementos de defensa del conjunto urbano y sus habitantes, como las fortificaciones. En el imperio inkaico el proceso de urbanización se desarrolló, según las teorías más aceptadas, siguiendo tres modelos principales de implantación. El primer modelo corresponde a los núcleos creados como centros ceremoniales, ubicados en lugares simbólicos; el segundo modelo es el que dio lugar a los centros con funciones administrativas dentro de la jerarquía urbana, que se hallaban ubicados en las regiones menos montañosas. Finalmente, a un tercer modelo de ubicación responden los núcleos que se desarrollaron en las regiones más montañosas y de difícil acceso, que tenían una clara especialización defensiva.

Los primeros grandes centros urbanos del imperio inkaico consistían en una organización de vías sobre una planta reticular en la que se abrían una o dos plazas principales. Estos espacios de forma trapezoidal eran el lugar simbólico alrededor del cual se organizaba la vida de sus habitantes. Los asentamientos urbanos que se desarrollaron durante el imperio inkaico fueron construidos bajo normas bien descritas y detalladas, y en ellos los edificios eran construidos en agrupamientos que se cerraban en torno a un patio común. Del mismo modo que su trama urbana, los edificios, construcciones simples rectangulares de una o dos plantas, respondían a modelos uniformes: una base en piedra y muros de adobe que solían pintarse de colores amarillo y rojo. Esta rigidez del modelo de urbanización confirió a los núcleos urbanos del período inkaico el estilo unificado que les es característico. Este hecho no deja de ser sorprendente si se tiene en cuenta la vasta extensión del imperio y la extraordinaria diversidad geográfica de sus tierras.

## La ciudad como eje de colonización

La ciudad colonial fue el eje y motor de un proceso colonizador que tenía en ella su punto de apoyo en el control del territorio. Su ubicación fue consecuencia directa de una orografía intrincada que condicionaba extraordinariamente la penetración y la articulación del territorio, pero también de la ex-

*La Plaza Mayor de La Paz se dedicó a la memoria del protomártir de la Independencia don Pedro Domingo Murillo. A la izquierda, el Congreso, y a la derecha, el Palacio de Gobierno.*

plotación de los ricos recursos mineros de la zona.

En el aspecto formal, la mayoría de las ciudades de la Colonia fueron un fiel exponente de las ideas urbanísticas del Renacimiento europeo, que tuvo en América un perfecto campo de experimentación y realización. Las nuevas ciudades fueron siempre similares, prácticas, como resultado de un deseo de utilitarismo y facilidad de defensa, con una rígida cuadrícula adaptada con mayor o menor homogeneidad a las irregularidades del terreno. La planta regular permitió a los fundadores la plasmación de una «ciudad ideal» en la que hacer confluir las ideas humanistas y las del cristianismo, en un espacio dominado por una estructura política muy centralizada. Estas ciudades se desarrollaron, con frecuencia, sobre asentamientos indígenas, pero algunas de las de nueva creación, con un desarrollo y un crecimiento vertiginosos, nacieron junto a los recién descubiertos recursos mineros.

• *Las ordenaciones de las Leyes de Indias.* Debido a su gran importancia estratégica, el sistema urbano colonial se estructuró siguiendo normas muy detalladas. Las primeras de ellas fueron contenidas en las *Ordenanzas sobre Descubrimiento Nuevo y Población* decretadas por Felipe II en 1573 en las Leyes de Indias, a las que siguieron normas posteriores establecidas en cédulas reales y ordenanzas a lo largo de los siglos XVI y XVII. En ellas se disponían todos los detalles referentes a su emplazamiento, construcción y organización, en un código minucioso de carácter no sólo urbanístico sino también político. La plaza mayor es el centro neurálgico de la ciudad y en ella se hallan los edificios nobles, el poder estatal y el religioso; casi siempre es un espacio cuadrangular, y en sus orígenes muchas de ellas tuvieron portales sobre los cuales se sustentaban los pisos altos de las casas circundantes. Sin embargo, a pesar de la minuciosidad de las ordenaciones, existen algunas ciudades cuya planta es menos regular; este modelo urbanístico fue característico de muchas ciudades mineras desarrolladas con gran rapidez y con un asentamiento espontáneo.

• *Una ciudad de plano regular y funciones segregadas.* Debido a la rigidez de las ordenanzas y los códigos, los espacios urbanos coloniales fueron organizados de manera similar. En ellos aparecen las ideas del Renacimiento europeo y las enseñanzas de la experiencia y la práctica; por consiguiente, consagran el plano regular ajedrezado. El plano de las ciudades coloniales conjuga las ideas humanísticas con la tra-

## Un intento de dar homogeneidad a las ciudades coloniales

Las disposiciones urbanísticas de la Corona española constituyen un notable esfuerzo por dar uniformidad a la trama urbana de las ciudades de origen colonial. En las ordenaciones de las Leyes de Indias se lee: «...y cuando hagan la planta del lugar, repártanlo por sus plazas, calles y solares a cordel y regla, comenzando desde la plaza mayor y sacando desde ella las calles a las puertas y caminos principales»; y más abajo, en relación a la plaza central o mayor: «...que por lo menos tenga de largo una vez y media de su ancho, porque será más a propósito de las fiestas a caballo u otras [...] y teniendo en consideración que las poblaciones pueden ir en aumento, no sea menos que de doscientos pies de ancho y trescientos de largo, ni mayor de ochocientos pies de largo y quinientos treinta y dos de ancho [...] de la plaza salgan cuatro calles principales, una por medio de cada costado y demás de éstas, dos por cada esquina: las cuatro esquinas miren a los cuatro vientos principales...».

*El centro de la ciudad (en la foto, Cochabamba) es el lugar que reúne los principales edificios políticos y religiosos. En el pasado fue también el espacio preferido por las clases más acomodadas.*

dición de los planos de las instalaciones militares medievales diseminadas por todo el Occidente europeo. La trama ortogonal regular descripta en las Leyes de Indias permitía la segregación del espacio en zonas destinadas a funciones específicas.

El centro de la ciudad es el lugar donde se desarrollan los principales actos de la vida social y económica; en él se hallan ubicados los edificios preferentes de la actividad religiosa y político-administrativa, como la catedral y el cabildo. En torno a este centro neurálgico se ubican las viviendas de las familias más acomodadas, así como los conventos y otros edificios religiosos. A medida que aumenta la distancia al centro urbano, el espacio es ocupado primero por las viviendas de las personas de menor importancia en la jerarquía social, y finalmente por las actividades productivas. La periferia de la ciudad, área de transición hacia las zonas rurales circundantes, se halla ocupada por los indígenas y la población más pobre.

Para albergar a los viajeros se aprovecharon los tambos —construcciones de origen prehispánico—

donde se ubicaban los aposentos y se realizaba el cambio de postas y cabalgaduras. Pero los tambos eran además un lugar de venta para los indígenas y un mercado al por mayor de los hacendados. Se localizaban originariamente en los caminos principales, junto a las ciudades, pero pronto se reutilizaron también dentro de los cascos urbanos.

• *La ciudad de los indígenas.* Como consecuencia de esta reglamentación estricta, dentro de las nuevas ciudades los indígenas eran agrupados en barrios marginales, fuera del recinto reticular de la ciudad. En estos espacios tenían sus propias parroquias y autoridades que, de alguna manera, reproducían sus estructuras. Estos barrios crecían, adaptándose a las irregularidades de la orografía, sin un plano reticular, formando grandes aldeas de casas apiñadas que estaban surcadas por calles estrechas e irregulares, en una planta que nada tenía que ver con el modelo de ciudad renacentista y que, en cambio, recordaba las ciudades medievales europeas. Estos barrios reproducían la tipología de los asentamientos prehispánicos y en ellos las casas solían ser circulares. En

*Sucre es la ciudad boliviana que mejor conserva la impronta colonial en su trazado urbano. La llamada «Atenas de América» sigue muy apegada a su pasado. En la foto, la prefectura de Chuquisaca.*

realidad esta segregación espacial de la ciudad era una consecuencia más de las mismas disposiciones que establecían la separación de los indígenas con respecto a los españoles, criollos, negros y mestizos, disposiciones que dieron lugar a las reducciones y que están en el origen de la segregación actual.

## El modelo urbano poscolonial

El nacimiento y desarrollo de la mayoría de las ciudades bolivianas estuvo determinado de manera clara bajo la Colonia y en el nacimiento de la República, y el cambio político que ello supuso no alteró ni transformó esencialmente los elementos que configuraban la red urbana del territorio. Durante un largo período de casi un siglo, las ciudades siguieron evolucionando y creciendo sobre la trama colonial previa, sin añadir nuevos elementos de planificación. El crecimiento que se experimentó se produjo de una forma desorganizada; marcó muchas de las claves actuales y se concentró en la periferia. Mientras esto sucedía, la zona central de la ciudad seguía en manos de las clases más acomodadas, los militares, los políticos y el clero.

Pocas fueron las influencias externas que se vieron plasmadas en las ciudades durante este período, si se exceptúan algunos elementos procedentes del urbanismo francés que pueden ser observados en las dos ciudades principales, Sucre y La Paz. Puede afirmarse que los más importantes cambios estructurales en la red urbana del país vinieron forzados por la coyuntura económica y social posterior al conflicto de la Guerra del Chaco de 1936. Los cambios introducidos en la economía impulsaron un éxodo rural que promovió grandes flujos de población hacia las ciudades y supuso la consolidación de la estructura social del país. Estos procesos dieron lugar a una nueva etapa de expansión urbana e implicaron nuevas exigencias en los equipamientos y en los servicios colectivos, al tiempo que exigían el establecimiento de nuevos mecanismos de control del suelo urbano. Todo ello abrió un período de propuestas urbanísticas que iniciaban la ruptura con la estricta dependencia de la trama urbana colonial y, sobre todo, implicaban la introducción de las primeras medidas de planificación y renovación del tejido urbano. Sin embargo, a medida que el crecimiento de las ciudades se fue acele-

*El desarrollo de la arquitectura vertical tiene su mejor exponente en algunos barrios de La Paz donde los problemas de falta de espacio son crecientes. En la fotografía, la Torre de las Américas.*

*Santa Cruz, segunda plaza comercial del país, ocupaba en 1900 el quinto lugar por población. El progreso que ha vivido en los últimos tiempos la ha convertido en la segunda ciudad más poblada.*

rando, se manifestaron las consecuencias de la falta de planificación, consolidándose un desarrollo espontáneo y anárquico, con graves déficits de vivienda, servicios y equipamientos.

## Crecimiento urbano en las últimas décadas

La política económica emprendida en la segunda mitad del siglo XX por el nacionalismo revolucionario dio su apoyo de manera muy decisiva a la agricultura comercial. Esta política de sustitución de importaciones de alimentos emprendida por el gobierno dio lugar al impulso y promoción de una nueva colonización agrícola en los Llanos orientales, basada en el cultivo del arroz y el azúcar. Esta colonización tendrá un nuevo centro, Santa Cruz, con una tasa de crecimiento vertiginosa. Esta ciudad se ha convertido en el modelo de un desarrollo urbano derivado de las nuevas actividades centrales en la economía nacional.

Santa Cruz de la Sierra es la capital de una región en la que el descubrimiento de reservas de petróleo y de gas natural son los elementos básicos que explican el desarrollo reciente. Ambos han sido definitivos a la hora de modificar el eje articulador de la economía nacional, que pasa hoy por las ciudades de La Paz y Santa Cruz.

A lo largo del siglo XX, el crecimiento de los principales centros urbanos del país ha sido el exponente más claro del crecimiento demográfico, pero también ha significado un cambio en el liderazgo económico y, por lo tanto, poblacional, en la jerarquía urbana, puesto que las principales ciudades históricas bolivianas han seguido, en ocasiones, caminos distintos. Si bien el ciclo basado en la explotación minera fue el detonante del crecimiento económico que situó primero a Potosí y más tarde a Oruro en el centro de la vida del estado, y determinó como principal escenario el Altiplano, el fin de este ciclo cedió el protagonismo y la relevancia a otras regiones y centros del territorio nacional y, sobre todo, repercutió en la expansión difícilmente controlable de la capital gubernativa.

# Problemas de infraestructura derivados de un crecimiento urbano descontrolado

Los déficits de planificación, así como el mantenimiento de la inercia administrativa, han planteado graves dificultades para afrontar los problemas generados por el crecimiento de las dos últimas décadas, y los centros urbanos más importantes son los que presentan problemas de mayor envergadura. La ocupación espontánea e inadecuada del suelo impide una planificación correcta y origina altos costos de infraestructuras y servicios.

La población crece sin control alguno, con grandes déficits en el aprovisionamiento de agua y en el saneamiento, así como en los servicios de educación, salud y vivienda; el acceso a un puesto de trabajo constituye también un problema social de primera magnitud. Tan sólo la economía informal y la autoorganización social permiten la supervivencia de una población cada día mayor, que consigue establecerse en las áreas periurbanas y muy raramente regresa a sus puntos de origen.

Esta circunstancia, sin embargo, genera frecuentes situaciones de violencia, originada por la necesidad de satisfacción de los problemas de carácter más urgente, y crea grandes bolsas de marginalidad y delincuencia.

Las principales ciudades del país han experimentado un crecimiento de tal envergadura que se hace necesaria una planificación a escala metropolitana en la que sean tenidos en cuenta no sólo el área estrictamente urbana, sino también todas aquellas poblaciones y espacios que están estrechamente vinculados a ella, en una relación funcional y de dependencia característica de las grandes regiones urbanas actuales.

Si bien se han realizado notables esfuerzos en el intento de organizar el crecimiento urbano, como es el caso de las principales ciudades del país, La Paz, Cochabamba y Santa Cruz, los resultados no han sido siempre todo lo efectivos que cabía esperar. El país, con una estructura económica basada principalmente en el sector agrario y dependiente de la exportación, se enfrenta a la dicotomía entre una sociedad de características todavía muy tradicionales y un proceso acelerado de urbanización que comporta grandes tensiones y conflictos entre los distintos grupos que integran la trama social.

*El rápido crecimiento de la población ha originado barrios marginales en la periferia de las grandes ciudades, como La Paz, donde es muy difícil satisfacer las necesidades básicas.*

# Ciudades y ciclos económicos

A partir del siglo XVI, las bases creadas para la penetración colonial del territorio y la explotación de los ingentes recursos mineros marcaron de manera definitiva el desarrollo de una red urbana cuyo diseño sería el fiel reflejo de una articulación territorial configurada en función de una economía minera, siempre orientada a la exportación. El descubrimiento, en 1545, de filones de plata de gran riqueza en la región de la Colonia que más tarde se convertiría en la República de Bolivia fue un hecho trascendental. Y no sólo por sus repercusiones en el territorio donde se hallaba, sino porque la explotación del cerro Rico, en el Altiplano

La minería es una actividad muy entroncada con la historia económica y urbana de Bolivia.

y a más de 4 000 m de altitud, permitió fundar sus bases financieras al capitalismo europeo, a través de la monarquía de los Habsburgo. A lo largo de ciclos económicos sucesivos, todos ellos vinculados a la explotación de los recursos naturales, se fue consolidando un área central configurada por la articulación de las regiones que lideraban las actividades productivas; cada una de ellas ha sido polarizada por un centro de poder propio en determinadas etapas, mientras que en otras épocas el poder se ha alcanzado en abierta competencia.

## Las ciudades del ciclo minero
La importancia estratégica de las minas fue protegida desde los primeros tiempos de la colonización; por ello, toda la organización y la especialización del territorio fue consecuencia de la existencia de los centros mineros, su explotación y la necesidad de asegurar los transportes de avituallamiento y de mercurio dentro del territorio, así como los caminos hacia los puertos donde el mineral era ex-

portado hacia Europa. El descubrimiento de las minas de plata fue el detonante del inicio de esta actividad extractiva, y la ciudad de Potosí se convirtió en su centro y motor junto a la de Oruro.

El declive en la extracción de plata desde finales del siglo XVII representó también el de sus ciudades, que perdieron drásticamente su población, formada básicamente por mineros. Pero no sólo los indígenas se vieron obligados a regresar a las zonas rurales, sino que los blancos de habla española también tuvieron que emigrar a otras regiones de la Colonia. Oruro y Potosí perdieron prácticamente la mitad de su población y los efectos de la crisis se dejaron sentir en todo el territorio que formaba parte de las redes de abastecimiento de estos centros urbanos.

La depresión económica producida por el declive de la extracción de la plata fue mucho más que un hecho coyuntural y trajo consigo cambios estructurales a largo plazo que se prolongaron hasta finales del siglo XIX. A pesar de que las minas de Potosí y Oruro siguieron produciendo —aunque fuera sólo la mitad de lo aportado durante la etapa de auge—, ya no fueron capaces de absorber la mano de obra de las áreas vecinas.

Sólo el núcleo de La Paz siguió creciendo a un ritmo lento pero progresivo, que le permitió ocupar el primer puesto en el ránking de las ciudades bolivianas a mediados del siglo XVIII. El mineral de estaño posibilitó el surgimiento de un nuevo liderazgo, el de otro centro urbano: Oruro, mejor emplazado en las vías de comunicación con las regiones agrícolas de Cochabamba, fundamentales para el aprovisionamiento de alimentos para la población.

*Panorámica de Potosí, declarada Patrimonio de la Humanidad por su valor histórico. Esta ciudad es un notable centro turístico por las minas del cerro Rico y las obras de arquitectos foráneos.*

A comienzos del siglo XX se vivió la derrota de la oligarquía de la plata y la reafirmación del poder económico del estaño, cuyo centro de actividades se hallaba a caballo entre Oruro y La Paz, ciudad que desempeñaba las funciones administrativas.

## Potosí: esplendor y ocaso de la plata

La población que sería distinguida como «ciudad imperial de Potosí» y una de las ciudades más altas del mundo (4 060 m) debe su origen al descubrimiento de plata hecho por el indígena Diego Huallpa en la montaña conocida por los aborígenes como Sumaj Orco, y más tarde como cerro Rico. Fue este mismo indígena el que difundió su descubrimiento, lo cual motivó que Diego de Villarroel registrara la primera mina en 1545. Al pie de esta montaña de plata, en la que hoy se conservan más de 5 000 bocaminas, fue fundada en 1546 una ciudad que se desarrolló con una rapidez vertiginosa. Su espectacular crecimiento, al compás de una incesante excavación de los filones, dio lugar a una trama urbana característica del período de la Colonia, alrededor de la cual se fue generando un crecimiento caótico, consecuencia de la constante afluencia de mano de obra.

Toda la ciudad y las actividades de sus habitantes giraban en torno a la mina. El primer año de su existencia, Potosí llegó a reunir a 14 000 habitantes, y sesenta años más tarde a 150 000 personas; a mediados del siglo XVII se había convertido en una de las mayores ciudades occidentales, produciendo un profundo impacto en el poblamiento y desarrollo de otras regiones del Altiplano. En Potosí convivieron las mayores riquezas y los sufrimientos más terribles. Las condiciones de vida en una ciudad de estas características eran extraordinariamente difíciles debido a los niveles de miseria y explotación que se alcanzaron, además de las duras condiciones ambientales generadas por un sistema de explotación depredador. Se calcula que entre 1545 y 1825 unos ocho millones de indígenas murieron en las minas.

## La ciudad y su territorio dependiente

Su localización en el centro del Alto Perú, una zona árida que ofrecía condiciones muy difíciles para las actividades agrarias, significó que no sólo todo el utillaje necesario para las actividades ex-

*La explotación minera potosina creó uno de los núcleos de población y económicos más importantes del país. La silueta del cerro Rico, al fondo, preside la vida de este centro urbano.*

tractivas, sino también los alimentos y los animales de labor, tuvieran que ser importados de otras áreas. Al mismo tiempo, su lejanía del mar obligó a desarrollar un sistema de comunicaciones que permitiera las importaciones desde Europa, así como la salida de la plata. Todo ello hizo necesaria la creación de una extensa área de aprovisionamiento dependiente de Potosí, que comprendía tanto los valles más cercanos como los de Cochabamba, además de otros territorios más alejados, como el noroeste argentino, el sur del Perú o el norte de Chile.

El Altiplano constituyó el principal abastecedor de mano de obra para las minas, de alimentos para sus mineros y de rebaños de llamas para el transporte de la plata hasta la costa. De Huancavelica llegaba al Altiplano el mercurio necesario para el procesamiento del mineral, así como los «mitayos»; y de Quito, los tejidos. La existencia de Potosí fue clave para el desarrollo de la región de Tucumán, abastecedora de tejidos, mulas, vino y azúcar para sus mercados, y también para el desarrollo de la de Tarija y del valle del Cinti. La creciente demanda de coca para ser masticada por los mineros hizo progresar su cultivo en la región de los yungas, de la que fueron marginados los indígenas que la habitaban a medida que era colonizada por campesinos aymaras procedentes del Altiplano y esclavos negros que se adaptaron a su cultura y a su lengua. A finales del siglo XVI, el impacto de Potosí llegaba hasta las regiones interiores de la Real Audiencia de Charcas, siempre en busca de recursos naturales y minerales.

## Potosí actual y su patrimonio histórico

Con el progresivo agotamiento de las reservas de plata más fácilmente explotables y rentables, en la segunda mitad del siglo XVII se inició también el lento declinar de la ciudad, que fue perdiendo población. En 1719 una epidemia de tifus provocó la muerte de 22 000 personas y contribuyó a que a finales del siglo XVIII la población de Potosí se redujera hasta 24 000 habitantes. Posteriormente, a mediados del siglo XIX, la caída de los precios de la plata sumió a Potosí en una crisis de la cual ya no se recuperó; sólo el auge de otras reservas metalíferas, como el estaño, frenaron su decadencia total.

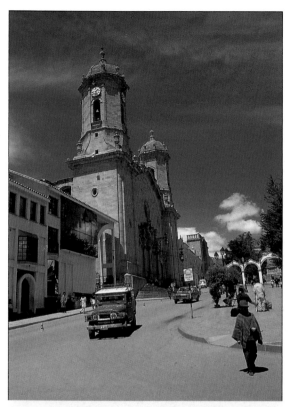

*La plaza principal de Potosí, con la catedral (1809-1836), que presenta dos esbeltos campanarios. Frente a ella, se erige un monumento a los héroes del 10 de noviembre de 1810.*

de la mejor arquitectura. Éstas pueden observarse en algunas de las ochenta iglesias y conventos de fachadas muy decoradas que se construyeron en la ciudad, entre las que destacan las de La Merced, San Francisco, Santo Domingo, San Agustín, San Bernardo, Santa Teresa y, principalmente, San Lorenzo, cuya fachada es probablemente la más conocida de todas.

Mención especial merecen los dos edificios destinados a la acuñación de moneda. El primero, erigido en 1572 por orden de Francisco de Toledo, fue llamado Casa de la Amonedación, y se ubicó en el espacio que ocupa el actual Palacio de Justicia. El segundo, llamado Casa de la Moneda Circular, se edificó entre 1753 y 1773 para controlar la acuñación de las monedas coloniales, llamadas potosís. Más tarde, sus gruesos muros albergaron una prisión y los cuarteles generales del ejército boliviano durante la Guerra del Chaco.

Son dignos de mención los ingenios donde se separaba la plata del mineral obtenido en el cerro Rico; algunos de los 33 que se construyeron pueden verse todavía, si bien en un estado ruinoso. Todos ellos se hallan en la ribera del Huana Maya, en los barrios de Cantumarca y San Antonio, y el agua que utilizaban procedía de las 32 lagunas artificiales, entre ellas Khari Khari, al sudeste de la ciudad.

## Oruro: de la plata al estaño

Ubicada a 3 702 m de altitud, Oruro apareció en la historia pocos años más tarde que Potosí, y su nacimiento fue también consecuencia de las riquezas mineras de la región: la ciudad nació a raíz del descubrimiento de yacimientos de plata en el cerro de San Miguel en 1595. Su emplazamiento, en el Altiplano meridional, coincidía con el de un poblado indígena llamado Ururu, habitado por los urus, en el que se había instalado una aldea llamada San Miguel de Oruro a la que habían llegado pobladores atraídos por la plata. Sobre ella, Manuel Castro de Padilla fundó, en 1606, una ciudad a la que se dio el nombre de Villa Real de San Felipe de Austria, en homenaje al rey Felipe III. A pesar de la similitud de sus características, Oruro jamás igualó en número de habitantes a Potosí mientras duró la fiebre minera de la plata, y su nivel máximo de producción representó sólo una cuarta parte del de esta última.

A pesar de la riqueza de sus filones, Oruro se desarrolló en una zona del Altiplano con escasez de agua y débiles precipitaciones, lo cual dificultaba el sistema de tratamiento del mineral y obligaba a lo-

En la actualidad, Potosí cuenta con 112 078 habitantes; la economía de la ciudad sigue centrada en una reducida actividad minera, que se desarrolla con métodos y sistemas que, si bien no son los mismos de los tiempos de la Colonia, no puede decirse que hayan incorporado avances tecnológicos modernos ni en las minas de propiedad privada ni en las cooperativas. La esperanza de vida, en una ciudad que ocupa el quinto lugar en la red urbana boliviana, es significativamente baja, situada en 47 años, y sólo un 8,5 por ciento de sus habitantes sobrepasa los 55 años. En 1987 Potosí fue declarada Patrimonio de la Humanidad por la Unesco, en reconocimiento a su historia.

De su época de esplendor quedan en la ciudad la trama urbana y numerosos edificios públicos, además de bellas muestras de arte, en una mezcla de estilos —barroco de influencia hispánica y elementos autóctonos— que dio como resultado un estilo muy característico que convierte a Potosí en una ciudad-museo, poseedora de magníficas muestras

*En la época de la plata, en el siglo XVII, surgió un sistema de ciudades cuyo eje principal lo formaron Sucre y Potosí, donde las fundiciones de plata (en la imagen) dominaban la economía.*

calizar de manera dispersa las distintas instalaciones; todo ello impedía, en principio, el surgimiento de un centro industrial muy concentrado.

Pero Oruro se convirtió en un cruce de vías de comunicación en la ruta Lima-La Paz-Potosí y en el punto del Altiplano más cercano al puerto de Arica (Chile), constituido en importante enclave para el comercio de los minerales extraídos en la región. Los efectos —beneficiosos— sobre el territorio circundante fueron muy similares a los que produjo Potosí, puesto que, como ella, Oruro se hallaba ubicada en una región árida y poco fértil, con una temperatura media anual de 9,4 °C; su principal fuente de mano de obra, los aymaras, procedían del Altiplano y el abastecimiento de alimentos dependía en su mayor parte de los valles de Cochabamba.

En el año 1678 el núcleo de Oruro contaba con unos 75 000 habitantes y era la segunda ciudad del continente americano. Casi un siglo más tarde tenía tan sólo 15 000 y a comienzos del siglo XX había descendido hasta 8 000, siempre en beneficio de los centros mineros más próximos.

## El estaño, nuevo motor de la ciudad

El gran momento de esplendor de la ciudad tenía que llegar en el siglo XX, cuando factores derivados de la modernización hicieron que se centrasen en ella las expectativas económicas y tecnológicas. En primer lugar, la construcción del ferrocarril hacia Antofagasta (Chile) en 1892 situó a Oruro en una posición clave como eje de las comunicaciones. Por otro lado, el aumento de la demanda mundial de estaño situó las reservas de este metal que atesoraba en el primer plano de las materias primas estratégicas; Oruro se convirtió en el centro de un nuevo poder y en ella se desarrolló una nueva aristocracia vinculada al dinero del estaño. Hacia 1920, la explotación del mineral estaba ya en manos de tres propietarios: Patiño, Aramayo y Hochschild. El primero de ellos, Simón I. Patiño, un mestizo procedente del valle de Cochabamba, llegó a ser, probablemente, el hombre más rico del mundo. En 1897 compró la mina La Salvadora, cerca del poblado de Uncía, que se convirtió en la más productiva del planeta, y en 1924, tras la adquisición de las minas de Llallagua, pasó a controlar el

*En la fotografía, iglesia de Nuestra Señora del Socavón, patrona del carnaval de Oruro.*

*Capital del departamento homónimo, cuenta con una población cercana a las 200 000 personas.*

*Imagen retrospectiva de Cochabamba. La capital del departamento del mismo nombre, conocida*

*como «ciudad de los valles», fue fundada por primera vez en 1571 por el capitán Osorio.*

50 por ciento de la producción nacional de estaño. La principal fundición del país, la de Vinto, se halla ubicada a 6 km de la ciudad de Oruro.

La nacionalización de las minas bajo el gobierno de Víctor Paz Estenssoro puso fin a su monopolio. La población de Oruro creció rápidamente durante este período hasta situarse en el tercer lugar a nivel nacional: alcanzó los 63 000 habitantes en 1950 y los 124 000 en 1976. En la actualidad Oruro cuenta con 183 422 habitantes.

### Llallagua: una ciudad muy vinculada a la minería del estaño

Llallagua, con unos 23 305 habitantes, es un claro exponente de ciudad con un crecimiento dependiente de la actividad minera. En 1924 el yacimiento fue comprado por el industrial del estaño Simón Patiño a la compañía chilena que la explotaba. Poco tiempo después, su mina más famosa, la llamada Siglo XX, se convirtió en la más productiva de toda Bolivia, con 800 km de galerías.

En 1952, después de la nacionalización, Llallagua pasó a manos de la Corporación Minera de Bolivia (Comibol) hasta su reprivatización a manos de cooperativas mineras, ya en la década de 1980. La caída de los precios del estaño y los problemas internos provocaron una intensa oleada migratoria y han convertido a la actual ciudad en una auténtica sombra de lo que fue.

### Cochabamba: la agricultura y la urbanización de los valles

El origen de la «ciudad de los valles», a 2 553 m de altitud, en el valle de Canata, data de 1571. Con el nombre de Villa de Oropeza del Valle de Cochabamba, fue fundada por el capitán Gerónimo Osorio, y por segunda vez, tres años más tarde, por Sebastián Barba de Padilla en nombre del virrey Francisco de Toledo. Su emplazamiento estratégico, en un área protegida por la cordillera de la Herradura, la destinó a defender el borde oriental de la Audiencia de Charcas, en especial a partir del

*Ciudad agrícola por la fertilidad de las tierras de sus valles centrales, Cochabamba ha experimentado un gran crecimiento que ha provocado la aparición de muchas pequeñas industrias.*

momento en que se inició la explotación de los recursos auríferos de la zona, en el año 1741.

Los españoles que se habían instalado ya en este valle, al principio en un poblamiento agrícola muy diseminado, fueron otorgándole el papel de centro urbano de la región. Su situación y su clima templado (18 °C de media anual) le han conferido, desde los primeros tiempos de la explotación minera, un papel fundamental como centro abastecedor de productos agrarios para las poblaciones del Altiplano. Fueron estas mismas condiciones las que inclinaron a Simón Bolívar a pensar en Cochabamba como capital del país, dada su posición central en el nuevo estado. Cochabamba, junto con sus valles vecinos, desempeñó tradicionalmente un importante papel como núcleo de una región destinada a proporcionar productos alimenticios a las grandes concentraciones mineras de la plata del Altiplano, a pesar de su localización en un valle que di-

ficulta el abastecimiento de agua. Estos mismos problemas también condicionan algunos aspectos de la expansión actual de la ciudad. La producción de maíz y trigo para los mercados de Potosí se desarrolló con gran rapidez y el número de haciendas en toda el área se incrementó con facilidad; de este modo, las comunidades libres o ayllus fueron reducidas a una posición muy minoritaria y los valles se convirtieron en la zona con mayor grado de mestizaje del Alto Perú.

## La organización social del espacio urbano

La organización básica de la ciudad de Cochabamba es de origen colonial. Sobre este marco, en el período que abarca entre 1960 y 1976, el área urbana se expandió en todas direcciones, superando los límites que el cerro Verde y el de San Miguel le imponían por el sudoeste; hacia ambos lugares se orientó un poblamiento dirigido por el Sindicato

*Vista de la catedral de Cochabamba, del siglo XVI, en el casco antiguo, donde se hallan las construcciones más representativas de la vida social, política y religiosa de la ciudad.*

habitantes y a comienzos del siglo XX, a pesar de haber sufrido crisis importantes (hambrunas, peste), era la segunda ciudad de Bolivia. Entre 1967, cuando la densidad de la ciudad era de 3 713 habitantes por km², y 25 años más tarde, algunos barrios ubicados en el casco viejo, como Las Cuadras, Cerro Verde y San Miguel, superaron los 16 000 habitantes, en una ciudad que había alcanzado las 400 000 personas. Este proceso ha sido muy heterogéneo, pero en cualquier caso se ha derivado de un flujo migratorio incesante que ha provocado un crecimiento urbano explosivo, dominado por un poblamiento espontáneo y desordenado que ha reflejado una evidente incapacidad de respuesta y previsión a nivel administrativo.

## Inmigración y segregación social

Cochabamba ha sido una de las ciudades que más han experimentado las consecuencias del proceso de migración. Durante la década de 1980 la ciudad creció a un ritmo del 5,6 por ciento anual. Este crecimiento fue debido básicamente a la inmigración procedente de otras provincias y regiones, y ha dado como resultado que el 50 por ciento de la población esté formada por emigrantes.

El Altiplano constituye el foco principal de estos flujos: de allí proceden el 56 por ciento de los pobladores asentados en los últimos diez años. Llegan básicamente de los departamentos de Oruro, Potosí y La Paz, y son una de las consecuencias de la crisis económica en las actividades productivas tradicionales en estas áreas. Desde la misma región de los valles, e incluso desde las zonas más próximas a la ciudad, llega un 20 por ciento de emigrantes, y el restante 14 por ciento corresponde a aquellos que proceden de los Llanos orientales. Los factores estructurales de los últimos años y las particularidades de la crisis económica, unidos al tráfico de cocaína, han favorecido el crecimiento en Cochabamba de un sector terciario no sustentado sobre una base productiva.

Se trata, en realidad, de un gran volumen de trabajo independiente muy precario que oculta la existencia de amplios índices de subempleo; a todo ello hay que agregar el empleo autogenerado, que debe analizarse más como consecuencia de estrategias de supervivencia que como auténtico trabajo productivo. Pero los campesinos siguen llegando a la ciudad en busca de una oportunidad y generan una presión extraordinaria sobre los servicios e infraestructuras básicas, como el agua potable, pero también sobre otros ámbitos como la

de Inquilinos. En el sector sudoccidental se fueron desarrollando las actividades industriales y comerciales paralelamente a una ocupación residencial, mientras que el crecimiento superaba los límites marcados por el emplazamiento del aeropuerto. En esta expansión, las clases adineradas fueron ocupando las áreas más septentrionales, hacia Queru Queru, Cala Cala y Muyurina, invadiendo áreas tradicionalmente rurales como Mayorazgo, Temporal y Sarco, y dejando dentro del área urbana la laguna de Alalay y Jaihuayco.

Desde el siglo XIX el crecimiento de la ciudad ha sido constante, puesto que en la primera mitad de la centuria había pasado de 8 000 a 35 000

## Cochabamba y su patrimonio artístico

La ciudad de Cochabamba, como todas las fundaciones coloniales, tiene un centro histórico en el que se pueden reconocer todos los elementos que definieron los centros urbanos. La planta ortogonal tiene su centro en una plaza en la que se hallan ubicados los principales conjuntos civiles y religiosos de la ciudad. El arte virreinal tiene en Cochabamba una de sus más amplias y nutridas representaciones, entre las que destaca la catedral, construida a finales del siglo XVI. Este templo ha sido reconstruido en diversas ocasiones, por lo que se han ido añadiendo elementos arquitectónicos barrocos y neoclásicos, y sustituyendo ornamentaciones originales. De la época virreinal quedan en la actualidad tan sólo la torre y la fachada principal, que se abre a la calle de Esteban Arze. También del

Panorámica exterior de la iglesia de la Compañía, en Cochabamba, una de las principales muestras de arquitectura religiosa de la capital departamental.

siglo XVI (1578) es el conjunto en piedra que estuvo formado por el convento y la iglesia de los Ermitaños de San Agustín.

Este convento de los padres agustinos está ocupado actualmente por algunos servicios civiles como la Prefectura y la antigua Municipalidad, desde cuyo patio puede observarse la fachada barroca, y desde 1864 por el Teatro Achá. Dignos de mención son también el templo de Santo Domingo, erigido en 1612, el de la Compañía de Jesús, del siglo XVIII, y la parroquia de San José, conocida como San Juan de Dios por haber albergado el primer hospital regido por esta orden. Desgraciadamente, muchos de estos conjuntos han sufrido modificaciones que han destruido buena parte de su valor artístico en aras de unas no siempre positivas modernizaciones.

salud pública y los servicios educativos, que distan mucho de ser satisfactorios.

La ocupación del espacio urbano es altamente heterogénea y presenta grandes desequilibrios; así, las áreas centrales de la ciudad histórica, junto con los alrededores de La Cancha (Las Cuadras) y el barrio industrial del sur, concentran el 25 por ciento de la población del municipio. Otras zonas de gran crecimiento son las de Huayra K'hasa, Alalay, la prolongación del hipódromo y Tupuraya, donde se registra un crecimiento intercensal del 9 por ciento, debido a la llegada de emigrantes. La zona nordeste y central de la ciudad es la que ha visto incrementarse más rápidamente los precios del

suelo, por ser una zona de gran actividad comercial, y muchos de los propietarios tradicionalmente asentados en ella han vendido sus casas para trasladarse a nuevas áreas residenciales, situadas en el noroeste de la ciudad, como Las Lomas de Aranjuez, Villa Moscú y El Mirador.

Una de las consecuencias de este proceso de ocupación del espacio urbano son los asentamientos en zonas desprovistas de infraestructuras y servicios —y que, en algunos casos, debido a la cercanía de torrentes, están más expuestas a posibles inundaciones— y la presión sobre las tierras agrícolas de regadío, que se ven mermadas por el avance de las heterogéneas construcciones de la ciudad.

# La bicapitalidad del territorio

Si bien ostenta la capitalidad del país, Sucre tiene sobre todo el valor simbólico de haber acogido la proclamación de la Independencia en 1825. Descrita por los visitantes como la «Atenas de América», la «ciudad de los cuatro nombres», la «cuna de la libertad» o la «ciudad blanca», fue fundada en 1538 por don Pedro de Anzures, marqués de Campo Redondo, en el fértil, cálido y bien regado valle de Chuquisaca.

## Sucre, la capital histórica

La fundación de Sucre se llevó a cabo sobre el poblado de Chuquisaca la Vieja, donde habitaba el pueblo yampara, que, a cambio de su ayuda, obtuvo el privilegio de exención de la mita. La nueva ciudad, que se llamó también Charcas y La Plata, fue convirtiéndose en un centro de la actividad extractiva y comercial de la plata del Alto Perú, así como en un notable centro agrícola. Este papel central en el territorio la convirtió muy pronto en sede episcopal (1552) y de la Audiencia de Charcas (1559).

Su emplazamiento, a 2 790 m de altitud, le confiere un clima bastante benigno, lejos de los rigores de las tierras más altas, y un paisaje de gran belleza que cautivó a los españoles de la Colonia y a muchos de los empresarios mineros de Potosí, que instalaron allí su residencia. En la nueva ciudad siguieron viviendo indígenas con distinta consideración social; así, los yamparaes, poconas y charcas, concentrados en la parroquia de San Lázaro, y los inkas y collas, en la de San Sebastián, tenían posesiones en lugares de prestigio de la ciudad. Otros grupos, como los yanaconas, fueron socialmente segregados porque se dedicaban al servicio y no poseían tierras, lo mismo que los negros y

*Arco de triunfo en el parque Bolívar, en Sucre, erigido en homenaje al Libertador sudamericano.*

los mulatos que se agrupaban en la parroquia de San Roque. En 1776, tras el establecimiento del nuevo Virreinato de La Plata, la ciudad pasó a llamarse Chuquisaca. En ese momento todos los indígenas del núcleo habían perdido sus propiedades y se habían visto desplazados hacia las áreas de la periferia urbana, mientras que el centro era ocupado por la cada vez más importante administración colonial.

Antonio José de Sucre ocupó la ciudad en 1825 y declaró la Independencia desde la Casa de la Libertad; así se convertía en capital de la joven República Bolívar, reconocida en el mes de julio de 1839. Un año más tarde cambió su nombre por el de Sucre, en honor al general que lideró la Independencia. Cuando la capitalidad del país fue trasladada a La Paz, la ciudad opuso una fuerte resistencia que condujo a una guerra civil; el final de esta contienda estableció a Sucre como capital legal, mientras instituía como sede del gobierno a la ciudad de La Paz. En nuestros días, la ciudad es la capital del departamento de Chuquisaca y cuenta con 131 769 habitantes según el censo de 1992.

## La más hispana de las ciudades bolivianas

Sucre es una ciudad donde la profunda huella española se advierte en el sentido más amplio; en ella se encuentra el importante legado de los conquistadores. La arquitectura, en la que destacan las casas nobles y las construcciones religiosas, es un espléndido ejemplo del arte barroco, que allí se expresa en un doble sentido. Por una parte, en los elementos definitorios de un barroco grandilocuente y colmado de expresividad que en España recibió el nombre de churrigueresco en honor a su creador y, por otra, en las características del barroco autóctono.

*Sucre, conocida como «cuna de la libertad» por el pueblo boliviano, fue fundada en 1538 por don Pedro de Anzures. Siglos más tarde, encabezaría el proceso de emancipación que triunfó en 1825.*

Las casas blancas de la antigua ciudad de La Plata conviven en el espacio urbano con las grandes construcciones de las iglesias y las mansiones de pórticos profusamente esculpidos que les han legado su profundo encanto colonial. Con el paso del tiempo, Sucre no ha experimentado una verdadera expansión y se ha transformado poco; su estructura urbana colonial sigue constituyendo el entramado principal sobre el que se desarrollan las actividades de sus habitantes.

Su universidad, que fue fundada en 1624, recibió el nombre de Universidad Mayor Real y Pontificia de San Francisco Javier y se considera una de las más antiguas de América Latina. En 1681 se inauguró en ella la Academia Carolina, en la que se formaron los líderes que forjaron la Independencia y fue el escenario de la primera declaración por la emancipación americana el 25 de mayo de 1809. La universidad confiere, todavía en nuestros días, un rasgo particular a la ciudad, en la que los estudiantes son protagonistas privilegiados.

Sucre atesora numerosas joyas arquitectónicas del tiempo de la Colonia, todas ellas exponentes del arte renacentista y barroco. En la Plaza de 25 de Mayo se ubica la Casa de la Libertad, erigida en 1621, que fue sede del Congreso Nacional entre 1825 y 1899. En su interior alberga el Salón de la Independencia, llamado así por ser el lugar donde se reunió el Congreso Constituyente de la Nación y se firmó el acta de Independencia de Bolivia. En la misma plaza se ubica la catedral metropolitana, que, si bien fue iniciada en 1551, sufrió posteriores ampliaciones con elementos renacentistas, barrocos y también del barroco mestizo. En ella destacan el campanario y las esculturas de los doce apóstoles y los santos patronos de Sucre, así como la capilla de la Virgen de Guadalupe de Extremadura, finalizada en 1625 y ricamente adornada.

De 1609 data el inicio de la construcción del Palacio Arzobispal, nueve años después de que fuera comenzado el conjunto formado por la iglesia y el convento de la Recoleta, en la Plaza de Pedro Anzúrez. Del valioso legado artístico de Sucre destacan los numerosos edificios que albergaron diferentes órdenes religiosas o donde se ejercieron las tareas parroquiales. Entre todos ellos merecen destacarse San Lázaro, considerada la primera iglesia

## La Iglesia y la religión católica

Con el triunfo del movimiento independentista boliviano, la Iglesia no sólo conservó su peso social adquirido en los tiempos de la Colonia, sino que continuó interviniendo activamente en la vida de la República. Así, en la primera Carta Magna nacional, en su artículo 6°, dicha primacía se expresa de forma muy explícita: «La religión católica, apostólica, romana es la de la República, con exclusión de todo otro culto público. El gobierno la protegerá y la hará respetar, reconociendo el principio de que no hay poder humano sobre las conciencias.» Desde los inicios de la República, la Iglesia desempeñó distintas funciones, que fueron especialmente relevantes en momentos de inestabilidad social o de luchas políticas por el poder: así, por ejemplo, actuó de mediadora entre oponentes políticos y de defensora del pueblo frente a actuaciones con abuso de poder. Los franciscanos de Sucre, al igual que los de Tarija y Potosí, a través del establecimiento de misiones en el sudeste del país, realizaron una gran labor entre las tribus salvajes, destacando en episodios como la guerra contra los chiriguanos (1891-1892). A mediados del siglo XX también intervino en las comisiones de Reforma Agraria y Educacional de 1953 y 1955.

*La Universidad Mayor de San Francisco Javier, en Sucre, una de las nueve universidades estatales, ha experimentado un notable incremento en el número de estudiantes matriculados.*

*Vista parcial de la iglesia y el convento de San Francisco, con la campana de la Libertad, en Sucre. Este edificio religioso fue militarizado por Sucre en 1809.*

en la Audiencia de Charcas, que es de construcción muy temprana (1543), y la iglesia y convento de San Francisco, de 1581, de estilo renacentista. Este convento fue militarizado por Sucre en 1809, y transferida la orden que lo ocupaba a La Paz. El edificio fue utilizado como prisión y mercado, y en él se halla la Campana de la Libertad, que llamó a los patriotas a la revolución en 1825. El antiguo convento de San Felipe Neri (1795), rococó, de techos vidriados, es hoy un colegio desde cuyo tejado se contempla una magnífica vista de la ciudad, pero probablemente sea la iglesia de la Merced la que conserva uno de los más bellos interiores barrocos de todo el país. A finales del siglo XVII se inició, asimismo, la construcción del Palacio del Gran Poder, conjunto hoy destinado a albergar las principales colecciones de arte: el Museo Antropológico, el Museo Colonial, la Galería de Arte Moderno y la colección de la Princesa de la Glorieta.

*Ubicada a más de 3 500 m de altitud, La Paz es la capital más alta del mundo. El Illimani, al fondo, se eleva por encima de los 6 000 m y presenta su cumbre perpetuamente nevada.*

La Biblioteca Nacional constituye una de las joyas más notables de la ciudad, puesto que atesora uno de los mayores patrimonios literarios del país; de entre sus fondos destacan los incunables, así como todos los documentos de la historia boliviana desde finales del siglo XV.

## La Paz, la capital gubernativa

Tras los sangrientos enfrentamientos que se produjeron entre los propios colonizadores a consecuencia de la ley de la encomienda, Alonso de Mendoza, cumpliendo un encargo de Pedro de la Gasca, se dirigió hacia la tierra del Collao, a fin de fundar una ciudad para celebrar la paz lograda tras la batalla de Xaquixaguana. Así, el 20 de octubre de 1548 fundó, en el pueblo de Laja, en el camino hacia Tiwanaku, la ciudad que habría de llamarse Nuestra Señora de La Paz.

Pero este asentamiento no fue definitivo: sólo tres días más tarde se volvió a señalar un nuevo emplazamiento tras arduas discusiones sobre la idoneidad del lugar que finalmente fue conveni-do, el poblado de Chuquiago, que estaba ocupado por indígenas aymaras que se dedicaban a la minería. En esta elección intervinieron varios factores determinantes, como la existencia, a lo largo del valle, de minas de oro que ya habían sido explotadas por los inkas, pero también su posición geográfica y sus condiciones climáticas. A 3 640 m de altitud y a mitad de camino entre Potosí y Cuzco, La Paz se halla ubicada en el fondo de una cubeta de 5 km de ancho, ocupando los flancos de una quebrada formada por el río Choqueyapu, a resguardo de los fríos vientos del Altiplano.

Su temperatura media es de 11,2 °C y recibe unos 480 mm de precipitaciones anuales. Este emplazamiento, dentro de una cuenca dominada por las grandiosas siluetas del Illimani y del Mururata, constituye una especie de callejón sin salida que la descentra respecto al eje de comunicaciones y obliga a «bajar» a la ciudad, creando, al mismo tiempo, una serie de difíciles condiciones para su desarrollo urbano moderno.

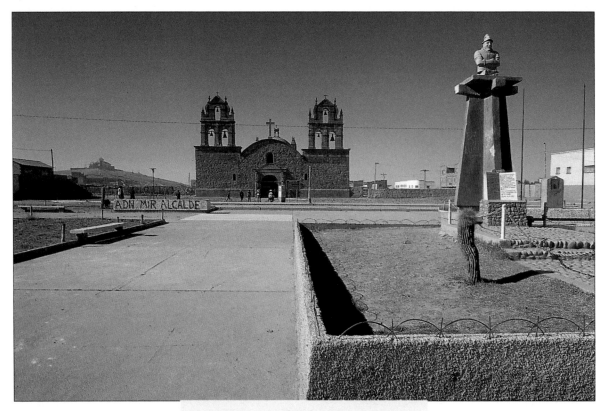

*El asentamiento de la ciudad de La Paz no resultó fácil. Tras duras batallas, en octubre de 1548 se fundó en el pueblo de Laja, aunque días más tarde se trasladó al poblado de Chuquiago.*

## Fundación colonial y desarrollo urbano

El primer emplazamiento de lo que hoy es la ciudad, en la orilla izquierda del río Choqueyapu, apenas contaba con 2 000 habitantes.

En la ribera opuesta siguió existiendo Chuquiago, la aldea de los indígenas, con unas 450 personas. Este asentamiento fue reducido al pueblo de San Pedro y Santiago de Chuquiago, que tuvo una vida paralela a la ciudad de los colonizadores durante más de dos siglos. La Paz fue, desde su creación, un lugar de tránsito, con un intenso comercio y una gran diversidad de actividades que le confirieron un carácter muy distinto al de las demás ciudades, demasiado dependientes de la especialización productiva. Junto al comercio, prosperaron la minería y la producción de tejidos de lana, y mediante la introducción de los viñedos en la zona de Mecapaca y del cultivo de diversas frutas, como los cítricos y los higos, se fomentó la expansión de la actividad agrícola.

En los yungas paceños, el cultivo de coca destinada a Potosí siguió siendo la principal actividad productiva. Posteriormente, en el siglo XVII, la explotación de la quinina halló ubicación en las zonas agrícolas de la región de La Paz. La estratégica posición de la ciudad, en el camino hacia Potosí, la convirtió también en un centro clave de comunicaciones y en punto de parada y hospedaje, por lo cual se edificaron numerosos tambos, primero cerca del camino principal a Potosí y Lima, y más tarde en el propio centro de la ciudad.

El trazado de la planta urbana de la ciudad de La Paz fue obra de Juan Gutiérrez Paniagua, quien la diseñó en 1549 con una planta reticular típicamente colonial, dentro de un cuadrilátero entre el Choqueyapu y dos pequeños riachuelos, el Mejauira y el Calchuani; ésta es el área que ocupa el centro actual de la urbe. La plaza de los españoles, hoy Plaza Murillo, fue elegida como lugar para la ubicación de la catedral y los edificios nobles. La ciudad estuvo rodeada por una muralla que existía aún en 1781, después de resistir dos largos asedios indígenas —el primero de ellos acaudillado por Tupaq Katari— en el intervalo de treinta años. El recinto comprendía el área que delimitan las calles Catacora, Mariscal Santa Cruz, Pérez Velasco, Pichincha, Jaén y la Plaza Riosinho. Dentro de este espacio, La Paz creció lentamente, y las viviendas de los es-

*Vista de La Paz hacia 1960. Con el rápido crecimiento urbano, especialmente intenso desde mediados de los años sesenta, se han ocupado nuevas zonas y consolidado las ya existentes.*

pañoles y los mestizos se escalonaron siguiendo los desniveles de la ciudad. El puente de San Francisco constituía el nexo principal con la ciudad para los indígenas que habitaban en la margen opuesta del río.

A finales del siglo XVIII, la ciudad se había expandido gracias a la construcción de varios puentes (además del de San Francisco): sobre las aguas del Choqueyapu estaban el de Churubamba, el de las Recogidas Antiguas y el de la Merced. Se calcula que la ciudad tenía, en 1618, una población de unos 1 500 españoles y 2 000 indígenas, muchos menos que otras ciudades como Oruro o Potosí.

El primer censo oficial realizado en el Alto Perú en el año 1796 otorgó a La Paz 21 120 habitantes, cifra que puede explicarse por los dos asedios sufridos por la ciudad, que ocasionaron la muerte a una tercera parte de sus habitantes.

## La Paz decimonónica

Sin embargo, a pesar de su actividad como centro de comercio y comunicaciones, la preponderancia de La Paz dentro del territorio boliviano no se inició hasta finales del siglo XVIII, momento en que comenzó a destacarse del resto de ciudades de la región; desde entonces, su desarrollo ya no se detendría. Hasta ese momento, el lento crecimiento de la ciudad se había circunscrito al fondo de la hondonada, pero a finales del siglo XIX, tras la revolución de José Pando, que la convirtió en capital de la República frente a la histórica Sucre, La Paz se convertiría en sede del gobierno y en uno de los polos del crecimiento urbano del país, junto con Cochabamba y Santa Cruz.

Con las primeras migraciones, la población de la ciudad inició un crecimiento sostenido, frenado sólo por la Guerra del Pacífico. A dicho crecimiento hay que sumar además la incorporación de los barrios de indígenas, que dejan de ser células separadas en el tejido urbano. El proceso de urbanización implica sustanciales obras de enlace, especialmente exigentes dada la topografía del suelo, como las de la conexión entre los barrios de Miraflores y Sopocachi y la apertura de la ciudad hacia Obrajes. En este período se emprendieron también algunos proyectos de equipamientos, como el Hospital de Huérfanos, el Asilo de Inválidos y el Colegio San Calixto, así como edificios ornamentales como el

297

*El paseo de El Prado es la principal avenida de La Paz y el resultado del embellecimiento urbano que se produjo por la continuada expansión y por su función como capital nacional.*

*La expansión urbana de La Paz a lo largo del siglo XX ha sido vertiginosa: de los 60 000 habitantes de principios de la centuria se pasó a más de 700 000 en la última década del siglo.*

Arco del Triunfo, en conmemoración de la batalla de Ingavi (18 noviembre de 1841). Asimismo se inició la infraestructura básica para la instalación del alumbrado público.

## Un vertiginoso crecimiento urbano

Al iniciarse el siglo XX, La Paz tenía una población estimada de 60 300 habitantes; en pocos años, la ciudad realizó un salto demográfico y económico que ya no se detendría. Además de la inmigración del propio país, la política de apertura a la inmigración europea atrajo a la ciudad importantes contingentes de catalanes, a los que siguieron italianos y alemanes. Fueron los años del inicio del proceso industrializador y de la celebración del Primer Centenario; ambos acontecimientos implicaron importantes cambios en La Paz y la exigencia de obras de infraestructura y planificación urbana, como el servicio de alcantarillado, la pavimentación de calles, el servicio de captación y abastecimiento de agua potable o la construcción de diferentes mercados.

El crecimiento de la ciudad y su función como capital del país tuvieron como consecuencia el embellecimiento del marco urbano, con edificios (Palacio de Justicia, Palacio Legislativo), avenidas (El Prado), parques (El Montículo) y amplias escalinatas para unir calles a diferente nivel que dotaron a la urbe de nuevas perspectivas arquitectónicas y ornamentales. En 1928 La Paz tenía ya 135 768 habitantes. El nacimiento de industrias impulsó la creación de barrios obreros, que crecieron con gran rapidez, soportando importantes déficits de servicios (Villa Victoria, Chijini Alto, Challapampa). En la segunda mitad del siglo XX, y tras la reforma agraria, la urbanización alcanzaba, como consecuencia del éxodo rural, dimensiones que permiten hablar de un imparable proceso de marginación y segregación urbanas; así surgió la necesidad de una planificación que vería la luz en 1956 con los

*En la imagen, la fachada de la iglesia barroco-mestiza de San Francisco, en la plaza del mismo nombre, uno de los centros neurálgicos de la vida pacense, en el sector indígena de la ciudad.*

reglamentos de parcelación y articulación de zonas de La Paz, vigentes hasta 1979, año en que fueron sustituidos por el Reglamento del Plan de Desarrollo Urbano de La Paz.

## El centro histórico y el legado cultural

El centro histórico de la ciudad colonial, en la orilla izquierda del Choqueyapu, contiene el núcleo fundamental de las actividades comerciales y administrativas, que se organizan en torno a la plaza de armas, Plaza Pedro Domingo Murillo.

Allí se hallan el Palacio del Gobierno, llamado también Palacio Quemado, y el Palacio Legislativo, así como la catedral de Nuestra Señora de La Paz. En la margen derecha del río se extienden las áreas residenciales más antiguas, los barrios de San Pedro y Sopocachi, que empezaron a saturarse a mediados del siglo XX, momento en que las clases adineradas de La Paz iniciaron su progresivo desplazamiento hacia nuevos sectores menos densos y poblados, como Miraflores, donde se halla el Jardín Botánico, pero también más alejados del centro urbano tradicional.

Entre los conjuntos históricos y culturales más relevantes de la ciudad merece citarse el formado por el convento y el templo de San Francisco, que, aunque fue fundado por fray Francisco de los Ángeles en 1548, su imagen actual data del siglo XVIII, momento en que se reedificó para paliar los daños que había causado en su estructura una intensa nevada en 1610; dicha construcción es un bello ejemplo del arte barroco con claros elementos mestizos. La iglesia de Santo Domingo muestra en su portada otro especial ejemplo del barroco boliviano. La Plaza de San Francisco, en el viejo sector indígena, es hoy un centro ciudadano de primera magnitud. Entre este sector y el de la Plaza Murillo discurre el paseo llamado El Prado, principal avenida de la ciudad. Entre los museos de La Paz cabe destacar otro singular ejemplo del arte barroco: el Museo Nacional de Arte, que ocupa el edificio del Palacio de los Condes de Arana, erigido en 1775 en la actual calle Comercio.

A lo largo de la calle Jaén se sitúan los mejores edificios coloniales, convertidos en museos: el de Juan de Vargas, el Histórico del Litoral Boliviano, el

*Las necesidades básicas de la población paceña condicionan la inversión en la ciudad, provocando la aparición de suburbios y multiplicando negativamente los impactos sobre el medio natural.*

Museo de Metales Preciosos o del Oro y, especialmente, la Casa-Museo de Murillo. Un aspecto urbano que merece destacarse es la celebración de los mercados, multicolores y abigarrados, en los que pueden adquirirse las más inimaginables mercaderías. Entre los numerosos mercados existentes en la ciudad deben destacarse el de Lanza, el Mercado Negro y el «de las brujas».

## La Paz actual: una desbordante urbanización

Los problemas originados por el rápido crecimiento se iniciaron ya en el siglo XIX a causa de los flujos migratorios que incorporaron a esta ciudad numerosos pobladores pobres, que se veían forzados a instalarse en un cinturón alrededor del núcleo urbano —las villas— situado en las pendientes inestables de los flancos del valle. En la segunda mitad del siglo XX, el crecimiento acelerado de la población afectó también a sectores sociales acomodados, que fueron extendiendo el poblamiento a lo largo del valle del río hacia zonas más bajas, de clima más favorable y más fáciles de urbanizar.

Así, los barrios residenciales se extendieron ejerciendo una constante presión sobre el suelo agrícola y siguiendo el valle del Choqueyapu, hacia Obrajes y Río Abajo, y remontan los valles de sus afluentes Irpavi y Achumani, donde se ubican los barrios de Calacoto, Achumani, Los Pinos y La Florida. En los últimos 25 años, el crecimiento imparable de la ciudad ha seguido relegando a una ingente población sin recursos a estas mismas áreas y hacia la zona más alta y escarpada de las laderas, la Ceja de El Alto, que rodea La Paz. En el fondo de la hoyada de La Paz se concentran la mayoría de las actividades gubernamentales y de la administración estatal, así como las comerciales de todo tipo, lo cual la convierte en un potente e inevitable foco de atracción para todas las actividades de la población de su área geográfica de influencia.

La ciudad de La Paz es hoy una urbe cosmopolita de 713 378 habitantes, centro neurálgico de la vida del país. La visión que de ella se obtiene durante la noche, desde el mirador de El Alto o desde

*La avenida Juan Pablo II, de El Alto, es una muestra de la importancia adquirida por este barrio periférico de La Paz convertido en destacado centro urbano desde la década de 1980.*

el cerro de la Bandera, es un espectáculo extraordinario de caprichosas formas que se asemejan a una constelación estelar que desciende por las laderas y barrancos en un declive de casi 1 000 m de altura. Durante el día, La Paz conforma un paisaje multicolor en el que conviven los numerosos mercados al aire libre con las modernas construcciones del Paseo del Prado, las del período republicano y las más antiguas de los tiempos de la Colonia.

Las casas de adobe, y de otros materiales menos resistentes, en las que se instala la población más pobre, ascienden por las escarpadas laderas en un difícil equilibrio. Por ello, con frecuencia, son afectadas por las aguas de arroyada de las estaciones lluviosas, que provocan sistemáticas catástrofes y daños. La imposibilidad de seguir instalándose sobre estos espacios de gran inclinación originó un crecimiento de la expansión urbana del tipo denominado «mancha de aceite», desarrollo que ha ido afectando a las poblaciones de toda el área suburbana y que ha dado origen a la creación de una nueva ciudad, El Alto de La Paz, que puede considerarse un desdoblamiento de la capital nacional cuya función es servir de amortiguador de este fuerte crecimiento demográfico experimentado en los últimos tiempos.

## El Alto: la ciudad desdoblada

Emplazada en el borde del escarpe del Altiplano, a 4 000 m de altitud, es en realidad un desdoblamiento de La Paz originado hacia la década de 1950. El traslado de pobladores de los barrios pobres y marginales de la capital hacia cotas superiores a la búsqueda de espacios habitables menos difíciles y escarpados dio lugar a las primeras construcciones en Villa 16 de Julio o Villa Dolores. El éxodo hacia El Alto alcanzó muy pronto dimensiones importantes; si en 1950 tenía ya unos 48 000 habitantes, quince años después había alcanzado los 200 000. El 26 de septiembre de 1988 dejó de ser una zona periférica de La Paz para constituir, desde el punto de vista administrativo, un municipio independiente; sin embargo, si-

*Vista de la avenida Villazón y de la Universidad Mayor de San Andrés, en La Paz. En su condición de capital, La Paz cumple también una importante función de centro de la cultura.*

guió siendo difícil desligar su vida como población de La Paz, de la cual constituye su ciudad-dormitorio. En 1992, El Alto contaba con 405 472 habitantes, que constituían la práctica totalidad de la masa laboral de La Paz.

La gran segregación del espacio urbano de la capital boliviana se ve plasmada en el propio surgimiento del núcleo de población de El Alto, que representa un buen ejemplo de dualidad urbana y de cómo pueden coexistir dos mundos opuestos, dos caras enfrentadas de una misma sociedad. En líneas generales, podría decirse que La Paz es la ciudad de los blancos y los mestizos, donde habita la burguesía, una ciudad con sectores de desarrollo moderno, altos edificios, hoteles y comercios.

El Alto es, por el contrario, la ciudad de los pobres, de los indígenas procedentes de las zonas rurales del Altiplano, de antiguos mineros hoy sin trabajo, que «descienden» cada día a La Paz en busca de cualquier actividad que permita el sustento diario. Sin embargo, la realidad es mucho más compleja, y en los barrios periféricos que rodean La Paz se hallan los mismos problemas que en El Alto, del

mismo modo que en esta última también se pueden encontrar familias cuyo nivel de vida es bastante superior a los niveles de supervivencia de la mayoría de sus ciudadanos.

El Alto es la tercera ciudad boliviana por su número de habitantes, y entre 1976 y 1992 creció un 324 por ciento, ritmo que no parece haber disminuido. La tasa de crecimiento es del 9,02 por ciento, una insólita velocidad de expansión que puede tener como consecuencia la duplicación de su población en sólo ocho años. Si esto sucede, a comienzos del siglo XXI la ciudad de El Alto habrá alcanzado los 800 000 habitantes, una cifra superior a la actual población de La Paz.

En El Alto, desde donde pueden apreciarse la cordillera Real y las cumbres del Illampu, el Huayna Potosí y el Condoriri, el 86 por ciento de los hogares vive en condiciones de pobreza y sus habitantes no alcanzan unos mínimos vitales por lo que respecta a la alimentación. Todo ello es consecuencia del desempleo, de la economía informal y de la enorme precariedad de una ocupación muchas veces autogenerada.

# Desarrollo urbano
# y nuevas dinámicas económicas

Santa Cruz es la ciudad de Bolivia que cuenta con el mayor crecimiento del siglo XX. En sólo 25 años, entre 1950 y 1976, pasó de 42 700 habitantes a 257 000, lo cual representa una tasa de crecimiento del 7,2 por ciento; en 1992 esta tasa se situó en el 6,10 por ciento. Santa Cruz tiene una población que ha alcanzado los 700 000 habitantes y sigue aumentando, lo cual no deja de ser sorprendente si se considera que hasta hace apenas tres décadas esta ciudad no había experimentado cambios significativos en su desarrollo. Se trata de una urbe muy antigua, ya que su fundación por don Ñuflo de Chávez data de 1561, y está situada a 437 m de altitud, en una región tropical en la que la temperatura media alcanza los 24 °C y las abundantes precipitaciones llegan a descargar 1 050 mm de agua anuales.

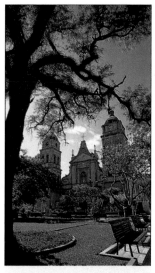

*Santa Cruz entremezcla el carácter majestuoso de su catedral (1605-1838) con edificios modernos.*

## Santa Cruz: colonización y petróleo

La ciudad fue, en sus orígenes y durante siglos, el punto de partida de las expediciones de conquista hacia el oriente y las llanuras, y por ello su historia refleja con fidelidad el ritmo de los distintos ciclos de explotación de los recursos amazónicos. El primero de estos recursos fue la quinina, que empezó a extraerse a mediados del siglo XIX, y luego le siguieron la fiebre del caucho y el comercio de cueros y pieles hasta la década de 1930; en todo este tiempo Santa Cruz fue el principal centro regional.

Si bien la Guerra del Chaco (1932-1935) resultó desastrosa para Bolivia, Santa Cruz desempeñó en ella un papel clave como base de avituallamiento de los ejércitos. Este hecho planteó la necesidad de introducir mejoras sustanciales en las vías de acceso, por lo que fueron mejorados los caminos, al mismo tiempo que se introducía en la región el cultivo del arroz.

## La inmigración en los años cincuenta y el «oro negro»

La etapa de esplendor para Santa Cruz se inició tras la revolución nacional de 1952 y la reforma agraria. Ésta, al liberar a los campesinos de sus obligaciones hacia los hacendados, les dio acceso a la emigración hacia las zonas de colonización agrícola de la región de oriente, una emigración protagonizada por movimientos espontáneos, que se vio en gran medida favorecida por la apertura, en 1954, de la ruta asfaltada entre Santa Cruz y Cochabamba, nexo definitivo para el desarrollo de la ciudad.

Al mismo tiempo, la política agrícola oficial, que tenía como objetivo la autosuficiencia alimentaria del país, estimuló, entre 1958 y 1969, el cultivo de arroz y caña de azúcar en la región. Esta política continuó en la década de 1970 y las directrices gubernamentales siguieron favoreciendo a la ciudad, al convertirla en el centro de la zona prioritaria de cultivos para la exportación, como el azúcar y el algodón, productos que fueron ocupando las tierras libres de la región. La compañía Bolivian Gulf Oil, años después nacionalizada por el gobierno del general Alfredo Ovando Candía, perforó los primeros pozos a pocos kilómetros de la ciudad. Este hecho y el hallazgo de yacimientos de gas natural y petróleo constituyeron factores impulsores para hacer de Santa Cruz la ciudad más próspera del país.

## Una ciudad de marcados contrastes

El marco urbano de Santa Cruz refleja de manera evidente las grandes transformaciones contemporáneas, al tiempo que conserva presentes las huellas de su historia. El núcleo antiguo fue construido

*Santa Cruz recibe la mayor parte de las migraciones internas del país, por lo que registra un crecimiento demográfico que duplica la tasa del crecimiento nacional de los últimos 25 años.*

con la planta que era habitual durante la dominación española, con calles rectas que se cruzaban formando una planta en damero, centrado por la gran plaza de armas 24 de Septiembre. Es en este espacio donde se ubican los edificios nobles de la ciudad: la catedral, la prefectura, la alcaldía y la universidad. Este conjunto histórico se edificó con ladrillos y tejas de barro cocido, los materiales propios de la región, y las casas formaban conjuntos cerrados dentro de los cuales se abrían los patios con aljibes para recoger el agua de lluvia. El recinto antiguo de la ciudad se halla rodeado por un cinturón de nuevas construcciones que muestran, en sentido concéntrico, la dirección de la vertiginosa expansión urbana de los últimos veinte años y que han convertido a Santa Cruz en la ciudad más dinámica del país y en una de las de más rápido crecimiento del continente.

### Repercusiones regionales: Montero y Camiri

El gobierno de Paz Estenssoro decretó el llamado «código del petróleo», por el cual se concedían regalías a aquellos departamentos en los que se encontrasen reservas de petróleo. El 11 por ciento de esta regalía fue utilizada por el comité de obras públicas de la ciudad, transformado en corporación de desarrollo, para emprender numerosas obras e infraestructuras, entre ellas el sistema de agua potable y los servicios sanitarios.

Al mismo tiempo, mediante un plan regulador, se establecieron las líneas directrices del nuevo desarrollo de Santa Cruz en función de un sistema de anillos concéntricos que ordenaba su crecimiento en torno al centro histórico. La Corporación de Desarrollo —ya disuelta— fue un instrumento de planificación, no sólo urbano sino también regional, dotado de un tipo de intervención propio de una región metropolitana; su tarea ha sido crucial para dinamizar y dar soporte al sector industrial, pero también para llevar agua y electricidad a las poblaciones de su área de influencia. En este contexto han nacido modernos barrios como el de Equipetrol, nuevos símbolos del crecimiento experimentado por Santa Cruz.

El rápido desarrollo económico de la región de Santa Cruz ha favorecido el desarrollo de otros centros que han experimentado un crecimiento espectacular en los últimos años. Un ejemplo de ello lo constituye la ciudad de Montero, con 57 027 habitantes, cuyo nombre alude al héroe de la Indepen-

*Tarija fue fundada en julio de 1574 como San Bernardo de la Frontera por el capitán español don Luis de Fuentes. En la imagen, vista de la plaza principal, que recuerda a su fundador.*

dencia Marceliano Montero. Situada en una rica área agrícola, se ha convertido en el centro de grandes explotaciones de bananas, arroz y caña de azúcar, así como de plantas oleaginosas, y manifiesta de forma evidente los buenos resultados de la política de colonización.

Camiri, con 27 971 habitantes, se halla situada en el borde del Chaco y se ha desarrollado de manera muy rápida a consecuencia de los trabajos de explotación petrolífera y de gas natural que, desde 1955 y a pesar de algunas crisis en su producción, lleva a cabo la compañía nacional de petróleos boliviana. Desde Camiri, considerada la capital de la producción petrolífera del país, un oleoducto llega hasta Yacuiba, en la frontera con Argentina.

## Las ciudades del sur

### Tarija, la «Andalucía boliviana»
La ciudad de Tarija, capital del departamento de su mismo nombre, se halla ubicada en el valle del río Guadalquivir, a 1 905 m de altitud. Fue fundada en 1574 por el capitán Luis de Fuentes y Vargas, con el nombre de Villa de San Bernardo de la Frontera, nombre que fue sustituido por el del primer

español que inició la exploración de este territorio, Bernardo de Tarixa. En 1807, con 1 802 habitantes, fue anexionada a Salta, pero en 1826 fue reintegrada a Bolivia.

La urbe, conocida como «la Andalucía boliviana» por su clima, conserva, como cualquier otra ciudad de la época, características hispanas. Tarija desempeñó un papel relevante en la lucha por la Independencia; en 1810 se declaró como territorio independiente de la Corona española y en el año 1817, en la batalla de La Tablada, sus habitantes infligieron una importante derrota a las tropas coloniales. La fecha de esta batalla, el 15 de abril, sigue siendo todavía hoy una festividad señalada en el departamento de Tarija.

Entre los monumentos más relevantes de la ciudad cabe destacar el convento franciscano de 1606, con una valiosa biblioteca, y la catedral, que ocupa el lugar donde se ubicaba la iglesia del convento de los jesuitas, iniciada en 1690. Es digna de mención, además, la iglesia de San Roque, centro de un culto popular en el que destacan unos particulares danzarines que acompañan a la imagen del santo en las procesiones y que son conocidos con el nombre de «chunchos». Tarija tiene 90 113 habitantes, co-

## Frontera del Chaco: Yacuiba y Villamontes

La gran región del Chaco se extiende entre tres países, Bolivia, Paraguay y Argentina, y ha sido motivo de repetidos litigios fronterizos. La población más importante en el Chaco boliviano es Villamontes, una ciudad de 11 086 habitantes que se halla en una de las áreas más tórridas del país, azotada por vientos cálidos y secos, y donde las temperaturas pueden alcanzar los 40 °C. La ciudad adquirió especial relevancia durante la guerra del Chaco, puesto que el triunfo de las tropas bolivianas en la batalla que tuvo lugar allí en 1934 permitió que esta parte del Chaco permaneciera bajo el poder boliviano, así como una amplia zona del departamento de Santa Cruz, donde estaban en juego las reservas petrolíferas.

En esta área se ha desarrollado Yacuiba, una auténtica población de frontera en la zona de transición entre el Chaco y la Pampa argentina. La ciudad, que cuenta con 30 912 habitantes, es el punto de destino del ferrocarril que se dirige a Santa Cruz, así como la terminal del oleoducto procedente de los campos petrolíferos de Camiri, también en la región de Santa Cruz.

En Villamontes, la población más importante del Chaco boliviano, destaca la ubicación de una fábrica de aceite para cubrir la demanda interna.

En la imagen, la torre de la iglesia de San Roque, centro de culto popular en Tarija, la capital del departamento de igual nombre, emplazada a orillas del río Guadalquivir, al sur del país.

nocidos en el país como «chapacos»; la ciudad presenta una planta ortogonal típica del desarrollo colonial, y se ha extendido por un valle de clima suave en el que los agentes meteorológicos han actuado profundamente dando lugar a un paisaje de superficies muy erosionadas.

## Centros amazónicos en expansión

La región de la Amazonia boliviana, objetivo de grandes planes de colonización, ha visto nacer nuevas explotaciones agrícolas, ganaderas y mineras al ritmo de la avanzadilla de la construcción de carreteras que surcan el tupido bosque ecuatorial. De ellas, la que une La Paz con Guayaramerín, la de Yacumo a Trinidad a través de la región del Beni y la de Riberalta a Cobija, en el departamento de Pando, han constituido el eje principal de un modelo de desarrollo que ha corrido paralelo al movimiento migratorio desde las regiones más altas hacia la frontera amazónica. Pese a ser una región con un poblamiento esencialmente rural, se han desa-

*El pueblo boliviano, orgulloso de su historia, ha sembrado el territorio de monumentos alusivos a los héroes y episodios de la Independencia. En la fotografía, monumento a Bolívar en Tarija.*

rrollado en ella algunos centros de funciones urbanas, enclavados en las principales rutas de penetración del territorio, en torno a las cuales se desarrollan las actividades económicas y sociales más importantes.

## Trinidad y las misiones jesuitas

Situada a 237 m de altitud y a 14° al sur del ecuador, la ciudad de Trinidad es la capital del departamento del Beni y el centro neurálgico de la Amazonia boliviana. En el último censo de población contaba con 57 328 habitantes, pero este número sigue aumentando a un ritmo constante. Su fundación, como misión de La Santísima Trinidad, tuvo lugar en 1686 por el padre Cipriano Barace. Su primitivo emplazamiento estaba en la orilla del río Mamoré, a unos 14 km de su ubicación actual. A causa de la insalubridad del lugar elegido, en 1769 tuvo que ser trasladada junto al arroyo de San Juan, río que divide la ciudad actual. Trinidad inició su desarrollo moderno con el establecimiento de la familia Suárez a finales del siglo XIX y el inicio de la explotación de la quinina, la ganadería extensiva y el caucho.

La explotación económica de los recursos naturales de la Amazonia está convirtiendo el núcleo de Trinidad en un polo potencial de articulación económica en el nordeste boliviano. Loreto, la primera misión establecida por los jesuitas en la región del Beni en 1675, es todavía hoy un lugar de peregrinaje en la carretera que une Trinidad con Santa Cruz.

En el área de influencia de Trinidad se localizan también las poblaciones —originariamente misiones— de Magdalena, con 4 344 habitantes, y Santa Ana, con 14 788 residentes.

## Antiguos caminos del caucho: Riberalta, Guayaramerín y Cobija

Cerca de la confluencia de los ríos Beni y Madre de Dios se halla enclavado el centro urbano de Riberalta, capital de la región de la frontera norte amazónica. Su población ha experimentado un fuerte crecimiento en los últimos años. En 1992 contaba con 43 454 habitantes. Su pasado hunde sus raíces en los años de la explotación del caucho, pero en la actualidad es el centro del cultivo y la exportación de la juvia y de su aceite.

De Riberalta parte la ruta que conduce a Gua-yaramerín, a la que el río Mamoré separa de Guaja-rá Mirim, ya en territorio *En 1990 aparecieron nuevas ciudades entre las más pobladas del país que hasta entonces no habían figurado en el antiguo censo de 1900: es el caso de Riberalta, departamento del Beni.* brasileño. El río le confiere su función de puerto flu-vial en el punto más septentrional, antes de los rápi-dos que dificultan la navegación, y también su cali-dad de puesto comercial de frontera. Esta ciudad fue además un gran centro de producción de cau-cho en el punto de enlace con la ruta brasileña a Porto Velho. En 1907 una compañía norteamerica-na, May, Jeckyll and Randolph, inició los trabajos para construir una línea de ferrocarril de 364 km de longitud que debía enlazar San Antonio, en el río Madeira, y Riberalta, y compensar así la pérdida del territorio de Acre anexionado a Brasil. De esta ma-nera se abrió una vía de comunicación hacia el Atlántico que no era factible por la vía fluvial del Mamoré a causa de los rápidos. El trazado ferro-viario, cuya construcción costó más de 6 000 vidas

humanas, llegó a Guajará Mirim en 1912, cuando el precio del caucho había iniciado su descenso, y ja-más alcanzó el final del tra-yecto. Sus puentes son hoy utilizados en la carrete-ra entre el río Mamoré y Porto Velho.

La población de Cobija, junto al río Acre, es la ca-pital del departamento más reciente de Bolivia, el de Pando. Emplazada en una zona de clima tropical con fuertes precipitaciones (1 750 mm anuales), fue fundada en 1906 con el nombre de Bahía. En la dé-cada de 1940 se había convertido en uno de los cen-tros de la explotación del caucho, y la posterior cri-sis de este producto sumió a la ciudad en un letargo económico que provocó su despoblación. Con su de-signación como capital del nuevo departamento de Pando y como centro de un gran número de ambi-ciosos proyectos de colonización, Cobija ha crecido considerablemente en los últimos años, hasta sobre-pasar los 10 000 habitantes.

# La economía

**Aspectos macroeconómicos,
actividades y estructura
económica**

*El Banco Central de Bolivia inició sus actividades en 1929, con el fin de regular el capital circulante y el tipo de cambio, controlar la política crediticia y actuar como agente financiero del Estado. En la imagen, su sede en La Paz.*

# Aspectos macroeconómicos, actividades y estructura económica

A diferencia de lo que ocurrió en la mayoría de países de Latinoamérica, Bolivia no acusó demasiado el impacto de la crisis mundial de los primeros años de la década de 1970. Alentada por el incremento de los precios de las materias primas en el mercado mundial, especialmente del estaño, la economía nacional mantuvo entre 1972-1976 un crecimiento sostenido de su Producto Interior Bruto (PIB) superior al 6 por ciento anual. Esta situación se invirtió en la segunda etapa recesiva de la economía internacional, caracterizada por una caída de los precios de los productos primarios y por un intenso deterioro de los términos del intercambio entre la mayoría de los países del Tercer Mundo y los países desarrollados.

La crisis de la minería boliviana fue especialmente grave. Entre 1984 y 1986 el valor de la producción minera se redujo en un 40 por ciento, lo cual afectó de lleno a las finanzas públicas, dada la propiedad estatal de las principales minas del país. El Gobierno se vio entonces obligado a recurrir al crédito internacional para financiar los crecientes déficit corrientes. Como consecuencia de esto la deuda externa inició un crecimiento descontrolado (expresada en porcentaje del PIB, pasó del 93 % en 1980 al 176 % en 1985). Según el Banco Central de Bolivia la relación de intercambio entre el país y el exterior acusó un deterioro continuado entre 1981 y 1987, período en el cual las exportaciones bolivianas pierden casi un 50 por ciento de su valor adquisitivo.

La sociedad y la economía bolivianas se enfrentaron así, en los primeros años de la década de 1980, a la que probablemente sería una de las peores crisis de este siglo. La conjunción de circuns-

*Lago de residuos de la planta de extracción minera de Don Diego, de COMSUR, cerca de Potosí.*

tancias adversas de distinto signo y origen llevaron al país a una situación gravísima, marcada por la desestructuración social y política y por la destrucción de las bases productivas de la economía, por la brutal caída de los precios de los minerales en el mercado mundial y, sobre todo, por la irrupción, con la fuerza de un vendaval, de la hiperinflación.

El fenómeno de la hiperinflación boliviana sólo es comparable a lo ocurrido en la Alemania del período de entreguerras, que alcanzó en 1984 la cifra récord del 24 000 por ciento anual. Este proceso inflacionario prosiguió con fuerza durante 1985, pero como consecuencia del plan de estabilización contenido en la llamada Nueva Política Económica (NPE) se llegó rápidamente, por la vía del control de los precios y de los tipos de cambio, a porcentajes de inflación próximos a los que tenían las economías de los demás países del entorno.

## La Nueva Política Económica

El conjunto de medidas de la NPE, especialmente la Reforma Tributaria de 1986 y las decisiones tendientes a unificar los tipos de cambio, actuando en un nuevo contexto de democratización política, aunque en medio de fortísimas tensiones sociales, tuvieron un indiscutible éxito en el objetivo de controlar la hiperinflación y de estabilizar el cuadro macroeconómico. De hecho, en los organismos internacionales, así como entre los inversores financieros, la NPE es considerada como uno de los planes de estabilización más exitosos de Latinoamérica. En el otro lado de la balanza cabe destacar los efectos que el plan de estabilización provocó en la distribución de la renta, haciendo todavía más ma-

*La extracción de petróleo se ha visto regulada en los últimos años por una legislación que pretende hacer frente a situaciones de crisis en el sector. En la imagen, oleoducto en Oruro.*

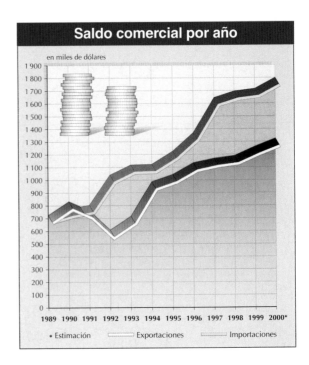

### Saldo comercial por año

en miles de dólares

* Estimación ▬▬ Exportaciones ▬▬ Importaciones

nifiestas las desigualdades sociales y las carencias generalizadas en la oferta de servicios y bienes públicos. Pero lo que quizás suscita más interrogantes e incertidumbres, catorce años después de iniciada la NPE, es la propia indefinición del empresariado boliviano a la hora de optar por invertir y ocupar el espacio que ha ido dejando el propio Estado.

## El contexto internacional

La economía del país ha sufrido mutaciones estructurales en estos últimos quince años, motivadas en parte por la propia acción política de los distintos gobiernos así como por la transformación de los contextos internacionales en que operaba tradicionalmente.

La reorientación geográfica de los intercambios, que sitúa a los países latinoamericanos como principales socios comerciales, la caída de los precios del estaño, la brusca interrupción de la exportación de petróleo junto a la emergencia de nuevos sectores en expansión como es la exportación de gas, el creciente incremento de la producción de hoja de coca y de cocaína, la producción y exportación de soya y el desarrollo de la

ganadería intensiva destinada al mercado brasileño, principalmente, entre otros aspectos, configuran una economía muy diferente a la que existía a principios de la década de 1980.

Perduran los rasgos característicos del subdesarrollo y la orientación productiva hacia el mercado exterior, pero en un contexto diferente y con cambios significativos en la estructura socioeconómica. Estos cambios son especialmente visibles en el mercado de trabajo, en la expansión del sector informal de la economía, en la reorientación del viejo modelo primario-exportador y en la transformación de la agricultura tradicional.

En el nuevo orden económico internacional no parecía haber lugar para la tradicional economía boliviana, en manos del Estado, basada en la producción de minerales y combustibles. Los cambios operados para adaptarse a este nuevo esquema internacional han sido impresionantes y en algunos aspectos han logrado éxitos notables. Sin embargo, en este plano el país se enfrenta a dos grandes desafíos. El primero consiste en saber si la nueva economía nacional será capaz de avanzar en la solución de los problemas estructurales del país, especialmente en la mejora significativa de las condiciones de vida de la población; y el segundo plantea si será posible avanzar en la construcción de una economía cuyo funcionamiento dependa esencialmente de lo que ocurre en el país y su entorno y no de lo que determinen fac-

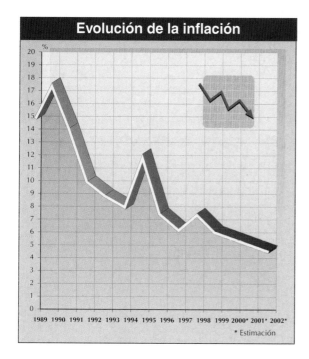

### Evolución de la inflación

* Estimación

*Los créditos contratados con las agencias multilaterales, como la Corporación Andina de Fomento (en la imagen), han obtenido tasas de interés inferiores a las tasas bancarias corrientes.*

tores económicos indefinidos y que actúan a escala mundial. La respuesta a estos interrogantes la tendremos en los próximos años, pero lo que hoy es seguro es que no se pueden disociar ambos objetivos.

## La deuda externa

En abril de 1984, en un contexto de crisis generalizada en el sistema financiero latinoamericano, se produjo el acuerdo entre la Central Obrera Boliviana y el Gobierno para proceder a la suspensión de pagos de la deuda externa contraída con la banca privada. Esta decisión es prácticamente única en toda Latinoamérica. Sin embargo, en términos prácticos, esta opción estratégica no tuvo mayores efectos dado que la parte más significativa de los compromisos financieros correspondían a acreedores oficiales. Este hecho ha pesado muy significativamente en el funcionamiento de la economía nacional en estos últimos quince años dado que, en la práctica, ha condicionado mucho más a la economía boliviana, en comparación con otros países latinoamericanos. Como se sabe, las agencias multilaterales tales como el Banco Mundial, el Banco Interamericano de Desarrollo o la Corporación Andina de Fomento, operan con los países que se benefician de los créditos, de forma que el desembolso real de lo prestado se condiciona a la realización efectiva de los proyectos y sobre todo al hecho de que no existan pagos atrasados de otros

créditos. La experiencia histórica de Bolivia y de Latinoamérica muestra que en líneas generales ha resultado más fácil renegociar las condiciones de la deuda externa y reestructurar su composición y sus vencimientos con la banca privada que con los acreedores oficiales.

Desde principios de la década de 1990 la deuda externa ha empezado a ser más manejable para la economía nacional, en parte por la renegociación, que ha permitido reestructurar algunos activos, la bajada de los tipos de interés y la reactivación de las exportaciones e inversiones externas, las cuales han asegurado un flujo regular de divisas hacia la economía del país. Aun así, hay que tener en cuenta que su servicio en 1996 (300 millones de dólares, de los cuales un 50% se destina a pagar intereses y el 50% restante a amortizaciones de capital) representaba el 25 por ciento del valor total de las exportaciones. En 1996 el monto total de la deuda externa sobrepasó los 4 500 millones de dólares. Actualmente la estructura de la deuda exterior pública se caracteriza por la preeminencia de los acreedores multilaterales, que representan un 56 por ciento, mientras que los bilaterales representan sólo un 43 por ciento. Hay que decir que el

*La crisis de 1995 afectó incluso a entidades bancarias fuertes, como el Banco Boliviano Ameri-*
*cano, y evidenció la necesidad de consolidar el sistema financiero bajo el control del Banco Central.*

endeudamiento con el sector privado apenas alcanza al 1 por ciento. Entre los acreedores multilaterales el principal acreedor es el Banco Interamericano de Desarrollo, con un 57 por ciento de la deuda; el Banco Mundial, con un 32 por ciento; y la Corporación Andina de Fomento, con un 7 por ciento. Los principales acreedores bilaterales son Japón, Alemania y Bélgica. Brasil y Argentina son también acreedores importantes.

## El sistema financiero

El sistema financiero boliviano ha dado muestras de su fragilidad precisamente en el momento en el que el Banco Central introducía cambios muy significativos en la política cambiaria. En especial el llamado tipo de cambio de paridad central, sistema que se basa en una canasta de cuatro monedas (dólar, libra esterlina, yen y marco alemán) ponderadas en función de su importancia relativa en la ba-

lanza de pagos. Este tipo de cambio, administrado por el Banco Central de Bolivia, constituye un paso más en el proceso general de «desdolarización» de la economía.

Dentro del programa de reorganización económica general de la Nueva Política Económica, la Superintendencia de Bancos de Bolivia fue transformando el marco tradicional en el que operaban los bancos y organizaciones financieras en general. A partir de 1988 se generalizó el control de normas tales como establecer mecanismos de clasificación de cartera, constitución de provisiones de reservas, control de deudores vinculados, etcétera. En 1993 se dictó una nueva Ley de Bancos y Entidades Financieras que normaliza el procedimiento de control y regulación del sistema bancario.

En 1995, en un contexto de fuertes tensiones financieras en toda Latinoamérica, motivadas por la crisis mexicana, varios bancos tuvieron problemas de falta de liquidez y solvencia. En los casos del Banco de Cochabamba y el Banco del Sur la insolvencia fue total y las entidades fueron liquidadas como tales, haciéndose cargo el Estado de sus depósitos. Posteriormente la crisis afectó al Banco Boliviano Americano (BBA), uno de los seis más grandes del país; esta crisis sólo pudo ser remontada gracias a la intervención del Banco Central de Bolivia. La crisis bancaria de 1995 fue considerada como una señal de alarma por la Administración que, aparte de la legislación de 1993, que creaba un marco normativo para el funcionamiento, creó por decreto ley un Fondo de desarrollo del sistema financiero y de apoyo al sector productivo. El objetivo de este nuevo instrumento es aportar recursos para incrementar la disponibilidad de liquidez de los bancos. El Fondo, constituido con recursos aportados principalmente por organismos internacionales, establece una norma de funcionamiento operativo tendiente a mejorar la transparencia del mercado financiero y exige como condición previa a la utilización de sus recursos el ajuste de los estados financieros a normas de contabilidad homologadas por el Banco Central de Bolivia.

La gran fragilidad del sistema financiero boliviano proviene principalmente del hecho de que la abrumadora mayoría de los depósitos bancarios del país están sujetos a una retirada, con la única condición de un preaviso de 48 horas y se corresponden, además, a los activos de un número muy reducido de depositantes. La nueva política tiene que ser capaz de superar este bloqueo estructural y, al mismo tiempo que se estabiliza el sistema banca-

*El sistema económico debe contribuir a mejorar la calidad de vida de la población poniendo a su alcance sistemas crediticios adecuados. En la imagen, puesto de venta de alimentos en Santa Cruz.*

rio, tiene que convertirse en un instrumento efectivo para financiar las actividades productivas, capaz de desarrollar políticas crediticias para sectores específicos como los campesinos, los comerciantes y los pequeños empresarios, a través de los microcréditos u otros instrumentos financieros apropiados, y también facilitar la demanda de una parte de la población que necesita financiamiento destinado al consumo de bienes duraderos.

## Las finanzas públicas

Debido al peso que tiene el gasto público en la actividad económica boliviana (Bolivia, junto a Brasil, posee el mayor coeficiente de gasto público, en relación al PIB, de toda Latinoamérica), resulta de especial interés observar la evolución de las cuentas públicas. El país ha iniciado en este terreno una especie de transición respecto a la importancia y origen de los ingresos públicos. Hasta 1995, fecha en que se inicia el proceso de privatización/capitalización, el Tesoro recaudaba la mayor parte de sus ingresos de algunas de las grandes empresas públicas. Pero, al mismo tiempo, el erario público debía asumir los déficit corrientes de las empresas públicas en números rojos y financiar los programas de inversión de estas sociedades. Su privatización parcial o total ha dejado sin una fuente de ingresos muy importante al Estado. La citada transición ha de asegurar las condiciones para mantener e incrementar el gasto público cuando se dispone de menores ingresos.

## La política fiscal

La política fiscal en Bolivia se ha caracterizado tradicionalmente por la aplicación de unos tipos impositivos muy bajos que se traducen en una escasa capacidad recaudatoria. Además, la dimensión que ha adquirido el sector informal de la economía, junto a las actividades financieras inducidas por el dinero del narcotráfico, hace que una parte significativa del movimiento económico real escape a cualquier fiscalidad. En 1987 se promulgó la Ley de Reforma Tributaria que pretendía sentar las ba-

*Para optimizar las operaciones del comercio exterior ha sido necesaria una reorganización del sistema aduanero. En la imagen, el puesto fronterizo de Tambo Quemado (Oruro).*

conserva las funciones de control y de regulación del conjunto de puestos aduaneros. De una u otra manera el sistema aduanero ha de desarrollar mecanismos de control eficientes a fin de luchar contra el creciente contrabando y la evasión fiscal en uno de los sectores —importación/exportación de mercancías— que más pueden aportar, por su dinamismo y forma de funcionamiento, a la hacienda pública. Debe también establecer las bases de un sistema impositivo progresivo que legitime socialmente la actividad recaudatoria de la Administración.

Con todo, hay que señalar que desde 1990 se ha dado un crecimiento sostenido de los ingresos tributarios medidos como coeficiente del Producto Interior Bruto. Así, los ingresos tributarios del Estado han pasado de un 6 por ciento del PIB en 1990 hasta un 12 por ciento en 1995. Esta importante variación porcentual no oculta el hecho de que siga siendo una de las tasas más bajas de Latinoamérica. El aumento en el impuesto de transacciones unido a una mejora del sistema de recaudación ha permitido incrementar el peso de los ingresos tributarios dentro del conjunto de ingresos con que se financia el gasto público. En la financiación del déficit público siguen siendo muy importantes los recursos aportados por organismos internacionales y las donaciones externas, que en 1996 alcanzaron el 2 por ciento del PIB.

## Nuevas tendencias en la inversión de capital

Un rasgo característico en las estrategias de apertura al mercado mundial desarrollada por los países del Tercer Mundo e impulsada por organismos internacionales como el Fondo Monetario Internacional, el Banco Mundial, el Banco Interamericano de Desarrollo y otras agencias del sistema internacional, ha sido la centralidad que se otorgaba a la creación de condiciones macroeconómicas que resultasen atractivas para los inversores, especialmente para los inversores internacionales.

Estos procesos de apertura incluían una política económica estabilizadora, garantías económicas y políticas sobre las inversiones, sobre la protección de las mismas, un tratamiento fiscal favorable, las posibilidades de repatriar beneficios, etcétera. Asimismo implicaban una cesión más o menos significativa, según los países y las circunstancias del papel del Estado, a la empresa privada.

Bolivia desarrolló una política intensa de incentivos a las inversiones, tanto nacionales como ex-

ses de un sistema tributario más eficiente. La nueva normativa significó una drástica reducción de los tipos impositivos, que pasaron de más de cuatrocientos impuestos a menos de diez, con el consiguiente efecto de clarificación y simplificación. El gran objetivo de esta reforma era mejorar la eficiencia del sistema recaudatorio boliviano e incrementar el número de tributantes.

Una de las áreas en las que más esfuerzos se han hecho para la recaudación es en la del proceso de internación de mercancías y en la del desarrollo de un sistema aduanero operativo. Con la ayuda financiera y técnica del Banco Interamericano de Desarrollo y del Ministerio de Hacienda de España, en este ámbito se ha optado por desarrollar un programa de racionalización de la estructura administrativa que, entre otras medidas, prevé la parcial privatización de algunos segmentos del sistema de aduana, sobre todo los recintos aduaneros que tienen mayor movimiento de mercancías, muy especialmente aeropuertos y puestos fronterizos.

A pesar de esta privatización de la gestión operativa del sistema aduanero, la Aduana Nacional

El Lloyd Aéreo Boliviano (LAB) fue una de las seis empresas estatales que se abrieron a la par- ticipación de capital privado, el cual puede provenir de socios nacio- nales o extranjeros.

La Ley de Capitalización contribuyó a asentar el clima de confianza que re- quería la inversión ex- tranjera, pero encontró la oposición de algunos secto- res sociales. En la imagen, manifestación en La Paz.

tranjeras, con resultados desiguales. Se podría establecer una cierta periodización en el diseño y aplicación de este elemento fundamental de la estrategia económica.

En el período 1985-1987, momento en que la política tenía como objetivo primordial conseguir la estabilización macroeconómica y el control de la hiperinflación, empezaron a sentarse las bases para la recuperación de la inversión y del crecimiento económico. Una segunda serie de reformas estructurales se produjo en el período 1989-1992, que consistieron básicamente en una mayor liberalización, al abrir nuevas y mayores oportunidades a los inversores nacionales y extranjeros. De especial importancia en esta fase fueron el código de inversiones de 1990, la Ley de Hidrocarburos de 1990, la reforma del código minero y especialmente la Ley de Privatizaciones de 1992.

Finalmente, en 1993 se inicia la tercera etapa bajo el gobierno del presidente Gonzalo Sánchez de Lozada, cuyo punto central es la promulgación en 1994 de la Ley de Capitalización, que permite la transferencia del 50 por ciento del valor de las seis mayores empresas estatales a socios inversionistas privados, que pueden ser tanto nacionales como extranjeros. Las empresas integradas en este plan estratégico son la Empresa Nacional de Electrificación, la Empresa Nacional de Ferrocarriles, la Empresa Nacional de Telecomunicaciones, Lloyd Aéreo Boliviano, Yacimientos Petrolíferos Fiscales Bolivianos y la Empresa Minera de Vinto. Una decisión de esta envergadura —estas seis empresas son parte fundamental en las exportaciones del país y su volumen de actividad representa un porcentaje considerable de la renta nacional— difícilmente podía ser aceptada sin conflictos sociales. La Ley de Capitalizaciones obligó a modificar la Constitución, a crear un nuevo sistema de reglamentación de todos los sectores implicados y al mismo tiempo elaborar leyes específicas, entre las que debe destacarse la reforma del sistema tributario. Este proyecto, de características únicas en Latinoamérica, prevé que una parte de los recursos generados por la enajenación de activos públicos no reviertan al Estado, sino que se inviertan directamente en la empresa. De igual manera se prevé

El sector informal urbano ocupa a la población más pobre, particularmente ex campesinos que esta-blecen pequeños puestos de venta en las ciudades, como el de la imagen, en una calle de Sucre.

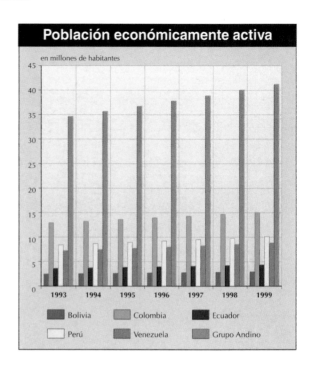

**Población económicamente activa**

en millones de habitantes

Bolivia    Colombia    Ecuador
Perú    Venezuela    Grupo Andino

que el 50 por ciento del valor de estas sociedades que queda en manos del Estado se transferirá a las cuentas de pensiones de todos los ciudadanos y ciudadanas del país que hubiesen alcanzado la mayoría de edad (18 años) en diciembre de 1995. Esta decisión, vinculada estrechamente a la política de reestructuración de las pensiones, implica una serie de problemas operativos de gran complejidad, especialmente en Bolivia, donde la estructura del empleo está muy marcada por el sector informal de la economía.

Además, desde el punto de vista de la equidad de la decisión, cabe ver una cierta discriminación generacional que afecta muy significativamente a aquellos grupos de bolivianos que alcanzaron la mayoría de edad a partir de 1997.

## La privatización de la economía

El marco institucional del proceso de privatización de la economía boliviana lo ha proporcionado el Consejo Nacional de Economía y Planeamiento (CONEPLAN), organismo que se ha encargado de vigilar y regular los sectores, las condiciones y los ritmos de las privatizaciones. Las privatizaciones han adoptado la forma de subasta pública, de licitaciones o han provocado la entrada de los activos de las empresas en la bolsa. El paso a manos privadas del control y de la gestión de empresas públicas en sectores estratégicos ha obligado a la Administración a crear un mecanismo de control

y regulación que funciona como una superintendencia que se ocupa especialmente de los sectores de aguas, electricidad, hidrocarburos, telecomunicaciones y transporte.

El plan de capitalización/privatización puede considerarse cubierto exitosamente en sus objetivos iniciales. Entre 1995 y 1996 prácticamente las seis empresas habían traspasado el 50 por ciento de sus activos a sociedades privadas, especialmente extranjeras. Los recursos atraídos con estas seis privatizaciones se sitúan en alrededor de 2 000 millones de dólares.

En el proceso de capitalización el sistema funciona de manera que el Estado aporta los activos reales, es decir, el valor de la empresa en el momento de la operación, a título de capital accionarial inicial. Los inversionistas privados (nacionales o extranjeros) aportan por su parte una determinada cantidad de capital nuevo a invertir en un plazo convenido, a cambio de la toma de posesión del 50 por ciento de las acciones de las sociedades y asumen la gestión operativa de la empresa o grupo de empresas. La aportación del socio inversor adopta la forma de capital monetario a fin de proveer de liquidez y de capitalización tecnológica a la sociedad, con objeto de mejorar los procedimientos productivos, la gestión y la comercialización de los productos. En 1995 fue privatizada la Empresa Nacional de Electricidad (ENDE) por 140 millones de dólares; el mis-

## El marco regulador de las privatizaciones

El Sistema de Regulación Sectorial (SIRESE) es el principal instrumento por el que se guía la privatización de la economía estatal. El SIRESE tiene como finalidad regular, controlar y supervisar las actividades que se realicen en los subsectores de telecomunicaciones, electricidad, transporte, aguas e hidrocarburos, así como en todos aquellos que en un futuro puedan ser incorporados mediante la correspondiente ley. El SIRESE forma parte del poder ejecutivo y está bajo el control operativo del Ministerio de Hacienda y Desarrollo Económico. Su estructura se compone de una Superintendencia General y de Superintendencias Sectoriales que, en la práctica, funcionan como órganos autárquicos, con autonomía de gestión técnica, administrativa y económica. Los superintendentes son designados por el presidente del Gobierno, a partir de una terna propuesta y aprobada por dos tercios de los miembros presentes del Senado. Este sistema de funcionamiento, que tiene algunas similitudes con los procedimientos de elección de las autoridades monetarias, tiende a independizar la designación y funcionamiento de estas instituciones económicas del ciclo político. El período de funciones para el Superintendente General es de siete años, y de cinco años para los Superintendentes Sectoriales, no pudiendo ser reelegidos hasta transcurrido un período de tiempo igual al de su mandato.

Entre las funciones del Superintendente General figuran la fiscalización de la gestión de las Superintendencias Sectoriales y el dirimir eventuales conflictos de competencia que pudieran surgir entre ellos. A su vez, las Superintendencias Sectoriales se ocupan de: promover la competencia y eficiencia en las actividades de los subsectores regulados por el SIRESE; otorgar, modificar, renovar y rescindir las concesiones, licencias, autorizaciones y registros; vigilar la correcta prestación de servicios y el cumplimiento de las obligaciones contractuales, especialmente el programa de inversiones comprometido por las empresas reguladas; probar y publicar precios y tarifas; conocer y procesar las denuncias y reclamos presentados por los usuarios, las entidades y los órganos competentes del Estado.

A través de este entramado institucional el Estado boliviano conserva algunos recursos jurídicos y normativos que le permiten orientar relativamente estos sectores y seguir desarrollando una política industrial, al menos en algunos aspectos.

*El SIRESE supervisa las actividades que se realizan en el subsector de aguas. En la imagen, ingenieros en una laguna artificial para la provisión de agua potable, en Cochabamba.*

mo año se privatizó la Empresa Nacional de Telecomunicaciones (ENTEL) por 610 millones de dólares y la línea aérea nacional de Bolivia por 50 millones de dólares. También fueron privatizadas las redes orientales y occidentales de la Empresa Nacional de Ferrocarriles (ENFE) por 40 millones de dólares. La privatización de ENTEL obligó a cambiar la Ley de Telecomunicaciones a fin de posibilitar la apertura de este sector a la competencia del mercado, permitir la asociación entre ENTEL y operadores extranjeros y regular los derechos exclusivos para prestar servicios de telefonía local y de larga distancia. La empresa italiana Eurom Telecom International (ETI), filial de la Società Torinese Esercizi Telefonice, fue la adjudicataria de ENTEL. A esto se ha de agregar la política de traspaso al sector privado prácti-

camente de la totalidad de las más de 180 empresas públicas de menores dimensiones.

La aplicación de esta estrategia económica ha estado alentada por los organismos internacionales y especialmente por las agencias acreedoras en forma de consejos y recomendaciones, pero también ha soportado presiones económicas directas que han creado en algunos momentos fuertes tensiones con la Administración boliviana. Éste fue el caso de la suspensión de créditos ya concedidos por el Banco Mundial y el Banco Interamericano de Desarrollo en 1995, por valor de 40 millones de dólares, por el supuesto retraso en la capitalización de las empresas Yacimientos Petrolíferos Fiscales Bolivianos y Metalúrgica de Vinto.

Con estas opciones estratégicas la Administración estatal prevé, por una parte, capitalizar tec-

## La reforma del sistema de pensiones

La reforma del sistema de pensiones tiene como objetivo declarado aumentar la tasa de cobertura del sistema actual, que cubre a una parte muy minoritaria de la población —menos del 10 por ciento según datos del Instituto Nacional de Estadística—, y dinamizar el mercado de capitales mediante la acumulación de recursos financieros centralizados. Este programa parece inspirado, en gran medida, en el llamado modelo chileno de pensiones, dado que, al igual que éste, prevé pasar del actual sistema de pago, con cargo a los ingresos corrientes, a un mecanismo basado en la acumulación individual, dependiente directamente de la capacidad y decisión de ahorro de cada trabajador. La administración de los fondos también será privada y se espera que pueda generar recursos próximos a los 1 000 millones de dólares.
Para muchos analistas bolivianos y extranjeros el «talón de Aquiles» de este sistema es la casi nula capacidad de ahorro de la mayoría de la población del

país. Por otra parte, el hecho de que los fondos acumulados no puedan ser empleados hasta cumplidos los 60 años, como ocurre en la mayoría de sistemas de capitalización, representa un problema grave, tal y como han puesto de manifiesto algunos economistas académicos y organizaciones sociales, dado que, según el informe del Programa de Naciones Unidas para el Desarrollo de 1996, la esperanza de vida de la población boliviana está por debajo de esa edad. Además, una parte muy significativa de la población no aparece inscripta en ningún registro y su actividad laboral ha sido realizada siempre en el sector informal de la economía, de manera que la Administración tendrá dificultades para distribuir con equidad los activos entre la población potencialmente beneficiaria. Esta dificultad será comprensible si se piensa que muchos títulos de propiedad de la tierra concedidos en los inicios de la reforma agraria, hace 40 años, todavía no han podido ser otorgados.

*La privatización de empresas estatales alcanzó a sectores tan emblemáticos de la economía del país como el ferroviario. En la imagen, estación de Uyuni, provincia Quijarro (Potosí).*

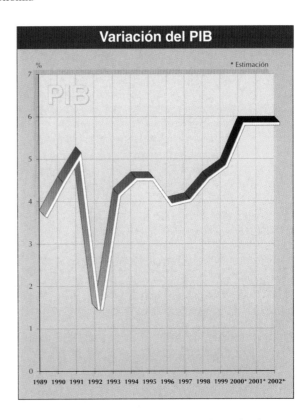

nológicamente las seis grandes empresas y, por otra, generar un volumen de recursos que en el período 1996-2003 puede acercarse al 30 por ciento del PIB. Estos recursos, según los planes oficiales, pueden hacer las veces de un catalizador capaz de potenciar el crecimiento económico en los próximos diez años y generar una mejora sensible en las infraestructuras de todo tipo que, dada su precariedad, acaban convirtiéndose en un nudo que ahoga la expansión económica.

## El bloqueo de la inversión privada

Los datos sobre la evolución de la inversión resultan, a primera vista, sorprendentes. De hecho, más de una década de estabilidad macroeconómica continuada y la creación de un marco jurídico muy propicio no han sido suficientes para relanzar el proceso de inversión del empresariado boliviano. La tasa media de inversión en el país, medida en relación al PIB, ha estado en los últimos diez años significativamente por debajo de la media de Latinoamérica. Con todo, la liberalización de las importaciones de bienes de capital (la nueva legislación aprobada en 1990 redujo los aranceles aplicados a estos bienes desde el 20 % hasta sólo un 5 %) ha tenido el beneficioso efecto de desplazar parte de los flujos de inversión del sec-

tor privado desde la construcción hacia los bienes de equipo y maquinaria. Entre 1988 y 1995 esta relación se ha invertido completamente. Así, la proporción en 1988 era de un 34 por ciento destinado a la inversión en maquinaria y equipo frente a un 66 por ciento en la construcción. En 1995 la proporción era prácticamente la inversa: el 63,4 por ciento de inversión en maquinaria y equipo y un 36 por ciento en la construcción. Este cambio refleja una tendencia continuada; sin embargo, esta tendencia no se evidencia en la inversión pública, lo que, dada su importancia en el conjunto de la inversión, hace que el cambio global sea finalmente menos significativo. De hecho, en 1996, aproximadamente el 50 por ciento de la inversión total provenía del sector público, una cantidad similar a la de 1980. La importancia de este hecho radica en que la inversión en maquinaria y bienes de capital se traduce mayoritariamente en un incremento de la capacidad productiva o en una mejora y racionalización de la organización económica. Si se analiza lo ocurrido entre 1980 y 1995 en el proceso de formación de capital veremos que, con las oscilaciones naturales de los ciclos económicos, la inversión pública ha mantenido un dinamismo mucho más significativo que la inversión privada.

*En la imagen, la carretera Sucre-Potosí. La red vial nacional, adecuándose a las exigencias de la economía, contribuye a su progreso, además de favorecer el logro de una razonable integración social.*

Para muchos analistas bolivianos e internacionales la debilidad continuada de la inversión privada tiene causas múltiples, pero una muy significativa es la carencia de infraestructuras, especialmente en telecomunicaciones, transportes, carreteras y vías férreas, lugares de almacenamientos. Toda la infraestructura física es en general muy deficiente. Las principales vías de transporte se encuentran en las zonas mineras, actualmente en declive. De igual manera, el capital humano está insuficientemente formado, de tal suerte que a pesar de la disponibilidad de una gran fuerza de trabajo no siempre se encuentran trabajadores especializados o con un buen nivel de formación. Este conjunto de factores que resultan decisivos para configurar la productividad media de la economía boliviana seguramente funciona como un bloqueo a la inversión productiva, al no visualizar los empresarios las oportunidades de rentabilidad en tal contexto. Esto acaba operando como una especie de círculo vicioso que se autorreproduce y que sólo es posible superar mediante políticas activas de mejora del nivel medio de las infraestructuras del país y de la formación de la fuerza de trabajo.

## Los mercados financieros

El escaso desarrollo de los mercados financieros es otro de los factores que explican la débil tasa de formación de capital y la indecisión de los inversores privados. En su abrumadora mayoría el crédito se canaliza a través del sistema bancario, que posee un marcado carácter oligopolista. La banca está constituida por muy pocas instituciones, y éstas han desarrollado estrategias de créditos muy similares que implican márgenes muy elevados, la obligación de los clientes de presentar garantías inmobiliarias para la obtención de préstamos y la práctica inexistencia del crédito a largo plazo —fundamental para cualquier inversión productiva. A esto se une el hecho de que, en su práctica totalidad, los depósitos en el sistema bancario boliviano son en divisas y están colocados en operaciones de corto o muy corto plazo. Todo lo cual se traduce en la necesidad de los bancos de man-

*El avance en la modernización de la economía se está produciendo debido a una más amplia libertad de acción y participación de los agentes económicos. En la imagen, el Banco de Crédito.*

tener un alto grado de liquidez, con la consiguiente influencia sobre los tipos de interés y la escasa o nula disponibilidad de recursos para financiar la actividad productiva. En definitiva, el sistema financiero, tal y como se ha configurado a finales de la década de 1990, se ha revelado como un obstáculo serio al proceso de inversión, en la medida en que su estructura deja fuera de las posibilidades de financiamiento a los pequeños empresarios y campesinos así como a proyectos empresariales viables a medio y largo plazo.

Las características del mercado interno funcionan también como un límite estructural, como un bloqueo, al proceso inversor. La distribución del ingreso, la dimensión del sector informal y, en definitiva, el bajo poder adquisitivo de gran parte de la población, hacen que la demanda interna de bienes y servicios sea escasa. La falta de dinamismo del mercado interior se explica por la desigual distribución del ingreso que históricamente ha caracterizado a la economía del país; así, según el censo de

1992, el 70 por ciento de los hogares se clasifican como pobres. De ahí que cualquier mejora en la distribución del producto genere un incremento inmediato de la demanda de bienes y servicios básicos, con los consiguientes efectos positivos sobre la demanda y la producción de alimentos, vestido, medicinas y servicios básicos.

## Estrategias económicas para el futuro

Estos datos que enmarcan los diagnósticos realizados por agencias internacionales sobre la economía boliviana en los últimos años indican que de cara al siglo XXI cualquier mejora económica duradera tiene que ir asociada a la superación de las condiciones de vida de la población. El gobierno elegido en agosto de 1993 intentó enfrentar parcialmente esta situación con una estrategia socioeconómica llamada «Plan de todos», que preveía una descentralización tendiente a garantizar un mínimo de inversión en los sectores sociales más necesitados. La Ley de Participación Popular transfiere a las municipa-

*El Estado contribuye a la mejora de la calidad de vida manteniendo la estructura física, material, administrativa y programática en áreas como la sanidad. En la imagen, el Hospital General de La Paz.*

lidades la responsabilidad de gestionar y conservar las infraestructuras en diversas áreas (sanidad, educación, sistemas de irrigación, etcétera), para lo cual se dotará a los gobiernos locales con un 20 por ciento de los ingresos fiscales de todo el Estado.

Precisamente la necesidad de mantener los ingresos públicos, provenientes mayoritariamente de las empresas mineras propiedad del Estado, ha obligado a la Administración boliviana a reorientar, en un contexto de restricciones, una parte de sus inversiones en infraestructuras hacia la minería y los hidrocarburos. De hecho, en 1995 la parte de la inversión pública destinada a infraestructuras seguía por debajo del nivel de 1987, año en que alcanzó un 40 por ciento del total.

Todo esto hace pensar que la debilidad del proceso de formación de capital, en comparación con la media de Latinoamérica y de los países de la región, y la indefinición del empresariado boliviano en la inversión responden, más que a una desconfianza en la política económica o en las estrategias de desarrollo de mediano y largo plazo, a causas estructurales que hacen difícil mantener expectativas viables para la inversión en el sector productivo a medio y largo plazo.

# Los servicios

**Infraestructuras
y transportes**

**Comercio y finanzas**

**Turismo y
telecomunicaciones**

*La ampliación y adecuación de la red vial nacional a las necesidades del tránsito de viajeros y mercancías constituye uno de los objetivos prioritarios de la política estatal. En la imagen, puente de las Américas en la ciudad de La Paz.*

# Infraestructuras y transportes

La mayoría de las teorías económicas que se han ocupado del desarrollo, relacionan el crecimiento sostenido con procesos de creación de sistemas de infraestructuras capaces de articular el conjunto del territorio nacional y de crear condiciones para la consolidación de una economía diversificada.

En la práctica, cada país desarrolla sus infraestructuras en función de un conjunto muy heterogéneo de factores: la propia historia económica, su geografía, la cultura económica y política de los grupos dirigentes del país y del empresariado, la naturaleza de las políticas económicas impulsadas y la particular forma de inserción del país en la economía mundial. Muchos de estos factores son dinámicos y están sujetos a continuos procesos de transformación. Otros, en cambio, son más estructurales, especialmente los derivados de elementos estáticos o que se transforman en una escala de tiempo imperceptible, como puede ser la propia geografía. En cualquier caso, lo que acaba explicando en mayor medida el atraso o el desarrollo de un sistema complejo y articulado de infraestructura es la propia acción humana, la política económica a largo plazo y el lugar conseguido por el país en la economía mundial.

El peso determinante que ha tenido hasta fechas muy recientes la minería en la actividad económica global del país marcó de forma determinante el desarrollo de las infraestructuras en Bolivia. Gran parte del sistema viario y de transporte estaba concebido para facilitar el avance de la actividad que generaba la mayor parte de los ingresos fiscales y que constituía, de lejos, el principal rubro de exportaciones.

*La red de infraestructuras del país respondió durante décadas a las necesidades del sector minero.*

La extraversión económica —el hecho de que el núcleo más dinámico de la economía estuviese prácticamente orientado en exclusiva a la exportación— convirtió a todas las áreas económicas que se localizaban fuera del radio del complejo extractivo-exportador en relativamente periféricas. Este modelo de desarrollo, que generó una geografía económica marcada por la desarticulación y la dificultad para avanzar en la consolidación de un espacio económico integrado, funcionó como un «cuello de botella» para la actividad económica general hasta fechas recientes.

## La inversión en infraestructuras

A pesar de que el nivel medio de las infraestructuras en el país sigue teniendo grandes carencias, no es menos cierto que desde la aplicación de la Nueva Política Económica (NPE) y la creciente y constante pérdida relativa del peso del sector de la minería, junto al surgimiento de nuevos sectores vinculados a la exportación, ha habido una mayor sensibilidad por crear infraestructuras que den respuesta a estos sectores emergentes de la economía boliviana.

Las grandes dimensiones del territorio boliviano, con más de un millón de kilómetros cuadrados, y la peculiaridad de su geografía —la importante altura media del territorio hace especialmente costoso, por ejemplo, desarrollar un sistema ferroviario extendido—, entre otros factores, determinan la necesidad de dedicar buena parte del ingreso a la inversión en infraestructuras. La historia económica reciente de Bolivia enseña que el no hacerlo, posponer la inversión en el acondicionamiento de un sistema de infraestructura diversifi-

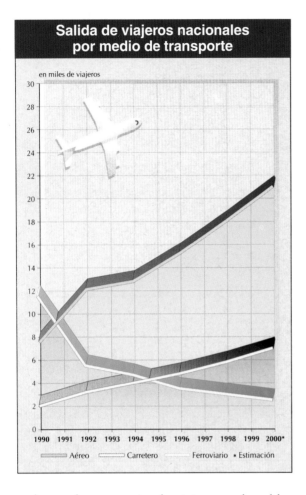

**Salida de viajeros nacionales por medio de transporte**

en miles de viajeros

Aéreo   Carretero   Ferroviario   * Estimación

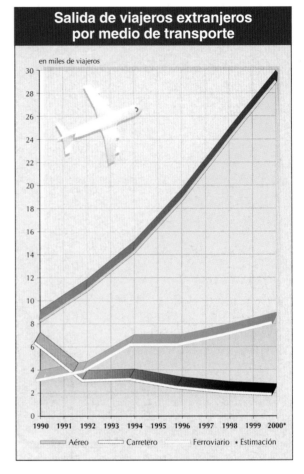

**Salida de viajeros extranjeros por medio de transporte**

en miles de viajeros

Aéreo   Carretero   Ferroviario   * Estimación

cado, condena a un círculo vicioso en el cual las posibilidades reales de desarrollo económico no pueden materializarse.

La diversificación económica y la revalorización de los países vecinos, como socios e interlocutores económicos privilegiados, constituyen un factor de primer orden en el proceso de avanzar en la construcción de un espacio económico articulado. Estrategia que en los próximos años debería complementarse con un esfuerzo sostenido de inversiones en educación y formación de la fuerza de trabajo, el otro elemento determinante para cualquier despegue económico sólido.

Así como la diversificación de la actividad económica hace menos vulnerable a un país frente a cualquier avatar que ocurra en la actividad en que está especializado, la mejora e incremento de los sistemas de infraestructuras y en la formación de la fuerza de trabajo permiten obtener incrementos muy significativos en la productividad media de la economía y encontrar un mejor lugar dentro de la división internacional del trabajo. Y en el interior

del país, permite a la vez un desarrollo más descentralizado y equilibrado entre regiones y actividades productivas, y facilita la construcción de relaciones económicas y sociales con un mayor grado de reciprocidad.

## Infraestructura y crecimiento económico

Tradicionalmente se ha definido la existencia de una red extendida y diversificada de transportes, con sus correspondientes infraestructuras complementarias (puertos, aeropuertos, estaciones, puentes, lugares de almacenamiento de carga, etcétera), como uno de los factores decisivos del crecimiento económico. Dado que estos sistemas de transporte tienen que asegurar los desplazamientos de los bienes y servicios —pero también, y de manera fundamental, de las personas—, su planificación ha de tomar en consideración aspectos macroeconómicos derivados de la estructura económica del país —en especial la localización geográfica de sus principales recursos y actividades productivas— y las necesida-

*El aumento de las actividades ligadas a la expansión de las exportaciones ha acelerado el desarrollo de las vías de comunicación. En la imagen, Puente Méndez, en la carretera de Sucre a Potosí.*

des derivadas de la conformación urbana del país, la localización de la población a través del territorio nacional.

Bolivia, al igual que la mayoría de los países latinoamericanos, ha sufrido un intenso proceso de urbanización en los últimos veinte años. A pesar de tener una densidad de población extremadamente baja (5,8 hab./km$^2$), el país ha conocido un importante flujo migratorio hacia sus principales ciudades. La población urbana pasó de un 38,2 por ciento en 1970 a un 52,4 por ciento en 1990. Y esta tendencia se ha mantenido constante a lo largo de la década de 1990. Aunque esta relación permanece por debajo de la de los demás países vecinos, esta proporción de población agrupada en centros urbanos plantea un problema específico de necesidades de transportes e infraestructuras viales, al que se ha de dar respuesta incorporando en las inversiones que se realizan, junto al cálculo costo/beneficio, criterios sociales que no siempre pueden traducirse en términos monetarios.

La existencia de transportes y de servicios constituye un incentivo muy poderoso para decidir tanto la localización de empresas y de actividades económicas como las opciones de la gente a la hora de fijar su residencia. Este hecho obliga a situar las decisiones sobre el transporte en un marco general, que debe incorporar al mismo tiempo un plan económico de medio plazo y la política económica regional y municipal.

Dados los enormes costes que suponen las inversiones necesarias para desarrollar sistemas de transportes —y sus correspondientes redes viales— resulta imprescindible que el Estado mantenga un grado importante de participación en las inversiones y en la provisión de estos bienes públicos. En este aspecto, las agencias de ayuda al desarrollo deberían reforzar los programas destinados a la mejora de los sistemas viarios y al desarrollo de servicios de transportes urbanos e interurbanos, tanto en las principales ciudades como en las localidades de menor tamaño.

## El transporte ferroviario

Bolivia ha intentado construir una red de transporte ferroviario que cubriese los principales ejes geográficos del país desde mediados del siglo XIX. De hecho, el primer proyecto importante data de 1863 y consistía en la construcción de una línea ferroviaria que uniría la costa del Pacífico con

*El ferrocarril, hoy en franco retroceso, constituyó durante décadas el principal medio de transporte de mercancías procedentes de la explotación minera. En la imagen, la estación de Oruro.*

el Altiplano boliviano, conectando con el sistema de navegación del lago Titicaca. La importancia de las inversiones, las características de la propia geografía física y económica, y cuestiones derivadas de la orientación económica y política, han determinado la existencia en la actualidad de una red relativamente precaria, que deja fuera de su área de servicio a zonas importantes del país y que está insuficientemente conectada con otros sistemas de transportes, además de que en los últimos tiempos sufre una importante descapitalización en equipo y tecnología.

Actualmente, el sistema ferroviario boliviano está integrado por dos redes: la Red Andina (u Occidental), que posee una extensión de 2 274 km y que atraviesa los departamentos de La Paz, Chuquisaca, Cochabamba y Potosí, y la Red Oriental, con una extensión de 1 424 km y que atraviesa los departamentos de Santa Cruz, Chuquisaca y Tarija. La Red Andina tiene conexiones con los ferrocarriles peruanos, a través del puerto de Matarani; con los chilenos, por conexiones con Arica y Antofagasta; con los argentinos, a través de Rosario y Buenos Aires, y con los brasileños a través de Santos. La Red Oriental cuenta con cuatro estaciones principales: Santa Cruz, Yapacaní, Puerto Aguirre y Yacuiba.

A principios de los años noventa, la Empresa Nacional de Ferrocarriles (ENFE) transportó una carga conjunta próxima al millón de toneladas. Especialmente minerales, cereales, maquinaria, maderas, cemento y productos metálicos semielaborados. La relativa disminución de las actividades extractivas ha determinado una caída en el volumen transportado, que no ha podido ser compensada por el incremento de la actividad maderera, que en buena parte recurre al ferrocarril para su transporte.

En el transporte de personas, ENFE tiene también un lugar de primer orden, especialmente en los tramos medios y largos. A diferencia de lo que ocurre en el transporte de carga, ENFE ha visto incrementar de forma continuada el número de pasajeros en los últimos años, concentrando entre las dos redes un flujo anual superior a los dos millones de personas.

En 1995, en el marco del extenso programa de privatización/capitalización del sector público, la Empresa Nacional de Ferrocarriles fue privatizada, y se llevó a cabo una importante reestructuración interna. El proceso de capitalización de la empresa pública de ferrocarriles supuso un ingreso de unos cuarenta millones de dólares en recursos financieros y una división de funciones que atribuye a la antigua ENFE un papel más secundario en la organización del sistema ferroviario boliviano.

En el nuevo organigrama se crean la Empresa Ferroviaria Oriental, la Empresa Ferroviaria Andina, y ENFE Bienes y Servicios. Las dos primeras sociedades se encargan de los aspectos más estratégicos y rentables del sistema ferroviario: la comercialización de los servicios de carga y de pasajeros, y también del mantenimiento y reparación de las redes de infraestructuras propias, así como de las obtenidas en régimen de concesión. Por su parte, ENFE Bienes y Servicios tiene como objetivo preferente la administración de los recursos públicos no privatizados y la venta y liquidación de activos de su propiedad. La función más dinámica reside en la tarea de crear una estructura empresarial para ofrecer servicios complementarios a las divisiones capitalizadas.

## El transporte por carretera

La red de carreteras bolivianas cumple la función de conectar los distintos puntos del territorio nacional —y a éste con los países vecinos— más que ningún otro sistema de transporte. Al observar los ejes sobre los que transcurren las dos redes de transporte ferroviario, unido al hecho de que éstas no están conectadas, se puede ver cómo una porción muy significativa del territorio nacional no está cubierta por el transporte ferroviario. Este vacío se cubre, en alguna medida, por el sistema de transporte por carretera.

Uno de los puntos débiles de la red de transporte por carretera boliviano es el gran porcentaje de caminos y carreteras que no están pavimentados o que se encuentran en malas condiciones. De hecho, a principios de los años noventa, casi un 70 por ciento del sistema general de caminos, que en conjunto supera los 40 000 km de extensión, no estaba pavimentado.

Una de las principales reivindicaciones de los sectores exportadores es que la política económica de fomento de las exportaciones incorpore un programa de mejora del sistema de carretera.

## La estructura del sistema de carreteras de Bolivia

El sistema de carreteras de Bolivia posee una extensión de 41 696 km. El Servicio Nacional de Caminos, empresa nacional encargada del mantenimiento y conservación de la red viaria, clasifica el sistema de caminos en tres sectores que se complementan:
– Red Fundamental, con 6 455 km, conecta las principales ciudades bolivianas entre sí y con los países próximos.
– Red Complementaria, tiene 5 152 km y une la Red Fundamental con los principales centros de producción y consumo.
– Red Vecinal, se ramifica a lo largo de más de 30 000 km, interconectando entre sí las poblaciones rurales, y a éstas con las áreas de mayor peso demográfico o económico.

La mejora y limpieza de la red caminera es muy importante para las comunidades más aisladas, que dependen de estas vías para su integración y desarrollo.

*El transporte de viajeros por carretera contribuye al desarrollo de los mercados locales tradicionales y a articular el comercio interno. En la imagen, viajeros en la ruta de Santa Cruz a Trinidad.*

Especial importancia se concede a la construcción de la carretera que va de Santa Cruz a Puerto Suárez, que en principio convertiría a Bolivia en el nexo natural entre los países del Atlántico y los del Pacífico.

En líneas generales, las deficiencias en el sistema de carreteras se hacen patentes en el encarecimiento de la mayoría de bienes y servicios que circulan por el territorio nacional. La fuerte concentración geográfica que se ha dado en las actividades exportadoras debe merecer toda la atención de la política económica a medio y largo plazo, facilitando la infraestructura viaria y de transporte para su normal desenvolvimiento, pero sin olvidar otros sectores económicos y otras regiones geográficas, para no acabar reproduciendo el esquema de un país con un centro económico dinámico —antes la actividad minera extractiva y ahora el sector exportador— y un conjunto de zonas más o menos articuladas o más o menos periféricas, con un grado precario de integración.

En un contexto de limitaciones de la participación de la inversión pública en la formación de capital, se ha de tener especial cuidado en seleccionar los proyectos que tendrán financiamiento, a fin de encontrar un equilibrio entre las necesidades de los núcleos más dinámicos de la economía y las necesidades de los sectores que poseen productividades menores, pero que pueden ser muy importantes desde el punto de vista del empleo, de su desarrollo potencial futuro o de la articulación territorial. La planificación ha de coordinar los esfuerzos inversores del Estado con los de la iniciativa privada, los proyectos que pueden tener financiación de organismos de cooperación internacionales, y las propias agencias de desarrollo locales y los municipios.

Un positivo ejemplo de acción local fue el de la Corporación Regional de Desarrollo de La Paz (CORDEPAZ), que emprendió, junto con otros agentes sociales y económicos regionales, algunas obras camineras significativas, como la carretera que une La Paz-Beni-Pando. CORDEPAZ, hoy desaparecida, también desarrolló acciones relacionadas con el sistema de puentes, especialmente al sur de los Yungas y en Larecaja.

## Transporte aéreo

Las características geográficas del territorio boliviano, unidas a su gran extensión, dan una importancia natural al transporte aéreo como medio de comunicación y de transporte de la población. El sistema

### El peso del transporte terrestre en la exportación

Las exportaciones de productos tradicionales, medidas en valor monetario, canalizan sus movimientos de mercancías preferentemente a través del transporte terrestre (un 45,8% del total en 1994), seguido por el transporte aéreo (28,7%) y por el ferrocarril (19,1%). El sistema fluvial representa un 6,4 por ciento del total. En las exportaciones de productos no tradicionales, también expresadas en valor monetario, se da una proporción muy similar: el transporte terrestre ocupa el primer lugar (45,73%), seguido del transporte aéreo (28,78%), el ferrocarril (19,1%) y finalmente el sistema fluvial (6,39%).

*El aeropuerto internacional de El Alto, en La Paz, es uno de los más importantes ejes vertebradores de viajeros y mercancías en el interior y hacia el exterior del país.*

de transporte aéreo se articula sobre las líneas nacionales, las líneas internacionales que operan en el país y un elevado número de pequeñas compañías que realizan servicios de transporte, especialmente en las zonas más aisladas del territorio. No se ha de olvidar que, todavía en la actualidad, numerosas localidades dependen casi exclusivamente del transporte aéreo.

Existen aeropuertos internacionales en La Paz, Cochabamba y Santa Cruz, desde donde se canaliza el tráfico aéreo interior y con el extranjero; este último, especialmente desde el aeropuerto de La Paz. La aerolínea nacional Lloyd Aéreo Boliviano (LAB) cubre las rutas nacionales y conecta la capital boliviana con las principales ciudades de América Latina y también de Estados Unidos. Lloyd Aéreo Boliviano, línea aérea que opera desde hace más de medio siglo, fue privatizada/capitalizada en 1995, cuando su gestión pasó a manos privadas. La sociedad ha sido reestructurada y enfrenta el reto de renovación de su flota de aviones, lo que requiere grandes inversiones, para mejorar y ampliar el servicio y poder competir en el mercado regional.

Aerolíneas del Sur (AEROSUR) es una empresa privada que cubre rutas locales y conecta a muchas de las ciudades bolivianas. Un buen número de compañías realiza un servicio de carga y transporte de viajeros, especialmente en la parte oriental del país. Asimismo, varias líneas aéreas internacionales operan en Bolivia y ofrecen vuelos con conexiones a la mayoría de ciudades de América Latina, Estados Unidos y Europa.

## Transporte fluvial

La red de transporte de Bolivia tiene en el sistema fluvial su complemento natural. Aunque comparativamente representa una porción pequeña del transporte total de carga, es una vía de integración para numerosas poblaciones, especialmente del norte y este del país. La mayoría de ríos navegables de Bolivia arrastran continuamente grandes volúmenes de sedimentos, lo que hace difícil la navegación y obliga a drenar los cauces continuamente. A pesar de esta dificultad natural, el sistema fluvial constituye un recurso estratégico desde el punto de vista de la red general de transporte.

*Los ríos navegables tienen una extensión total de 4 374 km y suplen en ocasiones la carencia de una red de carreteras funcional. En la imagen, transporte fluvial por el río Kaka.*

El sistema de navegación fluvial de Bolivia se estructura en tres grandes sistemas hidrográficos. El primero es el sistema amazónico, que comprende la mitad septentrional de Bolivia, desde la cordillera de los Andes hasta el sistema orográfico chiquitano, en el oriente. Esta vertiente está conformada por cuatro arterias fluviales: de oeste a este el río Madre de Dios, vía navegable desde Puerto Heath hasta Riberalta; el río Beni, que nace en los nevados de Chacaltaya (La Paz) y se desplaza hacia el norte, para confluir con el río Mamoré, que es navegable desde puerto Villarroel hasta Guayaramerín, uniéndose posteriormente al río Iténez o Guaporé; finalmente, el río Iténez, navegable desde la localidad de Puerto Rico hasta su encuentro con el río Mamoré. En este río navegan embarcaciones de calado medio y con una capacidad de hasta cincuenta toneladas.

El segundo sistema hidrográfico es el del Plata. Está conformado por los ríos Paraguay y Pilcomayo y sus respectivos afluentes. El río Paraguay marca el límite con Brasil y la República del Paraguay y constituye una vía para los desplazamientos de carga hacia los puertos del Atlántico. Esta vía empieza a ser operativa en Puerto Quijarro, desde donde facilita el acceso a Puerto Palmira, en Uruguay. Por este recorrido navegan además embarcaciones de Argentina, Brasil y Uruguay.

El tercer sistema es el central o lacustre. Este sistema ocupa la mayor parte del Altiplano andino y está integrado por los lagos Titicaca y Poopó, que a su vez están unidos por el río Desaguadero. El lago Titicaca se encuentra a sesenta kilómetros al nordeste de La Paz y a 3 810 metros sobre el nivel del mar. En su mayor parte es navegable, y debido a la profundidad media de sus aguas pueden operar en él naves de calado medio o grande, para el transporte de carga y de pasajeros. El sistema lacustre estaba conectado a través del ferrocarril con La Paz y otros centros urbanos y económicos. Hasta finales de los años ochenta el lago tuvo gran importancia en el embarque de mineral de cinc y en la actualidad existen proyectos para revalorizar su dimensión de atractivo turístico (es el lago navegable más alto del mundo) y proteger su hábitat como fuente de trabajo y vida de las poblaciones ribereñas.

# Comercio y finanzas

De igual manera que la mejora en el nivel medio de infraestructuras constituye un elemento determinante para avanzar en el desarrollo y superación de las condiciones de vida de la población, la consolidación y desarrollo de un sector de servicios de alto valor agregado resulta imprescindible para mejorar la competitividad de la economía. La información macroeconómica que ofrecen sistemáticamente los organismos internacionales sobre los países poco desarrollados, aparece distorsionada por el peso excesivo que se atribuye al sector terciario en la actividad económica. Esto en parte responde a que la contabilidad realizada por estas instituciones no discrimina entre las distintas actividades que conforman el sector servicios. Normalmente se incorporan a este macrosector todas las actividades que se dan en la economía de supervivencia, que tienen sin duda un peso determinante en el empleo pero que representan una porción muy pequeña del ingreso nacional. Aquí se considerarán en forma preferencial los servicios directamente vinculados al proceso de reproducción económica y financiera, y que generan un alto valor agregado.

*El Ministerio de Comercio Exterior e Inversión tiene como reto mantener el crecimiento de la economía.*

## Comercio exterior

El análisis de los bienes y servicios que un país compra y vende en el exterior (así como a quién compra y a quién vende) en un período determinado, proporciona una información bastante precisa de la estructura económica y del lugar que el país ha alcanzado en la división internacional del trabajo. Esta «radiografía» económica no establece separaciones tajantes entre países desarrollados y subdesarrollados, a partir de los productos exporta-dos/importados, sino que más bien sugiere una clasificación a partir del conjunto de las relaciones económicas que un país mantiene con el exterior.

Como se sabe, los países escandinavos han basado su desarrollo económico en productos naturales; Canadá es un gran exportador de productos primarios, especialmente madera y derivados; Australia y Nueva Zelanda también lo son, en particular de productos minerales. En líneas generales, lo que ha marcado la diferencia en la evolución de los niveles de desarrollo es la capacidad comparativamente mayor, de unos países sobre otros, para articular la producción primaria, sea ésta la que fuere, con una industrialización complementaria y con el desarrollo de líneas de producción derivadas o complementarias, que generan un alto valor añadido. Estas consideraciones generales —acerca de las causas del crecimiento y del estancamiento— tienen plena vigencia al mirar la historia económica de Bolivia y la evolución actual de sus relaciones económicas con el exterior.

Hasta fechas muy recientes Bolivia se insertó en la economía mundial exclusivamente como un país minero y exportador de productos naturales. Al ser casi en exclusiva el sector que generaba divisas, la minería era el verdadero motor de la economía, aunque otros sectores representasen un aporte mayor en el Producto Interior Bruto. La crisis del sector, unida a los gravísimos problemas de endeudamiento exterior, obligó a desarrollar sectores alternativos, capaces de generar las divisas que la minería ya no podía proporcionar. El espíritu de esta transformación de la estructura económica se encuentra perfilado en buena medida en la Nueva Política Económica.

## Comercio exterior

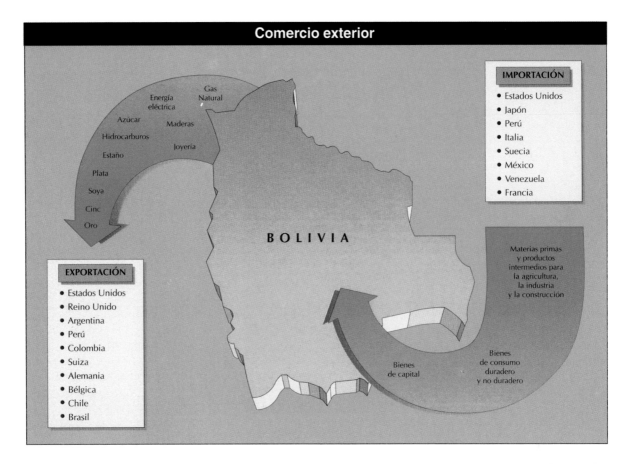

**IMPORTACIÓN**
- Estados Unidos
- Japón
- Perú
- Italia
- Suecia
- México
- Venezuela
- Francia

Energía eléctrica · Gas Natural · Azúcar · Maderas · Hidrocarburos · Estaño · Joyería · Plata · Soya · Cinc · Oro

**BOLIVIA**

Materias primas y productos intermedios para la agricultura, la industria y la construcción

**EXPORTACIÓN**
- Estados Unidos
- Reino Unido
- Argentina
- Perú
- Colombia
- Suiza
- Alemania
- Bélgica
- Chile
- Brasil

Bienes de capital · Bienes de consumo duradero y no duradero

La liberalización económica y la estabilización del cuadro macroeconómico, junto con la consolidación de acuerdos regionales (ALADI y Mercosur) o de preferencia (Ley de Preferencias Andinas) —que facilita el ingreso de productos bolivianos al mercado estadounidense—, o el Sistema de Preferencias Generalizado, que vincula el país con la Unión Europea, han hecho posible un importante fortalecimiento del sector exterior. Este incremento ha sido tanto cuantitativo como cualitativo.

Se exporta más, y también bienes y servicios más diversos y a destinos más plurales. El resultado de este incremento del sector exterior es un fuerte crecimiento del coeficiente de apertura externa (la relación que se establece entre la suma del valor de las exportaciones e importaciones y el Producto Interior Bruto), que ha pasado de un 33 % del PIB en 1992 al 45,6 % en 1996. Las exportaciones, consideradas globalmente, han aumentado su valor en una tasa constante. En 1986 Bolivia exportó por valor de 588 millones de dólares; una década más tarde, en 1996, el valor de lo exportado era de 1 325 millones de dólares. Una evolución aún más

marcada han tenido las importaciones: de un valor conjunto de 674 millones de dólares, en 1986, se ha pasado a 1 635 millones de dólares.

El desequilibrio continuado de las cuentas exteriores, especialmente de la balanza comercial, en los últimos años obedece en parte al propio proceso de capitalización tecnológica y de diversificación de la economía boliviana. La creciente demanda de tecnología, bienes de capital, y de todo tipo de insumos necesarios en una economía diversificada, explica en parte este déficit. Pero tal desequilibrio podrá ser compensado si las compras en el exterior se canalizan esencialmente a mejorar la dotación tecnológica de la industria boliviana, y a incrementar la productividad media con la que funciona el conjunto de la economía.

La alta concentración de la exportación en algunas regiones (Santa Cruz y La Paz, conjuntamente, canalizan casi las tres cuartas partes del valor de las exportaciones de productos no tradicionales; en Santa Cruz, de hecho, se localizan las principales empresas exportadoras) y las características del país —en cuanto a salarios y distribución del ingreso— son factores que presionan fuertemente para impulsar un desarrollo según el modelo del Sudeste Asiático. Aparte de las crisis financieras y sociales por las que atravesó la región en 1997, el principal riesgo que supone para Bolivia insertarse en la economía internacional con una oferta de bajos salarios como principal ventaja comparativa, es el de repetir la fractura social y económica, aunque ahora lo haga con un sector económico eficiente (pero acotado y limitado a una parte del país). En este caso se trataría de una forma moderna y actualizada de la tradicional extraversión económica y pospondría una vez más las posibilidades de mejora de las condiciones de vida de la mayoría de la población.

Las exportaciones están reguladas en Bolivia por el Régimen Nacional de Exportaciones y la Ley de Desarrollo y Tratamiento Impositivo de las Exportaciones, promulgada en 1993. Tras el proceso de liberalización económica, en líneas generales puede decirse que las exportaciones se encuentran libres de restricciones, permisos y licencias, excepto las que están sujetas a regímenes especiales de prohibición, y que tienen que ver preferentemente con la conservación del patrimonio natural y cultural del

## Las zonas francas

En 1990 el gobierno boliviano reguló la instalación de zonas francas en el país. El decreto DS 22410 (Régimen de Zonas Francas Industriales, Comerciales y Terminales de Depósito, Internación Temporal y Maquila) creó un marco jurídico para desarrollar estos espacios de actividad económica, dentro del esquema general de la economía boliviana. Actualmente hay seis zonas francas funcionando en Bolivia: GIT en La Paz y Santa Cruz (zona franca industrial y comercial); ZOFRACO en Cochabamba (zona industrial y comercial); Zona Franca Puerto Aguirre, en Puerto Aguirre (zona franca comercial); ZOFRO en Oruro (zona franca industrial y comercial) y ZOFRADESA en Desaguadero (zona franca comercial). Las Zonas Francas Industriales (ZOFRAIN) son áreas delimitadas de terreno, equipadas con infraestructura adecuada a las actividades que se han de desarrollar; sólo permiten la instalación de empresas cuyas líneas de producción estén destinadas al mercado exterior. Las Zonas Francas Comerciales y Terminales de Depósito (ZOFRACOT), por su parte, son áreas habilitadas con una infraestructura destinada al almacenamiento de mercancías por tiempo indefinido, y están planeadas para ser centros de oferta, tanto para los exportadores como para los importadores. Se localizarán preferentemente en corredores o zonas próximas a nudos de comunicación.

*En las zonas francas pueden ejercerse actividades comerciales e industriales sin trabas aduaneras o fiscales. En la imagen, la Zona Franca Puerto Aguirre (Santa Cruz).*

Foto: Enciclopedia *Bolivia Mágica* / Hugo Boero Rojo

*En la actualidad, los hidrocarburos se están convirtiendo en una importante fuente de ingresos provenientes del mercado de exportación. En la imagen, refinería de petróleo en Cochabamba.*

país (exportación de animales vivos, bienes de valor arqueológico o histórico, cuadros y obras de arte en general, etcétera).

El tratamiento tributario y arancelario que el gobierno aplica a las exportaciones tiene como punto central la devolución a los exportadores del valor del Impuesto al Valor Agregado (IVA) y del Impuesto de Transacciones (IT), incorporado en el costo de los bienes o servicios exportados. El Consejo Nacional de Exportaciones es el organismo encargado de regular las políticas, los programas y las estrategias exportadoras.

Bolivia ha consolidado en la última década sus relaciones comerciales con los países latinoamericanos y en particular con sus vecinos más próximos. En 1995, Latinoamérica representa conjuntamente un 40% del total de los intercambios externos de Bolivia; le sigue la Unión Europea, con un 28%; Estados Unidos, con un 24%, y Asia, con un 8%. Si

se toman en consideración sólo las exportaciones de los productos no tradicionales, Estados Unidos aparece como el primer destino, entre los países singularizados (un 35,44% del total de ese año), pero seguido inmediatamente por Perú, Colombia Argentina y Brasil; grupo de países que representan conjuntamente casi un 45% del destino total de este tipo de exportaciones.

## Finanzas y servicios de alto valor agregado

El recuerdo de la hiperinflación —que a mediados de los años ochenta devastó la economía boliviana— marcó la evolución del sistema financiero en la última década. La estabilización del cuadro macroeconómico, junto a la mejora de las finanzas públicas, no han sido suficientes para modificar las pautas de funcionamiento del sistema bancario boliviano, en el sentido de hacerlo más funcional a las necesidades de financiación de las diferentes actividades productivas. En los últimos años del decenio de los años noventa, siguen predominando excesivamente los préstamos a corto plazo; así, en 1996, los créditos a largo plazo representaban un escaso 13% y buena parte de los depósitos estaban realizados en dólares u otras divisas, convertibles y a muy corto plazo. Este conjunto de factores dificulta el desarrollo de una política de financiación a medio y largo plazo, capaz de potenciar las distintas actividades económicas.

La Administración boliviana puso en marcha un programa de reforma y ajuste del sistema financiero, con el propósito de dotarlo de mayor liquidez y hacerlo más eficiente en la tarea de facilitar la financiación del sector productivo. En 1995, el gobierno creó el Fondo de Desarrollo del Sistema Financiero y Apoyo al Sector Productivo con el objeto declarado de mejorar la dotación de recursos de las entidades financieras privadas, para que éstas pudieran responder en mejores condiciones a las peticiones de financiación del sector productivo.

El Fondo, que cuenta con recursos por valor de 260 millones de dólares y puede beneficiarse de aportes complementarios del Banco Central de Bolivia, ha puesto en funcionamiento una línea de financiación denominada «liquidez estructural», destinada a proporcionar financiación a las diversas actividades productivas.

En Bolivia, la autoridad monetaria la ejerce el Banco Central, única entidad financiera del país que no está constituida como sociedad anónima.

## Instituciones económico-financieras y principales leyes del sector

El proceso de liberalización y modernización en el que está inmersa la economía boliviana ha necesitado completar el entramado institucional con nuevos organismos, encargados de proyectos específicos, o bien reestructurar un porcentaje de los ya existentes. Algunas de estas instituciones han sido creadas por el gobierno dentro de su programa de modernización del Estado, y otras han surgido como producto de la iniciativa de los actores económicos. De igual manera, ha sido necesario elaborar un marco jurídico nuevo para regular las transformaciones que se impulsan en la esfera productiva.

# Instituciones

### BOLINVEST (Fundación)

Organismo dedicado a promover el desarrollo de la economía boliviana, alentando la inversión nacional y extranjera y el surgimiento de nuevos sectores. Sus principales actividades se concentran en la información y asesoría. BOLINVEST tiene oficinas en La Paz, Santa Cruz y Cochabamba, y también ha instalado despachos de información en Argentina, Perú, Chile, Brasil y Alemania (esta última, encargada de cubrir toda Europa).

### Fondo de Inversión Social (FIS)

El Fondo de Inversión Social es una institución pública, que depende directamente de la Presidencia de la República y que tiene como objetivo central luchar contra la pobreza y el subdesarrollo. Sus objetivos —a medio y largo plazo— son la mejora de todos los indicadores de bienestar social (empleo, vivienda, educación, sanidad, cultura) y su acción se coordina directamente con las políticas públicas aplicadas por los ministerios y otros órganos estatales. El director ejecutivo del FIS tiene rango de ministro. Su Consejo de Administración está formado por dicho director ejecutivo, un representante del Ministerio de Planeamiento y otros tres miembros que son nombrados directamente por el presidente. El FIS no ejecuta proyectos sino que facilita la financiación de los que le

hayan sido sometidos a su aprobación. Los recursos del FIS provienen de créditos externos, agentes locales y donaciones del extranjero.

### Centro de Promoción de Inversiones (CPI)

Organismo creado en 1994, por iniciativa de las Cámaras de Industria de Bolivia, y que funciona en todo el territorio nacional. Su objetivo declarado es promover oportunidades de inversión dentro y fuera del territorio nacional. El CPI funciona como un agente intermediario entre las empresas y las instituciones gubernamentales (Comisión de Finanzas de la Cámara de Diputados). Una parte importante de su trabajo se realiza en el exterior, facilitando la comunicación entre los potenciales inversores extranjeros y los empresarios bolivianos. Su directorio está integrado por representantes de las cámaras regionales y un representante de la Secretaría Nacional de Industria y Comercio.

### Instituto Nacional de Promoción de Exportaciones (INPEX)

Organismo autónomo que tiene por objetivo fundamental promover las exportaciones no tradicionales de Bolivia. Su sede principal se encuentra en La Paz y posee sucursales en la mayoría de los departamentos del país. Coordina la presencia de exportadores bolivianos en el exterior, a través de ferias y exposiciones que se celebran en distintos países. Se ocupa asimismo de proporcionar información y documentación sobre los exportadores bolivianos. INPEX posee el principal banco de datos sobre productos y servicios de Bolivia.

### Ministerio sin cartera responsable del Desarrollo Económico

Creado en 1993, este ministerio se ocupa de formular, instrumentar y fiscalizar las políticas de fomento a las exportaciones y actividades comerciales. Coordina su acción con las secretarías nacionales de Energía, Minería, Transporte, Comunicación y Aeronáutica Civil, Industria y Comercio. En realidad, este ministerio cumple las funciones de coordinación de las políticas públicas, aplicadas al sector de la economía.

→

## Instituciones económico-financieras y principales leyes del sector

# Leyes

### Ley de Capitalización

La Ley de Capitalización (21 de marzo de 1994) inicia un importante proceso de reducción del tamaño del Estado y de su participación en la actividad económica. Las seis principales empresas públicas (ENDE, ENTEL, ENFE, LAB, EMV y YPFB) pasan a ser gestionadas por inversores privados, que adquieren un 50% del capital de cada una de estas sociedades. La ley de Capitalización prevé, además, transferir títulos de propiedad de estas empresas a todos los ciudadanos y ciudadanas del país que al 31 de diciembre de 1995 fueran mayores de edad. Estos títulos serán gestionados por los fondos de pensiones, y sus beneficiarios podrán hacerlos efectivos en el momento de su jubilación. La Ley establece la prohibición, para los inversionistas privados, de adquirir acciones de cualquier sociedad privatizada por encima del 50% establecido.

### Ley de Inversiones

La Ley de Inversiones (17 de septiembre de 1990) establece el marco jurídico del proceso de inversión en Bolivia. La Ley, que busca estimular la inversión nacional y extranjera, garantiza un régimen de libertad cambiaria, la libre convertibilidad de la moneda, y el ingreso y salida de capitales sin restricción alguna. Las obligaciones de los inversores están dadas principalmente por el pago de impuestos de acuerdo al régimen tributario vigente. Según éste, los impuestos establecidos son: 13% IVA; 3% impuesto a las transacciones; 25% impuesto sobre utilidades.

### Ley de Minería

La Ley de Minería (11 de abril de 1991) establece que todos los minerales existentes, independientemente de su forma, origen o yacimiento, pertenecen al Estado boliviano. Las entidades dependientes de estados extranjeros, así como otras corporaciones, podrán operar y obtener derechos semejantes. El poder ejecutivo se reserva el derecho de declarar, mediante decreto, reserva fiscal a determinadas zonas del país, exclusivamente para la ejecución de catastros mineros, pero respetando derechos preconstituidos. La Corporación Minera de Bolivia (COMIBOL), organismo encargado de la dirección y administración de la industria minera, actúa por administración directa y a través de suscripción de contratos de arrendamiento, riesgo compartido y contrato de operaciones.

La actuación del Banco Central de Bolivia cubre todo el espacio de regulación del sistema bancario, el control de los tipos de interés y, en general, el manejo de la política monetaria.

El Banco Central de Bolivia regula y supervisa la apertura de entidades de intermediación financiera; la fusión, transformación y liquidación de dichas entidades; la creación y el funcionamiento de tipos de entidades de este sistema no previsto por la ley; la creación y funcionamiento de las empresas emisoras u operadoras de tarjetas de crédito; la transferencia de recursos para la constitución de entidades de intermediación financiera, así como la apertura en el extranjero de sucursales, agencias, filiales y oficinas de representación; y la autorización de oficinas de representación en Bolivia de entidades constituidas en el extranjero.

Asimismo, el Banco Central de Bolivia establece, dentro de su política de oferta monetaria, la obligación que tiene cada entidad financiera de contribuir con el 10 % de sus ganancias líquidas anuales al fondo de Reserva Legal. Este fondo permite afrontar con recursos centralizados cualquier crisis que afecte a una entidad determinada o al sistema en su conjunto. Las entidades financieras bolivianas, según la normativa del Banco Central, pueden realizar inversiones en el exterior, para formar nuevos bancos o instalar sucursales, siempre y cuando estas inversiones no excedan el 40 % de su patrimonio neto.

El sistema financiero boliviano se ha fortalecido en los últimos años con el desarrollo —si bien, aún incipiente— de los fondos de inversión, del sistema asegurador y del mercado de valores. El programa de privatización/capitalización de las grandes empresas públicas no se ha traducido en una dinamización del mercado de valores, dado que los inversores han sido en su mayoría grandes compañías que han tomado el control directo. Sin embargo, la privatización de un conjunto de empresas menores puede generar una dinamización del mercado de valores, al poner en circulación títulos comerciables y asequibles en un sector más amplio del tejido económico; mercado que actualmente tiene en los llamados certificados comerciales y en los instrumentos gubernamentales (entre éstos los bonos de la deuda externa) sus activos más negociados.

La Comisión Nacional de Valores (CNV) es el organismo encargado de regular, supervisar y fiscalizar el mercado, las bolsas y los intermediarios de la oferta pública de valores. Toda la información re-

*La función de agente financiero del Estado ejercida anteriormente por el Banco Central, ha pasado a ser desarrollada por la banca privada. En la imagen, oficina de un banco privado extranjero.*

ferida a la oferta de valores, servicios u operaciones bursátiles, así como la acción de intermediarios y agentes de bolsa, queda sujeta a la aprobación de la Comisión Nacional de Valores. El sistema financiero boliviano comprende 15 bancos privados, que operan a escala nacional, 4 bancos extranjeros, 8 compañías financieras y 18 compañías de seguros.

En Bolivia, las empresas aseguradoras dependen operativamente de la Superintendencia de Seguros y Reaseguros. Las empresas extranjeras están autorizadas a instalarse en el país, si existen condiciones de reciprocidad con el país de origen. Las sociedades aseguradoras de cualquier tipo deberán aportar efectivamente al menos el 50 por ciento del capital fundacional en el momento de constituir la sociedad y el resto en el plazo de un año después de iniciada la actividad. En el caso de las sociedades extranjeras, se habrá de desembolsar el 100 por ciento del capital en el momento de constituir la sociedad.

# Turismo y telecomunicaciones

Dentro del proceso general de diversificación económica y de desarrollo de áreas no tradicionales de la economía, la actividad turística posee un lugar preponderante. En el Plan Nacional de Desarrollo Económico y Social de Bolivia uno de los objetivos prioritarios es hacer de Bolivia un eje de comunicación entre los otros diversos países del continente, convirtiéndola en un lugar de distribución de los flujos del turismo regional. En ese sentido, las cosas parecen estar bien encaminadas, ya que en los últimos años los datos macroeconómicos de la actividad turística la muestran como un sector pujante, que ha mantenido crecimientos constantes, por encima de la media de la economía nacional, y que se ha transformado en uno de los principales generadores de divisas del país.

*El Valle de la Luna (La Paz) recibe numerosos visitantes atraídos por las singulares formas de su paisaje.*

La Administración ha organizado un programa de medio y largo plazo para desarrollar el sector turístico y convertirlo en una de las principales actividades económicas de Bolivia. Para alcanzar estos objetivos se ha realizado una planificación de carácter estratégico, que define los objetivos del país en el sector, ordena y clasifica sus potenciales atractivos, define una política para el sector y crea un marco institucional para llevarla a cabo.

## El peso del turismo en la economía boliviana

El turismo tiene en Bolivia una aportación muy significativa en la balanza corriente, dado que todavía los flujos de turistas bolivianos al extranjero son relativamente limitados, y la llegada de viajeros significa en cambio un impacto netamente positivo en la entrada de divisas. Pero, además de ser una de las principales fuentes de divisas, el sector turístico tiene una importancia creciente en el nivel de actividad económica general del país. En 1994 el turismo tuvo una participación del 5% en el Producto Interno Bruto, pero en 1995 alcanzó ya el 7%. Esta situación, por otra parte, se ha visto reflejada también en el empleo: en 1994, el sector dio trabajo, directa o indirectamente, a más de cuarenta mil personas, cifra que al año siguiente superó las cincuenta mil.

El flujo general de viajeros del extranjero alcanzó las 319 000 entradas, generando un ingreso de divisas superior a los 130 millones de dólares, con un incremento de un 18,8% en relación al año anterior. El crecimiento se ha mantenido constante, tanto en el número de visitantes como en el ingreso de divisas: en este último aspecto, el monto de 1995 fue de 146 millones de dólares.

El turismo nacional (vale decir, los desplazamientos de nativos y residentes por el territorio nacional) también ha mantenido una línea de crecimiento, aunque menos espectacular que la del turismo foráneo. Los viajes generados por el turismo interno superan los 600 000 desplazamientos anuales hacia capitales de provincia, sin contar los desplazamientos hacia las zonas rurales. De hecho, el turismo interno representa aproximadamente un 65% del movimiento de turistas que se realiza por el territorio nacional, entre los que hacen uso de establecimientos de hostelería. Aunque el crecimiento medio del turismo interno (un 3,26%) es significativamente inferior al del turismo receptivo (9,73%), se observa la dinamización de algunas áreas próximas a las ciudades, como destino de viajeros de fines de semanas o períodos cortos.

Puesta en relación con el peso de otros sectores económicos, tanto tradicionales como no tradicionales, la actividad turística demuestra la importancia creciente que reviste para la economía boliviana. Así, por ejemplo, en 1994 los ingresos por turismo internacional fueron superiores en valor a las exportaciones de oro, cinc, gas natural, estaño y plata. En 1995 y 1996 ha ocurrido algo parecido, con algunos cambios derivados del mejor precio de algún mineral o de una reactivación de la demanda. Estructuralmente, los ingresos por turismo internacional se han puesto por encima del 10% del valor total de las exportaciones tradicionales y de las no tradicionales.

Sin embargo, Bolivia tiene una participación relativamente pequeña en el mercado latinoamericano del turismo, ya que absorbe sólo un 2,6% de las llegadas totales de turistas extranjeros a la región. Cifra que debería mejorar en los próximos años, si la programación estratégica para el sector se desarrolla según las previsiones. Bolivia prevé alcanzar una porción de este importante mercado más acorde con la riqueza y variedad de los recursos turísticos que posee.

Hasta ahora, los flujos turísticos provenientes del extranjero han mantenido una demanda de destino bastante estable y que se caracteriza por su concentración en unos pocos de estos destinos, casi siempre las grandes ciudades del país. La Paz absorbe prácticamente la mitad de los visitantes, con un 48,5%, Santa Cruz un 25,5% y Cochabamba un 10,1%. Es decir, estas tres grandes ciudades absorben en conjunto casi un 85% del total

*La ciudad de La Paz, que posee extraordinarios monumentos arquitectónicos y los principales museos, es el principal centro de atracción turística del país. En la imagen, el Hotel París.*

## El Viceministerio de Turismo

El Viceministerio de Turismo tiene como objetivo desarrollar el sector en Bolivia. Este organismo ha puesto en marcha una serie de programas destinados a facilitar financiación para proyectos concretos, con el fin de mejorar el desarrollo de los recursos humanos en el sector y potenciar la imagen de Bolivia en el exterior. Asimismo, la Secretaría Nacional de Turismo se encarga de la conservación y preservación de los recursos culturales y naturales, y de impulsar programas de desarrollo del turismo en zonas rurales.

de turistas. En gran parte, esta excesiva concentración de la demanda es el producto de la carencia de infraestructura turística adecuada en otras zonas del territorio nacional. Existen muchos lugares de interés potencial, lugares de claro atractivo turístico, que con la correspondiente infraestructura hotelera, de servicios y de transporte, podrían transformarse en destinos perfectamente competitivos, aun manteniéndose en torno al eje representado por las tres grandes ciudades. Estos centros también son el principal destino del turismo interno, ya que concentran en conjunto más de un 78% de los desplazamientos de turistas nacionales por el país. Los turistas extranjeros provienen en su mayoría de Perú, Estados Unidos, Brasil, Alemania y Chile, y los motivos por los que se desplazan son principalmente vacaciones y viajes de negocios.

*Tiwanaku, que probablemente fuera un vasto centro ceremonial precolombino, constituye uno de los mayores atractivos turísticos de Bolivia. En la imagen, la Puerta del Sol.*

## Los grandes proyectos de desarrollo turístico

La estrategia de diversificación económica y de potenciación de sectores no tradicionales, desarrollada actualmente en Bolivia, tiene en el turismo uno de sus pilares principales. El Viceministerio de Turismo ha diseñado un programa de actuación, que de acuerdo con el espíritu de la reforma del sistema administrativo puesta en marcha, otorga un papel muy importante a los municipios. El Plan Estratégico establece líneas de actuación en diferentes frentes, con un horizonte temporal situado en el año 2003. Los objetivos generales de este plan son diversificar la oferta turística del país y competir con eficacia en el mercado nacional e internacional.

Para avanzar en estas propuestas tan generales se ha puesto en marcha un programa de actuaciones en distintos niveles, que procura detectar los puntos fuertes del turismo en Bolivia, una especificación de las carencias en infraestructuras y un programa para intentar superarlas.

El Viceministerio de Turismo ha recopilado información de las áreas protegidas del país y de su riqueza arqueológica e histórica. Esta información constituye la base para la planeación estratégica y para facilitar el proceso de inversión en el sector. Los proyectos desarrollados por los municipios son apoyados técnica y financieramente a través del Viceministerio de Turismo, con fondos de inversión específicos. En un futuro próximo está prevista la puesta en marcha del Fondo de Desarrollo Turístico, institución que tendrá como objetivo principal facilitar la financiación de proyectos de especial interés. Este proyecto permitirá, en principio, superar el obstáculo que representa la debilidad estructural del sistema financiero boliviano, que al funcionar con un esquema de muy corto plazo impone una política de tasas de interés, condiciones de amortización, exigencias de garantías, etcétera, que imposibilita o hace muy difícil cualquier intento de financiar proyectos a partir del sistema bancario.

En una escala más grande —y con un perfil claramente orientado al turismo internacional—, la Administración boliviana ha creado 10 Complejos de Desarrollo Turístico Integral (CDTI) que constituyen el núcleo de la política turística a medio plazo. Cada uno de estos complejos está situado en puntos de alta potencialidad de desarrollo turístico, a partir de los recursos naturales, de la cultura o del patrimonio etnográfico e histórico. Los programas de actuación prevén trabajar preferentemente sobre el equipamiento, la construcción de vías de comunicación y la proyección nacional e internacional del respectivo CDTI. En varios de estos proyectos, Bolivia cuenta con aportes financieros y técnicos de algunos organismos internacionales, especialmente del Banco Interamericano de Desarrollo (BID).

### Los Centros de Asistencia al Turista

Una forma de asociar los municipios al proceso de estructuración nacional del sector turístico ha sido la puesta en marcha de los llamados Centros de Atención al Turista. Los CAT son simplemente un conjunto de instalaciones (alojamiento, hostelería, primeros auxilios) situados preferentemente en áreas donde hay actividad artesanal, museos o instalaciones de valor arqueológico, y en los cuales no existen o son insuficientes las instalaciones turísticas. En principio, se ha establecido un programa con 25 CAT distribuidos por el territorio nacional.

*El sector turístico ha puesto a disposición de los visitantes una amplia oferta que incluye tanto actividades culturales como de ocio. En la imagen, desembarcadero en la isla del Sol, lago Titicaca.*

Algunos de ellos, por su localización, implican un cierto grado de actividad colaboradora con países vecinos. Éste es el caso, por ejemplo, del Complejo Turístico Integral de Cultura y Naturaleza Lago Titicaca, que comprende algunos lugares que se localizan en el área colindante con Perú. También lo es el CDTI Ecoetnoturismo Riberalta/Guayaramerín/Cachuela Esperanza, fronterizo con Brasil, y que puede beneficiarse de los recursos del Fondo de Desarrollo Amazónico.

Una parte importante de estos Complejos de Desarrollo Turístico Integral (CDTI) tienen una vocación etnoecológica; es decir, valorizan como objeto de potencial interés la población y su particular y específica relación con el medio ambiente natural. Esta visión presenta muchas ventajas dado que permite, a partir de la propia estructura del país, desarrollar un sector diversificado y descentralizado, que en principio requiere inversiones menores que las que implica el concepto de turismo de sol y playa. Pero también, al mismo tiempo, comporta serios riesgos de destrucción del patrimonio cultural, arqueológico e histórico y, lo que es más importante, de degradación de la población, que puede verse convertida en objeto típico o en atracción de feria. Por ello, el éxito o fracaso de los CDTI dependerá del equilibrio que se consiga entre estos dos factores.

Asociar a los municipios y a las organizaciones locales a cada uno de estos proyectos puede facilitar el control de estas desviaciones y paliar los eventuales efectos contraproducentes.

Quizás las consecuencias más positivas de este proyecto serían el aumento del empleo —directo e indirecto— en las regiones donde se localicen, y el desarrollo y mejora de las redes de transportes, cuestión muy importante por la relativa alta dispersión en el territorio boliviano de los CDTI.

### Acuerdos internacionales

Aparte de acuerdos específicos con los gobiernos de Paraguay y Uruguay, para coordinar las políticas de desarrollo sectorial o para concretar algún proyecto en particular, Bolivia participa de un acuerdo amplio para la promoción turística de América del Sur, firmado en 1980 conjuntamente con Argentina, Brasil, Colombia, Chile, Ecuador, Perú y Venezuela, además de los países citados anteriormente, planteado con el objetivo de convertir Latinoamérica en un destino preferente de los flujos de turismo regional e internacional. Este Acuerdo ha propiciado ya alguna acción conjunta, que tiene interés además por lo que significa como intento de planificación regional.

En el diseño estratégico realizado por la Administración boliviana, por otra parte, aparecen rutas y destinos que incluyen países vecinos.

## Los Complejos de Desarrollo Turístico

- Complejo Turístico Integral de Cultura y Naturaleza Lago Titicaca.
- Complejo Turístico Integral, Invernal y de Montaña Cordillera de Los Andes.
- Complejo Turístico Integral para Turismo de Naturaleza San Buenaventura-Rurrenabaque.
- Complejo Turístico Integral Ecológico Salar de Uyuni-Lagunas-Fumarolas.
- Complejo de Desarrolllo Turístico Integral Tarija-Chaco.
- Complejo de Desarrollo Turístico Integral Ecoarqueología-Lomas Prehispánicas.
- Complejo de Desarrollo Turístico Integral Ecoetnoturismo-Riberalta/Guayaramerín/Cachuela Esperanza.
- Complejo de Desarrollo Turístico Integral Pantanal-Flora y Fauna.
- Complejo de Desarrollo Turístico Integral en Misiones.
- Complejo de Desarrollo Turístico Integral Chapare.

*El entorno del lago Titicaca —donde está ubicado el Hotel Inca Utama—, además de una gran belleza natural, posee un alto valor histórico y arqueológico.*

# Las telecomunicaciones

De igual manera que las redes de transporte resultan vitales para la producción económica y para un adecuado desenvolvimiento de la vida pública, disponer de redes de telecomunicación modernas y que cubran el conjunto del territorio es imprescindible para asegurar el crecimiento, la productividad y una correcta integración en los procesos económicos internacionales. Cualquiera que sea la forma de integración que adopte el país en la economía internacional, se requerirá forzosamente el simultáneo desarrollo de un complejo sistema de comunicaciones.

Desde finales del siglo XIX, el Estado boliviano ha intentado poner en marcha un sistema de comunicaciones, a través de empresas nacionales e importando tecnologías y conocimiento de otros países.

En 1965 se creó la Empresa Nacional de Telecomunicaciones (ENTEL) con los objetivos expresos de facilitar los servicios públicos de telecomunicaciones, integrar el país a través de la cobertura del territorio nacional y cooperar con otros entes gubernamentales en materia de telecomunicaciones. La primera línea puesta en servicio por ENTEL data de 1966 y cubría La Paz-Oruro y La Paz-Cochabamba. En los años setenta, la empresa pública realizó una serie de inversiones dirigidas a modernizar el equipamiento, introducir la comunicación por satélite y responder a la creciente demanda de líneas telefónicas. A finales de ese mismo decenio se puso en marcha la Red Nacional e Internacional de Telex y la infraestructura de base (el Complejo Estación Terrena) para las comunicaciones por satélite.

En la actualidad, ENTEL cubre las necesidades territoriales de comunicación a través de la Red Troncal Nacional. Este sistema, puesto en acción en 1992, introdujo en Bolivia la tecnología de las centrales digitales que cubren, de momento, las demandas de comunicación entre las ciudades de La Paz, Cochabamba y Santa Cruz. A partir de este complejo comunicativo se estructura la transmisión de datos por el territorio nacional y hacia el extranjero.

En líneas generales, puede decirse que el desarrollo tecnológico de las telecomunicaciones tiende también a concentrarse en el eje económico del país, formado por las ciudades de La Paz, Cochabamba y Santa Cruz. La tecnología adquirida hasta el momento proviene de distintos países y empresas multinacionales.

Con la fundación de la Empresa Nacional de Telecomunicaciones (ENTEL), se avanzó de manera extraordinaria en el ámbito de las comunicaciones nacionales e internacionales.

A finales de 1978, la Empresa Nacional de Telecomunicaciones inauguró la Estación Terrena Tiwanaku (en la imagen), que supuso para el país un avance significativo en este campo.

Foto: Enciclopedia *Bolivia Mágica* / Hugo Boero Rojo

## Cooperación internacional

En los últimos años, el país se ha beneficiado de algunos proyectos de cooperación internacional destinados a mejorar el suministro de servicios de comunicación telefónica en lugares apartados del territorio boliviano. Entre estas iniciativas destaca la ayuda del gobierno canadiense para suministrar un sistema de comunicación telefónica a un conjunto de ochenta pequeñas poblaciones de los departamentos de La Paz, Cochabamba y Tarija. Otro proyecto reciente que ha contado con financiación internacional, en este caso con créditos del Fondo de Ayuda para el Desarrollo (FAD) del gobierno español, es la instalación de un conjunto de trece centrales locales que contarán con una moderna tecnología, que incluye el servicio de discado directo, nacional e internacional.

## Un sistema complejo de telecomunicaciones

La acción de ENTEL ha permitido instalar un sistema complejo de telecomunicaciones que permite a las empresas e instituciones operar con comodidad, al tiempo que ha ido generando nuevas actividades de gran valor agregado, especialmente vinculadas a los servicios financieros y a la creación de sistemas que hagan posible la difusión de la televisión digital y de los demás servicios conexos. La cobertura de servicios de telefonía, especialmente en las localidades del interior, muestra sin embargo un cierto retraso y escasez en la oferta de líneas.

En forma complementaria a la acción de ENTEL, una serie de cooperativas telefónicas ofrecen servicios urbanos y rurales en zonas alejadas del territorio, con estimable éxito en algunos casos,

## Ley de Telecomunicaciones

La Ley de Telecomunicaciones (27 de septiembre de 1995) regula los servicios públicos y las actividades de telecomunicación, en especial la transmisión de imágenes, emisión y recepción, a través de una red pública o privada de señales, símbolos, textos, imágenes fijas y en movimiento, voz, sonido o datos. El Ministerio de Hacienda y Desarrollo Económico y el Viceministerio de Transportes, Comunicaciones y Aeronáutica Civil se encargan de ejercer las funciones relativas a este sector. El órgano regulador del servicio público de telecomunicaciones es la Superintendencia de Telecomunicaciones.

*Uno de los principales objetivos, en materia de comunicaciones, es el de ofrecer un servicio eficiente. En la imagen, cabina telefónica de la compañía ENTEL, en una calle de La Paz.*

como proyecto empresarial tanto como desde el punto de vista social. Éste es el caso, por ejemplo, de la Cooperativa de Teléfonos Automáticos de Santa Cruz (COTAS), que desde 1960 ha impulsado proyectos en la periferia de Santa Cruz y, más recientemente, en la propia área urbana de la ciudad.

A principios de los años noventa, ENTEL inició un extenso programa de reestructuración operativa que implicaba una descentralización de la estructura empresarial, independizando relativamente las distintas líneas de actuación. Este proceso alcanzó su punto culminante en 1995, con la privatización que puso en manos de inversores extranjeros (la empresa italiana Eurom Telecom International ETI, filial de la Società Torinese Esercizi Telefonice) un 50% de los activos y el control de la gestión estratégica de la sociedad, y que supuso un ingreso de 610 millones de dólares.

Para la privatización de ENTEL fue necesario modificar la legislación vigente sobre telecomunicaciones. La Ley 1632, de julio de 1995, estableció la normativa que regula en la actualidad la prestación de servicios telefónicos y las telecomunicaciones en general. La Administración central conserva su capacidad de regulación de todo el sector, especialmente en lo que respecta a la concesión de licencias de operación y en la aplicación de las normas técnicas, además de ejecutar las cuestiones operativas a través de la Superintendencia de Telecomunicaciones.

# Los sectores productivos

La minería

El sector energético

Agricultura tradicional,
agroindustria y manufacturas

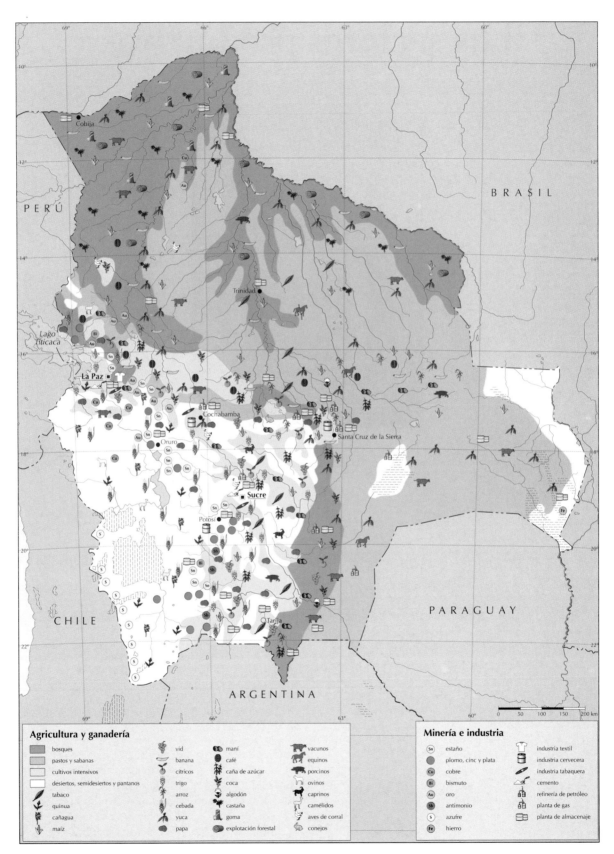

**Agricultura y ganadería**

- bosques
- pastos y sabanas
- cultivos intensivos
- desiertos, semidesiertos y pantanos
- tabaco
- quinua
- cañagua
- maíz
- vid
- banana
- cítricos
- trigo
- arroz
- cebada
- yuca
- papa
- maní
- café
- caña de azúcar
- coca
- algodón
- castaña
- goma
- explotación forestal
- vacunos
- equinos
- porcinos
- ovinos
- caprinos
- camélidos
- aves de corral
- conejos

**Minería e industria**

- Sn  estaño
- plomo, cinc y plata
- Cu  cobre
- Bi  bismuto
- Au  oro
- Sb  antimonio
- S  azufre
- Fe  hierro
- industria textil
- industria cervecera
- industria tabaquera
- cemento
- refinería de petróleo
- planta de gas
- planta de almacenaje

# La minería

La visible mejora del cuadro macroeconómico, conseguida en la década de 1990, no debe identificarse necesariamente con un crecimiento objetivo de la riqueza nacional, entendida en términos clásicos. Un país será tanto más rico (es decir, dispondrá de mayores recursos para distribuir entre sus ciudadanas y ciudadanos) cuanto mejores sean su base productiva (la tierra, los recursos naturales, las infraestructuras y su capital humano) y los activos que tenga en relación a terceros países. La estabilización macroeconómica se debe ver como un punto de partida para iniciar un proceso de crecimiento sostenido.

Los incrementos que se den en la economía real podrán ser la base de un crecimiento y mejora de la riqueza nacional, que a su vez tendrá un sentido real, más allá de los aspectos puramente contables, en la medida en que esta mejora del ingreso global se emplee en asegurar las condiciones de la reproducción económica en el futuro y en la mejora significativa de las condiciones de vida de la población.

Bolivia sigue vinculada al mercado internacional como un exportador de productos primarios, pero con una estructura un tanto más diversificada, y ahora, además, con un sector de exportaciones no tradicionales en expansión. Por esta razón, los diferentes sectores que participan en el mercado exterior tienen un peso importante en la composición del Producto Interior Bruto (PIB), en la orientación geográfica del comercio exterior y de los intercambios y en la estructura del mercado de trabajo, pero también en la provisión de divisas y en la atracción de inversiones internas y externas.

*Los yacimientos del Cerro Rico, en Potosí, son polimetálicos, como todos los explotados en Bolivia.*

## Una riqueza por explotar

La economía boliviana, al igual que la de otros países de Latinoamérica, vive la contradicción que existe entre sus riquezas potenciales —derivadas de la tierra y de los recursos que ésta atesora— y sus carencias generalizadas —derivadas de la organización económica y del lugar que el país ha conseguido ocupar en la división internacional del trabajo.

El país posee un subsuelo preñado de minerales valiosos, abundantes hidrocarburos —muy por encima de las necesidades actuales y futuras—, recursos vegetales únicos y susceptibles de convertirse en la base de una moderna industria farmacéutica, así como tierra y agua más que suficientes para producir todos los alimentos que necesita la población. Por ello reúne todas las condiciones estructurales para mantener un crecimiento económico estable y capaz de tensar la economía, generar riqueza y mejorar significativamente el nivel de vida de sus habitantes.

Si Bolivia mantiene en el siglo XXI un cuadro macroeconómico saneado y dispone de todos estos factores de producción, lo razonable es que acometa con toda energía los problemas derivados del subdesarrollo y del bajo ingreso, relacionando directa y establemente el crecimiento económico y la mejora de las condiciones de vida de la población.

Se trata, pues, de un modelo de crecimiento que debe sacar lecciones de la historia económica reciente del país, a fin de que no se agote en su propia dinámica, procurando el desarrollo de actividades sostenibles en el tiempo y vinculadas a procesos de reproducción económica interna. Éste es el verdadero desafío.

*La exportación de minerales es la mayor fuente generadora de divisas del país. En la imagen, extracción de estaño en una cooperativa del departamento de Potosí.*

## El reto de la exportación

Buena parte de las exportaciones no tradicionales, uno de los sectores más exitosos de la economía boliviana, son productos primarios con escaso grado de elaboración. Esto indica que, a medio plazo, y con independencia de la evolución de los precios internacionales, el aumento del ingreso por esta vía supone exportar cada vez mayores volúmenes de producto. Esto les ha ocurrido a prácticamente todos los países del entorno que han desarrollado un sector exportador potente y basado en recursos naturales no renovables: extensas superficies de bosques autóctonos deforestados y difícilmente recuperables, recursos pesqueros agotados o dañados de forma irreversible, yacimientos agotados, etcétera.

Si se mira con atención la evolución mantenida por el comercio exterior de la casi totalidad de países latinoamericanos desde principios de la década de 1980, coincidente con la crisis de la deuda externa, se verá que se reproduce la misma tendencia: el incremento de ingresos por la vía de las exportaciones se debe más a la mejora de los precios internacionales de los productos que a los incrementos de los volúmenes de bienes exportados.

La mejor estrategia, al parecer, debería estar orientada a emplear los recursos generados por estas exportaciones en un programa de industrialización de los mismos productos de base para, en un futuro próximo, exportar productos con mayor valor agregado y con mayor capacidad de generar empleo y dar forma a las cadenas productivas. Simultáneamente, habría que mantener la promoción de aquellas actividades que sí incorporan mayor valor agregado y tienen un grado más o menos alto de elaboración. La organización económica de los sectores orientados a la exportación, y que se basan en la explotación de recursos no renovables, debería incorporar el principio de la conservación para asegurar su propia sustentabilidad y, en el medio y largo plazo, establecer también un cierto grado de solidaridad intrageneracional.

El otro elemento estratégico de la economía boliviana es la mejora de la productividad de la tierra, a fin de que la agricultura pueda satisfacer las necesidades alimentarias de la población en su conjunto, mejorando la dieta y la alimentación al mismo tiempo que, como resultado de una mayor productividad, puedan generarse excedentes de algunos productos para la exportación.

*Esta mina de plata en el departamento de Potosí es una de las 5 000 explotaciones que ya en la época colonial se abrieron para buscar los preciados filones, y más tarde se abandonaron.*

La integración creativa entre los recursos naturales y las bases industriales, junto con la incorporación de la mejora de vida de la población como objetivo básico, pueden configurar una base sólida para una estrategia económica de medio y largo plazo que sitúe a Bolivia en niveles de desarrollo más satisfactorios y acordes con sus grandes potencialidades.

## Minería y desarrollo económico

Una parte significativa de la población mantiene en su imaginario colectivo que el país sigue siendo un «país minero» y en buena medida eso es efectivamente así, pero de una forma muy diferente a como lo era veinte años atrás. La economía boliviana tuvo en la producción minera uno de sus principales soportes durante décadas. Esta situación se fue transformando rápidamente hasta desembocar en una gravísima crisis del sector minero-metalúrgico que, en realidad, era una expresión de la crisis estructural que afectaba a la economía y a la sociedad bolivianas.

El cambio operado en el mercado mundial de los minerales, la incapacidad del país para desarrollar una minería moderna que incorporase las nuevas técnicas y economía de escala, la ausencia de una industria procesadora, así como no disponer de un marco jurídico claro que regulase las relaciones con los inversores extranjeros, llevaron a la minería boliviana a una situación sin salida que tuvo su punto crítico a principios de la década de 1980.

Todos los estudios científicos realizados certifican el enorme potencial minero que atesora el país. Sin embargo, desde el punto de vista de la exploración, queda aún mucho por hacer, hasta el punto de que, según expresan los propios responsables de la minería boliviana, la mayoría de yacimientos explotados durante este siglo en realidad han sido «redescubrimientos» de minas que ya conocían y explotaban los inkas. De hecho, se estima que tan sólo un 10 por ciento de los recursos mineros han sido explotados. La zona correspondiente al Precámbrico, que abarca un 30 por ciento del territorio del país, está considerada como una de las regiones con mayor potencial de riqueza mineral del mundo. Bolivia posee, por tanto, recursos minerales muy importantes, con yacimientos y reservas probadas en plata, platino, oro, cobre, cinc, plomo, estaño, azufre, boratos y una importante diversidad de piedras semipreciosas.

## Apogeo y caída del estaño

El comienzo del siglo XX coincidió en Bolivia con el desarrollo de una potente minería del estaño, mineral que ocupó rápidamente el lugar central dentro de la producción minera del país, desplazando a otros importantes metales, en particular a la plata. En las cuatro primeras décadas, la producción y exportación crecieron a un ritmo constante, hasta el punto de que, en 1942, Bolivia aportaba el 45 por ciento de la producción mundial de estaño.

Las exportaciones mineras representaban el 94 por ciento de las exportaciones del país y el estaño significaba un 80 por ciento de este total. Bolivia se había vinculado a la economía mundial no sólo como un país minero, sino, lo que era más peligroso, como un país monoproductor. La centralidad de la exportación de estaño en los ingresos de divisas se correspondía con una articulación del conjunto de la economía boliviana alrededor de esta actividad. Gran parte de la energía producida se destinaba a mantener en marcha la actividad, y lo mismo ocurría con el sistema de transporte por ferrocarril que, en más de un 20 por ciento, se dedicaba a transportar el mineral o los

*Casas de empleados de una mina de estaño de Potosí perteneciente a la Corporación Minera de Bolivia, la sociedad encargada de la gestión administrativa y financiera de la minería estatal.*

instrumentos necesarios para su extracción.

Esta estructura económica sólo podía funcionar en un contexto interno de atraso político y externo de demanda continuada y, consiguientemente, de buenos precios para los productos de exportación. El final de la Segunda Guerra Mundial supuso una fuerte caída de la demanda de todos los minerales y una situación nueva en el mercado internacional de los productos relacionados con ellos. En el transcurso de la contienda, Estados Unidos había acumulado gigantescas cantidades de los principales minerales, que ya no eran necesarias para mantener la industria militar y que empezaron a ser empleadas para «regular» los precios y los volúmenes de producción de los más importantes productos primarios (muy significativamente el estaño y el cobre). Estas reservas estratégicas contribuyeron a hacer descender de forma continuada los precios de los minerales en general y del estaño en particular. En el plano interior, las malas condiciones de vida de la mayoría de la población, agravadas por la crisis económica, llevaron a un movimiento de reforma y modernización de la economía y del Estado que se concretó en la Revolución Nacional de 1952.

## Evolución de la exportación de estaño

en miles de toneladas

* Estimación

### La creación de COMIBOL

El Estado nacionalizó las minas y creó la Corporación Minera de Bolivia (COMIBOL), sociedad estatal encargada de gestionar el patrimonio minero y de generar los recursos financieros necesarios para la transformación del país. Como también ocurrió en otros países de Latinoamérica, Bolivia se encontró con la propiedad jurídica de las minas, pero con pocos recursos financieros y tecnológicos para acometer su gestión. En el caso del estaño fue especialmente grave la casi total ausencia de fundiciones, lo que significaba que el mineral se exportaba casi sin ningún valor añadido y sin ejercer control alguno sobre los otros minerales que salían del país junto con el estaño en bruto —algo que fue una situación generalizada de todos los países mineros del Tercer Mundo, hasta bien entrada la década de 1980. La descapitalización y la crisis general llevaron a la COMIBOL a una situación límite. En 1980 se inició un descenso continuado de los precios del estaño, que fue acompañado con una cierta reducción de la producción mundial y un proceso sostenido de aparición en el mercado de parte de las reservas estratégicas de Estados Unidos. La acción combinada de estos factores, unida a la situación recesiva que sufría la economía mundial y a la vigorosa respuesta que dieron los países

capitalistas avanzados a la crisis de las materias primas, introduciendo masivamente sistemas ahorradores de recursos en el proceso de producción, dio como resultado la caída en picado de los precios internacionales del estaño. Así, mientras una tonelada métrica de estaño se cotizaba en 1980 a 17 000 dólares en la Bolsa de Metales de Londres, seis años más tarde, en 1986, tan sólo alcanzaba los 7 000 dólares. A partir de 1988 se produjo una cierta recuperación del precio del estaño (en 1993 una tonelada valía 13 000 dólares), pero Bolivia no pudo aprovecharla porque la descapitalización tecnológica le había impedido recuperar sus anteriores niveles de producción. En 1994 las ventas bolivianas representaban un 3,9 por ciento de las exportaciones mundiales de estaño y el 6,4 por ciento de las de metales preciosos y de otro tipo.

Hay que señalar que la caída de los precios estuvo acompañada de una reducción muy significativa de la producción mundial que, sin embargo, no ha servido para estabilizar el mercado mundial del estaño. Esto obedece en parte a cuestiones estructurales tales como la sustitución de metales, la mejora en los procedimientos industriales que requieren ahora un menor volumen de mineral por cantidad de producto elaborado, así como las políticas de recuperación y reciclado; pero, por otro lado, es la ex-

*Planta de alta tecnología para el procesamiento de plata, de la Compañia Minera del Sur (COMSUR), actualmente consolidada como la empresa minera más importante del país.*

presión de movimientos manipuladores sobre los precios mundiales del estaño por parte de Estados Unidos, mediante el procedimiento de sacar al mercado una parte de sus reservas estratégicas, constituidas, paradójicamente, en buena medida con mineral boliviano.

## La transformación del sector minero

El tratamiento estructural de la crisis de la minería boliviana se produjo en el mismo marco de la política económica liberalizadora, iniciada en 1985. A principios de la década de 1990 el sector minero representaba, excluyendo el petróleo y el gas, aproximadamente un 9 por ciento del Producto Interior Bruto, aunque sólo ocupaba a un 3 por ciento de la fuerza de trabajo. Hay que recordar que el programa de estabilización redujo sistemáticamente el empleo en los sectores deficitarios y muy particularmente en la gran minería estatal. El cierre de las minas no rentables y la transferencia de otras a inversores privados o cooperativas, llevaron a transformar profundamente a la COMIBOL, que pasó de ser el primer actor de la minería a convertirse en una sociedad que tenía principalmente funciones de gestión sectorial, encargándose de

buscar acuerdos de riesgo compartido, con inversores nacionales e internacionales. Desde el punto de vista del empleo, la transformación fue especialmente drástica, ya que sus efectivos se redujeron de 30 000 a menos de 7 000 trabajadores, lo que produjo una situación de gran tensión en las relaciones laborales.

La experiencia que ha tenido Bolivia en los últimos años muestra la necesidad de pensar el desarrollo futuro de la minería sobre bases que busquen potenciar la capacidad de articular la extracción de mineral con sus formas de comercialización y, aunque sea en muy pequeña escala, con una industria transformadora que permita retener en el país una mayor porción del valor creado. El mercado mundial del estaño, y de los minerales en general, se caracteriza precisamente por la capacidad de control y manipulación que sobre el mismo ejercen unas pocas sociedades multinacionales y los países consumidores. Por tanto, conocer esas estructuras en donde se adoptan las decisiones fundamentales, avanzar en la capacidad de negociación internacional sobre estabilidad de precios, relaciones de intercambio entre el mineral exportado y el valor de los bienes (tecnología y bienes de equipo) emplea-

| Evolución del índice de volumen físico de la producción minera (año base 1990 = 100) | | |
|---|---|---|
| | *Con petróleo* | *Sin petróleo* |
| 1970 | 97,9 | 92,2 |
| 1980 | 92,2 | 85,1 |
| 1982 | 88,6 | 79,4 |
| 1987 | 59,3 | 48 |
| 1988 | 72,9 | 66,9 |
| 1989 | 87 | 85,7 |
| 1990 | 100 | 100 |
| 1991 | 105,8 | 101,7 |
| 1992 | 109,1 | 111,6 |
| 1993 | 116,1 | 108,8 |
| 1994 | 125,2 | 109,3 |
| 1995 | 139,1 | 124,8 |
| 1996 | 137 | 120,2 |
| 1997 | 142,3 | 126,1 |
| 1998 | 145,6 | 130,2 |
| 2000 | 152,8 | 134,6 |

## Las nuevas inversiones en la minería boliviana

**D**esde principios de la década de 1990, especialmente tras la estabilización macroeconómica y la promulgación de la nueva Ley de Minería, en 1991, se ha producido un nuevo interés de los inversores internacionales por la minería boliviana. En estos años se han establecido contratos de riesgo compartido, en tareas de prospección y exploración de nuevos yacimientos, y también de puesta en marcha de alguna explotación. La compañía estadounidense Battle Mountain Gold Company ha comprometido una inversión por más de 150 millones de dólares en el complejo minero Kori Kollo, una de las tres grandes minas auríferas de América Latina. También se han concretado acuerdos con compañías de Australia, Reino Unido, Canadá, España, Irlanda y Hong Kong. La minería absorbía en 1995 un 33 por ciento de las inversiones directas del extranjero frente a un 51 por ciento que se dirigía al sector de hidrocarburos, un 12 por ciento a la agroindustria y un 4 por ciento a las manufacturas.

La aplicación de modernos métodos de explotación en el yacimiento aurífero de Kori Kollo fue posible por la participación de empresas nacionales y extranjeras.

dos en su explotación, constituyen un componente insoslayable de cualquier estrategia de desarrollo de la minería boliviana sobre bases más sólidas de cara al siglo XXI.

La caída de los precios hizo más acuciante la necesidad de invertir en tecnología para la extracción, procesamiento y prospección a fin de mejorar la productividad y asegurar nuevas fuentes de abastecimiento. La carencia de recursos con los que financiar la transformación tecnológica de la extracción de estaño ha significado un importante retroceso de Bolivia en el mercado internacional de este producto. En la actualidad el Sudeste Asiático (especialmente Malaysia, Indonesia y Thailandia) y China se configuran como la nueva región productora y abastecedora de este metal. Otros competidores muy importantes son Brasil, Rusia y Australia.

Estos cambios también se han reflejado en la estructura empresarial que opera en la minería boliviana. El descenso de la producción de estaño, realizada tradicionalmente por grandes empresas estatales, ha dado paso a un pujante desarrollo de la producción de otros minerales, especialmente de cinc, plomo y plata, protagonizado por empresas de tamaño mediano y de capital mayoritariamente boliviano. Estos cambios se reflejan en el valor global de la producción minera boliviana.

*La planta de Don Diego, que pertenece a la Compañía Minera del Sur, recibe más de 800 toneladas diarias de complejos de plomo, cinc y plata para el rescate total de los minerales.*

Así, por ejemplo, en 1990 la producción de la COMIBOL representó el 42 por ciento del nivel alcanzado en 1980, mientras que la producción del sector privado había aumentado en una cuarta parte. Esta tendencia se ha profundizado todavía más en los últimos años, teniendo especial importancia el sector aurífero y en general los metales preciosos.

En 1994 el oro se convirtió en el rubro más importante de la exportación minera, por delante del cinc, y durante 1995 y 1996 el cinc volvió a convertirse en el mayor generador de divisas. La diversificación de la producción-exportación de minerales hace menos vulnerable la economía a la oscilación de los precios internacionales. Además, en el caso del oro su trascendencia proviene del hecho de que su producción aparece asociada al desarrollo de una incipiente pero muy dinámica industria de la joyería. La pujanza de este sector queda reflejada en el hecho de que en 1994 la exportación de artículos de joyería alcanzó los 142 millones de dólares (frente a los 58 millones de 1993 y a los 6 millones de 1992), transformándose en uno de los principales rubros de las exportaciones no tradicionales. El interés de esta actividad radica en el hecho de que se concentra en la producción de bienes con mayor valor agregado que la simple exportación de mineral de base y en que tiene efectos positivos sobre el empleo y la estructuración económica en la medida en que asienta una cadena que va desde la extracción del mineral a su procesamiento industrial y su transformación posterior en productos para exportar.

A pesar de que probablemente existan en esta industria procedimientos de maquila (montaje de productos sobre la base de componentes ya preelaborados), constituye una vía prometedora para el desarrollo de la minería, que podría estructurar de forma más positiva la actividad extractora con la industria boliviana, al generar saber y tecnologías sobre procedimientos industriales con los conocidos efectos que esto tiene sobre el valor de las exportaciones, sobre la generación de un tejido empresarial nuevo y diverso, sobre la capitalización tecnológica de la industria boliviana, sobre los ingresos del Tesoro por la vía de impuestos de actividades realizadas en el sector formal de la economía y también sobre el nivel de empleo.

# El sector energético

A causa de su todavía bajo nivel de industrialización, la economía boliviana tiene un consumo de energía per cápita comparativamente pequeño. La mecanización de la agricultura y el incremento del parque de vehículos de transporte, especialmente en las áreas urbanas, serán en los próximos años una causa muy importante de incremento de la demanda energética. Por otra parte, en los últimos tiempos Bolivia ha realizado un importante esfuerzo por desarrollar la industria de hidrocarburos, y muy especialmente la del gas, que está considerada en la actualidad como un sector estratégico con un futuro prometedor.

El país dispone de importantes y variados recursos energéticos y prácticamente en todos ellos tiene excedentes más o menos significativos que pueden ser exportados si se dan las circunstancias propicias para una producción en condiciones rentables. Así ocurre con el gas, el petróleo y la energía hidroeléctrica. Este sector es, además, uno de los que han concitado más atención por parte de los inversores internacionales. La explotación de yacimientos de gas y la construcción de una extensa red de gasoductos que conecte el territorio boliviano con los países vecinos, constituye una de las apuestas más importantes en el proceso de integración económica regional.

## Energía eléctrica

La historia del desarrollo de la energía eléctrica en Bolivia va asociada directamente a la Empresa Nacional de Electricidad (ENDE), sociedad creada por el gobierno con el objetivo expreso de desarrollar el potencial de producción existente y satisfacer las crecientes demandas, tanto de la industria como de

*El aumento del número de vehículos incide positivamente en la demanda interna de hidrocarburos.*

la población. En la década de 1960 se realizó un importante trabajo de evaluación de las condiciones y del potencial hidroeléctrico bolivianos, y se elaboraron cartografías más precisas del territorio, especialmente de las zonas donde se localizaban las principales cuencas del país. El Fondo de Naciones Unidas para el Desarrollo (FNUD) y la Organización Latinoamericana de la Energía (OLADE) colaboraron activamente en esta tarea de investigación. A lo largo de su historia, ENDE ha elaborado ocho Planes Nacionales de Electrificación, que en el transcurso de más de 30 años han dado forma a la actual estructura eléctrica nacional.

Las primeras obras fueron las centrales hidroeléctricas de Corani y Santa Isabel, que, en sus inicios, contaron con una potencia de 63 MW. Simultáneamente se pusieron en marcha proyectos de dimensiones más pequeñas, especialmente a través de centrales térmicas de gas natural. Posteriormente, ENDE acometió un programa de conexión entre Sucre, Potosí, Oruro y La Paz y la construcción de otras centrales termoeléctricas, prefigurando así lo que sería el mapa de la producción eléctrica en la década de 1970. Este proceso de interconexión al Sistema Interconectado Nacional (SIN) fue especialmente complejo, dada la extensión del territorio y la dispersión de las centrales por su superficie: más de 2 600 km de líneas de transmisión, que unen entre sí a 24 centrales eléctricas. En la década de 1990, el aumento de la producción de ENDE ha sido constante y explica en buena parte la evolución de la potencia instalada en los años anteriores. La producción de energía eléctrica, medida en millones de kilovatios/hora (kwh), se ha más que triplicado en un cuarto de siglo, ya que pasó de 787 kwh en 1970, a

*La producción eléctrica en Bolivia se inició a fines de 1966 con la Central Hidroeléctrica de Corani* *(en la imagen, sus turbogeneradores modernos) y la línea Corani-Cochabamba-Catavi.*

Foto: Enciclopedia *Bolivia Mágica* / Hugo Boero Rojo

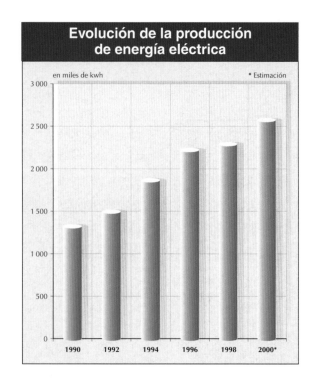

**Evolución de la producción de energía eléctrica**

en miles de kwh          * Estimación

2 876 kwh en 1994. De este último total, 1 391 kwh corresponden a energía hidroeléctrica y 1 485 kwh a energía térmica convencional.

El crecimiento del potencial en la producción de energía eléctrica es una condición básica para asegurar el desarrollo económico y la mejora de las condiciones de vida. En este campo, no obstante, la economía boliviana tiene un largo camino por recorrer. A pesar de los incrementos que se han dado en la producción total de energía eléctrica, el consumo medio por habitante sigue siendo comparativamente muy bajo. En la actualidad, en Bolivia, el consumo medio anual por habitante es el equivalente a unos 350 kg de petróleo, mientras la media de Latinoamérica es de 1 000 kg y la mundial, de 1 500 kg. Este bajo nivel de consumo se explica en parte por el empleo masivo que la población rural hace de combustibles tales como la leña, el carbón, el estiércol y el bagazo. De hecho, en el Altiplano, la leña sigue siendo un combustible de primer orden, lo que acarrea los consiguientes problemas ecológicos de deforestación y erosión de los suelos.

### Conversión de gas natural en energía eléctrica

De forma complementaria a la extracción y exportación de gas natural, se ha perfilado un importante proyecto de producción de energía eléctrica a partir del gas natural, que eventualmente podría ser exportada a Brasil y al norte de Chile. La disponibilidad de este recurso permitirá, además, impulsar su empleo en las propias ciudades bolivianas para uso tanto industrial como doméstico.

El Ministerio de Desarrollo Económico prevé que la obra, que debe estar finalizada en el año 2000, tendrá efectos positivos en la economía boliviana en los casi tres años que durarán los trabajos. Entre tales efectos cabe señalar la aportación de 1,5 a 2 puntos al crecimiento del PIB durante el período de duración de las obras, la creación de 4 000 puestos de trabajo directos y de otros 1 000 indirectos; un fuerte impulso a la industria cementera local; la reversión sobre la economía boliviana de 75 centavos por cada dólar invertido; la posibilidad de reequilibrar la balanza comercial con Brasil; la posibilidad de hacer viables nuevos proyectos industriales que ahora pueden conectarse a programas de desarrollo regional más amplios y, finalmente, aunque no menos importante, un avance muy significativo en el proyecto de integración energética del Cono Sur.

### Los hidrocarburos

La búsqueda, exploración y producción de hidrocarburos tiene en Bolivia una historia casi centenaria. Sin embargo, hasta la década de 1920 no se realizaron las primeras concesiones a compañías extranjeras. El desarrollo de un sector energético basado en la riqueza de hidrocarburos ha estado

## Pozos petrolíferos, oleoductos y gasoductos

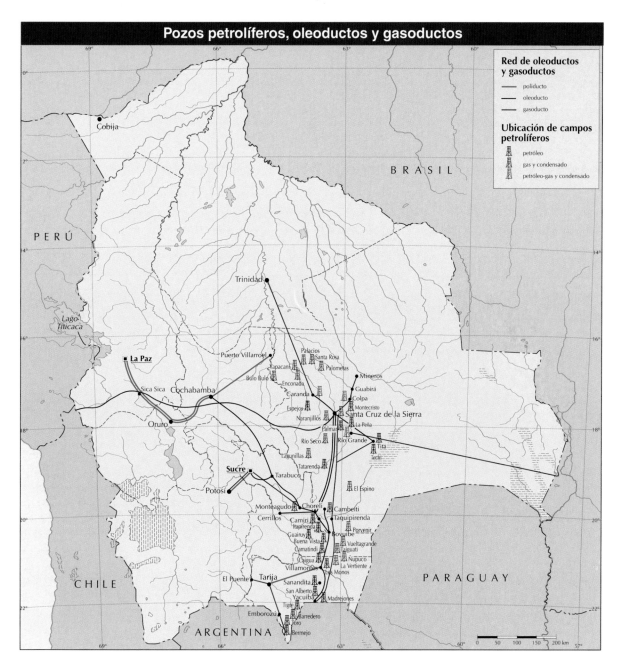

**Red de oleoductos y gasoductos**

— poliducto
— oleoducto
— gasoducto

**Ubicación de campos petrolíferos**

petróleo
gas y condensado
petróleo-gas y condensado

determinado por las relaciones del Estado boliviano con compañías extranjeras, relaciones que en la casi totalidad de los casos han sido conflictivas.

Tras el final de la Guerra del Chaco, en 1936, se creó la empresa pública Yacimientos Petrolíferos Fiscales Bolivianos (YPFB), sociedad que tenía la misión de desarrollar la producción de petróleo y gas en el país, con el fin de abastecer las crecientes necesidades y generar excedentes para la exportación, habida cuenta del mercado en expansión que se estaba configurando en el mundo entero. El naci-

miento de YPFB coincidió en el tiempo con un estado de debilidad de las finanzas públicas, producto del reciente esfuerzo bélico. Sin embargo, la existencia de abundantes recursos petrolíferos en el subsuelo boliviano permitió que rápidamente se pusieran en marcha algunas explotaciones, y que YPFB iniciara un proceso de capitalización financiera y tecnológica. Uno de los problemas fundamentales y más costosos en ese momento era, precisamente, alcanzar un conocimiento fundado de las potencialidades del país. Esto significaba dispo-

Edificio de Yacimientos Petrolíferos Fiscales Bolivianos, cuya creación en 1936 permitió que la industria de hidrocarburos, a diferencia de otras industrias, quedase bajo control del Estado.

Los efectos positivos de este incremento en la extracción y en la mejora del conocimiento del mapa de recursos del país fueron, sin embargo, menguados por otros efectos negativos, derivados del tipo de contrato establecido con estas compañías y por la imposibilidad, por parte del Gobierno boliviano, de conseguir que una parte significativa de los recursos generados revirtiese sobre el país.

El Código del Petróleo, dictado en 1954, fue la norma jurídica que ordenó las relaciones con las compañías petroleras internacionales. Esta norma imponía un gravamen de un 30 por ciento sobre las utilidades obtenidas por las compañías, pero, al igual que ocurría en otros países latinoamericanos que habían dado licencias para la explotación de recursos naturales, las sociedades extranjeras disponían de una gran capacidad para alterar sus balances, transfiriendo los recursos a la casa matriz por la vía de aplicar sobreprecios a los bienes que suministraba ésta y que eran necesarios para la explotación. Esta situación dejaba prácticamente indefenso al país concesionario, ya que no podía intervenir en los balances de la empresa. Tal situación originó conflictos con las empresas petroleras, que en Bolivia llegaron a la nacionalización de la Bolivian Gulf Oil, en 1969.

Este hecho provocó una reducción temporal de la producción, seguida de una recuperación cuando YPFB ocupó el terreno dejado por las compañías privadas. No obstante, en 1978 retornaron las compañías privadas, pero se inició entonces un proceso continuado de caída en la producción de

ner de capital (la fase de exploración representa una parte muy elevada de cualquier inversión petrolífera y es la que concentra más riesgos) y de tecnología avanzada, para construir una cartografía más o menos acabada de la eventual riqueza del país. Desde entonces, y hasta 1959, la extracción de petróleo en Bolivia se correspondió exclusivamente con la producción de la compañía estatal. En la década de 1960 Bolivia comenzó a autoabastecerse y a disponer de excedentes exportables de petróleo.

La autorización a sociedades extranjeras, a partir de 1960, permitió que se produjese un incremento continuado de la producción, que fue muy notorio en 1967, año en que la producción total se duplicó con creces, al pasar de 971 546 m$^3$ a 2 319 883 m$^3$.

Estos incrementos productivos otorgaron un papel protagonista a las compañías extranjeras, que prácticamente duplicaron la producción de YPFB.

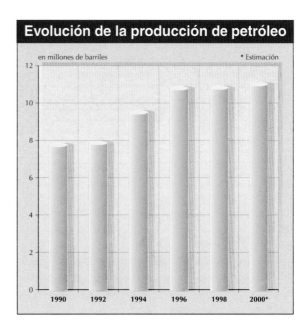

**Evolución de la producción de petróleo**

en millones de barriles — * Estimación

(1990, 1992, 1994, 1996, 1998, 2000*)

362

*La Ley de Hidrocarburos forma parte de un conjunto de reformas para liberalizar la economía y permitir mayores inversiones nacionales y extranjeras. En la imagen, refinería en Cochabamba.*

crudo. La crisis de la década de 1980, junto con la inestabilidad política, generó un cuadro en el que prácticamente no hubo inversión y el país perdió su capacidad exportadora, y, lo que fue aún más grave, se vio amenazado por la posibilidad de tener que importar crudo para abastecer sus propias necesidades.

Con todo, a pesar de la crisis de producción padecida por el sector petrolífero en la década de 1980 y principios de la de 1990, no se puede ignorar la importancia vital que ha tenido dicho sector para la economía boliviana, especialmente en la generación de ingresos tributarios. El 19 por ciento que tributa en concepto de impuesto sobre producción, el 13 por ciento del IVA, el 2 por ciento sobre transacciones y los llamados Excedentes Financieros (un impuesto establecido en 1985) generan una masa de ingresos fiscales que a principios del decenio de los noventa representaba el 58 por ciento de los recursos totales del Estado. No obstante, el desarrollo del sector exportador ha modificado parcialmente esta situación.

## La Ley de Hidrocarburos

En 1990 se promulgó una nueva Ley de Hidrocarburos, que tendía a crear un marco para la explotación del sector. Este nuevo marco quitó competencias a YPFB, especialmente por abrir a los inversores privados, nacionales e internacionales, las actividades de distribución y comercialización de productos derivados, que hasta ese momento estaban reservadas en exclusiva a YPFB. Esta nueva legislación sectorial buscaba la concreción de acuerdos de riesgo compartido en todas las áreas que componen el ciclo de los hidrocarburos: prospección, explotación, industrialización, transporte y comercialización. El instrumento que dispuso esta reglamentación para operar fue el Contrato de Operación, una figura jurídica que permite la inversión privada en tareas de prospección y producción. Esta ley permitió ampliar el espectro de prospección, a través de acuerdos con empresas privadas, hasta abarcar un área de más de catorce millones de hectáreas.

La profundización de esta política liberalizadora del sector de los hidrocarburos, en el marco de la

*La extensa red de oleoductos, como éste que atraviesa el departamento de Oruro, constituye el sistema más económico de transporte de crudo o derivados en grandes cantidades.*

política económica general, alcanzó su punto máximo en 1996 con la privatización/capitalización de YPFB y la promulgación previa de la Ley N.º 1689 (Ley de Hidrocarburos), que pese a mantener el espíritu de la legislación anterior (los yacimientos de hidrocarburos, cualquiera que sea el estado en que se encuentren o la forma en que se presenten, son de dominio directo del Estado; este hecho incontrovertible no puede ser modificado por ningún contrato o concesión) abría un amplio espacio para la inversión privada, en el sector en su conjunto y en la propia sociedad estatal YPFB. La nueva legislación autoriza a personas y sociedades extranjeras a comprar y poseer las extensiones de tierra necesarias para la construcción, edificación y tendido de oleoductos, así como de plantas para el transporte de hidrocarburos, en un área de 50 km de las fronteras, dentro del perímetro de los siguientes corredores: oleoducto Sicasica-Arica, proyecto de gasoducto a la República de Chile, oleoducto Camiri-Yacuiba,

gasoducto Río Grande-Yacuiba, proyecto de gasoducto Vuelta Grande-Asunción y gasoducto Bolivia-Brasil.

En las operaciones de riesgo compartido, según la nueva legislación, el Estado boliviano no asume ninguna responsabilidad de tipo financiero, lo que en principio debería permitir una mejor capitalización de YPFB, al poder concentrar sus recursos en el desarrollo de determinadas áreas. Los contratos de riesgo compartido para la prospección, explotación y comercialización de hidrocarburos, tendrán una duración máxima de cuarenta años y una extensión geográfica de una a cuarenta parcelas (parcela es la unidad de medida empleada para regular los contratos de prospección y explotación de hidrocarburos, y equivale a una extensión total de 2 500 hectáreas), en las zonas tradicionales, y de una a cuatrocientas parcelas en las zonas no tradicionales.

Las cuencas sedimentarias susceptibles de contener petróleo abarcan un 47,3 por ciento del territorio nacional, lo que equivale a una superficie de 520 000 km². De esta enorme superficie con potencial petrolífero, 100 000 km² se encuentran en el Altiplano, 83 000 km² en la zona subandina y 337 000 km² en la llanura Chacobeniana. En el 70 por ciento de esta área ya se ha realizado una prospección exploratoria, pero sólo se han perforado pozos en un 25 por ciento del territorio. Los trabajos de prospección realizados por YPFB en el Altiplano localizaron catorce estructuras susceptibles de contener petróleo. Estas estructuras se hallan en los departamentos de La Paz, Oruro y Potosí. De acuerdo con los datos de la Secretaría Nacional de Hidrocarburos, en 1995, Bolivia posee reservas probadas, de 128,2 millones de barriles de petróleo crudo y de 107 900 millones de metros cúbicos de gas natural.

## La producción de gas

La pérdida constante de importancia del petróleo en la exportación ha sido compensada en alguna medida por el desarrollo de la producción y exportación de gas. La exportación de gas se inició a finales de la década de 1960, con la firma de un primer acuerdo con Argentina. En este acuerdo participaron, por parte boliviana, el Ministerio de Minas y Petróleo, junto con la Dirección General de Hidrocarburos y la Compañía Bolivian Gulf, y por parte argentina la sociedad estatal Gas del Estado. Durante los veinte años de duración de este contrato, el Estado boliviano pudo ingresar casi cuatro mil millones de dólares.

En la década de 1990, la producción y exportación de gas cobró un nuevo impulso con la construcción de nuevos gasoductos, la firma de acuerdos con otros países y la conversión del sector en un núcleo estratégico de la economía boliviana, por lo que respecta a la captación de inversiones, generación de divisas y vertebración de relaciones económicas con los países vecinos sudamericanos.

## El gasoducto de Bolivia a Brasil

La firma del Contrato de Compra y Venta de Gas entre Bolivia y Brasil, en 1993, estableció el marco general en que debía desenvolverse el comercio de este producto entre los dos países. Un punto determinante fue la construcción de una red de gasoductos para transportar el gas desde Bolivia a Brasil. La inversión prevista se acordó en 450 millones de dólares, a desembolsar entre 1996 y 1999. Este proyecto, considerado como la mayor obra de ingeniería energética en toda Latinoamérica, después de la represa hidroeléctrica de Itaipú, alcanza una extensión de 1 800 km. La construcción del gasoducto se otorgó a la compañía estadounidense ENRON y el acuerdo establecía que un 60 por ciento del valor del gasoducto pertenecía a Bolivia y el resto a la ENRON. El acuerdo preveía el suministro de ocho millones de metros cúbicos diarios, pero eventualmente esta cantidad podía ampliarse hasta los treinta y dos millones de metros cúbicos. Esta fuente de suministro de gas significa para Brasil una modificación notable de su estructura de producción de energía eléctrica, ya que el gas deja de equivaler a un 2,5 por ciento del total de la energía producida, para pasar a significar un 10 por ciento.

El departamento de Santa Cruz se verá especialmente favorecido por esta gran obra, al concentrar la mayor parte de las inversiones necesarias para desarrollar los campos productores, desde los que se distribuirá gas natural hacia los estados brasileños de São Paulo, Rio Grande do Sul, Santa Catarina y Paraná. Se prevé que en este sector se realicen inversiones próximas a los setecientos millones de dólares, entre 1996 y 2013. En 1997, el gobierno boliviano estimaba que el acuerdo establecido con Brasil puede representar ingresos por unos cinco mil setecientos millones de dólares, durante los 20 años de duración prevista del contrato, aparte de los efectos inducidos como producto de la construcción del propio gasoducto, que durante los dos años y medio que previsiblemente durarán sus obras puede representar un aporte al crecimiento del PIB del orden del 1,5 al 2 por ciento.

El desarrollo de nuevos campos productores de gas y de una infraestructura de transporte, abre la posibilidad de ir desarrollando una red complementaria de centrales de energía eléctrica en relación al empleo del gas, con lo que se podría generar un excedente exportable al norte de Chile y al estado de Mato Grosso, en Brasil. Además permitirá incentivar el uso intensivo del gas natural tanto en la industria como en el consumo doméstico en las ciudades de La Paz, Cochabamba y Sucre.

Desde el punto de vista estratégico, tanto la Administración boliviana como los especialistas latinoamericanos coinciden en valorar el gasoducto

| Impacto estimado sobre el valor agregado de la exportación de gas a Brasil (en millones de dólares USA) | | | | | | | |
|---|---|---|---|---|---|---|---|
| *Sectores* | *1996* | *1997* | *1998* | *1999* | *2000* | *2001* | *2002* |
| Hidrocarburos | 0,4 | 1,3 | 1,3 | 78,4 | 89,4 | 100,8 | 111,7 |
| Transporte | 3,0 | 8,9 | 8,9 | 10,4 | 13,8 | 11,3 | 14,8 |
| Industria | 4,3 | 12,9 | 12,9 | 7,1 | 8,1 | 9,2 | 10,2 |
| Construcción | 10,0 | 29,9 | 29,9 | — | — | 0,1 | 0,1 |
| Servicio | 3,7 | 11,2 | 11,2 | 5,6 | 6,4 | 7,2 | 8,0 |
| Agropecuario | 0,7 | 2,0 | 2,0 | 0,4 | 0,4 | 0,5 | 0,5 |
| Minería | 1,8 | 5,5 | 5,5 | 0,9 | 1,0 | 1,1 | 1,3 |
| Electricidad | 0,7 | 2,0 | 2,0 | 2,1 | 2,4 | 2,8 | 3,0 |
| Comercio | 2,8 | 8,5 | 8,5 | 2,0 | 2,2 | 2,5 | 3,0 |
| Comunicaciones | 0,3 | 1,0 | 1,0 | 0,3 | 0,4 | 0,4 | 0,5 |

*Fuente: Ministerio de Desarrollo Económico.*

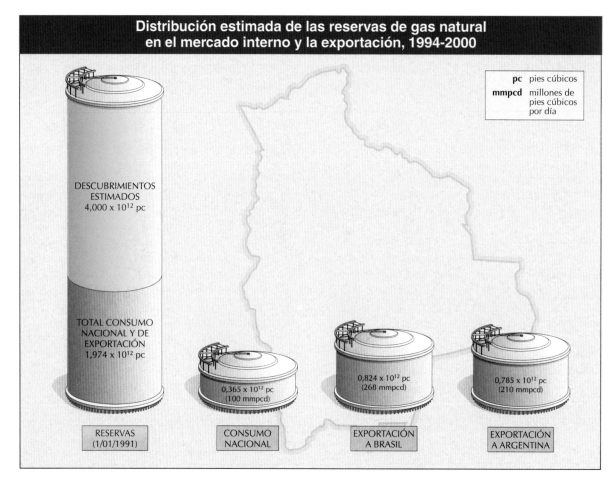

**Distribución estimada de las reservas de gas natural en el mercado interno y la exportación, 1994-2000**

**pc** pies cúbicos
**mmpcd** millones de pies cúbicos por día

DESCUBRIMIENTOS ESTIMADOS
4,000 x 10$^{12}$ pc

TOTAL CONSUMO NACIONAL Y DE EXPORTACIÓN
1,974 x 10$^{12}$ pc

0,365 x 10$^{12}$ pc
(100 mmpcd)

0,824 x 10$^{12}$ pc
(268 mmpcd)

0,785 x 10$^{12}$ pc
(210 mmpcd)

RESERVAS (1/01/1991)

CONSUMO NACIONAL

EXPORTACIÓN A BRASIL

EXPORTACIÓN A ARGENTINA

Bolivia-Brasil como el eje central de la red de gasoductos que van a tenderse en Latinoamérica en las dos próximas décadas. La llamada Comunidad Energética Latinoamericana deberá permitir la circulación del gas natural de Bolivia, Perú, Argentina, Venezuela y Brasil por todo el continente. El hecho de que Bolivia sea actualmente un importante suministrador de gas natural a Argentina, Brasil y Chile, avala las pretensiones del país de convertirse en el centro regional de la distribución de gas natural en el Cono Sur.

## La venta de gas a Latinoamérica

Desde 1992 Bolivia mantiene un acuerdo con Argentina (Acuerdo de Complementación en materia energética) que asegura al gas natural boliviano un acceso irrestricto al mercado argentino hasta el año 2004. La contrapartida de este acuerdo establece el acceso libre del petróleo argentino al mercado boliviano. Estos acuerdos revisten la máxima importancia dado que previsiblemente Argentina se convertirá, en un plazo muy breve, en un país

exportador de gas natural y por tanto en un competidor potencial de Bolivia.

Por otra parte el gobierno boliviano ya ha formalizado acuerdos con el gobierno chileno y la sociedad australiana B.H.P. Power para construir un gasoducto de 1 100 km de extensión desde Tarija hacia la zona norte de Chile. En este caso Yacimientos Petrolíferos Fiscales Bolivianos y B.H.P. Power comparten el 90 por ciento del capital accionarial y el restante 10 por ciento corresponde a la Empresa Nacional del Petróleo de Chile.

La trascendencia estratégica que estos proyectos tienen para Bolivia se deriva no sólo del monto de las inversiones comprometidas (el Ministerio de Desarrollo Económico estimaba que entre el año 1997 y el 2003 el sector atraería inversiones de un valor próximo a los 3 000 millones de dólares), sino del hecho de que vinculan a la economía boliviana con sus tres principales socios económicos de la región (Argentina, Brasil y Chile) en un sector en el que el país tiene ventajas comparativas.

# Agricultura tradicional, agroindustria y manufacturas

Una mirada a los principales productos de exportación bolivianos, especialmente a las exportaciones no tradicionales, permite ver que en su gran mayoría se trata de producciones agroindustriales. Si se analiza la lista de productos de exportación por un valor superior al millón de dólares, por ejemplo en Santa Cruz, probablemente el centro más dinámico de la economía boliviana actual, se comprobará que los quince primeros productos son agroindustriales. En estos diez últimos años Bolivia se ha transformado en un importante exportador de granos y harinas de soya, aceites crudos, algodón sin cardar, maderas, azúcar, etcétera.

Los incrementos en la producción de estos bienes y en su exportación son consecuencia de una serie de factores, tales como las condiciones favorables en los mercados internacionales, la estrategia empresarial de los productores bolivianos o la política económica del gobierno, que ha potenciado la inversión en el sector de la agroindustria orientada al exterior. En la práctica, este proceso de inversión financiera en el sector, así como la consolidación de un sector agroexportador relativamente moderno, han actuado como agentes de transformación de la estructura agraria del país.

## La agricultura en la economía nacional

El cambio estructural más significativo que ha tenido la agricultura boliviana en la segunda mitad de este siglo fue la Reforma Agraria de 1953, que tenía como objetivos centrales proceder a una redistribución de la tierra, acabar con el latifundio y reorganizar la tenencia de la tierra, eliminando ata-

*Recolectores de papas en el Altiplano paceño, donde los campesinos han creado sus propias cooperativas.*

vismos tales como la prestación de servicios personales gratuitos a los propietarios.

Este proceso de reorganización de la agricultura tuvo sin duda efectos positivos al modernizar las relaciones sociales en el campo, introducir un mayor grado de equidad en la posesión de la tierra y contribuir a la creación de un grupo social de pequeños campesinos con tierra. Sin embargo, el impulso inicial no logró crear una agricultura eficiente, capaz de desarrollar un verdadero mercado interior de productos agrícolas destinado a abastecer las necesidades reales de la población. Ciertamente, este hecho es el producto de un conjunto de factores económicos y políticos, el primero de los cuales es, precisamente, la distribución del ingreso, ya que si esto no se da, inevitablemente se produce un estrangulamiento de la demanda de bienes agrícolas y alimentarios. También fue importante la falta de recursos técnicos y financieros que apoyaran la consolidación y desarrollo de los productores agrícolas, que al carecer de ellos se encontraron con promedios bajos de productividad, que condicionaron su escasa competitividad.

La agricultura boliviana se dividió en dos grandes mitades que siguieron desarrollos divergentes. Por un lado, en el Altiplano y en los valles se desarrolló una agricultura de subsistencia basada en pequeñas explotaciones, en las que predominaba la poca disponibilidad de tierra y la carencia de todo tipo de insumos y factores de producción necesarios para elevar la productividad. Por otro lado, se consolidó un proceso de concentración de la propiedad de la tierra y de centralización de la actividad económica sectorial. El sector más eficaz ha lo-

*La introducción de nuevas técnicas en las diferentes etapas de la producción agrícola ha* *contribuido a mejorar el rendimiento de las cosechas y a elevar la calidad de los productos.*

grado rendimientos crecientes gracias a una política activa de inversiones, al apoyo gubernamental, dentro del plan de fomento de las exportaciones a las buenas condiciones en los mercados internacionales y, especialmente, a la acción concertada de las asociaciones de productores. Esta división adquirió carácter estructural y marcó toda la economía boliviana, así como las relaciones sociales en el campo.

En la década de 1970 se dio un nuevo impulso a la transformación de la estructura agraria del país, aunque en esta ocasión estuvo inspirada en los programas de modernización del Banco Mundial y del Banco Interamericano de Desarrollo tendientes a crear una agricultura especializada en productos de base para exportar al mercado internacional. Así, se canalizaron algunas inversiones con financiamiento internacional concentradas en cultivos tropicales tales como café, algodón, azúcar, arroz y, de forma muy especial, soya. En los últimos años tanto el café como el azúcar se han visto afectados por la caída de los precios internacionales.

En 1995 el 68 por ciento de las unidades agropecuarias correspondía a pequeños productores, que disponían del 1,4 por ciento de la superficie agrícola. Las grandes explotaciones agrícolas representaban un 1,8 por ciento de todas las propiedades y poseían el 85 por ciento de la superficie. Las explotaciones agrícolas de más de 5 000 hectáreas (sólo un 0,7 por ciento del total) representaban un 48 por ciento de la superficie total.

El peso de la agricultura en la economía se mantuvo estable durante la década de los ochenta, a pesar de las convulsiones que afectaron a toda la estructura económica del país y de la conjunción de una crisis general y de unas condiciones climatológicas adversas.

En 1980 la agricultura contribuía al PIB con un 18,6 por ciento, y quince años más tarde, en 1995, este porcentaje era sólo de un 20 por ciento. Este pequeño incremento ha coincidido en el tiempo con una reducción de la población ocupada en tareas agrícolas, lo cual implica un cierto incremento de la productividad media, aunque en gran medida este tirón se corresponde con un sector muy delimitado y vinculado a la exportación. De cualquier manera, se ha de tener en cuenta que, en el mismo período, en la mayoría de países de Latinoamérica, la agricultura registró un descenso de su participación en el PIB.

## La fuerza de trabajo en el campo

Esta evolución se registra también en la composición de la fuerza de trabajo del país. Si en 1976 la agricultura ocupaba a un 46,1 por ciento de la población económicamente activa, en 1992 esta proporción se

## La tierra como motor del crecimiento

La agricultura representa un 20 por ciento del PIB, ocupa productivamente a cerca de un 40 por ciento de la población activa y constituye la base de desarrollo natural de la propia industria, al generar las materias primas de los rubros más pujantes de la agroindustria. En 1995, el 40 por ciento del valor total (expresado en dólares) de las exportaciones no tradicionales estuvo representado por productos agrícolas o agroindustriales. La productividad en el sector exportador es muy elevada, a causa de las ayudas financieras y de las inversiones. Los principales productos de exportación (algodón, soya, azúcar, cítricos y otros) se cultivan en una superficie aproximada de seiscientas mil hectáreas. La activación del mercado mundial de la soya y demás productos de exportación ha alentado planes de inversión que prevén aumentar la tierra dedicada a las producciones orientadas al mercado exterior hasta alcanzar un millón de hectáreas.

*Las dificultades para el acceso de las mujeres a la educación, han determinado su tradicional ocupación en el hogar y en el campo. En la imagen, campesinas de la región ribereña del Titicaca.*

reducía a un 39 por ciento. Esta tendencia se ha mantenido en la segunda mitad de los años noventa. De cualquier forma, la agricultura sigue desempeñando un papel determinante en el empleo. El hecho de que casi el 40 por ciento de la fuerza de trabajo esté empleado en el sector agrícola es tremendamente indicativo. Por otra parte, la agricultura es el sector en donde se ha dado el crecimiento más espectacular de la fuerza de trabajo femenina. A mediados de los años noventa, el 36 por ciento del empleo agrícola estaba ocupado por mujeres y sólo era superado por los servicios (un 38 por ciento). Este crecimiento responde a un fenómeno económico real, pero también se debe a la normalización registral o estadística de una práctica antigua. La mujer boliviana siempre ha tenido un papel fundamental en la reproducción económica en general (y en la agricultura en particular), pero hasta el censo de 1992 no se reflejó con claridad la ocupación en este sector.

## El potencial de la tierra cultivable

La diversidad de regiones climáticas (altiplano, valles y trópico), junto con la gran extensión del territorio, supone en principio un enorme potencial de producción agrícola. En 1995 la Administración cifraba en 22 millones de hectáreas las tierras cultivables del país; sin embargo, las estimaciones del Plan Nacional de Seguridad Alimentaria (PLANSA) calculaban las tierras efectivamente disponibles para la producción agrícola en 6,3 millones de hectáreas. De acuerdo con los cálculos conjuntos realizados por la Secretaría de Agricultura y el Fondo de Naciones Unidas para la Agricultura y la Alimentación (FAO) la superficie total del país es de 109,8 millones de hectáreas, de las que 57,3 millones son pastos y praderas y 41,2 millones están ocupadas por los bosques.

De la tierra cultivable (6,3 millones de hectáreas) tan sólo se explota un millón de hectáreas, escasamente un 16 por ciento del total. Casi dos millones de hectáreas están calificadas como tierra de descanso y 3,4 millones de hectáreas permanecen sin trabajar. Quizás lo más grave es la tendencia al estancamiento o incluso la regresión en las tierras cultivadas dedicadas a la producción de alimentos, una situación radicalmente distinta a la de la producción agrícola dedicada a la exportación.

Además de la reducida cantidad de tierra cultivada dedicada a producir alimentos, cabe destacar la baja productividad que se alcanza en la mayoría de estos cultivos.

# El desarrollo de la ganadería

Las tierras aptas para la crianza del ganado ocupan un 30 por ciento del territorio nacional y se localizan principalmente en el Altiplano y los valles, el centro y el norte de los Llanos orientales y la región chaqueña. Aparte de las especies originarias de Bolivia (camélidos), la ganadería del país se compone básicamente de especies aclimatadas por los conquistadores y que se han ido adaptando con el paso del tiempo a las condiciones locales. La ganadería boliviana se compone principalmente de poblaciones de bovinos, ovinos y porcinos. La cría de ganado bovino es una de las actividades ganaderas más importantes y extendidas.

La población de bovinos superaba los seis millones de cabezas a principios de los años noventa y constituía una significativa fuente de exportaciones. Aunque el nivel medio de la ganadería boliviana adolece de una baja productividad (alta mortalidad, débil tasa de reproducción, tardanza en alcanzar los pesos y tallas óptimos), existen núcleos en los que se trabaja con técnicas muy avanzadas, especialmente en la introducción de procedimientos genéticos, creación de algunas razas especialmente adaptadas a las condiciones climáticas de la llanura amazónica y que tienen una productividad elevada de carne y leche. Los principales países a los que se exporta este ganado son Brasil, Perú y Chile.

La cría de ganado ovino está muy enraizada en las prácticas productivas de los agricultores bolivianos. La oveja proporciona carne y lana, y a principios de la década de los noventa se contabilizaba una cabaña de casi ochocientos mil ejemplares, de los que más de la mitad se concentraban en La Paz, Oruro y Potosí. La productividad de esta rama de la ganadería es baja, tanto en carne como en lana. Su crianza ha sido un tanto controvertida, ya que por una parte constituye un recurso importante para los campesinos pero, por otra, su crianza se considera uno de los factores que más han contribuido al deterioro ecológico del Altiplano, causado principalmente por el sobrepastoreo.

La ganadería boliviana tiene su mayor exponente en la cría de ganado bovino criollo, que cuenta con más de 500 000 cabezas. En la imagen, ganado pastando en Santa Cruz.

*La producción de trigo es reducida y se da en los departamentos de Cochabamba, Chuquisaca, Tarija, Santa Cruz, La Paz y parte de Potosí. En la imagen, trigal en el Altiplano.*

En general, puede decirse que esta baja productividad no tiene nada que ver con la calidad de la tierra sino más bien con la organización económica del campo: carencia de infraestructuras, dificultades financieras, escasa mecanización y falta de fertilizantes y de inversiones agrícolas.

En los productos alimenticios de consumo masivo (papa, cebada, arroz y trigo) los rendimientos medios por hectárea están muy por debajo de los que se registran en los países vecinos de Latinoamérica. Una parte muy importante de los cereales que consume el país, especialmente el trigo, se ha de importar. La baja productividad de esta agricultura explica en buena medida las carencias alimentarias y los problemas de malnutrición que afectan a un elevado porcentaje de la población.

## Producción agrícola y seguridad alimentaria

El volumen de producción agrícola (granos, tubérculos y frutas), según datos del Plan Nacional de Seguridad Alimentaria, alcanzó en 1990 los 2,8 millones de toneladas, cuando los requerimientos alimentarios en ese momento eran de 3,1 millones de toneladas. En 1996 la oferta de estos productos fue de 3 millones de toneladas y la demanda superó los 3,5 millones. Si este ritmo de crecimiento de la producción de alimentos de base (1,3 por ciento anual) se relaciona con la tasa de crecimiento de la población (2,1 por ciento) se observa un desfase que puede crear una situación peligrosa desde el punto de vista de la seguridad alimentaria.

El Plan Nacional de Seguridad Alimentaria ha sido puesto en marcha precisamente para mejorar los niveles de abastecimiento de alimentos, tanto de la población rural como de la urbana, combatir la desnutrición y elevar la productividad de la agricultura. Su financiamiento inicial es de 100 millones de dólares y sus actuaciones se concentran en incrementar la oferta de tierra y los estímulos a la inversión. Paralelamente a la acción pública en el terreno de la producción de alimentos, en Bolivia existen numerosas ONG dedicadas a desarrollar proyectos en el área rural y que trabajan con los grupos más desfavorecidos. Sus actuaciones se con-

*La producción agrícola del Altiplano va destinada al consumo interno, comercializándose una parte en las ferias locales y los centros urbanos próximos. En la imagen, un mercado de La Paz.*

*Las industrias alimentarias, como esta planta embotelladora de aceite de soya, en Santa Cruz, procesan y envasan artículos para el consumo humano a partir de productos agrícolas.*

centran principalmente en facilitar microcréditos destinados a la compra de semillas o utensilios agrícolas, en la capacitación y desarrollo de nuevas técnicas destinadas a mejorar la productividad, en la creación de redes de comercialización directa de los productos y en la realización de pequeñas obras de infraestructura.

La explotación de la tierra, en los últimos años de la década de 1990, ha tenido una evolución contradictoria y muy marcada por el desarrollo de una agroindustria pujante, orientada a la exportación, y una agricultura de cultivos tradicionales, que tiene un crecimiento vegetativo y que ha obtenido incrementos muy pequeños en su productividad.

La cantidad de tierras dedicadas a la producción de alimentos apenas ha crecido en la etapa de la que nos ocupamos y según algunas estadísticas, como las que maneja la FAO, las superficies incluso se han reducido.

La superficie regada ha pasado, según datos de la Comisión Económica para América Latina de Naciones Unidas, de 80 000 hectáreas en 1970 a 100 000 en 1994; las tierras dedicadas a cultivos permanentes han crecido de 172 000 hectáreas, en 1970, a 260 000 hectáreas, en 1994; las tierras arables, a su vez, pasaron de 1,52 millones de hectáreas, en 1970, a 2,12 millones, en 1994.

## La producción de maíz

El maíz es un producto ligado a los orígenes mismos de la agricultura boliviana. Se produce prácticamente en todo el territorio, aunque preferentemente se cultiva en Santa Cruz, Chuquisaca y Cochabamba, y constituye un componente de la dieta de la población urbana y rural, por lo que resultan muy importantes su producción y las oscilaciones de su precio. La superficie dedicada a su cultivo ha tenido un cierto incremento en los últimos 25 años, pasando de 221 000 hectáreas, en 1970, a 273 000, en 1995. Medido en volumen, este incremento ha sido bastante más significativo, al pasar de 286 000 toneladas en la primera fecha, a 521 000 en 1995.

## La agroindustria

Lo más significativo en el proceso de cambio de la agricultura boliviana es la irrupción de sectores nuevos, como es el caso de la producción de soya, o el desarrollo y potenciación de otros, como puede ser la caña de azúcar o el algodón. Así, por ejemplo, la producción de soya era prácticamente inexistente en 1970, ya que en ese momento se dedicaban tan sólo 1 000 hectáreas a su cultivo, mientras que en 1995 ocupaba 432 000 hectáreas y se había transformado en uno de los principales productos de las exportaciones no tradicionales.

## La coca: un producto natural que busca su mercado natural

La hoja de coca no sólo es un producto originario y típico de Perú y Bolivia, sino que contiene, por sus propias características naturales, unas potencialidades enormes, tanto desde el punto de vista económico como farmacológico. Asociada directamente a las prácticas populares y al imaginario de la población andina, su uso tradicional (especialmente la masticación) supone un recurso energético y alimentario muy importante. Las potencialidades de la hoja de coca y su enraizamiento objetivo en la cultura popular han quedado, sin embargo, desdibujadas por la irrupción intensa de la industria de la cocaína, que utiliza como materia prima la hoja de coca, aunque su producción final no tiene absolutamente nada que ver con ésta.

Económicamente, el desarrollo de una producción masiva de cocaína ha tenido una serie de efectos, en su mayoría perversos, que han alterado aspectos muy importantes de la estructura económica y social del país. En general existe una gran dificultad para conocer con alguna precisión los datos macroeconómicos vinculados a la producción de hoja de coca, su transformación en pasta base o cocaína y su comercialización. En todo caso, existe un amplio consenso sobre su importancia.

La crisis de los años ochenta en Bolivia, junto al despliegue mundial de la producción/circulación de algunas drogas, generó condiciones especiales para el incremento del cultivo de la coca, más allá de las necesidades locales y de las exportaciones legales (uno de los principales importadores legales de hoja de coca es la propia Coca-Cola). Los organismos internacionales cifraban en quinientos millones de dólares (prácticamente el 10 por ciento del PIB en 1995) el monto de la economía de la cocaína en Bolivia. Esta cantidad de recursos que no pueden insertarse legalmente en el circuito económico genera fuertes distorsiones, ampliando tanto el sector informal como el sector financiero.

Frente a la continuada presión de la Administración estadounidense, que ha diseñado un tratamiento del problema en términos estrictamente represivos, el gobierno de Jaime Paz Zamora planteó la llamada «diplomacia de la coca», que implicaba recordar a la comunidad internacional que la cocaína es un producto químico/farmacéutico completamente distinto, en su naturaleza y en su uso, de la hoja de coca, y que la lucha contra las organizaciones productoras debía tomar en consideración aspectos derivados de la propia estructura socioeconómica del país. La «diplomacia de la coca» implica un proceso de sustitución progresiva de cultivos, incentivando económicamente a los campesinos para que dediquen la tierra a otros cultivos más diversificados. Este programa afecta de lleno a la estructura agraria del país, de tal suerte que la transformación de los cultivos ha de ir asociada a la creación de un mercado para los productos alternativos y a una política de créditos para financiar la reconversión de dichos cultivos, asegurando además una demanda efectiva para los nuevos productos y precios competitivos. Por otra parte, la propia producción de hoja de coca, especialmente algunas variedades con bajo contenido en alcaloide (principalmente *erythroxylon novogranatensis*, variedad que es la misma que se exporta para la producción de las bebidas de cola y para usos farmacológicos), podría ser la base de una rama de actividad basada en este producto de base natural, y que sirva para la elaboración de toda una gama de derivados como puede ser el mate de coca, la infusión de coca, analgésicos y productos farmacológicos. La investigación sobre las propiedades de este vegetal milenario y su empleo industrial, a partir de productos legales, constituye un camino que Bolivia debe recorrer y en el que tiene todo el derecho a solicitar ayuda internacional.

En este caso se trata de un crecimiento continuado desde 1970, pero que se ha acelerado especialmente en los últimos años. El incremento del volumen de esta producción ha sido igualmente espectacular, ya que de 2 000 toneladas en 1970 se pasó a 914 000 en 1995. La soya y sus derivados, especialmente harinas y aceite, se exportan principalmente a Perú y Colombia. También han aumentado significativamente las tierras dedicadas al cultivo de algodón, café, plátano, etcétera.

También merece atención la comercialización de la madera, que ha mantenido un crecimiento continuo dentro de las exportaciones y alcanzó en 1994 un valor de 86 millones de dólares.

En líneas generales, todos los sectores orientados al mercado exterior han podido incrementar sus productividades muy por encima de los sectores que producen alimentos dedicados principalmente al mercado interior. Esto obedece a un conjunto de factores nacionales e internacionales; entre los primeros, pueden citarse la optimización de recursos en la producción de estos nuevos productos y la mayor disponibilidad de créditos (al tratarse de grandes productores que pueden negociar en mejores condiciones con el sistema financiero y que disponen de garantías para asegurar los préstamos); y, en el plano internacional, influye notablemente la demanda constante y los buenos precios de que han disfrutado en los últimos años algunos de estos productos, especialmente la soya, así como la política impulsada por organismos internacionales y agencias de de-sarrollo, que han promovido el desarrollo de un sector de agroindustria orientado a la exportación.

La transformación global de la agricultura boliviana, sin hacer distinción entre el sector tradicional, orientado al mercado interior, y la agroindustria, más orientada hacia la exportación, se puede determinar a través de indicadores como la cantidad de fertilizantes empleados o el número de tractores de que se dispone. En un cuarto de siglo, la agricultura multiplicó prácticamente por siete el empleo de fertilizantes, de los que se utilizaron casi once millones de toneladas en 1995, frente a tan sólo 1,54 millones de toneladas en 1970. Esta tendencia se manifiesta en general en toda Latinoamérica, donde, en el mismo período, se multiplicó por tres el empleo de fertilizantes. En estos años, también se duplicó con holgura el número de tractores, ya que pasó de 2 200 en 1970 a 5 350 en 1995. No obstante, el campo boliviano sigue teniendo un nivel excesivamente bajo de mecanización, y la tracción animal sigue siendo importante en extensas zonas.

La historia económica de nuestro país nos enseña que uno de sus más preciados recursos es la agricultura. Las dificultades circunstanciales de algunas producciones agrícolas, los problemas de precios o de condiciones de producción no impiden considerarla un sector estratégico, especialmente en un país en el que un porcentaje tan alto de la población trabaja en ella o se encuentra vinculado de alguna manera a la tierra.

## Evolución de la producción de los principales productos agrícolas y agroindustriales (en miles de toneladas)

| | 1970 | 1980 | 1990 | 1991 | 1992 | 1993 | 1994 | 1995 |
|---|---|---|---|---|---|---|---|---|
| **Productos agrícolas** | | | | | | | | |
| Arroz | 73 | 95 | 211 | 257 | 196 | 223 | 247 | 263 |
| Plátano | 311 | 276 | 435 | 465 | 469 | 453 | 429 | 423 |
| Trigo | 44 | 60 | 54 | 103 | 113 | 146 | 85 | 125 |
| Maíz | 286 | 383 | 407 | 510 | 430 | 503 | 537 | 521 |
| Café | 11 | 21 | 29 | 30 | 29 | 18 | 19 | 20 |
| **Productos agroindustriales** | | | | | | | | |
| Algodón | 17 | 20 | 7 | 26 | 30 | 26 | 29 | 29 |
| Soya | 2 | 48 | 233 | 384 | 335 | 492 | 710 | 914 |
| Sorgo | 0 | 28 | 51 | 47 | 46 | 120 | 50 | 104 |
| Caña de azúcar | 1 468 | 3 080 | 3 193 | 4 180 | 3 307 | 3 093 | 3 450 | 3 697 |
| Girasol | 0 | 0 | 14 | 20 | 30 | 26 | 28 | 58 |

*Fuente: Comisión Económica para América Latina (CEPAL).*

*La riqueza forestal del país se concentra en los contrafuertes andinos y en las sabanas tropicales de donde se obtienen finas maderas. En la imagen, aserradero y almacén en Santa Cruz.*

*Esta plantación experimental de té, en la provincia Chapare (Cochabamba), es un ejemplo de los esfuerzos realizados para la sustitución del cultivo de coca por otros alternativos.*

La enorme variedad de ecosistemas que posee Bolivia permite una producción muy diversificada, que puede al mismo tiempo asegurar el abastecimiento de las necesidades internas y responder dinámicamente a las demandas del mercado internacional. La mejor apuesta que puede hacer el país para alcanzar una cota de desarrollo socioeconómico más elevada en las próximas décadas, pasa precisamente por concentrar esfuerzos en el desarrollo de la agricultura, siempre que se la considere en forma integral; es decir, tanto el sector que produce bienes alimentarios para el consumo de la población, como la agricultura que produce bienes para la exportación o genera inversiones para la producción industrial. Los recursos y los inversionistas han de considerar el sector como un conjunto, para evitar que se profundice la división entre un sector atrasado, descapitalizado tecnológicamente y de baja productividad, y otro sector dinámico y orientado al exterior.

La mejora de la productividad de la agricultura que produce alimentos para el mercado interior y el aumento del ingreso de los campesinos, no sólo representará también una mejora de los niveles de vida, sino que es el factor básico para hacer despegar otros sectores económicos que producen bienes de consumo y que se enfrentan al problema de las muy reducidas dimensiones del mercado interior.

## Las manufacturas: un sector por desarrollar

La crisis de la década de 1980 afectó de forma drástica al sector manufacturero, anulando en la práctica los avances significativos que se habían logrado en las décadas de 1960 y 1970, bajo la política proteccionista y de sustitución de importaciones. El valor a precios constantes de las manufacturas apenas alcanzaba en 1985 al 59 por ciento del alcanzado en 1978. La explicación de este retroceso es compleja y obedece a causas múltiples. Sin embargo, pueden destacarse tres causas especialmente significativas: en primer término, como efecto del proceso de liberalización que había impulsado la Nueva Política Económica, el sector manufacturero boliviano tuvo que enfrentarse a una intensa competencia ante las mercancías importadas; en segundo lugar, a consecuencia de la crisis y del desempleo masivo, se produjo una fortísima caída de la demanda interna y, finalmente, la sobreevaluación del tipo de cambio limitó la com-

*La fabricación de cerveza, que ha alcanzado un alto nivel de calidad, abastece el mercado nacional y exporta a mercados internacionales. En la imagen, la Cervecería Boliviana Nacional, de La Paz.*

petitividad de las manufacturas bolivianas en el mercado internacional.

A finales de la década de 1980, el sector inició una cierta recuperación, si bien en 1992 su valor unitario seguía siendo el equivalente al 72 por ciento del alcanzado en 1978. En los últimos años ha habido una mejora significativa con crecimientos promedios del 5 por ciento, destacando la industria del tabaco, la confección de prendas de vestir, la fabricación de sustancias químicas industriales, la fabricación de vidrio y de productos derivados del vidrio. Las manufacturas representaban a mediados de la década de 1990 un 16 por ciento del Producto Interior Bruto y ocupaban a menos del 10 por ciento de la fuerza de trabajo del sector formal.

Las razones del insatisfactorio desarrollo de este sector no son especialmente diferentes de las que estrangulan a otros sectores económicos: la escasez y carestía del crédito, tanto el dedicado a la actividad industrial como el orientado a financiar el consumo; los crecientes costes de los insumos destinados a mantener la producción local; las carencias del transporte interno y de los sistemas de distribución; y, de forma muy significativa, la competencia que ejerce el contrabando, que ha adquirido grandes dimensiones, especialmente en algunos sectores dedicados a producir bienes de consumo.

# Bolivia en el mundo

**Un nuevo marco
para las relaciones
internacionales**

*El Banco Interamericano de Desarrollo, instituido en el seno de la OEA, con sede en Washington (en la imagen), fue creado en 1959 y agrupa todos los estados del continente excepto Cuba.*

# Un nuevo marco para las relaciones internacionales

La transformación estructural de la economía boliviana, a partir de mediados de la década de 1980, fue el punto de partida para la redefinición del lugar que ocupaba Bolivia en las relaciones internacionales. El tratamiento dado a la crisis económica y política de la década de 1970 en toda Latinoamérica —impulsado por la Administración estadounidense y por los organismos internacionales, a través de lo que se ha dado en llamar el «consenso de Washington»—, favoreció la consolidación de un esquema que conciliaba, en numerosos países, una extraversión económica alentada por políticas neoliberales y la consolidación de regímenes autoritarios que negaban las libertades políticas.

Este contexto general latinoamericano entró en crisis por una serie de factores internos y externos. La propia falta de legitimidad de los gobiernos militares, caracterizados por los excesos en la represión y por su propia incapacidad para restablecer los mínimos parámetros del funcionamiento económico (como ocurrió en Bolivia) o por la combinación entre aventurerismo militarista (como fue el caso de la Junta Militar argentina en las Malvinas) e ineptitud para manejar la economía, contribuyó decisivamente a superar esta etapa.

La Administración estadounidense, bajo el mandato de George Bush, redefinió su política exterior hacia Latinoamérica en su conjunto, tomando como referencia el cambio ocurrido en la escena internacional, sobre todo por la desaparición de la Unión Soviética y por el fin de la guerra fría. El nuevo escenario político latinoamericano tendía a excluir las dictaduras implantadas en la década de 1970 y principios de la década de 1980 y apostaba por la consolidación de sistemas de democracia liberal en todos los países.

*La consolidación de la democracia ha permitido crear un nuevo marco para las relaciones internacionales.*

## Los valores democráticos en Latinoamérica

El sistema institucional latinoamericano optó por la instauración de democracias liberales y por el establecimiento de algunos mecanismos de protección de este sistema de gobierno. El cambio político, que ha marcado de lleno la evolución de la sociedad boliviana en los últimos 15 años, ha estado condicionado por dos aspectos fundamentales. El primero, de carácter económico, es la insistencia en una serie de reformas económicas que aseguren la liberalización de la economía de cada país: reducción del papel del Estado en el proceso económico, realización de las reformas necesarias para facilitar los flujos de capital y el desarrollo de un sector orientado a la exportación, facilidades a la inversión extranjera, etcétera. En este aspecto de la política económica se advierte una cierta continuidad con los anteriores gobiernos autoritarios. El segundo aspecto, de carácter político, es la defensa de los derechos humanos entendidos en forma un tanto restrictiva; esto es, principalmente los derivados del ejercicio de los derechos políticos en la democracia electiva, pero dejando de lado los derechos humanos derivados de la equidad económica, es decir: educación, vivienda, salud, disponibilidad de agua potable, electricidad, etcétera.

Estos nuevos criterios han marcado la acción de los principales organismos que conforman el sistema interamericano y en especial de la Organización de Estados Americanos (OEA) y del Banco Interamericano de Desarrollo (BID). Esta nueva visión de la política institucionalizada, que se da en los países

*Algunos bancos extranjeros, como el Banco do Brasil, han concedido créditos con la protección de organismos gubernamentales para el fomento de las exportaciones de los respectivos países.*

de Latinoamérica, se plasmó en la creación, en 1994, de una unidad especial dentro de la OEA, dedicada a la promoción de la democracia, especialmente en lo relativo a mejorar el sistema administrativo e institucional y la cooperación en los procesos electorales y en el desarrollo conjunto de programas educativos que promuevan los valores democráticos. El BID ha facilitado financiación para alguno de estos procesos de transformación institucional y la propia OEA definió con claridad su estrategia en la Resolución 1080, al afirmar: «[Se debe] instruir al Secretario General que solicite la convocatoria inmediata del Consejo Permanente en caso de que se produzcan los hechos que ocasionen una interrupción abrupta o irregular del proceso político institucional democrático o del legítimo ejercicio del poder por un gobierno democráticamente electo, en cualquiera de los estados miembros de la Organización, para, en el marco de la Carta, examinar la situación, decidir y convocar una reunión *ad hoc* de ministros de Relaciones Exteriores o un período extraordinario de sesiones de la Asamblea General, todo ello dentro de un plazo de diez días».

La filosofía política de este planteamiento implica cambios sustanciales con el marco establecido por la propia OEA en 1947 y deja abiertos espacios de incertidumbre en las relaciones entre los países miembros, especialmente entre algunos países y Estados Unidos. Por otra parte, un sistema de sanciones que vaya más allá del aislamiento político (sanciones económicas o incluso militares) requiere un mecanismo en el que participen otras instituciones además de la OEA. En cualquier caso, este nuevo plan-

teamiento en el sistema interamericano tiene especial importancia para Bolivia y puede constituir un elemento de apoyo al orden constitucional y a la estabilidad democrática en toda Latinoamérica.

En este nuevo contexto Bolivia puso en marcha un nuevo estilo diplomático conocido como «la diplomacia en línea directa» —desarrollado por Jaime Paz Zamora en los primeros años de la década de 1990, y continuado por la Administración de Gonzalo Sánchez de Lozada— consistente en un esfuerzo continuado de proyección exterior realizado directamente desde la presidencia de Gobierno, a través de viajes y de contactos regulares con los dirigentes de los países que son los principales interlocutores de Bolivia.

En la década de 1990 la agenda diplomática de Bolivia aparece marcada por tres grandes cuestiones: la reivindicación histórica de una salida al Pacífico, que condiciona las relaciones con Chile; la inserción de Bolivia en los espacios económicos regionales, y la cuestión del narcotráfico, que determina vitalmente las relaciones con Estados Unidos. Paralelamente Bolivia ha desarrollado iniciativas diplomáticas para fortalecer e intensificar sus relaciones económicas y políticas con la Unión Europea y con Japón. En este terreno es donde se han dado quizás los mayores avances de la diplomacia boliviana, al diversificar significativamente las relaciones políticas y económicas, principalmente con los países vecinos, pero también con las grandes potencias que desempeñan un papel determinante en los organismos económicos internacionales, y que son proveedoras de inversiones y de ayuda.

## Tratados comerciales

El nuevo esquema internacional y regional, en el que Bolivia inició su proceso de liberalización económica a mediados de la década de 1980, marcó los objetivos de la política boliviana. El aspecto principal para la diplomacia boliviana en ese momento fue la redefinición de las relaciones bilaterales con sus principales vecinos, muy en particular con Argentina y Brasil, y el encuentro de un espacio definitivo en la reformulación de las agrupaciones regionales que se ponían en marcha en Latinoamérica.

### Relaciones bilaterales

En la política exterior boliviana puede decirse que los resultados son contradictorios según sea el aspecto que se considere. En el plano de las relaciones bilaterales con los principales países de Latinoamérica se ha producido un avance muy significativo.

*La diversificación de las relaciones internacionales ha favorecido el diseño de estrategias multilaterales. En la imagen, vista de los edificios del centro comercial y de negocios de La Paz.*

Tanto con Brasil como con Argentina se alcanzó un acuerdo para resolver la cuestión de la deuda que Bolivia mantenía con cada uno de estos países; con Argentina, en particular, se redefinió el marco que regulaba la venta de gas, y con Brasil se sentaron las bases para el desarrollo del ambicioso programa de integración energética, actualmente en marcha.

Los acuerdos bilaterales con Brasil supusieron de hecho una nueva y drástica formulación de las relaciones económicas y políticas entre los dos países, que marcó una nueva etapa en la cooperación económica, financiera, medioambiental y científico-tecnológica. En estas relaciones, a Bolivia le interesa perfilarse como un área preferente para Brasil, aprovechando el esfuerzo histórico de este último país por proyectarse hacia la Cuenca del Pacífico. La reactivación del proyecto de construir la interconexión ferroviaria Santos-Matarani, a través del territorio boliviano, daría un impulso determinante a las relaciones bilaterales entre los dos países, al asegurar a Bolivia un papel importante en la previsible reconfiguración de los flujos económicos y comerciales hacia el Pacífico. En este proyecto Bolivia se enfrenta a la competencia de Chile, que apuesta por el desarrollo de un sistema ferroviario transcontinental, complementario de alguna manera a la carretera Panamericana, que daría a Brasil la posibilidad de emplear el puerto de Antofagasta para sus exportaciones.

## Estrategias regionales

La diplomacia boliviana estuvo marcada en los primeros años de la década de 1990 por la necesidad de definición de una estrategia de integración regional en el nuevo contexto de globalización económica y desarrollo de bloques. Históricamente Bolivia ha apostado por la integración en el espacio andino, que hasta el momento ha encontrado su expresión máxima en el Grupo Andino. Los acontecimientos por los que ha atravesado el Acuerdo de Cartagena, en sus tres decenios de existencia, arrojan un saldo irregular, con muchos de sus objetivos fundacionales incumplidos, especialmente los referidos a la mejora de la posición relativa de Bolivia y Ecuador dentro del Grupo, para conseguir un «desarrollo armónico y equilibrado». En cualquier caso el proceso de los intercambios comerciales en el Grupo Andino es innegable y seguramente las estructuras institucionales creadas por el Acuerdo permitieron superar en mejores condiciones las crisis económico-financieras de la década de 1980.

## El Grupo Andino

**O**rganización fundada para promover la cooperación industrial, agrícola y social entre sus miembros. Fue fundado en 1969 por el Acuerdo de Cartagena y originariamente estuvo compuesto por Bolivia, Colombia, Ecuador, Perú y Chile; Venezuela se incorporó en 1973 y Chile se separó en 1977. En su organización interna se encuentran la Comisión del Grupo Andino, el Fondo de Reserva Andino y la Corporación Andina de Desarrollo, además de otras comisiones encargadas de negocios comerciales, cambio monetario, planes económicos, turismo y asuntos sociales.

Algunos de los objetivos iniciales del Grupo (como por ejemplo la fundación de una unión aduanera y el desarrollo de ambiciosos programas industriales) fueron significativamente modificados en 1987 por ratificación del llamado protocolo de Quito.

*Reunión, en 1998, de los presidentes del Grupo Andino (de izquierda a derecha, Colombia, Bolivia, Venezuela, Perú y Ecuador), con el de Panamá como invitado.*

Pese a ello, tanto la Administración boliviana como los círculos empresariales discutieron intensamente la posibilidad de integrarse en el Mercado Común del Sur (Mercosur). La pertenencia al Grupo Andino tornaba inviable la incorporación de Bolivia al Mercosur y el país debía optar en consecuencia por una u otra salida. Esta opción se daba además en un contexto de profunda transformación de las estructuras regionales, de las que los aspectos más relevantes eran la propia formación del Mercosur y el Convenio de Libre Comercio de América del Norte, además de los múltiples acuerdos bilaterales que conformaban un denso entramado de relaciones político-económicas entre las diversas regiones. La decisión no resultaba sencilla y los puntos de vista de la Administración y del empresariado, especialmente de los sectores orientados a la exportación, no siempre coincidían. Finalmente Bolivia optó por permanecer en el Grupo Andino, al tiempo que se iniciaban negociaciones con el Mercosur para alcanzar un acuerdo estable.

Por decisión del Grupo Andino estas negociaciones siguieron un doble mecanismo, según fuesen los aspectos a tratar. En las cuestiones normativas se impuso una fórmula de «bloque a bloque» (es decir, negociaciones institucionales entre el Grupo Andino y el Mercosur), en tanto que en el plano de la liberalización arancelaria la negociación fue por separado; es decir, cada país del Grupo Andino, previa concertación, negociaba con el Mercosur. Esta descompensación en las relaciones de fuerza supuso una desventaja importante para Bolivia: el abandono de la condición de «País de Menor Desarrollo Económico Relativo» y los beneficios asociados a este estatus.

El marco definitivo para las relaciones económicas entre Bolivia y el Mercosur ha sido el acuerdo para establecer una Zona de Libre Comercio que prevé, como compromiso y objetivo fundacional, que el 90 por ciento del sistema arancelario quede a nivel cero en el año 2006. Algunos productos considerados de «alta sensibilidad» tendrán un tiempo adicional para su completa liberalización arancelaria, pero se estima que en el 2014 existirá una zona conformada por los cuatro países del Mercosur (Argentina, Brasil, Paraguay y Uruguay) y Bolivia, caracterizada por el libre cambio.

## Las relaciones con Chile

Las relaciones con Chile parecen marcadas por signos totalmente contradictorios, según sean los actores y el plano en el que se desenvuelvan. En el aspecto político, la reivindicación histórica de Bolivia de recuperar su salida al Pacífico, concretada en la «política hacia el mar», se ha visto bloqueada al entrar el proceso en una especie de punto muerto en el que no se aprecia un planteamiento capaz de abrir nuevos horizontes. Por una parte, Bolivia no ha conseguido un respaldo sólido a sus reivindicaciones históricas en los demás países latinoamericanos y, por otra, la consolidación de la democracia en Chile no ha significado un cambio en la posición de este país frente a las demandas de Bolivia.

La Administración chilena parece escindida entre dos visiones relativamente antagónicas del contencioso con Bolivia. Una posición más pragmática tiende a definir un marco amplio de relaciones con Bolivia, en un contexto de integración regional y en el cual las relaciones económicas tendrían un lugar preponderante. La otra visión es principalmente geopolítica y está alimentada por el nacionalismo latente que existe en Chile y que se manifiesta por una concepción inmovilista de los ordenamientos territoriales que apela, en definitiva, a las relaciones de fuerzas. La Administración de Eduardo Frei ha continuado la política del Gobierno de Patricio Alwyn, cn buena medida por la autoridad que conservan las Fuerzas Armadas chilenas para definir aspectos sustanciales de la política exterior. Lo cierto es que —a las puertas del 2000 y con un contexto totalmente transformado— los dos países continúan sin mantener relaciones diplomáticas normales. Sin embargo, las relaciones entre los dos países, en el plano económico, han tenido un desarrollo muy diferente al estancamiento que se ha producido en las discusiones políticas y diplomáticas. Chile es un importante inversor en Bolivia: los intercambios comerciales no han cesado de crecer, así como algunas iniciativas económicas de integración entre regiones fronterizas; un ejemplo concreto de ello fue la constitución de la Cámara Boliviano-Chilena de Comercio, destinada a potenciar las relaciones económicas entre los dos países. En 1994 se firmó también el «Acuerdo para la Promoción y Protección Recíproca de Inversiones», que junto al «Acuerdo de Complementación Económica», con vigencia indefinida desde 1993, constituye el marco jurídico-institucional sobre el que se desarrollan los crecientes intercambios económicos bilaterales. En la reunión de la Comisión Administradora del «Acuerdo de Complementación Económica», celebrada en 1997, se iniciaron conversaciones para el eventual establecimiento de una zona de Libre Comercio Bilateral. Las posibilidades que ofrece este intercambio o la preocupación de Bolivia por el déficit comercial respecto de Chile son cuestiones que, junto a los problemas medioambientales y climáticos, abren un espacio nuevo para el diálogo y para replantear sobre otras bases la histórica reivindicación boliviana de obtener una salida soberana al Pacífico.

## Las relaciones con Estados Unidos

La diplomacia en línea directa ha tenido en la gestión de las relaciones con Estados Unidos uno de sus problemas más complejos. Desde finales de la déca-

*La diplomacia boliviana se esfuerza en explicar a la comunidad internacional cuál es la naturaleza del problema de la producción de coca en el país. En la imagen, plantación de coca en los Yungas.*

da de 1980 las relaciones bilaterales giran en torno a la cuestión del narcotráfico y a la particular visión que Estados Unidos tiene del problema. El objetivo declarado del país del norte es militarizar la lucha contra el narcotráfico, reservándose el derecho a desarrollar acciones de forma unilateral allí donde se encuentren las bases de la producción y distribución de narcóticos. En las relaciones con Bolivia, Estados Unidos supedita todas las demás cuestiones a esta estrategia particular; de hecho, en estos últimos años, se ha condicionado la ayuda económica y militar, así como el apoyo en organismos económicos internacionales, notablemente en el FMI, el Banco Mundial y el BID, a la aceptación de esta política.

La visión unilateral del problema, desarrollada por Estados Unidos, se ve potenciada por un cambio ocurrido en el escenario internacional y regional: la reducción significativa de los conflictos marcados por la orientación ideológica, característica de la guerra fría, que ha disminuido relativamente su influencia geopolítica en la zona. Situar el narcotráfico como un adversario de primer orden, frente al cual sólo caben estrategias represivas, supone una intervención directa de Estados Unidos en cada país donde existen bases de producción de coca y la recuperación de un papel predominante. Esta intervención ha pasado de la mera actividad de los agentes de la DEA a la asesoría directa a los militares de los países correspondientes, y a la presión para que se utilice el ejército en la represión de los productores de coca. En el diseño estratégico de la política antidrogas norteamericana, Bolivia ocupa un papel importante,

*La ayuda técnica y fi-
nanciera es fundamental
para que el campesinado
abandone el cultivo de la*
*coca y para consolidar
los cultivos alternativos,
como el de la imagen, en
Chimoré (Chapare).*

*La «cumbre antidroga»,
celebrada en Cartagena
de Indias (Colombia)
en 1990, reunió a los*
*presidentes (de izquierda
a derecha) Virgilio Bar-
co, Paz Zamora, George
Bush y Alan García.*

especialmente en el despliegue de una estructura policial y militar capaz de actuar a escala hemisférica, tal y como lo ha señalado repetidamente la prensa estadounidense.

La crisis de 1995 en las relaciones entre los dos países —con el ultimátum dado por Estados Unidos para iniciar un proceso de erradicación de cultivo, bajo amenaza de aislar económicamente a Bolivia— ha mostrado las dificultades que tiene la diplomacia boliviana para reconducir las relaciones hacia otros terrenos. Aceptar la política estadounidense significa obligatoriamente, dadas las relaciones sociales que prevalecen en el campo boliviano, transformar un problema internacional en un gravísimo problema de política interior, debido, entre otras cosas, a las dificultades para obtener resultados significativos por la vía de perseguir los cultivos, sin tomar en cuenta la peculiaridad de la producción y comercialización de la coca, ni la objetiva criminalización que se haría de una parte del campesinado boliviano.

Bolivia ha insistido en un tratamiento multilateral del problema y en incorporar estrategias de medio y largo plazo que incluyan actuaciones de carácter económico y social. La estrategia boliviana se concretó en el llamado «Desarrollo Alternativo», que proponía algunos criterios de desarrollo económico alternativo a la producción de coca: reconversión de cultivos para transformarlos en zonas de producción de bienes agrícolas, para el consumo de la población o destinados a la exportación, que debían ser combinados con medidas represivas o de prohibición. El problema de este planteamiento es que su viabilidad depende de la disponibilidad de recursos económicos para financiar la reconversión, recursos que mayoritariamente deberían ser aportados por la comunidad internacional, una vez que se ha tomado conciencia de que el problema es insoluble por la simple vía represiva.

Así como los problemas medioambientales y climáticos desbordan las fronteras y requieren un tratamiento multilateral y global, este problema en concreto va mucho más allá del campo boliviano. Transmitir este mensaje a la comunidad internacional es uno de los grandes desafíos de la diplomacia boliviana en el nuevo siglo.

# Las civilizaciones precolombinas

**De los primeros pobladores
a las culturas altiplánicas**

**Las culturas regionales**

**El imperio inkaico**

*El monolito «Ponce», de 300 centímetros de altura, fue hallado en el patio interior del Qalasasaya, en Tiwanaku.*
*Lleva dos vasos en la mano y parece cumplir la misión de oferente.*

# De los primeros pobladores
# a las culturas altiplánicas

La arqueología tiene como objeto de estudio las formaciones sociales del pasado, la investigación de las formas de organización y los diferentes aspectos (políticos, económicos, culturales, etc.) de sus procesos históricos.

En la investigación de la vida de los pueblos del pasado, el trabajo arqueológico tiene en cuenta los productos resultantes de las actividades realizadas por el hombre y, a partir de éstos, infiere los fenómenos sociales y culturales que los pueblos vivieron en torno a su organización social, económica y política, su relación con los otros seres vivos, con el medio físico y las manifestaciones trascendentes de cada pueblo en cada época. Las relaciones que los pueblos establecieron en el devenir histórico les permitieron construir sus propias cosmovisiones del mundo.

Para complementar las investigaciones realizadas con el trabajo arqueológico es necesario recurrir al apoyo de los conocimientos brindados por otras ciencias: la geología, que permite conocer la conformación estratigráfica de la corteza terrestre (a partir de la observación de los estratos excavados se pueden establecer fechas aproximadas y determinar la datación de los objetos encontrados); o la etnohistoria, que reconstruye la historia de los grupos étnicos.

También es importante la recuperación de la historia oral, que aporta nuevas aproximaciones a la investigación arqueológica. Asimismo, el concurso de la ciencia de la paleobotánica permite señalar las características de la producción agrícola y la dieta de los pueblos o las relaciones que éstos tuvieron que establecer con el medio natural para equilibrar su alimentación.

*Ruinas de monumentos en los alrededores de Tiwanaku, según un grabado de 1877.*

## Los sitios arqueológicos

A lo largo de la historia, investigadores bolivianos y extranjeros han tratado de desentrañar el pasado de las culturas que en otro tiempo se asentaron tanto en las tierras altas —el Altiplano andino— como en las tierras bajas —valles mesotermales, piedemonte y llanos— de lo que hoy es el territorio de Bolivia.

Los restos arqueológicos fueron objeto de interés y estudio desde el inicio de la época colonial. José de Acosta (1540-1600), que estudió el origen del hombre americano, realizó estudios etnográficos e históricos de las diferentes culturas y pueblos del continente. Cristóbal Albornoz, autor de la *Instrucción para descubrir todas las guacas del Perú y sus camayos y sus haciendas*, fue, junto a Pablo José de Arriaga, el mayor extirpador de idolatrías de finales del siglo XVI; para este propósito estudió las creencias y lugares de culto de los pueblos originarios. Una significativa aportación al conocimiento de los metales y la metalurgia en el Nuevo Mundo fue la de Alonso Barba y Toscano (1569-1662) con su obra *Arte de los metales*.

Las ruinas de Tiwanaku (o Tiahuanaco), en el departamento de La Paz, fueron objeto de descripciones minuciosas, como las que realizó en 1610 el cronista Bernabé Cobo (1582-1654) en su obra *Historia del Nuevo Mundo*, en la que dice que Tiwanaku debe su nombre a la expresión del inka Sinchi Roca, quien recibiera en la región a su presuroso y cansado mensajero con la expresión quechua *tiay wanaku*, es decir, «siéntate, huanaco», en alusión a la velocidad de este animal. Estas ruinas fueron también estudiadas a finales del siglo XVIII por el investigador y naturalista checo Tadeas Haenke (1761-1816).

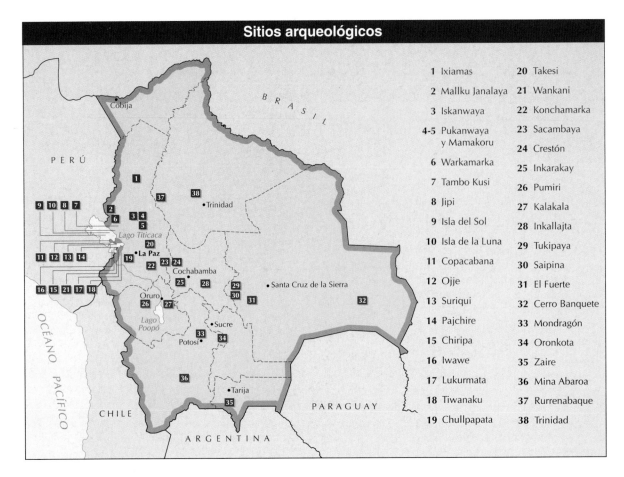

## Sitios arqueológicos

| | |
|---|---|
| 1 Ixiamas | 20 Takesi |
| 2 Mallku Janalaya | 21 Wankani |
| 3 Iskanwaya | 22 Konchamarka |
| 4-5 Pukanwaya y Mamakoru | 23 Sacambaya |
| | 24 Crestón |
| 6 Warkamarka | 25 Inkarakay |
| 7 Tambo Kusi | 26 Pumiri |
| 8 Jipi | 27 Kalakala |
| 9 Isla del Sol | 28 Inkallajta |
| 10 Isla de la Luna | 29 Tukipaya |
| 11 Copacabana | 30 Saipina |
| 12 Ojje | 31 El Fuerte |
| 13 Suriqui | 32 Cerro Banquete |
| 14 Pajchire | 33 Mondragón |
| 15 Chiripa | 34 Oronkota |
| 16 Iwawe | 35 Zaire |
| 17 Lukurmata | 36 Mina Abaroa |
| 18 Tiwanaku | 37 Rurrenabaque |
| 19 Chullpapata | 38 Trinidad |

## Descubrimientos en los siglos XIX y XX

En el siglo XIX, entre 1830 y 1840, Alcide D'Orbigny lo consideró «el país más bello del mundo o microcosmos del planeta». En el campo arqueológico dedicó su atención al asentamiento inka de Samaipata, en el departamento de Santa Cruz. Por su parte, Belisario Díaz Romero (1870-1940) se dedicó a la investigación arqueológica de Tiwanaku. Arturo Ponsnansky (1873 o 1874-1946) fundó la Sociedad Arqueológica de Bolivia en 1930. En su trabajo tiene especial relevancia la obra *Tiwanaku: la cuna del hombre americano*. A esta cultura atribuía una antigüedad de 12000 a 15000 años. Idea suya fue la construcción de una réplica del templete semisubterráneo de Tiwanaku en la plaza del Stadium de la ciudad de La Paz. Adolph Bandelier (1842-1914) realizó investigaciones en Bolivia entre 1892 y 1905.

Clark Bennett (1905-1953) trabajó excavando las ruinas de Tiwanaku en 1932. En su honor, se denomina «monolito Bennett» a la estela n.º 10 que él mismo descubrió y que ahora se encuentra en la plaza del Stadium de la ciudad de La Paz.

Gregorio Cordero (1922-1979) realizó trabajos arqueológicos en diferentes departamentos del país (La Paz, Cochabamba, Chuquisaca, Beni, Oruro y Potosí), y dedicó gran parte de su obra a la investigación de los sitios arqueológicos pertenecientes a las culturas Chiripa y Tiwanaku.

Louis Girault (1919-1975), un diligente investigador y etnógrafo de las culturas andinas, especialmente la de los kallawayas de la provincia Bautista Saavedra, en el departamento de La Paz, realizó la clasificación de la cerámica encontrada en el templete semisubterráneo de Tiwanaku.

En 1954 Dick Ibarra Grasso, autor junto a Roy Querejazu de *30 000 años de Prehistoria en Bolivia*, descubrió el yacimiento lítico de Viscachani.

Carlos Ponce Sanjinés trabajó en las ruinas de Tiwanaku, y realizó excavaciones en asentamientos de las culturas Wankarani (o Huancarani), Chiripa, Mollo, entre otras, en el departamento de Beni.

Maks Portugal Zamora (1906-1984), que excavó en Tiwanaku, descubrió el sitio de Calamarca, los cuatro monolitos de Pocotia y «la tumba de los amantes», de la cultura Chiripa.

*Las más recientes excavaciones (en la imagen, Tiwanaku) están ayudando a enriquecer los conocimientos arqueológicos, especialmente sobre los períodos formativos y el colapso de las culturas.*

En el territorio boliviano se han clasificado numerosos sitios arqueológicos, pero por razones diversas las investigaciones se circunscribieron a determinadas regiones. Por esta razón la cultura Tiwanaku es la más estudiada. En este sitio, que está en proceso de ser declarado Patrimonio de la Humanidad, se han realizado numerosos estudios con el fin de desentrañar los misterios que oculta. No obstante quedan muchos interrogantes en torno a su origen y, sobre todo, a su decadencia. En la actualidad las investigaciones se han diversificado hacia otras regiones de las que sólo se tenía un conocimiento referencial. Los Llanos de Moxos (departamento de Beni), el valle de Icla (departamento de Chuquisaca) y Pasto Grande (departamento de La Paz) son algunos ejemplos de este nuevo panorama de la arqueología boliviana que trata de recuperar sistemáticamente los restos de la cultura material que dejaron los pueblos desaparecidos.

## Los primeros pobladores de América

En el continente americano se han encontrado vestigios del *Homo sapiens*, pero no se han hallado restos anteriores. Las formas que anteceden al hombre, como el *Australopithecus* y el *Pithecanthropus*, se encuentran solamente en Asia y África.

Los primeros cronistas de la época colonial buscaron el origen del hombre americano en las leyendas autóctonas. En el siglo XVII el sacerdote español Antonio de León afirmaba en sus obras que el paraíso estaba en el Nuevo Mundo, y, más concretamente, en la Amazonia, lugar donde supuestamente se habría originado la especie humana antes de poblar el orbe. El sacerdote Baltasar de Salas, también cronista de la época colonial, decía asimismo que el paraíso estaba en el Nuevo Mundo y lo situaba en la actual población de Sorata (departamento de La Paz), al pie del Illampu, una de las cumbres más altas de la cordillera de los Andes.

Esta teoría autóctona del origen del hombre americano fue reafirmada en el siglo XIX por el paleontólogo argentino Florentino Ameghino, según el cual el origen del hombre se podía situar en las pampas del sur argentino. El autor elaboró un cuadro filogenético que partía del *Tetraprothomo*, el *Triprothomo* y el *Diprothomo* y terminaba en el *Prothomo*, directo antecesor del hombre actual. Esta teoría fue rebatida por el investigador Ales Hrdlicka, el cual corrobora con rigor científico las primeras apreciaciones acerca de la teoría de la inmigración que el padre José de Acosta había formulado ya en el siglo XVI. Hrdlicka escribió que las

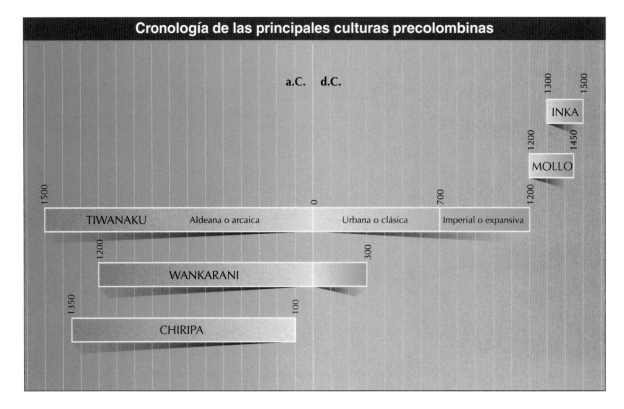

**Cronología de las principales culturas precolombinas**

a.C.  d.C.

INKA — 1300 / 1500 / 1200 / 1450

MOLLO — 1200

TIWANAKU — 1500 / 0 / 700 / 1200
Aldeana o arcaica    Urbana o clásica    Imperial o expansiva

WANKARANI — 1200 / 300

CHIRIPA — 1350 / 100

migraciones provenientes de Asia a través del estrecho de Bering se habían producido entre 10000 y 12000 años antes, cálculo que ha sido superado por nuevas y más completas investigaciones. Paul Rivet (1876-1958) también se adhirió a esta teoría; sin embargo, en su opinión, se debían tomar en cuenta otras posibles rutas de entrada del hombre en el continente americano: tanto los polinesios como otros grupos de Oceanía —por ejemplo, los melanesios— habrían cruzado el océano Pacífico. Esta teoría no era nueva, ya que había sido enunciada en el siglo XIX, pero fue Rivet quien logró fundamentarla con suficientes datos antropológicos, arqueológicos y lingüísticos. La posibilidad de cruzar el Pacífico fue demostrada por Thor Heyerdahl, que navegó en la *Kon-Tiki*, una balsa gigante de totora, desde las costas peruanas hasta Oceanía, permitiendo establecer ciertas similitudes culturales entre ambas regiones, aunque no ha sido posible hasta la fecha verificar los orígenes de las manifestaciones culturales de la región andina. Asimismo, Rivet indicó la posibilidad de que se hubiesen producido inmigraciones a partir del continente australiano; en este caso, a través de la Antártida. Los grupos humanos habrían sido los pobladores originarios de la región meridional de la actual República Argentina.

## Los primeros pobladores de Bolivia

Hacia el 10000 a.C. el actual territorio de Bolivia tenía un clima relativamente seco y frío. Debido a esta situación, las primeras ocupaciones humanas se limitaron a buscar sectores que no estuvieron cubiertos de hielo.

Durante el período precerámico aparecieron los primeros pobladores en el territorio boliviano. Éstos basaban su economía en la caza y en la recolección, en el cultivo de plantas y en la domesticación de animales; entonces apareció la división social del trabajo en grupos especializados dedicados a la alfarería y la metalurgia. Los sitios más representativos de este período, que abarca desde el 10000 a.C. hasta el 1500 a.C., son Viscachani (La Paz), Laguna Colorada y Laguna Hedionda (Potosí), y Matarani, Vila Vila y Mizque (Cochabamba).

En Viscachani (a 70 km al sur de la ciudad de La Paz), se han encontrado artefactos líticos con notables similitudes, que estaban dispersos en la región altiplánica.

En cuanto a Potosí y Cochabamba, los estudios han mostrado evidencias de cierta especialización en artefactos como puntas de proyectil y guijarros, que indican que estos cazadores-recolectores capturaban animales como el mamut, camélidos, equinos y cérvidos.

En el período comprendido entre el 1500 a.C. y el 100 d.C., surgieron nuevas formaciones socioeconómicas que se sustentaban principalmente en la agricultura y la domesticación de animales. La aparición de nuevas estrategias de producción tuvo repercusión en la organización social y en el orden político e ideológico. De esta manera, aparecieron aldeas semipermanentes y permanentes, cuyos pobladores conocían técnicas cerámicas y metalúrgicas, e iniciaron el trabajo de pisos ecológicos a fin de asegurarse una producción agrícola para sobrellevar los momentos de escasez nutricional.

Ejemplos de este período formativo son las culturas de Wankarani, Chiripa y Tiwanaku, cuya influencia llegó más allá de sus límites regionales dentro del área andina del actual territorio boliviano.

## La cultura Wankarani

En una zona geográfica que se extiende desde el nordeste hasta el norte del lago Poopó (departamento de Oruro), caracterizada por la escasa vegetación y por un clima seco, se desarrolló la llamada cultura Wankarani. Las investigaciones señalan que el período de ocupación de esta región se remonta al 1200 a.C. Una de las principales características de esta cultura fue su economía de subsistencia mixta, basada principalmente en la agricultura, siempre en zonas protegidas del viento, es decir, quebradas, o en fuentes próximas al abastecimiento de agua. Por esta razón sus principales asentamientos se localizaron junto a ríos, vertientes y arroyos. Los principales cultivos fueron la papa, la quinua y la cañahua, que, junto con la carne de camélidos domesticados, constituían la dieta principal. Se han descubierto puntas de proyectil y hojas de hacha que ponen de manifiesto que la caza fue otra fuente de alimentos. En esta cultura autosuficiente no existían diferencias sociales.

Los vestigios arqueológicos característicos de esta cultura son las cabezas de camélidos y felinos talladas en arenisca roja, que fueron utilizadas en sus principales edificaciones. Estas cabezas presentan unos rasgos faciales hundidos y grandes orejas erguidas.

En las obras de alfarería se observa un nivel bastante rudimentario: los hallazgos presentan muestras gruesas, toscas y carentes de engobe y decoración pictórica.

La metalurgia se desarrolló en época temprana asociada al trabajo del cobre y del oro. En varios sitios se han hallado escorias de fundición; este

*La máxima expresión artística de la cultura Wankarani radicó en la estatuaria de piedra, con cabezas clavas talladas, como la de la imagen, cuya finalidad se desconoce.*

avance tecnológico es digno de mención debido a que requería efectuar fundiciones a temperaturas próximas a los 1 100 °C.

En ningún asentamiento wankarani se han encontrado restos de construcciones suntuarias o ceremoniales; por el contrario, han perdurado pequeñas edificaciones habitacionales dispersas. Las aldeas eran emplazadas sobre montículos de tierra. En estos montículos se han puesto al descubierto restos de paramentos murarios de planta circular elaborados en barro, troncos y ramas; bajo el nivel de las casas se han encontrado urnas exentas de ajuar funerario. Un cerco alrededor del conjunto de viviendas delimitaba el uso de los espacios; y en los patios de las aldeas se colocaban las cabezas líticas. La cultura Wankarani no superó el límite de la aldea, y no se han encontrado signos de un grado superior de civilización; al parecer fue absorbida por la cultura Tiwanaku entre el 200 y el 300 d.C.

*Representación del estilo Yaya Mama en una loseta proveniente de la cultura Chiripa. El siste-ma religioso que simboli-zaba debió unir a las culturas agrupadas en torno al lago Titicaca.*

## La cultura Chiripa

La cultura Chiripa, cuyos antecedentes son desconocidos, se desarrolló, según la datación de las muestras arqueológicas halladas, entre el 1350 a.C. y el 100 d.C., aproximadamente, en el área de la península de Taraco, al sur del lago Titicaca (provincia Ingavi, departamento de La Paz). Constituye el emplazamiento tipo de una serie de asentamientos dispersos en gran parte del espacio circunlacustre, que se extiende hacia la región mesotérmica y los valles de la cordillera de los Andes.

La cultura Chiripa se ha dividido en tres fases: temprana (1350 a.C.-850 a.C.), media (850 a.C.-600 a.C.) y tardía (600 a.C.-100 a.C.).

Esta cultura, al estar asentada principalmente en la región circunlacustre, tuvo en la pesca y en la agricultura las actividades económicas más importantes, probablemente complementadas con la ganadería y el comercio. Diversas investigaciones han revelado que, después de consolidar su carácter sedentario, este grupo cultural fijó su atención en las labores agrícolas. Se ha detectado una gran variedad de vegetales comestibles como el amaranto, cañahua, tarwi, papa, oca, etcétera, y plantas medi-

*La llamada «Piedra del rayo» registra algunos motivos del repertorio ornamental de la cultura Chiripa, predominantemente geométrico, con predilección por la figura escalonada.*

cinales. También se ha descubierto que el consumo de sales minerales, mediante la ingestión de arcillas, complementaba la alimentación.

Existen evidencias de que en épocas tempranas desarrolló un intenso comercio con las culturas vecinas: intercambio de productos agrícolas y textiles, y productos de la costa, conchas marinas.

El principal recinto arquitectónico de esta cultura descubierto en la península de Taraco es un templete semisubterráneo que tiene una profundidad de aproximadamente tres metros, construido en la cima de un pequeño montículo de unos seis metros de altura sobre el nivel del suelo; de carácter ceremonial, se encontraba rodeado de otras estructuras que eran utilizadas para el almacena-

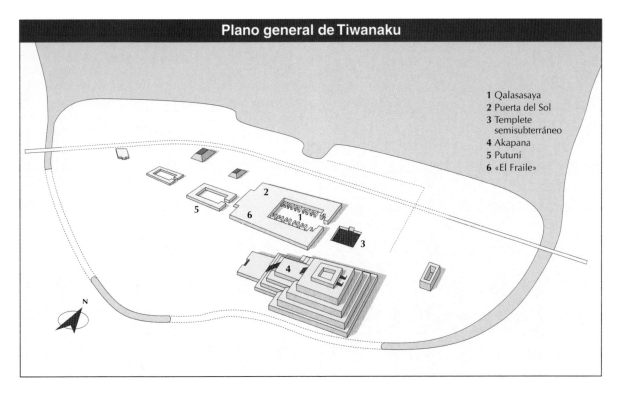

**Plano general de Tiwanaku**

1 Qalasasaya
2 Puerta del Sol
3 Templete semisubterráneo
4 Akapana
5 Putuni
6 «El Fraile»

miento de alimentos. Estas estructuras eran viviendas unihabitacionales construidas en adobe, con muros dobles y un espacio central que era rellenado probablemente con paja.

En Suriqui, Pukuro-uyo, Titimani, Copacabana, Coati y en los valles mesotérmicos se han encontrado otros asentamientos pertenecientes a esta cultura; sin embargo, en ninguno de ellos se han hallado recintos habitacionales semejantes a los de Chiripa. No obstante, las investigaciones en curso podrían proporcionar nuevas informaciones y, sin duda, ayudarán a comprender la transición hacia desarrollos culturales posteriores como el modelo de Tiwanaku.

## La conformación del Estado: Tiwanaku

Contemporánea de las culturas Wankarani y Chiripa fue Tiwanaku, que, aunque compartía varias características con aquéllas, presentaba rasgos propios y cuya posterior hegemonía habría de conformar una de las civilizaciones más importantes de la América prehispánica. La ubicación de Tiwanaku contrasta con las anteriores ya que se encuentra situado a 17 km al este del lago Titicaca. El sitio fue erigido a unos doscientos metros del río Tiwanaku y sobre la planicie del valle que tiene 11 km de ancho, flanqueada por dos serranías paralelas. Tiene una altura de 3 885 m sobre el nivel del mar y posee varios microambientes con fauna, flora y suelos característicos que permitieron al hombre habitar la región desde tiempos remotos.

Fue una de las culturas más importantes del mundo andino e influyó estilística, tecnológica, política y religiosamente en otras culturas de la región. Tuvo un proceso largo que se inició hacia el 1500 a.C. y se prolongó hasta el año 1200 d.C.

El desarrollo de esta cultura se puede dividir en tres épocas: aldeana o arcaica (1500 a.C.-0), urbana o clásica (0-700 d.C.) e imperial o expansiva (700 d.C.-1200 d.C.).

### Época aldeana o arcaica

Se presume que alrededor del 1500 a.C., después de una migración y posterior asentamiento circunlacustre, surgió esta cultura, cuya economía estaba basada en la producción agrícola y ganadera y en actividades eventuales de caza. Una vez demarcadas las épocas de siembra y cosecha, se aprovecharon las lluvias de temporada para regar las tierras. Esta actividad, la de observar el comportamiento de la naturaleza, generó grupos especializados que posteriormente se convirtieron en clases sociales.

En esta época se produjo el cultivo de plantas y la domesticación de animales. Acuciados por las necesidades, estos grupos lograron avances en la

*El monolito «El Fraile» se encontró en el interior del Qalasasaya, en Tiwanaku. Es una figura casi naturalista, poco adornada, y probablemente representó a un sumo sacerdote.*

El tallado de grandes bloques de piedra es posible que esté vinculado a las realizaciones de la cultura Chiripa, ya que las estelas más antiguas muestran cierta relación en el estilo escultórico. Son características las estelas antropomorfas de grandes dimensiones con diseños zoomorfos. Las técnicas para la movilización de grandes bloques de arenisca y la escultura misma plantean muchos interrogantes. La presencia de canteras próximas al sitio arqueológico de Tiwanaku, donde se han hallado algunos bloques trabajados pero de tamaño reducido, evidencian que en esos lugares se tallaban dichos monolitos. De la cultura Tiwanaku aldeana son pocas las evidencias arquitectónicas. Es probable que sus edificaciones estuvieran levantadas en barro sobre bases o cimientos de piedras. En varios sitios de ocupación se ha observado que las viviendas estaban dispersas y cercanas a las áreas de cultivo y pastoreo. Hoy sólo quedan como vestigios pequeños montículos de tierra sobre algunas piedras.

## Época urbana o clásica

La segunda época de Tiwanaku coincide con el inicio de la era cristiana. En ese período se producen cambios sociopolíticos, ya que se consolidan las clases sociales y se establecen especialistas en diversos trabajos. La explosión demográfica, los intercambios comerciales, la creación de normas o leyes de conducta y los excedentes de la producción agrícola fueron importantes aspectos que incidieron en el desarrollo urbano. Tiwanaku se expandió a gran parte del Altiplano y las áreas vecinas. La naturaleza de esta expansión varió de acuerdo a diferentes estrategias, entre ellas el intercambio.

conservación de los alimentos vegetales, así como su almacenamiento; con la domesticación de los camélidos se consiguió un complemento alimenticio y de trabajo. Así surgió un sector poblacional especializado en la ganadería.

Era una sociedad económicamente autosuficiente que produjo excedentes, lo cual generó una incipiente actividad comercial basada en el intercambio con otros pueblos. Asimismo, se impulsaron otras actividades, como la textil, la cestería y la cerámica, dando lugar a la aparición de artesanos especializados en estos trabajos. La alfarería tuvo una producción diversa, elaborándose una cerámica variada tanto utilitaria como ceremonial. Apareció una iconografía geométrica, que es característica del estilo tiwanakuense y que se encuentra plasmada en colores básicos como el rojo y el negro.

La metalurgia también generó otra especialidad. Los artesanos llegaron a conocer el laminado del oro y de la plata, lo cual les permitió realizar hermosas piezas que combinaron con piedras semipreciosas como el lapislázuli y la sodalita. Las grapas de cobre utilizadas en la unión de grandes bloques líticos prueban que la metalurgia era también empleada en la construcción arquitectónica.

### Las piedras de Tiwanaku

El arqueólogo norteamericano George Squier viajó por diversos lugares de América y pudo estudiar antiguas culturas, como la que encontró cerca de la población boliviana de Tiwanaku, sobre la cual escribiría en *Un viaje por tierras inkaicas* (1877): «En ninguna parte del mundo he visto piedras cortadas con tal precisión matemática y habilidad tan admirable como en el Perú, pero en ninguna parte del Perú las hay que sobrepasen a las que están esparcidas en la planicie de Tiwanaku».

*Muro del templete semisubterráneo de Tiwana-ku, con cabezas clavas. Al fondo se aprecia la puerta principal de acceso al templo de Qalasa-saya, situada en el muro Este.*

Los sistemas de cultivo se vieron optimizados gracias a los conocimientos hidráulicos. De esta manera se construyeron canales de riego para grandes áreas del Altiplano. Asimismo, se crearon dos técnicas para incrementar las producciones agrícolas: los camellones o *suka kollus*, plataformas elevadas de cultivo construidas mediante la acumulación de suelos con canales adyacentes a la plataforma; y los andenes o *takanas*, llamados también terrazas, construidas en las laderas de los cerros con muros de contención y relleno artificial.

En este período, que se prolongó hasta aproximadamente el 700 d.C., se produjo un perfeccionamiento de las técnicas artesanales, ya que aparecen piezas que son consideradas de gran valía. La cerámica era elaborada con perfección técnica y estética, estableciendo un estilo que influiría en otras culturas de la región. La producción seguía la pauta de la estratificación social, con elaboración de piezas ceremoniales, suntuarias y utilitarias.

Existe una serie de esculturas líticas en diversos materiales, como areniscas, andesitas, basalto y calizas, con iconografía antropomorfa y zoomorfa, a la que muchos investigadores atribuyen un sistema de comunicación o escrituras ideográficas.

En el trabajo metalúrgico aparecen las técnicas del martillado en frío, el vaciado en molde, el forjado, el repujado, etcétera, para la elaboración de elementos ceremoniales y suntuarios, herramientas y utensilios domésticos. La fundición se realizaba en hornos fabricados con respiraderos en la superficie a fin de captar el viento para avivar el fuego. En este período se logró obtener la aleación del bronce.

En esta época también se produjo una «revolución urbana». Se edificaron construcciones monumentales de carácter ceremonial y social que mostraban una arquitectura perfecta, con bloques de piedra (sillares) cortados a escuadra, y rebajes simétricos y pulidos. Esta técnica de construcción logró despertar la admiración de los cronistas de la colonización y, más tarde, de las primeras expediciones científicas que se efectuaron a principios del siglo XX.

La capital tuvo un centro cívico-ceremonial en el que se construyeron grandes pirámides, templos y palacios. Se pueden observar hileras horizontales ensambladas perfectamente con planos de superposición hechos como cajas en bajorrelieve y espi-

*La cultura tiwanakuen-
se supo trabajar a la
perfección la piedra y la
cerámica, pero también*

*modeló el oro y otros me-
tales. En la imagen, esta-
tuillas de bronce de la
época III de Tiwanaku.*

Foto: Enciclopedia *Bolivia Mágica* / Hugo Boero Rojo

*Los tejidos de lana,
como esta muestra de la
industria textil tiwana-
kuense, proporcionan*

*pruebas del intercambio
entre sociedades conti-
guas de las montañas
y de la costa.*

gas de pequeñas piedras para su ajuste; en algunos casos estaban fabricadas en metal. Este centro estuvo rodeado por diferentes barrios con casas hechas de adobe. La ciudad en su época de máximo desarrollo alcanzó una extensión de aproximadamente 8 km². Y su configuración fue cambiando a través del tiempo. El imperio inka habría tomado como modelo de arquitectura los emplazamientos constructivos de Tiwanaku, ya que en el Cusco y otras ciudades se pueden apreciar las mismas técnicas.

Los edificios más importantes de la urbe Tiwanaku son la pirámide de Akapana (o Acapana), el templete semisubterráneo y el templo de Qalasasaya (Kalasasaya o Calasasaya). También se consideran de importancia la pirámide de Puma Punku (o Pumapuncu), el recinto Putuni y las estructuras habitacionales de Quericala.

### Época expansiva o imperial

Entre el 700 y el 1200 d.C., aproximadamente, la cultura Tiwanaku amplió sus fronteras mediante conquistas militares. Se produjo así una expansión política y religiosa, acompañada por la difusión de sus avances tecnológicos y culturales que influyeron a otras culturas vecinas. De esta manera, llegó a alcanzar proporciones de imperio.

En este período de expansión se produce también un decaimiento general del arte, caracterizado por los colores apagados de la cerámica y por el acabado de la alfarería. Aunque la metalurgia se desarrolló más con fines militares, se dejó de lado el interés por las construcciones arquitectónicas.

A pesar de lo anterior, los aportes e influencias de esta cultura dieron un sorprendente empuje a otras culturas como, por ejemplo, Piquillajta, Cajamarquilla y Pachacamac, en el norte de Chile; la cultura Alto Ramírez, en el norte de Argentina; y a estilos locales de Bolivia, como Yampara o Mizque.

Numerosos investigadores han estudiado y tratado de interpretar la cultura Tiwanaku. Desde los primeros cronistas hasta los más recientes estudiosos, todos señalan la importancia de Tiwanaku como centro monumental y primigenio de la civilización circunlacustre. Pero, hasta el momento, no se tienen interpretaciones sobre el origen de sus primeros asentamientos ni las razones de su disgregación como Estado. Sobre esto último se manejan dos teorías: una señala al cambio climático que afectó a la distribución alimentaria; otra teoría señala la inkapacidad de Tiwanaku para ejercer control sobre los grupos étnicos que estaban bajo su poder.

*Cabeza de llama perteneciente a un vaso sahumador. Fue modelada por ceramistas tiwanakuenses y, al igual que otros ejemplos similares o de felinos, denota movimiento en sus formas.*

Foto: Enciclopedia *Bolivia Mágica* / Hugo Boero Rojo

## La primera cerámica

La alfarería surgió de una necesidad básica humana: la de preparar y almacenar alimentos. Es posible que se desarrollara de una manera accidental, al recubrir con barro recipientes de fibras vegetales a fin de hacerlos impermeables; al parecer, el hombre colocó estos recipientes cerca del fuego, inventando la cocción de la arcilla y obteniéndose una consistencia dura.

La cerámica y su producción son elementos que permiten a la arqueología deducir los niveles de desarrollo que alcanzaron las diferentes formaciones sociales, la estratificación social y la importancia de la religión en la sociedad. Mediante el estudio de la manufactura se pueden obtener datos sobre el conocimiento tecnológico de las antiguas civilizaciones. Con el estudio de la iconografía se puede inferir también la vida cotidiana.

En muchas sociedades el cultivo de plantas y la domesticación de animales fue anterior a la aparición de la alfarería, cuya invención se produjo en el momento y condiciones de desarrollo adecuados; extendiéndose fácilmente y de manera rápida, se adaptó a las necesidades humanas. A este período se le conoce como Neolítico en el Viejo Mundo, y Formativo en el Nuevo Mundo.

En las sociedades tribales se encuentra una cerámica fundamentalmente de carácter utilitario. Como se trata de sociedades igualitarias, cualquier integrante del grupo es alfarero. Al mismo tiempo que se decora o añaden elementos ornamentales se

*Tiwanaku ejerció una poderosa influencia sobre otras culturas paralelas, como fue el caso de Wari. A ella pertenece este recipiente antropomorfo, que debió tener una función religiosa.*

el transcurso del período formativo surgieron dos culturas en las que ya se encuentran vestigios de la presencia de cerámica: Wankarani y Chiripa.

La cultura Wankarani posee una cerámica de uso doméstico, cuya característica es la ausencia de engobe y pintura. La superficie es pulida a espátula, con predominio de bases cóncavas en las piezas elaboradas. Posteriormente aparece una cerámica pulida y alisada. Finalmente, en los albores de esta cultura surgen vasijas con engobe rojo y asas. Se han encontrado pequeñas figuras elaboradas con la técnica de la incisión: figurillas planas que representan a seres humanos, desnudos y con ojos oblicuos, y figurillas en bulto con imágenes de camélidos. Ambas se portaban como medallones y probablemente se utilizaban en actividades ceremoniales.

Chiripa tenía una producción de cerámica orientada al consumo utilitario y con decoración artística. Se caracterizaba por la presencia de pintura y por las líneas incisas. Este estilo surgió con anterioridad a Tiwanaku; los colores utilizados en la decoración pictórica fueron el rojo y negro sobre un fondo amarillo y a veces ocre. Prevalecieron en la iconografía los motivos antropomorfos, zoomorfos y geométricos: existen piezas que poseen adornos modelados con caras humanas y animales. Las vasijas carecían de asas. Se han encontrado unos tubos largos (sopladores) que se utilizaban para avivar el fuego de los fogones.

En el estado de Tiwanaku se produjo una especialización de la tecnología alfarera; como consecuencia de la estratificación existente (agricultores, arquitectos, sacerdotes), surgieron los especialistas en la elaboración de objetos de cerámica, que producían piezas de carácter ceremonial, suntuario y utilitario.

En la época clásica de esta cultura apareció una cerámica con formas estilísticas bien definidas: queros (kherus), incensarios, vasos-retratos, etcétera. Poseen una decoración pictórica en la que sobresale el engobe, y se utilizan colores como el negro, el blanco, el amarillo y el rojo. El producto final de los alfareros presenta un acabado finamente pulido.

La iconografía es claramente identificable, ya que sobresalen las formas geométricas (cruz escalonada o andina), zoomorfas (pumas, camélidos) y antropomorfas (rostros humanos). Este estilo cerámico tuvo una gran dispersión por el área andina. Culturas contemporáneas, como Wari (o Huari), y posteriores, como la inka, tomaron los elementos decorativos tiwanakuenses.

da una funcionalidad a los recipientes, aspecto que establece un estilo asociado al grupo y al momento.

En estas culturas menos complejas, la cerámica, que adopta formas simples, sin decoración, se utiliza para cubrir las necesidades de la vida cotidiana. Las formas de las vasijas designan un uso concreto, como cuencos, platos, vasos, botellones, etcétera.

En las culturas complejas, jerarquizadas, el culto a los antepasados adquiere importancia y la cerámica forma parte de ceremonias y ritos. Además, la cerámica se convierte en objeto de lujo asociado a las clases dirigentes, que legitiman su poder y rango con la posesión de estos objetos. Esto no impide que exista el consumo de clases menos favorecidas. Así surgen los especialistas que van mejorando la manufactura, las formas y las decoraciones.

En la región cercana a Titicaca, la alfarería aparentemente está ligada a un proceso de tránsito de los cultivadores de plantas y domesticadores de animales hacia una formación urbana. Este hecho se ha datado entre el 1200 y el 1000 a.C.

En Bolivia la primera aparición de la cerámica se habría producido en el 1580 a.C., según datos obtenidos mediante el análisis del carbono 14. En

# Las culturas regionales

La descomposición y desintegración de las sociedades complejas, como la de Tiwanaku, generaron transformaciones y nuevas formas organizativas. En torno al 1100 d.C. se produjo la formación de unidades sociales diferenciadas, llamadas culturas regionales o señoríos locales. En el escenario altiplánico aparecen sucesivas oleadas de pueblos de pastores aymarahablantes que contribuyen a esta desmembración. Es una época de sucesivas guerras, por lo que se reocupan los sitios altos y fortificados. Dichas construcciones constituyen extensos asentamientos compuestos por grupos de viviendas, patios y corrales. Estos sitios defensivos, denominados pucaras *(pukaras)*, eran emplazamientos que permitían visualizar una gran parte del territorio a fin de poder identificar incursiones enemigas. Además se encontraban rodeados por una o más murallas defensivas. En otros casos estos sitios fueron utilizados como áreas de refugio. Ejemplos de este patrón de asentamiento defensivo se encuentran en las altas laderas orientales de la cordillera de Apolobamba, en el departamento de La Paz, donde sucesivos emplazamientos fortificados dominan, como balcones, las alturas de los valles agrícolas. Alrededor de las ciudadelas están erguidas tumbas de forma cúbica, cubiertas por los lados y en la parte superior con grandes losas de pizarra. Quizás eran los sepulcros de los *auca-runas* (guerreros), situados alrededor del conjunto habitacional como centinelas o protectores. Varias de estas «confederaciones» se caracterizaron por la construcción de torres funerarias, conocidas como *chullpas*, distribuidas en distintas zonas de acuerdo con la concepción simbólica del espacio, ya que muchos de los señoríos

*Muestras de cerámica pertenecientes a culturas regionales asentadas en Vallegrande (Santa Cruz de la Sierra).*

se dividían en dos mitades: *Urqusuyu* (masculino) y *Umasuyu* (femenino). Estas construcciones se erigieron en el Altiplano. Solamente se diferenciaban por el material empleado y, en algunos casos, por el estilo de construcción. Los materiales eran muy variados, utilizándose, entre otros, el barro, la piedra y el cemento crudo. Casi siempre se empleó la técnica de la falsa bóveda. La planta podía ser circular, elíptica, cuadrada o rectangular, mientras que el cuerpo era cilíndrico o paralelepípedo, con una pequeña abertura de acceso que en general se orientaba al Este.

En algunos casos las *chullpas* presentaban dos plantas o cámaras funerarias; es decir, tenían dos niveles para los entierros: uno a la misma altura de la entrada y otro sobre un tumbado-piso, aunque en casos especiales también se han encontrado restos por debajo del primer nivel.

## Los aymaras de las Tierras Altas

En las Tierras Altas de Bolivia se constituyeron extensos señoríos aymaras con una identidad propia. Tal es el caso de los carangas, los pacajes, los umasuyus y los collas. Al sur de los carangas surgió la confederación multiétnica quillaca, que estaba constituida por seis agrupaciones: quillacas, azanaques, sevaruyos, aullagas y uruquillas. Pero aún existen diferentes interrogantes sobre el carácter organizativo y constitutivo de dicha confederación. Las escasas investigaciones arqueológicas realizadas en todas estas regiones son el mayor problema con el que se enfrenta la arqueología boliviana. Quedan numerosas lagunas para comprender en profundidad el surgimiento, desarrollo y ocaso de estas culturas regionales.

## Los pacajes

Los pacajes habitaban en lugares estratégicos de control territorial y en poblaciones fortificadas. Se enfrentaron duramente a los inkas para evitar ser conquistados. Edificaron torres funerarias sobre la base de piedra cortada y natural. Se han identificado dos tipos de contexto funerario: uno caracterizado por *chullpas* y otro por entierros en cistas o cámaras funerarias.

Este señorío dejó huellas de su extensa cultura en el arte rupestre. Sobre la roca grabaron en varios lugares del Altiplano su percepción de la naturaleza y la sociedad. Por ejemplo, en Jaqui Cayu, en el valle de Tiwanaku, se encuentra un petroglifo que testimonia lo anteriormente afirmado.

La intensa sequía registrada en el siglo XIV obligó probablemente a los pacajes, y a muchas otras culturas regionales, a inclinarse más por el pastoreo

## Los carangas

Los carangas eran parte de las confederaciones aymaras que ocupaban el Altiplano y las laderas de la cordillera, y compartían el territorio con los uru y con los choquelas. Las pucaras, o sitios defensivos en las zonas altas poco accesibles, eran los puntos estratégicos de los hábitats de estos pueblos, que posiblemente tenían conflictos por los recursos naturales de la región. La ubicación territorial del señorío caranga abarcaba gran parte de los departamentos de Oruro (zona de mayor dispersión e influencia) y de Potosí. Hacia el norte colindaban con los pacajes, que se encontraban en el departamento de La Paz. Los carangas, al igual que muchos señoríos aymaras, ejercían el control de los valles de la costa del Pacífico, como Azapa, Lluta y Timar (lugares donde se cultivaba maíz y coca), del valle de Tiquipaya (en Cochabamba) y de Popco (en Chuquisaca). Para los carangas fue de suma importancia la agricultura de especies resistentes al frío, por el ecosistema de su asentamiento, y la ganadería de camélidos, animales característicos de la región. La división de su espacio era dual, de acuerdo a la concepción cosmogónica-religiosa de los grupos aymaras. Su organización política presentaba una división social que se basaba en lazos de parentesco y redistribución social, con jerarquías de caciques o señores que gobernaban al grupo.

El expolio de innumerables construcciones de culturas precolombinas ha sido sistemático durante siglos. En la imagen, tumba aymara en Carangas (Oruro), según un grabado del siglo XIX.

*Una de las pruebas de los sucesivos progresos experimentados por los aymaras es la edificación de verdaderas necrópolis. En la imagen, chullpas o tumbas funerarias de los pacajes, en Oruro.*

de camélidos y dejar en un plano secundario la agricultura. De esta manera, recurrieron al intercambio comercial con grupos que habitaban otros pisos ecológicos.

Los pacajes, que tenían conocimientos avanzados sobre la tecnología alfarera, poseían una cerámica característica, en la que resaltan las decoraciones iconográficas, por lo general muy similares a las de los inkas. De estilo sencillo, la tipología presenta pocas variaciones. También se han encontrado algunos objetos de metal, hecho que pone de manifiesto conocimientos avanzados sobre la metalurgia. Las piezas halladas son sujetadores de prendas de vestir denominados tupus.

## Los collas

Collas son, de acuerdo con la documentación colonial española, el conjunto de habitantes del Qullasuyu, que fue la cuarta parte del imperio inkaico ubicado al sur. Los conquistadores inkas tomaron este nombre del primer señorío que se opuso a ellos en su avance hacia estas tierras, y lo extendieron al conjunto de los habitantes de la cuenca del lago Titicaca.

Este señorío puquina-hablante corresponde a poblaciones distribuidas por un extenso territorio de los Andes septentrionales. En 1200 d.C. los collas establecieron una distribución poblacional, una utilización económica y un carácter religioso del espacio que circunda el Titicaca. Asimismo, establecieron colonias en los valles orientales de la cordillera y probablemente en los de la costa del Pacífico. De esta manera, presentaban una organización económica basada en la distribución e intercambio de los recursos naturales de diferentes ecosistemas y pisos ecológicos.

Probablemente este panorama cosmogónico-religioso fue heredado por los collas de las concepciones y rasgos de los antiguos tiwanakuenses, ya que la base mitológica de los orígenes del hombre, los héroes y las deidades tiene relación con las mismas regiones sagradas o santuarios de los antiguos pobladores de Tiwanaku.

Con la presión de las invasiones aymaras en 1300 d.C., el territorio colla disminuye en el norte del Altiplano hasta Hatuncolla, su última capital. Estos sitios son finalmente abandonados durante la expansión inka.

El acueducto de Mamakoru (provincia Muñecas), que se alza sobre la cuchilla de una montaña, pertenece a la cultura Mollo y es una extraordinaria obra de ingeniería hidráulica.
Foto: Enciclopedia *Bolivia Mágica* / Hugo Boero Rojo

En tiempos de la penetración inka, los collas fueron sus aliados, pero posteriormente se revelaron contra la ocupación. Vencidos por la alianza entre lupacas e inkas, sufrieron deportaciones masivas a Ecuador. Hatuncolla fue ocupada por los vencedores y se convirtió en el principal centro político para la administración de los nuevos territorios imperiales del inka.

Actualmente el territorio colla presenta una gran unidad étnica y lingüística andina, heredera de la organización territorial de Tiwanaku, que con el transcurso del tiempo se fragmentó debido a la superposición de otras formaciones culturales.

## La cultura Mollo

La cultura Mollo se ubicó en los valles mesotermales de las provincias Larecaja, Muñecas, Franz Tamayo y Bautista Saavedra, pertenecientes al departamento de La Paz. Esta región presenta diferentes pisos ecológicos ya que las alturas de los valles varían entre los 3 700 y 1 200 m sobre el nivel del mar.

Esta cultura basó su economía en la agricultura, especialmente en el cultivo de maíz. Pero la explotación minera tuvo también un papel muy importante por la zona aurífera en la que estaba asentada.

Poseía una cerámica muy característica, aunque un poco tosca en su acabado. En la decoración pictórica destacan los diseños geométricos; sin embargo, la tipología que presenta tiene formas cuyos orígenes se remontan a Chiripa y Tiwanaku.

La cultura Mollo, que se remonta al 1200 d.C., tiene su principal asentamiento en Iskanwaya (o Iscanhuaya), en la provincia Muñecas, a una altitud de 1 670 m sobre el nivel del mar. Este asentamiento refleja la expansión y ocupación de los grupos circunlacustres hacia el este de la cordillera Oriental, ocupando los valles profundos y entrecortados hacia el piedemonte y la selva. El patrón arquitectónico, muy espectacular, se adapta a las abruptas y empinadas laderas, con construcciones o ciudadelas, terrazas de cultivo y obras hidráulicas. Aunque no posee espacios monumentales, su ubicación estratégica revela características defensivas.

Iskanwaya presenta un conjunto de 95 edificios, cada uno de los cuales tiene un promedio de trece habitaciones unifamiliares. Los edificios están conectados mediante callejuelas. Posee una red de canales que transportaban agua desde un estanque de

*Máscara ritual de cerámica cocida de la cultura Moxos (Beni), conocida como «Gran Aramama» (Gran Tigre). En la boca eran introducidas plumas que dignificaban al portador.*

planta semicircular de cuatro metros de diámetro; este sistema de abastecimiento de agua está construido en pizarra. Todas las construcciones habitacionales son semejantes, sin diferenciaciones importantes que indiquen una estratificación social, de manera que se cree que la sociedad mollo era socialmente homogénea.

Aproximadamente en 1450 se produjo el ocaso de esta cultura, a raíz de la invasión de estas regiones por los inkas, que, tras someterlos, los dispersaron hasta lograr su total desaparición.

## Las culturas de las tierras orientales

A los pobladores que ocuparon y ocupan las llanuras y bosques tropicales del norte y este de Bolivia, la historia les da un tratamiento inmovilista, como si se tratara de sociedades inmersas en un estado de desarrollo cultural fijo en el que han permanecido desde épocas arcaicas hasta sufrir las transformaciones «civilizadoras».

En su percepción dualista del espacio y sus habitantes, los aymaras, inmigrantes que ocuparon el Altiplano boliviano entre los siglos XII y XV, oponían el *Urqusuyu* (la mitad occidental del eje acuático compuesto por el Azángaro, Titicaca, Desaguadero y Poopó, de carácter masculino, luminoso y humano) al *Umasuyu* (oscuro, oriental, mundo femenino, de jerarquía animal y húmedo). A esta última mitad corresponden los habitantes de las tierras orientales, con quienes los aymaras tomaron contacto a través de sus colonias agrícolas en el piedemonte andino. Según algunas teorías, de esta zona de llanuras (las de Moxos, en el Beni, y las de los valles mesotérmicos) proceden los primitivos formadores del estado agrícola de Tiwanaku. Mas allá de la especulación histórica, la documentación colonial muestra cómo los aymaras llamaban *chunchus* a los habitantes de la provincia Carabaya (cordillera de Apolobamba que cierra la cuenca nordeste del Titicaca), vinculados al estado tiwanakuense, que extendían sus áreas de influencia hasta el piedemonte tropical contiguo a las tribus de los llanos amazónicos.

Los aymaras se autodenominaban *haques*, hombres con cultura, y llamaban *chunchus* a los seres salvajes de los bosques amazónicos.

El Inkario tampoco tuvo mejor concepto de estos pueblos. Los antis salvajes, opuestos a los inkas, «hijos del sol», sufrieron numerosas incursiones de conquista en un intento imperial de incorporar la

## La cultura Yampara

La cultura Yampara se asentó en territorio de Chuquisaca entre los años 1000 y 1440 d.C., o sea hasta la llegada de los inkas. Los arqueólogos la han dividido en tres períodos:

- El Yampara I se caracteriza por la presencia de motivos antropomorfos y zoomorfos realizados en negativo, que se hallan muy avanzados y son de carácter geométrico. Su decoración es muy recargada y los colores que utilizan tienen cierta riqueza cromática.
- En el Yampara II se aprecia un empobrecimiento de la decoración, que prácticamente pierde las figuras, así como el cromatismo. Predominan los motivos geométricos, repitiéndose los del período anterior, con ligeras modificaciones.
- El Yampara III es el considerado como período decadente de esta cultura. Desaparecen por completo los dibujos en negativo y predominan piezas como cántaros y platos, y, sin embargo, faltan otras como los copones, los trípodes o las miniaturas.

En Kiskallacta se ha hallado cerámica de la cultura Yampara, donde aparecen representaciones zoomorfas de un animal de cuello largo con cabeza algo parecida a la de una llama, cuerpo triangular, cuatro patas y cola larga; dichos dibujos aparecen normalmente repetidos cuatro o dos veces en la parte interna superior de la pieza, unos son de color negro y otros de color rojo oscuro.

cuarta parte simbólico-administrativa del Tawantinsuyu, el Antisuyu. De esta manera, no debe extrañar que los conquistadores españoles del Altiplano retomaran este desprecio de las sociedades andinas hacia los pobladores amazónicos.

Sus procesos históricos se han reconstruido a partir de varias fuentes: las crónicas misionales, confusas en torno a los nombres de los grupos étnicos y tendenciosas a la hora de mostrar los logros evangelizadores; los relatos de exploradores de finales del siglo XIX, en los que se registraban los recursos naturales explotables; y las descripciones de viajeros etnógrafos de esos mismos años, que sólo fueron puntuales y diacrónicas.

En contra de la opinión generalizada de que estas regiones habrían sido una zona demográfica marginal y habitada por grupos humanos de características tribales, las nuevas investigaciones muestran que los valles mesotérmicos y el piedemonte fueron extensamente poblados. Se sugiere que por sus características socioeconómicas e ideológicas, los grupos de estas regiones habrían alcanzado niveles complejos de organización, llegando a articular los espacios altiplánicos con los de la Amazonia.

Las evidencias de que estas culturas habrían logrado un grado mayor de desarrollo se pueden observar en el valle de Cotacajes, donde se encuentran varias construcciones habitacionales y agrícolas, muestra clara de un extenso e importante asentamiento humano.

En otros valles mesotérmicos, ubicados en los departamentos de Potosí, Sucre y parte de Cochabamba, se han identificado varias culturas arqueológicas entre las que se encuentran Omereque, Yampara y Huruquilla, que abarcaron grandes territorios.

En el piedemonte se hallan restos de ocupaciones importantes, tanto en las riberas del río Beni como en las márgenes de sus afluentes. Los sitios arqueológicos revelan que las vías fluviales fueron determinantes en el establecimiento de una red compleja de interacción entre los distintos cacicazgos y confederaciones.

En los Llanos de Moxos, las culturas de tradición arahuaco llegaron a conformar extensos cacicazgos y construyeron canales, terraplenes, campos elevados de cultivo y lomas artificiales.

El sitio arqueológico de Samaipata, ubicado en la región oeste del departamento de Santa Cruz, muestra restos de ocupaciones con vínculos amazónicos previos a la llegada de los inkas. En las lla-

*Vista aérea de campos elevados agrohidráulicos en Santa Ana del Río Yacuma (Beni), donde existen alrededor de 20 000 lomas artificiales que en su momento fueron pequeñas aldeas agrícolas.*

*Pieza de cerámica antropomorfa de la cultura Moxos, en el departamento del Beni, con influencia amazónica. Representa a un músico, cuyos ojos se asemejan a un grano de café.*

nuras orientales del departamento de Santa Cruz recientes hallazgos evidencian la gran antigüedad de la cultura Chiquitana. Estos grupos habrían establecido considerables asentamientos en las márgenes de los ríos.

Ésta es la razón de que las poblaciones del oriente boliviano queden fuera de la «historia oficial». La arqueología boliviana es demasiado incipiente en estas regiones, por lo que todavía no aporta mayores luces sobre el desarrollo socioeconómico de las sociedades que vivieron al otro lado de los Andes.

## Las culturas de las Tierras Bajas

Las llanuras sedimentarias del departamento de Beni encierran uno de los vacíos históricos de la arqueología boliviana. Miles de hectáreas se hallan surcadas por las huellas de antiguas lomas artificiales, terraplenes, canales de irrigación, lagunas y caminos sobreelevados que albergaban poblados. Es necesario mencionar la presencia de camellones de cultivo, plataformas elevadas construidas mediante la acumulación del suelo y acompañadas de excavaciones de canales adyacentes. De esta manera, se formaron una serie de extensas ondulaciones sobre las llanuras. Este sistema estaba adaptado a las extremas fluctuaciones de las precipitaciones pluviales y a la planicie del terreno.

Estas inmensas obras de ingeniería hidráulica sobre llanuras inundadas revelan un aprovechamiento agrícola extensivo para grandes masas poblacionales con una permanencia continuada en la región. Se trataría de una sociedad lo suficientemente organizada como para realizar estas obras, que pudieron pertenecer a un tipo de sociedades estratificadas y centralizadas conocidas como «cacicazgo tropical».

De origen incierto, podría tratarse de pobladores del tronco arahuaco, y más concretamente del desarrollo final de esa cultura. Los estudios cerámicos encuentran algunas similitudes con primitivos asentamientos de la desembocadura del Orinoco o de las Guayanas. Pero también se aprecia alguna similitud de las figurillas antropomorfas de terracota encontradas en esta área con las de las altas culturas mexicanas.

Las causas del abandono de esta infraestructura agrícola son desconocidas: pudo deberse a fragmentaciones sociales, migraciones o alteraciones climáticas. Quizás los indígenas con los que se formaron las misiones ignacianas del río Mamoré sean los últimos descendientes de esa civilización desaparecida.

405

*En este vaso de cerámica de la cultura Mojocoya se aprecia la cruz tiwanakuense, muestra de la adopción de elementos culturales de Tiwanaku por parte de otras sociedades próximas.*

Foto: Enciclopedia *Bolivia Mágica* / Hugo Boero Rojo

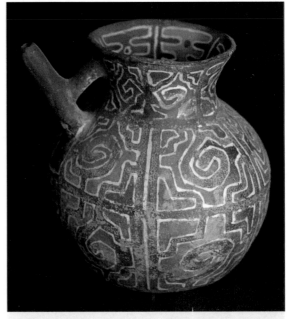

*Vaso de cerámica con pitón, perteneciente a la cultura Omereque de los valles centrales. Está decorado con volutas y símbolos escalonados, y fue pintado en color rojizo, blanco y negro.*

Foto: Enciclopedia *Bolivia Mágica* / Hugo Boero Rojo

## La cerámica de las culturas regionales

La cerámica con pintura, al margen de las muestras de Chiripa y Tiwanaku, tiene una presencia importante en la región de los valles mesotérmicos de los departamentos de Cochabamba, Chuquisaca y Santa Cruz, ya que aparecen estilos cerámicos que responden al surgimiento de diversas culturas.

La más antigua es la llamada Tupuraya, cultura regional que surgió aproximadamente entre el 150 y el 800 d.C. Se asentó principalmente en Mizque, departamento de Cochabamba, y llegó hasta el nordeste del departamento de Oruro. Presenta una cerámica con una tipología de los platos trípodes, queros de base amplia y cántaros dobles. La decoración iconográfica es geométrica y polícroma. Los colores que se evidencian son el negro y el marrón rojizo sobre un fondo de color blanco amarillento.

Entre el 500 y el 1000 d.C. apareció la cultura Mojocoya, cuyo patrón de asentamiento abarca las provincias Zudáñez (departamento de Chuquisaca), Vallegrande (departamento de Santa Cruz) y el este del departamento de Cochabamba. La cerámica posee una decoración geométrica interesante, mostrando la primera representación de una espiral escalonada en tres colores (negro, rojo morado y blanco sobre un fondo ocre amarillento). La tipología de esta cerámica se caracteriza por su uso ceremonial (vasos en forma de embudos con perforación en la base), utilitario (platos, cántaros) y funerario, ya que hay cántaros que se empleaban como urnas para el enterramiento de niños.

Un tercer estilo de cerámica es el denominado Omereque. Corresponde a una cultura que se habría desarrollado entre el 820 y el 1240 d.C. Produjeron una cerámica con decoración antropomorfa y zoomorfa estilizada y otra geométrica que se aboca a los bordes de las vasijas. Las formas de éstas son variadas: cántaros, botellones, platos-trípodes, etcétera. Los colores utilizados en la decoración son el rojo, el sepia, el gris, el blanco y el morado; las figuras diseñadas en la decoración se contorneaban de color blanco y otras veces con una línea de color sepia.

El señorío Pacajes presenta una cerámica sencilla en cuanto a tipología se refiere, ya que sólo se produjeron platos, jarras, cántaros y ollas. Posee una iconografía con un estilo propio. Los motivos suelen ser de tipo geométrico, y es característico encontrar un diseño zoomorfo (camélidos) que la expansión inka tomó como elemento decorativo de varias de sus piezas. Los colores son negros sobre fondo rojo engobado y finamente pulidos.

# El imperio inkaico

El origen de esta cultura es mítico y lleno de leyendas que ensalzan y divinizan a los antiguos gobernantes. La mitología inka relata que el creador del universo, Kon-Tiki Viracocha, salió del lago Titicaca para crear el mundo en Tiwanaku, antes de dirigirse al Cusco. Viracocha creó al primer Inka, Manco Qhapaq, quien con su esposa y hermana Mama Ocllo se sumergieron en las aguas del Titicaca para luego salir por una cueva llamada Pacariq Tambo cerca del Cusco.

Se sucedieron una serie de inkas que dirigieron a su pueblo. Durante el reinado de Pachacuti se desarrolló la fase imperial o de expansión. Pachacuti asumió el papel de unificar un mundo cuya riqueza residía en su diversidad. Los inkas sometieron mediante la conquista a las diferentes culturas existentes en el área andina, recogiendo de ellas sus conocimientos técnicos y socioeconómicos.

## La formación del imperio

Los inkas desarrollaron desde el siglo XI una civilización tan evolucionada como la de los aztecas y los mayas, en las altas mesetas de los Andes, en el territorio de Bolivia, Perú y Ecuador actuales.

Cuenta Pedro Cieza de León en su *Crónica* que antes de que los inkas procedieran a la unificación de los pueblos andinos y a la instauración de su imperio, los indígenas, pertenecientes a pueblos distintos, vivían en lugares elevados y fortificados *(pucaras)*, combatiendo entre sí. Los inkas les hicieron emigrar a los valles y asentarse en las laderas de los montes, disponiendo las tierras para el cultivo y el pastoreo, repartiendo los términos para que vivieran en paz con sus vecinos, y construyendo importantes vías de comunicación. Además, fueron marcados los límites de las tierras y se construyeron acequias para el riego de las heredades.

*Manco Qhapaq I, legendario emperador inka, considerado el fundador del imperio y descendiente del Sol.*

Las zonas costeras siguieron más pobladas que el interior, aunque tenían mayor densidad de población las de los Andes centrales, el Chile araucano y el norte andino. En estas regiones se ha estimado que podían vivir entre cinco y ocho habitantes por kilómetro cuadrado. Esta población era muy variada y la diversidad de lenguas no fue posible sustituirla por el quechua, la lengua del Cusco, a pesar de los esfuerzos para imponerla, pero la unificación cultural hizo grandes progresos, y muchos pueblos, sin abandonar sus propias lenguas, lo aprendieron como medio para entenderse con los funcionarios y representantes inkaicos.

Los inkas hicieron construir tambos al pie de los nuevos caminos, y almacenes en los poblados, para guardar el sobrante de las cosechas y la parte proporcional destinada a los reyes. Establecieron tributos sobre el maíz, la plata, el oro, la ropa, el ganado, la leña y otros productos. Nombraron contadores *(quippucamayoc)* para que llevaran las cuentas de lo que debía pagar cada poblado, y organizaron de este modo el sistema administrativo.

Para gobernar su imperio, cada vez más extenso, los inkas acudieron a los hijos de las familias del Cusco, llamados «orejones» por los españoles porque les horadaban las orejas en señal de distinción, y, desde mediados del siglo XV, también a los *mitimaes* o «emigrados», así denominados porque eran trasladados de un lugar a otro y, a veces, mezclados con los indígenas del lugar donde se les asentaba, ya como colonos, ya como guardas fronterizos o incluso como espías. Éstos, a cambio de sus servi-

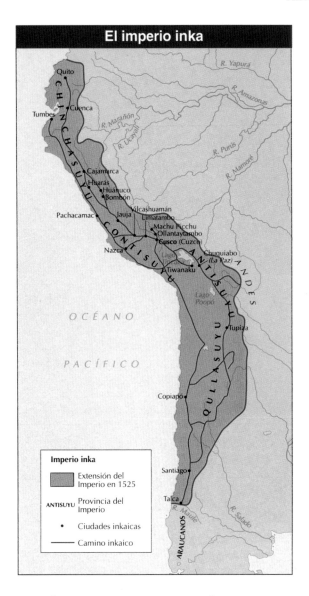

**El imperio inka**

Imperio inka

Extensión del Imperio en 1525

ANTISUYU Provincia del Imperio

• Ciudades inkaicas

— Camino inkaico

cas de oro y plata, que era transportada a hombros. Otros personajes importantes viajaban también en literas o en hamacas, transportadas por siervos. La civilización inka desconocía los animales domésticos aptos para el transporte de viajeros y los itinerarios debían recorrerse a pie.

La forma de combate de los inkas ha sido muy estudiada. A la vanguardia de la tropa avanzaban los honderos, preparados para lanzar bolas de piedra, que se protegían con escudos de madera y con jubones acolchados de algodón. Detrás de ellos se disponían otros soldados con gruesas porras dotadas de puntas de hierro, que debían manejarse con ambas manos, y con hachas de guerra. Los jefes llevaban porras y hachas de oro y de plata o con adornos de estos materiales. Tras los porreros se colocaban los piqueros, con lanzas largas y el brazo izquierdo protegido con mucho algodón, que constituían la retaguardia. Distribuidos todos en escuadras, con sus jefes y estandartes correspondientes, estaban habituados a combatir a pie. Algunos se protegían con capacetes de madera, según cuenta Francisco de Xerez en su *Relación de la Conquista*, que data de 1533.

## La expansión territorial

A principios del siglo XV se inició la expansión del imperio inka, rebasando el valle del Cusco, que había constituido su solar y centro después de la sumisión de los pueblos aymaras. Este imperio llegaría a tener unos 5 000 km de longitud (desde el norte de Quito, en el actual Ecuador, hasta el centro de Chile) y unos 300 km de anchura (desde la costa del océano Pacífico, comprendiendo las actuales Bolivia y Perú y la parte noroeste de Argentina).

Es posible que el imperio inka llegara a tener unos quince millones de habitantes, según algunos autores, mientras otros reducen la población a unos tres millones y medio. La carencia de estadísticas fidedignas sobre la demografía de los imperios americanos precolombinos explica estas diferencias. Sin embargo, incluso la última cifra mencionada sería importante para la época.

Entre 1438 y 1463, el Inka Viracocha y su hijo Pachacuti fueron los conquistadores de la cuenca del lago Titicaca. La región del Qullasuyu, donde se encuentra Bolivia, fue conquistada por el nieto del primero, Tupaq Yupanqui, alrededor del 1450 d.C. Las confederaciones aymaras del Qullasuyu resistieron y combatieron a los inkas, a pesar de que lupacas y carangas se aliaron con éstos para derrotar a los collas.

cios, obtenían mujeres, maíz, ganado y coca, y recibían regalos del soberano inka para premiar su eficacia.

Un servicio de correos y postas, en los caminos principales, que eran rectos y muy bien construidos, permitía que los mandatos y mensajes reales llegaran con rapidez hasta los confines de las gobernaciones y provincias. Los correos *(chasqui)* eran indígenas jóvenes capaces de correr de una posta *(tambo)* a la siguiente y de llevar los mensajes de palabra, aprendidos de memoria, o por medio de cordones de colores con nudos *(quipus)* que servían de contraseña o indicaban cantidades, en un sistema de numeración decimal.

El inka viajaba en una litera forrada de plumas de papagayo de colores vivos y guarnecida de pla-

*El Palacio de Pilcocaina, un suntuoso edificio con un extenso jardín de origen inkaico y situado en la Isla del Sol, en el lago Titicaca, fue mandado construir por el inka Tupaq Yupanqui.*

Ocuparon vastas regiones del actual territorio boliviano y en menos de un siglo llegaron a construir grandes obras arquitectónicas. En el lago Titicaca se encuentran vestigios de la arquitectura dejada por los conquistadores, de características rústicas y basada en piedras sin labrar y argamasa de barro, como Pilcocaina y La Chincana, en la isla del Sol, e Iñacuyu, en la isla de la Luna. En el sector de la península de Copacabana se encuentran los sitios de Inticala, La Horca del Inka, Sampaya y una red de caminos.

Hacia 1475 avanzaron hacia los valles mesotérmicos, llegando inclusive hasta algunos sectores del piedemonte. En el departamento de Cochabamba se encuentra la fortaleza de Inkallajta, construida para detener el avance de los chiriguanos. Existen otras en Quillacollo e Inkarakay, en Sipe Sipe (fuertes rodeados por silos o depósitos circulares llamados *collcas*). Se construyeron enormes complejos agrícolas, como se evidencia en Cotapachi, que posee 2 400 *collcas*.

También se asentaron en el sitio de Samaipata, conocido como «El Fuerte» y ubicado en el departamento de Santa Cruz, donde esculpieron figuras zoomorfas (felinos, serpientes, etcétera) en una enorme montaña. En los departamentos de Chuquisaca, Potosí y Tarija establecieron importantes asentamientos como Oroncota, Machachi, Incahuasi y Tomatas. En Sevaruyo, localidad del departamento de Oruro, se encuentran restos de un gran templo.

Tupaq Yupanqui también incorporó al imperio el reino norteño de los chimúes entre 1463 y 1471, y a partir de su coronación en 1471 llevó los ejércitos hacia el sur, ocupando el territorio del norte de Chile y de Argentina, hasta el río Maule, que fue el límite meridional del imperio inka. A Tupaq Yupanqui se atribuye la división del imperio en cuatro partes o regiones para facilitar su gobierno. Al ser sucedido por su hijo Wayna Qhapaq en 1493, la expansión norteña continuó hasta ocupar la zona de Quito, en el moderno Ecuador, que quiso convertir en la segunda capital del imperio, rival del Cusco. Wayna Qhapaq intentó, mediante una descentralización administrativa, mejorar el control de las cuatro regiones o gobernaciones, pero a su muerte, en 1525, poco después del primer contacto de los europeos con el imperio, sus hijos Waskar y Atawallpa (o Atahuallpa) se disputaron el trono (1525-1532), el primero desde el Cusco y el segundo desde Quito, con apoyo, respectivamente, del sur y del norte. Estas luchas internas contribuyeron a debilitar sus fuerzas frente a los extranjeros recién llegados.

## La sociedad

La sociedad inka la integraban el Inka, gran sacerdote del Sol, y su familia; los sacerdotes, conocedores de los secretos ancestrales; los nobles, que desempeñaban funciones administrativas, civiles y

*Durante el mes de julio, el producto de las cosechas de las tierras del imperio inka era trans- portado sobre las espal- das o a lomos de llama y destinado a llenar los almacenes imperiales.*

militares; y los *kurakas*, que recibían tierras no he- redables del estado en pago a sus funciones; los hombres libres (orfebres, alfareros, tejedores, co- merciantes) y los *yanaconas*, libertos y siervos.

La poligamia sólo estaba permitida a las clases superiores. Las mujeres solían cubrirse con el aqsu, sujeto en los hombros con tupus y amarrado a la cintura con un chumpi. Los hombres eran barbi- lampiños, llevaban unkus (una especie de «camise- tas» tejidas habitualmente con fibras de lana) y mantas de lana fina, e iban con la cabeza cubierta. Dormían en camas de colchones pequeños y poco gruesos, de lana y de algodón. Tenían sepulturas fa- miliares para la inhumación de los cadáveres; éstas eran rectangulares o de planta cuadrada y estaban cubiertas con tablas para facilitar la reutilización cada vez que moría un familiar.

Los inkas recordaban a sus reyes en cantares transmitidos oralmente de padres a hijos, contando sus gestas. Ésta era su forma de transmitir a las nue- vas generaciones la tradición histórica, sin que tu- vieran propiamente una historia escrita para la pos- teridad, ni siquiera en los arcanos de sus templos según parece, siendo ésta una característica más a señalar con respecto al resto de las civilizaciones más adelantadas de la América precolombina.

## Estructura política y económica

El extenso imperio inka quedó, en menos de un centenar de años, surcado por una eficiente red de carreteras y puentes, bien pavimentados, que facili- taba los trasiegos de población, el transporte de mercancías y el desplazamiento rápido de los ejér- citos inkas de un extremo a otro de los Andes me- ridionales. Dicho imperio estaba regido desde el Cusco, donde radicaba la mayor parte del tiempo la residencia del soberano, jefe civil, religioso y mili- tar, quien encomendaba a cuatro miembros de su familia el gobierno de las regiones, gobernaciones o *suyu* (Chinchasuyu, Contisuyu, Antisuyu y Qulla- suyu). De estos gobernadores *(capac)* o príncipes *(apo)* dependían, en un complicado orden jerár- quico perfectamente establecido en torno a más de un centenar de provincias, distintos administrado- res y oficiales, desde los que regían grupos de 40 000 vecinos (en provincias o *wamam*) hasta los que, en las aldeas, tenían bajo su jurisdicción a gru- pos de diez familias.

Estos oficiales se encargaban de recaudar los impuestos, que debían entregar a sus superiores je- rárquicos, hasta alcanzar los grados elevados de una burocracia bien organizada. Los súbditos del impe- rio inka, distribuidos en clanes *(ayllu)*, que debían su origen mítico a un ser superior o *waca* («sagra- do») y estaban regidos por *kurakas*, jefes a la vez ci- viles y militares, venían obligados además a traba- jar en las obras públicas y servir en el ejército, pero a cambio de su obediencia y de sus tributos y pres- taciones, recibían asistencia en el infortunio, la en- fermedad y la vejez, así como también suministros de víveres, de los almacenes estatales, en los años de malas cosechas. Jueces e inspectores enviados por el rey cuidaban del mantenimiento del orden, ga- rantizando la paz, la prosperidad y la justicia.

Esta sabia organización comportaba la práctica de una agricultura intensiva, en campos alargados y distribuidos en terrazas, sometidos a una experta irrigación y drenaje mediante canales excelentes. El maíz, las leguminosas, la coca y la calabaza, con otros productos de huerta, componían la base ali- menticia, junto al pescado (no se debe olvidar la cantidad de kilómetros de costa que tenía el impe-

*Los inkas fueron excelentes maestros en la construcción arquitectónica. En la imagen, ruinas de un templo inka en el lago Titicaca, según un grabado de finales del siglo XIX.*

rio), y eran a la vez la principal fuente de riqueza de este pueblo. Los inkas habían domesticado la llama, la alpaca y el jabalí, que les proporcionaban los complementos necesarios para la alimentación, el vestido y el calzado, y elaboraban finas joyas de plata y oro con piedras preciosas. Aunque la mayor parte de la población vivía en aldeas de agricultura comunal y de zonas de pastoreo, bajo una poderosa casta dominante que les imponía una rigurosa tributación y les exigía prestaciones de trabajo, no cabe pensar en un régimen opresivo.

## Realizaciones culturales y artísticas

Los avances técnicos alcanzados en poco más de tres generaciones permitían a los indígenas el uso de un calendario propio, con torres en la línea del horizonte del Cusco para marcar la salida del Sol, así como la realización de cálculos matemáticos avanzados.

Los inkas basaban su religión en el culto al Sol, siendo el príncipe o Inka considerado como un dios: el hijo del Sol, bajo cuya dirección celeste eran conquistados y culturizados los restantes pueblos para constituir un gran Imperio excelentemente organizado. No cabe duda de que los soberanos inkas sabían gobernar, ya fuese dejando a los caciques locales convenientemente vigilados, o bien trasladando a los pueblos vencidos a otras regiones, donde carecieran de arraigo. Su espíritu sincretista les hizo aceptar los dioses locales, incorporándolos a su panteón.

Los inkas fueron grandes constructores de templos, palacios, fortalezas, canales, puentes de piedra y de madera y anchos caminos, por los cuales podían pasar seis caballos a la vez, aunque ellos no los tenían, sin tocarse unos a otros. Junto a los caminos solían discurrir caños de agua potable para que los viajeros pudieran beber. De jornada en jornada se hallaban dispuestos *tambos* o posadas para descansar y reponer fuerzas. Los caminos, además de anchos, eran rectos, siendo la longitud de su red muy estimable: la vía que unía el Cusco con Quito tenía 2 500 km de longitud. Las aduanas se hallaban en puntos estratégicos, como junto a los puentes, y los mercaderes tributaban con parte de las mercancías que llevaban para intercambiar.

Los inkas manejaban para sus construcciones grandes bloques de piedra cuya talla se cincelaba con precisión y cuyo transporte, a veces desde canteras lejanas, era sabiamente planificado. Las piedras eran ensambladas con tal finura que daba la impresión de que no necesitaban de argamasa para levantar grandes edificios o terrazas ciclópeas, y el aparejo almohadillado de los muros del Cusco, al darle el sol, producía efectos sorprendentes.

El talento organizador de los inkas les empujó a disponer de almacenes de alimentos (maíz, chicha, llamas), leña, algodón y lana, calzado, y ropa de abrigo y vestuario para la tropa.

Para conocer el volumen almacenado de mercancías y hacer su inventario contaban, haciendo o deshaciendo nudos en cuerdas (*quipus*), de 1 a 10, de 10 a 100, y de 100 a 1 000, en un sistema contable decimal.

Algunas casas, como las de la ciudad de Cajamarca, eran de paredes de piedra, cubiertas con techos de paja y madera, y dotadas de amplios aposentos edificados en torno a patios interiores y corredores. Estas casas tenían los muros enjalbegados de blanco y decorados con almagra o betunes colorados. Disponían en sus patios de estanques de piedra, a los que se podía descender con escaleras de cantería, o de pilas de agua corriente conducida por caños de piedra. Muchas casas tenían baños; la casa de Atawallpa, en Cajamarca, lo tenía con agua fría y caliente o termal. Dominaban la plaza central de la urbe fortalezas de piedra con escaleras de cantería, algunas en forma de caracol, y estaba dotada de una o más cercas, para mayor protección. No debe olvidarse la necesidad de sentirse protegidos que tenían los inkas, al igual que los restantes pueblos del continente, en una época de inseguridad.

Los templos, rodeados a veces por muros de tapia y arboledas, tenían gran altura y solían estar en las afueras de los núcleos urbanos. Los fieles, para entrar en ellos, dejaban el calzado en la puerta. Sacrificaban llamas o alpacas y derramaban chicha por el suelo. Entre los *huacas* o principales ídolos que adornaban el Templo del Sol, en el Cusco, figuraban los de la diosa Luna (Mamacullia), las Estrellas, el Trueno y el Relámpago (Illapa), y, entre otros, el dios de la Lluvia era especialmente invocado y festejado en octubre, mediante procesiones y rogativas, para que fertilizara los campos. En algunos poblados solía haber conventos de jóve-

nes vírgenes dedicadas al Sol y custodiadas por guardianes castrados.

Aunque en las ciudades las casas solían ser de piedra, las viviendas de los poblados rurales, en particular de los villorrios costeros, eran de cañizos y tapia, con cubiertas de ramaje. Existían indudables contrastes en la sociedad inka y éstos no podían dejar de reflejarse también en la vivienda y en el menaje hogareño.

## El colapso de los grandes imperios

Al finalizar el siglo XV ninguna de las tres grandes civilizaciones indígenas de América —la maya, la azteca y la inka— se hallaba en la plenitud de sus fuerzas o en condiciones de enfrentarse a un enemigo potencial llegado del exterior. Parece que sus grandes ciclos históricos, consumidos por luchas internas en la etapa militarista aquí analizada, habían dejado pasar su mejor momento e iniciado la fase de agotamiento, aunque no quepa hablar de un estricto sincronismo en su desarrollo.

El declive mencionado es el motivo de que fueran presa fácil para los puñados de españoles que colapsaron las estructuras básicas de los imperios americanos. Los extranjeros europeos portadores de sus propias costumbres, leyes y creencias, difícilmente pudieron comprender y asimilar los hallazgos indudables de estas grandes culturas, y la necesidad de conservarlos íntegros. Prefirieron trasvasar sus propias técnicas e instituciones a los ámbitos americanos, que, como hemos visto, ya se habían influido entre sí intercambiando muchos de sus avances o apropiándoselos por la fuerza al ampliar su influencia.

El colapso de los imperios indígenas, en tales condiciones y frente a una técnica superior, resultaba inevitable, una vez pasado el estupor inicial de los primeros contactos, cuando asimilaban a los recién llegados con los dioses blancos y barbados, procedentes del Más Allá, invocados por viejas tradiciones.

# La Conquista
# y el régimen colonial

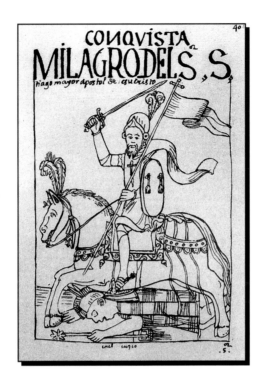

La Conquista
española del territorio

La sociedad durante
la Colonia

La cultura colonial

*Las continuas exploraciones de los nuevos territorios permitieron en poco tiempo la elaboración de mapas más ajustados a la realidad geográfica, como el reproducido, datado en 1550.*

# La Conquista española del territorio

El proceso de conquista de buena parte del continente americano por los españoles se sitúa cronológicamente entre 1492 y mediados del siglo XVI. Esto significa que en el lapso de seis o siete décadas los europeos controlaron un enorme territorio de aproximadamente 8 millones de kilómetros cuadrados, con distancias máximas norte/sur y este/oeste de 9 000 y 6 000 km, respectivamente, que son las que separan México de Chile o el Caribe de Bolivia.

El carácter formidable de esta empresa, plena de componentes épicos, no debe ocultar los enormes sufrimientos que ocasionó. Los pueblos indígenas americanos vieron derrumbarse sus propios mundos y sus autoridades, religiones y economías, que fueron trastocadas de manera definitiva.

Una tecnología inmensamente superior (armas de fuego y de acero, caballos, etcétera) permitió que unos centenares de españoles dominaran ejércitos de millares de indígenas. Al mismo tiempo, los españoles utilizaron eficazmente tanto el carácter reciente de la conquista inkaica a lo largo de sus fronteras, como los resultados de la guerra civil interna entre los inkas, para favorecer sus propios intereses.

## El encuentro de dos mundos

Los conquistadores españoles buscaban obsesivamente las riquezas de las nuevas tierras. No fueron pocos los obstáculos que encontraron en esa búsqueda. El primero y más importante fue la geografía misma del continente americano. Los españoles, acostumbrados a la escala europea de los accidentes geográficos, se enfrentaron con las dimensiones

Cristóbal Colón abrió las puertas del Nuevo Mundo a una Europa que ansiaba nuevos horizontes.

extraordinarias de los ríos, las montañas y los desiertos de América. No menos importante que sus dimensiones fue el obstáculo constituido por la variedad geográfica de los nuevos territorios: una misma expedición podía partir de un clima tropical y lluvioso para ascender en pocas horas a un páramo helado. Finalmente, conviene no subestimar la hostilidad de los climas tropicales para unos hombres no acostumbrados a sufrirlos.

Las primeras expediciones fueron diezmadas por las enfermedades tropicales, pero los que sobrevivieron se convirtieron en veteranos inmunes a nuevos males. Las enormes distancias americanas fueron cubiertas, siempre que fue posible, por transporte marítimo, mientras que la navegación fluvial sirvió para penetrar en las entrañas del Nuevo Mundo. Finalmente, en su expansión por el continente, los españoles siguieron para sus desplazamientos la línea de mesetas andinas, donde las condiciones climáticas eran más benignas y parecidas a las que estaban acostumbrados a soportar en sus regiones de origen.

Una paradoja domina los primeros años de la Conquista de América. Las grandes formaciones imperiales azteca e inka fueron doblegadas en pocos años, mientras que pueblos de menor desarrollo político, como los araucanos de Chile, fueron capaces de mantener la resistencia ante la penetración europea hasta bien entrado el siglo XIX. La explicación de este fenómeno es relativamente sencilla. Tanto aztecas como inkas opusieron una resistencia mucho más intensa, reuniendo sus fuerzas en grandes ejércitos que fueron finalmente derrotados por los españoles. Pero su estructura administrativa estaba tan desarrollada que, una vez

*Aprovisionamiento de dos navíos con armas y alimentos, para el viaje que emprenderían*

*Francisco Pizarro y Diego de Almagro, hacia la recién descubierta región del Perú.*

Los españoles no sólo creyeron ver a las amazonas de la mitología clásica, sino que conquistaron varios países buscando la «Fuente de la Eterna Juventud» o las «Siete Ciudades de Cibola», que se creía habían sido fundadas por unos monjes católicos que huyeron hacia el Atlántico durante la dominación musulmana de la Península Ibérica. Entre los numerosos mitos de los europeos acerca de América y sus riquezas destacan las exageradas distorsiones de la realidad de las nuevas tierras. Fueron numerosas las expediciones para hallar la «Montaña de la Plata», de la que los españoles recibieron noticia a través de los indígenas que poblaban la región del Río de la Plata, otro nombre de resonancias míticas. Pero es indudable que «El Dorado» fue el más poderoso de entre todos los mitos que alentaron la ambición de los españoles embarcados en la Conquista.

## Artífices de la Conquista

América no fue conquistada por el ejército español, ni siquiera por el castellano. El dominio de los territorios americanos fue realizado por grupos de aventureros y soldados de fortuna. Liderados por un capitán que disfrutaba de prestigio y de la confianza de sus hombres, y con el aporte financiero que ellos mismos eran capaces de reunir, más el de comerciantes y negociantes privados, los aventureros-soldados obtenían la autorización real para actuar en nombre de la Corona y conquistar una porción de territorio, que quedaba bajo la autoridad del capitán en calidad de adelantado o de gobernador. Así se puede decir que la conquista de América fue una empresa de carácter mixto, público-privado, en la que los particulares financiaron y ejecutaron las empresas de conquista y el Estado legalizó sus acciones y propiedades.

Cuando se produjo la llegada de Cristóbal Colón a América, y durante las primeras décadas del siglo XVI, la estructura del Estado español era una de las más avanzadas de Europa. No obstante, su maquinaria era tan elemental que la organización de una empresa como la Conquista, de dimensiones inimaginables para los europeos de entonces, excedió sus capacidades reales de actuación. Al mismo tiempo, la Corona española siempre consideró más importantes sus compromisos internacionales en el continente europeo, tanto políticos como económicos. Este hecho introdujo en América el afán de lucro y la iniciativa privada, porque el Estado no podía ni quería llevar a cabo una empresa semejante y, sobre todo, porque de este

eliminadas las autoridades indígenas, fue fácil de controlar para los conquistadores. Además, las sociedades azteca e inka eran sedentarias y urbanas, aspectos que favorecieron su control por parte de los europeos. Por su parte, los pueblos americanos nómadas o seminómadas, menos numerosos en habitantes y con una organización política menos burocrática, desarrollaron una estrategia similar a la guerra de guerrillas, menor en intensidad pero mucho más persistente en el tiempo.

Los europeos que participaron en la Conquista superaron todos estos elementos hostiles impulsados por diversos incentivos: el afán de riquezas y honores, para la mayoría, y el afán misionero en el caso de los religiosos. Pero la empresa de la conquista de los nuevos territorios tuvo móviles menos concretos que éstos: se trata de los mitos impulsores de la Conquista.

*Este grabado recoge los instantes previos a la derrota de Atawallpa, Inka del Perú, por Pizarro. A partir de entonces, los conquistadores hispanos iniciaron el dominio del imperio andino.*

modo la Conquista resultaba prácticamente gratuita para las arcas reales.

La formación de una tropilla de conquista requería la asociación de uno o más socios capitalistas y de un militar que, además de dirigir militarmente la empresa, realizara un aporte económico importante. A continuación se solicitaba al rey el permiso necesario y se acordaba un compromiso mutuo de derechos y obligaciones entre la Corona española y los conquistadores, acuerdo que quedaba recogido en unos documentos que recibían el nombre de «capitulaciones». Con posterioridad los soldados se enrolaban y entregaban a la empresa todas sus pertenencias, esclavos, dinero, armas u otros bienes que poseyeran. Del botín o bienes adquiridos por el derecho de conquista, la Corona recibía la quinta parte (también llamada el «quinto regio»), y los conquistadores repartían el resto en proporción directa al valor de sus aportaciones iniciales. No eran infrecuentes los casos de conquistadores pobres que sólo aportaban sus personas y tenían que ser armados por otros. Quienes proporcionaban las armas, llamados «armadores», una vez obtenido el botín, cobraban el favor realizado a quienes habían armado en su momento. La composición social de las empresas de conquista revela que éstas eran dirigidas por hidalgos pobres, poco numerosos, que lograron encabezar la mayoría de las expediciones. Junto a ellos se encontraban miembros de los sectores medios, por ejemplo escribanos, cirujanos o clérigos. No obstante, el origen social de la inmensa mayoría de los miembros de las tropillas se encontraba en los sectores populares de la sociedad española, soldados profesionales, marineros y navegantes, artesanos y campesinos.

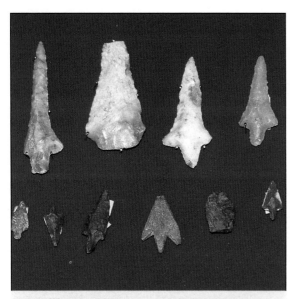

*Los defensores del Tawantinsuyu nada pudieron hacer frente al poderío tecnológico y militar de los invasores hispanos. En la foto, puntas de flecha usadas frente a los conquistadores.*

Las razones de sus triunfos militares son variadas, aunque destaca en primer término la supremacía militar. Sus armas eran superiores a las conocidas por los pueblos americanos, en particular las armas ofensivas, las espadas, lanzas y ballestas. Los indígenas americanos no conocían el caballo, traído a América por los españoles; su empleo en la Conquista desempeñó un papel muy importante. Pero tanto el caballo como las armas de fuego tuvieron una eficacia más bien psicológica. Las armas de fuego eran pesadas y difíciles de conservar en buen estado debido a los frecuentes aguaceros de los climas tropicales americanos.

Por otra parte, muchos de los integrantes de las empresas de conquista eran veteranos de las guerras contra los árabes en la Península y conocían las tácticas de un ejército que no tuvo rival en Europa durante el siglo XVI. Avanzaban con precaución, con los flancos protegidos por la caballería, cerraban filas con orden y se retiraban de la misma manera cuando era necesario.

A estas fuerzas conquistadoras, los pueblos indígenas opusieron armas con puntas cortantes, hondas, flechas y jabalinas con extremos endurecidos a fuego y, sobre todo, tácticas militares muy elementales, que consistían en desbordar al enemigo con el choque de una gran masa de guerreros avanzando en tropel.

Además de las tácticas militares, los españoles contaron con otro tipo de ventajas. En primer lugar, tenían a su favor la sorpresa y la iniciativa; y, en segundo lugar, una religión militante y expansiva que justificaba su presencia y acción en los nuevos territorios y que los convertía en auténticos «cruzados». Frente a ellos, los inkas llegaron a considerar divinos a los propios conquistadores, y olvidaron organizar su defensa ante los invasores.

Los españoles, salvo excepciones, tenían una clara unidad de mando en sus expediciones, que contrastaba con las divisiones internas de las sociedades indígenas, diferencias que fueron hábilmente explotadas por los europeos para conseguir sus objetivos.

Finalmente, los conquistadores practicaron una lucha total y sin cuartel, absolutamente despiadada; si hubieran actuado de otra forma, su escaso número los hubiera perdido. Conviene recordar que, en las mayores empresas de conquista emprendidas por los españoles, los efectivos peninsulares apenas superaban el centenar de hombres.

En esta capacidad de lucha también intervino un factor subjetivo, relacionado más con su pasado que con su presencia en los nuevos territorios: el conquistador derrotado no sólo era un hombre que no había logrado un objetivo militar, sino también un hombre completamente arruinado para el resto de su vida. Sin ser determinante, este aspecto permite comprender algunas de las modalidades que adoptó el proceso de conquista del continente americano conducido por parte de los españoles.

## La fundación de ciudades

La historia de las ciudades coloniales hispanoamericanas tiene dos prehistorias: una indígena y otra española peninsular. Durante la Conquista los europeos encontraron muchos núcleos urbanos densamente poblados tanto en los Andes centrales como en Mesoamérica. Aunque los españoles adaptaron algunas ciudades a sus propias necesidades, la distribución espacial y la estructura de los poblados indígenas dejaron una impronta decisiva en el esquema de poblamiento europeo. El estudio de las ciudades americanas del siglo XVI revela numerosos elementos de continuidad con los núcleos urbanos anteriores a la Conquista. En los siglos posteriores las orientaciones políticas, sociales y económicas de la dominación española introdujeron nuevos factores de cambio que interrumpieron de modo irreversible la continuidad de los elementos urbanos prehispánicos.

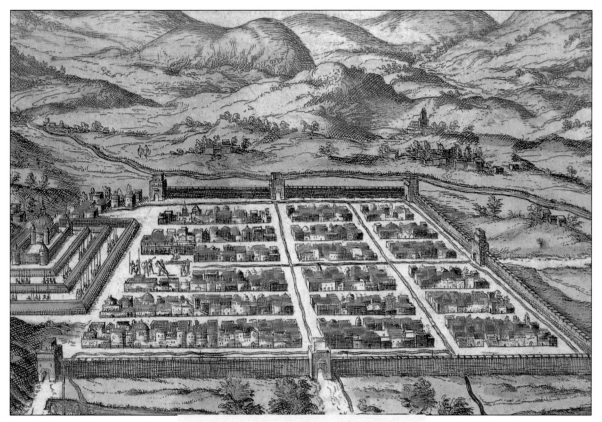

*Cusco fue la más grandiosa y rica de las ciudades precolombinas, capital del Perú inkaico y del Perú de la primera Conquista, y situada en el cruce de las vías imperiales del Tawantinsuyu.*

La colonización ultramarina española fue, para algunos autores, parte importante de un gran proyecto imperial, hecho posible por la previa consolidación de España como Estado nacional. El plano cuadricular empleado en el diseño de las ciudades americanas, que resultaba impracticable para el crecimiento irregular de las ciudades españolas bajomedievales, fue concebido para racionalizar la apropiación del vasto territorio ultramarino. La disposición geométrica simbolizaba la voluntad imperial de dominación y la necesidad burocrática de imponer el orden y la simetría.

Sin embargo, los conquistadores y los colonos que les siguieron eran completamente ignorantes en materia de urbanismo, tal como lo revelan sus pragmáticas soluciones urbanísticas y constructivas. Los conquistadores construyeron poblados mineros improvisados y desordenados, comprimidas fortificaciones portuarias, sofocantes aldeas rurales y centros administrativos espaciosos y ordenados. Cuando la situación geográfica y las circunstancias lo permitieron, los españoles apelaron a la cuadrícula, una solución simple y muy del agrado de los responsables de efectuar concesiones de tierras inequívocamente delimitadas a colonos ambiciosos y vecinos pendencieros, siempre dispuestos a cuestionar los límites de la propiedad.

Cuando se definen la sociedad y la economía colonial hispanoamericanas como arcaicas y reacias a los cambios, se suele olvidar que en menos de dos generaciones unos pocos miles de españoles establecieron el modelo urbano de un inmenso territorio y que, en buena medida, éste ha perdurado hasta nuestros días.

Los fundadores de ciudades tuvieron en la obra *Milicia y descripción de las Indias*, publicada en 1599 por Bernardo de Vargas Machuca, un auténtico manual para la creación de nuevas poblaciones. En este trabajo se aconsejaba a los colonos que convencieran a los indígenas de sus intenciones pacíficas, que regateasen con ellos los términos de la paz y que explotasen sus diferencias internas en beneficio propio. La ciudad debía situarse en el centro de la zona para facilitar las incursiones militares y el abastecimiento.

# Las Leyes de Indias

esde el primer momento del descubrimiento de América, los Reyes Católicos mostraron una clara preocupación por elaborar leyes
destinadas a los nuevos territorios. Fernando
de Aragón e Isabel de Castilla no consideraron
a las Indias como colonias, sino que los naturales eran tenidos por súbditos al igual que los
castellanos nativos. Por esta razón, emitieron
disposiciones equivalentes a las de España,
casi idénticas, aunque las nuevas realidades hicieron que esta legislación adoptara un carácter
especial, ajustado a las particularidades americanas. Disposiciones como las de 1493, 1503 y
1505 hablaban de la libertad de los indígenas y
sus derechos. Con posterioridad, la redacción
de las leyes pasó a ser responsabilidad del
Consejo de Indias. La controversia iniciada en
1511 resultó decisiva para la constitución y reforma de las leyes de Indias. Ese año fray Antonio de Montesinos predicó en Santo Domingo
contra los abusos cometidos en esa isla por los
conquistadores españoles. Junto con Bartolomé de Las Casas, eminente e infatigable defensor de los indígenas, logró paulatinamente la
reforma de las instituciones de América. Incita-
do por el clamor de los religiosos, en 1542 el
emperador Carlos V reunió una junta que proclamó las llamadas Leyes Nuevas, u Ordenanzas de Barcelona, que tuvieron como resultado
la interrupción de los abusos de los encomenderos en el Nuevo Mundo. Estas Ordenanzas
provocaron la insurrección de
Gonzalo Pizarro. Junto a las leyes que reprimían a los encomenderos, se promulgaron
otras en 1517, 1524, 1535 y
1540, que trataban de proteger
a los indígenas y especificaban
con claridad los jornales que se
les debían pagar por su trabajo. En 1548 se dictó una Real
cédula prohibiendo el trabajo
de los indígenas en las minas,
pero éstos reclamaron en 1551
su libertad de trabajo y en 1563
se reglamentó la mita. El organismo que regulaba la política

Leyes y ordenanças nueuamente hechas
por su Magestad/para la gouernación de las Indias y buen trata
miento y conseruación de los Indios que se han de guardar en el
consejo y audiencias reales/d en ellas residen/por todos los otros
gouernadores/iuezes y personas particulares dellas.
Con priuilegio imperial.

indiana era el Consejo de Indias. Todas estas
leyes y las que con posterioridad se elaboraron
fueron reunidas en la bien conocida *Recopilación de Leyes de los Reinos de las Indias,* publicada en Madrid en 1681. Este trabajo constituye un compendio dividido en nueve libros, de
los cuales el sexto está dedicado a la legislación de los indígenas. Según estas leyes, los indígenas debían ser concentrados en grandes
reducciones y aislados del contacto con los españoles. En las reducciones los indígenas se
asimilarían a la cultura europea a través de la
doctrina y las enseñanzas evangélicas. La legislación estipulaba también que los alcaldes
de estas reducciones debían ser indígenas y no
españoles. Existía la figura del «protector de indios», a quien estaba encomendada la defensa
de los nativos americanos. Las autoridades indígenas eran las encargadas del repartimiento
de indígenas para la mita. A partir de la llegada
al trono español de Felipe II, se emiten leyes
que impiden la entrada de extranjeros en América. El objetivo de estas leyes era que los indígenas no se contaminasen con ideas religiosas
heréticas. Naturalmente, la legislación española
impedía la circulación de libros, en especial los
de naturaleza imaginativa y las novelas. También se prohibieron las relaciones comerciales
de las Indias con países extranjeros e incluso el
comercio entre virreinatos, pero esta última
prohibición fue eliminada a finales del siglo XVIII.

En materia económica, las leyes
estipulaban que la quinta parte de
todo lo extraído en las minas correspondía a la Corona y que todos
los naturales debían pagar tributos,
que eran recaudados por funcionarios especializados, los «oficiales
reales». También existía un monopolio sobre artículos como el papel
sellado, el tabaco y los naipes. En
la práctica las leyes no eran cumplidas, lo cual dio origen a numerosos
y variados abusos, que contribuyeron a extender la mala fama de la
dominación española en los territorios americanos.

*Las nuevas ciudades coloniales se construyeron en torno a una plaza, eje sobre el que giraban los acontecimientos económicos, sociales y religiosos. En la imagen, una vista de Chuquisaca, con la catedral.*

Asimismo, debía estar en un lugar llano y despejado, cerca de las zonas de aprovisionamiento de agua y leña, y alejada de las hondonadas peligrosas. Para proceder a la fundación de una ciudad, el jefe español y el cacique indio debían erigir un tronco de árbol, y el caudillo debía hundir su cuchillo en la madera y proclamar su derecho a gobernar y dar castigo. Entonces el caudillo blandía su espada, desafiando a duelo a cualquier posible oponente, abatía algunos arbustos para tomar posesión y ponía a la comunidad bajo la jurisdicción de la Corona española. A continuación se levantaba una cruz en el lugar donde más tarde se construiría la iglesia, se celebraba una misa para impresionar a los indígenas y se anunciaban los nombramientos del cabildo. Después el caudillo debía tomar juramento a los jueces para que mantuvieran el orden en nombre del rey, y los soldados que fuesen a residir allí debían dar su palabra de proteger a los habitantes de la ciudad.

A continuación se construían cabañas y tiendas provisionales en la plaza, que debía ser rectangular, aunque adaptada al terreno. Desde la plaza debían trazarse ocho calles de ocho metros de amplitud, de manera que se formasen manzanas de 60 por 75 m, divididas a su vez en cuatro parcelas. La iglesia, el cabildo y la prisión se situaban alrededor de la plaza, asignándoseles al caudillo y a los principales funcionarios las parcelas restantes. Una vez delimitados los solares para la construcción de los conventos y hospitales, el matadero y la carnicería, el caudillo debería parcelar las tierras para los vecinos.

Los caciques indígenas suministraban los trabajadores necesarios para la construcción de los edificios públicos, la nivelación de los espacios abiertos y el cultivo de plantas, bajo la vigilancia de los españoles armados, quienes necesitaban una empalizada para refugiarse en casos de emergencia. Las residencias de los europeos estaban comunicadas mediante puertas traseras o corredores, protegidos por muros bajos para una eventual llamada a las armas. La ciudad desplegaba soldados para el reconocimiento de los alrededores y para colocar los poblados indígenas bajo la tutela de los cristianos.

El cronista López de Gómara escribió: «Quien no coloniza, no conquista totalmente, y si la tierra no es conquistada sus habitantes no serán convertidos».

## Los textiles y la identidad de los pueblos andinos

Entre los pueblos andinos, la identidad de los diferentes grupos era conservada mediante signos externos, como la indumentaria. Esta costumbre se ha mantenido hasta el presente sin variaciones significativas. A partir de la Conquista española, los hombres, cuando eran caciques, vestían ropa europea pero encima de ella usaban el *unku*, la túnica indígena consistente en una sola pieza abierta para dejar paso a la cabeza y cosida a ambos lados. El nombre aymara de esta prenda es *qhawa*. En ocasiones solemnes los caciques indígenas llevaban el sol sobre el pecho. Las mujeres, por su parte, conservaron su indumentaria tradicional, el *aqsu*, consistente en una pieza rectangular decorada en su parte inferior, que envuelve el cuerpo y se sujeta en los hombros mediante alfileres de plata que reciben el nombre de «topos». Las prendas eran tejidas por la mujer de la casa. Las que correspondían a las mujeres tenían grandes zonas decoradas que recibían el nombre quechua de *pallai*. En su confección se empleaba lana de alpaca y vicuña, coloreada con tintes naturales como la cochinilla, el nogal para el negro, etcétera. Cada grupo étnico se distinguía por una coloración diferente: algunos conservaban motivos muy antiguos que representaban a sus dioses, otros reproducían elementos naturales mitificados como la serpiente, el Inti o Sol, y la *chask'a* (como el caso de los *kallawayas*). También se realizaban diseños que representaban las fuerzas germinadoras de la naturaleza, la lluvia y la tierra. En otros casos, como los de Tarabuco, se incorporan elementos españoles, como los caballos y las decoraciones florales de corte barroco.

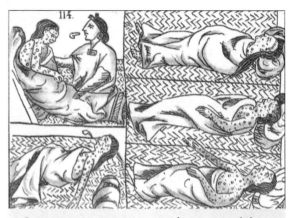

*La penetración europea en América trajo una gran destrucción de vidas humanas, provocada por la exposición de los sistemas inmunológicos de los indígenas a nuevas enfermedades.*

La fórmula que perduró, de hecho, no fue un proyecto unitario y rígido, sino toda una serie de opciones. Muchas fundaciones no pasaron de ser meras tentativas efímeras, debido a una elección desafortunada del emplazamiento, a desastres tales como terremotos, erupciones volcánicas o enfermedades, a ataques indígenas o a recursos naturales y posibilidades económicas insuficientes. Algunas ciudades fueron fundadas hasta seis o más veces; otras se convirtieron en el escenario de luchas entre caudillos rivales, que se arrebataban el control unos a otros, redistribuyendo las tierras a sus respectivos favoritos. Finalmente, algunas ciudades tenían jurisdicción sobre territorios mucho más vastos de lo que eran capaces de poblar.

El objetivo central de la política española de asentamiento fue la creación de dos «repúblicas», una de españoles y otra de indígenas. Aunque la noción de las dos repúblicas sugiere equidad y, para los indígenas, significaba oficialmente un armazón protector contra la explotación, la «república de los indios» se convirtió en un eufemismo para encubrir un régimen de cristianización y trabajos forzados. Una cédula de 1551 disponía que «los indios sean reducidos a pueblos y no vivan divididos y separados por montañas y colinas, desprovistos de todo beneficio espiritual y temporal».

En el caso andino la aplicación de estos criterios produjo una drástica desestructuración del sistema productivo. El sistema precolombino de intercambio de productos entre regiones de distinto clima no dependía tanto de las relaciones mercantiles como del control vertical de pisos ecológicos, me-

La colonización se convirtió así en una tarea de urbanización, de construcción de ciudades; una estrategia de poblamiento encaminada a la apropiación de los recursos y a la implantación de una jurisdicción, de acuerdo con el modelo de Vargas Machuca.

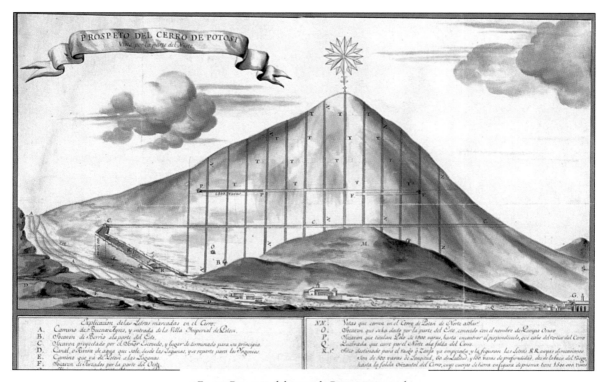

*En este* Prospeto del cerro de Potosí visto por la parte del Norte, *de 1779, se muestra el cerro con sus vetas y socavones, parte de la villa de Potosí y los caminos a las Lagunas y a Buenos Aires.*

diante reuniones de grupos de parentesco que integraban lo que se ha denominado «archipiélagos verticales». En clara contradicción con estas delicadas redes de producción, los españoles impusieron sus criterios sobre la tierra como bien de consumo, sobre la exacción tributaria y sobre la urbanización en núcleos compactos, todo ello intensificado por los complementos de la vida urbana europea. La aplicación de estos criterios fue impulsada por el virrey Francisco de Toledo, quien ordenó que 16 000 indígenas de la gobernación inka del Contisuyu fueran desplazados desde 445 poblados y concentrados en 45 «reducciones», o que 21 000 indígenas del Cusco (Cuzco), repartidos entre 309 poblados, fuesen llevados a cuarenta reducciones.

En la práctica, el principio de las dos repúblicas se tradujo en la aparición de una serie de núcleos urbanos denominados «pueblos de españoles» y «pueblos de indios», que distaban mucho de ser comparables. La disposición de las casas en los primeros reflejaba una jerarquía social, y la plaza mayor, con sus estructuras distintivas, eclesiásticas, administrativas, fiscales y comerciales, identificaba la localización y funciones de la autoridad. En los pueblos de indios, las distinciones sociales habían sido borradas o simplificadas notoriamente y el emplazamiento residencial no era indicativo de rango social o político. La plaza era un espacio vacío vagamente definido, dominado por una iglesia, el único elemento de distinción de la «república de los indios».

## Las minas de plata de Potosí

Los europeos del siglo XVI recorrieron América buscando yacimientos de oro y plata. Ello explica parcialmente la asombrosa rapidez con que exploraron y poblaron los territorios del continente, en los que encontraron riquezas minerales. A finales de la década de 1530 ya se habían localizado los primeros grandes yacimientos auríferos de Nueva Granada, en las cuencas de los ríos Cauca y Magdalena. En 1538 Gonzalo Pizarro comenzó la explotación de los antiguos yacimientos de plata de los inkas, en Porco. Pero fue en 1545, en Potosí, donde se descubrieron los yacimientos de plata más importantes de América. Desde entonces, el nombre de Potosí está asociado a uno de los capítulos esenciales de la transformación económica y social del mundo andino americano impuesta por los colonizadores españoles, un proceso histórico de dimensiones épicas cuyo eje fue el desarrollo de la minería en América.

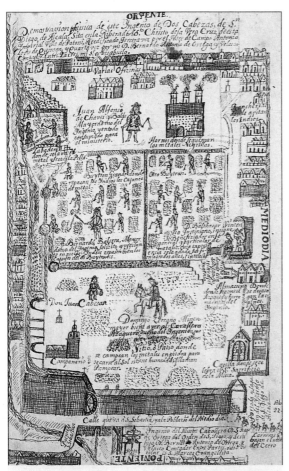

Manuscrito en el que aparece explicado con todo detalle el funcionamiento de un «ingenio de dos cabezas», situado «en la ribera de Santo Cristo de la Vera Cruz de esta imperial villa de Potosí».

## Las técnicas extractivas

La minería colonial de la plata explotaba los filones mediante el sistema de excavación abierta, a partir del cual se profundizaba la prospección en busca de concentraciones más ricas de mineral. Este método, que daba lugar al trazado de túneles tortuosos y estrechos, recibió el nombre de «sistema de rato» y perduró en pequeñas minas a lo largo de toda la etapa colonial y también después. Este sistema de trabajo, al que se le atribuyeron muchos de los problemas de la minería colonial, surgió de forma espontánea y se adaptó favorablemente a las condiciones orográficas y sociales de la región.

El desarrollo del «sistema de rato» tuvo entre sus principales valedores a los pioneros, miles de mineros inexpertos que vagaban por los distritos mineros en auge. Los pocos mineros profesionales que existían en América resultaban insuficientes para transmitir los conocimientos sobre el trabajo subterráneo. Por su parte, las autoridades coloniales no tomaron ninguna iniciativa para racionalizar la explotación de la plata. Más bien, actuaron en sentido contrario.

La posición de la Corona y sus representantes en América fue la de intentar obtener el máximo provecho de sus derechos reales sobre los metales preciosos. Por lo tanto, se dejó plena libertad para la prospección y la extracción, en la convicción de que esta libertad estimularía la producción y, por consiguiente, los ingresos reales. Como resultado de esta política proliferaron las pequeñas minas, muchas de las cuales apenas valía la pena explotar.

La primera mejora orientada hacia una racionalización de las explotaciones fue la excavación de socavones: túneles levemente inclinados que, desde la superficie de la mina, formaban intersección con las galerías inferiores, permitiendo la ventilación y el drenaje al tiempo que facilitaban la extracción de los minerales y los escombros. Este tipo de innovación técnica resultó especialmente favorable para las explotaciones mineras concentradas, dado que hacía posible cortar varias minas al mismo tiempo. Éste fue el caso del cerro de Potosí, en el que se inició la excavación del primer socavón en 1556 y que contaba con nueve en pleno funcionamiento en 1580.

## El proceso de transformación

El mineral de plata era desmenuzado en la mina a fin de separarlo de los materiales inútiles, de modo que el concentrado quedaba listo para ser sometido al proceso de transformación, que se realizaba en refinerías, denominadas «ingenios» en la región andina. Las refinerías donde se realizaba la amalgama tenían una planta compleja, consistente en una amplia plaza cercada por un muro, donde había almacenes, establos, una capilla, residencias para los propietarios, barracones para los trabajadores, maquinaria para triturar el mineral, tanques o patios pavimentados para amalgamarlo y cisternas para lavarlo. Las refinerías se encontraban situadas en las poblaciones mineras, emplazamientos que les permitía beneficiarse de la concentración de servicios y suministros, como la mano de obra, la presencia de artesanos (en particular, carpinteros y forjadores) y un buen abastecimiento de alimentos. No es de extrañar, por tanto, que en Potosí se concentraran más de setenta refinerías hacia 1600, en el período de apogeo.

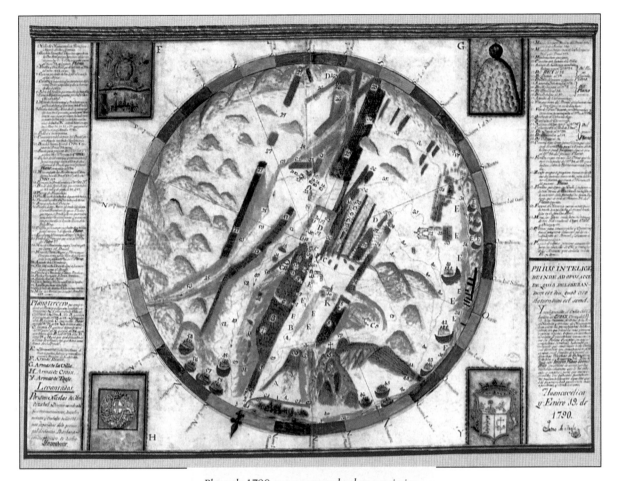

*Plano de 1790 que corresponde al reconocimiento que el virrey mandó hacer de las minas de azogue de Huancavelica (Perú), tan importantes para la explotación argentífera de Potosí.*

En la refinería el material era triturado hasta que se lo reducía a un tamaño equivalente al de los granos de arena, a fin de.garantizar el máximo contacto entre la plata y el mercurio en la amalgama y obtener la máxima producción de plata. Las machacadoras utilizadas en este proceso eran impulsadas por agua o por equinos. Al comenzar la década de 1570, en Potosí existían machacadoras impulsadas mediante fuerza humana, que desaparecieron en poco tiempo debido a su ineficacia.

La elección de la fuente de energía dependía de las circunstancias locales. Hacia 1600, en Potosí habían desaparecido también las trituradoras impulsadas por caballos o mulas debido a la falta de pastos. Ello obligó a construir embalses y acueductos que suministrasen agua durante todo el año para accionar las machacadoras. Los registros históricos de finales del siglo XVI indican que en el caso de Potosí las machacadoras impulsadas por agua proporcionaban un mayor rendimiento, por unidad de capital y trabajo invertidos, que las accionadas por fuerza animal. En efecto, a igual inversión de capital en la instalación, las machacadoras impulsadas por agua trituraban el doble de mineral por día, y la productividad del trabajo podía ser hasta cinco veces superior que empleando tracción animal.

Una vez machacado, el mineral debía ser refinado. Una técnica de refinado persistente y útil era la fundición. Deudores de la tecnología de los pueblos precolombinos, los españoles adoptaron la tradición local en los Andes centrales. En Charcas y Perú se había desarrollado un sistema autóctono de fundición. En primer término, el mineral de plata era triturado bajo un *maray*, canto rodado de base curva que se balanceaba a un lado y a otro; después se fundía en un pequeño horno de forma cónica o piramidal, que con frecuencia no superaba el metro de altura. En los costados se horadaban varios

A *Llamas ou moutons du Perou*.    E *Plan de la desazogadera*.
B *Trapiche ou moulin a minerai*.    F *Profil de la desazogadera*.
C *Buiteron ou cour ou lon petri*    G *La pigne*.
   *le minerai*.    H *Fourneau atirer le vif argent*.
D *Bassins a lauer*.

*En algunas explotaciones mineras fueron utilizadas llamas para el acarreo de los minerales, tal como muestra este grabado de 1717, donde puede apreciarse el exterior de la mina.*

agujeros de aireación, a través de los cuales podía pasar el viento cuando el horno se encontraba en un lugar expuesto. El estiércol de llama o el carbón de leña eran los combustibles más frecuentes, y se obtenían temperaturas suficientes para fundir los minerales. Este sistema recibía el nombre de *wayra* («aire» en quechua). En hornos de este tipo se produjo toda la plata de las minas de Potosí hasta la introducción del sistema de amalgama en la década de 1570.

## Las materias primas

El tratamiento del mineral de plata exigía una cierta variedad de materias primas, algunas de las cuales no eran abundantes.

El mercurio, imprescindible para el tratamiento del mineral de plata, era la más importante de las sustancias empleadas en la minería aurífera. La mayor parte del mercurio empleado en América procedía de tres regiones del mundo, muy alejadas una de otra. El más cercano a las minas de Potosí era el yacimiento de Huancavelica, en las tierras altas del centro de Perú. Los otros dos yacimientos estaban localizados en Almadén, en el sur de España, y en Idrija, en la actual Eslovenia, entonces parte del imperio austrohúngaro. Por razones de interés propio, la Corona española ejerció un control efectivo sobre la producción y distribución de mercurio, determinando también el precio de venta. En general, el abastecimiento de mercurio cubrió la demanda de las minas de plata americanas durante la mayor parte del período colonial.

La sal, imprescindible para la amalgama, se obtenía con facilidad en las salinas de los Andes centrales. Las piritas se encontraban en cantidades suficientes en las mismas regiones argentíferas, al igual que el plomo, utilizado como fundente en las fundiciones. El hierro, empleado para la maquinaria y también como reactivo en la amalgama, procedía de España en su totalidad, pero no era escaso.

El agua, fundamental para el lavado de los minerales refinados, era muy apreciada como fuente de energía. En todas las regiones auríferas el agua disponible era empleada para el lavado, mediante la construcción de pequeños embalses, tinas accionadas por animales y otras ingeniosas soluciones. No obstante, el agua sólo podía ser utilizada como fuente de energía en ciertas zonas, como en la región andina. En efecto, hacia 1600 casi toda la energía empleada en Potosí era de origen hidráulico, pero ello fue posible gracias a una notable obra de ingeniería que permitió la construcción de treinta presas interconectadas por canales, lo que permitía la acumulación del agua de lluvia caída durante los meses estivales.

Por otra parte, la madera constituía el principal material de construcción y combustible. El más importante efecto de la apertura de una nueva mina era la rápida desaparición de los árboles de las regiones adyacentes. Una vez que se habían agotado las reservas forestales cercanas, la leña debía transportarse desde grandes distancias, lo que encarecía el precio de la madera. Así, a finales del siglo XVI los ejes de las prensas utilizados en Potosí eran traídos desde los valles bajos andinos, situados a más de doscientos kilómetros de distancia. Una vez en Potosí, cada uno de estos ejes alcanzaba precios exorbitantes, en más de un caso supe-

*A fin de conseguir mano de obra para la extracción, se generalizó el sistema de la mita, por el que se forzaba a los indígenas a acudir a las minas a cambio de una mínima retribución.*

rando el precio de una casa media. La madera o el carbón de leña para los hornos eran acarreados desde muchos kilómetros por los carboneros, que aprovechaban los matorrales allí donde los árboles habían desaparecido.

## La *mita*

La minería dependía de la fuerza de trabajo indígena. La ocupación más cercana al trabajo físico realizada por los europeos consistía en la prospección. Por lo general, éstos eran supervisores y propietarios. También podían encontrarse mestizos realizando el trabajo físico en las minas hacia el siglo XVIII, pero cuanto más españoles parecían, menos frecuente era que se dedicaran a estos trabajos.

Hacia finales del siglo XVI el reclutamiento de mano de obra indígena para la minería estaba ampliamente organizado. En la región andina los españoles apelaron al sistema de la *mita* («turno» en quechua), y los indígenas enviados a Potosí desde diversas zonas de Charcas y del Perú se referían a su estancia en las minas como *mita*, una estadía de seis a doce meses tras los cuales eran sustituidos por otros y regresaban a sus hogares. El empleo del término quechua revela con claridad que se asociaba el trabajo para los españoles a la mita impuesta en tiempos anteriores por los inkas, en sus reclutamientos forzosos para la realización de obras públicas, incluida la minería.

El más infame y organizado de los reclutamientos forzosos mineros fue la mita de Potosí. Es corriente que la historiografía responsabilice personalmente de la mita de Potosí y de su legendaria crueldad a quien implantó el sistema, Francisco de Toledo, virrey del Perú. No obstante, Toledo actuaba siguiendo las instrucciones generales de la Corona para forzar a los indígenas a la minería, instrucciones que le crearon tales cargos de conciencia que vaciló durante más de dos años antes de ponerlas en práctica. Finalmente, en 1572,

*Los trabajadores obligados a bajar a las profundidades sufrían grandes variaciones de temperatura entre el interior y el exterior de la mina, lo cual era una causa más del alto nivel de mortandad.*

mientras se desplazaba del Cusco a Potosí en una inspección general del virreinato, comenzó a organizar la mita, dando instrucciones a los *kurakas* de los pueblos de las zonas altas andinas para que enviasen hombres bien capacitados a las minas de plata de Potosí. La zona que se designó como fuente de trabajadores para la mina comprendía unos 1 300 km entre el Cusco, en el norte, y Tarija, en el sur; y un máximo de 400 km a lo ancho de los Andes. De esta inmensa región fueron excluidas las zonas más bajas y cálidas, porque se temía que los indígenas procedentes de esas regiones fueran propensos a contraer enfermedades si eran enviados a las tierras altas y excesivamente frías de Potosí.

Los varones de entre 18 y 50 años, que equivalían a un 15 por ciento de la población sometida a tributo y que totalizaban unos 13 500 trabajadores, debían trasladarse a Potosí para prestar servicio durante un año. Una vez allí, el conjunto, denominado «mita gruesa», era dividido en tres partes, conocidas como «mitas ordinarias», que trabajaban alternativamente, descansando dos semanas por cada una trabajada. Así, en todo momento, en las minas e ingenios había 4 500 mitayos trabajando de modo ininterrumpido.

La mita exponía a los indígenas a un exceso de trabajo a pesar de las salvaguardas legales previstas por la Corona y los funcionarios coloniales. Pero la carga de trabajo se incrementó, especialmente a medida que la población indígena andina iba en declive, y el turno que un trabajador debía aportar a la mita volvía a repetirse antes de los siete años previstos por el virrey Francisco de Toledo y sus colaboradores.

Hacia 1600, en casos extremos, los mitayos pasaban uno de cada dos años en Potosí. A esta sobrecarga de trabajo le siguieron flagrantes abusos de todo tipo. Esta despiadada explotación contribuyó a la despoblación, acelerando el declive demográfico ya existente, al provocar la huida de las gentes de las provincias en las que se realizaban las levas, y al impulsar a algunos mitayos a permanecer en Potosí al amparo anónimo que les proporcionaban las masas de población india de la ciudad. Este conjunto de factores tuvo como efecto una desarticulación de los ritmos agrícolas y de la vida familiar y social de las comunidades andinas.

## Las condiciones de trabajo

La condiciones de trabajo en las minas y en las refinerías eran siempre incómodas para los trabajadores y, por lo general, bastante peligrosas. El trabajo más desagradable de las actividades subterráneas correspondía a los trabajadores especializados en extraer el mineral de los filones mediante el empleo de picos, cuñas y barras. Esta actividad, que exigía un esfuerzo físico importante, se llevaba a cabo en espacios reducidos, a temperaturas elevadas y en ambientes mal iluminados y peor ventilados. Más duro que este trabajo era el papel de bestias de carga que se asignaba a los hombres sin pericia que acarreaban el material hasta la superficie.

Las cargas eran pesadas y, aunque estuviera prohibido, los propietarios de las minas exigían la extracción de cantidades considerables. Algunos indicios disponibles sugieren que los acarreadores de finales del período colonial llegaban a cargar 140 kg de material a sus espaldas. Estos hombres trabajaban en la oscuridad, a menudo alumbrados sólo por la luz de una vela atada en la frente o en un dedo, y estaban expuestos a riesgos enormes. Muchos morían o quedaban mutilados. Pero el peligro físico no era el único riesgo.

Los cambios de temperatura entre el fondo y la superficie de las altas minas andinas podían provocar enfermedades de todo tipo. En el siglo XVI, en el fondo de algunas minas de Potosí, que tenían más de doscientos metros de profundidad, la temperatura era considerable. Al subir con su carga, los acarreadores salían a casi cinco mil metros de altitud y tenían que soportar temperaturas glaciales. Las enfermedades respiratorias eran las más frecuentes, intensificadas por el polvo aspirado tras las voladuras. De este modo, las caídas y las enfermedades fueron riesgos mucho mayores que los derrumbamientos de las minas.

El refinado del mineral también entrañaba sus riesgos, algunos especialmente graves. Las machacadoras producían mucho polvo, que inevitablemente provocaba silicosis, enfermedad característica de quienes trabajan en las minas. Por otra parte, los trabajadores se veían expuestos al envenenamiento por mercurio en varias etapas de la amalgama del mineral: cuando se mezclaba el mercurio con el mineral o cuando los indígenas pisaban la mezcla descalzos.

## Las repercusiones sociales de la minería

El desarrollo de la minería tuvo consecuencias sociales profundas en el mundo colonial americano, tanto para los individuos como para las comunidades afectadas por ella. La riqueza de la minería reportó a quienes la ostentaron no sólo reconocimiento social, sino también autoridad política. Un

*Los dueños de las concesiones mineras obtuvieron beneficios económicos muy sustanciosos, como sucedió en el caso de Antonio López de Quiroga, benefactor de Potosí y rico minero.*

buen ejemplo lo constituye el mayor minero del siglo XVII en Potosí, el gallego Antonio López de Quiroga, que llegó a dominar en sus últimos años de vida el gobierno local del sur de Charcas y que había colocado a todos sus parientes y yernos como corregidores de varios distritos.

La expansión de la minería en la región andina también produjo importantes e irreversibles transformaciones para las sociedades indígenas. El más radical de estos cambios fue el desplazamiento del medio rural al urbano que imponía la minería, con el abandono de las comunidades agrícolas tradicionales y el traslado a ciudades dominadas por los españoles. A muchos indígenas este cambio les fue impuesto por los reclutamientos forzosos, pero una vez ocurrido, algunos decidían quedarse, de modo que desde finales del siglo XVI se formó un contingente de mineros profesionales en los centros principales, que trabajaban por un salario y que tendieron a asimilar las costumbres españolas. Al adoptar

Macuquinas, monedas de plata acuñadas en Potosí durante la época colonial, cortadas y esquinadas, y sin cordoncillo, que estuvieron en circulación hasta bien entrado el siglo XIX.

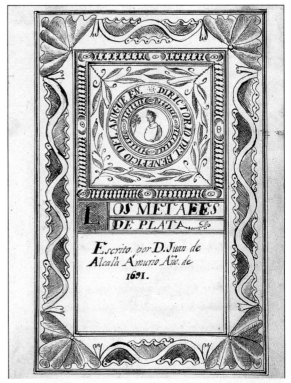

Manuscrito de Juan de Alcalá Amurio, titulado Dirictorio del Beneficio del Asogue en los Metales de Plata (La Paz, 1691), recetario práctico sobre el beneficio de minerales de plata.

esa actitud, fueron perdiendo gradualmente su identidad e integrándose en el estatus cultural de los mestizos. Este proceso de aculturación y proletarización fue corriente en las ciudades coloniales, que eran los núcleos de la presencia española, mientras que las zonas rurales continuaban siendo predominantemente indígenas. Paulatinamente, la minería y el mundo que ella contribuyó a forjar incidieron de modo irreversible en el destino de las comunidades indígenas de los Andes.

Con toda probabilidad, el mayor quebrantamiento de las comunidades indias se produjo a raíz de la mita, sistema que se extendió a todos los Andes, si bien fue en Potosí donde se realizaban los reclutamientos masivos. Los 13 500 mitayos asignados normalmente a la mina llevaban a sus familias consigo cuando abandonaban su comunidad para ir a servir a Potosí durante un año. Por ello es posible estimar que unas 50 000 personas entraban y salían de Potosí año tras año.

Este desplazamiento de población interrumpía el ciclo agrícola de los poblados, ya que las gentes marchaban a Potosí llevando consigo las reservas comunitarias de alimentos para sustentarse en el viaje, que podía durar hasta ocho semanas si acudían desde regiones muy alejadas. Muchos, muchísimos de ellos no regresarían jamás. Nunca se podrá saber con exactitud cuántos murieron como consecuencia del trabajo en la mina o en la refinería. El porcentaje que anualmente permanecía en Potosí es igualmente difícil de valorar, pero se estima que a principios del siglo XVII había en la ciudad unos 40 000 varones indígenas no procedentes de la mita; sin duda, un porcentaje de población considerable. Junto a los que se quedaban en la ciudad había muchísimos más que emigraban a lugares aislados dentro de la región de la mita, o que huían fuera de ella para evitar los reclutamientos forzosos.

Cualquiera de las opciones adoptadas por los indígenas no era sino una alternativa más dentro de un nuevo orden de cosas, en el cual las ancestrales tradiciones de las comunidades andinas no tenían ya posibilidad de sobrevivir.

# La sociedad durante la Colonia

En América no podía instalarse quien quisiera. La Corona española protegió su exclusividad en el Nuevo Mundo y procuró mantenerlo aislado de personas consideradas ideológicamente indeseables, por su posible influencia en los habitantes indígenas y peninsulares. Por este motivo, se limitó el asentamiento de personas procedentes de otros países europeos y se prohibió la llegada de musulmanes, judíos, protestantes y también de gitanos y homosexuales.

Estos criterios de selección ponen de manifiesto que la Corona española pretendió enviar gente escogida según los criterios religiosos y morales dominantes en la época y que no tuvo la intención de convertir los nuevos territorios en una colonia penal, refugio de disidentes o malhechores. No obstante, en muchas ocasiones estos criterios no fueron aplicados y llegaron a América muchas personas que consiguieron escapar a los controles de las autoridades españolas.

Se estima que en el siglo XVI cruzaron el Atlántico unos 250 000 emigrantes y durante el siglo XVII, unos 200 000. No se dispone de datos fiables para el siglo XVIII, pero es razonable suponer que estas cifras fueron superadas. El emigrante tipo de los primeros años fue un varón joven, de menos de treinta años, que realizó el viaje de manera individual, es decir, sin estar integrado en ninguna familia. El porcentaje de mujeres fue inicialmente muy escaso, y la población femenina de origen europeo no llegaba al 30 por ciento de la masculina durante el siglo XVI.

El origen social de la población española que se asentó en América era humilde: labradores, artesanos, criados, marineros o soldados profesionales

*Todos los pasajeros a Indias debían ser registrados en los libros de la Casa de Contratación de Sevilla.*

en su mayoría. Esta población procedía de distintas regiones de la península Ibérica, siendo mayoritario el componente andaluz (40 %), seguido por los castellanos (35 %) y los extremeños (15 %). Esta corriente migratoria prefirió asentarse en las grandes ciudades de la época, Lima y México. Durante el siglo XVIII el origen regional de la corriente migratoria cambió sustancialmente y fue la España de la periferia la que tomó el relevo, representada por gallegos, catalanes, levantinos, vascos y canarios, que aportaron los contingentes más numerosos.

## El mestizaje

El inicio del mestizaje se debió a varios factores: la Conquista dio lugar a violencia sexual, pero también hubo una curiosidad mutua entre las sociedades indígenas y los europeos. Más importancia tuvo la falta de mujeres blancas a lo largo del siglo XVI y buena parte del XVII, junto a la situación de dependencia de muchas indígenas y esclavas con respecto a su dueño o encomendero. De manera gradual, a lo largo del siglo XVII se fue igualando el número de mujeres tenidas por blancas y el de hombres, pero ya era tarde para hacer renunciar al hombre hispanoamericano a sus costumbres de libertad sexual.

El control social de la Iglesia, de la Corona y de las esposas blancas, no pasó de ser una apariencia de orden matrimonial frente al activo concubinato con mujeres de distintas etnias. En el marco de la sociedad colonial el mestizo tuvo desde el principio un cierto carácter de ilegitimidad, que fue aprovechado para intentar rebajar su posición en la sociedad. Cuando los mestizos eran pocos se solían integrar en el ámbito cultural de su madre indígena o de su

El puerto español de Sevilla se convirtió, desde 1503, en el centro de llegada y distribución de los productos americanos, y de allí partieron miles de personas con destino al Nuevo Mundo.

La adopción de una política de separación de indígenas y españoles representó un nuevo obstáculo para las uniones legales entre blancos e indias. En la imagen, indígenas de Chiquitos.

con su ejemplo, «civilizasen» y «cristianizasen» a los segundos. Hacia mediados del siglo XVI la evidencia de los abusos cometidos por los españoles y la tremenda realidad de la disminución de la población indígena persuadieron a la Corona española de intentar separar a los españoles de los indígenas. Esta separación adquirió dimensiones espaciales: para los blancos quedaría el mundo urbano, para los indígenas el mundo rural.

Durante este período, el mundo de los blancos, la «república de los españoles», no dio lugar a la emergencia de una nobleza en el sentido que este grupo social tuvo en Europa. Los primeros conquistadores, convertidos en encomenderos, intentaron transformarse en auténticos señores feudales y obtener la jurisdicción civil y criminal sobre los indígenas, la propiedad de sus tierras y que todas estas concesiones fuesen hereditarias. Estas ambiciones iban contra los intereses del Estado, que veía peligrar, con razón, su capacidad de actuación si se accedía a estas pretensiones, y de la Iglesia, que temía por la realización de su labor misional.

padre blanco, si existía una unión legítima. Al crecer su número, aumentó el prejuicio racial de aquellos sectores menos favorecidos de la sociedad blanca, que veían en ellos a unos serios competidores.

## La segregación étnica

En las primeras décadas de la Conquista las autoridades españolas consideraron que blancos e indígenas debían vivir juntos, para que los primeros,

*La Iglesia aprovechaba cualquier acontecimiento para captar la atención de la población colonial. En la imagen, entrada en Potosí del arzobispo de Charcas en una pintura de 1715.*

Por ello, los conquistadores encomenderos nunca pudieron conseguir sus pretensiones, y las encomiendas se convirtieron en una especie de renta —pagada por los indígenas en forma de tributo— con la que la Corona premiaba los servicios distinguidos de los antiguos aventureros-soldados. A lo largo del siglo XVI los únicos que obtuvieron títulos de nobleza fueron Hernán Cortés y Francisco Pizarro, y hasta el siglo XVII no comenzaron a venderse títulos, marquesados y condados, a los residentes en América. Por entonces, el control administrativo de los funcionarios estatales era firme y no se temía la acción limitadora del poder real que habría derivado de la creación de una nobleza fuerte en los primeros años de la colonización.

Además, estos nobles americanos no disfrutaron de los privilegios concretos de sus homólogos europeos. Ser noble en España significaba tener derecho a exenciones tributarias y a ser juzgados por tribunales especiales, así como tener acceso a determinados cargos en el ejército, el gobierno y la administración del Estado. Esto no ocurrió en América, donde ser noble significaba la última distinción con la que un personaje enriquecido culminaba una brillante carrera de ascenso social. En América nunca se perdió de vista que todos los colonos procedían de humildes emigrantes, y los conceptos españoles acerca de la deshonra social del trabajo nunca tuvieron la misma fuerza que en la Península.

La cima de la «república de los españoles» estaba ocupada por personas que, dotadas de privilegios especiales y con conciencia de pertenecer a las elites sociales, basaban su fuerza en el monopolio del poder económico, político o religioso. El primer grupo estaba integrado por los hacendados, comerciantes y mineros. Entre los segundos, se encontraban los funcionarios españoles de mayor rango: virreyes, gobernadores y oidores de las audien-

*Salvo la alta y baja no-bleza indígena, incorpo-radas a la «república de españoles», y los indíge-nas hispanizados, la ma-yoría indígena quedó marginada. En la ima-gen, indígenas yuracarés.*

*Los españoles intenta-ron destruir los paráme-tros mentales, las formas de vida, las pautas cul-turales y los comporta-mientos indígenas. En la imagen, una celebración aymara en Yanacachi.*

cias. El tercer grupo lo componía el clero alto y medio: arzobispos, obispos, canónigos, priores de órdenes religiosas y párrocos de ciudades impor-tantes. Estos individuos veían reafirmada su desco-llante posición con el disfrute de legislaciones es-peciales: fueros militares, eclesiásticos, de la Inquisición, así como la existencia de gremios de mineros y comerciantes con capacidad judicial in-dependiente.

Los sectores medios nunca fueron numerosos ni influyentes en la sociedad colonial. Estaban forma-dos por profesionales liberales —abogados, escriba-nos, médicos—, empleados de confianza de los grandes comerciantes, mayorales de las haciendas o pequeños y medianos agricultores. Su rasgo dis-tintivo era la dependencia económica, y a veces in-cluso familiar, de los miembros de las poderosas oligarquías locales. Los grandes hacendados o co-merciantes solían colocar a sus clientes o parientes pobres en niveles intermedios para así tener un ma-yor control sobre el conjunto de la sociedad local.

En América no surgió una burguesía industrial con base económica propia, capaz de marcarse un destino autónomo. Por el contrario, los grupos me-dios se encontraron ligados por relaciones de de-pendencia vertical con los estratos dominantes, sin llegar a adquirir conciencia de formar parte de un grupo con intereses comunes. Es indudable que en ello influyó la existencia de grandes masas de indí-genas y mestizos, hecho que les llevó a identificar-se con los sectores dominantes españoles, de los cuales se sentían, o querían sentirse, parte.

El mundo urbano de la sociedad colonial conta-ba con un sustrato popular integrado por blancos pobres y, en mayor medida, por mestizos e indíge-nas aculturados. Este sector de la población se de-dicaba a la realización de labores manuales, servi-cios y oficios; eran los criados, arrieros, albañiles, herreros y carpinteros. Su integración en el mundo blanco les hacía participar en el mercado de traba-jo y percibir salario.

## El mundo indígena

El ámbito rural fue predominantemente indígena y dedicado a las labores agrícolas. Los españoles con-servaron en lo posible la jerarquización tradicional del mundo indígena prehispánico. Una vez elimi-nadas las cúpulas dirigentes nativas, el resto de la nobleza fue mantenida en sus privilegios y utiliza-da como instrumento para facilitar el dominio so-bre el resto de la población. Salvo excepciones, es-tos grupos privilegiados cumplieron perfectamente con el papel que se les asignó en el nuevo orden so-

# El pensamiento indígena durante la Colonia

Cuando los europeos entraron en contacto con las sociedades andinas, el espectro religioso de las mismas era muy amplio. El esfuerzo de los españoles por extirpar a los dioses andinos del pensamiento indígena no tuvo éxito, pues tanto los mitos como el ritual sobrevivirían mezclados con el ritual católico, fenómeno conocido como sincretismo.

Los dioses fueron asimilados a la Virgen María y a los diferentes santos del catolicismo. El ejemplo mejor conocido es el de la Pachamama, o Madre Tierra, que fue identificada por los indígenas como la Virgen María, tomando la forma de Virgen del Cerro. La Tierra favorecía al hombre brindándole sus frutos y minerales, del mismo modo que María beneficiaba al hombre dándole a su hijo. Existen varias versiones conocidas donde la Virgen está integrada al cerro, aunque parece ser que el primer lienzo de este tema fue obra de un indio de Copacabana, escultor y pintor, llamado Francisco Tito Yupanqui (1584). Por otra parte, el Sol, o Inti, fue identificado con Dios, más propiamente con la custodia donde estaba el cuerpo de Dios. Se aplicaba la siguiente lógica: así como Dios fecundaba a la Virgen María, el Sol lo hacía con la Tierra. Uno de los dioses andinos más importantes era Illapa, el dios del rayo y de las tempestades, que fue identificado con el apóstol Santiago, denominado «Hijo del Trueno» en el Evangelio. Gracias a esta superposición, el culto a Illapa sobrevive hasta nuestros días a través de Santiago.

Los ángeles también tenían relación con el culto a los astros, ya que desde la Edad Media se creía que aquéllos controlaban los fenómenos atmosféricos. Los adoctrinadores colocaron largas series de ángeles en las iglesias de indígenas, siendo la más importante la de la iglesia de Calamarca, en La Paz. Estos ángeles estaban vestidos de acuerdo a la moda militar del siglo XVII, con sombrero de plumas, casaca larga, mangas abultadas y pantalón estrecho. Los ángeles representaban el ejército de Dios y controlaban los astros del cielo. En Calamarca, uno de los ángeles, San Miguel, lleva la *wiphala*, simbolo de las naciones o pueblos de los Andes. Estos ángeles reciben el nombre de «arcabuceros» porque algunos están representados portando un arma de origen español, el arcabuz. Finalmente, está la figura mítica llamada Tunupa, que fue identificada con el apóstol San Bartolomé. Tunupa llegó a las poblaciones ribereñas del lago Titicaca y empezó a enseñar las ideas y buenas costumbres. Algunos pueblos lo acogieron pero otros lo rechazaron. Uno de éstos lo ató a una balsa de totora, que abandonó en el lago. Las aguas lo llevaron hacia el sur hasta chocar con la orilla, que se abrió formándose el río Desaguadero.

*Representación pictórica de la Virgen del Cerro que se halla en el Museo de la Moneda, en Potosí. Es un anónimo del siglo XVIII y muestra la montaña con rostro femenino y las palmas abiertas.*

*Representación del ajusticiamiento, en 1572, de Tupaq Amaru, último soberano inka, a manos de los españoles, utilizado como método persuasivo ante posibles intentos de rebelión indígena.*

cial creado por la Conquista y colaboraron estrechamente con las autoridades españolas. Los antiguos caciques conservaron su autoridad, aunque supervisada por los corregidores españoles, mientras que ciertos descendientes de las familias nobles de los inkas fueron ennoblecidos con títulos de la Corona castellana, a lo que se sumó la «invitación» de abandonar América y fijar su residencia en España, para neutralizar cualquier intento de restauración política.

El resto de los indígenas recibió la consideración de vasallos libres de la Corona, pero en la práctica su libertad estaba más que limitada. Fueron sometidos a formas de trabajo forzoso, amparándose los españoles en la pretendida «vagancia» de los indígenas. Además, ciertas disposiciones, algunas de las cuales tenían un fondo bien intencionado de protección, limitaron su libertad de movimientos. Así, se les prohibía vender sus tierras o cambiar de comunidad, e incluso se les limitó el consumo de bebidas alcohólicas o la práctica de bailes considerados como restos o supervivencias de religiones paganas. También, con criterio defensivo, se les impidió portar armas o montar a caballo.

En general, el indígena obtuvo un trato de vasallo de segunda categoría; en este sentido, la legislación española se puede considerar paternalista, pero limitadora de la libertad del indígena. Es muy difícil determinar hasta qué punto el paternalismo legislativo constituyó una defensa real contra la explotación sin limitaciones de los indígenas. Muchas disposiciones de carácter protector no se cumplieron, pero algunas salvaguardias, como dotar a las comunidades de un terreno no enajenable, resultaron positivas.

La separación de la sociedad colonial en dos «repúblicas», una para los españoles y otra para los indígenas, fue imposible de mantener ante el incontenible proceso de mestizaje biológico y cultural. Los blancos, constreñidos legalmente a la vida urbana, fueron aumentando en número y buscando nuevas perspectivas económicas en la posesión de tierras. De este modo, las grandes haciendas sirvieron para que los propietarios blancos entraran en contacto con el mundo indígena, aunque sin perder en ningún momento su clara posición de privilegio y dominio.

Por su parte, los miembros de las comunidades rurales indias, obligados a pagar tributos y a trabajar sin apenas cobrar un salario, no encontraron mejor alternativa que alquilarse como braceros en las haciendas; de esta manera, poco a poco, se transformaron en campesinos. La emigración del campo a la ciudad fue otra de las maneras de escapar de la explotación rural para pasar a integrarse en los barrios pobres, donde lentamente se produjo un intenso mestizaje. En este proceso de mezcla de culturas la Iglesia desempeñó un papel importante y decisivo.

## Las insurrecciones indígenas

Desde los primeros tiempos de la Conquista el mundo andino fue escenario de sucesivas rebeliones, etapas de resistencia y alzamientos de los pueblos indígenas. El alzamiento general de los indígenas en los dominios de Charcas a finales del siglo XVIII fue la más importante de estas luchas, tanto por su magnitud como por su carácter de antecedente de las gestas de la Independencia.

La resistencia indígena, empero, nació con la Conquista misma. La rebelión del Cusco, sofocada por los soldados de Pizarro y Almagro tras la muer-

*El movimiento en el que se enmarcó el cerco de La Paz de 1781, representado en la imagen, mostró el sentimiento de justicia social anticolonialista más significativo de finales del siglo XVIII.*

te del Inka Manco Qhapaq, es, quizás, el punto de partida de la larga resistencia frente al orden impuesto por los europeos. Desde el fracaso de la rebelión del Cusco, la familia real inka se refugió en Vilcabamba, sin mantener contacto con los españoles, adoptando una actitud de resistencia pasiva. Una maniobra del virrey Cañete consiguió que Sayri Tupaq, uno de los herederos del *llaitu* (la insignia del mando imperial), se presentara en Lima con su corte, donde fue recibido con todos los honores. El inka recibió del virrey diversas propiedades y encomiendas; y a cambio aceptó el bautismo y sellar la paz.

Los rebeldes de Vilcabamba no reconocieron el nuevo estado de cosas y proclamaron Inka a Tito Cusi, mostrando su intransigencia frente a los españoles. Tras diversas negociaciones iniciadas por el virrey Castro, Tito Cusi aceptó recibir algunos emisarios enviados por el virreinato, entonces a cargo de Toledo. Uno de estos emisarios murió a manos de los inkas y, como represalia, el virrey envió a Vilcabamba una expedición militar para reducirlos. Cuando las tropas llegaron a su destino, el líder de la resistencia era Tupaq Amaru, hermano menor de

Tito Cusi, que había fallecido. Derrotado militarmente, Tupaq Amaru fue capturado por los españoles y conducido al Cusco. Allí fue sentenciado a morir descuartizado en 1572. El tormento a que se vio sometido el joven Inka fue, en realidad, un espectacular escarmiento para los indígenas rebeldes por parte de las autoridades coloniales. Quizás el mismo día de su muerte nació el mito y las ideas que aún lo sustentan.

## Las insurrecciones indígenas del siglo XVIII

Los levantamientos de finales del siglo XVIII, en especial en las regiones con una fuerte presencia indígena, son síntomas claros del inicio de la descomposición del imperio español en América. Agobiados por la crisis económica en que habían sumido a la Península sus conflictos internacionales, los Borbones impusieron una carga fiscal excesiva en sus dominios americanos. Las poblaciones indígenas, el eslabón más débil del sistema económico, no pudieron cumplir con estas imposiciones y sufrieron los abusos de los corregidores. No encontraron otro camino que enfrentarse a esa opresión con métodos violentos.

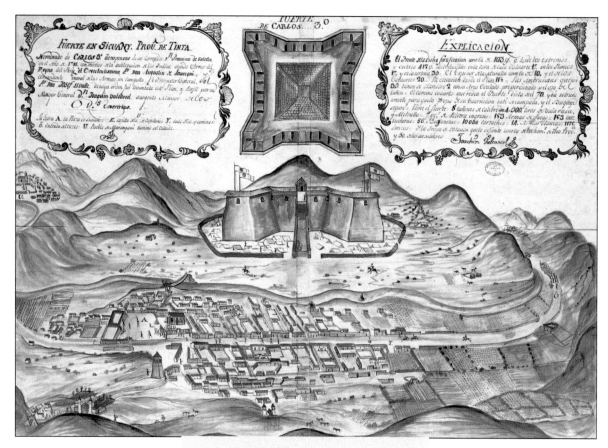

*Tupaq Amaru II lideró el movimiento de insurgencia indígena de 1780 en la provincia Tinta, de donde era natural, a raíz de lo cual fue construido el fuerte de Sicuani (en la imagen).*

## La rebelión de Tupaq Amaru II

José Gabriel Condorcanqui, Tupaq Amaru II, era descendiente de una familia indígena noble del Cusco. Era *kuraka* (curaca) de Pampamarca, Surimana y Tungasuca, y disfrutaba de una sólida situación económica, producto de sus actividades como arriero.

Al llegar a Lima el visitador José Antonio Areche, enviado por el ministro Universal de las Indias José de Gálvez —ejecutor de las nuevas medidas borbónicas—, se inició un sistemático aumento de los impuestos de alcabala y un reajuste de los impuestos aduaneros en el sur de Perú, lo cual produciría grandes dificultades comerciales. Por ejemplo, para ir de Arequipa al Cusco había que pasar por territorio del virreinato del Río de la Plata, porque Puno pertenecía a esa jurisdicción, y ello comportaba el pago de impuestos aduaneros. Por otra parte, una vez legalizado el reparto forzoso de mercaderías, se intentó regular legalmente esta abusiva práctica comercial, restringiéndola a un tope que no podía ser excedido. No obstante, el corregidor Arriaga, encargado de los kurakazgos de Tupaq Amaru II, había sobrepasado con creces dicho límite.

La dureza de algunas de las medidas determinadas por las reformas borbónicas y las cargas económicas que aquellas implicaron para la población natural, así como los insistentes abusos de los corregidores, fueron el motor de la sublevación de Tupaq Amaru II.

El alzamiento se inició el 10 de noviembre de 1780, con la ejecución del corregidor Antonio Arriaga; había sido apresado en Tinta y fue ajusticiado en la plaza de Tungasuca. Poco después, los indígenas derrotaron al ejército español en la batalla de Sangarara, el 18 de noviembre de ese mismo año. Entonces el propio visitador Areche decidió encabezar el ejército, que volvió a enfrentarse con Tupaq Amaru II en la batalla de Checacupe, el 6 de abril de 1781; esta vez, las tropas realistas aplastaron a los sublevados y pusieron fin al movimiento. El 18 de mayo de 1781 Tupaq Amaru II fue ejecutado junto con su esposa, Micaela Bastidas, por orden del visitador Areche.

*Tupaq Katari protagonizó la segunda etapa del alzamiento indígena, que comenzó cuando era aplastada la actividad insurgente en el Cusco y tuvo su principal escenario en Charcas.*

*Los jefes de las insurrecciones indígenas fueron capturados y ejecutados de forma casi siempre brutal. En la imagen, escena previa al ajusticiamiento de los aliados de Tupaq Amaru II.*

## Tupaq Katari

La expulsión de los jesuitas en 1767, más por causas europeas que americanas, tuvo como resultado la destrucción de las misiones de la región oriental y las primeras sublevaciones de indígenas en esa zona. En la región andina, en Chayanta, estalló también a finales del siglo XVIII un movimiento insurreccional encabezado por Tomás Tupaq Katari, quien reclamó justicia y una reducción de los tributos, obligatorios para los indígenas.

Tupaq Katari fue apresado y sus hermanos Dámaso y Nicolás asumieron la dirección del movimiento hasta conseguir su libertad a cambio de los prisioneros españoles que habían capturado. El movimiento se prolongó durante dos años (1780 y 1781) y se extendió a los distritos de Charcas, Cochabamba, Oruro y La Paz. La Audiencia de Charcas mandó tropas contra los Katari, y Tupaq fue muerto por los españoles.

Las muertes de estos líderes impulsaron a los indígenas a tomar violentas represalias, sitiando la ciudad de La Plata en 1781, cuando los focos principales de insurrección se habían constituido en el Cusco y Puno.

## Rebeliones de mestizos

En Oruro, paralelamente a la insurrección de Tupaq Amaru II, se inició en febrero de 1781 una revuelta urbana criolla dirigida por Jacinto Rodríguez, expresión de que la situación revolucionaria se había extendido por todo el territorio. Los rebeldes lograron arrebatarle la ciudad a los españoles, y protagonizaron el más importante apoyo que recibió el levantamiento indígena.

La alianza entre indígenas, mestizos y criollos no fue fácil, debido a las diferencias que el régimen colonial había consolidado. Finalmente, como sucedió en los demás lugares, las fuerzas reales acabaron recuperando la ciudad y ejecutando a los rebeldes.

En la ciudad sureña de Tupiza, en marzo de 1781, se produjo la última rebelión de mestizos en apoyo de los indígenas de Tupaq Amaru. Pero esta acción fue rápidamente abortada y su impacto quedó ceñido al ámbito local.

A finales de 1781 la rebelión había sido aplastada en la mayoría de las zonas rurales y todas las ciudades capturadas por los rebeldes volvían a estar en manos de los españoles.

## Los esclavos negros

*Los contingentes de esclavos negros con destino al Nuevo Mundo se calcula que oscilaron entre 8 y 10 millones, aunque se sabe que una cuarta parte de ellos moría antes de desembarcar.*

Cuando los primeros españoles llegaron a América, la esclavitud era una institución ya establecida en Europa. Las principales potencias de esa época, España y Portugal, mantenían esclavos negros en sus respectivos dominios. El primer contacto entre africanos y portugueses se produjo en 1441, cuando Antonio Gonsales y Nuño Tristán llevaron los primeros esclavos negros a la península Ibérica. Aunque el comercio negrero había sido practicado anteriormente por los traficantes árabes, hasta mediados del siglo XV la trata de esclavos no se convirtió en uno de los más lucrativos negocios de la época.

El descubrimiento de América se realizó con el apoyo de mercaderes que aportaron parte del capi-tal necesario para sufragar la empresa y que deseaban encontrar nuevas rutas para poder monopolizar el comercio en ellas. El tráfico de esclavos era uno de sus principales intereses. El emperador Carlos V concedió «licencias» para introducir esclavos en los territorios de América con el objetivo de recaudar fondos para financiar las numerosas guerras que la Corona española mantenía en Europa.

Desde el punto de vista político, la introducción de esclavos en los nuevos territorios proporcionaba una mano de obra barata que equilibraba la disminución demográfica de los indígenas y servía de apoyo a la escasa población castellana que habitaba en las Indias. En un primer momento las licencias fueron concedidas a comerciantes alemanes, genoveses y flamencos, pero tras la entronización de Felipe II casi todo el comercio pasó a manos de los traficantes portugueses, quienes compraban esclavos negros en la costa occidental de África.

Los esclavos negros provenían de Senegal, Dahomey, Congo y Angola. Los principales grupos culturales fueron los yoruba y los mandinga. En la Audiencia de Charcas los negros africanos eran originarios de Angola y Congo. Con el paso del tiempo, los portugueses perdieron el monopolio del tráfico negrero y tuvieron que hacer frente a la competencia de los franceses e ingleses que transportaban los esclavos a sus dominios en América.

Los esclavos destinados al Perú eran llevados a Nombre de Dios, el puerto desde el cual caminaban hasta la costa panameña del Pacífico, donde los embarcaban con destino al Callao, que era el punto de distribución de todo el virreinato. Al fundarse la ciudad de Buenos Aires, se creó un nuevo puerto, más directo con respecto a África, pero su utilización fue tardía, pues ya existían importantes comerciantes asentados en Lima que recibían los contingentes de esclavos del puerto del Callao. No obstante, a principios del siglo XVII ya se importaban remesas de seiscientos esclavos a Buenos Aires, tal como ocurrió en 1601, cuando se transportaron cincuenta de estos esclavos a Potosí para ser vendidos allí. En 1603 se importaron de Brasil a Charcas, a través de Buenos Aires, cuatrocientos cincuenta esclavos. En 1623 se estableció una segunda aduana para este objeto en la ciudad de Córdoba. Muchos esclavos morían en la travesía atlántica y otros en el camino hacia Potosí.

En la Audiencia de Charcas los negros eran vendidos en subasta pública, pudiendo ser transferidos por venta o donación y figurando en los testamentos como un bien del propietario. Los africanos esclavizados estaban sujetos en todo a la voluntad de sus amos y, si incurrían en alguna falta, se los castigaba duramente. Todos los esclavos estaban marcados con hierro candente en la espalda, la cara o el brazo con la señal del dueño al que pertenecían. La fuga podía llegar a ser castigada con la muerte del esclavo.

La mayor parte de los esclavos de la Audiencia de Charcas trabajaba en actividades domésticas y de servicio. Hubo intentos de incorporarlos al trabajo en las minas pero su mortandad era tan elevada que se abandonó este criterio. Los españoles y criollos con recursos, e incluso algunos caciques indígenas, tenían servicio negro en sus casas.

*A finales del siglo XVI las órdenes misioneras ya estaban sólidamente afincadas y organizadas en América, pero destacó la importancia numérica y la ingente atividad de los franciscanos.*

441

# La conquista espiritual de los jesuitas

La penetración en las regiones orientales de la actual Bolivia fue el resultado de un enorme esfuerzo humano y espiritual, gran parte del cual se realizó ya en el siglo XVII. En este siglo se consolidaron política y socialmente los pueblos y misiones, y se produjo el traslado de algunos de ellos a los lugares más inhóspitos. La obra de los jesuitas continuó durante el siglo XVIII, conquistando las tierras que se hallaban en las regiones más extremas de la zona oriental, las cuales lindaban con las posesiones pertenecientes a la Corona de Portugal.

Durante su primer medio siglo de existencia, las misiones fueron la cristalización en territorio americano de uno de los Estados más perfectos que haya conocido la humanidad, basado en gran parte en las ideas sobre la organización de la república del filósofo griego Platón. Dos factores hicieron posible la experiencia de los jesuitas. El primero, sin duda, fue la enorme habilidad de los sacerdotes misioneros, que supieron transmitir a los indígenas la religión católica en sus auténticos fundamentos, aislando a los pueblos de las misiones del pernicioso contacto y ejemplo de los europeos que llegaban a América en busca de fortuna personal. El segundo elemento fue la naturaleza pacífica de los indígenas, que se adaptaron rápidamente a la nueva vida, aprovechando con inteligencia y entusiasmo las enseñanzas de los jesuitas. Los indígenas se convirtieron en auténticos maestros de las artes y oficios, igualando y no pocas veces superando a sus maestros venidos de Europa. La asimilación por parte de los indígenas del régimen impuesto por los misioneros fue tan admirable que, tras la expulsión de éstos, no pudieron abandonar las modalidades y costumbres que les habían sido enseñadas, gracias a lo cual muchas de ellas han llegado hasta nuestros días.

La obra de la Compañía de Jesús en tierras americanas ha sido y seguirá siendo tema de discusión y debate, algo que no hace

más que demostrar su trascendental importancia. En este sentido, no se puede negar el grado de desarrollo material y artístico alcanzado por los indígenas del oriente boliviano durante la vigencia de las misiones y el lamentable destino que sufrieron los pueblos indígenas tras el forzado abandono de las mismas impuesto por la Corona que hubieron de aceptar los jesuitas. A comienzos del siglo XVIII las misiones del Alto Perú se encontraban repartidas en dos grandes grupos: las de Moxos, en la región septentrional del actual territorio del Beni, y las de Chiquitos, al sur de la provincia homónima. Las dos regiones dependían de forma general del virrey de Perú y, de modo particular, de la Audiencia de Charcas. No obstante, en muchos aspectos su gobierno era absolutamente independiente.

En sus momentos de mayor gloria, las misiones se regían como un Estado independiente, casi autárquico, adquiriendo en el exterior sólo las herramientas y otros objetos indispensables, que canjeaban por los productos que en ellas se producían. Las misiones de Chiquitos, aunque menos importantes que las de Moxos, disfrutaron de las mismas prerrogativas desde el año 1700, en el que se separaron de las del Paraguay.

En las diferentes misiones que sostuvieron en toda América, los jesuitas habían experimentado la funesta influencia de las autoridades civiles en muchas ocasiones. Éstas se aprovechaban de su condición de señores para abusar sin medida del trabajo de los indígenas, que se daba con frecuencia en las encomiendas. Así, las misiones no prosperaban por el mal ejemplo de los cristianos y el temor que éstos inspiraban a los naturales. Por este motivo, al hacerse cargo de las misiones de las regiones orientales de la actual Bolivia, los miembros de la Compañía de Jesús consiguieron del monarca español, Felipe II, la prohibición terminante de que ningún blanco pisara sus territorios a excepción del gobernador.

Aunque la mayoría de los esclavos africanos en América fueron destinados a las plantaciones de productos tropicales, no ocurrió lo mismo en Charcas. La mayor parte de los esclavos destinados al trabajo agrícola lo hicieron en las haciendas cocaleras de Yungas, la región donde se encuentra concentrada la actual población negra de Bolivia. Algunos, más bien pocos, se dedicaron a las artesanías, ejerciendo como zapateros, plateros y pintores. En todas las ciudades donde se asentaron contaban con cofradías propias.

## La Iglesia en América

América se convirtió a la fe católica gracias a la labor de las Órdenes religiosas, es decir, gracias al clero regular. La primitiva Iglesia americana fue una Iglesia de frailes. Los motivos son simples: las Órdenes mendicantes se habían adelantado en varios siglos a las reformas de la Iglesia de Roma. Dominicos y franciscanos tenían el espíritu de sacrificio evangélico que había perdido el clero secular y, además, contaban con la inestimable experiencia de las misiones establecidas en Oriente Medio y en Asia. Por otra parte, las Órdenes eran instituciones bien organizadas y con una rígida disciplina interna, idóneas para la dura tarea de evangelización que se presentaba en América. A los franciscanos y dominicos siguieron mercedarios, agustinos, y, finalmente, jesuitas.

Los instrumentos empleados por los religiosos para desarrollar su labor fueron de dos tipos, diferenciados en función de su mayor o menor integración en la vida general de la sociedad colonial. Por una parte, estaban los conventos fronterizos, que eran células de cristianización, pero que al mismo tiempo servían para hacer avanzar la frontera de la hispanización. Junto a los conventos estaban situadas las «reducciones», en las que pretendieron aislar a los indígenas de todo contacto con la sociedad colonial, que consideraban perniciosa para su conversión al cristianismo.

Los conventos eran unos edificios perfectamente adaptados a la función que debían desempeñar. Dado que los indígenas estaban acostumbrados a celebrar sus ceremonias al aire libre, se construyeron delante de las iglesias grandes patios rodeados por un muro, con capillas abiertas sobre la fachada del templo desde la que se podía seguir la ceremonia. Los religiosos trataron de adaptarse en lo posible a las costumbres autóctonas y, en este proceso de acercamiento, se convirtieron en los principales conocedores del mundo cultural prehispánico. Es

ARTE
DE LA LENGVA
MOXA,
CON SU VOCABULARIO, Y CATHECISMO.
COMPUESTO
POR EL M. R. P. PEDRO MARBAN
de la Compañia de Jesvs, Superior, que fue,
de las Missiones dell nfieles, que tiene la Compañia de esta Provincia de el Perù en las
dilatadas Regiones de los Indios
Moxos, y Chiquitos.

DIRIGIDO.
AL EXC.MO. S.OR. D. MELCHOR
Portocarrero Lasso, de la Vega, Conde de la Monclova, Comendador de la Zarza, del Orde de Alcantara, del Consejo de Guerra, y Junta de Guerra de Indias, Vitrey, Governador, y Capitan General, que fue del Reyno de la Nueva Espàña, y actual, q es de estos Reynos, y Provincias del Peru.

CON LICENCIA DE LOS SVPERIORES.

Este Arte de la lengua Moxa *(Lima, 1702)*, de Pedro Marbán, fue una de las numerosas obras destinadas a dar a conocer las lenguas indígenas que serían usadas en la evangelización.

indudable que las obras de muchos frailes españoles sobre la vida social y la cultura de los nativos americanos pueden considerarse como auténticos modelos iniciales de la antropología moderna.

Lo primero que tuvieron que hacer los religiosos fue aprender las lenguas indígenas, de las que elaboraron diccionarios y gramáticas. En este sentido, es de destacar que el primer libro que se editó en América fue un catecismo bilingüe castellano-náhuatl. Para la realización de esta inmensa tarea, los sacerdotes se apoyaron en la facilidad con que los niños indígenas aprendían el castellano; pero también los niños españoles, que aprendían las lenguas indígenas de sus compañeros de juegos, y que luego entraron en las órdenes religiosas, fueron colaboradores muy útiles en los estudios lingüísticos. Además de su función de centro misional, los conventos se convirtieron en talleres y escuelas artísticas donde los indígenas aprendieron oficios y se transformaron en «artistas» al gusto europeo.

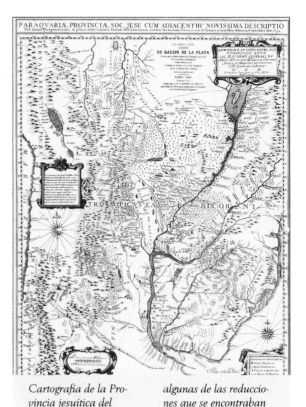

*El padre dominico fray Bartolomé de las Casas se convirtió con su Brevísima relación de la destrucción de las Indias en el abanderado de los derechos de los indígenas americanos.*

*Cartografía de la Provincia jesuítica del Guayrá, donde aparece señalada la ubicación de algunas de las reducciones que se encontraban dentro del territorio del Virreinato del Perú.*

## La utopía de las reducciones

Las reducciones significaron la realización de una utopía. La intelectualidad europea de finales de la Edad Media y comienzos de la Edad Moderna, fundamentalmente religiosa, había imaginado la creación de sociedades perfectas. El descubrimiento del mundo indígena hizo surgir en muchos hombres de buenas intenciones la idea de organizar con estos seres, no contaminados por el corrupto mundo europeo, verdaderos paraísos terrenales, auténticas «ciudades de Dios». La Compañía de Jesús, con su eficiente organización de corte militar, fue la que llevó a cabo los ejemplos más conocidos; pero los jesuitas no fueron ni los únicos ni siquiera los primeros. Muchos otros consideraron también la posibilidad de aislar al máximo a los indígenas de los conquistadores. Nombres como fray Pedro de Córdoba, Vasco de Quiroga (con sus hospitales-pueblo), fray Jerónimo de Mendieta, fray Juan de Zumárraga o el propio Bartolomé de Las Casas pueden incluirse en esta corriente influida por las utopías europeas y constituyen una de las facetas más positivas de la colonización española en América. Pero fueron las reducciones de los jesuitas entre los pueblos de la familia tupí-guaraní las que mejor representaron estas tendencias. Los indígenas fueron cristianizados, se les enseñaron oficios y cultivaron la tierra en un sistema mixto de propiedad comunal y privada, todo bajo el control de la Compañía y sin permitir la intromisión de los colonos deseosos de emplear a los indígenas como mano de obra barata. No obstante, las misiones jesuíticas lograron consolidar, para beneficio de la monarquía, la presencia española en el territorio de la frontera este de Charcas, amenazada por incursiones portuguesas. Esta función de la Compañía de Jesús, así como las que desempeñó en otras reducciones en distintas circunscripciones de Charcas y América, se truncó en 1767, cuando los jesuitas fueron expulsados de todos los territorios españoles.

Una vez eliminada la administración jesuítica en esta región oriental de Charcas su control recayó en otras órdenes religiosas, las cuales difícilmente pudieron evitar la nueva dispersión de los indígenas de la región.

# La cultura colonial

*Virgen de Guadalupe en una tabla del siglo XVI, obra de fray Diego de Ocaña, en la catedral de Sucre.*

El estilo barroco es, tanto en arquitectura como en literatura o pintura, la cultura artística que mejor pareció sintonizar con el espíritu mestizo y criollo de la época colonial. Es posible interpretar sus claroscuros y aguzados contrastes como un magnífico reflejo de las tensiones de una sociedad dividida entre lo indígena y lo español, el campo y la ciudad, lo criollo y lo peninsular. La ostentación característica de los interiores y fachadas de las iglesias refleja la realidad de una Iglesia rica y poderosa, mecenas de las artes y defensora de una ideología enfrentada al protestantismo.

La teatralidad y la escenografía de los grandes retablos representan verdaderos arcos de triunfo de la Contrarreforma. La decoración abigarrada, presidida por un tremendo horror al vacío que no dejaba pared sin llenar de yeserías policromadas, es un verdadero triunfo de la pasión frente a la reflexión. El barroco, que se impone a lo largo del siglo XVII, tras el agotador esfuerzo realizado durante la centuria precedente, corresponde al tiempo en que por primera vez lo americano colonial comienza a sentir su propia personalidad. Serán artistas indígenas y mestizos los que acabarán por definir un nuevo estilo que se conocerá como Barroco Mestizo, Barroco Andino o, simplemente, estilo mestizo.

## El siglo XVII: un siglo en calma

La sociedad colonial del siglo XVII vivió sosegada en las ciudades y en las zonas rurales, lejos de la trepidación aventurera de los años de la Conquista. La cultura barroca americana se expresaba en lo cotidiano, en el afán de ostentación con la indumentaria, en la gastronomía, en las actividades lúdicas, en el arte y en las letras, y en las manifestaciones religiosas. La corte peruana era uno de los grandes focos culturales de la América de habla española; en ella se desarrollaban las nuevas formas de la poesía y el teatro, así como de las artes plásticas. La Audiencia de Charcas, como es natural, no era ajena a la expansión de estas manifestaciones del espíritu; ni a la introducción de las nuevas doctrinas filosóficas y de las nuevas teorías científicas, ya que una minoría estaba familiarizada con los escritos de Copérnico, Kepler y, en particular, Descartes. La introducción de estas nuevas concepciones fue posible gracias al comercio de libros y, especialmente, al paso de viajeros cultos y a la correspondencia personal que muchos eruditos americanos mantuvieron con científicos y pensadores del viejo continente. Durante este siglo la imprenta, el libro y la educación en todos sus grados se afianzaron en numerosas ciudades y aparecieron nuevos editores, nuevos colegios y, como resultado de este proceso, numerosos escritores cuyas obras eran por sus contenidos cada vez más americanas.

Para el pueblo, la fiesta barroca, con su indudable intencionalidad política, buscaba el derroche de esplendor; se trataba de realzar ante los súbditos americanos el poderío y la grandeza del distante monarca que los regía y que se hacía visible en la persona del virrey, quien, por representarlo, vivía rodeado de una auténtica corte. A lo largo del año se sucedían las festividades religiosas o civiles, que siempre participaban de ambos rasgos. La procesión del Corpus iba precedida y seguida de representaciones teatrales, corridas de toros y desfiles alegóricos; las bodas reales, el nacimiento de un

*A lo largo de tres siglos de gobierno colonial, la clase noble indígena se fue hundiendo a causa de las exigencias españolas, y acabaría desapareciendo como fuerza eficaz tras las rebeliones de 1781.*

infante o la celebración de una victoria militar en las guerras de Europa eran el motivo de solemnes funciones religiosas de acción de gracias, junto a los festejos callejeros.

Así transcurría la vida en las ciudades americanas durante toda esta centuria, en la que estaba en marcha un proceso de aculturación. Este proceso, junto con el mestizaje biológico, tendría como consecuencia la fusión de culturas que llevaría el signo inequívoco de lo americano, como ponen de manifiesto los notables testimonios artísticos y arquitectónicos que hemos heredado de la cultura barroca que floreció en los dominios de la Audiencia de Charcas.

## Imprentas y libros

En el siglo XVI sólo las ciudades de Lima y México tuvieron talleres tipográficos. La ausencia de imprenta fue uno de los más graves obstáculos para la producción escrita en el distrito de Charcas. En las misiones de Chucuito los jesuitas de Juli poseían una imprenta, probablemente arrendada por el impresor Francisco del Canto hacia 1612 —como lo

demostrarían los tipos de imprenta— para que los religiosos imprimieran cuatro obras del padre Ludovico Bertonio. Pero se trató de una excepción ya que el revolucionario instrumento de cultura que fue la imprenta no estaba al alcance de los escritores e intelectuales del Alto Perú. La producción de estos autores, al igual que la de los extranjeros que escribían en Charcas, se imprimía bien en Lima o bien en España. Muchas obras no llegaron a imprimirse hasta después de la proclamación de la Independencia.

En el siglo XVII se produjo una amplia difusión de la imprenta, inevitablemente unida a la extensión de la cultura, que permitiría conocer la obra de numerosos autores que escribieron en y sobre el Alto Perú. En La Plata, el oidor de la Real Audiencia, el célebre licenciado Juan de Matienzo, escribió su libro *Gobierno del Perú* y otras obras correspondientes a los siglos XVI y XVII, que han contribuido a que su nombre sea recordado en nuestros días.

No menos importante es la obra *Relación verdadera de cosas del reino de Perú*, escrita por fray Bernardino de Cárdenas, nacido en La Paz, que en su condición de obispo del Paraguay mantuvo serias controversias con los miembros de la Compañía de Jesús que pertenecían a su provincia religiosa.

No faltaron las obras técnicas en la producción de los autores de Charcas. En 1640 el presbítero Alonso Barba, cura de Potosí, publicó su *Arte de los metales*, libro famoso por las profundas innovaciones que introdujo en la metalurgia del Nuevo Mundo y por su elevado valor científico.

Entre las obras históricas de mayor calado correspondientes a este período, destaca la *Crónica de la Provincia de San Antonio de los Charcas*, escrita por fray Diego de Mendoza. También debe ser recordada la famosa *Crónica Moralizadora del Orden de San Agustín en el Perú*, obra del sacerdote chuquisaqueño Antonio de la Calancha, nacido en 1584. Por su parte, el doctor Gaspar Escalona y Agüero, natural de Charcas, nos dejó un estupendo tratado sobre el régimen hacendario español en el Perú titulado *Gazophilacium Regium Peruvicum*. Otras importantes obras de economía e historia, los *Memoriales sobre comercio del Río de la Plata y la Villa Imperial de Potosí* y la *Historia del Cerro Rico y de su Imperial Villa*, fueron escritas por Antonio de León Pinelo, corregidor y alcalde de minas en Oruro, asesor letrado en Potosí y posteriormente cronista mayor de Indias, además de respetado jurista y bibliógrafo.

## La educación en Charcas

La diversidad de lenguas habladas desde antiguo en Bolivia fue un enorme estímulo intelectual para quienes sentían inclinación hacia los estudios lingüísticos. Muy importante en este campo es la obra *Gramática o arte de la lengua general de los indígenas de los reinos del Perú*, de fray Domingo de Santo Tomás, segundo obispo de La Plata. Esta preocupación lingüística llevó a la creación de una «cátedra de lengua de los indios», impulsada por la Audiencia de Charcas. Junto a estas iniciativas y a los catecismos en quechua y aymara que se comenzaron a publicar hacia 1585, se encuentra la obra *Arte de la Lengua Aymara y la Vida, hechos y milagros de nuestro Redentor*, escrita en lengua aymara por el padre Ludovico Bertonio y publicada por los jesuitas de Juli en 1612.

No menos importantes que las obras individuales fueron las experiencias pedagógicas en materia de enseñanza pública, que dejaron su impronta pese a ser menos numerosas de lo deseable. La Plata tuvo el Seminario de San Cristóbal, fundado en

Portada de la *Crónica Moralizadora del Orden de San Agustín en el Perú, con sucesos* exemplares vistos en esta Monarchía, *de fray Antonio de la Calancha, natural de Chuquisaca.*

1595, y el Colegio Real de San Juan Bautista, establecido por los jesuitas en 1623. La Universidad de San Francisco Javier impartía una enseñanza estrictamente canónica y jurídica, poco adecuada para quienes poseían inclinaciones artísticas y literarias. Pero la Academia Carolina, anexa a la universidad, fomentaba los debates académicos y estimulaba el cultivo de la oratoria. No es de extrañar que en ella se formaran los tribunos de la Independencia y los oradores de los primeros tiempos de la República.

En los dominios españoles de América, además de los libros impresos en el Nuevo Mundo circulaban muchos editados en España, como lo indican los registros sobre este comercio a lo largo del siglo XVII. La mayor parte de las bibliotecas americanas de este período eran patrimonio de las órdenes religiosas, algunas de ellas realmente muy destacadas.

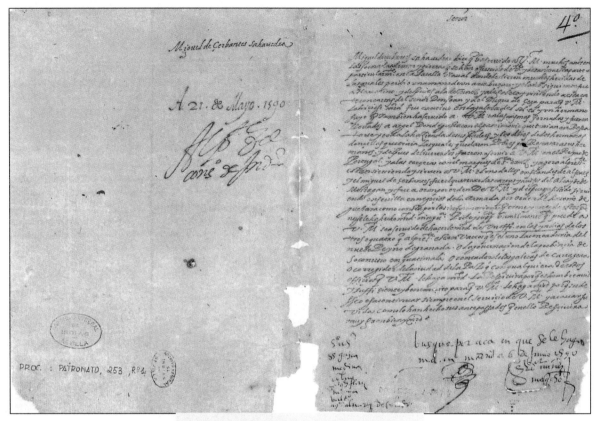

*Memorial de Miguel de Cervantes, en el que expone sus méritos y servicios y solicita un empleo en Indias: en el Nuevo Reino de Granada, Soconusco, Cartagena o en el corregimiento de La Paz.*

Para conocer con mayor exactitud qué se leía en América durante el siglo XVII, los inventarios de los mercaderes de libros constituyen una fuente de enorme valor. Aproximadamente la mitad de las obras reseñadas en los catálogos de estos mercaderes son de carácter religioso y el resto se reparte entre ensayos, poesía, teatro y narraciones en prosa. Las obras más destacadas son las de Luis de Góngora, la colección de comedias de Calderón de la Barca publicada en Madrid en 1677 y *Varias comedias*, de Rojas Zorrilla, publicada en 1680 en dos volúmenes. Los catálogos de los mercaderes incluyen muchas obras teatrales y colecciones de piezas cortas.

Entre la narrativa se destacan las *Novelas ejemplares* y *El Quijote*, de Miguel de Cervantes, y los cuentos de Juan Pérez de Montalbán. Junto a estos títulos, aparecen novelas pastoriles y picarescas, entre ellas la *Historia de la vida del Buscón*. Hay que reseñar la ausencia de las novelas de caballería, muy populares durante el siglo XVI.

En términos culturales, la América del siglo XVII era una España ultramarina, en la que se leían los mismos autores y se seguían planes de estudio similares a todos los niveles, pero donde lo hispánico peninsular comenzaba a tomar claramente un especial acento americano, que daría por resultado una peculiar y barroca cultura local, con rasgos muy definidos y propios.

# De la Independencia a la Guerra del Pacífico

La emancipación
de la América hispana

Bolivia en la hora
de la Independencia

El crecimiento económico
y la Guerra del Pacífico

Panamá

Caracas

**Carabobo 1821**

VENEZUELA

Georgetown

Paramaribo

Cayena

1811

GUAYANA

Hol. Fr.

Br.

✗✗ **Boyacá 1819**

Bogotá

COLOMBIA

1819

**Pichincha 1822**

Quito

ECUADOR

Guayaquil

1822

*Río Amazonas*

PERÚ 1821

Lima

✗✗ **Junín 1824**

✗✗ **Ayacucho 1824**

B R A S I L

1822

BOLIVIA 1825

La Paz

Chuquisaca

El Chaco

Río de Janeiro

PARAGUAY

1811

Asunción

**Tucumán 1812**

*Río Paraná*

OCÉANO

CHILE

ARGENTINA

**1810-1816**

URUGUAY

**1825-1828**

O C É A N O

OCÉANO

**1810-1818**

Valparaíso

Santiago

✗ **Chacabuco 1817**

**Maipú 1818**

Buenos Aires

Montevideo

A T L Á N T I C O

P A C Í F I C O

**Independencia de América del Sur**

☐ Gran Colombia (1819-1830)

▨ Áreas en disputa

1811 Año de Independencia

→ Secuencia de la campaña de Bolívar (1821-1824)

--→ Secuencia de la campaña de San Martín (1817-1822)

✗ Batallas más importantes

# La emancipación de la América hispana

L a emancipación, a comienzos del siglo XIX, de los inmensos territorios hispanoamericanos constituye, sin duda, uno de los acontecimientos más importantes de la Historia Universal, un fenómeno que vino a transformar radicalmente la geopolítica mundial. España, que desde comienzos del siglo XVI venía usufructuando los beneficios de un vasto imperio colonial, quedó relegada al papel de potencia de ínfimo orden, al tiempo que surgía un conjunto de naciones que buscaban labrarse una personalidad propia. El proceso de independencia de la América hispana, impulsado por millones de personas, fue, por otra parte, una de las principales manifestaciones del ciclo revolucionario atlántico, que, junto a la alteración de las estructuras sociopolíticas y del sistema administrativo tradicional, señalaron el inicio de la contemporaneidad.

No cabe duda de que la situación política que vivía España facilitó el éxito del proceso independentista en América. Sin embargo, parece un hecho comúnmente aceptado que la pésima y anticuada administración española, la venta de oficios, la inmoralidad burocrática y los abusos de las autoridades contribuyeron a aumentar las diferencias entre los peninsulares (llamados gachupines o chapetones), que controlaban los principales cargos políticos y eclesiásticos, y los criollos, hijos de españoles nacidos en los territorios hispanoamericanos y que formaban la clase acaudalada y dominante dentro de la sociedad colonial. Los problemas que esta situación generaba fueron ya descritos con exactitud por el célebre naturalista y viajero alemán Alexander von Humboldt en su *Ensayo político sobre el reino de Nueva España*.

*Los criollos anhelaban tener un papel relevante en la administración colonial.*

## El sentimiento de frustración criollo

Aunque las leyes españolas concedían los mismos derechos a todos los blancos, e incluso la situación jurídica de los criollos había mejorado con la proclamación del Real Reglamento de 1619, los encargados de ejecutar las leyes, según pudo apreciar el naturalista alemán, no escatimaban esfuerzos a la hora de destruir una igualdad que ofendía el orgullo europeo: «El más miserable europeo, sin educación y sin cultivo de su entendimiento, se cree superior a los blancos nacidos en el Nuevo Continente, y sabe que con la protección de sus compatriotas, y en una de tantas casualidades como ocurren en parajes donde se adquiere la fortuna tan rápidamente como se destruye, puede algún día llegar a puestos cuyo acceso está casi cerrado a los nacidos en el país, por más que éstos se distingan en saber y en calidades morales. Los criollos prefieren que se les llame americanos; y desde la paz de Versalles y, especialmente, después de la Revolución Francesa se les oye decir muchas veces con orgullo: "Yo no soy español, soy americano", palabras que descubren los síntomas de un antiguo resentimiento (...)».

De ahí que lo que un sector de la historiografía ha dado en llamar el sentimiento de frustración criollo, nacido de su deseo de una participación más activa en el gobierno colonial, al tiempo que Gran Bretaña y otras naciones fomentaban la idea separatista, se convirtiera en uno de los motores, aunque evidentemente no el único y quizás no el más importante, del proceso emancipador.

En efecto, no debe olvidarse que, a pesar de ser preferidos en los puestos principales de la administración, el patriciado criollo constituía una minoría

Las guerras en las que intervino España a finales del XVIII y a principios del XIX, provocaron la desarticulación del comercio con las colonias. En la imagen, navío español del siglo XVIII.

La Declaración de los Derechos del Hombre y del Ciudadano, proclamada en Francia en 1789, anunciaba los fundamentos de una nueva sociedad, aplicables a todos los pueblos.

favorecida en la mayor parte de las sociedades hispanoamericanas, un grupo social privilegiado que, además, albergaba arraigados sentimientos racistas frente a una realidad marcadamente multirracial. De ahí que los criollos no contaran con grandes simpatías entre la masa de indígenas y negros dominada, aspecto éste que puede ayudar a comprender algunas de las aparentes contradicciones que marcaron el propio desarrollo del movimiento independentista.

## El libre comercio

La oligarquía criolla, principal detentadora del poder económico en el mundo colonial, pronto sintonizó con los postulados librecambistas opuestos al mantenimiento del monopolio metropolitano. La situación se agudizó a partir de 1797, cuando las guerras exteriores impidieron a España mantener regularmente las comunicaciones con sus posesiones americanas. Así, el llamado Decreto de Comercio con Neutrales mostró a los criollos no sólo la conocida incapacidad e impotencia de la monarquía hispana, sino también los indudables beneficios económicos que podrían derivarse de la transformación del régimen mercantil tradicional.

Junto a las causas de índole socioeconómica y politicoadministrativa, los factores ideológicos vinieron a incidir con fuerza en una realidad cada vez más compleja. De este modo, resulta indudable la influencia de las doctrinas enciclopedistas y la emancipación de las Trece Colonias, que, si bien no parece que alcanzara una resonancia decisiva, sirvió al menos para que ciertos criollos soñaran también con liberar a su patria.

Las nuevas ideas fueron seguidas de cerca por los estratos superiores de la sociedad colonial, donde incluso llegó a alcanzar cierta difusión la propaganda revolucionaria. Además, los efectos de la Revolución Francesa no tardaron en dejarse sentir en la propia América, especialmente en el área antillana, con los enfrentamientos raciales en Santo

Domingo y la proclamación de la República de Haití en 1804. En aquellos momentos, la experiencia haitiana frenó cualquier movimiento que pudiera poner en peligro la supremacía de los blancos sobre los otros grupos sociales. Especialmente en el Virreinato del Perú, donde se hallaba muy presente el recuerdo de la sublevación de Tupaq Amaru de 1780, el recelo de los criollos se tradujo en el convencimiento de que su supervivencia estaba vinculada al mantenimiento del orden tradicional, incluida la subordinación a la monarquía española. No obstante, los escasos simpatizantes con las ideas revolucionarias llevaron a cabo algunas conspiraciones, sobre todo en el Virreinato de Nueva Granada. Es el caso de Antonio Nariño, en 1794; o Juan Mariano Picornell, quien junto a los precursores, Manuel Gual y José María España, quiso proclamar en 1797 la Independencia de Venezuela. Unos años más tarde el caraqueño Francisco de Miranda, ilustre militar, concebiría el proyecto de sublevar a las colonias españolas de América con la ayuda de Gran Bretaña, pero su iniciativa no contó con el apoyo suficiente y desembocó en inevitable fracaso.

## Debilidad metropolitana e Independencia

En contraste con la Independencia estadounidense, provocada fundamentalmente por la política económica de Gran Bretaña, la emancipación de Latinoamérica resultaría difícilmente comprensible sin atender a una circunstancia exógena, ajena a los propios problemas coloniales: la invasión de España en 1808 por las tropas napoleónicas y el caos político y la crisis de poder que tal acontecimiento trajo consigo.

En los años inmediatamente anteriores, disposiciones políticas y militares, como la entrega de la Luisiana a Francia o el reconocimiento de la soberanía británica sobre Trinidad, habían causado una creciente inquietud entre la población criolla, confirmando la debilidad del gobierno metropolitano. A partir de la derrota de Trafalgar, los temores crecieron y se acrecentaron con la invasión francesa de la Península y el secuestro de la familia real.

Ante el vacío de poder, las colonias se encontraron con el problema de cómo gobernarse, constituyéndose una serie de organismos que alcanzaron una gran autonomía. Iba a ser entonces cuando surgiera realmente la lucha entre absolutistas y liberales, que en la América hispana significaría además la posibilidad de lograr la independencia. El

El rey borbón Fernando VII, al querer anular las reformas aplicadas por la burguesía liberal y restablecer la monarquía absoluta, precipitó la ruptura con las colonias americanas.

conflicto alcanzó su cenit en 1814, cuando Fernando VII anuló las reformas gaditanas y la propia Constitución de 1812, abriendo una brecha que llevó a la ruptura definitiva entre las colonias y la metrópoli.

En el desarrollo cronológico de la emancipación hispanoamericana, es posible distinguir la existencia de al menos tres grandes etapas. La primera de ellas correspondería al período 1808-1814, marcado por la guerra de la Independencia española y el regreso del rey Fernando VII. El segundo período abarca los años 1814-1820, con la primera restauración absolutista en España y los intentos de la metrópoli de reimplantar el régimen colonial. A partir de 1820, con la sublevación de Riego y el Trienio Liberal, se consolidaron los movimientos independentistas, derrumbándose definitivamente el imperio español.

# Cronología de la Independencia de América Central y del Sur

**1808**
**septiembre**
Llegan a Chuquisaca noticias de la invasión de España por tropas francesas.

**1809**
**25 de mayo**
Revolución en Chuquisaca, liderada por los hermanos Zudáñez.
**16 de julio**
Revolución en La Paz, liderada por Pedro Domingo Murillo.

**1810**
**abril-septiembre**
Destitución de las autoridades coloniales y creación de juntas de gobierno en Caracas (19 de abril), Buenos Aires (25 de mayo), Bogotá (20 de julio) y Santiago de Chile (18 de septiembre).
**16 de septiembre**
Con el «grito de Dolores» Hidalgo comienza la rebelión en México.

**1811**
**14-15 de mayo**
Se inicia el proceso de Independencia de Paraguay.
**5 de julio**
Proclamación de la Independencia de Venezuela.
**30 de julio**
Hidalgo es ejecutado.

**1812**
**24 de septiembre**
Belgrano derrota a los realistas en Tucumán.

**1813**
**3 de febrero**
San Martín derrota a los realistas en San Lorenzo.
**20 de febrero**
Belgrano derrota a los realistas en Salta.
**16 de julio**
Nariño proclama la Independencia de Cundinamarca (Colombia).
**6 de agosto**
Bolívar entra en Caracas y es titulado Libertador.
**6 de noviembre**
Morelos sigue la labor de Hidalgo

y proclama la Independencia de México.

**1814**
**23 de junio**
Capitulación de los realistas en Montevideo.
**2 de octubre**
Victoria realista en Rancagua.
**12 de diciembre**
Bolívar somete a Cundinamarca a la obediencia del Congreso neogranadino.

**1815**
**17 de abril**
El ejército realista emprende la recuperación de Nueva Granada y Venezuela.
**22 de diciembre**
Morelos es ejecutado.

**1816**
**9 de julio**
Proclamación de la Independencia de las Provincias Unidas del Río de la Plata (Argentina).

**1817**
**12 de febrero**
Derrota realista en Chacabuco por las tropas de San Martín.

**1818**
**12 de febrero**
Proclamación de la Independencia de Chile.
**5 de abril**
La derrota realista en Maipú consolida la Independencia chilena.

**1819**
**7 de agosto**
Bolívar vence a los realistas en Boyacá y asegura la Independencia neogranadina.
**17 de diciembre**
Creación de la República de la Gran Colombia (Venezuela, Nueva Granada y Quito) en el congreso de Angostura.

**1820**
**9 de octubre**
Levantamiento libertador en Guayaquil (Ecuador).

**1821**
**24 de febrero**
Plan de Iguala para la Independencia de México.
**24 de junio**
La derrota realista en Carabobo consolida la Independencia venezolana.
**28 de julio**
Proclamación de la Independencia de Perú.
**31 de julio**
La Banda Oriental (Uruguay) es anexionada por los portugueses a Brasil, como Provincia Cisplatina.
**24 de agosto**
El virrey O'Donojú reconoce la Independencia mexicana.
**15 de septiembre**
Independencia de los países de la Capitanía General de Guatemala.

**1822**
**24 de mayo**
La derrota realista en Pichincha frente a Sucre sella la Independencia de Ecuador.
**7 de septiembre**
Independencia de Brasil.

**1823**
**24 de junio**
Las Provincias Unidas de Centroamérica nacen como federación independiente.

**1824**
**6 de agosto**
Derrota realista en Junín.
**9 de diciembre**
La derrota realista en Ayacucho confirma la Independencia peruana y pone fin al dominio español en Sudamérica.

**1825**
**6 de agosto**
El Alto Perú se convierte en República de Bolívar (Bolivia).
**25 de agosto**
La Banda Oriental (Uruguay) es declarada independiente, aunque hasta la paz argentino-brasileña del 27 de agosto de 1828 no se le reconoce plena soberanía.

*Las cortes de Cádiz fueron trascendentales en la historia española y para el liberalismo europeo, pero no dieron de sí todo lo esperado en cuanto a las decisiones adoptadas con vistas a América.*

## La proclamación de juntas

En los primeros momentos del proceso emancipador, la idea de independencia, propiamente dicha y en términos generales, apenas contaba con un número significativo de partidarios; aunque posiblemente existiera entre la población criolla el deseo de una mayor autonomía administrativa. En cualquier caso, la sublevación de los españoles contra Napoleón suscitó enormes simpatías al otro lado del Atlántico. Los criollos no dudaron en proclamar su adhesión a Fernando VII, su fidelidad al rey cautivo y «mártir». Al igual que en la Península, se constituyeron en la América hispana juntas depositarias de la legitimidad fernandina, frente a la usurpación que encarnaba la intervención napoleónica.

La situación cambió de signo cuando comenzaron a llegar de la Península noticias sobre divisiones y enfrentamientos en el seno de la Junta Central, al tiempo que Napoleón ocupaba Madrid y las tropas invasoras se dispersaban por todo el territorio de la metrópoli. Algunos funcionarios españoles, odiados por la población, fueron depuestos de sus cargos. Las juntas constituidas en las colonias se otorgaron funciones de gobierno, incluso en regiones donde aún funcionaba la administración colonial.

Ante el rechazo de la monarquía encarnada por José I y el no reconocimiento de Carlota Joaquina, hermana de Fernando VII y esposa del rey portugués —exiliado en Brasil—, como regente, la única resolución que cabía adoptar era mantener el estatus existente, hasta ver la evolución de los acontecimientos peninsulares.

En las juntas coloniales, junto a los hombres fieles al rey, fueron ganando terreno, paulatinamente, los verdaderos partidarios de la independencia. En 1810, la situación se agravó aún más tras la constitución en Cádiz de un Consejo de Regencia de dudosa legitimidad, órgano que vino a sustituir a la Junta Central. La anulación de algunas disposiciones de la Junta establecida en Sevilla, como la libertad comercial concedida a las colonias, representó un importante error en aquellos decisivos momentos. Por otra parte, las Cortes reunidas en Cádiz, a pesar de ser las únicas Cortes hispanoamericanas de la historia, no pudieron, o no supieron, satisfacer las demandas de la restringida representación americana.

*Mapa donde aparecen delimitadas las jurisdicciones de la Audiencia de Charcas y de la Audiencia de Buenos Aires, que tenían como función la administración de justicia.*

## El primer movimiento independentista

El vínculo entre España (ocupada, salvo Cádiz, por los franceses) y sus posesiones ultramarinas fue relajándose de forma notable. Los americanos no sabían a ciencia cierta qué institución detentaba el poder que por derecho le correspondía al rey Fernando VII y comenzaron a desobedecer las disposiciones dictadas en la metrópoli y las órdenes de los virreyes. En septiembre de 1808 llegaron a Chuquisaca las noticias de la invasión napoleónica y del destronamiento del rey español. Estos hechos generaron un conflicto entre dos sectores: el arzobispo, Benito María de Moxó, y el presidente de la Audiencia, Ramón García Pizarro, se mostraron fieles a la Junta Central de Sevilla (que había asumido en España la representación del rey cautivo), enfrentándose a los oidores de la Audiencia, que negaron la autoridad de dicha Junta. Ante el aumento de las tensiones entre ambos bandos, el 25 de mayo de 1808 se ordenó la detención de los agitadores antirrealistas, entre los que sobresalían los hermanos Zudáñez, y esto desencadenó un motín que acabó con la detención de Pizarro por los oidores. El intendente potosino Francisco de Paula

Sanz se opuso a este movimiento, pero no ofreció resistencia y los oidores enviaron emisarios a La Paz, Cochabamba y Potosí.

La revolución de La Paz tuvo un carácter muy diferente. El 16 de julio de 1809 estalló una insurrección que ya no era el resultado de una querella entre las autoridades españolas, sino un movimiento dirigido a obtener la independencia. Los insurrectos reunieron el cabildo abierto, tomaron prisioneros al gobernador y al obispo de La Paz y organizaron una Junta Tuitiva que se convertiría en el alma de la revolución y sería liderada por Pedro Domingo Murillo. El virrey limeño ordenó la inmediata represión del movimiento y para tal misión fue enviado el presidente de la Audiencia del Cusco, José Manuel Goyeneche, al frente de 5 000 soldados. Murillo y sus partidarios pudieron reunir 1 000 soldados escasamente equipados, que serían derrotados por las tropas de Goyeneche. El movimiento independentista paceño acabó con el apresamiento de sus jefes y con la ejecución, en enero de 1810, de su principal líder, Murillo, y de ocho de sus compañeros. Por su parte, casi paralelamente, el virrey de Buenos Aires nombró presidente de la Audiencia de Charcas a Vicente Nieto, quien hizo detener a los oidores rebeldes de Chuquisaca.

Así finalizó el primer movimiento independentista de Hispanoamérica, que tuvo una importancia crucial en sucesivos estallidos en pro de la emancipación.

## La guerra de independencia

Los sucesos de Charcas tuvieron eco, en mayo de 1810, en una rebelión que se consumó en Buenos Aires con la creación de un gobierno independiente encabezado por elementos exclusivamente criollos. En septiembre del mismo año, Cochabamba se alzó en rebelión apoyando al nuevo régimen de Buenos Aires. Esta acción se vio respaldada por la llegada, en octubre, de un ejército rioplatense al mando de Juan José Castelli, que fue apoderándose de una ciudad tras otra. Para abril de 1811, el ejército de Castelli había ingresado triunfalmente en Oruro y La Paz, y todo el territorio de Charcas volvía a ser una zona libre e independiente. Mientras tanto, el presidente de la Audiencia, Goyeneche, seguía alistando tropas con las que, el 20 de junio de 1811, en la batalla de Guaqui, iniciaría la reconquista de todas las ciudades de Charcas. Aun así, esta acción no puso fin a la rebelión independentista charqueña, ya que, en noviembre de 1811, Cochabamba volvió a levantarse contra la Corona y a invadir el Altiplano, con la consiguiente reacción de Goyeneche, que hasta mayo de 1812 no consiguió aplastar la nueva insurrección con gran crueldad.

Por entonces, el general Manuel Belgrano preparaba en Argentina un nuevo ejército de liberación que, en febrero de 1813, hizo frente a las tropas realistas en la batalla de Salta. Así pues, Belgrano inició la nueva ofensiva rioplatense para recuperar Charcas, aunque, tras apoderarse temporalmente de Potosí, sólo obtuvo como resultado la derrota, consumada en los últimos meses de 1813.

Los jefes del Río de la Plata perdieron interés momentáneo por Charcas, para concentrar sus fuerzas en un ataque por la espalda a Chile, siguiendo la estrategia diseñada por San Martín, para volver a entrar por tercera vez en Charcas en enero de 1815. Los invasores argentinos contaron nuevamente con el apoyo de los rebeldes charqueños, que no habían cesado de asediar al régimen realista con pequeños alzamientos y rebeliones, incluida una revuelta india antirrealista a mediados de 1814, que trajo consigo la conquista y saqueo de La Paz por los indígenas de la zona cusqueña. Pero, una vez más, tras apoderarse de Potosí y Chuquisaca, el ejército rioplatense al mando del general José Rondeau quedó totalmente destruido, en noviembre de 1815, por el ejército del general Joaquín de la Pezuela y Sánchez, sufriendo así la peor derrota de la guerra.

Por otra parte, entre 1810 y 1816, actuaron en las zonas rurales más de cien caudillos patriotas, que practicaron una «guerra de guerrillas». Entre ellos, sobresalieron José Manuel Lanza, que operó desde las montañas de Ayopaya con Eusebio Lira, José Manuel Chinchilla y Santiago Fajardo; los esposos Manuel Ascencio Padilla y Juana Azurduy de Padilla, en La Laguna; Ignacio Warnes, en Santa Cruz; José Vicente Camargo, en Cinti; Ramón Rojas y Eustaquio Méndez, en Tarija; Miguel Betanzos y José Ignacio Zárate, en Porco y Puna; Juan Antonio Álvarez de Arenales, en Vallegrande; Juan Crisóstomo Esquivel, en Omasuyos y Larecaja; Carlos Taboada, en Mizque. Algunos fueron ejecutados, como Warnes y Padilla, y otros fueron apresados durante mucho tiempo o tuvieron que ocultarse.

Entre 1816 y 1823 Charcas se mantuvo en relativa calma después de atravesar tantos años de convulsiones; los acontecimientos externos propiciarían el momento justo para acometer el impulso definitivo hacia la consumación de la independencia.

La batalla de Chacabuco, en febrero de 1817, supuso una importante victoria de San Martín frente a las tropas realistas y marcó la primera etapa del derrumbe del poder español en América.

## La independencia en Hispanoamérica

En julio de 1816 se consolidó la Independencia de las Provincias Unidas del Río de la Plata, proclamada por las fuerzas republicanas en el congreso de Tucumán, con presencia de unos pocos representantes de Charcas. A ello se unió el inicio de la contraofensiva al poder español, encabezada por el general San Martín, que primero en Chacabuco (febrero de 1817) y después, tras cruzar los Andes, junto con Bernardo O'Higgins, en Maipú (abril de 1818), venció contundentemente a las tropas realistas.

La conquista de Perú, donde las fuerzas realistas permanecían sólidamente establecidas, fue iniciada por San Martín y su ejército de los Andes en 1820. En julio de 1821, la ciudad de Lima le abrió sus puertas, y semanas después era proclamada solemnemente la Independencia peruana, pese a lo cual las tropas españolas del virreinato permanecían invictas. Los intentos de última hora del gobierno español de reconciliarse con los rebeldes condujeron a una corta tregua, tras el pronunciamiento de Riego en España y el inicio del Trienio Liberal, cuyo resultado fue que enjambres de luchadores realistas se unieran a los partidarios de la independencia.

*En junio de 1821, mientras San Martín operaba en Perú, Bolívar derrotó a los realistas en la lla-nura de Carabobo (en la imagen), tras lo cual se dedicó a organizar la Gran Colombia.*

*Grabado que rememora la entrevista de Simón Bolívar y San Martín, en 1822, en Guayaquil (Ecuador), donde el héroe argentino se retiró para dejar la lucha en manos de Bolívar.*

En junio de 1821, la segunda batalla de Carabobo consolidó la Independencia de Venezuela, mientras que el lugarteniente de Bolívar, Antonio José de Sucre, conseguía en Pichincha (1822) la Independencia de Ecuador; asimismo, en el Virreinato de Nueva España, tras la proclamación del plan de Iguala, se declaraba la Independencia mexicana y, a remolque, la de los territorios españoles de América Central.

Hacia Perú, último reducto de la resistencia realista, convergieron los ejércitos rebeldes. Tras la entrevista entre Bolívar y San Martín en Guayaquil (26 de julio de 1822), las victorias de Junín y Ayacucho, en agosto y diciembre de 1824, significaron un duro golpe a la presencia española en Latinoamérica. Cuando en la Península se cerraba el Trienio Liberal y se iniciaba la segunda restauración absolutista, el proceso independentista en Latinoamérica podía darse ya por definitivamente consumado. Se abría así un largo período de consolidación para todos los países latinoamericanos.

## Balance de la Independencia

El proceso mediante el cual se forjó la emancipación de la América hispana dio lugar a una serie de guerras encarnizadas, feroces incluso, en algunas regiones del antiguo imperio español. La influencia de las ideas de la Ilustración y de la Revolución Francesa, y también el ejemplo de Estados Unidos, aunque influyeron en la gestación del movimiento independentista, no bastan por sí solos para explicar el proceso. Fue sobre todo la antigua rivalidad entre criollos y españoles peninsulares, unida a la invasión de España en 1808, lo que precipitó y obligó a los estratos superiores de la sociedad colonial a definir sus lealtades. En cualquier caso, la génesis del movimiento emancipador fue muy desigual en su desarrollo y evolución, siendo revelador que la extensión de la revuelta independentista fuera inversamente proporcional a la masa de indígenas y negros dominada, arraigando con mayor fuerza en los virreinatos «nuevos» —Río de la Plata, Venezuela— que en Perú o Nueva España.

Además, los hombres que asumieron el poder tras la cristalización del fenómeno independentista carecían de experiencia administrativa, lo que explica en parte las dificultades que generó el tránsito de una monarquía absoluta de tipo colonial a las repúblicas parlamentarias. El desarrollo de los particularismos locales, los separatismos y los conflictos fronterizos, la desastrosa situación financiera y una profunda inestabilidad política caracterizarían —con pocas excepciones— a los nuevos «Estados Desunidos del Sur» a lo largo del siglo XIX. Las débiles repúblicas latinoamericanas cayeron en manos de caudillos, caciques o pretorianos, representantes de una especie de «cesarismo democrático» opuesto a las oligarquías criollas y republicanas.

# Bolivia en la hora de la Independencia

La actual República de Bolivia se constituyó como país independiente el 6 de agosto de 1825 sobre el territorio colonial de la Audiencia de Charcas. La nueva nación padeció un importante aislamiento geográfico. La vinculación de Bolivia con el mundo exterior era posible gracias al mantenimiento de dos nexos establecidos durante el período colonial: uno hacia el Atlántico, la ruta tradicional que ligaba Potosí a Buenos Aires y que perdió importancia al independizarse las repúblicas del Río de la Plata y al aumentar el precio del transporte; el otro —sin duda el más importante de ambos—, hacia el Pacífico, que proporcionaba a Bolivia el acceso a Cobija, su único puerto, al que se accedía tras una penosa travesía del desierto de Atacama. El intercambio a través del entonces puerto peruano de Arica estuvo supeditado a las cambiantes relaciones políticas entre el Perú y Bolivia.

Además, se produjo una profunda desarticulación interna. Durante la etapa colonial, el eje de articulación económica del Alto Perú había sido Potosí, puesto que sus yacimientos y sus mercados atraían el comercio de regiones enteras como, por ejemplo, Cochabamba. Al declinar la producción minera, estos lazos no sólo se rompieron, sino que regiones enteras como Beni, Pando e incluso Santa Cruz se convirtieron en territorios aislados, encerrados en sí mismos.

## La última ofensiva de Bolívar y Sucre

Tras la retirada del general San Martín, Perú no disponía de un líder que pudiera ocupar su lugar, y la inestabilidad y las luchas entre las facciones se instalaron en la vida política limeña hasta que, tras

*Monumento a Simón Bolívar ubicado en la Avenida Ballivián («El Prado») de Cochabamba.*

numerosas solicitudes, el 1 de septiembre de 1823 Simón Bolívar desembarcó en el puerto de El Callao. Una vez en la capital del antiguo virreinato, Bolívar trató de cooperar con el Congreso y el poder ejecutivo, pero al darse cuenta de la inutilidad de sus intentos de encauzar el proceso político estableció una base militar en el norte de Perú y tomó abiertamente el poder político en sus manos después del motín de febrero de 1824, que por unos días hizo que El Callao e, indirectamente, Lima cayeran nuevamente en poder de los realistas.

A mediados de 1824 Bolívar estaba en condiciones de emprender la ofensiva final contra las tropas españolas. Se dirigió hacia el sur a través de la Sierra y con la ayuda de las guerrillas patrióticas obtuvo una primera victoria importante en Junín el 6 de agosto. Si bien este enfrentamiento fue un breve choque de la caballería, tuvo como consecuencia la evacuación definitiva de la ciudad de Lima por parte de las tropas realistas.

La campaña de 1824 culminó en la batalla de Ayacucho, decidida el 9 de diciembre por el mariscal Antonio José de Sucre. Fue el último gran acontecimiento de la guerra de Independencia, en el que fueron derrotados más de 7 000 hombres armados dirigidos por el virrey José de la Serna. Después de Ayacucho apenas hubo resistencia a los ejércitos patriotas a excepción del Alto Perú; a principios de 1825 esta resistencia fue finalmente eliminada gracias a la invasión de Sucre y a las continuas deserciones realistas. Cuando el 23 de enero de 1826 un pequeño destacamento español que aún estaba defendiendo la fortaleza de El Callao se sumó a la rendición, terminó la guerra en América del Sur.

## La declaración de independencia

La derrota definitiva de los ejércitos españoles en tierras americanas suscitó algunos interrogantes sobre el futuro del continente. Uno de ellos fue el futuro del Alto Perú. No había duda de que era independiente de la Corona española, pero no quedaba claro si debía unirse al gobierno de Buenos Aires, al que estaba vinculado como parte del Virreinato del Río de la Plata, o incorporarse al Perú, al que había estado económica e históricamente unido durante siglos.

Los grupos con mayor conciencia política defendían la opción de constituir una república autónoma. Simón Bolívar hizo lo posible por retrasar la decisión, pero la asamblea altoperuana convocada por Sucre declaró el 6 de agosto de 1825 la plena Independencia de la nueva nación, que los diputados decidieron llamar República Bolívar, denominación que rápidamente fue sustituida por la de Bolivia. También solicitaron al Libertador que redactara una constitución. Bolívar aceptó la decisión de la asamblea y la solicitud de escribir la ley fundamental de la nueva República.

El texto que Bolívar redactó a petición de la asamblea fue uno de sus intentos constitucionales de combinar la apariencia y algunos de los principios del republicanismo liberal con las salvaguardas contra el desorden que, en su opinión, amenazaba los logros de los libertadores. Bolívar opinaba que era necesario enderezar la balanza a favor de la estabilidad y la autoridad, y la Constitución boliviana era la solución. La característica más importante de ésta fue la figura de un presidente vitalicio con la facultad de nombrar a su sucesor; venía a ser como un monarca constitucional, cuyos poderes legales se encontraban estrictamente definidos, pero, a la vez, tenía una capacidad de influencia personal notablemente amplia. Esta figura se complementaba con un complejo Congreso integrado por tres cámaras; una de ellas, la Cámara de Censores, era una plasmación del «poder moral» propuesto por el mismo Bolívar en 1819 en Angostura, aunque no recobró la idea de un senado hereditario. El tono general de la Constitución era una mezcla apenas convincente de cesarista y aristocrática.

En Bolivia la nueva Constitución fue recibida con muy poco entusiasmo. El mariscal Sucre aceptó, en un claro gesto de responsabilidad hacia su jefe y amigo, ser el primer presidente de la joven República, aunque desde el primer momento puntualizó que no tenía intención de mantenerse en el cargo durante el resto de su vida.

## Población y economía

Al nacer como República independiente, Bolivia contaba con una población estimada en 1 100 000 habitantes, integrada por 800 000 indígenas, 200 000 blancos, 100 000 mestizos o cholos, 4 700 negros esclavos y 2 300 negros libres. Con toda probabilidad, no más del 20 por ciento hablaba español, siendo el quechua y el aymara las lenguas de la inmensa mayoría. La principal ciudad era La Paz, que contaba con 40 000 habitantes, seguida de Cochabamba, habitada por 30 000 personas.

La economía que sustentaba a esta población atravesaba una crisis profunda. En las primeras décadas del siglo, la producción y la población de Potosí habían entrado en una etapa de decadencia. En la década de 1820 la producción de las minas de plata del Alto Perú decayó un 30 por ciento con respecto a la de 1810, representando un 50 por ciento de lo conseguido en la última década del siglo XVIII. Los factores que impidieron la recuperación de la minería fueron la destrucción o el abandono de las minas durante las guerras de la

---

### Los gremios entre la Colonia y la República

La organización gremial que establecieron los españoles, en la que se agrupaban todos los artesanos, perduró en los países americanos hasta muy avanzado el siglo XIX y en algunos sitios ha sobrevivido, con los cambios lógicos, hasta la actualidad. Existen diversos estudios históricos sobre la importante organización artesana basada en los gremios, integrados por todos los individuos que practicaban un oficio determinado. Su finalidad era la protección mutua y el mayor desarrollo de la artesanía que ejercía ese grupo. Esta protección se desempeñaba de dos maneras diferentes. Por una parte, impidiendo que personas ajenas al gremio ejerciesen el oficio y, por otra, auxiliando a los miembros que atravesaban dificultades económicas o sufrían enfermedades que les impedían ganarse el sustento. La protección ejercida por los gremios se extendía también a los familiares del agremiado, enfermo o difunto.

El aprendizaje del oficio lo realizaba el postulante en el taller de un maestro, donde trabajaba como oficial durante un tiempo determinado. Al cabo de este período se lo consideraba apto para recibir el grado de maestro, que le era otorgado por el gremio mediante un examen pre-

vio ante un tribunal competente, que solía estar formado por la plana mayor de cada gremio. Aprobado el examen, la corporación obsequiaba al flamante maestro con una magnífica fiesta tras el juramento de rigor. Los diplomas otorgados con tal motivo se conservan en algunos archivos de nuestro país, al igual que numerosos contratos de aprendizaje.

La corporación se reunía ritualmente en el día de su patrono —cada arte o artesanía tenía el propio— y celebraba sesión plenaria una vez que se había celebrado la misa solemne. El día del Corpus todas las hermandades de artesanos concurrían a la procesión de forma pomposa, portando sus vistosos pendones junto a la imagen de su santo patrono: los carpinteros a san José, los orfebres y plateros a san Eloy, los bordadores a san Jerónimo, etcétera.

El trabajo de los especialistas en un arte estaba reglamentado en los estatutos. Además, en todas las ciudades los artesanos se encontraban distribuidos por oficios y cada artesanía estaba concentrada en una calle. En algunas ciudades virreinales se conserva aún el nombre de las calles que ocuparon los diferentes gremios, como la calle de los Olleros en Potosí.

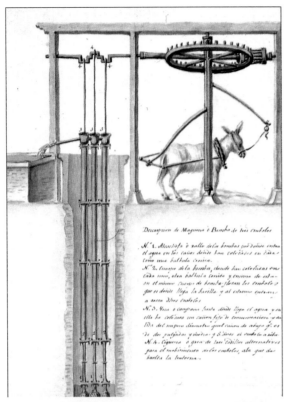

*Dispositivo de noria asociado a tres bombas de encañados mediante mecanismo de cigüeñal*
*para subir agua y llevar a cabo el proceso de azogue o amalgamación, utilizado hacia 1820.*

*La Independencia limitó los lazos económicos tradicionales de Charcas y arrinconó aún más la*
*economía en un nivel de subsistencia. En la imagen, mujeres de Cochabamba en un mercado.*

Independencia, la falta de inversiones, cierta escasez de mano de obra después de la abolición de la mita y el hecho de que, tras el período colonial, el Estado conservara el monopolio de la compra de la plata. En los años que siguieron a la Independencia, la producción minera fue baja y orientada más hacia el aprovechamiento de desmontes que a laboreos profundos.

En cuanto a la agricultura, las principales unidades económicas continuaron siendo las grandes haciendas y las comunidades de indígenas. Los productos más relevantes eran la quina (para la fabricación de quinina), la coca, el maíz, el trigo y la papa. La quina y la coca eran productos altamente comercializables fuera de la región, mientras que los otros eran básicamente para el consumo local.

Por su parte, el sector de las manufacturas estaba representado principalmente por los obrajes, es decir, los centros de confección de tejidos. Pero tras las reformas comerciales establecidas por los Borbones durante el período colonial y la libertad de comercio que trajo la Independencia, su producción no pudo afrontar la competencia de las telas producidas en Europa. La presencia de la economía boliviana en el mercado internacional fue muy precaria debido a la fragilidad de su estructura productiva. A mediados de la década de 1820 el oro y la plata constituían el principal epígrafe de exportación, seguidos, muy lejos, por el estaño y la quina. Para la misma época, el volumen de las exportaciones estaba prácticamente equilibrado con el de las importaciones, en particular de tejidos e hilados, procedentes de Gran Bretaña, Alemania y Holanda, que llegaban a través de los puertos de Arica y Buenos Aires.

En cuanto al comercio regional, existía un flujo de intercambios muy activo entre Perú y Bolivia. El primero exportaba sobre todo algodón en rama, y vinos y aguardientes producidos en los valles de Moquegua y Tambo. Por su parte, Bolivia exportaba productos agrícolas que satisfacían la demanda de los mercados locales del sur de Perú.

## El gobierno del mariscal Sucre

Durante los primeros años de la Independencia, el gobierno boliviano afrontó graves dificultades financieras. La debilidad de la economía de posguerra redujo los ingresos del Estado, que a su vez hubo de destinar más del 50 por ciento a atender los gastos militares. Además, el nuevo Estado boliviano comenzó su andadura endeudado con Perú y obligado a pagar una elevada recompensa al ejército libertador, aprobada por la Asamblea General de 1825.

No obstante, es importante señalar que el gobierno boliviano no recurrió al crédito externo para la financiación del gasto público, en contraste con la práctica que en ese contexto histórico siguieron la mayoría de las nuevas repúblicas americanas. Por el contrario, el gobierno del mariscal Antonio José de Sucre procedió a la captación del ahorro interno mediante la emisión de bonos respaldados con los bienes del Estado, que habían sido adquiridos como resultado de la política implantada por Sucre para quebrar el poder y la influencia del clero regular.

En uno de los ataques más radicales a la Iglesia realizados en Latinoamérica tras la Independencia, el gobierno de Sucre destruyó gran parte de las comunidades monásticas, mientras que las valiosas propiedades urbanas y rurales de las órdenes eclesiásticas, o controladas por ellas mediante hipotecas o capellanías (propiedades ofrecidas a la Iglesia para cometidos piadosos), fueron expropiadas por el Estado.

A la larga, esta política permitió reforzar el poder de los terratenientes y comerciantes del país, que adquirieron a precios ínfimos los bonos que el gobierno había entregado a las tropas y oficiales extranjeros de los ejércitos de la Independencia cuando se marcharon de Bolivia. Conviene recordar que en 1827 el ejército del mariscal Sucre comprendía, además de los reclutas bolivianos, a más de 2 000 soldados colombianos y numerosos oficiales extranjeros, algunos de los cuales fueron miembros de su gobierno.

Fuentes importantes de ingresos para el Estado eran los diezmos y los derechos derivados de la acuñación de moneda. Pero ni los ingresos de las aduanas, ni los diezmos, ni los impuestos de la minería, ni la confiscación de los bienes eclesiásticos resultaron suficientes para sostener el gasto público. Por este motivo, en 1826 Sucre se vio obligado a restablecer el tributo del período colonial —abolido por Bolívar un año antes— al que estaban su-

*La presidencia del mariscal Sucre se vio dificultada por la caída del régimen bolivariano en Perú (1827) a manos de Santa Cruz; quedó aislado y, tras muchas dificultades, renunció en 1828.*

jetos todos los hombres indígenas de edades comprendidas entre los 18 y los 50 años. Tras su abolición, el tributo había sido reemplazado por una contribución directa, un impuesto directo general sobre la propiedad urbana y rústica, y sobre los ingresos individuales.

Muy pronto el gobierno advirtió el efecto pernicioso que para sus finanzas tenía la nueva política fiscal y el 2 de agosto de 1826 Sucre firmó el decreto que restablecía el tributo. Esta decisión sancionaba el retorno a la estructura fiscal que, al igual que en el período colonial, dividía a la sociedad boliviana en varios estratos con fines impositivos. Dicha estructura se mantuvo vigente hasta finales del siglo XIX.

Como en otros países del continente, los impuestos al movimiento interno y externo de mercancías fueron una importante fuente de ingresos. En el caso del Estado boliviano, las dificultades

*El puerto de Arica fue durante los años inmediatos a la Independencia un enclave tentador, aunque descartable por los aranceles peruanos fluctuantes y perjudiciales para el comercio boliviano.*

para recaudar los derechos aduaneros derivados de la aduana de Arica, controlada conjuntamente con Perú, influyeron negativamente en su capacidad de recaudación fiscal ya que incluso en su mejor momento sólo un tercio del comercio exterior boliviano pasaba por Cobija.

## La presidencia de Santa Cruz

Tras la partida del mariscal Antonio José de Sucre, la joven República de Bolivia prosiguió su andadura, no sin dificultades. Una Asamblea de notables, integrada por varios centenares de hombres cultos, asumió la soberanía de la nación. La confusión reinante en aquellos momentos hizo que esta convencional Asamblea de hombres ilustres pasara a la historia como la «asamblea convulsional».

Los jefes del ejército peruano, que habían «liberado» a la República invadiéndola y ocupando Chuquisaca, sugirieron que el gran mariscal Andrés de Santa Cruz, entonces en Arequipa (Perú), fuese invitado a convertirse en el presidente de Bolivia, sugerencia que fue aceptada por la Asamblea. Su presidencia fue más exitosa que la de la mayoría de sus contemporáneos en Latinoamérica. San-

ta Cruz, un hombre ambicioso, fue un digno sucesor del mariscal Sucre.

Andrés de Santa Cruz era hijo de una acomodada y aristocrática familia de Bolivia; su padre había sido un alto funcionario español en el Alto Perú y su madre una aristócrata india que afirmaba descender de la realeza inka. Nacido en el territorio que más tarde recibió el nombre de Bolivia, Santa Cruz sirvió en el ejército español hasta que fue capturado por los patriotas, momento en el cual, sabiamente, se cambió de bando.

Era un excelente oficial, cuidadoso de sus hombres, que confiaba más en la acción derivada de una sólida estrategia que en el efecto de brillantes golpes tácticos. En 1821 el general José de San Martín lo ascendió por sus servicios y, por idénticos motivos, más tarde fue elevado en su rango militar por Simón Bolívar. General y después gran mariscal, Andrés de Santa Cruz figuraba entre la media docena de jefes militares más capacitados del Perú.

En dos ocasiones Bolívar lo había dejado a cargo de Lima como presidente provisional, por lo que en 1829 parecía más peruano que boliviano.

## El Litoral en la época republicana

Cuando Bolivia inició su vida como República independiente, el Litoral era uno de los seis partidos de Potosí. La división política de Bolivia fue clarificada durante la presidencia del mariscal Sucre. En efecto, las intendencias o presidencias fueron convertidas en departamentos. De este modo, el país quedó dividido en cinco departamentos: Chuquisaca, La Paz, Cochabamba, Santa Cruz y Potosí. A su vez, los departamentos fueron convertidos en provincias y éstas en cantones. Atacama fue una de las provincias dependientes de la prefectura de Potosí, con capital en San Pedro de Atacama. Durante la presidencia del mariscal Andrés de Santa Cruz, Atacama, mediante decreto del 1 de julio de 1829, fue convertida en una provincia independiente con un gobernador que respondía directamente al presidente, recibiendo la denominación de provincia Litoral, con una jerarquía intermedia, superior a una provincia común, pero inferior a un departamento. En 1839 el gobierno encabezado por José Miguel de Velasco elevó el rango del Litoral al de distrito con un prefecto. Pero fue en enero de 1867 cuando el presidente Mariano Melgarejo creó el departamento del Litoral.

En términos políticos, el Litoral se dividía en dos provincias: La Mar, con capital en Cobija (también capital de todo el distrito), y Atacama, con capital en San Pedro de Atacama. Los cantones eran San Pedro de Atacama, Chiu Chiu, Calama, Rosario, Susquez, Conche y Antofagasta. La decadencia económica de Cobija, sumada a los terremotos que la afectaron, determinaron que en 1875 Atacama se convirtiera en la nueva capital del departamento, donde residía el prefecto.

A comienzos de la era republicana, la población del Litoral no superaba los 4 000 habitantes. Hacia 1850, este número se había elevado a 5 500, y cuando estalló la guerra con Chile, los habitantes eran 15 000, pero de origen chileno. Las poblaciones más importantes eran Calama, San Pedro de Atacama, Caracoles, Cobija, Tocopilla, Mejillones, Antofagasta y Taltal.

La superficie del departamento del Litoral era de unos 120 000 kilómetros cuadrados y sus límites los establecían dos ríos: al norte, el Loa, y al sur, el Salado. El océano Pacífico era el límite occidental y la cordillera de los Andes, el oriental. El nombre de Atacama, que la región conservó durante los primeros años de la República —y que mantuvo como provincia del departamento—, tiene su origen en el desierto de ese nombre, la tierra más seca del mundo debido a la ausencia absoluta de lluvias y a la gran oscilación térmica, con días templados y noches muy frías. La falta de agua es uno de los problemas más graves ya que los ríos son de caudal escaso y, por tanto, insuficientes para abastecer un territorio tan grande. No hay verde en el paisaje y la costa es rocosa y cortada por acantilados frente a un Pacífico de aguas frías y muy bravas. Además, es una región propensa a los terremotos y maremotos, que han sido una constante a lo largo de su historia.

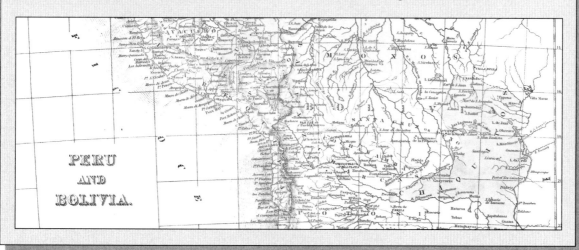

*El mariscal Santa Cruz, durante su presidencia, organizó la administración y las finanzas, fue honesto guardián del erario público e intentó elevar el nivel de vida de la población indígena.*

Según sus contemporáneos, era más un hombre sólido que fascinador, de complexión fuerte, moreno y expresivo; excepto en las raras ocasiones en que sus ojos ardían con ferocidad, se asemejaba más a los indígenas que a los españoles. Se trataba de un hombre de recia personalidad y cruel en ocasiones. El mariscal siempre se sintió orgulloso de su ascendencia indígena, que gustaba de entroncar con la realeza inkaica.

## Logros del gobierno de Santa Cruz

Como presidente de Bolivia, su obra de gobierno merece admiración y respeto. Redactó una nueva constitución, que no difería mucho de la que había elaborado Bolívar en 1826, en la que aseguraba al presidente plenos poderes, si bien extendía un simulacro de autoridad al Congreso. Su prestigio era suficiente para imponer obediencia al ejército, o al menos para desanimar a los oficiales de conspirar en su contra.

Santa Cruz continuó y desarrolló el trabajo de Sucre, organizando la administración gubernamental y las finanzas, y fue honrado en su gestión del tesoro público. Sus proyectos para mejorar la economía y elevar el nivel de vida de los pueblos originarios fueron loables; asimismo, restauró las dos universidades del país, abrió un colegio médico y extendió los tribunales de justicia.

En casi todos los aspectos, Santa Cruz gobernó con firmeza e inteligencia, y, en consecuencia, durante varios años la paz interna de Bolivia contrastó favorablemente con el caos imperante en los países vecinos.

Mal dispuesto a contentarse con el modesto destino de administrar bien Bolivia, Santa Cruz se entregó a tentadores sueños. De hecho, ya en sus primeros años había manifestado que Bolivia debía ser la Macedonia de América del Sur, un Estado militar que conquistase a sus más avanzados vecinos. Ahora, como presidente, su ensueño se volvió hacia el glorioso pasado inka, idealizado románticamente en los Andes centrales del mismo modo que el pasado azteca en México.

Andrés de Santa Cruz sabía que como gran soldado y buen administrador tenía muchos admiradores entre las clases propietarias del Perú. Por ello, como heredero del Inka, podría unir al destruido mundo andino como ningún otro hombre, en virtud de una circunstancia histórica peculiar. Pero Santa Cruz no precipitó las cosas. Hasta 1835, cuando Perú se convirtió en un confuso revoltijo de distritos militares gobernados por generales recelosos entre sí, no forzó la oportunidad de concretar sus sueños.

Después de una serie sumamente complicada de negociaciones con varios generales, marchó al Perú meridional, donde afirmó su intención de gobernar. Hasta ese momento su paso fue firme. A la población peruana del sur, por ser india, no le disgustaba la unión con Bolivia bajo el mando de un cholo. Pero no sucedía lo mismo en el Perú septentrional, pese a las favorables señales que Santa Cruz había percibido anteriormente entre la aristocracia de Lima. En esta ciudad la antigua tradición virreinal era fuerte y muchos patriotas se lamentaban de que que la Lima de los blancos no dominase las montañas. Personificando esta concepción estaba Felipe Salaverry, que había tomado posesión como presidente del Perú. Los partidarios de Santa Cruz tomaron la iniciativa política y militar, derrotando y fusilando a Salaverry. En 1836 el propio Santa Cruz se dirigió a la antigua capital del virreinato. La opinión pública de Lima cambió cuando se puso de manifiesto que Santa Cruz era, después de todo, no sólo un estimable gobernante de Bolivia, sino también un mariscal de campo y antiguo presidente provisional del Perú: los conservadores le apoyaron esperando que restableciera el orden en el país; también lo hicieron los liberales, que confiaban en su capacidad para realizar las reformas que todos esperaban.

## La Confederación Perú-Boliviana

Habiendo triunfado con relativa facilidad, Santa Cruz anunció la creación de un nuevo Estado, la Confederación Perú-Boliviana, de la que él sería protector. Bajo su mando servirían los presidentes de Bolivia, Perú meridional y Perú septentrional, y, además, se planteaba la posibilidad de que este proceso indujese a otras repúblicas a unirse a la Confederación.

### La política económica de Santa Cruz

Un rasgo que caracterizó el gobierno del mariscal Andrés de Santa Cruz fue el gran cuidado con que se administró la economía boliviana. No obstante, uno de los desaciertos en los que se incurrió durante su mandato fue la acuñación de la denominada «moneda feble» para contribuir a reducir el déficit de los presupuestos estatales. Se procedió a acuñar moneda bajando su ley de 11 dineros a 8 dineros, con lo que el Estado percibió una ganancia de 250 000 pesos de la época. Este procedimiento perjudicó notablemente a la moneda boliviana ya que ésta era empleada como «moneda fuerte» en todos los países de la región andina.

En materia económica, la política del gobierno de Andrés de Santa Cruz estuvo inicialmente basada en el proteccionismo, a fin de favorecer a las industrias nacionales. En cierta forma esta política mantenía vigente la herencia del período colonial, cuando la Corona española defendió con energía la relación entre los virreinatos americanos y la metrópoli peninsular, bloqueando el intercambio con otras potencias de la época. De este modo, en el rubro de las importaciones se prohibió la llegada de telas de algodón y otros tejidos manufacturados en el extranjero, que pudieran competir con los producidos en Bolivia. Los tejidos de seda, lino, la mercería, cristales, loza, joyas y piedras preciosas fueron gravados con un 5 por ciento sobre su valor, las telas de algodón en un 7 por ciento y, más tarde, en un 20 por ciento. Los licores y las bebidas alcohólicas tenían un arancel que oscilaba entre el 10 y el 30 por ciento.

Para la producción local se gravaron los vinos en un 4 por ciento y el aguardiente en un 6 por ciento. La coca se cargó con el 4 por ciento de alcabala y, para fines de extracción, se cobraba 4 reales por cesto. El azúcar de Santa Cruz, destinada a los mercados internos, fue gravada con el 3 por ciento, siendo su valor de 20 reales por arroba. Con el objetivo de generar empleo y mejorar la calidad del único puerto de que disponía el país, en Cobija se prescribió una tarifa aduanera mínima del 5 por ciento a los artículos de lujo como joyas, seda, lino y otros productos, como la cristalería. La entrada de ganado por el puerto era libre.

Durante la administración de Santa Cruz, abrió sus puertas el primer banco boliviano, el Banco de Circulación, cuya sede central se encontraba en la ciudad de Potosí y que inició sus actividades con un capital de 50 000 acciones que tenían un valor de 200 pesos cada una. También se creó el Banco de Refacciones, que tenía por objetivo ayudar a los mineros en sus actividades empresariales, pero este banco tuvo una vida muy efímera, apenas cinco años. Además, se creó una Caja de Montepíos para el aporte de cuotas de los empleados públicos.

En materia agrícola, el gobierno declaró propietarios a los caciques e indígenas que fueran capaces de demostrar haber estado en posesión de las tierras por un período no inferior a diez años. El antiguo problema de las capellanías y mayorazgos, herencia de la etapa colonial, fue resuelto mediante el reparto de tierras entre el poseedor y su inmediato sucesor.

En suma, se puede decir que la política económica del gobierno de Andrés de Santa Cruz fue propia de un gran estadista, aunque no estuvo exenta de errores, como la «moneda feble», un problema que el país padeció durante décadas hasta que esta moneda fue suprimida en 1871.

*Bandera de la Confederación Perú-Boliviana, cuya alianza nació del pacto de Tacna, en 1836, y concluyó después de la batalla de Yungay (cerca de Lima), el 20 de enero de 1839.*

*Detalle de una recreación de las costumbres de Lima en la época de la Confederación, ilustrada por Thomas Sutcliffe en la obra Sixteen Years in Chile and Perú (1822-1839).*

## Una derrota anunciada

Probablemente el plan no podía funcionar durante mucho tiempo y aún menos desarrollarse dentro de una monarquía hispano-inka, pese a todas las medidas que Santa Cruz pudiera adoptar. Los limeños eran demasiado inconstantes y demasiado aficionados a señalar defectos, y los generales peruanos estaban acostumbrados a desafiar al gobierno central y a luchar unos contra otros.

Sin embargo, la ruina de la Confederación sobrevino por la interferencia extranjera más que por las tensiones internas. Ninguno de sus vecinos estaba complacido con la nueva creación. Ecuador, cuyo ejército era controlado entonces por Juan José Flores, sabía perfectamente que Perú quería anexionarse a la República. Desde Buenos Aires, Juan Manuel de Rosas declaró la guerra y habló de invadir Bolivia. Pero el peligro más fuerte procedía de Chile, que nunca había olvidado la etapa colonial, cuando Lima lo señoreaba en la costa oeste. Si la Confederación florecía, Chile podría verse subordinado otra vez como sucediera en la época del virreinato. Por otra parte, un gran número de disputas fronterizas y financieras habían envenenado en los últimos años las relaciones entre Santiago y Lima.

Gracias a la prudencia y energía del gran ministro chileno Diego Portales, cuyo exceso de trabajo le provocó la muerte, una fuerza expedicionaria desembarcó en el Perú meridional. Allí se detuvo para ganar tiempo, retirándose después y navegando hasta un punto próximo a Lima para marchar hacia la capital. Santa Cruz encontró tantas dificultades para contender con los chilenos como las que habían encontrado los realistas españoles para derrotar a los ejércitos libertadores en 1820-1824. Por ello, después de unas pocas y torpes maniobras, se vio batido en Yungay en 1839. Santa Cruz volvió a marchar sobre Lima, que ya había sido abandonada por los chilenos con objeto de presentarle batalla, y allí hizo pública su propia derrota, con lo que su autoridad se esfumó de manera inmediata. Esperando retener el control del Perú meridional, condujo allí una reducida fuerza sólo para contemplar cómo todos desertaban de su causa. Lo mismo ocurrió en Bolivia. Después de esto, su única esperanza para salvar la vida era el exilio, y, así, el caído protector de la Confederación Perú-Boliviana embarcó en un vapor británico con destino a Europa.

Años más tarde intentó el regreso, pero fue apresado cuando cruzaba el territorio chileno y, al igual que Napoleón Bonaparte, a quien siempre había admirado, quedó confinado en una isla. No obstante, el destino de Andrés de Santa Cruz fue mejor que el de Bonaparte, ya que en 1849 el gobierno de Bolivia le concedió una importante pensión y le permitió servir en puestos diplomáticos en Europa. Aunque oficialmente se le acusó de «traidor indigno del nombre de boliviano» en la época de su caída del poder, Santa Cruz vivió lo suficiente para ver cómo en su patria se rehabilitaba su reputación como militar y político.

# El crecimiento económico y la Guerra del Pacífico

El crecimiento de la economía boliviana desde la segunda mitad del siglo XIX se encuentra vinculado a la reactivación de la actividad minera. Al igual que en el período colonial, fue el sector minero el que permitió a Bolivia una inserción más profunda en los mercados internacionales. Después de medio siglo de estancamiento, a partir de 1850 se produjo una lenta recuperación de la minería. Este proceso se caracterizó por la aparición de un nuevo grupo minero y, más tarde, por la penetración del capital extranjero, cuya intervención en la economía nacional se vio facilitada por la nueva tecnología de las bombas accionadas por máquinas de vapor y por la caída de los precios internacionales del mercurio. Durante la década de 1870 la producción de plata mostró un desarrollo notable y Bolivia se convirtió nuevamente en uno de los mayores productores mundiales de este metal. No obstante, existen diferéncias entre el papel desempeñado por las minas de Potosí en el siglo XVI y el resurgimiento de la minería en la segunda mitad del XIX. A diferencia de lo ocurrido en la etapa colonial, a lo largo del siglo XIX la actividad minera resultó incapaz de articular al conjunto de la economía boliviana. El escaso volumen de la fuerza de trabajo, las dificultades internas de transporte y la orientación económica posterior, impuesta por el trazado ferroviario, impidieron que la economía contribuyera al desarrollo de la agricultura. Por el contrario se facilitó la expansión de las exportaciones chilenas de trigo y harina, proceso que tuvo como consecuencia que Cochabamba y Chayanta, zonas tradicionales de agricultura comercial, se transformaran en áreas con una economía de subsistencia.

*El motor a vapor (aquí en un catálogo de 1875) fue durante años el caballo de batalla de la industria.*

## Minería y agricultura

Esta incapacidad de la minería boliviana para contribuir a la expansión de la agricultura explica que la población indígena conservara sus parcelas durante tanto tiempo. Con todo, la recuperación de la minería debilitó la importancia del tributo indígena en la financiación del gasto público, que pasó de representar el 40 por ciento del total de los ingresos estatales en 1827 a un escaso 10 por ciento en 1870. A pesar de ello, a partir de la década de 1860 los denominados «barones de la plata» iniciaron un ataque más profundo y exitoso contra la propiedad y la cultura indígena, esta vez en nombre del progreso y de la erradicación de los obstáculos a la civilización.

Hacia 1860 los principales yacimientos mineros del Altiplano estaban concentrados en manos de una nueva elite procedente sobre todo de los comerciantes y hacendados de Cochabamba. La familia Aramayo controlaba las empresas Real Socavón de Potosí, Antequera y Carguaicollo. Gregorio Pacheco era el propietario de los más importantes intereses mineros de Guadalupe y Aniceto Arce era el jefe de la compañía Huanchaca. A su vez estos propietarios dependían estrechamente del capital extranjero que controlaba la comercialización, dependencia que terminó en una subordinación completa en los momentos de crisis.

La presencia extranjera en la economía fue principalmente británica y, al igual que en el resto de Latinoamérica, se produjo de dos maneras: la primera, en el momento de la Independencia, mediante la exportación de mercancías y el control de los mercados; la segunda, posterior, a través de la exportación de capitales, principalmente bajo la forma de inversiones directas o préstamos.

*La región litoral poseía cuantiosas riquezas y en ella se encontraban los cuatro puertos mayores:* *Mejillones (en la imagen), Antofagasta, Cobija y Tocopilla; además de siete caletas.*

*Entre 1873 y 1895 la minería de la plata vivió la época dorada del siglo; Huanchaca sola llegó a* *tener mayores ingresos que el gobierno central. En la imagen, trabajadores de dicha mina.*

## Explotación extranjera del litoral

Desde la década de 1840 compañías chilenas, británicas y francesas comenzaron a explorar y a establecerse en el litoral boliviano, concretamente en la provincia Atacama, con el propósito de explotar el cobre y, sobre todo, los principales depósitos de guano. Entre 1857 y 1866 se descubrieron los yacimientos salitreros de la región de Mejillones, en la zona sur de Atacama, que fueron explotados por empresarios chilenos y británicos, y el salitre se exportó como fertilizante a un mercado europeo en expansión. Hacia 1870 Antofagasta, que era el principal puerto del litoral boliviano, estaba poblado, al igual que Cobija, en un 90 por ciento por ciudadanos chilenos.

La explotación del salitre por extranjeros permitió que extensas zonas del desierto de Atacama se incorporaran a los mercados internacionales. En 1879 se inició una nueva etapa en la expansión del capital extranjero —principalmente británico y chileno— en esta región, gracias al descubrimiento y explotación de las minas de plata de Caracoles, que se vinculaban con el mundo exterior a través del puerto de Mejillones. Los residentes de Caracoles eran, una vez más, chilenos en su mayoría.

Tras el largo estancamiento de la primera mitad del siglo XIX, las relaciones económicas entre Bolivia y el Reino Unido se intensificaron notablemente. Entre 1869 y 1871, las exportaciones británicas a Bolivia se cuadruplicaron, mientras que las exportaciones de Bolivia al Reino Unido aumentaron en un 30 por ciento. En este comercio se produjo una diversificación de los productos —ya no se trataba solamente de plata— y una importante penetración del capital británico y chileno, no sólo en el Altiplano, sino también en la costa del Pacífico.

## Atacama: guano y salitre

Lo que transformó una región tan inhóspita como Atacama en el núcleo de un conflicto fue su enorme riqueza, que se reflejaba principalmente en dos productos, el guano y el salitre, ambos empleados como fertilizantes.

Era una auténtica paradoja de la historia: uno de los desiertos más áridos del planeta contenía en sus entrañas los elementos para hacer más fértiles las tierras de cultivo de otros continentes.

El guano es el excremento de las aves que habitan en la costa del océano Pacífico, principalmente pelícanos y piqueros. Durante milenios, millones de estas aves enriquecieron los depósitos de guano más grandes del mundo en las islas Chincha de Perú, el mayor centro de guano del planeta, y en otras islas y zonas costeras. En Bolivia el área guanera más importante era el morro de la península de Mejillones.

Aunque los inkas lo utilizaban para fertilizar sus terrazas de cultivo, la explotación masiva de este recurso se efectuó principalmente a lo largo del siglo XIX. Los países europeos fueron los principales compradores del producto, que era transportado en barcos. En la década de 1840 Perú exportó más de 100 000 toneladas anuales de guano. Dentro del territorio boliviano los depósitos guaneros se comenzaron a explotar en 1842 de manera clandestina. Entre 1842 y 1849 diversas empresas dedicadas a su explotación produjeron 53 000 toneladas, lo que supone un promedio anual de 7 500 toneladas, cifra muy inferior a la de la producción peruana. Pero la posibilidad de ampliar esas explotaciones derivó en importantes contratos con empresas chilenas, británicas y estadounidenses, que en mayor o menor grado contribuyeron al despojo de las riquezas bolivianas.

La historia natural del desierto de Atacama transformó antiguos mares en inmensos salares. La sequedad extrema del clima contribuyó a ese proceso y a que las diferentes sales no fueran disueltas o arrastradas por las corrientes subterráneas, permaneciendo en la superficie. La sal más frecuente era el nitrato de sodio, conocido popularmente como salitre o caliche. Durante el período colonial, la potasa extraída de las sales se empleó en la fabricación de pólvora, pero a partir de 1830 se comprobó su eficacia como fertilizante de gran valor en el incremento de la productividad agrícola. El salitre se transformó en un producto complementario del guano, y sus principales consumidores fueron Estados Unidos y algunos países de Europa. Superficial o ligeramente enterrado, el salitre fue explotado intensamente, y la mayor parte de la producción era exportada.

Hacia 1870 el inhóspito desierto de Atacama se reveló como un rico yacimiento argentífero. El descubrimiento de plata en la zona de Caracoles, entre Mejillones y San Pedro de Atacama, convirtió la región en una nueva frontera minera. Así, Caracoles aumentó su población hasta superar los 10 000 habitantes. En 1875 la producción de plata en la zona se situó entre los 60 000 y 80 000 marcos de plata, frente a los 50 000 que sumaban todas las otras minas bolivianas, incluyendo Potosí.

*Antofagasta (en la imagen, ocupada por los chilenos) cayó en manos extranjeras por la necesidad de fondos del gobierno y la incapacidad de los capitalistas para explotar aquel desierto.*

*Eduardo Abaroa, que aparece en la imagen con su hija, lideró la defensa del oasis de Calama en marzo de 1879, con una tropa que contaba con apenas 100 hombres, frente al ejército chileno.*

Los intereses chilenos y británicos estaban representados en la Compañía Salitrera de Antofagasta, grupo que además de controlar el comercio, el salitre, las minas de plata y la banca, en la década de 1870 extendió su control hacia los distritos mineros situados en el sur de Potosí, primero a través del monopolio de la comercialización y más tarde a través del aprovisionamiento de insumos, hasta alcanzar finalmente la propiedad completa. Este espectacular desarrollo se interrumpió bruscamente cuando el gobierno boliviano decidió en febrero de 1878 la aplicación de un impuesto retroactivo sobre el salitre extraído en la región desde 1874. La Compañía Salitrera de Antofagasta se negó a pagar la contribución, que calificó de injusta e ilegal, y ejerció grandes presiones sobre el gobierno de Santiago, que finalmente decidió la ocupación militar de Antofagasta y la declaración de guerra.

## El estallido del conflicto

La ocupación de Antofagasta por las tropas chilenas se produjo el 14 de febrero de 1879, dos días después de que el representante diplomático de Chile en La Paz solicitara sus pasaportes e informara al gobierno boliviano de la ruptura de relaciones. Al producirse la toma de la ciudad, de sus 6 000 habitantes más de 5 000 eran chilenos y sólo unos 600, bolivianos; el resto eran de otras nacionalidades. La llegada de los navíos chilenos *Cochrane* y *O'Higgins*, que se sumaron al *Blanco Encalada*, anclado en el puerto desde varios días antes, fue celebrada por la población chilena. Del mismo modo, la operación militar fue saludada por

los directivos de la Compañía Salitrera de Antofagasta, manifiestamente antibolivianos, que recuperaron el control de las propiedades de la empresa. Tanto las autoridades como el resto de los bolivianos residentes en la ciudad fueron obligados a abandonarla. Tras controlar Antofagasta, con pocos días de diferencia los chilenos se hicieron con Mejillones y Caracoles, poblaciones que no pudieron oponer resistencia alguna debido a que carecían de guarnición.

Lo mismo ocurría en la población de Calama, en el interior del desierto de Atacama, donde la población boliviana organizó la defensa del territorio nacional bajo el mando de Ladislao Cabrera. Las tropas chilenas tuvieron que realizar un gran esfuerzo militar para superar la patriótica resistencia, en la que ofrendó su vida Eduardo Abaroa, el máximo héroe civil de Bolivia. Abaroa, que se encontraba en Calama por razones laborales, no dudó, junto a otros voluntarios, en alistarse como combatiente. El 21 de marzo de 1879, para repeler el ataque de más de quinientos soldados chilenos que procedían de la localidad de Tocopilla, la defensa de Calama, apoyada por el prefecto de Antofagasta, Severino Zapata, y por una tropa de más de cien efectivos, se centró en varios puntos de los alrededores de la población. Si bien la resistencia boliviana fue difícil de aplastar, la superioridad numérica de las tropas invasoras determinó la situación militar. En un acto de notable arrojo, Abaroa intentó defender su posición. Herido en la garganta, no se sumó a la retirada de las tropas bolivianas y desde su precaria situación logró detener el avance de los soldados chilenos hasta que se quedó sin munición. Las tropas invasoras lo intimaron a rendirse pero Abaroa se negó con la ya histórica frase: «¡Que se rinda su abuela, carajo!». Dos disparos enemigos acabaron con su vida. Pero los chilenos, en un acto de reconocimiento hacia su valor, enterraron su cuerpo en el cementerio de Calama.

## El país ante la guerra

El momento en que se desencadenaron los acontecimientos militares de la Guerra del Pacífico no era económica ni socialmente favorable para Bolivia. Durante el año anterior el país había padecido una devastadora sequía que, además de producir un desabastecimiento de alimentos en las principales ciudades, trajo con ella diversas epidemias y una elevada mortandad entre la población.

La deficiencia de las comunicaciones internas, en particular la inexistencia de líneas telegráficas, impidió una respuesta ágil de las autoridades bolivianas frente a la invasión chilena. En efecto, el entonces presidente Hilarión Daza recibió la noticia de la invasión el día 25 de febrero, gracias a la intervención del cónsul boliviano en Tacna, Manuel Granier, quien le envió una carta mediante un chasqui que realizó el enorme esfuerzo de cubrir la distancia con La Paz en cinco días.

Tras enterarse de la noticia, las autoridades bolivianas informaron a la nación de la agresión territorial sufrida por el país y, conscientes de la inminencia de un conflicto armado, apelaron al tratado de alianza Perú-Bolivia de 1873. En el momento de recurrir a este tratado, que estaba casi olvidado, se puso en duda su validez y alcance. El gobierno boliviano, que sólo apeló al tratado ante la inminencia de la guerra, envió a Lima a Serapio Reyes Ortiz, encargado de gestionar su cumplimiento.

Las autoridades peruanas adoptaron una doble estrategia: por una parte tomaron medidas dilato-

*Hilarión Daza llegó a la presidencia en 1873 a golpe de cuartel, como sus predecesores, y fue derrocado tras su fracaso en la Guerra del Pacífico. Murió asesinado en 1894.*

rias para el cumplimento del tratado sin rehuir sus obligaciones de manera explícita; y, por otra, intentaron resolver el conflicto por medios diplomáticos. Para ello, el presidente peruano, Mariano Ignacio Prado, envió a Santiago de Chile una misión diplomática. La misión Lavalle, cuyo objetivo era mediar en el conflicto, cometió el error de negar ante la opinión pública la existencia del tratado de alianza, motivo que la privó de legitimidad ante las autoridades de Chile. A pesar de sus posibles errores, es importante destacar que el envío de la misión Lavalle por parte del presidente Prado fue un intento sincero de evitar la guerra y no sólo una maniobra dilatoria para poner en marcha el tratado. El gobierno chileno, enterado de la existencia del tratado de asistencia militar desde antes de la llegada de la misión, solicitó, por medio de su presidente Aníbal Pinto, autorización al Congreso para declarar la guerra, haciéndolo de manera oficial el 6 de abril de 1879.

En buena medida la declaración de guerra chilena partió del supuesto de que Bolivia no intentaría defenderse. Las autoridades de Chile sabían perfectamente que la capacidad militar de Bolivia se reducía a poco más de dos batallones regulares armados. Al iniciar las hostilidades, entendía que se trataba de la ocupación militar de unos territorios que se encontraban principalmente poblados por chilenos y que pocos años antes habían sido objeto de proposiciones de compra y venta.

La declaración de guerra produjo un cambio en la actitud peruana, que aceptó el reto y puso en vigencia los compromisos contraídos, no sin antes cargar el coste económico de la guerra a Bolivia, ya que las autoridades peruanas entendieron que estaban actuando para defender los territorios bolivianos usurpados por Chile y no los suyos propios. Las negociaciones sobre este tema se saldaron con la aceptación peruana de cobrar el pago del 50 por ciento de los ingresos aduaneros bolivianos hasta

## Cronología de la Guerra del Pacífico

**1829**
**1 de septiembre**
Se crea el Departamento del Litoral Boliviano.

**1866**
**10 de agosto**
Melgarejo firma el tratado de Medianería por el que renuncia a la soberanía sobre el territorio del litoral.

**1868**
**22 de octubre**
Fundación de Antofagasta.

**1873**
**enero**
Pacto defensivo peruano-boliviano.

**1879**
**14 de febrero**
El ejército chileno ocupa Antofagasta.

**1879**
**23 de marzo**
Defensa de Calama y Día del Mar.

**1879**
**5 de abril**
Chile declara la guerra a Bolivia y Perú.

**1879**
**8 de octubre**
Combate de Angamos, durante el cual muere el contraalmirante Miguel Grau.

**1879**
**2 de noviembre**
Defensa del puerto de Pisagua. Desembarco chileno.

**1879**
**19 de noviembre**
Derrota de San Francisco.

**1879**
**21 de noviembre**
Victoria de Tarapacá.

**1879**
**6 de diciembre**
Batalla de Tambillos.

**1880**
**26 de mayo**
Victoria chilena en Campo de la Alianza.

**1880**
**7 de junio**
Defensa del Morro de Arica.

**1881**
**14 de enero**
El ejército chileno entra en Lima (Perú).

**1884**
**4 de abril**
Pacto de Tregua chileno-boliviano.

**1904**
**20 de octubre**
Tratado de Paz y Amistad chileno-boliviano. Bolivia pierde definitivamente su litoral.

**1929**
**3 de junio**
Tratado chileno-peruano.

*El desastroso balance de la Guerra del Pacífico acabó con el poder de los antiguos y desacredi-* *tados jefes militares que habían debilitado el Estado. En la imagen, el Huáscar en combate.*

El historiador boliviano Gabriel René Moreno, que residía en Chile, se vio moralmente obligado a ejercer de emisario entre los presidentes de este país y Bolivia durante la Guerra del Pacífico.

Miguel Grau, almirante del navío peruano Huáscar y excelente estratega, protagonizó numerosos episodios victoriosos de la Guerra del Pacífico, a pesar de las deficiencias del equipamiento.

un máximo fijado en 400 000 pesos de la época. Desde el primer momento, la cancillería chilena procuró por todos los medios quebrar la alianza. Una de las medidas iniciales fue solicitar al respetado historiador boliviano Gabriel René Moreno, residente en Chile, que llevara al gobierno boliviano un mensaje, conocido como las «Bases chilenas». En la certeza de estar cumpliendo una responsabilidad para con su patria, René Moreno comunicó el punto de vista chileno al presidente Daza. El contenido del documento chileno tenía como puntos principales la alianza entre Chile y Bolivia contra Perú, el reconocimiento boliviano de la soberanía chilena hasta el paralelo 23, el compromiso chileno de ayudar a Bolivia en la anexión de las regiones peruanas de Tacna y Arica, y de proporcionarle armas y recursos económicos para financiar la guerra. De regreso en Santiago, Gabriel René Moreno comunicó al canciller chileno el rechazo rotundo del gobierno boliviano a su propuesta.

## La odisea del *Huáscar*

El océano Pacífico fue uno de los escenarios principales de la guerra. Los contendientes fueron Chile y Perú, ya que Bolivia carecía de naves de guerra. Desde el comienzo de la lucha en las aguas del Pacífico, quedó clara la supremacía de la Armada chilena, que contaba con embarcaciones modernas y bien equipadas, entre ellas los buques *Blanco Encalada*, *Cochrane*, *Chacabuco*, *Loa*, *O'Higgins* o *Magallanes*. La Marina peruana apenas contaba con dos navíos blindados con muchos años de antigüedad, que presentaban problemas técnicos y de mantenimiento, al igual que sus viejas corbetas y cañoneras.

Uno de los navíos peruanos, el *Huáscar*, protagonizó uno de los episodios más heroicos de la guerra en el mar. Comandado por el almirante Miguel Grau, hijo de un colombiano que participó en el ejército de Bolívar y marino de larga experiencia en Asia y América, el *Huáscar* realizó una auténtica guerra de guerrillas marítima contra las naves chilenas en 1879. Mediante temerarias acciones sorpresa, el almirante Grau mantuvo a raya durante meses a los navíos chilenos. El 21 de mayo de ese año hundió en la rada de Iquique a la corbeta *Esmeralda* tras un intenso y arriesgado cañoneo. El enorme talento militar de Grau, que hundió diversas embarcaciones enemigas y bombardeó puertos en poder de Chile, hizo del *Huáscar* uno de los principales objetivos a eliminar. Dos blindados y tres corbetas de la Armada chilena lo espera-

ron en la mañana del 8 de octubre en punta Angamos, cerca de la localidad de Mejillones. La acción
chilena fue mortífera. En los primeros intercambios de artillería el *Huáscar* quedó inmovilizado y
Miguel Grau perdió la vida. El resto de la tripula-
ción fue capturada y la embarcación arrastrada
hasta el puerto de Valparaíso. El impacto psicológico de esta operación fue muy negativo para la moral de las tropas aliadas peruano-bolivianas.

### La batalla de Pisagua

**N**o menos traumática y decisiva para el
curso de la guerra sería la toma de
Pisagua, la primera localidad atacada por
Chile dentro del territorio peruano. El 2 de
noviembre de 1879, apenas un mes después de la neutralización del *Huáscar*, los
efectivos chilenos atacaron Pisagua desde
el mar, desembarcando varios miles de soldados que tardaron varias horas en controlar la población, defendida heroicamente por
menos de mil efectivos, entre los que destacaron los batallones bolivianos «Aroma» y
«Vengadores». La retirada de los defensores de Pisagua fue tan apresurada como
caótica y, dado que no destruyeron ni los
pozos de agua ni las reservas de alimentos,
los invasores chilenos acabaron salvaje-
mente con la vida de más de cien soldados
de la alianza peruano-boliviana.

*El Ejército de Operacio-
nes en el Norte, al man-
do del general Erasmo
Escala, apoyado por la*
*Escuadra chilena, de-
sembarcó en Pisagua y
arrebató este puerto a
los peruanos.*

## La lucha en el continente

En los primeros momentos de la guerra, tanto Chile como la alianza peruano-boliviana no se encontraban en condiciones de realizar una ofensiva rápida y decisiva sobre el adversario, dado que
ninguno contaba con un dominio total del escenario marítimo. Con la captura del *Huáscar* y la posterior derrota de los aliados en Pisagua —punta de
entrada a Tarapacá y conexión con el ferrocarril peruano—, los responsables de la estrategia militar
chilena contaron con la seguridad necesaria para
trasladar sus contingentes militares al norte y operar con eficacia frente a una alianza peruano-boliviana fraccionada. Cuando comprendieron el peligro de permitir que Chile concentrara sus tropas,
los comandantes de la alianza decidieron atacar a
las fuerzas que habían desembarcado en Pisagua.

Ante el llamamiento del presidente Prado, supremo jefe militar de los aliados, el presidente
Daza partió de La Paz a mediados de abril de 1879
con dirección a Tacna al frente de un ejército de
más de 6 000 efectivos, realmente mal equipados
para una campaña militar prolongada. La mayor
parte de los soldados no contaban con armas, que
esperaban recibir en su lugar de destino. El ejército organizado por Daza y sus colaboradores era
más el producto del entusiasmo y el patriotismo
que de una planificación militar seria y meditada.
Carecía de la infraestructura médica indispensable,
que fue organizada meses más tarde en Tacna, después de las batallas de Pisagua, San Francisco y Tarapacá. Se improvisó un equipo de ambulancias
que después se convirtió en la base de la Cruz Roja
Boliviana. Por otra parte, los efectivos, que sólo pudieron contar con armas y entrenamiento durante
varios meses de permanencia en Tacna, recibieron
de Estados Unidos la partida de armamento solici-
tada por las autoridades bolivianas. En total, las
tropas de Bolivia permanecieron inactivas en Tacna
más de un año, lo que contribuyó a que decayera la
moral y se relajara la disciplina.

De alguna manera, la puesta en práctica del tratado peruano-boliviano produjo un cambio radical en la estrategia defensiva boliviana, diseñada
por Julio Méndez —ministro de Instrucción Pública del gobierno Daza—, que trataba de aprovechar las ventajas comparativas que concedía a Bolivia su posición geográfica y las particularidades
orográficas de su territorio. La propuesta de Méndez consistía en fortalecer las posiciones en la altitud de las montañas y esperar a los invasores chilenos en territorio propio, bien conocido por las

*Entrada en Iquique del general Hilarión Daza, el 17 de julio de 1879, cuando, al frente de un ejército de 4 000 hombres, se dirigia hacia la costa para enfrentarse a las tropas chilenas.*

tropas. Méndez fue un intelectual brillante, cuyo punto de vista sobre el lugar que Bolivia debía ocupar en el concierto de nuevas naciones alumbradas por la guerra de la Independencia expuso con claridad en su obra *Realidad del equilibrio hispanoamericano*: Bolivia debía mantener una posición neutral y potenciar su influencia como eje continental. Pero la alianza militar con Perú hizo imposible mantener estas posiciones, más propias de una acción política de largo alcance que de una respuesta militar improvisada a la invasión chilena.

Cuando el comando aliado decidió atacar a las tropas chilenas desembarcadas en Pisagua, las tropas peruanas se encontraban estacionadas en Iquique. A fin de reunirse con ellas, el presidente Daza debía marchar hacia el norte al frente de una división de su ejército. Esta operación fue preparada de forma ineficiente, en lo referente tanto al estudio previo de la ruta a seguir como al aprovisionamiento de agua y víveres. El 8 de noviembre un contingente de más de 2 000 hombres comanda-

dos por Daza partió hacia el norte. El primer tramo del desplazamiento se realizó en tren hasta Arica, desde donde comenzó una travesía hasta las cercanías de Iquique, a fin de apoyar a las tropas peruanas comandadas por el general Buendía. Mal organizadas, con carencia de agua y víveres, las tropas bolivianas sufrieron todo tipo de penurias. A los cuatro días de marcha una parte del contingente regresó a Arica, camino que seguiría poco después el batallón que se encontraba al mando de Daza, quien el 16 de noviembre se detuvo en el punto de Camarones e inició una retirada vergonzosa. Este capítulo de la Guerra del Pacífico ha sido objeto de diversas interpretaciones: se ha considerado la versión de que algunos oficiales bolivianos formaban parte de una confabulación a favor de los chilenos; también se ha creído que Daza decidió no entrar en batalla para no poner en peligro la integridad de sus tropas más seguras y adictas, con las que contaba para imponer su autoridad cuando regresara a La Paz, donde su figura había perdido respeto.

*Fotografía que muestra la ciudad de Lima ocupada por el ejército chileno en 1883, hecho que significó para Perú el final de la guerra, que Bolivia ya había dado por perdida tres años antes.*

Los aliados se enteraron de la contramarcha de Daza el 19 de noviembre, el mismo día de la batalla de San Francisco. El presidente Prado había ordenado al general Buendía que atacara a las tropas chilenas apostadas en el cerro de San Francisco, cercano a Iquique. Al frente de más de 10 000 soldados peruanos y bolivianos, Buendía atacó a una tropa chilena que apenas superaba los 6 000 efectivos pero que se encontraba bien situada en las alturas del cerro de San Francisco. La conducción militar de esta batalla fue el mayor desastre de las tropas aliadas durante la guerra: la falta de coordinación entre la vanguardia y la retaguardia del ejército peruano-boliviano dejó la iniciativa en manos de los chilenos, los cuales diezmaron las primeras líneas de combatientes, que se habían hecho fuertes en las primeras estribaciones del cerro pero que se encontraron súbitamente aislados y fueron presa fácil para la artillería enemiga. El resultado político de esta fallida acción aliada fue que, sin el menor esfuerzo, las tropas chilenas tomaron la ciudad de Iquique.

## El final del enfrentamiento bélico

El fracaso de San Francisco transformó radicalmente el curso de la guerra y de la política en Perú y Bolivia. El presidente Prado regresó a Lima y el 20 de diciembre se embarcó con rumbo a Europa.

El día 23 su cargo fue ocupado por Nicolás de Piérola, quien se declaró dictador de Perú apoyado por una parte del ejército. Por su parte, en el ámbito boliviano las reacciones hostiles hacia Daza fueron notorias a su regreso a Tacna, donde una conspiración liderada por el coronel Eliodoro Camacho, y en la que participó el contraalmirante peruano Lizardo Montero, lo relevó al frente del ejército y de la presidencia de la República. Tras una breve estancia en Perú, al igual que Prado, Daza se radicó en Europa.

El 19 de enero de 1880 la Junta instalada en La Paz nombró presidente provisional al general Narciso Campero. A pesar de su poco afortunada conducción de la quinta división del ejército boliviano durante la guerra, Campero fue considerado por los miembros de la Junta como la persona idónea para comandar las tropas nacionales y las de la alianza peruano-boliviana. En el mes de abril se trasladó a Tacna, donde consiguió coordinar la acción de los mandos de las tropas lideradas por Camacho y Montero, y con el visto bueno del presidente peruano asumió el mando conjunto de las tropas.

Para Bolivia, la Guerra del Pacífico concluyó con la derrota de los aliados en la batalla del Alto de la Alianza, en Tacna. Este decisivo enfrentamiento se inició el 26 de mayo de 1880. El objetivo de los invasores era controlar la ciudad de Tacna. Para alcanzar este objetivo, los comandantes chilenos habían organizado un ejército de 20 000 hombres, al frente del cual se encontraba el general Manuel Baquedano. Las tropas de la alianza, comandadas por Campero, sumaban unos 11 000 efectivos que se instalaron en un sitio denominado Alto de la Alianza. Al cabo de un día de durísimos combates la superioridad militar chilena se impuso al patriotismo de los aliados, quienes tuvieron que retirarse hacia los Andes mientras las tropas invasoras tomaban Tacna al atardecer del 27 de mayo.

## Ocupación de Lima y negociaciones

En Perú la guerra continuó hasta 1883 con la ocupación de Lima y de gran parte del territorio peruano por los ejércitos chilenos durante más de un año. En este difícil contexto los ministros de asuntos exteriores de Perú y Bolivia hicieron un último intento de mantener viva la alianza entre ambos países y firmaron un protocolo de intenciones para la creación de los Estados Unidos de Perú y Bolivia. Los chilenos controlaban territorios de ambos países, a los que habían derrotado militarmente. Coherentes con la visión expresada por Diego Portales, neutralizaron todas las iniciativas orientadas a resucitar la Confederación ideada por el visionario presidente Andrés de Santa Cruz.

No menos arduas que la última batalla de la guerra fueron las negociaciones de paz que, a iniciativa del secretario de Estado norteamericano, William Evarts, se iniciaron meses después, en octubre de 1880, a bordo de la embarcación estadounidense *Lakawana*, anclada en el puerto de Arica. Chile había ganado la guerra e impuso sus condiciones: el control de los territorios —tanto peruanos como bolivianos— situados al sur de la localidad de Camarones, una indemnización de guerra, la desaparición de la alianza entre Perú y Bolivia, y la devolución de los bienes chilenos confiscados durante el conflicto. Al mismo tiempo que mantenía una posición de fuerza en las negociaciones, la diplomacia chilena intentó cambiar el sistema de alianzas, tratando de lograr un entendimiento con Bolivia a cambio de la concesión de un tramo de la costa del Pacífico, consistente en los territorios peruanos de Tacna y Arica. Los diplomáticos bolivianos mantuvieron la misma posición de rechazo, que al comienzo de las hostilidades llevó al gobierno nacional a no aceptar las «Bases chilenas». La conferencia de paz fracasó y se cumplieron las condiciones impuestas por los vencedores de la guerra: Bolivia perdió sus provincias costeras.

El presidente Narciso Campero representó durante la campaña del Pacífico al sector que quería continuar la guerra, en una actitud que reveló una profunda ceguera ante la realidad.

## Las consecuencias de la guerra

El año 1880 marcó un punto crítico en la historia de Bolivia. El acontecimiento más dramático fue la derrota total del ejército boliviano y la pérdida del litoral costero en la guerra del Pacífico. Menos dramático, pero igualmente importante, fue el establecimiento de un nuevo gobierno que reemplazó el régimen de caudillaje del período anterior.

Aunque la sustitución de gobiernos por medio de golpes militares no fue un rasgo infrecuente de la vida política de la República durante las décadas posteriores a su creación, el nuevo régimen marcó, de hecho, un cambio fundamental en el desarrollo político nacional. Representaba el primer gobierno republicano viable de naturaleza oligárquica civil. Si bien la pérdida del acceso directo al mar continuó siendo el más importante de los problemas internacionales de Bolivia, el establecimiento de un sistema moderno de partidos políticos y de un gobierno dominado por civiles provocó cambios políticos, económicos y, a largo plazo, incluso sociales y culturales que conformarían la evolución histórica de Bolivia durante el siglo XX.

*Los gobiernos posteriores a 1880 fueron más explotadores de los indígenas que los anteriores caudillistas, en favor de la elite blanca (minera o hacendada). En la imagen, indígenas aymaras.*

Las bases económicas para estos cambios políticos habían comenzado con la revitalización de la actividad minera en la segunda mitad de siglo, con la relativa recuperación del sistema de haciendas y la introducción de ciertas transformaciones en el seno de las comunidades indígenas a partir de la década de 1860.

Los títulos de propiedad de tierras de las comunidades habían sido impugnados durante la administración de Mariano Melgarejo, pero los indígenas se resistieron y las comunidades pudieron conservar el control efectivo de sus tierras. En la década de 1870 los blancos y los «cholos» incrementaron su presión. El desarrollo de nuevos mercados, resultado de la expansión minera, proporcionó a la elite terrateniente un incentivo económico para emprender un ataque en toda regla, justificado con el clásico argumento liberal decimonónico de que las comunidades eran un sistema de propiedad de la tierra anacrónico y un obstáculo para la integración social. Durante la década siguiente la clase terrateniente dominante impuso a las comunidades un sistema directo de adquisición de tierras por el cual los títulos de propiedad debían estar a nombre de personas físicas y no de grupos corporativos.

La creación de un campesinado indígena libre con posesión de títulos dio a los hacendados el poder para romper el control de las comunidades, utilizando el sistema de comprar unas pocas parcelas, lo que destruía la cohesión de la comunidad. Mediante el engaño y la fuerza, que eran empleados con tanta frecuencia como la simple compra de parcelas, en poco tiempo las haciendas se expandieron a través de las tierras altas y los valles adyacentes. De esta forma, el período abierto en 1880 se convirtió en la segunda gran época para la construcción de haciendas en Bolivia.

La decadencia progresiva de la comunidad indígena significó no sólo la pérdida de la titularidad de las tierras, sino también de la cohesión social. Aunque en muchas haciendas los *ayllus* recreaban la organización política y social de las comunidades libres, éstas eran a menudo impotentes para evitar la expulsión de sus miembros de las fincas. Por otra parte, la necesidad de mano de obra en las propiedades era menor que en las anteriores comunidades libres.

El resultado fue una ruptura creciente de las normas sociales de los pueblos indígenas, la emigración hacia las ciudades y la expansión de la población chola rural y urbana. El único factor que impidió la total destrucción de la cultura indígena fue el continuo incremento de la población campesina durante todo el siglo XIX. Aunque una serie de epidemias ralentizara este crecimiento, la desaparición de enfermedades contagiosas, como el cólera, aseguró la continuidad de las elevadas tasas de crecimiento durante el último cuarto de siglo. Además, gran parte de la población rural continuaba siendo analfabeta y una gran mayoría desconocía el idioma nacional: el quechua continuó siendo la lengua predominante, seguida del aymara. Bolivia seguía siendo una nación predominantemente rural y de campesinado indígena, a pesar del crecimiento de un sector moderno de exportación, a pesar de las haciendas e, incluso, del desarrollo de los centros urbanos modernos.

*Los yacimientos de plata de Caracoles, descubiertos en 1870, pasaron a manos de chilenos y británicos con la ayuda del ferrocarril y de una ocupación humana superior a la población boliviana.*

## La expansión económica

La producción minera había decaído hasta tal punto en la primera mitad del siglo XIX que en 1846 sólo había 282 minas activas que empleaban a unos 9 000 obreros, la mayoría de los cuales, por otra parte, ni siquiera trabajaban a tiempo completo, sino que combinaban esta actividad con el trabajo agrícola. Una de las zonas agrícolas más activas era la de los Yungas, donde la producción de coca era muy importante e iba en aumento en relación directamente proporcional al crecimiento demográfico indígena. Otra próspera área agrícola era el valle de Cochabamba, con una elevada producción de trigo y maíz.

En lo que respecta al resto de la industria, el país desarrollaba una producción artesana que cubría las necesidades de la población. Se elaboraban tejidos de lana para el consumo local y había pequeñas industrias dedicadas a la transformación y elaboración de alimentos.

Fue durante el más caótico período de gobierno caudillista, entre 1848 y 1880, cuando, paradójicamente, se produjo la gran expansión de la economía boliviana. La industria minera del Altiplano asistió a la instalación de maquinaria a vapor durante las décadas de 1850 y 1860. También empezaron a funcionar las principales minas gracias a la aportación de capital de los comerciantes y hacendados de Cochabamba y de otras zonas cerealistas. A partir de entonces, estos nuevos comerciantes-mineros pudieron comprar nueva tecnología minera.

La lenta transformación de la minería en el Altiplano contrasta con el rápido crecimiento de la minería en el litoral pacífico boliviano en las décadas de 1860 y 1870. Las minas de plata de Caracoles de la década de los setenta se pusieron a pleno rendimiento, como sucedía con las más antiguas minas del Altiplano. El auge de estas modernas compañías atrajo capital internacional, lo que aún dio mayor empuje a las operaciones mineras. A finales de los años setenta Bolivia recuperó su puesto como uno de los principales productores del mundo de plata refinada.

*El final de la guerra supuso el inicio de una estructura parlamentaria moderna, dominada por los civiles, pero excluyente de las masas indígenas. En la imagen, indígenas de Sucre hacia 1899.*

## Causas del auge minero

El historiador Herbert S. Klein apunta dos hechos que pudieron determinar un crecimiento paradójico de la minería, al menos en lo que respecta a las condiciones internacionales: «En primer lugar, resulta evidente que una serie de acontecimientos externos a Bolivia desempeñaron un papel decisivo en el despertar del gigante minero.

La creciente productividad y los costos en declive de la maquinaria a vapor de Europa y Estados Unidos durante la primera mitad del siglo XIX significaron que las máquinas de vapor de los años cincuenta y sesenta eran mucho más baratas y mucho más fácilmente accesibles y de mucha mayor confianza que en los años veinte. Así se pudieron reducir considerablemente los costos de rehabilitación de una mina inundada.

Por otro lado, el crecimiento de la minería peruana durante este período dio un respaldo general regional de capitales y de experiencia técnica, fácilmente exportable a la incipiente industria boliviana, así como un mercado dispuesto para las exportaciones bolivianas. Por fin, la baja de los precios internacionales del mercurio redujo un costo tradicional importante de la extracción de la plata».

## La exclusión indígena de la política

Los gobiernos civiles establecidos a partir de 1880, a todos los efectos, sólo eran representativos de los hispanohablantes; es decir, a lo sumo, la cuarta parte de la población nacional. Dado que la instrucción era un requisito para ejercer el derecho de voto, se puede decir que el régimen boliviano era un sistema político de participación limitada. Hasta finales del siglo XIX el electorado se situaba entre 30 000 y 40 000 personas.

Las elites se ocupaban de mantener a las masas indígenas apartadas de la política, así como de negarles el acceso a las armas o a cualquier otro medio efectivo de protesta. Tras su profesionalización y modernización, el ejército se convirtió en un instrumento indispensable para mantener la sumisión de los indígenas, interviniendo constantemente para sofocar sus periódicos levantamientos. La elite se dividía en partidos políticos y recurría a las armas para derribar gobiernos; pero la mayoría de tales actos estaba bastante circunscripta a asuntos urbanos y conflictos entre clases. Los llamamientos de la elite a las clases subordinadas y a los grupos no hispanohablantes eran extremadamente raros, y la vida política de las dos últimas décadas del siglo XIX se desarrolló mediante reglas estrictamente definidas.

Los partidos políticos en Bolivia habían nacido como fruto de las divisiones y debates sobre la Guerra del Pacífico. El comienzo de la guerra en 1879 significó un golpe terrible para los propietarios de minas bolivianos. Para ellos, la guerra supuso una ruptura con sus nuevos recursos de capital en Chile y una grave interrupción en el comercio internacional. Acusaron de la guerra a los gobiernos militares precedentes y se agruparon en torno a dos figuras decisivas, Mariano Baptista, un abogado de las compañías mineras, y Aniceto Arce, el propietario minero independiente más importante del país, y formaron un poderoso partido en pro de la paz con Chile. Finalmente, el partido se apoyó en el general Narciso Campero, que había contribuido a derribar el régimen militar de Daza en diciembre de 1879 y que entonces comandaba la

*En los albores de la República, la labor social de las órdenes religiosas continuó centrándose en las zonas primitivas del país, como, por ejemplo, La Paz, Oruro (en la imagen), Sucre o Potosí.*

disminuida fuerza bélica boliviana. Los propietarios mineros bolivianos buscaban un final rápido al conflicto con Chile y la indemnización por todos los territorios perdidos en la construcción de vías férreas exclusivamente. Entretanto, el grupo antichileno y contrario a la paz reunía sus fuerzas en torno al popular coronel Eliodoro Camacho, líder de la revuelta contra Daza y destacado teórico liberal. Así, al finalizar la guerra, nacieron los partidos Conservador y Liberal.

## La Iglesia católica en el siglo XIX

Las guerras de independencia y los partidos políticos que de ella surgieron crearon un grave problema a la organización jerárquica de la Iglesia de los tiempos coloniales. Muchos de los obispos y arzobispos partidarios de la monarquía española tuvieron que abandonar el país. El presidente Sucre, además de tratar de regularizar la jerarquía eclesiástica, quería controlar las rentas y los bienes de la Iglesia, que representaban la única fuente económica real que podía utilizar para equilibrar las deficientes finanzas del incipiente Estado. Por esta razón, el presidente deseaba que la Iglesia se encontrara sometida al poder estatal, lo que iba en contra de la postura tradicional de aquélla, que, si bien había admitido la existencia del Real Patronato en la etapa virreinal, no quería verse sometida al Estado republicano puesto que ello le impedía el libre manejo de sus bienes y finanzas.

El gobierno de Sucre trabajó sobre tres frentes en sus relaciones con la Iglesia: la racionalización de la vida en los conventos, la desamortización de una parte de las rentas eclesiásticas y la reglamentación de los aspectos más fundamentales de la vida religiosa. En 1826 se emitió un decreto presidencial por el que se regulaba que en cada convento debía haber un mínimo de doce sacerdotes, lo cual provocó una situación algo difícil puesto que, al mismo tiempo, el gobierno estableció que sólo quedara un convento en cada ciudad. Así, las distintas órdenes pasaron desde entonces a identificarse con una determinada localidad: agustinos en Sucre, dominicos en Potosí, franciscanos en Oruro, mercedarios en La Paz y así sucesivamente. Los conventos femeninos no sufrieron ninguna modificación importante, pero sus rentas fueron restringidas por la anulación de los censos.

Una de las medidas más graves para la estructura eclesiástica estuvo relacionada con la acuñación de la primera moneda de plata del incipiente Estado boliviano. Para llevarla a cabo, el mariscal Sucre apeló a las rentas de la Iglesia, decidiendo en ciertos casos desmontar algunos de los tesoros artísticos de ese metal que existían en diversos templos.

La Iglesia y el Gobierno estuvieron de acuerdo con respecto al patronato, es decir, con la capacidad del Estado boliviano de heredar los privilegios de los que había disfrutado la Corona española durante el período virreinal. Uno de estos privilegios consistía en poder presentar ternas para la designación de las autoridades religiosas. Por otra parte, el gobierno republicano suspendió las procesiones públicas, que quedaron limitadas a la del Corpus Christi.

La disminución del clero secular y regular durante los primeros años de la Independencia provocó importantes vacíos en la conducción de la población cristiana, tanto en el campo como en la ciudad. La falta de sacerdotes, que era importante,

*Las constituciones de la primera época proclamaron la religión católica como oficial, pero el clero fue perdiendo poder tras la declinación de la influencia colonial. En la imagen, Guaqui.*

produjo un anquilosamiento en la práctica de las ceremonias religiosas y del culto en general. No obstante, una tradición de siglos hizo posible que la liturgia se desarrollara por caminos paralelos: los fieles sustituían la carencia de sacerdotes oficiando ceremonias en las que se mezclaban los ritos indígenas y los cristianos.

## El retroceso del catolicismo

La escasez de sacerdotes católicos, el abandono del culto religioso que se produjo durante la guerra de la Independencia y los primeros años de la época republicana, y la sustitución de la enseñanza religiosa obligatoria por la asignatura «Ideología» conspiraron contra la continuidad de la religión católica. Los suburbios de las ciudades, los pueblos y las pequeñas parroquias del país quedaron sin servicios religiosos y los escasos sacerdotes disponibles sólo podían atender un mínimo culto.

En este contexto se manifestaron, por un lado, la tradición católica y, por otro, las antiguas creencias, que de alguna manera habían pasado por un proceso de sincretismo durante el siglo XVIII, una simbiosis de conceptos que pervive en la actualidad —especialmente en las zonas rurales— en ciertas fiestas que simbolizan la práctica religiosa católica. Por ejemplo, el culto dedicado a tres santos, san Juan, san Isidro Labrador y san Lucas, que se expresaba en representaciones de estos santos con sus atributos, conservadas o encargadas a pintores indígenas: san Juan con su cordero, san Lucas con su toro y san Isidro con su espiga de trigo. A ello se sumó la masiva devoción a Santiago a caballo, una transposición que en la época colonial se hizo del antiguo dios Illapa (o el rayo) y que derivó en la tradición de construir capillas de Santiago en todos los lugares donde caía el rayo. Los tres primeros santos se celebraban en su correspondiente fiesta. Así, el 24 de junio se procedía a conducir corderos pintados de rojo masivamente a la iglesia, para la misa o para una ceremonia de bendición.

Otra devoción que se conservó a lo largo del siglo XIX fue la de las imágenes de vírgenes como Copacabana, Guadalupe, «La Bella» de Arani, o Socavón de Oruro, que eran patronas de civiles y militares. Pintadas sobre latón, circularon por todo el territorio nacional; también se representaron en relicarios de reducido tamaño realizados en plata con vidrio, primero por las monjas y más tarde por todas las mujeres.

# De la formación de partidos políticos al final del «antiguo régimen»

Gobiernos conservadores
y liberales hasta la Guerra
del Chaco

La disolución del orden
establecido

*Los regímenes conservadores y liberales confluyeron en la subvención del transporte, en el apoyo de la minería y en el desarrollo y modernización de sus centros urbanos. En la imagen, una calle de La Paz hacia 1940.*

# Gobiernos conservadores y liberales hasta la Guerra del Chaco

La derrota frente a Chile fue una de las causas de la pérdida de legitimidad de los sectores dominantes tradicionales. En el plano económico, tal pérdida de legitimidad se explica por el surgimiento de un grupo minero exportador dedicado a la explotación de la plata, que llegó a estar en condiciones de transformarse en una especie de vanguardia económica del país. Si bien este grupo se venía desarrollando desde mucho antes de la Guerra del Pacífico, no había encontrado las condiciones apropiadas para acceder al control del Estado.

Con la minería de la plata se había desarrollado en Bolivia lo que los economistas actuales denominan una «economía de enclave». Desde mediados del siglo XIX la industria minera de la plata había dejado atrás media centuria de estancamiento, procediendo a una reorganización económica a gran escala. Esta reorganización incluyó la atracción de nuevos capitales al sector de la minería, que permitieron incorporar una maquinaria moderna y eficiente, la consolidación de numerosas compañías mineras que no conseguían despegar y la liberalización de la producción.

En las décadas de 1860 y 1870 la producción y la tecnología de las minas bolivianas habían alcanzado niveles destacados en el plano internacional, un hecho que impuso la necesidad de incorporar un mayor volumen de capitales y la apertura de la minería del Altiplano a los financieros chilenos y europeos.

Ciertamente es llamativo que fuera el sector minero de la plata, el más modernizador de los que integraban el bloque dominante, el que diera nacimiento al Partido Conservador.

*Batería de morteros utilizada a finales del siglo XIX para triturar el mineral de oro o plata.*

## Los gobiernos conservadores

Mientras en otros países latinoamericanos los conservadores eran los representantes de los sectores sociales consolidados durante el período colonial, en Bolivia fueron los agentes de la modernización de la economía y los impulsores de una democracia parlamentaria en el plano político. Al mismo tiempo, estos conservadores de cuño liberal crearían las condiciones para que se produjeran importantes inversiones extranjeras, que dinamizaron las comunicaciones internas e impulsaron una industrialización incipiente.

No obstante, el proceso de «modernización» impulsado por los conservadores tuvo como base una acumulación de capitales que no rompió con el sistema tradicional de propiedad de las haciendas. Por el contrario durante el ascenso de los mineros de la plata en Bolivia tuvo lugar una expropiación masiva de las comunidades indígenas, un proceso que ya había comenzado a insinuarse desde antes de la Guerra del Pacífico.

Mientras que en la década de 1880 las comunidades indígenas retenían la mitad de la tierra y de la población rural, cincuenta años más tarde, en la década de 1930, las tierras bajo su control y los habitantes del campo habían descendido a menos de un tercio. En un país con una población de origen indígena tan importante, este proceso significaba la continuación de la Conquista española por otros medios, y también la agresión de un sector minoritario, que controlaba el Estado, contra la mayoría de la población.

La relevancia de la minería de la plata hizo de Bolivia un país muy vulnerable a las oscilaciones de los precios de este mineral en el mercado mundial,

*Desde finales del siglo XIX, los sucesivos gobiernos intentaron destruir las comunidades indígenas y extender el opresivo sistema de haciendas. En la imagen, campesinos chiriwanos de Chuquisaca.*

*Mariano Baptista, institucionalista formal, católico militante e irreductible conservador, brilló más en su carrera parlamentaria y política que en el desempeño de la presidencia.*

un hecho de fundamental importancia que contribuye a entender la permanente crisis política que ha caracterizado buena parte de la historia del país.

## Actuación política de la elite minera

No obstante, los grupos económicos sólo han actuado en el terreno político de manera ocasional, y únicamente en aquellas situaciones en que lo han considerado indispensable. Naturalmente, esto no significa que esos grupos hayan sido políticamente neutrales, dado que siempre han contado con partidos y caudillos que los representaran.

Una de esas situaciones se produjo en 1884, cuando los mineros apoyaron activamente la elección de Mariano Baptista como presidente y de Gregorio Pacheco, un minero de la plata, como vicepresidente; una elección que inició el período conocido como el de la «oligarquía conservadora», que se extendió hasta 1899.

Esta intervención de los grandes empresarios mineros en la arena política se debió a su interés por conceder al país una estabilidad institucional mínima, imprescindible tras la desestructuración que produjo la guerra con Chile. Pero también tuvo como uno de sus objetivos el evitar el ascenso al poder de sectores políticos revanchistas que pudieran provocar otra conflagración que frustrara las perspectivas de enriquecimiento de los propietarios mineros, quienes mantenían óptimas relaciones con los financieros chilenos y, a través de éstos, con los británicos.

Los sectores conservadores se agruparon en el Partido Liberal, que en muchos planteamientos era más conservador que el mismo Partido Conservador, e hicieron del antichilenismo su principal argumento político. En varias ocasiones los liberales trataron de provocar revueltas. Así, durante las elecciones de 1888, como resultado de las protestas contra el apoyo que el gobierno de Baptista dio al candidato conservador Aniceto Arce, se produjeron violentos disturbios, que iniciaron un prolongado período de lucha contra los fraudes electorales, el mecanismo para la conservación del poder en ese momento histórico.

## El primer ferrocarril boliviano

El ferrocarril fue sin duda uno de los aportes técnicos más importantes del siglo XIX y significó un cambio cualitativo, auténticamente revolucionario, de los medios de transporte y de comunicaciones. Bolivia, como otros países de América Latina, tuvo que esperar algunas décadas para contar con las ventajas económicas y sociales reportadas por este formidable invento desarrollado en el Reino Unido en las primeras décadas del siglo XIX.

El nombre del presidente Aniceto Arce se encuentra indisolublemente asociado a la introducción del ferrocarril en nuestro país. La instalación de las primeras vías férreas fue parte destacada de su obra gubernativa, quizás el aspecto más importante, aunque no exento de polémica.

Esta polémica derivó de la situación bélica que había atravesado el país durante la Guerra del Pacífico y de los enormes intereses económicos vinculados a la construcción de las líneas ferroviarias. Unir Bolivia y Chile con un ferrocarril era, para algunos, la garantía de una invasión chilena que acabaría adueñándose de nuevos territorios en la región andina; por ello, un sector de la opinión pública se opuso fieramente a su construcción.

Pese a ello, el presidente Arce llevó adelante su proyecto. Propietario de la mina Huanchaca, que sería beneficiada por el trazado ferroviario, hacía coincidir sus intereses personales con los del conjunto de la nación, ya que la llegada del tren permitía una reducción automática e importante de los fletes de transporte, así como la introducción de un amplio rango de mercancías. La Compañía Salitrera de Antofagasta había construido las líneas ferroviarias que unían Antofagasta con Pampa Alta, sitio próximo a la frontera resultante de la guerra. Esta construcción corrió por cuenta de la Compañía Huanchaca de Bolivia, encargada del tramo trazado desde Ascotán, territorio boliviano ocupado, hasta Huanchaca. El volumen de la inversión requerida para realizar este proyecto puso en difícil situación a Aniceto Arce y su poderío económico se vio seriamente debilitado. El tramo pasaba por Uyuni y Pulacayo, otro centro minero de importancia, y fue concluido en 1890. La fundación de Uyuni en ese mismo año estuvo originada por el paso del ferrocarril, ya que la intención era hacer de esa localidad un nudo distribuidor hacia Chile, Potosí y los territorios del sur. El presidente Arce, quizás tratando de demostrar a sus adversarios que estaban equivocados al acusarlo de beneficiarse con una obra pública, no descansó hasta que se hubo construido el tramo que une Uyuni y Oruro. El plan posterior era prolongar la línea a La Paz, Sucre, Cochabamba y Potosí. Su muerte, ocurrida en 1906, le impidió ver su sueño realizado. Para la historia anecdótica del país queda su famosa frase «Ahora, si quieren, pueden matarme», dicha en la recepción del primer tren que llegó a Oruro el 15 de mayo de 1892.

## Los gobiernos liberales

La irrupción en la política de los grandes propietarios del estaño en los últimos años del siglo XIX dio lugar a importantes cambios en las relaciones de poder. Los barones del estaño iniciaron su andadura hacia el control del Estado apoyando al Partido Liberal, que, por su parte, hizo todo lo posible para movilizar a los sectores medios e, incluso, a los trabajadores y las masas indígenas, creando mecanismos políticos de corte populista que más tarde funcionarían a la perfección.

La era de la hegemonía liberal en la política coincidió con la del predominio de los barones del estaño en la minería. El auge del estaño se encontraba en relación directa con el derrumbe del precio de la plata en los mercados internacionales. Si bien algunos potentados de la plata fueron capaces de trasladar sus inversiones a la explotación del estaño, el sector de la plata en su conjunto se vio seriamente afectado mientras el Partido Liberal aprovechó su descontento en contra de la oligarquía conservadora.

Atrincherados en La Paz, los liberales se enfrentaron a los bastiones conservadores con base en Oruro y Potosí, iniciándose en 1899 una revuelta que adquirió diversas modalidades: regionalista, en la medida en que reclamaba para La Paz la hegemonía del país; social, en cuanto que movilizaba a los sectores sociales desposeídos, como los obreros y los campesinos indígenas; y, finalmente, polí-

### La rebelión del cacique Willka (Huilca)

Como parte de la fracasada revolución liberal de 1899 tuvo lugar una rebelión de gran importancia: la dirigida por el cacique Willka. Su nombre originario era Pablo Zárate, una autoridad para los indígenas que vivían en la zona comprendida entre Imalla y Machamarca. Los liberales entraron en contacto con el cacique ofreciéndole nada menos que la devolución de las tierras comunales a cambio del apoyo de los indígenas a la revolución liberal. No obstante, los liberales pronto advirtieron que la rebelión indígena se desarrollaba por su cuenta y que era imposible contenerla dentro de los estrechos límites políticos impuestos por ellos.

En realidad, lo que ocurría en la práctica era una reedición de los grandes levantamientos de la era colonial, como el de Tupaq Amaru y el de Tupaq Katari, pero en esta oportunidad, en el marco de las condiciones impuestas por el desarrollo capitalista del país. Como ha ocurrido con otras grandes rebeliones indígenas del continente, la del cacique Willka logró armonizar otras rebeliones de menor alcance que se venían desarrollando de forma ininterrumpida desde mediados del siglo XIX, como consecuencia del también ininterrumpido saqueo de las comunidades indígenas, amparado por las autoridades. La expropiación a las comunidades tuvo un estatuto legal entre 1874 y 1895, cuando fueron promulgadas las denominadas «leyes de vinculación». La resistencia indígena alcanzó su mayor desarrollo en los años 1895 y 1896, y gracias a la mediación de Willka, se vinculó con la revolución regional de La Paz en 1898. La violencia del enfrentamiento civil radicalizó el furor político de colonos y comunitarios, de manera que en un determinado momento de la guerra civil el levantamiento indígena comenzó a orientarse paulatinamente hacia objetivos propios, que no eran sino el resultado inevitable de las ambiciones particulares con que la población indígena se sumaba a la conflagración civil. La rebelión de Willka mostraba que la «cuestión indígena» era el mayor problema de la nación boliviana y, como resultado de ello, poseía el mayor potencial revolucionario. Los levantamientos producidos por las instrucciones de Willka tenían claras pretensiones: la recuperación de las tierras expropiadas, el exterminio de las tiranías dominantes, la formación de un gobierno indígena, el reconocimiento de las autoridades revolucionarias y la aceptación de Willka como jefe supremo de la revolución autóctona. La creciente autonomía de la rebelión indígena respecto a la revolución liberal se concretó en la denominada «República de las Peñas», con la formación de un gobierno indígena propio. Este hecho le costaría la vida a Pablo Zárate, Willka, quien corrió la misma suerte que Tupaq Amaru y Tupaq Katari. Las oligarquías blancas sólo toleraban las movilizaciones indígenas a condición de mantenerlas controladas, y de esa manera perpetuaban la subordinación que ya existía en el orden social.

tica, dado que exigía la limitación de la propiedad territorial, la reducción del poder eclesiástico y el fin de un sistema de fraude electoral generalizado.

Sin embargo, al acceder al poder, los liberales no llevaron a cabo las transformaciones que reclamaban a los conservadores. La Iglesia se transformó en uno de sus aliados políticos más sólidos, los latifundios se mantuvieron intactos y tanto los obreros como las masas indígenas fueron reprimidos con severidad. La «revolución liberal» no tuvo nada de federal o regionalista, y mucho menos de social. En su origen no se encontraba un enfrentamiento entre sistemas de producción o de criterios acerca de la distribución de la riqueza; simplemente se trataba de una lucha por el control del poder entre sectores con distintas bases regionales.

Los auténticos beneficiarios de este proceso fueron los grandes propietarios del estaño: hacia 1915 las exportaciones de este mineral se habían duplicado y su valor había aumentado cuatro veces con relación al año 1900.

## La práctica política

Tan pronto se instalaron en el poder, los liberales realizaron un ejercicio de amnesia que se consumó en el olvido, incluso, de las medidas nacionalistas más elementales. Comenzaron haciendo grandes concesiones a Chile en materia de límites. En 1904 firmaron un tratado de paz mediante el cual cedían todo el territorio costero, y abandonaron las pretensiones de contar con un puerto en el océano Pacífico a cambio de una indemnización formal y de un ferrocarril que unía La Paz con Arica.

Por su parte, Brasil se apropió del territorio boliviano del Acre a cambio de dos millones y medio de libras esterlinas, de acuerdo a lo estipulado por el tratado de Petrópolis de 1903. Con la venta de territorios a Brasil y Chile quedaba claro que el criterio de la oligarquía liberal en materia de integridad territorial se limitaba a la estrecha noción de «propietarios» de un grupo de latifundistas.

Como era de esperar, la inusual práctica de solucionar los problemas financieros del país a través de la venta de territorios tuvo consecuencias imprevisibles, pues las conmociones sociales de períodos posteriores se vinculaban a una «cuestión nacional» que nunca había sido resuelta en la práctica. Los gobiernos liberales de José Manuel Pando (1899-1904) e Ismael Montes (1904-1909 y 1913-1917) intensificaron los programas de modernización iniciados por los liberales. Hasta la primera década del siglo XX, Bolivia fue un país sin

*José Manuel Pando, militar que alcanzó el grado de mayor general, fue el primer presidente del Partido Liberal y dirigió personalmente la campaña del Acre, que perdió frente a Brasil.*

deuda externa. Pero a partir de 1908 se hicieron varios empréstitos al gobierno boliviano, siendo uno de los más importantes el realizado por la Spitfel-Nicolaus-Investment, de Saint-Louis (Estados Unidos). Otros fueron realizados por empresas como Equitable Trust Co. y Spencer Trask, de Nueva York.

Por otra parte, durante el quinquenio 1886-1890, el promedio de las exportaciones anuales bolivianas fue de 27 millones de bolivianos y el de las importaciones de 13 millones. Para el período 1901-1905 estas cifras ascendieron a 33 y 17 millones,491 respectivamente, y en los períodos posteriores continuaron creciendo cada vez más hasta finales de la década 1920-1929, cuando alcanzaron 125 y 66 millones, respectivamente. La ausencia de una clase empresarial con capacidad de gestión hizo que este notable crecimiento de la economía fuera responsabilidad del Estado, que también impulsó programas de urbanización y de expansión ferroviaria, y una gran cantidad de obras de infraestructura que beneficiaban, en primer lugar, a los barones del estaño y sus intereses económicos.

*La compañía de Aramayo funcionaba con importante participación de capital europeo y era administrada desde Bolivia mismo. En la imagen, Rodolfo Aramayo con su familia hacia 1900.*

## Los barones del estaño

Contrariamente a lo que pueda pensarse, los barones del estaño no constituían una clase social propiamente dicha. En realidad su poder estaba apoyado en imperios económicos individuales o familiares. El más legendario fue sin duda el de Simón Iturri Patiño, nacido en Cochabamba en 1868. Su carrera se inició como empleado de minas para más tarde convertirse en uno de los principales millonarios del mundo. En 1910 Patiño compró la Uncía Mining Company, y en 1924, la compañía chilena de Llallagua. Para entonces controlaba alrededor del 50 por ciento de la producción boliviana de estaño, y daba empleo a más de 100 000 personas. El caso de Patiño es curioso ya que sus rentas personales, con una fortuna de 300 millones de dólares, eran superiores a las del Estado mismo. Hombre ambicioso, su afán de poder no tenía límites. En 1916 adquirió en el Reino Unido la empresa William Harvey Co., de Liverpool, a partir de la cual construyó un imperio financiero ramificado por toda Europa.

Menos poderosas que Simón I. Patiño fueron las familias Aramayo y Hochschild, con importantes propiedades mineras. Estos tres grupos económicos controlaban toda la producción de estaño y buena parte de las de plomo, wolframio y otros minerales de interés para los mercados internacionales. Aunque eran bolivianos, en la práctica los barones del estaño actuaban como capitalistas extranjeros en su propio país, una conducta que impidió aún más la consolidación de una burguesía auténticamente boliviana.

## La goma boliviana

La goma natural se extrae del árbol denominado científicamente *Shiponia hevea* y fue usada durante años para los propósitos más diversos. A partir de la invención del automóvil de combustión en 1885 —a la que se sumaría el proceso de vulcanización descubierto por Goodyear—, la demanda de goma para las llantas de los vehículos fue en aumento. Los árboles de goma se encuentran en la región selvática amazónica de América del Sur, principalmente en Brasil, Bolivia y Perú. En nuestro país eran especialmente abundantes en el territorio del Acre —perdido en gran parte tras el tratado de Petrópolis—, en el departamento de Pando y en la parte nordeste del Beni. Dentro de la inmensa región amazónica, la sección boliviana era una destacada proveedora de caucho. La primera gran concesión realizada por el Estado tuvo lugar en 1878 y el período de mayor importancia económica de la goma se extendió desde 1890 a 1920. La goma tuvo un papel muy importante en la economía nacional como segundo producto de exportación después de la plata hasta comienzos del siglo XX, y después del estaño hasta 1915, cuando comenzó su declinación definitiva. El mayor volumen histórico de exportaciones tuvo lugar en 1913 con 5 000 toneladas. La exportación de goma estaba sujeta a un impuesto, al igual que la de plata y la de estaño; uno de los principales problemas con el que se enfrentaban las autoridades era el control de la goma que salía ilegalmente del país. Los vaivenes de la industria gomera se debieron a la Guerra del Acre, que derivó en una caída drástica de la producción, al alza de precios, cuyo tope se alcanzó en 1910 por la demanda europea y estadounidense, y a la posterior depresión de precios como consecuencia de la Primera Guerra Mundial. No obstante, el golpe de gracia a esta importante industria se lo propinaron las nuevas plantaciones gomeras de la India, Sri Lanka y Malaysia, más eficientes al ser menor el costo de producción. Estas plantaciones fueron el resultado de un robo de plantas amazónicas realizado en Brasil por el británico Winkelman a finales del siglo XIX. Al cabo de unos años de experimentación y adaptación, se logró la producción masiva que acabó por arruinar las plantaciones de goma de nuestro país. Por tanto, el Estado debió asumir la administración de los sectores económicos no mineros del país y se transformó en una especie de botín permanentemente disputado por los sectores medios urbanos, que lo consideraban un medio particular de enriquecimiento personal. Las luchas por el control del Estado no eran en realidad enfrentamientos entre representantes de intereses de clases opuestas sino más bien escaramuzas de diversas fracciones políticas con intereses sociales similares. Como es comprensible, el conjunto de la población veía la política como una actividad desprestigiada y los detentadores del poder recibían el nombre de «la rosca», un término despectivo que incluía tanto a las familias dominantes como a sus testaferros políticos.

*Bautista Saavedra reformó la Ley Electoral, impulsó el ferrocarril a la Argentina, inició la legislación social y asentó su poder en las clases obreras, aunque también hizo uso de la represión.*

## El Partido Republicano

El Partido Republicano nació en 1916, producto de las divisiones internas de los liberales, e inicialmente no fue más que una amplia coalición política en la que se integraron todos los grupos opuestos al Partido Liberal. En la práctica, los republicanos eran tan diligentes hacia los grupos mineros como lo habían sido los liberales. No obstante, la corrupción política era tan generalizada que la única bandera que levantaron los republicanos en 1920 fue la de unas elecciones correctas, sin fraude electoral, lo que bastó para que accedieran al poder y terminaran con dos décadas de dominio liberal.

La aparición en la escena política del Partido Republicano no condujo a la emergencia de un sistema bipartidista; más bien fue el comienzo de un proceso general de fraccionamiento político. Casi inmediatamente después de tomar el poder, el Partido Republicano se escindió en dos ramas opuestas; la primera de ellas dirigida por el intelectual de clase media urbana Bautista Saavedra y la otra, por el hacendado y político de Cochabamba Daniel Salamanca. Saavedra y sus seguidores se hicieron con la iniciativa y el control del gobierno y el partido. Salamanca y sus fuerzas fundaron una nueva organización, el Partido Republicano Genuino, y empezaron a actuar contra el nuevo régimen.

El gobierno de Saavedra se inició en 1921 buscando el apoyo del incipiente movimiento obrero, pero al poco tiempo, a finales de 1923, llevó a cabo la horrorosa matanza de Uncía. De las propias elites iban surgiendo, paralelamente, diversos grupos que se autoproclamaban socialistas. En 1921 apareció el Partido Socialista Nacional.

Pese a los muchos desacuerdos que la clase política pudiera tener, algo los unía de manera indivisible: la discriminación racial hacia los pueblos indígenas. Bautista Saavedra incluso agudizó la política expropiatoria. Las rebeliones indígenas, siempre que se producían, eran aplastadas con una crueldad incomprensible.

En cualquier caso, el racismo era un vínculo demasiado débil como para mantener unida eternamente a la oligarquía boliviana. Hacia el final de su mandato presidencial, Saavedra se encontraba ro-

## La matanza minera de Uncía

En 1923, cuando se produjo la triste matanza de Uncía, los trabajadores de las grandes minas de estaño carecían por completo de una legislación que los protegiese frente a la explotación y el abuso de las empresas, y no contaban con condiciones mínimas de seguridad industrial. Es cierto que las grandes empresas habían creado unas infraestructuras médicas, educativas y recreativas para los trabajadores, desconocidas hasta entonces en el país. Pero no es menos cierto que las condiciones de trabajo eran sencillamente brutales.

La jornada de trabajo superaba con creces las ocho horas y los socavones estaban bajo tierra a temperaturas altísimas, saturados del polvo de las perforaciones. El esfuerzo físico que debían realizar los obreros era enorme, no sólo por los pesos que tenían que transportar sino por la falta de oxígeno en las galerías de las minas. El resultado directo de esta explotación despiadada era una esperanza de vida promedio de treinta años, la generalización de enfermedades crónicas de los trabajadores, como tuberculosis y silicosis, y las mutilaciones y muertes frecuentes por accidentes laborales.

Los primeros conflictos reivindicativos en la industria minera llegaron con el siglo XX: las confrontaciones y huelgas de Huanchaca

*Trabajadores ante la bocamina de La Salvadora, propiedad de Patiño, que se solidarizaron con los mineros de Uncía en las jornadas de 1923.*

(1904) y de las minas La Salvadora y Pulacayo (1918). Pero fue en Uncía donde se produjeron los acontecimientos de mayor gravedad, que el movimiento de los mineros tomó como punto de partida de su posterior acción sindical. Propiedad del magnate Patiño, Uncía era el centro minero más moderno y mejor equipado, poblado por 10 000 habitantes.

El 1 de mayo de 1923 se unieron las federaciones de obreros de Llallagua y La Salvadora para crear la Federación Obrera Central de Uncía, que pocos días más tarde exigió la renuncia del gerente de la mina por sus permanentes abusos y limitaciones al trabajo sindical. La empresa y el gobierno ignoraron los reclamos y se decretó el estado de sitio en la mina, que fue tomada por tropas del ejército. La población de la mina se reunió en la plaza principal para exigir la libertad de los dirigentes detenidos, pero los oficiales militares ordenaron disparar sobre la multitud indefensa, causando así varios muertos y numerosos heridos. La matanza sublevó a la población y fueron necesarios varios días para restablecer la calma en la región. El movimiento y la posterior matanza de Uncía pasaron a la historia del movimiento sindical minero boliviano como un momento simbólico, que permitió continuar avanzando en las reivindicaciones de los trabajadores mineros.

deado de grupúsculos políticos de diverso signo sobre los que no ejercía el más mínimo control. Para colmo de males, el mismo Saavedra se encargó de abrir otro frente de lucha política al hacer concesiones desmedidas a la Standard Oil, una acción que la prensa opositora a su gobierno aprovechó muy bien para crear un clima de nacionalismo político antigubernamental. Bautista Saavedra perdió el apoyo del barón del estaño Simón Patiño y debió ceder la presidencia, que pasó a manos del gobierno interino de Felipe Segundo Guzmán y, posteriormente, a su correligionario Hernando Siles.

Dado que el proceso de desmoronamiento del Partido Republicano parecía imposible de detener, el nuevo presidente se vio obligado a crear su propio partido, que fue bautizado con el nombre de Partido Nacionalista. Hernando Siles buscó el apoyo del movimiento estudiantil universitario, una oportunidad que fue aprovechada para crear en 1928 la Federación Universitaria Boliviana. En contra de lo previsto por Siles, la nueva organización de los universitarios se transformó rápidamente en un foco de agitación y en uno de los principales centros de divulgación del ideario socialista.

## Movimientos sociales

Tal como ocurrió en otros países del continente, el movimiento por la reforma universitaria, nacido en la ciudad argentina de Córdoba en 1918, trascendió el ámbito universitario y se vinculó con otros movimientos y luchas sociales, creando las condiciones para la formación de líderes que tendrían un papel político destacado en la década de 1950. En efecto, el amplio proceso de desestructuración del sistema político tradicional, de marcado corte oligárquico, tenía como una de sus causas la aparición de nuevos movimientos sociales y políticos que presionaban para ocupar un papel en el espacio público. Uno de los más importantes era el movimiento obrero. La clase obrera fue cuestionada en sus orígenes por algunas fracciones de la misma oligarquía, que no advertían que con ello estaban violando los pactos de convivencia no escritos de «la rosca», sobre todo si tenemos en cuenta que esos trabajadores tenían en su mayoría una procedencia indígena y campesina. Esta singular amalgama de indígenas-trabajadores incorporaba a las reivindicaciones salariales clásicas del movimiento obrero otras históricas, como las del campesinado y los pueblos indígenas, asumiendo de esta manera el conjunto de temas que constituían los intereses generales de la nación boliviana.

*La presidencia de Hernando Siles fue de activa evolución política y trajo consigo la fragmentación de los partidos tradicionales, aunque no permitió el libre juego de las fuerzas democráticas.*

La doble incorporación de obreros y estudiantes al proceso político resultaría decisiva, dado que tenía lugar en el marco de una depresión económica mundial que se hacía sentir con violencia en el conjunto del país. En 1929 Bolivia alcanzó un récord histórico en la producción de estaño, exportando 47 000 toneladas, aunque a un precio internacional inferior al de las primeras décadas del siglo. Si en 1927 el precio de la tonelada era de 917 dólares, en 1929 había bajado a 794 dólares, para caer brutalmente a 385 dólares en 1932, con tremendas consecuencias económicas y sociales para la población.

## El «problema fronterizo»

Tentado por la posibilidad de sucederse a sí mismo en el gobierno, Siles apeló a un recurso que posteriormente hizo escuela entre algunos gobernantes del país: inflamar el nacionalismo mediante la provocación de problemas fronterizos con los países vecinos. En 1928 movilizó tropas hacia el Chaco y decretó el estado de sitio en el interior del país, a fin de paralizar a sus oponentes políticos. En su intento de prolongar su presencia al frente

# La crisis prebélica

*Daniel Salamanca defendió el sistema político tradicional y no sintonizó con el frente estudiantil y obrero, por lo que chocó con la oposición de los grupos radicales y reformistas marginales.*

Los orígenes de la crisis prebélica hay que situarlos en el momento de la caída de los precios del estaño, que comenzó en 1927. En 1929 las reservas de estaño sin vender también iban creciendo, lo que provocó que los precios del mineral bajaran aún más. En esos tiempos, Bolivia, con la competencia de otras tres regiones productoras de estaño (Nigeria, Malaysia e Indonesia), proporcionaba el 80 por ciento de la producción mundial. Sin embargo, el estaño boliviano era el que tenía el grado de mineral más bajo y los costes de transporte más elevados; por ello, de los cuatro países Bolivia era el que producía el estaño más caro.

Por consiguiente, fue el primer país en sentir las ondas de choque. También le resultó imposible forzar a los otros grandes productores a que recortaran la producción voluntariamente, ya que, dados los altos precios bolivianos, aquéllos todavía podían obtener algunos márgenes de beneficio. En julio de 1929, a instancias de Patiño, se fundó una Asociación de Productores de Estaño de carácter voluntario, formada por las compañías privadas que operaban en los cuatro grandes centros de producción. Esta asociación acordó establecer recortes en la producción, política que mantuvieron fielmente las tres compañías bolivianas más importantes a partir de 1929 y principios de 1930. Pero las compañías no bolivianas no siguieron el convenio, por lo que a mediados de 1930 este sistema voluntario podía considerarse un fracaso.

Con unas condiciones de libre mercado intolerables y ante la imposibilidad de proceder a restricciones voluntarias, los productores decidieron a finales de 1930 tomar la drástica medida de solicitar la participación gubernamental en el programa de producción. Esto suponía un cambio rotundo en la posición tradicional de los empresarios privados, beligerante ante cualquier tipo de intervención gubernamental en la empresa privada. Por primera vez se asignaba al gobierno boliviano no sólo el derecho de poner impuestos a la industria, sino de controlar las cuotas de producción, lo que iba a conducir al control sobre las ventas al extranjero en las próximas décadas.

Con este claro acto de desesperación los principales productores esperaban mantener el control directo sobre las decisiones gubernamentales que les afectaran. Pero, también esto hizo posible la primera intervención realmente enérgica del gobierno en los asuntos mineros. Aunque hubo acuerdos generales sobre cuotas, los programas de producción

del gobierno, durante la transición a su siguiente mandato delegó el poder en una junta militar, pero dentro del propio ejército surgieron voces en contra de Siles, que se vieron acompañadas por manifestaciones estudiantiles y obreras que amenazaban transformarse en una sublevación popular de gran envergadura y consecuencias imprevisibles.

Ante la nueva situación, de difícil gestión, los distintos partidos políticos llegaron a un acuerdo transitorio, nombrando al cochabambino Daniel Salamanca como presidente. Su imagen de hombre excepcional, sobrio, honrado y de gran capacidad intelectual le valió el apodo de «hombre símbolo», de manera que, cuando se produjo su acceso a la presidencia, contaba con el respeto de todos los sectores políticos. A este político de formación y simpatías conservadoras, le correspondió el triste papel de liquidar el sistema político hasta entonces vigente y llevar al país al doloroso episodio de la Guerra del Chaco.

De los tres barones del estaño surgidos de una carrera selectiva, el más poderoso fue Simón I. Patiño; en la imagen, rodeado de los miembros de una delegación boliviana en París (1928).

Carlos Blanco Galindo fue el trigésimo segundo presidente de Bolivia, gobernó durante apenas diez meses al frente de una Junta Militar y dio apoyo incondicional a los barones del estaño.

reducida para todas las compañías no eran obstáculo para que cualquiera de ellas pudiera incrementar fácil y rápidamente su producción si el gobierno cambiaba sus cuotas de mercado por decreto. Ello introdujo repentinamente una tensión especial en las relaciones entre los tres grandes propietarios de minas y llevó sus conflictos competitivos hasta los mismos pasillos del gobierno. Los grandes propietarios comenzaron a prestar una atención considerablemente mayor al escenario político local y a apoyar a diferentes facciones dentro de la propia elite.

Finalmente, al estar sólo implicados tres gobiernos importantes —Bolivia, Holanda y Reino Unido—, pudo llevarse adelante con éxito el sistema de producción de cuota obligatoria, iniciándose a principios de 1931 el Programa de Control Internacional del Estaño. El 1 de marzo del mismo año, pocos días antes de la toma de posesión del gobierno de Daniel Salamanca, entraron en funciona-

miento las cuotas y la producción boliviana se redujo drásticamente, generando una crisis económica interna masiva en la República. Aunque el programa de producción restringida redujera las reservas mundiales de estaño por vender y finalmente lograra estabilizar los precios, la minería boliviana no empezó a recuperar niveles de producción moderados hasta el año 1933.

## La postura de la elite

La elite boliviana seguía muy de cerca todos estos cambios internacionales y la sacudida provocada en la economía local. El gobierno interino de Carlos Blanco Galindo (junio de 1930-marzo de 1931) ya había experimentado con programas de obras públicas y había apoyado completamente todos los planes de producción de Patiño. También había recortado los desembolsos presupuestarios hasta reducirlos al mínimo. Al mismo tiempo se había prestado especial atención a los diversos pro-

*En la imagen, un capellán militar arenga a las tropas bolivianas antes de partir hacia la Guerra del Chaco, que se convertiría en la más costosa del país en su historia republicana.*

gramas de recuperación nacional que se estaban probando en otras partes del mundo.

Entre todas las propuestas ofrecidas por los grupos implicados en el debate sobre la economía nacional, las más concretas eran las aportadas por los liberales. Aunque sus planteamientos fueran ortodoxos, sugerían una intervención gubernamental importante.

### La gestión de Daniel Salamanca

Pero Daniel Salamanca parecía sobrepasado por la crisis. Cuando se le preguntaba cuáles eran sus ideas económicas, respondía evasivamente sobre la necesidad de un gobierno honesto. Semejante vaguedad de ideas hubiera podido ser aceptable en tiempos de crecimiento, con un orden social estable, pero carecía de significado en aquel contexto concreto. Como resultado de ello su Partido Republicano Genuino sufrió una derrota total en las elecciones legislativas de enero de 1931 y el nuevo Congreso cayó en las manos del Partido Liberal, que ganó con mayoría absoluta. El rígido Salaman-

ca se encontró de improviso enfrentado a un Congreso hostil y totalmente fuera de su control, con una economía que a duras penas podía entender y una sociedad con profundos malestares a los que no podía dar soluciones.

Prácticamente desde el momento en que asumió su cargo, Daniel Salamanca comenzó a tener en contra a la mayoría de los grandes grupos de la sociedad boliviana. Mientras que los gobiernos anteriores habían continuado esencialmente la política de los períodos de Bautista Saavedra y Hernando Siles, consistente en aplicar reformas moderadas y un marcado acento en el bienestar social, el régimen de Salamanca, como resultado de la crisis, constituía un retorno a la más rígida ortodoxia del pasado. Salamanca también tuvo en contra a los partidos de la elite tradicional, ya que gobernó de forma partidista a pesar de haber accedido al poder gracias al apoyo de todos los partidos políticos.

La situación económica y social que enfrentaba el nuevo presidente era muy compleja dado que

*Las causas de la Guerra del Chaco se hallan en el conflicto político interno boliviano y en las tensiones provocadas por la «gran depresión». En la imagen, soldado boliviano en un descanso.*

el estaño bajaba de precio día tras día en los mercados internacionales. Por su parte, los barones del estaño descargaban el peso de la crisis económica en los trabajadores que, a su vez, realizaban frecuentes manifestaciones callejeras, a las que se sumaban los estudiantes y otros sectores medios urbanos, que también padecían la dureza impuesta por el crack económico.

## Primer paso hacia la guerra

En medio de una situación cada vez más caótica, el presidente Salamanca decidió una penetración militar en el territorio del Chaco ya que desde su perspectiva era imprescindible que Bolivia tuviera una fuerte presencia en esa zona. Mediante esta invención del «enemigo exterior», Salamanca creyó encontrar la solución que llevaría el país al orden. Su plan consistía en aunar la voluntad popular, más allá de los intereses económicos, en contra de supuestos enemigos comunes: uno de ellos era interno, el comunismo; el otro, externo, los «invasores» paraguayos en el Chaco. Bolivia era uno de los países latinoamericanos donde los comunistas no habían tenido éxito en la expansión de su ideario, por lo que difícilmente podían ser considerados como un enemigo. Por lo tanto, la errónea política del gobierno de Salamanca ayudó a difundir el ideario comunista antes que a combatirlo. La Ley de Defensa Social que propuso para perseguir a estos enemigos inexistentes fue rechazada incluso por sus propios partidarios.

El gobierno se vio en la necesidad de concentrar todas sus energías en combatir al enemigo externo, comenzando Salamanca un juego muy peligroso. Al provocar incidentes limítrofes con Paraguay, consiguió el apoyo transitorio de la mayor parte de la población, pero para poder mantenerlo el único camino era intentar ganar la guerra en un plazo muy breve. De lo contrario la prolongación del conflicto bélico exigiría una cantidad de recursos imposibles de obtener sin empobrecer aún más a los trabajadores y elevar el nivel de endeudamiento externo del país, ambas consecuencias sumamente impopulares.

## La Guerra del Chaco

(mapa)

B O L I V I A
San José de Chiquitos
L. Gaiba
Santiago
L. Mandioré
Puerto Suárez
B R A S I L
Corumbá
Bahía Negra
Campo Grande
Fuerte Olimpo
Puerto Sastre
R. Apa
La Esmeralda
P A R A G U A Y
Ponta Porá
R. Paraguay
Concepción
ARGENTINA
R. Pilcomayo
Rosario
Asunción
Villarrica
Formosa
••• Límite norte de la reclamación paraguaya
••• Límite sur de la reclamación boliviana
····· Propuesta fronteriza de Pinilla-Soler (1907)
Guerra de 1932-1935:
— Máximo avance boliviano
— Máximo avance paraguayo
▨ Bolivia en 1938
▨ Paraguay en 1938
R. Paraná
Corrientes
Encarnación
Posadas

*El coronel Manuel Marzana lideró la resistencia del fuerte Boquerón, en 1932, cuya pérdida su-* *puso prácticamente la reanudación del avance paraguayo, hasta entonces frenado en este punto.*

Foto: Enciclopedia *Bolivia Mágica* / Hugo Boero Rojo

## La Guerra del Chaco

Mediante provocaciones, el gobierno de Salamanca obligó prácticamente a los paraguayos a involucrarse en una guerra que no deseaban, pero no valoró adecuadamente la capacidad de combate del ejército de aquel país. Por otra parte, no tuvo en consideración una situación geopolítica muy desfavorable para Bolivia, dado que el gobierno argentino apoyaba abiertamente la posición paraguaya. Al mismo tiempo, no tuvo en cuenta los poderosos intereses de los consorcios petrolíferos instalados en la región, como eran la Standard Oil y la Royal Dutch Shell, poco dispuestos a prestar su apoyo a un gobierno que, como el boliviano, en realidad daba escasas muestras de seriedad.

No obstante, cuando Salamanca inició su absurda guerra, una ola de nacionalismo invadió el país y la clase política dejó de lado sus diferencias para lograr una unidad patriótica. Los voluntarios se alistaban por millares y los hijos de las familias oligárquicas se enrolaban en el ejército con la ilusión de poder vivir una novela de aventuras. Aprovechando la situación, el gobierno de Salamanca tomó medidas para cercenar los derechos sindicales y enviar a sus oponentes políticos a los campos de batalla.

Por su parte, los paraguayos realizaron esfuerzos diplomáticos para evitar la guerra, e incluso después de haber perdido su primer fuerte, el 18 de julio de 1932, propusieron solucionar los problemas recurriendo a la mediación de Estados Unidos. Pero los bolivianos siguieron avanzando y al gobierno paraguayo no le quedó otra opción que decretar la movilización general de sus combatientes.

### El comienzo del fin

Al poco tiempo las fuerzas paraguayas recuperaban los territorios ocupados por los bolivianos. La batalla del Boquerón fue el comienzo del desastre para Bolivia y la euforia nacionalista dejó paso a una rabiosa oposición al gobierno de Salamanca. En medio de la desesperación, el presidente puso al frente de las fuerzas bolivianas al general alemán Hans Kundt, que poco pudo hacer para evitar una derrota prácticamente irremediable. Las fuerzas bolivianas no sólo eran desalojadas de los fuertes

*Portada del diario paraguayo* El Orden, *del 12 de junio de 1935, donde se anuncia el final de la contienda del Chaco, dificultada hasta el final por la habilidad del gobierno argentino.*

### Los costos de la guerra

Las terribles consecuencias de la Guerra del Chaco se desprenden, en buena medida, de las estadísticas publicadas por Roberto Querejazu Calvo.

**Paraguay**
Movilizó 150 000 hombres, de los cuales fueron hechos prisioneros 2 500 y cayeron muertos 40 000. Sirvieron en retaguardia 10 000 hombres.

**Bolivia**
Movilizó 200 000 hombres, de los cuales fueron hechos prisioneros 25 000 y cayeron muertos 50 000. Sirvieron en retaguardia 30 000 hombres.

***Costo económico de las operaciones***
Paraguay: 124 millones de dólares.
Bolivia:   228 millones de dólares.

paraguayos que habían conquistado, sino que también perdían el control de partes considerables del propio territorio. La derrota boliviana se consumó en la batalla del Arze, en octubre de 1932.

Salamanca, acosado por la oposición, recurrió a la represión como principal instrumento político. Pero cuando los oficiales David Toro y Carlos Quintanilla se hicieron eco del generalizado descontento popular, hasta Salamanca comprendió que los días de su gobierno estaban contados.

En los frentes de guerra las tropas bolivianas continuaban sufriendo derrotas. El 25 de noviembre de 1934 los generales Peñaranda y Toro hicieron detener a Salamanca y entregaron el gobierno al vicepresidente y jefe liberal José Luis Tejada Sorzano, quien se encargó de administrar la derrota militar y de recuperar al menos una parte de los territorios perdidos.

La política interna de Tejada Sorzano procuró establecer una economía de emergencia con el apoyo de Aramayo, uno de los barones del estaño, que se hizo cargo del Ministerio de Finanzas. El mayor Germán Busch, al recuperar militarmente los territorios petrolíferos, fue elevado a la categoría de héroe nacional.

### La firma de la paz

El protocolo de paz con Paraguay fue firmado el 12 de junio de 1935 por los cancilleres Tomás Elío, de Bolivia, y Luis Riart, de Paraguay, gracias a la presión del canciller argentino Carlos Saavedra Lamas. El 14 de junio, a las 12 del mediodía, terminó uno de los episodios más dramáticos de la historia de Bolivia, conocido como «Guerra del Chaco».

Entre 1935 y 1938 se llevaron a cabo arduas negociaciones para definir los nuevos límites entre ambos países, devolver los prisioneros capturados durante la guerra y lograr una salida soberana de Bolivia al río Paraguay, que finalmente le sería negada. Por último, el 21 de julio de 1938 se firmó en Buenos Aires el definitivo tratado de paz, amistad y límites entre Bolivia y Paraguay. Lo suscribieron Eduardo Díez de Tejada y Enrique Finot, en representación de Bolivia, y Cecilio Baes y José Félix Estigarribia, por Paraguay.

*Conferencia celebrada en Buenos Aires en 1935, a raíz de la cual Bolivia y Paraguay dieron por finalizadas las hostilidades de la Guerra del Chaco, algo que ambos estados ya deseaban.*

## Balance de la guerra

El saldo de la guerra fue terrible. Bolivia envió a los frentes tres ejércitos que sumaban en total 200 000 efectivos, con un saldo de 50 000 muertos y 25 000 prisioneros. El costo de la guerra fue de 228 millones de dólares, financiados por el Banco Central y con algunos préstamos de empresarios mineros, ya que el país tenía suspendido su crédito internacional.

Es indudable que el acto más inteligente de los militares bolivianos durante el curso de la guerra fue la destitución del presidente Salamanca, pero con este hecho se iniciaba una pesadilla que acompañó a Bolivia durante muchas décadas: la irrupción de los militares en la vida política. La derrota tuvo efectos erosionadores en las instituciones políticas del Estado. Al principio lo único que parecía acabado era el gobierno de Salamanca, pero la derrota había tocado el corazón del sistema político vigente, dejando a la luz la tremenda debilidad del viejo régimen oligárquico.

La historia de las pérdidas territoriales de Bolivia, hasta entonces, había sido lamentablemente muy larga. En la primera época republicana, de 59 años, por cesiones compulsivas en favor de Chile y Brasil se perdieron 270 000 km². En la segunda época, de 68 años, se perdieron 850 000 km².

Así, pues, la suma total de pérdidas territoriales, hasta el año 1952, daba la cifra de 1 120 000 km², en favor de Chile (1866, 1884 y 1904), Brasil (1867 y 1903), Argentina (1889 y 1925), Perú (1909) y Paraguay (1938).

Según ha señalado el historiador Herbert S. Klein, Bolivia entró en la Guerra del Chaco con una economía en gran medida tradicional, subdesarrollada y dominada por la exportación, y salió de ella con las mismas características; pero, de ser una de las naciones menos movilizadas de Latinoamérica, pasó a ser más avanzada que muchos de sus vecinos por lo que se refiere a la ideología radical y a la organización sindical: la guerra arrasó los sistemas tradicionales de creencias e impulsó a repensar radicalmente el carácter de la sociedad boliviana. El resultado de este cambio en el pensamiento de la elite fue la creación de un movimiento político revolucionario que abarcó algunas de las ideas más radicales que habrían de surgir en el continente. La guerra también crearía el clima para el desarrollo de uno de los movimientos obreros más poderosos, independientes y radicales de América. Desde este punto de vista, concluye Klein, la Guerra del Chaco, como lo había sido antes la del Pacífico, resultaría ser uno de los puntos de viraje en el proceso histórico boliviano.

# La disolución del orden establecido

La clase dominante boliviana se enfrentó al fracaso histórico desde una perspectiva predominantemente literaria. Tras la guerra aparecieron diversas novelas que eran tanto piezas literarias como graves acusaciones al régimen. Autores como Alcides Arguedas, Armando Chirveches y Jaime Mendoza se hicieron cargo de una especie de nacionalismo frustrado muy difundido en los ambientes intelectuales bolivianos del momento. Esta frustración no era unívoca y se presentó bajo diversas formas en diferentes medios políticos.

*Campesino cosechando cereal en el valle de Araca, en la provincia Loayza (La Paz).*

## Nuevas corrientes políticas

El nacionalismo popular tenía como portavoces a escritores como Carlos Montenegro y Augusto Céspedes, y su ideología presentaba rasgos fascistoides que correspondían a la irritación política de las clases medias urbanas. Su pensamiento económico propugnaba la nacionalización de las empresas extranjeras, en particular los consorcios petrolíferos. En el plano político impulsaban un tipo estatal corporativo. En líneas muy generales realizaban una exaltación de los valores de las razas indígenas, aunque sus propuestas concretas respecto a la «cuestión agraria» eran más bien vagas.

En sus comienzos los grupos nacionalistas populares estaban organizados en el Partido Socialista, pero sus ideas penetraban en todos los círculos, incluso en los cuarteles, donde algunos oficiales jóvenes las acogían rápidamente. Desde el momento mismo de la derrota en la Guerra del Chaco, en el ejército se organizó el grupo de los llamados «ex combatientes», que cuestionaban de manera radical el sistema político establecido que había permitido el comienzo de la guerra con Paraguay.

La derrota en el Chaco también brindó a algunas corrientes de izquierda que habían aparecido antes de la guerra la oportunidad de expresarse con libertad. Uno de los pensadores más atractivos de la izquierda naciente fue Tristán Maroff, seudónimo de Gustavo Navarro. Junto a José Aguirre Gainsborg, Maroff fue uno de los fundadores del Partido Obrero Revolucionario (POR), creado en la ciudad argentina de Córdoba en 1934 y adherido más tarde a la doctrina trotskista. Maroff era un nacionalista de izquierda antes que un marxista ortodoxo; afirmaba que la burguesía boliviana se encontraba incapacitada para llevar a cabo las tareas de la democracia burguesa en virtud de sus compromisos con la oligarquía latifundista y el capital extranjero, por lo que la denominó «burguesía feudal». Por otra parte, las posiciones de Maroff tenían un carácter más indigenista que obrerista, y sus ideales de sociedad se entroncaban con las tradiciones colectivistas heredadas de los inkas.

Mucho más ortodoxo desde una perspectiva marxista fue el otro fundador del POR, José Aguirre Gainsborg, que se había formado políticamente durante el período de la reforma universitaria. En 1929 Aguirre Gainsborg era secretario de Vinculación Obrera de la Federación de Estudiantes de La Paz y en 1930 se convertía en dirigente de un grupo comunista clandestino. En la época en que se fundó el POR, sostenía la tesis leninista de un partido de clase armado y formado por militantes con experiencia en el campo de la acción revolucionaria. Esta postura fue el origen de las diferencias que siempre mantuvo con Maroff.

*Tejada Sorzano (en la imagen, con sus ministros en 1935), en su breve mandato presidencial, gobernó hábilmente con el respaldo de los liberales, que mantuvieron sus posiciones clásicas.*

El Partido Obrero Revolucionario fue un punto de encuentro de distintas corrientes ideológicas de izquierda, como el Grupo Revolucionario Tupaq Amaru, fundado en Argentina durante la Guerra del Chaco, la Izquierda Boliviana de Chile y el grupo Exiliados en el Perú. A pesar de su reducida dimensión, el POR fue un partido importante que sobrevivió a lo largo de más de seis décadas. Desde posiciones extremistas y con frecuencia marginales logró tener influencia en la política boliviana de diversos modos y con diferente fuerza.

## Fascistas y liberales

Paralelamente a las tendencias populares e izquierdistas, adquiría presencia otra tendencia, de carácter fascista, que en 1937 culminó con la fundación de la Falange Socialista Boliviana, la cual seguía el modelo de la Falange Española de José Antonio Primo de Rivera. La Falange se basaba en un exaltado nacionalismo y partía del principio de la colaboración de clases para combatir la lucha de clases y, consiguientemente, a todas las ideologías de izquierda. En 1952 estuvo a punto de formar parte del movimiento que protagonizó la revolución de 1952, pero se retiró en el último momento. La Falange, en 1971, llegó por primera vez al gobierno apoyando a Hugo Bánzer. Tras su salida del gobierno, inició una etapa de decadencia hasta prácticamente desaparecer del escenario político.

Al tiempo que aparecían nuevas expresiones políticas, en los partidos tradicionales continuaba el proceso de disolución que había comenzado con anterioridad a la Guerra del Chaco. Los nacionalistas de Siles se dividieron en pequeñas entidades. De los republicanos de Saavedra surgió una nueva fracción, la de los republicanos socialistas.

Tejada Sorzano se apoyaba en un Partido Liberal que era la sombra del partido que había sido en el pasado. Para contener a la oposición, el presidente apelaba de manera recurrente a las Fuerzas Armadas. Era el peor de los recursos, pues en el ejército ya había madurado la idea de que los políticos eran incapaces de gobernar, por lo que decidieron hacerse con un poder que en la práctica ya controlaban, y el 17 de mayo de 1936 Tejada fue depuesto por un grupo de oficiales.

Los oficiales que tomaron el poder tenían concepciones ideológicas bastante difusas, en las que se mezclaban ideas fascistas, como el repudio a la política civil y ciertas nociones antisemitas, con un nacionalismo que rápidamente adquirió tonalidades antiimperialistas. El pronunciamiento militar que derrotó a Tejada Sorzano tuvo como portavoces a los coroneles David Toro y Germán Busch. El primero quedó al frente del nuevo gobierno y bautizó la era que se iniciaba con el llamativo término de «socialismo militar».

## Los años del socialismo militar

Esta expresión significaba que los militares pasaban a ser la representación estatal de un amplio movimiento de corte popular. Los jefes militares entendieron correctamente cuál era la situación general del país y la correlación de fuerzas existente en ese momento histórico.

La ausencia de una burguesía propiamente dicha, la situación de debilidad de los barones del estaño tras la crisis mundial y la fragmentación política de los sectores medios concurrían en la configuración de una coyuntura en la que los únicos sectores organizados eran los obreros sindicalizados y los militares. En consecuencia, las alternativas que se presentaban eran: un enfrentamiento entre obreros y militares, o alguna forma de colaboración. Los oficiales optaron por la segunda de estas opciones.

Dentro del ejército también había sectores que no estaban de acuerdo con la decisión de Toro y Busch de establecer una alianza con los sindicatos, y que se encontraban a la expectativa para actuar en el momento adecuado.

A fin de reforzar sus posiciones en el Estado y en el ejército, Toro impulsó una política económica de carácter estatalizador y el 13 de marzo de 1937, en respuesta a una demanda generalizada, nacionalizó las posesiones de la Standard Oil, que pasó a ser gestionada por la empresa estatal Yacimientos Petrolíferos Fiscales Bolivianos, de reciente creación. Ésta fue la primera nacionalización de una multinacional estadounidense en Latinoamérica, la cual se produjo con más de un año de anticipación respecto a las grandes confiscaciones mexicanas. De este modo, en poco tiempo el Estado se convirtió en el primer empresario de la nación, asumiendo incluso un papel activo en las exportaciones de estaño.

Carlos Aramayo, uno de los barones del estaño, intentó dar respuesta a la amenaza socialista crean-

*La nacionalización de la Standard Oil constituyó la primera confiscación de una transnacional estadounidense en Latinoamérica. En la imagen, extracción de petróleo en Camiri.*

do un partido propio en el que agrupó a los empresarios mineros: el Partido Centrista, que fracasó rápidamente. La derecha económica boliviana comprendió con rapidez la necesidad de organizarse políticamente, algo que le había resultado innecesario en el pasado. Por su parte, Bautista Saavedra trató de actualizarse incorporando el término socialista a las siglas de su partido, que terminaría siendo el Partido de la Unión Republicana Socialista (PURS), pero sin que hubiera ningún cambio en su programa. Los auténticos y genuinos liberales mantuvieron la misma organización partidaria, que continuaba su irremediable decadencia. Los tres partidos terminaron formando una alianza que hizo posible su permanencia en el poder en la década de 1940.

En la Bolivia de la década de 1930 se daban las combinaciones políticas más inesperadas: un fascismo antiimperialista, un partido socialista que era fascista, un partido republicano sin república, liberales conservadores, conservadores liberales, etcétera. De este modo, los conceptos que habían surgido en diversos momentos de la historia europea eran recuperados en Bolivia y combinados caprichosamente para designar realidades muy diferentes a las que los habían originado.

*El presidente Germán Busch sustituyó el gobierno clásico liberal por el concepto socialista de un Estado que interviene en la vida privada del ciudadano y se preocupa por el bien común.*

En junio de 1937 tuvo lugar un nuevo pronunciamiento militar, mediante el cual Germán Busch, héroe nacional de la Guerra del Chaco y el cerebro del gobierno, reemplazó a David Toro en la presidencia. Demostrando un hábil dominio de los mecanismos de la manipulación populista, Busch inició su presidencia atacando verbalmente a los barones del estaño para terminar condecorando a Simón Patiño pocos meses más tarde.

Durante la presidencia de Busch se produjeron tres hechos importantes para el futuro del país. Por una parte se creó un espacio democrático que permitió la movilización independiente de sectores populares que hasta entonces se encontraban con impedimentos para hacerlo. Por otra parte se derogó la Constitución liberal de 1880, que fue reemplazada por otra que concedió una serie de derechos económicos al Estado, limitando la actividad de los empresarios privados. Finalmente, en 1939 se promulgó un nuevo Código de Trabajo, que incorporaba numerosas demandas por las que los trabajadores habían venido luchando durante largos años.

Los coroneles Toro y Busch, a diferencia de los políticos a la vieja usanza, no fueron obsecuentes con los barones del estaño, y ello provocó una reacción política que puso en marcha la oligarquía boliviana, la cual incitó algunas conspiraciones dentro del ejército. El principal interés de los coroneles del «socialismo militar» era poner límites al poder económico de los grandes mineros. Por esta razón, durante la presidencia de Toro, se creó el Banco de Minerales a fin de favorecer a la pequeña y mediana minería. También se obligó a los barones del estaño a convertir parte de sus ganancias en moneda boliviana. En la presidencia de Busch se incrementó la participación estatal en las ganancias mineras a fin de establecer un estricto control de las exportaciones.

Este conjunto de medidas económicas era demasiado «socialista» para los barones del estaño, que impulsaron un frente común contra el presidente Busch. Los proyectos de los grandes empresarios mineros se vieron favorecidos por la reorganización y unificación política que tenían lugar en los partidos de derecha. A la muerte del viejo caudillo Bautista Saavedra en 1939, las diversas fracciones republicanas formaron un único partido que, echando un manto de olvido sobre los enfrentamientos del pasado, se unió con los liberales de Alcides Arguedas para luchar contra el enemigo común.

El anuncio realizado por Germán Busch a comienzos de 1939 de que su gobierno se convertiría en una dictadura, contribuyó a favorecer la unidad de la derecha, que pudo ocultar la defensa de sus intereses y privilegios económicos bajo la bandera de la lucha por la democracia. El aislamiento de Busch dentro del ejército se hizo cada vez mayor, y los oficiales reaccionarios comenzaron a organizarse alrededor del general Quintanilla. Cercado y aislado tanto en el campo militar como en el político, el presidente Germán Busch tomó la terrible decisión de suicidarse el 23 de agosto de 1939. Con su muerte terminaba el período del «socialismo militar».

## La emergencia de la izquierda civil

El general Quintanilla separó del ejército a todos los oficiales simpatizantes de Busch y dio el visto bueno para el retorno de los partidos tradicionales al poder. La unidad de estos partidos había tenido un solo objetivo, el derrocamiento de Busch, pero todas sus diferencias históricas seguían teniendo notable vigencia. Por otra parte, tras su suicidio,

Busch se había transformado en un mártir de la izquierda civil, que para la fecha de su muerte había alcanzado un cierto nivel de organización que le permitía participar de la vida política.

La plana mayor del ejército boliviano impidió que el general Quintanilla se hiciese con todo el poder público y se transformara en otro caudillo incontrolable. Le obligaron a convocar elecciones presidenciales en 1940, de acuerdo con lo estipulado en la Constitución aprobada en 1938. Convocadas las elecciones, los partidos tradicionales se mostraron incapaces de llegar a un acuerdo para presentar un candidato civil común, lo que los llevó a establecer un nuevo tipo de relación con el ejército, presentando como candidato a presidente al general Enrique Peñaranda.

En cambio, las diversas organizaciones de izquierda sí fueron capaces de consensuar una candidatura única en la persona del profesor de derecho José Antonio Arze. Su candidatura no despertaba grandes expectativas, ya que se consideraba que la mayor parte de los votos válidos (58 000 en total) irían al general Peñaranda, quien aparecía en la escena política como un mal menor frente a Quintanilla. Para sorpresa general, el profesor Arze obtuvo 10 000 votos, que se interpretaron más como un rechazo a la restauración del sistema político anterior a la Guerra del Chaco que como un apoyo a la candidatura única de la izquierda.

No obstante, animadas por el resultado electoral, las fuerzas de izquierda se unieron para las elecciones parlamentarias y, sorprendentemente, obtuvieron la mayoría de los escaños. Los partidos de la derecha tradicional eran ya una mera fachada, que poca cosa representaba salvo un pasado lleno de dolor y frustraciones. Ni tan siquiera eran capaces de derrotar en unas elecciones a una izquierda que, en realidad, apenas tenía presencia social.

La principal oposición al presidente Enrique Peñaranda no provenía de la minúscula izquierda marxista, sino del rápido desarrollo de un nacionalismo de izquierda que era difundido por hombres realmente brillantes como Augusto Céspedes y Carlos Montenegro. El Movimiento Nacionalista Revolucionario (MNR) fue fundado el 25 de enero de 1941 por un grupo de jóvenes políticos e intelectuales de la llamada «generación del Chaco», entre los que figuraban, además de los citados, Víctor Paz Estenssoro, Hernán Siles Zuazo, Walter Guevara Arze, Germán Monroy Block y Rafael Otazo. La nueva fuerza política se presentaba como un movimiento nacionalista en el que no estaban au-

El Partido de Izquierda Revolucionaria (en la imagen, su primer jefe, Arze) nació para realizar la revolución democrático-burguesa como paso previo a la renovación económica y social.

sentes ciertos rasgos fascistoides; era rabiosamente antiestadounidense y tenía ciertas vinculaciones con los sectores populares del país. La carencia de un programa político claro acercó el movimiento a los ejemplos fascistas de Europa, pero en su primera experiencia de gobierno, entre 1943 y 1946, su nacionalismo se transformó en una línea interclasista que defendía los intereses populares. Con los años el MNR se convirtió en el partido boliviano más importante de toda nuestra historia republicana.

### La organización interna

La izquierda marxista, animada por los resultados electorales, también aceleró su proceso de organización política durante la presidencia del general Peñaranda. El 26 de julio de 1940, en un congreso de izquierda realizado en Oruro, José A. Arze y Ricardo Anaya fundaron el Partido de Izquierda Revolucionaria (PIR), que hizo suyas numerosas demandas planteadas por el movimiento obrero y abordó el problema de la distribución de la tierra y la «cuestión indígena» de manera mucho menos

*La masacre de la mina de Catavi, cuyo exterior aparece en la imagen, se convirtió en poderosa bandera de la izquierda y de los mineros. Unió a unos y a otros en una poderosa vanguardia.*

retórica que el MNR. El PIR fue el partido más influyente de la izquierda boliviana en la década de 1940. De línea claramente marxista, propuso la revolución democrático-burguesa como etapa previa al socialismo. Su línea independiente y antiimperialista se vio rápidamente condicionada al ser controlado por una fracción prosoviética en el contexto de la Segunda Guerra Mundial.

La izquierda boliviana se hacía así presente en la escena política con cierto atraso histórico, pero demostrando una inusual capacidad organizativa que le permitió ocupar parcelas importantes de la arena pública en un breve período de tiempo. El MNR, el PIR y el POR tenían un enorme espacio político a su disposición que, como ha sido norma en la izquierda de Latinoamérica, podrían haber aprovechado mejor si no se hubiesen atacado mutuamente desde un principio como enemigos mortales por asuntos que poco o nada tenían que ver con la realidad económica y social del país. Debido a su inserción en el mundo obrero y campesino, el PIR parecía estar destinado a desempeñar un papel central en la izquierda boliviana, pero tras

la revolución de 1952 perdió toda fuerza hasta desaparecer en la década de 1960.

A pesar de las divisiones dentro del campo de la izquierda, las posiciones parlamentarias empeoraban para el gobierno de Peñaranda, que en las elecciones de 1942 apenas obtuvo 14 000 votos frente a los más de 20 000 de la oposición. Considerando que el derecho a voto estaba restringido al reducido sector de bolivianos blancos y alfabetizados, estos resultados fueron realmente catastróficos. La única reacción del gobierno Peñaranda fue intensificar la represión de los sectores populares, destacando la masacre de la mina de Catavi, donde los obreros en huelga fueron violentamente reprimidos por las tropas gubernamentales. Catavi se convirtió en uno de los pocos símbolos comunes de la izquierda boliviana.

Otra notable torpeza de un gobierno ya en decadencia fue la represión sufrida por el PIR, con lo cual se privó de un potencial aliado en el contexto internacional surgido de la segunda gran guerra europea del siglo XX. Dado que la URSS pasó a formar parte del campo aliado frente a la Alemania nazi, los partidos comunistas de muchos países latinoamericanos prestaban su apoyo a las dictaduras más reaccionarias del continente por el simple hecho de que éstas se pronunciaban en contra de Alemania, aunque el pronunciamiento por lo general no pasaba de una mera declaración formal. El PIR incluso llegó a manifestarse favorable a un aumento de la producción exigido por el gobierno a los obreros de las minas. Aislado, el presidente Peñaranda sólo contaba con el apoyo de los símbolos del pasado: los republicanos y los liberales.

## El populismo militar-civil de 1943

Aislado dentro del ejército, las horas del general Peñaranda al frente del gobierno estaban contadas. La creciente politización de la sociedad boliviana había llegado al seno del ejército, dentro del cual se habían formado numerosas logias y sectas de carácter inequívocamente político. Una de ellas, denominada «Razón de la Patria» (Radepa), estaba integrada por oficiales jóvenes que simpatizaban con el socialismo militar de Germán Busch. En realidad, esta logia era un partido secreto, organizado rígidamente en células políticas judiciales y ejecutivas con el objetivo de controlar el país.

En diciembre de 1943 la Radepa ejecutó con gran éxito un golpe de Estado; varios miembros del Movimiento Nacionalista Revolucionario ocuparon cargos en el nuevo gobierno, recayendo la pre-

El presidente Gualberto Villarroel impulsó la política de fomento de la industria petrolífera, promulgó la Constitución de 1945 y dio los primeros pasos hacia una reforma agraria.

Durante el primer gobierno de Paz Estenssoro hubo una etapa de transformaciones radicales, dirigidas a instaurar un capitalismo de Estado y a crear un país moderno e industrializado.

sidencia en el desconocido Gualberto Villarroel, con la graduación de mayor. Como consecuencia de la presión ejercida por Estados Unidos, el MNR debió dejar de lado su retórica fascistoide y los más destacados ideólogos del movimiento, Céspedes y Montenegro, fueron alejados de los puestos de responsabilidad. Una opción y una figura comenzaron a ganar terreno en el nuevo contexto creado por la presión exterior: la corriente popular-obrerista representada por Víctor Paz Estenssoro.

La influencia de esta corriente del MNR en el gobierno de Villarroel se manifestó en las relaciones con sectores de trabajadores organizados sindicalmente, que condujeron a la formación de la Federación de Trabajadores Mineros de Bolivia en 1944. Otro hecho de importancia fue la organización del Congreso Nacional Indígena, reunido en La Paz en 1945. Los decretos de ese congreso, en particular los referidos a la abolición de los pongueajes, no alcanzaron a ser cumplidos, pero dieron un marco legal imprescindible a las futuras movilizaciones indígenas. Además, durante el gobierno de Villarroel, por primera vez se cuestionó

el sistema latifundista, el primer paso dado por un movimiento social campesino que se mostraría incontenible durante los años siguientes.

## La oposición de izquierdas

Las reformas populares del gobierno no impidieron que en Bolivia se desarrollara una oposición de izquierda encabezada por el PIR. En realidad los militantes del MNR utilizaron los recursos que les proporcionaba su presencia en el gobierno para reprimir a sus rivales de izquierda, por lo que en gran medida se puede decir que el PIR fue empujado hacia la oposición. Sin embargo ello no justificaba que este partido organizara una «coalición antifascista» con los elementos más reaccionarios del país, como en la práctica ocurrió con la alianza entre comunistas y republicanos. Esta fuerza de oposición tuvo una capacidad movilizadora importante en las zonas urbanas. El 14 de julio de 1946 estalló en La Paz una revuelta popular urbana que puso fin al gobierno y a la persona de Gualberto Villarroel, el cual fue colgado en la plaza principal de la ciudad. El ejército, paralizado, dejó actuar a

*Juan Lechín fue el máximo dirigente sindical entre 1944 y 1985, cuando dimitió de todos sus cargos al reconocer su derrota política frente al plan de emergencia económica de Paz Estenssoro.*

*Los republicanos dirigidos por Urriolagoitia (en la imagen) y Hertzog eran el ala reaccionaria de los partidos tradicionales y buscaban destruir el radicalismo en el movimiento obrero.*

los civiles, pero el Partido de la Unión Republicana Socialista (PURS) era incapaz de ejercer el gobierno de Bolivia.

## El ascenso del Movimiento Nacionalista Revolucionario

El punto de partida de la política del PIR no era sino un enorme error, ya que pensaron que el principal enemigo eran los «fascistas» del MNR, frente a los cuales era necesario reunir a todas las fuerzas democráticas del país. Fue un error de magnitud ya que ni el MNR era fascista ni los aliados del PIR eran demócratas. Ante la imposibilidad de formar gobierno con los liberales y los republicanos, todas las promesas del PIR se desvanecieron y el partido quedó reducido a ser el brazo popular de la coalición antiobrera y anticampesina que era el PURS. Semejante error político e histórico de la izquierda comunista se tradujo en la pérdida de apoyos obreros, que pasaron a la única oposición posible: el Movimiento Nacionalista Revolucionario.

La nueva situación también produjo movimientos internos dentro del MNR. Sus sectores más fascistoides fueron definitivamente elimina-

dos, imponiéndose gradualmente las posiciones del sector obrerista. Entre este sector y el Partido Obrero Revolucionario había muchos puntos de coincidencia, hasta el punto que el dirigente minero, y militante porista, Juan Lechín, se convirtió en un importante interlocutor político de Paz Estenssoro. Las posiciones del POR no derivaban de la importancia cuantitativa del partido, sino de la capacidad de algunos de sus miembros para producir articulaciones ideológicas. Entre éstas destacan la ya legendaria «tesis de Pulacayo», aprobada en el IV Congreso Nacional de Mineros, celebrado en noviembre de 1946.

En esta tesis se planteaba que el proletariado, incluso en Bolivia, constituye la clase revolucionaria por excelencia. De este modo, por primera vez en Latinoamérica, los trotskistas encontraban un espacio concreto de inserción política y, por supuesto, no desperdiciaron la ocasión para plantear una de sus tesis características: la de la revolución permanente, cuyo objetivo no era otro que la instauración de la dictadura del proletariado. No obstante, la «tesis de Pulacayo» no era representativa del grado de conciencia alcanzado por la clase obrera; más bien se trataba del grado de ideologización de una fracción muy activa de la «inteligencia revolucionaria».

Con el apoyo del PIR, el gobierno desarrolló una activa política antiobrera. Más de cinco mil trabajadores fueron despedidos de las minas como consecuencia de los bajos precios del estaño en el mercado mundial. En febrero de 1947 los mineros de Potosí fueron asesinados por el ejército y la policía, triste episodio que había sido precedido por la matanza campesina de Cochabamba en 1946. La represión gubernamental trabajaba en favor del Movimiento Nacionalista Revolucionario.

### La consolidación política

Tras las elecciones de 1949 el MNR se consolidó como la segunda fuerza política de Bolivia, recuperando todos los espacios políticos perdidos en su anterior experiencia de gobierno. Este avance produjo una crisis entre los republicanos: el presidente Enrique Hertzog renunció, asumiendo el gobierno su vicepresidente, Mamerto Urriolagoitia. El MNR actuó con rapidez, aprovechando el momento político, y se lanzó a la ofensiva total. Los obreros de Catavi recurrieron a las armas, siguiendo las instrucciones que desde el exilio les impartían los dirigentes Juan Lechín y Mario Torres, lo que desembocó en una nueva matanza en Catavi.

El MNR planteó una línea insurreccional que fracasó, dado que el gobierno en ejercicio conservaba cierta legitimidad. A finales de 1949, con la dirección de Hernán Siles Zuazo, se organizó un levantamiento civil y los partidarios del MNR tomaron varias ciudades, como Potosí, Sucre y Santa Cruz, e importantes poblaciones de provincia, como Camiri. Pero los dirigentes del partido fueron incapaces de liderar los pasos futuros de la insurrección, a pesar de contar, incluso, con ciertos apoyos militares, como el de los oficiales y soldados que se sumaron a los insurrectos en Santa Cruz.

Pero el grueso del ejército continuó leal al gobierno y la insurrección fue aplastada de modo sangriento. Tras ella, el país estaba dividido en dos frentes: a un lado, los pobres, los obreros, los campesinos y algunas importantes fracciones de los sectores medios representados por el MNR; al otro, la oligarquía tradicional y los magnates mineros con sus partidos divididos y ocultos detrás de la única defensa que les quedaba: el ejército. Por su parte, el PIR entró en un rápido proceso de descomposición y sus jóvenes militantes lo abandonaron para fundar el Partido Comunista Boliviano.

En 1949, Hernán Siles Zuazo, dirigente del Movimiento Nacionalista Revolucionario, organizó una insurrección civil que aunó a obreros y clase media para combatir contra el poder del ejército.

## Hacia la insurrección popular de 1952

La fallida insurrección del Movimiento Nacionalista Revolucionario llevó a buena parte de sus simpatizantes al exilio y, en algunos casos, al paredón de fusilamiento. De todas formas, ante el espanto de la derecha, en las elecciones del 6 de junio de 1951 triunfó la fórmula representada por Paz Estenssoro y Hernán Siles Zuazo. El MNR ganó las elecciones con el 43 por ciento de los votos. Nunca en la historia de Bolivia un partido había conseguido más votos que el MNR. Pese a ello, el rumor de golpe de Estado era tan persistente que los candidatos triunfantes debieron pasar la noche del triunfo escondidos.

El presidente Mamerto Urriolagoitia, presintiendo la debacle electoral, había renunciado poco antes de las elecciones, delegando el poder en los militares. El alto mando militar, informado de que los candidatos triunfantes del MNR reincorporarían a los oficiales dados de baja al concluir el gobierno de Villarroel, tomó la decisión de anular las elecciones aduciendo una conspiración del MNR y los comunistas. La insensatez de la medida mili-

*El descontento en las cuencas mineras fue uno de los detonantes de la revolución de 1952, liderada por el Movimiento Nacionalista Revolucionario. En la imagen, mina de estaño.*

tar provocó incluso la protesta de algunos parlamentarios de los partidos de derecha. Pocos golpes de Estado han tenido tan poca legitimidad como el de 1951. No obstante, el hecho resultó favorable para el MNR ya que recibió el apoyo de la prensa de todo el continente, que condenó severamente los hechos consumados. En efecto, el robo electoral dio al Movimiento Nacionalista Revolucionario la legitimidad insurreccional de la que había carecido en 1949. En semejante situación, los militares sólo podían contar con el apoyo de algunos republicanos y de los fascistas organizados en la Falange Socialista Boliviana.

Aunque muchos dirigentes del MNR se vieron sorprendidos por la insurrección de 1952, el Movimiento ya había demostrado durante los acontecimientos de 1949 que no era en absoluto contrario a la violencia. Como entonces, en 1952 Hernán Siles Zuazo fue el jefe de la insurrección, que se vio facilitada por el apoyo del general Antonio Seleme, quien, desde su puesto de ministro del Interior, decidió abrir los arsenales al pueblo. Miles de mineros bajaban a las ciudades portando amenazadoramente cartuchos de dinamita mientras que los campesinos también se armaban. En las ciudades los revolucionarios elegían sus armas en los arsenales. Fueron tres días de intensos combates en los que de cada esquina, de cada ventana, salían disparos, que provocaron la huida en desbandada de los militares.

La insurrección decisiva fue la de Oruro, dado que determinó la desmoralización total de las tropas en La Paz. Al final, el ejército se encontraba política, militar y, sobre todo, moralmente destrozado. Las banderas del Movimiento Nacionalista Revolucionario se habían transformado en los símbolos de la insurrección popular. Había comenzado la revolución nacional boliviana.

# De la revolución de 1952 a la actualidad

La revolución nacional
boliviana

Dictaduras militares
y restauración democrática

*El militarismo ha sido una de las características de los gobiernos de Bolivia y de toda Latinoamérica a lo largo de los siglos XIX y XX. En la imagen, edificios del Estado Mayor de las Fuerzas Armadas en La Paz, en la década de 1950.*

# La revolución nacional boliviana

La revolución de 1952 contó con cuatro protagonistas principales: los pobres de las ciudades, los campesinos indígenas, los trabajadores organizados en sindicatos y el Movimiento Nacionalista Revolucionario (MNR).

Los pobres de las ciudades eran el resultado de un proceso de urbanización sin industrialización, un fenómeno común a los países de Latinoamérica. El número de pobres urbanos había aumentado considerablemente a lo largo de las décadas anteriores, dando lugar al surgimiento de un mundo «marginal», formado por personas que emigraban del campo a la ciudad buscando una mejora en sus condiciones de vida, pero que no lograban insertarse laboralmente en las grandes empresas o en la administración pública, es decir, que no accedían a un trabajo remunerado y estable. Por lo tanto debían ganarse el sustento de las maneras más diversas, desempeñando actividades precarias en lo que se ha dado en llamar el sector informal de la economía nacional. En el medio siglo comprendido entre 1900 y 1952, año de la revolución, los habitantes de las ciudades habían pasado del 14 al 22 por ciento del total de la población boliviana. Sus demandas y necesidades también se habían incrementado y su primera participación importante en la vida política del país había sido durante la fallida insurrección de 1949.

Durante esta última, el movimiento no había logrado involucrar de manera efectiva a las masas rurales indígenas, algo que sí ocurrió durante los sucesos de 1952. Para esta fecha, en el mundo indígena circulaba información de que en esta oportunidad el poder sería tomado por grupos que te-

*Desfile de la población civil, en La Paz, en el primer aniversario de la revolución de 1952.*

nían la voluntad de quitar las tierras a los grandes latifundistas. La idea del *ayllu*, de la comunidad campesina indígena, dormida durante siglos, no había desaparecido de la memoria colectiva de los pueblos andinos, contribuyendo la nueva situación a despertar esta dimensión de su pensamiento. Al comienzo, con la timidez propia de quienes habían sufrido despiadadas represiones, los indígenas no atinaban a empuñar las armas que les ofrecía el MNR, pero muy pronto las hicieron suyas.

Con todo, el papel decisivo de la insurrección popular de 1952 correspondió a los obreros de la minería, quienes habían alcanzado un elevado nivel organizativo con sus sindicatos, constituyendo un núcleo social de gran coherencia interna. Con su movilización los obreros perseguían sus propios intereses, en buena medida distintos de las restantes clases subalternas del país, pero en virtud de su notable capacidad de organización hicieron posible que se sumaran a ellos el resto de las masas explotadas, que carecían de una organización similar.

## El Movimiento Nacionalista Revolucionario

El gran actor, la principal instancia política de la revolución, fue el Movimiento Nacionalista Revolucionario. El carácter no clasista del movimiento facilitó su ramificación en todos los sectores de la sociedad boliviana, gracias a un pragmatismo político de extraordinaria riqueza y creatividad. Su alianza con los desposeídos de las ciudades había quedado sellada en la insurrección de 1949. Con los obreros de la minería, sus vínculos eran sólidos y la comunicación fluida, en buena medida gracias a la mediación personal de Juan Lechín.

## Revoluciones en Latinoamérica: México, Bolivia y Cuba

Durante la primera mitad del siglo xx, Latinoamérica vivió experiencias transformadoras inéditas en la historia. Tres grandes procesos revolucionarios, con resultados diferentes según la importancia de cada país, marcaron el destino del continente durante décadas: la revolución mexicana, la revolución boliviana y la revolución cubana. La revolución campesina que se inició en México en 1910 se llevó a cabo bajo el lema «la

*Una de las principales aportaciones de la revolución mexicana fue la exigencia de que el Estado incidiera en el bienestar y la distribución de la riqueza.*

tierra es para quien la trabaja». De ella surgió el Partido Revolucionario Institucional (PRI), que ha gobernado México hasta nuestros días. La experiencia cubana se inició con una revolución democrática y progresista, que a comienzos de la década de 1960 derivó en un régimen de partido único al estilo soviético. Bajo el férreo liderazgo de Fidel Castro, Cuba mantuvo durante años una posición socialista intransigente. Alineada en la órbita de la Unión Soviética, esa opción llevó al país a una encrucijada gravísima, en la que todavía se encuentra, cuando el bloque socialista se desmoronó tras la caída del muro de Berlín en 1989.

La revolución nacional boliviana fue un proceso diferente a los anteriores. Para comprender su significación conviene tener presente el contexto histórico del continente durante las décadas de 1930 y 1940. Hay que recordar las experiencias populistas del peronismo argentino (1946-1955), de los gobiernos del general Getulio Vargas en Brasil (1930-1945 y 1951-1954) y de Rómulo Betancourt en Venezuela (1945-1948 y 1959-1964), la singular experiencia autoritaria del general Rojas Pinilla en Colombia (1953-1957) y la indudable afinidad ideológica y política de la experiencia boliviana con el APRA de Haya de la Torre en Perú. Por otra parte, es fundamental tener presente el proceso revolu-

cionario y nacionalista iniciado por Jacobo Arbenz en Guatemala (1951-1954), que se vio truncado por la intervención militar inspirada por Estados Unidos.

Dentro de este cuadro continental es posible apreciar la vinculación de la experiencia boliviana con las de otras naciones de Latinoamérica. En más de un aspecto la revolución nacional boliviana fue una vanguardia de las posiciones radicales en relación a temas tan cruciales como la eliminación del viejo ejército y el diseño de uno nuevo, la participación obrera en el control de las empresas mineras, las milicias campesinas y mineras armadas, y la presencia inédita de ministros obreros en los gobiernos del Movimiento Nacionalista Revolucionario.

Sobre todo entre 1952 y 1956, Bolivia emprendió un conjunto de cambios estructurales, aunque el proceso revolucionario no llegó a cumplir con sus objetivos en este sentido. La repercusión internacional de la revolución boliviana, en tanto que «modelo a seguir», fue relativa debido al escaso desarrollo del país y a su aislamiento. No obstante, durante los primeros años del gobierno del MNR numerosos especialistas (sociólogos, economistas, historiadores, etcétera) de talante progresista llegaron a Bolivia procedentes de Europa y América del Norte. Su principal objetivo era analizar la fascinante experiencia por la que atravesaba el país, un interés que se plasmó en numerosas obras que explican diversos aspectos de la revolución. Sin duda, el capítulo que despertó mayor curiosidad fue el proceso de reforma agraria, que con sus virtudes y defectos sirvió posteriormente como punto de referencia para otras experiencias similares llevadas a cabo en años posteriores en Latinoamérica.

*Después de la revolución se puso en marcha lo que se llamó generalmente el «cogobierno» obrero en la administración de las minas. En la imagen, trabajador de una mina de Potosí.*

Con los campesinos indígenas el trabajo político fue lento, y sólo se crearon relaciones intensas tras la toma del poder por el MNR. Los sectores medios urbanos eran los que proporcionaban los militantes del movimiento, por lo que su relación con ellos era evidente.

Dentro de una diversidad social tan amplia, era previsible que se impusieran las personalidades políticas más integradoras, como Víctor Paz Estenssoro, y no aquellas que sólo representaban intereses muy específicos. La flexibilidad ideológica del MNR dio al partido la capacidad de acción necesaria para ajustarse a las muy diversas circunstancias que se presentaban. Por otra parte, la precariedad organizativa del movimiento, distante de la de un partido de cuadros, le permitió mantener una buena comunicación con los diversos sectores que integraban un movimiento social heterogéneo y, en más de una ocasión, anárquico. En suma, la amplitud ideológica y organizativa del MNR dio cabida a las más diversas sensibilidades políticas y expresiones sociales.

### El sector de la minería

De todos estos sectores sociales, uno constituyó para el MNR su principal punto de apoyo: los trabajadores mineros. Los pobres urbanos habían sido su fuerza de choque durante la insurrección, pero la satisfacción de sus demandas estaba fuera de las posibilidades del gobierno, que no se encontraba en condiciones de realizar las transformaciones económicas y políticas necesarias para ello. En consecuencia, la relación del MNR con estos sectores nunca llegó a ser muy estructurada y se movía entre la agitación populista y la más tradicional represión policial. Los vínculos con el mundo campesino indígena, como era de esperar en un partido integrado por miembros de las clases medias urbanas, estuvieron marcados por el abismo cultural que separaba a ambos mundos desde hacía siglos. Se trató de alianzas tácticas: el MNR necesitaba liquidar al sector de grandes latifundistas, una tarea imposible sin el apoyo de las masas indígenas. Éstas, por su parte, no luchaban por el MNR sino por intereses particulares, de una profundidad histórica y cultural que los dirigentes del partido no eran capaces de entender, y mucho menos de hacer suyos.

Desde el principio, el gobierno del MNR estableció una estrecha relación con los sindicatos de trabajadores, cuya capacidad de organización resultaba irresistible para los dirigentes de un partido que a duras penas podía organizar a sus propios militantes. Liquidado el ejército, el único sector organizado de la sociedad boliviana eran los sindicatos obreros. Gobernar con éstos era la única opción. Por su parte, los trabajadores no tenían otra alternativa que gobernar con el MNR dado que constituía el único vínculo entre sus intereses y el Estado.

## La organización obrera

Al mismo tiempo las ideas desarrollistas y modernizadoras de muchos dirigentes del Movimiento Nacionalista Revolucionario estaban en armonía con los conceptos de una clase obrera organizada sindicalmente y en mejores condiciones de asumir las tareas históricas que demandaba la modernización del país que los viejos partidos que formaban «la rosca» del período oligárquico. Este hecho condujo a la llamativa situación de que los sindicatos, organizados en la poderosa Central Obrera Boliviana (COB), surgida también de la revolución de 1952, tuvieran que constituirse en un órgano de cogobierno, con tres líderes sindicales como ministros del gobierno.

Juan Lechín, que fue elegido secretario general de la COB, ocupó, al mismo tiempo, el puesto clave de ministro de Minas y Petróleo. Gracias al enorme poder que detentaba, dio impulso a los principales objetivos de la COB, que eran la nacionalización de las minas y los ferrocarriles, la reforma agraria, la diversificación de la estructura industrial y la

### La Central Obrera Boliviana

La Central Obrera Boliviana nació con la revolución de 1952. En efecto, la COB fue creada el 17 de abril de 1952, seis días después del triunfo revolucionario. El nacimiento de la COB fue la culminación de un prolongado, heroico y doloroso proceso de luchas obreras, de construcción de un movimiento proletario que representara a la totalidad de los trabajadores de Bolivia. Desde principios de siglo hasta la década de 1950, la lucha de los trabajadores, especialmente de la minería, había cristalizado en una conciencia de clase y en una madurez política que hicieron posible la coincidencia de la revolución y el nacimiento de la COB, el instrumento de lucha que unificó a los sindicatos bolivianos. Durante la década de 1950 la COB estuvo situada dentro de la órbita política del Movimiento Nacionalista Revolucionario, la fuerza política hegemónica de esa etapa histórica. Hasta 1987 la Central Obrera Boliviana tuvo como secretario general al legendario líder sindical Juan Lechín Oquendo, quien desde su indiscutido liderazgo impulsó la participación directa e inmediata de las organizaciones sindicales en el Gobierno revolucionario surgido de la insurrección de 1952. Esta participación fue realmente excepcional en la historia de Bolivia. En la práctica se trató de una situación de cogobierno entre la Central Obrera Boliviana y el Movimiento Nacionalista Revolucionario, cuyas dos cabezas visibles eran Juan Lechín y Víctor Paz Estenssoro.

Desde los días de las «tesis de Pulacayo», expresadas en 1946, los trabajadores organizados, con su impulso y conciencia revolucionaria, se planteaban la necesidad de acceder al poder. Si bien la revolución de 1952 fue interclasista y no estrictamente proletaria, es indudable que el proceso estuvo fiscalizado por los sindicatos obreros, que tras los acontecimientos de abril tomaron su cuota de poder en la conducción del Estado.

La situación creada con la presencia de ministros obreros en el gobierno del Movimiento Nacionalista Revolucionario suponía, de hecho, un escenario de dualidad de poderes, pues la COB tenía capacidad de decisión en numerosos campos, entre los que estaba el nombramiento de cargos importantes. Asimismo, fue un factor determinante para la nacionalización de las minas y el impulso de la reforma agraria. Desde entonces, a lo largo de décadas de avatares políticos de la más diversa índole, la Central Obrera Boliviana ha sido un núcleo de poder que nunca ha dejado de contar en la vida política y social de la República.

El régimen revoluciona-
rio apoyó a los mineros
cuando éstos crearon
la nueva federación

nacional obrera, la Cen-
tral Obrera Boliviana;
en la imagen, asistentes
a su tercer congreso.

Miembros de la Central
Obrera Boliviana obser-
van desde el balcón de su
sede en La Paz una mar-

cha organizada por este
sindicato en 1960; por
encima, las fotografías de
Lechín y Paz Estenssoro.

creación de nuevas fuentes de riqueza y empleo mediante la acción directa del sector estatal.

Este conjunto de factores signaron el primer período de la revolución nacional boliviana, marcado por la hegemonía directa de la clase obrera organizada, que se expresó con claridad meridiana en la nacionalización de las minas.

En efecto, a comienzos de 1952 el gobierno creó la Corporación Minera de Bolivia (COMIBOL); antes de finalizar el año se habían nacionalizado los consorcios de Patiño, Hochschild y Aramayo, con lo que pasaban a control estatal dos tercios de la minería del estaño.

La Central Obrera Boliviana se convirtió, de hecho, en una importante estructura de poder. Gracias a su acción decidida, se desmanteló lo que quedaba del antiguo ejército. También de la COB surgieron las primeras propuestas e iniciativas para llevar adelante la reforma agraria. Gracias a su cogobierno con la COB, el MNR fue capaz de realizar en muy pocos meses todas las tareas que habían quedado pendientes de su colaboración con el Ejército algunos años antes.

## Dos visiones antagónicas

En la cohabitación entre el MNR y la COB no todo eran afinidades y acuerdos. También había diferencias, algunas de importancia estratégica e imposibles de resolver. Para la Central Obrera Boliviana su principal objetivo era convertir en realidad las aspiraciones de la clase obrera organizada en los sindicatos. El MNR, por su parte, veía en la clase obrera sólo un punto de referencia, aunque decisivo, en un país caracterizado por una enorme heterogeneidad social.

Víctor Paz Estenssoro y Hernán Siles Zuazo comprendieron que el MNR no podía circunscribirse a seguir los dictados de la COB; de hacerlo así, se hubiera convertido en un apéndice de los sindicatos. Las organizaciones sindicales sabían que la fuerza del MNR derivaba precisamente de su carácter no clasista, que le permitía ejercer una función de árbitro entre las diversas clases y grupos sociales del país. Además, debido a su alianza con los obreros, el MNR estaba perdiendo el apoyo de los sectores medios urbanos de la sociedad boliviana. Los líderes del MNR eran conscientes de la necesidad de encontrar un factor de contrapeso, a fin de romper su dependencia política de la COB. En ese contexto de redefinición del sistema de alianzas, algunos dirigentes del MNR «encontraron» a los campesinos.

A partir de 1953 el MNR dio un giro a su política modernizadora y urbana, y comenzó a abrir espacios para una movilización campesina que se iba a desarrollar por su propia cuenta, sin esperar el visto bueno de los sindicatos obreros que, en realidad, no necesitaba. La movilización campesina se constituyó en el factor de equilibrio del gobierno del MNR en sus relaciones con los obreros.

## La postura estadounidense

El principal obstáculo para la colaboración entre el MNR y la COB no estaba en Bolivia, sino en Estados Unidos. Las relaciones entre el MNR y el gobierno de Washington nunca fueron sencillas. En la década de 1940 las autoridades norteamericanas habían usado toda su influencia para impedir el acceso del MNR al gobierno porque lo consideraban demasiado «fascista». En la década siguiente la actitud de Estados Unidos sería la misma, pero el argumento era que el MNR era demasiado «socialista». Además, entre la dirigencia del Movimiento Nacionalista Revolucionario existían fundados temores de una intervención estadounidense. El período de relativa armonía entre Estados Unidos y la Unión Soviética había llegado a su fin y en todo el mundo se imponía la lógica de la «guerra fría». La invasión de Guatemala demostró que los estadounidenses eran muy serios con respecto a su doctrina de «fronteras ideológicas». A los dirigentes del MNR les resultaba poco atractiva la idea de pasar por una experiencia similar a la del país centroamericano. A fin de evitar un enfrentamiento, Paz y Siles optaron por el diálogo, lo que permitió que el MNR continuara en el gobierno, pero al precio de dar por concluida la revolución.

## El sufragio universal

**H**asta las elecciones celebradas en 1951, en las que triunfó el Movimiento Nacionalista Revolucionario, el derecho a voto era restringido. El injusto sistema electoral impedía que votaran los analfabetos y las mujeres, y el concepto de ciudadanía estaba restringido en función de los ingresos, es decir, que podían emitir sufragio quienes pudieran demostrar que contaban con una renta mínima.

La revolución nacional boliviana fue interclasista y de clara vocación integradora, tanto en términos sociales como políticos. Una consecuencia lógica fue el voto universal, consagrado en el decreto del 21 de julio de 1952, que extendía el derecho de sufragio a todos los bolivianos mayores de 21 años, sin distinción de sexo, nivel educativo, ingresos o actividad. De esta forma, más del 70 por ciento de la población, marginada hasta entonces de las decisiones políticas, accedió al proceso democrático.

La universalización de este esencial derecho político implicó cambios estructurales en el sistema político que había estado vigente hasta 1952. Así, se eliminó la democracia municipal —que se recuperó en 1987—, pasando los alcaldes a ser nombrados por el ejecutivo, con lo que se estableció una importante centralización del poder.

Por otra parte, se eliminaron las renovaciones parciales del poder legislativo y se estableció una elección simultánea para presidente, vicepresidente, senadores y diputados, una vez cada cuatro años. También se suprimió la figura del diputado uninominal, que anteriormente representaba a las provincias. En suma, se estableció el voto en paquete, ya que el votante elegía al mismo tiempo al presidente, al vicepresidente, a los senadores, y a los diputados por lista completa. Esta idea de la máxima centralización del poder, puesta en práctica por el MNR, tenía su antecedente inmediato en los mecanismos de control directo de todos los resortes de poder que había elaborado el PRI mexicano y que tan buenos resultados le había dado durante años. Otro aspecto negativo, simultáneo a la universalización del voto, fue la sofisticación de los mecanismos de fraude electoral, una práctica heredada del período oligárquico que restaba credibilidad a los procesos electorales. El MNR, a pesar de contar con el respaldo mayoritario de los habitantes del país, forzaba las situaciones electorales para contar con el máximo control, especialmente del parlamento, otra práctica en la que seguía al pie de la letra el modelo mexicano de partido único con sistema de voto abierto.

*Víctor Paz Estenssoro conversa con el presidente estadounidense John F. Kennedy después de la ceremonia de recibimiento en la Casa Blanca, en Washington, el 22 de octubre de 1963.*

## La estrategia de Estados Unidos

Es necesario destacar que la postura estadounidense no fue de enfrentamiento directo, sino una política sutil y diferenciada que combinaba cierto apoyo condicionado a algunas fracciones del MNR con medidas de boicot económico. En Estados Unidos conocían perfectamente las diferencias internas existentes en el Movimiento. Las presiones selectivas aplicadas por los estadounidenses explican que el presidente Paz Estenssoro se empeñara tercamente en la reorganización del Ejército.

Desde la óptica de Estados Unidos, lo importante era neutralizar el avance de los comunistas prosoviéticos en Latinoamérica, y en su opinión el gobierno de Paz era «más marxista que comunista», por lo que a mediados de los años cincuenta el Departamento de Estado aconsejaba proporcionar apoyo al régimen del MNR a fin de evitar que éste fuera desplazado por elementos más radicales. Desde esta perspectiva, se comprende perfectamente la política de ayuda económica de Estados Unidos a Bolivia iniciada en 1954.

Además, la desastrosa situación económica del país constituía una sólida base para el despliegue de la política estadounidense que buscaba consolidar su influencia en la región. Entre 1952 y 1956 la inflación de Bolivia se encontraba entre las más elevadas del mundo; en este período el incremento anual del coste de la vida en la ciudad de La Paz fue de 147,6 por ciento. Por otra parte, a fin de poder financiar las reformas gubernamentales, el gobierno del MNR se vio obligado a devaluar la moneda y elevar los impuestos, medidas que tuvieron como consecueñcia que los sectores medios urbanos le retiraran su apoyo en forma masiva. Esta nueva situación fue aprovechada por las fuerzas más conservadoras y reaccionarias del país, incluyendo a la Iglesia, y de un modo especialmente activo por los grupos fascistas de la Falange Nacional, que hasta entonces habían navegado sin rumbo en las aguas de la política nacional. Estados Unidos, que había negado el apoyo al MNR durante los años cuarenta por sus vinculaciones fascistas, en los cincuenta no vaciló en dar su apoyo y financiar a los auténticos fascistas bolivianos.

En esta etapa de su gobierno, la política económica del MNR conjugó una doble estrategia. Por una parte, el Estado pasó a ser el primer empresa-

En 1953 se aprobó un nuevo código petrolífero, con ayuda técnica estadounidense, y a fines de aquella década funcionaban en Bolivia unas diez compañías de Estados Unidos.

Los dirigentes del MNR han sostenido que, a pesar de la presión estadounidense, las dos principales conquistas de la revolución nacional boliviana fueron mantenidas: la nacionalización de las minas y la reforma agraria. Ahora bien, es necesario señalar que Estados Unidos no estaba realmente interesado en que se produjeran cambios en estas materias. Por una parte, antes de su nacionalización, el enclave minero se encontraba controlado por consorcios individuales y no por una clase social articulada con la que se pudiera dialogar. Era más fácil, incluso para los estadounidenses, negociar con el Estado que con ávidos empresarios dispuestos a obtener ganancias de cualquier manera. Además, algunas de las grandes empresas mineras, como la Patiño Mines, se enfrentaban con anterioridad a serios problemas derivados del creciente malestar social que aquejaba al país, por lo que la nacionalización impidió que algunas de ellas incurrieran en una quiebra total.

El otro gran logro de la revolución, la liquidación de los latifundios, no afectaba en lo más mínimo a los intereses estadounidenses. Con la reforma agraria, se acababa con una oligarquía semifeudal sin vocación capitalista alguna. Además, el gobierno del MNR alentó el fortalecimiento de la pequeña y mediana propiedad, e inició un proceso de formación de pequeñas empresas agrarias que abrieron un mercado adicional a las empresas y bancos estadounidenses, en especial en lo relacionado con la inversión de bienes de capital y con el sistema de crédito rural.

Tanto Paz como Siles presionaron a Estados Unidos con el peligro comunista, frente al cual se ofrecían como la única alternativa para de esta manera poder obtener ayuda económica a gran escala y, al mismo tiempo, hacer la revolución. Esta política no tuvo los resultados deseados; lo cierto es que durante el gobierno ideológicamente más nacionalista de la historia boliviana, la dependencia económica alcanzó su punto más alto. Esta dependencia fue especialmente clara en la política petrolera.

### Intervencionismo económico

Con la Gulf Oil Company a la cabeza, las compañías estadounidenses se apropiaron prácticamente de todo el petróleo boliviano. Con el absoluto control del sistema financiero del país a través del Fondo Monetario Internacional (FMI) se completa el cuadro general de esta dependencia, mucho más intensa que en otros países donde no tuvo lugar

rio del país. A través de la Corporación Boliviana de Fomento, la economía nacional adquirió rasgos propios del llamado «capitalismo de Estado». Al mismo tiempo, el MNR realizó una campaña de fomento de la empresa privada y de apertura al capital extranjero, en particular estadounidense, con lo que Estados Unidos contó con mejores herramientas para poder ejercer presión sobre el gobierno boliviano. Además, en 1953 Estados Unidos había obligado al gobierno a indemnizar a Patiño, Hochschild y Aramayo por la nacionalización de sus empresas.

No obstante, el mejor mecanismo de presión de Estados Unidos fue la enorme deuda externa de Bolivia. En efecto, al hacerse acreedora de una ayuda estadounidense de 100 millones de dólares, Bolivia pasó a ser su mayor deudor en Latinoamérica y, por habitante, el mayor del mundo. La dependencia respecto a la ayuda estadounidense era tan grande que en 1958 esos fondos sufragaban un tercio del presupuesto nacional. Entre 1952 y 1964 la ayuda americana en préstamos, fundaciones sociales, asistencia militar y otros subsidios alcanzó los 400 millones de dólares.

una revolución nacionalista. La extrema dependencia económica de Estados Unidos tuvo una expresión política en dos hechos, de importancia crucial en los años siguientes: la reconstitución del ejército y el distanciamiento del movimiento obrero respecto al gobierno del MNR. La COB se fue alejando del gobierno del Movimiento Nacionalista Revolucionario de manera progresiva y por vías burocráticas.

### Procesos electorales

En las elecciones de 1956, el MNR llevó como candidato presidencial a Hernán Siles Zuazo. La figura de Siles permitía sostener un compromiso con los apoyos del MNR, ya que conservaba el prestigio de haber sido uno de los principales líderes de la revolución de 1952 y, al mismo tiempo, uno de los promotores de la reforma agraria. A fin de mantener un cierto equilibrio entre sus apoyos, el MNR aceptó encargar el ministerio de Trabajo al líder sindical Nuflo Chaves Ortiz y que el candidato a las elecciones de 1960 fuera el prestigioso sindicalista Juan Lechín.

Pese al generalizado apoyo popular, Siles Zuazo aceptó someterse a los programas estabilizadores impuestos por Estados Unidos, una de cuyas consecuencias fue la reducción de los salarios de los trabajadores. En la práctica, la insistencia del presidente boliviano en poner en marcha estas medidas económicas fue una invitación para que los sindicalistas y los trabajadores retiraran su apoyo al gobierno del MNR.

Tanto Chaves como Lechín se encontraron en la obligación de encabezar un gran número de huelgas obreras, en particular mineras, en contra de la política del gobierno. Este período de confrontación entre los sindicatos y el gobierno elevó a las alturas el prestigio de Juan Lechín, cuya aceptación entre los trabajadores era enorme. Con la misma intensidad era aborrecido en Washington, donde se lo consideraba el principal enemigo de los intereses estadounidenses.

La estrategia norteamericana activó los círculos diplomáticos en Bolivia a fin de ejercer presión sobre el presidente Siles Zuazo para que rompiera sus vínculos con Lechín. Ello no ocurrió, puesto que hubiera significado, sencillamente, el hundimiento del MNR. Por su parte, Lechín retiró su candidatura presidencial en favor de Paz Estenssoro, a quien le correspondió el papel de capitular frente a Estados Unidos y romper políticamente con Lechín y con la izquierda. No obstante, las elecciones de

En las elecciones de junio de 1960 se evidenció que el Movimiento Nacionalista Revolucionario podía movilizar a campesinos y obreros, al conseguir una amplia mayoría frente a sus rivales.

1960 demostraron todavía claramente el compromiso existente entre el MNR y el movimiento obrero, ya que, mientras los sectores medios votaron por la derecha, en particular por la Falange, que pasó a ser el segundo partido más votado, los obreros apoyaban masivamente al MNR, que obtuvo 790 000 votos frente a 130 000 de la oposición.

Continuando la política iniciada por su antecesor, Paz Estenssoro completó la reorganización del ejército en todas sus antiguas formas bajo la supervisión estadounidense y, para salvar la unidad del MNR, toleró las relaciones de clientelismo político y de manipulación personal. Esto suponía aprobar la práctica corrupta de reparto de puestos públicos como retribución de servicios, un proceso que acabó por convertir al Movimiento Nacionalista Revolucionario en un partido indefinido y débil, fácil de desbancar del poder mediante la violencia, como finalmente ocurrió.

*En 1952 el sector agropecuario se hallaba tan atrasado que ni siquiera podía satisfacer las necesidades de la población urbana y del conjunto del país. En la imagen, una calle de La Paz.*

Habiendo perdido el apoyo de los trabajadores organizados, en muy poco tiempo el gobierno del MNR sólo contaba con el de un ejército cuyos oficiales habían sido instruidos y formados en las bases estadounidenses de Panamá. El otro punto de apoyo posible, el del campesinado indígena, era más bien reticente y poco entusiasta, ya que la fractura cultural seguía vigente, y poco podía importarles a los indígenas el destino de un partido integrado por blancos procedentes de los sectores medios urbanos. La principal preocupación de los campesinos indígenas seguía siendo la satisfacción de sus reivindicaciones históricas.

## La revolución en el campo

La revolución nacional boliviana de 1952 había tenido su origen en las ciudades, pero sus principales conquistas se plasmaron en el campo. Para comprender la singularidad de este hecho, es necesario tener en cuenta que la misma revolución era la consecuencia de una contradicción entre las elites urbanas y la oligarquía agraria tradicional.

Antes que beneficiar a los campesinos, las medidas políticas de los gobiernos revolucionarios, como los decretos de expropiación y reparto de tierras, buscaban minar las bases económicas de los hacendados. En este sentido es conveniente recordar que, más allá de sus diferencias, las diversas fracciones y corrientes que integraban el Movimiento Nacionalista Revolucionario coincidían en un objetivo común: la modernización del país mediante el desarrollo industrial. En sus análisis este desarrollo se encontraba bloqueado por la persistencia de una oligarquía agraria refractaria a los cambios y con modalidades de corte feudal.

Por otra parte la pérdida de apoyo entre los sectores medios y el alejamiento de los trabajadores, obligó a los líderes del MNR a buscar el apoyo activo de otros sectores de la sociedad boliviana, y el campesinado indígena era una de las pocas posibilidades disponibles. Además, a partir de la promulgación de la Ley de Reforma Agraria de 1952, en el campo se había generado un poderoso movimiento social que no se podía tener como enemigo. Incluso antes de la promulgación de esta legislación, la ciudad de La Paz fue ocupada por más de cien mil campesinos indígenas que exigían el reparto de tierras. De este modo, los dirigentes del MNR, industrialistas y modernizadores, se vieron obligados a convivir con un movimiento social de corte rural e indígena cuyas reivindicaciones tenían, ante todo, un carácter netamente restitucionista.

## La larga resistencia indígena

La historia de los pueblos indígenas corre paralela a la de las elites urbanas y blancas, vinculándose ambas mediante la violencia. El nacimiento de las repúblicas andinas de Bolivia y Perú ocurrió sobre la base del aniquilamiento de estremecedoras rebeliones indígenas, que evocan los nombres de Tupaq Amaru y Tupaq Katari. Sin claudicar jamás, la lucha indígena continuó durante el período republicano, en el cual fueron aplastadas de manera sangrienta todas las rebeliones, muy especialmente durante los gobiernos liberales.

El origen de las rebeliones indígenas es siempre el mismo: la lucha por el control de la tierra. El término «sublevaciones» fue aplicado a las rebeliones por la prensa del siglo pasado, cuando ocurrían como reacción a las inspecciones gubernamentales denominadas «revisitas», tras las cuales se producían acciones de compra de tierras por parte de los terratenientes establecidos en zonas cercanas a las comunidades indígenas. En otros casos las sublevaciones eran la respuesta a la fijación de nuevos límites, a los servicios personales obligatorios para los indígenas o al aumento indiscriminado de impuestos.

Ciertas rebeliones, como la del cacique Huilca, fueron muy importantes. Lo mismo se puede decir de la de Jesús de Machaca, en 1921, y la de Chayanta, en 1927. Al concluir la Guerra del Chaco, muchos indígenas tuvieron acceso a las armas, produciéndose varios focos de rebelión que no llegaron a alcanzar el rango de sublevaciones. Durante el período del «socialismo militar» y en años posteriores, el paternalismo gubernamental hacia los campesinos indígenas creó las condiciones para la aparición de los primeros sindicatos campesinos. El primero de ellos surgió en el emblemático valle de Ucureña, en Cochabamba, no como resultado de la lucha contra los hacendados sino en el enfrentamiento con el muy mal administrado monasterio de Santa Clara. Los «piqueros», pequeños propietarios rurales, encabezaron las acciones y el movi-

*Grupo de* willka *que participaron en los levantamientos de 1899 en apoyo de los liberales.*

*Éstos desarmaron a los indígenas y ejecutaron a sus jefes tras vencer a los conservadores.*

miento nacido en Ucureña se convirtió en poco tiempo en la vanguardia del movimiento social agrario boliviano.

La estructura agraria de Ucureña presentaba las mismas características que el resto de la provincia Cochabamba, con la hacienda como núcleo del sistema y los colonos, sus esposas y sus hijos sometidos al sistema de prestación de servicios al hacendado, denominado «pongueaje». En un escalón más bajo de la jerarquía social se encontraban los «arrimantes», quienes cultivaban una parte del terreno en usufructo de un colono. Los «sitiajeros», un grado todavía inferior, tenían poco o ningún acceso a las tierras de cultivo, pero se los dotaba de un espacio para residir. Finalmente, los expulsados de las haciendas, o «desahuciados», vagaban de un lugar a otro en busca de un trabajo.

## La creación de escuelas rurales

En la década de 1930 algunos miembros del Partido de Izquierda Revolucionaria (PIR) crearon una escuela para los hijos de los campesinos. Con el transcurso del tiempo los maestros se transformaron en auténticos activistas agrarios y la escuela pasó a ser el centro organizativo de la comunidad campesina. La relación entre el sindicato y la escuela se prolongó durante muchos años pese a que el liderazgo de la organización campesina cambiaba o rotaba con frecuencia, y el personal del núcleo escolar se renovaba con una periodicidad anual. Un joven campesino, José Rojas, entonces militante del PIR, destacó como líder de la comunidad, transformándose en una de las figuras más importantes de la revolución de 1952.

A comienzos de los años cuarenta el sindicato campesino de Ucureña fue reorganizado y pasó a llamarse Sindicato de Campesinos y Profesores de Cliza. En 1946 Ucureña contaba con 41 escuelas, que eran tanto centros de educación como de activismo político, en las que había 72 profesores y más de 2 000 alumnos de todas las edades. Uno de los primeros apoyos recibidos por el alzamiento popular de 1952 fue, precisamente, el del sindicato de Ucureña.

*Tras la Guerra del Chaco, se destinaron a la educación grandes sumas de dinero, lo cual elevó el nivel de alfabetización y el número de niños que asistían a la escuela.*

En la historia prerrevolucionaria del movimiento campesino destacan dos hechos de enorme importancia. Uno de ellos fue la insurgencia de los campesinos de Bolivia al comenzar los años cuarenta. El otro fue el Congreso Nacional Indígena de 1945. Ambos acontecimientos están estrechamente vinculados y no pueden comprenderse de modo independiente.

Desde el inicio del gobierno de Villarroel, los campesinos habían intensificado sus demandas. En el mes de diciembre de 1945 se llevó a cabo una huelga de brazos caídos en la zona de Aiquile (Cochabamba), una gran movilización campesina en Sorata (La Paz), otra huelga de brazos caídos en Capinota y Tiraque (Cochabamba) y numerosas huelgas y acciones de diverso tipo en las provincias Charcas y Bilbao (Potosí).

Por su parte, el Congreso Nacional Indígena, que comenzó en mayo de 1945, constituyó el primer intento del gobierno de Villarroel de establecer relaciones con los líderes y las unidades sindicales campesinas. Los representantes enviados por el MNR al congreso mantuvieron posiciones radicales aunque ambiguas: apoyaron la consigna de «la tierra pertenece a los que la trabajan», pero sin precisar el horizonte cronológico en que la «pertenencia» podría concretarse. Por su parte, los campesinos no estaban dispuestos a esperar demasiado. El Congreso aprobó decretos aboliendo los servicios de pongueaje y mitanaje, así como los servicios de prestación personal en general, y se fundó un organismo denominado Oficinas de Defensa Gratuita de los Indígenas.

La reacción de los latifundistas no se hizo esperar ya que la impaciencia se había apoderado de ellos. Comenzaron, pues, a organizarse para intentar detener el avance de los campesinos. En agosto de 1945 se celebró el III Congreso de la Sociedad Rural Boliviana con el objetivo explícito de impedir el avance de una sublevación indígena, que los grandes propietarios veían, con razón, alentada e impulsada por elementos políticos adversos al régimen entonces vigente.

Tras el linchamiento de Villarroel, en 1947 estalló la gran rebelión indígena de Apopaya, que duró una semana y fue severamente reprimida en una operación conjunta de fuerzas policiales, tropas del ejército y aviones de reconocimiento. En los círculos políticos bolivianos, la rebelión fue entendida como la primera acción de resistencia popular frente al retorno al poder de los antiguos grupos económicos.

## La insurrección de Cochabamba

*Los campesinos recurrieron a sus organizaciones comunitarias tradicionales y comenzaron a recibir armas, a crear milicias y a organizar sindicatos. En la imagen, asamblea de indígenas paceños.*

La concurrencia de factores históricos determinó que el epicentro de la revolución agraria se localizara en la provincia Cochabamba. Los dirigentes del MNR comprendieron que, para poder negociar con el movimiento campesino, el primer paso era cooptar a sus principales líderes, dadas las relaciones de lealtad que prevalecían en el campo. Los dos líderes más importantes fueron Sinforoso Rivas y José Rojas; con el primero, el MNR tuvo suerte, pero no tanta con el segundo.

El primer alcalde del MNR que se estableció en Sipe Sipe concedió a Sinforoso Rivas el cargo de oficial mayor. Rivas era un campesino hábil en los negocios y la política; hablaba quechua y castellano y había trabajado en las minas, conociendo personalmente a Juan Lechín. A partir de 1946 vivía de pequeños negocios en su tierra natal y entre 1947 y 1948 fue corregidor de la provincia. Tras los acontecimientos de 1952, con el respaldo del gobierno y de la Central Obrera Boliviana, procedió a organizar la Federación Departamental de Campesinos en el Valle Bajo.

Muy distinta fue la trayectoria de José Rojas, quien estableció una poderosa organización regional en el Valle Alto y ofreció a los campesinos la imagen de un líder más auténtico que Rivas. Rojas había nacido en Ucureña; siendo muy jovencito participó en la Guerra del Chaco y, de regreso en su tierra, fue portero de la primera escuela del valle. Miembro del primer sindicato campesino creado en Ucureña, asumió la dirección del mismo en 1946. Como muchos otros dirigentes campesinos, José Rojas era militante del PIR y un líder natural seguido por su gente con un fervor y una confianza equivalente a la de los grandes líderes campesinos de la historia. Después de 1952 estableció relaciones con el MNR, pero las adhesiones partidarias eran para él muy secundarias en comparación a su intensa militancia en el movimiento campesino. De hecho, a través de su colaborador Crisóstomo

*René Barrientos gobernó con el apoyo del ejército, del campesinado y de las clases medias urbanas, y fomentó el desarrollo de los centros urbanos y la expansión de la educación en las áreas rurales.*

*La reforma agraria de 1952 disminuyó el abastecimiento agrícola de las ciudades, lo cual obligó a efectuar masivas importaciones de alimentos. En la imagen, puestos de un mercado paceño.*

Inturias mantenía una línea de contacto con el Partido Obrero Revolucionario (POR) y, después del golpe que derrocó al MNR, sostuvo vinculaciones con el general René Barrientos. Por ello, ha sido acusado de oportunismo político, pero su conducta era intachable. Y, rara virtud, poseía una coherencia indestructible con su causa, pues, como afirmaba, «para un campesino, lo único importante es liberarse de los gamonales y ser dueño de su propia tierra».

A diferencia de otros líderes, como Rivas, que acomodaban las organizaciones campesinas a los proyectos corporativistas del MNR, José Rojas insistía en la necesidad fundamental de mantener la independencia del movimiento campesino, por lo que llamaba a la formación de sindicatos autónomos. Como resultado de esta postura, los sindicatos de Rojas obligaban al Estado a apoyar las expropiaciones realizadas por los propios campesinos que, como el mismo Rojas, iban siempre armados. Los campesinos no consideraban estas expropiaciones como una concesión del MNR, sino como conquistas propias de su movimiento. Ucureña se transformó en el centro geográfico del poder campesino.

De este modo, el liderazgo de Rojas fue paulatinamente eclipsando al de Rivas, pese a que éste contaba con el apoyo económico y organizativo del gobierno. No obstante, en 1953 Rojas estableció una vinculación más orgánica con el MNR. Habiendo conseguido del gobierno la legalización de las expropiaciones, necesitaba entonces su respaldo para defenderse de su rival, Rivas, y para impedir que la Federación se dividiera entre adictos y oponentes al gobierno.

También es posible interpretar este acercamiento de Rojas al MNR como una manera de devolver la mano al partido, y en particular a su amigo Nuflo Chaves, quien como ministro de Asuntos Campesinos había hecho posibles las condiciones institucionales para la reforma agraria, en un momento en que el gobierno, precisamente a causa de la cuestión agraria, parecía estar atrapado entre dos frentes: por un lado, los que llamaban a liquidar el movimiento encabezado por Rojas, y, por otro, los que reclamaban una revolución obrera y campesina.

La pugna por el liderazgo del movimiento campesino entre Rivas y Rojas se solucionó mediante una división geográfica del poder: Rivas quedó al frente de las provincias Quillacollo, Cercado, Tapacarí, Apopaya y parte de Arque; a Rojas se le concedió un dominio más extenso, que incluía las provincias del Valle Alto y la serranía colindante.

La carrera política de los líderes campesinos corrió paralela al avance de la revolución en el campo. José Rojas, líder local antes de la insurrección de 1952, pasó a convertirse posteriormente en un dirigente regional. Más tarde fue subjefe de la Federación Departamental de Campesinos y en 1954 asumió la secretaría general de la misma. En los años 1956-1958 fue elegido diputado junto con otros líderes campesinos. En 1959 fue nombrado ministro de Asuntos Campesinos, pero tras su cese volvió a la situación de dirigente regional. En 1964 fue nombrado nuevamente ministro en el gobierno de Víctor Paz Estenssoro, pero en esta ocasión como partidario del general Barrientos.

### Avance de la insurrección en el campo

Aunque sin la intensidad y organización de Ucureña, la movilización campesina se manifestó en otras regiones del país. Así, en Achacachi la revolución facilitó la confluencia de una serie de movimientos campesinos antes inconexos y el surgimiento de notables dirigentes. Destacó en este período histórico *Kapiri*, cuyo verdadero nombre era Luciano Quispe, maestro de escuela y posteriormente dirigente obrero del MNR. Otro importante dirigente agrario fue Wila Saco, que antes de sobresalir en Achacachi y Belén tuvo sus primeras experiencias políticas en Cochabamba.

Rojas, Quispe y Wila pertenecían a una clase de dirigentes revolucionarios que iban de lugar en lugar anunciando la noticia de la insurrección e incitando a los campesinos a tomar las armas para recuperar las tierras. Después de la revolución de 1952, en lugares como Achacachi, Belén, Chigipina, Taramaya y Warisata surgieron las primeras organizaciones campesinas armadas, que recibieron el nombre de «regimientos campesinos». Organizados y armados, los movimientos agrarios se transformaron en un nuevo foco de poder dentro de la revolución.

*Desde 1952, los campesinos han controlado sus propios sindicatos, a pesar de sufrir el soborno de los regímenes de turno, y han llegado a ser una fuerza política nacional decisiva.*

## La organización sindical

Un rasgo característico de los movimientos campesinos bolivianos del período revolucionario fue la relación entre líder y sindicato. En algunos casos el futuro líder era el que organizaba el sindicato; en otros era el sindicato previamente organizado el que facilitaba la aparición de una figura que orientaba su acción. En todo caso existía una relación dialéctica entre ambos: el sindicato era la fuente de legitimidad del líder, y éste era la representación del poder campesino delegado en el sindicato.

Frente a esta estructura, cuando el gobierno buscaba el apoyo de los sindicatos, debía entablar, en primer lugar, conversaciones con el líder, quien, en caso de acuerdos, pasaba a desempeñar el papel de mediador entre el Estado y su sindicato. No obstante, dentro de esta dinámica existían matices importantes. Por ejemplo, Rivas era un representante del Estado en el sindicato, en tanto que Rojas era un representante de los sindicatos en el Estado.

*La Ley de Reforma Agraria eliminó la hacienda y la clase hacendada y convirtió en propietarios a más de un cuarto de millón de personas. En la imagen, comunidad indígena en el Altiplano.*

Los militantes del PIR fueron los primeros en presentar la idea de fundar sindicatos en el campo, aunque se usara arbitrariamente el término para designar a las más diversas modalidades de organización campesina. En relación con los movimientos campesinos, el uso del término sindicato requiere algunas precisiones. La elección de esta palabra refleja un traspaso semántico de las experiencias del movimiento obrero al movimiento campesino. Sin embargo la naturaleza del sindicato agrario no puede comprenderse desde la perspectiva de los criterios occidentales e industrialistas del sindicalismo. Por ejemplo, a diferencia de un sindicato tradicional, los campesinos tenían como base de acción una hacienda o una aldea, una provincia o una región. Para muchos campesinos, la palabra sindicato no tenía otro significado que una traducción al español de la comunidad agraria originaria. Por estas razones, el dirigente de un sindicato era obedecido por los indígenas como un cacique, y en otros casos como una versión moderna del antiguo patrón. Una vez elegido, el secretario general del sindicato tenía una enorme autoridad, con capacidad para resolver conflictos internos, incluso de índole familiar. Intervenía en conflictos sobre los derechos de usufructo y, en ciertas ocasiones, quitaba la tierra a los campesinos que no se dedicaban a cultivar sus parcelas. En más de un caso, los campesinos indígenas le llamaban «el general» o «don general».

## Nuevas funciones sindicales

Las funciones del sindicato sufrieron transformaciones a lo largo del tiempo. Antes de la revolución de abril de 1952 el sindicato era un instrumento de lucha eficaz. Durante los primeros años de la revolución asumió funciones de poder local; le correspondían hasta las funciones de policía y legislación. De 1956 en adelante los sindicatos campesinos se fueron convirtiendo paulatinamente en dependencias del poder local.

La constitución de sindicatos era algo bastante informal y dependía solamente del grado de organización, combatividad y conciencia de los campesinos. En este sentido las comunidades campesi-

*Si hasta 1952 habían entrado en el país apenas 270 máquinas agrícolas, en los diez años posteriores se importaron 1 300 tractores, 5 000 arados de vertedera, y otras 60 máquinas de uso diverso.*

nas de Cochabamba aventajaron a las de otras regiones en la creación de sindicatos, como lo revela el hecho de que poco después de la revolución de 1952 hubiera en este departamento unos 1 200 sindicatos activos con aproximadamente 200 000 miembros.

En las zonas rurales, como queda expuesto, la revolución se regía por mecanismos muy diferentes a los de la revolución urbana. En realidad se trataba de dos mundos separados y de dos revoluciones cualitativamente distintas o, si se quiere, de una revolución en la revolución.

## La Ley de Reforma Agraria

La única revolución obrera de Latinoamérica dejó como principal herencia profundas reformas campesinas. No es un mérito escaso si se considera el punto de partida y la magnitud de los cambios: entre 1953 y 1964 el gobierno otorgó 298 276 títulos ejecutoriales de reforma agraria con una superficie total que excedía los 7 millones de hectáreas.

Los campesinos y sus dirigentes demostraron una notable habilidad política durante el proceso revolucionario. Aprovecharon y reorientaron en beneficio de sus intereses y reclamos históricos una revolución de la que en principio estaban excluidos. Y consiguieron sus objetivos: la revolución destruyó la hacienda como estructura social, económica y política, y lo hizo para siempre. No obstante, la Ley de Reforma Agraria contaba con serias limitaciones. No consideraba a los más pobres del campo, centrándose principalmente en los intereses de los pequeños campesinos parcelarios. En esta opción influían criterios económicos y políticos. Desde el punto de vista económico, la expansión de la pequeña propiedad agraria capitalista parecía tener una buena acogida en el tipo de mentalidad modernizadora y desarrollista de los miembros del gobierno. Y en términos políticos los pequeños propietarios constituían el núcleo campesino más combativo y organizado. Por su parte, los dirigentes de los sindicatos campesinos realizaban enormes esfuerzos para mantener la adhesión de la mayoría de la población agraria, y solamente lo consiguieron al poner en práctica las reformas.

## Gobernantes de la República en el siglo XX

| | |
|---|---|
| 1903 | Dr. Aníbal Capriles |
| 1904 | Gral. Ismael Montes Gamboa |
| 1909 | Dr. Eliodoro Villazón Montaño |
| 1913 | Gral. Ismael Montes Gamboa |
| 1917 | Dr. José Gutiérrez Guerra |
| 1920 | Junta Civil de Gobierno: |
| | Bautista Saavedra Mallea, |
| | José María Escalier, |
| | José Manuel Ramírez |
| 1921 | Dr. Bautista Saavedra Mallea |
| 1925 | Prof. Felipe Segundo Guzmán |
| 1926 | Dr. Hernán Siles Reyes |
| 1930 | Junta Militar de Gobierno: |
| | Carlos Blanco Galindo |
| 1931 | Dr. Daniel Salamanca Urey |
| 1934 | Dr. José Luis Tejada Sorzano |
| 1936 | Junta Mixta de Gobierno: |
| | David Toro Ruilova |
| 1937 | Tcnl. Germán Busch Becerra |
| 1939 | Gral. Carlos Quintanilla Quiroga |
| 1940 | Gral. Enrique Peñaranda Castillo |
| 1943 | Gral. Waldo Belmonte |
| 1943 | Cnl. Gualberto Villarroel López |
| 1945 | Dr. Julián V. Montellano |
| 1946 | Junta Civil de Gobierno: |
| | Néstor Guillén Olmos |
| 1946 | Dr. Tomás Monje Gutiérrez |
| 1947 | Dr. Enrique Hertzog Garaizábal |
| 1947 | Dr. Mamerto Urriolagoitia Harriague |
| 1948 | Dr. Mamerto Urriolagoitia Harriague |
| 1951 | Gral. Hugo Ballivián Rojas |
| 1952 | Dr. Hernán Siles Zuazo |

| | |
|---|---|
| 1952 | Dr. Víctor Paz Estenssoro |
| 1956 | Dr. Hernán Siles Zuazo |
| 1960 | Dr. Víctor Paz Estenssoro |
| 1964 | Gral. René Barrientos Ortuño |
| 1965 | Gral. René Barrientos Ortuño |
| 1966 | Gral. Alfredo Ovando Candía |
| 1966 | Gral. René Barrientos Ortuño |
| 1969 | Dr. Luis Adolfo Siles Salinas |
| 1969 | Gral. Alfredo Ovando Candía |
| 1970 | Junta Militar de Gobierno: |
| | Efraín Guachalla, |
| | Fernando Sattori, |
| | Alberto Albarracín |
| 1970 | Gral. Juan José Torres González |
| 1971 | Gral. Hugo Bánzer Suárez |
| 1978 | Gral. Juan Pereda Asbún |
| 1978 | Gral. David Padilla Arancibia |
| 1979 | Dr. Walter Guevara Arce |
| 1979 | Gral. Alberto Natusch Busch |
| 1979 | Sra. Lidia Gueiler Tejada |
| 1980 | Gral. Luis García Meza |
| 1981 | Junta Militar de Gobierno: |
| | Celso Torrelio Villa, |
| | Waldo Bernal Escalante, |
| | Óscar Pammo Rodríguez |
| 1981 | Gral. Celso Torrelio Villa |
| 1982 | Gral. Guido Vildoso Calderón |
| 1982 | Dr. Hernán Siles Zuazo |
| 1985 | Dr. Víctor Paz Estenssoro |
| 1989 | Lic. Jaime Paz Zamora |
| 1993 | Lic. Gonzalo Sánchez de Lozada |
| 1997 | Gral. Hugo Bánzer Suárez |

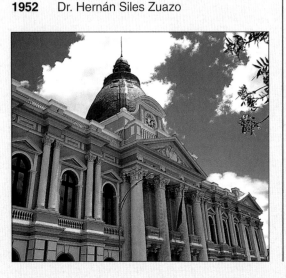

Además de excluir a los pobres rurales, la Ley de Reforma Agraria era difusa. Los criterios de expropiación eran muy vagos. En general, el Estado se comprometía a respetar algunas formas de mediana y pequeña propiedad, además de las comunidades, cooperativas, empresas agrarias «modernas» y unidades dedicadas a la crianza de ganado en el oeste del territorio. A su vez, los criterios de definición de mediana y pequeña propiedad tampoco eran demasiado precisos. Por ejemplo, se entendía como pequeña propiedad desde 4 hectáreas en los valles cerrados y con buena tierra, hasta 80 hectáreas en la región del Chaco. Se consideraba como mediana propiedad una extensión de 50 hectáreas en los valles y hasta de 600 en el territorio del Chaco. Las empresas agrícolas de 400 hectáreas en el territorio que bordea el lago Titicaca y de 2 000 hectáreas en el oriente del país también eran respetadas por la ley. Con respecto a los latifundios, según la ley sólo serían expropiados aquellos que incorporaran alta tecnología y operaran con criterios capitalistas, pero este tipo de latifundios apenas existía en Bolivia.

## Los efectos reales de la Reforma

Los criterios de expropiación eran tan amplios que es difícil evitar la sospecha de que tal amplitud fuera premeditada a los efectos de que la reforma tuviera lugar dando prioridad a los criterios políticos, es decir, en atención a la capacidad de presión y movilización de los campesinos en las diferentes regiones. Como consecuencia de esta ambigüedad, la relación entre hacendados y campesinos se modificaba o transformaba según el grado de conflicto y presiones políticas que se produjeran en cada comunidad.

A pesar de las carencias y ambigüedades citadas anteriormente, el gran objetivo de la reforma agraria era la eliminación del latifundio, y ese objetivo fue cumplido. Entre las consecuencias de la reforma, se cuenta la formación de una importante pequeña burguesía agraria integrada en el mercado urbano, en particular en los valles de Cochabamba, aunque a largo plazo ésta se convirtió en la víctima propicia de los prestamistas y los bancos internacionales. En este sentido, la política agraria del Estado fue orientada hacia la creación y afianzamiento de un importante sector empresarial agroganadero y comercial a través de grandes donaciones de tierras, proyectos de infraestructura vial, plantas de procesamiento y políticas de apoyo financiero y técnico en la región oriental del país.

*Las haciendas, propiedad de una clase absentista en su mayoría, pudieron ser expropiadas sin una oposición notoria y fueron todas prácticamente ocupadas en las zonas de predominio indígena.*

La Ley de Reforma Agraria propició también una individualización de la producción, ya que no se favoreció a las comunidades indígenas, si bien fueron respetadas. Muchos de sus miembros optaron por convertirse en pequeños propietarios, lo que trajo consigo una creciente erosión de la estructura social de las comunidades.

Estas transformaciones cristalizaron en una nueva estratificación social agraria, en la que no había desaparecido la secular explotación de los campesinos, que ahora se efectuaba por medio de mecanismos indirectos, principalmente a través del mercado (control de los precios) y del sistema financiero (crédito). Quizás uno de los aspectos más paradójicos fue la transferencia de capitales realizada por algunos de los antiguos hacendados, quienes invirtieron en los bancos las ganancias obtenidas en la agricultura antes de la eliminación de las haciendas, continuando así la explotación de los campesinos mediante otras formas.

El proyecto de reforma agraria fue concebido para dar paso a una posterior industrialización, es decir, para permitir la canalización de los excedentes agrarios hacia un sistema productivo cuyo núcleo estaría dirigido por el Estado. Esa industrialización no fue posible. La inexistencia de una clase empresarial, la ausencia de personal técnico en el MNR para gestionar un eventual capitalismo de Estado y la falta de interés del capital extranjero en un mercado interno tan reducido como el boliviano fueron carencias irresolubles para los gobiernos revolucionarios. Por ello los excedentes agrarios

*La revolución halló al campesinado sometido a las reglas del sistema latifundista, que estaba basado en la extrema desigualdad en el reparto de la tierra. En la imagen, aymaras del Altiplano.*

fueron succionados por un sistema financiero, frente al cual tanto el MNR como los campesinos se mostraron, sencillamente, impotentes.

Finalmente, los sindicatos campesinos retiraron su apoyo al MNR, que había dejado de ser el socio político más adecuado cuando rompió con su ala obrerista tratando de reconquistar a las capas medias urbanas, algo que no consiguió. Cuando el MNR se empeñó en la reorganización del ejército, los dirigentes campesinos supieron que ya no era mucho lo que podían esperar de un partido que, en realidad, nunca los había representado. Su apoyo a los gobiernos del MNR siempre había sido condicionado, nunca incondicional.

## La evolución ideológica del campesinado

Desde esta perspectiva, no es criticable que años más tarde los campesinos establecieran contactos con los militares. Por otra parte, no fueron los campesinos quienes facilitaron la llegada al poder de éstos, sino el propio MNR. Además, como se ha visto, la historia de los campesinos no puede analizarse con los mismos criterios que los movimientos sociales urbanos, ya que se trata de fenómenos cualitativamente distintos.

Para el campesinado la revolución de 1952 había sido una pequeña grieta en el sistema de dominación de la minoría blanca. Con gran habilidad aprovecharon el excepcional momento histórico que les ofrecía la revolución, pero cuando se produjo la restauración política lo más sensato era adecuarse a las nuevas circunstancias para defender lo conquistado, y esto es lo que hicieron. La historia de las masas indígenas y campesinas no puede equipararse a la de los movimientos obreros y estudiantiles. A lo largo de la historia han sido las víctimas de los grandes procesos de conquista, modernización e industrialización. Para comprender esto es necesario tener en mente que su principal prioridad es la supervivencia, en el sentido más estricto del término.

La revolución nacional boliviana no fue obrera y campesina a la vez. En su primera etapa fue obrera y popular, y luego derivó en campesina. La revolución agraria surgió como continuación de la insurrección de 1952, pero posteriormente vivió una evolución independiente. El emblemático año de 1952 significó para los campesinos indígenas una oportunidad histórica para articular las numerosas rebeliones campesinas que se venían gestando, de modo intermitente pero ininterrumpido, desde comienzos del período colonial. Esta oportunidad histórica fue aprovechada para materializar algunos de sus reclamos ancestrales, pero también para demostrar que eran los campesinos quienes constituían la auténtica base social de la nación boliviana.

# Dictaduras militares
# y restauración democrática

El golpe de Estado de 1964 significó el punto final del proceso iniciado en 1952, así como un cambio radical en la política global hacia los sectores populares y el paso de una larga experiencia de gobiernos civiles a una no menos prolongada etapa de autoridades militares. Un aspecto se mantuvo sin cambios sustanciales: la orientación estatista y de capitalismo de Estado, que incluso se incrementó en la década de 1970. El rasgo distintivo de los 18 años que median entre noviembre de 1964 y octubre de 1982, cuando se inicia la reconstrucción democrática, fue el papel protagonista desempeñado por el ejército como núcleo de poder y actor principal del proceso político.

*La Plaza Murillo, en La Paz, ocupada por el ejército en uno de los numerosos golpes de Estado de la historia del país.*
Foto: Enciclopedia *Bolivia Mágica* / Hugo Boero Rojo

## La vigencia de la revolución de 1952

A pesar de un cambio tan radical, que puso fin a un poder civil de raíz democrática que había durado 12 años y dio paso a más de 15 años de poder militar surgido siempre del ejercicio del golpe de Estado como mecanismo político, las transformaciones y líneas maestras de la revolución de 1952 mantuvieron una vigencia irreversible. En ciertas ocasiones, como en los gobiernos de Ovando y de Torres, se intentó la continuidad del modelo político heredado de la experiencia revolucionaria. En otros casos, si bien no se intentó esa continuidad, se respetaron siempre las medidas fundamentales surgidas de la insurrección popular de 1952 y, muy en especial, el concepto de nacionalismo como bandera de los gobiernos de las Fuerzas Armadas.

Durante el período de gobiernos civiles el Estado boliviano había sufrido cambios radicales, hasta

el punto de que el futuro del país sólo podía pensarse de una única o, mejor dicho, casi única manera: mantener un Estado poderoso y administrador directo de los sectores productivos estratégicos; éste era el camino más adecuado para Bolivia.

En las décadas de 1960 y 1970 los más destacados analistas políticos y económicos de Latinoamérica, que tenían su principal bastión en la Comisión Económica para Latinoamérica de las Naciones Unidas (CEPAL), radicada en Santiago de Chile, predicaban para el conjunto del continente el modelo de una economía con fuerte peso del Estado que lograra progresivamente la sustitución de importaciones a partir de un proceso de industrialización nacional.

Bolivia no había podido alcanzar esa ansiada industrialización por carecer de dos elementos fundamentales: un mercado interno con suficiente capacidad de consumo y una capacidad de ahorro nacional de relevancia. La incorporación del campesinado indígena a la vida política no lo convirtió en una masa de consumidores, ya que su economía era principalmente de autoabastecimiento. Por otra parte, esa incorporación de los campesinos a la sociedad nacional fue relativa y no se tradujo en un aumento significativo de sus condiciones de vida.

El objetivo revolucionario de cambiar de manera drástica el nivel de vida del conjunto de la población no se consiguió ni en el sector agrario ni en las ciudades, ya que el crecimiento urbano fue menos acelerado de lo deseable. En definitiva, las fuentes de la injusticia y del malestar social no habían desaparecido tras una larga década de gobiernos revolucionarios.

# La guerrilla del «Che» Guevara

Adolfo Mena González llegó a La Paz el día 4 de noviembre de 1966. Ese día, bajo una identidad falsa, se inició la breve y trágica experiencia boliviana de Ernesto «Che» Guevara. El objetivo de su presencia en Bolivia no era la toma del poder sino la creación de un foco revolucionario de irradiación continental: «Un nuevo Vietnam contra el imperialismo yanqui». Siguiendo el mismo modelo de guerrilla rural —el llamado «foquismo»— empleado con éxito en la revolución cubana, el comandante Guevara no contó con el apoyo del Partido Comunista Boliviano, que le retiró su colaboración, ni consiguió entusiasmar y reclutar a los campesinos bolivianos en su experiencia guerrillera. Es más, con escasas excepciones, la izquierda boliviana fue muy crítica con la guerrilla del Che. Es indudable que tanto Guevara como el resto de los cubanos que participaron de la elaboración de la estrategia guerrillera olvidaron considerar ciertas experiencias históricas del pueblo boliviano. El más claro de los hechos: el desconocimiento de los idiomas hablados por la mayoría de los campesinos indígenas bolivianos que se intentaba reclutar para la guerrilla. Por otra parte, se obvió de modo incomprensible la trascendental significación de la revolución nacional boliviana de 1952, cuyos principales beneficiarios habían sido precisamente los campesinos indígenas. El día 6 de marzo de 1967 la presencia del grupo guerrillero fue denunciada por un civil. A partir de entonces el ejército boliviano conoció los planes revolucionarios. El comandante de las Fuerzas Armadas, Alfredo Ovando, destinó dos divisiones para combatir a los guerrilleros: una al sur y otra al norte del río Grande. Los guerrilleros contaban con un contingente de 53 efectivos: 29 bolivianos, 16 cubanos y 8 miembros que el propio Guevara clasificó como no combatientes. Los combates entre los guerrilleros y las fuerzas gubernamentales tuvieron como escenario las provincias Cordillera, Vallegrande y Florida, en el departamento de Santa Cruz, en el valle marcado por el río Grande, en una serranía subandina de clima templado. El primer enfrentamiento se produjo el día 23 de marzo en el valle de Ñancahuazú. Las fuerzas del ejército fueron emboscadas y perdieron varios efectivos. El 10 de abril la guerrilla tuvo otro triunfo en Iripití, con 10 muertos y 30 prisioneros entre las tropas del Gobierno. Diez días más tarde, el 20 de abril, fueron detenidos por el ejército boliviano el francés Régis Debray y el argentino Ciro Roberto Bustos, lo que permitió confirmar que el Che era el comandante de las fuerzas guerrilleras. En ese mismo mes los guerrilleros se dividieron en dos grupos que tomaron rumbos diferentes y nunca más volvieron a reunirse. El Che comandaba una de las columnas, la que se había convertido en objetivo prioritario de los asesores estadounidenses llegados a Bolivia para colaborar con el ejército. Entre mayo y julio las acciones se espaciaron hasta que el 30 de julio se produjo la primera acción victoriosa del ejército en un campamento de los guerrilleros. De allí en adelante la ofensiva militar boliviana fue imparable y a fines de septiembre el ejército cercó y capturó a varios combatientes.

El domingo 8 de octubre de 1967 el Che libró su último combate en la quebrada de Yuro, en la que murieron varios de sus compañeros. El capitán Gary Prado tomó prisionero al Che y lo trasladó a la localidad de La Higuera, cerca de Villagrande. Tras una decisión del alto mando de las Fuerzas Armadas bolivianas, el comandante Guevara fue fusilado por un suboficial en la escuela donde se encontraba preso.

*El presidente chileno Salvador Allende en los talleres de composición de* El Siglo, *poco después de ganar las elecciones de su país, bajo las siglas de la coalición izquierdista Unidad Popular.*

*Juan José Torres protagonizó uno de los gobiernos más singulares de la historia boliviana, demostrando ser el general más radical y más adherido a la izquierda que jamás ha gobernado el país.*

## Otras experiencias en Latinoamérica

A comienzos de la década de 1960, el clamor continental por la justicia encontró una nueva voz en la experiencia de la revolución cubana. La tesis de la lucha armada despertó expectativas sobre la posibilidad de cambiar el estado de cosas mediante la violencia, y en pocos años los movimientos guerrilleros se multiplicaron. En Estados Unidos la preocupación aumentaba. El punto culminante sería la elección democrática de Salvador Allende como presidente de Chile en 1970, al frente de la Unidad Popular, que dio lugar a la coincidencia de un triángulo de posiciones de izquierda en Bolivia, Chile y Perú.

Tras la muerte de John F. Kennedy, la política estadounidense hacia Latinoamérica estuvo marcada por la «doctrina de la seguridad nacional», visceralmente anticomunista. Ésta, que propugnaba la represión en el interior de cada país para evitar experiencias como la cubana, fue diseñada principalmente por el Pentágono, más que por los políticos de Washington. Las Fuerzas Armadas de los diversos países de Latinoamérica fueron fortalecidas y apoyadas para ejercer un control directo en la política y las decisiones nacionales, lo que se materializó en el ejercicio directo del poder político. En 1964 Bolivia y Brasil fueron los primeros países en pasar de una democracia parlamentaria a un régimen militar autoritario, iniciando una tendencia que luego se transformó en continental. La emergencia de gobiernos autoritarios de derecha, anticomunistas fanáticos y carentes de escrúpulos a la hora de violar los derechos humanos más elementales, dejó en Bolivia y en el resto del continente americano una terrible secuela de violencia y dolor. La lista de presidentes, casi todos militares, que precedió el ascenso del general Hugo Bánzer a la presidencia de Bolivia en agosto de 1971 está constituida por: René Barrientos (1964-1965), René Barrientos-Alfredo Ovando (1965-1966), Alfredo Ovando (1966), René Barrientos (1966-1969), Luis A. Siles Salinas (1969), Alfredo Ovando (1969-1970), y Juan José Torres (1970-1971). El régimen de Hugo Bánzer, que desempeñó su cargo hasta 1978, fue uno de los cuatro más largos en la historia del país.

*El general Hugo Bánzer, después del triunfo de su golpe de Estado, camina por las calles de Santa Cruz junto con Víctor Paz Estenssoro y Mario Gutiérrez.*

## El gobierno militar de Hugo Bánzer

En 1971 Bolivia se encontraba en una situación cercana a la fractura social. Las fuerzas de izquierda vivían una euforia revolucionaria que las llevó a creer que había llegado el momento de un cambio histórico sin precedentes. Pero los sectores medios urbanos no estaban dispuestos a aceptar cambios que perjudicaran sus intereses. A su vez, los sectores más intransigentes de la derecha política habían hecho del anticomunismo su principal bandera.

El gobierno del general Bánzer se apoyó en las Fuerzas Armadas y en una organización creada a la medida del presidente, el Frente Popular Nacionalista (FPN), en el que coincidieron dos antiguos enemigos políticos: la Falange Socialista Boliviana y el Movimiento Nacionalista Revolucionario, que continuaba siendo una fuerza decisiva en la vida política de Bolivia. Los primeros meses de gobierno tuvieron como principal objetivo eliminar de la escena pública a la oposición política, con la habitual secuela de presos y exiliados políticos. Las universidades, que eran un importante foco de oposición al nuevo régimen, fueron clausuradas durante 1971 y 1972. Además, se creó el Consejo Nacional de Educación Superior, que se encargó de eliminar la autonomía universitaria y prohibir las actividades políticas en los recintos académicos.

## La situación económica

Durante el prolongado régimen del general Hugo Bánzer tuvo lugar una etapa de bonanza económica sin antecedentes en la historia del país. A ello contribuyeron de manera decisiva los favorables precios de las principales materias primas de exportación: el estaño se cotizó en 8 dólares por libra fina a mediados de la década de 1970 y el gas alcanzó el precio de 4,5 dólares por millar de metros cúbicos en 1976. Por otra parte, fue aquella una época de fácil acceso a los créditos en el mercado internacional.

La industria de la construcción fue una de las más beneficiadas durante esos años. Ello se debió a que en La Paz y Santa Cruz se produjo un enorme crecimiento de la vivienda en propiedad horizontal. Además se llevaron a cabo importantes proyectos de infraestructura, como la unión de La Paz y el Beni, y la autopista La Paz-El Alto. Al mismo tiempo, se renovaron los equipamientos ferroviarios y se amplió la flota del Lloyd Aéreo Boliviano así como sus servicios internacionales.

En líneas generales el gobierno militar presidido por Bánzer marcó una etapa de inusual estabilidad que hizo posible un crecimiento sostenido de la economía boliviana y un indiscutible aumento en el nivel de vida del conjunto de la población. Durante aquellos años, la inflación nunca superó el 10 por

*Durante el gobierno de Bánzer las exportaciones de gas natural a países vecinos encontraron un mercado en expansión constante. En la imagen, planta procesadora de gas en Río Grande.*

ciento anual y el crecimiento del PIB se situó entre el 4 y el 6 por ciento. A su vez, durante la década de 1970 el volumen de las exportaciones se triplicó. En 1972, tras 16 años de estabilidad monetaria, se determinó la devaluación del peso boliviano en un 66 por ciento, pasándose de los 12 a los 20 pesos por dólar. Con esta medida se daba por terminada una paridad artificial que con los años había puesto a la economía en serios riesgos. En 1974 se introdujo un nuevo paquete de medidas económicas que generaron protestas populares. Los acontecimientos más serios se vivieron en el valle de Cochabamba. El Ejército movilizó numerosos efectivos y tanques para controlar la situación y reprimir a los manifestantes. En las localidades de Tolata y Epizana las manifestaciones fueron contestadas duramente, dejando un elevado saldo de muertos y heridos.

## La explotación de los recursos naturales

Desde la perspectiva de la explotación de los recursos naturales, el régimen de Bánzer puede ser considerado como la «era del gas». La producción boliviana de gas natural pasó de los 20 millones de metros cúbicos en 1964 a los 150 millones en 1973, siendo nuestros clientes Argentina y Brasil. En 1972 se terminó de construir el gasoducto que une los yacimientos con Buenos Aires y el 29 de abril, bajo el gobierno de Bánzer, se iniciaron las exportaciones.

Los ingresos derivados de la venta de gas a la Argentina llevaron al gobierno a iniciar negociaciones con Brasil, un consumidor potencial mucho más importante que nuestro vecino del sur. Como resultado de esas negociaciones, el presidente Bánzer y su colega brasileño Ernesto Geisel suscribieron un acuerdo de cooperación, por el que Bolivia se comprometía a vender a Brasil 240 millones de pies cúbicos de gas durante veinte años, a cambio de la instalación de un complejo industrial en el sudeste del país con una planta siderúrgica, una petroquímica y una fábrica de cemento. Este ambicioso proyecto se vio frustrado por la gran oposición interna que generó en diversos sectores del país.

Los grupos de la izquierda nacional acusaron a Bánzer de entregar las riquezas del país, argumentando que el gas boliviano debía emplearse íntegramente en el desarrollo interno. Importantes sectores políticos y militares, fuertemente influidos por el ideario nacionalista de los años cincuenta, también manifestaron su desacuerdo. Atrapado entre dos fuegos, el general Bánzer no insistió en llevar adelante el proyecto. La frustración de ese acuerdo con Brasil fue uno de los desaciertos de su gobierno, ya que postergó la posibilidad de un gran crecimiento económico en el sudeste de Bolivia.

*En 1979, debido al gran impacto del sistema escolar en las zonas rurales, el nivel educativo se ha-* *llaba en cotas hasta entonces nunca vistas. En la imagen, estudiantes indígenas en Chivo.*

## Realidad demográfica y cambios estructurales

Uno de los problemas más serios que enfrentó el gobierno presidido por Bánzer fue la falta de información disponible sobre la realidad del país. En efecto, hasta entonces se habían realizado en Bolivia solamente dos censos nacionales, en 1900 y 1950. El censo de 1976 permitió comparar el país anterior a la revolución de 1952 con la realidad que se derivó de ésta.

La población había pasado de 3 019 000 habitantes a 4 613 500, con un crecimiento demográfico del 35 por ciento. Se había producido un importante incremento de la población urbana y un auténtico despegue demográfico en la población del oriente a partir de Santa Cruz. La Paz, que había sido el centro económico y demográfico de mayor crecimiento durante la primera mitad del siglo, mantuvo un importante ritmo de crecimiento, pero menos acelerado, pues pasó de 320 000 a 635 000 habitantes, duplicando su tamaño. Pero Santa Cruz pasó del cuarto al segundo lugar, de 43 000 a 254 000 habitantes, es decir, multiplicó por 6 su población.

La población rural disminuyó, pero continuó siendo predominante en el país. El 58,5 por ciento de los bolivianos vivía en el campo, mientras que el 41,5 por ciento residía en poblaciones de más de 2 000 habitantes. Un cambio de enorme importancia fue la reducción del analfabetismo, que pasó del 69 por ciento en 1950 al 36,8 por ciento en

1976. El índice de la población indígena se registró en un 54 por ciento, incluyendo a los indígenas del oriente. El 35 por ciento de los indígenas tenía como lengua materna el quechua, el 33 por ciento el español y el 26 por ciento el aymara.

Quizás el cambio más radical nacido de la revolución de 1952 fue el espectacular giro en la situación educativa, tras la universalización planteada por el Código de 1955. En 1950, en los primeros seis cursos había 526 000 alumnos inscriptos, mientras que en 1976 este número alcanzó la cifra de 1 730 000 alumnos.

Además de la obra pública reseñada, durante el gobierno del general Bánzer se aprobaron importantes disposiciones jurídicas que buscaban modernizar los códigos del pasado. Se dictaron más de 63 cuerpos legales, pero los aportes más importantes fueron la aprobación de los códigos civil y penal, que habían sido instaurados por primera vez por el mariscal Andrés de Santa Cruz y no habían sufrido modificaciones desde entonces. También se aprobaron decretos-leyes tan importantes como los de organización judicial y de corporaciones de desarrollo.

Tras producirse el asesinato del primer ministro del Interior de su régimen, el coronel Andrés Selich, el exilio de Paz Estenssoro, dos intentos de golpe de Estado, y a la vista del creciente deterioro del FPN, el presidente Bánzer decidió la supresión de los partidos políticos y la interrupción total de la actividad política. Así, en noviembre de 1974 el régimen se convirtió en una dictadura con respaldo de las Fuerzas Armadas. Sin la presión de los grupos civiles representados en los partidos que lo habían apoyado durante los años anteriores, el régimen de Bánzer se propuso gobernar hasta 1980 para posteriormente convocar elecciones. Este proyecto se demostró inviable debido a la oposición interna y externa que encontró el presidente, quien convocó elecciones en 1977.

## El ocaso de la dictadura

La dictadura militar estaba agotada como proyecto político, y la sociedad daba muestras de cansancio tras quince años de gobiernos militares. Las expectativas de la mayoría de la población estaban centradas en la restauración de la vida democrática, que tardaría en regresar.

El modelo de Estado surgido de la revolución nacional boliviana todavía conservaba su vigor y el capitalismo de Estado había sido mantenido sin variaciones por los militares. Bánzer no fue una excepción y durante su prolongado mandato se volvieron a impulsar y crear empresas estatales a un ritmo que no se recordaba desde los años triunfales de la revolución de 1952. Según la imagen que se habían hecho de sí mismos, los militares estaban convencidos de que su auténtico papel era planificar, gobernar y garantizar el futuro del capitalismo de Estado.

Por su parte, la sociedad civil continuaba encerrada en la disyuntiva que había conducido al dramático desenlace de 1971: la izquierda marxista parecía haber recuperado su energía y los defensores de la economía liberal se encontraban arrinconados y aislados en el reducido mundo de los empresarios más poderosos. Apelando a una enraizada tradición, ambos bandos se enfrentaban con una retórica incendiaria que favorecía muy poco el clima propicio para establecer un imprescindible diálogo.

El pueblo llano, junto a la complejidad de la situación que se produjo tras la renuncia del presidente Bánzer, añadió la larga lista de demandas acumuladas durante tantos años de anulación de los derechos civiles y políticos. En efecto, los reclamos de libertad de pensamiento, de expresión y de asociación, entre otros, se canalizaron a través de las organizaciones sindicales y gremiales. La falta de práctica política de las nuevas generaciones complicó más las cosas y el país entró en una de las etapas más dramáticas de vida republicana.

El final del régimen del general Bánzer dejó a Bolivia en una típica situación de vacío de poder y abrió el período de mayor inestabilidad política de toda su historia. Desde el 21 de julio de 1978 hasta el 10 de octubre de 1982, durante cuatro largos años, el país sufrió violentos episodios que amenazaron seriamente su estabilidad y la continuidad del sistema político. Durante el período señalado Bolivia contó con nueve gobiernos, ocho presidentes y una junta militar: Juan Pereda (1978), David Padilla (1978-1979), Walter Guevara (1979), Alberto Natusch (1979), Lidia Gueiler (1979-1980), Luis García Meza (1980-1981), Celso Torrelio (1981-1982) y Guido Vildoso (1982).

A finales de septiembre de 1982, a propuesta de la Confederación de Empresarios Privados, de algunos partidos políticos y de los medios de comunicación, el gobierno decidió convocar al parlamento elegido en 1980 durante el gobierno de Lidia Gueiler y que fue anulado pocos días más tarde por el golpe de Estado encabezado por el general Luis García Meza.

*La presidenta Lidia Gueiler (en la imagen, rodeada de sus ministros de Salud Pública y de Urbanismo y Vivienda, en 1980) dio los primeros pasos hacia una nueva política económica.*

Aquellas elecciones le habían concedido a Hernán Siles Zuazo el 38,74 por ciento de los votos, seguido por Víctor Paz con el 20,15 por ciento, Bánzer con el 16,85 por ciento y Quiroga Santa Cruz con el 8,71 por ciento. Considerando estos resultados, el 5 de octubre de 1982 el parlamento eligió a Hernán Siles Zuazo como presidente y a Jaime Paz Zamora como vicepresidente. De esta manera concluía una de las etapas más turbulentas de la historia republicana. Pero también se abría al futuro del país la posibilidad de transitar por un nuevo camino, apenas conocido: la práctica de una democracia universal regida por la Constitución.

## La restauración de la democracia

El proceso democrático que se inició el histórico día del 10 de octubre de 1982 tiene aspectos de enorme significación. Los elementos de una democracia genuina, como la composición parlamentaria, auténticamente multipartidista, el más absoluto respeto a las libertades públicas y el derecho a la discrepancia con el poder constituido, no habían sido disfrutados anteriormente, y de ahí su gran trascendencia.

Desde la revolución de 1952 los gobiernos salidos de las elecciones democráticas habían caído en la tentación de recortar las libertades esenciales o habían pasado por la amarga experiencia de llegar al poder con sus partidos o dirigentes proscriptos. Más grave era la situación en la etapa de la República oligárquica, cuando el sistema «democráti-

*A partir de 1978 surgieron partidos políticos competidores, con apoyo de complejas combinaciones de votantes, propias de un electorado moderno. En la imagen, votaciones en 1985.*

co» era un juego restringido por el voto calificado.

Durante el proceso político iniciado en octubre de 1982, la inercia de esta experiencia histórica se puso de manifiesto en el uso equivocado de la democracia por parte de los protagonistas políticos: los gobernados, por exceso, y los gobernantes, por insuficiencia. Superados los primeros tiempos de confusión, lógica herencia de las dictaduras militares, los participantes del proceso democrático iniciaron una práctica política diferente, ajustada a la Constitución, en la que el sentido común y la búsqueda del consenso se plasmaron en acuerdos políticos de una originalidad sin precedentes en Latinoamérica. Sin duda, el ejercicio de la democracia trajo consigo un cambio de mentalidad y de formas de hacer, que permitió la gobernabilidad, factor indispensable para el crecimiento y el progreso del conjunto de la nación.

La institucionalización del proceso democrático y su permanencia en el tiempo fueron el mayor desafío que debió enfrentar el país. En la búsqueda de este objetivo se reformó la Constitución política del Estado boliviano, se aprobaron modificaciones al sistema judicial y se establecieron mecanismos legales para garantizar la absoluta transparencia de los procesos electorales. También se modificó el sistema de elección de miembros de la Corte Suprema de Justicia, el contralor general y el fiscal general

ral del Estado. Se aprobó asimismo la creación del Tribunal Constitucional y de un defensor del pueblo, figuras políticas ambas presentes en otros sistemas democráticos.

La modernización e institucionalización de la democracia fueron las consignas de las décadas de 1980 y 1990, que, apoyadas por el consenso general, permitieron aprobar a lo largo de varios mandatos presidenciales las diversas medidas reseñadas, con lo que la continuidad y profundización del proceso democrático demostró estar por encima de los partidos y los gobiernos.

Desde la perspectiva de la expresión de la voluntad popular a través del voto, la creciente transparencia de los procesos electorales terminó con la hegemonía de un determinado partido político, como había ocurrido durante décadas con el Movimiento Nacionalista Revolucionario. La pluralidad política de la democracia condujo al desafío de someterse a los resultados de votaciones con mayoría relativa y no absoluta. El parlamento pasó a ejercer un papel protagonista en el sistema político y decidió la elección del presidente en todas las elecciones desde 1979.

En esta etapa, por primera vez en la historia de Bolivia, la conversión del mando presidencial en oposición se produjo de forma democrática y pacífica. Esta nueva tradición se inició en 1985, cuan-

*Las elecciones de 1989, en las que venció Jaime Paz Zamora, significaron la jubilación oficial de una generación de dirigentes políticos que habían dominado la vida nacional desde la década de 1940.*

*Bolivia ha luchado larga y duramente por movilizar a su población y a sus instituciones políticas en la defensa del proceso democrático. En la imagen, el presidente Gonzalo Sánchez de Lozada.*

do Hernán Siles Zuazo, de la UDP-MNRI, transmitió la presidencia a Víctor Paz Estenssoro, del MNR. Más significativa, por lo que entrañaba de cambio generacional, fue la transmisión del mando en 1989, cuando Víctor Paz entregó la presidencia a Jaime Paz Zamora, de la coalición ADN-MIR. En 1993 Jaime Paz, a su vez, transmitió el mando a Gonzalo Sánchez de Lozada, del MNR. Una secuencia de pacíficos cambios de gobierno que demostraron la notable madurez de la democracia boliviana.

## La última apuesta política

En junio de 1997 ganó las elecciones el candidato de Acción Democrática Nacional (ADN), el general retirado Hugo Bánzer, con más del 22 por ciento de los votos, seguido por Juan Carlos Durán, del gubernamental Movimiento Nacionalista Revolucionario (MNR) —el gran derrotado en estas elecciones, al perder casi la mitad de los sufragios obtenidos en 1993— y por el socialdemócrata Jaime Paz Zamora, candidato del Movimiento de Izquierda Revolucionaria (MIR), que ocupó el tercer lugar. Entre los demás postulantes se destacó la líder indigenista aymara Remedios Loza, dirigente de Conciencia de Patria (CONDEPA).

Como ninguno de los candidatos presidenciales obtuvo más de la mitad de los votos emitidos, le correspondió al Parlamento decidir por mayoría absoluta entre los dos más votados. Si bien desde

un principio Paz Zamora, líder del MIR, se mostró dispuesto a prestar su apoyo a Bánzer, las negociaciones fueron largas y difíciles. Finalmente se formó una amplia coalición con los cinco principales partidos (la Megacoalición), excepto el MNR, que quedó en la oposición. Así, el 5 de agosto, Bánzer fue proclamado presidente por una amplia mayoría del Congreso, formándose un gobierno de coalición con mayoría de ministros de ADN.

A pesar del crecimiento económico sostenido de los últimos años (3,7 % en 1995 y 4 % en 1996), durante la campaña electoral, los partidos de la oposición habían reprochado al gobierno saliente, presidido por Gonzalo Sánchez de Lozada, su modelo de privatizaciones diseñado en el llamado «Programa de Capitalización», que afectó a los ferrocarriles nacionales, las telecomunicaciones, la línea aérea, la electricidad y el petróleo. Especialmente criticada fue la concesión de los ferrocarriles a una firma de Chile.

El año 1998 estuvo marcado por la conflictividad social. El gobierno de Hugo Bánzer tuvo que hacer frente a una huelga organizada por la Central Obrera Boliviana (COB) y otras confederaciones de sindicatos, en protesta contra las medidas económicas y sociales anunciadas en diciembre de 1997, que redundaron en el incremento de los precios de los carburantes y en una mayor presión fiscal. Por otra parte, los productores de coca del departamento de Cochabamba declararon el estado de emergencia y anunciaron la reactivación de los comités de autodefensa, inactivos desde julio de 1997, para proteger los cultivos. El principal motivo del descontento campesino era el incumplimiento de los acuerdos por parte del gobierno, que no proporcionó el apoyo prometido para la puesta en marcha de los programas de cultivos alternativos. También tuvo lugar una marcha sobre la ciudad de La Paz por parte de los productores de coca de la región de El Chapare. Tanto en Cochabamba como en El Chapare se produjeron enfrentamientos armados, con el saldo de decenas de muertos y heridos, entre los productores, el ejército y la policía. No obstante, la comprometida situación económica del país recibió un balón de oxígeno cuando la Asociación Internacional de Desarrollo (IDA) del Banco Mundial y el Fondo Monetario Internacional (FMI), con el apoyo del Banco Interamericano de Desarrollo (BID, el principal acreedor externo del país), llegaron al acuerdo de que Bolivia satisfacía los requisitos para beneficiarse de una reducción del servicio de la deuda externa equivalente a 760 millones de dólares mediante la Iniciativa para Países Pobres Altamente Endeudados (HIPC), siendo el primer país latinoamericano en recibir este tipo de asistencia financiera. Asimismo, Bolivia obtuvo del FMI un crédito destinado a apoyar el programa económico para el período 1998-2001.

## El reto del siglo XXI

Con la vinculación de Bolivia al Mercado Común del Sur (Mercosur), en 1997, mediante un tratado de libre comercio que le confiere la condición de «miembro asociado», se inició uno de los procesos más fascinantes de nuestra historia. Es posible que el trabajo común en Mercosur sea el camino para llegar a un destino donde el castigo de los implacables indicadores sociales y económicos del país no exista.

Algunos datos económicos proporcionan motivos para ser optimistas. Si durante 1995, antes del acuerdo, el intercambio comercial entre Bolivia y Mercosur superó los 450 millones de dólares, las previsiones de los analistas indican que en poco tiempo rebasará los 1 000 millones.

El ingreso de Bolivia en Mercosur tiene también otra dimensión de enorme trascendencia: la situación geográfica del país, en el corazón mismo de América del Sur, puede convertir al territorio de nuestra patria en el núcleo de las relaciones económicas y comerciales entre los países del sur y los demás países andinos del norte. Por ejemplo, en 1999, Brasil solicitó aumentar el volumen de gas importado de Bolivia, y creció considerablemente el flujo de mercancías entre Argentina y nuestro país. No menos importante es el hecho de que Bolivia, Chile y Paraguay formen parte de un mismo entorno económico y político, pues indudablemente ello hará factible superar, quizás en un plazo razonable, viejos recelos históricos. Es probable que sea un sueño, uno más en la onírica historia de nuestro continente, pero en todo caso es un sueño que vale la pena soñar, al tiempo que comenzamos a descifrar, no en soledad, los 100 años de incógnitas que nos formula el siglo XXI.

*El general retirado Hugo Bánzer fue el candidato más votado en 1997, siendo elegido presidente por el Congreso en agosto de ese mismo año.*

# Las instituciones públicas

Hacia la Constitución

Los poderes del Estado
y las organizaciones políticas
y sindicales

La división administrativa

*La sociedad boliviana está democráticamente articulada por las instituciones representativas, que abarcan todo el territorio nacional boliviano. En la imagen, vista general de una calle de Santa Cruz.*

# Hacia la Constitución

Las tensiones políticas, sociales y económicas que han condicionado permanentemente la vida de Bolivia a lo largo de su historia, se han reflejado en sus profusas constituciones; sus resoluciones marcaron las diferentes organizaciones nacionales que originaron las diversas figuras institucionales que acabarían consolidando la realidad democrática del país.

La primera Constitución del país soberano fue obra de la Asamblea Constituyente de 1825, y se basó en la Constitución de los Estados Unidos, aunque tomó ciertos principios básicos de la república francesa. Esta primera ley general básica permaneció como proyecto, ya que nunca se puso en práctica; en sus presupuestos teóricos asumía plenamente una democracia representativa, articulada por un sistema político asentado sobre instituciones democráticas autónomas, y un gobierno centralizado ramificado en los poderes ejecutivo, legislativo y judicial.

## Bolívar, también padre constitucional de Bolivia

El 26 de noviembre de 1826, el Libertador Simón Bolívar modificó desde Lima este primer documento constitucional, instituyendo cuatro poderes: una presidencia de régimen vitalicio, un sistema judicial independiente, un congreso tricameral y un órgano electoral. El Senado, la Cámara de los Tribunos (ambas con miembros no permanentes) y la Cámara de los Censores comprendían la institución legislativa, que en la práctica tenía las funciones esenciales de nombrar al presidente y de aprobar la lista de sucesores confeccionada por el mismo presidente.

*El Libertador Simón Bolívar fue también artífice de la primera Constitución nacional en Bolivia.*

No obstante, la Constitución de 1826 tuvo los días contados, ya que existían insalvables distancias entre las aspiraciones nacionales y el poder de facto ejercido sobre un país de regiones y poblaciones tan dispares entre sí. Así, entre 1825 y 1880, la vida política de Bolivia estuvo en manos de los caudillos, una especie de líderes militares surgidos como corolario del colapso del Imperio español, que aprovecharon una coyuntura de crisis económica y una estructura social casi feudal para hacerse con el control del gobierno y la manipulación de las Constituciones.

## Las Constituciones en tiempos de los gobiernos militares

El 31 de agosto de 1831 vio la luz una nueva Constitución que introducía el bicameralismo y abolía la presidencia vitalicia. Esta nueva constitución garantizaba la representación democrática de la Cámara de Senadores (Senado) y la Cámara de Diputados en el Congreso Nacional, mediante un sistema electoral proporcional. Aunque se introdujeron algunas restricciones al presidente, como la limitación de su mandato a períodos de cuatro años, el progresivo fortalecimiento del poder ejecutivo iniciado con la Constitución de Bolívar fue consolidándose. Durante la Confederación peruano-boliviana, de 1836 a 1839, el general Santa Cruz promulgó una nueva Constitución que aplicaba básicamente los principios de la de 1831 a la alianza política.

A lo largo de las siguientes décadas, el país estuvo a merced de los caudillos, quienes dictaron Constituciones con la misma frecuencia que los cambios acontecían en el gobierno. Fueron en total seis las que se promulgaron y aprobaron desde

*Bombardeo del puerto de Iquique, durante la Guerra del Pacífico (1879-1880), conflicto* *que marcó un antes y un después de la influencia de los caudillos en las instituciones.*

1839 hasta 1880. Todas ellas, menos la primera, proponían acrecentar el poder del presidente, relegando el Congreso al papel de satisfacer los requerimientos del caudillo.

## La Constitución de 1880

El régimen político dominado por los caudillos concluyó con la Guerra del Pacífico (1879-1880). El fracaso militar y el precio que tuvo que pagar Bolivia favorecieron la penetración de ideas más liberales, pro-capitalistas, de las que se apropiaron los empresarios de la floreciente industria minera para conformar un régimen civil sustentado por el orden y el progreso. Dadas estas circunstancias, la Constitución de 1880 fue la más duradera que ha tenido hasta ahora Bolivia, con cincuenta y ocho años de vigencia ininterrumpida. Entre sus logros destacan la adopción de un bicameralismo pleno, que convirtió a la institución legislativa en un verdadero foro de debate político, y la oficialización de la ciudadanía con derecho a voto. No obstante, el acceso a la vida política estuvo restringido a una alta clase social privilegiada y minoritaria, mientras que la población indígena continuó sin participar en el ejercicio electoral.

Durante este largo período, Bolivia consiguió una democracia formal que desarrolló a partir de una interpretación constitucional operativa, la formación de partidos políticos y grupos de interés y la profusión de activas legislaturas que en conjunto favorecieron la estabilidad política. Los principios de representatividad democrática, presentes en la Constitución de 1880, prevalecen aún en la actualidad. El final de esta época coincidió con el

del *boom* del estaño y el derrocamiento del presidente Daniel Salamanca Urey (1931-1934). Como herencia central de su mandato cabe mencionar la tremenda estratificación del modelo de relaciones sociales, cuyos efectos se dejaron sentir en la estructura política, lo que propició un conflicto latente desde entonces entre las facciones lideradas por las clases dominantes y el sindicalismo obrero.

La crisis mundial de la economía, en los años treinta, y la desastrosa contienda de la Guerra del Chaco (1932-1935) exacerbaron las citadas tensiones sociales, que se hicieron manifiestas en la vida política y sus instituciones. Entre 1935 y 1952 los intentos reformistas de la clase media derivaron hacia movimientos populares. La Asamblea Constituyente —durante el breve mandato del coronel Germán Busch Becerra (1937-1939)— aprobó una serie de reformas que tendrían profundos y persistentes impactos en la pauta de relaciones entre el Estado y la sociedad bolivianas. Los derechos humanos prevalecieron por primera vez sobre los derechos de propiedad, emergió un progresivo interés nacional por el subsuelo y su riqueza, el Estado adquirió el derecho a poder intervenir en la actividad económica y a regular el comercio, los trabajadores pudieron orga-

## La impronta bolivariana

El contenido de la Constitución reformada no dejaba de reflejar la profunda desconfianza que sentía Bolívar por la minoría privilegiada que heredó el Alto Perú de la alta burguesía y nobleza de España; Bolívar temía que ésta crease diversas facciones para hacerse con el control de la nación, por eso entendió que la mejor fórmula para garantizar la estabilidad y el orden fuera la institucionalización de una presidencia fuerte, centralizada y vitalicia. Esta convicción introdujo el aspecto que prevalecería en las siguientes constituciones, heredado también del patrimonio burocrático hispánico: un sistema de gobierno que concentraba el poder en manos del órgano ejecutivo. Algunos historiadores opinan que las Constituciones liberales posteriores no se adecuaron tan bien a la estructura política boliviana como lo hizo la de Bolívar.

nizarse y constituirse como colectivo. Los requerimientos e intereses de la clase trabajadora fueron el embrión y fundamento para que los partidos políticos, a través de la formación de sindicatos de mineros y campesinos ejercieran, eventualmente, un papel significativo en la revolución de 1952.

## Las reformas populistas y el fortalecimiento del Estado

En 1944, la Constitución fue nuevamente modificada bajo la presidencia del reformador populista, coronel Gualberto Villarroel López (1943-46), aunque su mandato fue truncado por su asesinato, ocurrido en 1946. La siguiente Constitución, en 1947, redujo el período presidencial a cuatro años e incrementó los poderes del Senado.

El esfuerzo reformador de la posguerra chaqueña se tradujo en un fortalecimiento del Estado, especialmente manifestado por un intento de mitigar las disparidades sociales y económicas. Durante esta época las Constituciones reflejaron el surgimiento de movimientos populares y grupos civiles que acabaron configurando formaciones políticas, como el Movimiento Nacional Revolucionario (MNR), que protagonizarían la política boliviana en los próximos cuarenta años.

La Constitución de 1961 institucionalizó los logros conseguidos por la revolución de 1952, al adoptar el sufragio universal, nacionalizar la minería y promover la reforma agraria. Otra vez, conflictos y divisiones políticas en el seno del partido en el poder, el MNR, obstaculizaron la consecución de más reformas; los intereses y esfuerzos de la facción del presidente Paz Estenssoro se encaminaron, sirviéndose de la misma Constitución, a promover su reelección en 1964.

## La Constitución actual, enraizada en los principios tradicionales

Su derrocamiento por el general René Barrientos Ortuño, presidente y copresidente durante el período 1964-1969, inició una nueva era en el enfoque constitucional. Tras invocar la Constitución de 1947 e intentar establecer un programa corporativista, Barrientos se vio forzado a admitir una Constitución hondamente asentada en la tradición democrática liberal que inspiró la redacción de la de 1880. Nació así la Constitución de 1967, que definía Bolivia como una república democrática representativa, cuya soberanía residía en el pueblo y cuyo gobierno fue delegado en los poderes legislativo, ejecutivo y judicial, y en otras autoridades

*En la imagen, manifestación en la ciudad de Cochabamba, en la que se aprecia que el mestizaje y la fusión entre las distintas etnias que habitan el país es una realidad consolidada.*

dictadas por ley. Se reconocía la religión católica apostólica romana como la oficial, aunque se garantizaba la libre práctica de cualquier fe.

Los efectos, al menos directos, de la reciente Constitución quedaron paralizados a partir del golpe militar protagonizado en 1969 por el general Alfredo Ovando Candia, quién derrocó el régimen civil y hasta 1979 puso la Constitución al servicio de los gobernantes militares. Entre 1978 y 1989 se convocaron cuatro elecciones generales, que permitieron a Bolivia estar regida por un gobierno civil democrático estable, auspiciado por los principios de la Constitución de 1967.

## La estructura constitucional

La Constitución boliviana se puede definir como la expresión jurídica del régimen general del Estado y de su configuración nacional. Es la ley fundamental, mediante la cual se estructuran y delimitan los poderes públicos, se regulan los derechos y libertades individuales, y se controlan los poderes del Estado y la acción de gobierno. La Constitución Política del Estado se define a sí misma como la Ley Suprema del ordenamiento jurídico nacional, que se aplica por tribunales, jueces y autoridades en orden preferente a las leyes ordinarias y resoluciones jurídico-administrativas.

La actual Constitución de la República de Bolivia se concluyó el 2 de febrero de 1967, en la Sala de Sesiones de la Asamblea Constituyente en La Paz, y se le prestó juramento el día siguiente. El texto constitucional fue firmado en el Congreso Nacional por el presidente de la Asamblea Constituyente, Luis Adolfo Siles Salinas. En sus

# La esencia constitucional

Los cuatro primeros artículos que conforman el título preliminar de la Constitución establecen los principios básicos y preceptos fundamentales que rigen la República y sostienen al Estado. He aquí su texto íntegro:

**Artículo 1**. Bolivia libre, independiente y soberana, constituida en República unitaria, adopta para su gobierno la forma democrática representativa. Es multiétnica y pluricultural, fundada en la unión y la solidaridad de todos los bolivianos.

**Artículo 2**. La soberanía reside en el pueblo; es inalienable e imprescriptible; su ejercicio está delegado a los poderes legislativo, ejecutivo y judicial. La independencia y coordinación de estos poderes es la base del Gobierno. Las funciones del poder público: legislativa, ejecutiva y judicial, no pueden ser reunidas en el mismo órgano.

**Artículo 3**. El Estado reconoce y sostiene la religión católica, apostólica y romana. Garantiza el ejercicio público de todo otro culto. Las relaciones con la iglesia católica se regirán mediante concordatos y acuerdos entre el Estado boliviano y la Santa Sede.

**Artículo 4**. El pueblo no delibera ni gobierna sino por medio de sus representantes y de las autoridades creadas por la ley.

A estos artículos les siguen los «derechos y deberes fundamentales de la persona», que reproducimos a continuación:

**Artículo 5**. No se reconoce ningún género de servidumbre y nadie podrá ser obligado a prestar trabajos personales sin su pleno consentimiento y justa retribución. Los servicios personales sólo podrán ser exigibles cuando así lo establezcan las leyes.

**Artículo 6**. Todo ser humano tiene personalidad y capacidad jurídicas, con arreglo a las leyes. Goza de los derechos, libertades y garantías reconocidos por esta Constitución, sin distinción de raza, sexo, idioma, religión, opinión política o de otra índole, origen, condición económica o social, u otra cualquiera. La dignidad y la libertad de la persona son inviolables. Respetarlas y protegerlas es deber primordial del Estado.

**Artículo 7**. Toda persona tiene los siguientes derechos fundamentales, conforme a las leyes que reglamenten su ejercicio.
**a)** A la vida, la salud y la seguridad.
**b)** A emitir libremente sus ideas y opiniones, por cualquier medio de difusión.
**c)** A reunirse y asociarse para fines lícitos.
**d)** A trabajar y dedicarse al comercio, la industria o a cualquier actividad lícita, en condiciones que no perjudiquen al bien colectivo.
**e)** A recibir instrucción y adquirir cultura.
**f)** A enseñar bajo la vigilancia del Estado.
**g)** A ingresar, permanecer, transitar y salir del territorio nacional.
**h)** A formular peticiones individual o colectivamente.
**i)** A la propiedad privada, individual o colectivamente, siempre que cumpla una función social.
**j)** A una remuneración justa por su trabajo, que le asegure para sí y su familia una existencia digna del ser humano.
**k)** A la seguridad social, en la forma determinada por esta Constitución y las leyes.

**Artículo 8**. Toda persona tiene los siguientes deberes fundamentales:
**a)** De acatar y cumplir la Constitución y las leyes de la República.
**b)** De trabajar, según su capacidad y posibilidades, en actividades socialmente útiles.
**c)** De adquirir instrucción por lo menos primaria.
**d)** De contribuir, en proporción a su capacidad económica, al sostenimiento de los servicios públicos.
**e)** De asistir, alimentar y educar a sus hijos menores de edad, así como de proteger y socorrer a sus padres cuando se hallen en situación de enfermedad, miseria o desamparo.
**f)** De prestar los servicios civiles y militares que la Nación requiera para su desarrollo, defensa y conservación.
**g)** De cooperar con los órganos del Estado y la comunidad en el servicio y la seguridad sociales.
**h)** De resguardar y proteger los bienes e intereses de la colectividad.

disposiciones transitorias estaban previstas reformas como las del 31 de marzo de 1993, que fueron dictaminadas por ley del 1 de abril de 1994. Guillermo Fortún Suárez, presidente del Senado Nacional y Gastón Encinas Valverde, presidente de la Cámara de Diputados, aprobaron la ley de reforma constitucional.

La Constitución de Bolivia se estructura en títulos y capítulos, según la jerarquía concurrente, y éstos están, a su vez, agrupados en cuatro partes, según la temática que desarrollan. Los textos o resoluciones constitucionales se disponen en artículos. En la primera parte se tratan los deberes y derechos de las personas jurídicas y los conceptos de ciudadanía y nacionalidad; en la segunda se tratan los poderes del Estado y su composición, formación, función y características constitucionales, así como su régimen interior; en la tercera parte se disponen los regímenes por los que se rige el Estado, y que también lo definen, con sus respectivos órganos, miembros, atribuciones y rasgos; la cuarta parte es específica de la propia Constitución y trata el carácter supremo e inviolable de sus resoluciones, su obligado acatamiento y, dado el caso, los mecanismos de reforma o alteración.

## La persona como miembro del Estado

La Constitución reconoce plena personalidad y capacidad jurídica a toda persona humana, siempre y cuando ésta se inscribe en relación a las leyes. Los derechos, libertades y garantías constitucionales que posee el individuo deben respetarse y protegerse por el Estado, y bajo ninguna condición son violables. Los artículos siete y ocho establecen los deberes y derechos fundamentales que, conforme a las leyes, toda persona tiene. Entre ellos cabe destacar el de acatar y cumplir la Constitucion y las leyes de la República; trabajar, en la medida de sus posibilidades, en actividades socialmente útiles; adquirir instrucción por lo menos primaria; contribuir al sostenimiento de los servicios públicos y prestar los servicios civiles y militares que la nación requiera para su desarrollo, defensa y conservación.

La ciudadanía se define, constitucionalmente, como la asistencia en calidad de elector o candidato elegible a la formación o el ejercicio de los poderes públicos. El artículo 41 define la nacionalidad como integrada por aquellos ciudadanos bolivianos, tanto varones como mujeres, que sean mayores de dieciocho años, sin hacer ninguna distinción por su nivel de instrucción, ocupación o renta.

*En la imagen, fachada del palacio legislativo, ubicado en la plaza Murillo de La Paz: la división efectiva de poderes favoreció la normalización de la vida pública en nuestro país.*

## El poder legislativo

La Disposiciones Generales establecen que el poder legislativo reside en el Congreso Nacional y es de su competencia dictaminar las leyes que interpretan la Constitución; éstas deben ser sancionadas por dos tercios de sus miembros y el presidente ha de aceptarlas.

El Congreso está compuesto por la Cámara de Diputados y la Cámara de Senadores y se reunirá ordinariamente cada 6 de agosto en la capital de la República en sesiones de noventa días hábiles, prorrogables hasta ciento veinte. La duración de las sesiones las determina el mismo Congreso o por petición del poder ejecutivo, mientras que el lugar de celebración sólo puede cambiarlo el presidente.

El artículo 53 determina que el vicepresidente de la República será el presidente del Congreso Nacional y le dota de las mismas inmunidades y

*En la fotografía, interior del hemiciclo de la Cámara de Diputados, en el que se realizan habitualmente las sesiones del Congreso Nacional boliviano.*

Foto: Enciclopedia *Bolivia Mágica* / Hugo Boero Rojo

prerrogativas acordadas para con los miembros de sus Cámaras. Éstos, senadores y diputados, pueden ser elegidos por el presidente o el mismo vicepresidente de la República, o designados por los ministros de Estado o agentes diplomáticos. Pueden ser reelegidos y tienen potestad para renunciar al cargo durante el mandato en curso.

Al poder legislativo se le atribuyen más de veinte funciones cuyo contenido explicita el artículo 59. Las principales son dictar, abrogar, derogar, modificar e interpretar leyes; imponer y/o suprimir contribuciones de cualquier tipo; estudiar los planes de desarrollo del gobierno, controlar la explotación de las riquezas nacionales; conceder subvenciones; establecer los sistemas monetario, de pesas y de medidas; aprobar la balanza de cuentas del Estado; ratificar los tratados y convenios internacionales; reformar la estructura territorial administrativa, y nombrar a los más altos cargos de la Corte Suprema de Justicia y de las cortes electorales.

El siguiente artículo hace referencia a la composición y configuración de la Cámara de Diputados, que estará compuesta por un máximo de ciento treinta miembros. La mitad de los diputados se elige mediante circunscripciones uninominales y la otra mitad por listas nacionales. Son elegidos por sufragio directo, universal y secreto, por una duración en el cargo de cinco años. Cada departamento cuenta con un número de diputados que guarda proporción directa con su población, según lógicos criterios de equidad.

La Cámara de Diputados se encarga básicamente de seleccionar a los magistrados de la Corte Suprema de Justicia; tomar la iniciativa en la aprobación de los planes de desarrollo del Ejecutivo y de la fuerza militar en tiempos de paz, y controlar la explotación de los recursos nacionales, entre otros asuntos. La Cámara de Senadores o Senado está compuesta por tres senadores por departamento, elegidos por voto universal directo y por un período de cinco años.

Entre sus responsabilidades legislativas están las de asumir las acusaciones y juzgar a los ministros de la Corte Suprema y Fiscal General de la República; aprobar las ordenanzas municipales que confieran patentes e impuestos; aprobar algunos ascensos del ejército y el nombramiento de embajadores y ministros plenipotenciarios propuestos por el poder ejecutivo, y elegir a los magistrados de las Cortes de Distrito así como a los de la Corte Nacional de Trabajo y a los de la Corte Nacional de Minería.

El Congreso debe cumplir también con las siguientes atribuciones principales para cada Cámara, fijadas en el artículo 67: verificar los resultados aprobados por las Cortes Electorales; organizar y reglamentar su administración y régimen interno; aplicar sanciones contra la Cámara o sus miembros, etcétera. Además, la denominada Comisión del Congreso se encarga básicamente de velar por la observancia de la Constitución y el respeto a las garantías ciudadanas; desempeñar tareas de investigación y control de la administración pública, y elaborar proyectos de ley para su consideración en las Cámaras.

# El poder ejecutivo

El poder ejecutivo es ejercido por el presidente de la República, conjuntamente con los ministros de Estado. El presidente y el vicepresidente se eligen al mismo tiempo, a través de sufragio directo, y el mandato de ambos es de cinco años. El presidente puede ser reelegido una sola vez, y por un mandato conjunto no superior a dos períodos constitucionales; el vicepresidente no puede ser reelegido ni presentarse como candidato a la presidencia en el período siguiente a aquel en el que ejerció su mandato.

Las numerosas atribuciones, responsabilidades y funciones ejecutivas del presidente de la República se contemplan en el artículo 96. De la casi treintena de ellas destacan la potestad de ejecutar y hacer cumplir las leyes, sin definir privativamente derechos, alterar los definidos por la ley ni contrariar sus disposiciones, guardando las restricciones consignadas en la Constitución; negociar y concluir tratados con naciones extranjeras; conducir las relaciones exteriores y nombrar funcionarios diplomáticos y consulares; incitar por medios especiales a la redacción de códigos y leyes; convocar al Congreso a sesiones extraordinarias; administrar las rentas nacionales; velar por el cumplimiento de las resoluciones municipales; hacer cumplir las sentencias de los tribunales; nombrar al fiscal General, contralor General de la República y superintendente de Bancos entre otros; conservar y defender el orden interno y la

*Una vista del patio interior y de las escaleras de la Prefectura de Cochabamba: el buen desarrollo de las instituciones centrales permitió el eficaz funcionamiento de los departamentos.*

seguridad exterior de la República; designar al comandante en jefe de las Fuerzas Armadas y a los comandantes del Ejército, Fuerza Aérea, Naval, y al director del Comando Superior de Seguridad Pública; crear y habilitar puertos menores; designar a los representantes del poder ejecutivo ante las Cortes Electorales, y ejercer la autoridad máxima del Servicio Nacional de Reforma Agraria. Además, por mandato constitucional, el presidente ostenta el cargo de Capitán General de las Fuerzas Armadas.

Los ministros de Estado son responsables, juntamente con el presidente, de los actos de administración y despachan, en sus respectivos ramos y con arreglo a las leyes, los negocios de la Administración Pública. Su nombramiento o cesamiento lo ejecuta el presidente de la República mediante un decreto.

## La Administración descentralizada

El territorio de la República se divide políticamente en departamentos, provincias, secciones de provincia y cantones. El artículo 109 atribuye al gobierno de los departamentos un régimen de Descentralización Administrativa, cuya organización y funcionamiento se definen por ley, y establece su composición y responsabilidades. Así, en cada departamento el gobierno central está representado por un prefecto, designado por el presi-

*Aspecto de la fachada de la Prefectura de Chuquisaca, en Sucre, capital del Estado y de departamento. El prefecto es el máximo responsable político a nivel departamental.*

*Aspecto de la fachada de la Corte Suprema, instalada en el Palacio de Justicia de la ciudad de Sucre: la independencia del poder judicial ha fortalecido los hábitos democráticos.*

dente de la República, quien mediatiza la relación entre los ministros de Estado y los secretarios Departamentales. El gobierno departamental se compone de la Prefectura y de la Asamblea Consultiva y de Fiscalización Departamental.

El prefecto, como representante del poder ejecutivo en cada departamento, tiene las siguientes atribuciones principales: ejecutar y hacer cumplir las leyes y demás disposiciones legales; dirigir la administración departamental; ejercer la función de Comandante General del Departamento; designar a los secretarios Departamentales, a los subprefectos Provinciales y a las autoridades administrativas, y coordinar proyectos, planes, políticas y acciones con los gobiernos Municipales de su jurisdicción.

La Asamblea Consultiva y de Fiscalizacion Departamental —además de acumplir sus tareas consultivas— se encarga de la actividad fiscaliza-dora de la Prefectura. Está compuesta por los senadores y diputados que representan al respectivo departamento en el Congreso Nacional.

## El poder judicial

Al poder judicial le está encomendada, bajo una única tutela jurisdiccional, la tarea de juzgar por vía ordinaria y contencioso-administrativa, y la de hacer ejecutar lo juzgado. La Constitución le confiere autonomía económica y administrativa y acentúa sus principios de gratuidad, publicidad, celeridad y probidad. La Corte Suprema de Justicia, las Cortes Superiores de Distrito y los tribunales y jueces que la ley establece, realizan las funciones ordinarias del poder judicial. El artículo 117 especifica que la Corte Suprema es el máximo tribunal de justicia ordinaria y contencioso-administrativa de la República; representa y asume la dirección del poder judicial. Se compone del presidente de la Corte Suprema y de doce ministros que se organizan en Salas especializadas.

El artículo 119 define el Consejo de la Judicatura como el órgano administrativo y disciplinario del poder judicial, cuya organización y funciones se especifican por ley. Su presidencia corresponde

*Jueces integrantes de la Corte Suprema de Justicia de Bolivia en 1975, año en que se celebró el Sesquicentenario de la proclamación de la República boliviana.*

al presidente de la Corte Superior de Justicia y se compone además de cuatro consejeros de la Judicatura designados por el Congreso Nacional; desempeñan el cargo por un período de diez años, sin posibilidad de reelección consecutiva. Las funciones del Consejo se centran en la administración del escalafón judicial y en la aplicación del régimen disciplinario a todos los ministros, vocales, jueces y funcionarios judiciales.

El Tribunal Constitucional ejerce las funciones de control de la constitucionalidad e interpretación judicial de la Constitución; es independiente de los demás órganos del Estado y está subordinado únicamente a la Constitución, por lo que contra sus sentencias y autos no es posible interponer ningún recurso. Está integrado por cinco magistrados, que conforman una sola Sala y son designados por el Congreso, entre jueces, fiscales, catedráticos y profesionales. Pueden ser reelectos, pasado un período tras la duración de sus funciones, que abarcan diez años. Es deber del Tribunal Constitucional conocer y resolver básicamente los asuntos de puro derecho sobre la inconstitucionalidad de leyes, decretos y cualquier tipo de resoluciones; así como los conflictos de competencia y las controversias entre los poderes públicos, la Corte Nacional Electoral, los departamentos y los municipios.

El Ministerio Público se concibe en la Constitución como una entidad de derecho público, orgánico y jerárquico, y como un organismo con independencia funcional y administrativa, que tiene por finalidad promover la acción de la justicia, y defender la legalidad y los intereses del Estado y la sociedad, conforme a lo establecido en la Constitución y las leyes de la República. Le corresponde la dirección de las diligencias de la Policía Judicial.

En el tercer título se introduce la figura institucional del Defensor del Pueblo que, elegido por el Congreso e incluido en el presupuesto del poder legislativo, se ocupa de mantener vigentes los derechos y garantías de las personas en relación a la actividad de las administraciones nacional, departamental y municipal. Este puesto no recibe instrucciones de los poderes públicos y goza de autonomía funcional y administrativa en el ejercicio de sus atribuciones. El cargo de Defensor es incompatible con cualquier otra función pública o actividad privada y se ejerce durante cinco años.

## El funcionamiento del Estado

La Constitución pretende basar la organización económica del país en los principios de justicia social y no permite, explícitamente, una concentración de poder económico tal que no pueda ga-

*Colegio de Educación Básica en el área rural del departamento de La Paz: la escolarización gratuita de todo ciudadano boliviano es uno de los puntales del orden constitucional.*

rantizar la independencia económica del Estado, ni reconoce ninguna forma de monopolio privado.

### Régimen socioeconómico

En el orden socioeconómico, el trabajo se considera como un deber y un derecho; del mismo modo que el capital, está subordinado a la protección del Estado. La ley regula las relaciones de ambos, estableciendo normas sobre contratos, salario mínimo, jornada máxima, trabajo de mujeres y menores, primas e indemnizaciones, formación profesional, beneficios sociales, protección a los trabajadores y fuerza laboral. Por el artículo 159 se garantiza la libre asociación patronal y se reconoce y garantiza la sindicalización como medio de defensa, representación, asistencia, educación y cultura de los trabajadores.

El título cuarto hace referencia al régimen del sector agrario y campesino. Las tierras son de dominio originario de la Nación y corresponde al Estado la distribución y el reagrupamiento de la propiedad agraria, conforme a las necesidades socioeconómicas y de desarrollo rural. El trabajo es la fuente fundamental para la adquisición y conservación de la propiedad agraria, y se da derecho al campesino a la posesión de tierras. El Estado no reconoce el latifundio, aunque garantiza la existencia de las propiedades comunitarias, cooperativas y privadas.

En el mismo apartado, y amparado por las leyes, el texto constitucional garantiza, respeta y protege los derechos sociales, económicos y culturales de los pueblos indígenas que habitan en el territorio nacional, y especialmente los relativos a su identidad, valores, lenguas, costumbres e instituciones. El Estado debe reconocer también la personalidad jurídica de las comunidades andinas y campesinas, y de sus asociaciones y sindicatos.

### Régimen Fiscal, Patrimonial y Educacional

El artículo 154 define la Contraloría General de la República, oficina de contabilidad y contralor que ejerce el control fiscal sobre las operaciones de entidades autónomas, autárquicas y sociedades de economía mixta. Los bienes nacionales, que incluyen —aparte de los bienes adjudicados por ley— el suelo y el subsuelo, con todas sus riquezas naturales, son de dominio original del Estado. Por otro lado, los bienes del patrimonio de la Nación constituyen propiedad pública, inviolable, y es deber de todo habitante del territorio nacional respetarlos y protegerlos. La Constitución concede la propiedad e íntegra explotación de los yacimientos de hidrocarburos nacionales al Estado, que puede delegar estas prerrogativas en entidades autárquicas.

El artículo 177 sitúa la educación como la más importante función del Estado, y especifica que a

*Entrada principal a la Universidad de Sucre, una de las más importantes del país: hasta el más alto nivel, la enseñanza está garantizada por la Carta Constitucional vigente.*

través de su ejercicio debe fomentarse la cultura del pueblo. La educación es gratuita y se imparte bajo el concepto de escuela unificada y democrática, pero que garantiza la libertad de enseñanza ordinaria y religiosa, sujeta no obstante a la atenta observación del Estado. La escuela primaria es obligatoria y las universidades públicas son autónomas e iguales en jerarquía.

## Régimen Municipal

En el título sexto se dictamina la lectura constitucional del Régimen Municipal. Los municipios, mediante el gobierno y la administración municipales, tienen capacidad normativa, ejecutiva, administrativa y técnica en el ámbito de su potestad territorial. La Ley organiza las jurisdicciones municipales, en la totalidad del territorio nacional, que deben establecerse según criterios de población, situación y potencial socioeconómico, así como condición ecológica, para promover el desarrollo con equilibrio social y territorial.

*Salón principal del Concejo Municipal de La Paz: funcionando cada una de ellas en el ámbito de su competencia, las instituciones administrativas bolivianas se ayudan mutuamente.*

El gobierno municipal está a cargo de un Concejo y un alcalde; ambos son elegidos en votación universal, directa y secreta, por un período de cinco años. El Concejo Municipal tiene la potestad normativa y fiscalizadora, mientras que el alcalde municipal tiene la potestad ejecutiva, administrativa y técnica; es la ley, no obstante, la que determina la organización, funcionamiento y características del gobierno municipal. El artículo 202 permite a los municipios asociarse, mancomunarse y fusionarse, así como realizar todo tipo de actos y contratos con el poder ejecutivo, las prefecturas y las personas públicas y privadas, para el mejor cumplimiento de sus fines.

## Régimen Militar y Policial

Las Fuerzas Armadas de la Nación se describen y regulan por medio del título séptimo. Es una institución que depende del presidente de la República, quien despacha los asuntos administrativos y técnicos a través del ministro de Defensa y del Comandante en Jefe, respectivamente. Orgánicamente, están constituidas por el Comando en Jefe, el Ejército, la Fuerza Aérea y la Fuerza Naval.

Sus prioridades son defender y conservar la independencia nacional, la seguridad y estabilidad de la República y el honor y soberanía nacionales; asegurar el sometimiento a la Constitución, garantizar la estabilidad del gobierno y cooperar en el desarrollo integral del país. Deben su razón de ser a la jerarquía y la disciplina, ya que son una

*En la imagen, tropas pertenecientes a la fuerza naval, durante un desfile en la capital: así como las instituciones de gobierno, las Fuerzas Armadas forman parte del entramado democrático.*

*Candidato a la presidencia de la Nación, el general Hugo Bánzer deposita su voto, como un ciudadano más, durante las elecciones generales realizadas en mayo de 1989.*

institución esencialmente obediente, sujeta a las leyes y reglamentos militares. Como organismo institucional no realizan acción política pero, individualmente, sus miembros gozan y ejercen los derechos de ciudadanía. El Consejo Supremo de Defensa Nacional, según establece el artículo 212, está presidido por el Capitán General de las Fuerzas Armadas, y la ley determina su composición, organización y atribuciones.

El título octavo contiene el Régimen de la Policía Nacional, una institución de servicio público que desempeña la totalidad de las funciones policiales del Estado. La Constitución la define como una fuerza cuya misión específica es garantizar el cumplimiento de las leyes, la conservación del orden público y la defensa de la sociedad en todo el territorio nacional. La Policía Nacional se organiza bajo un único mando y depende del presidente, que actúa por intermedio del Ministerio de Gobierno. Su organización y funcionamiento se estipulan por una ley orgánica propia y tiene vetada la deliberación y/o participación en política de partidos.

### Régimen Electoral y de partidos

El título noveno estipula las bases del sufragio y las condiciones para electores y elegibles, así como la constitución de los órganos electorales, y la condición y registro de partidos políticos. El sufragio es considerado el fundamento del régimen democrático representativo; se caracteriza por el voto universal, directo e igual, individual y secreto, libre y obligatorio; y se rige por el escrutinio público y el sistema de representación proporcional. Los requisitos para ser elector son: ser ciudadano boliviano mayor de 18 años de edad —sin distinciones por sexo, nivel de instrucción, ocupación o renta— e inscribirse en el registro electoral; por otro lado, son elegibles aquellos ciudadanos que reúnan los requisitos establecidos por la Constitución y la ley.

El artículo 225 establece como órganos con capacidad de ejercer funciones electorales a la Corte Nacional Electoral, las cortes departamentales, los juzgados electorales, los jurados de las mesas de sufragios, los notarios electorales y otros funcionarios que instituya la ley correspondiente. Se les concibe como órganos electorales autónomos, independientes e imparciales, cuya composición, jurisdicción y competencia dictaminan las leyes.

Los partidos políticos son organizaciones que la Constitución y la Corte Nacional Electoral contemplan y registran, respectivamente, como medio y derecho que tienen los ciudadanos para ejercer la representación de los intereses y fuerzas vivas del país. Se constituyen como agrupaciones cívicas, con personalidad y publicidad reconocidas, que pueden asociarse en frentes o coaliciones formadas por diversos partidos políticos.

# Los poderes del Estado y las organizaciones políticas y sindicales

L a división y autonomía de poderes en los Estados democráticos, se rige por una distribución de esos poderes en tres cuerpos que han devenido clásicos: el ejecutivo, el legislativo y el judicial.

## El Ejecutivo

El poder ejecutivo reside en el presidente de la República, el vicepresidente y los ministros del gobierno. El presidente encabeza, según dicta la ley de Organización Administrativa del poder ejecutivo, los cuatro Consejos de la Presidencia de la República: el Consejo de Ministros, el Consejo Nacional de Economía y Planificación (CONEPLAN), el Consejo Nacional Político y Social (CONAPOL), y el Consejo Nacional de Seguridad (CONASE).

Los ministros se encargan de dirigir la gestión de la administración pública. El Consejo de Ministros está formado por dieciséis ministerios: Relaciones Exteriores y Culto, Interior, Migración y Justicia, Defensa Nacional, Planeamiento y Coordinación, Finanzas, Educación y Cultura, Transportes y Comunicaciones, Industria, Comercio y Turismo, Trabajo y Desarrollo Laboral, Previsión Social y Salud Pública, Minería y Metalurgia, Asuntos Campesinos y Agropecuarios, Energía e Hidrocarburos, Urbanismo y Vivienda, Aeronáutica e Informaciones.

## Un sistema presidencialista y burocratizado

Tanto por tradición como por disposición constitucional, en la figura del presidente se concentra un fuerte poder de tipo ejecutivo. Tiene potestad en relaciones con el exterior, política económica, regulación y apoyo legislativo, negociación de tratados, comandancia de las Fuerzas Armadas y en

*El Ministerio de Justicia, el hotel Plaza y la torre de la iglesia de María Auxiliadora, en La Paz.*

materias de orden público. En situaciones de emergencia, como explicita la Constitución, tiene también suficiente autoridad para dictaminar el estado de sitio.

Una muestra más de la connotación presidencialista del sistema es la amplia licencia de nombramientos que posee el presidente, autoridad que le faculta para ejercer control sobre un gran número de cargos públicos de todos los niveles gubernamentales. Efectivamente, el presidente designa a los ministros de estado, a los miembros de la burocracia y a los prefectos de los departamentos administrativos. Además, a partir de listas propuestas por el Senado, nombra el contralor o interventor general, el fiscal del Estado, el superintendente nacional de los bancos y los directivos de las empresas estatales. Como capitán general de las Fuerzas Armadas el presidente elige su comandante en jefe y los respectivos comandantes de marina, ejército, fuerza aérea y seguridad pública.

## La Administración descentralizada

La organización del Estado se articula, fuera del gobierno central, por una serie de organismos que forman parte del Ejecutivo y que conforman la administración periférica. Para hacerse una idea de su peso específico, es conveniente mencionar que en 1989 había nueve corporaciones de desarrollo, ochenta instituciones públicas descentralizadas, dieciséis empresas públicas y cuatro empresas mixtas autónomas. Los organismos más relevantes eran el Colegio Nacional de Seguridad Social (CNSS), la Corporación Minera de Bolivia (Comibol), los Yacimientos Petrolíferos Fiscales Bolivianos (YPFB), la Empresa Nacional de Ferrocarriles (Enfe) y la Empresa Nacional de Telecomunica-

## La clase media y las instituciones

La dependencia que tiene la clase media del Estado y la ausencia de una sólida base económica han hecho de Bolivia, en ocasiones, un país burocratizado al servicio de la clase política. Las clases medias, a causa de la poca entidad de la industria privada, ambicionan escalar posiciones en el aparato burocrático del Estado y suelen provocar, en su lucha por alcanzar este objetivo, conflictos políticos. De esta forma, el gobierno está en el punto de mira de los líderes sociales y de algunos de sus ambiciosos seguidores de la clase media, que se lo disputan como un bien muy preciado. En 1989, para contrarrestar estas características, se creó el Sistema Integrado de Administración Financiera y Control Gubernamentales (Safco) con el objetivo de controlar los salarios, los despidos y reducir la corrupción en el sector privado, para convertir la burocracia gubernamental en una administración eficiente. Entre sus finalidades también se contemplaba recortar el número de ministerios en aras de un Estado más ágil y manejable. La evolución positiva de un 1,9 por ciento del Producto Nacional Bruto, entre 1985 y 1994, ha probado satisfactoriamente la idoneidad de la reducción del aparato burocrático estatal, y se ha convertido en un claro síntoma del impulso económico. El país consiguió unos índices de crecimiento, según la CEPAL, de 3,7 por ciento, en 1995, y del 4 por ciento, en 1996.

ciones (Entel); asimismo, el Estado también era propietario y gestionador del Lloyd Aéreo Boliviano (LAB). Cabe añadir que la Corporación Boliviana de Fomento (CBF) es una de sus más grandes empresas, y que agrupa a su vez a varias y pequeñas empresas de sectores muy diversos.

## El poder legislativo

Le corresponde un largo listado de funciones y atribuciones que complementan y controlan al presidente, pero que no limitan su capacidad ampliamente ejecutiva. El órgano e institución en el que reside el poder legislativo es el Congreso Nacional, compuesto por la Cámara de Diputados y la Cámara de Senadores.

A la Cámara de Diputados le corresponde, entre otras atribuciones que indican la Constitución y las leyes, tomar la iniciativa en la aprobación de los planes de desarrollo del Ejecutivo y de la fuerza militar en tiempo de paz, el control de la explotación de recursos nacionales y elegir a los magistrados de la Corte Suprema de Justicia, por mayoría absoluta de votos a partir de ternas propuestas por el Senado.

La Cámara de Senadores juzga, si se da el caso, en única instancia y conforme a la Ley de Responsabilidades, a los ministros de la Corte Suprema y al Fiscal General de la República, imponiéndoles eventuales sanciones y las responsabilidades correspondientes. Asimismo tiene encomendadas tareas de autorización y aprobación de ordenanzas y la proposición de ternas para la elección de cargos públicos y militares.

## El poder judicial

El tercer poder tiene su sede central en la Corte Suprema de Justicia, ubicada en la capital constitucional, y su organización periférica en las Cortes de Distrito, en la capital de cada departamento. El sistema judicial boliviano está dividido en niveles superiores e inferiores, aunque el poder efectivo radica en la Corte Suprema de Justicia. Esta última es el más alto tribunal de justicia de la república y está compuesta de un presidente y once ministros; se configura a partir de las salas Civil, Penal y de Asuntos Sociales y Administrativos. Los miembros de este órgano supremo son elegidos por la Cámara de Diputados, a partir de una lista propuesta por el Senado. Desempeñan el cargo durante un período de diez años, sin posibilidad de reelección.

Las Cortes Superiores de Distrito están compuestas por los jueces de partido e instrucción, y demás funcionarios y miembros, más los integrantes del complejo entramado de cortes nacionales laborales. Las nueve Cortes de Distrito apelan en los asuntos civiles y criminales, a partir de las vistas preliminares llevadas a cabo en las cortes de cada departamento.

Los juzgados de partido se ubican en las capitales de departamento y en las grandes y medianas ciudades de Bolivia. Se componen de las secciones criminal y civil, con sus correspondientes jueces especializados: en la primera trabajan los jueces de instrucción que, cuando incumbe a su

*El doctor Walter Gueva-ra Arce, que fundó el Partido Revolucionario Auténtico (PRA), ocupó la más alta magistratu-ra política del país, la presidencia de la Repú-blica, en 1979.*

competencia, investigan y preparan los casos que deben presentarse en el juicio pertinente; en la segunda, los jueces de partido tratan los asuntos comerciales y civiles.

En la base del sistema judicial aparecen las Cortes mayores, que hacen las veces de magistraturas locales. Su jurisdicción civil se limita a prestar atención a las pequeñas demandas, y en la sección criminal se encargan principalmente de los asuntos relacionados con la policía y los correccionales.

## Las organizaciones políticas y sindicales

Los partidos políticos bolivianos no cumplen con la clásica función de agregación y articulación de los intereses de las clases sociales, de las regiones o de los individuos, porque históricamente han estado divorciados de los grupos de presión, tales como los sindicatos, el sector privado y los comi-tés cívicos regionales. En lugar de eso, los partidos han servido de instrumentos a través de los cuales los políticos han sustentado a un Estado patronal en el que, entre otras cosas, la clase media —no propietaria de las fuentes de riqueza— ha tenido que confiar su ocupación.

### El MNR: aglutinador de la causa nacional

El primer sistema de partidos políticos que se organizó en Bolivia tuvo su origen en la toma de conciencia —por parte de los pueblos indígenas y de las clases campesinas y obreras— de las consecuencias de la Guerra paraguayo-boliviana por el Chaco Boreal. Las masas populares se dieron cuenta de cuestiones como la injusticia social, la dependencia económica del extranjero y de las grandes compañías, la autoridad que éstas ejercían sobre la tierra y la explotación de los recursos naturales. Se explican así la aparición de organizaciones políticas y sindicales como los partidos Obrero Revolucionario (POR) en 1934, Socialista (PS) en el año 1936, la Falange Socialista Boliviana (FSB) en 1937, Izquierda Revolucionaria (PIR) en 1940 y el partido Comunista (PCB) en 1950.

No obstante la existencia de todos estos grupos, el Movimiento Nacional Revolucionario (MNR) ha sido y es el mayor y principal partido de Bolivia a partir de 1950. Fundado en 1941 por ex combatientes de la Guerra del Chaco, es una coalición de fuerzas políticas que, pese a sus sucesivas subdivisiones, ha determinado el curso de los acontecimientos de la vida política de Bolivia. El MNR fue el que condujo la revolución de 1952 y del que han derivado, de una forma u otra, el resto de partidos; de hecho, su retórica nacionalista ha dominado el discurso político en Bolivia desde la década de los años cincuenta. El MNR se destacó por conseguir aglutinar, bajo la causa nacional, un amplio abanico social integrado por trabajadores, campesinos y facciones de la clase media, para combatir unificadamente los intereses antinacionales de la oligarquía minera y sus aliados extranjeros.

Los fundadores del partido protagonizaron, en la fase embrionaria de la Revolución, las mayores disensiones dentro del MNR. Tanto Guevara Arce como Paz Estenssoro, Siles Zuazo o Lechín, lideraban respectivamente una facción del partido, cuya aspiración era controlar y dirigir el advenimiento de la revolución. La lucha por la primacía revolucionaria terminó con el derrumbe del MNR y el paso al exilio de los cuatro cabecillas de las respectivas facciones. En 1963, Lechín renunció a la vicepresidencia y creó el Partido Revolucionario Izquierdista Nacional (PRIN) con el objetivo de profundizar en los planteos revolucionarios.

## La vuelta al poder y la búsqueda del nuevo orden político

Después de conducir la revolución de 1952 el MNR volvió al poder con Paz Estenssoro a la cabeza, pero, aunque el proceso revolucionario transformó profundamente la sociedad boliviana, no consiguió nunca llegar a implantar un nuevo orden político. Desde 1952, los diversos grupos del partido discutieron y plantearon estructuras de organización política alternativas y novedosas, en las que figuraban incluso propuestas de creación de una asamblea de los trabajadores.

En 1956, sin embargo, la ratificación de la Constitución de 1947 paralizó el avance de los debates, cuando se había conseguido tan sólo crear un poderoso movimiento obrero, la Central Obrera Boliviana (COB). Las disputas entre las distintas facciones, escindidas prácticamente desde la fundación del partido y cuyas demandas se basaban en el acceso al empleo público, erosionaron sustancialmente la capacidad del partido para tirar adelante más reformas. En resumidas cuentas, el MNR fracasó en el intento de crear nuevas instituciones capaces de canalizar las demandas de los grupos movilizados por la revolución de 1952.

En 1985, el gobierno de Zuazo se vio obligado a convocar elecciones, que dieron la mayoría relativa a Acción Democrática Nacional (ADN), del ex dictador Hugo Bánzer, pero el Congreso se inclinó por Paz Estenssoro para el cargo de presidente, y éste puso en práctica, con el apoyo de ADN, la NPE. Una serie de escándalos financieros, de corrupción y narcotráfico, que mancharon a la administración pública y a los grandes partidos, motivaron la formación, entre 1991 y 1992, de nuevas organizaciones como la Unión Cívica de Solidaridad (UCS) y Conciencia de la Patria (CONDEPA). Pese a estos hechos, el MNR ganó las elecciones de octubre de 1993, por las que Gonzalo Sánchez de Lozada accedió a la presidencia.

No obstante caracterizarse el sistema político por un poder ejecutivo fuerte —heredado de la Constitución de 1967—, éste no había desarrollado organizaciones partidistas capaces de establecer coaliciones de gobierno hasta el acceso al poder de Lozada. Sin embargo, la viabilidad y la estabilidad de este tipo de gobiernos se vio una

*La poderosa central obrera boliviana, surgida de la revolución del Movimiento Nacional Revolucionario (MNR), en 1952, se manifestó a través de los llamados «sindicatos únicos».*

vez más cuestionada por la proclamación del estado de sitio, en abril de 1995. El rechazo, desde 1993, de la política neoliberal del nuevo gobierno, por parte de los sindicatos y las asociaciones indígenas y de campesinos, incrementó la tensión que el gobierno de coalición exasperó con el decreto de instauración de un estado de sitio de noventa días, y el desplegamiento del ejército y de las unidades de policía, ante las amenazas de manifestaciones contrarias a los recortes presupuestarios.

## El frente político sindical obrero-minero

La fuerza laboral organizada en Bolivia ha sido, históricamente, una de las más poderosas y activas políticamente de Latinoamérica. La importancia del sector minero en la economía boliviana ha hecho que la Federación Sindical de Trabajadores Mineros de Bolivia (FSTMB) haya sido el eje vertebrador de la organización laboral desde que se fundó, en el año 1944. En la etapa anterior a la revolución de 1952, la FSTMB protagonizó una fuerte oposición a los principales productores de estaño y capitaneó protestas en contra de la explotación y maltrato a los trabajadores.

### La COB, vehículo para las demandas mineras

Durante los primeros días de la Revolución, el MNR, tomando como modelo el PRI de México, creó la Central Obrera Boliviana (COB) con la

*Las protestas de los asalariados fueron precisamente canalizadas por la Central Obrera Boliviana, que desempeñó un significativo papel en la vida política boliviana de las últimas décadas.*

función de agrupar el FSTMB y las otras fuerzas sindicales en una única organización subordinada al partido. La COB, con el impulso de la facción minera, a través de la FSTMB, presionó para conseguir una cogestión y una participación activa en el gobierno. La COB se convirtió así en una institución autónoma que desafiaba la primacía del MNR. Su lucha por el poder caracterizó las relaciones entre la COB y el MNR, hasta mediados los años ochenta.

Ante el acrecentamiento del poder de la COB, el MNR confió en la reestructuración de la institución militar para sofocar y controlar las ansias de la fuerza laboral y sus militantes. Este conflicto alcanzó su estado crítico en la mitad de los años sesenta, bajo el gobierno militar que desplazó al MNR y en el que los uniformados aplicaron un régimen represivo, por un largo período, que obligó a la COB a actuar clandestinamente.

Pese a haber estado apartado de la vida pública desde 1971 a 1978, en las elecciones convocadas por los militares en el último de los años citados, la COB volvió a la escena política como la única organización capaz de representar los intereses de la clase trabajadora. No obstante, aunque la represión del movimiento laboral alcanzó su techo durante el segundo mandato de Siles Zuazo (1982-1985), la crisis de la economía fue tan lejos que, aunque acabó por acatar las demandas de los trabajadores, el gobierno del UDP no hizo

otra cosa que empeorar la situación económica. Por otra parte, las acciones coercitivas como las huelgas y paros emprendidos por la COB erosionaron gravemente la economía boliviana, lo que hizo que se le pusiera en contra la opinión pública y propició el desfallecimiento de la organización sindical.

El siguiente gobierno del MNR, encabezado por Paz Estenssoro, pudo imponer finalmente el NPE a los trabajadores; los tres años de confrontación con el antiguo gobierno de Zuazo habían debilitado de tal forma a la COB, que el intento de convocar una huelga general no fructificó. Con el soporte del pacto, el presidente instauró un estado de sitio que mantuvo a raya los movimientos laborales, hasta tal punto que al final de la década de los ochenta la COB era incapaz de convocar siquiera una huelga general.

## La «Marcha por la vida»

A partir de 1985, los esfuerzos del sindicato se destinaron a prevenir la descentralización y reestructuración del Comibol: la COB reclamó la rehabilitación del Comibol y el respeto por los derechos de los sindicatos, en respuesta a los masivos despidos provocados por la reformulación del nacionalizado sector minero, el cual había diezmado la FSTMB. Esta última patrocinó, en septiembre de 1986, la manifestación obrera denominada «Marcha por la vida», que obligó a un entendimiento entre gobierno y sindicatos. Del proceso negociador resultaron dos acuerdos básicos que fracasaron debido a la firme oposición de los líderes del ala sindical radical.

El decreto tiró adelante, con lo cual el sindicato boliviano sufrió su más duro revés; la convención de la COB, en julio de 1987, expulsó a los líderes responsables de la derrota y emprendió estrategias que a partir de entonces se mostrarían más efectivas. Su papel se concretó a protagonizar acciones de defensa, con el objetivo de proteger sus pocos beneficios y derechos. Una vez elegido Gonzalo Sánchez de Lozada, en 1993, los sindicatos, especialmente mineros, se movilizaron en protestas y rechazos contra la política continuista neoliberal del nuevo gobierno; la respuesta del Ejecutivo fue la instauración del estado de sitio durante noventa días, en abril de 1995. De todas formas, y pese a sus reveses, la COB es aún una fuerza viva y una organización social y política que hay que tener muy en cuenta si Bolivia quiere mantener y consolidar su democracia.

# La división administrativa

L a República de Bolivia se organiza administrativamente en departamentos, provincias y cantones. En 1825, cuando el país accedió a la independencia, se dividía en nueve departamentos. Sin embargo, en 1879 Chile se apropió del departamento del Litoral, y éstos no volvieron a ser nueve hasta 1938, año en que se creó el departamento de Pando. En 1989 la República fue dividida por ley en 9 departamentos, 94 provincias y 1 352 cantones.

## Los departamentos: posición y composición

Los departamentos bolivianos son Chuquisaca, La Paz, Cochabamba, Oruro, Potosí, Tarija, Santa Cruz, Beni y Pando. Cada departamento está gobernado, siguiendo el modelo francés, por un prefecto que actúa en calidad de representante del poder ejecutivo, como delegado del gobierno central. El prefecto es designado por el presidente, por un período de cuatro años, y ejerce la máxima potestad política, dentro del término jurisdiccional departamental, en los asuntos militares, fiscales y administrativos, aunque su actuación, en cada una de las distintas funciones que son de su competencia, está supervisada por el ministro correspondiente.

El departamento de Chuquisaca se sitúa en plena cordillera Occidental andina, a la altura del curso medio del río Pilcomayo. Es el más pequeño en extensión y está integrado por diez provincias, 26 secciones municipales y 97 cantones. Su capital es Sucre, también capital constitucional de la República. El departamento de La Paz está pegado a la banda noroccidental del país, a lo largo de prácticamente toda la frontera con Perú. Es el tercero en extensión y se caracteriza por su elevada altitud (superior a los 3 000 m de altitud me-

*Plano de Sucre en 1859, donde todavía se aprecia nítidamente la herencia urbanística colonial.*

dia). Está dividido en 19 provincias, 67 secciones municipales y 401 cantones; su capital es La Paz, sede del gobierno del Estado y la ciudad más importante del país.

El departamento de Cochabamba está ubicado en el corazón del territorio boliviano y comparte sus límites administrativos con los demás departamentos, excepto con Pando y Tarija. Comprende quince provincias, 42 secciones municipales y 149 cantones. La capital es Cochabamba, en la provincia Cercado. El departamento de Oruro está establecido en pleno centro del Altiplano, entre las cordilleras Occidental y Real de los Andes. Dentro de sus límites se encuentran catorce provincias, treinta secciones municipales y 172 cantones. Su capital es Oruro.

El departamento de Potosí es de asentamiento altiplánico y se sitúa en el extremo sudoeste; hace frontera exterior con Chile y Argentina, e interior con los cuatro departamentos más pequeños del país. Cuenta con 16 provincias, 35 secciones municipales y 229 cantones. La capital es Potosí, en la provincia Tomás Frías. El departamento de Tarija está ubicado en el extremo meridional del país y es el más pequeño de Bolivia. Cuenta con seis provincias y 86 cantones, y la propia Tarija es su capital. El departamento de Santa Cruz ocupa prácticamente la mitad oriental del país. Es el más extenso del territorio nacional, ya que ocupa una tercera parte del total de la República. Consta de catorce provincias y 123 cantones. Su capital departamental es Santa Cruz, situada en la provincia Andrés de Ibáñez.

El departamento del Beni es el segundo más extenso de Bolivia y el más llano y bajo del territorio nacional. Consta de ocho provincias y 47 cantones. La capital es Trinidad. El departamento de Pando es un pequeño territorio, básicamente fronterizo, que cierra Bolivia por su vertiente noroeste, encerrando por el norte a los departamentos de La Paz y Beni. Consta de cinco provincias y 48 cantones. La capital del departamento es Cobija, en la provincia Nicolás Suárez.

## Provincias, secciones municipales y cantones

Los departamentos están divididos en un total de 94 provincias (eran 108, antes de 1989) y 278 Secciones Municipales. Chuquisaca cuenta con 10 provincias y 26 secciones municipales, La Paz 19 y 67, Cochabamba 16 y 42, Oruro 14 y 30, Potosí 16 y 35, Tarija 6 y 11, Santa Cruz 14 y 39, Beni 8 y 14 y Pando 5 y 14, respectivamente. De todas formas, es conveniente señalar que esta distribución provincial y secccional experimenta continuamente cambios en su delimitación y número, especialmente en el tercio occidental, donde se encuentra la mayor concentración demográfica.

La autoridad política provincial la ejerce un subprefecto, a través del cual el presidente garantiza el control centralizado del poder sobre el territorio. Los subprefectos son oficiales investidos por el presidente para hacerse cargo de las Secciones Municipales administrativas que entren en la jurisdicciones territoriales provinciales.

Las provincias engloban, a su vez, cantones en un número determinado por sección municipal. La Corte Nacional Electoral reconoce 1 352 cantones en todo el país, aunque se tiene constancia de un significativo número de ellos, que ronda los cuatrocientos, no registrados legalmente. Chuquisaca tiene 97 cantones, La Paz 401, Cochabamba 149, Oruro 172, Potosí 229, Tarija 86, Santa Cruz 123, Beni 47 y Pando 48.

Los cantones están gobernados por los Corregidores (también denominados Jilakatas o cargos inferiores), que son designados por el prefecto del departamento al que pertenecen. Por debajo de los corregidores se encuentran los agentes, cuyas funciones alcanzan importantes competencias ejecutivas y judiciales. Dentro de un cantón coexisten a veces el vicecantón, la comunidad, el corregimiento, la estancia, el centro minero, el pueblo o la localidad.

### Fundamentos y formas de gobierno local

El gobierno municipal nace como concepto de poder administrativo local en la Constitución y se define exhaustivamente en el artículo 125 de la

*La división administrativa conlleva una separación de poderes y de competencias que favorecen la convivencia política en Bolivia. En la imagen, carretera de Oruro a Cochabamba.*

Ley Orgánica de Municipalidades, aprobada en enero de 1985. Por esta ley se dota al gobierno local de plena autonomía, entendiéndose tal autonomía en términos de elecciones libres y directas para constituir las autoridades municipales, competencias en materia de captación e inversión de recursos, y potestad para llevar a cabo planes y proyectos.

En Bolivia existen cuatro tipos de gobierno municipal. En las capitales de departamento, éste se articula a partir de un alcalde que está sujeto a un consejo municipal compuesto de doce miembros. En las capitales de provincia también un alcalde dirige el gobierno, pero apoyado por una Junta municipal de seis miembros. Las secciones provinciales, a su vez, se rigen por un alcalde y una Junta de cuatro miembros, y en los cantones los gobiernos están dirigidos por agentes municipales. En algunas áreas marginadas, en las que viven sociedades indígenas más primitivas, existen estructuras comunales de gobierno que las dictaduras militares no consiguieron abatir.

## Municipios: la base democrática

Los gobiernos municipales poseen funciones ejecutivas, judiciales, interventivas y legislativas que residen básicamente en el consejo municipal. Éste vertebra el gobierno a nivel local y elige al alcalde, que está subordinado a sus mandatos y es responsable de sus actos ante sus miembros, que pueden cuestionar sus actuaciones. En la práctica, sin embar-

*Aspecto del exterior de la municipalidad de La Paz: estos edificios son emblemáticos de la capacidad de autogobierno, tanto en las grandes como en las pequeñas comunidades.*

go, el alcalde desempeña una función ejecutiva a nivel local, y concentra en su persona un poder influyente en la sociedad y un poder fáctico sobre las actividades del consejo. Los consejos son elegidos por sufragio popular, bajo un sistema electoral de representación proporcional, lo que significa que los partidos minoritarios tienen poco peso en su seno.

### Los gobiernos municipales y la instauración de la democracia

Históricamente, sin duda la principal estructura político-administrativa local fue el sistema de gobierno municipal, aunque su vulnerabilidad política congeló su óptimo desarrollo hasta mediados del siglo XX. Efectivamente, su probada relación con la inestabilidad política de Bolivia motivó la suspensión de procedimientos democráticos municipales desde la época de la Guerra del Chaco hasta 1985, y las elecciones locales no fueron restablecidas hasta pasado 1948.

Durante esas décadas, la poderosa capacidad de nombramiento del presidente de la República originó una cadena de mecenazgos que se transmitió hasta las unidades administrativas más pequeñas. Durante la etapa de régimen dictatorial, la designación de los prefectos y de los alcaldes directamente por parte del presidente fue fundamental para asegurarse la fidelidad regional y evitar así el desarrollo de estructuras gubernamentales locales y autónomas. En lugar de éstas, los gobiernos municipales —a lo largo y ancho de Bolivia— se convirtieron, a voluntad de los dictadores de turno, en parte dependiente de la tutela estatal, y reflejaron las mismas disputas y conflictos presentes en la burocracia de escala nacional.

En 1985 se convocaron elecciones municipales —por primera vez desde 1948— que se repitieron en 1987 y en 1989. En gran medida, su reaparición ha sido notoriamente saludable para el desarrollo y consolidación de la democracia en nuestro país; aunque, no obstante este aspecto positivo, los mismos problemas que acotaron la democracia a nivel nacional han emergido también en las elecciones locales.

# Las lenguas originarias

**Lenguas andinas
y amazónicas**

*Imagen donde pueden verse integrantes de la comunidad indígena aymara: junto con los quechuas, los aymaras representan una de las dos principales ramas de la riqueza lingüística boliviana.*

# Lenguas andinas y amazónicas

Actualmente, en la República de Bolivia existen más de treinta pueblos con identidades étnicas o geográfico-culturales propias, con diferentes formas de ver y entender el mundo, y de relacionarse con su hábitat. Asimismo, cada uno de estos pueblos habla una lengua diferente, pero casi todos practican el bilingüismo; es decir, en el seno de sus comunidades respectivas se habla el castellano y otra lengua, generalmente materna. No obstante, otros muchos pueblos sólo hablan su lengua de origen (ya sea el castellano o alguna lengua originaria) o, también, en ciertas regiones, se hablan hasta tres lenguas o más. Estas características hacen que nuestro país sea un estado pluricultural y multilingüe, realidad que ha sido reconocida en el artículo primero de las disposiciones generales del título preliminar de la Constitución nacional, reformada en 1994: «Bolivia, libre, independiente, soberana, multiétnica y pluricultural, constituida en república unitaria».

A mediados del siglo XIX se realizó en el país el primer censo, por el que se estableció que la población alcanzaba 1 088 768 habitantes; en referencia al número de los habitantes de la Amazonia, se hicieron también algunas estimaciones: José María Dalence, a mediados del siglo XIX, calculaba la «población salvaje» en 760 000 indígenas, aunque alrededor del año 1950 se estimaba que los habitantes de las áreas selváticas habían descendido a una cifra global de unos 87 000.

En 1985 se publicó *Etnias y lenguas de Bolivia* (Plaza y Carvajal), obra que colaboraba en el estudio científico de las lenguas del país, anotando características étnicas y lingüísticas de más de treinta grupos. En 1996, en *Antropología de Boli-*

*Las comunidades no están aisladas, sino que, al contrario, admiten numerosas mezclas entre ellas.*

*via* (Díez Astete), se llegó a una mayor precisión acerca de la problemática etnolingüística boliviana, ya que el autor clasificaba las lenguas del país en doce familias diferentes.

## Familias lingüísticas

Muchos son los investigadores que se han ocupado de estudiar las lenguas de Bolivia: A. D'Orbigny, Norman A. Mc Quown, Kenneth Claesson, Edgar Ibarra, Alfredo Metraux, Erland Nordenskiold, Wanda Haanke, Enrique Finot, Martha Hardman, Alfredo Torero, Mercedes Urquidi, Manuel Vicente Ballivián, Enrique Oblitas, Louis Girault, Juan Carvajal, Félix Layme, Pedro Plaza, Wigberto Rivero, Álvaro Díez, Mario Montaño, Xavier Albó y muchos otros.

De acuerdo con los últimos estudios etnolingüísticos realizados, las lenguas que se hablan en Bolivia se clasifican en las siguientes familias: familia quechua, con la lengua quechua; familia jaqi, que incluye las lenguas aymara, kawki y jaqaru; familia uru, con la lengua uru; familia tupí-guaraní, que incluye las lenguas guaraní, guarayo, sirionó, yuki, tapiete y guarasug'we; familia chiquito, con la lengua chiquitana; familia arawak, que incluye las lenguas mojeña y baure; familia takana, que consta de las lenguas tacana, ese-ejja y cavineña; familia mosetén, que abarca las lenguas mosetén y chimane; familia mataco, que incluye las lenguas mataco y chulupi; familia zamuco, con la lengua ayorea; familia pano, que consta de las lenguas chácobo, yaminawa y pacawara; familia chapacura, con la lengua moré y otras lenguas consideradas aisladas, tales como la yuracaré, itonama, movima, cayuvaba, canichana y leco.

*Desde la época colonial (como lo demuestra este facsímil de una edición del siglo XVII) diversos eruditos se preocuparon por mantener el legado de las lenguas originarias de Bolivia.*

## Las lenguas en el área andina

Las lenguas que se hablan actualmente en la región andina del país son el quechua, el aymara y —en creciente disminución— la lengua uru. Sin embargo, algunos investigadores hacen referencia a la lengua de los kallawayas y afirman que todavía existen algunos grupos muy reducidos, especialmente ancianos, que dominarían esta lengua.

### Familia jaqi: la lengua aymara

La familia lingüística jaqi comprende las lenguas aymara, jaqaru y kawki; esta última, también llamada yauyo, era hablada en las cercanías de Lima, la capital de la República del Perú.

La lengua aymara fue motivo de estudio ya en la época colonial. Ludovico Bertonio llevó a cabo, a principios del siglo XVII, la publicación de un diccionario aymara-castellano con el título de *Vocabulario de la lengua aymara*. Posteriormente, se publicaron facsímiles de esta obra y también nuevos trabajos sobre esta lengua de diferentes inves-

tigadores como Arturo Ponsnansky, Rigoberto Paredes, Manuel de Lucca, Hans van der Berg y muchos otros más.

Actualmente, la lengua aymara es hablada en las repúblicas de Bolivia, Chile y Perú. En Bolivia la habla un gran porcentaje de la población, especialmente en la zonas rurales de los departamentos de La Paz y Oruro. En esta última región, se encuentran algunos dialectos como el lupaca, el pacaxa y el umasuyu, que también se hablan en las provincias Tapacarí y Ayopaya del departamento de Cochabamba, en las cinco provincias de la llamada región Norte-Potosí (Charcas, Bustillo, Bilbao, Chayanta y Alonso de Ibáñez), en algunos enclaves del departamento de Chuquisaca, y en las regiones de colonización de la zona norte de los departamentos de La Paz, Beni, Santa Cruz, etcétera. La lengua aymara es también hablada en el norte de Chile y en el sur del Perú.

El aymara es una lengua considerada aglutinante o polisintética. Para sus emisiones gramaticales hace uso de sufijos. Por ejemplo, *uta* significa casa; *utaj*, la casa; *utaja*, mi casa; etcétera. Se utilizan sustantivos masculinos y femeninos, pero no existe la categoría gramatical del género. Toma en cuenta los postulados del conocimiento personal y directo y del conocimiento indirecto no personal mediante el sufijo. Otra característica es la existencia de cuatro personas gramaticales, yo-*naya*, tú-*juma*, él o ella-*jupa*, nosotros-*nanaqa* (inclusivo) y nosotros-*jiwasa* (exclusivo). Cuenta con 18 consonantes sordas, 8 consonantes sonoras, 3 vocales (anterior, central y posterior) y un alargamiento vocálico.

### Familia quechua

Esta familia lingüística está representada en Bolivia por la lengua quechua, que, al igual que el aymara, fue estudiada durante la Colonia. Ya en 1560 fue publicado el *Lexicon* o *Vocabulario de la lengua general del Perú llamada quichua*, obra de fray Domingo de Santo Tomás, y, en 1608, se publica el *Vocabulario de la lengua general de todo el Perú llamada quichua o del Inka*, obra de Diego González de Olguín.

La lengua quechua (o quichua) tiene como nombre original *runasimi*; es decir, «la lengua de la gente». Parece haberse originado en la región del Chinchasuyu, una de las cuatro partes del imperio inkaico, y se convirtió en la lengua oficial de esta cultura. Fue llevada al actual territorio boliviano a través de las incursiones de los inkas Pa-

Con la incorporación de la enseñanza de las lenguas indígenas en la educación general básica, se dio un paso fundamental para que esta gran herencia indígena no desapareciera de la circulación.

Los vestidos tradicionales (como éste, de una mujer kallawaya), lo mismo que las lenguas autóctonas, son algunas de las señas de identidad para la supervivencia de las comunidades.

chacuti, Topa Inka Yupanqui y Wayna Qhapaq, y por los posteriores asentamientos de mitimaes en diferentes regiones, que conformaron una frontera lingüística y cultural con la región de los guaraníes (llamados chiriwanos por los inkas). Actualmente, esta lengua es hablada en la región norte de Argentina, en gran parte del territorio del Perú, en la República del Ecuador y en algunas regiones de Colombia. En Bolivia, el quechua se presenta en tres variantes locales: la llamada variante de La Paz (que algunos llaman «de Apolo», al hacer mención a esta población del norte paceño y al relacionarla con el quechua peruano más propiamente cusqueño), la variante de Chuquisaca y Potosí, y la variante del centro del país, principalmente en el departamento de Cochabamba.

La lengua quechua ha sido clasificada como aglutinante, y utiliza profusamente los sufijos y la afijación; no se da en ella la concordancia entre el adjetivo, el nombre y el género gramatical. Cuenta con 26 consonantes, 2 semiconsonantes y 5 vocales; tiene cuatro personas gramaticales: *ñuqa*-yo, *qam*-tú, *pay*-él o ella, *ñuqanchik*-nosotros (inclusivo), *ñuqayku*-nosotros (exclusivo).

Esta lengua es de uso corriente en todas las provincias de los departamentos de Cochabamba y Potosí; en las provincias de Challapata, Sebastián Pagador, Poopó, Pantaleón Dalence, Cercado, Saucarí y Tomás Barrón, del departamento de Oruro; en Samuel Oropeza, Zudáñez, Yamparáez, Belisario Boeto, Tomina, Azurduy, Nor y Sud Cinti, del departamento de Chuquisaca; en Abel Iturralde, Muñecas y Bautista Saavedra, del departamento de La Paz; y en las provincias Ichilo, Sarah, Warnes, Santiesteban, Guarayos y Ñuflo de Chávez, que son zonas de colonización en el departamento de Santa Cruz. Actualmente, se calcula que son alrededor de dos millones de personas las que hablan la lengua quechua en Bolivia.

### Familia Uru: las lenguas uru y kallawaya

Las fuentes documentales indican que la lengua puquina era una de las más ampliamente desarrolladas en la región andina; también se afirma que las lenguas uru, puquina y chipaya son dialectos de un mismo tronco común.

La lengua uru se ha perdido entre los uru iruito del lago Titicaca, pero los uru muratos, del lago Poopó, parecen conservarla, a pesar de la inclusión de términos aymaras. Sin embargo, los que mejor la conservan son los uru chipayas, de la provincia Atahuallpa, del departamento de Oruro. La lengua uru-chipaya cuenta con treinta consonantes, una semiconsonante y diez vocales.

*Desde los palmerales amazónicos hasta las desoladas planicies altiplánicas, los contras-* *tados paisajes bolivianos alojaron también culturas y lenguas de orígenes diferentes.*

Algunos autores afirman que el grupo kallawaya que habita en la provincia Bautista Saavedra, del departamento de La Paz, habla una lengua propia que tendría cierta relación con el antiguo puquina. El kallawaya, llamado *machaj juyay* o «la lengua de la gente», parece ser una lengua ritual propia de los médicos herbolarios y brujos conocidos precisamente como kallawayas, quienes la utilizaban en determinadas ceremonias. Según las últimas investigaciones, esta lengua habría asumido la fonología y la gramática de la lengua quechua.

## Las lenguas amazónicas

En la extensa región amazónica se encuentran grupos que hablan una gran variedad de lenguas —alrededor de 28—, que muestran diferentes grados de vigencia. Como en todo el país, el bilingüismo está muy desarrollado por las exigencias sociales, económicas y políticas. Las familias lingüísticas y las lenguas de esta zona en concreto son las que se describen a continuación.

### Familia takana: las lenguas ese-ejja, cavineña y araona

La familia lingüística takana comprende las lenguas de los pueblos ese-ejja, takana, cavineño, araona, toronoma y reyesano, aunque de estos dos últimos no se tienen datos precisos.

La lengua de los ese-ejja —llamada también chama, término que quiere decir «gente»—, tiene 17 consonantes y 4 vocales. Según recientes investigaciones, hablan esta lengua el 43 por ciento de los hombres y el 60 por ciento de las mujeres, y la conocen el 45 por ciento de los niños y el 54 por ciento de las niñas. En los datos del censo indígena de 1994, de un total de 583 ese-ejja censados, aparecían 20 monolingües nativos, 355 bilingües que hablaban su lengua y el castellano, y 73 monolingües castellanos.

La lengua cavineña tiene 18 consonantes y 4 vocales, y, según el censo indígena de 1994, de 1 726 censados, había 16 monolingües nativos, 894 bilingües que hablaban su lengua y el castellano, y 410 monolingües castellanos.

La lengua araona ha sido también clasificada como perteneciente a la familia takana. Es una lengua afijadora, que hace uso corriente de prefijos y sufijos. El género gramatical no está dado por el sustantivo sino que depende de la oración. Cuenta con 18 consonantes y 4 vocales; el tono de voz es bajo y hablan casi susurrando. La población que habla esta lengua se calcula que no supera el centenar de personas.

### Familia pano: las lenguas chácobo y yaminawa

La familia lingüística pano comprende las lenguas de los pueblos chácobo, yaminawa y pacawara, pero de esta última se carece de datos.

La lengua del pueblo chácobo es muy fluida y de sonorización media, es sufijante y presenta un sistema de sustracción de sílabas para la construcción de las oraciones. Cuenta con 13 consonantes, 2 semiconsonantes y 4 vocales. Sobre un total de 759 censados, según el censo indígena de 1994, había 97 monolingües nativos, 320 bilingües que hablaban su lengua y el castellano, y 141 monolingües castellanos. Recientes investigaciones indican que hablan esta lengua el 70 por ciento de los varones y el 80 por ciento de las mujeres adultos, además del 70 por ciento de los niños y el 75 por ciento de las niñas.

La lengua del pueblo yaminawa tiene 14 consonantes y 8 vocales; por el proceso de acultura-

*Los chiriwanos, de la familia guaraní, hablan esta última lengua pero se diferencian por sus atavíos y algunas de sus costumbres. En la imagen, chiriwanos en la Virgen Rosario del Ingre.*

ción que sufre este grupo, sus características culturales específicas están en vías de desaparición. El censo indígena del año 1994 no registraba datos sobre los yaminawas.

## Familia tupí-guaraní: las lenguas guaraní, guarayo, sirionó, yuki y tapiete

La familia lingüística tupí-guaraní comprende las lenguas de los pueblos ava e izozeño guaraní, guarayo, sirionó, yuki y tapiete.

El guaraní presenta características propias de las lenguas aglutinantes, utiliza sufijos y prefijos monosilábicos para la construcción de las palabras y las estructuras idiomáticas. En las construcciones gramaticales, la yuxtaposición es un recurso muy utilizado. Los fonemas son nasalizados, especialmente las vocales; las palabras, por lo general, son llanas (llevan la acentuación en la penúltima sílaba). El género y el número se reconocen por el contexto, la conjugación o el pronombre. Cuenta con 19 consonantes y 12 vocales.

De acuerdo con recientes investigaciones, habla guaraní el 60 por ciento de la población de la provincia Cordillera, el 25 por ciento de la provincia Luis Calvo, el 10 por ciento de la provincia

Hernando Siles (departamento de Chuquisaca) y un elevado porcentaje, aunque muy disperso, en el departamento de Tarija. Según datos del censo indígena de 1994, sobre un total de 36 863 censados, había 1 388 monolingües guaraníes nativos, 25 439 bilingües que hablaban su lengua y el castellano, y 1 928 monolingües castellanos.

Según Enrique Finot, el término guarayo viene de dos voces *guara*-tribu y *yu*-amarillo. Existe consenso entre diversos autores sobre la afirmación de que esta lengua es un dialecto del guaraní. Cuenta con 18 consonantes, 1 semiconsonante, y 10 vocales. Investigaciones recientes permiten afirmar que el 60 por ciento de los varones y el 80 por ciento de las mujeres adultas hablan esta lengua, en tanto que la cifra de niños y niñas hablantes roza el 60 por ciento. En algunas regiones se advierte un resurgimiento de la lengua, a causa del apoyo prestado por programas de educación bilingüe. En 1994, según el censo indígena, sobre un total de 6 064 censados, había 337 monolingües nativos, 4 080 bilingües que hablaban su lengua y el castellano, y 159 monolingües castellanos.

El sirionó no presenta distinción gramatical de género y número en los sustantivos; las palabras generalmente son monosilábicas o de sílabas simples; tiene 16 consonantes, 6 vocales orales y 6 nasales, y recurre al uso del acento. Según investigaciones recientes, el 50 por ciento de los varones y el 45 por ciento de las mujeres adultos, además de un promedio del 35 por ciento de los niños y niñas, habla la lengua sirionó. El censo indígena de 1994 indicaba que, sobre un total de 415 censados, había 6 monolingües nativos, 289 bilingües que hablaban su lengua y el castellano, y 13 monolingües castellanos.

El yuki utiliza 14 consonantes y 10 vocales, y el censo indígena de 1994 no consignaba datos acerca de esta lengua.

El tapiete es considerado como un dialecto de la lengua guaraní y sus características gramaticales corresponden a este idioma. En 1994, según el censo indígena, existían 2 monolingües nativos y 41 bilingües que hablaban su lengua y el castellano.

### Familia zamuco: la lengua ayorea

La familia zamuco comprende la lengua del pueblo ayoreo y las lenguas chiricua, guarañoca, morotoco y poturero, de las cuales no se tienen datos.

La lengua ayorea pertenece al pueblo también llamado chamococo, y cuenta con 18 consonantes y 5 vocales. De acuerdo con investigaciones recientes, en la provincia Germán Busch el 50 por ciento de los varones y el 60 por ciento de las mujeres adultos, además de un promedio del 30 por ciento de los niños y niñas, habla esta lengua; en las comunidades de la provincia Chiquitos, casi la totalidad de los adultos y un 70 por ciento de los niños y niñas, también la habla. No obstante, los totales de la población son muy bajos. Los datos que aparecían en el censo indígena de 1994 arrojaban las cifras de 60 monolingües nativos, 509 bilingües que hablaban su lengua y el castellano, y 11 monolingües castellanos, sobre un total de 800 censados.

### Familia mataco: las lenguas weenhayek y chulupi

La familia lingüística mataco comprende las lenguas de los pueblos mataco-weenhayek, chulupi, choroti y mak'a, aunque de estas dos últimas se carece de datos.

Las lengua weenhayek responde a un sistema de idiomas sintéticos, es aglutinante y afijadora,

*Los mosetenes tienen un alto índice de riesgo por lo que respecta a la supervivencia de su lengua originaria, ya que, en la actualidad, muy pocos de ellos son capaces de hablarla.*

Foto: Enciclopedia *Bolivia Mágica* / Hugo Boero Rojo

ya que emplea sufijos y prefijos. Los sustantivos se clasifican en absolutos y dependientes, carecen de género, y el número es indicado mediante diferentes sufijos. Cuenta con 22 consonantes y 8 vocales. En 1994, según datos del censo indígena de aquel año, existían 127 monolingües nativos, 1 394 bilingües que hablaban la lengua weenhayek y el castellano, y 93 monolingües castellanos, sobre un total de 2 054 censados.

La lengua chulupi se habla en voz baja y en sus construcciones gramaticales utiliza prefijos, sufijos, infijos y el acento que permite enfatizar la frase. Existen los dos géneros, y el número se da en las siguientes formas: singular, plural inclusivo y plural exclusivo. Es característico el uso de cuatro artículos para distinguir los objetos: presentes, no presentes pero conocidos, conocidos pero ya no existentes y desconocidos. El censo indígena de 1994 no consignaba datos acerca de esta lengua.

1994, en aquel año existían un total de 1 177 censados, de los cuales 19 eran monolingües nativos, 712 eran bilingües que hablaban su lengua y el castellano, y 115 eran monolingües castellanos.

### Familia chapacura: la lengua moré o iténez

Esta familia lingüística comprende la lengua chapacura, extinta en la actualidad, y la lengua moré o iténez.

En su construcción gramatical, la lengua del pueblo moré cuenta con la afijación, y utiliza prefijos y sufijos. Tiene 18 consonantes —de las cuales cinco son sonoras y una vibrante—, y 10 vocales. El censo indígena de 1994 no consignaba datos acerca de esta lengua.

### Familia chiquito: la lengua chiquitano

La familia lingüística chiquito está representada por la lengua chiquitano. En sus construcciones gramaticales, esta lengua es afijadora, ya que utiliza prefijos y sufijos. Presenta dos tipos de declinación, por casos y por posesivos. Una de sus características es presentar expresiones diferentes acerca del mismo objeto, según el sexo. Cuenta con 11 consonantes, 1 semiconsonante y 12 vocales. Según datos del censo indígena de 1994, sobre un total de 46 330 censados, había 235 monolingües nativos, 11 722 bilingües que hablaban esta lengua y el castellano, y 23 443 monolingües castellanos.

### Familia arawak: las lenguas mojeña y baure

Esta familia lingüística, que se extiende desde el Caribe por toda la zona amazónica, comprende las lenguas de los pueblos mojeño y baure.

La lengua mojeña tiene dos variantes principales: el trinitario y el ignaciano. Posee 13 consonantes —una de ellas vibrante, una semiconsonante— y 4 vocales. En 1994, según el censo indígena de aquel año, existían 223 monolingües nativos, 4 083 bilingües que hablaban su lengua y el castellano, y 8 103 monolingües castellanos, sobre un total de 16 474 censados.

Es característico de la lengua baure la supresión opcional de la vocal, el acento fonémico, y la utilización preferente de los prefijos. Cuenta con 12 consonantes, 2 semiconsonantes y 4 vocales. Según el censo indígena de 1994, entonces no existían monolingües nativos, eran 13 los bilingües que hablaban su lengua y el castellano, y 459 los monolingües castellanos, sobre un total de 590 censados.

*Los baures que habitan en el departamento del Beni, como esta mujer que aparece en la fotografía, comparten con los indígenas mojeños la vasta zona amazónica y el área del Caribe.*

Foto: Enciclopedia *Bolivia Mágica* / Hugo Boero Rojo

### Familia mosetén: las lenguas tsimane y mosetén

Esta familia lingüística comprende las lenguas de los pueblos tsimane (o chimane) y mosetén.

La lengua tsimane cuenta con 17 consonantes, 1 semiconsonante y 6 vocales. Por la diversidad de intervenciones ajenas a su cultura, el desarrollo de la lengua está muy diferenciado: en algunas regiones, la educación bilingüe ha permitido el desarrollo y mantenimiento de la lengua, mientras que en otras está en proceso de desaparecer. Según datos del censo indígena de 1994, en aquel año, sobre un total de 5 695 censados, había 1 689 monolingües nativos, 1 946 bilingües que hablaban su lengua y el castellano, y 372 monolingües castellanos.

Sobre la lengua mosetén apenas se dispone de datos, y se considera a este pueblo como uno de los más aculturados. Según el censo indígena de

## Lenguas aisladas

**Lengua canichana**. Esta lengua utiliza en sus estructuras gramaticales prefijos nominales y también sufijos, y el posesivo pronominal es también prefijado. No se tiene registro respecto al género gramatical, el número plural está dado por sufijos; el verbo también utiliza prefijos y sufijos. Tiene 15 consonantes y 5 vocales. En el censo indígena de 1994 no aparecieron monolingües nativos, eran 18 los bilingües que hablaban esta lengua y el castellano, y los monolingües castellanos se elevaban a 460, sobre un total de 582 censados.

**Lengua cayuvaba**. La principal característica de esta lengua es el uso del acento, que se clasifica en principal y subordinado: el principal se usa en la antepenúltima sílaba en expresiones largas, y en la primera sílaba en expresiones cortas. En 1994, según el censo indígena, había 3 monolingües nativos, 48 bilingües que hablaban su lengua y el castellano, y 557 monolingües castellanos, sobre un total de 793 censados.

**Lengua itonama**. Utiliza gran variedad de afijos. Cuenta con 19 consonantes y 6 vocales. Cuando se realizó el censo indígena de 1994, sobre un total de 5 077 censados, no aparecieron monolingües nativos, había 112 bilingües que hablaban su lengua y el castellano, y 3 777 eran monolingües castellanos.

**Lengua movima**. El término *movima* puede ser traducido como «indomable». La lengua de este pueblo cuenta con 16 consonantes, 2 semiconsonantes y 5 vocales. De acuerdo con los datos del censo indígena de 1994, aquel año había 16 monolingües nativos, 1 080 bilingües que hablaban su lengua y el castellano, y los monolingües castellanos sumaban 3 725, sobre un total de 6 439 censados.

**Lengua yuracaré**. Utiliza los prefijos y los sufijos; la adjetivación está en función del sexo, y todas las palabras terminan en vocal. Cuenta con 16 consonantes, 2 semiconsonantes y 7 vocales. En la actualidad se carece de más datos sobre ella.

*Los yuracarés (aquí, entregados a la pesca, según un grabado de finales del siglo XIX) hablan una de las lenguas menos conocidas y más complejas entre las que se usan en Bolivia.*

# Los pueblos originarios

**Pueblos de los Andes**

**Pueblos de la Amazonia
y del Chaco**

*La riqueza étnica de la zona que los conquistadores llamaron Alto Perú es particularmente notable en el territorio boliviano: en la fotografía, una pareja de indígenas kallawayas, vestidos con ponchos típicos, en la fiesta de San Pedro y San Pablo.*

# Pueblos de los Andes

Se calcula en unos cuatrocientos el número de grupos étnicos originarios que habitan el continente sudamericano. De ellos, en Bolivia en particular, existen más de una treintena con identidad y cultura propias. La suma de una serie de procesos históricos —la Conquista española, la búsqueda de recursos naturales en los primeros años del siglo XX— y de decisiones políticas —la imposición de las leyes nacionales o la aplicación de programas educativos ajenos a las realidades particulares de cada uno de estos pueblos— ha provocado que varios de estos grupos humanos se hayan extinguido, otros estén en proceso de desaparición y la mayoría sufran la aculturación propia de la «sociedad moderna».

Los pueblos que originalmente habitaban en la zona andina (actuales departamentos de La Paz, Oruro, Potosí, Cochabamba y algunas provincias de Chuquisaca) eran los aymaras, los quechuas y los uru-chipayas. Convertidos en herederos de las grandes culturas andinas que vivieron en armonía con su medio natural y alcanzaron grandes logros científicos, actualmente estos tres pueblos no viven tan sólo en dichas regiones sino que también se localizan en otras zonas del país.

Otros pueblos bolivianos, que viven en las tierras bajas orientales o los Llanos (departamentos de La Paz, Pando, Beni, Santa Cruz, Chuquisaca y Tarija), presentan numerosas semejanzas en sus adaptaciones culturales al medio natural amazónico, al poseer el mismo patrón de cultivo, recolección, caza y pesca; sin embargo, las variaciones de cada grupo en sus expresiones culturales los hacen a la vez distintos y únicos. En términos generales, utilizan poca vestimenta, pero muy rica en orna-

*Mujer uru chipaya, uno de los principales pueblos andinos precolombinos, con aymaras y quechuas.*

mentación. Los pueblos de la zona amazónica son poseedores además de un conocimiento amplio e incomparable de la medicina tradicional y la ecología.

## Localización geográfica

La región andina abarca más de un tercio del territorio nacional: el sector central y sur del departamento de La Paz, los departamentos de Oruro y Potosí y las zonas occidentales de los de Cochabamba, Chuquisaca y Tarija. Está formada por dos cordilleras —la Real u Oriental y la Occidental—, ambas ricas en minerales y con algunos de los nevados más elevados de los Andes, y en medio el Altiplano o Puna, una vasta meseta cuya altitud sobre el nivel del mar oscila entre los 3 200 y los 3 800 m. Esta región presenta escasa vegetación, con árboles como la kiswara, y actualmente el eucalipto, y una extensa gama de cactus, yareta y thola (estas dos últimas especies usadas como combustible), junto a arbustos como la kantuta, cuya flor tricolor constituye un símbolo tradicional desde épocas prehispánicas.

Las expresiones culturales de los pueblos que habitan esta zona montañosa del país son producto de las relaciones sociales, económicas y políticas que han establecido entre ellos mismos pero también en su relación con otros pueblos y culturas; si bien mantienen sus valores ancestrales, sus costumbres y tradiciones, también han asimilado nuevas prácticas y adoptado elementos culturales ajenos que hoy día forman parte de su bagaje cultural. Entre los pueblos de la región andina destacan los aymaras, los quechuas, los urus y los kallawayas, cada uno con expresiones propias que les permiten mantener viva su identidad social.

## El pueblo aymara

Se trata de uno de los más numerosos y desciende de los llamados «señoríos locales», que se asentaron y desarrollaron, después del ocaso de Tiwanaku (Tiahuanaco), en la zona del Altiplano. El antiguo territorio aymara se extendía desde el sur de Perú, la región de Ayaviri, en la zona andina de la actual Bolivia, hasta Tucumán, en el norte de Argentina.Hoy los aymaras viven en el sur de Perú, norte de Chile y los departamentos bolivianos de La Paz, Oruro y Potosí, pero los movimientos migratorios los han dispersado por todo el país.

### Visión del mundo según los aymaras

La cosmovisión aymara se manifiesta, en ritos y celebraciones, a través de una visión particular sobre el orden natural y social. Durante la Conquista española, muchos elementos de la religión andina desaparecieron, a la vez que se incorporaron otros elementos simbólicos y éticos de origen occidental aportados por la religión cristiana. Pero muchas prácticas que fueron prohibidas aún subsisten, y los nuevos elementos han sido refuncionalizados mientras que otros de reciente adquisición han

*La comunidad aymara constituye una de las etnias más complejas y diversificadas en el conjunto de los pueblos originarios del país. En la imagen, mujeres aymaras ejecutando una danza.*

sido incorporados dentro de las prácticas cotidianas de este pueblo, muchas veces con una lógica diferente a la occidental.

Los aymaras creen en la existencia de tres mundos diferentes: el *Aka Pacha*, tiempo y espacio donde viven personas, animales y plantas, así como espíritus que moran en lugares como las montañas, los ríos, las fuentes naturales de agua, etcétera; el *Alax Pacha* o mundo de arriba, donde moran los seres o espíritus que originan la vida (el sol, la luna, las estrellas, la vía láctea, etc.) y el *Manqha Pacha* o mundo de abajo, donde habitan espíritus maléficos pero que también pueden realizar acciones benéficas, según sea el comportamiento de los hombres. Los tres espacios o mundos están poblados de seres y espíritus poderosos, que influyen sobre los aymaras.

La Pachamama, o Madre Tierra, es la divinidad más reverenciada. Se la asocia con la fertilidad agrícola y tiene relación con otros espíritus multiplicadores de animales, plantas y minerales; es un espíritu benéfico, pero puede variar según los hombres se comporten con ella. Se le ofrendan las «mesas dulces», con alimentos y bebidas alcohólicas.

En la sociedad aymara, un individuo es considerado responsable, «gente», cuando forma una familia, y es entonces cuando obtiene el respeto de todos los miembros de la comunidad.

El intermediario de la relación entre los hombres y las divinidades es el *yatiri*, también llamado *paco* o *chamaqani*, cuando es considerado muy diestro y capaz, a quien se atribuyen condiciones de clarividencia superiores a las de los demás, lo que le permite conocer el futuro mediante la lectura de las hojas de la coca, y así puede realizar los rituales propicios a las divinidades andinas. Es el encargado de alejar a los malos espíritus y a las influencias negativas, y también, gracias a sus prácticas y conjuros, de atraer la buena suerte.

Entre los aymaras se considera que un individuo es «gente» —o sea, una persona responsable y con criterio formado— cuando ha logrado formar una familia que establece lazos de parentesco ritual y merece por su comportamiento el aprecio de toda la comunidad. La familia está constituida por la pareja y los hijos; sin embargo, y debido al carácter patriarcal de esta cultura, es frecuente la existencia de familias extensas constituidas por los padres, los hijos solteros y los hijos varones casados, sus esposas e hijos, mientras que las hijas dejan la casa paterna para ir a vivir a la casa de los padres del esposo.

### Ritos y ceremonias

También existen ritos y ceremonias que solemnizan los momentos más importantes del ciclo vital del individuo aymara, como el nacimiento, el primer corte de cabello, la participación en los bailes organizados en el barrio o la comunidad, el matrimonio y su proceso de realización, la muerte y el retorno de ella, etcétera. La vida cotidiana está llena de símbolos, prácticas y creencias que ligan a los

## El valor de una amplia descendencia

El nacimiento de los hijos es una bendición y una mujer prolífica es muy valorada, en tanto que es muy criticado el no tener descendencia. En zonas donde no existe atención médica especializada, el nacimiento de los niños es atendido por parteras, familiares y el mismo futuro padre, que se cuidan luego del alumbramiento de enterrar la placenta con objetos diminutos que expresan deseos sobre la ocupación o profesión futura del recién nacido. El *rutuchi* o *rutucha* es la ceremonia en la cual padres, padrinos y demás invitados realizan el primer corte de cabello del niño, y forman con sus regalos —ya sea en dinero o en especies y animales— un capital básico para el niño o la niña, que será cuidado e incrementado por los padres a lo largo de los años. Los hijos se incorporan tempranamente a las actividades cotidianas del hogar, colaboran con sus padres en las tareas y se hacen responsables de muchas de ellas; son los encargados de cuidar los rebaños de ovejas y llamas, traer la leña y muchas veces también el agua. Su aprendizaje se realiza junto a sus padres, por lo que pronto llegan a dominar la etnotecnología especializada de su región, y aprenden el cuidado de las sementeras, a predecir el tiempo, el cuidado de los animales y la conservación de los productos derivados y su comercialización en las ferias del pueblo.

Los niños se incorporan rápidamente a las actividades de mantenimiento de sus familias en las que se les encargan tareas como el cuidado de los rebaños.

*Los pueblos originarios han logrado mantener su identidad debido a la pervivencia de sus expresiones culturales. En la imagen, aymara de la región del norte de Potosí tocando el siku.*

dad que se realiza una noche antes del día de la celebración y en la que se reparten ponches (bebidas calientes con cierto grado alcohólico) y se anuncia el inicio de la fiesta con profusión de cohetillos. Al día siguiente se celebra la misa en la iglesia del pueblo o del barrio, con la asistencia de invitados con gran profusión de indumentarias de lujo, acompañados de las comparsas de baile (morenadas, diabladas, caporales, etc). La ceremonia termina con una procesión guiada por los prestes, generalmente marido y mujer, que se traslada al local donde se desarrollará la fiesta, al ritmo de melodías tradicionales (cuecas, wayños, bailecitos), junto a ritmos modernos que la banda y la orquesta interpretan durante los días que dura el «presterío».

El matrimonio es el estado perfecto para los aymaras, ya que en su manera particular de ver el mundo en todo se concibe la dualidad, presente en la relación *urku y uma*: la primera categoría se refiere a lo fuerte, lo duro, lo guerrero, lo seco, lo masculino; la segunda, a lo suave, lo débil, lo no guerrero, lo húmedo, lo femenino. La unión de la pareja se inicia con encuentros esporádicos en ocasiones como la fiesta del pueblo, visitas a la feria dominical o encuentros furtivos mientras se realiza una tarea. Formalmente, comienza con la *irpaqa*, ceremonia en la que el joven «se roba a la novia»; este rapto ritual es una fuga concertada en la cual la familia de ambos participa, y en la que los amigos y familiares del novio les acompañan con música, al ritmo del «...irpastay, irpastay aka imilllitay irpastay...» («me la llevo, me la llevo a esta moza, me la llevo...»). Por lo general, la pareja va a convivir en una primera etapa en casa de los padres del novio. Esta etapa no tiene un tiempo determinado de duración, y las posibilidades económicas y la censura de la familia serán las que apresuren la realización del matrimonio, que consiste en la ceremonia nupcial por la iglesia y por lo civil; ambas representan la oficialización de la nueva unidad familiar ante la comunidad, aunque hayan mediado varios años entre el «robo» de la novia y la ceremonia matrimonial.

El nuevo estado civil obliga a la pareja —para vivir en comunidad— a establecer lazos de parentesco ritual, aceptando ser nombrados padrinos, o nombrando a su vez padrinos y madrinas, participando en comparsas de baile y más tarde organizándolas, haciéndose cargo de «pasar» una fiesta; es decir, ser el «preste» de ella. Esta red de relaciones sociales es parte importante del ciclo vital de los aymaras, que no termina con la muerte, ya que

hombres de los Andes con sus dioses tutelares que moran en las altas montañas.

Los aymaras, tanto varones como mujeres, participan en danzas que son organizadas en sus comunidades con ocasión de alguna festividad religiosa, especialmente la dedicada al santo patrono del pueblo. En las primeras ocasiones son simplemente participantes, pero años después, con el conocimiento de la organización de la comparsa de baile, se convertirán en organizadores, llamados también «cabezas», porque tienen que dirigir el baile a la cabeza de la comparsa; pueden ser organizadores de muchos grupos de baile y en distintas ocasiones, lo que les permitirá ganar prestigio dentro de la comunidad, hasta convertirse en «pasante» o «preste», es decir, encargado de ofrecer la fiesta en honor del santo patrono del barrio, el gremio o la comunidad. Esto supone ocuparse de pagar a la banda que amenizará los tres o más días de fiesta, la comida y la bebida que se consumirá desde la «víspera», festivi-

Las comunidades aymaras están organizadas en ayllus, *divisiones que abarcan grandes territorios. En la imagen, mujeres aymaras tejiendo con un telar tradicional.*

ésta es aceptada como algo natural, aunque se la reciba con muchas expresiones de dolor, especialmente por parte de las mujeres. Cuando se ha producido un fallecimiento se realiza el lavado del cuerpo, el velatorio y el entierro; en algunos casos, se acompaña al cadáver con objetos que se cree que el alma del finado va a necesitar en su viaje al más allá. Días después se procede a lavar la ropa del difunto, y al cabo de los ocho días, al mes y al año, se mandan a decir misas en su honor. En la celebración de Todos los Santos, a comienzos de noviembre, se tiene la certeza de que a las doce del mediodía el alma del difunto llegará de visita, y se la espera «con la mesa puesta». En ella se colocan los alimentos y bebidas que en vida le gustaban, junto a las *t'ant'a wawas*, panes que representan niños envueltos en pañales (que también se realizan en otras formas muy variadas), junto a bizcochos, dulces como los suspiros, galletas, velas y flores que completan la presentación; en algunos casos, largas cañas de azúcar, de las cuales cuelgan sartas de *pasankallas*, dulces son colocadas en los costados, y a cambio de rezos y oraciones

por el descanso del alma se entregan a los *reziris* o rezadores, los panes, dulces, frutas y a veces platos de comida acompañados de vasos de cerveza, vino o chicha. Al cabo de la visita de las almas, que en algunas regiones se prolonga por más de dos o tres días, se despachan las almas «hasta el año que viene», con bailes y gran profusión de bebidas. Esta celebración, que coincide con el inicio de la época de lluvias, muy importante para las actividades agrícolas, es preparada con mucho esmero, especialmente los primeros tres años, disminuyendo en intensidad en los siguientes.

## Poder y estructura socioeconómica aymara

La elección de las autoridades, en las comunidades aymaras, muestra un alto espíritu de participación. Son elegidas por turno, puesto que cada miembro se ofrece «para servir a la comunidad». En la aceptación del postulante y su designación para el cargo, la comunidad entera interviene en la decisión; para ejercer determinados cargos, estar casado es requisito previo, pues se concibe a la autoridad en pareja.

*Las ancestrales tareas de la agricultura forman parte no sólo de la vida cotidiana sino también de la liturgia: en la imagen, un campesino aymara cultivando una parcela cerca de Potosí.*

El ejercicio de la autoridad como práctica de servicio inicia a los aymaras en el recorrido de una larga escala de cargos jerárquicos, cada uno con sus respectivas responsabilidades, hasta llegar a los principales dirigentes y servidores de la comunidad: el *jilakata* y el *mama t'alla*. Llegar a ser la máxima autoridad de la comunidad exige haber pasado por anteriores cargos y haber sido reconocido como persona capaz y prudente. Los aymaras están organizados tradicionalmente en *ayllus*, que abarcan grandes territorios y a su vez se organizan en dos ayllus menores o parcialidades; a éstas se las conoce con los apelativos de arriba y abajo, grande y chico, *alasaya* y *majasaya*, entre otros, y están constituidas por cabildos que son agrupaciones de comunidades, conformadas por unidades familiares que casi siempre son familias extensas. Se conoce como *mallkus* a los que dirigen el gran ayllu; los *jilakatas* son a su vez los jefes de cada ayllu, o de las parcialidades; en algunas regiones, los *segundas*, ejercen cargos directivos en las comunidades.

Las estructuras sociales de las comunidades originarias aymaras no presentan distinción de clases sociales separadas; sin embargo, por las migraciones a las ciudades, existen actualmente diferencias sociales en función de la renta que poseen y de su participación en la economía de mercado.

En las regiones de las tierras altas, la principal actividad es el pastoreo de llamas, alpacas y ovejas, aunque también se practica la agricultura, especialmente de la papa en sus diferentes variedades, con la técnica de las terrazas o andenes, que son construidos en las laderas de las montañas, y la de los *sukaqollu*; la conservación de los productos se realiza mediante la deshidratación (se obtiene *charqui* de la carne y *chuño* y *tunta* de la papa). En las regiones de clima templado la principal actividad también es la agricultura, y se siembran variedades de papa, *qinua*, *cañawa*, haba, cebada, etcétera. En las regiones cercanas a la cuenca del Titicaca y de algunos ríos, se dedican a la pesca mediante el empleo de redes, habiéndose incentivado la piscicultura en los últimos años. Los aymaras de los valles mesotérmicos se dedican principalmente al cultivo de maíz y hortalizas. En las zonas subtropicales cultivan coca, caña de azúcar, arroz, naranja, lima, mandarina, plátanos, etcétera. Pero los que han migrado a la ciudad se han insertado en las actividades económicas urbanas, y realizan trabajos artesanales independientes o asalariados; muchos de ellos se dedican a actividades comerciales.

## Vivienda, artesanía y cerámica

En las zonas rurales, cada vivienda forma un complejo habitacional pequeño, cuando recién se ha formado la pareja, y crece a medida que ésta también crece. Se construye aprovechando los recursos del lugar: adobes o piedras en las paredes; paja, totora, palma, madera o teja, para el techo. La casa aymara se adapta al clima: pequeña y con ventanas y puertas pequeñas en la zona altiplánica, en los valles tiene mayor tamaño y amplitud, pero en ambos casos posee una sección destinada a la elaboración de los alimentos y para el descanso, y otra reservada como depósito. El patio es el espacio en el que se desarrolla la vida cotidiana y también las actividades rituales familiares; muy cercanos a la casa están los corrales de los animales. Los aymaras han desarrollado diversas técnicas referidas a la producción de piezas textiles que forman parte de su indumentaria tradicional, lo que les permite emblematizar su identidad étnica y geocultural.

La producción de cerámica es también muy variada y existen comunidades especializadas que producen utensilios no sólo para uso familiar sino también para su comercialización; la cestería, especialmente en paja y totora, está muy desarrollada, y se producen cestos para distintos usos: en totora se construyen las tradicionales balsas, esteras, grandes cestos, etcétera. El bordado de trajes para las diferentes danzas que se ejecutan en las tradicionales «entradas» de las festividades es una labor muy destacada, especialmente en las ciudades de La Paz y

## Un pueblo alegre y con sentido musical

El pueblo quechua es considerado muy alegre y dicharachero, porque acompaña sus celebraciones rituales y festivas con alegres tonadas musicales y con instrumentos como charangos, guitarras, una gran variedad de aerófonos y elementos de percusión construidos por ellos mismos. Las ocasiones para el baile y el canto son muchas y muy variadas en las diferentes regiones donde habitan los quechuas. Desde el inicio del año nuevo, el carnaval, la fiesta de la cruz y todo el santoral católico, hasta la fiesta del cambio de autoridades, ya en el mes de diciembre, las festividades permiten a este pueblo expresar una riqueza muy especial de indumentaria, coreografía y música.

En la actualidad, alrededor de 1 300 000 individuos quechuas (como esta mujer de la fotografía) se hallan diseminados por el territorio boliviano, provenientes de sus lugares de origen.

La riqueza y el detallismo de las indumentarias, músicas y coreografías de las fiestas populares requiere de especialistas para identificarlas unas de otras.

Oruro; en general, la riqueza de.la producción artesanal aymara es muy amplia, con una variedad de técnicas y una profusa gama de materiales. Herederos de las culturas prehispánicas, han logrado crecer en un medio natural tan variado por el dominio de una etnotecnología especializada y el control vertical de pisos ecológicos.

## El pueblo quechua

Se encuentra asentado en las provincias Muñecas, Bautista Saavedra y Franz Tamayo del departamento de La Paz, y en casi todas las provincias de los departamentos de Cochabamba, Chuquisaca y Potosí, aunque actualmente, por la amplitud de su migración, están en todas las regiones del país. En 1973, la población quechua se estimaba en 1 800 000, en 1976 rondaba el millón y medio de individuos, pero ahora no pasa de 1 300 000.

### Organización familiar y bases del poder

La base de la organización social del pueblo quechua es la familia nuclear. Reunidas por lazos de tenencia común de la tierra y parentesco, varias de ellas configuran comunidades pequeñas que suelen unirse en una organización mayor conocida como ayllu. A la cabeza de éste figuran las autoridades tradicionales, cuyo jefe es conocido como *jilakata* o *mallku* o *kuraqa*, encargado de convocar a los *segundas*, llamados también *kurakas*, quienes a su vez dirigen los dos ayllus menores o parcialidades, denominadas de arriba y de abajo *(aransaya y urinsaya)*. Los términos con los que se designan a las autoridades no siempre se aplican de la misma manera en todas las regiones, ya que cada una tiene su modelo de organización.

La elección de las autoridades se realiza por turnos, presidida por la idea de «servir a la comunidad», y siempre son nombradas en parejas. En algunas regiones también existen las autoridades sindicales: el jefe de la comunidad es, en esos casos, el secretario general y organiza toda la región.

Entre los quechuas, los ritos de cortejo y matrimonio son similares a los que se han descrito para

La familia sigue siendo el eje vertebrador de los diferentes pueblos que componen la sociedad boliviana. Familia quechua, fotografiada en las proximidades de la ciudad de Cochabamba.

A veces sólo es necesario un detalle (como la altura de una copa o el vuelo del ala de un sombrero) para afirmar a qué comunidad pertenece su portador. En la imagen, un indígena quechua.

los aymaras, incluyendo el «robo» de la novia. El varón recibe de sus padres —en calidad de herencia— cierta cantidad de tierras cultivables, y la mujer obtiene preferentemente utensilios de trabajo, animales, ropa, etcétera.

El pueblo quechua se mantiene fiel a sus tradiciones, aunque en el aspecto religioso se advierta una simbiosis entre sus creencias tradicionales y las aportadas por el catolicismo. Entre las primeras mantiene su arraigo el culto a la madre tierra, la Pachamama, a quien se ofrendan las «mesas», preparadas por las especialistas conocidas como *chifleras*. Inclusive se ofrecen a la tierra platos de comida, como sucede el martes de carnaval, y no hay ocasión en la cual se compartan bebidas en la que las primeras gotas no sean vertidas en honor a la «madre tierra». Las altas montañas son consideradas sagradas, al ser los lugares donde moran los espíritus tutelares de los Andes, y también se tienen en gran estima las *apachetas*, lugares privilegiados donde se conservan antiguas *waqas* (deidades andinas). Pero el quechua también venera y rinde pleitesía a la virgen María, en sus diferentes advocaciones, entre las que sobresalen la virgen de Copacabana, la del Rosario, la de Fátima, la del Carmen y la de Urkupiña. Entre los santos patronos destaca el *Tata Santiago* (el Apóstol), asimilado al dios del trueno andino *Illapa*.

Las actividades rituales, especialmente en el ámbito rural, están organizadas en torno al calendario agrícola: hay períodos concretos de siembra y de cosecha, en función de los que se organizan las tradiciones, celebraciones y ritos de ambas vertientes religiosas, tanto la andina como la cristiana.

La principal actividad de los quechuas es la agricultura: siembran —de acuerdo a las regiones donde habitan— una gran variedad de frutas, legumbres, tubérculos y gramíneas. La ganadería también está ampliamente desarrollada, especialmente la del ganado vacuno (producción de leche y sus derivados), el caprino, porcino, caballar y ovino. En algunas regiones todavía es de uso corriente el trueque, en el que los quechuas son considerados hábiles negociantes.

### Vestidos y otras producciones artesanales

Al igual que otros pueblos que habitan la región andina, los quechuas destacan como hábiles tejedores, actividad en la que participan varones y mujeres. Ellas se encargan de producir indumentaria masculina y femenina en telares de piso, realizando para las mujeres *llixllas* y *aqsus*, y para los hombres ponchos y *unqus*, con decoraciones cuyos diseños y colores emblematizan las identidades étnicas de sus poseedores. Los hombres, por su parte, tejen en telares de pedales que fueron importados por los españoles y su especialidad es la confección de telas, como la bayeta y el cordellate, a partir de las cuales crean las *aymillas* (vestidos muy amplios y decorados sobriamente), polleras y chaquetas, para las mujeres, y pantalones, camisas, chalecos y chaquetas para los hombres. Con cuatro a cinco palillos tejen también los *lluchus* o *chullus*, para ellos y para sus hijos varones.

*Un indígena uru chipaya preparando el pan a la manera tradicional: como la danza o la vestimenta, la gastronomía forma parte también de la identidad cultural de los pueblos indígenas.*

La indumentaria de los pueblos quechuas es muy amplia y variada, tanto la destinada al uso cotidiano, como la reservada al uso ceremonial y festivo. Son trajes que rescatan modos y costumbres de la época prehispánica y asimilan elementos, estilos y formas que fueron impuestos a partir de finales del siglo XVIII por las autoridades españolas de la Colonia. También se tejen prendas como las *wayakas* y los *costales* que sirven para el traslado o el almacenamiento de diferentes productos.

Si bien la producción de textiles es general a todo el pueblo quechua, de acuerdo a las regiones geográficas donde habitan han logrado el dominio de otras etnotecnologías que les permiten desarrollar actividades muy diversas, como la producción agrícola de una gran variedad de productos, la elaboración de bebidas como la chicha de maíz, el tallado de la madera para la producción de muebles, y son también expertos ceramistas que dominan las artes alfareras, no sólo en la producción de objetos utilitarios para la familia —como las ollas, cántaros, y *wirkis*—sino también de otros que sirven para ser comercializados. Lo mismo puede decirse de la cestería, realizada con diferentes fibras vegetales, con la que producen cestas y canastos de variadas formas, de acuerdo a los fines a los cuales serán dedicados : almacenamiento, recolección, ornamentación, etcétera.

En la actualidad, como consecuencia de la migración a las ciudades, los quechuas se han adaptado a las exigencias urbanas y se dedican al ejercicio de actividades independientes o asalariadas. Como consumados comerciantes, se los halla también en casi todas las regiones geográficas del país.

## El pueblo uru

En el siglo XVI los urus ocupaban la zona circundante al eje lacustre formado por el lago Titicaca, el río Desaguadero, el lago Poopó, el río Lakajawira y el lago Coipasa. Actualmente, el pueblo uru está compuesto por tres grupos: los uru chipayas, los uru iruitos y los uru muratos.

Los uru chipayas están asentados en Santa Ana de Chipaya, población fundada entre 1570 y 1575, y en Ayparavi, cantón creado en 1966, en la provincia Atahuallpa del departamento de Oruro. Actualmente, el territorio de los chipayas se extiende hasta el norte del lago Poopó y el salar de Coipasa, en el departamento de Oruro.

Los uru iruitos se encuentran en el cantón de Jesús de Machaca (provincia Ingavi, departamento de La Paz), en el lago Uru Uru (departamento de Oruro), y en algunas islas artificiales del lago Titicaca en el sector peruano.

Los uru muratos, por su parte, están asentados en ocho estancias distribuidas en las márgenes orientales del lago Poopó, en el departamento de Oruro. A mediados del siglo XVII la población de los urus alcanzaba los 2 400 habitantes, pero a fi-

*La iglesia de Santa Ana de Chipaya y un conjunto de fieles de comunidades indígenas constituyen una buena muestra del sincretismo religioso iniciado hace siglos en el país.*

nales del siglo XIX se calculaba en sólo treinta personas. Según los últimos datos, los uru chipayas son unos 1 600; los uru muratos, 450, y los uru iruitos apenas unos setenta.

## Organización social, política y económica

El término *uru* no parece ser el nombre original de este grupo, sino el que le asignaron los aymaras; los urus que habitaban el lago Titicaca se llamaban a sí mismos *kot'suña*; es decir, «hombres del lago» (así como los uru-chipayas se llamaban Jas-shoni, «hombres del agua»).

Durante los siglos XVI y XVII muchos de los urus fueron absorbidos por los aymaras, otros fueron integrados en el régimen colonial y otros permanecieron aislados en su hábitat, manteniendo sus rasgos culturales hasta la actualidad.

Los uru chipayas se hallan organizados en dos parcialidades que coinciden con los cantones de Chipaya, con dos ayllus (*Tuanta* y *Tajata*); y Ayparavi, con los ayllus de *Arasaya* y *Manasaya*. A la cabeza del sistema de autoridades tradicionales está el *jilakata*, conocido también como *Imán asu*, y un consejo de ancianos que nombra a los *yapukamayus*, encargados durante el año de cuidar los sembradíos de la comunidad. Hasta hace poco, el matrimonio era impuesto por los familiares a una edad temprana, pero actualmente la situación está cambiando. Los novios son vestidos por los futuros suegros, y luego de la ceremonia matrimonial el novio debe traer leña desde una distancia considerable y la novia aporta *taquia* (excremento de animales que se usa como combustible) para los suegros y padrinos; si coinciden en la llegada se considera pronóstico de una vida conyugal feliz. Al principio, la pareja vive con los padres del novio y luego construye su propia vivienda.

Los hombres se dedican a una magra agricultura, a la caza y a la pesca, mientras las mujeres realizan las tareas domésticas y elaboran tejidos, pero ambos participan en trabajos comunales. La agricultura es pobre debido a la aridez natural de los suelos; sin embargo acondicionan la tierra inundándola con las aguas del río Lauca, cultivan quinua, cañawa y papa amarga, y actualmente está aumentando el cultivo de cebada. Cazan vicuñas, conejos silvestres, flamencos y otras aves acuáticas, para lo que han desarrollado diferentes técnicas. Pescan utilizando cestas de juncos y construyendo

Las mujeres uru chipa-
yas tejen su propia vestimenta (la denominada
urko) y para su confec-
ción utilizan fibras de
lana procedentes de las
llamas y ovejas que
integran sus rebaños.

Por su parte, los hombres
de la comunidad uru
chipaya visten la ira,
una especie de poncho
tejido en una sola pieza,
a la que se deja espacio
para introducir los bra-
zos y la cabeza.

trampas. La actividad ganadera se reduce a la cría de cerdos, ovejas y llamas. Durante la primavera se dedican a recolectar huevos de flamenco. Los urus que habitan en el lago Titicaca sobre islas artificiales de totora, planta acuática típica del lago, se dedican a la caza de aves acuáticas y a la pesca, y completan su dieta alimentaria con intercambios con los aymaras de las orillas.

## Costumbres y creencias

Los urus conservan sus costumbres y creencias religiosas. Practican el culto a elementos de la naturaleza, y entre los más importantes está el que rinden a los *Mallkus Lauka*, *Chunquirini* y *Kemperani*, que, junto a otros dioses creadores de animales como la llama, el cerdo y la oveja, habitan las *Pukaras* y son llamados *Samiris*. Veneran a los volcanes donde moran sus *achachilas*, espíritus de los antepasados, y los *mallkus*, que son espíritus de los animales.

Las *loctrinas* son grupos de mujeres jóvenes, guiadas por una anciana, que en sus *rezacuni*, hilos de lana de colores anudados en dos palitos cruza-dos, registran las actividades diarias de cada una de ellas y las enseñanzas de la anciana maestra.

## Viviendas e indumentaria

Los asentamientos se clasifican en urbanos y rurales; los primeros, dedicados a la vida cotidiana del grupo y los segundos, a las tareas de agricultura y pastoreo. La vivienda de los uru chipayas se llama *putucu*, y es una construcción de planta circular con techo abovedado, cuyas estancias tienen estructura cónica y sirven para el almacenamiento de herramientas y otros materiales. Las construcciones consideradas urbanas también tienen planta circular; las paredes se construyen con tepes y se recubren con barro, tanto por fuera como por dentro. La cubierta está formada por ramas de arbustos, que se sujetan a la pared circular y entre ellas mediante tiras de cuero de animales, formando un entramado que sostiene la cubierta propiamente dicha; ésta es de paja y se coloca formando una especie de cúpula de media naranja rebajada, que por encima se sujeta mediante tiras de cuero

*Los kallawayas, moradores de las montañas andinas, viven preferentemente en la provincia Bautista Saavedra (La Paz) y tienen una organización parecida a la de aymaras y quechuas.*

en forma de «chipa» y es muy semejante a las redes en las que —con envoltura de paja— los aymaras trasladan sus productos agrícolas a los centros de comercialización.

Las mujeres tejen sus propias vestimentas y las de la familia con fibras de lana de llama y de oveja. El traje de la mujer es el *urko*, especie de túnica que se sujeta en los hombros mediante prendedores; por debajo usan una camisa confeccionada en bayeta, generalmente en colores azul y blanco, y cubren sus espaldas con una prenda cuadrangular tejida por ellas mismas. El peinado tradicional, denominado *sekjey*, muestra numerosas trenzas que son adornadas con *lauraques*, especie de idolillos metálicos que son heredados de madres a hijas cuando éstas se casan o cuando muere la madre. Cubren su cabeza con otro tejido de tamaño más reducido, de manera que una de las puntas les cae sobre la frente.

Los hombres visten la *ira*, que es similar al unku de los quechuas y a la khawa de los aymaras: una especie de ponchillo hecho de una sola pieza, cuyos costados son cosidos dejando espacio para el paso de la cabeza y los brazos; este grupo es el único que utiliza cotidianamente dicha prenda de origen prehis-

pánico. El varón completa su atuendo con una camisa y pantalones confeccionados en bayeta de la tierra, al estilo occidental.

Entre sus trabajos se destaca la cestería, que es realizada con paja y totora exclusivamente por los varones; producen cestas, que usan para pescar en ríos y lagos, y balsas. Son expertos cazadores de aves como la *wallata*, el flamingo y las *choqas* o patos del lago, mediante trampas, boleadoras y hondas que construyen ellos mismos.

## El pueblo kallawaya

El término *kallawaya* puede ser traducido como «los que habitan en la región andina» o también como una alusión a algunos individuos de la comunidad que son médicos herbolarios y una especie de chamanes. Probablemente, a la caída de la cultura de Tiwanacu, durante la formación de señoríos locales, los kallawayas formaron el suyo. En la época del dominio inka, este grupo gozó de ciertas prerrogativas por parte de los gobernantes inkaicos, pues eran los que llevaban las andas del Inka y de la *qoya*, su esposa, privilegio que no tuvieron otros pueblos (al menos, este caso en concreto es destacado por los cronistas). En la época prehispánica, el territorio de los kallawaya abarcó un sector de la actual zona sur de la República del Perú y parte de las actuales provincias Larecaja, Franz Tamayo, Bautista Saavedra y Muñecas, del departamento de La Paz. Durante la época colonial la región fue conocida con el nombre de Carabaya y fue famosa por sus minas de oro; ya en época republicana el territorio se dividió, quedando Carabaya la grande en el lado peruano y Carabaya la chica en el boliviano. Actualmente los kallawayas están asentados en la provincia Bautista Saavedra, del departamento de La Paz, y sus poblaciones más importantes son: Charazani, Curva, Kaalaya, Kañizaya, Chajaya, Chullina, Khanlaya, Niño Korín, Kaata, etcétera. No obstante, sus continuos desplazamientos como médicos herbolarios los llevan a distintas regiones, incluso fuera del país y hasta del continente.

## Unos reputados curanderos

El grupo kallawaya tiene una organización muy similar a la de los quechuas y aymaras, ya que la base social es la familia nuclear que mantiene lazos a nivel de familia extensa, aunque por lo general la residencia de la nueva pareja está junto a la familia del varón. Hasta hace muy poco eran los padres los que definían las uniones de las parejas, pero actualmente —con la migración de las jóvenes generaciones hacia ciudades como La Paz y otras— esta situación ha cambiado.

En su zona original, las autoridades tradicionales mantienen un lugar destacado; sin embargo, el sindicato ha sido institucionalizado en diversas regiones. Los constantes viajes que realizan los varones kallawayas fuera de su territorio les permiten establecer relaciones con otros pueblos y culturas, facilitándoles el conocimiento de nuevas y diferentes técnicas. Los kallawayas son reputados médicos naturistas, conocedores de los secretos curativos de las plantas, y se les aprecia y respeta por sus acertadas curaciones; en muchos casos son también temidos por sus relaciones con los seres ajenos a este mundo. A pesar de que la práctica curativa es su principal actividad, también se dedican a la agricultura y su producción —gracias al control vertical de pisos ecológicos— es muy variada y abarca desde frutos tropicales, coca o caña de azúcar, hasta tubérculos como la papa, la oca y la papalisa o ullucu, y diferentes legumbres y gramíneas. En las laderas de las montañas construyen las *takanas* (terrazas para los cultivos) y en las regiones altas se dedican también a la ganadería, especialmente con

## La función chamánica

En la mayoría de las culturas autóctonas americanas —y en muchas otras, repartidas, sobre todo, por la geografía de Eurasia, desde los lapones al oeste hasta los mogoles al este— tiene una relevancia especial la figura del *chamán*, que es bastante más de lo que comúnmente se conoce como *curandero*: intermediario entre la vida cotidiana y el mundo de lo desconocido, el chamán es a la vez médico, cirujano, brujo, adivino, sacerdote y protagonista de diversas funciones relacionadas con el culto y el mundo de la liturgia dentro de la comunidad indígena.

Todavía en la actualidad, los kallawayas de sexo masculino ejercen mayoritariamente de chamanes, y sus servicios son requeridos no sólo en Bolivia sino también en otros países del ámbito americano.

Respetados —en cierto sentido también temidos, por sus relaciones con los muertos y con seres de otros mundos—, los chamanes gozan del reconocimiento incluso de los menos supersticiosos, por su probada sabiduría en el ejercicio de la medicina naturista, y sus perpetuos viajes les permiten enriquecer a su comunidad con el aporte de nuevas y diferentes técnicas de explotación y de consumo, tanto de carácter comercial como industrial.

*Hierbas y otros productos medicinales y «mágicos», a los que se les atribuyen propiedades curativas capaces de restablecer la salud y el bienestar.*

*Los kallawayas prestan un importante servicio en la sociedad boliviana, pues, entre otras funcio-nes, hacen las veces de «puente» entre los hombres y las divinida-des andinas.*

familia. La indumentaria femenina consta de una camisa, generalmente de color rojo, hecha de ba-yeta de la tierra; por encima lleva el *urku*: un ves-tido de falda muy amplia y pechera lisa, realiza-do con telas tejidas con fibra de lana de alpaca. Invariablemente en color negro, este traje se suje-ta a la cintura mediante una faja o *chumpi*; se cu-bren las espaldas con un rebozo de factura indus-trial y por encima con una *llixlla*, y la cabeza con un sombrero cuya ala está profusamente decorada con flores de los lugares que han sido visitados; el tejido en la región kallawaya no sólo permite em-blematizar la identidad del grupo en general, sino que también es factible reconocer las identidades en su interior: de este modo, viendo las prendas utilizadas por varones y mujeres se puede saber de qué comunidad proceden. Lo mismo sucede con las prendas masculinas que son elaboradas por la mujer: ponchos, *unkus*, *chumpis*, *kapachos* (bolsas) y *chuspas* para la coca muestran colores y diseños propios de cada región e inclusive per-miten conocer a la tejedora que los ha realizado. Los varones —como en todos los pueblos de los Andes— también tejen. Elaboran en telares de pedal la bayeta de lana de oveja para la confec-ción de las polleras (faldas) y *aymillas* (camisas) de las mujeres, los pantalones, camisas y chaque-tas tradicionales de los varones. Las niñas se ini-cian en el arte del tejido desde muy temprano, y son las encargadas de tejer las angostas fajas deno-minadas *tisnus*, para sujetar los extremos de las fa-jas que utilizan los adultos.

El trabajo en metales para la producción de los prendedores, con los que sujetan sus urkus y llixllas las mujeres, era especialidad de algunos varones de la comunidad de Chajaya, y la pro-ducción alfarera era especialidad de las comuni-dades del cantón Amarete. El trueque en esta re-gión es una práctica muy corriente. A fin de completar sus ingresos, los varones suelen migrar a las ciudades, donde trabajan en ocupaciones ar-tesanales o como asalariados, también viajan a las zonas de colonización para trabajar a cambio de productos como el arroz y la coca.

Actualmente, los oriundos de la región kallawa-ya también se encuentran en la calle Sagárnaga, de la ciudad de La Paz, donde venden hierbas y otros productos medicinales y ofrecen sus servicios para «leer la suerte» en las hojas de coca y realizar trata-mientos curativos y ceremonias que dicen restituir al paciente el equilibrio perdido a causa de la en-fermedad.

rebaños de llamas, alpacas y ovinos. Algunas comu-nidades están especializadas en determinados tra-bajos, tales como cerámica u orfebrería (produc-ción de *topos* o prendedores de plata que utilizan las mujeres).

Desde épocas muy tempranas de la Colonia, los kallawayas fueron evangelizados por los misio-neros católicos, que atravesaron su territorio para fundar misiones en la región de Apolo (hoy pro-vincia Franz Tamayo). Sin embargo, sus creencias tradicionales se mantienen con viva fuerza. Por ejemplo, es característica de cada vivienda kalla-waya la existencia de un «cabildo», especie de al-tar hecho de piedras planas en el cual se ofrecen las «mesas» a la madre tierra, la Pachamama, y se rinde pleitesía a los *achachilas* de la región, que son los seres tutelares que cuidan del pueblo ka-llawaya.

### ...y hábiles artistas
El pueblo kallawaya tiene una gran habilidad para el tejido; las mujeres, en telares horizontales o de suelo, elaboran las prendas de vestir para toda la

# Los pueblos de la Amazonia y del Chaco

La zona amazónica de la República de Bolivia abarca alrededor del 60 por ciento del territorio nacional y tiene una altitud promedio de 300 m sobre el nivel del mar. Los ríos más importantes de la región norte son el Madre de Dios, Beni, Mamoré e Itenez o Guaporé, cuyos caudales sumados conforman el Madera, uno de los afluentes más importantes del Amazonas. En la región sur destacan el Pilcomayo, Bermejo, Grande y otros que forman parte de la cuenca del Río de la Plata. Esta región cubre gran parte de los departamentos de La Paz y Santa Cruz, Tarija, Chuquisaca, Cochabamba, y la totalidad de los departamentos del Beni y Pando.

La Amazonia boliviana presenta bajíos con extensa vegetación acuática, palmares con terrenos que se inundan en épocas de lluvias, pajonales con pastos naturales que ocupan casi el 50 por ciento del departamento del Beni y bosques de galerías y selvas, con una vegetación muy densa que se halla en las orillas de ríos y lagunas. Los pueblos que habitan esta vasta zona son : el araona, ayoreo, baure, canichana, cavineña, cayuvaba chacobo, chiquitano, esse-ejja, guraraní, guarayo, itonama, leco, movima, moré, mosetén, moxeño, pakawara, sirionó-mbya, tapiete, tsimane, weenahayek, yaminawa, yuqui-mbya y yuracaré.

## El pueblo araona

El pueblo araona poseía un territorio que comprendía las márgenes de los ríos Madre de Dios, Aquiri (o Acre) y Purús, y llegaba a ocupar suelo brasileño. Hoy, los miembros de este pueblo están ubicados en las cabeceras del río Manupari, en la provincia Iturralde (departamento de La Paz).

*Los chiriwanos se cuentan entre los pueblos de la Amazonia, cara opuesta del riguroso Altiplano.*

Se estima que en el siglo XIX se contaban hasta treinta jefes de pueblos cuyo número de familias oscilaba entre quince y treinta. A principios del siglo XX se calculaba que los habitantes alcanzaban los 20 000. Pero los últimos datos registrados anotan sólo 93 individuos.

### Familia y matrimonio

La organización familiar es fundamental en el pueblo araona: la pertenencia a dos grupos o «familias», la caviña y la araona, es importante para el matrimonio y residencia de los miembros, ya que existe una terminología dual que permite distinguir y nombrar a los miembros del propio grupo y a los del otro grupo o «familia».

El matrimonio se realiza entre miembros de distintas familias y se inicia con la convivencia de la pareja con los padres de la mujer, si ésta es menor de edad, y no se establece un hogar independiente hasta que la mujer es adulta. En este pueblo era permitida la poligamia, y resultaba muy frecuente la práctica de la bigamia. La separación se produce con la misma facilidad con la que se realiza el matrimonio; cuando hay hijos, éstos por lo general se quedan con la madre.

### Estructura social y división del trabajo

Se da una convivencia amistosa y solidaria entre los miembros del grupo. No existe la división en clases sociales, aunque tienen un estatus reconocido aquellas personas que poseen cualidades sobresalientes, como los buenos cazadores, los encargados de los rituales, y los buenos imitadores de animales. El respeto a las personas mayores es práctica corriente de este pueblo y la influencia de los ancianos del grupo es importante para la toma de decisiones co-

*Mujer araona ocupada en moler semillas. En la fotografía puede apreciarse la variedad de cestas tejidas con fibras vegetales que se destinan al almacenamiento y recolección de alimentos.*

munales e individuales. En épocas pasadas cuando vivían totalmente aislados, tenían una agricultura incipiente; utilizaban palos para el desmonte y el deshierbe. Actualmente cultivan la yuca, plátanos, arroz, zapallo, camote, etcétera; la recolección de frutas, de miel, y especialmente de las castañas, realizada básicamente por las mujeres y los niños, permite completar su dieta alimentaria, y participar en un proceso de comercialización —sobre todo de este último fruto—, ya que entregan sus recolectas, si bien en mínimas cantidades, a los sacerdotes de la misión de Nuevas Tribus. La caza y la pesca son las actividades más importantes para su subsistencia, las realizan con arcos y flechas, escopetas y trampas; el producto se distribuye entre los miembros de la comunidad a título de préstamo solidario e indefinido.

## El mundo religioso

La religiosidad del pueblo araona está poblada por una variedad de *Babas*, dioses y espíritus de los antepasados, y *jichis* o espíritus malignos, que son objeto de adoración y culto. No existe la idea de un solo dios supremo: se conciben dioses mayores y menores, para cada acontecimiento y fenómeno natural, cada uno de ellos con propiedades maléficas o benéficas. *Baba Bizo* y *Baba Jote* son los dioses mayores que crearon al hombre y la mujer a partir de ramas. De las hojas crearon las aves, la anta fue creada con barro y resina de siringa, el cerdo de resinas vegetales, los monos, las pavas y los tucanes de bejucos que se trenzaron y los reptiles de sangre. Entre los araonas se teme el castigo de los dioses y los espíritus de los antepasados. Los dioses menores son *Baba Sicuasi*, de los muertos; *Baba Dotsi*, de las aves; *Baba Tsicuamana*, de la selva; *Baba Huabo*, de los animales; *Baba Isahua*, de los pantanos y *Baba Manu*, de los ríos. Otras divinidades importantes son: *Baba Zoto*, dios tigre o del mal, *Baba Tsaja*, de la siembra, *Baba Ehuobo*, de la purificación y *Baba Huotesa*, de la destrucción. Las ceremonias dedicadas a los dioses y espíritus son realizadas exclusivamente por los varones del grupo en el *babatae*, que es una casa amplia a manera de templo donde danzan y ejecutan cantos de tipo religioso.

## La cultura material

El vestuario era sencillo, los hombres por lo general no usaban ninguna prenda de vestir, las mujeres vestían la *noca* (falda) y la *ona* (faja), elaboradas en corteza de *bibosi*; la *ona* también se utiliza para sujetar a los niños mientras se los amamanta.

Los araonas conocen la alfarería, elaboran el *mato* o botellón de cerámica que se utiliza para guardar agua. Son hábiles en el tejido de fibras vegetales y producen una gran variedad de cestas para la recolección y el almacenamiento; el arco que utilizan en la caza está elaborado en madera *chonta*; las flechas, de tallos vegetales, con plumas de aves y madera *chonta*, y huesos para las puntas.

Los araonas construyen sus viviendas algo separadas las unas de las otras, y tienen cuatro tipos de ellas: una permanente, otra ocasional (en la que se realizan las actividades de caza y pesca); otra aún es la *nahuiletae*, que construyen para las mujeres que van a dar a luz, y otra todavía la *babatae*, dedicada a los dioses del grupo, y que es realizada con material seleccionado como las hojas de la palmera conocida como jatata.

*La comunidad ayorea es de composición clánica, su estructura social se erige y mantiene sobre la base del clan, aunque en la actualidad esto sólo permanece en la memoria colectiva.*

## El pueblo ayoreo

Los ayoreos conforman un grupo originalmente nómada que ocupaba el territorio comprendido entre los bañados de Izozog, al oeste; las provincias Velasco y Ñuflo de Chávez, del departamento de Santa Cruz, por el norte; la frontera con el Brasil, al este, y la región del Chaco Boreal y el Chaco Central paraguayo, al sur. Los únicos cursos fluviales de cierta importancia que se encuentran en su territorio son el Tucavaca y el San Miguel, en el extremo septentrional. Existen asimismo en su región las salinas llamadas *ecoí* (sal), que desempeñan una importante función en la supervivencia del grupo nativo.

Actualmente los ayoreos viven en Bolivia y Paraguay, en poblados fundados por antiguas misiones católicas y evangélicas. El censo de 1972 registraba aproximadamente de 2 500 a 3 000 habitantes, pero el censo indígena de 1994 verificó sólo 800, especificando que actualmente se encuentran repartidos por las provincias Ñuflo de Chávez, Velasco, Chiquitos y Germán Busch, del departamento de Santa Cruz.

*En sus orígenes, los ayoreos eran un pueblo nómada y guerrero, organizado en grupos de gran movilidad, compuestos por entre 20 y 150 individuos. Miembros de una familia en Santa Cruz.*

## Un pueblo nómada y guerrero

Era un pueblo nómada y guerrero, organizado en pequeños grupos de entre 20 y 150 personas, con territorios definidos que recorrían periódicamente, en busca de animales de caza. El grupo local constituye la mayor unidad social, económica y política permanente, con territorio y nombre propios. El pueblo ayoreo está dividido en siete grupos. En su organización existen dos tipos de familias: la nuclear y la extensa. Las tareas femeninas son la crianza de los niños, la recolección y la preparación de los alimentos; el hombre se dedica a la caza y a la recolección de miel. La familia extensa se basa en relaciones de parentesco y residencia vecinal; su número de integrantes es muy variable y constituye una unidad económica casi cerrada, ya que los bienes de consumo son de propiedad común y la familia es la que determina la circulación de bienes entre todos sus miembros. El chamán y el capitán ocupan las posiciones más elevadas en el grupo. La tarea del capitán es proteger a la comunidad de los diferentes peligros, y la del chamán predecir el futuro y hacer de mediador con *Dupade*, el hacedor del mundo.

## La vida y la muerte para los ayoreos

El ciclo de vida está marcado por etapas: la menarquia determina que las niñas pasen a ser mujeres y utilicen la falda trenzada y otros atributos de la mujer adulta; no existen tabúes con respecto a la sangre menstrual, sin embargo el hombre evita el contacto sexual con la mujer menstruante; la esterilidad, por otra parte, se considera producto de una infracción a las prohibiciones. Desde el destete hasta la pubertad los niños disfrutaban de amplias libertades para desarrollar sus actividades, andaban completamente desnudos y dormían cerca de la madre, sin cuidados especiales respecto a los riesgos que corren en esta etapa.

El varón es considerado adulto desde los quince años: participa a partir de entonces en la caza y la recolección, y mantiene relaciones prematrimoniales con las jóvenes de su edad. Pero no se le considera «hombre» hasta su unión permanente con una pareja y el nacimiento de su primer hijo; su participación en rituales y ceremonias especiales se produce posteriormente a esto.

No existe la bigamia pero sí la abstinencia sexual durante el embarazo, el parto y la lactancia del niño. El matrimonio es considerado positivo para el crecimiento de la familia extensa, que aumenta de esta manera el número de sus integrantes. La unión matrimonial se prolonga normalmente hasta la muerte de uno de los cónyuges.

La muerte es anunciada de distintas maneras: el grito del murciélago o el del zorro anuncian la muerte de un varón o de una mujer, el eclipse de luna anuncia la muerte de un jefe guerrero. No existían lugares específicos para los entierros ya que se realizaban de manera aislada y en la selva; si se hubiesen realizado en la aldea habría que abandonarla porque el espíritu del difunto podría apropiarse del alma de uno de los miembros del grupo.

## Sistemas de poder, economía y cultura material

Los grupos locales con un territorio definido constituían la unidad social, política y económica permanente; éstos, a su vez, conformaban siete grupos patrilineales y exógamos. La relación jerárquica entre estos grupos estaba en función del número de varones, y a su vez en relación con el número total de miembros del grupo; este último formaba una gran familia cuyo ancestro se remontaba a antepasados míticos comunes.

Cada grupo local poseía un número de jefes o capitanes, cuya posición e influencia era variable. Para alcanzar la posición de capitán o *decasuté* se debía dar pruebas de valentía, energía, comportamiento ejemplar, disposición para ayudar, inteligencia y elocuencia. Pero todas estas virtudes no eran suficientes: para ser reconocido como líder debía demostrar sus cualidades como guerrero matando al mayor número posible de enemigos y jaguares. El nombramiento de un nuevo *decasuté* se daba tras la muerte de su antecesor, aunque en otros grupos este cargo es hereditario.

La economía estaba organizada en función de la producción, el consumo y la distribución. Los ayoreos, excelentes cazadores y pescadores, no practicaban la cría del ganado y desconocían el pastoreo; en la época seca recolectaban miel, en la época de lluvias se cultivaba maíz, calabazas, melones y tabaco.

Por último, sus conocimientos tecnológicos se demuestran en sus tejidos para hamacas, fajas, esteras y cestas, y en diferentes recipientes de cerámica; también tallaban la madera, elaborando utensilios domésticos y armas de caza. La integración de este pueblo a la sociedad boliviana, con la introducción de nuevos métodos de trabajo y herramientas, modificó su modo de producción; la concepción del tiempo y del espacio se tuvo que readecuar al igual que la dieta diaria y su concepto del mundo.

## El pueblo bororo

A finales del siglo XIX, el pueblo bororo estaba asentado en la región del Matogroso, en el departamento de Santa Cruz, pero los últimos datos censales no dan cuenta de este pueblo considerado nómada.

### Una sociedad patriarcal

La organización social tiene como base la organización patriarcal. Los varones, durante el día, viven en la «casa de hombres», pero por la noche, si son casados, se retiran a cohabitar con su esposa, que es completamente dependiente del marido y sometida a él: ella prepara la comida de la familia, pero él come dándole la espalda y no le dirige la palabra.

Los bororos consideran que algunos animales están animados por un espíritu, por eso no los cazan. Los personajes más destacados y respetados en

*Una de las actividades artesanales más características de los ayoreos es el tejido practicado en grandes telares, especialidad que prosperó cuando se produjo su definitivo paso al sedentarismo.*

la comunidad, son el *bari*, especie de médico que dictamina si el enfermo va o no a morir: cuando éste fallecía se lo enterraba en el centro del poblado y se le echaba mucha agua para apresurar su putrefacción; luego, sus restos y sus pertenencias se quemaban, para poder liberar al espíritu y que éste pudiese descender a su morada en el centro de la tierra. No se cuenta con elementos de cultura material de este pueblo.

## El pueblo baure

El pueblo baure habitaba durante el siglo XIX en las orillas de los ríos Baures, Itonamas y Blanco. En el año 1830, su población se calculaba en más de 5 000 habitantes; más de un siglo después, en 1976, era estimada entre unos 3 000 y 4 000, pero el censo indígena de 1994 indica la existencia de tan sólo 590, que habitan en la provincia Iturralde, del departamento de La Paz, y en Yacuma, Mamoré, Iténez, Cercado, Marbán y Moxos, en el departamento del Beni.

En la imagen, un indivi-
duo perteneciente al pue-
blo baure, comunidad
que en el último siglo
y medio descendió de los
casi 4 000 individuos a
una población estimada
en menos de seiscientos.

Foto: Enciclopedia *Bolivia Mágica* / Hugo Boero Rojo

Mujer esse-ejja, pueblo
que habita el sector sep-
tentrional del país (Pan-
do, Beni, La Paz) y cuyo
número ha visto descen-
der desde unos 15 000
a principios del siglo XX
hasta unos quinientos.

Foto: Enciclopedia *Bolivia Mágica* / Hugo Boero Rojo

## Organización del poder

La ceremonia del matrimonio consistía en la compra de la esposa a los padres de ésta; el cacique era
el encargado de avalar el contrato. En la pareja, el
varón se dedicaba a la caza y a la pesca, fabricaba
sus armas, construía la vivienda y defendía la aldea;
la mujer realizaba la recolección, la preparación
de las bebidas y el alimento, acarreaba leña, tejía
esteras y hamacas, y además cultivaba la tierra.

Los poblados tienen un cacique que no ejerce co-
acción y su autoridad está localizada, la población organizada realiza trabajos en beneficio de la comunidad, tales como la apertura de canales de un río a
otro para mejorar la navegación y acortar las distancias. La actividad principal actual es el cultivo de
maíz, yuca, papa, camote, etcétera, mientras que la
caza y la pesca complementan la dieta alimenticia.

En su cosmovisión, los baures creían en la existencia de otra vida y en un lugar donde las almas se
juntaban; tenían dioses y sus demonios encarnaban
en el tigre y la víbora, a los que consideraban negativos para los hombres. El chamán, sabio y adivino, médico y curandero, posee la habilidad de en-
gañar a estos malos espíritus.

## Una exigua cultura material

Este pueblo construía lomas artificiales donde levantaba sus viviendas, rodeadas de cercos y fosas
para protegerse de las inundaciones y de sus enemigos. De su cultura material casi no quedan ras-
tros, aunque es probable que en tiempos remotos
hayan poseído una alfarería elaborada, ya que se
han encontrado urnas de cerámica decoradas pictóricamente; tejen con paja esteras decoradas con
distintos colores y hamacas de algodón.

## El pueblo esse-ejja

Los miembros de este pueblo han recibido muchos
nombres: chunchos, quinaqui, tiatinahua, huaca-
nahua, mohino, bahuajja, chama que significa «no
hay», siempre en sentido despectivo; ellos prefieren
llamarse esse-ejja, «gente buena», y se han caracterizado por ser un pueblo navegante, que acostum-
bra vivir a orillas de los ríos.

A principios del siglo XX habitaban la zona entre
los ríos Tambopata y Heath, en la frontera entre las
repúblicas del Perú y Bolivia, y su población era numerosa, ya que alcanzaba los 15 000 individuos, que
atacaban constantemente a los poblados takanas y a

las reducciones de los pueblos cavineños; pero, según el censo indígena de 1994, su población alcanza sólo 583 habitantes, distribuidos en las provincias Iturralde, del departamento de La Paz, Ballivián, Mamoré, Vaca Díez y Yacuma, departamento del Beni, y Madre de Dios, del departamento de Pando.

## Un pueblo nunca sometido

Los miembros de este pueblo sienten el orgullo de no haber sido nunca conquistados por grupo alguno. Su organización social está basada en la familia extensa y la residencia es de tipo patrilocal, a nivel del grupo grande, pero en las comunidades más pequeñas, las nuevas parejas viven en la casa de los padres de la mujer. El padre y sus hermanos son llamados padre indistintamente, y lo mismo sucede con la madre y sus hermanas: las relaciones entre primos son, por tanto, muy estrechas y resultan fundamentales para las relaciones comunitarias. Los esse-ejja están organizados en cuatro grandes grupos: equijati, sonene, bahuajja y epahuatehue cuiñajji, cada uno de los cuales está dirigido por un jefe que siempre es un varón; los ancianos son muy reconocidos en el grupo, por ser los que mantienen y transmiten los valores culturales. Creían en una divinidad superior, llamada *Edosiquiana*, a la cual consideraban la creadora de plantas y animales, pero los contactos con la religión cristiana han hecho que esta divinidad sea asimilada al diablo y se la considere maligna, por lo que surgió una nueva divinidad del bien y la felicidad a la cual se conoce como *Eyacuiñajji*. Los espíritus de los que fallecen, según ellos, vagan por el monte sin rumbo fijo.

## La importancia de la economía

El ciclo anual está organizado en función de las labores de tipo económico que se realizan en la comunidad: el mes de agosto salen las primeras tortugas o *petas*, por lo que se le conoce con el nombre de «tiempo de las *petas*»; del mismo modo habrá tiempos de las castañas, de la lluvia, etcétera. Entre los meses de octubre y abril, los esse-ejja se dedican a la pesca y a la caza de anta, taitetú, guaso, jochi, monos, tigres, chancho de tropa, etcétera, con trampas, y arcos y flechas, aunque recientemente han hecho uso de armas de fuego. Entre mayo y septiembre dan prioridad a la pesca en los grandes ríos, a cuyas orillas se trasladan a vivir. Para pescar utilizan trampas, redes, anzuelos y somníferos como el verbasco, el bibosi y el solimar, que adormecen o matan a los peces y permiten reco-

*Las mujeres esse-ejja son hábiles tejedoras en cestería. Asimismo elaboran parasoles, alfombras y hamacas. Los hombres, por su parte, son diestros constructores de viviendas y canoas de pesca.*

Foto: Enciclopedia *Bolivia Mágica* / Hugo Boero Rojo

ger una gran cantidad, que son secados al sol para su conservación.

Complementan su dieta con la recolección de frutos, miel de abeja, insectos, huevos de aves, tortugas y caimanes; también se dedican a la agricultura en las tierras del bajío, puesto que éstas son fertilizadas continuamente por las inundaciones, y siembran yuca, plátano, chocolate, arroz, maíz, etcétera, cuyos excedentes son comercializados en las comunidades cercanas.

## Artesanía

Los varones de este grupo son hábiles constructores de canoas. Sus casas están realizadas con maderas de la región y sus cubiertas con hojas de palmeras. Las mujeres son las encargadas del tejido con fibras vegetales, como la hoja redonda, motacú y chonta, con las que elaboran cestos, esteras, y venteadores que muestran decoraciones a base de motivos geométricos, y elaboran parasoles con la hoja de la caña brava y alfombras con la totora y tejen hamacas con fibras de algodón que ellas mismas cultivan. Se cree que antiguamente tejían una especie de ponchos para los varones que participaban en ceremonias religiosas.

## El pueblo canichana

Originalmente este pueblo habitaba las márgenes de los ríos Mamoré y Machupo, en el departamento del Beni, pero los misioneros jesuitas los unificaron en la Misión de San Pedro.

En 1963 se estimaba su número entre 4 000 y 5 000, y en 1974 en unos 500, pero el censo indígena de 1994 ha establecido que son 582 individuos que habitan en las provincias Cercado, Iténez, Mamoré, Marbán, Moxos y Yacuma, del departamento del Beni.

### Un pueblo belicoso

Este grupo fue conocido por su belicosidad, ya que mantenía enfrentamientos habituales con los morés, cayuvabas e itonamas. Los asentamientos estaban protegidos por cercos y fosas, dado el carácter guerrero del pueblo. Las actividades más importantes eran la caza y la pesca; para esta última utilizaban arpones elaborados con maderas de la región. Actualmente han perdido sus formas organizativas tradicionales, trabajan como peones en las haciendas de la región y practican la agricultura en mínima escala, produciendo para su autoconsumo arroz, maíz, yuca y plátano. Se encuentran bien asimilados a la cultura occidental.

## El pueblo cavineña

En 1832 existía una población de un millar de habitantes, que bajó a 218 en 1913, pero aumentó a 800 en 1974; según el censo indígena de 1994 conforman una población de 1 726 individuos que habita en las provincias Iturralde, del departamento de La Paz, Ballivián, Cercado, Iténez, Mamoré y Yacuma, del departamento del Beni, y Nicolás Suárez, Manuripi y Madre de Dios, del departamento de Pando.

### Un pueblo generoso

El pueblo cavineño se caracteriza por su honestidad; es corriente el que cambien o regalen objetos: cuando uno de los miembros tiene necesidad de algo el vecino asume la responsabilidad de proporcionárselo. Son los varones quienes escogen a la futura esposa, que generalmente tiene entre 13 y 15 años de edad: practican la monogamia, la mujer se dedica a la crianza de los hijos y es la encargada del cuidado de los objetos de propiedad familiar.

Actualmente su vida es sedentaria. Se dedican a la agricultura y para completar su dieta cazan y pescan mediante anzuelos, trampas y venenos de origen vegetal que les permiten intoxicar a los peces, aunque son inofensivos para el hombre. Los varones actualmente también trabajan como siringueros en la explotación de la goma o caucho. Las creencias religiosas reflejan dos tipos de espíritus: los *Ishausa* o espíritus naturales y los *chokihua* o fantasmas; cada especie animal es representada por un espíritu protector, con apariencia humana o animal.

---

### El pueblo cayuvaba

**O**riginalmente estaban asentados al oeste del río Mamoré y al norte de la laguna Rogaguado. La población, a principios del siglo XX, rondaba el centenar de personas, pero según el censo indígena de 1994 son 793 individuos que habitan en las provincias Ballivián, Cercado, Iténez, Marbán y Yacuma, del departamento del Beni. Este pueblo creía en la existencia de *Idaapas*, espíritu de carácter benéfico, y *Mainaje*, de carácter maléfico, a quienes ofrendaban en bandejas carne de animales en torno a un fuego que nunca debía extinguirse. Antes de ser reducidos por los misioneros católicos, estaban concentrados en aldeas con una población aproximada de cien personas. La tradición cuenta que vestían lujosas capas cubiertas de plumas y túnicas de corteza, cultivaban maíz, maní, y mandioca; también eran cazadores y pescadores ; utilizaban arcos, flechas, lanzas y canastas de forma cónica para la pesca.

*Mujer cayuvaba fumándose un charuto, nombre con el que se conoce a los puros tradicionales originarios de las regiones donde habita esta comunidad.*

Foto: Enciclopedia *Bolivia Mágica* / Hugo Boero Rojo

*Nativa chacobo, pintada con achiote o «urucú», junto a su hijo en el interior de la vivienda. Los chacobos, cuyo número ya no llega al millar, viven en los departamentos de La Paz y el Beni.*

Foto: Enciclopedia *Bolivia Mágica* / Hugo Boero Rojo

*Pareja de indígenas chacobos, pueblo en el que existe la costumbre de las denominadas «casas de los hombres» y «casas de las mujeres»: en estas últimas, ellas viven junto con sus hijos.*

Foto: Enciclopedia *Bolivia Mágica* / Hugo Boero Rojo

## Viviendas y artesanía

En las zonas llanas construían viviendas que constaban de dos ambientes: uno destinado al descanso y otro a la preparación de alimentos. En el monte cultivaban sus *chacos*, pequeñas parcelas familiares. Las mujeres elaboran tinajas y otros objetos que decoran con resinas de árboles. Los varones fabrican artículos de goma y trabajan la madera para construir muebles y carretones.

## El pueblo chacobo

En 1957 existían aproximadamente 130 habitantes, en 1976 eran 160, pero según el censo indígena de 1994 son 759 los miembros de este grupo que habitan las provincias Iturralde, del departamento de La Paz, y Ballivián, Cercado, Iténez, Marbán, Moxos, Vaca Díez y Yacuma, del departamento del Beni.

### Familia, religión y división del trabajo

En este pueblo existe la «casa de los hombres», llamada *bupana*, donde se reúnen y duermen los varones y es lugar de hospedaje para los visitantes; en la «casa de las mujeres» viven ellas y sus hijos. La familia estaba conformada por el varón y sus esposas, cuyo número variaba entre una y tres, y los hijos de todas ellas. La primera mujer era considerada como la preferida, pero actualmente la familia nuclear es monogámica, la residencia es matrilocal hasta la construcción de la nueva vivienda, y se da preferencia a la relación de primos cruzados para la realización del matrimonio. Los hombres y mujeres empiezan a vestirse al llegar a la pubertad; en esta etapa se produce la perforación de las narices y el uso de un adorno especial hecho de plumas de colores, que es propio de este grupo. La ancianidad es una etapa muy respetada; los *siri*, en algunos casos, tienen mucho poder en el grupo. Cuando alguien muere, la familia llora y grita fuertemente para anunciar el deceso; la sepultura consiste en un profundo hueco que se practica en el lugar donde el fallecido solía dormir. El cadáver es envuelto en corteza de árboles y es introducido en posición fetal junto con algunas de sus pertenencias (armas, hamaca, adornos); los demás enseres del difunto, como plantas o animales de compañía, son destruidos.

Las mujeres realizan la siembra y la recolección de frutos silvestres, preparan los alimentos y cuidan de la casa y de los niños, pero la recolección de miel es compartida por ambos sexos. Los varones se dedican a la caza y la pesca, son los encargados de construir las casas, realizar el desmonte y la siembra de los chacos, y también construyen canoas, bateas y sogas. Clasifican a los animales en comestibles y no comestibles, crían gallinas y patos pero no se los comen, ya que prefieren la anta, el guaso, el taitetú, el chancho de tropa, etcétera.

### Aspectos culturales del pueblo chacobo

Los asentamientos del pueblo chacobo están situados cerca de un río o arroyo, las viviendas se distribuyen alrededor de la «casa de los hombres»; cada varón construye la casa de su familia, la desti-

*El pueblo chiquitano, fronterizo con Brasil, es uno de los grupos más complejos entre las co- munidades indígenas de Bolivia. La ilustra- ción proviene de un libro de viajes de E. Charlton.*

nada a la reunión de los varones se construye con la participación de toda la comunidad.

La vestimenta de hombres y mujeres era elabo- rada antiguamente en corteza vegetal, ambos acos- tumbraban a llevar adornos: las mujeres en las mu- ñecas y los varones en los tobillos y las pantorrillas.

La cestería que producen es fundamentalmen- te utilitaria: canastos para el acarreo de sus alimen- tos y enseres, esteras que se utilizan para descansar; la alfarería es rústica, sin decoración y de uso do- méstico. Las únicas armas que elaboran son el arco y la flecha. Fabrican todos sus utensilios, como las tinajas y tiestos de diferentes tamaños. Las muje- res hilan las fibras del algodón y elaboran su indu- mentaria, llamada moro, a partir de las cortezas del bibosi y el bibosillo.

Actualmente, el pueblo chacobo mantiene sus prácticas tradicionales de caza, pesca y recolección; para completar sus ingresos se dedica a la agricul- tura y a la producción de goma y castaña.

## El pueblo chiquitano

El territorio ocupado por este pueblo es conocido como la Chiquitanía. Limita al sur con la línea fé- rrea Santa Cruz de la Sierra-Puerto Suárez, al nor- te con el río Iténez, al este con Brasil y al oeste con el río Grande.

En 1978 se le calculaba una población aproxi- mada de 20 000 personas. Los últimos datos del censo indígena de 1994 estiman una población de 46 630, que habita en las provincias Andrés Ibá- ñez, Ángel Sandoval, Chiquitos, Germán Busch, Guarayos, Ichilo, Ñuflo de Chávez, Obispo San- tiesteban, Sarah, Velasco y Warnes.

## Tradiciones, curanderos y sacerdotes

La organización tradicional chiquitana se centraba en el *sib*, que eran grupos de personas con un apelli- do común aunque no necesariamente tenían lazos familiares. Cada sib estaba dirigido por un anciano y los jefes de familia. Esta forma de organización de- rivó en otra en la que el pueblo estaba dirigido por un cacique y sus consejeros, que formaban el cabil- do; en la actualidad, en algunas regiones coexisten las autoridades tradicionales y las nombradas por el Estado. En la vida social se dan dos eventos impor- tantes como la *minca*, que es una obligación de ayu- da mutua, y *la fiesta*, de participación masiva: ambas otorgan prestigio dentro de la comunidad.

La religión originaria chiquitana no fue exter- minada totalmente. El *Ichio* es considerado el amo de la naturaleza, toma preferentemente la forma de una víbora grande y vive en un lugar designado; otra deidad es el *Jakotashi*, duende que desempeña un papel importante en las creencias populares. Existen también los amos de los animales.

El chamán es el curandero y sacerdote; para el chiquitano toda enfermedad es consecuencia de un mal traído de fuera que se apodera de su cuer- po y puede causarle la muerte. Los métodos cura- tivos se dan por succión o masaje de la parte en- ferma del cuerpo, utilizando animales, partes de estos o plantas.

Existen dos tipos de médicos dentro de la cul- tura tradicional: el *cheeserúrsch* y el *oboirsch*, quie- nes también cumplen con el papel de sacerdotes tradicionales o chamanes. El cheeserúrsch es ca- paz de sanar a los enfermos gracias a su relación con los jichi o jischirsch, que son los dueños del agua, los montes, la pampa y la selva; después de un entrenamiento específico, cualquiera puede lle- gar a ser médico tradicional. El oboirsch o picha- rero (término que viene de la voz chiquitana *pira- rarsch* que significa «veneno-no-sana») también utiliza los métodos curativos de succión y masaje del cuerpo. Ambos se ayudan con más de 200 me- dicamentos de origen animal o vegetal. La familia, extensa, está compuesta por los abuelos, padres e hijos; a la cabeza está el jefe de familia. Al casarse, el varón se muda por un tiempo a la casa del sue- gro para ayudar en ella; más tarde, forma su pro- pio hogar y siembra sus chacras, pero la relación con el suegro sigue siendo más estrecha que con su propio padre. Cultivan cítricos, tabaco, maíz en sus diferentes variedades, yuca, frijol, caña, algo- dón, etcétera, y también se practica la recolección de frutos y raíces.

*Distintas generaciones de mujeres chiquitanas, en el departamento de Santa Cruz, se reparten las tareas domésticas. Entre ellas, la cestería es una de las actividades artesanales más extendidas.*

Foto: Enciclopedia *Bolivia Mágica* / Hugo Boero Rojo

## Viviendas y artesanía

El pueblo chiquitano construye diferentes tipos de viviendas de acuerdo al lugar donde viven, sin embargo, el modelo básico tiene cuatro troncos incrustados en el suelo en cada esquina de la futura casa; el techo a dos aguas presenta dos triángulos a los costados, es de madera y bambú y está cubierto con paja; las paredes se construyen con troncos delgados que se unen mediante bambú; finalmente, se cubre el conjunto con barro y paja. Entre sus enseres domésticos sobresale el *tausch*, llamado también *tacú*, construido en maderas resistentes y duras como la de cuchi, tajibo o chonta, y que consta de dos partes: el recipiente ahuecado y la llamada muela o moledor, que sirve a la mujer para moler maíz, yuca, etcétera. La cestería es muy variada y existen dos tipos de cestas: el *jasayé* o *hazairsch* y el *quiboro* o *akonórsch*; el más corrientemente utilizado es el primero, que sirve para el transporte y para la conservación de los productos.

Entre sus herramientas e instrumentos se cuentan los *pauchés* o oórsch, que son raspadores de dientes de cerdo; la hoja del árbol chaáco, que por su dureza les sirve como alisador de objetos de madera y calabaza; el *kimomés* o arco y las flechas, que tienen usos diferentes (las utilizadas para cazar grandes animales son la *noprijisch* y la *pajutorsch*, para el pescado la *oopirisch* y para las aves pequeñas la *schrankarsch*. La caza también se realiza mediante trampas: las de golpe o *kusóes*, las de presión *metorsch batiairsch*, las de tirar y apretar *metorsch paikürorsch*, la de embudo *burirsch* y las de pozo *metorsch paurórsch*. Entre los chiquitanos, las maderas están clasificadas según el uso, que es muy amplio y variado: algunas sirven para la construcción de las viviendas, otras son de uso medicinal, otras para la realización de utensilios, otras como adormecedoras de los peces, para leña o por sus frutos comestibles, etc.

## El pueblo chulupi

Es también conocido con el nombre de guisnai; a finales del siglo XIX se encontraban habitando la margen derecha del río Pilcomayo, en el departamento de Tarija. Los últimos datos que se tienen de ellos afirman que habitan el Gran Chaco y los aledaños del río Bermejo, ambas zonas en el departamento de Tarija. Se sabe que se desplazan tanto por territorio boliviano como paraguayo.

### Actividades económicas

Muchos autores consideran a los chulupis como parte del pueblo mataco, pues sus costumbres son muy similares. Este pueblo ha perdido mucho de sus características étnicas debido a su constante relación con la sociedad occidental. Tradicionalmente se dedican a la agricultura, cultivan maíz, legumbres y calabazas; completan su dieta con la re-

*Las viviendas guaraníes (como éstas, ubicadas en los alrededores de la ciudad de Tarija, en el sur del país) se distinguen por su singularidad y el marcado acento individual de su diseño.*

colección de frutos silvestres, la caza de aves y puercos de monte; durante los meses de septiembre, octubre y noviembre pescan en el río Pilcomayo. También se dedican a la ganadería, con pequeños rebaños de vacas, caballos, ovejas, cabras y aves de corral.

## El pueblo guarasug'we pauserna

Se dice que a finales del siglo XIX este pueblo habitaba los territorios de la margen izquierda del Iténez, actual departamento del Beni. Muchos autores afirman que pertenecen al grupo de los guarayos o al de los guaraníes. A mediados del siglo XX su población se calculaba en 49 personas; no se tienen datos más actualizados sobre ella.

### La familia como eje de organización

La organización de este pueblo está basada en la familia nuclear, que generalmente contaba con tres hijos que ayudaban desde pequeños en el trabajo del *chaco* familiar. La residencia de la nueva pareja era patrilocal. Daban mucha importancia a la etapa de la menarquía en las mujeres, que eran asimismo las encargadas del cuidado de los niños hasta

que tuvieran la edad suficiente para participar en las actividades del grupo. Los ancianos y ancianas gozaban de mucho respeto en la comunidad, realizaban trabajos livianos, y cuando fallecían eran enterrados el mismo día en algún lugar del monte alejado del poblado. La divinidad suprema de este pueblo era *Yaneramai*, quien dirigía el destino de los hombres y enviaba los niños a este mundo; se le consideraba «el abuelo de todos». El médico tradicional es también el chamán del grupo, y sus principales funciones son las de sanar a los enfermos, realizar ritos de fecundidad para que la caza sea propicia y mantener contacto con los seres sobrenaturales que pueblan su espacio; en épocas de migración los chamanes guían al grupo y son los que deben acompañar a las almas en su camino hasta la casa de los muertos.

### Cazadores y pescadores diestros

Los guarasug'we pauserna son muy buenos cazadores. Conocedores de las costumbres de los animales, los varones se organizan en parejas para salir a cazar: las tortugas y los lagartos son sus animales preferidos, y el producto de la caza se re-

*En la actualidad, una de las variantes más autóctonas de la comunidad chiriwana es el pueblo guaraní, que desde Bolivia se extiende a parte de Brasil y, principalmente, a Paraguay.*

parte equitativamente entre ambos cazadores. Los miembros de este grupo también se destacan como pescadores, y utilizan una gran variedad de instrumentos para la pesca.

Completan su dieta alimentaria con la recolección de miel, raíces y frutos, que son más sabrosos en la pampa pero más abundantes en el monte; esta labor corre a cargo de las mujeres y los niños. También se dedican a la agricultura: las mujeres son las encargadas de la siembra, en tanto que los varones son los que preparan los terrenos; juntos, mujeres, varones y niños, participan en las cosechas. Pero, por el carácter seminómada del grupo, cada dos o tres años cambian sus asentamientos, abandonando también sus chacos o terrenos de cultivo.

### Cestería y otras artes populares

Producen una gran variedad de cestas y venteadores; con la fibra del algodón tejían especialmente hamacas. La cerámica producida por este pueblo es de dos tipos: la blanca y la marrón rojiza. La producción de utensilios de cerámica, como tinajas y cántaros de boca angosta, es tarea de las mujeres, que dan singularidad a sus obras colocando a manera de decoración moños de barro. La canoa es el medio de transporte por excelencia de este pueblo, y son por tanto hábiles constructores de estas embarcaciones en madera de itaúba.

### El pueblo guaraní

El grupo chané, que habitaba en la actual Bolivia, se caracterizaba por ser pacífico, y su gente era diestra en la alfarería, la cestería y el tejido.

En Paraguay y Brasil las familias guaraníes se multiplicaron tanto que empezó a faltar tierra para cultivar; por ello, y por consejo de sus profetas, fueron en busca de la tierra santa. Se dieron migraciones desde las costas brasileñas y el Alto Paraguay, desde Paraguay y desde el territorio del Paraná. Los guaraníes, después de haber esclavizado al grupo chané se unieron con este y la unión de ambos grupos originó a los chané guaranizados, que viven en la zona del Izozog, a los ava, que habitan las zonas montañosas y son considerados como los poblaciones típicamente chiriwanas, y a los simba de Tentayapi.

*Los tatuajes y los diversos orificios, principalmente practicados en varias partes del rostro,* *(como el que se aprecia en el labio inferior de este individuo) constituyen elementos rituales.*

## Un pueblo guerrero y valeroso

El pueblo guaraní, que es conocido por su valentía y su carácter belicoso y guerrero, fue uno de los grupos que se resistió al sometimiento colonial, y esta resistencia no fue doblegada hasta la época republicana. En el siglo XIX habitaban en los últimos valles cercanos a la cordillera Oriental y en los Llanos occidentales del Gran Chaco.

Vivían en comunidades de numerosos miembros que descendían de un mismo abuelo. Se cuenta que en cada una de las *malocas* (viviendas) de la comunidad de Cuevo podían vivir unas 250 personas; posteriormente se pasó de la gran comunidad a las pequeñas comunidades que se formaban de la unión de familias y parientes. Hoy están asentados entre la provincia Cordillera, del departamento de Santa Cruz, y la región del río Parapetí.

Con la incorporación de los chané, las comunidades chiriwanas sobrepasaron los 100 000 habitantes. En el siglo XVII aumentaron a 200 000, pero a finales del siglo XIX eran menos de 40 000. Actualmente, los guaraníes alcanzan en oriente a 3 338 individuos y en el Chaco a los 33 525, y se distribuyen entre las provincias Hernando Siles y Luis Calvo, del departamento de Chuquisaca; Andrés Ibáñez, Ángel Sandoval, Cordillera, Chiquitos, Guarayos, Ichilo, Ñuflo de Chávez, Santiesteban, Sarah, Velasco y Warnes, del departamento de Santa Cruz; y Gran Chaco y O'Connor, en el departamento de Tarija.

## La familia y la comunidad guaraní

Están organizados en grupos de numerosas familias nucleares, cada una de ellas compuesta de padres e hijos, y que muchas veces tienen como cabeza a un abuelo o abuela, muy respetados pero sin ninguna autoridad real dentro de la familia. La educación tradicional de los hijos, hasta cierta edad, es exclusiva de la madre, y desde los seis o siete años, de acuerdo al sexo del menor, pasa al padre si es varón o continúa con la madre si es mujer. En el pasado se imponía la tembeta en el labio inferior de todos los niños, distintivo del varón chiriwano, como primer acto de integración seguido de una preparación de estilo militar.

El matrimonio era endogámico, con residencia patriarcal o matriarcal; la monogamia era general, aunque se admitía la poligamia entre los caciques, y la bigamia para todo hombre en el caso de que su primera mujer padeciera vejez precoz u otras enfermedades. En el seno del matrimonio existe una división sexual del trabajo: mientras la mujer realiza las labores domésticas, prepara la comida, teje y cuida de los hijos, el hombre se dedica a la siembra y la caza.

La distribución espacial de los pequeñas comunidades, llamadas *Tentamí*, formaba parte de una comunidad mayor denominada *Tentaguasu*. Esta tenía un jefe llamado *Mburuvicha*, asesorado por un consejo integrado por ancianos, el chamán y los guerreros *Quereimbas*. El cargo era hereditario y debía desempeñarlo una persona responsable y guerrera, que ejercía las funciones de administrador de la comunidad, haciendo también de juez. Era el responsable de «salvar» a la comunidad de situaciones extremas como la guerra, o de fenómenos naturales como la sequía o la inundación, y actuaba en momentos de crisis tales como la falta de producción, epidemias y defensa de la tierra. Los grupos se relacionan entre sí de acuerdo a las necesidades que se puedan presentar. Estos acuerdos se realizan en medio de solemnes convites y asambleas en las que se analiza la situación por la que pasan las comunidades afectadas; antiguamente, asistían jefes y grupos de toda la región.

El *mburuvicha* debe tener las siguientes cualidades: ser valiente, no tener miedo (es decir: es *hatangatu*, fuerte de verdad), ser capaz de mirar de frente, saber defender a su gente de las acometidas de los karai o blancos; también debe ser capaz de recibir y dar el *arakuaa*, el consejo. En ceremonias recientes de toma de posesión de los cargos directivos se ha dado mucha importancia

*En la mayoría de culturas, las mujeres (como esta guaraní) se ocupan de tareas domésticas, de hacer la comida y del cuidado de los hijos, mientras los hombres cazan y siembran.*

al simbolismo de algunos elementos como: el sombrero, que señala la sombra de autoridad que proyecta el dirigente; las alforjas que lleva, que significan la carga de responsabilidad que asume; las ojotas o abarcas, que suponen el pisar con firmeza y ser fuerte en la defensa del territorio, y el machete, que significa el trabajo al que deberá estar dedicado durante el tiempo de su mandato. El *mburubicha* nunca debe temer a los karai ni «venderse» a ellos, ni aprovecharse de los comunitarios.

El prestigio de las comunidades y sus jefes se medía por su capacidad de producir y convidar, en especial durante la siembra del maíz, calabazas, yuca, etcétera. La caza, la pesca y la recolección fueron actividades complementarias de la dieta alimenticia. Esta situación fue alterada por el latifundio y luego por la Reforma Agraria (abril de 1952) que en muchos casos excluyó a este pueblo de una merecida participación en el reparto de tierras.

## Aspectos religiosos y económicos

El pueblo guaraní cree en la existencia de un ser superior, lo que puede ser consecuencia de su contacto con misioneros cristianos; admite la inmortalidad del alma y los premios y castigos en la otra vida. *Araparigua* es la divinidad progenitora del grupo, *Ava* una divinidad positiva y benéfica y *Aña* la divinidad negativa y maléfica.

El chamán es el mediador entre la comunidad y estas divinidades, y el pueblo es fiel cumplidor del código moral, religioso y de todos los acuerdos establecidos.

En la región del Izozog, en la primera mitad del siglo XX, las cosechas se realizaban en los meses de octubre y noviembre, por lo que la gente podía sobrevivir unos tres a cuatro meses; en la zona de los ava, la cosecha del maíz es más tardía. Ya a mediados del siglo, las siembras se realizaron a orillas del Parapetí, lo que permitió, por el riego, aumentar la producción de los cultivos de maíz, arroz, yuca, camote, zapallo, joco, cumanda, etcétera; en algunas comunidades también se cultivan hortalizas y árboles frutales. La caza, sin embargo, es una actividad todavía muy importante: para iniciarla es necesario primero pedir permiso al dueño de los animales, el *Ka ija reta o tumpa reta*. En la región se complementa la dieta alimentaria con la recolección, que siempre estuvo ligada a la caza y la pesca, y entre los productos recolectados figuran la miel de abeja, los frutos del algarrobo o cupesí (que se comen crudos y también son utilizados para preparar la aloja, bebida refrescante que debe consumirse de inmediato), el mistol o quitachiyú, el chañar, etcétera. Entre las raíces destaca la del cipoy, que se usa como fuente de agua; la planta de la carahuta, por su parte, es importante para la producción de sogas, a partir de las cuales se fabrican bolsas, hamacas, redes de pesca, etcétera.

*En esta antigua ilustración, debida al viajero francés Alcide d'Orbigny, se representan diversas vestimentas de los guarayos, pueblo considerado por algunos autores como una rama del guaraní.*

### La artesanía guaraní

Las mujeres se dedican al tejido con fibras de algodón, hacen la *asoya* para los varones y la *cutama* para las mujeres, que más tarde fue remplazada por el *tipoy*. Tejen también frazadas y adornos que completan su vestuario; las mujeres se dedican asimismo a la alfarería y elaboran los *yambui*, grandes vasijas de boca angosta, y los *ñae*, vasijas de boca ancha.

Los varones solían tallar el *mate* o calabaza; confeccionaban arcos y flechas para la caza y la guerra, en distintas maderas: las que serían utilizadas para la guerra solían incluir materiales hediondos y ponzoñosos.

## El pueblo guarayo

Es considerado por algunos autores como un desprendimiento del pueblo guaraní. A mediados del siglo XX, su población se calculaba en unos 5 000 individuos, aunque otros autores anotaban 8 000; en 1976 se registró una población de 5 352 y actualmente, según el censo indígena de 1994, alcanzan a 6 000 habitantes. El pueblo guarayo está asentado en las provincias Ángel Sandoval, Andrés Ibáñez, Chiquitos, Guarayos, Ñuflo de Chávez, Santiesteban, Sarah y Warnes, del departamento de Santa Cruz; Iturralde, del departamento de La Paz; Carrasco, del departamento de Cochabamba, y Ballivián, Cercado, Iténez, Marbán, Moxos y Yacuma, del departamento del Beni.

### Un sistema social patriarcal

La familia es la base de la organización del pueblo guarayo y el sistema es de tipo patriarcal; cada grupo de familias está dirigido por un jefe, generalmente un anciano. Las viviendas se establecían en pequeños grupos en el monte o también en pequeños pueblos con un número mayor de casas. En la familia las niñas eran adiestradas por la madre en las labores tradicionalmente asignadas a su sexo, en tanto que los niños eran entrenados en la caza, la pesca y las labores agrícolas. Cuando la niña tenía su primera menstruación participaba en una ceremonia especial en la cual se le hacían marcas en el pecho que establecían su nuevo estatus de mujer. Generalmente se casaban entre los 12 y 16 años, en tanto que los varones lo hacían entre los 15 y 17; una vez formada la pareja, vivían junto a los padres hasta poder construirse una vivienda propia.

Antiguamente, el chamán era el encargado de contactar con los seres sobrenaturales que vivían en el monte y de sanar a los enfermos de la comunidad; cuando alguien fallecía, el cadáver era atado a una estera de palma y se lo cubría con otra similar para enterrarlo.

## El ámbito de la economía

Los guarayos se dedican a la agricultura, que es fundamental para ellos, y preparan sus chacos mediante la técnica de la roza y quema, etapa en la cual se necesita la unión de varias familias, especialmente en el tumbado de árboles, la limpieza, la siembra y la *carpida*, que son labores en las cuales participa toda la familia. Los chacos se utilizan durante tres años seguidos; luego se dejan descansar por un lapso no menor a los ocho a diez años. En algunos casos se contratan jornaleros para la ayuda en el trabajo agrícola; sin embargo, se prefiere la *minga*, que consiste en ofrecer a los familiares y amigos que cooperan comida y bebida como pago. En octubre siembran arroz, maíz, plátano y yuca; en marzo y abril se siembra el maní, y —para completar su dieta— en los extremos de sus chacos suelen sembrar cebollas, porotos, pimentones, café, papaya, cítricos y, a veces, algodón para el uso de la familia.

En la actualidad la caza se realiza con armas de fuego, ya que el uso del arco y la flecha ha sido dejado totalmente de lado. Las expediciones de caza duran varios días, porque la vida silvestre es cada vez más escasa, y los animales que más se cazan son el jochi, taitetú, tatú, tropero, tejón, urina y anta. La pesca, mediante cestas y redes, es realizada por las mujeres en aguas quietas, en cambio los varones pescan con cañas y anzuelos desde las orillas de los ríos o desde las canoas. Para coger peces grandes como el pacú y el surubí actúan en grupo, con grandes anzuelos; también se utiliza el barbasco o verbasco, para adormecer a los peces; el excedente de la pesca es generalmente regalado a los vecinos. La única semilla que recolectan es la de cusi, y esporádicamente algún fruto dulce del monte. Practican una ganadería en pequeña escala, para el autoconsumo y para obtener pequeños ingresos monetarios, por lo que es corriente la cría de aves de corral, cerdos y conejos.

## Los tejidos guarayos y otras manifestaciones artesanales

Las mujeres guarayas se destacan por su habilidad para el hilado y el tejido con la fibra del algodón, del que su principal producto es la hamaca; sin embargo, también producen utensilios en cerámica

### Los guarayos: una mano de obra solicitada

Con cierta regularidad, llegan a las comunidades guarayas contratistas en busca de mano de obra para establecimientos agrícolas, empresas madereras o haciendas ganaderas, donde son empleados los varones, que son también muy solicitados para el trabajo de desmonte y chaqueado o para la roza de potreros. Las mujeres también salen a trabajar fuera de sus comunidades, pero las que se quedan trabajan en el tejido de hamacas, que han adquirido fama por su gran calidad. Otra actividad muy importante es la que se refiere a la extracción del aceite de palmera de cusi, para su comercialización.

para el autoconsumo, y a partir de fibras vegetales tejen sombreros. Amueblan sus viviendas con hamacas, bancos y utensilios hechos por ellos mismos, aunque actualmente la influencia de la cultura occidental ha empezado a cambiar sus patrones culturales.

## El pueblo ignaciano

Está muy relacionado con el Trinitario, el Javieriano y el Loretano (todos ellos formaban originalmente parte del grupo mojeño), y habita un territorio cercano a la antigua misión de San Ignacio de Loyola, fundada en 1689 por los sacerdotes de la orden jesuítica, actualmente ubicada en la provincia Moxos, en el departamento del Beni. A mediados del siglo XX, su población se calculaba en unos 5 000 habitantes ignacianos y otros tantos trinitarios. El censo indígena de 1994 no aporta nuevas cifras.

### Organización social y económica

Los datos que se tienen afirman que existía un gran movilidad en el grupo, pero una vez que se llegaba a la madurez (30 a 35 años) sus integrantes practicaban el sedentarismo y construían una casa de planta circular, con madera del lugar y cubierta con hojas de motacú.

La base de la organización social era la familia nuclear monogámica. Las mujeres se casaban alrededor de los 15 años de edad, y los varones entre

*Una canoa transporta a las niñas de una familia guaraya (pueblo extendido por el Beni, Cochabamba, Santa Cruz y La Paz), a través de las tranquilas aguas de un río de su jurisdicción.*

los 16 y los 20. La nueva pareja vivía al principio en la casa de la mujer, y el esposo trabajaba en beneficio de su suegro; hasta hace poco, los matrimonios eran «apalabrados» por los padres, pero actualmente se realizan por voluntad de los contrayentes. Están dedicados a la agricultura, siembran plátanos, yuca, maíz, arroz, caña de azúcar, etcétera. La caza y la pesca les permiten complementar su dieta. También crían animales domésticos como caballos, mulas, perros que les ayudan en la caza y aves de corral.

### Instrumentos e indumentaria popular

La estrecha relación con la cultura occidental ha hecho que estos pueblos pierdan muchos de sus valores culturales propios. Sin embargo conservan algunos ejemplos de instrumentos musicales autóctonos, de música y de danza. De lo primero son buen ejemplo los bajones, instrumentos por el estilo de las zampoñas o flautas de Pan formados por la unión de varios caños muy grandes, cuyo sonido produce notas graves y que es utilizado en todo tipo de reuniones en la región mojeña. El baile de los macheteros, eminentemente masculino, está asimismo muy difundido en la región. Su indumentaria típica es una amplia túnica de color blanco que recuerda a los antiguos trajes impuestos durante la Colonia a los habitantes de las misiones jesuíticas; en ambas canillas lucen sonajeras hechas de semillas, la cintura se ciñe con una faja y en la mano se blande un machete, hecho en madera y pintado con variados colores, que sirve para marcar el compás. En el atuendo del machetero destaca sobre todo el tocado de plumas, en forma de media luna y con vistosos colores.

### El pueblo itonama

A principios del siglo XVIII contaba con una población de 6 000 habitantes, que doscientos años más tarde había descendido a 4 815. Según el último censo indígena de 1994 los individuos de este pueblo alcanzan a 5 077 y habitan en las provincias Iturralde, del departamento de La Paz, y Ballivián, Cercado, Iténez, Marbán, Moxos y Yacuma, del departamento del Beni.

### Ideología y economía

Grandes grupos de itonamas se asentaron en principio en las márgenes de los ríos Itonamas y Machupo. Creen en la existencia de una divinidad suprema conocida como *Dijnamu*, que representa el principio del bien, así como en algunos dioses menores, genios y fantasmas, que se transforman en mariposas, aves o serpientes y pueden causar la muerte a las personas. Suponían la existencia de una relación mística entre las plantas, los animales y las personas, por lo que algunas plantas eran sagradas y no se las tocaba; consideraban muy importante el respeto a los espíritus de los antepasados, y era corriente entre ellos la práctica de la magia y la hechicería.

Actualmente se dedican al cultivo de maíz, yuca, arroz, algodón, tabaco y frutas; crían animales domésticos y complementan su dieta alimentaria con lo obtenido en la caza, la pesca y la recolección.

## El pueblo leco

A finales del siglo XIX se los ubicaba en la actual provincia Franz Tamayo, del departamento de La Paz, a orillas del río Guanay. A mediados del siglo XVII se calculaban en 800 los miembros de este pueblo; a principios del siglo XX los investigadores estimaban su población en unas 500 personas, y alrededor de 1980 se censaron 200. El censo indígena de 1994 no aporta datos.

La base de la organización del grupo era la familia nuclear, la nueva pareja tenía su residencia con los padres de la mujer a quienes el marido debía servir. Los varones se dedicaban a la construcción de balsas llamadas callapos, y eran expertos navegantes en el río Beni, por el que transportaban a los comerciantes y sus mercaderías. Practicaban la agricultura, sembraban maíz y plátanos y completaban su dieta con la caza y la pesca.

### Cultura material

La vivienda se construía con bambú y se la cubría con hojas de palmera. Antiguamente los varones llevaban el cabello largo y se pintaban el rostro con un tinte extraído del *urucú*. Vestían la *cushma*, que era una especie de camisa larga hecha de fibra de algodón, que en algunos casos teñían de color violeta con los frutos del *uchurri*, y llevaban arcos, flechas y escudos. Actualmente, visten al estilo occidental.

Las mujeres eran diestras tejedoras con fibras vegetales, especialmente en la confección de cestas, que eran utilizadas tanto para el transporte como para el almacenamiento de los productos, y de esteras, utilizadas para el descanso de los miembros de la familia.

## El pueblo moré

Hasta finales del siglo XIX ocupaban el territorio entre los ríos Iténez y Mamoré, en el departamento del Beni. En la actualidad se encuentran en la

### Los pueblos menos numerosos

No ha sido posible determinar con exactitud cuáles fueron las coordenadas que colaboraron al mantenimiento más o menos floreciente de según qué comunidades o, por el contrario, cuáles representaron un papel protagónico en su decadencia y paulatina extinción. En todo caso, lo que parece evidente es que el estado actual de los llamados «pueblos originarios de Bolivia» tiene poco o nada que ver con el simple devenir histórico, y que es necesario plantearse ante cada uno de ellos cuáles fueron las causas o procesos que los llevaron a su situación actual. Así, por ejemplo, los lecos tenían hace doscientos años una población de algunos miles de individuos, a semejanza de los itonamas, que más o menos la mantuvieron desde entonces, pero, a diferencia de sus vecinos, los lecos han experimentado un paulatino descenso demográfico, que en 1980 los situaba en los doscientos representantes, pero que ya en el censo de 1994 ni siquiera figura con una población estimable.

ribera boliviana del río Iténez y en la región comprendida entre los ríos Baures y Mamoré.

El censo indígena de 1994 no consigna datos acerca de este pueblo. Su población, a mediados del siglo XX, se calculaba en un centenar de personas; para finales de siglo, los investigadores hablan de la existencia de unos 650 individuos.

### Organización social

La familia del grupo moré es nuclear y extensa, se practica la monogamia, las parejas jóvenes se internan en el monte por un tiempo determinado, al cabo del cual ya son considerados como un matrimonio y se incorporan al grupo social, dirigido por un jefe al cual obedecen en sus decisiones.

En una etapa previa a la evangelización, el pueblo moré creía en una divinidad superior llamada *Itoicorató*, que se encargaba del destino de los hombres; la que se hacía cargo del destino de las mujeres era conocida como *Ina i Cotaro*. A pesar de ser éstas las principales, existían también dioses y diosas menores que controlaban las fuerzas de la naturaleza a las cuales rendían pleitesía.

*Campanario del templo de la misión jesuítica de Concepción. Los misioneros introdujeron un nuevo factor, el católico-español, a partir del cual se creó, en algunos pueblos originarios, una «nueva» cultura.*

## Un pueblo de agricultores

La principal actividad del grupo era la agricultura: cultivaban maíz, yuca, piñas, plátanos, papayas y algodón; con las fibras de este último las mujeres tejían las hamacas y la ropa, tanto para los varones como para las mujeres. La dieta se completa con productos de la caza y la pesca, a las que se dedican los varones, y de la recolección, de la cual se encargan las mujeres y los niños. Estas actividades se realizan estacionalmente. El pueblo moré realiza largas caminatas en busca de sus alimentos complementarios.

## Alfarería e industria textil

Las mujeres del grupo moré realizaban obras en alfarería, en tamaños muy variados y con fines utilitarios, y eran también las encargadas de hilar las fibras de algodón para el tejido de las hamacas y el torcido de los hilos para coser las vestimentas, realizadas con cortezas de árboles como la higuera brava y que mostraban diferentes colores obtenidos a partir de tintes de origen vegetal. La indumentaria de los morés lucía una abundante decoración a base de borlas y plumas de diferentes colores; también eran hábiles para el tejido con fibras vegetales, realizando tejidos rústicos de cestas para la recolección y tejidos muy finos para el almacenaje de harinas y comestibles; también era frecuente el tejido de cinturones y abanicos. Los varones eran diestros en la construcción de armas para la caza y la pesca, que consistían en arcos y flechas.

## El pueblo mojeño

Los mojeños son herederos de una cultura prehispánica que logró construir uno de los complejos más perfectos que interconectaba terraplenes artificiales, lomas naturales y artificiales, canales y extensos campos de cultivo después de ser drenados. Las investigaciones arqueológicas realizadas hacen presumir que esta cultura mantuvo continuas relaciones con Tiwanaku. Durante la época del dominio inkaico se realizaron muchas expediciones con afán de conquista, sin embargo no tuvieron éxito. Ya en la época colonial, se produce la penetración de las misiones de los jesuitas, a partir de 1682, año en el que se fundó la misión de Loreto. En 1689 se fundó San Ignacio de Moxos, en 1691 San Francisco Javier y en 1693 San Francisco de Borja. El pueblo mojeño fue repartido entre estas cuatro misiones, y de ahí provienen las denominaciones de los subgrupos étnicos.

Actualmente su población alcanza 16 474 habitantes, que viven en las provincias Iturralde y Sud Yungas, del departamento de La Paz; Ballivián, Cercado, Iténez, Marbán, Mamoré, Moxos, Vaca Díez y Yacuma, del departamento del Beni; Carrasco y Chapare, del departamento de Cochabamba, y Manuripi, del departamento de Pando.

## Las misiones mojeñas

Este pueblo está distribuido actualmente en las cuatro misiones, siendo los grupos denominados de los Ignacianos y los Trinitarios los más destacados, razón por la cual muchos autores los toman como un grupo aparte.

Su organización social es de tipo comunitario, de ahí la importancia del cabildo; las autoridades individuales que destacan son el corregidor, el capitán y el cacique.

Aunque cristianizados, los mojeños recuperan en sus tradiciones muchos elementos míticos de su cultura. El sol y la luna eran los dioses más importantes de toda la zona, pero cada comunidad tenía sus dioses menores; se sabe que en el pasado organizaron numerosas caravanas en busca de la Loma Santa, el llamado «territorio sin mal».

Practican la agricultura en pequeña escala y complementan su dieta con los productos de la caza, la pesca y la recolección de frutos y raíces silvestres.

## Aspectos culturales de los mojeños

Los elementos de cultura material en la región están en función de las actividades cotidianas de los grupos, que son expertos tejedores en fibras vegetales, especialmente de cestos que son utilizados para la recolección y en algunos casos para el almacenamiento. Las mujeres son las encargadas de hilar y tejer el algodón, con el que producen principalmente hamacas. Los varones construyen sus armas para la caza y la pesca, al igual que se encargan de la construcción de sus viviendas tradicionales a base de madera, bambú y hojas de palmeras.

# El pueblo mosetén

La existencia de este grupo fue conocida por los primeros conquistadores que ingresaron a la zona —hoy provincias Iturralde y Franz Tamayo, del departamento de La Paz— a principios del siglo XVII. En 1790 se fundó la misión de San Francisco de Mosetenes, la de Muchanes a principios del siglo XIX y la de Covendo en 1842. Actualmente los mosetenes se encuentran en la región de Alto Beni, en la provincia Sud Yungas del departamento de La Paz, distribuidos

*Al sur de los yungas (los ricos y feraces bosques de las laderas andinas de La Paz), se encuentra ubicado el núcleo superviviente del pueblo mosetén: poco más de mil habitantes.*

en las comunidades de Covendo, Santa Ana de Huachi, Inicua, Muchanes y Pilón Lajas. Según el censo indígena de 1994 su población alcanza a 1 177 individuos que habitan en las provincias Iturralde, Franz Tamayo, Larecaja y Sud Yungas, del departamento de La Paz, y Ballivián y Yacuma, del departamento del Beni.

## Sindicatos y caciques agrarios

Cada una de las comunidades se organiza se diferente manera: en algunas se ha instalado el sindicato, como en Covendo; en otras, como Santa Ana, se mantiene al cacique como máxima autoridad. La principal actividad, a causa del proceso de sedentarización, es la agricultura; la propiedad de la tierra es comunal, pero su uso es individual. La agricultura practicada por los mosetenes es de roza-tumba y quema; cultivan principalmente arroz y también productos como plátano, yuca, waluza, frijol, sandía, maíz, tomate, cebolla y árboles frutales. Completan su dieta con la pesca y la caza, que hoy en día se realiza con armas de fuego, ya que han dejado de lado el uso del arco y la flecha. Muchos de sus productos los comercializan en las poblaciones de la región; con el dinero que reciben a cambio compran harina, aceite, sal, etcétera.

Las mujeres se dedican al tejido con fibras vegetales, con las que producen esteras, venteadores y cestas de diferentes formas y para distintos usos; también tejen, con fibras de algodón, bolsas que son conocidas con el nombre de *maricos*.

## El pueblo movima

Fue conocido a principios del siglo XVIII, y sus asentamientos estaban a orillas de los ríos Mato, Mamoré, Maniqui y Apere. A partir de la colonización española, viven a lo largo del Yacuma, aunque en la actualidad también se los encuentra en las márgenes del Apere y del bajo Rapulo. Según el censo indígena de 1994 la población movima alcanza a 6 439 individuos y habita en las provincias Iturralde, del departamento de La Paz; Ballivián, Cercado, Iténez, Mamoré, Marbán, Moxos, Vaca Díez y Yacuma, del departamento del Beni; Carrasco, del departamento de Cochabamba, y Nicolás Suarez, del departamento de Pando.

### Familias de agricultores

Los miembros de este grupo están organizados a partir de la familia nuclear.

Su actividad principal es la agricultura, y en la estación seca siembran porotos y maní en las playas arenosas que se extienden junto al río Mamoré. La caza, con arco y flechas, la pesca, con lanzas que utilizan a manera de arpones, y la recolección de frutos, raíces y huevos de tortuga, complementan su dieta alimentaria.

*Organizados a partir de la familia nuclear, los movimas se extienden principalmente por las orillas del Mamoré, al norte del país, donde navegan en canoas y se dedican a la pesca.*

Eran expertos constructores de canoas y carretones, que utilizaban como medios de transporte. La alfarería es fundamentalmente utilitaria, y las mujeres son diestras en el tejido de esteras y cestos con fibras vegetales.

## El pueblo sirionó

El pueblo sirionó tenía sus asentamientos en las cercanías de Bibosí, Guarayos, Carmen y Loreto de Moxos y en las riberas de los ríos Grande o Guapay, Piray, Yapacaní e Ichilo. Actualmente ocupan las regiones de Casarabe y el Ebiato, en la provincia Cercado, del departamento del Beni. En 1992 el gobierno entregó a los sirionó 5 500 hectáreas de territorio comunitario. A finales del siglo XIX se calculaba la existencia de unos 4 000 individuos; según el censo indígena de 1994, la población actual alcanza a 415 personas, que habitan las provincias Cercado, Marbán, Mamoré y Vaca Díez, del departamento del Beni.

### Sociedad y economía

Cada comunidad estaba dirigida por los *Ererecuas* que ejercían un liderazgo moral basado en el prestigio: sus consejos podían ser atendidos o no por la

*La comunidad de los sirionós se asienta en una franja de 5 000 hectáreas aproximadamente, repartida entre las provincias Cercado, Marbán, Mamoré y Vaca Díez, departamento del Beni.*

Foto: Enciclopedia *Bolivia Mágica* / Hugo Boero Rojo

comunidad. Por influencia guaraní tenían las autoridades llamadas *Pava eucasu* o jefe grande y *Pava ñete* o jefe chico; el sistema de gobierno era transmitido de generación en generación. La condición de jefes era reconocida por ciertas aptitudes como el cuidado y atención a la comunidad, el conocimiento de la selva y sus recursos; el jefe debía además ser diestro en el manejo del arco y de las flechas y ser reconocido por su valentía. La familia era monógama, pero en los jefes se admitía la poligamia, que era frecuente. En la actualidad se reconoce asimismo la autoridad de los pastores de la iglesia evangélica de la región, pero no suele haber contradicciones entre ellos y las autoridades tradicionales de este pueblo.

Cultivan maíz, yuca, arroz, cacao, plátanos y cítricos. La cacería es organizada y goza de mucho prestigio entre los sirionós, que completan su dieta con la pesca, abundante en los ríos de la región. La recolección es practicada durante todo el año, especialmente la de la miel de abeja, cuya venta les permite acceder a recursos monetarios, palmito de motacú, frutos silvestres, aceites de uso doméstico y plantas medicinales. Crían animales domésticos como cerdos, gallinas y perros.

Creían en un poder extraño e invisible que actuaba desde arriba, y practicaban cantos matinales para pedir ayuda en la caza a los espíritus dueños del monte. La muerte era la última etapa del hombre; por esta razón, destruían los enseres y armas del difunto.

### El ámbito cultural

Las viviendas, de forma cónica, estaban construidas antiguamente de maderas delgadas y hojas de palmera; la alfarería, era rústica, de tipo utilitario. En la actualidad elaboran canastos de fibra vegetal, como el *irancu*, que utilizan las mujeres para transportar sus productos, y tejen hamacas con fibras de algodón. Los arcos y las flechas, que llegaban a medir hasta 3 m de largo y tenían puntas de madera o espinas, siguen utilizándose para cazar, aunque en la actualidad la necesidad de recursos monetarios los obliga a realizar trabajos asalariados.

### El pueblo tacana

El pueblo tacana vive en las regiones Ixiamas, Tumupasa y San Buenaventura, de la provincia Abel Iturralde, en el departamento de La Paz; también se encuentran ampliamente diseminados por los

## El pueblo pakawara

En el siglo XIX el pueblo *pakawara* estaba dividido en grupos que vivían distantes unos de otros, y a los que se conocía con los nombres de Pakawara, Sinabos, Capuibos y Caripunas. El asentamiento de este pueblo comprendía ambas márgenes de los ríos Beni, Madre de Dios, Abuná, Negro y Pacawaras. Según las últimas investigaciones su número no alcanza ni a diez individuos; en un intento de protegerlos han sido trasladados a la región del Alto Ivón, en el departamento del Beni.

En 1976 sólo había entre doce y cincuenta *pakawaras*; en 1984 se conocía una sola familia, compuesta de nueve personas, que en la actualidad son sólo ocho.

Se dedicaban a la caza, la pesca y la recolección. Cuentan que eran expertos navegantes de los ríos, y construían canoas de corteza y de madera. Sembraban maíz, yuca, plátano, ají y camote para el consumo doméstico. Una característica de este grupo es el adorno facial en varones y mujeres que hasta hoy se mantiene: se agujerean la nariz y se colocan una *tacuarita* pequeña de bambú, adornada en sus extremos con pequeñas plumas de colores. Creían en la existencia de un ser superior al hombre y en la inmortalidad del alma. El chamán era conocido con el nombre de *yana-cona*, y desempeñaba el papel de médico y sacerdote. Adoraban la cabeza del tigre y otros ídolos antropomorfos y zoomorfos.

En 1976 se calculaba en medio centenar los individuos pakawaras: pero en 1984 la cifra había descendido a una sola familia, formada por nueve miembros.

Foto: Enciclopedia *Bolivia Mágica* / Hugo Boero Rojo

ríos Beni, Madre de Dios y Orthon, en los departamentos del Beni y Pando. En 1962 se estimaba que había una población de 3 000 a 4 000 habitantes; según el censo de 1994 ésta alcanzaba a 5 058 individuos, que radican en las provincias Iturralde y Franz Tamayo, del departamento de La Paz; Ballivián, Cercado, Marbán, Mamoré, Vaca Díez y Yacuma, del departamento del Beni, y Nicolás Suárez, Manuripi y Madre de Dios, en el departamento de Pando.

### Poder político, economía y religión

El primer día de año nuevo se elige al cacique, al capitán y al maestro, como autoridades de la comunidad. Muchos trabajos, como la construcción de la iglesia y la escuela, se realizan en forma comunitaria.

Los grupos de residencia son patrilineales. Las mujeres se casan entre los diez y ocho y los veinte años, los varones alrededor de los veinte; la residencia de la nueva pareja está en función del poder económico de los suegros. El jefe de la casa es el padre, seguido por el hijo mayor; los niños son adiestrados para el trabajo desde temprana edad.

La agricultura, la crianza de animales domésticos y la caza son sus actividades fundamentales. También se dedican a la pesca mediante el uso del barbasco, de origen vegetal, que les permite adormecer a los peces y atraparlos. Tanto varones como mujeres se dedican a la recolección de frutos.

Los tacanas tienen una mitología muy variada, poblada de seres sobrenaturales y espíritus que moran en el monte.

El chamán es el que conserva la tradición religiosa del grupo, y sus acciones se consideran benéficas; el personaje contrario es el *Ishashua*.

### La cultura material

Construyen sus viviendas, por lo general permanentes, con ayuda de los parientes y utilizando troncos, hojas de palmera y madera labrada. Las mujeres elaboran los utensilios de cerámica, que no presentan adorno alguno y son destinados al uso diario. La cestería es labor de los varones, en tanto que las mujeres tejen bolsos y hamacas con hilo de algodón.

## El pueblo tsimane

Los tsimanes, cuya lengua pertenece a la misma familia que la del grupo mosetén, abarcaron una región comprendida entre los ríos Rapulo, Maniqui y Apere. Su territorio parte desde el río Quiquibey hasta las cabeceras de los ríos Matos-Dumi y Civerene y entre la cabecera del río Maniqui y San Borja, en la provincia Ballivián, del departamento del Beni.

A finales del siglo XIX se señala que existían ciento cincuenta familias; en 1978 se calculaba la existencia de unos 2 500 individuos, y según el censo indígena de 1994 la población alcanza a 1 177 habitantes radicados en las provincias Iturralde, Franz Tamayo y Sud Yungas, del departamento de La Paz; Ballivián, Cercado, Marbán, Mamoré, Moxos y Yacuma, del departamento del Beni; y Carrasco, del departamento de Cochabamba.

Este grupo está organizado en cinco asentamientos que tienen territorios definidos. El grupo que está en la reserva de la biósfera del departamento del Beni, conformado por nueve subgrupos; el de los que viven a lo largo del río Maniqui y está conformado por 28 subgrupos; el de los que viven en el río Matos, hasta el Oromono, y el grupo de los que viven dispersos en la serranía de Chimanes, el parque Isiboro-Sécure y alrededor de Yucumo.

## Organización familiar y social

El nombre de este grupo parece provenir del río Chimanes, al que en el siglo XVII se llamaba Churinama. La población está organizada en familias numerosas, en las que antiguamente se practicaba la poligamia. La conformación de la nueva familia se iniciaba con la selección del cónyuge por parte de la mujer.

Solían agruparse en grupos de tres a cinco familias separadas por distancias no muy grandes. Hoy están organizados en familias nucleares compuestas por el marido, la esposa y los hijos.

La organización mayor estaba constituida por grupos de veinte a treinta familias, en caseríos ubicados preferentemente en las márgenes de los ríos. Estaba dirigida por un cacique elegido entre los más hábiles para la guerra, la caza y la pesca.

En la actualidad los tsimanes no constituyen una sociedad organizada jerárquicamente, pero cuentan con un jefe que ejerce poder sobre varias familias y al que se conoce como *Konsasiki*; generalmente es un anciano cuyo objetivo es que los grupos mantengan relaciones armoniosas entre sí. No existe la acumulación de bienes, ni la usurpación de poder. Sin embargo, por el contacto que tienen con la sociedad urbana, en especial con los comerciantes, esta situación está en proceso de cambio.

El pueblo tiene un chamán que colabora a mantener las tradiciones culturales del grupo y de esta manera reafirma su identidad; se le atribuye

*Los tsimanes (como esta mujer de la fotografía) son un pueblo que se caracteriza por su solidaridad comunitaria: los bienes y el alimento son repartidos entre todos, sin discriminación alguna.*

Foto: Enciclopedia *Bolivia Mágica* / Hugo Boero Rojo

poder para sanar a los enfermos y su influencia psicológica en el grupo es muy fuerte; se encarga también de mantener el contacto con los espíritus del monte y de practicar la hechicería.

La vida de este pueblo se basa en dos principios: la distribución y la reciprocidad, de modo que ningún tsimán carece del sustento necesario, aunque no haya participado en la cacería ni en la producción de alimentos, ya que existen reglas que obligan al cazador a compartir el producto de su caza. Por tanto, la manutención de ancianos, huérfanos, enfermos, viudas e incapacitados para el trabajo es asumida por la comunidad.

## El trabajo entre los tsimanes

La actividad económica más importante es la pesca: siguen a los cardúmenes junto con sus familias y construyen viviendas temporales en las márgenes de los ríos. Practican la agricultura, aunque en pequeña escala, y cultivan principalmente plátanos y yuca. La caza y la recolección de frutos y raíces les permite completar su dieta alimentaria. La religión tsimán tienen varios dioses con poder sobre la naturaleza y sobre determinados fenómenos. Las manifestaciones religiosas no se separan de la vida cotidiana y existe una estrecha relación entre la vida material y espiritual. El chamán hace de intermediario entre los hombres y los dioses.

Los mátacos (como el que aparece en la imagen) eran unos 20 000 hace apenas cien años; pero según el censo indígena, de 1994, su población ha bajado hasta el 10 % de aquella cifra.

Foto: Enciclopedia *Bolivia Mágica* / Hugo Boero Rojo

Las viviendas están construidas en función de las actividades a las que están abocados. Cuando se dedican a la recolección de frutos, miel de abeja, la caza de animales y la pesca mediante diferentes técnicas, las casas son de carácter temporal y se construyen con material perecedero; en cambio, en regiones donde están más sedentarizados construyen una vivienda más estable y se dedican a la agricultura, siembran arroz y plátanos, maíz, yuca, zapallos, caña de azúcar, plantas textiles como el chuchio, la chonta y el algodón, plantas medicinales como tabaco, toronjil, cedrón, y frutas como la piña, mango, cacao y cítricos. Los varones son hábiles fabricantes de arcos y flechas que utilizan para la caza y la pesca, construyen canoas de corteza de árboles y embarcaciones más elementales como los *callapos*, elaborados de madera balsa que es muy abundante en la región. Las mujeres tejen con fibras de algodón trenzadas con carrizos, esteras y hamacas, y elaboran ollas y vasijas de cerámica.

## El pueblo tapiete

El pueblo tapiete, también conocido como tapii y yanaygua, tenía sus asentamientos en la margen izquierda del río Pilcomayo, extendiéndose hasta el río Parapetí. En 1976 se estimaba que existían cuarenta personas pertenecientes a este grupo, pero según el censo indígena de 1994 la población alcanza a 67 habitantes que viven en la provincia Luis Calvo, del departamento de Chuquisaca.

Los tapietes estaban agrupados en asentamientos dispersos y dirigidos por un jefe que presentaba rasgos culturales de los grupos weenhayek, chorotis y tobas, de la región chaqueña. Actualmente viven patronizados en tres haciendas: Samayhuate, Cutaiqui y Cercada, donde trabajan como peones, tienen pequeños cultivos y completan su dieta con la caza y la pesca.

Los tapietes practicaban la agricultura desde tiempos remotos: cultivaban maíz, camote, melones, zapallo, habas, algodón, y completaban su dieta con la recolección de frutos silvestres, raíces, miel de abeja, caña. Por su cercanía al río Pilcomayo practican también abundantemente la caza y la pesca.

### Cultura material

Conocen la alfarería y elaboran cántaros de cerámica decorados pictóricamente con resinas. Tejen bolsas de fibras vegetales, como la *carahuata*, que se utilizan para la recolección de frutos.

## El pueblo yaminawa

**E**l pueblo de los yaminawas está asentado en dos regiones: en el río Acre, al oeste de Cobija, y en las márgenes del río Tahuamanu, ambos en la provincia Nicolás Suárez, del departamento de Pando. La población aproximada de yaminawas en 1980 era de 150 personas; en 1994 se les calculó una población de 360 individuos.

### Organización social y económica

La organización de este grupo es de carácter tribal, fuertemente cohesionado por un sistema de cooperación colectivista; están agrupados en familias que son monogámicas. Creen en la existencia de espíritus que moran en el monte.

Las principales actividades económicas a las que se dedican son la caza, la pesca, la recolección de frutos y la agricultura rudimentaria de tumba y quema. En algunas ocasiones trabajan como peones mal pagados, en haciendas ganaderas, o como changadores de los comerciantes.

La población de Bolpebra es el centro para la reunión de yaminawas de las repúblicas de Perú, Bolivia y Brasil en determinadas épocas del año.

*Los yaminawas viven en la región fronteriza entre Bolivia, Perú y Brasil, y su principal actividad es la pesca, que practican en canoas de tronco como ésta.*

# El pueblo weenhayek o mátaco

Algunos autores afirman que el término *mátaco* proviene de la antigua nación indígena Matará, pero otros afirman que es un apelativo despectivo. Los asentamientos de este grupo en Bolivia se encuentran ubicados a lo largo del río Pilcomayo, en su margen derecha, pero también aparecen en sectores alejados del río, como es el caso de las comunidades Timboy, Palmar Grande y Tatí, en el departamento de Tarija.

A finales del siglo XIX se les calculaba una población de 20 000 habitantes; en 1974 eran alrededor de 2 500, y según el censo indígena de 1994 su población alcanza ahoraa 2 054 individuos que se concentran en la provincia Gran Chaco, del departamento de Tarija.

## Las comunidades indígenas

El pueblo mátaco se organiza en 14 comunidades en las cuales existen entre 5 y 80 familias con un promedio de 5 miembros por cada una de ellas. Se da mucha importancia a la familia, ya que en ella está centrado lo social y lo económico; practican la monogamia y la pareja recién casada vive en la casa de los padres de la mujer. Los lazos de parentesco son muy importantes: no se trasladan a un pueblo donde no tengan familiares ni participan en un equipo de red pesquera si no tienen por lo menos un familiar en él.

La autoridad máxima del pueblo mátaco o weenhayek es el *niyat*. Este cargo está basado en el consenso, la voluntad y la decisión de todos los adultos matacos. No tiene un poder ejecutivo y está siempre sujeto a la reunión comunal o asamblea. Actualmente se elige como *capitán* al hombre más instruido de la comunidad, que sepa leer y escribir y pueda hablar en defensa de la comunidad ante las autoridades civiles.

## Cosmovisión y economía mataca

Creen en un ser superior, pero no le rinden culto y lo denominan *Gran Espíritu*; conciben que el alma sobrevive al cuerpo y mora en el de alguna bestia según los méritos que haya tenido en vida. Temen a un genio maléfico y se encomiendan a él para que les dé prosperidad. El chamán o *Hiyawu* era la autoridad religiosa, pero actualmente lo es el *Ihametwo* o líder indígena de la iglesia evangélica, que es quien tiene la mayor autoridad e influencia en las decisiones del grupo. El pueblo mátaco se caracteriza por practicar la reciprocidad y la igualdad, y aunque existe la división sexual del traba-

*Hábiles y especializados recolectores, los mátacos han llegado al refinamiento de crear cerámicas específicas para albergar las diversas semillas y frutos que recogen cada año.*

jo, no conocen la estratificación social ni la explotación económica por parte de un individuo: todos apoyan según sus posibilidades a las actividades del grupo. Su principal actividad es la pesca, que antes era simplemente para el autoabastecimiento, aunque ahora se ha pasado a la pesca comercial, en la que son explotados por los comerciantes que van en busca de sus capturas. Para pescar utilizan la red llamada de tijera, que al igual que la red tipo pollera están construidas con fibras de carahuata; el traslado tradicional del pescado lo realizaban los varones, ensartando los peces en una rama. También se dedican a la recolección: en la primera etapa, llamada *mátaco inawop* y que abarca el mes de agosto, se recogen los frutos de la mandioca; en la segunda etapa, llamada *yakyup* y que comprende los meses de octubre a enero, se recogen el fruto del chañar, la sandía, algarrobo, mistol, naranja del monte y poroto del monte; en la tercera etapa, llamada *kyeljyup* y que abarca los meses de febrero y marzo, se recoge tusca, chañar, anco, mistol y tasi; la cuarta y última etapa recolectora, llamada *kwi-*

*yetil*, abarca los meses de abril, mayo, junio y julio: es la época fría, en la cual sólo se recoge la tusca y la mandioca. La agricultura no es práctica tradicional en el grupo, sin embargo, siembran maíz, zapallo y anco.

## Cultura

Las viviendas eran construidas a base de ramas de árboles y tenían forma cupuliforme; constituían el punto de referencia para la reunión de una familia y para guardar sus pertenencias, que eran destruidas cuando el propietario fallecía. Este pueblo no era sedentario y utilizaba estas casas sólo en el invierno; por lo general, son pequeñas y en algunos casos cuentan con dos divisiones. Los weenhayek construyen su mobiliario de maderas silvestres, tejen canastas de palmas y bolsas de fibra de carahuata, llamadas *hilu* cuando están destinadas para el uso de los varones y *sikiet* cuando son para las mujeres: estos productos son vendidos a los comerciantes de Villamontes. Sin embargo, su actividad principal es la pesca, para la cual utilizan diferentes tipos de redes; las grandes redes longitudinales son de uso reciente.

*Esta ilustración muestra a una pareja de cazadores yuracarés, compleja comunidad indígena que hoy en día cuenta con 4 000 miembros, repartidos por los departamentos del Beni y La Paz.*

## El pueblo yuracaré

Se encuentra asentado en las cabeceras de los ríos Mamoré, Chimoré, Chapare y Sécure. Actualmente están dispersos a lo largo de los ríos Sécure, Ichilo, Chapare, Chimimita, Chajnita, Plantota, Tayota, Lojojota, Isiboro y Eterasama, en la región sur de la provincia Moxos, departamento del Beni, y en el noroeste de las provincias Chapare y Carrasco, departamento de Cochabamba.

A finales del siglo XIX los yuracarés eran bastante numerosos, pero su modo de vivir y enfermedades como la sarna y la viruela casi han acabado con ellos. Para 1972 se les calculó una población de 1 500 a 2 000 personas, pero según el censo indígena de 1994 la población real alcanza a 3 750 individuos que se distribuyen por las provincias Sud Yungas, del departamento de La Paz; Ballivián, Cercado, Marbán, Moxos y Yacuma, del departamento del Beni; Carrasco y Chapare, del departamento de Cochabamba.

### Familia, autoridad y cultura yuracaré

Los yuracarés estaban organizados en grupos de familias nucleares, cuyo número no excedía de diez, que tenían lazos de parentesco entre sí y compartían el territorio. En el interior del grupo no reconocen una autoridad única, aunque actualmente cuentan con un jefe, que generalmente es un anciano respetado que asume la dirección del grupo. Mantienen sus propias creencias, tienen un dios supremo y su propio mito que explica la creación del mundo; en el grupo existe el chamán, que cumple funciones de curandero y hechicero, y al que se le atribuyen poderes sobrenaturales que le permiten sanar a los enfermos y también hacer el mal.

La restricción territorial los ha llevado a una parcial sedentarización. Siembran a orillas de los ríos maíz, arroz, hortalizas y otros productos, además de criar animales domésticos para su alimentación. También se dedican a la caza y a la pesca para completar su dieta alimentaria.

Los yuracarés son hábiles tejedores, con fibras vegetales tejen cestas y con las fibras del algodón, hamacas; también fabrican arcos y flechas, y para viajar por los ríos construyen canoas de madera.

## El pueblo yuqui-mbya

Los yuquis viven sobre las riberas de los ríos Ichilo, Chimoré, Mamorecillo, Víbora y el arroyo Hediondo, en las provincias Carrasco e Ichilo, de los departamentos de Cochabamba y Santa Cruz.

*Los yuquis se caracterizan por sus viviendas construidas con paredes de bambú y techos de palma, y por un temperamento que en ocasiones los ha hecho considerar como peligrosos.*

En 1976 se calculaba su población en aproximadamente un centenar de habitantes. En 1994 se estima en un número de 153 individuos; sin embargo existe un grupo completamente nómada que sufre el acoso de madereros y colonizadores.

## Un pueblo impulsivo

El pueblo yuqui es considerado una tribu bastante peligrosa y temperamental. Su organización social no tiene un sistema de clanes ni linajes y no hay una normativa que regule las relaciones entre los subgrupos que viven separados. No existe una jerarquía total del pueblo yuqui, y en el matrimonio tampoco hay reglas sobre la categoría de la persona con quien uno debe casarse, ni influye la genealogía entre ellos.

Los yuquis que se encuentran asentados en la comunidad de Chimoré han construido sus viviendas con paredes de bambú y techos de calamina, y aceptan una organización social que cuenta con el cacique o el capitán. Del grupo nómada de los yuquis se sabe que son dirigidos por dos capitanes: uno anciano, que dirige al grupo, y uno joven, llamado capitán flechero, que es el encargado de defender al grupo. El pueblo yuqui practica la agricultura a causa de su relación con otros pueblos sedentarios; cultivan arroz, maíz, plátano, yuca, papaya, cítricos, cacao, plátano y otros productos. Los yuquis del río Chimoré cultivan sus productos para luego comercializarlos en las poblaciones cercanas. Otras actividades muy importantes son la caza y la pesca. Los varones fabrican los arcos y flechas para la caza, además de hachas, bastones y machetes; las mujeres confeccionan hamacas. Pero en la actualidad sus prácticas cotidianas han cambiado, utilizan bienes industriales, vestidos al estilo occidental y emplean armas de fuego para la caza.

No tienen instrumentos musicales tradicionales propios, sin embargo, cuentan con variados tipos de canto: uno es el llamado *iyúsumano*, que es interpretado para protegerse del viento; otros son dedicados a los espíritus de los muertos y también se ejecutan para prevenir las enfermedades.

# Culturas tradicionales

La tradición oral

Indumentarias

Danzas y bailes

Música e instrumentos
musicales

*El Ekeko, Señor de la Abundancia, es una de las figuras míticas más populares de Bolivia: se compra ya cargado de algunos objetos, y cada uno de sus fieles le agrega anualmente los bienes que desea recibir.*

# La tradición oral

Los pueblos que habitaron el territorio de la actual República de Bolivia desarrollaron, aún antes de la llegada de los incas, una amplia variedad de expresiones culturales, que variaban en función del medio ambiente en que habitaban y según sus maneras propias de ver el mundo. Expresiones como la literatura oral, el baile, la música, los modos de elaborar los alimentos y el dominio de su tecnología permiten apreciar el carácter multicultural del país.

Debido a las comunes exigencias ambientales los pueblos de la región oriental parecen obedecer en sus costumbres y cosmovisiones a un patrón que comparten, aunque esto no quiere decir que sus expresiones culturales sean homogéneas.

Con la llegada de los europeos, los pueblos originarios, tanto los de las zonas altas como los de las tierras bajas, vieron su mundo «invadido» por elementos ajenos a sus modos propios de ver y entender el mundo.

Durante la época colonial, en el continente americano se relacionaron tres vertientes culturales: la originaria de este continente con sus múltiples variantes, la europea que tampoco era única y había sido traída por los conquistadores primero y reforzada más tarde por los colonizadores españoles y portugueses, y la africana, que se estableció en este continente con los esclavos negros. Estas culturas están todavía presentes, interrelacionadas, en la actual cultura de Bolivia.

## Leyendas, cuentos y dichos: la tradición oral

El mestizaje racial y cultural que se produjo en Bolivia se expresa en la existencia de fenómenos socioculturales que muestran la vigencia de «lo

*Desde las leyendas precolombinas, la coca ha sido más que una planta para los pueblos del Altiplano.*

negro», «lo español» y «lo indio». Elementos éstos que, gracias a la tradición oral, se recrean en leyendas, cuentos y tradiciones que, de generación en generación, narran extrañas aventuras con seres del más allá, así como los orígenes míticos de plantas, animales, hombres y pueblos.

Estas leyendas constituyen fantásticas y heroicas explicaciones acerca del origen de plantas tan importantes en la cultura boliviana como la papa y el maíz.

Sara-chojllu, agraciada joven del ayllu de los Chayantas, casada con Huyru, del ayllu de los Charcas, ruega a éste que no asista a la contienda que va a enfrentar a ambos pueblos. El joven asiste, sin embargo, para no ser tildado de cobarde. La atribulada esposa va tras él y es herida de muerte en la pelea por una flecha lanzada por su propio padre. La recién casada muere y el apenado esposo la llora tanto que la tierra regada por sus lágrimas hace brotar una planta que crece esbelta como la bella Sara-chojllu, de color verde como los colores de los vestidos que la mujer llevaba al morir y con frutos que recuerdan los dientes blancos de la esposa de Huyru, dulces por el amor de ambos y amargos algunas veces por las lágrimas derramadas. Dicha planta, protagonista de la historia, no es otra que el maíz.

Hace muchos años pueblos ambiciosos llegaron a estas regiones para sojuzgar a sus habitantes originarios. Así, se llevaban todo lo producido y el hambre era cada vez más intensa. Al ver el sufrimiento de su pueblo, el viejo amauta de la comunidad imploró a sus dioses, quienes, compadecidos, le obsequian con unos pequeños tubérculos y le ordenan sembrarlos y cuidar de las plantas. Así lo hizo y al llegar el tiempo de cosecha los invasores se llevaron los frutos. Luego de comer estos

*Incorporada a las liturgias tradicionales, la hoja de la coca se usa como alianza entre la vida cotidiana de los indígenas y la trascendencia implícita en sus ritos ancestrales.*

frutos, como castigo enviado por los dioses, enfermaron gravemente. Tal fue la epidemia, que tuvieron que abandonar la región. Pero esto no remediaba el hambre del pueblo.

El anciano amauta recibe entonces una nueva orden: «No sufras por lo perdido, ya que ese no es el verdadero fruto —le dicen—; búscalo dentro de la tierra: ahí encontrará saciedad el hambre de tu pueblo». Este es, según la leyenda, nada menos que el origen de la papa, de la que hoy se conocen más de trescientas variedades.

## La vigencia de los mitos

Cuentan también las leyendas que, en tiempos lejanos, pueblos muy fuertes, venidos desde muy lejos, obligaban a trabajar por la fuerza a los nativos de esta región, en condiciones tan infrahumanas que casi siempre se pagaba con la muerte. Reunidos los ancianos, decidieron implorar a sus dioses tutelares. Compadecidos éstos de su pueblo, los convocan en una región alejada donde el clima era más benigno. Con gran ceremonia se preparó el viaje y se rogó protección a los Achachilas (dio-

ses tutelares) de la región. Una vez llegados al lugar señalado tan sólo encontraron un arbusto con muchas hojas de color verde brillante y de forma ovalada.

¿Servirá para comer?, se preguntaron entre sí. Los dioses de la región se presentaron ante ellos y les enseñaron que ese arbusto era la planta de la coca. Las hojas de coca serían el remedio para aliviar su cansancio y servirían para aplacar su hambre, incluso les ayudarían a llevar con menos dolor su pena. En cambio, para los otros, para los que no eran del pueblo, sería siempre dañina y les causaría toda clase de males. Volvieron así al pueblo trayendo con ellos las hojas de coca que, desde ese día, acompañan a los hombres y mujeres de esta región en su diario vivir.

En las tierras bajas, dicen las abuelas de los pueblos del Beni que cuando el viento sopla fuerte es porque silba el tacuaral. Las tacuaras son plantas de raíces blancas, con muchas espinas en sus hojas. Conocidas como pat-pat o también papat, su origen, según la leyenda, estaría en las carnes y nervios de un hombre sanguinario, Pat-pat, que los perdía mientras perseguía a sus mujeres e hijos para comérselos. Cada vez que sopla el viento en la región se dice que es Pat-pat, que llama a sus mujeres e hijos para devorarlos.

También cuenta la tradición que los hombres de un pueblo oriental—no sabemos cuál— eran fuertes, preparados para la caza y la pesca y decididos para la guerra. Sus mujeres se destacaban también por su coraje y el apego a sus tradiciones y eran hábiles para trenzar las cestas y los pendones de guerra. Cani Cani y Shi Shi Cat eran dos hermanos que vivían con sus mujeres y sus hijos junto a su pueblo, en lo profundo del monte, hasta que en una gran pelea con los blancos, cerca del puerto del río, ambos hermanos murieron.

La mujer de Shi Shi Cat se perdió en el monte y nunca más se la volvió a ver; su cobardía y temor la habían obligado a esconderse. La esposa de Cani Cani, en cambio, vistió la indumentaria de duelo y guió a su familia y a su pueblo organizándolos para la lucha contra los blancos. Pero esta lucha no logró acabarla y se dice que murió muy vieja dejando el mando del pueblo a su hijo. Según la leyenda, éste continúa viviendo hasta hoy en el monte recordando a sus padres y luchando contra los blancos depredadores de árboles, animales y tierras.

## Objetos animados

Otra leyenda cuenta que en tiempos remotos las montañas y los lagos tenían el don de la palabra y de la movilidad. Así, se dice tradicionalmente que el Illampu, alta montaña andina, lanzó en su furia un tiro de honda al Chacaltaya, otro alto nevado, el cual perdió la cabeza y de ahí su nombre, Mururata (descabezado). Hoy estas altas montañas son los Achachilas y Awilitas que protegen a los hombres a cambio de reverencia y respeto.

Dicen que, finalizada la Conquista, a principios de la Colonia, fueron muchos los capitanes españoles que se dedicaron a buscar las abundantes riquezas de oro y plata de estas tierras. Fundada ya la Villa Imperial de Potosí, cuenta la leyenda que el indio Wallpa descubrió la riqueza argentífera en el Rico de Potosí, después famoso cerro. Tan abundante era la riqueza que, al encender el indio Wallpa una fogata para defenderse del frío de la noche, el calor llegó a fundir hilos de plata. Así descubrió el asombrado Diego Wallpa la gran riqueza de la montaña. No es preciso aclarar que fue el patrón de Wallpa uno de los beneficiados por las riquezas del Rico de Potosí. Se dice que

*El nevado Illampu, como tantas otras montañas y accidentes naturales de la orografía boliviana, ha sido humanizado muchas veces como protagonista de diversos mitos.*

fue tal la cantidad de plata que se obtuvo de esta montaña, que habría podido hacerse un puente desde Potosí a España con el preciado metal.

Cuentan que en el siglo XVI la Villa Imperial, hoy Potosí, estaba poblada de graciosas doncellas a cual más adinerada. Eran hijas de ricos mineros o diligentes comerciantes entre la península y la ciudad de Potosí. Entre todas destacaba la hermosa doña Magdalena. Hija de un acaudalado minero con gran hacienda, había contraído matrimonio con un caballero peninsular que apenas llegado a estas tierras murió dejando sola a la bella dama. Después de varios años, ya no tan bella y fresca, doña Magdalena aceptó casarse con un mozalbete que, a la primera oportunidad, le fue infiel. Magdalena, descubierta la traición, lo llevó con engaños a una de las haciendas cercanas y después de narcotizarlo lo crucificó, dándole cada día de comer lo mínimo necesario para que no muriera y clavándole un alfiler de bronce como castigo a su traición. Cuando el hombre murió, todo su cuerpo quedó lleno de alfileres, como un Cristo de bronce. Se dice que años después este Cristo de bronce atraía a mucha gente por los milagros que hacía.

*En la imagen, máscara diabólica tallada en madera mara y elaborada por artistas de la cultura mojeña. Su finalidad es la de añadir «veracidad» a los personajes representados en las danzas.*

## El Diablo y otras apariciones

Son numerosos los demonios, condenados y almas en pena en la tradición popular boliviana y todas las ciudades los tuvieron.

Cuenta la leyenda que en la Villa de San Felipe de Austria, hoy Oruro, cada viernes por la noche salía desde las partes altas de la ciudad una carreta de fuego conduciendo a los condenados que el demonio se llevaba en vida. Esta leyenda también se cuenta en las zonas orientales: en la antigua Santa Cruz de la Sierra en las noches oscuras y desoladas solía verse un carretón vagando por las calles, sin animal de tiro y guiado por el demonio llevando pasajeros vivos.

Los amaneceres vacíos de transeúntes son ocasiones propicias para que «la Viuda», bella mujer de blanca piel y de faz muy delgada, enamore a los trasnochadores y se los lleve consigo con promesas de dulces caricias, para que al día siguiente los encuentren, como se dice por esas regiones, «yescas», es decir, sin vida.

Se cuenta también que el demonio hacía de las suyas en las antiguas calles de la ciudad de Nuestra Señora de La Paz, especialmente en la llamada calle de la Cabra cancha, es decir, corral de cabras, hoy Jaén en honor al protomártir de la revolución del 16 de julio de 1809. Así, cada noche se oían lamentos de hombres y mujeres que eran llevados todavía con vida por el propio Luzbel, así como el ruido de las cadenas que arrastraban los condenados que debían expiar sus culpas. Hasta que un buen día un fraile colocó una cruz verde en la esquina, que todavía hoy persiste.

Cuenta la leyenda que allá por 1700, en la bella ciudad blanca, la antigua Chuquisaca o, también, La Plata, hoy Sucre, vivía un prestamista muy rico, gordo y mofletudo, avaro como nadie. A causa de las desgracias económicas y las penas por pérdidas monetarias, unos y otros caían en sus manos. Así, el prestamista guardaba en su vetusta casona, una enorme riqueza: joyas, muebles, documentos de casas, fincas y minas. Era su vecino un apuesto criollo, trabajador y honrado, pero enamoradizo como ninguno y experimentado en las lides de perseguir cuanta joven moza, sin distinción de clase, se cruzaba en su camino. Así había dilapidado su fortuna y no hubo trabajo que le ayudara a recuperarla. Viéndose ya en «las últimas», acudió a regañadientes a la casa del avaro prestamista, muy feliz éste de poder aprovecharse del joven mozo que en muchas ocasiones le había sacado ventaja en cuestiones de amoríos. Pasado el tiempo, los intereses del préstamo habían crecido tanto que el mozo lo perdió todo. Su casa, hacienda y capital pasaron a manos del viejo avaro, quien, tras una corta enfermedad, murió. Dolido por la pérdida de su fortuna, el joven no podía aceptar la idea de no poder vengarse del malvado y así urdió lo siguiente: estando casi desierto el velatorio del viejo, emborrachó a los sirvientes y se llevó el cadáver dejando en su lugar dos pesados adobes rociados con azufre, el olor del diablo. Al día siguiente la familia descubre el cambio y se da prisa en sepultar el ataúd con los adobes, para no ser motivo de burla y vergüenza en el pueblo. Pero el mozo se había encargado de dar la noticia a todo el mundo: el diablo en persona se había llevado al avaro prestamista. Y lo cierto es que toda la ciudad lo creyó sin reparar en la nueva tumba que había en el cementerio, aquella que no mostraba la correspondiente y consabida cruz.

## La presencia de los ángeles

Y es que el demonio dio para mucho en estas tierras. Y no sólo el demonio, sino también los ángeles y serafines, que venían, en los cuentos de viejas abuelas, a castigar. Como lo hicieron con la beata que vivía en la zona de las Cajas de Agua de la antigua ciudad de La Paz. Era ésta una beata de aquellas que iban a misa todos los días y que tampoco faltaba a la costumbre del chisme diario y a hablar mal de todas las mujeres del barrio. Ninguna se libró de la lengua de la beata, muchos noviazgos se perdieron, matrimonios de muchos años se rompieron por culpa de ella, pero le llegó la hora y murió. No hubo quien quisiera velarla en su casa y su ataúd terminó en la iglesia. Ante ella, amortajada y sola, apareció entonces un ángel que le ordenó levantarse para recoger la cera de los cirios que había caído al suelo. La beata empezó la tarea, pero ésta nunca acababa: era tanta, que gastó sus carnes en tratar de juntarla y levantarla. El ángel le dijo entonces: «¿Ves? Así fue tu maledicencia, grande y sin lugar para recogerla. Tu daño ha sido también grande». El cuento acaba con la salida de la mujer, pero no con el ángel sino con Belcebú.

La leyenda que más destaca en las letras bolivianas es la conocida como la del Manchay puyto, a partir de la cual fue escrita más tarde una novela. Se dice que en tiempos de la Colonia un joven indígena, oriundo del pueblo de Chayanta, al norte del actual departamento de Potosí, se fue al Cuzco para internarse en uno de los muchos seminarios para estudiar y hacerse religioso. Una vez ordenado sacerdote, fue destinado a una parroquia de indígenas en la Villa Imperial de Potosí. Desde joven había demostrado gran disposición para la composición musical y para ejecutar diversos instrumentos musicales, así que se convirtió en un genial compositor de cánticos y loas a la Virgen y a los santos que eran venerados en su iglesia. Vivía acompañado de una sirvienta indígena, graciosa y joven. La proximidad cotidiana los acercó y surgió así el amor entre ellos, a la par que surgían en la Villa los chismes y maledicencias. Llegaron éstos a oídos del arzobispo de La Plata, que, para acallarlos, invitó al fraile a un largo viaje por las provincias del Bajo Perú. La separación de la pareja fue dolorosa, pero la esperanza del retorno animó a ambos. Sin embargo, el tiempo del viaje se hizo más largo de lo pensado y el fraile no volvía. Regresó el fraile con ricos y preciosos regalos, hallando que su amada había muerto de pena y su dolor se hizo silencio en la casa. Abandonó entonces sus deberes de sacerdote, ya no salía durante el día sino por las noches a visitar la tumba de la amada. Una de esas noches, con su mente ya perturbada, empezó a arañar la tierra buscando el cadáver. Abrazándolo lo llenó de caricias y besos hasta el amanecer y temiendo ser descubierto devolvió el cuerpo a la tumba quedándose con una tibia del cadáver de su amada. Consolado por el hallazgo volvió a su solitaria casa y con la tibia hizo una quena en la que todos los días tocaba una melodía triste y melancólica introduciendo el instrumento en un puyto o pequeño cantarito de ba-

*Además de la tradición oral, canalizada a través de una serie de cuentos, los bolivianos se sirvieron también de las danzas, como la de los «awki-awkis» para ridiculizar a los españoles.*

rro que otorgaba a esta melodía un tono lúgubre. Tocando para su amada, el sacerdote, que ya no salía de su casa, perdió la razón y fue conocido como «el fraile del manchay puyto», es decir, el fraile del cántaro del miedo.

## Los mitos de la República

La larga lucha por la Independencia trajo otros muchos cuentos que, entre bayonetas y ejércitos de uno y otro bando, ridiculizaban al enemigo, aunque siempre eran los chapetones —soldados que usaban chaquetas y estaban al servicio de las autoridades peninsulares en las colonias— quienes salían más mal parados.

Ya en pleno siglo XIX, todavía andaban por las calles y plazas de nuestras ciudades el demonio, los condenados y la viuda, y habitaban también mesones y hosterías.

*En las zonas de los verdes yungas, la población de raza negra allí asentada nos ofrece el baile de la saya, en el que se conjugan ritmos y expresiones verbales de tradición africana.*

Así es en la leyenda del duende de Quila Quila, pequeño pueblo de clima cálido que en otras épocas era paso obligado para llegar a la ciudad de Sucre. En el único albergue que había en el lugar las habitaciónes eran escasas y sólo una quedaba siempre libre. Era aquella en la que, hombre que dormía, hombre que amanecía muerto. Corrió así el cuento del duende de Quila Quila y fueron muchos los mozos valentones que fueron a dormir en dicha habitación para ser encontrados muertos al día siguiente. La fama de la posada se extendió y muchas bendiciones y misas dieron los curas para conjurar el sortilegio. Cierto día llegó un atento caballero que resolvió pasar la noche en la habitación pero sin dormir, ni siquiera recostarse en el lecho. Así lo hizo y al día siguiente amaneció vivo sin que nada hubiera del tal duende. La segunda noche se preparó para la espera provisto de una vela. Al cabo de un rato, al alumbrar la cama pudo ver que desde el techo bajaba una gran tarántula. Era ella «el duende de Quila Quila» y el intrépido mozo la mató de un disparo. Así, muerta la araña, muerta la fama de la región.

Todo el siglo XIX está lleno de relatos como estos. Los políticos y militares que acudían al palacio de gobierno también fueron motivo para que el pueblo contara y escribiera cuentos sobre ellos. Sin duda el más famoso es el del general Mariano Melgarejo, que —desgraciadamente, para muchos— fue presidente del país en la segunda mitad del siglo pasado.

Sus dichos y hechos fueron recogidos por más de un escritor. Este general fue un presidente impaciente, temerario, decidido, enamoradizo y muy amigo de divertirse. Baile, comida y bebida no faltaban para Melgarejo, que se consideraba un buen amigo de la República de Francia. Al saber que ésta estaba en guerra, como buen militar ofreció ir en ayuda de la lejana república, mas sus edecanes le dijeron que era difícil ir a Francia, que estaba muy lejos: «¿Por donde ir?» Y él, práctico en la decisión, anunció: «Por el Deshecho». Fue él también quien disparó a su camisa recién planchada vociferando: «¿Confianza? ¡Ni en mi camisa!».

A mediados del siglo XX vivía en la ciudad de La Paz doña Adrianita, más conocida como *Tía Núñez*, dedicada maestra de piano, solícita y atenta con sus alumnas en las clases particulares que ofrecía para sobrevivir. Pero en calles y plazas, con excesivo maquillaje y muy amanerada en el vestir, se paseaba buscando los piropos de los varones jóvenes, en los que creía encontrar el novio que la había engañado, e insultando a cuanta mujer joven veía porque, según ella, la envidiaban por su belleza y su elegancia.

# Indumentarias

Los trajes y vestidos de la época prehispánica eran muy similares en su forma y dimensiones. Sin embargo, la disposición de los colores, los materiales utilizados y la densidad de los tejidos eran elementos que permitían reconocer el rango social del usuario. En el siglo XVI el cronista español Cobo escribía «...y así cada nación vestía con el traje que a su guaca pintaba». La indumentaria, tanto masculina como femenina, servía como emblema, por lo tanto, de la identidad étnica del individuo y del grupo.

A finales del siglo XVIII se produjeron las sublevaciones indígenas de Tupaq Amaru en el Bajo Perú y de Tupaq Katari en el Alto Perú, hoy Bolivia. Como reacción a estos movimientos sociales, en los cuales los indígenas y otros vistieron trajes de estilo precolombino, las autoridades españolas en la Colonia prohibieron el uso de trajes y atuendos al estilo «de los inkas». Decretaron así el uso obligatorio, tanto para los varones como para las mujeres, de indumentaria al estilo de las provincias españolas de la época. Estos trajes son utilizados, con pocas variantes, en la actualidad, especialmente en ceremonias y festividades tradicionales de las comunidades, conservando tejidos e indumentaria como elementos emblemáticos de la identidad étnica de los pueblos.

En las regiones rurales de la zona andina del país se mantiene todavía el uso de trajes tradicionales que, sin embargo, aceptan «elementos modernos» incorporados y refuncionalizados por las culturas locales.

Las mujeres kallawayas, algunas de las cuales, al igual que sus esposos, son médicos herbolarios de la provincia Bautista Saavedra —cuya capital es más conocida por Charazani—, usan los *aqsos*,

*Mujer de la región de Tarabuco, en el departamento de Chuquisaca, cubierta con una* llijlla.

vestidos de amplia falda cuya tela es tejida por las propias mujeres con lana de alpaca de color negro. Los *aqsos* se sujetan en los hombros con topos —prendedores— de plata y dejan ver apenas las mangas rojas de una *almilla*, especie de camisa. Se cubren la espalda con un tejido de forma rectangular, realizado también por la mujer en un telar horizontal llamado en lengua quechua *llijlla*, cuyas listas de colores y diseños permiten reconocer no sólo la procedencia étnica kallawaya de la mujer sino también la comunidad a la que pertenece.

## El vestido como símbolo

Las mujeres de las distintas regiones del departamento de Potosí, como Macha, Chayanta y Llallagua, al norte; Calcha y Yura, en el sur; o como las de San Lucas y la región de Tarabuco, en el departamento de Chuquisaca, utilizan amplios vestidos confeccionados con bayeta de la tierra, generalmente de color negro, con profusión de adornos bordados a máquina o a mano, con singulares modelos de mangas en cada región. Estas prendas se conocen con el nombre de *almillas* o *aymillas*. En algunos casos se cubren la espalda con rebozos de diferentes colores, según la región, bordados profusamente con motivos geométricos y fitomorfos con gran variedad de colores. En otros casos suelen utilizar, tanto para cubrir la espalda como para llevar carga, las llamadas *llijllas*, que en sus variados colores y diseños nos permiten reconocer la comunidad a la que pertenecen e inclusive muchas veces su estado civil.

En la época prehispánica las mujeres de cierto rango cubrían su cabeza con la *ñañaca*. En la actualidad esta prenda ha caído en desuso siendo reemplazada por el sombrero.

Cholas en las proximidades de Tiwanaku: bajo el nombre de «cholas» se conoce tanto a las mestizas como a las emergentes de diversas clases sociales de origen indígena.

*En el caso de los hombres, los ponchos cumplen una misión similar a la de los* awayus *femeninos: en la fotografía, se puede identificar por sus características a un indígena de Tarabuco.*

Los varones visten chaquetas y pantalones confeccionados con bayeta de la tierra, generalmente en color blanco o negro, cuyo largo varía según el clima de la región. En algunas regiones, como en las del norte del departamento de Potosí, usan chalecos confeccionados con telas tejidas por ellos mismos en telar de pedales, con gran variedad de diseños y de colores.

En el área andina el atuendo masculino en cada comunidad o pueblo tiene diferentes aditamentos que hacen a la especificidad regional. Sin embargo, el uso del poncho, que varía en tamaño y color de acuerdo con la procedencia étnica del usuario, es común a todos. También hay diferencias en estas prendas en función de la ceremonia o celebración en la cual van a ser utilizados: el poncho para el carnaval es muy diferente al que se usa en la celebración de los difuntos o a aquel que es propio del *jilakata* o autoridad civil de la comunidad.

Existen prendas de origen prehispánico y de uso exclusivo masculino como el *unku* que todavía se utiliza en algunas regiones para ocasiones especiales. La *llaqota* o *yaqolla* es otra prenda, de forma cuadrangular y tejida a telar, que se usa en ocasiones en las que se procede al cambio de autoridades, o en ceremonias matrimoniales, situaciones en las cuales el varón asume determinadas responsabilidades.

## Sombreros y detalles

En las regiones orientales los grupos étnicos cubrían sus cuerpos con elementos propios del lugar. Por ejemplo, los varones del grupo de los chácobo lo hacían con telas elaboradas a partir de cortezas de árbol que eran golpeadas para hacerlas más dóciles. En otros grupos, varones y mujeres acostumbraban a cubrir sus genitales con pequeños tejidos hechos con plumas o fibras. Estos pueblos hacían uso variado de los materiales que su medio les proporcionaba. Así, semillas y diversos colorantes que les servían para «vestir» el cuerpo en ocasiones especiales, mediante diseños especiales, dientes, pieles y plumas de distintas aves, eran utilizados para elaborar collares, pendientes, pendones, narigueras, tocados para la cabeza, diademas, etcétera. Estos elementos permitían identificar, tanto en los varones como en las mujeres, derechos y obligaciones de carácter etéreo y sexual, rangos sociales, circunstancias especiales como tiempos de guerra o ceremonias dedicadas a sus deidades.

Durante la época colonial los hombres y las mujeres de los pueblos de las tierras bajas que vivieron con los sacerdotes y religiosos en los llamados pueblos de reducciones fueron obligados a utilizar trajes a la usanza española. En la actualidad el traje típico de la mujer *camba* —como se denomina al originario de las tierras bajas— es el tipoy, vestido amplio que carece de mangas, con un volado en la parte inferior que llega a media pantorrilla y otro volado del mismo material adornado con cintas de colores.

El traje tradicional del varón incluye un pantalón y una camisa generalmente de color blanco, de tela muy liviana a causa del clima caluroso de la región. En la cabeza los hombres llevan un sombrero tejido con fibra de palmeras de la región: en Santa Cruz es el típico «sombrero de sao».

Las ciudades andinas como La Paz, Oruro, Cochabamba, Tarija, Potosí y Sucre cuentan en su población con un gran número de mujeres mestizas identificables por su atuendo, que se conocen con el nombre de cholas. Estas mujeres no pertenecen todas al mismo rango social, las hay de alta alcurnia, conocidas entre ellas mismas como *decentes*; otras, las más, simplemente son conocidas como cholas. Las campesinas emigrantes a las ciudades visten al estilo de éstas, con prendas confeccionadas con materiales más burdos, y se las conoce en el medio como *pampa cholas* o, simplemente, en tono despectivo, como *indias*.

La voz chola parece venir de la voz española «chula» que se refiere a la moza madrileña, donairosa y atrevida. Las cholas o cholitas son mujeres que pertenecen a las clases populares de las ciudades bolivianas, alegres, sacrificadas y emprendedoras, elegantes cual ninguna en La Paz, graciosas como en Tarija y Cochabamba y muy distinguidas como las de Chuquisaca y Potosí.

La indumentaria de estas mujeres es básicamente la misma: una pollera muy amplia y plisada mediante el *atraque* en la cintura. Las alforzas o pliegues que llevan en la parte media de la falda caracterizan la prenda de cada región geográfica: muy angostas en las cochabambinas y en número que oscila entre cinco y seis; muy amplias, algunas hasta de diez centímetros cada una, entre las paceñas, sin que su número pase de cuatro; en tanto que las cholas de Tarija llevan una sola, de ancho mediano y dispuesta en la parte inferior de la prenda. Las cholas chuquisaqueñas prescinden de estas *alforzas* y prefieren sus polleras finamente planchadas que forman infinidad de pliegues buscando el «tableado» de la prenda. Cuentan las abuelas que antes de la Guerra del Chaco, entre

## Tocados de plumas

En la época prehispánica los varones acostumbraban a llevar en la cabeza distintivos cefálicos de acuerdo con su pertenencia étnica. A partir de la prohibición española de esta clase de tocados a finales del siglo XVIII, los varones de los Andes optaron por el uso de distintos tipos de sombreros y gorros. Con cinco palillos tejen los denominados *lluchus* o *chullus*, en los

cuales plasman su cosmovisión y simbolizan su identidad. Existe una gran variedad de sombreros que se diferencian tanto por la zona geográfica de donde proceden como por su función de uso comunitario, ya que presenta una gran diversidad de formas, materiales, colores y adornos complementarios tales como plumas de colores, pompones de lana, flores naturales, etcétera.

*Las plumas suelen ser adorno principal de los sombreros de fiesta, como es el caso de los que lucen estos miembros de la comunidad Koana Grande.*

*Traje y sombrero típicos de una campesina de Cochabamba: en este caso, las características de la copa y el ala del sombrero sirven para identificar la región de procedencia.*

Bolivia y Paraguay (1932-1935), las cholas elegantes lucían blusas de telas muy finas, que cubrían su cuerpo hasta las caderas y llevaban profusión de cintas de raso y encajes, conocidas con el nombre de *matinés*. Más tarde se hicieron más modestas, aunque sin embargo, para las ocasiones especiales, las cholas lucen prendas muy elegantes. Para fiestas como el carnaval, las cholas paceñas, especialmente las que bailan en la comparsa de los chutas, lucen prendas conocidas como chaquetillas realizadas en telas muy finas y completamente bordadas con mostacillas, canutillos y en algunos casos con piedras falsas. Las blusas en los valles de Cochabamba reciben el nombre de «saco» y, aunque muy sencillas, su gracia radica en el faldón plisado que cae sobre la cadera.

## Otros adornos de las cholas

El atuendo de las cholas incluye también la «manta», especie de chal de forma cuadrangular que utilizan doblado, formando un rectángulo de cuyos lados cuelgan flecos que «dan aire» al andar de las cholas. En los días de fiesta las paceñas acostumbran a llevar una manta de menores dimensiones conocida con el nombre de «manta de pecho» y que suelen sujetar con un *topo*, prendedor generalmente de oro y piedras preciosas. Sobre ella, para cubrir la espalda, llevan otra más amplia, de seda bordada o de fibra de vicuña.

En festivos, las cholas de Potosí se arrebosan con sus mantas de fibras de alpaca y finos hilos. Las cholas de los valles, de acuerdo con el clima, llevan su manta echada sobre uno de los hombros, en tanto juegan y coquetean con los flecos.

Completa el atuendo de las cholas bolivianas el sombrero: blanco y de paja trenzada, de copa más o menos alta hasta antes del año 1935; negro, gris plomo o de tonos «tabaco» y al estilo del *derby* inglés en las paceñas; en tanto que las cochabambinas los prefieren de copa alta y amplia ala en colores que varían entre el blanco y el amarillo muy pálido. Es tan importante el sombrero, que su altura y la forma de las copas nos permiten conocer, inclusive, la provincia de la cual proceden las cholas de Cochabamba: las de Punata lo llevan de copa baja y de ala ancha en tono amarillo; en Tarata y Cliza los sombreros son de copa mucho más alta y de ala muy amplia en color blanco; en Tarija los sombreros son de ala ancha y de copa muy baja confeccionados en fibras de lana, en colores gris plomo y amarillo muy oscuro; los sombreros, también de fibra de lana muy fina, de las mujeres de Potosí son de copa alta y de forma algo cónica, blancos (en colores oscuros para las mayores) hechos de algodón, al igual que los de las cochabambinas, con finos encajes en épocas pasadas. En la actualidad muchas mujeres han dejado de lado este tipo de sombrero y han optado por otros que se asemejan al estilo «borsalino», en colores generalmente oscuros: azul, negro, o café. Las chuquisaqueñas no usan sombrero. Todas llevan el cabello peinado en dos trenzas que les caen sobre la espalda y sujetas ambas por la *tullma*, una cinta tejida en fibra de lana de alpaca de la que cuelgan pompones de forma particular en cada ciudad. Unas más que otras hacen gran uso de joyas de oro y plata con perlas y piedras preciosas, en particular grandes aretes conocidos como *faluchos, filigranas y caravanas, topos* o prendedores que sujetan las mantas al pecho, gran variedad de anillos y también prendedores para los sombreros.

Hasta mediados del siglo XX las cholas calzaron botas de piel de cabretilla, más tarde optaron por zapatillas al estilo torero español. En regiones cálidas prefirieron zapatillas abiertas y con tacón.

# Danzas y bailes

*El «baile de los kharwa-ni» es una antigua coreografía que reproduce la caza de la vicuña.*

Desde la época prehispánica los bailes han sido expresiones muy importantes. En Los Andes no se baila tan sólo por diversión: para los habitantes de esta región el baile está asociado a la ritualidad del calendario agrícola —relacionado a su vez con la *Pachamama*, la Madre Tierra—, y también al santoral católico, que permite establecer regionalmente las festividades y por tanto rendir pleitesía al santo patrón de la comunidad.

El ciclo vital en las comunidades andinas considera el baile como una especie de rito de pasaje en el cual, en diferentes momentos, varones y mujeres adquieren rango y prestigio ante los miembros de la comunidad.

En la región oriental el baile parece ser que estaba asociado a rituales de caza, pesca y recolección en los que se pedía permiso a las deidades del bosque y del monte para poder obtener el alimento necesario para el pueblo.

Las danzas que todavía se bailan en el país se pueden clasificar de acuerdo con diferentes criterios. Sin embargo, el ubicarlas según la época en que se originaron, permite establecer las relaciones que el baile tiene con otros elementos de la vida cotidiana de los pueblos. Esta clasificación permite establecer bailes originados en las épocas prehispánica, colonial y republicana.

## Bailes de origen prehispánico

Entre los bailes de origen prehispánico que todavía se practican podemos citar los siguientes: la *kaschua*, danza que en las noches previas a la época del carnaval bailan varones y mujeres jóvenes que, cogidos de la mano, giran formando figuras coreográficas de grupo y pareja. Este baile está

asociado a las ceremonias de fertilidad que se realizan durante el día, en las que se ayuda a copular a llamas y alpacas. Se cree que este baile propicia las futuras uniones conyugales en las comunidades.

La danza de los *cintakanaris* o trenzadores de cintas, se baila frecuentemente en las regiones de la provincia Bautista Saavedra (departamento de La Paz) y es conocida como el «baile del *ulun simp'ana*». Hombres y mujeres se colocan alrededor de un palo del que cuelgan cintas que se van trenzando a medida que giran los participantes, unos por debajo, otros por encima, hasta que es imposible girar y se procede entonces, del mismo modo, a destrenzar las cintas. El baile se realiza como agradecimiento a la *Pachamama* o Madre Tierra y al Espíritu Santo en la fiesta de Pentecostés.

La danza de los *choquelas* es bailada exclusivamente por varones, quienes danzan al ritmo de las melodías que ellos mismos ejecutan con sus quenas, representando en su coreografía a la ágil vicuña y al astuto zorro, por lo cual llevan tocados de plumas de colores y cuelgan en su espalda una piel de vicuña.

### Vestimentas y otros elementos

El «baile de los *chiriguanos*» se baila todavía hoy en algunas comunidades del Altiplano boliviano en ocasiones especiales. Esta danza parece representar —por su coreografía y por la indumentaria que visten tanto varones como mujeres— a «los salvajes», a los cuales los andinos de la época prehispánica conocían como chiriguanos. Los participantes llevan máscaras, que se asemejan a los rasgos de los salvajes, y lanzas y flechas con las que marcan el ritmo del baile. El «baile de los *khe-*

*na khenas»* es uno de los pocos, tal vez el único, que representa en su indumentaria y su coreografía el baile guerrero. Los participantes visten las *khawas* o ponchillos hechos con piel de tigre o de titi y danzan al ritmo de las quenas que ellos mismos interpretan. Bailes como el «baile de los *kharwani»* y el «de los *mukululus»*, se bailan todavía en la región andina y constituyen generalmente representaciones de la caza de la vicuña.

En la indumentaria de los participantes el elemento más destacado es el tocado de plumas de variados colores y las grandes *chuspas* o bolsas de las cuales cuelgan grandes pompones multicolores.

El «baile de los *chunchus»* tiene una coreografía y una indumentaria muy similar a las del baile de los chiriguanos, ya que su fin es el mismo: la representación de los pobladores del Antisuyu, los salvajes.

Existen bailes que han sido adoptados por las clases populares de las ciudades andinas y que se bailan corrientemente en celebraciones en honor al santo patrón del barrrio o de la comunidad. La llamerada, baile de los arrieros de llamas, muestra en su coreografía los movimientos de los pastores que conducen a sus animales. Se trata de un baile de carácter mixto, en el que hombres y mujeres llevan indumentarias típicas de las regiones altiplánicas del departamento de La Paz. Las mujeres llevan blusa y pollera y los varones visten pantalón y camisa de bayeta en color blanco. Todos los participantes llevan en la mano una honda que les permite dar el ritmo al baile y cruzan el pecho con un *awayo*, tejido tradicional de forma cuadrangular que sujetan con un nudo en el pecho. También llevan en la mano la representación de una pequeña llama y se cubren la cabeza con una montera, antiguo sombrero de origen español de dos o tres puntas.

El «baile de la *kullawada»* es la representación del gremio de los hilanderos, en el que hombres y mujeres llevan en la mano una pequeña rueca para acompañar el ritmo del baile. Las mujeres visten polleras de telas muy finas y blusas sobre las cuales llevan sartas de collares de perlas falsas y, sobre ellos, en un trozo de tejido típico —el *awayo*—, se sujetan un sinnúmero de prendedores y otras joyas de oro, en tanto que en los dedos de ambas manos llegan a ponerse hasta más de cuarenta anillos. Los varones son más sobrios en su atuendo aunque sus pantalones y ponchillos están confeccionados con telas muy finas y bordados con perlas y piedras falsas. Ambos se cubren la cabeza con la *khara*, un

El traje de kusillo (a la izquierda, en la fotografía) es uno de los más populares en diversas danzas, y su portador establece un puente entre el baile y los asistentes al mismo.

sombrero completamente bordado con hilos de brillantes colores, perlas y piedras falsas y de cuya ala cuelgan pequeñas sartas de cuentas o diminutas perlas que oscilan durante la ejecución de la danza. Los participantes llevan cubierto el rostro por antifaces que ocultan su identidad.

## Bailes de origen colonial

Durante la época de la Colonia pervivieron los bailes originarios, aunque sufrieron, por supuesto, la incorporación de elementos nuevos, tanto europeos como africanos, como la indumentaria que fue impuesta a finales del siglo XVIII y los nuevos ritmos y melodías. Sin embargo nacieron otros bailes nuevos, producto de las mezclas culturales de la época.

Los habitantes originarios, especialmente los de la región andina, utilizaron el baile como un medio para expresar su desagrado en relación a las costumbres españolas traídas a esta parte del continente. Así pudieron ridiculizar y mofarse de estas costumbres creando danzas como la de los

*La diablada de Oruro, la más popular de todas ellas, acuñó el nombre con el que se conoce a estas manifestaciones rituales y folclóricas, presididas por demonios de todo tipo.*

*waka thokoris*, la de los *tinti caballo*, la de los *awki awkis*, la de los *pakochis*, el danzanti, la diablada, la morenada, y la de los *chatripulis*.

Surgen también bailes como la saya de los negros que recrean antiguos ritmos africanos y muchos otros como la cueca, el bailecito, la meca-paqueña, etcétera, que las clases pudientes y adineradas acomodan a sus exigencias de diversión y expansión.

La danza de los *waka thokoris* o «vacas danzantes» es un baile que hace mofa de las corridas de toros españolas. Cuenta entre sus personajes a las «lecheras», mujeres que visten un gran número de polleras y en su danzar muestran el variado colorido de estas. Los «toros» son armazones hechos de piel de vacuno que semejan toros y son llevados por varones que cubren su rostro con velos de colores y que en el baile hacen el ademán de cornear a los otros toros y a los toreros que tratan de burlarlos. El cuadro se completa con dos personajes muy propios de la región andina, el *jilakata* o autoridad de la comunidad, que en el baile repre-

senta al personaje que dirige la coreografía, y el *kusillo*, especie de payaso que juguetea tanto con los que bailan como con los que no lo hacen. Este personaje tiene gran aceptación popular y es muy festejado por grandes y chicos. Este baile forma parte de las ceremonias asociadas a la actividad agrícola y a los ritos de fertilidad, pero también es una burla y una crítica a las corridas de toros españolas y, además, se hace en homenaje a los toros, que todavía se utilizan en muchas de las regiones para trabajar en la yunta.

## La intención paródica

El «baile de los *waka tinti*», o «baile de los *tinti caballo*», también es una representación de la corrida de toros española en la cual participan toros y caballos simbolizados por armazones que remedan sus características físicas y que son llevados por varones. Estos personajes, junto a los *kusillos* y el *jilakata*, ejecutan la representación de una «corrida» en la cual los *kusillos* animan los movimientos de toros y caballos mediante largas lanzas recubiertas con plumas de variados colores, en tanto que el *jilakata* dirige la representación del grupo al son de una melodía interpretada por quenas y pinkillos o grandes bombos.

La danza de los *awki-awkis* o «baile de los viejos» ridiculiza a los varones españoles ya ancianos. El traje utilizado consta de sombrero de copa alta y amplia ala, chaqueta de levita y pantalones abombachados. Sus participantes siguen el ritmo de la música amenazando con sus retorcidos bastones a propios y extraños, ante la hilaridad de los concurrentes.

La danza de los *pakhochis* es utilizada por los pueblos originarios para ridiculizar también a los españoles, en este caso a los soldados y sus costumbres, atuendos, peluca, armas, etcétera.

El «baile de los *chatripulis*» es una representación de los ángeles militares, la indumentaria de esta danza consiste en amplios faldellines de color blanco, dos alas en la espalda y una especie de corona en la cabeza, en tanto que en la mano se lleva una espada con la que los danzantes parecen imitar al arcángel San Gabriel, muy estimado como santo patrón en algunas comunidades. Los ángeles militares han sido motivo de pinturas muy bien logradas, especialmente en la región de Calamarca, en el departamento de La Paz.

El «baile de la diablada» es también muy apreciado, especialmente en Oruro, ciudad que es considerada como la capital folclórica del país. Se dice de ella que es el lugar donde mejor bailan los diablos, que lucen portentosas máscaras y deslumbrantes trajes representando a los siete pecados capitales, a Lucifer, príncipe del Averno y a su consorte, la china Supay en idioma quechua. El «baile de los diablos» alcanza su máxima expresión en la «entrada» de carnaval, fastuoso desfile que se realiza en la ciudad de Oruro en honor a la Virgen María del Socavón. Si en épocas pasadas lo bailaban mineros que rendían pleitesía a la madre de Cristo, no olvidaban honrar al Tío, señor de las profundidades de la tierra y, por tanto, dueño de las ricas vetas de mineral que ansiaban encontrar los mineros. En la actualidad la diablada consiste en la representación de la lucha entre el bien y el mal y el consiguiente baile en honor de la Mamita del Socavón.

Si bien los habitantes originarios crearon bailes que ridiculizaron las costumbres españolas traídas a la Colonia, las clases media y alta de criollos y mestizos recrearon danzas y bailes como el minué y la cuadrilla, dando lugar a otros como la mecapaqueña, llamada así porque se origina en Mecapaca, pueblo cercano a la ciudad de La Paz. A partir de bailes como la jota española surgió la cueca, que adquirió características propias en cada una de las ciudades del país. Así, es señorial en La Paz y Chuquisaca, alegre y corrida en Tarija, en tanto que en Cochabamba se hace más cadenciosa y, al decir de los oriundos de ese lugar, con sus requiebros se asemeja al cortejo de las palomas.

## Bailes de origen republicano

También nacido de antiguas danzas de siglos pasados es el «bailecito de la tierra». Marcial y acompasado en su ritmo y de marcada coreografía, alegra las fiestas junto al *wayno*, que parece originarse en las antiguas *kaschuas* aymaras. Todos son bailes de pareja y gozan actualmente de plena aceptación social.

En las cálidas regiones de los yungas se asentaron los pueblos de raza negra, quienes han dado origen al baile de la saya, de típico sabor africano. La coreografía de este baile muestra a varios varones negros que bailan al ritmo de bombos y recorecos guiados por un capataz que marca el ritmo de la danza, látigo en mano, en tanto es lisonjeado por una mujer negra que baila «cargada de su *wawita*». El personaje del capataz dio lugar a otro baile, conocido actualmente como el de los caporales y de gran aceptación en todo el país. Participan de él tanto varones como mujeres, preferentemente jóvenes. Se trata de un baile cuya coreografía muestra fuerza y dinamismo y cuyos trajes, sin perder sus características originales, incluyen elementos modernos.

La zona de los valles es donde se han desarrollado con mayor fuerza los *takipayanaqus* o «contrapuntos» que se realizan entre varón y mujer, o grupos de varones y mujeres, que cantan coplas alusivas a sus interlocutores haciendo mofa de sus atributos físicos o de sus intenciones. Son ya famosas las coplas que se cantan en las fiestas del carnaval en Cochabamba y las que se escuchan en las fiestas del departamento de Tarija.

## La morenada

**S**egún los estudiosos, los bailes como la morenada, que actualmente tiene muchos adeptos, parecen representar en su coreografía a los esclavos, que, encadenados por los pies unos a otros, avanzaban con pasos muy lentos, o tal vez los movimientos de los esclavos al pisar la uva para fabricar vino. La máscara que los morenos utilizan para bailar representa las facciones de hombres de raza negra con gesto de cansancio que sacan jadeantes la lengua entre los gruesos labios, de los que cuelga una enorme pipa. En los últimos años este baile ha incorporado mujeres en su coreografía, representando a las esposas e hijas de los «morenos» que bailan luciendo sus mejores galas festivas.

*Los bailes que en la actualidad se conocen como* morenadas *tienen su origen en los tiempos de la esclavitud y evocan tareas realizadas en aquel entonces por los cautivos negros.*

En las zonas orientales, en los departamentos del Beni, Santa Cruz y Pando, los bailes típicos son el carnavalito, el taquirari y la chovena. En el Beni existen danzas de claro origen colonial que también muestran elementos culturales de los pueblos originarios de la región. Se trata de danzas que recrean vivencias y experiencias cotidianas, como el «baile de los macheteros», que con tocados de plumas de variados colores y blancas túnicas dan ritmo a su coreografía con los enérgicos movimientos de un machete de madera. El «baile de los angelitos», el «baile del sol y la luna, o el «baile de los viejitos» son expresiones que el pueblo beniano vive todavía actualmente.

En la zona andina del país existe la tradición del «presterio», fiesta que se realiza en honor de un santo o de una virgen perteneciente al culto católico. La devoción del pueblo se hace fiesta en la cual la redistribución y el *ayni* —ayuda desinteresada que se da en la cultura aymara— se viven plenamente, y parte importante de esta fiesta es el baile. En el cronograma casi en forma general, se realizan las «vísperas», es decir, que la noche antes de la fiesta se queman fuegos artificiales y se beben bebidas alcohólicas calientes —los ponches— con el deseo de que la fiesta «sea buena y sin problemas».

## Las «entradas»

El día siguiente se inicia con la asistencia a la misa, ocasión en que se lucen las mejores joyas y prendas de vestir, y sigue luego el baile y la diversión. Se ha vuelto costumbre el que a esta misa le siga un desfile de las comparsas de baile si el pueblo en que se da la fiesta es pequeño. En cambio, si la fiesta es en una ciudad importante, como La Paz, «la entrada», como se llama a este desfile, debe hacerse el sábado anterior al día señalado para la fiesta en el santoral católico. Cada barrio tiene en La Paz su fiesta y, por ende, su «entrada».

La «entrada» consiste en un desfile de grupos organizados que, acompañados por una banda, bailan una variedad de danzas, que en algunos casos tienen muy poco tiempo de creación. Hombres y mujeres trabajan durante todo el año para poder «bailar para la fiesta». El poder participar en estos grupos organizados es cuestión de prestigio y compromiso social, pues en Los Andes el baile es todavía parte de un ciclo social que exige ser primero integrante de la comparsa, para luego ser «cabeza u organizador». Más tarde se podrá ser el encargado de la fiesta, es decir ser «el preste».

Baile en principio sólo interpretado por varones, el de los corporales *ha ido incorporando muje-* *res, sobre todo jóvenes, hasta convertirse en la más popular de las dan- zas mixtas bolivianas.*

Las danzas que se bailan son muchas y variadas, como la morenada, que alude en su coreografía a los esclavos negros traídos durante la Colonia; la llamerada, que con sus ágiles pasos recuerda el movimiento de las hondas de los pastores y pastoras al arrear sus rebaños; el «baile de los *kallawayas*», alusivo a los médicos herbolarios de la región de Charazani, conocedores de las propiedades curativas de las plantas y del lenguaje de las hojas de coca; los waca wacas con sus kusillo y las lecheras; los tinkus, que recuerdan las luchas y encuentros de los grupos étnicos de las regiones del norte del departamento de Potosí. En este departamento la gran variedad cultural de sus grupos étnicos y la habilidad de los bordadores de trajes folclóricos asentados en la calle Los Andes y en la avenida Qullasuyu de la ciudad de La Paz, permiten recrear en todo su esplendor, en las «entradas», bailes como los pocoateños, los potolos y el *pujllay*, danzas de grupos que en sus trajes y coreografías incorporan elementos culturales de los tarabuqueños de Chuquisaca.

Danzas como la de los inkas, cuyos ceremoniosos bailarines lucen gran profusión de bordados en sus túnicas multicolores y amplias capas, permiten revivir el pasado y las glorias imperiales.

El baile es en tierras bolivianas parte del ciclo vital: no se puede vivir y no bailar.

# Música e instrumentos musicales

Las excavaciones arqueológicas y el estudio de la iconografía que aparece en la cerámica de las culturas preinkaicas, especialmente la de Tiwanaku (o Tiahuanaco), permiten afirmar que la música estaba muy desarrollada, sobre todo la que era producida mediante instrumentos aerófonos y membranófonos.

En la época inkaica se desarrolló el coro que acompañaba las representaciones épicas como el Ollantay. Durante los tiempos de trabajo la música también acompañaba las labores cotidianas. La ejecución de instrumentos musicales era corriente en el inka que, acompañado de sus servidores, mujeres y guerreros, tomaba posesión de nuevas tierras. Los cronistas señalan que en la corte inka era corriente el estudio de la música y la interpretación de instrumentos musicales y que disponía de individuos dedicados por completo a esta actividad.

Entre los tipos de composición más cultivados están los *jaillis* —himnos dedicados al sol—, los *arawi* —de tema amoroso—, el *sumaj arawi* y el *kusi arawi* —que eran loas a la belleza y a la alegría respectivamente.

Los *takis* eran canciones de temática muy variada. En los primeros tiempos fue famoso el movimiento del *taki onqoy* como movimiento de resistencia a la conquista española. Otras composiciones eran el *kaluyo* —de ritmo alegre—, el *wawaki* —que dio lugar a los actuales contrapuntos—, y el *yaraví* —de plena vigencia todavía en la actualidad.

Durante la época colonial la variedad de instrumentos se vio ampliada con el aporte de la vihuela (hoy convertida en guitarra), del violín y

*La zampoña (antara, en quechua; siku, en aymara) se ejecuta sobre todo en la región andina.*

del órgano, de claves y bajones, de fagotes y oboes. Los músicos europeos aportaron nuevas melodías que eran interpretadas en iglesias y conventos. Éstos, además de interpretar la llamada «música culta», promovieron también en sus actuaciones la música popular y dieron a conocer nuevos ritmos: tonadas, fandangos, tiranas y boleros.

## Los precursores

En la época republicana la música continuó teniendo carácter culto y religioso. Sin embargo el romanticismo europeo influyó en maestros como Julián de Vargas y Alejo Franco, que junto a Pedro Jiménez (1780-1856) dieron impulso a la actividad musical. A este último se debe el primer himno nacional de Bolivia, aunque no llegó a concretarse.

Mariano Rosquellas (¿-1859), español de nacimiento, fundó la Sociedad Filarmónica de Sucre en 1835. El italiano Leopoldo Benedetto Vincenti (1815-?) fue director de bandas de música en el país y autor del himno nacional; Modesta Sanjinés (1832-1887), creadora de galopas, mazurcas y polkas, es también conocida como la autora de «Variaciones sobre el himno nacional».

En el siglo XX se destacan los maestros Eduardo Caba (1890-1953), autor de «Aires indios», del ballet «Kollana» y de la pantomima «Potosí». Simeón Roncal (1872-1953) es el autor consumado de la cueca; su obra se complementa con kaluyos, bailecitos y marchas fúnebres. Antonio Gonzales Bravo (1885-1961) fue un aplicado recopilador de canciones, y su obra más destacada es la «Trova a la Virgen de Copacabana». Son importantes también, entre otros contemporáneos, los maestros Teófilo Vargas y Humberto Viscarra.

La quena (en la imagen), organizada en torno a una muy sencilla estructura tubular, es sin duda el más internacionalmente conocido de los instrumentos de origen boliviano.

En la fotografía, un tarabuqueño (de la población de Tarabuco, al sudeste de Sucre) ataviado con un traje para participar en el pujllay y tocando un instrumento de esta zona.

## La variedad instrumental

Los instrumentos musicales bolivianos pueden clasificarse en tres categorías: aerófonos, membranófonos y cuerdófonos.

Entre los aerófonos pueden citarse la zampoña (*siku* en aymara, *antara* en quechua), que es un instrumento compuesto por hileras de flautas ordenadas de menor a mayor. Si tiene dos hileras se la denomina *sikus ch'alla* y, según su tamaño de menor a mayor, se las conoce como *chuli*, *maltas*, *sankas* y *toyos*. A los que interpretan este instrumento se los llama sikuris y los más destacados son los sikuris de Italaque, en el departamento de La Paz. Las zampoñas varían en tamaño, y por lo tanto en su tono, según la región. Conocida por su vigor es la música interpretada por los *jula julas* en la región del norte del departamento de Potosí.

La quena, de estructura básicamente tubular, lleva en la boquilla un escote y seis orificios en la parte frontal, en tanto que en la parte posterior sólo tiene un orificio.

El pinkillo es una flauta que en la parte superior tiene un tarugo y una ventanilla, y cuenta además con seis orificios en la parte frontal inferior.

*En la imagen, tradicional danza guerrera de los macheteros, en Mojos. Como puede apreciarse, este vistoso baile va acompañado musicalmente por tambores y flautas.*

La tarka o anata está confeccionada en madera a diferencia de los anteriores, que son de caña hueca o bambú. También tiene un tarugo y una moldura que equivale a un cuerpo de resonancia.

El thokoro es típico de la provincia Yamparáez, en el departamento de Chuquisaca. Se trata de una flauta tubular de más de metro y medio de largo y consta de siete tubos dispuestos de tres en tres y en la base lleva ventanas para mejorar el sonido.

Entre los membranófonos destacan los bombos, las wankaras de la región altiplánica, los timbales —que acompañan el baile de la saya de los negros—; los tambores, que se usan como acompañamiento de los bailes de diferentes regiones del país, tanto de las tierras altas como de las tierras bajas.

Entre los instrumentos de cuerda que se usan en Bolivia cabe destacar en primer lugar el charango, cuya caja está construida en muchas ocasiones con el caparazón del quirquincho o la mulita, así como la guitarra y el violín, que proceden de la herencia colonial y adquieren formas y melodías variadas según la zona del país.

# La literatura

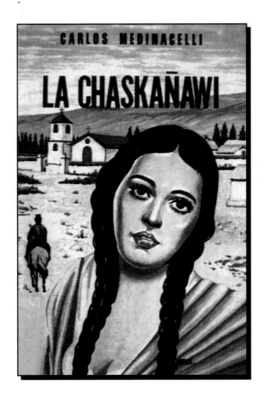

Los orígenes

Hacia la madurez nacional

Entre dos siglos

Los contemporáneos

JESUS LARA

POESIA POPULAR QUECHUA

EDITORIAL CANATA
LA PAZ-COCHABAMBA

Germán
Villazón

*El aymara y el quechua es la más representativa de las antiguas lenguas precolombinas, y numerosos estudiosos
y poetas, como Jesús Lara, se han dedicado a recuperar sus aportes literarios originales.*

# Los orígenes

D esde el siglo XIII, el territorio que en tiempos virreinales se conocería como Alto Perú y a partir de 1825 constituiría la República de Bolivia, formaba parte del vasto imperio inkaico, pero mucho antes de esta anexión había albergado diversas civilizaciones, cuya más alta expresión fue la cultura de Tiwanaku (o Tiahuanaco, floreciente entre los siglos VI-XI d.C., en las inmediaciones del lago Titicaca, donde ha dejado numerosas huellas arquitectónicas y artísticas, pero ninguna pista que permita alimentar sospechas sobre sus eventuales actividades literarias).

Lamentablemente, la literatura —en este caso sí— altamente especializada de los posteriores habitantes de la región no conoció la forma escrita en ninguna de sus dos lenguas principales (quechua y aymara) ni tampoco en ninguno de sus numerosos dialectos.

## La literatura precolombina

Los datos que sobre ella han llegado hasta la actualidad, provienen por lo tanto de tres fuentes específicas: la tradición oral, las transcripciones en alfabeto fonético realizadas por diversos y anónimos frailes evangelizadores y esforzados cronistas y, principalmente, los *Comentarios reales* y los demás brillantes escritos de ese gran comentarista hispanoindígena que fue el Inca Garcilaso de la Vega (1539-1616).

Precisamente por Garcilaso —hijo de un capitán español de su mismo nombre y de la princesa indígena Chimpu Ocllo Palla—, que recibió una esmerada educación, sabemos que los inkas tenían dos categorías de mentores literarios: los *amautas*, filósofos y dramaturgos que componían

*El Inca Garcilaso de la Vega fue el primer cronista de la Conquista europea.*

los recitativos teatrales y los textos usados en las ceremonias, y los *arawicus* o «inventadores de poemas».

Tanto unos como otros legaron a la posteridad una compleja cosmología que revela la existencia de evolucionadas ideas y sentimientos religiosos, éticos y estéticos, a través de fragmentos de escenificaciones, plegarias, letanías e himnos. Estos últimos, denominados *jaylli*, se ejecutaban en festividades concretas y abarcaban una amplia gama de repertorios (religiosos, militares, agrícolas, celebratorios, históricos) entre los que sobresalían las composiciones del *Inti Raimi*, variante hímnica y poética centrada en los cultos dedicados al Sol.

Pero la literatura indígena no se limitaba al aspecto litúrgico ni a las celebraciones más o menos oficiales, ya que abarcaba también los asuntos profanos y de la más rigurosa cotidianeidad. Así, por ejemplo, el *taki*, el *huaynu* (prefiguración del huayno actual) o la *khashua*, eran otras tantas formas muy relacionadas con el folclore andino, casi siempre a través de composiciones en las que el poema original hacía de soporte a canciones y danzas populares.

## Del apogeo imperial a la Colonia

Por lo que respecta a la poesía amorosa existían dos categorías formales perfectamente diferenciadas: los *urpi* (término que en quechua significa «paloma»), semejantes a las églogas o endechas con las que la poesía europea ha cantado desde siempre las ansiedades y las nostalgias del amor, y los *arawi*, celebratorios de sus alegrías y placeres. Las temáticas jocosas utilizaban unos diálogos rimados que se denominaban *wawaki*.

## Una ceremonia bilingüe

**D**esde comienzos del siglo XVII empezó a usarse la frase «vale un Potosí» para designar y definir personas o cosas cuya categoría o precio se estimaba más allá de todo lo comparable. Las fabulosas minas de plata de la región, de una abundancia y magnitud que superaba lo conocido hasta entonces y justificaba la frase, derramaron también el cuerno de la abundancia en la propia ciudad de Potosí, protagonista por aquella época de los festejos más suntuosos de todo el virreinato. Entre ellos sobresalían los desfiles militares, compuestos de grandes paradas armadas, las procesiones religiosas, los torneos de máscaras y, desde luego, los banquetes, que solían culminar con singulares representaciones teatrales bilingües —cosa muy poco frecuente en el resto de América—, en las que el castellano y el quechua confraternizaban en los recitados. Anónimos cronistas de la época han dejado testimonio escrito del desarrollo ritual de estos espectáculos. «Iban por delante —dice uno de los testigos presenciales— muchos indios con varios instrumentos de música y cajas españolas. Tras ellos venían doscientos indios, en hileras de a cinco hombres cada una, vestidos de pieles de vicuña, con guirnaldas de sauce en la cabeza y cañas de maíz con sus hojas y mazorcas en las manos; y detrás traían en hombros unas andas de grandor considerable; en medio de ellas estaba un globo, la mitad dorado y la otra mitad plateado, en cuyo derredor estaba mucha variedad de árboles, plantas, frutos y flores, denotando la fertilidad de este nuevo mundo, y cubierto de oro y plata conforme en todo a su natural. Luego le seguían todas las naciones de indios que habitan este América meridional del Perú... cada una con sus propios trajes; cuyos principales cabalgaban en leones, en tigres, o en cocodrilos (llamados en estas Indias caimanes) y otras varias y horribles fieras; formadas unas de metal y otras de madera, todas en muy vistosas andas, proclamando sus hazañas...»

Pese a que de todo ello sólo han sobrevivido fragmentos, éstos bastan para confirmar el refinado nivel y la compleja especialización que había llegado a adquirir la literatura en las lenguas vernáculas del país.

## La literatura colonial

Los primeros sorprendidos por esta evidencia fueron algunos de los funcionarios llegados al Nuevo Mundo desde la metrópoli, muchos de los cuales eran escritores y poetas (el mismo Miguel de Cervantes solicitó —y no obtuvo— la plaza de corregidor en La Paz, en 1590). Quienes sí residieron temporadas, y hasta años, en la futura Bolivia, fueron ingenios como el portugués Enrique Garcés, Sancho de Ribera, Francisco Valenzuela, el licenciado Villarroel o Miguel de Montalvo.

Inventor de un procedimiento para beneficiar la plata por medio del azogue, Garcés tradujo al castellano *Os Lusíadas* de Camoens y el *Cancionero* de Petrarca, y dejó testimonio de los poetas que residían en Potosí o pasaron por la ciudad a finales del siglo XVI, incluso de una potosina cuyo nombre se ha extraviado —se la conoce como «la poetisa anónima»—, pero no así su obra o al menos una parte de ella, una extensa composición que describe la vida literaria de la Colonia, llamada *Loor a la poesía*. En ella menciona como al más grande de los poetas del grupo a un tal Duarte Fernández de quien, en cambio, no ha sobrevivido un solo verso.

### Las cinco intendencias

Más conocido es Luis de Ribera, un prebarroco que concluyó y firmó en Potosí, en 1612, la tersa serenidad clásica de *Sagradas poesías*, su libro más importante. En el resto de ese mismo siglo se puede señalar también la presencia y la obra de otros tres autores, de cuyas manifestaciones poéticas sólo nos han llegado fragmentos: Juan Sobrino, Diego de Guilléstegui y José Velázquez.

Párrafo aparte merecen en cambio los contados cronistas o autores de obras en prosa cuyo nombre no se ha llevado el olvido, como es el caso de los tres representantes del grupo reunido en torno a la Audiencia de Charcas, Álvaro Alonso Barba (1569-1662), Antonio de la Calancha (1584-1654) y Bartolomé Arsanz de Orsúa y Vela (1674-1736). Alonso Barba fue un destacado metalurgista español, residente durante mucho tiempo en Chuquisaca, cuya fama proviene de la publicación de su *Arte de los metales*, una obra

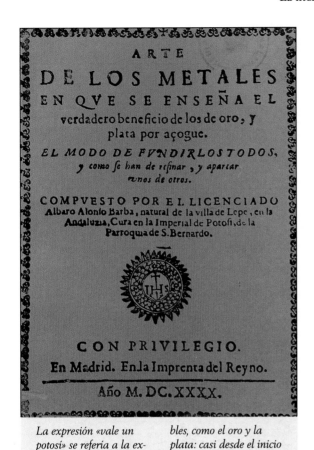

*La expresión «vale un potosí» se refería a la extraordinaria riqueza de la región en metales nobles, como el oro y la plata: casi desde el inicio de la Conquista, aparecieron libros como éste.*

*Portada de la célebre universidad jesuítica de San Francisco Xavier, en Chuquisaca: varias ciudades bolivianas competían de igual a igual con capitales como Buenos Aires o Lima.*

clásica sobre los problemas y procedimientos del beneficio de la plata, que apareció en 1640 y fue traducida rápidamente a varias lenguas.

De la Calancha, por su parte, fue un agustino nacido en Chuquisaca, hijo de un encomendero andaluz a cuya sucesión renunció para profesar, y que en 1631 publicó el primer volumen de *Crónica moralizada del orden de San Agustín en el Perú*. Con el segundo volumen —aparecido incompleto en 1653— de la Calancha confirmó su buen hacer literario, que lo convertiría en el clásico por excelencia de la literatura colonial boliviana. El potosino Arsanz de Orsúa, finalmente, fue víctima de la peste que asoló su ciudad en 1719, pero sobrevivió a ella y dejó su testimonio de los acontecimientos en *Anales de la villa imperial de Potosí*, obra que se completaría un par de siglos más tarde con el hallazgo de los manuscritos de su *Historia de la villa imperial de Potosí*, que no vería la luz hasta 1925 (la edición definitiva, en tres volúmenes, es de 1965).

Ya bien entrado el siglo XVIII, la vida cultural boliviana se había diversificado muchísimo en las intendencias de La Paz, Chuquisaca, Cochabamba y Santa Cruz de la Sierra, además de en la propia Potosí, y la actividad literaria e intelectual de las cinco ciudades rivalizaba con la de las más importantes del Nuevo Mundo.

Para 1776, cuando las comarcas integrantes del Alto Perú pasaron a formar parte del recién creado Virreinato del Río de la Plata, cualquiera de ellas podía competir de igual a igual con Buenos Aires, y Chuquisaca, en particular, se enorgullecía de su jesuítica Universidad de San Francisco Xavier, en la cual se formaron muchos de los prohombres —jurisconsultos, estadistas y hasta improvisados guerreros— que protagonizarían las inminentes luchas por la Independencia, en especial durante el período de veinte años en el que ocupó el rectorado el famoso arzobispo Benito María de Moxó (1763-1816), desde finales del siglo XVIII hasta su muerte.

# Hacia la madurez nacional

*José Ricardo Bustaman-te, sin duda uno de los mayores exponentes del romanticismo boliviano.*

Una de las características de las guerras por la Independencia, que los pueblos hispanoamericanos libraron durante la primera mitad del siglo XIX, fue el exilio itinerante de muchos de sus intelectuales y creadores, muchas veces entre países que no acababan de definir su perfil y otras por las largas temporadas de formación o perfeccionamiento que elegían pasar en las metrópolis europeas. En el caso boliviano, cuatro nombres destacan por esta trashumancia y por estar inscriptos también en la evolución literaria de otros países.

## La literatura de la Independencia

El primero cronológicamente fue Ventura Blanco Escalada, un polígrafo que intentó series de odas poéticas, letrillas satíricas y ensayos de pensamiento político, además de realizar abundantes traducciones de los clásicos, y que era boliviano de nacimiento pero había recibido su esmerada educación en España y pasó en Chile la mayor parte de su vida. El segundo caso, José Joaquín de Mora (1783-1864), es un ejemplo más bien a la inversa, ya que era español de origen pero vivió alternativamente en varios de los recién constituidos países americanos, entre ellos Bolivia, donde escribió muchas páginas y entre ellas su obra más conocida: *Leyendas españolas* (1834-1837), narraciones románticas, no exentas de ironía, que muchos críticos han comparado con el estilo de lord Byron.

Por su parte, la pedagoga y publicista Juana Manuela Gorriti (1818-1892), una de las más importantes narradoras de mediados de siglo y precursora de la novelística sudamericana, había nacido en Argentina pero pasó largas temporadas en Perú y Bolivia, país este último en el que escribió

algunos de sus títulos más significativos, como es el caso de *Sueños y realidades* (1865), *Panoramas de la vida* (1876) y *El mundo de los recuerdos* (1886). Por último, José Ricardo Bustamante (1821-1886), dramaturgo y sobre todo uno de los grandes poetas románticos bolivianos, si bien había nacido y murió en Bolivia, pasó la mayor parte de su vida fuera del país: formado en la Universidad de Buenos Aires y posteriormente en La Sorbona de París, abrazó luego la carrera diplomática, lo que le llevó de continuo a diversos destinos.

## Los residentes

Otra peripecia vital diametralmente opuesta es la que caracterizó a tres de las figuras más emblemáticas de las primeras décadas de la Bolivia independiente: Manuel José Cortés (1811-1865), Mariano Ramallo y Néstor Galindo (1830-1865), cuyas vidas y obras están profundamente relacionadas con el espacio físico de su patria. Aunque Cortés fue un buen poeta, cuya producción culminó con el *Canto a la naturaleza del Oriente de Bolivia*, debe en realidad su prestigio al hecho de haber sido el primero que sacó conclusiones sobre las señas de identidad de su país, en el *Ensayo sobre la historia de Bolivia*, publicado en 1861, poco más de treinta años después de la Independencia.

Mariano Ramallo, por su parte, profesor de Derecho en la Universidad de Chuquisaca, se consagró con una de las obras maestras del romanticismo boliviano, la extensa *Una impresión al pie del Illimani*. Finalmente, Galindo, que murió muy joven, fue el arquetipo local del poeta romántico europeo, de vida azarosa y desordenada, y temperamento taciturno y sentimental. El título de su único libro publicado en vida —*Lágrimas*

## La presencia de las escritoras

*María Josefa Mujía, la gran poetisa ciega que inauguró la presencia de las mujeres en la literatura boliviana.*

Con raras excepciones —la más célebre de ellas fue sin duda la de la mexicana sor Juana Inés de la Cruz— las mujeres no participaron de la vida literaria iberoamericana hasta finales del siglo XIX o comienzos del XX. Por eso ha llamado con frecuencia la atención de los historiadores el nutrido lote de escritoras dadas a conocer en Bolivia, entre el fin de la época de la Colonia y las primeras décadas de la vida independiente, con nombres tan significativos como los de Mercedes Belzu de Dorado, Hercilia Hernández de Mujía, Modesta Sanjinés, Lin-daura A. de Campero, Natalia Palacios, Sara Ugarte y, por encima de todas ellas, la gran poetisa ciega María Josefa Mujía (1820-1888), que además de lírica fue una figura intelectual a la que se deben versiones de Shakespeare y algunas de las primeras traducciones al español de Lamartine y Victor Hugo. Su heredera más eminente fue sin duda Adela Zamudio (1854-1928), autora activa entre ambos siglos, que con su obra hizo de puente a una tradición que no se ha interrumpido nunca hasta las generaciones que llegan a la actualidad.

(1856)— ya es todo un manifiesto de una obra tan emotiva como intensa, que fue recogida póstumamente, tomándola de los diversos periódicos donde había ido apareciendo.

### La novela decimonónica

La segunda mitad del siglo XIX es por definición la de la madurez y las más altas cumbres de la novela como género. Pero en literaturas en formación, como pueden calificarse por entonces las iberoamericanas, esa plenitud tardará en manifestarse y para la época acotada la novelística vacila todavía entre el relato coloquial, el memorialismo y la reconstrucción histórica. No obstante, hay nombres y obras que hacen excepción a esa regla, como es el caso de los bolivianos Nataniel Aguirre (1843-1888) y Lindaura Anzoátegui, autora esta última de la excelente novela *Huallparrimachi* (1894), acaso la primera muestra de un preindigenismo que no tardaría en echar poderosas raíces en la literatura nacional.

Aguirre, por su parte, es un caso más complejo ya que la consagración como escritor le llegó en la madurez, después de una vida dedicada fundamentalmente a la política (miembro

del consejo de Estado, en 1872, y de la convención de 1880, fue sucesivamente ministro de Hacienda, Guerra, Gobierno y Relaciones Exteriores, en diversos períodos y bajo distintos presidentes). En 1885, ya en la cuarentena, publicó *Juan de la Rosa (Memorias del último soldado de la Independencia)*, novela en la que evoca episodios de la historia de Cochabamba, ocurridos entre 1810 y 1812, y que le valió el unánime reconocimiento de crítica y público, que lo consideró por ella el escritor más importante aparecido hasta entonces en el país. Con mucho menos éxito, Aguirre había publicado anteriormente, entre 1874 y 1883, una serie de notables ensayos como *Unitarismo y Federalismo, Bolívar, Biografía del general Francisco Burdett O'Connor* y *Bolivia en la Guerra del Pacífico*.

El panorama de la narrativa de la época se completa con dos buenos cultivadores de la novela histórica como fueron Mariano Ricardo Terrazas (1841-1878) y Santiago Vaca Guzmán (1846-1896), que acabaron de asentar las normas de un género siempre popular en Bolivia, y con la obra sentimental y heredera de los románticos europeos de Manuel García Caballero (1819-1866).

# Entre dos siglos

Bolivia fue uno de los países hispanoamericanos donde los postulados estéticos e incluso éticos del romanticismo habían calado más hondo, pero también sería uno de los que con más fervor acogería el nuevo evangelio modernista que el nicaragüense Rubén Darío iba proclamando por entonces a lo largo y a lo ancho del continente.

## Del romanticismo al modernismo

Esa circunstancia hizo que el pasaje de siglo fuese particularmente polémico en la literatura nacional, ya que las grandes figuras consagradas se resistían en sus respectivos bastiones a ceder el paso a la radicalmente opuesta estética de los jóvenes. Tal fue el caso de Rosendo Villalobos (1860-1939) en los cenáculos de la ciudad de La Paz, de Ricardo Mujía (1861-1934) en su reducto de Sucre, o del poeta oficial de Cochabamba, Arturo Oblitas (1873-1933), herederos todos ellos de la primera generación romántica encabezada por el ya mencionado José Ricardo Bustamante, M. J. Mujía (1813-1888), M. J. Tovar (1831-1869) y la notable figura de transición que fue la poetisa y pedagoga cochabambina Adela Zamudio (1854-1928).

No obstante, el empuje del modernismo era irrefrenable y los nutridos grupos de talentosos adeptos a la nueva estética proliferaban en el país. En Sucre se reunían Gregorio Reynolds, Osvaldo Molina, René Calvo Arana, Rodolfo Solares Arroyo, Jorge Mendieta y Claudio Peñaranda. En La Paz, concretamente en los salones del Círculo de Bellas Artes, hacían lo propio Armando Chirveches, Juan Francisco Bedregal, Alcides Arguedas, Abel Alarcón, Fabián Vaca Chávez, Emilio Finot,

*El nicaragüense Rubén Darío, príncipe de los poetas y máxima figura del movimiento modernista.*

Raúl Jaimes Freyre y José Eduardo Guerra. De entre todos ellos, Reynolds, Peñaranda, Bedregal y Alarcón destacaban como líderes e ideólogos del nuevo movimiento.

Gregorio Reynolds (1882-1947), rector de la Universidad de Chuquisaca y funcionario del servicio exterior, no tuvo en vida un reconocimiento a la altura de sus méritos, aunque en la actualidad —sobre todo después de la publicación póstuma de sus *Poesías escogidas* (1948 y 1956)— se le considere una figura fundamental del modernismo boliviano: *Illimani*, *El cofre de Psiquis*, *Horas turbias*, *Redención*, *Caminos de locura*, *Prismas*, son algunos de sus títulos más destacados.

Claudio Peñaranda (1884-1924), autor de una singular obra poética tenebrista en la que se aprecia la influencia de E. T. A. Hoffmann y de Edgar Allan Poe, reunió lo más destacado de ella en *Cancionero vivido* (1920), libro que bastó para asegurarle un lugar entre los mejores.

Por su parte, Juan Francisco Bedregal (1883-1944) fue uno de los personajes más polifacéticos del ya de por sí variopinto e inquieto movimiento modernista: presidente del Círculo de Bellas Artes de La Paz y crítico literario muy influyente, cultivó también la poesía, aunque sus títulos más destacados fueron narrativos, como es el caso de los relatos costumbristas de *Figuras animadas* o de la novela satírica *Don Quijote en la ciudad de La Paz*.

Abel Alarcón (1881-1954), en fin, fue poeta (*Relicario*), narrador de inspiración indigenista (*De mi tierra y de mi alma*, *Cuentos del Alto Perú*) y novelista (*La corte de Yahuar Huakac*, *California la bella*), además de un eximio traductor que popularizó en Bolivia, entre otras, la obra de Rabindranath Tagore.

*El poeta romántico Ricardo Mujía, la educadora, prosista y también poeta Adela Zamudio* *y el último libro de Gregorio Reynolds: el paso del romanticismo al modernismo.*

*Juan Francisco Bedregal, fotografiado aquí circa 1930, fue una de las figuras centrales y* *más polémicas del modernismo boliviano, ya que abarcó prácticamente todos los géneros.*

## Los cuatro grandes

Pero puestos a escoger las figuras más representativas que el modernismo dio a la literatura boliviana, se imponen sin duda los nombres de Manuel María Pinto (1872-1942), Franz Tamayo (1880-1956), Armando Chirveches (1881-1926) y, por encima de todos, Ricardo Jaimes Freyre (1868-1933), no sólo el príncipe de los poetas bolivianos, sino uno de los cuatro indiscutibles delfines de Ruben Darío en la poesía continental, junto con el mexicano Amado Nervo, el argentino Leopoldo Lugones y el uruguayo Julio Herrera y Reissig.

Hijo de un diplomático potosino y nacido en el consulado boliviano en Tacna, en la frontera peruana con Chile, Jaimes Freyre fue asimismo diplomático (embajador en Estados Unidos y Brasil, representó también a su país ante la Sociedad de Naciones, en Ginebra) y ministro de Relaciones Exteriores. Pasó largas temporadas en Argentina, sobre todo en la ciudad de Tucumán, en cuya Universidad Nacional fue titular de una cátedra y en donde fundó la *Revista de Letras y Ciencias So-*

*ciales*, que gozó de un gran prestigio intelectual y desde luego académico.

Si bien su producción incluye títulos de corte pedagógico (*Curso de historia de la literatura castellana*) y ensayístico (*Psicología del genio*), su perdurable presencia en las letras continentales se debe a la extraordinaria calidad de su obra poética, que arranca con *Castalia bárbara* (1899) y concluye con sus *Poesías completas*, recopiladas póstumamente en 1944. En su libro finisecular Jaimes Freyre reconstruye la cosmología de los mitos escandinavos, desde los cisnes de Iduna —la diosa cuyas manzanas restituyen la juventud perdida— hasta las andanzas de Bragi, el inasible dios de la poesía, a través de una de las aventuras líricas más afines a los presupuestos del ideario modernista.

Manuel María Pinto, que vivió también largo tiempo en Argentina, fue acaso el más innovador de los poetas del modernismo boliviano, con un gran sentido del ritmo y la musicalidad, y un espíritu de investigador inquieto que le llevó a la recuperación de antiguas formas métricas de la poesía tradicional castellana.

## La «ensaladilla poética» boliviana

**M**anuel María Pinto (1872-1942) no sólo fue el más destacado contemporáneo de Ricardo Jaimes Freyre —el príncipe de los poetas modernistas bolivianos—, como lo demuestran sus principales títulos (*Versos*, 1891; *Palabras* y *Viridario*, ambos de 1899), sino un investigador formal de primer orden. Partiendo de las «ensaladas» métricas de los italianizantes renacentistas castellanos, que dieron luego su nombre a las investigaciones musicales de Mateo Flecha el Viejo, y de los vihuelistas españoles, Pinto mezcló expresiones aymaras en poemas como *Huankaras*, perteneciente al segundo de los libros mencionados y en el que consiguió aciertos tan refinados como el que se cita a continuación:

*«Con el pulgar y el índice saluda a Pacha-Mama
el de cabellos ralos demacrado Achachila.
Y dice: Pacha-Mama, Mama huaykaychaquita;
tú, fuente de la vida, conserva mi existencia.
Y dice: Pacha-Mama, suma juyra churita;
tú, sangre de la sangre, da a las mieses tu esencia.»*

De arriba a abajo, Armando Chirveches, novelista y poeta; Franz Tamayo y Ricardo Jaimes Freyre, éstos últimos los dos mayores poetas del modernismo boliviano.

Armando Chirveches, por su parte, desarrolló una extensa y singular obra poética (*Lilí, Noche estival, Cantos de primavera, Añoranzas*), entre sus veinte y treinta años, que compaginó con incursiones en la novela (*Celeste*, 1905), género con el que obtuvo el mayor éxito de su vida con *La candidatura de Rojas* (1908), un notable fresco de la vida política boliviana. Sin embargo, sus obras posteriores (*Casa solariega, La virgen del lago, A la vera del mar, Flor del trópico*, entre otras novelas) no tuvieron la misma buena acogida de crítica y público. Esto, unido a una sordera creciente e irreversible que le aquejaba, le llevó a una profunda depresión y acabó suicidándose, en París, cuando contaba 45 años.

Considerado el mayor poeta boliviano del siglo XX y el principal heredero de Jaimes Freyre, Franz Tamayo fue además un pensador y uno de los intelectuales más profundos y completos que haya dado la cultura de su país. Se inició precozmente en la vida pública con la publicación, a los 18 años de edad, de su poemario *Odas*, en el que

se declaraba admirador y discípulo de Victor Hugo. Pero esta influencia juvenil desapareció rápidamente y a partir de *Proverbios* (1905) Tamayo construyó una obra enteramente propia y de singular hondura filosófica, en la que sobresalen *Nuevos Rubayat*, una audaz reescritura de Omar al-Khayam, la tragedia lírica *La Prometheida y las Oceánidas* (1917), los *Nuevos proverbios* (1922), *Scherzos* (1932), volumen en el que intercala versiones de Anacreonte, Horacio y Goethe, *Scopas* (1939, otra tragedia de inspiración clásica) y *Epigramas griegos* (1945).

Como casi todos los grandes intelectuales de su época, Tamayo no desdeñó la vida política y llegó a ser presidente electo de la República en los cruciales años de la Guerra del Chaco, pero un golpe de Estado previo a su asunción le impidió ejercer el cargo. Como testimonio de su actividad ensayística perduran asimismo títulos como *La creación de la pedagogía nacional* (1910), *Crítica del duelo* (1911) y, sobre todo, la importante serie de *Mensajes* que escribió, dirigidos a la juventud, a partir de 1925.

# Los contemporáneos

La particular inestabilidad política boliviana, con su sucesión de golpes de Estado y perpetuos cambios de planes de gobierno; la inmodificable miseria de las grandes masas de campesinos y mineros indígenas; la concentración de poder y de riquezas en un par de familias (los Patiño y los Aramayo) y sus acólitos e intermediarios, fueron desarrollando una creciente conciencia social y un sentimiento de rebeldía e injusticia entre los intelectuales y creadores del país, que acabó de eclosionar y manifestarse durante la absurda y cruel Guerra del Chaco (1932-1935), en la que miles de sus compatriotas murieron por intereses que nada tenían que ver con Bolivia ni sobre todo con los bolivianos.

Raza de Bronce *hizo de Alcides Arguedas un referente imprescindible para entender el indigenismo.*

## La primera mitad del siglo XX

El precursor de esta toma de conciencia y de esta literatura combatiente fue Alcides Arguedas (1879-1946), iniciado en el grupo de los poetas modernistas pero que derivó tempranamente hacia la prosa, en la que obtuvo sus primeros éxitos con la publicación de títulos tan polémicos como *Wata-Wara* (1904) y *Vida criolla* (1905), a los que siguió el ensayo *Pueblo enfermo* (1909) que contó con el espaldarazo internacional de Miguel de Unamuno, quien lo elogió calurosamente en España.

Estos prolegómenos desembocaron en la escritura de *Raza de bronce* (1919), novela fundacional de la corriente indigenista en la literatura hispanoamericana y una de las piezas de inexcusable mención cuando se habla de las letras de Bolivia: en ella Arguedas relata el levantamiento de la comunidad indígena de Kohakuyo, y plantea por primera vez

de manera sistemática los argumentos que alimentarán el indigenismo (explotación secular del indio por el blanco o el cholo, corrupción de los estamentos dirigentes y del clero, odio racial y de clases, prepotencia militarista, etcétera).

Aunque Arguedas no superó jamás la cumbre alcanzada con la escritura de esta singular obra maestra, el resto de su obra es también muy significativa y en ella sobresalen numerosos ensayos históricos y políticos, un vasto *Epistolario*, que apareció póstumamente en 1979, y algunos volúmenes de memorias de gran valor literario y documental, sobre todo el titulado *La danza de las sombras* (1934).

### La generación combativa

Formada en general por escritores prolíficos, esta generación que comenzó su andadura creativa en la década de 1930, contó con algunos de los nombres mayores de la literatura boliviana del siglo XIX, como Augusto Céspedes (1904-), Jesús Lara (1898-1980), Augusto Guzmán (1903-), Carlos Medinaceli (1898-1949), Antonio Díaz Villamil (1897-1948) y Óscar Cerruto (1912-1981).

Céspedes, conocido como periodista y como ideólogo del MNR, debe, sin embargo, su prestigio fundamentalmente a sus virtudes narrativas, que manifestó ya en los relatos de *Sangre de mestizos* (1936), pero sobre todo en sus magníficas novelas: *Metal del diablo* (1946), biografía novelada del potentado Simón I. Patiño, *El dictador suicida* (1956), *El presidente colgado* (1966) o *Trópico enamorado* (1968). El cochabambino Jesús Lara, poeta bilingüe, estudioso y antólogo de la lengua quechua, tiene también una extensa obra en la que sobresalen novelas de complicada investigación previa, como *Repete, Surumi, Yanakuna, Ñan-cahuazú* o *Wichay uray*, escritas a lo largo de cuarenta años, entre 1937 y 1977.

Carlos Medinaceli, por su parte, fundó la revista *Gesta bárbara*, que agrupó a buena parte de los integrantes de su generación y desde la que ejerció un importante liderazgo crítico, y tiene una sólida obra ensayística, aunque su título más popular es la novela *La Chaskañawi* («la de los ojos de estrella») publicada en 1947, que con *La niña de sus ojos* (1948), de su compañero generacional Antonio Díaz Villamil, constituye una excepción estilística dentro del movimiento de los «escritores combatientes».

Óscar Cerruto, finalmente, posmodernista típico, es acaso el más vanguardista de todos estos grandes nombres y, luego de su novela-denuncia *Aluvión de fuego* (1935), que conmovió a la crítica y a los lectores en general por el descarnado relato de su experiencia personal en la Guerra del Chaco, vivida en plena juventud, se decantó hacia formas más puristas en el ejercicio de una poesía de alta calidad lírica (*Patria de sal cautiva, Cerco de penumbras, Estrella segregada, Cántico traspasa-*

*do*), vertida con económica mesura y sobre todo en los años de su madurez expresiva (1957-1976).

Cabría agregar otros nombres significativos en el presente corte generacional, como son los de Luis Toro Ramallo, Anze Matienzo, Fernando Ramírez Velarde, Alfredo Vaca Medrano o Rosa Melgar de Ipiña.

## La dramaturgia boliviana

Por su profunda implantación en la vida cotidiana y en los festejos de las comunidades indígenas, ya desde tiempos precolombinos, puede afirmarse que el teatro es una de las actividades con mayor solera entre los pueblos del Altiplano, y sin duda una de sus expresiones artísticas más concienzudamente elaboradas.

En 1853, y después de no pocas versiones parciales y contradictorias, una edición anónima fijó definitivamente en castellano el texto de *Ollantay*, la epopeya andina que la crítica y los cronistas venían atribuyendo a un misionero —el padre Antonio Valdez— y que Ricardo Rojas reelaboró con formato teatral contemporáneo, en cuatro actos de duración estándar y en verso, en 1934.

### La «generación de la Guerra del Chaco»

*Sorprendido en plena adolescencia por la atroz Guerra del Chaco, Raúl Botelho Gosálvez se convirtió en uno de los principales escritores de tendencia neorrealista.*

**M**uchos especialistas coinciden en señalar que la Guerra del Chaco (1932-1935), por su especial atrocidad e insensatez, es uno de esos acontecimientos que marcan un antes y un después en la historia de un pueblo, como ocurrió en efecto con la del pueblo boliviano. La literatura, como es obvio, no puede ser ajena a un cataclismo de semejante magnitud: se acabaron con la guerra las polémicas entre modernistas y antimodernistas que venían arrastrándose desde comienzos de siglo, se re-valorizó la obra de precursores del indigenismo como Alcides Arguedas, y se produjo la irrupción de narradores y poetas profundamente comprometidos con la realidad cotidiana del país, defensores de una literatura anclada en el medio y estéticamente alineados con el realismo ruso y los naturalistas franceses. Entre ellos están algunos de los nombres fundamentales de la literatura boliviana contemporánea, como Carlos Medinaceli, Augusto Céspedes, Óscar Cerruto o Raúl Botelho Gosálvez.

*El escritor Jesús Lara, más que indigenista directamente indígena en su literatura, escrita en castellano y en quechua. Fue un estudioso de la poesía y del drama escritos en lengua quechua.*

*Augusto Guzmán, narrador, crítico literario e historiador, noveló en Prisionero de guerra las penurias vividas en el cautiverio en el Paraguay, con motivo de la Guerra del Chaco.*

Lo más probable parece ser que fray Valdez haya tomado la historia de la tradición oral o haya refundido en el drama diversos fragmentos escenificables de los que circulaban todavía con abundancia en la época colonial. La polémica sobre la autoría y las dataciones cronológicas del *Ollantay* está lejos de haberse cerrado todavía, pero en todo caso la propia ambigüedad de sus orígenes confirmaría la vocación dramática de las culturas quechua y aymara, y la presumible existencia de otras escenificaciones similares.

Lo que sí ya es irrefutablemente histórico es que esa vocación está presente desde los albores de la literatura boliviana independiente y se manifiesta en la obra de los clásicos: Nataniel Aguirre (*La bellísima Floriana*, *La Quintañona*), Ricardo José Bustamante y Benjamín Lenz, por ejemplo, se cuentan entre los autores decimonónicos que cultivaron el teatro. A ellos les siguió la generación de los superficialmente llamados «autores costumbristas», que dedicaron buena parte de sus esfuerzos a la producción dramática y en la que figuran nombres tan destacados como las de Emilio Finot (1891-1952), Alfredo Saavedra Pérez, Antonio Díaz Villamil (1897-1948), Enrique Baldivieso, Ángel Salas, Valentín Meriles, Walter Dalence o Zacarías Monje Ortiz.

La renovación encarnada en la obra y la personalidad de Mario Flores, activo promotor de las novedades aportadas por las vanguardias, no sólo a la dramaturgia, sino también a la puesta en escena, fructificó en el fondo y en la forma de los autores teatrales del siglo XX, como pudieran ser Sergio y Gastón Suárez, Julio de la Vega, Guido Calabi o Renato Crespo. Mención aparte, por la difusión internacional sin paralelos que ha tenido su obra, merece el escritor y diplomático Adolfo Costa du Rels (1891-1980), autor de *Los estandartes del rey* (1957), extensa y compleja pieza de carácter histórico, representada en Francia, Bélgica y Alemania, y con la que obtuvo en París el prestigioso premio Gulbenkian, una especie de Oscar del teatro europeo. Du Rels es autor también de la conocida novela *Los Andes no creen en Dios* (1973).

*Nataniel Aguirre, autor de obras como* La bellísima Floriana *o* La Quintañona, *es uno de los escasos clásicos decimonónicos que mantiene hoy por hoy toda su vigencia dramática.*

*Novelista, pero sobre todo dramaturgo estrenado con éxito en Europa, Adolfo Costa du Rels, en la imagen en compañía de su esposa, fue una figura internacional de la literatura boliviana.*

## Los nuevos

Cuando Bolivia empezó a vivir los profundos cambios estructurales que acompañaron el ascenso al poder del Movimiento Nacionalista Revolucionario (MNR), en abril de 1952, una nueva generación literaria, la que se conocería como «generación del sesenta» estaba al acecho para tomar el relevo de los protagonistas de la Guerra del Chaco. No obstante, entre una y otra camada creativa —separada en la práctica por algo más que una estricta generación cronológica— se habían consagrado y establecido definitivamente algunos nombres individuales que no pueden ser adscritos a uno u otro grupo, como es el caso de Yolanda Bedregal (1916-), Óscar Alfaro (1921-1963) o Sergio Almaraz Paz (1928-1968).

Hija del gran animador cultural del movimiento modernista, Juan Francisco Bedregal, Yolanda publicó su primer poemario (*Naufragio*) cuando contaba apenas veinte años de edad, y antes de cumplir los treinta había agregado a él otros tres libros (*Poemar*, 1937; *Almadia*, 1942; *Ecos*, 1946), que bastaron para consagrarla como la más importante poetisa del posmodernismo, estatus que su obra de madurez (*Nadir*, 1950; *Del mar y la ceniza*, 1957) confirmó plenamente. Antóloga de sus contemporáneos (*Antología de la poesía boliviana*, 1977), conferencista itinerante por Europa y América, adscripta durante unos años a la carrera diplomática y autora también de una novela (*Bajo el oscuro sol*, 1971), su popularidad le ha granjeado el apodo de «Yolanda de Bolivia».

Óscar Alfaro, por su parte, miembro de la segunda generación de *Gesta bárbara*, poeta y narrador, sobresalió más que nada como el mayor especialista en literatura infantil de su tiempo: *Canciones de lluvia y tierra*, 1948; *Cien poemas para niños*, 1955; *La escuela de fiesta*, 1963; o

## La «generación del sesenta» y sus herederos

Los acontecimientos históricos y las movilizaciones populares que en abril de 1952 llevaron al poder al Movimiento Nacionalista Revolucionario (MNR) constituyeron, casi dos décadas después del fin de la Guerra del Chaco, el otro gran revulsivo del siglo XX boliviano. Y tal como había ocurrido en la primera oportunidad, los cambios producidos en el país se reflejaron poco después en su literatura, con la irrupción de la llamada «generación del sesenta», protagonizada por nombres como el de Julio de la Vega, Renato Prada Oropeza, René Poppe o Arturo von Vacano. Caracterizados por la mayor apertura estilística manifestada hasta ahora en la literatura nacional, tanto los narradores como los poetas de esta generación abrieron finalmente las puertas a las vanguardias, de lo que se han beneficiado los «novísimos» que ya velan sus armas para comenzar la sucesión.

*Desde su primer libro de poemas, Yolanda Bedregal se convirtió en la mujer más importante de la poesía boliviana, y su popularidad hizo que se la bautizara «Yolanda de Bolivia».*

*Cuentos chapacos*, 1964, son algunos de sus títulos más celebrados. Diversos compositores han puesto música a varios de sus poemas.

El cochabambino Sergio Almaraz Paz, se caracterizó en cambio por su compromiso político: agudo ensayista e ideólogo del nacionalismo de izquierda, fue autor de una obra (*El poder y la caída, Réquiem para una república, Para abrir el diálogo*, títulos escritos entre 1967 y 1979) que ha ejercido gran influencia sobre el pensamiento de la intelectualidad boliviana posterior a la revolución de 1952.

### Los nuevos narradores

Entre la llegada al poder del MNR y los primeros años de la década de 1960, se incorporaron a la escena literaria boliviana importantes narradores como Marcelo Quiroga Santa Cruz (1931-1980; *Los deshabitados*), Jesús Urzagasti (1941-; *Tirinea; En el país del silencio*), José Fellman Velarde (*Réquiem para una rebeldía*), Edgar Ceballos (*Mundo extraño*), Enrique Kempff Mercado (*Pequeña hermana muerte*), Gaby Vallejos de Bolívar (*Hijo de opa*), Juan Recacoechea (*Fin de semana*), Julio de la Vega (1924-; *Matías, el apóstol suplente; Cantango por dentro*), Hugo Boero Rojo (*El valle del cuarto menguante; La telaraña*).

Con posterioridad, en la última hornada de novelistas y cuentistas llegados a la literatura nacional, es imprescindible mencionar a René Poppe (*El paraje del tío; Koya loco*), Óscar Soria Gamarra (*Sangre de San Juan*), Néstor Taboada Terán (*Manchay Puyto; El signo escalonado*), Renato Prada Oropeza (1937-; *Los fundadores del alba; Larga hora la vigilia*), José Wolfango Montes Vannuci (*El gorrión desplumado; Jonás y la ballena rosada*), Raúl Teixidó (1943-; *Los habitantes del alba*), Giancarla de Quiroga (*La flor de la Candelaria*), Edmundo Paz Soldán (*Las máscaras de la nada*), Arturo von Vacano (*Sombra del exilio; Morder el silencio*), Ted Córdova Claure (*Cita en tierra-coraje*), Fernando Vaca Toledo (*Los réprobos*), Huáscar Taborga (*La casa de los cinco patios*), Joaquín Aguirre Lavayén (*En las nieves rosadas del Ande*) y Enrique Rocha Monroy (*Medio siglo de milagros; El rostro de la furia; Presagio para dos muertes*).

Con la novela Los des-
habitados, *Marcelo
Quiroga Santa Cruz
entró con fuerza en la*
literatura boliviana,
aunque su prematura
muerte truncó las expec-
tativas sobre su futuro.

De la misma generación
que Quiroga Santa
Cruz, el novelista Hugo
Boero Rojo (El valle del
cuarto menguante, La
telaraña) ha sabido ga-
narse un lugar privile-
giado entre los escritores.

## Poetas y dramaturgos

Tras la estabilizadora etapa del posmodernismo
(Óscar Cerruto, Yolanda Bedregal...), que de algún modo unificó tendencias y disolvió las polémicas que habían enfrentado a románticos y modernistas, se abre un período de experimentación
que deja entrar a la austera casa de la poesía boliviana los aires de las vanguardias. En este proceso, caracterizado por las búsquedas individuales
y las voces singularizadas, corresponde señalar
los nombres de Alcira Cardona Torrico (*Carcaja-
da de estaño y otros poemas, Rayo y simiente, Tormenta en el Ande, De paso por la tierra*), Óscar
Alfaro, Jaime Sáenz (*Recorrer esta distancia*),
Gustavo Medinaceli, Héctor Cossío Salinas, Matilde Casazola, Beatriz Schulze, Pedro Shimose
(*Quiero escribir pero me sale espuma*), Silvia Mercedes Ávila, Jesús Urzagasti (*Yerubia*), Jaime
Nisttahuz, Eduardo Mitre (*Mirabilia*) y Nora Zapata Prill.

Por lo que respecta a la creación de los dramaturgos, aparte de los que producen con regularidad, como Renato Crespo y Raúl Salmón, hay
que agregar en los últimos años significativos es-
trenos como *Letanía de las moscas*, de Alcira Cardona Torrico; *La presa*, de Julio de la Vega; *El cofre
de Selenio*, de Luis Ramiro Beltrán y *La última
fiesta*, de Óscar Zambrano.

# Artes plásticas y música

Los orígenes

La pintura

La escultura

La música

ART

*La originalidad de las construcciones del sitio arqueológico de Tiwanaku trascienden su valor histórico para convertirlo en un conjunto artístico genuino y sin parangón en toda América.*

# Los orígenes

*Figura chiriguano-colla, realizada en barro poco cocido, de Vallegrande (Santa Cruz).*

Hasta que Bolivia se proclamó República independiente —en la primera mitad del siglo XIX, como ocurriría por lo demás con el resto de sus vecinas sudamericanas— no puede hablarse en puridad de arte boliviano, pero sí de las abundantes y en ocasiones extraordinarias manifestaciones artísticas que se produjeron en lo que sería más tarde su territorio, desarrolladas por diversas culturas sucesivas, en un ininterrumpido espacio temporal que abarca nada menos que dos milenios.

## El arte precolombino

La mayor parte de ese lapso está protagonizado por el arte autóctono, anterior a la llegada de los españoles, y admite ser dividido por lo menos en dos etapas claramente diferenciadas: la de los primitivos pobladores de la región, y la culminación que significó la cultura de Tiwanaku (o Tiahuanaco), hasta fundirse en el más vasto proyecto político, demográfico y cultural del imperio inkaico.

## Las primeras culturas

Los grupos de pastores y agricultores que poblaron las mesetas y los valles andinos miles de años antes de nuestra era, dejaron vestigios de su presencia (como pinturas, utensilios, etcétera) en algunos de los lugares que les sirvieron de refugio. Las pinturas rupestres más importantes son las de Qala Qala, en el departamento de Oruro, que muestran figuras de auquénidos en movimiento; y las de Huerta Mayu, en la región de Mojocoya, en el departamento de Chuquisaca, que muestran representaciones de manos humanas, en negativo y positivo, en rojo, blanco y negro. Otras cuevas

destacadas son Inka Wasi, Inti Wasi, Patatoloyo, Toro Toro, Wayra Qapa, Pasopaya, Omereque y Apilla Pampa, repartidas entre los departamentos de Potosí, Cochabamba y Chuquisaca.

Más tarde, las primeras poblaciones que dejaron testimonios artísticos significativos, fruto ya del sedentarismo, fueron las de las culturas Wankarani (o Huancarani), Chiripa y Pucará, en las orillas opuestas del Titicaca, entre el 1200 a.C. y el 200 d.C. aproximadamente.

De la cultura Wankarani se destacan las representaciones talladas en piedra arenisca y rocas ígneas de cabezas de camélidos, especialmente de llamas, las cuales en una primera etapa son representaciones muy naturalistas, pero más tarde irán mostrando, progresivamente, mayores grados de estilización.

La cultura Chiripa creó una cerámica notablemente abstracta, de decoración geométrica, de color amarillo o rojo sobre fondo negro y con el trazado de los dibujos en relieve. Sus vecinos de la orilla opuesta, por contra, desarrollaron una cerámica fuertemente figurativa, de formas curvilíneas y con cabezas humanas, de llamas o de felinos, como motivo central de decoración. Pero los pucará ejecutaron también la más rica y antigua escultura de la región, realizando figuras humanas y animales de grandes volúmenes y acusado dinamismo.

A estos pueblos les siguieron las vastas civilizaciones Wari (o Huari) y Chimú (descendientes o vencedores estos últimos de la fascinante cultura Mochica, también llamada por ello protochimú), cuyo refinamiento artístico anuncia ya el apogeo tiwanacuense y propiamente inkaico.

*Vasijas halladas en tumbas precolombinas de quechuas y aymaras, según una ilustración* *de la obra* Voyage dans l'Amérique méridionale *(París, 1847) de Alcide D'Orbigny.*

*Los* kherus *(vasos troncocónicos invertidos de paredes cóncavas) son uno de los objetos más* *típicos de la cerámica tiwanakuense, aunque se ignora exactamente qué función cumplían.*

## Tiwanaku y el imperio

Aunque es casi seguro que la cultura de Tiwanaku comenzó a manifestarse hacia el siglo V de nuestra era, su esplendor correspondería al período comprendido entre los siglos X y XIII, fecha esta última en la que se subsumiría en el enorme proyecto del imperio de los inkas, sin que sepamos todavía con certeza las causas.

En una primera época llamada aldeana o arcaica la cultura Tiwanaku tenía gran dominio de la agricultura de secano; es decir, que para los cultivos se dependía del riego producido por las lluvias. También practicaban la ganadería de auquénidos, como las llamas y alpacas; la alfarería, que en épocas posteriores alcanzó un gran desarrollo, la orfebrería y la producción de textiles, tanto para uso doméstico como para uso ritual y ceremonial. Las expresiones artísticas alcanzaron gran calidad y belleza: la cerámica, por ejemplo, se hizo más elaborada, tanto la utilitaria como la destinada a ceremonias especiales, con una gran variedad

de formas entre las que destacan los *kherus* (vasos trococónicos invertidos, de paredes cóncavas) y los incensarios zoomorfos. La escultura se desarrolló a través de monolitos tan conocidos como el Pachamama (o Bennett, llamado así en honor del investigador de esta cultura), que actualmente se encuentra en la plaza Tejada Sorzano, de la ciudad de La Paz; el Ponce (en recuerdo del investigador boliviano Carlos Ponce Sanjinés), que está emplazado en el templo de Qalasasaya, en Tiwanaku; el conocido como «El Fraile», también ubicado en Tiwanaku. Asimismo destacan las representaciones escultóricas de personajes como los *chachapumas* (hombres-puma, también llamados caballeros-pumas), las cabezas que adornan los muros del templete semisubterráneo y los numerosos frisos representados en dinteles y puertas, como las del Sol y de la Luna. La metalurgia también alcanzó un gran nivel. Muestras en oro y plata de pectorales, máscaras, diademas, idolillos antropomorfos y zoomorfos, y placas de diferente tamaño y

## El legado de Tiwanaku

Aunque las teorías más audaces —y si se quiere, fantasiosas— sobre Tiwanaku han sido desmentidas por los modernos métodos científicos de datación, los enigmas de sus orígenes y desarrollo están lejos de haber sido esclarecidos. Se sabe que su antigüedad oscila entre los quince y los dieciocho siglos (lejos de los diecisiete mil años que le atribuía una conocida teoría arqueológica), pero no se sabe con exactitud si fue un reino independiente o un centro cultural y religioso compartido por varios de ellos, al que diversos pueblos de su entorno habrían aportado sus talentos específicos a lo largo de múltiples generaciones. Lo que es indiscutible, en todo caso, es que no existe una riqueza arquitectónica y artística comparable a Tiwanaku en todo el actual territorio boliviano. La joya principal de este impresionante conjunto es la Puerta del Sol y, dentro de ella, el dintel escultórico en sobrerrelieve que la corona. El motivo central de este dintel es una figura humana con el rostro rodeado de rayos, algunos de los cuales culminan en sendas cabezas de felinos; la imagen empuña un bastón de mando con perdil de cóndor en cada mano, y de sus brazos penden diversas cabezas a modo de trofeos. A ambos lados de la figura central se extienden otras, que le hacen una especie de marco o cortejo.

Por la importancia monumental de la Puerta se infiere que esta ilustración alude a una deidad específica o a un mito cosmogónico, pero las características de éste o aquélla no han sido descifradas todavía.

*Por su impresionante calidad figurativa y la riqueza de su simbolismo, la Puerta del Sol es sin duda la obra central de Tiwanaku, pero su significado cosmogónico no ha sido desvelado.*

más conocido de ellos es el monolito Kon-Tiki o monolito barbado, llamado así porque se creyó en un principio que tenía barba, aunque luego se comprobó que lo que parecía una barba era una nariguera. Actualmente, esta pieza lítica se encuentra emplazada en la parte central del templete semisubterráneo, y por los elementos que presenta en su decoración se la asocia con deidades relacionadas con el agua y la fertilidad. A esta época pertenece también buena parte del conjunto monumental de Tiwanaku, situado a 21 km del lago Titicaca. No se sabe si éste corresponde a los restos de la capital de un reino o si se trataba de un centro ceremonial que presidía una región mucho más vasta. Sí sabemos en cambio que los inkas lo consideraban el punto fundacional del mundo y que es, con diferencia, la mayor joya precolombina que existe en Bolivia. Aparte de su valor arquitectónico hay que destacar la culminación del arte escultórico que supone, con los numerosos ejemplos expuestos en la pirámide escalonada de Akapana (o Acapana), en el Qalasasaya (o Calasasaya) o «templo de las Piedras Paradas» y, sobre todo, en la colosal Puerta del Sol, cuyo dintel esculpido en sobrerrelieve, con figuras antropomorfas, es la cumbre de la escultura lítica andina.

Hacia el siglo XII, la producción escultórica y artesanal se desplazó a Wari, especializándose Tiwanaku en la construcción de chullpas (torres funerarias) ya de claras características inkaicas.

forma, con fines rituales y ceremoniales, se pueden apreciar en el Museo de Metales Preciosos de la ciudad de La Paz, junto a piezas que sirvieron a manera de grapas en las grandes construcciones líticas emprendidas por esta cultura.

Las expresiones artísticas de la época urbana o clásica se plasmaron en la producción de alfarería utilitaria, que era decorada con incisiones de tipo geométrico; la escultura tuvo su expresión en la producción de monolitos en piedra arenisca. El

*Gregorio Gamarra fue uno de los primeros y más destacados representantes del manieris-mo en la pintura boliviana, como lo confirma su obra maestra La adoración de los Reyes.*

# El arte colonial

Entre la llegada de los primeros españoles —atraídos por las leyendas de El Dorado, El Rey Blanco y la Sierra de la Plata— y la Independencia boliviana, median casi exactamente tres siglos en los que es posible distinguir al menos dos grandes períodos: uno de descubrimiento e imitación de las técnicas europeas, que llega hasta la segunda mitad del siglo XVII y está presidido por las formas y las teorías del manierismo, y otro posterior, de más neta asimilación y producciones propias, puesto bajo la égida del barroco.

## La influencia española e italiana

Una vez sometidos los últimos reductos del imperio inkaico y superadas las luchas intestinas originadas por la sucesión de los Pizarro y Almagro, con la creación de la Real Audiencia de Charcas (1551) se inicia un proceso de normalización de la vida colonial altoperuana que se verá lógicamente reflejado en la actividad cultural y artística.

Utilizada como medio de difusión de la nueva fe religiosa, la pintura se practicó ampliamente en talleres fundados por maestros europeos —muchos de ellos sacerdotes— que enseñaron sus téc-nicas a aventajados discípulos indígenas. Una buena proporción de los millares de cuadros y tallas anónimas realizados por entonces se ha conservado hasta la actualidad, y constituye un formidable fondo patrimonial de los museos e iglesias bolivianos. No obstante, también ha sobrevivido una gran cantidad de obra con nombres y apellidos, de la que es necesario destacar, entre los maestros, al jesuita italiano Bernardo Bitti y a los igualmente italianos, pero provenientes de España, donde trabajaban, Mateo Pérez Alessio (Mateo de Lecce) y Angelino Medoro.

De la profusión de sus discípulos locales es imprescindible mencionar a Cusi Huamán, Gregorio Gamarra y, un poco después, los no menos depurados lienzos de los maestros Matías Sanjinés, Montúfar y Diego de Ocaña, el conjunto de cuyas obras configura el «siglo de oro» del manierismo boliviano. Esta escuela mantendrá su predominio hasta bien entrado el siglo XVII, sobre todo en la próspera ciudad de Potosí, como se manifiesta en los lienzos de los maestros potosinos Antonio Ergueta y Nicolás Chávez de Villafañe.

Por lo que respecta a la escultura del período hay que mencionar en primer lugar al noble Francisco Tito Yupanqui, autor de la célebre imagen de la Virgen de Copacabana, a Gómez y Hernández Galván, a quienes se atribuye la autoría del retablo de Ancoraimes y crearon con seguridad el de la Merced de Chuquisaca, y al también noble Sebastián Acostopa Inca, autor de numerosos retablos manieristas.

## El estilo de los artistas criollos

El realismo barroco llega a la Audiencia de Charcas mediado el siglo XVII, a través de cuadros de maestros españoles como Francisco Pacheco y, sobre todo, Zurbarán, y revoluciona la escuela potosina que en él encuentra el molde que estaba buscando para la expresión de la realidad americana.

El primero en manifestar esta sensibilidad es el tenebrista y potosino Francisco de Herrera y Velarde (sus obras maestras *San Francisco recibiendo los estigmas* y *Ecce Homo entre los ángeles* son buena muestra de ello), al que siguen casi de inmediato pintores pertenecientes a los grupos que se forman en Collao, La Paz, Oruro y las poblaciones ribereñas del lago Titicaca. Leonardo Flores y sobre todo Quispe Tito (*El rico Epulón y el pobre Lázaro*, en San Pedro de La Paz), dan el paso decisivo en la eclosión del barroco nacional, al que pronto se sumarán el extraordinario y anó-

*Esta* Santa Margarita *que derrota y castiga al diablo, es una de las numerosas muestras del ta-* *lento del extraordinario y anónimo pintor al que se conoce como «maestro de Calamarca».*

*La* Entrada del arzobispo Morcillo en Potosí *(detalle) data de 1715 y puede afirmarse que fue* *obra del pintor Melchor Pérez de Holguín, máxima figura de la pintura colonial en Bolivia.*

nimo «maestro de Calamarca» y el gran Melchor Pérez de Holguín, máximo representante de la pintura colonial boliviana.

Nacido en Cochabamba pero afincado en Potosí, Pérez de Holguín (1660-1724) fue discípulo de Murillo en Sevilla y desde el comienzo de su carrera asimiló la influencia de Zurbarán, en especial en el tratamiento de las figuras ascéticas y místicas de su primera época. Su estilo alcanza la madurez y la singularidad cuando introduce la multiplicidad de figuras y el colorido más brillante en lienzos como *El triunfo de la Iglesia, El Juicio Final* o *Entrada del arzobispo Morcillo en Potosí,* que además de su valor pictórico son insuperables testimonios de las costumbres del lugar y la época, por el detallismo preciosista en la composición de cada uno de los múltiples personajes que pueblan las exuberantes telas.

Si bien la escuela potosina en su conjunto sufrirá durante generaciones la influencia del maestro Holguín, hay que señalar como sus discípulos inmediatos y más destacados a Gaspar Miguel de Berrío (el mejor de ellos, autor de célebres lienzos como *La coronación de la Virgen*), Nicolás Ecoz (el más cercano al maestro, hasta el punto de que

muchas de sus obras podrían estar firmadas por Holguín) y Joaquín Carabal. A mediados del siglo XVIII el epicentro de la actividad pictórica se desplazó a Chuquisaca, donde sobresale la obra de Luis Niño, indispensable para comprender el progresivo indigenismo que presidiría la pintura boliviana en los decenios inmediatamente anteriores a la Independencia.

En la línea de las reformas de Carlos III, el neoclásico llega al Alto Perú en las postrimerías del virreinato y tiene representantes tan notables como el pintor y dibujante Ambrosio de Villarroel, el retratista Diego del Carpio y, sobre todo, Manuel de Oquendo, fundador de la Academia de San Pedro en la misión de Moxos y la última gran figura de la plástica colonial boliviana.

Por lo que respecta a la tradición escultórica también asimiló la transición al barroco y a una expresión más americanista en las tallas de Gaspar de la Cueva, Luis de Peralta y Diego Quispe Curo, encontrando su culminación estilística en la obra de Juan Martínez Montañés, autor de la imagen de la Inmaculada de la catedral de Oruro, unánimemente considerada la obra maestra de esta tendencia.

# La pintura

Más de un siglo y medio pero todavía menos de dos lleva Bolivia como Estado independiente, por lo que el resumen de sus actividades creativas —y en este caso concreto, el de su pintura— es relativamente sencillo de hacer y, como es lógico, no demasiado extenso.

En tres etapas principales puede dividirse esta reseña de la pintura boliviana propiamente dicha, y éstas serían: la época en la que estuvieron activos los pintores de la Independencia y sus inmediatos discípulos, aproximadamente entre 1825 y 1875; el período de transición que coincide con el pasaje de centuria, o lo que es lo mismo el último cuarto del siglo XIX y el primero del XX; la asimilación bastante tardía de las vanguardias europeas y la eclosión de la obra de los pintores contemporáneos a ellas, todavía vigente, así como la presencia de las generaciones posteriores, incluyendo la de la «revolución del 52», hasta la actualidad.

## Los pintores de la Independencia

Las tendencias o escuelas que caracterizan la obra de los artistas plásticos que comienzan a manifestarse durante las postrimerías del ciclo bolivariano, tienen en común el abandono de las antiguas influencias españolas, pero también de las particularidades y primicias del indigenismo, manteniéndose por lo general en una tesitura neoclásica que ya había venido predominando en la generación anterior, y que se expresa sobre todo a través del abundante ejercicio retratístico y de un paisajismo de extracción y tesitura románticas.

Acaso el elemento más singular de este período esté representado por la pintura de exvotos, de reducidas dimensiones, ejecutados sobre planchas

Imposición de la casulla a San Ildefonso, *exvoto del pintor Diego del Carpio, en la catedral de La Paz.*

de cobre, cinc o madera, cuyo iniciador en La Paz, y sin duda uno de sus más destacados representantes, fue el maestro Diego del Carpio. Los orantes —casi todos, militares de uno u otro bando de las por entonces recientes contiendas— se encuentran en ellos con frecuencia postrados a los pies de la imagen de un Cristo o de una Virgen, como protagonistas de una composición devota e ingenua que, sin embargo, posee un fuerte valor testimonial.

En otro estilo, de sobrio clasicismo, también se debe incluir en este momento la obra del maestro Francisco Balcera, activo ya desde los inicios de la Guerra de la Independencia y figura que recoge la herencia de las generaciones inmediatamente anteriores.

## A mediados del siglo XIX

Algo más adelante, entre los nombres del período de estabilización de la República que merecen un recordatorio, no pueden dejar de mencionarse los de Gorostiaga, con su importante serie de retratos presidenciales que se conservan en la Casa de Moneda de Potosí, los de Faustino y Manuel Pereira, padre e hijo y nativos ambos de la ciudad de Sucre (de Manuel sobresale Morales y la Faye, que todavía hoy puede verse en el Museo-Casa de Murillo, de La Paz) y, sobre todo, los nombres de Manuel Ugalde y Antonio Villavicencio, indiscutiblemente las figuras protagónicas de ese momento pictórico.

Considerado por muchos el mejor pintor boliviano de mediados del siglo XIX, Manuel Ugalde (1817-1881) había nacido en realidad en Ecuador, pero desde muy joven se radicó en Bolivia, donde llevó a cabo la mayor parte de su producción, en sus dos facetas de retratista y paisajista (de la primera cabe mencionar el retrato del pre-

*Considerado el mejor pintor de los primeros decenios de la Independencia, Manuel Ugalde se dedicó al paisaje y el retrato: el* Retrato del presidente Pacheco *es su obra maestra.*

## Un hueco entre la Colonia y las vanguardias

Aunque algunos nombres significativos —Balcera, del Carpio, Ugalde, Villavicencio, Tapia, Porcel, Iturralde u Olivares— aporten el singular conjunto de sus obras a las artes plásticas bolivianas del siglo XIX, esta decena escasa de nombres no alcanza para disimular una evidencia: la pintura decimonónica del país fue básicamente una pintura de género, dominada más por los encargos derivados de éstos que por la creatividad individual de sus protagonistas, y hoy por hoy sobrevive acaso con más abundancia en los municipios y otras instituciones públicas que en los museos. Considerada en bloque —y con las excepciones señaladas— podría ser obra de un solo autor o, a lo sumo, de cinco autores, cada uno de los cuales dedicados a uno de los géneros predominantes: los exvotos, el retrato, los paisajes, la pintura de inspiración religiosa o la de motivaciones históricas (batallas, juras o proclamas). Algunos críticos han considerado que la pintura boliviana del siglo XIX puede verse, en su conjunto, como el proceso necesario para asumir la identidad nacional, antes de que el arte autóctono pudiera lanzarse a la mucho más individualizada aventura de las vanguardias.

sidente Pacheco, obra maestra del género, y de la segunda su famoso Paisaje de Cochabamba, que se exhibe en el palacio municipal de esta ciudad).

Antonio Villavicencio, nacido en Chuquisaca en 1822, sobresalió también por su parte como retratista y su legado es una importante galería de personajes en la que destacan el retrato ecuestre del general José Ballivián y las imágenes clásicas de los presidentes Belzú, Córdova, Achá Morales y Melgarejo. Por otro lado, hay que decir que su pintura de carácter religioso, a la que dedicó mucho tiempo y esfuerzos, es, sin embargo, bastante menos significativa.

## Del siglo XIX al siglo XX

Dos maestros de gran influencia en su momento, Juan de la Cruz Tapia y Saturnino Porcel, representan y sintetizan la pintura boliviana de las décadas del pasaje de entresiglos, ya que su obra refleja el predominio de la pintura de género sobre la inspiración individual y, al mismo tiempo, abarca la mayor parte de éstos (reconstrucción histórica, inspiración religiosa, retratos).

Juan de la Cruz Tapia (1840-1933), potosino de origen y residente casi siempre en su ciudad, dedicó buena parte de su larga y fecunda vida a la restauración, y hay que agradecerle su excelencia en el trabajo con los pintores virreinales, entre ellos el gran maestro Holguín, muchas de cuyas obras salvó para la posteridad. Pero su obra personal no es menos significativa y en ella sobresale su habilidad como retratista (es muy conocido el retrato de José María Linares, expuesto a perpetuidad en el Senado Nacional de La Paz) y sobre todo sus lienzos de inspiración religiosa. En este campo, cabe citar la serie *Seis doctores de la Iglesia* (templo de La Merced, en Potosí) y los cuadros *San Juan de Dios* (Museo de Charcas) y *La Piedad* (iglesia de San Sebastián, Potosí).

Saturnino Porcel (1830-1892), igualmente originario de Potosí, se ejercitó por su parte con pareja fortuna en la temática religiosa —que se

*Incluido por lo general entre los precursores del indigenismo, José García Mesa ha creado también obras singulares, como esta* Vista de Potosí *que lo desmarca de toda tendencia.*

*Cecilio Guzmán de Rojas y Arturo Borda son las dos grandes y antagónicas figuras de la plástica contemporánea de la Guerra del Chaco. Del segundo,* Crítica de los ismos *(fragmento).*

conserva en diversos templos de las principales ciudades bolivianas— y como retratista. En esta última faceta se puede admirar la colección de la Casa de la Moneda de su ciudad natal, en la que sobresalen los conocidos retratos de Casimiro Olañeta y de Gregorio Pacheco.

### Otros nombres finiseculares

Por primera vez desde los tiempos virreinales, en el último tercio del siglo XIX —preanuncio de lo que ocurrirá en el siguiente— vuelve a sentirse la influencia de algunos pintores extranjeros, como es el caso del español Gil de Castro o del belga Drexel.

Por otro lado, entre los locales es imprescindible agregar los nombres de Zenón Iturralde y Mariano Florentino Olivares. Nacido en la ciudad de La Paz a mediados de siglo, Iturralde está considerado el máximo representante de la sensibilidad romántica en la pintura boliviana, y buena fe de ello dan sus lienzos inspirados en la gran corriente literaria de esta tendencia, tales como *Atala y Chactas*, sobre la novela de François-René de Chateaubriand, o *La dama de las camelias*, sobre la no menos célebre obra de Alexandre Dumas (hijo). Olivares, por su parte, nacido en Oruro pero también afincado en La Paz, fue un refinado retratista de cuyo talento quedan abundantes testimonios en la capital, tales como el retrato de Adolfo Ballivián (Senado Nacional), el de Tomás Frías (Biblioteca Municipal) o el de Eliodoro Camacho (Círculo Militar).

## De la apertura vanguardista a los contemporáneos

Las primeras dos décadas del siglo están dominadas por los pintores de formación académica, pero que en cierto sentido —por sus búsquedas de fondo si no de forma— pueden ser considerados precursores del indigenismo, como José García Mesa, Carlos Berdecio, José R. Álvarez y Avelino Nogales. En los años treinta irrumpe la gran figura de Cecilio Guzmán de Rojas (1899-1950), de algún modo sintetizador y culminador de las propuestas pictóricas bolivianas de las últimas décadas, y la de su contemporáneo y antagonista —sobre todo en la manera que ambos tuvieron de entender y sentir la pintura—, Arturo Borda (1883-1950), quien, a través de un simbolismo emparentado con los poetas y narradores de la revolución modernista, abre un nuevo frente del que se alimentarán las futuras vanguardias. Así pues, para la época de la Guerra del Chaco, las dos principales tendencias de la plástica boliviana contemporánea estaban ya definidas por sus iniciadores.

*El paso a la abstracción significó uno de los mayores revulsivos para la pintura boliviana contemporánea. Un buen ejemplo de ello es esta obra de Óscar Pantoja: Sin título, 1996.*

Otra cosa, desde luego, será el complejo proceso que estas influencias cruzadas seguirán en el medio siglo posterior, tras atravesar el proceso revolucionario del Movimiento Nacionalista Revolucionario (MNR) iniciado en 1952 y hasta desembocar en las múltiples escuelas que se desarrollarán a partir de la década de 1970. En el camino, cabe mencionar los nombres de Jorge de la Reza, Víctor Cuevas Pabón, Genaro Ibáñez, Armando Pacheco Pereyra y Óscar Pantoja, entre otros destacados compañeros de ruta.

### A partir de 1952

El grupo de pintores contemporáneos de la llegada al poder del Movimiento Nacionalista Revolucionario está encabezado por Walter Solón Romero (nacido en 1925), Miguel Alandia Pantoja, Juan Rimsa y Gil Imaná, de extracción social semejante e influidos todos ellos por el muralismo mexicano, y del que también participan importantes nombres como los de Antonio Mariaca, René Reyes Pardo o Lorgio Vaca. Pero en la acera de enfrente, por así decirlo, ya hay también un importante conglomerado de artistas orientados hacia la

Su soledad horada, gota a gota, la piedra, *óleo fechado en 1974, de Gil Imaná, uno de los nombres más representativos e indiscutibles de la pintura boliviana de la segunda mitad del siglo XX.*

## Un esquema pictórico para el siglo XX

Aunque la natural falta de perspectiva impide todavía determinarlo con precisión, la mayor parte de los críticos de arte están acordes en establecer una división en cuatro etapas para la pintura boliviana del siglo XX, sin duda el más rico e inclasificable de su trayectoria. Este esquema orientativo es el siguiente:

1. Academicismo y simbolismo (1900-1925), que representan respectivamente la herencia decimonónica y la apertura modernista (no sólo como revolución formal, sino como un cambio de hábitos y costumbres creativas).

2. El apogeo del indigenismo (1925-1952), con epicentro en la Guerra del Chaco, que en los años treinta fue el detonante de una nueva conciencia social entre los artistas y creadores.

3. La generación del 52 (1952-1972), surgida del triunfo del MNR y la consiguiente modificación en profundidad del país, que puede subdividirse en dos grandes corrientes: la de los «pintores sociales» y la de los «pintores abstractos».

4. Las nuevas generaciones (desde 1972 hasta la actualidad), sin duda el grupo más complejo de clasificar, dada su proximidad e incluso su vigencia (pintores de la desesperanza, abstraccionismo geométrico, renacimiento telúrico, realismo mágico, pintura ingenua, neoexpresionismo...).

Colinas, *de María Luisa Pacheco, con la audacia formal de las últimas generaciones.*

abstracción, que conseguirán romper el frente monolítico de la plástica figurativa boliviana y en el que destacan María Esther Ballivián, Mario Campuzano y María Luisa Pacheco, maestros entre otros de las revulsivas generaciones que han protagonizado las artes plásticas nacionales del último cuarto de siglo.

La obra polivalente y heterodoxa de Luis Zivetti, Alfredo da Silva, Enrique Arnal o Tito Kuramotto, entre otros destacados representantes de su generación, establecerá el puente por el que se llega a la de los más recientes artistas del panorama boliviano, entre los que no se puede dejar de mencionar a Patricia Mariaca, Max Aruquipa, María La Placa, Fabricio Lara, Martha Cajías, Roxana Araníbar, Ramón Tito, Mamani Mamani, Juan Andrés Gavilano o Johnny Quevedo, entre los más notables y también publicitados.

# La escultura

A diferencia de lo ocurrido con la pintura, que en el territorio altoperuano nace prácticamente con la instauración del virreinato y se desarrolla con la Colonia, las tallas y los conjuntos escultóricos tienen ya una gran tradición autóctona, cuando se produce la llegada de los españoles, e incorporarán con mucha lentitud las múltiples influencias europeas en su desarrollo. No por falta de receptividad sino por la solidez de esa tradición que había experimentado ya con materiales tan diversos como la greda, la piedra y los metales, y con manifestaciones formales tan eclécticas como las estelas gigantescas o los huaco-retratos.

Cristo atado a la columna, *de Diego Quispe Curo, una de las cumbres del barroco boliviano.*

## Cuatro siglos de escultura

Aunque ya se ha adelantado algo en el apartado «Los orígenes», conviene sintetizar por sus pasos contados la evolución de la escultura durante el período colonial. La gran figura de este extenso lapso es Francisco Tito Yupanqui, surgido del taller potosino de Diego Ortiz, quien pronto superó a su maestro y se instaló por su cuenta en La Paz, especializándose en imágenes de la Virgen (la de Copacabana, la del Santuario de Cocharcas, la de Pucarani, la de Tucumán) que se encuentran entre las más hermosas producidas en América.

Inmediatamente a la zaga de Yupanqui hay que colocar a los hermanos Hernández Galván y a Sebastián Acostopa Inca, autor de retablos manieristas con bellísimos relieves policromados como *La Adoración de los pastores* o *El nacimiento de la Virgen*. Gómez y Andrés Hernández Galván, por su parte, crearon las múltiples tallas del retablo renacentista de La Merced de Chuquisaca y el del mismo estilo de los Santos Franciscanos de San Lázaro de Sucre, y se les atribuyen otros igualmente notables, como el que se encuentra en la población de Ancoraimes, en las riberas del lago Titicaca.

## Barroco e Independencia

La transición al barroco se produce bajo el indiscutible magisterio del llamado «dios de la madera», el portentoso escultor y tallista sevillano Juan Martínez Montañés (1568-1649), cuya *Inmaculada*, perteneciente a su época de madurez y hecha por encargo de la catedral de Oruro, es sin duda la pieza escultórica más valiosa que posee Bolivia.

Tal vez el discípulo más eminente de Montañés sea Gaspar de la Cueva, de quien pueden citarse obras tan notables como el *Cristo crucificado de Burgos*, exhibido en la iglesia de San Agustín de Potosí; el *Cristo de la Columna* y un *Ecce Homo*, pertenecientes respectivamente a las iglesias de San Lorenzo y de San Francisco, ambas igualmente potosinas. Otros escultores importantes de la época fueron Luis de Peralta, el indio Diego Quispe Curo, y el semianónimo artífice cuzqueño conocido con el nombre de Julián.

Ya en el siglo XIX, la llegada de numerosas tallas italianas —importadas por distintas iglesias— produce un cambio en las tendencias más influyentes, y de ese cambio saldrán escultores realmente de mérito como el también pintor Juan de la Cruz Tapia, o el matrimonio formado por Pedro Enríquez y su mujer Julia Sandóval, ambos brillantes exponentes de la escultura en madera policromada.

*Marina Núñez del Prado ocupa un lugar preeminente dentro de la escultura boliviana y es la* *artista plástica de más relieve internacional; aquí, el conjunto* Mujeres andinas al viento.

*La gallina de los huevos de oro, de Danielle Caillet, escultora que comenzó a manifestarse en* *la década de 1970: otra concepción del volumen, mucho más áerea y densa que la tradicional.*

## El siglo XX

Urías Rodríguez y Alejandro Guardia son sin duda los pioneros de la intensa transformación que conmoverá las artes plásticas bolivianas —y, desde luego, la escultura— a partir de las primeras décadas del siglo XX, ya que para estas fechas viajan a Europa, donde no sólo consolidan su formación, sino que descubren otros academicismos alejados de la tradición española hasta entonces vigente, y los primeros brotes de las fecundas vanguardias: a su regreso al país, ya nada volverá a ser lo mismo.

Lamentablemente, la obra de Urías Rodríguez ha quedado dispersa (una buena muestra de ella es el monumento a Maximiliano Paredes) y en un considerable porcentaje en mero estado de proyecto que no llegó a su realización. Más afortunado, Guardia concretó buena parte de sus diseños escultóricos y, sobre todo, participó activamente en la fundación de la Academia de Bellas Artes de La Paz, de la que fue largo tiempo profesor: entre sus discípulos figurarían los principales nombres de la escultura boliviana de la primera mitad del siglo XX, encabezados por la célebre Marina Núñez del Prado, Hugo Almaraz y los hermanos Terrazas.

Nacida en 1910, Marina Núñez del Prado es sin duda la figura más internacional de las artes plásticas bolivianas, y en las distintas etapas de su labor creativa incorporó y realizó prácticamente todas las tendencias de la escultura nacional, hasta el punto de que su huella sigue estando presente en casi todos los artistas de generaciones posteriores. Partiendo de una primera etapa fuertemente indigenista hasta llegar a los años de la madurez (período de los «cóndores»), Núñez del Prado fue una perpetua investigadora de las formas y los materiales autóctonos, desde la rica variedad de maderas del trópico boliviano hasta la diversidad de mármoles (granito de Comanche), basalto y ónix de las canteras andinas.

Con un similar punto de partida (la recuperación del indigenismo), Hugo Almaraz evolucionó sin embargo hacia una singular formalidad emparentada con el *art-nouveau*, como puede apreciarse en sus principales obras monumentales (a la memoria del general Pando, en el cementerio de La Paz, o el monumento a Alonso de Mendoza, fundador de la ciudad). Aparte de los mencionados hermanos Terrazas, hay que agregar todavía

*El monumento al conquistador Alonso de Mendoza, levantado en La Paz por el nada convencional escultor Hugo Almaraz, no estuvo exento de polémicas desde su inauguración.*

en este brillante grupo fundacional de la modernidad escultórica boliviana los nombres de Fausto Aoiz, Alejandro González y, sobre todo, Emiliano Luján Sandóval, cuya obra es de una versatilidad que anuncia ya el eclecticismo de sus sucesores.

## A partir de la década de 1950

Como ocurrió en todos los campos, no sólo de la cultura sino de la sociedad boliviana en general, el triunfo del MNR —a partir de lo que se conoce como la «revolución de 1952»— marcó un antes y un después en las artes plásticas nacionales. Sin embargo, ese corte fue mucho menos acusado en la escultura que en la pintura, a causa de un fenómeno específico: la singular personalidad de Marina Núñez del Prado, cuya obra, en sus diversas e igualmente ricas etapas evolutivas, había cubierto prácticamente todos los frentes de la investigación formal y del trabajo experimental con los materiales, hasta el punto de que las nuevas generaciones encontraban muy difícil no derivar de alguna de sus facetas.

Esta situación cambió a partir de la década de 1970, cuando los últimos discípulos a pesar suyo de la gran escultora encontraron fórmulas expresivas radicalmente distintas a las de su herencia. Suele citarse como uno de los puntos de inflexión de esa ruptura el monumento que Bolivia envió a Seúl (Corea del Sur), obra de Ted Carrasco, un impresionante conjunto de bloques pétreos en el que resultaba arduo establecer la frontera entre la creación figurativa del artista y la naturaleza de los materiales empleados.

La esposa de Carrasco, Francine Secretan, con un estilo muy distinto y hasta opuesto al de su marido, forma parte también de la primera línea de este movimiento rupturista y de gran polivalencia creativa, en el que descuellan asimismo los nombres de la escultora Danielle Caillet, del cruceño Marcelo Callaú y del también pintor Gastón Ugalde, sin olvidar a otros contemporáneos de gran mérito como Ricardo Pérez Alcalá, Agustín Callisaya, Rudy Ayoroa, Víctor Zapana Serna, Carlos Rodríguez, Ernesto Mamani Pocoata o Gustavo Lara.

## La complejidad escultórica

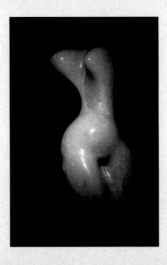

**P**ocas manifestaciones artísticas —tal vez ninguna como ella—ofrecen en Bolivia contrastes tan rotundos como la escultura, hasta el punto de que se puede dividir su historia en etapas concretas, como si de una cronología de gobiernos o sucesos se tratara. A la rica tradición de los escultores y creadores de estelas precolombinos siguió la de los tallistas a la española del período virreinal; a éstos a su vez el clasicismo de la República, la apertura a Europa, la obra en solitario de Marina Núñez del Prado y la tardía eclosión de las vanguardias del último cuarto de siglo. Falta por saber si una etapa integradora de todas estas variantes —que algunos especialistas ven ya en los más recientes creadores— marcará la impronta de la escultura boliviana del siglo XXI.

*Dos épocas de la escultura boliviana: Danielle Caillet junto a su bronce* Los cumpas, *fechado en 1995; arriba,* Torso *de Marina Núñez del Prado.*

# La música

Como ya se ha visto en el caso de las artes plásticas, la música boliviana admite tres grandes subdivisiones que se corresponden con otras tantas etapas históricas del devenir del país: la música precolombina, la del período de la Colonia y la posterior a la proclamación de la República. Pero también es necesario establecer ciertas precisiones que caracterizan la evolución musical boliviana y a la vez la diferencian del desarrollo de otras manifestaciones artísticas.

En primer lugar habría que citar la riqueza de repertorio y de instrumentalización de la música autóctona anterior a la llegada de los españoles (ver Recuadro), que singulariza el aporte de los músicos collas y chullpas dentro del vasto universo quechua, pero también merece atención la ininterrumpida riqueza de las instituciones que dieron su apoyo a las actividades musicales durante el período colonial, así como el gran despegue hacia el exterior que se produce a partir de mediados del siglo XIX, no sólo de compositores sino también de intérpretes, sin olvidar la importante tarea de investigación llevada a cabo por los musicólogos etnográficos de las generaciones inmediatamente posteriores.

*Músicos del carnaval andino, ceremonia tradicional de profunda significación litúrgica.*

## Más de trescientos años de historia

Hasta bien avanzado el siglo XIX, con la aparición de los primeros músicos nacionales de formación clásica europea, no se produce el fenómeno central que marcará la música boliviana hasta el presente y la dotará de sus rasgos más personales: la creciente incorporación de las tradiciones autóctonas a las formas de la música culta internacio-nal. Hasta entonces, ambas corrientes habían seguido derroteros tan ricos como sin duda independientes, que diferenciaban claramente el ámbito de las partituras del de la tradición oral.

### La época colonial

Las investigaciones iniciadas hacia 1960 por el californiano Robert Stevenson —tras las huellas de los pioneros Julia Elena Fortún y monseñor García Quintanilla, brillantemente proseguidas por Samuel Claro, Waldemar A. Roldán y Carmen García Muñoz, entre otros— sacaron a la luz un hecho que había permanecido oculto: desde 1535 y hasta las campañas de la Independencia, la Audiencia de Charcas (la futura Bolivia) fue uno de los principales centros de la cultura musical sudamericana.

Sobre todo en su capital, La Plata (hoy Sucre), descolló la actividad de la Capilla Musical de la Catedral, con su coro de niños cantores, organistas y maestros, amén de un fastuoso archivo de manuscritos en cuidadosas transcripciones, que ha permitido recuperar nombres como los del polifonista Gutierre Fernández Hidalgo, el barroco y máximo exponente del arte del villancico, Juan de Araujo, el de su maestro Tomás de Torrejón y Velasco y, sobre todo, la obra de los grandes compositores dieciochescos, como el potosino Antonio Durán de la Mota, el chuquisaqueño Manuel Mesa y Carrizo, los hermanos Antonio y Estanislao Miguel Leyseca, Roque Jacinto de Chavarría o Juan Buenaventura Flores Guanaco. Ya hacia finales del período destacaron también cultivadores del clasicismo, muy influidos por Haydn, como Alejo Franco y Julián de Vargas.

*En 1884, el potosino Eduardo Berdecio vio cumplido su sueño: la fundación de la Socie-* *dad Filarmónica de Sucre, que llegaría pronto a convertirse en la más importante del país.*

*Simeón Roncal fue el gran modernizador de la experiencia sinfónica boliviana y uno de los* *principales adaptadores de la rica tradición autóctona a las exigencias del clasicismo.*

## Los músicos de la República

Los precursores de la apertura internacionalista que marcará la música boliviana de la primera mitad del siglo XIX fueron el español Mariano Pablo Rosquellas y su hijo Luis Pablo, autor de numerosa obra de concierto y religiosa, así como el arequipeño Pedro Jiménez de Abril Tirado, maestro de capilla de la catedral de Sucre, entre 1830 y 1845. Precisamente este último año se inauguró el Teatro Municipal de La Paz, que abrió para Bolivia el acceso a la ópera, en el momento de su esplendor, de la mano del romano Leopoldo Benedetto Vincenti (autor, por cierto, del Himno Nacional) y se pusieron de moda las Sociedades Filarmónicas como la de Sucre, creada y dirigida por Eduardo Berdecio, que funcionarían en locales públicos o privados de las principales ciudades del país.

Entre los creadores del momento sobresalen Modesta Sanjinés Uriarte, que llegó a editar en Francia algunas de sus composiciones para piano, y Adolfo Ballivián, que además de su relevante trayectoria política y humanística compuso varias obras para piano, conjuntos de cámara y la ópera *Atahuallpa*. Un poco posteriores —hacia los años de la Guerra del Pacífico (1879)— destacan Eloy Salmón, autor del celebrado *Himno Paceño*, Juan José Arana, los hermanos Luis y César Núñez del Prado, los militares Francisco Suárez y Mauricio Mansilla, renovadores del acervo popular, y Manuel Norberto Luna, autor de numerosas e importantes composiciones de música sacra.

## De fines del siglo XIX a la actualidad

Con toda la importancia innegable de los períodos hasta aquí descritos, es indudable que los últimos cien años han marcado la culminación —que incluye la difusión internacional— de los músicos bolivianos, no sólo en su faceta de compositores, sino también como intérpretes y, en algunos casos, directores de orquesta, así como la provechosa fusión de la rica herencia autóctona con la considerada música culta, de extracción básicamente europea.

A la izquierda, Ana María Vera, virtuosa del piano de fama internacional; en el centro, un ensayo de la Sociedad Coral Boliviana; a la derecha, el eminente violinista Jaime Laredo.

## El pasaje de siglo

Dos figuras descuellan con luz propia en la maduración de este complejo proceso de difusión de la música boliviana más allá de sus fronteras: las de los maestros Teófilo Vargas (1866-1961) y Simeón Roncal (1872-1953). Nacido en la localidad de Quillacollo, Vargas fue el arquetipo etnomusicológico del que derivaría la importante escuela de investigadores del pasado musical del país, cuya obra culminaría con la publicación de los cuatro volúmenes de *Aires musicales de Bolivia* (1940-1941). Fundador y director del Conservatorio de Cochabamba, cultivó con igual acierto las variantes religiosa y folclórica, y fue autor de los melodramas *Aroma* y *La Coronilla*, así como del *Himno a Cochabamba*, ciudad en la que murió. Roncal, por su parte, considerado el más importante «perfeccionador» —en el sentido de su vocación clásica— del acervo popular, fue un pianista y compositor de gran ascendiente sobre las generaciones posteriores, de cuya obra destaca especialmente *Música Nacional Boliviana: veinte cuecas para piano*.

## Los contemporáneos

Entre los compositores cuya obra pertenece ya plenamente a esta centuria, cabe mencionar a Gilberto Rojas (1916-1983), autor de más de doscientas piezas y de la zarzuela *El valle de los sueños*, a Antonio Gonzales Bravo, introductor de la estética moderna en la música tradicional indígena, a Eduardo Caba, creador del ballet *Kollana*, a José María Velasco Maidana, de vasta obra sinfónica y escénica, y a Humberto Vizcarra Monje, cuyas *Impresiones del Altiplano* marcaron profundamente a sus continuadores. Entre ellos sobresalen nombres como los de Antonio Montes Calderón, Gustavo Navarre, Hugo Patiño, Antonio Ibáñez, Marvin Sandi, Jaime Mendoza, Atiliano Auza o Alberto Villalpando, muy relacionado este último con las bandas sonoras de los principales filmes nacionales.

Entre los intérpretes sobresalen, por su proyección internacional, los pianistas Teresa Laredo, Walter Ponce y Ana María Vera, y el violinista cochabambino Jaime Laredo, ganador de algunos de los principales premios mundiales de su especiali-

## El legado indígena

Algunos aires musicales y danzas (cueca, gato, bambuco, marinera) así como ciertos instrumentos musicales (quena, charango –de origen boliviano) suelen comunes en países vecinos como Chile, Argentina, Perú o Ecuador, pero hay suficientes elementos autóctonos que singularizan la música popular boliviana entre todas las demás del continente sudamericano. Así, por ejemplo, en el aspecto instrumental sobresalen los distintos tipos de sicus (flautas de múltiples tubos), como pueden serlo el taquiri, la laquita o la chiriwana;

de quenas o flautas de embocadura (quenacho, chaquela, pusi-ppia); de flautas traveseras originales (pinquillo, pincullo, tarka) o incluso de la trompa llamada pututu; entre los instrumentos de percusión hay que destacar la wancara, tambor que se fabrica en tres tamaños distintos.

Por lo que hace a los aires y danzas populares, además de los ya mencionados y de otros de influencia altoperuana, son típicos sobre todo el huayño y sus derivados y complementos (cacharpaya, pala-pala, choquela y auki-auki, entre los principales).

*Como el intérprete de siku (flauta de múltiples embocaduras) que aparece en la fotografía, son multitud los músicos espontáneos que acompañan con su especialidad las ceremonias populares.*

dad, sin olvidar a los directores de orquesta Rubén Silva y Ramiro Soriano. Los etnomusicólogos, por su parte, mantuvieron el alto nivel de los precursores a través de las investigaciones de A. Benjamín, B. Zárate, F. Porcel o M. y R. D'Harcourt.

Esta apretada y por fuerza incompleta síntesis de valores individuales se ha visto sólidamente apoyada por organismos e instituciones que no han dejado de crecer desde que, en 1908, se crea-

ra el Conservatorio Nacional de Música, al que siguieron la Escuela Militar de Música, la Orquesta Sinfónica Nacional, la Sociedad Coral Boliviana y la Escuela del Ballet Oficial, secundados por entidades beneméritas como la Sociedad Filarmónica, la Sociedad Lírica o la Sociedad de Amigos del Teatro Municipal (las tres con sede en La Paz) y otras similares que funcionan en ciudades como Cochabamba, Sucre, Oruro y Potosí.

# La arquitectura

La arquitectura
prehispánica

Estilos arquitectónicos
de la Colonia

La arquitectura
en los siglos XIX y XX

*La portada de la iglesia de San Lorenzo es la obra maestra del estilo mestizo potosino, y la más representativa de la técnica que caracteriza a los desconocidos maestros de estas regiones, que sin duda poseían una visión propia y original del relieve.*

# La arquitectura prehispánica

D e acuerdo con las investigaciones arqueológicas en las diferentes regiones de los Andes, se tienen evidencias de que los primeros pobladores fueron principalmente cazadores de animales, que, para completar su dieta alimentaria, se dedicaron también a la recolección de frutos y raíces; en regiones cercanas a ríos y lagos también practicaron la pesca.

Estos grupos nómadas seguramente recorrían las diferentes regiones de la zona andina en busca de sitios propicios para desarrollar la caza de la vicuña y del guanaco; asimismo, les era necesario encontrar lugares propicios para la recolección. El carácter nómada de estos grupos los obligó a buscar lugares de refugio, para lo que en un principio utilizaron las cuevas en las montañas, en las que dejaron huellas de su estadía al pintar escenas de caza y figuras de animales y cazadores.

La primera construcción realizada por el hombre andino es una especie de rompeviento o paraviento. En algunas regiones se cree que estaba formado por paredes semicirculares construidas con piedras superpuestas, sin argamasa alguna; en otras regiones, con climas más benignos para el desarrollo de plantas y animales, se cree que este refugio era construido mediante ramas que se hundían verticalmente en el suelo y permitían sujetar los cueros de los animales cazados; en otras regiones, en fin, de climas mucho más benignos y con abundante flora pudieron haber sido construidos a base de ramas y hojas. Este primer refugio fue propio de los pueblos nómadas que continuamente debían buscar su alimento. Una vez que los grupos humanos lograron la domesticación de las plantas y des-

*El clima hostil del Altiplano determinó las formas de asentamiento de los primeros pobladores.*

cubrieron la agricultura —aunque en forma rudimentaria—, sembraron porotos, jiquima, camote, calabazas, maíz, papa, etcétera, y también se dedicaron a la domesticación de animales como la llama y la alpaca. El sedentarismo permitió nuevas fórmulas de convivencia y exigió nuevos sitios para ponerlas en práctica. Esta nueva forma de producir alimentos permitió un aumento de la población, lo cual exigió novedosas formas de organización social y por supuesto una nueva arquitectura y distribución del espacio.

Pasada esta primera época, los pueblos andinos se organizaron y surgieron culturas como las de Wankarani (Huancarani), Chiripa, Tiwanaku (o Tiahuanaco) y muchas otras, repartidas por todo el territorio.

## Las viviendas de Wankarani

La cultura Wankarani, llamada también de Los Túmulos, se desarrolló en el Altiplano de la zona andina, en las regiones norte y este del lago Poopó, en el departamento de Oruro, y su influencia llegó hasta las actuales regiones de Chullpapampa y Chullpapata —en el departamento de Cochabamba–, San Antonio y Senkata —en el departamento de La Paz—, y Pakaasa, junto al lago Coipasa —en el departamento de Oruro.

Los pueblos de esta cultura, según recientes investigaciones arqueológicas, construían sus viviendas sobre montículos de tierra que tenían entre 5 y 25 m de altura sobre el nivel del suelo. La vivienda para la familia nuclear tenía planta circular; sin embargo, recientes excavaciones permiten afirmar la existencia de construcciones cuyas plantas tienen formas cuadrangulares y rectangulares. La pared estaba formada por troncos o ramas, pro-

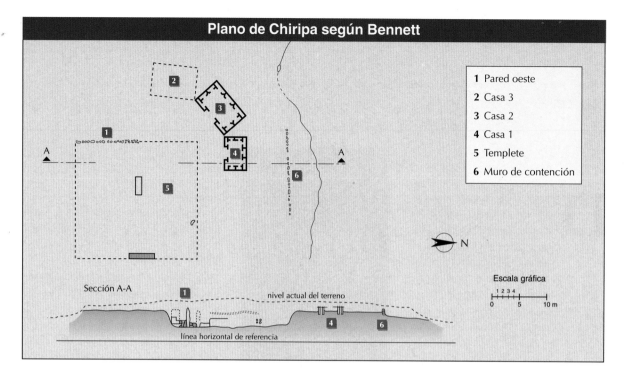

Plano de Chiripa según Bennett

1 Pared oeste
2 Casa 3
3 Casa 2
4 Casa 1
5 Templete
6 Muro de contención

Sección A-A

nivel actual del terreno

línea horizontal de referencia

Escala gráfica

bablemente de árboles como la *qheñua* o la *qhiswara*, incrustados en el suelo verticalmente, los mismos que servían para sujetar la paja o la totora; esta estructura se recubría posteriormente con barro, tanto por el lado interno como por el externo. Se cree que la cubierta de estas viviendas estaba construida con ramas de los mismos árboles utilizados en las paredes y por encima se colocaban sucesivas capas de paja. Las viviendas construidas en cada montículo, por lo general, no eran más de diez y se las protegía con un cerco construido con piedras superpuestas; estos grupos de viviendas estaban situados en espacios cercanos a fuentes de agua, y resguardados de las inclemencias del viento altiplánico.

Las excavaciones realizadas permiten indicar que no se han encontrado construcciones de mayores dimensiones o de una disposición especial que permita afirmar la existencia de espacios dedicados al culto, a manera de templo o centro ceremonial. Es necesario indicar que la vivienda en la cultura Wankarani también fue utilizada para enterrar a los miembros de la familia fallecidos, ya que se han encontrado en ellas restos de niños y adultos.

## Las construcciones de Chiripa

La cultura Chiripa se desarrolló en las regiones circunlacustres del Titicaca, llegando a abarcar los valles cercanos; su principal sitio arqueológico se encuentra en la península de Taraco, en la provincia Ingavi del departamento de La Paz. Esta cultura muestra una producción cerámica, metalúrgica y lítica con características propias.

En una etapa temprana, las construcciones realizadas en los sitios de la cultura Chiripa muestran viviendas de planta rectangular, con paredes simples; en etapas posteriores, las viviendas muestran la característica arquitectónica más importante de esta cultura: la existencia de paredes dobles. En una etapa aún posterior, las construcciones de las viviendas mantienen este tipo de planta rectangular y las paredes dobles, que se disponen alrededor de otra construcción ceremonial que ocupa el espacio central.

Las investigaciones realizadas en la península de Taraco han permitido descubrir un templete semisubterráneo que mostraba a su alrededor restos de habitaciones que tenían sus paredes interiores revestidas por una capa de arcilla de diferentes colores. También se hizo evidente que los espacios que se creaban con las paredes dobles tenían accesos cuya parte superior estaba decorada por dinteles escalonados. En un principio se pensó que eran una especie de despensas para guardar los productos cosechados; sin embargo, investigaciones más precisas han permitido aclarar que su objetivo era crear un aislante térmico, para contrarrestar el frío clima de la región.

*Tiwanaku es uno de los sitios arqueológicos más importantes del área sudamericana. En la imagen, vista parcial del Qalasasaya (izquierda), y el templo semisubterráneo (derecha).*

El piso de las viviendas era de tierra apisonada y al igual que las paredes estaba también pintado. El hecho de que la decoración se haya mantenido, hace pensar que estas construcciones no tenían un uso continuado sino que estaban destinadas a ser espacios ceremoniales de uso poco frecuente; también se puede colegir que, dada la existencia de las paredes dobles, se utilizaran puertas corredizas para cubrir los vanos. La cubierta de los techos fue construida con troncos de *qheñua* y *qhiswara*, recubiertos con capas de totora o paja.

## El complejo de Tiwanaku

Es el sitio arqueológico más importante de la zona andina en el país, y desde los inicios de la época colonial sus construcciones fueron motivo de curiosidad y estudio. Esta cultura tuvo su centro más importante en el valle del mismo nombre, Tiwanaku, en la actual provincia Ingavi, del departamento de La Paz; por sus logros artísticos, arquitectónicos, económicos y sociales puede ser considerada como una de las culturas más importantes de la región andina, ya que su influencia está presente en las culturas de la costa y de la región de las altas montañas, en las actuales repúblicas de Chile y Perú y en la región norte de Argentina.

Las investigaciones y excavaciones realizadas por diferentes arqueólogos, tanto bolivianos como de otros países, permiten clasificar el desarrollo cultural de Tiwanaku en tres épocas: la primera o más antigua, llamada época aldeana o arcaica, cuyo desarrollo se dio entre el 1500 a.C. y el inicio de nuestra era; la segunda, conocida como época urbana o clásica, que se extiende desde el inicio de nuestra era hasta el año 700 d.C., y la tercera, la época imperial o expansiva, que se desarrolla desde el año 700 hasta el 1200.

### La época aldeana o arcaica

Por excavaciones realizadas en diversos yacimientos arqueológicos se pudo determinar que de las construcciones de esta primera época quedan simplemente restos de cimientos, construidos en piedras sin cantear, que se unían mediante argamasa de barro con abundante paja desmenuzada. Las formas de estos cimientos son variadas, pero permiten afirmar que las viviendas de los primeros pobladores de Tiwanaku tenían planta de forma cuadrangular, rectangular y/o circular.

Se realizaron también pequeñas representaciones de muchos elementos culturales, como es el caso de las llamadas «casas pito» y también modelos pequeños de viviendas. Estas representaciones, que

*La Puerta del Sol, en Ti- wanaku, tiene un friso en el dintel de una de sus caras, donde aparece en el centro un dios, hacia el que convergen, desde ambos lados, 48 figuras aladas.*

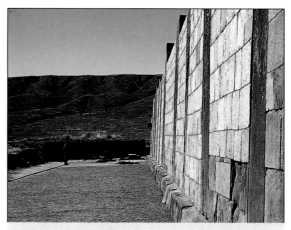

*La arquitectura de Tiwa- naku fue realizada esen- cialmente con areniscas y basaltos extraídos de canteras próximas, en bloques de 100 toneladas de peso, como este muro del Qalasasaya.*

actualmente se hallan expuestas en el Museo Ar- queológico de Tiwanaku y en el Museo de Metales Preciosos de la ciudad de La Paz, permiten apreciar que las viviendas con planta rectangular o cuadran- gular de esta época tenían la cubierta del techo a dos aguas; posiblemente, este techo estaba construido con ramas de *qheñua* y *qhiswara* cubiertas con grue- sas capas de paja. Los modelos de viviendas con planta de tipo circular también permiten inferir que las cubiertas eran realizadas con ramas de árboles y capas de paja. En cuanto a la organización urbanísti- ca de esta época se cree que las viviendas se cons- truían en forma dispersa, en las inmediaciones de los lugares destinados a la agricultura y la ganadería; tampoco se tienen datos de la construcción de cen- tros rituales o ceremoniales.

## La época urbana o clásica

Esta época se inicia hacia el comienzo de nuestra era, después de una larga etapa previa que permi- te a la cultura Tiwanaku un mayor y más amplio desarrollo. El logro de excedentes de producción a partir del dominio de la agricultura, mediante el cultivo de una amplia variedad de productos en un organizado control vertical de los pisos ecológicos; el aumento de población, que supuso la necesidad de una mejor y más completa organización social y política; y la especialización del trabajo, con indi- viduos dedicados en exclusividad a las artes, la ar- quitectura y otros oficios, fueron algunos de los factores que permitieron el gran paso hacia adelan- te de esta cultura.

El centro ceremonial de Tiwanaku (situado a 70 km de la ciudad de La Paz) muestra importan- tes edificios, como la pirámide de Akapana (o Aca- pana), el templete semisubterráneo, el templo de Qalasasaya (o Calasasaya), el templo de los sarcó- fagos o Putuni, el templo piramidal de Pumapuncu (o Puma Punku) y otros que seguramente se po- drán conocer a medida que se realicen excavacio- nes arqueológicas en la zona.

La pirámide de Akapana tiene actualmente la apariencia de una colina o montículo cubierto por la vegetación típica de la zona en la que se halla ubicada. Sus dimensiones aproximadas son de 190 m de ancho por 180 m de largo, con una altu- ra de unos 18 m, y que llega a cubrir una superficie de 28 400 m². Las excavaciones realizadas permi- ten afirmar que fue una importante construcción que constaba de siete plataformas formadas por tierra apisonada, sostenida por muros formados por sillares de arenisca roja, que mostraban en de- terminados espacios frisos con representaciones si- milares a las que se encuentran en la Puerta del Sol. El acceso a las plataformas superiores se reali- zaba por el lado oeste, mediante amplias escalina- tas que a los costados probablemente mostraban monolitos dispuestos sobre pedestales; en la parte superior es posible que hubiese un templete semi- subterráneo, tal vez con planta en forma de cruz andina, dedicado a ceremonias religiosas de tipo as- tral. Actualmente, los arqueólogos afirman que los muros de los lados este y norte de este edificio son los mejor conservados.

El templo de Qalasasaya, cuyo nombre parece derivar de las voces aymaras *qala* y *sasaya* que significan «piedras paradas», es un templo de planta rectangular que mide 128 m de largo por 119 m de ancho y 4,20 m de alto. Es con seguridad el más amplio del centro urbanístico de Tiwanaku, ya que ocupa un área aproximada de 16 000 m²; tiene una perfecta orientación astronómica y estaba consagrado al culto a la fertilidad, representado por la Pachamama o Madre Tierra. Su construcción muestra un muro exterior de bloques verticales, entre los que se levantan muros de sillares cuyas dimensiones no son iguales; destaca la presencia de gárgolas que fueron labradas también en piedra arenisca y que dejan caer el agua en canales trabajados con pequeños bloques líticos, que se dirigen hacia el río. Las excavaciones han revelado seis ingresos al templo mediante escalinatas, algunas de las cuales han sido desmanteladas; el acceso principal está formado por siete tramos, los dos superiores hechos dc una sola pieza. En la parte interior del templo se aprecian restos de cimientos de siete habitaciones, que se cree que estaban dedicadas a rituales y ceremonias. En este templo se encuentran tres de las esculturas más importantes de la cultura Tiwanaku: los monolitos «El Fraile» y Ponce, y la Puerta del Sol, que se supone formaba parte de un templo cubierto.

## El templete semisubterráneo

El templete semisubterráneo, llamado así por estar construido por debajo del nivel de los otros edificios (a 1,70 m de profundidad), está ubicado en el lado este del templo de Qalasasaya, tiene una forma casi cuadrangular y mide 26 m de ancho y 28,46 m de largo. Se accede al recinto por el norte, mediante una amplia escalinata. Los cuatro muros del edificio están formados por grandes bloques, entre los cuales se construyeron muros de sillares de piedras cortadas, la mayoría de ellas en ángulos rectos; estos muros tienen la particularidad de estar decorados casi simétricamente con las llamadas «cabezas clavas» que suman un total de 175: son antropomorfas, trabajadas en piedra caliza, y cada una de ellas muestra diferencias que permiten reconocer a distintos personajes provenientes de diferentes grupos étnicos o clases sociales. Muchos autores opinan que el templete semisubterráneo era un espacio ritual dedicado a ceremonias relacionadas con el agua, la lluvia y la fertilidad, de ahí la representación de sapos y serpientes en el monolito Kon-Tiki o barbado que hoy se yergue en su parte central.

*El recinto de Pumapuncu está integrado por bloques de gran peso y dimensión, que seguramente constituyeron un imponente edificio levantado sobre una plataforma en U.*

El templo de Pumapuncu, que en lengua aymara significa «puerta del puma», debería llamarse en realidad —según algunos investigadores— Tuncapuncu (Tunqa Punku), en referencia a la posible existencia de diez puertas o accesos, decorados con altorrelieves y bajorrelieves. Actualmente este templo es un montículo con muchos bloques bellamente trabajados, pero sin orden alguno. Mide aproximadamente 155 por 132 m, y su altura es de unos 4 m. Se supone que este templo piramidal pudo haber tenido tres plataformas sostenidas sobre muros de sillares, con un ingreso principal en el lado oeste y, en la parte superior, una superficie terraplenada cubierta con arcilla roja; también existe un templo subterráneo y otro de grandes dimensiones, que podría haber estado recubierto con placas de oro. En esta construcción se han utilizado grapas de cobre para sujetar los grandes bloques líticos, tanto en los canales como en las plataformas. Según los estudiosos, este templo estuvo dedicado a las divinidades vinculadas a las altas montañas de la región y a ritos de fertilidad.

Putuni o Palacio de los sarcófagos, que traducido de la voz aymara *puputuni* significa «lugar con huecos», es llamado así porque en el sitio arqueológico se encontraron cámaras mortuorias similares a sarcófagos, lo que hace suponer que estuvo destinado a mausoleo para personajes importantes de la época. Se encuentra al lado oeste del templo de Qalasasaya, y su ingreso principal está cerca de la llamada pared balconera del gran templo; es una superficie rectangular que mide 69 por 55 m. Los cuatro muros fueron construidos con piedras labradas de andesita, y el muro interno muestra cámaras funerarias —saqueadas en la actualidad— que se cree configuraban un mausoleo. También cabe mencionar, en esta misma época, la construcción de canales de drenaje para las aguas pluviales, que probablemente se utilizaban en ceremonias y ritos.

## La época imperial o expansiva

En esta época, la cultura Tiwanaku amplió sus fronteras, pero las artes en general decayeron y la arquitectura fue dejada de lado. Sólo quedó el aporte y la influencia de Tiwanaku en las culturas regionales más tardías como Wari (o Huari), Pachacamac, Piquillajta, etcétera, en territorios del actual Perú, y en la de Alto Ramírez, en Chile.

*Las* chullpas *o tumbas de las culturas aymaras fueron construidas con diferentes formas y materiales, según el área geográfica en la que se levantaron. En la imagen,* chullpas *de Pujrata.*

## Arquitectura Mollo

La cultura Mollo se desarrolló en el departamento de La Paz, y su principal actividad era el cultivo del maíz. El sitio arqueológico más importante y representativo de esta cultura es Iskanwaya (o Iscanhuaya), en el cantón Aukapata, de la provincia Muñecas; las obras han sido realizadas allí en una terraza natural sobre el río Llika. La ciudad de Iskanwaya alberga 95 edificios, cada uno de ellos con un promedio de una docena de habitaciones y un patio con planta trapezoidal en el centro. Cada habitación tiene dos espacios diferenciados: el anterior, abierto hacia el patio, y el posterior, cerrado, sin ventanas. La cubierta, a dos aguas, estaba formada por ramas y paja; los muros, de piedra pizarra o lajas dispuestas en forma horizontal y sujetas mediante argamasa de barro, estaban internamente recubiertos por ocre de color rojo. Estos edificios se encontraban conectados por angostas callejuelas que seguían el relieve natural del lugar.

Las plantas de los patios y los edificios muestran el trapecio como elemento básico, utilizado también en la decoración de la cerámica de esta cultura, que desapareció con la invasión inka a su territorio.

## La cultura de los señoríos aymaras

Después del desmembramiento político de Tiwanaku aparecieron varios señoríos locales, como los collas, lupacas, carangas, pacajes, soras, charcas, caracaras, quillacas, visiasas o chichas, que al parecer vivían en continuo estado de beligerancia entre ellos. Desaparecieron entonces las grandes construcciones al estilo de la época clásica de Tiwanaku, y las destinadas a viviendas —por el material con que fueran construidas, el adobe— no resistieron el paso del tiempo. La principal expresión arquitectónica de esta época son las *chullpas* o tumbas, especie de mausoleos que tenían como único objetivo guardar los restos de personajes importantes.

Las construcciones resultaban mejor acabadas cuando estaban realizadas con sillares de piedra, como las de la región de Turco, en el departamento de Oruro, las de la región de Escoma, en el departamento de La Paz, y las de la región de Sillustani, en Perú. Las *chullpas*, construidas con adobe, tenían en algunos casos cimientos de piedras y argamasa. A veces se utilizaban adobes hechos con diferentes colores de tierra, combinándolos para lograr cierta decoración; en otras ocasiones eran cubiertos con capas de arcilla, que se pintaban con diversos colores. Probablemente el uso de pinturas hacía que el personaje fallecido, cuyos restos se habían enterrado, se convirtiese en emblemático para la etnia.

Las plantas de estos mausoleos son muy variadas: rectangulares, cuadrangulares, circulares y en algunos casos elípticas; algunas también presentaban dos cámaras: una en la parte superior y otra en la inferior, casi al nivel del suelo.

## La arquitectura inka

El dominio inka en el actual territorio boliviano fue breve, a partir de que el inka Tupaq Yupanqui lograra llegar a las regiones de Oruro, Cochabamba y Potosí, alrededor del año 1470. La arquitectura inka en la región circunlacustre del Titicaca muestra ejemplos como el palacio de Pilkokaina y la Chinkana, ambas construcciones en la Isla del Sol, y el Aqllawasi (o palacio de las Escogidas), en la isla de la Luna.

## Wankani

Las ruinas arqueológicas de Wankani (Huancané o Khonkho Wankane) forman parte del área cultural de Tiwanaku. Situada en las proximidades del poblado de Jesús de Machaca, a unos 30 km al sur del lago Titicaca, en la planicie del río Desaguadero, la urbe y centro ceremonial de Wankani está separada de Tiwanaku por las montañas de Quimsachata.

La disposición del conjunto recuerda, con unas proporciones mucho más modestas, a la de Tiwanaku, que probablemente desempeñó el papel de metrópoli. La zona arqueológica se extiende sobre una superficie de muchas hectáreas, en el centro de la cual se eleva una pequeña colina, quizás artificial.

Sobre la vertiente de la montaña Quimsachata se alza una *pukara* o acrópolis, en buen estado de conservación. Alrededor de la colina hay una gran cantidad de bloques de piedra y de restos de muros. En esta zona también fue descubierta una canalización subterránea que desciende hasta la llanura, construida con piedras rectangulares rebajadas hasta tomar forma acanalada.

Al lado de un montículo central se levantan dos *qalasasaya* orientados en dirección norte-sur y muy cercanos el uno del otro. El primero mide 20 m por 28 m y el segundo 27,50 m por 23 m. Los dos están rodeados de bloques de piedra torpemente tallados. Además, se pueden observar restos de muros y piedras esparcidas que afloran a la superficie del suelo. Quedan todavía un gran número de montículos por excavar.

Algunos de los bloques de piedra encontrados en Wankani debieron ser monolitos ubicados verticalmente contra los muros. Poseen características comunes, en particular la división en bandas transversales separadas por serpientes. Sobre uno de ellos hay una cabeza humana de estilo geométrico coronada por una gran cofia. La boca está representada por un grueso cordón oval de acentuado relieve, los ojos por un doble círculo y la nariz por un triángulo. En un compartimiento inferior están esculpidas las manos, cruzadas la una sobre la otra y con los dedos muy dibujados.

Todos estos monolitos, de base cuadrada u oval, tenían probablemente 4 m o 5 m de altura. Los motivos más corrientes son serpientes de cuerpo ondulado y cabeza humana, pumas o felinos de variados estilos que recuerdan los de Tiwanaku. Las cofias están decoradas con cabezas de felino o de cóndor.

Uno de los monolitos más grandes presenta en su parte superior una cabeza humana con ornamentaciones laterales que terminan en cabezas de cóndor; en el registro siguiente, una silueta felina en posición horizontal, después de ocho trenzas de cabellos; todavía más abajo, una silueta serpentiforme acabando en cabezas de felino, etcétera.

Las excavaciones realizadas han demostrado que existen dos tipos de sepulturas, unas en forma de pozos circulares de profundidad variable y otras de base rectangular con nichos laterales. Algunas piezas de cerámica fueron descubiertas sobre el terreno y en las tumbas, y todas pertenecían al estilo decadente. Asimismo, se han encontrado restos de la ocupación inka y vestigios de la ocupación hispánica.

*Toda la arquitectura inkaica estuvo plenamente influenciada por la cultura tiwanakuense.*

*En la imagen, templo inka en el lago Titicaca, según un grabado del año 1843.*

*El templo de Samaipata, en Santa Cruz, fue tallado longitudinalmente en un macizo rocoso, y*

*forma un promontorio escalonado de 80 m, con pozos y decoraciones zoomorfas.*

El palacio de Pilkokaina tiene dos plantas, con 15 habitaciones en la planta baja y restos de otras 12 posibles en la planta alta; sus portales y hornacinas muestran formas trapezoidales típicas del estilo arquitectónico inka, cuyos vestigios permiten creer que los muros estaban recubiertos y pintados con arcilla de color amarillo, y con detalles de arcilla de color rojo para resaltar determinados espacios, como los bordes y las cornisas.

La Chinkana, por su parte, presenta conjuntos de habitaciones y amplios patios. Recientes investigaciones permiten afirmar que esta construcción estaba dedicada a centro de almacenamiento.

El palacio dedicado a las *aqllas* o vírgenes del sol está compuesto de 35 habitaciones organizadas alrededor de un gran patio: en sus muros se ven los típicos vanos trapezoidales y restos de revestimiento, en colores amarillo para los muros y rojo para las hornacinas y cornisas. Otro lugar importante en la región es Copacabana, con sitios como Khopakati, Huacuyo, Kusijata, Sampaya, Pasankallani, Tejepa, etcétera.

Las construcciones inkas, a manera de fortalezas y lugares de almacenamiento, conocidas como *tambos*, fueron también realizadas en regiones como Altamachi, Sipe Sipe, Inkarakay, Quillacollo e Inkallajta, en el departamento de Cochabamba. Inkallajta es una especie de ciudadela que fue edificada por orden del Inka Yupanqui, en el siglo XV de nuestra era, con el fin de contener las invasiones de los chiriwanos. Este yacimiento arqueológico

tiene más de 40 edificios, entre los cuales destaca el palacio o templo que mide 78 por 25 m. Su pared posterior presenta 40 hornacinas y la anterior 12 puertas; al norte se construyó una muralla con piedra natural, y los lados este, oeste y sur dan a un barranco, lo que da a Inkallajta un carácter de fortaleza de muy difícil acceso.

Otros lugares destacables son Oroncota y Calahoyo, en el departamento de Potosí; San Luis, en el departamento de Chuquisaca; Sevaruyo, en el departamento de Oruro, y Samaipata, en el departamento de Santa Cruz. En este último sobresale «El Fuerte», tallado en un promontorio de roca con pocos muros realizados. El sitio es una plataforma que mide 25 m de largo por 15 m de ancho, con diversos relieves, el principal de los cuales está decorado con rombos que se asemejan al cuerpo de una serpiente. El objetivo de este edificio parece haber sido también el de contener las avanzadas chiriwanas, aunque existe la teoría de que podría tratarse de un importante centro ceremonial de la región.

Es necesario mencionar la red caminera que los inkas construyeron para unir sus centros de producción con los de consumo. Los caminos construidos, que bordeaban las orillas del lago Titicaca, generalmente no eran muy amplios y se trazaban en línea recta. Se completaba este sistema con puentes colgantes y graderías: un ejemplo de estas vías de comunicación es el conocido camino al takesi, en el departamento de La Paz.

# Estilos arquitectónicos de la Colonia

Con la llegada de los conquistadores españoles y el establecimiento de la Colonia, el espacio geográfico se vio alterado con los nuevos estilos de vida importados de Europa, y las nuevas actividades obligaron a rediseñar los espacios, tanto los de uso familiar como los de uso público. Las ciudades que se fundaron se organizaron urbanísticamente en torno a una plaza central llamada Plaza de Armas, donde se alzaron los edificios principales de gobierno civil y político, el templo y las viviendas de los nuevos vecinos. Se construyeron grandes casonas particulares, de las cuales todavía hoy se pueden ver algunos ejemplos en las ciudades de La Paz, Sucre y Potosí. Asimismo, la nueva religión exigió la realización de nuevas construcciones, como templos y conventos, y también se levantaron edificaciones especialmente diseñadas para las nuevas industrias, como los obrajes y la minería, y las nacientes organizaciones políticas y judiciales.

El arte en general y la arquitectura colonial en particular siguieron las líneas de los estilos europeos: el Renacimiento en el siglo XVI y el Barroco durante el XVII. Más tarde, ya bien entrado este siglo, se crea en la región andina el Barroco Andino o estilo mestizo, llamado también Barroco Mestizo, que retomando elementos arquitectónicos europeos le da a la construcción de este siglo y en esta región una característica muy propia, basada en una decoración inspirada en temas tan variados como los de origen prehispánico y los de origen renacentista. A fines del siglo XVIII —muy tardíamente respecto a Europa— se inicia el estilo neoclásico, que coincide con la época de emancipación y la instauración de la República.

*Claustro renacentista de la iglesia y convento de Santa Teresa, en Potosí, sobria joya del siglo XVI.*

## Las primeras ciudades coloniales

En 1535, el capitán Juan de Saavedra, en su camino de conquista hacia los territorios de la actual República de Chile, funda las primeras ciudades coloniales en nuestro territorio: Paria y Tupiza. Durante el resto del siglo XVI, la fama de las riquezas del territorio del Qullasuyu (o Collasuyo) atrajo a muchos conquistadores.

Los colonizadores tomaron posesión de las tierras de los indígenas y distribuyeron el espacio de una nueva manera: la plaza central fue el punto de partida para que se organizaran en damero calles y manzanas; se repartieron solares para el templo, la casa de justicia, iglesias y conventos de distintas órdenes religiosas y las futuras mansiones de los nuevos vecinos. Por deseo expreso de la Corona española, dejaron fuera del «radio urbano» los barrios de indígenas con sus respectivas capillas o iglesias, como sucedió en el caso de San Francisco y San Pedro, en la ciudad de La Paz.

Entre las primeras construcciones, por el afán de catequización de los sacerdotes y clérigos llegados a estas tierras junto con los conquistadores, sobresalen las dedicadas al culto religioso. La iglesia de San Lázaro, en la ciudad de Chuquisaca, hoy Sucre, es tal vez la más antigua; las iglesias del siglo XVI siguen en su construcción patrones arquitectónicos renacentistas: poseen nave alargada única, separada del ábside mediante un gran arco triunfal, generalmente hecho de piedra, y con capillas laterales en el crucero; los gruesos muros son en su gran mayoría de adobe y están reforzados por contrafuertes, con cubierta de barro y paja a dos aguas.

En la iglesia de San Lázaro, en Sucre, el atrio y la capilla externa, así como el frontón y la espadaña, trazan un bello conjunto realzado por la armoniosa arquería sobre muro de piedra.

La iglesia del pueblo de Tiwanaku fue construida a principios del siglo XVII con piedras que provenían de las cercanas ruinas precolombinas, lo cual le confiere un aspecto muy particular.

La población originaria tenía tradicionalmente patrones de asentamientos dispersos, lo que constituía un gran obstáculo para los objetivos y fines de los nuevos colonizadores. En su afán de controlar la tierra y sus recursos y lograr la catequización de los indígenas, los españoles establecieron leyes para sedentarizar a los mitimaes, trasladados a territorios distantes por los inkas. Vista la necesidad de concentración poblacional, para un mejor y efectivo control, el sistema de las encomiendas permitió que algunos españoles «se hicieran cargo» de los indígenas, lo mismo que las órdenes religiosas. El virrey Francisco de Toledo, en su visita general a todo el territorio del virreinato, ya entrada la Colonia, dio el impulso final a las reducciones, que deberían tener un número aproximado de 500 tributarios; si el número de éstos excedía de 700, debían fundarse dos pueblos, de tal manera que si las familias contaban con cinco miembros, la población total de cada pueblo de reducción alcanzaba la cantidad de 2 500 habitantes aproximadamente.

Las iglesias de esta época tenían un amplio atrio para favorecer las catequizaciones masivas y el culto al aire libre. Esta especie de gran «patio» contaba con cuatro capillas, una en cada esquina, que servían para realizar los descansos o estaciones durante las procesiones religiosas, especialmente la del Corpus Christi; en el centro se erigía la capilla miserere, que servía para velar a los muertos. El conjunto arquitectónico se completaba con un muro, algunas veces almenado.

Las construcciones más destacadas de esta primera época son las iglesias de San Lorenzo (1547-1552) y San Martín (1592), en Potosí; Calamarca, Tiwanaku (1612), Caquiaviri, Carabuco y el Santuario de Copacabana (1612-1640), en el departamento de La Paz; Corque (1590), en Oruro; San Agustín (1590-1632), Santo Domingo (1583-1628), San Miguel (1612) y la Catedral (1561-1712), en la ciudad de Chuquisaca, hoy Sucre.

## Las construcciones religiosas del siglo XVII

Las construcciones religiosas del siglo XVII obedecen al estilo barroco traído de Europa. La iglesia tiene planta de cruz latina y cúpula de crucero; la nave central está cubierta con bóveda de cañón corrido, en tanto que las laterales muestran bóvedas de media naranja. En las columnas y entablamentos se prefiere el orden dórico, y es corriente el uso

*En la ciudad colonial de Chuquisaca (hoy Sucre) se alza la iglesia barroca de San Francisco, que aún conserva los arcos del claustro conventual de la antigua residencia franciscana.*

de la espadaña. Las construcciones se realizan en piedra y las de adobe son blanqueadas con cal; las cúpulas muestran en su exterior decorados de azulejos de colores. Interiormente, la decoración opta por el realce de elementos como capiteles y cornisas, y el uso de retablos y marcos dorados.

Las iglesias más importantes son la de San Agustín (1668), en La Paz, y la del mismo nombre (1625) en Potosí. Sin embargo, el principal centro de la arquitectura del siglo XVII es la antigua ciudad de Chuquisaca, por la uniformidad de su estilo arquitectónico, en el que destacan las iglesias de Santa Bárbara, San Francisco, La Merced y Santo Domingo, los conventos de Santa Clara y Santa Teresa, y las portadas de San Lázaro y de la Catedral. La arquitectura civil tiene su mayor logro en Potosí, con la Casa de la Vicaría (1615). En Chuquisaca sobresalen la Universidad San Francisco Xavier (1697), la Casa del Gran Poder —antigua sede del Santo Oficio, hoy Museo Charcas—, el palacio Torre Tagle, el palacio Arzobispal, la casa de Ichazo y Loza, y la de la calle de San Alberto.

La leyenda de las riquezas de El Dorado hizo que se realizaran muchas expediciones a las zonas orientales de la actual Bolivia; las regiones de Moxos y Chiquitos fueron frecuentemente visitadas.

## El Barroco Andino o Barroco Mestizo

A finales del siglo XVII se seguían las líneas del estilo barroco, pero simultáneamente comenzaba a manifestarse un nuevo estilo, que seguía en las líneas arquitectónicas los cánones europeos, pero mostraba en su decoración elementos diferentes.

Este nuevo estilo, muy propio de la zona andina, es conocido precisamente como Barroco Andino, pero también como Barroco Mestizo o simplemente estilo mestizo, y se desarrolla durante casi todo el siglo XVIII, ocupando el territorio delimitado por las cordilleras de los Andes. En Perú su presencia se limita a la región sur, pero en Bolivia se desarrolla en toda la zona alta conocida como el Altiplano andino.

Este estilo no tiene una planta definida. Las naves se cubren con bóvedas de cañón y media naranja, en el crucero se dan cúpulas elípticas o de media naranja; su decoración, que es el aspecto en donde radica su originalidad, es variada y responde a motivos como la flora y la fauna tropicales americanas, con elementos de origen clásico como sirenas, mascarones, grutescos, y motivos como los pumas y los monos, de gran importancia en la cosmovisión precolombina, además de símbolos cristianos.

## El Barroco Mestizo en Potosí

El estilo mestizo se inicia en Potosí con la iglesia de Santa Teresa, erigida a fines del siglo XVII, entre 1685 y 1692. Las construcciones religiosas más destacadas en la Villa Imperial de Potosí son la torre de la Compañía de Jesús (1700-1707), que se destaca por su portada, y la torre-espadaña, obra del cantero indígena Sebastián de la Cruz; la iglesia de San Francisco (1707-1726), cuya planta es de forma basilical y en la portada muestra columnas salomónicas y arco trilobulado; la de Jerusalén (1702-1708); la de San Benito (1711-1727), cuya cubierta está realizada por cúpulas de media naranja que la cubren completamente; la de San Bernardo (1727-1731) y la iglesia de Belén (1725-1735). En la zona rural se hallan la iglesia de Salinas de Yocalla, cuya única nave está cubierta con cuatro cúpulas de media naranja que la relacionan con San Benito, mientras su portada es fiel copia de San Lorenzo (1748); la de Otavi (1716) y la de Tomahave (1733), que es una iglesia de una sola nave, con cubierta de cañón corrido y cúpula de media naranja en el crucero, cuya portada presenta arco de me-

dio punto con columnas salomónicas en la parte inferior y tres hornacinas en la parte superior, además de una decoración abundante que muestra acantos, palmetas, niños, rosetas y otros muchos elementos. El santuario de Manquiri, por su parte, es el conjunto más importante, por la base piramidal de su construcción, su atrio y posas, además de su iglesia que presenta doble crucero y presbiterio. En la ciudad de Potosí, la portada de la iglesia de San Lorenzo (1728-1744) es un verdadero retablo realizado en piedra cuya portada, resuelta en fina cantería, muestra un arco de medio punto con columnas salomónicas a los costados, en la parte baja, en tanto que en la parte alta aparecen dos cariátides. En la parte superior hay dos frontoncillos con dos Hermes en las jambas; en el cuerpo alto se encuentra una hornacina con la imagen de San Miguel, flanqueada por dos columnas en las que se presentan dos músicos. El cuadro se completa con la representación del cielo a través del Sol, la Luna y las estrellas; en cada uno de los lados, aparece una sirena que toca el charango.

En las iglesias de Potosí puede estudiarse uno de los capítulos más interesantes de la historia ar-tística de Latinoamérica. En la imagen, vista general de la ciudad con San Benito al fondo.

Dos décadas duró la construcción de la iglesia potosina de San Francisco, obra de maestros indígenas. De estilo mestizo, exhibe una compleja y bella decoración en la portada.

## El Barroco Mestizo en La Paz

*La iglesia de San Francisco, el más notable monumento religioso de La Paz, atesora en su fachada una rica decoración, con motivos florales y grutescos, procedentes del Barroco Mestizo.*

Después de Potosí, la ciudad de La Paz es el centro más importante de este estilo. Merece mención allí la iglesia de San Francisco (1774-1778), con tres portadas, tres cuerpos y planta basilical; cubre la nave central una bóveda de cañón, las laterales son cupuliformes, y su torre única fue completada a fines del siglo XIX. Santo Domingo, por su parte, tiene tres naves, la central cubierta con bóveda de cañón y las laterales con bóvedas de rincón de claustro; sobre el presbiterio presenta una bóveda vaída. Su portada en el cuerpo inferior muestra arco trebolado, hornacinas y cuatro columnas salomónicas con representaciones entrelazadas de frutos tropicales americanos; en el cuerpo superior destaca una ventana central, a cuyos costados las columnas salomónicas muestran entrelazadas frutas y aves tropicales, como papayas y papagayos.

La iglesia de Sica Sica, de nave única y ábside ochavado, fue construida en adobe y tiene dos torres; su portada de piedra tiene tres columnas en el primer cuerpo, a los costados del acceso principal, que descansan sobre pedestales con cabezas de monstruos típicos del estilo mestizo; en el segundo cuerpo pueden verse papayas, uvas y máscaras, y en el tercero una ventana con columnas. La iglesia de Guaqui, de una sola nave con cubierta de bóveda de cañón, tiene columnas salomónicas en su portada principal, con frutos entrelazados que alternan con rosetas con los nombres de Jesús y María. También en el departamento de La Paz, cabe mencionar las iglesias de Yaco, cuya portada principal tiene tres calles y tres cuerpos que muestran hornacinas flanqueadas por columnas salomónicas, con las clásicas papayas, piñas, pacayes y palmas, y la de Jesús de Machaca, de nave única en forma de cruz latina, con cubierta de cañón corrido, cúpula en el crucero y de crucería en el presbiterio, que es un conjunto arquitectónico completo pues consta de atrio y capillas posas.

## El Barroco Mestizo en otros departamentos

En el departamento de Oruro es necesario destacar los conjuntos arquitectónicos de San José de Cala y Yarvicolla, con una sola nave y coro en forma de U; sus muros son de adobe y su cubierta es de paja; el atrio almenado de su principal entrada da a una plazuela cerrada por las cuatro posas. En Cochabamba, la iglesia de Arani (1745), obra de Lucas Cabral, conserva su rico interior; tiene planta de cruz latina y cúpula en el crucero, que está cubierta con azulejos de diferentes colores. En Chuquisaca, el estilo mestizo tiene su único ejemplo en la portada de la iglesia de Las Mónicas.

# La ciudad de La Paz en el siglo XVIII

A finales del siglo XVIII, la ciudad de La Paz se extendía sobre 46 manzanas distribuidas en damero, con una plaza de armas en la parte central, hoy conocida como Plaza Murillo. La ciudad amurallada tenía las siguientes calles, de norte a sur: Landaveri, hoy José Manuel Indaburo, protomártir de la Independencia; San Jerónimo y al final Piedra de la Paciencia, hoy Ingavi, en homenaje a la batalla ganada por el general Ballivián; Morcillería, por la existencia de lugares de expendio de morcillas, hoy Ballivián, en honor al ex presidente de la República; Riverilla, porque estaba cercana a las riberas del río Choqueyapu, hoy Juan de la Riva, en memoria de uno de los primeros alcaldes de la ciudad. De oeste a este discurrían las calles de Cabracancha («corral de cabras»), hoy Apolinar Jaén, por el héroe de la Independencia; Jauripila, en alusión a la existencia de una pila de agua pública, hoy Pichincha, en recuerdo de esta célebre batalla; Concebidas, porque en esta calle se encontraba el convento de Las Concebidas, hoy Jenaro Sanjinés, un destacado paceño; Santo Domingo, que aludía a la iglesia del mismo nombre, hoy Batalla de Yanacocha; Herrerías, porque en ella se concentraban estos establecimientos, hoy Batalla de Socabaya; Challwa Khatu, que hacía referencia a los puestos de venta de pescado y otros alimentos, hoy Batalla de Junín; Las Cajas, hoy Batalla de Ayacucho; Lawa Khatu, también referente a lugares de venta, hoy Simón Bolívar; Bayeta Khatu, La Merced y Santa Teresa, porque en la primera cuadra se vendía bayeta de la tierra, y en las siguientes estaban la iglesia de La Merced y el convento de Santa Teresa, hoy Cristóbal Colón; Ichu Khatu, donde se podía comprar paja, hoy Ramón de Loayza; Tambo Harinas, en donde estaban los tambos harineros, hoy Bautista Sagárnaga, en honor al protomártir de la Independencia; Cañar o De los Cañaris, así llamada porque por ella habían ingresado por primera vez a la ciudad los indígenas de este pueblo, hoy calle Comercio.

*En la imagen, la Plaza Pedro Domingo Murillo —antigua Plaza de Armas—, centro neurálgico de La Paz, con el monumento al protomártir de la Independencia y la catedral al fondo.*

*Patio de la Casa de la Moneda de Potosí, presidido por el famoso Mascarón, con techos abovedados y una cúpula elíptica de ladrillo, símbolo del esplendor histórico de la ciudad.*

## La arquitectura civil en Potosí

Dentro de la arquitectura civil, en Potosí sobresale la Casa de la Moneda (1759-1772), obra de Salvador Villa y de Luis Cabello, construida en dos cuerpos de altura que se organizan en torno a tres patios: sobre el patio mayor da la sala de volantes; sobre el segundo, las dependencias de la administración, y alrededor del tercero se abren las fundiciones, depósitos y herrerías. La portada presenta dos cuerpos con decoración mestiza, en la que son destacables las columnas laterales y el frontón superior, con el escudo de España al centro. Actualmente esta grandiosa construcción ha sido convertida en museo, en el que se exponen una gran variedad de pinturas, muebles, instrumentos y herramientas de la época colonial.

La casa de los Condes de Carma, por su parte, es una vivienda de dos plantas, con cubiertas de bóveda de arista y planta irregular; destaca en ella su portada, con columnas corintias y capiteles que ornan el escudo de la familia. La casa de Antonio López de Quiroga es otro magnífico ejemplo de la arquitectura de esta época, aunque sólo ha sobrevivido su portada, que muestra jambas y dintel decorados con motivos cuadrifolios y por encima el escudo familiar.

De la casa de los Marqueses de Santa María de Otavi hay que mencionar la portada, con arco de medio punto y columnas salomónicas a los costados, decoradas con frutos tropicales; las jambas y los frisos presentan también abundante decoración; en el segundo cuerpo puede verse el escudo de la familia, sostenido por dos felinos rampantes. Otras viviendas que merecen mención son las casas de las calles Pilima y Nogales, y la de Las Recogidas, con su triple portada, balcón y doble torre.

## Construcciones civiles en La Paz

Entre las construcciones civiles que se realizaron en el siglo XVIII, son importantes las casas señoriales que, en general, tienen un patio con arquerías al cual dan las habitaciones del piso bajo, reservadas para la despensa y la bodega; al piso superior se asciende por una escalera que muchas veces muestra una portada interior realizada en piedra y permite el ingreso a la llamada planta de honor.

Una de las casas más notables de la ciudad de La Paz (o como se la llamaba en la época colonial: Nuestra Señora de La Paz) es la de los Condes de Arana, llamada también Palacio Díez de Medina, que tiene dos patios y aprovecha el desnivel de la ciudad para distribuirse en tres plantas. Por el patio inferior —destinado a las bodegas— se accede al piso principal mediante una escalera con peldaños de alabastro (llamado berenguela en nuestro medio) que da paso a una portada interior, con arco de medio punto y columnas sobre pedestales y con capiteles, que sirven de marco para una elegante aunque no profusa decoración que incluye las jambas, las tarjas y los espacios laterales. El tercer piso estaba reservado para habitaciones de uso particular. La portada que da sobre la calle Socabaya tiene tres cuerpos con arcos de medio punto, ventanas, columnas con tarjas decoradas y un frontón mixtilíneo, que encierra el escudo de la casa, corona el conjunto. En la esquina que se forma sobre las calles Comercio y Socabaya hay una galería abierta, con arcos que son sostenidos por pilastras decoradas, elemento que realza la construcción. Actualmente, en este edificio funciona el Museo Nacional de Arte, con una colección amplia y variada de obras pictóricas y escultóricas nacionales; también cuenta con excelentes ejemplos de pintura, escultura y muebles pertenecientes a la época colonial.

Otro notable ejemplo es el palacio de los Marqueses de Villaverde (1776), situado sobre las actuales calles Ingavi y Jenaro Sanjinés. Consta de tres patios, el primero con arquerías de piedra que dan paso a una escalinata, y la portada interior, que muestra un arco de medio punto decorado con motivos florales; a los costados, las columnas lisas muestran en sus tarjas águilas bicéfalas y sus capiteles sostienen mascarones similares a los de la iglesia de San Francisco de La Paz. El conjunto está coronado por un frontón que exhibe en su centro el escudo familiar.

En la zona central de la ciudad existían muchas casonas, como la llamada «casa del balcón» o la «casa del loro verde» —en la que, según se afirma, se alojó Simón Bolívar en su visita a La Paz—, y muchos *tambos*, que eran alojamientos donde también se almacenaban y vendían productos agrícolas, especialmente frutas, y que lamentablemente han sido demolidos.

Sin embargo, quedan algunas casas más modestas, como la del protomártir de la Independencia Pedro Domingo Murillo, jefe del movimiento revolucionario de 1809, y algunas otras, especialmente en la calle Jaén, que fueron convertidas en museos.

En Chuquisaca, las construcciones civiles muestran portadas con decoraciones muy variadas. Las más sobresalientes de entre ellas son las ca-

La calle Jaén, en la ciudad de La Paz, conserva todavía en el diseño de sus patios y casas los vestigios del esplendoroso pasado que vivió la capital durante la época colonial.

sas Melgarejo, Herrera, Rivera-Cuenca y las de las calles Pérez y Azurduy.

A finales del siglo XVIII, el estilo mestizo fue relegado a las regiones rurales, donde todavía se manifiesta en algunas portadas. En esta época hizo su entrada el estilo neoclásico en las ciudades importantes del territorio de la Audiencia de Charcas, hoy Bolivia. Por entonces desarrolla su obra el padre Manuel de Sanahúja, autor de los planos iniciales de las catedrales de La Paz y Potosí. Las características arquitectónicas de la época se pueden resumir en el uso de frontones mixtilíneos muchas veces divididos. Las plantas siguen los cánones barrocos e inclusive los renacentistas, ya que hay plantas basilicales y plantas únicas con cúpulas en los cruceros; el arco de medio punto es reemplazado por el rebajado.

# La arquitectura en los siglos XIX y XX

*Detalle de la fachada de la catedral de La Paz, monumento neoclásico de la década de 1840.*

Durante el siglo XIX se conservan las casas, templos y conventos edificados a lo largo de la Colonia y se inicia la construcción de nuevos edificios y la reconstrucción de muchos otros de acuerdo con las nuevas ideas republicanas. Los estilos arquitectónicos como el neoclásico y el llamado ecléctico, del tipo académico francés, son utilizados profusamente hasta bien entrado el nuevo siglo, destacándose el arquitecto José Núñez del Prado, y realizándose grandes e importantes construcciones como el Palacio de Gobierno y el Palacio Legislativo en la ciudad de La Paz. En la primera mitad del siglo XX se sigue manteniendo el estilo academicista y sobresale el arquitecto Emilio Villanueva, que busca un estilo arquitectónico con identidad nacional a partir del rescate de elementos propios de la cultura Tiwanaku: ejemplos de este estilo son el actual *monoblock* de la Universidad Mayor de San Andrés y el antiguo estadio de fútbol, ambos en la ciudad que es la sede de gobierno.

La ciudad de la Paz es a mediados del siglo XX el centro del desarrollo arquitectónico, y ya a finales de este siglo la arquitectura y el urbanismo siguen patrones mundialmente aceptados y se inician trabajos de rescate y restauración de muchos edificios, especialmente los correspondientes a la época colonial, en diferentes ciudades. También ciudades como Santa Cruz de la Sierra y Cochabamba muestran un gran desarrollo, tanto urbanístico como arquitectónico.

El cambio radical se producirá a partir de 1930 con el retorno de arquitectos que habían residido en Europa y que traerían las nuevas corrientes diseñadas por la escuela de la Bauhaus y por el *Art déco*.

## Construcciones religiosas en el siglo XIX

La primera catedral de la ciudad de La Paz se construyó en el siglo XVII; sin embargo, entre 1826 y 1831 fue demolida y se dio inicio a la nueva construcción, que no fue inaugurada hasta 1925. Los planos originales del edificio han sufrido cambios, y actualmente la catedral tiene planta de tipo basilical, dividida en cinco naves con capillas y una cúpula en el crucero. La nave central tiene cubierta de cañón corrido y las de los costados se cubren con bóvedas de arista; en el presbiterio hay un baldaquino sujeto mediante columnas. La fachada exterior conserva el estilo de tres columnas a los costados de la entrada principal, y el conjunto se completa con arcos rebajados y frontones triangulares y curvos en el cuerpo inferior; el cuerpo superior, por su parte, tiene una ventana flanqueada por dos de medio punto y en los extremos las ventanas de parteluces. En el conjunto sobresale la cúpula peraltada sobre tambor, del arquitecto Antonio Camponovo.

Uno de los conjuntos arquitectónicos más notables de la ciudad de La Paz es el que pertenece a la tercera orden franciscana y que está situado entre las calles Murillo, Sagárnaga y Linares; por su unidad de estilo se lo considera un ejemplo típico de la época del gobierno del mariscal Santa Cruz. Ocupa un amplio espacio organizado en torno a cuatro patios claustrales; el ingreso principal a esta antigua casa de oración, hoy colegio, da a la calle Sagárnaga. Las columnas sustentantes, de fustes lisos, pertenecen al orden toscano; la capilla —que fue utilizada como sala de sesiones por los congresistas de 1831— tiene una sola nave con una cubierta a dos aguas.

*Torres de la iglesia de La Recoleta, en La Paz, obra del jesuita Eulalio Morales, donde se apre- cia el retorno a algunos de los cánones del gótico, ya en las postrimerías del siglo XIX.*

*En la fachada del Cole- gio Sagrados Corazones, en la Paz, aparecen ele- mentos como el óculo y las columnas con capite- les floridos, que la dife- rencian de otros edificios neogóticos de la ciudad.*

A finales del siglo XIX el eclecticismo se hace presente en las obras arquitectónicas del país, y los jesuitas que llegan por entonces son difusores entusiastas del estilo gótico. El hermano Eulalio Morales dirige la construcción del Colegio San Calixto, organizando los edificios coloniales y los nuevos en un conjunto armonioso: la iglesia que realiza tiene tres naves con capillas, con pilares cruciformes y bóvedas sobre arcos diagonales.

En 1894, Morales concluye la construcción de la iglesia de La Recoleta, conjunto arquitectónico muy parecido al de San Calixto: la planta y los interiores son de estilo gótico y se complementan con las dos agujas de la fachada principal. Probablemente, también sea de su autoría el Colegio Sagrados Corazones, fundado en 1883. La planta de este edificio se desarrolla a través de varios patios en desnivel; la capilla tiene tres naves y una girola en el presbiterio.

## Arquitectura civil republicana

En la construcción de edificios públicos en La Paz, durante la época republicana, debe mencionarse la figura del arquitecto José Núñez del Prado. Entre sus principales obras se cuentan el Teatro Municipal de La Paz, el Palacio de Gobierno, un mercado en la calle Sucre y una fuente para la plaza Murillo. Núñez del Prado se hizo cargo del Teatro Municipal cuando las obras estaban bastante avanzadas, sin embargo fue él quien trabajó en la mayor parte de la obra arquitectónica, la decoración interior y la fachada principal. La sala fue inaugurada en noviembre de 1845, y en 1909 su fachada fue sustituida por otra muy diferente a la original.

El Palacio de Gobierno fue construido de acuerdo a los planos del arquitecto José Nuñez del Prado, entre 1845 y 1852. De planta rectangular, con arquerías en los costados, destaca en el patio central la gran escalera que —con arco de medio punto, jambas y dovelas en mármol negro y crema— da acceso al segundo piso, donde las habitaciones están decoradas con cornisas y recuadros en el cielo raso. La fachada del edificio es la más sobria de la plaza Murillo: en el primer cuerpo, que es de piedra, se utilizan columnas dóricas, jónicas en el segundo y corintias en el tercero. En marzo de

*La catedral de Cochabamba, antigua iglesia parroquial construida en el siglo XVI, ha sufrido a lo largo de su historia numerosas modificaciones y ampliaciones en su fachada y estructura interna.*

1875 sufrió un incendio, a partir del cual se lo conoce también como Palacio Quemado. Los arreglos realizados con posterioridad, como el añadido del frontón con el escudo nacional, alteraron en cierto sentido el diseño original.

En la ciudad de Potosí, la arquitectura republicana tiene su mejor ejemplo en el Palacio de la Prefectura, aunque por entonces fueron más las adaptaciones que se hicieron, que las nuevas construcciones: el Convento de Belén se transforma en el colegio Pichincha; el edificio de las Cajas Reales es acondicionado para albergar al Palacio Consistorial, entre otros cambios.

En la ciudad de Oruro, durante el gran auge de la actividad minera, se construyó en una de las aceras de la plaza principal el edificio conocido como Palais Concert.

En la Sucre de finales del siglo XIX cabe mencionar el palacio del Principado de la Glorieta, propiedad de la familia Argandoña, que obtuvo del Papa el título de Princesa de la Glorieta para la señora de la casa, doña Clotilde de Argandoña. En la misma ciudad se halla la Rotonda, de planta circular con columnas jónicas en el primer piso, ventanas adinteladas en el segundo y cubierto por una

cúpula de media naranja con cupulín, que fue erigido en acción de gracias por el presidente Belzu, después de sobrevivir a un grave atentado que sufrió en el lugar.

La ciudad de Cochabamba, en la segunda mitad del siglo XIX, ve renovada su plaza principal en sus cuatro costados, al tiempo que se construye el Hospicio en la actual plazuela Colón. El eclecticismo y el neogótico llegan a la ciudad de la mano de los jesuitas, que construyen la iglesia y el convento de Santa Clara y, ya a principios del siglo XX, realizan la portada de la Catedral, que también obedece al estilo ecléctico.

## Construcciones del siglo XX

La necesidad de contar con un recinto adecuado para el funcionamiento del Congreso Nacional, en La Paz, nombrada nueva sede de gobierno a partir de 1894, obligó a la construcción del Palacio Legislativo. Edificado en la plaza Murillo, en el solar que ocupaba el antiguo colegio de los jesuitas conocido como El Loreto —expropiado a la orden religiosa en 1767, año de su expulsión—, más tarde fue sede de la universidad y prisión política. La construcción se inició en 1900, en estilo clásico, y fue inau-

*El edificio de la actual terminal de autobuses de La Paz fue levantado a finales del siglo XIX siguiendo la técnica de la construcción en acero, acorde con las corrientes de la época.*

gurada en 1905. El edificio se organiza en función de los dos espacios importantes: las cámaras de senadores y diputados. Posee además una biblioteca, cubierta por una gran cúpula de cristal, y la fachada tiene tres cuerpos y dos alas intermedias, todo ello en estilo corintio, pero las pilastras y columnas son lisas en la actualidad. En principio debía tener una torre, que finalmente fue sustituida por una cúpula.

Otra construcción rescatable de principios del siglo XX es el Palacio de Justicia de la ciudad de La Paz, proyectado por Adán Sánchez, y que está ubicado en la calle Potosí, esquina con Yanacocha. El edificio, al cual se accede por un amplia escalinata, tiene tres plantas y está organizado en torno a un espacio central que hace de recibidor. Considerado uno de los mejores ejemplos de la época, se abre al exterior sobre la calle Potosí, en dos alas unificadas por las escaleras centrales; el piso zócalo sostiene grandes columnas que abarcan las tres plantas, y las cubiertas son de forma troncopiramidal, por lo que dejan espacio para una bóveda central.

Similar al anterior es el edificio de la escuela Brasil, situado en la avenida Montes. Es necesario destacar también de esta época la construcción metálica de la Aduana, que originalmente estaba destinada a servir como estación del ferrocarril Guaqui-La Paz. Convertida hoy en terminal de autobuses, tiene planta rectangular con cubierta de hierro que se abre en tres naves; su fachada exhibe una estructura con ventanal de medio punto, con ventanales y columnas también en las alas laterales.

La compañía de seguros El Ahorro de Hogar, al igual que otras del continente, mandó construir a principios del siglo XX su sede, edificio donde actualmente opera la Cancillería de la República. Su autor fue el arquitecto Adán Sánchez, que la erigió en la esquina que forman las calles Junín e Ingavi, sobre la plaza Murillo. El primer piso tiene ventanas que siguen el estilo de la época; el segundo piso tiene columnas jónicas francesas y está coronado con una cúpula de rincón de claustro y una linterna con cupulín. Tanto este piso como el tercero exhiben pilastras que terminan en medallones elípticos. Otras obras destacadas de este arquitecto son la Prefectura y la oficina de Correos y Telégrafos, ambas en Oruro, así como la Aduana del sudoeste de Bolivia, en la ciudad de Uyuni, departamento de Potosí.

*La Torre de las Américas, en La Paz, es un brillante resultado y un claro ejemplo de la excepcional trayectoria de los arquitectos Luis y Alberto Iturralde, formados en Europa.*

## Obras arquitectónicas a partir de 1940

La década de 1940 es un período muy activo para la arquitectura en la ciudad de La Paz, al abrirse la avenida Camacho sobre la que se construye el Edificio Krsul. También sobresalen Luis y Alberto Iturralde, cuyas principales obras son el Hotel Sucre; el edificio Velasco, actual Ministerio de Industria y Comercio, en la avenida Camacho; La Urbana, hoy Ministerio de Transportes y Comunicaciones; la Casa Bernardo, antiguo edificio de Hansa Ltda., hoy remodelado. Entre los edificios institucionales cabe citar el Hospital Obrero Víctor Paz Estenssoro y el edificio de Yacimientos Petrolíferos Fiscales Bolivianos (YPFB).

En general, puede decirse que en esta década las nuevas construcciones tomaron muchos elementos de la arquitectura alemana: muros planos y curvos, horizontalidad en la disposición de las ventanas, balcones con elementos tubulares de metal. Se tomaron también como referencia otros modelos, como los que proporcionaron la arquitectura norteamericana y la de otros países europeos.

Tras producirse la revolución de 1952, y debido a las repercusiones negativas en lo económico (estancamiento, descapitalización), los proyectos arquitectónicos fueron paralizados durante casi diez años.

A partir de 1965 los arquitectos Iturralde dan mayor impulso a la construcción de edificios de propiedad horizontal, como los conocidos Brasilia, Bolívar, Diana, Indiana, Alameda, Castilla y muchos otros más, que culminan con la Torre de las Américas, en la plaza Isabel la Católica.

El arquitecto Jorge Rodríguez proyecta en esta época los trabajos que plasma en el Club de La Paz y en los hoteles provinciales de Coroico y Sorata.

En la década de 1960, Franklin Anaya comienza a impartir clases en la Facultad de Arquitectura de Cochabamba, y crea el edificio de la Municipalidad con indudable influencia brasileña.

## El arquitecto Emilio Villanueva

El arquitecto Emilio Villanueva ganó en 1914 el concurso de proyectos para la edificación del Hospital General de la ciudad de La Paz, construido por pabellones separados, de acuerdo a las normas médicas y sanitarias de la época, pese a la oposición del propio Villanueva. Más o menos de la misma fecha es el antiguo Colegio Militar, del cual sólo queda actualmente un edificio, conocido como el «pabellón» o «edificio viejo», en los predios de la avenida Villazón, donde ahora funciona el cuerpo central de la Universidad Mayor de San Andrés. En una segunda etapa de su obra, Villanueva construye la librería Gisbert, de tres plantas, en la calle Comercio, inicialmente proyectada como casa particular. Luego se hace cargo de la construcción del Banco Central, que presenta una planta casi cuadrada y una fachada en ángulo que tiene un cuerpo circular en la esquina, con cúpula y linterna en la parte superior; su decoración muestra pares de columnas de estilo jónico, que armonizan con la puerta principal. En los últimos años, esta obra se convirtió en sede de la Vicepresidencia de la República. El edificio de la Municipalidad de La Paz es también obra del arquitecto Villanueva, y en su estilo se advierten rasgos que recuerdan a las grandes casas consistoriales europeas de la región flamenca, con una fachada de tres cuerpos, cubiertos por un techo escamado que termina en torre con aguja y ventanas con frontones. Villanueva pasó luego por una etapa de trabajo en la que se dedicó por muy poco tiempo al estilo neocolonial, pero

*El* monoblock *de la Universidad Mayor de San Andrés fue construido en hormigón armado y en su decoración aparecen símbolos propios de la cultura andina.*

el representante más destacado de éste, en el país, es el arquitecto Mario del Carpio, de quien el edificio de la Caja de Seguro Social, sobre la Avenida Mariscal Santa Cruz, es un típico ejemplo. Este estilo también se plasmó en algunas residencias particulares, de las cuales la más destacada es la de Rafael Gisbert, que se inspiró para ella en la Casa de Las Recogidas, de la ciudad de Potosí. Otras obras de Mario del Carpio dignas de mención son la Biblioteca Municipal y el Cementerio General, ambas situadas en la ciudad de La Paz.

Una cuarta etapa en el trabajo de Emilio Villanueva muestra la búsqueda de un estilo arquitectónico propio de Bolivia, que parte de elementos de la cultura de Tiwanaku. Ya anteriormente Arturo Ponsnansky había construido una residencia con características del estilo tiwanakuense, que hoy es sede del Museo Arqueológico. La propuesta arquitectónica de Villanueva puede resumirse en dos ejemplos. El primero es el Estadio Hernando Siles, cuya construcción fue iniciada en 1928; inaugurado dos años después, era un edificio que reunía la influencia funcionalista europea con manifestaciones del arte tiwanakuense, pero en octubre de 1975 fue demolido para dar paso a una construcción de mayor capacidad. El segundo es la obra que aún permanece de esta etapa de Emilio Villanueva: el *monoblock* de la Universidad Mayor de San Andrés, inaugurado el 24 de julio de 1948. Con este proyecto puede decirse que culmina la carrera del arquitecto Villanueva.

Los arquitectos Luis y Alberto Iturralde son los autores del proyecto y realización del Hospital Obrero Víctor Paz Estenssoro, en La Paz, edificio modélico en su género.

El Palacio de Portales, en Cochabamba, fue construido por encargo del millonario Simón I. Patiño, el llamado Rey del Estaño, y es una suntuosa residencia de estilo francés.

Por lo que respecta a la especialidad hospitalaria sobresale Óscar Cortés, que dirige la construcción del hospital pediátrico de la ciudad.

Luis Perrín Pando trabaja por su parte en el Hotel-Cine Capitol, en un estilo muy sobrio y completamente funcionalista; en la ciudad de La Paz sus obras más importantes son el Club de Tenis La Paz y los edificios de las facultades de Medicina y Odontología de la Universidad Mayor de San Andrés, en la zona de Miraflores.

En 1966 se inicia la planificación de la ciudad universitaria de Oruro, bajo la dirección de los arquitectos Gustavo Medeiros y Franklin Anaya. Este conjunto procura identificar la arquitectura con el paisaje y el medio ambiente sociocultural.

A fines de esta década se construyen también la Escuela Normal Enrique Finot, de Santa Cruz, obra del arquitecto Luis Zúñiga con bóvedas cónicas de hormigón aligerado, y el edificio de la Escuela Normal Simón Bolívar, de La Paz, que muestra volúmenes realizados en hormigón, con elementos trapezoidales sobre formas geométricas de cruces y cuadrados.

Hugo López Videla es el realizador del antiguo hotel Crillón, hoy remodelado; del edificio de la Patiño Mines, más tarde expropiado para oficinas de la Corporación Minera de Bolivia (COMIBOL), y actualmente dependencia ministerial del gobierno; del ex Banco Popular del Perú, con claras reminiscencias coloniales, al igual que el edificio de la Municipalidad de la zona de Obrajes. Entre sus obras religiosas se pueden anotar la iglesia de La Exaltación, también de la zona de Obrajes, y la de San Miguel, en la zona de Calacoto. López Videla, junto con sus asociados, es el autor del nuevo estadio de la ciudad de La Paz.

Ernesto Pérez Ribero es el principal responsable del edificio de la Escuela Industrial Pedro Domingo Murillo, y en su obra cabe destacar también el edificio de la lotería, en la avenida Mariscal Santa Cruz; la Villa Holguín, en el camino a la zona sur de La Paz, y el Coliseo Julio Borelli. Raúl Hurtado y Contreras Ruiz proyectaron por su parte el Hospital del Niño, en la zona de Miraflores de la ciudad de La Paz, en un estilo plenamente funcionalista.

La obra más importante del arquitecto y escultor Hugo Almaraz es el monumento a la Revolución Nacional de la plaza Villarroel, edificio de decoración muy sobria, cuyo diseño está arraigado en las construcciones prehispánicas. Realizado en piedra, mosaico, bronce y mármol, el interior de la obra es rico en diseño y color, con murales que son obra de Alandia Pantoja, Solón Romero y Lorgio Vaca e ilustran la Revolución de abril de 1952.

La arquitectura religiosa de esta etapa está representada por el arquitecto René Paz, realizador de los templos de Cristo Rey, el de la zona de So-

*El estadio olímpico Hernando Siles se diseñó para atender las exigencias de La Paz en materia deportiva, y cumple todos los requisitos funcionales de este tipo de construcciones.*

pocachi, y el de la zona de la Villa Victoria; más tarde se construirán los del Corazón de María, en la avenida Germán Busch, y el de San Miguel, en la zona sur de la ciudad.

## Nuevos planes de urbanización

Gustavo Cisneros es uno de los pioneros en planes de urbanización, y entre los más destacados figuran los que realizó en la zona de Pampahasi, los Pinos, donde construyó 2 000 viviendas.

Gustavo Knaudt proyectó las urbanizaciones Villa Dolores y Miraflores, en la ciudad de La Paz; la urbanización El Carmen, en Cochabamba, y el barrio residencial Guabirá, en Santa Cruz. Durante la década de 1980 se da un gran impulso a las obras de restauración, y ciudades como Potosí, Su-

cre y las misiones jesuíticas de la región de Chiquitos, en el departamento de Santa Cruz, pasan a ser declaradas Patrimonio Cultural de la Humanidad. Se restauran la iglesia de La Merced y la torre de la Compañía de Jesús, en Potosí, de acuerdo a un plan establecido.

En esta época es muy importante el uso del color, tanto en edificios nuevos —por ejemplo, el centro comercial La Ch'iwiña—, como en las refacciones realizadas por el arquitecto José Núñez del Prado en Potosí. Merece ser mencionado el templo Jesús Obrero, de la ciudad de El Alto, en el departamento de La Paz, obra realizada por el arquitecto Ríos Barrón en adobe de barro, madera y calamina, que se asimila al contexto sociocultural de la región.

*Iglesia de San Miguel, muestra de la arquitectura religiosa del siglo XX, obra del arquitecto Hugo López Videla. Está situada en un barrio residencial de la zona sur de La Paz.*

A principios de la década de 1990 se inauguró el edificio anexo al Palacio Legislativo, obra de Gustavo Medeiros, Escobari, Maderholz y Tellería, que constituye un buen ejemplo de edificación contemporánea que se inserta adecuadamente en el casco viejo de la ciudad.

A medida que avanzaba el siglo XX, ciudades bolivianas como La Paz, Santa Cruz, Cochabamba y otras en menor grado, vieron impulsadas sus obras arquitectónicas por las nuevas tendencias en formas, estilos y materiales, no sólo en residencias particulares sino también en edificios públicos, especialmente en los de tipo comercial.

La nueva época económica que vive el país muestra grandes diferencias constructivas, la atracción de las ciudades hace que las poblaciones aumenten constantemente y la vivienda se convierte en tema de interés no sólo profesional y especializado, sino también de urgencia social. La arquitectura que se realiza en el país a finales del siglo XX busca ofrecer mayor comodidad, belleza y seguridad, en un franco proceso de cuidar no sólo la obra arquitectónica en sí misma, sino también el entorno en el cual está ubicada, manteniendo la unidad del paisaje y asumiendo el reto del cuidado del medio ambiente y del desarrollo sostenible.

Pero, además, habría que añadir otra tendencia. Mirando hacia atrás en la historia arquitectónica del país, no debería resultar novedosa la propuesta que algunos arquitectos contemporáneos están aplicando en la práctica: recuperar e integrar la riqueza cultural originaria de nuestro territorio con la mirada puesta en el futuro.

# Espectáculos, medios de comunicación y deportes

Espectáculos

Periodismo y deportes

*En el coliseo cerrado «Julio Borelli», de La Paz, se practican diversas actividades deportivas, como el baloncesto (en la imagen) o el fútbol-sala: un buen ejemplo del desarrollo de los deportes en Bolivia.*

# Espectáculos

os espectáculos, en sus más variadas manifestaciones, tienen una larga tradición en la cultura boliviana, tanto en el terreno religioso como en el laico; tanto en el aspecto del oficialismo estatal y pedagógico como en las más arraigadas festividades populares. Así, por ejemplo, ya en tiempos del imperio incaico eran habituales las representaciones recitativas y con intervención de conjuntos musicales (la bastante fidedigna reconstrucción del presumible guión dramático de la célebre tragedia autóctona *Ollantay* es buena prueba de ello), de modo que cuando la colonización española aportó sus propias concepciones escénicas, éstas prendieron con facilidad en un terreno abonado, en el que no faltaron compañías nativas y criollas que interpretaran el repertorio europeo, ni la erección de algunos pocos pero muy significativos corrales de comedias.

De modo que no es extraño que Bolivia haya sido uno de los primeros países hispanoamericanos en acoger, a finales del siglo XIX, las primeras y balbuceantes expresiones del arte cinematográfico, llamado por entonces «biógrafo» en esta parte del mundo, por dedicarse básicamente a la reconstrucción documental de vidas famosas. Tan temprano como pudiera ser a mediados de 1897 —apenas un año y medio después de la presentación internacional del cine en París, el 28 de diciembre de 1895— comenzaron las exhibiciones locales bolivianas, en la sala del Teatro Municipal de La Paz, y en 1904 está datado el rodaje de la primera producción propia, el mediometraje mudo titulado *Retrato de personajes históricos y de actualidad.*

*Teatro Municipal de La Paz, que fue inaugurado en 1850 y reformado a partir de 1904.*

## La leyenda del cine boliviano

Hacia 1912 se inicia la trayectoria documentalista de Luis Castillo y J. Goytisolo, considerados con toda justicia los precursores del cine boliviano y a los que pronto se agregó el italiano Pedro Sambarino, procedente de una larga estancia en Argentina: a partir de 1923, Sambarino montó un laboratorio y unos estudios que cubrían todas las fases de la producción de películas, inaugurando de este modo la que se considera la época de oro del cine nacional: la que va desde entonces a la irrupción del sonoro, a finales de la década siguiente (aunque en Bolivia el comienzo de esa nueva etapa se prolongaría bastante, como una de las tantas consecuencias de la desdichada y durísima Guerra del Chaco, contra Paraguay).

Como quiera que fuese, a ese período clásico pertenecen algunas de las piezas que hoy se valoran como auténticas joyas de cinemateca, comenzando por *Corazón aymara*, primer largometraje de ficción, realizado en 1925, o *La gloria de la raza*, documental del mismo año en el que Luis Castillo sintetizó los importantes estudios del arqueólogo y antropólogo Arturo Posnansky sobre las culturas aborígenes. A estos títulos cabe agregar sin duda *El fusilamiento de Jáuregui*, *La sombría tragedia del Kenko* y, ya en 1930, *Wara wara* («Estrella»), de José María Velasco Maidana, el primero de los grandes mitos del cine boliviano. En esta década se produjo también el estreno de *Hacia la gloria* (1932), de Mario Camacho, José Jiménez y Raúl Durán, *Infierno verde*, de Luis Bazoberry, y *La campaña del Chaco*, de Juan Peñaranda Minchín, estos dos últimos filmes inspirados en el desastroso conflicto que paralizó el país durante años.

*A finales de los años cuarenta, el productor Kenneth Watson apoyó a los primeros creadores del cine boliviano, entre los que sobresale Jorge Ruiz, director de* Vuelve Sebastiana *(1953).*

## La llegada del cine sonoro

Después de años de inactividad e incertidumbre, el cine nacional conoció un renacimiento con el arribo al país del productor Kenneth Wason, quien a finales de la década de 1940 fundó la empresa Bolivia Films, donde —junto a muchos jóvenes valores— comenzó su carrera Jorge Ruiz, que sería un prolífico y premiado cineasta, autor entre otros títulos de *Vuelve Sebastiana* (1953), considerada por los críticos la obra cumbre de la cinematografía boliviana. Por aquellos años, el propio Ruiz, Augusto Roca y Alberto Perrín inician los primeros ensayos en color (entre los que sobresale el mediometraje *Donde nació un imperio*), y la productora Emelco realiza *Al pie del Illimani*, que en 1948 inaugura oficialmente el cine sonoro.

En 1953, transcurrido menos de un año desde el triunfo revolucionario del MNR, se crea el Instituto Cinematográfico Boliviano, que en los tres lustros siguientes —y bajo la sucesiva dirección de los cineastas Waldo Cerruto, Jorge Ruiz y Jorge Sanjinés— impulsó la producción local con títulos como *La vertiente* (1958), de Ruiz; *Revolución* (1963), *Aysa* (1964) y sobre todo *Ukamau* (1966: primer largometraje hablado en aymara), las tres obras iniciales de la carrera de Sanjinés, sin duda el más internacional de los directores bolivianos, cuya producción —de claro contenido social y compromiso con los desheredados— se consagraría con títulos como *Yawar Mallku* («La sangre del cóndor», 1969), *Las banderas del amanecer* (1971), *El enemigo principal* (1973), *Fuera de aquí* (1977) o *La nación clandestina* (1989).

## El carnaval como espectáculo

La mezcla y fusión de las dos culturas —la indígena y la española— que a lo largo de los siglos han configurado la identidad boliviana, tiene acaso su mejor exponente en la celebración anual de los carnavales, fiesta exportada por el cristianismo colonizador, pero con los suficientes elementos paganos y politeístas como para haber calado hondo en la sensibilidad autóctona. Los más famosos —incluso a nivel internacional, ya que cada año acuden a ellos centenares de visitantes extranjeros— son los de Santa Cruz de la Sierra, que culmina con los pasquines y las proclamas del Sábado de Corso, y la *diablada* de Oruro, en el que toda la iconografía del infierno se vuelca por las calles. Los llamados *carnavales criollos*, menos litúrgicos y simbolistas pero más bullangueros e informales que los ya citados, están muy bien representados por los que se celebran en la ciudad de Potosí y en Tarabuco, una localidad mediana en las proximidades de Sucre.

Antiguos rituales —relacionados con la fertilidad de la tierra, pero también con la de los humanos y las bestias— pueden reconocerse infiltrados en la semana del rey Momo. Así, por ejemplo, ocurre con la *ch'alla*, que se oficia el martes de carnaval y es una ceremonia en la que los campesinos arrojan chicha, serpentinas y confetis sobre los sembradíos y las casas para que prosperen, simulan el apareamiento y la marca simbólica del ganado con lanas de colores, rinden culto a la mítica imagen zoomorfa del *titi*, y ejecutan la *wilancha*, degüello de una llama (preferentemente blanca) que ofrendan a los *achachilas*, manes tutelares de la tierra, la montaña y el hogar.

Precisamente en torno al grupo Ukamau, fundado a mediados de la década de 1960 por el propio Sanjinés, Ricardo Rada, el fotógrafo Antonio Eguino y el guionista Óscar Soria G., se centra buena parte de las mejores realizaciones de la época (*Pueblo chico, Chuquiago, Los ayoreos, El clamor del silencio*) y la aparición de las nuevas fi-

## La tradición itinerante en el teatro

El teatro boliviano es uno de los pocos ejemplos que puedan citarse, en Latinoamérica, de fidelidad a la tradición itinerante con la que esta gran manifestación cultural nació, hace casi tres mil años, en tierras de la Magna Grecia. Un caso paradigmático de ello fueron las décadas de trabajo del grupo NUEVOS HORIZONTES, con sedes alternativas en las ciudades de Tupiza y Oruro, pero que recorrió incansablemente, con escenarios desmontables, las sierras, los llanos y las minas bolivianas, en una clara demostración de trashumancia asumida como destino último del arte dramático.

Esta característica no es casual, ya que se relaciona con las más antiguas celebraciones populares, como las *alasitas* («cómprame», en aymara), el *aciago* (nombre quechua del mes de agosto) o la primera siembra de la papa, que a veces obligaban a desplazarse al lugar de reunión a comunidades enteras. Las *alasitas* son ferias artesanales de compra y venta, que incluyen la celebración de matrimonios simulados y que se llevan a cabo cada 24 de enero, mientras que el *aciago* ocupa todo el mes que le da nombre, cuya primera quincena se dedica al culto benéfico de la Pachamama, y en cambio la segunda, como compensación, se gasta en aplacar las iras de Supay, el maligno. La primera siembra de la papa, por su parte, se realiza en la *aynoka* (terreno comunal) y consiste en una ceremonia propiciatoria denominada *japuchiri*, durante la cual se adornan y ungen las testuces de una yunta de bueyes, que enseguida se encargará de consumar la siembra.

*En 1969, el español Jorge Mistral produjo y dirigió* Crimen sin olvido, *un gran éxito del cine local, protagonizado por el músico y actor Alfredo Domínguez (en la imagen, a la guitarra).*

### De la crisis al vídeo

Una corriente, por así decirlo, más comercial pero también de calidad (en la que destacan títulos y autores como *Crimen sin olvido*, de Jorge Mistral, *Patria linda*, de Alfredo Estívariz y José Fellman, *La Chaskañawi*, de José y Hugo Cuéllar Urízar o *El embrujo de mi tierra*, de Jorge Guerra V.) y otra más implicada en la tradición combativa del cine nacional (*Señores coroneles, señores generales*, de Alfonso Gumucio Dagrón; *Warmi*, de Danielle Caillet; *María Lionza*, de Raquel Romero o *A los cuatro vientos*, de Diego Torres) intentaron neutralizar sin resultados los evidentes síntomas de la crisis que acabó por paralizar las actividades del mercado cinematográfico nacional, a partir de 1985-1986.

Desde entonces las más recientes generaciones de cineastas se dedicaron a la práctica intensiva del vídeo, soporte en el que comenzaron a sobresalir creadores como Rubén Poma (autor de la serie *Jenecherú* ) o Alfredo Ovando (*La danza de los vencidos, Lucho Vives en el pueblo, Tiempo de vida y muerte* ), junto a documentalistas de alto nivel como Armando Urioste, Francisco Cajías, Néstor Agramont, Eduardo López, Iván Rodrigo y Carola Prudencio, o autores de ficción tan interesantes como Guillermo Ruiz, Francisco Ormaechea, Rodrigo Quiroga o Marcos Loayza.

guras cinematográficas (Hugo Roncal, H. Boero Rojo, J. P. Tumoine, Paolo Agazzi, Beatriz Palacios, Juan Miranda), que con títulos como *El lago sagrado, Mi socio, Amargo mar, Abriendo brecha, Los hermanos Cartagena* o *Tinku: el encuentro*, mantendrán el nivel conseguido por el cine boliviano hasta la crisis de mediados de la década de 1980.

# Periodismo y deportes

En la historia del periodismo hispanoamericano —y sobre todo en la de un país de tan agitada vida política e institucional como Bolivia, con proliferación de golpes de Estado y de los más diversos estilos de asalto al poder— se tiende a creer que los grupos de presión, a diferencia de lo que ocurre con la tradición anglosajona, fueron los determinantes exclusivos que crearon a lo largo del tiempo los diferentes grupos de opinión. Y, sin embargo, cuando se echa una mirada desapasionada sobre las hemerotecas y los testimonios que quedan de los inicios de

El diario La Época contó con un público fiel a partir de su aparición, en 1845.

esta actividad en la joven República boliviana del siglo XIX, se descubre que tal apreciación es por lo menos parcial. Junto a la sin duda mayoritaria crónica política, el lector puede encontrar en la prensa de la época preocupaciones relativas a la economía y todos sus apartados (gasto público, impuestos, precios relacionados con la cesta de la compra, amonedación de la plata), transportes y obras viales, manifestaciones culturales, e incluso antecedentes de lo que será la omnipresente existencia de la publicidad en la prensa de hoy en día: anuncios, por ejemplo, en los que robustos esclavos morenos se ofrecen en venta a precios razonables.

## La tradición periodística

*El Chuquisaqueño*, pionero de la prensa independiente boliviana, ya que comenzó a aparecer en 1825, constituye un buen ejemplo de esa variedad informativa, aunque no es el único. Lo mismo puede decirse de *El cóndor de Bolivia, El Iris de La Paz, El Nacional, El Eco del Protectorado* o *La Gaceta de Chuquisaca*, contemporáneos de esa incierta y revulsiva etapa de las primeras décadas de la Independencia.

El siguiente período lo abre la fundación de *La Época*, en 1845, diario que inaugura la modernidad en el sentido formal y la tradición polémica que será una constante en el periodismo boliviano, en este caso representado por *El Eco de Potosí*, de corte más conservador y nacionalista, y enfrentado a los aires cosmpolitas del anterior. Con la consolidación republicana se abre la larga etapa del partidismo intervencionista, en el que algunos periódicos protegidos y hasta subvencionados por el poder (*El Cholo*, de La Paz; *El Anatema nacional*, de Sucre) ven incrementada su difusión y popularidad en detrimento de otros que encarnan y representan voces más críticas e inclusive de mayor facundia estilística (*La voz de Bolivia, El Constitucional* de Chuquisaca o *El Oriente*, de los hermanos Barragán).

## El pasaje de siglo

El polígrafo Gabriel René Moreno es autor del monumental *Ensayo de una bibliografía general de los periódicos de Bolivia (1825-1905)*, que incluye nada menos que 1 264 fichas sobre diversas publicaciones decimonónicas. Dado que están hechas por año y, por tanto, hay periódicos que tienen tantas entradas como años perduraron, la cifra es exagerada, pero puede afirmarse que la cantidad «real» de publicaciones distintas no debe bajar de las 250, lo cual es asombroso para un país sudamericano.

En el período de entresiglos se consolidan algunos nombres mayores, como *La reforma, El Imparcial, El Heraldo, El Comercio* y *La Prensa*, fundada esta última en 1896 y único de tales diarios que subsiste en la actualidad, lo que lo convierte en decano del periodismo boliviano. Algo más tarde surgieron *El Diario* (1904, todavía en circulación con una de las principales tiradas), *La Razón* de La Paz (1917) y *La Patria* de Oruro (1919), y tras la Guerra del Chaco vieron la luz *La Calle* y *Fragua*. Algo más tarde, por su parte, aparecieron los primeros periódicos vespertinos, entre los que sobresalieron *Última hora*, *Crónica*, *La Noche* y *Presencia*.

Además de algunos de ellos, que siguen en circulación, la actualidad periodística boliviana cuenta con importantes nombres, asentados básicamente con posterioridad a la revolución de 1952, tales como *Hoy*, *Primera Plana*, *Los Tiempos*, *El Expreso* u *Opinión*, la mayoría de los cuales publican suplementos dominicales e influyentes páginas literarias.

## La innovación televisiva

La historia de la televisión boliviana —el más reciente y controvertido de los medios de comunicación— se divide claramente en tres etapas: una primera de monopolio estatal; una segunda, que amplificó la audiencia por la simultánea irrupción de los canales universitarios; una tercera, crecientemente diversificada pero al mismo tiempo incontrolable, presidida por la entrada en el mercado de los canales privados.

*La televisión en Bolivia integra alrededor de setenta canales, entre privados (la mayoría), universitarios y uno estatal. En la imagen, transmisión de un informativo en el Canal 7.*

### El fenómeno de la televisión

Una de las cosas que más sorprende al visitante extranjero de Bolivia —predispuesto, como es lógico, al tópico turístico del indigenismo y los vertiginosos paisajes andinos— es el extraordinario desarrollo y la variedad que la televisión ha conseguido en el país, sobre todo en los últimos diez años, cuando se abrió a la iniciativa privada la posibilidad de emitir por su cuenta. El siguiente cuadro da una idea sintética de esa diversidad.

**Estaciones televisivas en Bolivia**

| | |
|---|---|
| Canal estatal | 1 |
| Canales universitarios | 8 |
| Canales privados | 59 |
| (Beni, 10; Cochabamba, 8; La Paz, 10; Oruro, 6; Potosí, 4; Santa Cruz, 11; Sucre, 3; Tarija, 7) | |
| **Total** | **68** |

Las emisiones televisivas regulares comenzaron en Bolivia tardíamente, ya que no fue hasta 1969 cuando el gobierno inauguró Canal 7, primera y única televisión del Estado amparada por un régimen jurídico claramente monopolista. Con la creación de un canal universitario en circuito cerrado —en la Universidad Juan Misael Sarancho, de Tarija, en 1973— se inició la tendencia diversificadora, ya que si en un principio estos canales estaban destinados a servir de mero apoyo pedagógico a las necesidades programáticas que evidentemente no cubría la televisión estatal, pronto se vio que sus aspiraciones iban a más: no sólo porque otras siete universidadees se sumaron a la propuesta entre ese año y 1985, sino porque pronto comenzaron a emitir en abierto, aprovechándose de un vacío legal que todavía perdura en el mercado televisivo boliviano.

Por ese mismo vacío, a partir de 1982, se colaron los primeros canales privados, que en menos de una década habían superado el medio centenar de emisoras, aunque su regularidad y cobertura siga estando lejos en la actualidad de la variedad de sus propuestas. Alimentados básicamente por películas estadounidenses y seriales procedentes de México, Brasil y Venezuela, no parecen haber encontrado todavía un nivel técnico ni de programación a la altura de lo que representa su incontenible expansión.

# Los hitos del deporte

Los primeros antecedentes de alguna manifestación del interés estatal por apoyar las actividades deportivas en Bolivia se remontan a 1912, fecha en la que se creó el Instituto Nacional de Educación Física, dependiente del Instituto Normal Superior (o sea, el deporte considerado como una especialidad dentro de la educación). No obstante, esto no pasó de ser en la práctica una medida burocrática, ya que el estímulo a los deportistas nacionales no se materializó en forma alguna hasta bien entrada la década de 1970, y las pocas figuras que consiguieron destacar fueron fruto del trabajo individual de cada uno de los atletas y de sus esforzados entrenadores.

Entre ellos, como ejemplo máximo, hay que destacar la trayectoria de Julia Iriarte de Araoz, unánimemente considerada la estrella máxima del deporte boliviano de todos los tiempos. Nacida en Tarata (Cochabamba), en 1920, entre 1938 y 1948 Julia Iriarte fue reiteradamente plusmarquista de los 80 m vallas, de la posta de 4 x 100 m, de los saltos de altitud y longitud, y de todos los lanzamientos (bala, disco y jabalina), con una superioridad tan apabullante sobre sus contemporáneos que muchas de sus marcas no se superaron hasta pasado un cuarto de siglo de su retirada de las competiciones oficiales. Después de ganar además numerosas medallas de oro y plata en torneos internacionales, esta deportista excepcional fue coronada con el título de «Gran Atleta» en el Congreso Sudamericano de Atletismo celebrado en la ciudad brasileña de São Paulo (1954) y, con ocasión de los VIII Juegos Bolivarianos (La Paz, 1977), se le concedió el merecido honor de portar la antorcha olímpica.

## La extraordinaria Academia Tahuichi

Sin embargo, para asistir a la verdadera revolución que modificó el panorama deportivo de Bolivia hubo que esperar a 1978, fecha en la cual un grupo de santacruceños, encabezados por Rolando Aguilera Pareja fundó la Academia Tahuichi (nombre que significa «pájaro de grandes alas»). El objetivo prioritario de la academia fue desde el comienzo fomentar el desarrollo físico y la integración social de los niños bolivianos, y en menos de un año de actividades consiguió la formación de sesenta equipos futbolísticos de barrio, tarea que culminó en 1980 con la obtención del Campeonato Sudamericano Infantil, primer título internacional logrado hasta entonces por Bolivia.

Los éxitos de este tipo han seguido sucediéndose desde entonces, pero lo más importante de la labor de Tahuichi no son sólo los títulos obtenidos, sino la labor de base que desarrolla con sus planes y proyectos sociales, como el de Salud, Educación y Deportes, iniciado en el año 1990, para hacer llegar estas tres premisas básicas al sector más desfavorecido de la infancia boliviana, y que le ha valido una nominación para el premio Nobel de la Paz. El Banco Mundial y el Banco Interamericano de Desarrollo, entre otras instituciones, secundan con entusiasmo los planes y proyectos de la academia, convertida en ejemplo en su género para toda Latinoamérica.

*Podio de vencedores del Campeonato Sudamericano de Fútbol Infantil de 1980, en el que el equipo nacional de Bolivia ganó y subió a lo más alto.*

# Biografías

Este apéndice biográfico no pretende ser exhaustivo
sino abarcar algunos de los nombres más representativos
en los distintos ámbitos de la historia, la política,
la cultura, las artes, etcétera.

# Biografías

## Viracocha

Tras el asesinato de su padre, Yahuar Huacac, el Consejo de Orejones lo convirtió en el octavo Inka efectivo del Tawantinsuyu. Su nombre era Jatun Tupaq, pero adoptó el de Viracocha a causa de una enigmática visión en

*El soberano inka Viracocha emprendió la ampliación sistemática del imperio con la ayuda de otros pueblos.*

la que se le presentó el dios del mismo nombre y le anunció que el imperio sería destruido por «gentes extrañas, que llevaban barbas y procedían de tierras lejanas». Su reinado se distinguió por las acciones militares que buscaban extender los dominios impe-

riales y en una de sus campañas llevó el Qullasuyu hasta el territorio del Tucumán. Durante los largos años en los que dirigió los destinos del imperio se produjeron interesantes innovaciones en materia agrícola y urbanística, pues estimuló la incorporación de nuevos cultivos, la construcción de viviendas, así como la fabricación de nuevas vestimentas y tejidos. Sus últimos años los pasó en Calca, donde falleció hacia 1438, cuando tenía unos 80 años de edad.

## Pachacuti Yupanqui

Fue el hijo menor de Viracocha. Cuando todavía era un adolescente participó en la defensa del Cusco (Cuzco) ante los ataques de las tribus rivales, y pudo así vencer la insurrección de los chancas en Cusco, Ichupampa y Yahuarpampa. Pachacuti fue el noveno Inka del Tawantinsuyu y la historia lo ha reconocido como el gran organizador del imperio. Hombre de gran valentía y talento, su padre lo designó sucesor en desmedro de su hermano Urco, que intentó asesinarlo y murió en una batalla en la que se enfrentaron las tropas de ambos hermanos. Pachacuti reinó durante más de tres décadas, en las que el imperio vivió su máxima expansión

territorial. Sus ejércitos sometieron a los sinchis, chancas, collas, chinchas y huantas, y extendió los confines del Tawantinsuyu hasta Chachapoyas y Cajamarca. Durante su reinado el imperio fue dividido en cuatro *suyus*, y se reformaron el sacerdocio y el ejér-

*Pachacuti Yupanqui fue el primero de los grandes soberanos inkas y el gran constructor civil del Cusco.*

cito. Organizó una casta de administradores del estado, reedificó el Templo del Sol, reconstruyó la capital cusqueña y estableció un idioma común para dar mayor cohesión al incario. En su reinado se construyeron templos y tambos a lo largo de los caminos que unían las poblaciones que integraban el Tawantinsuyu, se dictaron normas simples para la administración pública y se estableció un sofisticado sistema estadístico.

## Tupaq Yupanqui

Fue el undécimo Inka, también conocido como Tupaq Inka Yupanqui, y era hijo de Pachacuti Yupanqui. A los 15 años su padre lo nombró sucesor y comenzó a colaborar con él en la expansión del imperio. Fue responsable de la campaña del noroeste, que incorporó las tierras de los cañaris, kinchuas y cinches, hasta controlar el actual territorio ecuatoriano. Durante esa campaña regresó al Cusco por la costa del Pacífico, navegó hacia el oeste y reconoció los archipiélagos de las islas Niña Chumbi y Aya Chumbi, las actuales islas Marquesas. Su ausencia de la capital del imperio duró casi una década y a su regreso sustituyó a su padre. Tras ser nombrado inka, aprovechó su gran experiencia militar para proseguir la expansión imperial, y conquistó las tierras de los antis y chunchos, e incursionó en el actual territorio boliviano. Con posterioridad, orientó la ampliación del imperio hacia el sur, llegó hasta las tierras del Tucumán, y desde allí sus ejércitos se dirigieron hacia los Andes y cruzaron a Chile, donde, tras una lucha prolongada, consiguió dominar a los chilis y araucanos, controlando las tierras que se extienden hasta el río Maule. Fue un gobernante que hizo de la idea imperial su principal objetivo, y cuando le pareció necesario castigó con severidad las rebeliones de los pue-

blos dominados, especialmente en la sección norte del Tawantinsuyu. Su acción de gobierno buscó perfeccionar la administración, al incorporar el sistema piramidal de los chunca-kuraka (jefe de diez) y pachaj-kuraka (jefe de cien). En coherencia con su idea del imperio, fue el inka que mandó construir la fortaleza del Cusco y concluyó el Templo del Sol.

## Wayna Qhapaq

Nació en Tumibamba y su padre, Tupaq Yupanqui, lo eligió como sucesor por su capacidad intelectual y grandeza moral, además de su precoz habilidad para el mando y decisión militar. Con menos

*Durante el reinado de Wayna Qhapaq el imperio inka alcanzó la máxima extensión territorial.*

de diez años, participó junto a él en la campaña sobre el Chinchasuyu, y se destacó en la acción durante la batalla de Saxahuamán. Ascendió al trono en medio de polémicas y conspiraciones,

pero supo enfrentar a sus rivales y consolidar su posición como antepenúltimo Inka efectivo del Tawantinsuyu. Heredó de Tupaq Yupanqui la idea de ampliar y mantener cohesionado el imperio, y en su calidad de Inka visitó prácticamente todo el territorio del Tawantinsuyu. Algunos historiadores estiman que su reinado duró medio siglo. Murió angustiado por las noticias que le traían sus informadores sobre la presencia de extraños hombres blancos en sus dominios. Falleció en 1525, pero, antes de morir, dividió el imperio entre sus hijos Waskar y Atawallpa.

## Waskar

Hijo de Wayna Qhapaq, quedó como monarca del Cusco a la muerte de su padre, convirtiéndose en el penúltimo Inka efectivo del Tawantinsuyu. Su hermano Atawallpa era monarca de Quito, y durante un lustro gobernaron de manera independiente ambas secciones del imperio. Al cabo de ese período, los hijos de Wayna Qhapaq se enfrentaron en una sangrienta guerra civil en la que inicialmente Waskar derrotó a Atawallpa en Tumibamba. Éste logró escapar, pero, una vez que reorganizó sus tropas, se volvieron a enfrentar en Ambato y Kelpaypan, y Atawallpa venció y apresó a Waskar. Como castigo, los oficiales del ejército de Atawallpa ordenaron varias matanzas entre las tropas de Waskar. Atawallpa ordenó la muerte de su hermano, al mismo tiempo que los hombres de Francisco Pizarro avanzaban por las tierras del imperio. El enfrentamiento entre los

*El soberano inka Waskar inició una guerra civil que favorecería la conquista del imperio por los españoles.*

descendientes de Wayna Qhapaq, y la muerte de Waskar, acaecida en 1532, crearon las condiciones ideales para que los españoles conquistaran, y liquidaran, el Tawantinsuyu.

## Diego de Almagro

Nació en 1475 en la villa española de Almagro y vivió una infancia miserable, a merced de la caridad pública y sin recibir educación alguna. Su partida hacia América se debió a una pelea de taberna en la que mató a su rival, lo que le obligó a huir de la Península. Se embarcó en la expedición de Pedrarias y el primer destino fue Dairén, donde le fue posible acumular una reducida fortuna. Tras conocer a Francisco Pizarro, ambos aventureros establecieron un pacto para conquistar el imperio de los incas, del que habían recibido noticias. Según las crónicas de la época, po-

seía una gran capacidad organizativa que facilitó notablemente la conquista del imperio incaico. Desde la retaguardia apoyó y mantuvo bien abastecidas las tropas de Pizarro, razón por la que llegó a Cajamarca con cierto retraso, por lo que salió poco beneficiado en el reparto del botín cobrado al inka Atawallpa. En 1529 le fue concedido el título de adelantado y gobernador de la Nueva Toledo, actual Bolivia, en la región situada al sur de las posesiones concedidas a Pizarro. A pesar de las discriminaciones sufridas, Almagro marchó hacia el actual territorio chileno, dividiendo sus fuerzas en dos contingentes. Uno de ellos recorrió el Qullasuyu y fundó la localidad de Paria, el más antiguo pueblo español en territorio boliviano. Su expedición a Chile resultó un auténtico fracaso, y regresó al Perú con sus tropas diezmadas y sin haber conseguido riquezas. Tras un fallido intento de aliarse con Manco Qhapaq II, reclamó el Cusco co-

*El conquistador español Diego de Almagro participó con Pizarro en la conquista del imperio inkaico.*

mo parte del territorio que le había sido concedido por la Capitulación Real de Toledo, lo que dio origen a la guerra civil peruana. Al comienzo de la contienda pudo vencer en varias ocasiones a las tropas de Pizarro, hasta que fue hecho prisionero por uno de sus hermanos, Hernando Pizarro. Fue juzgado y condenado a muerte, y su cabeza exhibida en la plaza del Cusco, como era tradicional entre los españoles. Tras su muerte, en 1538, sus partidarios eliminaron a Francisco Pizarro y continuaron la guerra hasta la muerte de Diego de Almagro (hijo), que se había hecho cargo del liderazgo dejado por su padre.

## Francisco Pizarro

El nombre de Francisco Pizarro ha pasado a la historia asociado a la conquista del imperio incaico. Nació en la aldea de Trujillo, en la región española de Extremadura, probablemente en 1478. Estaba entre los acompañantes de Balboa cuando su expedición descubrió el océano Pacífico en 1513 y participó en diversas expediciones españolas a comienzos del siglo XVI. Desde su puesto en Panamá, organizó junto a Diego de Almagro la expedición que acabaría conquistando el imperio incaico. En 1532, tras seis años de exploración, sus tropas apresaron al Inka Atawallpa en la localidad de Cajamarca. El inka pagó su rescate con una enorme cantidad de oro y plata, pero Pizarro no cumplió su palabra y permitió que Atawallpa fuera asesinado por sus acompañantes, tras un juicio carente de toda validez. En premio a su labor, la Corona es-

*Pizarro emprendió el poblamiento definitivo de la regón al sur del Titicaca que los españoles llamarían Charcas.*

pañola le concedió el título nobiliario de marqués. Tras la fundación de Lima, en 1535, sus diferencias con Diego de Almagro originaron el comienzo de la guerra civil peruana, que primero costó la vida a éste y más tarde al mismo Pizarro, quien moriría asesinado en 1541.

## Atawallpa

Atawallpa fue el último de los incas del Tawantinsuyu. Nació hacia 1500, y era hijo de Wayna Qhapaq y de la princesa quiteña Pajcha. A la muerte de su padre, en 1525, pasó a ocupar el cargo de Inka de Quito, de acuerdo con la división interna del imperio. Luchó contra su hermano Waskar, Inka del Cusco, y lo derrotó en la batalla de Kepaypan, cuando los expedicionarios de Pizarro ya habían ingresado en los dominios del Tawantinsuyu. Atawallpa entró en el Cusco, se proclamó

Inka y desposeyó a la nobleza que había apoyado a su hermanastro, lo que provocó una profunda crisis social y política. En un golpe de extraordinaria audacia, en 1532, los españoles lo apresaron en Cajamarca, y Atawallpa quiso comprar su libertad ofreciéndoles llenar con oro y plata el cuarto en que lo tenían prisionero. El Inka cumplió su palabra, pero el fanatismo y la intolerancia de sus captores se tradujeron en acusaciones de idolatría, sedición y fratricidio. Un tribunal eclesiástico carente de toda legitimidad lo condenó a morir en la hoguera, pena que le fue conmutada por la ejecución con garrote, que se cumplió el 29 de agosto de 1533. Tras el asesinato de Atawallpa, con los invasores españoles instalados dentro de los dominios del imperio, su hermano Manco Qhapaq II fue proclamado inka.

*La entrada de Atawallpa en el Cusco, al vencer a su hermano, provocó una profunda crisis social y política.*

## Francisco de Toledo

Francisco de Toledo fue el quinto virrey del Perú y el gran organizador del virreinato. Había nacido en la villa española de Oropesa, provincia de Toledo, en 1516. Tuvo estrechos vínculos con las cortes de Carlos V y Felipe II, y participó como militar en las campañas de Italia y Argel. Fue un testigo de excepción en el Consejo de Indias, que decidió el porvenir de los territorios americanos dominados por los españoles, y le tocó ejecutar los acuerdos salidos de ese Consejo en su calidad de virrey del Perú, cargo que ocupó entre 1569 y 1581. Tras su llegada a la capital del virreinato, su prioridad fue procurar la paz interior. Para ello sofocó la resistencia del inka Tupaq Amaru y terminó con el linaje de los denominados Incas de Willcapampa. Entre 1570 y 1575 realizó su famosa «visita general», la mayor parte de la cual cubrió el territorio que abarcaba la Audiencia de Charcas. Durante la visita se hizo acompañar de una pequeña corte de medio centenar de distinguidos personajes, entre los que se contaban cronistas, geógrafos, sacerdotes, médicos, botánicos e intérpretes de varias lenguas nativas. Con el asesoramiento de estos expertos en tan diversas materias dirigió la recolección de datos sobre el territorio del imperio incaico. Su acción de gobierno tuvo como hitos importantes la protección de la perpetuidad de las encomiendas, la reglamentación de la mita y los servicios personales de los indígenas. Buena parte de su labor administrativa estuvo vinculada a la organización de la industria y comercialización de los minerales extraídos de las minas de Potosí, localidad en la que ordenó instalar la Casa de la Moneda. Con justicia, ha pasado a la historia como un gran organizador, ya que estableció las bases políticas y administrativas que permitieron el funcionamiento del Virreinato del Perú hasta la liquidación del orden colonial español en América. Regresó a España en 1581 y falleció al año siguiente.

*Tupaq Amaru I, soberano inka de Vilcabamba, se enfrentó al poder virreinal y murió ejecutado.*

## Tupaq Amaru I

Hijo del Inka Manco Qhapaq II, Tupaq Amaru fue el cuarto y último Inka de Vilcabamba. Al morir Sayri Tupaq, le correspondía sucederlo, pero al ser apartado por Tito Cusi Yupanqui, debió esperar hasta la muerte de este último para ser proclamado Inka, tras lo cual continuó la guerra de resistencia contra los conquistadores españoles. En circunstancias de gran tensión, a causa de la presencia y hostigamiento de los invasores europeos, durante el gobierno de Tupaq Amaru se produjeron víctimas españolas de la violencia indígena. Francisco de Toledo, virrey del Perú, le ofreció retirarse de sus posesiones, pero el Inka no aceptó el ofrecimiento. Decidido a acabar con la resistencia indígena, Francisco de Toledo envió al territorio controlado por el Inka un contingente de tropas al mando de Martín de Hurtado de Arbieto, con instrucciones de hacerlo prisionero. Cumplidas sus órdenes, Tupaq Amaru fue conducido al Cusco, juzgado por sus acciones contra los españoles, condenado a muerte y descuartizado en la plaza mayor cusqueña en 1572.

## Ñuflo de Chávez

Nacido en Trujillo, España, en 1518, y muerto en Mitimí, en 1568, este explorador español llegó a tierras del Paraguay con la expedición de Álvar Núñez Cabeza de Vaca, que tenía como objetivo encontrar la ilusoria «Tierra Rica» o «El Dorado». En su intento de alcanzar esta tierra plena de riquezas y metales preciosos, exploró en varias direcciones el río Paraguay y sus afluentes. Desempeñó un papel decisivo en la destitución de Cabeza de Vaca, y contribuyó a que Irala se convirtiera en el hombre fuerte de la partida. Llegó al actual territorio boliviano navegando el río Pilcomayo y atravesando el Chaco Boreal, durante los años 1547 y 1548. Desde allí entró en Lima a través de Chuquisaca, para luego retornar a Asunción a comienzos de 1550. En 1560 el virrey lo nombró lugarteniente de gobernación de Moxos y, al año siguiente, fundó la ciudad de Santa Cruz de la Sierra y realizó el empadronamiento y encomienda de los indígenas de esa región. Fomentó la inmigración desde el Paraguay, para poblar la ciudad recién fundada. Murió en Mitimí, durante un ataque de los indígenas itantines, cuando se dirigía a la ciudad de Asunción. Figura de menor importancia que los «conquistadores» españoles de mayor renombre, Ñuflo de Chávez tiene en la historia de Bolivia un papel destacado por haber conseguido establecer vínculos duraderos entre la región del Oriente y la de Charcas, en un momento histórico en el que las dificultades de comunicación y transporte eran enormes.

## Felipe Wamán Poma de Ayala

La mayoría de los datos que se poseen sobre este cronista inka son de carácter dudoso. Su nacimiento suele situarse, sin certeza, entre 1526 y 1545, y su muerte ocurrió hacia 1615. Escribió su extraordinaria obra en dos partes: *Nueva Crónica* y *Buen Gobierno*, posiblemente entre 1584 y 1615. En ella ofrece información de primera mano sobre diversos aspectos del período de la Conquista, en un castellano defectuoso aunque expresivo, así como mediante una gran profusión de ilustraciones, que constituyen el más importante conjunto de representaciones gráficas de algún tipo de documento andino durante la colonia española entre los años finales del siglo XVI y los iniciales del XVII. En su obra, el autor realiza una seria crítica del régimen de encomiendas, del sistema de reducciones, de la mita y de otros abusos característicos del período de la Conquista.

## Luis de Velasco

Es considerado uno de los principales gobernantes virreinales durante el dominio colonial español en América. Fue el noveno virrey del Perú, entre 1596 y 1604, y ocupó en dos ocasiones el cargo de virrey de Nueva España (México), en los períodos 1590-1595 (durante el cual fundó la universidad de México, en 1553) y 1607-1611. Mientras dirigió el Virreinato del Perú mantuvo un fluido contacto con la Audiencia

*Luis de Velasco, como virrey del Perú, tomó diversas medidas para la protección de la población indígena.*

de Charcas y fomentó la educación y las obras públicas en su jurisdicción. Había nacido en la localidad española de Carrión de los Condes (provincia de Palencia), en 1539, y era hijo de un vi-

rrey de Nueva España que tenía su mismo nombre. Se crió en ambientes cortesanos, y a su llegada al Perú dio nuevo impulso a la celebración de las fiestas reales, que, por su trascendencia, eran auténticos acontecimientos sociales y artísticos de gran repercusión en el virreinato; como sucedió, por ejemplo, en 1600, con ocasión del advenimiento al trono de Felipe III, fiesta que alcanzó especial resonancia en la ciudad de Potosí. Aquel mismo año se inauguró el puerto de Arica, desde el cual partían hacia la metrópoli los cargamentos de plata procedentes de las minas de Potosí y otras localidades del territorio de la Audiencia de Charcas. Abandonó el Perú para hacerse cargo, por segunda vez, del Virreinato de Nueva España. Murió en la ciudad española de Sevilla, en 1616.

## Garcilaso de la Vega, *el Inca*

Nació en Cusco (Perú), en 1539, y murió en Córdoba (España), en 1616. Su padre era el capitán español Sebastián Garcilaso de la Vega Vargas, compañero de armas y amigo de Francisco Pizarro, y su madre la princesa inka Chimpu Ocllo, quien al ser bautizada había cambiado su nombre genuino por el de Isabel Suárez. El niño, nacido fuera del matrimonio, fue llamado Gómez Suárez de Figueroa y pasó su infancia con su madre; no hay duda, pues, de que sus primeros balbuceos y sus primeras palabras fueron pronunciadas en lengua quechua, pues Chimpu Ocllo nunca habló otro idioma. En 1522, su padre casó

con Luisa Martel de los Ríos y su madre con el capitán Juan de Pedroche, decidiéndose que el muchacho viviese con el mercader y su madrastra. Fue entonces cuan-

*En la prosa de Garcilaso, el Inca, convergen la antigua tradición oral indígena y el legado literario español.*

do dio comienzo su educación castellana, que se prolongó por espacio de siete años. El joven Gómez Suárez tenía veinte años cuando, tras el fallecimiento de su padre, decidió dar por concluida su etapa cusqueña y viajar a España. De Cartagena de Indias pasó a Lisboa (Portugal), y de allí a Sevilla (España), para establecerse, al fin, en la villa española de Montilla. En este lugar conoció al que sería hasta su muerte su protector y mecenas: su tío Alonso de Vargas. Fue éste quien le convenció para que cambiase su nombre por el de Garcilaso de la Vega. El joven, que no deseaba renunciar a sus raíces indígenas, siempre lo acompañará con el apelativo de «Inca» en honor de su madre. A finales de 1561, Garcilaso de la Vega, *el Inca*, se dirigió a Madrid con la pretensión de que se reconocieran en la Corte los servicios prestados por su padre en América, y obtener así las mercedes reales que creía le correspondían como hijo de un conquistador. Todas sus gestiones fueron vanas y el Inka se dispuso a seguir, como su padre, la carrera de armas. Es reconocido como el primer escritor clásico americano y como el autor de la mejor de todas las obras que se han escrito sobre la historia antigua de América, titulada *Comentarios Reales* (1606). Garcilaso supo captar y brindar, como ningún cronista europeo podía hacerlo, un fresco inigualable del verdadero espíritu de la civilización incaica. Historiador de la Conquista española y de las subsiguientes guerras civiles del Perú, el Inka Garcilaso de la Vega escribe de todo corazón e ilumina cualquier punto que trata con tal variedad y riqueza de ilustración que deja poco que desear a la curiosidad.

## Tupaq Amaru II

Era descendiente del Inka Tupaq Amaru I, ajusticiado por los tribunales virreinales durante el mandato de Francisco de Toledo. Tupaq Amaru II, cuyo verdadero nombre era José Gabriel Condorcanqui, lideró la rebelión indígena del Cusco de 1780-1781, y se convirtió así en un auténtico precursor de la Independencia americana. Nació en Tungasuca hacia 1740, y se educó en el Colegio de San Bernardo del Cusco. Durante un tiempo se dedicó al negocio del transporte entre las localidades de Tungasuca, Potosí y Lima, para lo cual contó con un contingente de varios centenares de mulas. Llegó a ser cacique de

Tungasuca, Surimana y Pampamarca, y las autoridades reales le concedieron el título de marqués de Oropeza. La rebelión indígena liderada por Condorcanqui, hombre educado y carismático, tenía como objetivo una sublevación de gran envergadura cuyos vínculos abarcaban hasta Nueva Granada, Quito, Bolivia, Argentina y Chile. El plan de Tupaq Amaru II no consistía en una exclusiva rei-

*Tupaq Amaru II lideró una rebelión indígena contra los abusos y extorsiones de los corregidores.*

vindicación de las clases indígenas en contra de todo lo que fuera blanco, pues incluía a los criollos, que soportaban muy mal el gobierno impuesto por los españoles. El programa de Condorcanqui proponía la eliminación de la mita, los obrajes, los repartimientos mercantiles, el «mal go-

bierno» de los corregidores y el establecimiento de un gobierno propio del Perú. Iniciado el alzamiento, en mayo de 1780, apresó y mandó ahorcar al corregidor Antonio Arriaga y proclamó la rebelión. Tras una serie de éxitos militares que no supo aprovechar, los españoles organizaron un numeroso ejército formado por indígenas y emprendieron la reconquista del territorio perdido. Al cabo de varios enfrentamientos, los españoles lo derrotaron en Tinta, en abril de 1781. Se retiró a Combapata pero fue traicionado por el criollo Francisco Santa Cruz, que lo entregó a los realistas junto con su familia. Todos fueron trasladados al Cusco, donde las autoridades españolas lo condenaron a muerte. El delegado real diseñó una sofisticada ejecución en la plaza mayor del Cusco: su familia al completo, incluidos sus hijos pequeños, fue obligada a presenciar cómo se le cortaba la lengua, y se le amarraban los pies y las manos a cuatro caballos que, azuzados, culminaban la sangrienta operación de descuartizamiento el 18 de mayo de 1781. Tras el oprobioso asesinato de José Gabriel Condorcanqui, Tupaq Amaru II, las rebeliones indígenas prosiguieron durante dos años en diversas regiones del país, y obligaron a las autoridades a introducir algunas reformas en la mita y los repartimientos. El nombre de Tupaq Amaru se convirtió en un símbolo para posteriores insurrecciones indígenas y criollas. Asimismo, en el siglo XX diversos movimientos guerrilleros revolucionarios reivindicaron su nombre.

## Tupaq Katari

Su nombre cristiano era Julián Apasa y había nacido en Ayo Ayo (La Paz). Fue líder del movimiento indígena de La Paz, en 1781. Huérfano desde muy pequeño, sirvió durante años en la parroquia de su localidad natal, y si bien no tuvo acceso a la educación por la humildad de su condición, se nutrió de la tradición oral aymara. Todos los testimonios sobre su vida indican que desde muy temprano compartió el sufrimiento de sus hermanos indígenas y manifestó sentimientos de rechazo público contra la opresión a que los sometían los españoles. Tras las muertes de Tupaq Amaru, con quien había mantenido contactos, y de Tomás Katari, el líder de la insurrección de Chayanta, tomó el nombre de Tupaq Katari, con el que encabezó el más importante levantamiento indígena de la región aymara, a principios de 1781. Su movimiento buscaba la liberación de los indígenas frente al yugo impuesto sobre ellos por las fuerzas coloniales españolas. Durante la insurrección, Tupaq Katari lideró un ejército de más de 40 000 indígenas, que llegó a controlar Carangas, Chucuito, Sicasica, Pacajes y Yungas, y que mantuvo sitiada la ciudad de La Paz durante tres meses. Fue apresado al ser traicionado por uno de sus colaboradores y, una vez juzgado, fue condenado a muerte. Las autoridades españolas le aplicaron el sistema de descuartizamiento y murió Peñas (La Paz), el 15 de noviembre de 1781. Tras cortarle la lengua, para que nadie escuchara sus últimas palabras, cruciales como mensaje en un pueblo de

*La rebelión de Tupaq Katari fue la de mayor magnitud de las que tuvieron lugar en Bolivia durante la Colonia.*

tradición oral, se le condenó a morir descuartizado por caballos que tiraban en direcciones opuestas. Idéntica suerte corrieron sus inmediatos seguidores.

## Simón Bolívar

Simón José Antonio de la Santísima Trinidad Bolívar y Palacios, hijo de Juan Vicente Bolívar y María de la Concepción Palacios, nació en la ciudad venezolana de Caracas en 1783, en el seno de una acaudalada familia. Huérfano a la edad de 15 años, tuvo como maestros a Andrés Bello y a Simón Rodríguez, quien fue su mentor intelectual. En su compañía se trasladó primero a España y luego a Francia y a Italia. En Roma, acompañado de su maestro, subió al Monte Aventino, y allí juró dedicar su vida a la libertad de la patria americana, juramento que quedó plasmado en una frase memorable: «No daré descanso a mi brazo ni reposo a

mi alma, hasta que haya roto las cadenas que nos oprimen por voluntad del poder español». Tras su primer viaje a Europa, volvió a Venezuela. En 1810 regresó al viejo continente, acompañado de Andrés Bello, y pudo apreciar personalmente el desmembramiento de España como consecuencia de la invasión napoleónica de la Península Ibérica. Simón Bolívar fue dueño de una inteligencia excepcional y de una meridiana clarividencia para prever los destinos del continente americano, a los que con su acción infatigable contribuyó a dar forma. En su juventud contrajo matrimonio con su prima María Teresa Rodríguez del Toro y Alaiza, que falleció al poco tiempo víctima de fiebres malignas. Años más tarde, en los momentos más vertiginosos y plenos de la lucha por la libertad de América, conoció en Quito a Manuelita Sáenz, el gran amor de su vida. Al concluir su segundo viaje a Europa, instalado en Venezuela comenzó la guerra contra la dominación española y, tras diversos altibajos en la lucha contra las fuerzas realistas, sus tropas entraron triunfantes en la ciudad de Caracas, donde fue proclamado «Libertador» en 1813. Tras su famoso «Discurso de Angostura», en el que se refiere a la importancia de la educación, proclamó, en 1819, la República de la Gran Colombia, que integraba Venezuela, Colombia, Ecuador y Panamá, y de la que fue el primer presidente. Durante su estancia en Ecuador se reunió con José de San Martín en Guayaquil, entrevista tras la cual el general argentino se retiró de las campañas militares por la Independencia. Simón Bolívar pasó luego al Perú y recibió del Congreso los más amplios poderes. Al mismo tiempo, su frágil salud comenzó a quebrantarse. Pese a ello pudo comandar a sus tropas en la batalla de Junín, en 1824. No ocurrió lo mismo en la decisiva batalla de Ayacucho, pues su salud no le permitió participar en ella, y delegó el mando en su fiel amigo, el general Antonio José de Sucre. Derrotados los españoles, quedó sellada para siempre la Independencia del Alto y Bajo Perú. Su gran sueño, la unión americana, parecía al alcance de la mano. De inmediato, envió a Sucre al Alto Perú. El mariscal convocó una Asamblea General que creó la República de Bolívar, llamada así en su honor. El Libertador llegó a La Paz el 18 de agosto de 1825; visitó luego Potosí y Chuquisaca, y en esta localidad se dedicó a organizar la nueva nación, que sería su «hija predilecta». El mariscal Sucre comunicó a Bolívar el resultado de la Asamblea, que declaraba la Audiencia de Charcas como territorio independiente de los ex virreinatos de Perú y del Río de la Plata. El Libertador no vio con buenos ojos esta decisión, contraria a su idea de la unión americana. Finalmente, aceptó la realidad y ocupó brevemente el cargo de presidente de la república que llevaba su nombre. Al cabo de su breve estancia en Bolivia, donde dejó la «Constitución vitalicia», delegó el gobierno en el mariscal Sucre y regresó a la Gran Colombia en 1827. Su patria lo esperaba ensangrentada en una guerra civil que, en 1829, acabó en la separación de Colombia y Venezuela.

*Simón Bolívar impulsó las luchas por la independencia en Venezuela, Colombia, Ecuador, Perú y Bolivia.*

Por su parte, la Audiencia de Quito se constituyó en república independiente, mientras Perú y Bolivia abolían las constituciones bolivarianas. Los sueños de Simón Bolívar eran entonces un cristal roto en mil pedazos. Desengañado de los hombres y de sus propios colaboradores, empobrecido y abandonado, se retiró a la localidad de Santa Marta, en Colombia. Allí le comunicaron el asesinato de su entrañable amigo Antonio José de Sucre. Murió poco después, el 17 de diciembre de 1830.

## José María Pérez de Urdininea

Nació en la hacienda Anquioma, cercana a Luribay, en 1784. Estudió en los seminarios de La Paz y Cochabamba, ingresó muy joven en las filas de los ejércitos patriotas y, durante una década, entre 1811 y 1821, sirvió bajo el mando de José de San Martín, Manuel Belgrano, Martín Güemes y José Rondeau. Fue Urdininea quien, junto a Álvarez de Arenales, recibió la rendición de la última autoridad española en el Río de La Plata. Apreciando su entereza y experiencia militar, Antonio José de Sucre lo incorporó a su ejército y le asignó la responsabilidad de dirigir el ministerio de Guerra. Tras la renuncia de Sucre al cargo de presidente, Urdininea hubo de reemplazarlo durante algunos meses, y finalmente se retiró a una de sus propiedades rurales cuando fue acusado de no haber detenido la entrada de las tropas de Agustín Gamarra en territorio boliviano. Fue recuperado para la vida militar por el presidente Andrés Santa Cruz, en 1838, y más tarde fue responsable del ministerio de Guerra durante los gobiernos de José Ballivián y Jorge Córdova. Falleció en 1865.

## Andrés Santa Cruz

Sus padres fueron el español José Santa Cruz y Villavicencio y doña Juana Basilia Calahumana, hija del cacique de Huarina y descendiente de los Incas. Nació en Huarina, La Paz, en 1792, y realizó sus estudios en el Colegio Franciscano de La Paz y, más tarde, en el Seminario Conciliar del Cusco, institución en la que tuvo de compañero de estudios al que sería el general peruano Agustín Gamarra. Se incorporó al ejército español en el mismo regimiento que comandaba su padre, que le concedió el grado de alférez. Luego, pasó a revistar bajo las órdenes del brigadier José Manuel de Goyeneche con el rango de ayudante de campo. Como miembro de las tropas españolas combatió a los ejércitos patriotas en las batallas de Potosí, Sipe Sipe, Viloma y Cinti, y en 1816 se le concedió el grado de teniente coronel. En el combate de La Tablada, en Tarija, cayó prisionero de los ejércitos independentistas y fue trasladado a Buenos Aires, desde donde huyó a Lima para reincorporarse al ejército español, y nuevamente fue hecho prisionero por el ejército argentino en la batalla de Cerro de Pasco. Durante su cautiverio, Santa Cruz tuvo la oportunidad de reflexionar sobre su incómoda situación. En 1821 decidió sumarse al ejército comandado por el general José de San Martín que luchaba en el Perú, en el que fue admitido con su rango de teniente coronel. Tras la victoria de Otuste, marchó a Ecuador y se sumó a las tropas del general Sucre, que lo ascendió a general de brigada. Por su actuación en la batalla de Zepita, el Congreso peruano le concedió el rango de gran mariscal del Perú, honor no alcanzado por ningún otro boliviano. Fue prefecto de La Paz y en 1826 presidente del Perú. Gobernó esa nación entre 1826 y 1827, y tras dejar el cargo pasó a Chile como ministro plenipotenciario de Bolivia. Fue elegido presidente de Bolivia en 1829, y gobernó durante una década. Como primer mandatario, Andrés Santa Cruz fue un trabajador incansable, cuya prioridad era la organización del país. A es-

te fin, convocó una Asamblea Constituyente que le eligió presidente constitucional y, asimismo, aprobó la segunda Constitución del país y puso en vigencia los códigos Civil, Mercantil, Penal, de Procedimientos y de Minas. También creó la universidad de San Andrés de La Paz y la universidad de San Simón de Cochabamba. Su gran sueño, la Confederación Perú-Boliviana, adquirió consistencia cuando fue llamado por el

*El mariscal Santa Cruz liberó el Alto Perú del poder español y ejerció en dos ocasiones la presidencia de Bolivia.*

gobierno peruano para pacificar la nación, víctima de la anarquía. Tras varios éxitos militares contra las fuerzas que dividían el Perú, logró crear el Estado Nor Peruano y, más tarde, el Estado Sud Peruano, que junto con Bolivia integraban la Confederación Perú-Boliviana. La Confederación debió enfrentar desde su nacimiento la oposición de Chile y Argentina, a la que más tarde se sumaron los enemigos internos. Chile declaró la guerra a la Confederación, que culminó con su derrota en la batalla de Yungay,

en 1839. Andrés Santa Cruz renunció a la presidencia tras el derrumbe de la Confederación y se trasladó a Ecuador. Intentó regresar a Bolivia y los chilenos lo hicieron prisionero, recluyéndolo en Chillán durante dos años, hasta que finalmente un convenio entre los gobiernos chileno y boliviano facilitaron su marcha a Europa. Con residencia en Francia, ejerció con notable solvencia como ministro plenipotenciario del gobierno Belzu ante los de Reino Unido, Francia, España y Bélgica. Tras un fallido intento de regresar a su patria, murió cerca de Nantes, Francia, en 1865, desde donde el gobierno boliviano, al cumplirse el centenario de su muerte, repatrió sus restos, que actualmente descansan en un mausoleo de la capilla de la catedral de La Paz.

## Antonio José de Sucre

Hijo de Vicente Sucre y Urbaneja y de María Manuela de Alcalá, nació en la localidad venezolana de Cumaná en 1795, y a la edad de 15 años marchó a Caracas para iniciar sus estudios militares. Se alistó en las filas de los ejércitos patriotas al poco tiempo de llegar a la ciudad, destacándose como oficial de artillería y experto en fortificaciones. Su extraordinaria capacidad de análisis y su inteligencia le permitieron realizar una carrera meteórica en los ejércitos patriotas: a los 17 años era miembro del Estado Mayor de Francisco de Miranda, el precursor de la Independencia americana. La derrota de sus tropas lo llevó al exilio en Trinidad, del que regresó para unirse a las fuerzas patriotas de Simón Bolívar, quien rápidamente apreció sus condiciones de militar superior y lo ascendió a general. El Libertador lo nombró ministro interino de Guerra y Marina, y poco tiempo más tarde lo convirtió en jefe de su Estado Mayor, y en esta condición le encomendó consolidar la libertad de Ecuador, con el título de comandante del ejército auxiliar de Colombia. Al igual que le sucedió a su jefe y amigo, en Quito conoció al amor de su vida, Mariana Carcelén y Larrea, marquesa de Solanda, con quien se casó y tuvo una hija. Cumplida su misión fue destinado al Perú, donde organizó el ejército y preparó la victoria de Bolívar en Junín, un duro golpe para las tropas realistas. Antonio José de Sucre comandó los ejércitos patriotas que en Ayacucho, la última gran batalla de las guerras de la Independencia, obligaron a la rendición al virrey La Serna, comandante del ejército realista, junto con su jefe de Estado Mayor, 3 mariscales, 11 generales, 16 coroneles, 68 tenientes coroneles, 484 mayores y demás tropa. Con esa rendición concluían tres siglos de dominación española en América. El carácter de Sucre es uno de sus rasgos más notables. La absoluta lealtad a Simón Bolívar, la honestidad en el desempeño de sus funciones y la falta de ambición personal destacan cuando accede a la presidencia de Bolivia, muy a pesar suyo, ya que nunca persiguió el poder político. Su actividad se redujo a establecer, mediante leyes apropiadas, las bases jurídicas de la nueva nación, y le correspondió la tarea de reactivar la economía y de sostener una política de reformas revolucionarias que significaron un cambio profundo para el conjunto de la sociedad. En circunstancias poco agradables, Antonio José de Sucre se alejó de Bolivia con el deseo confeso de regresar a su tierra y disfrutar de la vida familiar, de la que tan poco había podido gozar. Pero al poco tiempo de llegar a Quito, Bolívar lo requirió para la campaña destinada a contrarrestar el ataque pe-

*Sucre, prócer y héroe de la Independencia latinoamericana, fundó la República Bolívar en honor del Libertador.*

ruano a Colombia. En la batalla del Portete de Tarqui alcanzó su última victoria militar, en esta oportunidad sobre el ejército peruano. Fue elegido presidente del Congreso, pero víctima de la política mal entendida sintió deseos de dejarlo todo y marcharse de Quito. Su muerte sigue envuelta en el misterio, pero no fueron enemigos personales, sino políticos, los que movieron la mano que acabó con su vida en la montaña de Berruecos, el 3 de junio de 1830. Al abandonar Bolivia, el gran mariscal de Ayacucho dejó un mensaje, un testamento político, en el que pedía «preservar por sobre todas las cosas la Independencia de Bolivia».

## José Mayor Vargas

Nacido en Oruro, el «Tambor Mayor Vargas», nombre con el que pasa a la historia de Bolivia, quedó huérfano cuando era un niño y su abuela y un tío se hicieron cargo de criarlo y educarlo. Aunque sabía leer y escribir en español, dominaba las lenguas quechua y aymara. Cuando la ciudad de Oruro fue asaltada por las tropas de Arze en 1811, José Mayor Vargas fue abandonado por su tío y, como muchos habitantes de la ciudad sitiada, dejó la villa y comenzó a deambular por diversas poblaciones buscando trabajo. Su conocimiento de los idiomas indígenas y su capacidad para escribir le permitieron acceder a trabajos como el de sirviente doméstico y «secretario de cartas». Inspirado por su hermano Andrés, que era sacerdote, comenzó a escribir un diario, y con menos de 20 años se incorporó a las guerrillas patriotas que luchaban por la Independencia. Allí aprendió a tocar el tambor y se destacó como un excelente soldado, llegando a alcanzar el grado de comandante. El *Diario* de Vargas es un testimonio excepcional, pues en sus páginas el autor registra los hechos ocurridos y las ideas que circulaban en ese momento, y también reflexiona sobre el destino de los hombres que, como él, no tuvieron otra posibilidad que vivir en días tan inciertos. Culminada la guerra de la Independencia americana, se retiró a la vida rural, formó una familia y tuvo varios hijos. Pasó el resto de su vida como un indio campesino.

## Casimiro Olañeta

Nació en Chuquisaca en 1795 y era hijo de Miguel Olañeta, de origen vascongado, y de Rafaela de Güemes, nieta del marqués de Tojo. José Joaquín Casimiro Olañeta y Güemes se educó en la ciudad argentina de Córdoba, en el Colegio de Montserrat, donde tuvo como profesor a Gregorio Funes, *el Deán*, y compartió aula con los hijos del virrey Santiago Liniers. Sus años de juventud coincidieron con los momentos más heroicos de las guerras de Independencia. Tras su paso por Córdoba, regresó a Chuquisaca, donde continuó estudiando en la universidad San Francisco Xavier y, más tarde, en la Academia Carolina. Al culminar sus estudios fue nombrado secretario de la Real Audiencia de Charcas y, más tarde, fiscal, pero en 1820 se incorporó al ejército realista comandado por su tío, Pedro Antonio de Olañeta, de quien se convierte en secretario y consejero. Tras las derrotas de Junín y Ayacucho, se dio cuenta de que la causa realista era insostenible, y se unió a las tropas de Antonio José de Sucre. Eran enormes las diferencias ideológicas que lo separaban del mariscal de Ayacucho y, en general, de las ideas básicas de la causa emancipadora, pero desempeñó igualmente un papel destacado en la Asamblea Constituyente que proclamó el nacimiento de Bolivia como república independiente. Ejerció

de ministro plenipotenciario ante Simón Bolívar, para conseguir la ratificación de la Independencia del Alto Perú, y colaboró con el presidente Sucre en la organización del nuevo estado. Durante el gobierno de Andrés Santa Cruz viajó a Francia como ministro plenipotenciario. Ocupó un cargo ministerial durante el gobierno de José Miguel de Velasco y fue una pieza importante en la administración de Ballivián. Su último cargo público fue como presidente de la Corte Suprema de Justicia, después de pasar un lustro desterrado durante el gobierno de Manuel Isidoro Belzu. Casimiro Olañeta falleció en 1860.

*Alcide D'Orbigny, viajero sabio, nos legó una imagen plástica y verbal de las riquezas naturales de Bolivia.*

## Alcide D'Orbigny

Nació en 1802, en la localidad de Coveron, en la región francesa del Loira inferior, y fue enviado muy joven a América del Sur por el Museo de Ciencias Naturales de París. Su misión tenía como objetivo tomar muestras de minerales, plantas y animales de distintas regiones del continente, por el que realizó un prolongado via-

je que lo llevó a Brasil, Argentina, Chile y Perú. Su llegada a Bolivia se produjo en 1830 y el presidente Andrés Santa Cruz le encomendó que explorase el territorio boliviano. Viajó por todo el país y recogió ejemplares de diversas especies que formaban su flora, fauna y mineralogía. Su estadía en Bolivia se prolongó hasta 1833, fecha en la que regresó a París. En la capital francesa retomó sus actividades en el Museo de Ciencias Naturales y escribió los nueve volúmenes que integran su magna obra, *Viajes por la América Meridional*, que verían la luz en 1839, y cuya parte más importante es la dedicada a la historia natural de Bolivia. Falleció en 1847.

## Tomás Frías

Hijo de José María Frías y Alejandra Ametller, nació en Potosí, en 1804, en el seno de una acomodada familia de ascendencia española. Le tocó asumir la máxima responsabilidad del Estado tras una sucesión de gobiernos dictatoriales. En su empeño por dar credibilidad a su cargo y a la vida política en general, la conducta pública del presidente Tomás Frías aún constituye para los bolivianos un ejemplo de austeridad, legalidad y decencia. Abogado de profesión, dedicó su vida a la actividad política, en la que su primera responsabilidad fue el desempeño de la secretaría privada de la presidencia, durante el mandato de Antonio José de Sucre. A lo largo de su carrera fue diputado, ministro de Hacienda, Consejero de Estado, diplomático y presidente del Congreso de la

Biografías

Nación. Tras el asesinato del general Agustín Morales, en noviembre de 1872, en su condición de presidente del Consejo de Estado creado por el Congreso Nacional, le correspondió a Tomás Frías asumir la presidencia interina de la República, cargo que aceptó, dejando claro desde el primer momento que sólo lo ocu-

*Tomás Frías demostró honestidad, entrega e intachable conducta en el ejercicio de la presidencia.*

paría durante el tiempo necesario para organizar un proceso electoral. Durante su gestión de gobierno, tras poner orden en los asuntos públicos, convocó las elecciones que dieron el triunfo a Adolfo Ballivián. Luego, regresó a su cargo de presidente del Consejo de Estado. Cuando Ballivián renunció al cargo, en enero de 1874, Tomás Frías volvió a ocupar la presidencia por un período más prolongado, desde enero de 1874 hasta mayo de 1876. El país vivía uno de sus momentos más difíciles a causa de la presión chilena por cuestiones limítrofes y

por las conspiraciones internas que buscaban subvertir el orden constitucional. El desenlace fue un golpe de Estado contra el gobierno de Frías por parte del general Hilarión Daza. Este hecho produjo un gran desencanto en un hombre que había dedicado toda su vida a las responsabilidades públicas. Frías decidió alejarse de Bolivia y marchó a Europa, donde sirvió al país como encargado de negocios en Francia durante los difíciles años de la Guerra del Pacífico. Los últimos días de su vida los pasó en la ciudad italiana de Florencia, donde murió en la pobreza en la primavera de 1884.

## Manuel Isidoro Belzu

Nacido en una humilde familia de La Paz, en 1808, realizó sus primeros estudios en la escuela de los monjes franciscanos, de la que se escapó siendo un muchacho para incorporarse a los ejércitos patriotas en la batalla de Zepita. Su brillante comportamiento le valió ser nombrado ayudante del general Agustín Gamarra, a quien abandonó cuando el ejército peruano invadió el territorio boliviano en 1828. De regreso en su patria, se alistó en el batallón primero de Bolivia y se le asignó como destino la localidad de Cobija, en la región Litoral, de donde escapó, para luego ser confinado en la fortaleza de Oruro. Más tarde, el general Ballivián lo destinó a Tarija, donde conoció a su futura esposa, la argentina Juana Manuela Gorriti, una mujer cultivada, aficionada a las letras y a las artes, con la Belzu tendría dos hijas:

Edelmira y Mercedes. Manuel Isidoro Belzu tuvo una destacada actuación en la batalla de Ingavi, que le valió el ascenso al cargo de coronel. Asimismo, fue un destacado participante en los hechos militares del período de la Confederación. Un acontecimiento de corte personal desempeñó un papel destacado en el curso de la

*Belzu se apoyó en las clases populares para acceder a la presidencia, aunque en nada las favoreció.*

carrera política de Belzu. En efecto, en cierta ocasión, al regresar a su casa de Oruro encontró en ella a su amigo, el general Ballivián, cortejando a su esposa. La indignación le llevó a disparar contra Ballivián pero no consiguió acabar con su vida. Este hecho marcó el inicio de una tremenda enemistad entre ambos hombres. De inmediato, el coronel Belzu se puso a las órdenes del presidente José Miguel de Velasco, que lo nombró ministro de Guerra. Más tarde, Belzu se enfrentó a Velasco y lo venció en la batalla de Yamparáez. A partir de entonces, Bel-

729

zu se transformó en un enemigo declarado de las clases dominantes de Bolivia, en particular de Ballivián y sus seguidores. Gobernó entre 1848 y 1855 y su administración se caracterizó por el enorme apoyo que le proporcionaron las masas populares, lo que encendió aún más la oposición de los sectores dominantes, como lo demuestra el hecho de que su gobierno debió enfrentar más de 30 conatos y subversiones en diferentes distritos del país. No obstante, a pesar de la inestabilidad política que caracterizó ese período de la historia boliviana, en su obra de gobierno destaca la revisión de los códigos Penal, Civil y de Procedimiento, y la reforma de los símbolos nacionales mediante la Ley del Congreso del 5 de noviembre de 1851, que establecía los colores del pabellón nacional (rojo, amarillo y verde). Agotado por las constantes luchas y enfrentamientos, renunció al poder ante el Congreso Nacional, que rechazó su dimisión, por lo que se vio obligado a convocar elecciones, el 1 de mayo de 1855. Al terminar su gobierno, viajó a Europa en misión diplomática, de donde regresó en 1865, año de su fallecimiento.

## José Avelino Aramayo

Nació en 1809, en la localidad de Moroya, Potosí, en el seno de una familia muy humilde, por lo que tuvo que trabajar duramente desde su infancia, primero como arriero de mulas y más tarde en el sector comercial, ligado a la distribución de mercancías importadas. Buena parte de su vida laboral la pasó como dependiente

en distintas empresas mineras, experiencia que le proporcionó un profundo conocimiento de los vericuetos empresariales de este sector de la economía. El despegue de la minería boliviana durante el siglo XIX está directamente vinculado con su nombre, pues una de sus grandes obsesiones personales fue, precisamente, su modernización. Este afán por impulsar el progreso del más importante sector económico de Bolivia le llevó a hacer varios viajes de investigación a Europa, en particular al Reino Unido, que era el país técnicamente más avanzado de la época. Desde allí llegaron a Bolivia ingenieros, técnicos y expertos en otras materias, incluso en temas educativos. A su manera, Aramayo fue un visionario, pues pudo prever con claridad las enormes ventajas económicas de la explotación de las minas de estaño, por lo que impulsó su unión por ferrocarril con los puertos del Pacífico. En suma, José Avelino Aramayo supo comprender la posición que ocuparía Bolivia en el mercado mundial de minerales y promovió la inversión extranjera que permitiera dar el gran salto modernizador, a lo que dedicó su vida, que concluyó en París, en 1882, cuando contaba 73 años.

## José María Achá

Nació en la ciudad de Cochabamba, en 1810, en la familia formada por Agapito Achá y Ana María Valiente. Como muchos hombres de su generación, ingresó en la carrera militar porque era la profesión con mayores perspectivas de progreso personal. To-

*Durante el gobierno de Achá se decretó el reparto de tierras a los indígenas y se produjo la «matanza de Yáñez».*

mó parte en las batallas y campañas de la Confederación Perú-Boliviana, y destacó su comportamiento en el campo de batalla en Ingavi. Dentro del ejército ocupó diversos cargos de importancia hasta asumir el ministerio de Defensa durante el gobierno de Linares. Conspiró contra el presidente, y en 1861 dio un golpe de Estado y presidió un triunvirato que convocó una asamblea constituyente que le eligió presidente interino. Durante su gobierno, considerado uno de los más violentos del siglo XIX, se produjo la llamada «Matanza de Yáñez», en la que murieron más de medio centenar de personas, entre ellas el ex presidente Jorge Córdova, y otras importantes figuras políticas y militares. Elegido presidente constitucional en 1862 por el Congreso Nacional, su obra de gobierno, desarrollada en un marco de falta de recursos económicos y permanentes conspiraciones para derrocarle, no dejó huella en la historia del país. A fines de 1864, fue derrocado por el general Mariano Melgarejo, quien lo persiguió sin cesar hasta el final de sus días. Falleció en Cochabamba, en 1868.

## Mariano Melgarejo

Ha sido considerado por algunos historiadores como el presidente más funesto de la historia de nuestro país. Mariano Melgarejo nació en Cochabamba, en 1820, y llevaba el apellido de su madre, Ignacia Melgarejo, por ser hijo natural. Ingresó adolescente al ejército nacional, en busca de ascensos fáciles y de la posibilidad de ocupar elevadas posiciones en la sociedad de su tiempo. Su valor y fortaleza física eran legendarios entre sus compañeros y subordinados, y obtuvo su primer grado en la batalla de Ingavi, en la que demostró una gran audacia. Prosiguió su carrera militar hasta obtener el grado de general. Tras al-

*Melgarejo despojó a los indígenas de las tierras de comunidad y cedió inmensos territorios a Chile y Brasil.*

canzar la presidencia, como resultado de haber dado un golpe de Estado contra José María Achá, en 1864, el general Melgarejo realizó una gira por el interior del país, situación que, a su vez, fue aprovechada por Manuel Isidoro Belzu para tomar la ciudad de La Paz y ocupar el cargo. Melgarejo regresó a la ciudad y, acompañado de una reducida escolta, ingresó al Palacio de Gobierno, donde Belzu realizaba una fiesta para celebrar su triunfo. Sin mediar palabra, como relataron algunos testigos, le disparó un tiro de pistola que acabó con su vida. Los años siguientes de su gobierno se caracterizaron por implantar un régimen de terror que se prolongó por más de un lustro. No obstante, el hito más significativo y lamentable de su gobierno fue la cesión de territorios a Chile y Brasil. Estos hechos, sumados al cansancio de los ciudadanos por los abusos gubernamentales, llevaron a que La Paz se transformara en el núcleo de la resistencia contra el régimen dictatorial, hasta su derrocamiento en 1871. Desplazado del poder, huyó a caballo al Perú, donde se encontraba su amante, Juana Sánchez. En Lima, fue asesinado a fines del mismo año por su hermano político.

## Gregorio Pacheco

Hijo de José Brígido Pacheco y Josefa Leyes, nació en una familia humilde, en 1823, y desde muy joven debió trabajar para ganarse la vida. Comenzó su actividad laboral en la minería, donde su natural inteligencia le permitió amasar una importante fortuna.

*El industrial minero Gregorio Pacheco fundó el Partido Demócrata y ejerció como presidente constitucional.*

Junto a su primo Narciso Campero, con quien se enemistaría años más tarde, viajó a Europa y allí completó su formación cultural. Hacia 1860 se había consolidado como un importante empresario minero, y era dueño de varias minas de plata. Se radicó en Sucre y desarrolló una importante labor filantrópica, en la que destaca su apoyo al hospital de enfermos mentales de esa localidad. A su regreso de Europa se dedicó de lleno a la actividad política, ocupando los cargos de diputado y convencional por Chuquisaca, en 1880, oportunidad que aprovechó para crear el Partido Demócrata. En 1884 participó en las elecciones generales y fue elegido presidente constitucional, cargo que ocupó hasta 1888. Su administración transcurrió en un clima de gran tranquilidad y concordia nacional, y entre sus obras públicas destacan las diversas expediciones enviadas al Gran Chaco para consolidar la soberanía boliviana en esos territorios, la fundación de Puerto Pacheco en las márgenes del río Paraguay, la ampliación de la red de caminos en el interior del país, y el pago —con dinero propio— de una deuda contraída con el Perú. Murió, en 1899, retirado de la política, en su hacienda de Tatasi, Potosí.

## Aniceto Arce

Hijo de Diego Antonio Arce y Josefa Ruiz, nació en la localidad de Tarija, en 1824. Se graduó como abogado en la universidad de San Francisco Xavier, de Chuquisaca, y posteriormente trabajó como empleado de la empresa minera Aramayo. También fue docente y director del Colegio Pichincha de Potosí, prefecto del departamento, ministro de Hacienda durante el gobierno de Achá, y ministro plenipotenciario en Argentina, Chile, Paraguay y Francia. En la actividad privada, dedicado a la minería, consiguió reunir una gran fortuna: la mina de plata de Huanchaca fue una de sus propiedades más importantes. En efecto, casado con Amalia Argandoña, heredera de los accionistas de Huanchaca, cimentó su fortuna personal vinculado a ese centro minero, del que acabó siendo el principal accionista. Arce es la figura emblemática de los conservadores bolivianos. Inició su actividad política durante el gobierno de Manuel Isidoro Belzu como diputado por su tierra natal, Tarija. Elegido vicepresidente de la República en 1880, fue separado del cargo y obligado a exiliarse por decisión del presidente Narciso Campero. A su regreso del exilio, fue candidato a presidente

*Aniceto Arce imprimió a su presidencia el sello de su vigorosa personalidad progresista y dominadora.*

en 1884 y 1888, y en este último año accedió a la presidencia (hasta 1892). Regresó a la arena política en 1904, pero no tuvo éxito en su intento de obtener la primera magistratura frente a Ismael Montes. Luego se retiró a su hacienda de Sucre, donde murió, en 1906, a los 82 años de edad.

## Eliodoro Camacho

Nacido en la localidad de Inquisivi, La Paz, en 1831, vivió y trabajó en Cochabamba desde su juventud. La política fue la gran pasión de su vida, y a ella se dedicó plenamente. Comenzó esta actividad apoyando el levantamiento de Linares, quien lo nombró capitán y lo incitó a seguir la carrera de las armas. Opositor a Mariano Melgarejo y luego a Hilarión Daza, fue uno de los puntos de apoyo del gobierno constitucional del presidente Tomás Frías. Cuando estalló la Guerra del Pacífico integró el Estado Ma-

yor en calidad de jefe, y tras la derrota de Camarones fue uno de los militares que provocaron la caída de Daza. Eliodoro Camacho fue el líder intelectual que hizo posible el nacimiento del sistema de partidos en Bolivia, y sus reflexiones sobre el liberalismo constituyen el primer intento serio de organización de partidos en la historia del país. En 1883 fundó el Partido Liberal, redactó su programa y fue candidato a la presidencia en tres oportunidades, pero en todos sus intentos fue derrotado por los conservadores. Murió en La Paz, en 1899, a los 68 años de edad.

## Mariano Baptista

Fueron sus padres José Manuel Baptista y Petrona Caserta, y nació en Calchani, en la provincia Ayopaya, Cochabamba, en 1832. Desde joven sintió una gran vocación por el periodismo, que compaginó con sus estudios de derecho en la universidad de San Francisco Xavier de Chuquisaca. Se graduó de abogado en 1857, pero nunca ejerció la profesión. Dos años antes, en 1855, había sido elegido diputado por Chuquisaca. También desarrolló otras actividades, como director del Seminario de Cochabamba, profesor de historia y literatura, diplomático y ministro de Estado. Desde su primera experiencia parlamentaria destacó como un excepcional orador. Era un hombre que se transfiguraba en el ejercicio público de la palabra, y tenía el inusual don de persuadir de lo erróneo de sus posiciones a los adversarios en el Congreso, haciéndoles cambiar de opinión.

*Mariano Baptista ejerció el periodismo y la abogacía, y fue un hombre de Estado de talla continental.*

Este talento natural le valió el apodo de «el Mago». Sufrió persecuciones por parte de diversos gobiernos, y en estos períodos de excepción trabajó como empleado de minas, y también viajó a Europa, donde permaneció algunos años. Desde allí se presentó como candidato para la Asamblea Constituyente de 1871 y, al ganar un escaño, regresó de inmediato al país. Fue vicepresidente de Aniceto Arce entre 1884 y 1888. Al concluir ese período se presentó como candidato a la presidencia, a la que accedió, con el apoyo de Arce y empleando métodos parlamentarios poco democráticos, en 1892. Su período de gobierno se caracterizó por una oposición cerrada de los liberales, que en la práctica le impidieron gobernar. El aporte más significativo de su administración fue el tratado firmado con Chile en 1895. Murió en Cochabamba, en 1907, a los 75 años de edad.

## Pablo Zárate

El «Cacique Willka», como sería conocido popularmente, nació a medidados del siglo XIX en la localidad de Imill-imilla, en el departamento de La Paz. De origen aymara, y dedicado desde la infancia a las labores agrícolas, su lucha por la libertad de los indígenas bolivianos lo convirtió en una de los personajes históricos más interesantes del siglo pasado. Desde muy joven descolló como líder indígena y campesino, y su gran ambición era la de encabezar un gran alzamiento que acabara con la situación de los pueblos aymara y quechua, sojuzgados por los europeos y sus descendientes desde comienzos de la Conquista. Durante la campaña militar de 1899, su capacidad militar y organizativa hizo que la prensa de la época lo calificara como «el temible Willka». Trató de generar un gran levantamiento en el Altiplano y los valles, aunque los objetivos últimos de su rebelión nunca quedaron claramente explicados. No obstante, el reclamo secular de los indígenas superó la capacidad de sus líderes y llevó la situación al límite. El presidente José Manuel Pando había usado a Willka y a sus seguidores en favor de los federales, pero Pablo Zárate utilizó el margen de acción que le proporcionó esta alianza para construir un ámbito de poder que en condiciones normales hubiera sido impensable para un líder indígena. Cuando las tropas de Willka comenzaron a atacar a los federales, se inició la represión del movimiento, y tras los hechos de Mohoza, la insurrección de Peñas y la amenaza de cercar Oru-

ro, en 1899, el presidente Pando decidió descabezar la insurrección. Willka y su Estado Mayor fueron hechos prisioneros y, una vez en la cárcel, Pablo Zárate sufrió toda clase de humillaciones hasta que, en 1903, fue asesinado en cautiverio.

## José Manuel Pando

Nacido en Luribay, La Paz, en 1848, estudió medicina sin concluir los estudios, que finalmente abandonó para incorporarse a la acción política. Al acabar la revolución de 1870 contra Mariano Melgarejo, se incorporó al ejército y, en 1876, después del golpe contra Hilarión Daza, volvió a la

*El militar José Manuel Pando alcanzó el grado de mayor general y ocupó la presidencia durante casi cinco años.*

actividad privada. El comienzo de la Guerra del Pacífico lo obligó a regresar a la vida militar y fue herido en la batalla de Alto de la Alianza, en 1880. Al finalizar la guerra se apartó de la vida militar. Se incorporó luego al Partido Liberal, en el que hizo carrera, hasta que en una convención, mediante métodos democráticos, derrotó a Eliodoro Camacho y se convirtió en jefe del partido. En 1896 se presentó como candidato a la presidencia, sin éxito, pero fue elegido senador por Chuquisaca. José Manuel Pando fue uno de los grandes exploradores bolivianos del siglo XIX y organizó varias expediciones por el área geográfica del departamento que hoy lleva su nombre. Sus observaciones fueron recogidas en un libro en el que expone sus experiencias en el norte del país. Dirigió la revolución federal contra los conservadores, para lo que estableció una alianza con el «Cacique Willka», y logró el triunfo de su partido, lo que lo llevó a formar parte de la Junta de Gobierno de 1899. En ese mismo año, la Convención reunida en Oruro lo eligió presidente constitucional. Su período de gobierno estuvo centrado en los asuntos internacionales, sobre todo en los límites fronterizos con Brasil, que habían sido profundamente alterados por las concesiones absurdas realizadas por Melgarejo. También inauguró el ferrocarril Guaqui-La Paz, en conexión con los vapores que surcaban el lago Titicaca, e hizo construir la vía Cochabamba-Chimoré y el tramo Riberalta-Guayaramerín, relacionado con el auge gomero de la zona. Al culminar su período presidencial, se retiró a la vida privada. Fue misteriosamente asesinado en el Kenko, en 1917, cuando viajaba hacia La Paz; la opinión pública de la época acusó a los liberales de haber cometido el crimen, nunca aclarado.

## Adela Zamudio

Exponente máximo de la poesía boliviana del siglo XIX, Adela Zamudio nació en Cochabamba, en 1854. Mujer de formación autodidacta, e inconformista, escogió permanecer soltera en un vital rechazo al machismo, la beatería y

*Adela Zamudio, narradora y poetisa postromántica, es la verdadera iniciadora del cuento en Bolivia.*
Foto: Enciclopedia *Bolivia Mágica* / Hugo Boero Rojo

el fanatismo religioso que dominaban la sociedad de su tiempo. En 1900 comenzó a trabajar como docente en la Escuela de San Alberto de Cochabamba, y a partir de 1905 fue directora de la Escuela Fiscal de Señoritas. En 1920 se hizo cargo del Liceo de Señoritas. Su obra literaria, que marca la transición de la poesía romántica de fin de siglo mediante la renovación de formas, fue reconocida en 1926 por las autoridades culturales del país. Su legado literario es excepcional y está integrado por títulos como *Loca de hierro*, *Nacer Hombre*, *Ensayos poéticos*, *El Castillo Negro*

o *Cuentos breves*. Adela Zamudio murió en su ciudad natal en 1928, cuando tenía 74 años.

## Simón I. Patiño

Nació en Santiváñez, Cochabamba, en 1860. Comenzó su actividad laboral en 1883 como empleado de una casa comercial de la localidad de Cochabamba. Años más tarde, en 1894, se trasladó a Oruro para incorporarse a la empresa Germán Fricke y Cía., en plena expansión en aquel momento. Su interés por la actividad minera se despertó en aquellos años y, en 1895, estableció una sociedad con los responsables de la mina La Salvadora. Este yacimiento, situado en el departamento de Potosí, en el cerro Llallagua, era una de las más importantes reservas de estaño del planeta. Con su habitual lucidez empresarial, pudo ver que la hora de la fortuna le había llegado: se estableció en Oruro, fundó el Banco Mercantil, y durante la primera década del siglo su fortuna creció hasta límites inimaginables. En la década de 1920 la expansión de su poderío económico era imparable: consolidó su fortuna y emprendió la modernización de sus minas, cuyo número e importancia no dejaban de aumentar. Hacia 1925 fijó su residencia, alternativamente, en París y Nueva York, y sus intereses económicos se transnacionalizaron, fijando la sede legal de su empresa en Estados Unidos. Adquirió propiedades, empresas y yacimientos mineros en América del Norte, Europa, Asia, África y Oceanía. Sin duda, Simón I. Patiño es uno de los personajes más importantes de la historia boliviana del siglo XX. Su inmensa fortuna personal le colocó, en la década de 1940, en la lista de los hombres más ricos del mundo. Murió en Buenos Aires, en 1947, a los 86 años de edad.

*Bautista Saavedra fundó el Partido Republicano y dictó las primeras leyes sociales en el país.*

## Bautista Saavedra

Nació en Sorata, La Paz, en 1870. Era hijo de Zenón Saavedra y Josefa Mallea, el último de la trilogía de grandes figuras del ciclo oligárquico, junto con Arce y Montes. Estudió derecho y se graduó de abogado. Su principal actividad fue la política, pero también ejerció como profesor universitario y diplomático. Se inició en la vida pública en el ministerio de Relaciones Exteriores, en el que ocupó cargos en la sección Límites; fue enviado a Sevilla, España, para investigar en el Archivo de Indias sobre la creación de Bolivia. Más tarde, ocupó

los cargos de ministro de Instrucción Pública en el gobierno de Eliodoro Villazón, de ministro plenipotenciario ante el Perú, y también de senador por La Paz y por Potosí. En 1915, fundó el Partido Republicano junto con otros políticos, separándose definitivamente de los liberales. Organizó la revolución contra el presidente Gutiérrez Guerra, y tras el triunfo del movimiento formó parte de la Junta de Gobierno que lo reemplazó. Mediante diversas maniobras políticas convocó una Asamblea Constituyente que lo eligió presidente en 1920. Su período gubernamental estuvo signado por la feroz oposición de los liberales, que generó numerosos hechos de violencia por la dureza de la respuesta gubernamental. No obstante, la tenacidad de Bautista Saavedra le permitió seguir adelante y ocuparse de la clase trabajadora, dictando leyes tan importantes como las referentes a accidentes laborales, jornada máxima de trabajo, indemnizaciones por retiro, organización de los empleados de comercio, entre otras. Tras su mandato partió hacia Europa, donde ejerció como ministro plenipotenciario ante los gobiernos de Suiza, Bélgica y Holanda. Como intelectual ha dejado obras clave para la comprensión de la sociedad y la historia bolivianas: *La democracia en nuestra historia* y *El ayllu*. Murió exiliado en Chile, en 1939.

## Alcides Arguedas

Es uno de los pensadores bolivianos más importantes de la primera mitad del siglo XX, un hombre

que ejerció una influencia decisiva en la configuración del pensamiento boliviano moderno. Había nacido en La Paz, en 1879. Estudió derecho en la universidad de San Andrés, y se graduó de abogado en 1903. Su actividad pública comenzó con sus colaboracio-

*Alcides Arguedas, intelectual y político, creó un proyecto viable para la instauración del liberalismo en Bolivia.*

nes para el periódico *El Comercio*, de marcado ideario liberal. Pasó gran parte de su vida en Europa y ocupó cargos diplomáticos como secretario de las embajadas en Francia y el Reino Unido. Accedió al escaño de diputado en 1916, pero regresó a Europa en 1919, como representante diplomático ante los gobiernos de España y Francia. Durante el resto de su carrera ocupó los cargos de embajador en Colombia, de ministro de Agricultura del presidente Enrique Peñaranda, y de senador por La Paz, además de dirigir el Partido Liberal durante algunos años. Durante la década de 1920, con el apoyo de Simón I. Patiño, Alcides Arguedas se dedicó a escribir su monumental *Historia de Bolivia*, en cinco tomos, publicados entre 1921 y 1929. Su trabajo como intelectual quedó plasmado en novelas como *Pisagua*, *Wata Wara* y *Raza de bronce*, y esmerados estudios sociológicos e históricos como *Pueblo enfermo* o *Historia general de Bolivia*. Falleció en 1946, en Chulumani.

## Franz Tamayo

Uno de los más grandes poetas de Bolivia, Franz Tamayo fue un político activo y un pensador de gran alcance; una voz que se confrontó con la de Alcides Arguedas, en un debate histórico que mucho contribuyó a buscar nuevas formas de pensar el país. Nacido en La Paz, en 1879, pasó varias temporadas en Francia y en el Reino Unido, durante su niñez y juventud. Se graduó como abogado en la universidad de San Andrés y tuvo simpatías liberales durante sus primeros años de actividad política. Fundó y dirigió el Partido Radical hasta que éste se fusionó con los conservadores en la década de 1920. Ejerció el cargo de diputado en varias ocasiones, fue representante de Bolivia ante la Liga de las Naciones, y ministro de Relaciones Exteriores durante el gobierno de Salamanca. Finalmente, en 1934, fue elegido presidente de la República, pero nunca tomó posesión del cargo a causa del golpe de Estado de ese mismo año. Su última responsabilidad política fue la presidencia de la Asamblea Nacional en 1944. Además de sus numerosas colaboraciones en periódicos

como *El Fígaro* y *El Hombre Libre*, de los que fue principal impulsor, Franz Tamayo ha dejado obras formidables, como *Odas*, *Proverbios*, *La Prometheida*, *Scopas*, *Nuevos Rubayat*, *Scherzos*, y su libro más difundido, *Creación de la pedagogía nacional*. Franz

*La poesía de Franz Tamayo ha sido equiparada a la de los mejores poetas de la lengua castellana.*

Tamayo fue un gran esteta, un señor del verso modernista, al cual entregó su extraordinario talento y un vocabulario de finísimos matices. Su poesía, llena de símbolos y hermética como la personalidad del indio del Altiplano, es equiparable a la de los mejores poetas de la lengua. Falleció en La Paz, en1956.

## Germán Busch

Héroe indiscutido de la Guerra del Chaco, Germán Busch es un hombre legendario en la historia del país. Nació en 1904, en San Javier, provincia Ñuflo de Chávez, departamento de Santa Cruz. Era hijo de Pablo Busch y

Raquel Becerra. Realizó sus primeros estudios en el Colegio Militar, donde se destacó por tener un carácter impulsivo y cambiante, y por ejercer un liderazgo indiscutido entre sus camaradas. Egresó con el grado de subteniente en 1929 y fue ayudante de órdenes del Estado Mayor. Durante la campaña chaqueña fue ascendido rápidamente gracias a su reconocido valor, que lo hizo célebre incluso entre las fuerzas enemigas. En la contienda ejerció una gran influencia sobre la tropa e incluso sobre los oficiales, por lo que le eran confiadas las misiones más complejas y arriesgadas. En su vertiente política, participó en tres golpes de Estado: contra Daniel Salamanca, contra José Luis Tejada Sorzano y contra David Toro. Asumió la presidencia a los 33 años mediante un golpe, y en 1938 la Asamblea Constituyente lo eligió presidente constitucional. Lamentablemente, en abril de 1939, mal aconsejado, clausuró el Congreso y se declaró dictador sin razones demasiado claras, pues no contaba con oposición a su gobierno. Su principal acto de gobierno consistió en el control total de las exportaciones mineras, y en la renacionalización del Banco Minero de Bolivia. Estas medidas nunca fueron efectivas, pues las incumplían sus propios ministros, que respondían a los intereses de la oligarquía minera. Se suicidó, en ejercicio de la presidencia, el 23 de agosto de 1939. Su muerte desató agrias polémicas acerca de los auténticos motivos del suicidio, y buena parte de la opinión pública pensó que se trataba de un asesinato perpetrado por sus oponentes políticos. Nunca se pudo establecer la verdadera causa y su sepelio constituyó una manifestación multitudinaria de pesar, que congregó a todo el pueblo de La Paz. Aún hoy, la memoria de Germán Busch es venerada por los bolivianos, como héroe del Chaco y de la liberación nacional, y también como impulsor de la experiencia del «socialismo militar», que las fuerzas de la oligarquía conservadora se encargaron de cancelar.

## Víctor Paz Estenssoro

Hijo de Domingo Paz y de Carlota Estenssoro, nació en la ciudad de Tarija, en 1907. Realizó sus estudios escolares en el colegio San Luis de Tarija y en el Bolívar de Oruro. Se graduó de abogado en la Universidad Mayor de San Andrés, en La Paz, en 1927, y el mismo año comenzó su carrera como ayudante en la Oficina Nacional de Estadística. Más tarde ocupó cargos como oficial mayor de Hacienda, diputado nacional, senador, catedrático de Ciencias Económicas en la universidad de San Andrés, ministro de Economía en el gobierno de Enrique Peñaranda, y ministro de Hacienda en el de Gualberto Villarroel. Durante la Guerra del Chaco ejerció de interventor general de la contraloría en el primer cuerpo de ejército y más tarde fue incorporado a filas. Junto a otros destacados políticos e intelectuales, en 1941 participó en la fundación del Movimiento Nacionalista Revolucionario (MNR), partido que dirigió durante medio siglo. Elegido presidente en los comicios de 1951, pudo tomar posesión del cargo al año siguiente. Tan pronto se ins-

taló en el cargo, inició una serie de procesos que constituyeron una auténtica revolución, con la adopción de medidas de gran trascendencia, como la reorganización de Yacimientos Petrolíferos Fiscales Bolivianos (YPFB), orientada a potenciar la produc-

*Víctor Paz Estenssoro, abogado y economista, fue la figura principal de la Revolución Nacional.*

ción petrolífera, los planes de colonización agraria, la construcción de carreteras y otras destinadas a dar un impulso sostenido al desarrollo económico y social del país. Cumplido su período, entregó el mando a quien había elegido para sucederle, Hernán Siles Zuazo. Víctor Paz Estenssoro ha sido presidente de Bolivia en cuatro ocasiones, entre 1952 y 1956, entre 1960 y 1964, y en 1964 fue elegido para un tercer período que no pudo concluir por el golpe de Estado liderado por René Barrientos. Entre 1956 y 1958 fue embajador de Bolivia en Gran Bretaña. Entre 1964 y 1971 se vio obligado a exiliarse, y regresó al país en 1971 para colaborar

con el gobierno militar de Hugo Bánzer. Marchó nuevamente al exilio en 1974, del que regresó en 1978 para presentarse como candidato a la presidencia. Durante la década de 1980, su partido, el MNR, ejerció una durísima oposición, en especial al gobierno de Hernán Siles Zuazo (1982-1985). En las elecciones de 1985, Paz Estenssoro fue elegido presidente una vez más y gobernó hasta 1990, año en que renunció a la jefatura del MNR y a la vida pública en general.

## Hernán Siles Zuazo

Nació en La Paz, en 1913. Su padre fue el ex presidente de la República, Hernando Siles Reyes, y su madre, Isabel Zuazo. Realizó sus primeros estudios en el Instituto Americano y, más tarde, estudió derecho en la universidad Mayor de San Andrés, donde protagonizó sus primeras incursiones políticas como dirigente estudiantil. Se inició en la vida laboral como funcionario del ministerio de Hacienda y, más tarde, como director de la biblioteca del Congreso de la Nación. A partir de 1940 ocupó el cargo de diputado por La Paz durante tres legislaturas. En 1941 participó de la fundación del Movimiento Nacionalista Revolucionario (MNR), junto a Víctor Paz Estenssoro y otros distinguidos líderes políticos. Fue uno de los líderes indiscutidos del MNR hasta su división, en 1964. Durante los acontecimientos que llevaron a la Revolución de 1952, fue uno de los más activos líderes del movimiento revolucionario. Ocupó la vicepresidencia entre 1952 y

1956. En las elecciones de este último año resultó elegido por primera vez presidente de Bolivia, cargo que desempeñó hasta 1960. Su tarea de gobierno se orientó a reordenar la economía y estabilizar la moneda, con el asesoramiento directo de expertos norteamericanos. Pero su acción gubernativa se vio permanentemente obstaculizada por la oposición política encabezada por la Central Obrera Boliviana (COB), dirigida por Juan Lechín. Durante los dos años siguientes representó al país como embajador ante los gobiernos de Uruguay y España. Tras la ruptura con el MNR, organizó el Movimiento Nacionalista Revolucionario de Izquierda (MNRI), organización

*Siles Zuazo, como presidente constitucional, se propuso reordenar la economía y estabilizar la moneda.*

política que dirigió hasta acceder nuevamente a la presidencia. Durante la década de 1970 permaneció exiliado hasta que en 1978 regresó para organizar, junto a dirigentes de otros partidos, la Uni-

dad Democrática y Popular (UDP). Estuvo a punto de ser investido presidente en 1980, pero lo impidió el golpe de Estado de julio de ese año, y debió marchar nuevamente al exilio. Tras el triunfo popular que obligó a las Fuerzas Armadas a convocar el parlamento de 1980, fue finalmente investido presidente en 1982, cargo que ocupó hasta 1985, cuando la tremenda crisis hiperinflacionaria de aquellos años le forzó a renunciar al cargo. Falleció en 1996.

## Juan Lechín

El nombre de Juan Lechín estará siempre asociado al movimiento minero boliviano del siglo XX y al de la Central Obrera Boliviana (COB), de la que fue un decisivo dirigente durante años. Había nacido en Corocoro, La Paz, en 1914, y trabajaría durante años en Catavi, como obrero, y en la mina Siglo XX, como perforador. A mediados de la década de 1940 ocupó el cargo de subprefecto de la mina de Uncía. Participó activamente de la Revolución de 1952, cuyo curso contribuyó a decidir, mediante la dirección de los sindicatos mineros organizados. En los gobiernos surgidos de la revolución ocupó cargos destacados, como el de ministro de Minas y Petróleo en el gobierno de Paz Estenssoro. Durante décadas fue el hombre fuerte de la Federación de Mineros y de la Central Obrera Boliviana. En los años de la primera presidencia de Hernán Siles Zuazo, ejerció una fuerte oposición política; y pasó a ocupar la vicepresidencia de la República durante el segundo

mandato de Víctor Paz Estenssoro, entre 1960 y 1964. Aunque contribuyó al golpe de Estado que derrocó a este último, en 1964, se vio obligado a exiliarse al año siguiente, hasta que regresó al país en 1970. Un año des-

*Juan Lechín ha sido considerado como el más destacado activista del movimiento sindical boliviano.*

pués fue elegido presidente de la Asamblea Popular y consolidó nuevamente su condición de líder de la Federación Sindical de Mineros y de la Central Obrera Boliviana. Ese mismo año debió marchar nuevamente al exilio, hasta 1978, cuando regresó como líder indiscutido de la COB. En 1980 se presentó como candidato presidencial a las elecciones, pero el golpe de julio de ese año lo obligó a dejar el país una vez más. Dos años más tarde regresó y volvió a ocupar el máximo cargo de la COB. En 1987 renunció a la secretaría ejecutiva de las dos organizaciones obreras, que había dirigido durante años.

## Jaime Sáenz

Nació en La Paz, en 1921, y un temprano viaje a Europa marcó su sensibilidad como poeta. Durante muchos años fue considerado un «poeta maldito» por haber transitado el camino del alcohol y de las drogas. Mantuvo una vida marginal que le hizo posible descubrir un intenso mundo, ajeno a los circuitos de la «gente decente», y estos personajes transitan por las páginas de sus novelas. Jaime Sáenz es uno de los más destacados poetas bolivianos del siglo XX, que con un nuevo lenguaje elabora una obra en la que siempre se reflexiona sobre los grandes temas de la existencia humana. En la amplia obra del poeta sobresalen *El escalpelo, Recorrer esta distancia, Los papeles de Lima Achá,* y su novela *Felipe Delgado.* Falleció en La Paz, en 1987.

## Hugo Bánzer

Hijo de César Bánzer y Luisa Suárez, nació en 1926, en Concepción, provincia Ñuflo de Chávez, departamento de Santa Cruz. Estudió en el Colegio Militar del Ejército, pero los últimos cursos de su formación castrense los realizó en el Colegio Militar de Argentina, del que egresó en 1947 con el grado de subteniente. Más tarde, realizó estudios y cursos de especialización en la Escuela de Armas, la Escuela de Comando, la de Estado Mayor, y la Escuela de Altos Estudios Militares, en Estados Unidos. De regreso en Bolivia fue profesor militar y con el grado de coronel ocupó la Jefatura del Estado Mayor, la de la Quinta División del Ejército

y el Comando del Colegio Militar. Durante el gobierno de René Barrientos ejerció como ministro de Educación durante dos años. En 1971, siendo Director del Colegio Militar del Ejército, encabezó el golpe de Estado que terminó con la experiencia política liderada por el general Juan José Torres y que le instaló en la presidencia durante siete años. Hasta finales de 1972 su gobierno contó

*Hugo Bánzer ha permanecido activo en la escena política desde su primera presidencia en 1971.*

con el apoyo del Movimiento Nacionalista Revolucionario (MNR), pero las crecientes diferencias con Víctor Paz Estenssoro le llevaron a romper el pacto y a ordenar el exilio del jefe del MNR. Éste fue el inicio de su ruptura con los partidos políticos y el comienzo de un régimen estrictamente militar. Durante su administración se obtuvieron apreciables líneas de crédito de bancos extranjeros; se creó el Banco de la Vivienda, la Superin-

tendencia de Seguros y las Corporaciones Regionales de Desarrollo. También se promulgaron nuevas leyes de inversiones y de hidrocarburos. Su régimen fue represivo y mantuvo la firmeza en todo momento, lo que le permitió mantenerse en el poder durante un período de siete años. Hugo Bánzer reanudó relaciones diplomáticas con Chile para negociar un canje territorial a cambio de un corredor hasta el océano Pacífico, operación que terminó frustrándose con la llegada al poder de Augusto Pinochet, lo que condujo a la ruptura de relaciones diplomáticas. Bánzer fue derrocado en 1978. Fundó entonces un partido político y participó como candidato presidencial en las elecciones de 1979 y 1980, consiguiendo en ambas un apreciable resultado. Los éxitos electorales le llevaron a consolidar su partido, denominado Acción Democrática Nacional. En las elecciones de 1989, al no conseguir la mayoría absoluta que le permitiera ocupar la presidencia, apoyó al Movimiento de la Izquierda Revolucionaria (MIR) de Jaime Paz Zamora. En las elecciones de 1996, un acuerdo político democrático lo llevó por segunda vez a la presidencia de Bolivia.

## René Zavaleta Mercado

Nació en Oruro, en 1928. Desde su juventud militó en el Movimiento Nacionalista Revolucionario (MNR) y participó activamente en la Revolución de 1952. Con apenas 26 años ocupó el decisivo ministerio de Minas y Petróleo, durante el primer mandato de Víctor Paz Estenssoro. La caída del gobierno del MNR lo llevó a adoptar posiciones más radicales y fue uno de los fundadores del Movimiento de Izquierda Revolucionaria (MIR). Pasó muchos años de exilio en México, donde se desempeñó como profesor universitario, destacando su paso por la Facultad Latinoamericana de Ciencias Sociales. Sus obras son decisivas para la interpretación de la sociedad y la historia bolivianas del siglo XX. Entre ellas sobresalen *El poder dual en América Latina*, *Lo nacional-popular en Bolivia*, *Las masas en noviembre* y *La revolución boliviana y la cuestión del poder*. Murió en la ciudad de México, en 1974, a los 46 años.

## Marcelo Quiroga Santa Cruz

Nació en Cochabamba, en 1931. Durante su primera experiencia política estuvo vinculado a la Falange Socialista Boliviana (FSB), y en la lista electoral de esa fuerza política accedió por primera vez al parlamento, durante el gobierno de René Barrientos. Fue encarcelado a causa de una valiente interpelación acerca de la masacre de San Juan. Durante el gobierno de Alfredo Ovando fue nombrado ministro de Minas y Petróleo, y en ese cargo propugnó la nacionalización de la Gulf Oil. Tuvo

*El novelista Marcelo Quiroga marcó un hito en la historia literaria del país con su libro* Los deshabitados.

que exiliarse bajo el gobierno de Hugo Bánzer, y permaneció en México, donde ejerció como docente universitario durante la mayor parte de la década de 1970. De regreso a Bolivia, encabezó el Partido Socialista (PS), y se presentó como candidato presidencial en tres oportunidades, la última en 1980. Tras el asalto a la sede de la Central Obrera Boliviana (COB) de La Paz, en 1980, fue herido, torturado y brutalmente asesinado a los 49 años. Marcelo Quiroga Santa Cruz fue uno de los dirigentes políticos más honestos y lúcidos de Bolivia de las últimas décadas. Su inteligencia y dotes oratorias lo transformaron en uno de los símbolos indiscutidos de la izquierda boliviana. Activo periodista en *Clarín Internacional* y *El Sol*, la obra escrita de Quiroga Santa Cruz incluye títulos tan importantes como *Hablemos de los que mueren*, *El combate*, *Los deshabitados*, *El saqueo de Bolivia* y *Oleocracia o patria*.

# Cronología

BOLIVIA

# Orígenes

*Punta de lanza del Viscachanense.*

**50000 a.C.** Primer poblamiento de América, desde Siberia, a través de la Berlingia, en el momento en que los glaciares alcanzaron mayor desarrollo, quedando unidos el continente asiático y el americano por grandes masas de hielo.

**30000 a.C.** Datación de objetos de comunidades preagrícolas de la cultura Viscachani (a 100 km de La Paz).

**7000 a.C.** Primeras formas de agricultura.

**5000 a.C.** Datación de restos humanos en Cabeza Larga (Paracas).

# 1500 a.C. - 1449 d.C.

**1500 a.C.** Primeros grupos sedentarios en territorio boliviano y paulatino abandono de la economía recolectora. Origen de la cultura de Tiwanaku.

**1350 a.C.** Origen de la cultura Chiripa.

**1200 a.C.** Origen de la cultura Wankarani.

**800 a.C.** Se origina en Perú la alta cultura de Chavín.

**100 a.C.** Extinción de la cultura Chiripa.

**300 d.C.** Fin de la cultura Wankarani.

**1200 d.C.** Extinción de la cultura de Tihuanaco y origen de la cultura Mollo. La sociedad inka se consolida en la región del Cusco (Cuzco).

**1325 d.C.** Los aztecas fundan Tenochtitlán.

**1400 d.C.** Los ejércitos inkas expanden el imperio (hasta 1532) y someten a los pueblos andinos.

*Muro Templete Semisubterráneo de Tiwanaku.*

## CONTEXTO MUNDIAL

**15000 a.C.** Facies cultural del Solutrense Superior, en Europa, caracterizada por una industria con un elevado porcentaje de piezas obtenidas por retoque plano que permiten la fabricación de puntas largas, anchas y muy delgadas.

**9000 a.C.** Facies cultural del Aziliense, en Europa, caracterizada por una industria microlítica y de guijarros pintados.

**3000 a.C.** La ciudad de Abydos se convierte en el centro religioso más importante del Alto Egipto. Pobladores procedentes de Rusia meridional o de Siria fundan la civilización de Dimini, en Tesalia (Grecia).

**1700 a.C.** Finaliza la última fase de construcción del santuario solar de Stonehenge (Reino Unido).

**1354 a.C.** En Egipto, es proclamado nuevo faraón Tutankamón.

**753 a.C.** Fundación legendaria de Roma.

**477 a.C.** Las ciudades griegas se federan.

**331 a.C.** Se funda la ciudad de Alejandría.

*Máscara del faraón egipcio Tutankamón.*

**44 a.C.** Julio César se convierte en dictador vitalicio de Roma, pero es asesinado.

**476 d.C.** Rendición del último emperador romano, Rómulo Augusto, ante los bárbaros.

**570 d.C.** Nace Mahoma.

**711 d.C.** Invasión árabe de la península Ibérica.

**800 d.C.** Carlomagno es coronado emperador.

**1337 d.C.** Empieza la llamada guerra de los Cien Años entre Francia e Inglaterra.

# 1450 - 1550

**1475** Comienza la construcción del complejo de Machu Picchu.

**1492** Se estima que la población del Alto Perú está en torno a los 800 000 habitantes.

**1533** Francisco Pizarro entra en el Cusco, la capital inkaica.

**1538** Pedro Anzúrez funda la ciudad de Sucre.

*El conquistador español Francisco Pizarro.*

**1542** Se crean el Virreinato del Perú y la Audiencia de Lima. El emperador Carlos V aprueba las Leyes Nuevas de Indias para evitar los abusos de los encomenderos.

**1544** Se descubren las minas argentíferas de Sumaj Orcko (Cerro Rico).

**1546** Juan de Villarroel funda Potosí.

**1548** Fundación de La Paz por Alonso de Mendoza.

---

**1453** Caída de Constantinopla en manos de los turcos. Fin del imperio bizantino.

**1492** Descubrimiento de América.

**1493** Bula papal concediendo a los Reyes Católicos «omnímoda potestad» sobre las nuevas tierras descubiertas.

**1517** Coronación del rey Carlos I de España.

**1519** Hernán Cortés desembarca en Veracruz (México).

**1522** Juan Sebastián Elcano realiza el primer viaje de circunnavegación de la historia.

**1536** Almagro descubre el territorio de Chile.

**1538** Es fundada la Universidad de Santo Domingo, primera de América.

# 1551 - 1600

**1552** Julio III promulga la bula de creación del obispado de La Plata. Fray Bartolomé de Las Casas publica su *Brevísima relación de la destrucción de las Indias.*

**1555** Andrés Hurtado de Mendoza, nuevo virrey del Perú.

**1559** Se crean la Audiencia de Charcas y la Audiencia de La Plata.

*Portada de la* Brevísima relación *de Las Casas.*

**1561** Nuflo de Chaves funda Santa Cruz de la Sierra.

**1570** Fray Tomás de San Martín publica en Valladolid (España) la primera gramática y vocabulario de la lengua quechua.

**1571** Jerónimo de Osorio funda Cochabamba.

**1572** Tupaq Amaru I muere descuartizado en el Cusco. El virrey Francisco de Toledo decide organizar la «mita de Potosí».

**1573** Se abre la Casa de la Moneda de Potosí.

**1574** Es fundada la Villa de Oropesa (actual Cochabamba) y San Fernando de la Frontera (actual Tarija).

---

**1553** Rebelión de los araucanos en Chile y muerte de Pedro de Valdivia. Fallece Eduardo VI de Inglaterra y le sucede en el trono María I Tudor.

**1563** Finaliza el concilio de Trento.

**1588** La Armada Invencible de Felipe II es derrotada por los ingleses.

*Celebración de una de las sesiones del concilio de Trento.*

**BOLIVIA**

**CONTEXTO MUNDIAL**

## 1601 - 1650

**1601** Desde el puerto de Buenos Aires llegan a Potosí los primeros esclavos negros para ser vendidos.

**1604** El virrey Luis de Velasco abandona su cargo en Lima al fracasar en sus intentos de proteger a la población indígena.

**1605** El papa Paulo V erige el obispado de Nuestra Señora de La Paz.

*Vista de la ciudad y del cerro de Potosí.*

**1606** Manuel Castro de Padilla funda Oruro.

**1612** Se publica la *Vida, hechos y milagros de nuestro Redentor*, escrita en lengua aymara por Ludovico Bertonio.

**1624** Juan de Frías Herrán crea la Universidad Real y Pontificia de San Francisco Xavier, de Sucre.

**1631** Fray Antonio de la Calanda publica en Barcelona (España) su *Crónica moralizada*.

**1640** Álvaro Alonso Barba, cura de Potosí, publica *Arte de los metales*.

## 1651 - 1700

**1651** La Corona española establece que la moneda de plata de Indias sea del mismo valor, peso y cuño que la de la metrópoli.

**1661** Estalla en La Paz una sublevación liderada por el mestizo Antonio Gallardo (bajo la consigna «Libertad para los americanos»), que se dirige hacia Puno, donde es vencido y sus cabecillas ejecutados públicamente.

**1670** Se inicia la construcción de la nueva catedral de Potosí.

**1677** Los franciscanos Diego Mendo y Nicolás Romero llegan hasta las laderas orientales de los Andes, donde habitan los chunchos, y fundan el pueblo de Santa Bárbara.

**1680** Fray Pedro de la Peña funda la misión de San Juan de Buenavista de Pata. Carlos II promulga la *Recopilación de Leyes de los Reinos de las Indias*, que será publicada al año siguiente.

**1686** El jesuita Cipriano Barace funda la Misión de la Santísima Trinidad (actual ciudad de Trinidad).

---

**1608** Samuel Champlain, al mando de una expedición francesa, funda Quebec, en Canadá.

**1620** Los colonos ingleses llegados en el *Mayflower* se establecen en Virginia.

**1623** Los holandeses se apoderan de Bahía, en Brasil, y tres años más tarde fundan la factoría

*Luis XIV de Francia recibiendo a sus ministros.*

de Nueva Amsterdam en la isla de Manhattan.

**1640** Separación de España y Portugal como consecuencia de la guerra por la sucesión al trono lusitano.

**1643** Inicia su reinado Luis XIV de Francia.

**1677** Los holandeses obtienen un «asiento» (contrato) para abastecer de esclavos africanos la América española.

**1680** Fundación portuguesa de Colonia del Sacramento sobre el estuario del Río de la Plata, que el mismo año se la apropian los españoles.

**1683** Viena resiste el asedio turco.

**1689** Con la Declaración de Derechos nace la monarquía parlamentaria inglesa, que pone fin al absolutismo.

**1700** Sube al trono español Felipe V, nieto de Luis XIV de Francia, con lo que comienza la dinastía borbónica en España.

*Felipe V, primer rey Borbón de España.*

BOLIVIA

CONTEXTO MUNDIAL

## 1701 - 1725

**1704** Manuel Oms de Santapau, marqués de Castelldosrius, virrey del Perú.

**1708** Naves británicas atacan poblaciones costeras del Virreinato del Perú. Se construye la iglesia de San Benito de Potosí.

**1714** En el Virreinato del Perú se prohíbe la fabricación de aguardiente de caña. Agustín de Navamuel, pintor de la escuela cusqueña, recibe el encargo de pintar 40 lienzos con motivos diferentes.

**1716** Se inicia la construcción de la iglesia de Santo Domingo de La Paz (hasta 1726).

*Indígenas trabajando para un encomendero.*

**1718** La Corona española promulga su primer decreto de abolición de las encomiendas en América.

**1720** Diego Morcillo Rubio de Auñón, arzobispo de Charcas, es nombrado virrey del Perú.

**1724** Fallece el pintor Melchor Pérez de Holguín.

**1701** Guerra de Sucesión española (hasta 1714) entre los seguidores del archiduque Carlos de Austria y los defensores de Felipe V, vencedores a la postre.

**1703** Pedro I el Grande, zar de Rusia, funda San Petersburgo.

**1713** Firma del tratado de Utrecht entre España, Portugal, Gran Bretaña y Francia, el cual, tras doce años de guerra, modifica el mapa europeo. España renuncia a los territorios de Italia, Países Bajos, Gibraltar y Menorca.

*San Petersburgo, bastión ruso en el Báltico.*

## 1726 - 1750

*Poblado indígena de Santa Cruz de Guarayos.*

**1730** En Cochabamba se inicia una rebelión de mestizos en demanda de la exención de tributos; su líder, Alejo Calatayud, es ejecutado.

**1731** Luis Niño oficia como pintor de cámara del arzobispo de Charcas.

**1735** La Corona española decide la abolición del sistema de flotas y galeones.

**1737** La rebelión indígena encabezada por el cacique Ignacio Toroté se extiende por el Virreinato del Perú. Gaspar Miguel de Berrío pinta varias obras para la iglesia de Belén, en Potosí.

**1742** Insurrección indígena encabezada por Juan Santos Atawallpa, que busca restaurar el imperio inkaico.

**1743** Se inicia la construcción del convento de San Francisco de La Paz.

**1750** Estallan en el Virreinato del Perú nuevas revueltas indígenas, lideradas por Antonio Cobo, Francisco Inca y Miguel Surichac, que mueren ejecutados por las autoridades coloniales.

**1739** Se decide la creación del Virreinato de Nueva Granada.

**1740** Sube al trono de Prusia Federico II el Grande, el rey que convertiría el país en potencia mundial.

**1746** Fernando VI sucede a Felipe V en el trono español, continuando las reformas administrativas propias del absolutismo: centralización del Estado y autoritarismo monárquico.

*Retrato del rey prusiano Federico II el Grande.*

## 1751 - 1775

BOLIVIA

**1754** Se restablece el servicio de flotas entre España y América, suspendido en 1740 a causa de las amenazas bélicas.

**1758** Isidoro Francisco de Moncada realiza las bellas pinturas murales de las iglesias cercanas al lago Titicaca.

**1759** La Corona española reconoce la tenencia de la tierra a los criollos americanos.

**1767** Los jesuitas establecidos en las Indias son hechos prisioneros y expulsados del continente.

*Jesuitas antes de embarcar tras ser expulsados.*

**1770** En el Virreinato del Perú estalla una nueva rebelión indígena, esta vez encabezada por los indígenas de Sicasica; matan al corregidor y son duramente reprimidos.

**1773** Prosiguen las sublevaciones de indígenas y mestizos en el Virreinato del Perú, que son sangrientamente reprimidas por los españoles.

**1774** Se permite al Virreinato del Perú comerciar libremente sus productos con Nueva España, Guatemala y Nueva Granada.

**1754** Franceses e ingleses luchan en territorio americano.

**1756** Estalla la guerra de los Siete Años entre Gran Bretaña y Francia.

**1759** Sube al trono español Carlos III.

**1761** España se alía con Francia.

**1763** Paz de París: Francia pierde importantes dominios en América del Norte e India y entrega a España la Luisiana occidental; España devuelve a Portugal la Colonia del Sacramento.

**1775** Estalla la guerra de independencia estadounidense, que se prolongará hasta 1783.

*La Casa Blanca, en Washington (EE UU).*

## 1776 - 1800

*Escultura dedicada a Tupaq Amaru II.*

**1776** La Audiencia de Charcas pasa a depender del recién creado Virreinato del Río de La Plata.

**1778** La Corona española amplía la libertad de comercio de sus posesiones americanas e impone medidas destinadas a obtener mayores contribuciones coloniales.

**1780** Estalla el más importante movimiento preindependentista de América: la rebelión de José Gabriel Condorcanqui, Tupaq Amaru II; y se inicia en Chayanta el movimiento insurreccional indígena encabezado por Tupaq Katari, ambos reprimidos por los españoles. En el Virreinato del Perú se proscribe la lengua quechua.

**1787** Se establece la Audiencia del Cusco, creada cuatro años antes.

**1777** Tratado de San Ildefonso: Colonia del Sacramento pasa a España; Santa Catalina y Río Grande pasan a Portugal.

**1781** Levantamiento de los comuneros del Socorro colombiano contra los españoles.

**1789** Estalla la Revolución Francesa, que culminará con la proclamación de la República.

*Toma de la Bastilla por el pueblo francés.*

**1799** Napoleón Bonaparte, cónsul de Francia.

## 1801 - 1805

**1801** Francisco de Miranda, el precursor de la Independencia americana, visita Europa en busca de apoyos para su proyecto de emancipación de América.

**1803** En el Cusco se inicia la revolución de Tebalde. La Corona española emite la Ordenanza sobre política, derecho y administración que deben observar los intendentes y empleados en América.

**1804** Simón Bolívar asiste, en París, a la coronación de Napoleón. La Corona española publica la Real Cédula de consolidación de los vales dirigida a las colonias americanas.

**1805** Conspiración de José Gabriel Aguilar en el Cusco. En el Monte Sacro de Roma, Simón Bolívar jura dedicarse a conseguir la libertad de América. Francisco de Miranda abandona Europa y se traslada a Estados Unidos para preparar la invasión de Venezuela; se entrevista con el presidente Thomas Jefferson. Es pintado en el Alto Perú el cuadro anónimo *Retrato del Alcalde Burgunyo*, cómplice de la revuelta de Murillo. El científico Alexander von Humboldt prepara la redacción de su monumental obra sobre América.

*Retrato de Simón Bolívar, el Libertador.*

## 1806 - 1810

**1806** Bolívar viaja a Estados Unidos desde Europa.

**1808** Llegan a Chuquisaca noticias de la invasión napoleónica de España, y se produce una revuelta antirrealista liderada por los hermanos Zudáñez, que será reprimida.

**1809** Bolívar regresa a Caracas (Venezuela). Es apresado el presidente de la Audiencia en Chuquisaca, y estalla una revuelta en La Paz, liderada por Pedro Domingo Murillo; desde el Cusco llegan tropas realistas que derrotan a los sublevados. Bernardo de Monteagudo escribe su *Diálogo de Atahualpa y Fernando VII*.

**1810** Los españoles ejecutan al patriota sublevado Pedro Domingo Murillo. Rebelión de Cochabamba en apoyo del régimen independiente de Buenos Aires. Desde España se convocan las elecciones de las diputaciones ultramarinas. Las Cortes decretan la igualdad de los derechos de los americanos y los peninsulares. Estalla la revolución en toda la América hispana. Mariano Moreno traduce *El contrato social* de Rousseau. En todo el continente aparecen publicaciones que apoyan la causa de la emancipación americana.

**BOLIVIA**

*Coronación de Napoleón I como emperador de Francia.*

**1804** Napoleón se proclama emperador de Francia. Jean-Jacques Dessalines declara la Independencia de Haití.

**1805** Batalla de Trafalgar: al mando de la flota inglesa, el almirante Nelson derrota a la coalición franco-española, pero muere en el combate. Los ingleses se apoderan de la colonia holandesa de El Cabo, en Sudáfrica.

**1806** Abdicación de Francisco II de Austria. Fin del Sacro Imperio Romano Germánico.

**1807** Los franceses invaden Brasil.

**1808** España es invadida por Francia. Carlos IV y su hijo Fernando abdican en favor de José Bonaparte y son hechos prisioneros. Resistencia del pueblo español.

**1810** El sacerdote mexicano Miguel Hidalgo lanza la proclama independentista conocida como «grito de Dolores».

*Hidalgo lanza el «grito de Dolores».*

**CONTEXTO MUNDIAL**

## BOLIVIA

### 1811 - 1815

**1811** En el Virreinato del Perú se produce el levantamiento de Tacna. Los diputados americanos que participan en las cortes de Cádiz entregan su *Representación de los diputados americanos a las Cortes de España*.

**1812** El ejército colonial español controla la situación en el Alto Perú, derrota a las fuerzas patriotas en Cochabamba y se dirige hacia el Río de la Plata, pero es vencido por Manuel Belgrano en Tucumán. Bernardo de Monteagudo publica el periódico *Mártir o libre*.

**1813** Estallan movimientos patriotas en Potosí, Cochabamba y Chuquisaca. Pese al férreo control español del virreinato se producen levantamientos en Moquegua y Tacna. Simón Bolívar promulga en Trujillo (Venezuela) el decreto de «guerra a muerte» contra las fuerzas coloniales españolas.

**1815** Es aplastada la rebelión del Cusco, en el Alto Perú, y las fuerzas rioplatenses son derrotadas por los realistas. Prosigue (desde 1810 y, con intensidad, hasta 1816) la actuación de caudillos patriotas que encabezan una «guerra de guerrillas», decisiva para el proceso de independencia.

*San Martín, después de atravesar los Andes.*

### 1816 - 1820

**1816** Tras el fracaso de los primeros intentos emancipadores, todo el continente latinoamericano, excepto el Río de la Plata, se encuentra en poder de las fuerzas españolas. Muere en la prisión de Cádiz (España) Francisco de Miranda, precursor de la Independencia americana. Aimé Bonpland y Alexander von Humboldt publican *Vista de las cordilleras y monumentos de los pueblos indígenas de América*.

**1817** José de San Martín cruza los Andes, libra la batalla de Chacabuco y toma Santiago de Chile.

**1820** Desde el norte y desde el sur los ejércitos libertadores avanzan hacia el Virreinato del Perú, el principal bastión realista en el continente; San Martín desembarca en Paracas y las ciudades de la costa se suman a la causa de la emancipación americana. Simón Bolívar escribe su *Decreto para restablecer a los indios sus derechos*. José de San Martín realiza su *Proclama a las Provincias Unidas del Río de la Plata*.

## CONTEXTO MUNDIAL

**1811** Independencia de Paraguay y Colombia.
**1813** Independencia de México. Las cortes españolas de Cádiz suprimen la Inquisición.
**1814** Abdicación de Napoleón Bonaparte. Restauración de Fernando VII en España.
**1815** Napoleón huye de Elba y gobierna Francia durante cien días; es derrotado por el duque de Wellington, militar inglés, en la batalla de Waterloo, y confinado en la isla de Santa Elena. Fusilamiento del patriota mexicano José María Morelos.

*Napoleón confinado en la isla de Santa Elena.*

**1816** El congreso de Tucumán proclama la Independencia de los territorios del Río de la Plata.
**1818** Austria, Reino Unido, Rusia, Prusia y Francia forman la Quíntuple Alianza, de ideología monárquico-restauradora.
**1819** Proclamación de la República de la Gran Colombia.
**1820** En Chile, Bernardo O'Higgins, con el apoyo de San Martín, que desobedece al gobierno argentino, organiza un poderoso ejército para liberar Perú. Levantamiento de Riego en España.

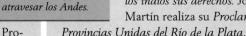

*Recreación pictórica del congreso de Tucumán.*

## 1821 - 1825

**1821** Bolívar nombra comandante a Sucre. José de San Martín toma Lima y, tras proclamar la Independencia, se le nombra Protector del Perú.

**1822** Entrevista entre San Martín y Bolívar en Guayaquil. Renuncia de San Martín.

**1823** Simón Bolívar desembarca en El Callao, de donde parte Andrés de Santa Cruz para proclamar la Independencia del Alto Perú.

*Evocación de la batalla de Ayacucho.*

**1824** Bolívar inicia la ofensiva final contra los españoles, que culmina en victoria, en la batalla de Ayacucho, dirigida por el mariscal Sucre.

**1825** La Asamblea de Chuquisaca redacta el Acta de Independencia; la República Bolívar (poco tiempo después Bolivia) es constituida como país independiente; Sucre es nombrado presidente por el Congreso. Simón Bolívar elabora su *Decreto sobre la autodeterminación del destino de las Provincias del Alto Perú.*

*Aclamación popular de Pedro I, emperador de Brasil.*

**1821** Derrota española en Carabobo: Panamá y Ecuador se integran a la República de la Gran Colombia.

**1822** Pedro I, primer emperador de Brasil.

**1823** Doctrina Monroe en Estados Unidos prohibiendo a los Estados europeos establecer colonias en el Nuevo Mundo. Restauración del absolutismo en España.

## 1826 - 1830

**1826** Se crean los actuales departamentos de Chuquisaca, Cochabamba, La Paz, Oruro, Potosí y Santa Cruz. La población de Bolivia es de 997 427 habitantes (cálculo basado en el empadronamiento de 1796). Simón Bolívar escri-

*Antonio José de Sucre, prócer de la Independencia.*

be su *Mensaje al Congreso de Bolivia.* Antonio José de Sucre encarga la educación de Bolivia a Simón Rodríguez, maestro de Bolívar.

**1827** Sucre dispone la distribución de las tierras a los indígenas y la organización de la hacienda.

**1828** Tras la renuncia de Sucre, se nombra presidente interino a José María Pérez de Urdininea, quien, al renunciar, es sucedido por José Miguel de Velasco. La Asamblea General elige provisionalmente a Pedro Blanco, quien muere asesinado.

**1829** Velasco regresa a la presidencia, que entrega a Andrés de Santa Cruz, elegido presidente por la Asamblea General.

**1830** Sucre muere asesinado en Colombia. El 17 de diciembre, muere Simón Bolívar en Santa Marta (Colombia).

**1829** Venezuela se separa de la Gran Colombia y un año después dicta su primera Constitución.

**1830** Sanción de la Constitución uruguaya aprobada previamente por Argentina y Brasil. Independencia de Ecuador. Revolución liberal en Francia: Luis Felipe, monarca constitucional. Grecia obtiene su independencia tras largos años de dominio turco. En Estados Unidos se decide el traslado de la población india a la frontera oeste; rebelión de esclavos en Virginia.

*La Libertad guiando al pueblo, por Delacroix.*

BOLIVIA

CONTEXTO MUNDIAL

## 1831 - 1835

**1831** Andrés Santa Cruz dispone la modificación de la Constitución, introduciendo el centralismo y los plenos poderes presidenciales. Se crea el departamento de Tarija. Se aprueba el Código Civil, el primero propio que aprobó una nación sudamericana. Asimismo, se aprueban el Código Penal y el Código de Procedimientos. Se promulga la nueva Constitución, que reemplaza a la bolivariana de 1826. El primer censo de población del país arroja la cifra de 1 088 768 habitantes.

*Plantación en el área amazónica boliviana.*

**1832** Se crean la Universidad Mayor de San Andrés de La Paz y la Universidad Mayor de San Simón de Cochabamba durante el mandato de Andrés de Santa Cruz.

**1834** Se aprueban el Código Mercantil y el Código de Minería. José Núñez del Prado inicia la construcción del Teatro Municipal de La Paz. Se publica en Londres la primera novela boliviana, *Claudio y Elena*, de Vicente Ballivián.

**1835** Santa Cruz vence en territorio peruano a las tropas de Gamarra y Salaberry, y es elegido presidente por un nuevo período. El pintor ecuatoriano Manuel Ugalde se establece en Bolivia.

**1833** Promulgación de la Constitución chilena, que regirá hasta 1925. El Parlamento británico aprueba leyes que limitan el horario laboral infantil. India se convierte en la joya de la Corona británica.

**1835** Manuel Oribe sucede a su adversario político José F. Rivera en la presidencia de Uruguay. Expansionismo inglés: empresas privadas se establecen en Melbourne y Adelaide (Australia).

*Sesión del Parlamento británico en pleno debate.*

## 1836 - 1840

**1836** Para reconstruir la unidad política del antiguo virreinato, Andrés Santa Cruz proclama la Confederación Perú-Boliviana; Chile reacciona declarándole la guerra. Alexander von Humboldt inicia la publicación de su obra *Examen crítico de la historia de la geografía del Nuevo Continente*, que culmina en 1839.

**1837** Una vez realizadas las asambleas regionales comienza a regir la Confederación Perú-Boliviana; mediante el Pacto de Tacna se establece la división territorial en tres repúblicas, con Santa Cruz como protector. Por el Tratado de Pancarpata, Chile se compromete a no proseguir la guerra contra Perú, un compromiso que no se hace efectivo. Se inaugura en La Paz el Museo Nacional de Arqueología.

**1839** Santa Cruz es derrotado en la batalla de Yungay. Velasco se hace cargo del gobierno. Se sanciona una nueva Constitución. Chuquisaca, nueva capital de la República.

**1837** Promulgación de una Constitución de carácter liberal en España.

**1838** Sube al trono inglés la reina Victoria, quien manejará los asuntos de Estado hasta su muerte en 1901. Rivera recupera el poder en Uruguay.

**1839** Disolución de la Confederación Centroamericana, lo que da lugar al nacimiento de los actuales estados de la región.

*Retrato de la reina Victoria y de la familia real.*

BOLIVIA

CONTEXTO MUNDIAL

## 1841 - 1845

**1841** Velasco es derrocado de la presidencia por Sebastián Ágreda, quien ocupa su lugar por unos meses y transmite el mando a Mariano Enrique Calvo. Éste será derrocado por José Ballivián, que tras un nuevo golpe de Estado asume la presidencia, y vence en Ingavi al ejército peruano que había invadido Bolivia.

**1842** Durante la administración de Ballivián se crea el departamento de Beni.

**1843** Se imponen en Bolivia las constituciones presidenciales y rígidas; Andrés de Santa Cruz trata de reconquistar el poder, pero es detenido en Perú y confinado en Chile.

**1844** Ballivián es elegido presidente constitucional por voto directo de la ciudadanía. El pintor Antonio Villavicencio presenta su obra *Retrato del general José Ballivián*. Juan Bautista Alberdi publica su *Memoria sobre la conveniencia de un Congreso General americano*.

**1845** La población de Bolivia asciende a 1 373 896 habitantes (tercer censo de población). Vicente Pazos Kanki publica sus *Cartas*. Domingo Faustino Sarmiento publica en su exilio chileno *Civilización y Barbarie. Vida de Juan Facundo Quiroga*, una obra de influencia continental. Se estrena el himno nacional boliviano. Surge la primera publicación moderna del país, el periódico *La época*.

## 1846 - 1850

*Indígenas de Moxos hacia mediados del siglo XIX.*

**1847** José Ballivián renuncia a la presidencia y es reemplazado por Eusebio Guilarte. Bolivia participa en el Congreso de Plenipotenciarios Americanos convocado por el presidente peruano Ramón Castilla. El Vaticano ratifica el obispado de Cochabamba, creado cuatro años antes.

**1848** Tras un golpe de Estado contra Guilarte, José Ballivián retorna a la presidencia durante unos meses. Es derrocado por Manuel Isidoro Belzu, quien se proclama nuevo presidente. Belzu es nombrado presidente constitucional. Las cuentas nacionales correspondientes al bienio 1847-1848 revelan un déficit de 162 681 pesos bolivianos; la contribución indígena continúa siendo el principal ingreso del Estado.

**1850** En la ciudad de Sucre se edifica «La Rotonda».

**1841** Una Convención Internacional sobre los estrechos prohíbe el paso de buques de guerra rusos por el Bósforo a fin de evitar el expansionismo de Rusia.

**1842** Reino Unido adquiere Hong Kong.

**1843** Sube al trono español Isabel II, quien imprime un tono moderado a su gestión.

*Retrato de la reina Isabel II de España.*

**1844** Carlos A. López, hombre fuerte del Paraguay, sucede al dictador Gaspar Rodríguez de Francia.

**1846** En el Reino Unido son derogadas leyes de protección de la agricultura y se instaura el libre cambio. Guerra entre Estados Unidos y México por cuestiones territoriales.

**1848** México termina cediendo Texas, California y Nuevo México.

*Sublevación de París (Francia) en 1848.*

**1848-1849** Revoluciones liberales, democráticas y nacionalistas en Francia, Alemania, Italia, Austria y Hungría.

**1850** Guatemala libra la guerra contra Honduras y El Salvador.

**BOLIVIA**

**CONTEXTO MUNDIAL**

## 1851 - 1855

**1851** Bolivia firma concordato con la Santa Sede, que es negociado por el ex presidente Andrés de Santa Cruz. La esclavitud queda suprimida para siempre en el territorio boliviano. José María Dalence publica su *Bosquejo estadístico de Bolivia*. Se fijan los colores del pabellón nacional. Aparece la *Revista de Cochabamba*, primera publicación cultural boliviana.

*Vista de la plaza 14 de Septiembre de Cochabamba.*

**1853** El Gobierno boliviano firma con empresarios chilenos los acuerdos de explotación del guano costeño.
**1854** La población boliviana está compuesta por 1 544 300 habitantes (cuarto censo de población).
**1855** Belzu renuncia a su cargo y convoca elecciones, de las que sale elegido presidente Jorge Córdova.

## 1856 - 1860

**1857** Un nuevo golpe de Estado lleva a José María Linares a la presidencia de la República, que encabeza un Gobierno de austeridad y moralización. Chile ocupa Mejillones, en el litoral boliviano, y proclama su anexión y la de todo el territorio al Sur de este punto. En las universidades prima la carrera de Derecho sobre las ingenierías. Se publica *Lágrimas*, de Néstor Galindo.
**1858** Insurrección de Mariano Melgarejo contra el nuevo Gobierno de Cochabamba. Golpe del general Ágreda en Sucre. Motín en pro del general Belzu, durante el cual es atacado el Palacio de Gobierno. Es aprobado el decreto sobre derechos de invención.
**1859** Se publica el primer mapa de Bolivia.
**1860** El Gobierno aprueba el decreto sobre sociedades anónimas, que es pionero en el ramo.

**BOLIVIA**

**CONTEXTO MUNDIAL**

**1852** Restauración monárquica en Francia: proclamación de Luis Napoleón Bonaparte como emperador, bajo el nombre de Napoleón III.
**1853** La marina estadounidense desembarca en Japón para exigir el libre comercio. Expansión territorial rusa al invadir las provincias turcas del Danubio y controlar el mar Negro.
**1854** Francia y Reino Unido combaten a Rusia en la Guerra de Crimea.

*Desembarco de tropas durante la Guerra de Crimea.*

**1857** El dictador de Paraguay, José Gaspar Rodríguez Francia, establece relaciones con el gobierno de Buenos Aires.
**1858** Reformas sociales en Rusia: emancipación de los siervos de la gleba de la Corona; finaliza la autocracia zarista.
**1859** Francia se anexiona Indochina. España reconoce la Independencia argentina.
**1860** El estado de Carolina del Norte promulga la ordenanza de Secesión, primer paso de la guerra civil estadounidense que se prolongará hasta 1865.

*Campamento confederado en la guerra de Secesión.*

## 1861 - 1865

*Salitrera próxima a Mejillones (Antofagasta).*

**1861** Golpe de Estado contra Linares, que es reemplazado por una Junta de Gobierno integrada por José María Achá, Ruperto Fernández y Manuel Antonio Sánchez. Matanza de partidarios de Manuel Isidoro Belzu en la ciudad de La Paz. Tras los comicios electorales, José María Achá es elegido presidente. Manuel J. Cortés publica *Ensayo sobre la historia de Bolivia*.

**1863** Ruptura de relaciones con Chile a causa de la ocupación del litoral boliviano. Descubrimiento de importantes yacimientos de salitre y otros minerales en la región litoral.

**1864** Un golpe de Estado derroca a Achá y lleva a Mariano Melgarejo a la jefatura del Estado. Se solucionan los problemas limítrofes con Perú. Bolivia participa en el Congreso de Naciones Americanas de Lima, para tratar la agresión española contra Perú. Manuel María Caballero publica *La isla*.

**1861** Creación del Reino de Italia.
**1862** El mariscal Bismarck es nombrado primer ministro de Prusia. Expansionismo prusiano en Europa.
**1864** México suspende el pago de la deuda externa y Francia, España y Reino Unido invaden el país. Napoleón III ofrece la corona imperial

*Entrevista de Napoleón III con Otto von Bismarck.*

mexicana a Maximiliano de Austria. Rusia completa la conquista del Cáucaso.
**1865** Fin de la guerra de Secesión estadounidense con el triunfo del Norte sobre el Sur.

## 1866 - 1870

**1866** Bolivia, Chile y Ecuador se unen al presidente peruano Mariano I. Prado al declarar la guerra a España. El presidente Melgarejo firma el tratado de Medianería, por el que Bolivia renuncia a la soberanía sobre el litoral y dicta el decreto ordenatorio de tierras, que liquida las comunidades indígenas. Renace la minería y aumentan las inversiones chilenas en Bolivia. Santiago Vaca Guzmán publica *Días amargos*.

**1867** La Administración Melgarejo restablece el tributo indígena y firma un tratado con Brasil, cediéndole amplios territorios sobre el río Madeira. Vaca Guzmán publica *Ayes del corazón*.

**1868** Se publica *Poesías*, de Vaca Guzmán.

**1869** El Gobierno prosigue la venta de tierras comunales; se multiplican los alzamientos indígenas en el territorio boliviano. Mariano Ricardo Terrazas publica en Lima su novela *Misterios del corazón*.

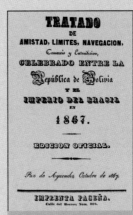

*Portada del* Tratado *firmado con Brasil en 1867.*

**1867** Fusilamiento del emperador Maximiliano en México. Estados Unidos compra Alaska a Rusia.
**1868** Revolución liberal en España y expulsión de los Borbones.
**1869** Inauguración del canal de Suez.
**1870** Las tropas paraguayas al mando de Solano López se retiran hacia el norte.

*Primera travesía por el canal de Suez.*

**BOLIVIA**

**CONTEXTO MUNDIAL**

## 1871 - 1875

### BOLIVIA

**1871** Melgarejo es derrocado por un golpe de Estado que lleva a la presidencia a Agustín Morales.

**1872** Morales es asesinado en ejercicio del cargo y le sucede Tomás Frías mediante los mecanismos constitucionales . Se promulga la libertad de enseñanza.

**1873** Adolfo Ballivián es elegido presidente y sucede a Frías.

**1874** Ballivián fallece en ejercicio del cargo y es reemplazado por Tomás Frías. Nataniel Aguirre publica su *Biografía del General Francisco Burdett O'Connor.* Se aprueba el Estatuto General de Educación Pública. Es anulada la comunidad de explotación del salitre con Chile y se fija la frontera en el paralelo 24º.

**1875** Revolución fallida contra el presidente Frías, durante la cual el Palacio de Gobierno de La Paz, obra del arquitecto José Nuñez del Prado, sufre un incendio. Modesto Omiste publica su *Historia de Bolivia*. Joaquín Lemoine publica la novela biográfica *El mulato Plácido*.

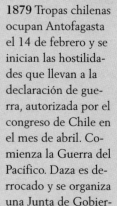

*Combate naval de Iquique, en la Guerra del Pacífico.*

### CONTEXTO MUNDIAL

**1871** II Reich alemán: bajo la hegemonía prusiana, el imperio alemán se constituye en la primera potencia europea.

**1872** «Alianza de los tres emperadores» (Alemania, Rusia y Austria) para aislar a Francia.

**1873** En España: abdicación de Amadeo de Saboya (elegido rey de España en 1870) y proclamación de la Primera República.

**1874** Tropas estadounidenses invaden México. Restauración borbónica en España: sube al trono el rey Alfonso XII.

*Caricatura satírica de Napoleón III.*

## 1876 - 1880

### BOLIVIA

**1876** Un golpe de Estado derroca a Frías. Hilarión Daza le sucede en la presidencia de la República.

**1878** Ricardo Quiroga publica, en La Paz, *Dos noches de tempestad.*

**1879** Tropas chilenas ocupan Antofagasta el 14 de febrero y se inician las hostilidades que llevan a la declaración de guerra, autorizada por el congreso de Chile en el mes de abril. Comienza la Guerra del Pacífico. Daza es derrocado y se organiza una Junta de Gobierno provisional. José David Berríos lleva a escena *Huáscar y Atahualpa*, obra dramática en cinco actos.

**1880** Una Convención Nacional reunida en Oruro elige presidente a Narciso Campero. Se crea en Santa Cruz la Universidad de Santo Tomás de Aquino (a partir de 1911 pasará a llamarse Universidad Mayor Gabriel René Moreno). El científico Agustín Aspiazu publica *Conocimiento del tiempo.*

### CONTEXTO MUNDIAL

**1877** Rusia invade los Balcanes turcos tras haber conquistado ya todo el norte de Asia, pero un año después firma la paz de Berlín. El militar Porfirio Díaz asume la presidencia de México y reprime a los liberales con una férrea dictadura.

**1878** Se firma la Paz de Zanjón (Cuba), que pone fin a la guerra de los Diez Años, entre España y los independentistas cubanos.

**1880** Los bóers proclaman, en el Transvaal, la República Sudafricana.

*Retrato del presidente mexicano Porfirio Díaz.*

# 1881 - 1885

**1881** Continúa la Guerra del Pacífico y las fuerzas de ocupación chilenas sitian Lima, ciudad que mantienen bajo su control hasta 1883.

**1882** Mariano Baptista preside el Congreso; se delinean los partidos políticos: el Partido Liberal (belicista) y el Partido Conservador (pacifista). El quinto censo de población arroja la cifra de 1 666 126 habitantes. Se funda la población de Riberalta para la explotación del caucho. El escritor Santiago Vaca Guzmán publica *La poesía Alto-peruana*.

**1883** Concluye la Guerra del Pacífico; Bolivia pierde la región de Antofagasta y queda sin salida al mar.

**1884** Bolivia firma con Chile el pacto de Truce, mediante el cual los chilenos retienen la costa de Atacama. Gregorio Pacheco es elegido presidente y recibe el mando de manos de su antecesor, Narciso Campero.

**1885** Nataniel Aguirre publica su obra capital, la novela *Juan de la Rosa (Memorias del último soldado de la Independencia)*, un clásico del romanticismo latinoamericano.

*El presidente Aniceto Arce Ruiz.*

# 1886 - 1890

**1886** Gabriel René Moreno publica *Matanzas de Yáñez*.

**1887** Adela Zamudio publica sus *Ensayos poéticos*.

**1888** Se sanciona la ley que organiza el moderno Estado boliviano y configura sus símbolos actuales. Aniceto Arce es elegido nuevo presidente y sucede a Gregorio Pacheco. Levantamiento liberal en Sucre, que es reprimido con firmeza por el nuevo presidente.

**1889** Bolivia participa en la Conferencia de los Estados Americanos que se reúne en Washington. Tratado con Argentina: Bolivia renuncia a sus pretensiones sobre el Chaco central a cambio del reconocimiento de la soberanía sobre Tarija. El ferrocarril llega a Uyuni y Huanchaca. Mamerto Oyola publica *La Razón Universal*, editada en Barcelona (España). Santiago Vaca Guzmán publica *Su Excelencia y su Ilustrísima*. Ricardo Jaimes Freyre publica *Castalia Bárbara* y *La hija de Jefhté*.

**1890** Se aprueba la Ley de Bancos. El investigador boliviano Manuel Vicente Ballivián publica el *Diccionario geográfico de Bolivia*.

**BOLIVIA**

**1881** Los franceses establecen su protectorado sobre Túnez; disputas con Reino Unido por los territorios africanos. Asesinato del zar ruso Alejandro II y coronación del nuevo zar Alejandro III.

**1882** La escuadra inglesa se apodera de Alejandría (Egipto) y ocupa el canal de Suez y la ciudad de El Cairo. Alemania, Austria e Italia forman la Triple Alianza.

**1884** Las grandes potencias europeas se reúnen en Berlín para fijar normas internacionales para la fundación de colonias en África.

*Ataque a una expedición alemana en África Central.*

*Trabajadores de la fundición Le Creusot de París.*

**1889** Fundación de la II Internacional en París y establecimiento del 1 de mayo como jornada de reivindicación de las 8 horas de trabajo. París acoge también la Exposición Internacional: se inaugura la Torre Eiffel. Caída de la monarquía brasileña: el mariscal Manuel Deodoro da Fonseca proclama la República.

**1890** Estados Unidos se convierte en primera potencia industrial del mundo. Quiebra del tradicional Banco Baring de Londres.

**CONTEXTO MUNDIAL**

## 1891 - 1895

**BOLIVIA**

**1891** Bolivia y Argentina concluyen un tratado de límites. Vaca Guzmán publica *Sin esperanza*.
**1892** Agitada campaña electoral: se fusionan el Partido Liberal y el Partido Democrático; el Gobierno declara el estado de sitio; vence el conservador Mariano Baptista y sucede a Aniceto Arce. Insurrección de los indígenas del Oriente al mando del cacique Tumpa, que es violentamente reprimida por las tropas gubernamentales y da lugar a la «masacre de 1892», mediante la cual se extermina a los indígenas chiriguanos. Se crean la Universidad Mayor Tomás Frías de Potosí y la Universidad Técnica de Oruro (llamada en su origen Universidad de San Agustín). Se dicta la Ley del Estatuto de Educación Pública.
**1893** Tacna y Arica pasan definitivamente a manos chilenas.
**1894** El poeta Ricardo Jaimes Freyre funda con Rubén Darío la *Revista de América*.
**1895** Gabriel René Moreno publica su *Biografía del General José Ballivián y Segurola*.

**CONTEXTO MUNDIAL**

**1891** Guerra civil en Chile. Rusia se aleja de la alianza de los emperadores y firma un pacto con Francia. Se inicia la construcción del ferrocarril transiberiano.
**1892** José Martí funda el Partido Revolucionario Cubano.
**1894** Aprobación de la ley de sufragio universal en España. Coronación del último zar ruso, Nicolás II. Estalla la guerra entre China y Japón.
**1895** Reiterados choques entre Reino Unido, Francia y Rusia por los dominios africanos y asiáticos.

*Nicolás II, último zar de Rusia, con su esposa.*

## 1896 - 1900

*Vista de Chulumani, capital de los Yungas.*

**1896** Severo Fernández Alonso es elegido presidente y sucede a Mariano Baptista. Modesto Moste publica sus *Crónicas potosinas*. En Oruro se crea el primer club de fútbol, el Oruro Royal. Se funda el diario *La Prensa* de Sucre
**1897** Gabriel René Moreno edita *Últimos días coloniales en el Alto Perú*.
**1898** Se publica *Odas*, de Franz Tamayo.
**1899** El ejército federal, con José Manuel Pando al frente, derrota al ejército federal del sur con el apoyo de las fuerzas indígenas aymaras del Altiplano. Fernández Alonso es derrocado y le sucede una Junta de Gobierno. El Congreso elige presidente a José Manuel Pando. Mariano Ricardo Terrazas publica en Cochabamba su obra *Recuerdos de una prisión*. Se publica *Palabras*, de Manuel María Pinto.
**1900** La población boliviana asciende a 1 725 271 habitantes (sexto censo de población).

**1897** El estratega alemán Schlieffen idea un plan para atacar Francia pasando por Bélgica, que fracasaría durante su puesta en práctica en la Primera Guerra Mundial.
**1898** Estalla el caso Dreyfus en Francia. Guerra hispano-estadounidense por Cuba. Estados Unidos ocupa las islas Hawai, en el océano Pacífico.
**1899** Comienza la guerra de los bóers entre Reino Unido y Holanda en el sur de África. Guerra civil en Guatemala (hasta 1903).

*Granja bóer en la República de Transvaal.*

## 1901 - 1905

**1901** Se inaugura en Bolivia la Empresa de Teléfonos de Manuel Crespo. Problemas fronterizos: las fuerzas paraguayas se imponen en la región del Chaco boreal. Las inversiones de ingleses y brasileños en la región cauchera hacen peligrar la posesión de los territorios orientales.

**1902** Tratado de límites con Chile. Brasil alienta el levantamiento de Acre y su proclamación como República independiente.

**1903** Bolivia cede Acre a Brasil: 355 243 km² a cambio de dos millones de libras.

**1904** Ismael Montes, nuevo presidente constitucional. Tratado de paz con Chile y Perú; renuncia al litoral boliviano. José Carrasco, destacado político liberal, funda el periódico *El Diario*. Se rueda el primer filme boliviano, *Retratos*.

**1905** Primeras protestas obreras en Bolivia. Manuel Vicente Ballivián publica *Geografía de Bolivia*. Alcides Arguedas publica *Vida criolla*.

**1903** Panamá se separa de Colombia y vende una franja territorial a Estados Unidos para la construcción del canal. Henry Ford funda su fábrica de automóviles en Detroit (Estados Unidos).

**1904** Guerra civil en Uruguay entre «blancos» y «colorados». Comienza la guerra ruso-japonesa.

*Desembarco del ejército japonés en Liaodong.*

**1905** Tratado de Portsmouth: Rusia renuncia a los territorios japoneses ocupados y abandona Manchuria. Estalla la primera revolución rusa; el zar Nicolás II renuncia al poder absoluto.

## 1906 - 1910

**1906** El coronel Enrique Cornejo funda la ciudad de Cobija, en recuerdo al Puerto de Cobija de nuestro perdido litoral. Comienza en Bolivia la explotación del estaño. Paraguay ocupa civilmente la zona en litigio. Adela Zamudio presenta *El Castillo Negro*.

*Vista de la ciudad de La Paz a comienzos del siglo XX.*

**1907** Se reglamenta el servicio militar obligatorio. Manuel Céspedes da a la imprenta su *Viaje al Chimoré*.

**1908** Tratado comercial con Perú. Pacto de libre navegación con Brasil. Se crea la Federación Obrera de La Paz. Armando Chirveches publica *La Candidatura de Rojas*. En La Paz se crea el equipo de fútbol The Strongest.

**1909** Eliodoro Villazón es elegido presidente y recibe el mando de Ismael Montes. Fricciones con Perú a causa del supuesto laudo arbitral argentino.

**1910** Confrontaciones con Perú por asuntos fronterizos. Bolivia participa de la Conferencia Panamericana celebrada en Buenos Aires.

**1906** Guerra entre Guatemala, Honduras y El Salvador. Conferencia de Algeciras: España y Francia se dividen Marruecos. Reino Unido y Francia establecen la Entente Cordial.

**1908** Golpe militar contra el sultán turco: Bulgaria, último país balcánico bajo dominio otomano, declara su independencia. Austria interviene en la agitada región de los Balcanes.

**1909** Guerra civil en Honduras.

**1910** Estalla la Revolución Mexicana.

*El líder revolucionario mexicano Emiliano Zapata.*

BOLIVIA

CONTEXTO MUNDIAL

## 1911 - 1915

### BOLIVIA

**1911** Se crea el Banco de la Nación Boliviana, con un capital mixto que asciende a 2 000 000 de libras esterlinas. Se publica *La bellísima Floriana*, de Nataniel Aguirre. Jaime Mendoza escribe la novela *En las tierras del Potosí*.

**1912** Ricardo Jaimes Freyre publica *Leyes de la Versificación Castellana*. Se crea el Instituto Nacional de Educación Física. Armando Chirveches publica *Añoranzas*.

**1913** Ismael Montes es elegido presidente por segunda vez y reemplaza a Eliodoro Villazón. Adela Zamudio publica sus *Íntimas*.

**1914** Rebelión indígena aymara liderada por el cacique Martín Vásquez, en varias provincias paceñas, para reivindicar la propiedad de la tierra. Jaime Mendoza publica *Páginas Bárbaras*, sobre el trópico del norte, la siringa y el drama de los gomeros. Se funda la primera asociación de fútbol del país: *La Paz Football Association*.

**1915** Se crea el Partido Republicano. Gregorio Reynolds publica *Quimeras*. Casto Rojas presenta *Historia financiera de Bolivia*. Abel Alarcón publica la novela *La corte de Yahuar Huakac*.

## 1916 - 1920

**1916** Se publica *Los malos pensamientos*, de Jaime Mendoza. Armando Chirveches presenta *La casa solariega*. Comienza a publicarse el periódico *La Razón*.

**1917** José Gutiérrez Guerra es elegido presidente y sucede a Ismael Montes. Ricardo Jaimes Freyre publica *Las Víctimas*.

*El presidente Bautista Saavedra Mallea.*

**1918** Gregorio Reynolds publica *El cofre de Psiquis*. Carlos Medinaceli funda la revista *Gesta bárbara*.

**1919** Alcides Arguedas publica *Raza de bronce*, novela que inaugura el indigenismo literario. En Oruro, comienza a publicarse el periódico *La Patria*.

**1920** Gutiérrez Guerra es derrocado y lo reemplaza una Junta de Gobierno integrada por Bautista Saavedra, José María Escalier y José Manuel Ramírez. El ejecutivo concede 1 000 000 de hectáreas en Santa Cruz, Chuquisaca y Tarija a la empresa estadounidense Richmond Levering para la explotación petrolífera.

### CONTEXTO MUNDIAL

**1911** Italia se apodera de Trípoli, actual Libia.

**1912** La socialdemocracia alemana gana las elecciones parlamentarias. Estallan revoluciones campesinas en Brasil.

**1914** Asesinato en Sarajevo del archiduque austríaco Francisco Fernando. Serbia, apoyada por Rusia, se enfrenta a Alemania y los austro-húngaros. Estalla la Primera Guerra Mundial. Inauguración del canal de Panamá.

**1915** El físico alemán Albert Einstein formula la Teoría de la Relatividad.

*Inspección de morteros en la Segunda Guerra Mundial.*

**1916** Tropas francesas derrotan al ejército alemán en la batalla de Verdún.

**1917** Revolución rusa: desaparece el régimen zarista y se instaura el primer estado socialista del mundo.

**1918** Abdica el káiser Guillermo II y finaliza la gran guerra. Se crea la III Internacional Comunista.

*Lenin preside un soviet tras la Revolución.*

**1919** Declaración de la República de Weimar en Alemania y firma del tratado de Versalles: los límites de Europa se modifican.

## 1921 - 1925

**1921** El Congreso elige presidente a Bautista Saavedra, ideólogo del golpe de Estado que derrocó a José Gutiérrez Guerra.

*Vista parcial del aeropuerto de Santa Cruz.*

**1923** Los yacimientos petrolíferos de Bolivia pasan a ser controlados por la empresa estadounidense Standard Oil. Las reclamaciones de los mineros de Uncía son desatendidas y mueren varios obreros durante la severa represión estatal.

**1924** Simón I. Patiño consolida el control del grupo minero más importante de Bolivia (Llallagua-Catavi-Siglo XX, Uncía, Huanuni, etcétera). Jaime Mendoza publica su obra *Gregorio Pacheco*. Gregorio Reynolds presenta su *Edipo Rey*. Manuel Céspedes publica *Símbolos profanos*.

**1925** Felipe Segundo Guzmán, nuevo presidente. En La Paz se funda el Lloyd Aéreo Boliviano, la segunda empresa aérea creada en Latinoamérica. Ricardo Alarcón dirige la edición del libro *Bolivia en el primer centenario de su Independencia*. El italiano Pedro Sambarino realiza su película *Corazón aymara*.

## 1926 - 1930

**1926** Hernando Siles Reyes es elegido presidente. Arturo Posnansky filma el documental *La gloria de la raza*, en la que trata de demostrar sus teorías sobre la civilización de Tiwanaku. La selección boliviana de fútbol participa por primera vez en un campeonato sudamericano.

**1928** El Gobierno inicia la modernización y el ordenamiento del sistema financiero boliviano y crea el Banco Central de la Nación Boliviana. Siles funda el Partido de la Unión Nacional. Ricardo Jaimes Freyre publica *Los conquistadores*.

**1929** Las tensiones limítrofes con Paraguay encuentran una salida diplomática provisional, ya que siguen vigentes las diferencias por la región del Chaco. Comienza a publicarse en La Paz el periódico *Última hora*.

**1930** Siles Reyes renuncia al cargo y, de modo interino, gobierna el Consejo de Ministros. Un golpe de Estado lleva a la presidencia a Carlos Blanco Galindo, y Hernando Siles debe exiliarse en Chile. Adolfo Costa du Rels publica un libro clave de la cuentística boliviana, *El Embrujo del Oro*. Manuel Céspedes presenta su *Sol y Horizontes*. José María Velasco Maidana estrena su película *Wara Wara*, filme central de la época.

**BOLIVIA**

**1922** Benito Mussolini, «duce» de Italia con el consentimiento del rey Víctor Manuel III.

**1923** España bajo la dictadura de Primo de Rivera, con el apoyo de sectores burgueses. La Rusia soviética dicta su Carta Constitucional.

*El «duce» de Italia, Benito Mussolini.*

**1924** Fin de la ocupación estadounidense en la República Dominicana. Muerte de Lenin. León Trotski funda la IV Internacional Comunista.

**1925** Los estadounidenses abandonan suelo nicaragüense, ocupado desde 1912 (volverán a intervenir durante la guerra civil de 1927-1928 hasta 1932).

**1926** Lucha armada de Augusto César Sandino en Nicaragua.

**1927** Charles Lindbergh sobrevuela el Atlántico sin escalas, desde Nueva York hasta París.

**1929** El Estado italiano y la Iglesia firman el tratado de Letrán. Creación del Estado Vaticano; continuidad de los antiguos Esta-

*Sandino, líder revolucionario nicaragüense.*

dos Pontificios. Quiebra la Bolsa de Nueva York; las finanzas internacionales y el patrón oro muestran su debilidad. Descenso de la producción industrial y del comercio mundial e incremento de la desocupación.

**1930** Golpes de Estado en Perú y Brasil.

**CONTEXTO MUNDIAL**

**BOLIVIA**

## 1931 - 1935

**1931** Daniel Salamanca es elegido presidente constitucional.

**1932** Estalla la Guerra del Chaco, alentada por el choque de dos compañías petrolíferas. José Camacho, José Jiménez y Raúl Durán ruedan el filme de ficción *Hacia la Gloria*. La caída del precio del estaño provoca el despido masivo de mineros, con la consiguiente agitación social. Franz Tamayo publica *Scherzos*.

**1933** Se publica *Bolivia y el Paraguay*, de Jaime Mendoza.

**1934** Prosigue la guerra: ofensiva del ejército paraguayo sobre las

*Oficiales de la guarnición de Boquerón.*

fuerzas bolivianas. Franz Tamayo, presidente; pero los comicios son anulados. Un golpe de Estado lleva a José Luis Tejada Sorzano a la jefatura del Estado. Se publica *La danza de las sombras*, de Alcides Arguedas.

**1935** Finaliza la guerra; Bolivia pierde el Chaco boreal y obtiene un acceso al río Paraguay; Paraguay duplica su territorio. Jaime Mendoza publica *El macizo boliviano*. Óscar Cerruto presenta *Aluvión de fuego*.

## 1936 - 1940

**1936** Un golpe de Estado derroca a Tejada Sorzano; David Toro preside la Junta de Gobierno que reemplaza al presidente. Augusto Céspedes presenta *Sangre de mestizos*. Porfirio Díaz Machicao publica *Cuentos de dos climas*. Nace el periodismo combativo con la fundación del periódico *La Calle*, dirigido por Augusto Céspedes y Carlos Montenegro. Luis Bazoberry estrena el documental *La Guerra del Chaco*.

**1937** Tras un nuevo golpe de Estado, Germán Busch ocupa la presidencia. Se nacionaliza el petróleo y se crea la empresa estatal Yacimientos Petrolíferos Fiscales Bolivianos (YPFB).

**1938** Se crea el departamento de Pando.

**1939** Busch muere en ejercicio del mando y es reemplazado por Carlos Quintanilla mediante otro golpe de Estado.

**1940** Enrique Peñaranda es elegido presidente constitucional. Es fundado el Partido de Izquierda Revolucionaria (PIR).

**CONTEXTO MUNDIAL**

**1931** Triunfo republicano en España; se aprueba una nueva Constitución; exilio del rey Alfonso XIII.

**1933** Hitler asume el poder en Alemania. Oliveira Salazar, dictador de Portugal.

**1934** «Larga Marcha» encabezada por Mao Zedong (Mao Tse-tung) en China durante la guerra civil de aquel país.

*El dictador alemán Adolf Hitler.*

**1936** Gobierno del Frente Popular en Francia. El general Franco se alza contra la República española: estalla la guerra civil. Mussolini proclama la anexión de Etiopía.

**1938** Alemania se anexiona Austria y ocupa los Sudetes.

**1939** Finaliza la guerra civil española. Pacto ruso-alemán de

*Cartel republicano en la guerra civil española.*

no agresión. El ejército alemán invade Polonia. Reino Unido y Francia declaran la guerra a Alemania.

## 1941 - 1945

**1941** Bolivia se convierte en el primer productor mundial de estaño. Víctor Paz Estenssoro y Hernán Siles Zuazo fundan el Movimiento Nacionalista Revolucionario (MNR); se producen numerosas huelgas mineras.

**1942** El Gobierno ordena al ejército la masacre de los mineros de Catavi. Muere Hernán Siles en un accidente aéreo. En Oruro se crea el club de fútbol San José.

**1943** Un golpe de Estado derroca a Peñaranda y lleva a Gualberto Villarroel a la presidencia. Se publica póstumamente *Cuentos breves*, de Adela Zamudio. Enrique Finot presenta su *Historia de la literatura boliviana*. Demetrio Canelas funda en Cochabamba el periódico *Los Tiempos*.

**1944** Se crea la Federación Sindical de Trabajadores Mineros de Bolivia. Alfonso Crespo publica *Santa Cruz el cóndor indio*. Raúl Salmón escribe la pieza teatral *Condehuyo, la calle del pecado*.

**1945** Se celebra el Primer Congreso Nacional Indigenista.

*El presidente Enrique Hertzog con sus ministros.*

## 1946 - 1950

**1946** Gualberto Villarroel es asesinado en ejercicio del cargo y le sucede Néstor Guillén al frente de una Junta de gobierno que ejerce la presidencia. La Junta es desalojada por una revuelta popular y Tomás Monje asume la jefatura de la Junta de gobierno en su calidad de presidente de la Corte Superior del Distrito de La Paz. Augusto Céspedes publica *Metal del Diablo*. Se crea la Universidad Mayor Juan Misael Saracho de Tarija. Enrique Finot publica su *Nueva Historia de Bolivia*.

**1947** Enrique Hertzog es elegido presidente constitucional. Carlos Medinacelli publica *La Chaskañawi*.

**1948** Antonio Díaz Villamil publica *La niña de sus ojos*.

**1949** Hertzog renuncia al cargo y es sucedido constitucionalmente por Mamerto Urriolagoitia. Insurrección del MNR, que es sofocada con el saldo de numerosos muertos y heridos.

**1950** Violenta represión de obreros fabriles. Se crea el Partido Comunista de Bolivia. La población boliviana asciende a 3 019 031 habitantes (octavo censo de población).

**BOLIVIA**

**1941** Tropas alemanas invaden Rusia. Ataque japonés a Pearl Harbor: Estados Unidos entra en guerra. Alemanes e ingleses luchan en el norte de África.

**1943** Caída de Benito Mussolini.

**1944** Desembarco de las tropas aliadas en Normandía. Ocupación de Italia.

**1945** Cumbre de Yalta entre Churchill, Roosevelt y Stalin. Hitler se suicida; capitulación alemana. Ejecución de Mussolini. EE UU lanza bombas atómicas sobre Hiroshima y Nagasaki. Fin de la guerra y fundación de la Organización de las Naciones Unidas.

*Stalin, Roosevelt y Churchill en la Cumbre de Yalta.*

**1947** Plan Marshall para la reconstrucción de Europa. India declara su independencia.

**1948** Creación del Estado de Israel. Gandhi es asesinado en la India. Nace la Organización de Estados Americanos (OEA).

**1949** Victoria comunista en China; Mao Zedong es elegido presidente. Partición de Alemania en la República Federal u Occidental y la República Democrática u Oriental. Surge la alianza militar Organización del Tratado del Atlántico Norte (OTAN).

*El presidente Mao es aclamado por el pueblo pekinés.*

**CONTEXTO MUNDIAL**

## BOLIVIA

### 1951 - 1955

**1951** La oposición gana las elecciones, con la fórmula Paz Estenssoro-Siles Zuazo, pero su triunfo es desconocido. Un golpe de Estado derroca a Urriolagoitia y le sucede una Junta de Gobierno presidida por Hugo Ballivián.

**1952** En abril, se inicia la revolución nacional boliviana con combates en varios puntos del país. Víctor Paz Estenssoro asume la presidencia. Fundación de la Central Obrera Boliviana (COB), liderada por Juan Lechín; se nacionalizan las grandes minas y se funda la Corporación Minera. Se concede el derecho a voto a todos los bolivianos mayores de 21 años, cualquiera que sea su sexo, instrucción, ocupación o renta. Jesús Lara publica *Yanakuna*. José Fellman Velarde publica *Una bala en el viento*. Raúl Salmón presenta su obra teatral *Viva Belzu*.

**1953** Se firma en Ucureña, Cochabamba, la Ley Reforma Agraria. Reapertura del Colegio Militar con el nuevo nombre de «Gualberto Villarroel».

**1954** Se concluye el camino asfaltado entre Cochabamba y Santa Cruz, la obra pública más importante de la época.

*Víctor Paz Estenssoro en su primera presidencia.*
Foto: Enciclopedia Bolivia Mágica / Hugo Boero Rojo

### 1956 - 1960

**1956** En las primeras elecciones generales con sufragio universal, Hernán Siles Zuazo es elegido presidente y recibe el mando de manos de su compañero de partido, Víctor Paz Estenssoro. Se dicta el decreto de estabilización monetaria concebido por especialistas del Fondo Monetario Internacional, que provoca una ruptura entre dos sectores del partido gobernante. Augusto Céspedes publica *El dictador suicida*. Se publican póstumamente los *Estudios de literatura boliviana*, de Gabriel René Moreno. Guillermo Francovich publica *El pensamiento boliviano en el siglo XX*.

**1957** Óscar Cerruto publica *Cifra de las rosas*. Julio de la Vega presenta *Amplificación temática*.

**1958** Óscar Cerruto publica *Cerco de penumbras* y *Patria de sal cautiva*.

**1959** Intenso movimiento huelguístico en todo el país. Fallido complot de la Falange Socialista Boliviana para derrocar al Gobierno del MNR. La vigorosa novelística de Jesús Lara da a luz *Yawarninchij*.

**1960** Reelección presidencial de Víctor Paz Estenssoro. Jaime Sáenz publica *Aniversario de una visión*.

## CONTEXTO MUNDIAL

**1951** Alemania logra su casi total independencia tras la ocupación de las tropas aliadas.

**1952** Puerto Rico adquiere el estatuto de Estado libre asociado a Estados Unidos de América.

**1953** Muerte de Stalin; le sucede Nikita Jruschov.

**1954** Francia se retira de Indochina y comienza una cruenta guerra en Argelia. Adolfo Stroessner se convierte en el hombre fuerte de Paraguay.

**1955** La Unión Soviética y los países del Este firman el Pacto de Varsovia.

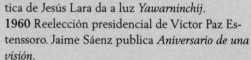

*Leonid Brezhnev con los miembros del Pacto de Varsovia.*

**1956** Reino Unido da el primer paso de descolonización en África: Independencia de Ghana y devolución a Egipto del canal de Suez.

**1957** Creación de la Comunidad Económica Europea. La Unión Soviética pone en órbita la nave espacial Sputnik I.

**1959** Triunfo de la revolución cubana: derrocamiento del dictador Batista y entrada de Fidel Castro en La Habana.

**1960** Cuba y la URSS reinician relaciones diplomáticas y comerciales. Brasilia, nueva capital de Brasil.

*Fidel Castro, artífice de la revolución cubana.*

## 1961 - 1965

**1962** Ruptura de relaciones diplomáticas con Chile y Cuba. Jesús Lara publica *Sinchikay*.

**1963** Al romperse la alianza entre Juan Lechín y Víctor Paz Estenssoro surge el Partido Revolucionario de Izquierda Nacionalista. Porfirio Díaz Machicao publica su colección de relatos *Historia del Rey Chiquito*. La selección boliviana de fútbol gana el campeonato Sudamericano.

**1964** Tras ser elegido por tercera vez como presidente, Paz Estenssoro es derrocado por un golpe de Estado liderado por René Barrientos Ortuño.

**1965** Represión gubernamental contra los trabajadores mineros.

*Selección ganadora del Campeonato de fútbol de 1963.*

**1961** Construcción del Muro de Berlín. «Guerra fría» entre Occidente y los países del Este. El presidente John F. Kennedy rompe relaciones con Cuba y alienta la invasión por Playa Girón. Castro proclama la República Socialista de Cuba. Conferencia de Punta del Este (Uruguay).

*John F. Kennedy, presidente de Estados Unidos.*

**1962** Crisis de los misiles cubanos protagonizada por Estados Unidos y la Unión Soviética.

**1963** Asesinato de John F. Kennedy.

**1964** Golpe militar en Brasil. Nace en Jerusalén la Organización para la Liberación de Palestina (OLP). Comienza la guerra de Vietnam.

## 1966 - 1970

**1966** El retorno a la presidencia única lleva al nombramiento de Alfredo Ovando Candía como presidente. René Barrientos Ortuño asume la presidencia. Bolivia, Colombia, Ecuador, Chile y Perú suscriben el Pacto Andino. Augusto Céspedes publica *El presidente Colgado*. Óscar Soria Gamarra publica *Mis caminos, mis cielos, mi gente.*

*Escena de la película* Yawar Mallku.

**1967** José Fellman Velarde publica *Réquiem para una rebeldía*.

**1968** Se funda la Universidad Técnica José Ballivián de Trinidad.

**1969** Muere Barrientos Ortuño y, por el procedimiento constitucional, le sucede Luis Adolfo Siles Salinas. Un golpe de Estado derroca a Siles Salinas y lleva a la presidencia a Alfredo Ovando Candía. Jorge Siles Salinas publica *Ante la historia*. Fausto Reynaga publica *Revolución India*. El director de cine Jorge Sanjinés filma *Yawar Mallku*.

**1970** Un golpe de Estado derroca a Ovando Candía y le sucede como presidente Juan José Torres González.

**1966** El presidente chino Mao Zedong inicia la llamada Revolución Cultural.

**1967** En la sierra boliviana, el ejército de ese país da muerte a Ernesto «Che» Guevara.

**1968** Intervención soviética en Checoslovaquia. En París, obreros y estudiantes ocupan las calles en el denominado «Mayo francés».

**1969** El hombre llega a la Luna. Muere el líder vietnamita Ho Chi Minh. Guerra del fútbol entre Honduras y El Salvador.

**1970** El socialista Salvador Allende, presidente de Chile.

*Estudiantes universitarios parisinos en mayo de 1968.*

**BOLIVIA**

**CONTEXTO MUNDIAL**

## 1971 - 1975

*Cooperativa minera en Cerro Rico, Potosí.*

**1971** La situación política se radicaliza con la participación de los obreros en asambleas populares, milicias y cogestión de minas. Un golpe de Estado derroca a Torres González, y Hugo Bánzer Suárez asume el cargo de presidente. Julio de la Vega publica *Matías, el apóstol suplente*. Mariano Baptista Gumucio publica *Salvemos a Bolivia de la escuela*.
**1972** Bolivia se convierte en el primer receptor de la ayuda militar de EE UU en América Latina. Hugo Boero Rojo publica *La Telaraña*. Se publica *Quiero escribir pero me sale espuma*, de Pedro Shimose.
**1973** René Poppe publica *Koya loco*.
**1974** El Gobierno reprime sangrientamente a los obreros; aumenta la oposición de los sacerdotes católicos; son suspendidas las elecciones. Fausto Reynaga publica *Poder indio* y *Occidente*.
**1975** Se restablecen relaciones diplomáticas con Chile.

*El presidente chileno Salvador Allende.*

**1972** Estados Unidos se retira de Vietnam.
**1973** Crisis internacional del petróleo. Golpe de Estado en Chile: bombardeo del Palacio de la Moneda; el presidente Allende se suicida; el general Pinochet se convierte en el hombre fuerte del país. En Uruguay, el presidente Bordaberry disuelve el Parlamento.
**1974** Estalla el escándalo Watergate, que obliga a renunciar al presidente estadounidense Richard Nixon. «Revolución de los claveles» y recuperación democrática en Portugal.
**1975** Muere Francisco Franco; Juan Carlos I, rey constitucional de España. Vietnam del Sur se rinde.

## 1976 - 1980

**1976** La población se sitúa en los 4 613 486 habitantes (noveno censo de población). Gilfredo Carrasco publica *El caldero*. M. Baptista Gumucio da a conocer su *Historia Contemporánea de Bolivia*.
**1977** Néstor Taboada Terán publica *Manchay Puyto*. René Zavaleta Mercado presenta sus *Consideraciones sobre la historia de Bolivia, 1932-1971*.
**1978** Hugo Bánzer Suárez es derrocado y le sucede Juan Pereda Asbún. Un nuevo golpe derroca a Pereda Asbún e instala en la presidencia a David Padilla Arancibia. Jesús Urzagasti publica *Yerubia*.
**1979** Tras el derrocamiento de Padilla Arancibia, el Congreso nombra presidente interino a Walter Guevara Arze, quien es derrocado por un golpe militar que lleva a Alberto Natusch Busch a la jefatura del Estado. Una nueva acción militar desaloja a Natusch Busch y el Congreso nombra presidenta interina a Lidia Gueiler Tejada. El poeta Jaime Sáenz publica *Felipe Delgado*. Guillermo Francovich publica *Los mitos profundos de Bolivia*.
**1980** Gueiler Tejada es derrocada por un golpe que nombra presidente a Luis García Meza. Arturo von Vacano publica *Morder el silencio*.

**1976** Reunificación de los territorios de Vietnam del Norte y del Sur. España devuelve los territorios africanos del Sáhara a Marruecos y Mauritania. Nombrado en Uruguay un gobierno cívico-militar.
**1978** El presidente de Egipto y el primer ministro israelí firman el acuerdo de paz de Camp David.
**1979** El ayatollah Jomeini proclama la República Islámica en Irán. El Frente Sandinista de Liberación, comandado por Daniel Ortega, toma el poder en Nicaragua; el dictador Somoza se refugia en Paraguay.

*Un grupo de guerrilleros del FSLN.*

**BOLIVIA**

**CONTEXTO MUNDIAL**

## 1981 - 1985

**1981** García Meza renuncia y la presidencia es ejercida por una Junta de Gobierno integrada por Celso Torrelio, Waldo Bernal y Óscar Pammo y nombrada por el mismo García Meza. La Junta nombra presidente a Celso Torrelio Vila.

**1982** Torrelio Vila renuncia al cargo y las Fuerzas Armadas nombran presidente a Guido Vildoso Calderón. Tras la celebración de elecciones, Hernán Siles Zuazo es elegido presidente de Bolivia por segunda vez. Roberto Querejazu presenta su libro *Adolfo Costa du Rels*. Guillermo Bedregal publica *El poder de la revolución nacional*.

*El presidente Hernán Siles Zuazo.*

**1983** René Bascopé publica *La noche de los turcos*. Blanca Wiethuchter presenta *Madera viva, árbol difunto*.

**1984** Leonardo García publica *Río subterráneo*. René Zavaleta Mercado presenta *Las masas en noviembre*. Silvia Rivera publica *Oprimidos pero no vencidos*.

**1985** Víctor Paz Estenssoro es elegido presidente. René Bascopé publica *La tumba infecunda*. Ramón Rocha Monroy presenta *El run run de la calavera*. Jaime Sáenz publica *Los cuatro*.

## 1986 - 1990

**1986** El país se enfrenta a la caída de los precios internacionales del estaño; son despedidos numerosos trabajadores, y el Gobierno establece la creación de una nueva moneda, «el cóndor». Llegan asesores norteamericanos para luchar contra el narcotráfico y la producción de drogas. Se crea la Universidad Nacional del Siglo XX. Alberto Crespo Rodas publica *Tiempo contado*. Jorge Suárez presenta la compilación de cuentos cruceños titulada *Taller del cuento nuevo*. Se publica *Lo nacional popular en Bolivia*, de René Zavaleta Mercado.

**1987** Jesús Urzagasti publica *En el país del silencio*. Wolfango Montes Vanucci presenta su *Jonás y la ballena rosada*.

**1988** Es capturado Roberto Suárez Gómez, el «rey de la cocaína», cabeza de un emporio de narcotraficantes.

**1989** Jaime Paz Zamora es elegido presidente de la República.

**1990** Bolivia participa en la cumbre contra el narcotráfico entre EE UU, Colombia y Perú.

**BOLIVIA**

**1982** El conflicto árabe-israelí se desarrolla con virulencia en territorio libanés.

**1984** Elecciones en Uruguay: triunfa el candidato del Partido Colorado Julio María Sanguinetti. Asesinato de la primera ministra india Indira Gandhi.

**1985** Recuperación democrática en Brasil tras más de veinte años de gobiernos militares. A la muerte de K. Chernienko, llega a la Secretaría General del Partido Comunista de la URSS Mijail Gorbachov y comienza un proceso de renovación y transparencia.

*Gorbachov en su visita al papa Juan Pablo II.*

**1986** Fin de la dinastía Duvalier en Haití.

**1987** Reagan y Gorbachov firman un acuerdo de eliminación de los arsenales atómicos.

**1988** Caída del régimen dictatorial de Alfredo. Stroessner en Paraguay.

*La destrucción del muro de Berlín, en 1989.*

**1989** Caída del muro de Berlín. Sangrienta represión de estudiantes en China, en la plaza de Tiananmen.

**1990** Violeta Chamorro, presidenta de Nicaragua. Reunificación alemana. Los países bálticos proclaman su independencia de la URSS. Irak invade Kuwait.

**CONTEXTO MUNDIAL**

**BOLIVIA**

## 1991 - 1995

**1991** Consenso entre los partidos políticos para el nombramiento de una nueva Corte Nacional Electoral; un procedimiento similar permite nombrar a los nuevos jueces de la Corte Suprema y al Contralor General de la República.

**1992** El censo de población revela que la población de Bolivia asciende a 6 420 792 habitantes. Jaime Sáenz publica *Los papeles de Lima Achá*. Manfredo Kempff Suárez publica *Luna de locos*.

**1993** Gonzalo Sánchez de Losada es elegido presidente y recibe el mando de manos de Jaime Paz Zamora. La Corte Suprema de Justicia condena al golpista Luis García Meza. Caída histórica del precio internacional del estaño. Néstor Taboada Terán da a conocer su *Angelina Yupanqui, marquesa de la conquista*. Juan Claudio Lechín publica *El festejo del deseo*.

**1994** El presidente promulga la reforma de la Constitución política, que impide la reelección inmediata del primer mandatario, amplía el período presidencial a cinco años y crea el Tribunal Constitucional y la figura del Defensor del Pueblo. Juan Recacoechea presenta su *American visa*, retrato de los suburbios de La Paz. Edmundo Paz Soldán publica *Las máscaras de la nada*.

**1995** García Meza ingresa en prisión, convirtiéndose en el único ex dictador latinoamericano que cumple condena.

## 1996 - 2000

**1996** En septiembre, Cochabamba es sede de la Cumbre de Río, a la que asisten 13 jefes de Estado. En diciembre, con el tema fundamental del «desarrollo sostenible», se dan cita en Bolivia más de 30 países en la Cumbre Hemisférica de las Américas. Se firma con Brasil el contrato de venta de gas boliviano hasta las ciudades de São Paulo y Belo Horizonte.

*Miembros de la Comunidad Andina de Naciones.*

**1997** Mediante elecciones democráticas, Hugo Bánzer Suárez es elegido presidente y sucede en el cargo a Gonzalo Sánchez de Losada.

**1998** Se celebra en Guayaquil (Colombia) el X Consejo Presidencial Andino, al que asisten los países miembros de la Comunidad Andina de Naciones (Bolivia, Colombia, Ecuador, Perú y Venezuela).

**1999** Finaliza la construcción del gasoducto a Brasil.

**CONTEXTO MUNDIAL**

**1991** Guerra del golfo Pérsico. Guerra de los Balcanes al desmembrarse la antigua Yugoslavia.

**1992** Destitución del presidente brasileño Fernando Collor de Mello, acusado de corrupción. Disolución del Pacto de Varsovia.

**1993** El presidente venezolano Carlos Andrés Pérez es suspendido por el Senado.

*Guerrilleros zapatistas en Chiapas (México).*

**1994** Creación del Estado Palestino. Surge el Ejército Zapatista de Liberación Nacional en Chiapas. Firma del tratado de libre comercio entre Canadá, Estados Unidos y México.

**1995** Es asesinado el primer ministro israelí Isaac Rabin.

*Nelson Mandela, líder anti-apartheid.*

**1996** Las elecciones en Bosnia significan un paso adelante en la pacificación del país. Abolición legal del *apartheid* en Sudáfrica.

**1997** El ejército peruano recupera la embajada japonesa tomada por un grupo guerrillero en diciembre del año anterior. Crisis bursátiles en el Sudeste Asiático y en Brasil. Fuerzas parapoliciales mexicanas asesinan a campesinos en Chiapas.

**1998** Visita del papa Juan Pablo II a Cuba. El huracán *Mitch* devasta Centroamérica.

**1999** La Organización del Tratado del Atlántico Norte (OTAN) bombardea territorio yugoslavo ante la presión del presidente Slobodan Milosevic sobre los albaneses de Kosovo.

# Índice onomástico